Torben Fischer, Matthias N. Lorenz (Hg.)
Lexikon der »Vergangenheitsbewältigung« in Deutschland

Histoire | Band 53

Torben Fischer, Matthias N. Lorenz (Hg.)

Lexikon der »Vergangenheitsbewältigung« in Deutschland

Debatten- und Diskursgeschichte
des Nationalsozialismus
nach 1945

(3., überarbeitete und erweiterte Auflage)

[transcript]

Bibliografische Information der Deutschen Nationalbibliothek
Die Deutsche Nationalbibliothek verzeichnet diese Publikation in der Deutschen Nationalbibliografie; detaillierte bibliografische Daten sind im Internet über http://dnb.d-nb.de abrufbar.

© 2007, 2009, 2015 transcript Verlag, Bielefeld

Die Verwertung der Texte und Bilder ist ohne Zustimmung des Verlages urheberrechtswidrig und strafbar. Das gilt auch für Vervielfältigungen, Übersetzungen, Mikroverfilmungen und für die Verarbeitung mit elektronischen Systemen.

Umschlaggestaltung: Kordula Röckenhaus, Bielefeld
Innenlayout: Majuskel Medienproduktion GmbH, Wetzlar
Lektorat: Torben Fischer, Lüneburg, Matthias N. Lorenz, Bern
Korrektorat: Johannes Brunnschweiler, Bern, Melanie Horn, Münster, Tobias Heinze, Burgdorf, Niels Brockmeyer, Frankfurt a.M.
Satz: Katharina Wierichs, Bielefeld, Mark-Sebastian Schneider, Bielefeld
Printed in Germany
Print-ISBN 978-3-8376-2366-6
PDF-ISBN 978-3-8394-2366-0

Gedruckt auf alterungsbeständigem Papier mit chlorfrei gebleichtem Zellstoff.
Besuchen Sie uns im Internet: http://www.transcript-verlag.de
Bitte fordern Sie unser Gesamtverzeichnis und andere Broschüren an unter: info@transcript-verlag.de

Inhalt

Vorwort zur dritten Auflage 9

Vorwort von MICHA BRUMLIK 11

Anlage und Benutzung 15

I 1945–1949

I.A	**Neuordnung unter alliierter Besatzung**	20
I.A1	Entnazifizierung	20
I.A2	Reeducation	21
I.A3	Nürnberger Prozess	23
I.A4	Nürnberger Nachfolgeprozesse	24
I.A5	Displaced Persons	26
I.A6	Bergen-Belsen-Prozess	28
I.A7	Rückwirkungsverbot	29
I.A8	Marshall-Plan	31
I.B	**Erste Reflexionen**	32
I.B1	Sprache des Nationalsozialismus	32
I.B2	Eugen Kogon: *Der SS-Staat*	34
I.B3	Max Picard: *Hitler in uns selbst*	36
I.B4	Frühe Erklärungsversuche deutscher Historiker	37
I.B5	Hans Rothfels: *Die deutsche Opposition gegen Hitler*	39
I.B6	Adorno-Diktum	41
I.B7	Darmstädter Wort	42
I.B8	Frühe Zeugnisse Überlebender	43
I.C	**Schuld- und Unschulddebatten**	44
I.C1	Mythos »Stunde Null«	44
I.C2	Kollektivschuldthese	45
I.C3	Karl Jaspers: *Die Schuldfrage*	49
I.C4	Simon Wiesenthal	51
I.C5	Exildebatte	53
I.C6	Dramen der Nachkriegszeit	56
I.C7	Trümmer- und Zeitfilme	58
I.C8	Junge Generation	60

II 1949–1961

II.A	**Initiativen der Aufarbeitung**	64
II.A1	Wiedergutmachungs- und Entschädigungsgesetze	64
II.A2	Gründung des Instituts für Zeitgeschichte	66
II.A3	Prozesse gegen NS-Täter	67
II.A4	Strafverfahren wegen Verunglimpfungen des Widerstandes	69
II.A5	Ulmer Einsatzgruppenprozess	70
II.A6	SRP-Verbot	72
II.A7	Ludwigsburger Zentralstelle	73
II.A8	Aktion Sühnezeichen	75
II.A9	Volksverhetzung als Straftat	77
II.B	**»Wir sind wieder wer.«**	79
II.B1	Nationale Symbole	79
II.B2	Gedenk- und Nationalfeiertage	81
II.B3	Kriegsheimkehrer	83
II.B4	Vertriebenenproblematik	85
II.B5	Deutsches Programm der FDP	87
II.B6	WM-Sieg 1954	89
II.B7	Wiederbewaffnung	89
II.B8	Neue Antisemitismuswelle	91
II.B9	**Fenster:** Revisionismus/ Leugnung des Holocaust	93

II.C	Ungebrochene Karrieren	98
II.C1	Amnestien	98
II.C2	131er-Gesetzgebung	100
II.C3	Veit Harlan-Prozess	102
II.C4	Selbstamnestierung der Justiz	104
II.C5	Fälle Globke und Oberländer	107
II.C6	Ernst Achenbach	109
II.C7	*Mephisto*-Verbot	110
II.D	Widerstreitende Opfererfahrungen in Literatur und Film	112
II.D1	*Tagebuch der Anne Frank*	112
II.D2	Rechtfertigungsschriften	115
II.D3	Gruppe 47	116
II.D4	Ernst von Salomon: *Der Fragebogen*	119
II.D5	Landser-Hefte	121
II.D6	NACHT UND NEBEL	123
II.D7	Kriegsfilmwelle	125
II.D8	Goll-Affäre	127
II.D9	Literatur über Flucht und Vertreibung	129

III 1961–1968

III.A	Rechtsfindung und Wahrheitssuche	134
III.A1	Eichmann-Prozess	134
III.A2	Hannah Arendt: *Eichmann in Jerusalem. Ein Bericht von der Banalität des Bösen*	136
III.A3	Frankfurter Auschwitz-Prozess	139
III.A4	*Anatomie des SS-Staates*	142
III.A5	Fritz Bauer	144
III.A6	Peter Weiss: *Die Ermittlung*	145
III.A7	Deutsche Schriftsteller und der Frankfurter Auschwitz-Prozess	148
III.A8	Vernichtungslager-Prozesse	150
III.A9	Krumey-Hunsche-Prozess	152
III.A10	Callsen-Prozess (Babij Jar)	154
III.A11	Gehilfenjudikatur	155
III.A12	Königsteiner Entschließung	157
III.B	Belastete Neuanfänge	159
III.B1	Rücktritte und Entlassungen	159
III.B2	Gründung und Anfangserfolge der NPD	160
III.B3	Fischer-Kontroverse	162
III.B4	Germanistentag 1966	164
III.B5	Karl Jaspers: *Freiheit und Wiedervereinigung*	166
III.B6	»Die Nachkriegszeit ist zu Ende«	168
III.B7	Jean Améry: *Jenseits von Schuld und Sühne*	169
III.C	Kulturell-didaktische Aufklärung	171
III.C1	Fernsehreihe DAS DRITTE REICH	171
III.C2	Rolf Hochhuth: *Der Stellvertreter*	173
III.C3	Fall Hofstätter	175
III.C4	Holocaust-Photoausstellungen	176
III.C5	KZ als Gedenkstätten	178
III.C6	*Spiegel*-Serien	180
III.C7	Der Holocaust im Spielfilm der 1960er Jahre	181
III.C8	Fenster: Nationalsozialismus im Schulunterricht	182

IV 1968–1979

IV.A	Mehr Verantwortung wagen: Studentenproteste bis RAF	188
IV.A1	»1968«	188
IV.A2	Alexander und Margarete Mitscherlich: *Die Unfähigkeit zu trauern*	193
IV.A3	Kiesinger-Ohrfeige	195
IV.A4	Beate Klarsfeld	196
IV.A5	Rücktritt Heinrich Lübkes	197
IV.A6	Kniefall von Warschau	199
IV.A7	Neue Ostpolitik	201
IV.A8	Väterliteratur	203
IV.A9	RAF und »Faschismus«	205
IV.A10	Neuer Deutscher Film	208
IV.A11	Fenster: § 175 und das unbewältigte Erbe der NS-Homosexuellenverfolgung	209
IV.B	Politisch-justizielle Versäumnisse	215
IV.B1	Verjährungsdebatten	215
IV.B2	Kalte Amnestie	217
IV.B3	Klaus Barbie	218
IV.B4	Filbinger-Affäre	219
IV.B5	Lischka-Prozess	222
IV.B6	Euthanasie-Prozesse und -Debatten	223
IV.B7	Majdanek-Prozess	225

IV.C	**Faszinosum Hitler**	227
IV.C1	Albert Speer: *Erinnerungen*	227
IV.C2	Joachim C. Fest: *Hitler.*	
	Eine Biographie	229
IV.C3	Riefenstahl-Renaissance	231
IV.C4	Syberberg-Debatte	232
IV.C5	Intentionalisten vs.	
	Strukturalisten	234
IV.C6	Hitler-Welle	237
IV.C7	Heidegger-Kontroverse	238

V 1979–1995

V.A	**Spannungsfelder 40 Jahre nach Kriegsende**	244
V.A1	Schmidt-Begin-Konflikt	244
V.A2	»Geistig-moralische Wende«	246
V.A3	»Gnade der späten Geburt«	247
V.A4	Bitburg-Affäre	248
V.A5	Goebbels-Gorbatschow-Vergleich	250
V.A6	Fassbinder-Kontroversen	250
V.A7	Weizsäcker-Rede	253
V.A8	Historisierung der NS-Zeit	256
V.A9	Historikerstreit	259
V.A10	Jenninger-Rede	261
V.A11	Streit um »vergessene Opfer«	263
V.A12	Reichstagsbrand-Kontroverse	266
V.B	**Erzählmuster und Aneignungsverhältnisse**	268
V.B1	Holocaust-Serie	268
V.B2	Shoah	270
V.B3	Späte Anerkennung für Edgar Hilsenrath	272
V.B4	Raul Hilberg: *Die Vernichtung der europäischen Juden*	274
V.B5	Deutsche Filme der 1980er Jahre	275
V.B6	Hitler-Tagebücher	278
V.B7	Ruth Klüger: *weiter leben. Eine Jugend*	279
V.B8	Schindlers Liste	281
V.B9	Wilkomirski-Affäre	282
V.C	**Erinnerungsorte zwischen Akzeptanz und Widerstand**	284
V.C1	Umgang mit NS-Bauten	284
V.C2	Gedenkstätte KZ Neuengamme	287
V.C3	Mahnmaldebatte Wewelsburg	289
V.C4	Museumsdebatte	290
V.C5	Todesmarsch-Mahnmale	291
V.C6	Topographie des Terrors	292
V.C7	Haus der Wannsee-Konferenz	294
V.C8	Ausstellung deutscher Widerstand	296
V.C9	Streitfall jüdischer Friedhof in Hamburg-Ottensen	297
V.C10	Gedenkstätte Neue Wache	299
V.D	**Nach der Wiedervereinigung**	301
V.D1	Skepsis gegenüber der deutschen Wiedervereinigung	301
V.D2	**Fenster:** Doppelte Vergangenheitsbewältigung	303
V.D3	Ausschreitungen von Rostock-Lichtenhagen	307

VI 1995–2008

VI.A	**Erinnerungskontroversen der Berliner Republik**	312
VI.A1	Wehrmachtsausstellung	312
VI.A2	Holocaust-Mahnmal in Berlin	314
VI.A3	Goldhagen-Debatte	317
VI.A4	Walser-Bubis-Debatte	320
VI.A5	Farbbeutel-Rede Joschka Fischers	322
VI.A6	Jüdisches Museum Berlin	323
VI.A7	**Fenster:** Antiziganismus/Opferkonkurrenz	326
VI.B	**Erfolge und Misserfolge staatlicher Intervention**	336
VI.B1	Holocaust-Gedenktag	336
VI.B2	Zwangsarbeiter-Entschädigung	337
VI.B3	Beutekunststreit	339
VI.B4	NPD-Verbotsverfahren	341
VI.B5	Letzte Täterprozesse	342
VI.B6	Erbgesundheitsgesetz, Ächtung und Entschädigungsdebatten	345
VI.C	**Künstlerische Entwürfe von Nachgeborenen**	348
VI.C1	Junge deutsch-jüdische Literatur	348
VI.C2	Art Spiegelman: *Maus*	350
VI.C3	Holocaust als Filmkomödie	352
VI.C4	»Tagebuch eines Massenmörders – Mein Kampf«	354

VI.C5	DAS HIMMLER-PROJEKT	355	VI.E3	Hohmann-Affäre	389
VI.C6	LEGO-KZ	356	VI.E4	NSU-Morde	391
VI.C7	Stolpersteine	358	VI.E5	Neue Rechte	394
VI.C8	DER UNTERGANG	360	VI.E6	**Fenster:** Rechtsextremismus	397
VI.C9	Erinnerungskultur in den Neuen Medien	363	**VI.F**	**Erkenntnis gesamtgesellschaftlicher Verstrickung**	403
VI.D	**Deutsche Opfernarrative**	364	VI.F1	Fall Schneider/Schwerte	403
VI.D1	Victor Klemperer: *Tagebücher 1933–1945*	364	VI.F2	Historiker im Nationalsozialismus	405
VI.D2	Geschichtsfernsehen im ZDF	366	VI.F3	Die DFG im Nationalsozialismus	408
VI.D3	Norman G. Finkelstein: *Die Holocaust-Industrie*	370	VI.F4	*Das Amt und die Vergangenheit*	410
			VI.F5	BKA-Historie	414
VI.D4	Bernhard Schlink: *Der Vorleser* (1995)	371	VI.F6	Debatte um die Rolle von Unternehmen im Nationalsozialismus	416
VI.D5	Jörg Friedrich: *Der Brand*	373	VI.F7	Götz Aly: *Hitlers Volksstaat*	419
VI.D6	Günter Grass: *Im Krebsgang*	375	VI.F8	Günter Grass' Waffen-SS-Mitgliedschaft	422
VI.D7	Anonyma: *Eine Frau in Berlin*	377			
VI.D8	*Spiegel*-Serien: Deutsche Opfer	379	VI.F9	NSDAP-Mitgliedschaften	426
VI.D9	Zentrum gegen Vertreibungen	380	VI.F10	Umbenennung von Straßen	429
VI.D10	Dresden 1945	383		Auswahlbibliographie	433
VI.E	**Antisemitismusdebatten und Rechtsextremismus**	385		Autorenkürzel	467
VI.E1	Jürgen Möllemanns Israel-Flugblatt	385		Alphabetisches Verzeichnis der Einträge	469
VI.E2	Martin Walser: *Tod eines Kritikers*	387		Personenregister	475

Vorwort zur dritten Auflage

Knapp acht Jahre nach seinem ersten Erscheinen im Jahr 2007 liegt das *Lexikon der ›Vergangenheitsbewältigung‹* nach einer zweiten, unveränderten Auflage 2008 nun in einer erweiterten und überarbeiteten Neuauflage vor. Damit wird der Unabgeschlossenheit des dokumentierten Gegenstandes Rechnung getragen, die Micha Brumlik im Vorwort zur Erstauflage betont hatte. Zeitlich rückt das Lexikon näher an die Gegenwart heran und dokumentiert im deutlich ergänzten letzten Teilabschnitt wichtige Tendenzen, Themen und Debatten, die für die Zeit bis 2008 von Bedeutung waren. Dabei wird das Lexikon mit diesen Ergänzungen den Charakter des Exemplarischen, der ihm notwendigerweise anhaftet, nicht verlieren. Gerade angesichts des breiten Fokus ist Vollständigkeit nicht zu gewährleisten, wohl aber eine durch prägnante Beispiele ausreichend fundierte Identifizierung jener Konjunkturen, die sich in den Diskursen der ›Vergangenheitsbewältigung‹ quer durch die Untersuchungsfelder Politik, Justiz, Gesellschaft, Kunst, Medien und Wissenschaft abzeichnen.
Vor dem Hintergrund dieses breiten, auch programmatischen Zugriffs war es umso erfreulicher, wie rasch und unwidersprochen sich das Lexikon als einschlägiges Werk sowohl für Fachleute wie interessierte Laien etabliert hat. Auch aus Sicht der vielen und durchweg positiven Besprechungen in Fachorganen und Feuilletons hat sich das Lexikon offenbar als ein zuverlässiges Nachschlagewerk bewährt, das über die Dokumentation von Einzelereignissen hinaus in der Lage ist, Entwicklungen und Strukturen der nunmehr siebzig Jahre währenden Nachgeschichte des Nationalsozialismus aufzuzeigen. Der unübliche Ansatz, innerhalb eines Lexikons zeitliche wie thematische Ordnungen zu kreuzen und die Dynamik von sich wandelnden Diskursverläufen mithilfe einer flexiblen Struktur nachzuzeichnen, hat sich nicht nur als innovativ, sondern auch gewinnbringend für die Nutzerinnen und Nutzer erwiesen.
Für die Neuauflage wurde nun nicht nur der zeitliche Horizont bis in das Jahr 2008 verlängert, punktuell wurden auch Einträge in den bestehenden Zeitabschnitten ergänzt und einige wenige Artikel durch Neufassungen ersetzt oder innerhalb der ergänzten Gesamtstruktur umgruppiert. Die Literaturhinweise und die Auswahlbibliographie wurden aktualisiert; sehr viele Artikel wurden zudem inhaltlich ergänzt und aktualisiert. Für ihre wertvolle Unterstützung bei der Überarbeitung ist der Philosophisch-historischen Fakultät der Universität Bern unter Dekan Prof. Dr. Michael Stolz und Dekanin Prof. Dr. Virginia Richter zu danken. Ebenso danken wir Nicole Weber, Aurel Köpfli und Johannes Brunnschweiler, die als Hilfsassistierende wertvolle Arbeit geleistet haben, und dem Verlag, insbesondere Katharina Wierichs, für die anhaltend große Unterstützung. Unser besonderer Dank gilt schließlich allen neuen

und alten Autorinnen und Autoren, die an der Weiterentwicklung des Lexikons mitgewirkt haben, für ihre Beiträge und ihr Vertrauen.

Lüneburg und Bern im Mai 2015
Torben Fischer und Matthias N. Lorenz

Vorwort

MICHA BRUMLIK

Im Beitrag »Historikerstreit« des vorliegenden Bandes kann sich die Leserschaft über den Ausspruch des dem Rechtsextremismus zuneigenden Historikers Ernst Nolte informieren, wonach die NS-Zeit »eine Vergangenheit« sei, »die nicht vergehen will«. Unabhängig von den politischen Anklängen gibt diese Etikettierung der NS-Zeit zu denken, scheint sie doch offenbar paradox zu sein. Das Vergangene nämlich, also jenes, das Menschen in Erfahrungen, Erinnerungen und Erzählungen als »Vergangenheit« verstehen, ist per definitionem bereits vergangen – was vorbei ist, ist vorbei. Was soll es dann heißen, dass eine Vergangenheit nicht vergehen will? So sehr das, was in Erfahrungen, Erinnerungen und Erzählungen festgehalten wird, Gegenstände oder Zustände sind, die sich nicht mehr ändern lassen, so sehr sind doch andererseits alle solche, so oder so präsentierten Vergangenheiten die Vergangenheit einer über den kurzen Augenblick hinausreichenden Gegenwart. Unter Gegenwart wird hier offensichtlich der epochale Erfahrungsraum einer ganzen Gesellschaft oder doch zumindest ihrer gebildeten, kulturell oder politisch maßgeblichen Mitglieder verstanden. Und so besehen wäre Noltes Bemerkung auch beinahe richtig, hätte er den Vorgang, um den es ihm geht, nicht reifiziert, nicht versachlicht. Denn: Erfahrungen, Erinnerungen und Erzählungen führen nur bedingt ein Eigenleben, als kulturelle Konstrukte mit Wahrheitsanspruch sind sie allemal darauf angewiesen, von sich erinnernden und erzählenden Menschen je und je wieder aufgerufen, debattiert, umgedeutet, umgeschrieben und neu erzählt zu werden. Was Nolte also mit dem Ausdruck des Bedauerns feststellt, ist, dass die Gesellschaft der Bundesrepublik Deutschland diese, die NS-Vergangenheit, nicht vergehen lassen will, oder doch: sie weiterhin erzählen, erörtern, ihre Täter benennen, ihrer Opfer gedenken will. Das Bedauern des Historikers suggeriert einen vermeintlich »normalen« Lauf der Dinge: Historische Erinnerungen währen im Allgemeinen so lange, wie die Generationen, die sie erlebt haben, leben und gesellschaftlich das Sagen haben, also von der Jugendzeit an gerechnet etwa vierzig bis fünfzig Jahre, sofern nicht unwahrscheinliche politische Konstellationen Erfahrungen und Erinnerungen ganz aus dem öffentlichen Raum verbannen. Demnach wäre es jetzt, mit der sich neigenden Lebensspanne der um 1930 Geborenen, so weit, dass die Bedeutung dieser Vergangenheit im öffentlichen Bewusstsein schrumpft. Zu erinnern ist freilich, dass Nolte seine Klage vor mehr als zwanzig Jahren äußerte, zu einem Zeitpunkt, als die jüngsten Angehörigen von Wehrmacht, Waffen-SS und SS in der Mitte ihres Lebens standen – ebenso wie die überlebenden Opfer, die, traumatisiert wie sie waren, auch noch Jahrzehnte nach dem erfahrenen Leid an den ihnen aufgenötigten, unauslöschlichen physischen wie psychischen Narben laborierten. Der verhaltene Wunsch, schon Anfang oder

Mitte der 1980er Jahre solle die NS-Vergangenheit gefühlte hundert Jahre zurückliegen, verweist auf eine Gegenwart, die Gegenwart der achtziger Jahre, in der die Deutung und Bewertung der NS-Vergangenheit umkämpft war. Das aber war sie nicht nur und nicht erst in den achtziger Jahren. Die vergleichende Politikwissenschaft hat sich in den letzten Jahren zunehmend intensiver mit der Frage befasst, wie sich staatliche Gesellschaften, die eine Zeit lang unter faschistischer oder totalitärer Herrschaft standen, nach dem Ende derartiger Regime mit der Vergangenheit auseinandersetzen. Dabei seien die, was die Intensität der Grausamkeit und die Anzahl der Opfer betrifft, allemal bedeutsamen Fälle ehemals kommunistisch regierter Staaten an dieser Stelle übergegangen. Bei alledem sticht – betrachtet man nur staatliche Gesellschaften, die zeitweilig ein faschistisches Regime hatten – die Bundesrepublik Deutschland in jeder Hinsicht hervor. Während in Italien der genozidale Gaskrieg gegen Abessinien im Jahre 1936 noch immer ein Tabu ist und die Denkmäler faschistischer Herrschaft mehr oder minder unbemerkt das römische Stadtbild kennzeichnen, pilgern hohe japanische Regierungsmitglieder noch immer Jahr für Jahr zu einem Schrein, an dem verurteilter und gehenkter Verantwortlicher für den Angriffskrieg auf China und Korea 1937 folgende gedacht wird. Allen kolonialen und diktatorischen Gräueln zum Trotz hat kürzlich eine Mehrheit der Portugiesen den äußerlich so zivil wirkenden Diktator António de Oliveira Salazar zum bedeutendsten Portugiesen aller Zeiten gewählt, während der innenpolitische Frieden Spaniens nur dadurch gewährleistet zu sein scheint, dass die Grausamkeiten des Bürgerkrieges jedenfalls nicht ausführlich und nicht öffentlich erörtert werden. Gemessen an den anderen Staaten, in denen Massenverbrechen, Genozide und Politizide begangen wurden, hat die Bundesrepublik Deutschland, ein vernünftiger Zweifel ist nicht möglich, Außerordentliches vollbracht. Man übertreibt nicht, wenn man behauptet, dass es derzeit und vermutlich auch in alle Zukunft – allen internationalen Strafgerichtshöfen hier und einer sich global entwickelnden Menschenrechtskultur dort zum Trotz – keine andere Gesellschaft gegeben hat oder geben dürfte, die den Opfern von Staatsverbrechen ein Mahnmal gesetzt hat wie jenes, das nach Jahren heftiger Auseinandersetzung vor dem deutschen Parlament, vor dem ehemaligen Reichstagsgebäude in der Hauptstadt Berlin errichtet wurde. Man versuche sich nur einmal vorzustellen, dass in Ankara ein Denkmal für die Toten des jungtürkischen Genozids an den Armeniern oder in Moskau ein Mahnmal zur Erinnerung an die Opfer des GULAG errichtet würde. Darauf stolz zu sein und sich der damit verbundenen politischen Ethik verpflichtet zu sehen, wäre (jungen) Bundesbürgern nicht unangemessen; wichtiger aber ist es zunächst, zu verstehen, wie es dazu überhaupt kommen konnte. Das hat gewiss etwas mit der Singularität der nationalsozialistischen Verbrechen zu tun, die auch und gerade dann noch, wenn man sie im Rahmen einer vergleichenden Völkermordforschung betrachtet, nichts von ihrer Exzeptionalität verlieren. Freilich kommt alles darauf an, die Singularität dieser Verbrechen richtig zu begreifen und das heißt an erster Stelle, die Einzigartigkeit der NS-Verbrechen nicht aus der Perspektive der Opfer zu betrachten, sondern aus der Perspektive der Täter. Denn das Leid der Opfer, aller Opfer von Staatsverbrechen, mag zwar nach kriminologischen Kriterien unterschiedlich intensiv sein, gleichwohl hat niemand das moralische Recht, Leid gegen Leid aufzuwiegen. Sehr viel einfacher aber wird der Vergleich, wenn man sich auf die Anzahl, Herkunft und soziale Struktur der Täter sowie auf die Merkmale der Tätergesellschaft beschränkt. Der millionenfache Massenmord der Roten Khmer etwa wurde von einer Handvoll im Westen studierter Ideologen mithilfe von Tausenden von im Urwald und im Krieg verwahrlosten Kindersoldaten vollbracht, während die Ermordung der Sinti und Roma, der Millionen von Sowjetmenschen und eines Großteils der europäischen Juden in arbeitsteiliger Täterschaft nicht nur von den deutschen Eliten, sondern auch von einer, sei es ängstlichen, sei es profitgierigen Bevölkerung mitgetragen wurde. Es waren Offiziere ohne Ehre, Mediziner ohne hippokratisches Ethos, Juristen ohne Rechtsgefühl, Theologen ohne Glauben, Beamte ohne Rechtsempfinden sowie Ökonomen ohne Anstand, Wissenschaftler ohne Moral, die eine faschistische Diktatur rechtfertigten und stützten, einen Angriffskrieg exekutierten und in seinem Rahmen die Stigmatisierung und Beraubung, dann die Ermordung von Hunderttausenden Sinti und Roma, sechs Millionen Juden und Abermillionen von Sowjetbürgern entweder mit betrieben oder billigend in Kauf nahmen. Es waren – und darauf kommt es bei der

Einzigartigkeit dieser Verbrechen an – ganze Schichten einer nach allen Kriterien kulturell hochstehenden, zivilisierten Gesellschaft, die keineswegs unter Zwang alles preisgaben, was ihnen ihr Glaube und ihre Kultur mitzuteilen hatten. Andererseits hatte die deutsche Gesellschaft – auch das unterscheidet sie zum Beispiel von der russischen, der kambodschanischen oder der ruandischen Gesellschaft – bereits im Kaiserreich oder auch in der Weimarer Republik Prinzipien moderner Rechtsstaatlichkeit und universalistischer Moral gekannt und darüber hinaus eine, wenn auch oft ruinöse, so doch lebendige Streitkultur gepflegt. Nicht zuletzt konnte der Nationalsozialismus seinen politischen Sieg 1933 zunächst durch gewaltsame Ausschaltung seiner Gegner erringen – Gegner, die nach 1945 aus der Emigration, Gefängnissen oder Konzentrationslagern zurückkamen und es damit nicht bewenden lassen wollten. Nicht zuletzt hatte die Generation der Täterkinder – Kinder, die zumindest innerhalb des Bildungsbürgertums den ohnehin anstehenden Generationenkonflikt über die moralische Wahrhaftigkeit der Eltern, über die Frage nach ihrer Mittäter- oder Mitläuferschaft im Nationalsozialismus verschärften – diese Debatte öffentlich gemacht. Es ist diese massenhaft vorkommende Beteiligung bei ungewöhnlich widerrechtlichen und grausamen, allen rechtlichen und humanen Erwartungen zuwiderlaufenden rassistischen Verbrechen, die die außerordentliche Intensität und noch lange nicht abgeschlossene Auseinandersetzung in der Bundesrepublik Deutschland insgesamt erklärt. Freilich: Seit dem ersten Erscheinen des vorliegenden Lexikons hat sich die Ausgangslage der Debatte weiter verändert: Mindestens im Bildungsbereich haben Lehrer und Lehrerinnen es nicht mehr mit den Enkeln der Täter und Mitläufer, sondern mit deren Urenkeln zu tun, darüber hinaus ist Deutschland eine Einwanderungsgesellschaft mit der Folge, dass jüngere Generationen in großen und mittleren Städten zu 50 Prozent der Immigration entstammen, also keine biographischen Bezüge mehr zur NS-Zeit haben. Schließlich hat sich auch die historische Erinnerung im Zuge der Globalisierung dramatisch verändert: Neue Politizide, etwa die ungesühnte Ermordung von einer Million indonesischer Kommunisten in den 1960er Jahren, treten medial ins Bewußtsein, neue, quellengestützte Studien zur Kooperation etwa von Nationalsozialismus und Stalinismus erhitzen die Gemüter, zuletzt anhand der Debatte über Timothy Snyders Buch Bloodlands. Nicht zuletzt machen kleine gewaltbereite Gruppen von Rechtsextremisten und Neonationalsozialisten ebenso von sich reden wie radikale Islamisten, die mit den Rechtsextremisten darin übereinstimmen, dass sie den Holocaust leugnen. Wie viele unterschiedliche, auch persönliche Facetten, wie viele unterschiedliche politische Interessen, wie viele durch den gesellschaftlichen Wandel der Bundesrepublik provozierte je neue Formen der Debatte diese Grundkonstellation hervorbrachte, das erfährt man im hier vorliegenden *Lexikon der »Vergangenheitsbewältigung« in Deutschland*, bei dem jeder einzelne Artikel die denkbare Lesart, diese Vergangenheit lasse sich in einem substantiellen Sinn »bewältigen« und damit abschließen, widerlegt. Die Geschichte der Bundesrepublik Deutschland ist gewiss nicht nur, wohl aber auch die Geschichte der Auseinandersetzung mit der NS-Vergangenheit und durch den Beitritt der Länder der ehemaligen DDR keineswegs zu einem Ende gekommen – im Gegenteil: Mit dem Beitritt zum Grundgesetz hat diese Debatte auch die neuen Länder ergriffen, eine Debatte, die spät eingesetzt hat und das nachholen wird, was die völlig andere Reaktion der DDR auf den Nationalsozialismus unterlassen hat. Gemeinhin gilt von Lexika, dass jene Gegenstände, die sie erfassen und ausbreiten, ihre endgültige Form und Gestalt bereits gefunden haben, der lexikalisch aufbereitete Stoff also bereits der Vergangenheit angehört. Das ist hier nicht der Fall: Das Lexikon ist selbst Teil des Prozesses, den es dokumentiert, ein »work in progress«, das seine Zukunft noch vor sich hat.

Micha Brumlik ist emeritierter Professor für Erziehungswissenschaft an der Johann Wolfgang Goethe-Universität Frankfurt a.M.. Von 2000 bis 2005 leitete er das dortige Fritz Bauer Institut – Studien- und Dokumentationszentrum zur Geschichte und Wirkung des Holocaust. Seit Oktober 2013 wirkt er als Senior Research Fellow am Zentrum Jüdische Studien Berlin/Brandenburg.

Anlage und Benutzung

Torben Fischer / Matthias N. Lorenz

Noch 1996 konstatierte Norbert Frei in seiner Studie *Vergangenheitspolitik* mit einiger Verwunderung, dass die Frage, wie mit der NS-Vergangenheit umzugehen sei, zwar eine ungebrochene Virulenz besäße, aber bis vor Kurzem kaum Eingang in die historische Forschung gefunden habe. Dieses nachvollziehbare Lamento, dem Frei selbst durch seine sich rasch als Standardwerk erweisende Habilitation in Teilen den Boden entzog, war schon ein Jahrzehnt später kaum noch aufrechtzuhalten. Parallel zum »Erinnerungsboom« der 1990er Jahre vollzog sich eine Intensivierung der Forschung zum Phänomen der so genannten »Vergangenheitsbewältigung« nicht nur in der Geschichtswissenschaft, die sich sowohl in diversen Überblicksdarstellungen und Sammelbänden als auch in zahlreichen Einzelstudien zu Spezialproblemen niederschlug. Damit setzte zugleich eine ›Historisierung‹ derjenigen Diskurse und Debatten über die NS-Vergangenheit ein, die bis in die Gegenwart als Kristallisationspunkt bundesrepublikanischer Selbstverständigungsprozesse fortwirken. Die Geschichte der Aufarbeitung des Nationalsozialismus in der Bundesrepublik verlief dabei keineswegs linear und besaß keinen kohärenten thematischen ›Kern‹, der ihre Dynamik dominiert hätte – zu wenig stellt sie sich als kontinuierlicher Lernprozess dar, zu disparat waren die jeweiligen Anlässe für die mehr oder minder öffentlichen Debatten, zu heterogen auch die Felder, in die sie hineinwirkte beziehungsweise aus denen sie sich speiste. Will man die Nachgeschichte des Nationalsozialismus in der Bundesrepublik in ihrer ganzen Breite erfassen, genügt es nicht allein, die großen Mediendebatten und Fachkontroversen in den Blick zu nehmen: Nicht minder relevant sind die vielfältigen ästhetischen Spiegelungen des Phänomens, die administrativen und juristischen Entscheidungen einer Vergangenheitspolitik, die übergeordneten mentalitätsgeschichtlichen Prozesse, der Umgang mit den Orten des Gedenkens, schließlich die Bilder, Kollektivsymbole und Narrative der Erinnerung an den Nationalsozialismus, die sich nicht immer an konkrete Ereignisse oder Debatten im engeren Sinne zurückbinden lassen, die aber eine diskursive Wirkmächtigkeit entfalteten. Diese vielgestaltige Debatten- und Diskursgeschichte des Nationalsozialismus nach 1945 wird hier mit dem eingeführten Begriff der »Vergangenheitsbewältigung« bezeichnet, ein Terminus, dessen Betonung der Abschließbarkeit und Tilgung für den Charakter kollektiver Erinnerungsprozesse kaum angemessen ist. Die anhaltende, in den 1990er Jahren sogar wieder zunehmende mediale Präsenz des Nationalsozialismus zeigt, dass das Erinnern des Traumas nicht steuerbar ist, ebenso wenig, wie sich die Vergangenheit – im Täter- wie im Opfergedächtnis – intentional »bewältigen« und damit im Sinne einer Enttraumatisierung abschließen lässt. Trotz dieser offenkundigen Missverständlichkeit hat sich der Begriff »Vergangenheitsbewältigung« national wie international als behelfsmäßiger

Oberbegriff durchgesetzt, umfasst er doch mehr Dimensionen als die präziseren, aber enger auf die konkreten politischen Maßnahmen zugeschnittenen Konkurrenzbegriffe der Vergangenheits-, Erinnerungs- oder Geschichtspolitik. Zugleich ist er in seiner Funktion als Signalwort des NS-Diskurses für das Thema dieses Lexikons spezifischer als der ganz allgemein auf die kollektiven Vergegenwärtigungsprozesse abhebende Terminus der Erinnerungskultur.

Dieses Lexikon versucht, der Komplexität des Gegenstandes mit einer flexiblen Struktur zu begegnen. Die Debatten- und Diskursgeschichte des Nationalsozialismus wird in sechs Zeitabschnitte unterteilt, die Zäsuren der Erinnerungsgeschichte reflektieren. Innerhalb dieser chronologischen Grobstruktur (gekennzeichnet durch I-VI) werden für jeden Zeitraum thematische Konjunkturen benannt (gekennzeichnet durch A, B, C...), die zeittypische Diskurse um den Nationalsozialismus bündeln und in denen sich schließlich die (durchnummerierten) Einträge zu den Themen dieses Lexikons finden. Die chronologische Ordnung wird so durch eine thematische ergänzt, die den jeweiligen Schwerpunkten, Konjunkturen und Leerstellen des Erinnerungsdiskurses Rechnung trägt (und in der im Einzelfall auch ›unzeitige‹ Ereignisse versammelt werden, die die zeitlichen Zäsuren überschreiten). So werden gerade Verschiebungen und Kontinuitäten sichtbar, die beim Anlegen eines statischen Rasters (Politik/Gesellschaft/Kultur o. Ä.) oder in einer auf thematische Binnendifferenzierung verzichtenden chronologischen Anlage verdeckt blieben. Ergänzt wird die Ebene der Einträge durch sechs so genannte ›Fenster‹: grau unterlegte Artikel, die übergeordnete Phänomene fokussieren (Revisionismus/Leugnung des Holocaust; Nationalsozialismus im Schulunterricht; § 175 und das unbewältigte Erbe der NS-Homosexuellenverfolgung; Doppelte Vergangenheitsbewältigung; Rechtsextremismus; Antiziganismus/Opferkonkurrenz). Alle Einträge schließen mit nach Aktualität gereihten Hinweisen zur Forschungsliteratur, eventuelle Primärtexte und Dokumentationen sind ihnen vorangestellt. Im Anhang des *Lexikons* findet sich zudem eine umfangreiche Auswahlbibliographie zur »Vergangenheitsbewältigung« in Deutschland.

Zwar kann dieses Lexikon qua definitionem keinen genuinen Beitrag zur Forschung leisten, es bietet jedoch einen neuartigen Zugriff auf das disparate Feld der »Vergangenheitsbewältigung« an und unternimmt in seiner debatten- und diskursgeschichtlichen Ordnung zugleich den Versuch einer umfassenden Synthese. Erstmals versammelt es in bündiger und allgemein verständlicher Form die wichtigsten Informationen zu den anerkannten Großereignissen und -debatten des Erinnerungsdiskurses ebenso wie zu den heute fast vergessenen kleineren Fällen, die in der zeitgenössischen Wahrnehmung oft nicht minder bedeutsam waren und aus heutiger Perspektive beredte Zeugnisse des historischen erinnerungspolitischen Klimas sind. Durch seine Anlage lässt sich das Lexikon nicht nur als Nachschlagewerk nutzen, sondern ebenso als chronologische Gesamtdarstellung lesen, die sich aus der Abfolge der – zum Teil exemplarisch ausgewählten – Diskursereignisse ergibt. Die Entscheidung, Zäsuren und Konjunkturen für die bundesdeutsche Geschichte zu benennen, bedeutet zugleich, dass die ganz anders verlaufene Nachgeschichte des Nationalsozialismus in der DDR im Rahmen des hier gewählten Zugriffs nicht abbildbar war; sie hätte einer eigenen thematischen und zeitlichen Struktur bedurft, die nicht zuletzt vor dem Hintergrund eines bislang nicht vergleichbar ausdifferenzierten Forschungsstandes im Rahmen einer lexikalischen Gesamtdarstellung noch nicht beschreibbar erscheint. Aus dem gleichen Grund wahrt auch der letzte Zeitabschnitt eine gewisse Distanz zur Gegenwart, um ein Minimum jenes Abstandes beizubehalten, den eine rückblickende Kontextualisierung und Bewertung bedarf, die, auch wenn der Komplex der »Vergangenheitsbewältigung« von anhaltender Aktualität ist, Anspruch darauf anmeldet, auch nur einigermaßen von Bestand zu sein.

Das Thema und der interdisziplinäre Ansatz dieses Lexikons verdanken sich einem Schwerpunkt, den Prof. Dr. Peter Stein im kulturwissenschaftlichen Studiengang der Universität Lüneburg in enger Verzahnung mit Studierenden und akademischem Nachwuchs verankerte. Peter Stein ist dieses Buch daher gewidmet: Seine Anregungen waren es nicht zuletzt, die uns zur Aufnahme eines hochschuldidaktischen Lehr- und Forschungsprojektes an den Universitäten Lüneburg und Bielefeld animierten, aus dem – Jahre später und in Kooperation mit auswärtigen Kolleginnen und Kollegen – schließlich das *Lexikon der »Vergangenheitsbewältigung« in Deutschland* erwachsen ist. Wir danken zudem Maria Munzert, Nike Thurn und Julia Weis für ihren unermüdlichen, tatkräftigen und nicht zuletzt vermittelnden Einsatz. Unser Dank gilt ebenso Prof. Dr. Micha Brumlik für seine gewogene Unterstützung sowie Birgit Klöpfer, Dr. Karin Werner und Gero Wierichs, die dieses Projekt im Verlag mit Umsicht betreut haben.

I 1945 – 1949

I.A Neuordnung unter alliierter Besatzung

I.A1 Entnazifizierung, Versuch der Alliierten, die NS-Ideologie sowie jegliche nationalistischen und militaristischen Einflüsse aus der deutschen Gesellschaft zu entfernen. Bereits im Februar 1945 hatten Stalin, Roosevelt und Churchill auf der Konferenz von Jalta die Errichtung eines Internationalen Militärtribunals, das die Kriegsverbrecher aburteilen sollte, beschlossen und sich über die Beseitigung und das Verbot nationalsozialistischer Gesetze, Organisationen, Symbole und Schriften als Maßnahmen zur Entnazifizierung geeinigt. Auf der Potsdamer Konferenz (17.7.-2.8.1945) wurden diese Beschlüsse bekräftigt. Die Verantwortung für die Durchführung der Entnazifizierung wurde den Oberbefehlshabern der vier Siegermächte übertragen, die Koordinierung fiel in den Aufgabenbereich des Alliierten Kontrollrats.

Maßgeblich für die praktische Umsetzung war die US-Direktive JCS 1067, mit der die Auflösung sämtlicher NS-Organisationen, die Verhaftung höherer NS-Funktionäre sowie die Entfernung aller mehr als nur nominellen Parteimitglieder aus dem Staatsdienst und aus zentralen Stellen in der Wirtschaft durchgeführt werden sollte. Erste Handlung der Alliierten nach Kriegsende war die Verhaftung von ca. 200.000 mutmaßlichen Kriegsverbrechern, die in Internierungslagern festgesetzt wurden. Dieser »automatische Arrest« bezog sich im Wesentlichen auf Angehörige der im →Nürnberger Prozess [I.A3] als »verbrecherische Organisationen« eingestuften SS, SD, Gestapo und des Korps der Politischen Leiter der NSDAP. Während in den westlichen Zonen Einigkeit darüber herrschte, die Entnazifizierung als Bestandteil der Demokratisierung der deutschen Bevölkerung zu betreiben, war in der SBZ die Entmachtung der »Monopolherren« zugunsten der Arbeiterklasse das vorrangige Ziel. Hier waren von Anfang an auch Deutsche am Prozess der Entnazifizierung beteiligt.

Doch auch zwischen den westlichen Besatzern gab es Unstimmigkeiten hinsichtlich der Gestaltung der Entnazifizierung. In den britischen und französischen Besatzungsgebieten sollten sich die Maßnahmen im Wesentlichen auf die Säuberung der Verwaltung beschränken; hier wurde die Entnazifizierung weniger rigoros betrieben als in der amerikanischen Zone, in der sie auch die Entfernung von NSDAP-Mitgliedern aus dem Wirtschaftssektor beinhaltete. In der US-Zone mussten vom 7.7.1945 an alle Personen, die Schlüsselfunktionen innehatten, vor ihrer möglichen Wiedereinstellung anhand eines aus 131 Fragen bestehenden Erhebungsbogens ihre politische Vergangenheit darlegen. Die Public Safety Division nahm eine Einteilung der Befragten in fünf Gruppen vor: Personen der Gruppe I galten als verpflichtend zu entlassen, bei Angehörigen der Gruppen II und III wurde die Entlassung empfohlen. Gruppe IV umfasste Personen, gegen deren Wiedereinstellung keine Einwände bestanden und bei in Gruppe V Eingestuften wurde die Beschäftigung empfohlen. In diese Kategorie fielen fast ausschließlich Widerständler.

Eine Zäsur in der Entnazifizierungs-Politik stellt das so genannte Befreiungsgesetz vom 5.3.1946 dar, das die Entnazifizierung in die Verantwortung deutscher Stellen übergab. Fortan musste jeder Deutsche über 18 Jahre einen Meldebogen ausfüllen, der von aus Laien bestehenden Spruchkammern ausgewertet wurde. Es erfolgte eine Einordnung in fünf Belastungskategorien (hauptschuldig, belastet, minderbelastet, Mitläufer, entlastet). Je nach Einstufung ergingen Urteile, die von Geldstrafen bis zu zehn Jahren Arbeitslager reichten. Das Vorgehen der Spruchkammern führte immer wieder zu Konflikten mit der amerikanischen Militärregierung. So wurden von den insgesamt 13 Millionen Fällen zunächst die minder schweren bearbeitet, was dazu führte, dass NS-Größen im Zuge der Lockerung der Entnazifizierungs-Politik oft mildere oder gar keine Strafen erhielten. Auch das so genannte »Persilscheinwesen« erregte den Unmut der Amerikaner: Durch die Umkehr der Beweislast musste der Angeklagte seine Unschuld nachweisen; zu diesem Zweck stellten sich Nachbarn, Freunde und Kollegen gegenseitig Unbedenklichkeitserklärungen aus. Die Spruchkammerverfahren führten nur in den seltensten Fällen zur Verurteilung, geschweige denn zu Strafen. So geriet die anfangs rigoros betriebene Entnazifizierung immer mehr zur Farce; an die Stelle von Bestrafung trat immer mehr die politische Reinwaschung. Die britischen und französischen Besatzungsmächte übernahmen Anfang 1947 das Befreiungsgesetz in leicht modifizierter Form. Angesichts der sich abzeichnenden Polarisierung zwischen den USA und der Sowjetunion vollzogen die amerikanischen Besatzer ab 1948 einen auffälligen Richtungswechsel in ihrer Entnazifizierungs-Politik, da Deutschland als Bündnispartner benötigt wurde. Es galt, Verwaltung, Wirtschaft und Justiz möglichst schnell mithilfe der alten Eliten wieder aufzubauen. Dies führte zum Problem der personellen Kontinuitäten von NS-Funktionseliten in der BRD. Am 15.12.1950 erließ der Bundestag Richtlinien zum Abschluss der Entnazifizierung. Nach dem 1.1.1951 durften nur noch Verfahren gegen Hauptschuldige und Belastete eingeleitet werden. Außerdem wurde den Ländern empfohlen, nicht von der Verurteilung zu Lagerarbeit Gebrauch zu machen. In der DDR wurde per Gesetz vom 11.11.1949 allen Personen, die nicht zu einer Gefängnisstrafe von einem Jahr oder länger verurteilt worden waren, das aktive und passive Wahlrecht zurückgegeben. Alle Berufe außerhalb von Verwaltung und Justiz wurden ihnen zugänglich gemacht. So war auch das Selbstverständnis der DDR als antifaschistischer Staat nicht automatisch Garant für eine strikte Entnazifizierung.

Die Akzeptanz der Entnazifizierung war unmittelbar nach Kriegsende in der deutschen Bevölkerung noch sehr groß; im November 1945 drückten 50 Prozent der Befragten in einer amerikanischen Erhebung ihre Zufriedenheit mit der Durchführung der Maßnahmen aus, bis März 1946 stieg der Wert auf 57 Prozent. Bis Mai 1949 nahm die Kritik jedoch stark zu und nur noch 17 Prozent gingen konform mit der Entnazifizierung. Die Kritik der deutschen Bevölkerung richtete sich vor allem gegen die unterschiedlichen Vorgehensweisen in den Zonen und gegen die Spruchkammerverfahren, die schwere Fälle zurückstellten und die »kleinen Leute« verurteilten. Der rechtskonservative Schriftsteller Ernst von Salomon persiflierte in seinem Buch *Der Fragebogen* (1951) (→Ernst von Salomon: *Der Fragebogen* [II.D4]) die Methoden der Entnazifizierung. Das Buch wurde zum Bestseller, doch bestand darüber hinaus eine grundsätzliche Ablehnung der Entnazifizierung bei vielen Deutschen, die das »Dritte Reich« keineswegs als Unterdrückerstaat betrachteten, sondern – von der Idee der »volksgemeinschaftlichen« Loyalität überzeugt – die Maßnahmen der Alliierten als »Siegerjustiz« verdammten.

Insgesamt gilt die Entnazifizierung als gescheiterter Versuch einer politischen Massensäuberung, die auf eine nicht handhabbare Anzahl von Personen angewendet wurde und daher in ihrer Durchführung in den meisten Fällen nicht zu Bestrafungen, sondern zu Freisprüchen führte. Dennoch muss die Entnazifizierung als wichtiger Schritt zur Etablierung einer deutschen Demokratie eingeordnet werden, da sie zumindest durch exemplarische Verurteilungen die Bereitwilligkeit, ein demokratisches System zu etablieren, erhöhte.

DMe

Lit.: Fred Taylor (2011): *Zwischen Krieg und Frieden. Die Besetzung und Entnazifizierung Deutschlands 1944-1946*, Darmstadt: Wiss. Buchgesellschaft. Angela Borgstedt (2009): »Die kompromittierte Gesellschaft. Entnazifizierung und Integration«, in: Peter Reichel, Harald Schmid, Peter Steinbach (Hg.): *Der Nationalsozialismus – die zweite Geschichte. Überwindung, Deutung, Erinnerung*, München: Beck, S. 85-104. Annette Weinke (2002): *Die Verfolgung von NS-Tätern im geteilten Deutschland. Vergangenheitsbewältigungen 1949-1969 oder: Eine deutsch-deutsche Beziehungsgeschichte im Kalten Krieg*, Paderborn: Schöningh. Caspar von Schrenck-Notzing (1994): *Charakterwäsche. Die Politik der amerikanischen Umerziehung*, Frankfurt a.M., Berlin: Ullstein. Klaus Dietmar-Henke, Hans Woller (Hg.) (1991): *Politische Säuberung in Europa. Die Abrechnung mit Faschismus und Kollaboration nach dem Zweiten Weltkrieg*. München: dtv. Clemens Vollnhals (Hg.) (1991): *Entnazifizierung. Politische Säuberung und Rehabilitierung in den vier Besatzungszonen 1945-1949*, München: dtv. Lutz Niethammer (1982): *Die Mitläuferfabrik. Die Entnazifizierung am Beispiel Bayerns*, Berlin, Bonn: Dietz.

I.A2 Reeducation, von den USA entworfenes, von den britischen und französischen Besatzungsmächten in modifizierter Form übernommenes Konzept zur politischen Umerziehung der deutschen Bevölkerung nach demokratischen Prinzipien. Synonym dazu wurden die Begriffe Demokratisierung und Reorientation gebraucht.

Mit der Reeducation wollten die Alliierten eine neuerliche deutsche Aggression verhindern.

Im weitesten Sinne umfasst Reeducation alle Maßnahmen der Besatzungsmächte zur Beseitigung des Faschismus aus dem politischen, kulturellen und ökonomischen Leben und Bewusstsein des deutschen Volkes. In der Wissenschaft wird der Begriff meist spezifischer als demokratische Neuausrichtung des deutschen Kultur- und Bildungswesens verwendet. Die Maßnahmen der Reeducation umfassen die durchgehende Akademisierung des Lehrerberufs, Lehrmittel- und Schulgeldfreiheit, die neunjährige Schulpflicht sowie die Umstrukturierung von Presse und Rundfunk. Nach der deutschen Kapitulation wurden zunächst alle Adolf-Hitler-Schulen, NS-Ordensburgen und die Nationalpolitischen Erziehungsanstalten geschlossen, Lehrkörper, -mittel und -pläne entnazifiziert (→Entnazifizierung [I.A1]). Am 1.10.1945 wurde der reguläre Schulunterricht wieder aufgenommen. Aufgrund des durch die Entnazifizierung entstandenen Lehrermangels (örtlich waren bis zu zwei Drittel der Lehrerschaft entlassen worden) wurden Pensionäre und zu so genannten »Schulhelfern« ausgebildete Studenten eingestellt; als Lehrmaterial dienten von den Alliierten bereits vor Kriegsende nachgedruckte Schulbücher aus der Weimarer Republik.

Das kulturelle Leben wurde schnell wieder aufgenommen. Das nationalsozialistisch geprägte Repertoire wurde beseitigt und durch deutsche und internationale Klassiker ersetzt. Außerdem bekamen die Deutschen Zugang zu Stücken der internationalen Moderne. Hinsichtlich der Presse- und Rundfunkpolitik herrschte große Uneinigkeit unter den Alliierten. Nach dem dreimonatigen Presseverbot, dem so genannten »Black Out«, wurden in den vier Zonen Presselizenzen ausschließlich an Verleger vergeben, die vor 1945 noch nicht publizistisch tätig gewesen waren. In der US-Zone waren nur überparteiliche Zeitungen erlaubt, in der britischen hingegen wurden auch Parteirichtungszeitungen zugelassen. In der SBZ etablierten die Besatzer sozialistische Parteizeitungen. Keine einheitliche Entwicklung war im französischen Besatzungsgebiet zu erkennen. Beim Neuaufbau des Rundfunkwesens setzten die Amerikaner auf föderalistische Strukturen und errichteten Sender auf Länderebene. Briten, Franzosen und Sowjets bauten nur jeweils eine Rundfunkanstalt in ihren Zonen auf. Mithilfe der neu errichteten Massenmedien sollte die demokratische respektive sozialistische Erziehung vorangetrieben werden.

Die Reeducation umfasste jedoch nicht nur die Reformierung des Bildungs- und Kultursektors, sondern auch Maßnahmen, die direkt bei der Bevölkerung ansetzten. Vor allem die amerikanischen und britischen Alliierten versuchten, durch Aufklärung die Geisteshaltung der Deutschen zu verändern. In Filmvorführungen, Hörfunksendungen, Zeitungsartikeln und an Informationsabenden wurde die Bevölkerung mit den grausamen Verbrechen konfrontiert. Ein Fernbleiben von den Veranstaltungen, auf denen meist erschreckende Bilder von NS-Opfern gezeigt wurden, hatte mitunter Kürzungen der Rationierung zur Folge. Als besonders drastische Reeducation-Maßnahme gilt die von den amerikanischen Besatzern angeordnete Besichtigung der Leichenberge im Konzentrationslager Buchenwald durch die Einwohner Weimars. Besondere Bedeutung besitzt in diesem Zusammenhang der erste von der amerikanischen Militärregierung produzierte Reeducation-Film DIE TODESMÜHLEN (DEATH MILLS, 1945), der dokumentarische Aufnahmen aus verschiedensten nationalsozialistischen Lagern und Tötungsstätten vereint.

In der zeitgenössischen Diskussion hatte der deutsche Begriff »Umerziehung«, mit dem Reeducation übersetzt wurde, eine eindeutig negative Konnotation, wurde den Deutschen dadurch doch die moralische Niederlage, ja eine geistige Unterlegenheit vor Augen gehalten. Insbesondere beim älteren Teil der Bevölkerung erfolgte weniger eine Umerziehung als eine Anpassung an die neuen politischen Tatsachen. Für die junge bundesdeutsche Generation bedeutete die Reeducation jedoch – im Verbund mit der Aufnahme der Bundesrepublik in die westliche Staatengemeinschaft – eine Möglichkeit zur Überwindung der Vergangenheit: An die Stelle des nationalsozialistischen konnte ein demokratisches und zunehmend pluralistisches Weltbild treten. Die Reeducation stellt somit ein fundamentales Element der nachkriegsdeutschen Demokratie dar. Bedingt durch den sich abzeichnenden Kalten Krieg und das Bestreben, die Bundesrepublik als »Bollwerk gegen den Kommunismus« aufzubauen, wurden viele Maßnahmen allerdings bereits Ende der 1940er Jahre eingestellt.

DMe

Lit.: Jaimey Fisher (2007): *Disciplining Germany. Youth, Reeducation, and Reconstruction after the Second World War*, Detroit: Wayne State Univ. Press. Habbo Knoch (2001): *Die Tat als Bild. Fotografien des Holocaust in der deutschen Erinnerungskultur.* Hamburg: Hamburger Edition. Cornelia Brink (1998): *Ikonen der Vernichtung. Öffentlicher Gebrauch von Fotografien aus nationalsozialistischen Konzentrationslagern nach 1945*, Berlin: Akademie. Brigitte J. Hahn (1997): *Umerziehung durch Dokumentarfilm? Ein Instrument amerikanischer Kulturpolitik im Nachkriegsdeutschland 1945-53*, Münster: LIT. Heinrich Oberreuter, Jürgen Weber (Hg.) (1996): *Freundliche Feinde? Die Alliierten und die Demokratiegründung in Deutschland*, Landsberg: Olzog. Klaus-Dietmar Henke (1995): *Die amerikanische Besatzung Deutschlands*, München: Oldenbourg. Karl-Heinz Füssl (1994): *Die Umerziehung der Deutschen. Jugend und Schule unter den Siegermächten des Zweiten Weltkrieges 1945-1955*, Paderborn: Schöningh. Wolfgang Benz (1991): *Zwischen Hitler und Adenauer. Studien zur deutschen Nachkriegsgesellschaft*, Frankfurt a.M.: Fischer. Helmuth Mosberg (1991): *Reeducation. Umerziehung und Lizenzpresse im Nachkriegsdeutschland*, München: Universitas. Brewster S. Chamberlin (1981): »Todesmühlen. Ein früher Versuch zur Massen-›Umerziehung‹ im besetzten Deutschland 1945-46«, in: *Vierteljahrshefte für Zeitgeschichte* 29, H. 3, S. 420-436.

I.A3 Nürnberger Prozess, vom 20.11.1945 bis zum 1.10.1946 andauerndes Internationales Militärtribunal gegen 24 Hauptkriegsverbrecher und sechs als verbrecherisch angeklagte Organisationen des Nationalsozialismus. In das Verfahren entsandte jede der vier Siegermächte einen Vertreter.
Die alliierte Intention hinter dem Nürnberger Prozess war die öffentliche Verurteilung der nationalsozialistischen Elite. Grundlage für das Verfahren war das Londoner Abkommen vom 8.8.1945, das bereits auf den alliierten Konferenzen von Teheran (28.11.-1.12.1943), Jalta (4.12.-11.12.1945) und Potsdam (17.7.-2.8.1945) vorbereitet worden war.
Nach Art. 6 des Statuts für den Internationalen Militärgerichtshof legten die Alliierten zunächst drei Verbrechenskategorien fest. Erstens »Verbrechen gegen den Frieden«, hierunter fielen Planung, Einleitung und Durchführung eines Angriffskrieges oder eines internationale Verträge verletzenden Krieges; zweitens »Kriegsverbrechen«, hierzu zählten alle Taten, die gegen die Haager Landkriegsordnung von 1907 und die Genfer Kriegsgefangenenkonvention von 1929 verstießen. Durch den Bezug auf diese internationalen Abkommen wollten die Alliierten dem Haupteinwand entgegenwirken, das Verfahren verstoße gegen das →Rückwirkungsverbot [I.A7], nach dem Handlungen nur bestraft werden können, wenn zum Zeitpunkt der Tat ein Gesetz die Handlung als kriminell ausweist. In die dritte Kategorie, »Verbrechen gegen die Menschlichkeit«, fielen Mord, ethnische Ausrottung, Versklavung, Deportation und Verfolgung aus politischen, rassistischen oder religiösen Gründen sowie andere unmenschliche Handlungen an Zivilisten vor oder während des Krieges. Diese neuartige Kategorie bildete später die juristische Grundlage für die Resolution 260 A (III) der Vereinten Nationen über die »Verhütung und Bestrafung des Völkermordes«, die am 9.12.1948 von der Generalversammlung beschlossen wurde und am 12.1.1951 in Kraft trat.
Die Entscheidung, das Internationale Militärtribunal in Nürnberg abzuhalten, ist einerseits auf die Tatsache zurückzuführen, dass hier sowohl das Justizgebäude als auch ein in unmittelbarer Nähe befindliches Gefängnis unzerstört geblieben waren, andererseits ist die Wahl, den Prozess in der Stadt der »Rassengesetze« durchzuführen, auch symbolisch zu verstehen. Von hier aus sollte die Weltöffentlichkeit, allen voran die deutsche Bevölkerung, über die kriminellen Ausmaße der NS-Diktatur aufgeklärt werden. Vor diesem Hintergrund muss auch die Auswahl der Angeklagten betrachtet werden. Nicht nur die nationalsozialistische Führung, sondern auch das Militär, das Reichssicherheitshauptamt, das Propagandaministerium und die Kriegswirtschaft sollten abgeurteilt werden. Somit fungierte der Nürnberger Prozess auch als wichtiges Element der →Reeducation [I.A2] und war das sichtbarste Zeichen der angestrebten →Entnazifizierung [I.A1]. Nach 218 Verhandlungstagen verkündete der britische Vorsitzende des Gerichtshofes, Lord Geoffrey Lawrence, am 21.10.1946 die Urteile gegen die sechs angeklagten Organisationen (NSDAP, SA, SS, Reichsregierung, Generalstab und Oberkommando der Wehrmacht, sowie Gestapo und Sicherheitsdienst) und die 24 Angeklagten. Todesurteile ergingen

gegen Hans Frank, Wilhelm Frick, Alfred Jodl, Ernst Kaltenbrunner, Wilhelm Keitel, Joachim von Ribbentrop, Alfred Rosenberg, Fritz Sauckel, Arthur Seyß-Inquart, Julius Streicher, Martin Bormann (in Abwesenheit) und Hermann Göring, der vor der Vollstreckung Suizid beging. Gegen Rudolf Heß, Baldur von Schirach, Albert Speer (→Albert Speer: *Erinnerungen* [IV.C1]), Walther Funk, Erich Raeder, Konstantin von Neurath und Karl Dönitz wurden Freiheitsstrafen von 15 Jahren bis lebenslänglich ausgesprochen; Hans Fritzsche, Franz von Papen und Hjalmar Schacht erstritten Freisprüche. Robert Ley hatte vor Prozessbeginn Selbstmord begangen, Gustav Krupp von Bohlen und Halbach konnte wegen Krankheit nicht am Prozess teilnehmen. In den Schlussplädoyers der Angeklagten wurden immer wieder Pflichterfüllung, Gehorsam und Vaterlandsliebe als Motive für die begangenen Verbrechen vorgeschoben. Hitler wurde als teuflischer Verführer, der die gesamte deutsche Nation in die Irre geführt habe, dargestellt. Alle Angeklagten erklärten sich als »nicht schuldig im Sinne der Anklage«.

Das stark am angloamerikanischen Rechtssystem orientierte Verfahren wurde in der deutschen Bevölkerung als ›Siegerjustiz‹ kritisiert und abgelehnt. Doch durch die genaue Einhaltung der rechtsstaatlichen Vorgehensweise und nicht zuletzt durch die Freisprüche, die auf den juristischen Grundsatz »im Zweifel für den Angeklagten« zurückzuführen sind, wurden Vorbehalte abgebaut. Auch die beiden täglichen Hörfunksendungen, die vom Nürnberger Prozess berichteten, trugen zu einer positiveren Bewertung bei. Angesichts der stringenten Beweisführung entpuppten sich viele Argumente der Verteidigung als bloße Ausreden. Die Verwendung von Bildmaterial – damals ein Novum der Prozessführung – machte insbesondere auf die deutsche Bevölkerung nachhaltigen Eindruck. Die Vertreter der Anklage zeigten Richtern und Zeugen unter anderem deutsche Filmaufnahmen aus Konzentrations- und Arbeitslagern sowie Aufnahmen, die die Alliierten nach der Befreiung der Lager gemacht hatten. Die grausamen Ausmaße der NS-Diktatur, insbesondere der Holocaust, wurden durch den Nürnberger Prozess erstmals der deutschen und der Weltöffentlichkeit vor Augen geführt.

Auf den Hauptkriegsverbrecher-Prozess folgten zahlreiche weitere in Nürnberg durchgeführte Verfahren unter amerikanischer Hoheit, wie der Ärzte-Prozess (9.12.1946-20.8.1947) oder der Juristen-Prozess (17.2.-14.12.1947), die zusammen als →Nürnberger Nachfolgeprozesse [I.A4] bezeichnet werden.

DMe

Lit.: Anette Weinke (2006): *Die Nürnberger Prozesse*, München: Beck. Klaus Kastner (2005): *Die Völker klagen an. Der Nürnberger Prozess 1945-1946*, Darmstadt: Wiss. Buchgesellschaft. Stephan Braese (Hg.) (2004): *Rechenschaften. Juristischer und literarischer Diskurs in der Auseinandersetzung mit den NS-Massenverbrechen*, Göttingen: Wallstein. Steffen Radlmaier (Hg.) (2001): *Der Nürnberger Lernprozess. Von Kriegsverbrechern und Starreportern*, Frankfurt a.M.: Eichborn. Gerd R. Ueberschär (Hg.) (1999): *Der Nationalsozialismus vor Gericht. Die alliierten Prozesse gegen Kriegsverbrecher und Soldaten 1943-1952*, Frankfurt a.M.: Fischer. Joe J. Heydecker, Johannes Leeb (1995): *Der Nürnberger Prozeß*, Köln: Kiepenheuer & Witsch. Internationaler Militärgerichtshof Nürnberg (Hg.) (1994): *Der Prozess gegen die Hauptkriegsverbrecher vor dem Internationalen Militärgerichtshof. Nürnberg, 14. November 1945 - 1. Oktober 1946. Amtlicher Text, Verhandlungsniederschriften*, Nürnberg, 1949, Fotomechanischer Nachdruck, 13 Bde., Köln: Reichenbach. Adalbert Rückerl (1982): *NS-Verbrechen vor Gericht. Versuch einer Vergangenheitsbewältigung*, Heidelberg: Müller. Werner Maser (1977): *Nürnberg. Tribunal der Sieger*, Düsseldorf: Econ.

I.A4 Nürnberger Nachfolgeprozesse, Serie von zwölf Gerichtsverfahren, die zwischen Oktober 1946 und April 1949 im Nürnberger Justizpalast stattfanden und die sich gegen die Funktionseliten des NS-Staates, vor allem Juristen, Mediziner, Beamte, Generäle, Diplomaten, Unternehmer und Wirtschaftsmanager richteten.

Im Gegensatz zum →Nürnberger Prozess [I.A3] fanden die Nachfolgeprozesse unter der alleinigen Verantwortung der amerikanischen Besatzungsmacht statt. Sie sind daher auch unter der Bezeichnung Nuernberg Military Tribunals (NMT) bekannt. Ausschlaggebend für die Entscheidung, die Nürnberger Nachfolgeprozesse in alleiniger Verantwortung durchzuführen, waren die zunehmenden Spannungen zwischen den Westalliierten und der Sowjetunion.

Zunächst geplante weitere Verfahren vor dem Internationalen Militärtribunal kamen deshalb nicht zustande.

Den rechtlichen Rahmen für die Prozesse unter der Leitung von Chefankläger Telford Taylor bildete das Alliierte Kontrollratsgesetz Nr. 10 vom 20.12.1945, das es den einzelnen Besatzungsmächten ermöglichte, in ihren Zonen eigene Gerichte zur Aburteilung von Kriegsverbrechern einzusetzen. Das Gesetz legte auch die anklagefähigen Tatbestände fest, die sich am Internationalen Militärtribunal orientierten: Verbrechen gegen den Frieden, Kriegsverbrechen, Verbrechen gegen die Menschlichkeit und die Zugehörigkeit zu verbrecherischen Organisationen.

Insgesamt wurden in den Nachfolgeprozessen 185 Personen angeklagt, von denen acht wegen Tod oder Krankheit aus den Verfahren ausschieden und 35 freigesprochen wurden. 97 Angeklagte wurden zu langjährigen Freiheitsstrafen verurteilt, 20 zu lebenslangen Freiheitsstrafen und 25 zum Tode. Zwölf der Todesurteile wurden vollstreckt.

Die Nürnberger Nachfolgeprozesse umfassten den Ärzte-Prozess (→Euthanasie-Prozesse und -Debatten [IV.B6]), den Prozess gegen den Generalfeldmarschall Erhard Milch, den Juristen-Prozess (→Selbstamnestierung der Justiz [II.C4]), das Verfahren gegen Angehörige des SS-Wirtschaftsverwaltungshauptamtes, den Prozess gegen den Industriellen Friedrich Flick und Mitarbeiter, den IG-Farben-Prozess, den Prozess gegen die »Südost-Generäle«, das Verfahren gegen Angehörige des SS-Rasse- und Siedlungshauptamtes, den Einsatzgruppen-Prozess (→Ulmer Einsatzgruppenprozess [II.A5], →Callsen-Prozess (Babij Jar) [III.A10]), den Krupp-Prozess, den Wilhelmstraßen-Prozess gegen Angehörige des Auswärtigen Amtes und andere hohe Beamte sowie den OKW-Prozess (Oberkommando der Wehrmacht) gegen führende Generäle der Wehrmacht.

Im Mittelpunkt des Ärzte-Prozesses, in dem 20 Mediziner und drei hohe Beamte angeklagt waren, standen grausame Menschenversuche in Konzentrationslagern, bei denen der Tod der betroffenen Gefangenen von vornherein geplant war. Außerdem ging es um hunderttausendfachen Euthanasiemord an Behinderten und Kranken, Zwangssterilisationen (→Erbgesundheitsgesetz, Ächtung und Entschädigungsdebatten [VI.B6]) sowie den Aufbau einer Skelettsammlung an der Universität Straßburg, für die Gefangene aus Auschwitz ermordet worden waren.

Wie eng die Partizipation großer Industrieunternehmen an der NS-Herrschaft war, verdeutlichte exemplarisch der so genannte IG-Farben-Prozess. Der Chemie-Konzern war unter Führung seiner Manager, von denen 24 auf der Anklagebank saßen, als Wehrmachts-Lieferant von Gas, Treib- und Sprengstoffen mitverantwortlich für die Führung des NS-Vernichtungskriegs, vor allem jedoch für die Ausbeutung von Zwangsarbeitern und die Ermordung von Häftlingen und Kriegsgefangenen (→Zwangsarbeiter-Entschädigung [VI.B2]). Zum Massenmord an den Juden trug die IG Farben durch die Lieferung von Zyklon B für die Gaskammern der Vernichtungslager durch ein Subunternehmen (Degesch) bei. Außerdem hatte sich das Unternehmen an der Enteignung von Betrieben in besetzten Gebieten beteiligt.

Im so genannten Juristen-Prozess bildete das NS-Rechtswesen den Verhandlungsgegenstand. Stellvertretend angeklagt waren dafür insgesamt 16 Richter, Beamte und Staatsanwälte – allesamt hohe Repräsentanten der NS-Justiz. Ihnen wurden Kriegs- und Menschlichkeitsverbrechen zur Last gelegt, an denen sie beteiligt waren. Der Prozess zeigte, dass die Justiz unmittelbarer Bestandteil des nationalsozialistischen Herrschaftssystems gewesen war. Sie hatte verbrecherisches Handeln der staatlichen Organe durch Erlasse und Anordnungen gedeckt und gefördert sowie durch Gerichtsurteile zur Praxis der Verfolgung und Vernichtung beigetragen.

Gegen Schreibtischtäter – darunter vier ehemalige Reichsminister – richtete sich auch der Wilhelmstraßen-Prozess. Benannt war das Verfahren nach dem Dienstsitz des Auswärtigen Amtes, weil acht der 21 Angeklagten hier hohe Posten in der Regierungsbürokratie bekleidet hatten. Hauptangeklagter war der ehemalige Staatssekretär Ernst von Weizsäcker als ein typischer Vertreter der traditionellen konservativ-bürgerlichen Funktionselite. Er präsentierte sich vor Gericht als heimlicher Vertrauensmann des Widerstandes, der Schlimmeres habe verhindern wollen und legte so den Grundstein zu einer Mythenbildung über die politische Haltung des Auswärtigen Amtes während der NS-Zeit (→*Das Amt und die Vergangenheit* [VI.F4]). Die Anklage warf ihm hingegen vor, keinerlei Bedenken gegen massenhafte Deportationen von Juden geltend gemacht und damit zum reibungslosen Funktionieren des Systems beigetragen zu haben.

Ziel aller Nachfolgeprozesse war nicht nur die Aburteilung von Einzelpersonen. Vielmehr ging es vor allem darum, das Zusammenwirken der unterschiedlichen Funktionsträger und Eliten von Wirtschaft, Militär, Justiz, Medizin, Bürokratie und Diplomatie im Machtsystem des NS-Staates aufzuzeigen. Damit wurde zugleich deutlich, dass mit dem Hauptkriegsverbrecher-Prozess gegen die oberste NS-Führungsriege die juristische Aufarbeitung von NS-Verbrechen noch längst nicht abgeschlossen war. Breite gesellschaftliche Schichten und Berufsstände hatten aktiv am NS-System mitgewirkt, davon profitiert und dessen Funktionsfähigkeit erst ermöglicht. Insofern konnten auch die Nachfolgeprozesse nur den Anspruch erheben, eine erste exemplarische Untersuchung der Strukturen zu leisten und aufklärend zu wirken.

Das gesellschaftliche Klima entwickelte sich unterdessen geradezu konträr: Immer offensiver wurden zum Ende der Verfahren Forderungen vertreten, einen Schlussstrich unter die NS-Vergangenheit zu ziehen. Die Nachfolgeprozesse gerieten darüber alsbald in Vergessenheit. Der politische Wandel im Zeichen des Kalten Krieges sorgte zudem dafür, dass die meisten Verurteilten bis Anfang der 1950er Jahre bereits wieder auf freiem Fuß waren. Viele konnten ihre Karrieren fortsetzen.

RA

Lit.: Kim Christian Priemel, Alexa Stiller (Hg.) (2013): *NMT. Die Nürnberger Militärtribunale zwischen Geschichte, Gerechtigkeit und Rechtschöpfung*, Hamburg: Hamburger Edition. Kim Christian Priemel, Alexa Stiller (Hg.) (2012): *Reassessing the Nuremberg Military Tribunals. Transitional Justice, Trial Narratives, and Historiography*, Oxford: Berghahn, 2012. Eckart Conze et al. (2010): *Das Amt und die Vergangenheit. Deutsche Diplomaten im Dritten Reich und in der Bundesrepublik*, München: Blessing. Axel Drecoll (2008): »Flick vor Gericht: Die Verhandlungen vor dem alliierten Militärtribunal 1947«, in: Johannes Bähr et al. (Hg.): *Der Flick-Konzern im Dritten Reich*, München: Oldenbourg S. 559-646. Anette Weinke (2006): *Die Nürnberger Prozesse*, München: Beck. Angelika Ebbinghaus, Klaus Dörner (Hg.) (2001): *Vernichten und Heilen. Der Nürnberger Ärzteprozeß und seine Folgen*, Berlin: Aufbau. Gerd R. Ueberschär (Hg.) (1999): *Der Nationalsozialismus vor Gericht. Die alliierten Prozesse gegen Kriegsverbrecher und Soldaten 1943-1952*, Frankfurt a.M.: Fischer. Lore Maria Peschel-Gutzeit (Hg.) (1996): *Das Nürnberger Juristen-Urteil von 1947. Historischer Zusammenhang und aktuelle Bezüge*, Baden-Baden: Nomos. Peter Hayes (1996): »IG Farben und der IG Farben-Prozeß. Zur Verwicklung eines Großkonzerns in die nationalsozialistischen Verbrechen«, in: Fritz Bauer Institut (Hg.): *Auschwitz. Geschichte, Rezeption und Wirkung*, Frankfurt a.M.: Campus, S. 99-121. Heribert Ostendorf, Heino ter Veen (1985): *Das »Nürnberger Juristenurteil«. Eine kommentierte Dokumentation*, Frankfurt a.M.: Campus.

I.A5 Displaced Persons, Verwaltungsterminus, der von den Alliierten zur Bezeichnung der durch die NS-Politik verschleppten und vertriebenen Zivilisten diente.

Nach Definition des Supreme Headquarter, Allied Expeditionary Forces (Oberkommando der alliierten Streitkräfte) vom 18.11.1944 gehörten zu den Displaced Persons ehemalige Zwangsarbeiter und KZ-Häftlinge, die aus ihrer Heimat vertrieben, geflohen oder verschleppt worden waren. Mit dieser Kategorisierung, die nur in den Zonen der westlichen Alliierten galt, ging auch eine Statusvergabe einher, die den insgesamt knapp sieben Millionen Displaced Persons im Gebiet der späteren Bundesrepublik besondere Unterstützung durch die internationalen Hilfsorganisationen zusicherte. Die Maßnahmen der Vereinten Nationen (bis zum 30.6.1947) und der Internationalen Flüchtlingsorganisation IRO (vom 1.7.1947 bis zum 30.6.1952) umfassten Betreuung, über die Rationierung hinausgehende zusätzliche Verpflegung und Kleiderzuteilungen für die Displaced Persons. Diese vermeintliche Privilegierung führte in breiten Teilen der deutschen Bevölkerung zu Missgunst gegenüber den Displaced Persons – außer Acht lassend, dass die Lebensbedingungen in den Auffanglagern mitunter kärglich waren und der Umstand, dass etwa ehemalige Häftlinge nun erneut in Lagern untergebracht wurden, kaum den Bedürfnissen der soeben Befreiten entsprachen.

Bereits vor der deutschen Kapitulation versuchten die westlichen Alliierten durch die Einrichtung von Sammelunterkünften, so genannter Assembly Centers, die Displaced Persons nach ethnischer Herkunft zusammenzufassen, um so die beabsichtigte Repatriierung nach Kriegsende zu beschleunigen. Während die Rückführung von westeuropäischen Displaced Persons weitgehend problemlos verlief, weigerten sich viele Osteuropäer aus Furcht vor Repressalien, in ihre Heimatländer zurückzukehren. Bis Februar 1946 war die Repatriierung verpflichtend für alle Displaced Persons. Aufgrund von Hinrichtungen und Verhaftungen sowjetischer Displaced Persons nach ihrer Rückführung legten die Vereinten Nationen durch eine Resolution die Freiwilligkeit als Voraussetzung für eine Repatriierung fest. Die Resolution erleichterte insbesondere die Situation der osteuropäischen Juden, deren Verwandte in den Heimatorten zu einem großen Teil von den Nazis – zum Teil auch unter Beteiligung der lokalen Bevölkerung – ermordet worden waren. In Polen und in der Ukraine stießen die jüdischen Heimkehrer auf starke Ablehnung, vereinzelt kam es zu antisemitischen Ausschreitungen und zu Pogromen, was ab Sommer 1946 zu einem starken Flüchtlingsstrom nach Deutschland, vor allem nach Bayern führte. Infolgedessen stieg die Zahl der Assembly Centers in Deutschland, Österreich und Italien von 252 Ende 1945 auf 762 im Juni 1947 an.

Nach der Gründung des Staates Israel 1948 und der Liberalisierung der amerikanischen Einwanderungsbestimmungen verließen insbesondere jüdische Displaced Persons Deutschland. Ab dem 30.6.1950 erhielt die Bundesrepublik die Zuständigkeit für die Displaced Persons, die fortan als »Heimatlose Ausländer« bezeichnet wurden. Sie wurden in der deutschen Bevölkerung nach wie vor als ›Fremdarbeiter‹ gesehen, die allein durch ihr Dasein die unrühmliche Vergangenheit bewusst machten und das Vergessen erschwerten. Eine Abwehrhaltung äußerte sich in der pauschalen Verdächtigung, Displaced Persons würden dem Schwarzmarkthandel und anderen kriminellen Aktivitäten nachgehen. Die Displaced Persons betrachteten aufgrund ihrer Unterdrückungserfahrungen die deutsche Bevölkerung nach wie vor als Volk von Tätern, was zur Ausbildung eines starken eigenständigen Gemeinwesens führte. Es entstanden eigene Presse-Erzeugnisse, Schulen, Universitäten, Kirchen, Synagogen und Sportvereine. Die Heimkehr der Displaced Persons erwies sich noch in den 1950er Jahren in zahlreichen Fällen wegen der politischen Gegebenheiten in den Herkunftsländern als unmöglich, auch weil die Rückkehrer dem Pauschalverdacht der Kollaboration mit den Nazis ausgesetzt waren. Viele junge männliche Displaced Persons wanderten sukzessive nach Übersee aus. 1951 waren lediglich etwa 250.000, vor allem ältere Displaced Persons in Deutschland zurückgeblieben. Erst 1957 wurde das letzte Assembly Center geschlossen.

Insgesamt waren die Displaced Persons allerdings ein gesellschaftliches Phänomen, das in der Nachkriegszeit und weit darüber hinaus nur wenig beachtet wurde. Erst im Rahmen der Diskussionen um die →Zwangsarbeiter-Entschädigung [VI.B2] wurde die Problematik wieder ins gesellschaftliche Bewusstsein gerückt.

DMe

Lit.: Rebecca Boehling et al. (Hg.) (2014): *Freilegungen. Displaced Persons – Leben im Transit: Überlebende zwischen Repatriierung, Rehabilitation und Neuanfang*, Göttingen: Wallstein. Holger Köhn (2012): *Die Lage der Lager. Displaced Persons-Lager in der amerikanischen Besatzungszone*, Essen: Klartext. Gerald Leonard Cohen (2011): *In War's Wake. Europe's Displaced Persons in the Postwar Order*, Oxford: Oxford Univ. Press. Anna Marta Holian (2011): *Between National Socialism and Soviet Communism. Displaced Persons in Postwar Germany*, Ann Arbor: Univ. of Michigan Press. Jessica Reinisch, Elizabeth White (Hg.) (2011): *The Disentaglement of Populations. Migration, Expulsion and Displacement in postwar Europe, 1944-9*, Basingstoke u.a.: Palgrave Macmillan. Suzanne Bardgett et al. (Hg.) (2010/2011): *Survivors of Nazi Persecution in Europe after the Second World War. Landscapes after Battle*, 2 Bde., London: Vallentine Mitchell. Avinoam J. Patt, Michael Berkowitz (Hg.) (2010): *»We are here«. New Approaches to Jewish Displaced Persons in Postwar Germany*, Detroit: Wayne State Univ. Press. Angelika Eder (2002): »Displaced Persons. ›Heimatlose Ausländer‹ als Arbeitskräfte in Westdeutschland«, in: *Archiv für Sozialgeschichte* 42, S. 1-18. Mark Wyman (1998): *DPs: Europe's Displaced Persons 1945–1951*, Ithaca: Cornell University Press. Michael Pegel (1997): *Fremdarbeiter, Displaced*

Persons, Heimatlose Ausländer. Konstanten eines Randgruppenschicksals in Deutschland nach 1945, Münster: LIT. Angelika Königseder, Juliane Wetzel (Hg.) (1995): *Lebensmut im Wartesaal. Die jüdischen DPs im Nachkriegsdeutschland*, Frankfurt a.M.: Fischer. Wolfgang Jacobmeyer (1985): *Vom Zwangsarbeiter zum heimatlosen Ausländer. Die Displaced Persons in Westdeutschland 1945–1951*, Göttingen: Vandenhoeck & Ruprecht.

I.A6 Bergen-Belsen-Prozess, erster von insgesamt drei Prozessen, die sich mit den im Konzentrationslager Bergen-Belsen verübten nationalsozialistischen Gewaltverbrechen befassten.

Zugleich muss der als einer der frühesten Prozesse gegen KZ-Wachmannschaften vom 17.9. bis zum 17.11.1945 vor einem britischen Militärgericht in Lüneburg geführte Prozess als ein erster Auschwitz-Prozess (→Frankfurter Auschwitz-Prozess [III.A3]) gesehen werden. Dies lässt sich damit begründen, dass ein Großteil der hier Angeklagten auch für Verbrechen in Auschwitz verantwortlich war und erst im Zuge der Räumung des Vernichtungslagers zusammen mit Häftlingen nach Bergen-Belsen gekommen war.

Ein wesentliches Problem des ersten Bergen-Belsen-Prozesses war, dass nahezu alle 45 Angeklagten erst wenige Wochen vor der Befreiung des Lagers am 15.4.1945 in Bergen-Belsen stationiert wurden. Unter ihnen befand sich auch der letzte Kommandant von Auschwitz-Birkenau, Josef Kramer. Bei der im Zuge eines lokalen Waffenstillstandsabkommens ausgehandelten Übergabe des Lagers an die britische Armee wurden 34 SS-Angehörige und 22 SS-Aufseherinnen festgenommen, wobei die diesbezüglichen Angaben in der Forschungsliteratur differieren. Das übrige Wachpersonal sowie die Verwaltungsbeamten hatten das Lager zusammen mit so genannten Evakuierungstransporten verlassen oder waren zuvor an die Front versetzt worden. Einige der festgenommenen Aufseher infizierten sich bei der ihnen von den Engländern aufgetragenen Beseitigung der im Lager verbliebenen Leichen mit Typhus und verstarben vor Prozessbeginn oder waren nicht verhandlungsfähig. Von den ca. 450 Personen, die zwischen 1943 und 1945 in Bergen-Belsen ihren Dienst versehen hatten, wurde also nur ein verschwindend geringer und zufälliger Teil direkt zur Verantwortung gezogen. Diese Umstände haben verschiedentlich die Frage aufgeworfen, ob überhaupt von einem genuinen Bergen-Belsen-Prozess die Rede sein kann.

Bei der Übergabe des Lagers wurde das enorme Ausmaß der begangenen Verbrechen zunächst für die britischen Armeeangehörigen, auf deren Betreiben aber auch rasch für eine breite Öffentlichkeit, ersichtlich. Die Verbreitung alliierter Bild-Dokumente und vor allem Filmaufnahmen (→Reeducation [I.A2]) führte dazu, dass die Leichenberge von Bergen-Belsen zu einem Symbol für die von den Nationalsozialisten verübten Gewaltverbrechen wurden und bis heute geblieben sind. Bereits am 27.4.1945 beauftragte die Britische Armee eine Gruppe von vier Offizieren, erste Untersuchungen für eine strafrechtliche Verfolgung der Täter anzustellen. Ihre Arbeit diente als Grundlage für die am 20.5.1945 eingesetzte Untersuchungskommission Nr. 1 für Kriegsverbrechen, die am 22.6.1945 einen vorläufigen Bericht präsentierte, auf dessen Grundlage der Prozess am 17.9.1945 eröffnet wurde. Die Ankündigung des Prozesses und seine Vorbereitung stießen in der Öffentlichkeit auf großes Interesse, so dass zum ersten Verhandlungstag in der Sporthalle des Lüneburger Männerturnvereins 200 Journalisten und zahlreiche Zuschauer anwesend waren. Auch die unter alliierter Aufsicht stehenden deutschen Medien berichteten über den Prozess. Sie widmeten sich unter anderem der Frage einer möglichen Kollektivschuld (→Kollektivschuldthese [I.C2]) der Deutschen, lobten aber auch die bei allen Problemen insgesamt um Gerechtigkeit bemühte Prozessführung. Rechtsgrundlage des Prozesses waren neben dem international gültigen Völkerrecht die Regulations for the Trial of War Criminals made under Royal Warrant of 14th June, 1945. Richter, Anklagevertreter und Verteidiger waren britische Offiziere, allesamt juristisch qualifiziert, vier polnische Staatsangehörige wurden durch einen polnischen Offizier vertreten. Die Bemühungen des Gerichts um Objektivität gingen sogar so weit, dass sie den Angeklagten Verteidiger zur Seite stellten, die mit dem britischen Faschistenführer Sir Oswald Mosley sympathisierten. Die für den Zeitraum vom 1.10.1942 bis zum 30.4.1945 formulierte Anklage bezog sich auf die Zugehörigkeit der Angeklagten zur Wachmannschaft von Bergen-Belsen, der in der gesamten Bestehenszeit des Lagers die Tötung von einigen namentlich bekannten und einer großen Zahl von unbekannten Personen sowie die Misshandlung von Angehörigen alliierter Nationen in nicht mehr nachvollziehbarem Ausmaß vorgeworfen wurde. Bei elf Angeklagten wurden zusätzlich in Auschwitz begangene Verbrechen mitverhandelt, eine Angeklagte stand ausschließlich deswegen vor Gericht. Eine Anklage wegen individuell begangener Morde erfolgte nicht. Verhandelt wurden außerdem nur Verbrechen, die an Häftlingen, die aus den Siegermächten stammten, verübt worden waren. Zu Beginn des Prozesses bekannten sich ausnahmslos alle Angeklagten als »nicht schuldig«. Nach 49 Verhandlungstagen formulierte der Anklagevertreter Oberst Backhouse seine Urteilsanträge. Die Urteilsverkündung erfolgte schließlich am 17.11.1945: Elf Angeklagte, darunter der letzte Lagerkommandant Josef Kramer, wurden zum Tod durch den Strang verurteilt. Gegen 19 Angeklagte verhängte man Freiheitsstrafen, deren Länge von einem Jahr bis lebenslänglich reichte. 14 Angeklagte wurden freigesprochen. Eine Urteilsbegründung erfolgte gemäß der Prozessführung eines Militärgerichts nicht. Die zum Tode Verurteilten, insgesamt acht Männer und drei Frauen, gehörten ausnahmslos der SS an. Unter den zu Freiheitsstrafen Verurteilten befanden sich acht Funktionshäftlinge, so genannte Kapos. Die Todesstrafen wurden am 12.12.1945 im Zuchthaus Hameln vollstreckt. Die zu Freiheitsstrafen Verurteilten wurden im Zuge der gewandelten Politik der Alliierten vorzeitig entlassen.

Im Mai/Juni 1946 kam es zum zweiten Bergen-Belsen-Prozess, der zunächst in Celle, ab Juni in Lüneburg stattfand, im April 1948 zum dritten Bergen-Belsen-Prozess im Hamburger Curio-Haus. Eine weitere strafrechtliche Verfolgung der bis dahin unbehelligt gebliebenen Verantwortlichen vor bundesrepublikanischen Gerichten erfolgte nicht. Lediglich im Zusammenhang mit alliierten Prozessen gegen das SS-Personal anderer Lager wurden weitere SS-Angehörige wegen ihrer in Bergen-Belsen begangenen Verbrechen abgeurteilt.

DS

Lit.: Rolf Keller et al. (Hg.) (2002): *Konzentrationslager Bergen-Belsen. Berichte und Dokumente*, Göttingen: Vandenhoeck & Ruprecht. Alexandra-Eileen Wenck (1997): »Verbrechen als ›Pflichterfüllung‹? Die Strafverfolgung nationalsozialistischer Gewaltverbrechen am Beispiel des Konzentrationslagers Bergen-Belsen«, in: KZ-Gedenkstätte Neuengamme (Hg.): *Die frühen Nachkriegsprozesse*, Bremen: Ed. Temmen, S. 38–55. Eberhard Kolb (1996): *Bergen-Belsen. Vom ›Aufenthaltslager‹ zum Konzentrationslager 1943–1945*, 5. überarb. u. erw. Aufl., Göttingen: Vandenhoeck & Ruprecht. Martina Ehlert (1994): »›Umerziehung zur Demokratie‹. Der erste Bergen-Belsen-Prozeß in Zeitungsberichten«, in: Claus Füllberg-Stolberg et al. (Hg.): *Frauen im Konzentrationslager. Bergen-Belsen*, Ravensbrück, Bremen: Ed. Temmen, S. 251–258.

I.A7 Rückwirkungsverbot, Bestandteil des allgemeinen Rechtsgrundsatzes »*nulla poena sine lege*« (»Keine Strafe ohne Gesetz«), um dessen Gültigkeit für die strafrechtliche Ahndung von NS-Verbrechen sich vor allem in den Jahren 1946 und 1947 in den westlichen Besatzungszonen eine Debatte entwickelte.

Das Rückwirkungsverbot entstammt dem Gedankengut der Aufklärung. Es soll Bürger vor willkürlicher Ausübung der Staatsgewalt schützen und auf diese Weise Rechtssicherheit schaffen. Danach können nur Taten bestraft werden, deren Strafbarkeit vor der Ausübung der Tat bereits gesetzlich bestimmt war. Das Rückwirkungsverbot ist Bestandteil der Kodifikation aller modernen Rechtsstaaten. Es ist im Grundgesetz der Bundesrepublik verankert und war bereits in der Weimarer Reichsverfassung festgeschrieben.

Anlass der Debatten um das Rückwirkungsverbot nach 1945 war das Alliierte Kontrollratsgesetz Nr. 10 (KRG 10) »über die Bestrafung von Personen, die sich Kriegsverbrechen, Verbrechen gegen Frieden oder gegen Menschlichkeit schuldig gemacht haben«. Dieses Gesetz galt in erster Linie für alliierte Gerichte. Allerdings war es möglich, die Strafverfolgung von Verbrechen, die von Deutschen an Deutschen oder Staatenlosen begangen worden waren, der deutschen Justiz zu übertragen. Neben der sowjetischen Administration machten davon auch die britischen und die französischen Besatzungsbehörden Gebrauch, um die alliierten Militärgerichte zu entlasten. In der amerikanischen Zone wurde von Fall zu Fall entschieden.

Die Tatbestände des KRG 10 waren weit gefasst und nicht abschließend festgeschrieben, um dem spezifischen Charakter des NS-Unrechts begegnen zu können. Sie gingen über deutsche Rechtsnormen deutlich hinaus und erfassten auch Taten, die bislang nicht als strafbar oder unter den seinerzeit geltenden Gesetzen sogar als erwünscht galten. So wurden beispielsweise Denunziationen, die während der NS-Zeit einen erheblichen Umfang angenommen hatten und für die Denunzierten mit schlimmsten Folgen verbunden waren, als »Verbrechen gegen die Menschlichkeit« gewertet. Verfahren wegen Denunziation machten einen Großteil der Verfahren aus, die von deutschen Gerichten in den Westzonen auf Grundlage des KRG 10 verhandelt wurden.

Der rückwirkende Charakter des KRG 10 löste innerhalb der westdeutschen Justiz eine grundsätzliche rechtspolitische und rechtstheoretische Diskussion um die strafrechtliche Aufarbeitung der NS-Vergangenheit aus, in deren Kern die Debatte um das Rückwirkungsverbot stand. Im Verlauf der Kontroverse, die überwiegend in juristischen Fachzeitschriften ausgetragen wurde, bildeten sich zwei Lager. Die Vertreter des Gesetzespositivismus, zu deren Wortführern der Präsident des Celler Oberlandesgerichts Freiherr Hodo von Hodenberg gehörte, erkannten im KRG 10 einen klaren Verstoß gegen den fundamentalen Grundsatz des Rückwirkungsverbotes. Sie beriefen sich dabei unter anderem auf das Militärregierungsgesetz Nr. 1, das die Anwendung von rückwirkenden Strafvorschriften untersagte und einen Verstoß mit harten Strafen belegte. Wenn das KRG 10 jedoch Taten ahnden wolle, die nach deutschem Recht zum Tatzeitpunkt nicht strafbar gewesen seien, so werde das Rückwirkungsverbot eindeutig verletzt. Der Aufbau einer neuen rechtsstaatlichen Ordnung dürfe nicht mit der Verletzung eines so grundlegenden Strafrechtsgrundsatzes einhergehen, argumentierten sie. Damit würde das Vertrauen in die neue Ordnung sogleich wieder erschüttert und man stelle sich auf eine Ebene mit dem Rechtssystem des NS-Staates, in dem das Rückwirkungsverbot weitgehend ausgehebelt worden war. Die Anwendung des KRG 10 könne deutschen Gerichten daher nicht zugemutet werden.

Die Argumentation der Befürworter des KRG 10 stützte sich dagegen vor allem auf naturrechtliche Begründungen. Der Rechtswissenschaftler Gustav Radbruch war der Auffassung, dass die Ahndung von Menschlichkeitsverbrechen nach dem KRG 10 gar nicht gegen das Rückwirkungsverbot verstoße, weil diese Taten nach »übergesetzlichem Recht« bereits bei ihrer Ausübung rechtswidrig gewesen seien. Diese übergesetzlichen ethischen Verbotsnormen hätten schon immer bestanden und seien durch das KRG lediglich festgeschrieben worden.

Außerdem, so Radbruch, stelle das KRG 10 keinen abgeschlossenen Tatbestandskatalog, sondern einen von der Rechtsprechung allmählich zu konkretisierenden Leitsatz im Sinne des angelsächsischen »judge made law« dar. Dieses vom Richter auszugestaltende »Fallrecht« wirke notwendigerweise zurück.

Nach Auffassung des Juristen August Wimmer verletzte das KRG 10 zwar das Rückwirkungsverbot, doch sei dies zur Wiederherstellung von Gerechtigkeit und Rechtssicherheit in diesem besonderen Falle notwendig. Der Staat habe die ethische Verpflichtung, alle Menschlichkeitsverbrechen zu bestrafen. Dafür reiche das bestehende deutsche Strafrecht bei Weitem nicht aus. Der Grundsatz des Rückwirkungsverbotes müsse daher in diesem Ausnahmefall durchbrochen werden, um ein ordentliches Rechtssystem wieder herzustellen.

Positionen wie die von Wimmer und Radbruch dominierten die Auseinandersetzung innerhalb der juristischen Fachpresse – ein Ergebnis gezielter Veröffentlichungspolitik alliierter Stellen. Die tatsächliche Meinung in weiten Kreisen der Justiz sah jedoch anders aus: Die Mehrheit der Juristen hegte große Vorbehalte gegen die rückwirkenden Regelungen des KRG, auch wenn sie sich dessen Geltung beugten. Zwar wurde in Urteils- und Anklagebegründungen auf das KRG 10 Bezug genommen, doch fielen Urteile oft vergleichsweise milde aus oder die Verfahren wurden eingestellt. Dies änderte sich erst mit der Einrichtung des Obersten Gerichtshofes für die britische Zone im Februar 1948. Damit war eine zentrale Revisionsinstanz geschaffen worden, die die Rechtsprechung nach KRG 10 wesentlich prägte und so zur Vereinheitlichung der Rechtspraxis beitrug. Zugleich erlahmte ab dieser Zeit auf britischer Seite allerdings allmählich das Interesse, die Verfolgung von NS-Verbrechen fortzuführen.

Vor dem Hintergrund der veränderten weltpolitischen Lage im Zuge des Kalten Krieges sowie der bevorstehenden Gründung der Bundesrepublik hatten sich die Prioritäten in der Deutschlandpolitik verschoben.

Das nachlassende Interesse der Besatzungsmächte hatte zunächst noch keinen Einfluss auf die Rechtsprechung der deutschen Justiz. Die Anzahl der Verurteilungen, die sich auf das KRG 10 stützten, erreichte 1948/49 ihren Höchststand. Mit dem Ende der Besatzungszeit ging die Zahl der Verfahren jedoch rasch zurück, bevor 1951 die Anwendung des KRG 10 durch deutsche Gerichte von den Alliierten beendet wurde. Damit spielte auch die Frage nach dem Rückwirkungsverbot keine Rolle mehr: Die spätere strafrechtliche Ahndung von NS-Gewaltverbrechen in der Bundesrepublik sah von dem überzeitlichen Tatbestand der »Verbrechen gegen die Menschlichkeit« ab und orientierte sich an den tradierten Straftatbeständen Mord und Totschlag des Strafgesetzbuches (→Frankfurter Auschwitz-Prozess [III.A3]).

Erst mit der deutschen Wiedervereinigung 1990 sah sich die bundesdeutsche Justiz in der Frage des Umgangs mit DDR-Unrecht erneut mit einer Debatte um das Rückwirkungsverbot konfrontiert (→Doppelte Vergangenheitsbewältigung [V.D2]).

RA

Lit.: Lawrence Douglas (2013): »Was damals Recht war... *Nulla Poena* und die strafrechtliche Verfolgung von Verbrechen gegen die Menschlichkeit im besetzten Deutschland«, in: Kim Christian Priemel, Alexa Stiller (Hg.): *NMT. Die Nürnberger Militärtribunale zwischen Geschichte, Gerechtigkeit und Rechtschöpfung*, Hamburg: Hamburger Edition, S. 719-754. Claudia Bade (2001): »›Das Verfahren wird eingestellt‹. Die strafrechtliche Verfolgung von Denunziation aus dem Nationalsozialismus nach 1945 in den Westzonen und in der frühen BRD«, in: *Historische Sozialforschung* 26, H. 2/3, S. 70-85. Clea Laage (1989): »Die Auseinandersetzung um den Begriff des gesetzlichen Unrechts nach 1945«, in: *Kritische Justiz* 22, S. 409-432. Hans Wrobel (1989): *Verurteilt zur Demokratie. Justiz und Justizpolitik in Deutschland 1945-1949*, Heidelberg: Decker und Müller. Adalbert Rückerl (1984): *NS-Verbrechen vor Gericht. Versuch einer Vergangenheitsbewältigung*, 2. überarb. Aufl., Heidelberg: Müller. Martin Broszat (1981): »Siegerjustiz oder strafrechtliche ›Selbstreinigung‹? Aspekte der Vergangenheitsbewältigung der deutschen Justiz während der Besatzungszeit 1945-1949«, in: *Vierteljahrshefte für Zeitgeschichte* 29, H. 4, S. 477-544.

I.A8 Marshall-Plan, vom amerikanischen Außenminister George C. Marshall entworfenes European Recovery Program zur Abwendung der sich nach dem Zweiten Weltkrieg abzeichnenden ökonomischen und politischen Krise in Europa.

Im Gegensatz zum ab 1944 diskutierten Morgenthau-Plan, der eine vollständige Deindustrialisierung und Umwandlung Deutschlands in einen Agrarstaat vorsah, setzte der Marshall-Plan auf eine Einbindung des besiegten Deutschland als Beitrag zum Wiederaufbau Europas. Das Hilfsprogramm verfolgte im Wesentlichen drei Ziele: Etablierung internationaler Wirtschaftsbeziehungen, Überwindung der Wirtschaftskrise und Herstellung eines außenwirtschaftlichen Gleichgewichts der westeuropäischen Staaten. Aufgrund der ablehnenden Haltung der Sowjetunion konzentrierte sich das am 3.4.1948 in Kraft getretene Hilfsprogramm ausschließlich auf Westeuropa.

Die von den USA erwartete Absage Stalins ermöglichte es, den Marshall-Plan als politisches Instrument gegen die kommunistische Expansion in Europa einzusetzen. In Frankreich und Italien hatten die kommunistischen Parteien nach dem Zweiten Weltkrieg starke Zustimmung erhalten, in der Tschechoslowakei waren die Kommunisten 1948 durch einen Putsch an die Macht gelangt und auch dem im Bürgerkrieg befindlichen Griechenland drohte ein kommunistischer Umsturz. Ferner befürchtete die amerikanische Regierung unter Präsident Harry S. Truman angesichts der instabilen Lage der Türkei und der Irankrise, die Errichtung eines weiteren kommunistischen Regimes würde einen Dominoeffekt zur Folge haben, so dass sich das Machtgebiet der UdSSR ausweiten würde. Gemäß der Eindämmungspolitik (containment) war es das oberste Ziel der amerikanischen Außenpolitik, dies zu verhindern und so den Einfluss auf Europa zu festigen.

Bis Ende 1952 investierten die USA 14 Milliarden Dollar in die 16 Teilnehmerstaaten. Den größten Teil des Geldes erhielt Großbritannien (3,4 Milliarden). Die Bundesrepublik erhielt mit 1,4 Milliarden US-Dollar 10,8 Prozent des Gesamtvolumens und war hinter Frankreich und Italien viertgrößtes Empfängerland. Die volkswirtschaftliche Tragweite des Marshall-Plans wird heute als eher gering eingeschätzt, allerdings ist seine Bedeutung als wesentlicher Beitrag zur Überwindung von Versorgungsengpässen unstrittig. So ist der Marshall-Plan in erster Linie als Anschubkraft für das westeuropäische Wirtschaftswachstum, als ›Hilfe zur Selbsthilfe‹ zu betrachten.

Zusammen mit der Währungsreform und der Errichtung der sozialen Marktwirtschaft bildete der Marshall-Plan den Grundstein für das so genannte Wirtschaftswunder in der späteren Bundesrepublik. Die Gelder des Wiederaufbauprogramms wurden in Deutschland zunächst für Lebensmittel- und Rohstoffimporte verwendet, später vor allem für Infrastrukturprojekte.

Auf der Grundlage des Marshall-Plans kam es zu ersten internationalen Verträgen der BRD mit den USA und westeuropäischen Staaten. Zur Eingliederung Deutschlands in die westliche Staatengemeinschaft führte auch die Mitgliedschaft in der zur Koordinierung der Hilfsmaßnahmen gegründeten Organisation für europäische Zusammenarbeit (OEEC).

Für Westdeutschland ist insbesondere die psychologische Dimension des Marshall-Plans von großer Bedeutung. Weniger als drei Jahre nach Kriegsende war Deutschland nicht mehr Kriegsbeute der Sieger, sondern ein Teil des zerstörten Europas, das es wieder aufzubauen galt. Durch diese Politik wurden die Alliierten, besonders die Amerikaner, in breiten Teilen der deutschen Bevölkerung positiv wahrgenommen, wenngleich die Widerstände gegen die →Reeducation [I.A2] und →Entnazifizierung [I.A1] zeigen, dass eine Wahrnehmung der Kriegsniederlage als Befreiung (→Weizsäcker-Rede [V.A7]) noch nicht denkbar war.

DMe

Lit.: Francesca Fauri, Paolo Tedeschi (Hg.) (2011): *Novel Outlooks on the Marshall Plan. American Aid and European Re-Industrialization*, Frankfurt a.M. u.a.: Peter Lang. Axel Lehmann (2000): *Der Marshall-Plan und das neue Deutschland. Die Folgen amerikanischer Besatzungspolitik in den Westzonen*, Münster u.a.: Waxmann. Hans-Herbert Holzamer, Marc Hoch (Hg.) (1997): *Der Marshall-Plan. Geschichte und Zukunft*, Landsberg/Lech: Olzog. Wilfried Mausbach (1996): *Zwischen Morgenthau und Marshall. Das wirtschaftspolitische Deutschlandkonzept der USA 1944–1947*, Düsseldorf: Droste. Gerd Hardach (1994): *Der Marshall-Plan. Auslandshilfe und Wiederaufbau in Westdeutschland 1948–1952*, München: dtv. Charles S. Maier, Günter Bischoff (Hg.) (1992): *Deutschland und der Marshall-Plan*, Baden-Baden: Nomos.

I.B Erste Reflexionen

I.B1 Sprache des Nationalsozialismus, antifaschistische Sprachkritik der »ersten Stunde« mit dem Ziel einer Aufklärung über das Wesen der nationalsozialistischen Ideologie und die Rolle eines gelenkten Sprachgebrauchs in der Verschleierung, aber auch der Verbreitung nazistischer Werte und Taten beziehungsweise der Schaffung von Akzeptabilitätsbedingungen hierfür. Dabei wurde insbesondere die Sprache als Vehikel von Weltanschauung und als eine die Sprachgemeinschaft lenkende Kraft untersucht.

Die meisten Kritiken am Sprachgebrauch der Nationalsozialisten und an der Ausbreitung einer faschisierten Sprech- und Denkweise konnten erst nach dem Sturz des Regimes an die Öffentlichkeit gelangen. Dies gilt nicht nur für die im ausländischen Exil verfassten Arbeiten wie Brechts »Fünf Schwierigkeiten beim Schreiben der Wahrheit« (1934), sondern auch für Werke des »inneren Exils« wie die trotz Hausdurchsuchungen und Bombenzerstörung überlieferten Tagebücher von Victor Klemperer (→Victor Klemperer: *Tagebücher 1933-1945* [VI.D1] oder Theodor Haecker (→Frühe Zeugnisse Überlebender [I.B8]) und die von Eugen Seidel und Ingeborg Seidel-Slotty angelegte Kartei der öffentlichen Sprachverwendungen in den Jahren 1934-1938, die erst 1961 als Buch erschien. Weitere Studien sind wohl auf die eine oder andere Weise verloren gegangen. Karl Kraus' *Dritte Walpurgisnacht* (1933/34) wurde (mit Ausnahme einiger Abschnitte in *Die Fackel* vom Juli 1934) aus Angst vor Repressalien (auch gegen andere) nicht publiziert und ist erst 1952 postum erschienen. Punktuell gab es auch in Zeitungen und Zeitschriften eine verschlüsselt widerständige öffentliche Sprachkritik, am konsequentesten wohl in der *Frankfurter Zeitung* bis zu ihrer Schließung im Jahr 1943.

Eine sprachliche →Entnazifizierung [I.A1] war Bestandteil der →Reeducation-Politik [I.A2] der alliierten Besatzungsmächte, die die ersten sprachkritischen Studien förderten. So konnten zwei einflussreiche Studien erscheinen, deren Titel zu geflügelten Worten werden sollten: die Glossenserie *Aus dem Wörterbuch des Unmenschen* (1945-48) von Dolf Sternberger, Gerhard Storz und Wilhelm E. Süskind sowie Victor Klemperers *LTI: Notizbuch eines Philologen* (1947). Dabei griffen alle vier Autoren auf ihre im »Dritten Reich« verfassten Kommentare zum Sprachgebrauch der Nationalsozialisten und der Sprachgemeinschaft im Nationalsozialismus zurück.

Streng genommen kann nur die erste Fassung des »Wörterbuchs des Unmenschen« als »erste Reflexion« gelten. Es handelt sich um die ursprünglichen Glossen in der von Sternberger mitherausgegebenen, von der amerikanischen Besatzungsbehörde lizensierten Monatsschrift *Die Wandlung* (Heidelberg). Zwischen November 1945 (»Ausrichtung«) und April 1948 (»Zeitgeschehen«) erschienen 23 Wortkommentare in alphabetischer Reihenfolge, allerdings mit auffälligen Lücken bei den Buchstaben J und N. Für die Anfertigung dieser unter publizistischem Zeitdruck verfassten Glossen konnten alle drei Autoren auf Beiträge zurückgreifen, die sie im »Dritten Reich« publiziert hatten. Insofern ist eine Kontinuität mit dem vor allem zwischen den Zeilen platzierten Sprachdiskurs der *Frankfurter Zeitung* nicht zu übersehen. Auch das von Sternberger verfasste programmatische Vorwort war schon 1940 ansatzweise in der Zeitung erschienen. Diese Kontinuität stellt insofern einen Nachteil dar, als der lexikalische Ansatz (Verdrehung einer historisch gegebenen »menschlichen« Semantik nach 1933 – als *terminus post quem* – durch den »Unmenschen«) vom Habitus der »inneren Emigration« geprägt blieb. In den beiden Buchausgaben von 1957 und 1967 (2., erweiterte Ausgabe) wurden die ursprünglichen Texte vielfach abgeändert (»Zeitgeschehen«) und in einigen Fällen (»betreuen«, »Einsatz«, »Gestaltung«, »Lager«, »Organisieren«) erheblich revidiert bzw. neu verfasst, einige sogar weggelassen (»fanatisch« 1957 und 1967, »Härte« 1957, »Mädel« 1967), und neue hinzugefügt (z.B. »Anliegen« 1957, »Auftrag« 1967). Die in den Buchausgaben aktualisierte Fortschreibung dieser Wortkritiken (die eher ein unauffälliges Substrat des politischen Sprachgebrauchs als auffällige Fahnenwörter des Regimes anvisierten) stellt einen Wandel in der Problemstellung dar, vor allem in der Frage, wer als »Unmensch« zu gelten habe. War dies 1945 eindeutig noch ›der Nazi‹ bzw. die nazistische Gesinnung in unreflektierter oder prahlender Sprachverwendung, so wurde in den Buchausgaben mit der Rede von dem »kleinen Unmenschen« der Konnex mit dem Nationalsozialismus immer undeutlicher. In den Fokus rückte nun eher der Technokrat im Allgemeinen.

Nach der ersten Buchausgabe wurde die Wissenschaftlichkeit des *Wörterbuchs* von Vertretern einer damals dem Strukturalismus verpflichteten Sprachwissenschaft (wie Peter von Polenz) kritisiert, die eine Schuld der Sprache an sich (»nicht der Sprecher, die Sprache lügt?«) und die These einer »unmenschlichen« Struktur des Deutschen, etwa in einem »inhumanen Akkusativ«, zurückwiesen. Zeugnisse dieses Streits über den Gegenstand und die Methoden des »Wörterbuchs« wurden in die zweite Buchausgabe (1967) aufgenommen, ohne dass die Sprachkritiker von ihrem Ansatz abrückten. So bekräftigte Sternberger 1967: »die Schuld der Sprecher wächst der Sprache zu«. Im Mittelpunkt dieser Auseinandersetzung stand die Frage, ob ein Lexem wie »betreuen« ohne weiteres, d.h. unabhängig von seinem Gebrauch in historischen Diskursen, als »unmenschlich« gelten könne.

In *LTI* (1947) stellte der jüdische Dresdner Romanist Victor Klemperer ausgewählte Passagen aus seinem insgeheim für die Nachwelt geschriebenen Tagebuch in einer Reihe kommentierender Aufsätze vor, mit einem zu Weihnachten 1946 verfassten Vorwort unter dem Titel »Heroismus«. Erst in den 1990er Jahren wurde mit der Veröffentlichung seiner Tagebücher die Leistung des *Notizbuchs* als Beitrag zur Entnazifizierung nachvollziehbar. Nach Heidrun Kämper stellt das Tagebuch ein zeitgeschichtlich unmittelbares »Spracharchiv« dar, das Einblicke gewährt in die Beschaffenheit einer real bestehenden Kommunikationsgemeinschaft im faschistischen Alltag, das *Notizbuch* dagegen eine »kalkulierte Version« desselben, »gebrochen vom Spiegel kommunistischer Deutungsmuster«. Vor allem die im Tagebuch festgehaltenen Beobachtungen zur »Lingua Tertii Imperii« sind heute gerade als Archiv des damaligen Sprachverhaltens im Nationalsozialismus ein wertvolles zeitgeschichtliches Dokument, das im

Gegensatz zum *Wörterbuch des Unmenschen* unmittelbare Einsichten in das sprachliche Milieu der NS-Zeit gewährt.

Mit dem Aufkommen des modernen Diskursbegriffs in der zweiten Hälfte des 20. Jahrhunderts haben spätere Studien zunehmend und in verschiedenster Weise diskursanalytische Ansätze bevorzugt, die wichtige Korrekturen zu dem (nur) lexikalischen Ansatz mit sich bringen. Zu nennen wären etwa die Arbeiten von Ehlich zu dem Komplex »Sprache im Faschismus«, von Bauer zum Begriff der Sprachlosigkeit im »Dritten Reich« (der damit keiner Übermacht der Sprache als Alibi das Wort redet), von Maas zur Rhetorik der Rede, von Glunk und Sauer zur (versuchten) Lenkung des Sprachgebrauchs durch das Regime bzw. willige Zuarbeiter sowie von Schmitz-Berning zur Diskursgeschichte von Schlüsselvokabeln des Nationalsozialismus als Sondersprache.

WD

Lit.: Victor Klemperer (1947): *LTI. Notizbuch eines Philologen*, Berlin: Aufbau. Karl Kraus (1952): *Dritte Walpurgisnacht*, München: Kösel. Eugen Seidel, Ingeborg Seidel-Slotty (1961): *Sprachwandel im Dritten Reich*, Halle: VEB Verlag Sprache und Literatur. Dolf Sternberger, Gerhard Storz, Wilhelm E. Süskind (1945-48): »Aus dem Wörterbuch des Unmenschen«, in: *Die Wandlung*. Buchausgaben mit demselben Titel: (1957): Hamburg: Claassen; (1967): Hamburg, Düsseldorf: Claassen. William J. Dodd (Hg.) (2013): »*Der Mensch hat das Wort«. Der Sprachdiskurs in der Frankfurter Zeitung 1933-1943*, Berlin, Boston: de Gruyter. William J. Dodd (2007): *Jedes Wort wandelt die Welt. Dolf Sternbergers politische Sprachkritik*, Göttingen: Wallstein. Dirk Deissler (2004): *Die entnazifizierte Sprache*, Frankfurt a.M.: Lang. Heidrun Kämper (2000): »Sprachgeschichte – Zeitgeschichte. Die Tagebücher Victor Klemperers«, in: *Deutsche Sprache* 28, H. 1, 25-41. Cornelia Schmitz-Berning (2000): *Vokabular des Nationalsozialismus*, Berlin, New York: de Gruyter. Konrad Ehlich (1998): »›LTI, LQI ...‹ Von der Unschuld der Sprache und der Schuld der Sprechenden«, in: Heidrun Kämper, Hartmut Schmidt (Hg.): *Das 20. Jahrhundert. Sprachgeschichte – Zeitgeschichte*, Berlin, New York: de Gruyter, S. 273-303. Wolfgang Werner Sauer (1989): »Der Duden im ›Dritten Reich«, in: Konrad Ehlich (Hg.): *Sprache im Faschismus*, Frankfurt a.M.: Suhrkamp, S. 104-119. Gerhard Bauer (1988): *Sprache und Sprachlosigkeit im »Dritten Reich«*, Köln: Bund. Utz Maas (1984): »*Als der Geist der Gemeinschaft eine Sprache fand«. Sprache im Nationalsozialismus*. Opladen: Westdeutscher. Rolf Glunk (1966-1971): »Erfolg und Misserfolg der nationalsozialistischen Sprachlenkung«, in: *Zeitschrift für deutsche Sprache* 22: 57-73, 146-153; 23: 83-113, 178-188; 24: 72-91, 184-191; 25: 116-128, 180-183; 26: 84-97, 176-183; 27: 113-123, 177-187.

I.B2 Eugen Kogon: *Der SS-Staat*, erste, 1946 erschienene monographische Darstellung über – so der Untertitel – »das System der deutschen Konzentrationslager«.

Kogons Buch ist bis heute in neun Sprachen übersetzt und über eine halbe Million Mal verkauft worden (2006 erschien die mittlerweile 43. Auflage). Es vereint zeithistorische Daten und Fakten, Berichte von Häftlingen sowie die eigenen Erlebnisse des Autors während seiner langjährigen Haft im Konzentrationslager Buchenwald. Mit seiner erfahrungsgesättigten und umfassenden Darstellung wurde *Der SS-Staat* zu einem prägenden Werk für die öffentliche Wahrnehmung des NS-Vernichtungsapparats.

Der Österreicher Eugen Kogon war als konservativer Gegner der Nazis – er hatte 1927 in Wien über den Korporativstaat des italienischen Faschismus promoviert – mehrfach inhaftiert worden. Von September 1939 bis zur Befreiung im April 1945 wurde er im KZ Buchenwald festgehalten. Kogon konnte diese Zeit nur deshalb überstehen, weil er Aufgaben in der Häftlingsselbstverwaltung übernahm. Als wichtiges Mitglied der Funktionselite des Lagers verstand es Kogon, sich im Rahmen des Möglichen für Mitgefangene einzusetzen. Hervorzuheben ist in diesem Zusammenhang seine direkte Einflussnahme auf den SS-Arzt Erwin Ding-Schuler, in dessen Schreibstube er ab 1943 arbeitete.

Unmittelbar nach der Befreiung der 21.000 im Lager verbliebenen Häftlinge durch die amerikanischen Truppen wurde eine Kommission der Abteilung für psychologische Kriegsführung der US-Armee unter Leitung Albert G. Rosenbergs damit beauftragt, einen Bericht über die Geschichte, die Zustände und die Organisation des Konzentrationslagers Buchenwald zu verfassen. Schnell wurde klar, dass dies nicht ohne die Mithilfe von Häftlingen und deren genauer Kenntnis des Lagers, seiner Organisation sowie der sozialen Struktur der Häftlingsgemeinschaft vonstatten gehen würde. Also stellte Rosenberg eine Gruppe von ehemaligen Häftlingen zusammen, die sich der Aufgabe annahm. Die Leitung des Teams wurde Kogon übertragen. Vom 16.4. bis zum 11.5.1945 entstand so unter großem zeitlichem Druck der so genannte Buchenwald-Report. Dieser Kogon später als Vorarbeit für den *SS-Staat* dienende Bericht enthielt nach seiner Fertigstellung auf ca. 400 Schreibmaschinenseiten einen von Kogon diktierten 125-seitigen Haupttext und 168 Einzelberichte von 104 Zeugen aus dem Lager Buchenwald. Er galt schon bald nach seiner Entstehung als verschollen und fand daher als Beweismittel im amerikanischen Buchenwald-Prozess am 11.4.1947 in Dachau keine Verwendung. Erst 1987 entdeckte man den Bericht wieder und er erschien, von David A. Hackett herausgegeben, 1995 in englischer und ein Jahr später in deutscher Sprache. In Rezensionen wurde Kogons Urtext einerseits als wichtige dokumentarische Quellensammlung über die nationalsozialistischen Gräueltaten betrachtet, andererseits als politisch tendenziös eingestuft. Der retrospektive Vorwurf bestand darin, dass aufgrund der Mitarbeit kommunistischer Funktionshäftlinge an dem Bericht die zum Teil fragwürdige Rolle dieser Personengruppe innerhalb des lagerinternen Sozialgefüges geschönt worden sei. Der Historiker Lutz Niethammer hatte diesen Aspekt mit der Veröffentlichung seines Buches *Der gesäuberte Antifaschismus – Die SED und die roten Kapos von Buchenwald* 1994 in den wissenschaftlichen Diskurs eingebracht. Darin wird der nach dem Krieg von DDR-Seite gemachte Versuch einer Mythologisierung und Instrumentalisierung des kommunistischen Antifaschismus in den Konzentrationslagern kritisch hinterfragt und aufgezeigt, dass in Buchenwald auch Verbrechen durch besagte Funktionshäftlinge begangen wurden. Diese reichten von der Abschiebung opponierender Genossen in lebensgefährliche Arbeitskommandos bis hin zu Morden beim Kampf mit der rivalisierenden Gruppe der so genannten ›Kriminellen‹ um die Vorherrschaft innerhalb der Häftlingsgemeinschaft. Sowohl dem Buchenwald-Report als auch Niethammers Auseinandersetzung mit diesem, angesichts der Verbrechen der Nazis ungern wahrgenommenem Aspekt der Geschichte der Konzentrationslager, wurde im Verlauf der Debatte eine politische Tendenz unterstellt. Infolgedessen geriet auch Kogons während der zweiten Hälfte des Jahres 1945 verfasstes Buch *Der SS-Staat* in den Verdacht des Mangels an Objektivität und wurde sogar als »Mogelpackung eines roten Mythos Antifaschismus« (Georg Fülberth, in: *konkret* 01/1997) bezeichnet. Dies lässt sich jedoch mit Hinweis auf die Entstehungsgeschichte des Buches widerlegen. Kogon sichtete und überarbeitete die ihm zur Verfügung stehenden Materialien kritisch und genau. Er verwendete lediglich einen geringen Anteil der im *Buchenwald-Report* enthaltenen Zeugenaussagen und schrieb ein neues Manuskript. Die Rolle der Kommunisten – wie auch anderer Gruppierungen – im Konzentrationslager Buchenwald wurde von ihm differenziert dargestellt, Positives zu ihrer Rolle im Lager findet darin ebenso Erwähnung wie Negatives. Eine Beschönigung kommunistischen Fehlverhaltens findet in *Der SS-Staat* nicht statt – was auch zur Folge hatte, dass das Buch in der DDR nie erscheinen konnte.

In Aufbau und Inhalt geht Kogons Buch, ebenfalls von den amerikanischen Militärbehörden in Auftrag gegeben und für die deutsche Öffentlichkeit bestimmt (→Reeducation [I.A2]), deutlich über den *Buchenwald-Report* hinaus. Während Letzterer sich auf die Vorgänge im Konzentrationslager Buchenwald als Einzelfall konzentriert, befasst sich *Der SS-Staat* mit dem System der Konzentrationslager im Allgemeinen. Kogon verwendete weitere Quellen und sah die Einzelberichte kritisch durch. 1948 stellte der Autor dem Text das soziologische Kapitel *Der Terror als Herrschaftssystem* voran, 1974 erschien nach längerer Zeit des Fehlens auf dem deutschen Buchmarkt eine überarbeitete Neuauflage.

Kogons frühe Gesamtdarstellung des nationalsozialistischen Unterdrückungs- und Terrorapparats analysiert die Organisation des deutschen ›SS-Staates‹ und seiner ausführenden Organe. Das Kernthema wird in Kapiteln über Zweck und Geschichte der Lager, deren Art und Anzahl, Kategorien der dort Inhaftierten, ihre Einrichtung und innere Organisation behandelt. Die weiteren Abschnitte des Buches thematisieren die Aspekte Arbeit, Tagesablauf, Strafen, sanitäre Verhältnisse, Liquidationen, Ernährung, Freizeit und Kultur, so genannte

»Sondereinrichtungen« wie Gaskammern, Krematorien, medizinische Versuchsstationen, Bordelle und Formen des Arrests. Gruppenschicksale, Außenlager und die Dauer der Haft werden ebenso beleuchtet wie die Grausamkeit der SS-Angehörigen und der antifaschistische Widerstand in den Lagern gegen sie. Das Ende der Konzentrationslager mit den Todesmärschen, der Bewaffnung der Häftlinge und ihrer Befreiung sowie jeweils ein Kapitel zur Psychologie der SS und der Gefangenen und ein Abschnitt über das deutsche Volk, sein Wissen, seine Reaktionen und seine Schuld bezüglich der Lager beschließen das 400-seitige Buch. Aufgrund von Kogons spezifischem Erfahrungshorizont beschränken sich die Darstellungen allerdings weitgehend auf die Konzentrationslager der Frühzeit des Nationalsozialismus, die so – im Kontext des Titels SS-Staat – für das Lagersystem insgesamt verabsolutiert werden.

Den Schilderungen Kogons gemein ist eine ungeschönte Darstellung des in den Konzentrationslagern erlittenen Unrechts. Der außerordentliche Publikumserfolg von *Der SS-Staat*, so Volkhard Knigge, liegt wohl in der Tatsache begründet, dass Kogon zwar einerseits die Taten in den Lagern präzise benennt, jedoch andererseits viele Zugeständnisse an seine deutschen Zeitgenossen macht: Wiederholt weist er eine →Kollektivschuldthese [I.C2] zurück, äußert Verständnis für den deutschen Widerwillen gegenüber der Reeducation und beschränkt den Kreis der Schuldigen auf die seiner Einschätzung nach asozial veranlagten Nazi-Täter. So geraten bei ihm weder »die Gesellschaft der NS-Zeit« in ihrer Gesamtheit in den Blick noch »die Weltanschauungstäter, die ihr Handeln als sachlich gebotene Notwendigkeit verstanden und sich deutlich von Kogons Musterfall unterschieden« (Knigge). Die von den ehemaligen Opfern verfassten Darstellungen zum System der deutschen Konzentrationslager – neben dem *SS-Staat* wäre hier vor allem H. G. Adlers Standardwerk *Theresienstadt 1941–1945. Das Antlitz einer Zwangsgemeinschaft* zu nennen (1948/1955) – hätten der zeitgeschichtlichen Forschung der Bundesrepublik gleichwohl wichtige Anstöße bieten können, die von dieser allerdings kaum produktiv genutzt wurden.

HB

Lit.: Eugen Kogon (1974): *Der SS-Staat. Das System der deutschen Konzentrationslager*, München: Kindler. Volkhard Knigge (2007): »›Die organisierte Hölle‹. Eugen Kogons ambivalente Zeugenschaft«, in: Jürgen Danyel et al. (Hg.): *50 Klassiker der Zeitgeschichte*, Göttingen: Vandenhoeck & Ruprecht, S. 24–28. Iring Fetscher (2003): »In keiner Weise überholt: ›Der SS-Staat‹«, in: *Neue Gesellschaft. Frankfurter Hefte* 50, H. 1–2, S. 73–75. Ulrich Peters (2003): *Wer die Hoffnung verliert, hat alles verloren. Kommunistischer Widerstand in Buchenwald*, Köln: PapyRossa. Präsident der Technischen Universität Darmstadt (Hg.) (2001): *Das Maß aller Dinge. Zu Eugen Kogons Begriff der Humanität*, Darmstadt: Technische Universität. Franz H. Schrage (1999): *Weimar. Buchenwald. Spuren nationalsozialistischer Vernichtungsgewalt in Werken von Ernst Wiechert, Eugen Kogon, Jorge Semprun*, Düsseldorf: Grupello. Gedenkstätte Buchenwald (Hg.) (1999): *Konzentrationslager Buchenwald 1937–1945. Begleitband zur ständigen historischen Ausstellung*, Göttingen: Wallstein. Jens Schley (1998): »Buchenwald-Report« [Rezension], in: *Mittelweg 36*, H. 4, S. 56–58. Michael Kogon (1997): »Buchenwald, Eugen Kogon, die Kommunisten und die Wahrheit«, in: *Neue Gesellschaft. Frankfurter Hefte* 44, H. 5, S. 459–462. Kurt Sontheimer (1996): »Die einzige Waffe, wir haben, ist die Erinnerung. Die erste vollständige Veröffentlichung des Berichts über das Konzentrationslager Buchenwald«, in: *Süddeutsche Zeitung*, 11.11.1996, S. 11. David A. Hackett (Hg.) (1996): *Der Buchenwald-Report: Bericht über das Konzentrationslager Buchenwald bei Weimar*, München: Beck. Lutz Niethammer (Hg.) (1994): *Der »gesäuberte« Antifaschismus. Die SED und die roten Kapos von Buchenwald*, Berlin: Akademie. Wolfgang Sofsky (1993): *Die Ordnung des Terrors. Das Konzentrationslager*, Frankfurt a.M.: Fischer. Walter Jens, Gunnar Matthiesen (Hg.) (1988): *Plädoyers für die Humanität. Zum Gedenken an Eugen Kogon*, München: Kindler.

I.B3 Max Picard: *Hitler in uns selbst*, von dem Arzt und zu seiner Zeit einflussreichen kulturkritischen Schriftsteller Max Picard 1946 verfasste radikale Analyse des Nationalsozialismus.

Das Werk des Wahlschweizers wurde unmittelbar nach Erscheinen in mehrere Sprachen übersetzt und mehrfach aufgelegt. In der BRD war *Hitler in uns selbst* jedoch das einzige Buch Picards, das nicht im freien Handel erhältlich war. Picard bemühte sich in seinen Werken darum, humanistische Ideen in der Moderne mit der

Suche nach Gott zu verbinden. Er entwickelte eine philosophisch-christliche Anthropologie, die sich sowohl mit einer Analyse des modernen Menschen sowie der kulturphilosophischen Deutung seiner Situation inmitten einer »gottfernen« Welt beschäftigte.

Bei *Hitler in uns selbst* handelte es sich um einen der ersten Erklärungsversuche zur Entstehung und Entwicklung des »Dritten Reiches« überhaupt. Die meisten Zeitgenossen wiesen die jüngste Vergangenheit noch als unbegreiflich zurück; eine Haltung, die zumeist mit dem Wunsch zu vergessen einherging. Picard wurde als scharfsichtiger Mahner und Warner gesehen, der schon 1918 in einem Buch darauf aufmerksam gemacht hatte, dass das Leid des Ersten Weltkriegs keine grundlegende Einstellungsveränderung bewirkt habe, so dass sich die Katastrophe zu wiederholen drohe (→Fischer-Kontroverse [III.B3]). In *Hitler in uns selbst* knüpfte er drei Jahrzehnte später an diese Analyse an und konstatierte, dass sich die Strukturen, in denen sich der Nationalsozialismus festsetzen und verbreiten konnte, schon lange Zeit vor 1933 in der Bevölkerung aufgebaut hätten. Picards Ziel war es nicht, in *Hitler in uns selbst* ein konsistentes Programm zum Umgang mit der Vergangenheit zu erarbeiten, sondern »Wegweisung zur kritischen Selbstanalyse des Einzelnen« zu geben.

Picard arbeitete heraus, unter welchen spezifischen Bedingungen die »fabrikmäßige« Vernichtung im »Dritten Reich« stattfinden konnte und betonte deren »wissenschaftliche Grausamkeit«. Picard zufolge war für diese unmenschliche Entwicklung Potential über die Grenzen Deutschlands hinweg in der gesamten Welt vorhanden. Die Schuld der Deutschen sei vor diesem Hintergrund aber nicht geringer einzuschätzen, da sie das Ausmaß der nationalsozialistischen Verbrechen hätten erkennen und bekämpfen können. Der Nationalsozialismus habe bei den Deutschen deshalb gedeihen können, weil sie »für den allgemeinen Sittenverfall am empfänglichsten« gewesen seien. Der Kern des Übels war für Picard die »Diskontinuität des modernen Lebens«.

Möglichkeiten, aus dem Geschehen zu lernen und in Zukunft ähnliche Entwicklungen zu vermeiden, sah Picard in einer Wiederentdeckung ›ursprünglicher Kräfte‹ sowie in einer Aufteilung Deutschlands in überschaubare föderative Gebilde. Einen Ausweg aus der »inneren Zusammenhangslosigkeit« des modernen Menschen sei aber nur in der Verbindung zu Gott durch das Christentum zu erreichen.

Dass *Hitler in uns selbst* 1946 so große Beachtung fand, lag zum einen sicher daran, dass Picard als einer der Ersten den Nationalsozialismus zu analysieren versucht hatte, zum anderen aber auch daran, dass er eine Alternative zu den damals kursierenden, exkulpativen Erklärungsversuchen vom »deutschen Sonderweg« (→Frühe Erklärungsversuche deutscher Historiker [I.B4]) aufzeigte.

MBn

Lit.: Max Picard (1946): *Hitler in uns selbst*, Zürich, Stuttgart: Eugen-Rentsch. Wilhelm Hausenstein, Benno Reifenberg (1958): *Max Picard zum siebzigsten Geburtstag*, Zürich, Stuttgart: Eugen-Rentsch. Benno Reifenberg (1946): »Der Grund von alledem«, in: *Die Gegenwart* 1, H. 16/17, S. 36–40.

I.B4 Frühe Erklärungsversuche deutscher Historiker,

erste analytische Auseinandersetzungen deutscher Historiker mit der NS-Vergangenheit aus der unmittelbaren Nachkriegszeit.

1946 erschien Friedrich Meineckes Buch *Die deutsche Katastrophe*, in dem der damals bereits 84-jährige Historiker versuchte, den Nationalsozialismus anhand von »Betrachtungen und Erinnerungen« (so der Untertitel) zu erklären. Der Titel selbst ist nach dem Erscheinen des Buches zu einem festen Terminus innerhalb der Geschichtswissenschaft für eine spezifische Deutungsweise des Nationalsozialismus geworden.

Friedrich Meinecke (1862–1954) gilt heute neben Wilhelm Dilthey und Ernst Troeltsch als einer der Begründer der politischen Ideengeschichte. Nach seinem Studium (unter anderem bei Johann Gustav Droysen, Heinrich von Treitschke und Harry Bresslau) und seiner Promotion in Berlin habilitierte er 1896 bei Heinrich von Sybel mit einer Studie über den Feldmarschall Hermann von Boyen. 1914 wechselte er, nach Professuren in Straßburg und Freiburg, an die Friedrich-Wilhelms-Universität in Berlin, an der er bis zu seiner Emeritierung 1932 lehrte. Als eigentlicher »Herzensmonarchist« begab sich Meinecke während der Weimarer Republik als »Vernunftrepublikaner« in eine Außenseiterrolle und setzte sich für eine sozialstaatliche Erneuerung des Liberalismus ein. Nach der nationalsozialistischen ›Machtergreifung‹ entzog man ihm 1934 zunächst den Vorsitz der Historischen Reichskommision und ein Jahr später auch die Herausgeberschaft der *Historischen Zeitschrift*, welche er seit 1896 geführt hatte.

Die deutsche Katastrophe ist im Gegensatz zu den ebenfalls frühen Publikationen von →Eugen Kogon (*Der SS-Staat* [I.B2], 1946) und →Hans Rothfels (*Die deutsche Opposition gegen Hitler* [I.B5], 1948/49) ein erster Versuch, nicht einzelne Elemente, Institutionen oder Widerstandsgruppen des Nationalsozialismus darzustellen, sondern ihn in seiner Gesamtheit zu historisieren und zu analysieren. Meinecke geht dabei davon aus, dass es im Laufe des 19. Jahrhunderts zwei große Strömungen bzw. »Wellen« gegeben habe: die soziale und die nationale. Beide seien vorangetrieben worden durch die Dynamik und den »Druck der neuen Massen auf die alte Gesellschaft«. Während die soziale Welle jedoch auf eine Revolution ausgerichtet sei, ziele die nationale Welle auf die eigene Machterweiterung. Beiden Strömungen gemein sei aber, dass sie neben ihrem sowohl positiven als auch negativen Potential einen Hang zur Übersteigerung besäßen.

Spezifisch für die deutsche Situation sei der Umstand, dass die nationale Welle bereits ein halbes Jahrhundert, bevor die Industrialisierung und die soziale Welle ein neues Massenproletariat hervorrief, eine neue bürgerliche Mittelschicht produziert habe. Sowohl die jeweils positiven Stränge (ein evolutionärer Sozialismus und ein kulturfähiges Preußentum) als auch die jeweils negativen Stränge (der brutale Massen-Sozialismus und ein übersteigerter Militarismus) der beiden Strömungen seien historisch parallel verlaufen. In Deutschland jedoch hätten sich die negativen Stränge der zwei Wellen überschnitten und gedoppelt und so zur »deutschen Katastrophe«, dem Nationalsozialismus, geführt. Dabei betont Meinecke gleichzeitig, dass der Nationalsozialismus selbst eigentlich weder wirklich national noch sozial gewesen sei, da die Ideologie im Zweifelsfall stets den »nackte[n] Machtinteresse[n]« nachgeordnet gewesen sei. Als Kontrastfolie zu dem »Hitlermenschentum« des Nationalsozialismus dient Meinecke die Goethezeit bzw. der »Goethemensch«, der diesem als positives Prinzip gegenüber stehe. Dieser stark idealisierte, durchaus zeittypische Goethebezug ist auch an einem beim deutschen Nationaldichter entlehnten Sprachgestus ablesbar.

Problematische Aspekte erhält die Analyse vor allem durch zwei Umstände: Meineckes Unterstellung, die Juden hätten seit der Judenemanzipation im 19. Jahrhundert »gar zu rasch und zu gierig« ihre neuen Rechte ausgelotet, und seine doppelte Besetzung des titelgebenden Begriffs der *Deutschen Katastrophe*: Sie steht bei Meinecke auch für die Demütigungen der Kriegsniederlage und der Besatzungsherrschaft. Irritierend und von der historischen Forschung bei allem Lob für die Gesamtanalyse oftmals kritisch betrachtet ist auch der letzte Abschnitt »Wege zur Erneuerung«, in dem Meinecke sich einen Weg zur geistigen Erneuerung Deutschlands in der Bildung von »Goethegemeinden« verspricht. Diese sollten sich »ungezwungen«, ohne allzu sehr von staatlicher Ebene forciert zu werden, über ganz Deutschland verteilen, um sich in »musikalisch-poetischen Feierstunden« (bestenfalls sogar in Kirchen) über deutsche Lyrik und Prosa auszutauschen.

Dem gegenüber steht der Umstand, dass in dieser frühen Auseinandersetzung mit dem Nationalsozialismus der Massenmord an der jüdischen Bevölkerung Europas und die NS-Verbrechen gänzlich ungenannt bleiben. Die »Gaskammern und Konzentrationslager« werden lediglich angeführt, um zu betonen, dass hier »schließlich auch der letzte Hauch christlich-abendländischer Gesittung und Menschlichkeit« erstarb.

Nicht zuletzt diese Auslassungen mögen begründen, was Nicolas Berg als eigentliche Brisanz an Meineckes Buch herausgearbeitet hat, nämlich dass es »in hohem Maße konsensfähig erschien, trotz seiner im Detail deutlichen Kritik an den Traditionen« von Nationalismus und Sozialismus in Deutschland. Denn sowohl die Deutschen jeglicher politischer Couleur als auch die internationale Leserschaft – ehemalige Mitglieder des antifaschistischen Widerstands wie auch Mitläufer und frühere Nationalsozialisten – empfanden »die Art und Form der Selbstkritik als annehmbar« (Nicolas Berg).

Die Rückschlüsse aus der Geschichtsdeutung, die Meinecke in *Die deutsche Katastrophe* betreibt, wurden unter anderem von den Historikern Siegfried A. Kaehler, vor allem aber von Gerhard Ritter (→Fischer-Kontroverse [III. B3]) stark kritisiert – jedoch nicht im Hinblick auf das Nicht-Thematisieren des Holocaust, sondern aufgrund der negativen Beurteilung des deutschen Geschichtsverlaufs. Gerhard Ritter argumentierte und stritt sein Leben lang gegen die These eines spezifisch »deutschen Sonderwegs« bzw. »Irrwegs« der Geschichte, die Hitler in eine Reihe mit Luther, Friedrich dem Großen und Bismarck stellt.

Dabei stand Ritter (1888–1967) der NSDAP trotz teilweise emphatischer Zustimmung und seiner gemäßigt rechten politischen Haltung bereits vor 1933 skeptisch gegenüber. Die vollständige Abkehr vom Nationalsozialismus vollzog Ritter, der der Bekennenden Kirche angehörte, jedoch erst aufgrund der von ihm abgelehnten Kirchenverfolgung. Nach dem Scheitern des Attentats vom 20. Juli 1944, über das er als Angehöriger des Freiburger Kreises vermutlich auch durch die enge Verbindung zu dem früheren Leipziger Oberbürgermeister Carl Friedrich Goerdeler Bescheid wusste, erfolgte gar seine Festnahme. Insbesondere in seiner 1948 erschienenen Publikation *Europa und die deutsche Frage. Betrachtungen über die geschichtliche Eigenart des deutschen Staatsdenkens* versuchte Ritter jedoch ideengeschichtlich nachzuweisen, dass Deutschland keineswegs einen »hoffnungslosen Sonder- und Ausnahmefall unter den europäischen Nationen« darstelle. Die Ursprünge des Nationalsozialismus entsprängen vielmehr aus außerdeutschen Kontexten, wie der Französischen Revolution und der Verdrängung der Kirche aus dem Mittelpunkt des öffentlichen Lebens. Mit diesem Versuch einer ›Normalisierung‹ der deutschen Geschichte erntete Ritter vor allem im Ausland zahlreiche und heftige Kritik.

Dabei trennt Ritters Position von der Meineckes in erster Linie die divergierende Beurteilung des wilhelminischen Kaiserreichs: Während Meinecke den Militarismus kritisiert und die Mitverantwortung des deutschen Bürgertums für das Aufkommen des Nationalsozialismus betont, bewahrt sich Ritter seine positive Sicht auf das Kaiserreich. Beide verfolgen jedoch, trotz ihrer unterschiedlichen Erklärungsmuster für den Nationalsozialismus, eine Geschichtsdeutung im Sinne großer Kontinuitäten: Bei Meinecke mündet die deutsche Geschichte in einen Irrweg, während Ritter den Nationalsozialismus zugunsten eines positiven deutschen Geschichtsverlaufs marginalisiert.

MBn

Lit.: Friedrich Meinecke (1946): *Die deutsche Katastrophe. Betrachtungen und Erinnerungen*, Wiesbaden: Brockhaus. Gerhard Ritter (1946): *Geschichte als Bildungsmacht. Ein Beitrag zur historisch-politischen Neubesinnung*, Stuttgart: Deutsche Verlags-Anstalt. Gerhard Ritter (1948): *Europa und die deutsche Frage. Betrachtungen über die geschichtliche Eigenart des deutschen Staatsdenkens*, München: Münchner Verlag. Nicolas Berg (2003): *Der Holocaust und die westdeutschen Historiker. Erforschung und Erinnerung*, Göttingen: Wallstein. Christoph Cornelißen (2001): *Gerhard Ritter. Geschichtswissenschaft und Politik im 20. Jahrhundert*, Düsseldorf: Droste. Stefan Meinecke (1995): *Friedrich Meinecke. Persönlichkeit und politisches Denken bis zum Ende des Ersten Weltkrieges*, Berlin, New York: de Gruyter. Winfried Schulze (1989): *Deutsche Geschichtswissenschaft nach 1945*, München: Oldenbourg. Lothar Gall (1984): »Die Bundesrepublik in der Kontinuität der deutschen Geschichte«, in: *Historische Zeitschrift*, H. 239, S. 603–613. Ernst Schulin (1981): »Friedrich Meineckes Stellung in der deutschen Geschichtswissenschaft«, in: Michael Erbe (Hg.): *Friedrich Meinecke heute. Bericht über ein Gedenk-Colloquium zu seinem 25. Todestag am 5. und 6. April 1979*, Berlin: Colloquium, S. 50–75. Werner Conze (1977): »Die deutsche Geschichtswissenschaft seit 1945. Bedingungen und Ergebnisse«, in: *Historische Zeitschrift* 225, S. 1–28. Hans Mommsen (1974): »Haupttendenzen nach 1945 und in der Ära des Kalten Krieges«, in: Bernd Faulenbach (Hg.): *Geschichtswissenschaft in Deutschland*, München: Beck, S. 112–120.

I.B5 Hans Rothfels: *Die deutsche Opposition gegen Hitler*, Analyse des Nationalsozialismus von 1949, die in der deutschen Geschichtswissenschaft den Boden für eine Auseinandersetzung mit dem deutschen Widerstand bereitete. Der Historiker Hans Rothfels wurde wegen seiner jüdischen Herkunft 1934 seines Lehrstuhls für Neuere Geschichte in Königsberg enthoben, emigrierte 1939 über Großbritannien in die USA und lehrte dort bis 1956 in Providence und Chicago. 1951 nahm Rothfels zusätzlich eine Professur in Tübingen an und wurde nach seiner Remigration 1956 zu einer der einflussreichsten Persönlichkeiten der Geschichtswissenschaft sowie Mitbegründer der wissenschaftlichen Disziplin der Zeitgeschichte.

1948 erschien Rothfels wohl bekanntestes Buch, *Die deutsche Opposition gegen Hitler*, das aus einer Vorlesung an der Universität Chicago hervorgegangen war, zunächst auf Englisch und im Jahr darauf in deutscher Übersetzung. Die Gründe für die Hinwendung zur Thematik des Widerstands werden in den Bemühungen des Emigranten gesehen, nach Kriegsende die Beziehungen zu seinen ehemaligen Kollegen wieder aufzunehmen und sich in den geschichtswissenschaftlichen Diskurs Westdeutschlands einzugliedern. Die Analyse der NS-Vergangenheit bedeutete für Rothfels die Auseinandersetzung mit einer Phase deutscher Zeitgeschichte, die er – ungeachtet seiner zustimmenden Haltung in der Etablierungsphase des Regimes – über weite Teile in einer Außenseiterposition erlebt hatte. Rothfels Widerstands-Buch ist als zeitgeschichtliche Verteidigung des deutschen Volkes vor der US-amerikanischen Öffentlichkeit konzipiert und enthält eine geschichtliche Deutung der NS-Zeit, eine Darstellung des Widerstands und eine Auseinandersetzung mit der US-amerikanischen Deutschlandpolitik, der Rothfels mangelnde Unterstützung der Regime-Gegner vorwarf.

Rothfels kam bei der Untersuchung des Verhaltens der deutschen Gesellschaft unter der NS-Herrschaft zu dem Ergebnis, dass das deutsche Volk durch Terror, Propaganda und Rechtlosigkeit handlungsunfähig gemacht und somit zum »ersten Opfer« des Regimes wurde. Der Nationalsozialismus sei kein spezifisch deutsches Phänomen, sondern Produkt einer allgemeinen Kultur- und Moralkrise der Moderne. Damit wandte sich Rothfels entschieden gegen die →Kollektivschuldthese [I.C2] und entwickelte eine Perspektive, die ein Anknüpfen an eine positive deutsche Tradition ermöglichen sollte. Zu diesem Zweck wurde die breite Zustimmung der deutschen Gesellschaft zur nationalsozialistischen Politik weitgehend ausgeblendet und eine große Verbreitung des Widerstands postuliert. Rothfels legte eine sehr weite Definition von Widerstand zugrunde, der für ihn schon mit der Verbreitung von regimekritischen Witzen begann und sich auf ein breites Spektrum politischer Gruppen bezog. Den Kern des Widerstands bildeten für ihn allerdings die nationalkonservativen Kreise um Carl Friedrich Goerdeler und Helmuth James Graf von Moltke, mit denen sich auch der konservative Emigrant Rothfels selbst identifizierte.

Die sehr positive Aufnahme des Werks bei den westdeutschen Historikern steht im Zusammenhang mit der zentralen Position, die das Thema des Widerstands im historischen Fach Westdeutschlands zur Nachkriegszeit einnahm. Zwar blieb der militärische Widerstand lange umstritten, dem Widerstandsgeschehen insgesamt kam jedoch eine starke Rehabilitierungsfunktion für die deutsche Gesellschaft zu, da es die Möglichkeit bot, Volk und Regime kategorisch zu trennen. Im Vorwort fasste Rothfels den Kern des Werks als »Rechtfertigung [...] von beträchtlichen Teilen des deutschen Volkes« zusammen, wobei er bereits die Kritik der Apologie voraussah. US-amerikanische Historiker merkten schon in ersten Reaktionen an, dass Material unkritisch verwendet und positive Urteile ungerechtfertigt gefällt worden seien. Trotzdem darf nicht übersehen werden, dass die Studie zur Rehabilitierung des Widerstands gegen Hitler beitrug, dessen Mitglieder in der Nachkriegszeit noch als Vaterlandsverräter angesehen wurden (→Strafverfahren wegen Verunglimpfungen des Widerstandes [II.A4]).

Rothfels kam als wegen seiner jüdischen Herkunft vertriebener Historiker und besonders durch seine Remigration eine herausragende moralische Position zu: Dass er aus dieser Stellung heraus allen Schuldvorwürfen entschieden entgegentrat und ein für die meisten deutschen Historiker leicht zu akzeptierendes Geschichtsbild vertrat, bereitete den Boden für eine Wiederherstellung der verunsicherten westdeutschen Geschichtswissenschaft und brachte ihm wiederholt exponierte akademische Posten ein. Damit hatte Rothfels wieder Anschluss an die ehemaligen Fachkollegen gefunden, von denen sich die meisten, nicht zuletzt auch seine Königsberger Schüler Werner Conze und Theodor Schieder, mit dem NS-Regime arrangiert hatten (→Historiker im Nationalsozialismus [VI.F2]).

MBr

Lit.: Hans Rothfels (1949): *Die deutsche Opposition gegen Hitler. Eine Würdigung*, Krefeld: Scherpe.

Günter J. Trittel (2013): *»Man kann ein Ideal verraten ...«. Werner Naumann: NS-Ideologie und politische Praxis in der frühen Bundesrepublik*, Göttingen: Wallstein. Jan Eckel (2007): »Hans Rothfels. An Intellectual Biography in the Age of Extremes«, in: *Journal of Contemporary History* 42, S. 421-446. John L. Harvey (2007): »Hans Rothfels. Issues and Paradoxes of an International Debate«, in: *Sozial.Geschichte. Zeitschrift für historische Analyse des 20. und 21. Jahrhunderts* 1, S. 7-39. Jan Eckel (2005): *Hans Rothfels. Eine intellektuelle Biographie im 20. Jahrhundert*, Göttingen: Wallstein. Johannes Hürter, Hans Woller (2005) (Hg.): *Hans Rothfels und die deutsche Zeitgeschichte*, München: Oldenbourg. Karsten Borgmann (2004) (Hg.): *Hans Rothfels und die Zeitgeschichte* [Historisches Forum 1], Berlin: Clio-Online. Nicolas Berg (2003): *Der Holocaust und die westdeutschen Historiker. Erforschung und Erinnerung*, Göttingen: Wallstein. Ingo Haar (2002): *Historiker im Nationalsozialismus. Deutsche Geschichtswissenschaft und der »Volkstumskampf im Osten«*, 2. durchges. und verb. Aufl., Göttingen: Vandenhoeck & Ruprecht. Karl Heinz Roth (2001): »Hans Rothfels: Geschichtspolitische Doktrinen im Wandel der Zeiten. Weimar – NS-Diktatur – Bundesrepublik«, in: *Zeitschrift für Geschichtswissenschaft* 49, S. 1061-1073. Winfried Schulze, Otto G. Oexle (1999) (Hg.): *Deutsche Historiker im Nationalsozialismus*, Frankfurt a.M.: Fischer. Hans Mommsen (1982): »Hans Rothfels«, in: Hans-Ulrich Wehler (Hg.): *Deutsche Historiker*. Bd. IX, Göttingen: Vandenhoeck & Ruprecht, S. 127-147.

I.B6 Adorno-Diktum, im Rahmen des 1949 geschriebenen und 1951 publizierten Essays *Kulturkritik und Gesellschaft* formulierte der Philosoph Theodor W. Adorno, »nach Auschwitz ein Gedicht zu schreiben, ist barbarisch«. Dieser Satz löste eine Debatte unter Künstlern, vor allem Literaten, über die Daseinsberechtigung von Kunst nach dem »Zivilisationsbruch« Auschwitz (Dan Diner) aus, die auch künstlerische Darstellungsformen des Unfassbaren umfasste. Durch Auslassung des zweiten Satzteiles (vollständig lautet diese Stelle: »Kulturkritik findet sich der letzten Stufe der Dialektik von Kultur und Barbarei gegenüber: nach Auschwitz ein Gedicht zu schreiben, ist barbarisch, und das frißt auch die Erkenntnis an, die ausspricht, warum es unmöglich ward, heute Gedichte zu schreiben«) wurde die komplexe Denkfigur Adornos, die in letzter Konsequenz danach fragt, »ob nach Auschwitz noch sich leben lasse« (in: *Meditationen zur Metaphysik*), in der Debatte auf unzulässige Weise verkürzt. Nachdem die Rezeption anfänglich schleppend verlief, erreichte die Aussage ab Ende der 1950er Jahre einen immer höheren Bekanntheitsgrad und wurde so häufig – oftmals stark verkürzt und des Zusammenhanges beraubt – zitiert, dass sie zur Phrase verkam. 1959 kritisierte der Schriftsteller Hans Magnus Enzensberger die Passage in der Literaturzeitschrift Merkur und trug dadurch zur Bekanntheit sowie der simplifizierenden Reduktion von Adornos Satz bei: Adorno habe gesagt, man könne keine Gedichte nach Auschwitz mehr schreiben, dies sei aber durch Schriftsteller widerlegt worden (in diesem Falle Nelly Sachs; in dem Großteil der Gegenreden wurde Paul Celan als Beispiel genannt). Beispiele ähnlicher Verkürzungen des »Verdiktes«, als welche Adornos Aussage von vielen aufgefasst wurde, lassen sich in Reden, Essays und Gedichten zahlreicher deutscher Schriftsteller und Intellektueller bis heute finden, fühlten sie sich doch in ihrem Existenzrecht in Frage gestellt. Günter Grass räumte in seiner 1990 gehaltenen Frankfurter Poetik-Vorlesung, die bezeichnenderweise den Titel *Schreiben nach Auschwitz* trug, ein, dass Adornos Satz »prompt als Verbotstafel missverstanden« wurde, ohne dass man den philosophischen Kontext gekannt habe. Adornos Position ist im Kontext seiner Auffassung des Holocaust als tief greifende Zäsur der Menschheitsgeschichte, hinter die man nicht zurück könne, vermittelt. Diese Lesart, die eine Rekontextualisierung des Zitates in das philosophische Gesamtwerk Adornos vornimmt, belebt die wissenschaftliche Debatte seit Ende der 1980er Jahre. Adornos Satz und die »Nachträge«, die er bis zu seinem Tode formulierte, wollten demzufolge kein Verbot künstlerischen Schaffens formulieren, sondern zielten auf die aporetische Existenz aller Kultur und aller Kulturkritik nach Auschwitz. Im Essay *Kulturkritik und Gesellschaft* thematisierte Adorno dieses Dilemma: Es bedürfe zwar weiterhin der Kultur und der Kulturkritik, beide seien aber »angefressen«. Die Urteilsfähigkeit der Kulturkritik sei beschränkt und die Kultur könnte nicht mehr als solche bezeichnet werden, da die NS-Vernichtungsmaschinerie Kultur und Vernunft ad absurdum geführt habe. Der Abwehrmechanismus, den Adornos Aussage hervorgerufen hat, ist in seiner Vehemenz nur dadurch zu verstehen, dass Adorno sehr provokant in das Schweigen des Täterkollektivs hineingeschrieben hat. Alles, so lautet eine Konsequenz seiner Denkfigur, sei mit Schuld affiziert – auch Kulturschaffen und -konsum. Die Kulturbeflissenheit, die Adorno zu seinem Befremden in Deutschland nach seiner Rückkehr aus dem US-amerikanischen Exil vorfand, deutete er als Versuch, den Bruch durch den Nationalsozialismus vergessen zu machen. Die Kritik galt zum einen dem deutschen Publikum, das im Konsumieren stilistisch althergebrachter Kunstwerke verdrängen wolle, dass »Kultur im traditionellen Sinn tot ist« (in: *Auferstehung der Kultur in Deutschland*) und zum anderen der damals weit verbreiteten Kunst, die sich explizit auf die abendländische Kulturtradition berief und die jüngste Vergangenheit ausblendete. Die in den 1950er Jahren beliebte Naturlyrik war für Adorno der Inbegriff für diese Tendenz. Der Satz über das Schreiben nach Auschwitz zielt über die literaturästhetische Kritik an einer restaurativen Lyrik ins Mark des Verdrängungsdiskurses.

Im Rahmen der so genannten Darstellungsdebatte, die danach fragt, ob bzw. wie der Holocaust künstlerisch repräsentiert werden kann, wird Adorno oftmals – sehr verkürzend – den Vertretern eines »Bilderverbotes« zugeschlagen. Noch in der Debatte um den Film →SCHINDLERS LISTE [V.B8] wurde Enzensbergers These einer Widerlegung Adornos durch die künstlerische Praxis reproduziert.

MR

Lit.: Theodor W. Adorno (1950): »Auferstehung der Kultur in Deutschland?«, in: *Frankfurter Hefte* 5, S. 469–477. Theodor W. Adorno (1951): »Kulturkritik und Gesellschaft«, in: Ders.: *Gesammelte Schriften (GS)*, Bd. 10.1, Frankfurt a.M.: Suhrkamp, S. 11–30. Theodor W. Adorno (1962): »Jene zwanziger Jahre«, in: GS, Bd. 10.2, S. 499–506. Theodor W. Adorno (1962): »Engagement«, in: GS, Bd. 11, S. 409–430. Theodor W. Adorno (1966): *Negative Dialektik*, GS, Bd. 6. Theodor W. Adorno (1967): »Ist die Kunst heiter?«, in: GS, Bd. 11, S. 599–608. Stefan Krankenhagen (2001): *Auschwitz darstellen. Ästhetische Positionen zwischen Adorno, Spielberg und Walser*. Köln u.a.: Böhlau. Sven Kramer (1996): »'Wahr sind die Sätze als Impuls...'. Begriffsarbeit und sprachliche Darstellung in Adornos Reflexion auf Auschwitz«, in: *Deutsche Vierteljahrsschrift für Literaturwissenschaft und Geistesgeschichte* 70, H. 3, S. 501–523. Peter Stein (1996): »'Darum mag falsch gewesen sein, nach Auschwitz ließe kein Gedicht mehr sich schreiben' (Adorno). Widerruf eines Verdikts? Ein Zitat und seine Verkürzung«, in: *Weimarer Beiträge* 42, H. 4, S. 485–508. Petra Kiedaisch (Hg.) (1995): *Lyrik nach Auschwitz? Adorno und die Dichter*, Stuttgart: Reclam. Dieter Lamping (1991): »Gedichte nach Auschwitz, über Auschwitz«, in: Gerhard R. Kaiser (Hg.): *Poesie der Apokalypse*, Würzburg: Königshausen & Neumann, S. 237–255. Detlev Claussen (1988): »Aporie der Vernunft. Ein Essay über die Aktualität Adornos«, in: Dan Diner (Hg.): *Zivilisationsbruch. Denken nach Auschwitz*, Frankfurt a.M.: Suhrkamp, S. 54–68.

I.B7 Darmstädter Wort, vom Bruderrat der Evangelischen Kirche in Deutschland (EKD) am 8.8.1947 verfasstes Schuldbekenntnis. Dem Bruderrat als Exekutivorgan und oberster Instanz der EKD und den Hauptverfassern Karl Barth und Hans Joachim Iwand ging es nicht allein um das Eingeständnis von Schuld und um die Benennung historischer Irrwege, sondern auch um die Frage der Zukunft der Kirche in der neuen Gesellschaft. Als Hauptgründe für das Versagen der Kirche im »Dritten Reich« wurden Nationalismus, eine Ignoranz gegenüber sozialen Fragen und die Duldung der illegitimen Vereinnahmung der Kirche durch den Staat genannt. Das Darmstädter Wort sollte Christen und Kirche vor einer erneuten weltanschaulichen Frontenbildung, diesmal gegen den Sozialismus, warnen.

Das Darmstädter Wort ist vor dem Hintergrund der sich 1947 abzeichnenden Restauration in Kirche und Gesellschaft und dem beginnenden Kalten Krieg zu sehen. Es steht in der Kontinuität zweier vorangegangener Schuldbekenntnisse des Bruderrates. Die Barmer Erklärung von 1934 wurde zur theologischen Grundlage für den Kampf gegen die Weltanschauung und die Einflussnahme des NS-Staates auf die Kirche; sie diente zugleich der Abgrenzung gegenüber den staatstreuen »Deutschen Christen«. Die Stuttgarter Erklärung von 1945 bekannte die Mitschuld der Kirche an der Unterdrückung von Völkern und gab Defizite in Bekenntnis, Gebet, Glauben und Liebe zu. Das Darmstädter Wort stellt eine Konkretisierung und Auslegung der vorhergehenden Erklärungen dar, an denen zum

Teil dieselben Autoren beteiligt waren. Man versprach sich von einem Schuldbekenntnis, die Kirche von glaubensfremden Einflüssen zu reinigen und sie zu ordnen; Erkennen und Bekennen seien Voraussetzungen für einen Neubeginn.

Da Deutschland nach dem Krieg politisch über keine eigene Zentralgewalt verfügte und die Kirchen beinahe die einzigen Institutionen waren, deren Organisation während und nach dem »Dritten Reich« intakt geblieben war, hatten sie großes Gewicht in sozialen und politischen Fragen. Die drei westlichen Alliierten gewährten den Kirchen umfassenden geistigen und politischen Freiraum mit dem Ziel einer umfassenden Neuordnung Deutschlands auf der Basis des Christentums. Dafür war eine Stellungnahme zur Verantwortung und Schuld der deutschen Christen Vorbedingung. Die katholische Kirche sah – anders als die evangelische – keine Notwendigkeit für ein Schuldbekenntnis; sie berief sich auf die noch bis in die 1960er Jahre verbreitete Ansicht, sie habe sich im Nationalsozialismus als stärkste Widerstandsgruppe bewährt.

Gravierendste Schwäche des Darmstädter Wortes ist die vollständige Ausblendung des Judenmordes, eine Leerstelle, die die Grenzen kirchlicher Schuldeingeständnisse im historischen Kontext der unmittelbaren Nachkriegszeit markiert. Das Schuldbekenntnis ließ zudem offen, ob es für das ganze Volk, dessen politische Führer, für alle Christen, die gesamte evangelische Kirche oder lediglich deren Leitung gelten sollte.

MBr

Lit.: Jens Murken (2002): »Tagungsbericht des Bochumer Forum zur Geschichte des sozialen Protestantismus«, in: Norbert Friedrich, Traugott Jähnichen (Hg.): *Gesellschaftspolitische Neuorientierungen des Protestantismus in der Nachkriegszeit*, Münster: LIT, S. 145–151. Claudia Lepp, Kurt Nowak (Hg.) (2001): *Evangelische Kirche im geteilten Deutschland (1945–1989/90)*, Göttingen: Vandenhoeck & Ruprecht. Gesellschaft zur Förderung vergleichender Staat-Kirche-Forschung e.V. (Hg.) (1997): *In die Irre gegangen? Das Darmstädter Wort in Geschichte und Gegenwart*, S. 9–25. Georg Denzler, Volker Fabricius (1995): *Christen und Nationalsozialisten. Darstellung und Dokumente*. Überarb. und aktual. Neuausg., Frankfurt a.M.: Fischer. Bertold Klappert (1988): *Bekennende Kirche in ökumenischer Verantwortung.* *Die gesellschaftliche und ökumenische Bedeutung des Darmstädter Wortes*, München: Kaiser.

I.B8 Frühe Zeugnisse Überlebender, literarische Zeugnisse, die zumeist in Konzentrationslagern, Gefängnissen und Ghettos von 1933 bis 1945 entstanden.

Dabei handelt es sich zumeist um lyrische Kleinformen, doch wurden auch ganze Gedichtzyklen, Erzählungen, Tagebücher und Romane, häufig von Laien und unter der ständigen Gefahr entdeckt und bestraft zu werden, verfasst. Sie alle wurden als zeitgeschichtliche Zeugnisse des Leids zum Zwecke des Trosts, der Ermutigung, vor allem aber gegen das Vergessen geschaffen und wollten zumeist nicht an erster Stelle künstlerischen Ansprüchen gerecht werden.

Die zahlreichen, wenngleich verstreuten Veröffentlichungen bereits unmittelbar nach Kriegsende dienten in erster Linie der Dokumentation des Widerstandes und des Leidens von Gegnern und Opfern des NS-Regimes. Das Interesse der deutschen Öffentlichkeit an diesen Texten basierte anfangs vermutlich insbesondere auf der Ablehnung der →Kollektivschuldthese [I.C2] – dokumentierten die literarischen Zeugnisse doch, dass auch Deutsche zu den Opfern des Nationalsozialismus zählten. Während Dokumente des sozialistischen und des kommunistischen Widerstands in den Westzonen marginalisiert wurden, erfuhren insbesondere Zeugnisse des christlich geprägten Widerstands, wie zum Beispiel die 1946 veröffentlichten *Gedichte aus Tegel* des 1945 im KZ Flossenbürg hingerichteten Theologen und Widerstandkämpfers Dietrich Bonhoeffer, eine breite Rezeption. In hohen Auflagen erschienen im selben Jahr unter anderem auch Ernst Wiecherts literarischer Bericht *Der Totenwald*, in dem er seine Erlebnisse aus Gefängnishaft und KZ verarbeitete, sowie die zweite Ausgabe der *Moabiter Sonette* des 1945 im Gefängnis Moabit ermordeten Albrecht Haushofer, die als Ausdruck antifaschistischen Widerstands aus bürgerlich-humanistischer Überzeugung gelesen wurden. 1947 folgten Luise Rinsers *Gefängnistagebuch*, die Tag- und Nachtbücher Theodor Haeckers und Emil Barths *Lemuria: Aufzeichnungen und Meditationen*.

Demgegenüber wurde den literarischen Zeugnissen der jüdischen Überlebenden erst Jahrzehnte später die ihnen gebührende Aufmerksamkeit zuteil. Zwar wurden der Zyklus *In den Wohnungen des Todes* von Nelly Sachs und Primo Levis *Ist das ein Mensch* bereits 1947 erstveröffentlicht, doch lange Zeit weitgehend ignoriert bzw. im Falle Levis erst 1961 ins Deutsche übersetzt. 1950 rückte mit der deutschen Erstausgabe des →*Tagebuchs der Anne Frank* [II.D1] erstmals das Einzelschicksal einer Jüdin in den Blickpunkt einer breiten Öffentlichkeit. Dennoch sollte es noch Jahre dauern, bis die spezifisch jüdische Opfererfahrung als zentraler Bestandteil der Erinnerung an den Nationalsozialismus anerkannt wurde. Wichtige Schritte auf diesem Weg waren aus der Rückschau die *Todesfuge* von Paul Celan (1952), →Jean Amérys *Jenseits von Schuld und Sühne* [III.B7] und Jurek Beckers Roman *Jakob der Lügner* (1969). In den 1990er Jahren erschien mit →Ruth Klügers *weiter leben: Eine Jugend* [V.B7] eines der letzten, viel beachteten Zeugnisse einer Überlebenden von Auschwitz.

AKH

Lit.: Andreas Kraft (2010): *»nur eine Stimme, ein Seufzer«. Die Identität der Dichterin Nelly Sachs und der Holocaust*, Frankfurt a.M. u.a.: Peter Lang. Michael Elm, Gottfried Kößler (Hg.) (2007): *Zeugenschaft des Holocaust. Zwischen Trauma, Tradierung und Ermittlung*, Frankfurt a.M., New York: Campus. Stephan Braese (2001): *Die andere Erinnerung. Jüdische Autoren in der westdeutschen Nachkriegsliteratur*, Berlin, Wien: Philo. Hugo Dittberner (Hg.) (1999): *Literatur und Holocaust*, München: Ed. Text+Kritik. Stephan Braese et al. (Hg.) (1998): *Deutsche Nachkriegsliteratur und der Holocaust*, Frankfurt, New York: Campus. Sem Dresden (1997): *Holocaust und Literatur*, Frankfurt a.M.: Jüdischer Verlag. Jan Philipp Reemtsma (1997): »Die Memoiren Überlebender. Eine Literaturgattung des 20. Jahrhunderts«, in: *Mittelweg 36* 6, H. 1, S. 20–39. Holger Gehle (1996): »Atempause – Atemwende. Die Literatur der Überlebenden«, in: Fritz Bauer Institut (Hg.): *Auschwitz. Geschichte, Rezeption und Wirkung*, Frankfurt, New York: Campus, S. 161–188. Renata Laqueur (1991): *Schreiben im KZ. Tagebücher 1940–1945*, Bremen: Donat. Michael Moll (1988): *Lyrik in einer entmenschlichten Welt. Interpretationsversuche zu deutschsprachigen Gedichten aus nationalsozialistischen Gefängnissen, Ghettos und KZ's*, Frankfurt: R.G. Fischer. Wolfgang Brekle (1985): *Schriftsteller im antifaschistischen Widerstand 1933–1945 in Deutschland*, Berlin, Weimar: Aufbau.

I.C Schuld- und Unschulddebatten

I.C1 Mythos »Stunde Null«, stets umkämpfter Ausdruck, der als Vokabel einer Ideologie, deutsches Masternarrativ, Ausdruck realer Erfahrungen oder eines Tatsachenbefundes, als Legende oder auch als Metapher gedeutet worden ist.

Die Bezeichnung »Stunde Null« besitzt diesen schillernden Gehalt jedoch nicht zufälligerweise, sondern hat die Funktion, zwischen Bruch und Kontinuität sowie zwischen der positiven und negativen emotionalen Besetzung dieser Pole in teils täuschender Weise zu vermitteln.

Bei der Suche nach einer semantischen Bestimmung des Begriffs finden sich zunächst zahlreiche unterschiedliche Verwendungen: Ein Vorläufer ist der Ausdruck »Nullpunkt«, den der evangelische Theologe Karl Barth in einem Vortrag in Basel schon im Januar 1945 gebrauchte und damit noch vor Kriegsende forderte, die Deutschen müssten neu beginnen. Theodor Spitta, Bürgermeister von Bremen, fragte im Dezember 1945 nach dem Nullpunkt, an dem die Deutschen stünden, als einem »völligen Neuanfang«. Die Suche von Schriftstellern wie Heinrich Böll, Hans Werner Richter, Wolfgang Weyrauch, Wolfdietrich Schnurre, Günter Eich und Wolfgang Borchert nach einer »anderen« oder »neuen« Literatur für die Zeit nach dem »Kahlschlag« gehört auch in diesen Zusammenhang (→Junge Generation [I.C8]). Der Ausdruck »Stunde Null« kommt in der Folgezeit bis heute entweder für sich stehend oder als Zitat, mit Anführungszeichen oder ohne in Titeln und Texten aller Gattungen vom Roman über publizistische bis hin zu wissenschaftlichen Beiträgen vor. Besonders häufig findet er sich in den Erinnerungsjahren 1985, 1995 und 2005, etwa in Serien von *Spiegel* (1985) und *Stern* (2005).

Als »Medium der Gedächtnisbildung« (Nicolas Berg) werfen diese Thematisierungen die Frage nach der Funktion der individuellen und kollektiven Verwendungen des Ausdrucks »Stunde Null« auf. Betrachtet man

den fundamentalen Widerspruch der Nachkriegszeit in Deutschland – das Schwanken zwischen Bruch und Kontinuität, zwischen positiven und negativen Gefühlen, die mit dem Kriegsende verbunden waren – fungiert die Formulierung als Vermittlungsinstanz zwischen den jeweiligen Polen. In der DDR wurde der 8. Mai 1945 als »Tag der Befreiung vom Faschismus« bezeichnet, während in der BRD Bezeichnungen als Tag der Kapitulation und des Zusammenbruchs dominierten (→Weizsäcker-Rede [V.A7] zum 8. Mai 1985).
Einzelpersonen wie Berufsgruppen setzten ab 1945 einerseits auf Kontinuität, verschleierten dies jedoch im Rekurs auf das Konstrukt einer »Stunde Null«. Die dadurch entstandene dauerhafte Irritation wurde so mit dem Begriff der »Stunde Null« harmonisiert.
Der Begriff ist in seiner Referenz auch deshalb eigentümlich unklar, weil er sich einerseits auf den 8. Mai 1945, andererseits auf die gesamte Zeitspanne von 1945 bis 1949 bezieht. Die »Null« steht dabei für den Gegensatz zum »Tausendjährigen Reich« der Nationalsozialisten, für das Bild einer tabula rasa, die Vorstellung einer radikal neuen Zukunft oder kann im Sinne einer Bilanz interpretiert werden, unter der eine »Null« markiert, dass die Schuld beglichen sei. Auf ideologische Weise homogenisiert die »Null« so die widersprüchlichen Momente des Kriegsendes und Neubeginns in Deutschland. Aus diesem Grund ist die Formulierung von der »Stunde Null« in kritischen Auseinandersetzungen als »Kaschierung« realer Widersprüche, als »falscher Mythos«, als im Alltagsgedächtnis der Deutschen zäh verhafteter »Humbug« und »falsches Bewusstsein« bezeichnet worden. Von Reexilierten und Antifaschisten eher als Markierung des völligen Bruchs mit dem Nationalsozialismus intendiert, lässt sich die Formulierung in der Tendenz des Täterkollektivs eher als Maxime fassen, so zu tun, als sei nun alles anders. Sie unterstützte die gesellschaftliche Praxis der Verleugnung und des Beschweigens und ermöglichte es so, die Kontinuität von Funktionseliten im Nachkriegsdeutschland zu verschleiern. Für die Personen und Kollektive, die am Wiederaufbau beteiligt waren, lässt sich hier eher von einer Selbsttäuschung sprechen, während im Falle der jüngeren Generationen eine Täuschung vorliegt, wenn falsche Vorstellungen über die gesellschaftlichen Bedingungen seit 1945 kursieren und genährt werden.

Zugleich ist darauf hinzuweisen, dass der Begriff der »Stunde Null« auch deshalb diese starke Wirkmächtigkeit entfalten konnte, weil er die reale Erfahrungswirklichkeit der Einzelnen und Kollektive aufzunehmen in der Lage war. Der fortgesetzte Gebrauch der Wendung verdeckt die Tatsache, dass es sich um eine naturalisierende Konstruktion handelt: Indem der Ausdruck immer weiter fortgeschrieben wird, erscheint die Entlastung von der Schuld oder die eigentlich unmögliche Befreiung von der Vergangenheit als gegebene Tatsache.

StH

Lit.: Nicolas Berg (2005): »Zwischen Legende und Erfahrung: Die ›Stunde Null‹«, in: Heinrich Jaenecke et al. (Hg.): *Kriegsende in Deutschland*, Hamburg: Ellert & Richter, S. 206–213. Helmut Koopmann (1996): »›Kahlschlag‹ – Der Mythos von der ›Stunde Null‹ in der deutschen Literatur des 19. und 20. Jahrhunderts«, in: Stefan Krimm und Wieland Zirbs (Hg.): *Nachkriegszeiten. Die Stunde Null als Realität und Mythos in der deutschen Geschichte*, München: Bayerischer Schulbuchverlag, S. 157–183. Werner Conze (Hg.) (1985): *Sozialgeschichte der Bundesrepublik Deutschland. Beiträge zum Kontinuitätsproblem*, Stuttgart: Klett-Cotta.

I.C2 Kollektivschuldthese, mehrdeutiger Begriff, der seit der unmittelbaren Nachkriegszeit in der westdeutschen Öffentlichkeit vor allem zu Zwecken der Schuldabwehr verwendet wurde.
Mit dem Begriff »Kollektivschuld« kann Unterschiedliches gemeint sein. Er lässt sich zum einen verwenden, um eine Schuld zu bezeichnen, die sich aus moralisch oder rechtlich vorwerfbarem kollektivem Handeln oder Unterlassen ergibt. Dabei hängt die Schuld der Einzelnen von ihrem jeweiligen Beitrag zu dem kollektiv verursachten oder zugelassenen Unrecht ab (individualistischer Kollektivschuldbegriff). Zum anderen verweist die Rede von Kollektivschuld auf die Vorstellung, dass Personen aufgrund ihrer Zugehörigkeit zu einem Kollektiv schuldig sein könnten, ohne dass ihnen ein moralisches oder rechtliches Fehlverhalten vorzuwerfen wäre (kollektivistischer Kollektivschuldbegriff). Dem kollektivistischen Begriff zufolge trügen alle

Deutsche als Deutsche Schuld an der Shoah; ein individualistisches Verständnis ginge dagegen davon aus, dass all diejenigen Deutschen schuldig sind, die durch moralisch vorwerfbares Verhalten oder Unterlassen die Shoah ermöglichten. Auch letzteres kann viele Millionen Menschen betreffen.

Die Vorstellung einer vom individuellen Fehlverhalten unabhängigen Schuld ist dem modernen Moral- und Rechtsverständnis fremd. Jedoch kennt die griechisch-vorchristliche Überlieferung den Gedanken eines *míasma*, einer Befleckung des gesamten Kollektivs durch das schuldhafte Handeln einzelner Mitglieder, die weiterbesteht, solange das Kollektiv das Verbrechen nicht erkennt und sanktioniert. Von dem *míasma* zu unterscheiden ist das Stigma, bei dem prinzipiell keine Möglichkeit der Sühne besteht. Zudem geschieht die Stigmatisierung von außen, durch Nicht-Mitglieder des Kollektivs, während die Befleckung durch die Mitglieder selbst als quälend empfunden und artikuliert werden kann. Obwohl sie einem vormodernen Rechts- und Moralverständnis zugehört, scheint die Vorstellung der Befleckung, des *míasma*, auch in modernen Gesellschaften für die psychische Realität der Individuen eine Rolle zu spielen. Klinische Studien zeigen, dass auch Angehörige der Nachgeborenen-Generation, beispielsweise aufgrund ihrer Identifikation mit Familienangehörigen, Schuldgefühle entwickeln, die offensichtlich nicht auf Schuld im modernen individualistischen Verständnis beruhen. Die Intensität kollektiver Schuldgefühle hängt von der Intensität der emotionalen Identifikation mit dem Kollektiv oder den Tätern ab. Dies wiederum verweist unter anderem auf die vorgestellte Kontinuität und Ähnlichkeit zwischen Mitgliedern des Kollektivs.

Die Nachkriegs-Debatte über die Frage der deutschen Kollektivschuld an der Shoah unterscheidet seit ihren Anfängen zumeist nur unzureichend zwischen individualistischer Kollektivschuld, Befleckung und Stigmatisierung. Von wenigen Ausnahmen abgesehen, hat die deutsche Öffentlichkeit den Begriff in seiner kollektivistischen Auslegung verstanden. Dabei galt von Beginn an als unstrittig, dass ein kollektivistisches Schuldverständnis einen vormodernen Atavismus darstellt und sowohl intellektuell als auch moralisch unhaltbar ist. →Karl Jaspers' *Die Schuldfrage* [I.C3] von 1946 spielt in diesem Zusammenhang eine ambivalente Rolle. Einerseits entwickelt die Schrift eine differenzierte Analyse der deutschen Verantwortung für Krieg und Völkermord. Andererseits enthält sie aber auch eine gedankliche Wendung, die sich in der Folge als ein Kristallisationskern der öffentlichen Verdrängung erwies: »Die Weltmeinung aber, die einem Volke die Kollektivschuld gibt, ist eine Tatsache von derselben Art, wie die, dass in Jahrtausenden gedacht und gesagt wurde: die Juden sind schuld, dass Jesus gekreuzigt wurde.« Jaspers richtet sich hier gegen eine behauptete Stigmatisierung der Deutschen durch »die Weltmeinung« und vergleicht den intellektuellen und moralischen Fehler dieser Brandmarkung mit dem christlichen Antisemitismus. Die der Stigmatisierung zugrunde liegende Denkform, so schreibt er, sei ein Mittel des Hasses der Völker untereinander. Völker als Ganzes gebe es aber gar nicht; sie könnten daher auch nicht schuldig oder unschuldig sein.

In ähnlicher Weise, und möglicherweise inspiriert durch die zitierte Passage bei Jaspers, sprach Bundespräsident Heuss 1949 in einer Rede bei einer Feierstunde der Gesellschaft für christlich-jüdische Zusammenarbeit davon, das Wort Kollektivschuld sei »eine Umdrehung, nämlich der Art, wie die Nazis es gewohnt waren, die Juden anzusehen: dass die Tatsache, Jude zu sein, bereits das Schuldphänomen in sich eingeschlossen habe.«

Die Auffassung, dass die Rede von deutscher Kollektivschuld einen moralisch anstößigen Denkfehler enthalte, hat sich in der Folge als Leit-Topos vergangenheitspolitischer Debatten etabliert und dazu beigetragen, dass die Frage nach dem schuldhaften Handeln und Unterlassen von Millionen von Deutschen (Kollektivschuld im individualistischen Sinne) bis in die neunziger Jahre weitgehend blockiert war. Die (berechtigte) Zurückweisung der Stigmatisierung von Deutschen als Deutsche hat so zugleich zu einer (unberechtigten) Tabuisierung der individualistischen Kollektivschuldfrage geführt. Hierin liegt der Kern der oftmals kritisierten Verdrängungs-Funktion des Kollektivschuldbegriffs. Die Tabuisierung hat das lange Zeit leitende Narrativ abgesichert, dass die moralische und rechtliche Verantwortung für die Shoah bei einer kleinen Gruppe von Personen liege und die überwältigende

Mehrheit der Deutschen sich nichts vorzuwerfen habe. Letztere habe aber gleichwohl Grund zur »Kollektivscham«: »Wir dürfen nicht vergessen«, so sagte Theodor Heuss in der zitierten Rede, »die Nürnberger Gesetze, den Judenstern, die Synagogenbrände, den Abtransport von jüdischen Menschen in die Fremde, in das Unglück, in den Tod.« Abgesehen von der beschönigenden Sprache wird bei Heuss ein weiteres Grundmotiv des deutschen Vergangenheitsdiskurses in den ersten Nachkriegsjahrzehnten vorgezeichnet: die Behauptung, dass die deutsche Bevölkerung zu den Opfern einer nationalsozialistischen Führungsclique zähle. Die Tabuisierung der Kollektivschuld-Frage und die Beanspruchung einer Opferrolle greifen ineinander.

Eine prominente Ausnahme von der vorherrschenden Zurückweisung deutscher Kollektivschuld bildet Ralph Giordano, der 1987 in *Die zweite Schuld oder Von der Last ein Deutscher zu sein* unter Verweis auf die massenhafte Zustimmung zu dem nationalsozialistischen Regime, zu seinen Praktiken und Zielen bekannte, »immer, ohne je geschwankt zu haben, ein Anhänger der Kollektivschuldthese gewesen« zu sein. Eine genauere Lektüre zeigt, dass auch Karl Jaspers in *Die Schuldfrage* eine (individualistisch verstandene) moralische Kollektivschuld der Deutschen bejaht. Gleiches gilt für eine Studie von Heinrich Scholz, die 1947 in den *Frankfurter Heften* erschien, und ebenfalls mit einem individualistischen Verantwortungsbegriff arbeitet. In der weit überwiegenden Anzahl der Fälle wurde das Wort jedoch – wie gesagt – in kritisch-tabuisierender Absicht verwendet.

Es besteht indes Anlass zu der Vermutung, dass die tabuisierende Kraft des Wortes »Kollektivschuld« für die deutsche Öffentlichkeit seit den 1990er Jahren abgenommen hat. Daniel Goldhagens 1996 erschienene Studie *Hitlers willige Vollstrecker* (→Goldhagen-Debatte [VI.A3]) erklärt die Shoah im Wesentlichen durch den seinerzeit tief in der deutschen Kultur verankerten »eliminatorischen Antisemitismus«. Ungeachtet der Tatsache, dass Goldhagen im Vorwort seiner Arbeit erklärt, dass er die Vorstellung der Kollektivschuld kategorisch ablehne, titelte der *Spiegel*: »Ein Volk von Dämonen? Ein ganzes Volk muss büßen – diese Nazi-These von der kollektiven Schuld der Juden kehrten die Sieger 1945 vorübergehend gegen die Deutschen. US-Wissenschaftler Daniel Goldhagen hat sie wiederbelebt.« Solcher Tabuisierungsversuche ungeachtet, waren Buch und Lesereise Goldhagens in Deutschland ein großer Publikumserfolg. Der Philosoph Hermann Lübbe hat dies damit zu erklären versucht, dass die Generation der Nachgeborenen durch Goldhagens Erklärungsmodell von der nationalsozialistischen Vergangenheit gleichsam freigesprochen wurde: »Die Vergangenheit, die einen früher einmal als eigene Vergangenheit belastete, verwandelt sich dabei in die Vergangenheit gänzlich anderer Deutscher, mit denen man allein noch den Sprachgenossenschaftsnamen gemeinsam hat.« Die von Lübbe angesprochene Dissoziation zwischen den Generationen ist seit den 1990er Jahren verstärkt in Zusammenhang mit der Kollektivschuldthematik erörtert worden. So geht der Soziologe Bernhard Giesen davon aus, dass in der deutschen Studentenbewegung ein »neues Narrativ der Kollektivschuld einer ganzen Generation« entwickelt worden sei (→»1968« [IV.A1]). Eine ähnliche Lesart findet sich auch bei der Kulturhistorikerin Dagmar Barnouw: Die Nachgeborenen wussten, »dass sie anders waren als ihre Eltern (...) Das Verhältnis der Kinder zu den Eltern entsprach also gewissermaßen dem Verhältnis der Sieger zu den Eltern.« Unklar ist aber, ob man pauschal davon ausgehen kann, dass die Nachgeborenen die Außen-Perspektive der Alliierten übernehmen wollen oder können. Zudem ist zu erwägen, ob mit wachsender historischer Distanz zunehmend das Bewusstsein des *miasma* (der Befleckung durch nationale Schuld) an die Stelle der tabuisierenden Schuldabwehr rückt. Bernard Giesen sieht diese vergangenheitspolitische Wendung in Willy Brands →Kniefall von Warschau [IV.A6] angedeutet, in dem man tatsächlich so etwas wie eine Geste im Sinne des *miasma* erkennen könnte: Ausdruck eines nationalen Schuldbewusstseins von Deutschen, die – wie Brandt selbst – (im individualistischen Sinne) keine Schuld tragen. Dies würde gegen Lübbes These sprechen, dass die Nachgeborenen die Teilnehmergeneration als Tätergeneration stigmatisieren und zugleich in selbstgerechter Weise die nationalsozialistische Vergangenheit als Moment ihrer *eigenen* (sie emotional betreffenden) Nationalgeschichte abspalten.

Umstritten ist, ob (und in welchem Sinne) es in der unmittelbaren Nachkriegszeit einen Kollektivschuld-Vorwurf seitens der Alliierten gab. Während Norbert Frei einen solchen Vorwurf im Wesentlichen für einen »Popanz« hält, dessen Konstruktion fragwürdigen Zwecken diente, wie der Obstruktion der weiteren juristischen Ahndung von NS-Verbrechen oder der Abwehr etwaiger Forderungen nach einer selbstkritischen Auseinandersetzung mit der NS-Vergangenheit, geht insbesondere Aleida Assmann davon aus, dass sich die deutsche Bevölkerung 1945 durch die Art der erzwungenen Konfrontation mit dem Völkermord in Filmen, Plakatkampagnen und Ortsbegehungen zumindest subjektiv einem stigmatisierenden Kollektivschuldvorwurf ausgesetzt sah: Der Topos der Kollektivschuld habe »auf einer Erfahrungsgrundlage beruht. Und diese Erfahrung berührt ein Trauma, das die Anamnese von Schuld blockiert und damit die deutsche Erinnerungsgeschichte von ihrem Anfang an verformt hat. Es hat durchaus etwas gegeben, worauf sich die reflexartige Abwehr der Kollektivschuldthese bezog. Das sind die Bilder aus den Konzentrationslagern, die von den Alliierten als Mittel der politischen Pädagogik eingesetzt wurden.« Im Kern lautet Assmanns These, dass der erzwungene Anblick des Grauens in Verbindung mit diffusen Ängsten vor einer Vergeltung nach gleichem Maß die deutsche Bevölkerung nachhaltig traumatisierte und dass diese Traumatisierung die Schuldabwehr der folgenden Jahrzehnte mit psychologischer Zwangsläufigkeit nach sich zog. Was Ralph Giordano die »zweite Schuld« genannt hat, das heißt die Weigerung der Deutschen, sich nach dem Krieg den historischen Tatsachen angemessen zu stellen, wird in der Geschichtsdeutung Assmanns zumindest zum Teil einer verfehlten alliierten Besatzungspolitik angelastet. Des exkulpierenden und simplifizierenden Ansatzes zum Trotz, hat Assmanns Arbeit dazu beigetragen, die Frage des »Tätertraumas« wiederzubeleben, die bereits in der 1967 erschienenen psychoanalytischen Studie *Die Unfähigkeit zu trauern* von Alexander und Margarete Mitscherlich thematisiert wurde (→Alexander und Margarete Mitscherlich: *Die Unfähigkeit zu trauern* [IV.A2]). Anders als Assmann hatten die Mitscherlichs die Traumatisierung jedoch nicht primär auf übermäßige Bestrafungsängste der Deutschen zurückgeführt, sondern auf das katastrophale Scheitern ihrer narzisstischen »Verliebtheit in den Führer«. Diese These findet Stützung in vielfältigen Nachkriegs-Berichten über die von Selbstmitleid geprägte Stimmung in der deutschen Bevölkerung. Morris Janowitz, der im Juni 1945 als Nachrichtenoffizier der US-Armee in Deutschland damit beauftragt war, den Effekt der alliierten Aufklärung über die Shoah zu untersuchen, stellte konsterniert fest, man werfe Hitler nicht vor, den Krieg begonnen, sondern ihn verloren zu haben. Der Gedanke der Tätertraumatisierung beinhaltet in dieser Fassung somit nicht die bei Assmann festzustellende Tendenz, die Deutschen als Opfer zu betrachten, sondern verschärft das *miasma* der deutschen Geschichte.

MS

Lit.: Morris Janowitz (1946): »German Reactions to Nazi Atrocities«, in: *American Journal of Sociology* 52, H. 2, S. 141-146. Nicholas Doman (1946): »Political Consequences of the Nuremberg Trial«, in: *Annals of the American Academy of Political and Social Science* 246, S. 81-90. Karl Jaspers (1946): *Die Schuldfrage*, Heidelberg: Lambert Schneider. Michael Schefczyk (2012): *Verantwortung für historisches Unrecht. Eine philosophische Untersuchung*, Berlin: De Gruyter. Barbara Wollbring (2009): »Nationales Stigma und persönliche Schuld. Die Debatte über Kollektivschuld in der Nachkriegszeit«, in: *Historische Zeitschrift* 289, S. 325-364. Bernhard Giesen (2004) »Das Tätertrauma der Deutschen. Eine Einleitung«, in: Ders., Christoph Schneider (Hg.): *Tätertrauma. Nationale Erinnerungen im öffentlichen Diskurs*, Konstanz: UVK, S. 11-53. Aleida Assmann (1999): »Ein deutsches Trauma? Die Kollektivschuldthese zwischen Erinnern und Vergessen«, in: *Merkur* 53, S. 1142-1154. Norbert Frei (1999): »Von deutscher Erfindungskraft. Oder: Die Kollektivschuldthese in der Nachkriegszeit«, in: Ders.: *1945 und wir. Das Dritte Reich im Bewusstsein der Deutschen*, München: dtv, S. 159-169. Cornelia Brink (1998): *Ikonen der Vernichtung. Öffentlicher Gebrauch von Fotografien aus nationalsozialistischen Konzentrationslagern nach 1945*, Berlin: Akademie. Hermann Lübbe (1997): »Kollektivschuld. Funktionen eines moralischen und juridischen Unbegriffs«, in: *Rechtshistorisches Journal* 16, 687-695. Dagmar Barnouw (1995): »Konfrontation mit dem Grauen. Aliierte Schuldpolitik 1945«, in: *Merkur* 49, S. 390-401. Ralph Giordano (1987): *Die zweite Schuld oder*

Von der Last ein Deutscher zu sein, Köln: Kiepenheuer & Witsch. Alexander Mitscherlich, Margarete Mitscherlich; (1967/1977): *Die Unfähigkeit zu trauern*, München: Piper.

I.C3 Karl Jaspers: *Die Schuldfrage*, im Frühjahr 1946 veröffentlichte Schrift des Philosophen Karl Jaspers über die Frage der deutschen Schuld an Krieg und Völkermord. Karl Jaspers (1883-1969) war ausgebildeter Mediziner und gelangte über die psychiatrische Forschung und Praxis zur Philosophie. Dem um 1900 vorherrschenden somatischen Dogma (»Geisteskrankheiten sind Hirnkrankheiten«) setzte er die Vorstellung entgegen, psychische Störungen seien nicht nur und nicht vorrangig Krankheiten eines Organs, des Hirns, sondern Erkrankungen der Persönlichkeit, die es zu verstehen gelte. Dies führte Jaspers unter anderem zur Beschäftigung mit der Philosophie Husserls, dem Lehrer Martin Heideggers, mit dem Jaspers in den zwanziger Jahren eine enge philosophische Freundschaft pflegte. Noch jung wird Jaspers 1916 Extraordinarius für Psychologie, 1920 für Philosophie an der Universität Heidelberg. In beiden Gebieten leistete er früh Maßgebliches. Seine Habilitationsschrift *Allgemeine Psychopathologie* von 1913 trug ihm große Anerkennung ein; die 1919 erschienene *Psychologie der Weltanschauungen*, zu der Heidegger einen umfangreichen Rezensionsaufsatz schrieb, gilt als erstes Werk der so genannten Existenzphilosophie. Mit der Machtübernahme der Nationalsozialisten kommt es zum Bruch zwischen den beiden Philosophen. Während Heidegger 1933 Rektor der Freiburger Universität wird (→Heidegger-Kontroverse [IV.C7]), wird Jaspers von der universitären Selbstverwaltung ausgeschlossen; 1937 beraubt man ihn seiner Professur, 1938 belegt man ihn mit Publikationsverbot. Die Deportation des Ehepaars Jaspers, nach Nazi-Gesetzgebung eine ›Mischehe‹, war laut autobiographischer Auskunft für den 14. April 1945 vorgesehen gewesen. Nach dem Krieg war Jaspers wichtiger Ansprechpartner der amerikanischen Besatzer. Die Schrift *Die Schuldfrage* ging aus einer Vorlesungsreihe über die geistige Situation in Deutschland hervor, die Jaspers im Wintersemester 1945/46 mit Erlaubnis der amerikanischen Militärregierung an der Universität Heidelberg hielt. Von der aufrichtigen Auseinandersetzung mit der Schuld hängt nach Jaspers die Zukunft Deutschlands als eines eigenständigen politischen Gemeinwesens ab: »In der Tat sind wir Deutschen ohne Ausnahme verpflichtet, in der Frage unserer Schuld klar zu sehen und die Folgerungen zu ziehen.« Die Erörterung der Schuldfrage leide aber an gedanklichen Vermischungen und sophistischen Verdrehungen. Jaspers unterscheidet in der *Schuldfrage* vier Typen von Schuld hinsichtlich der Folgen, die sie nach sich ziehen, und der Instanzen, vor denen sie verhandelt werden. *Kriminelle Schuld* bezieht sich auf konkrete Verbrechen des Regimes; als Instanz nennt er insbesondere den Nürnberger Gerichtshof. Jaspers kritisiert die verbreitete Ablehnung des Gerichtshofs als Konsequenz einer nach der Niederlage fortdauernden Identifikation mit dem Regime (→Nürnberger Prozess [I.A3]). Unter *politischer Schuld* versteht er, dass die Deutschen die materiellen und staatsbürgerlichen Konsequenzen der Verbrechen zu tragen haben; Instanz ist der Wille der Alliierten. Jaspers bringt zum Ausdruck, dass die Deutschen in politischer Hinsicht, als ein »restlos besiegtes Staatsvolk« »der Gnade oder Ungnade des Siegers« ausgeliefert seien und kein Anrecht auf Schonung hätten. Hätten die Alliierten den Morgenthau-Plan oder Ähnliches umgesetzt, hätten die Deutschen nach Jaspers dies als Konsequenz der durch sie zu verantwortenden Verbrechen klaglos hinzunehmen gehabt. *Moralische Schuld* bezeichnet Handlungen, die zur Stärkung und Aufrechterhaltung des verbrecherischen Regimes beigetragen haben, für sich genommen aber nicht verbrecherisch waren; Instanz ist das Gewissen und der »liebende Kampf zwischen Menschen«. Die *metaphysische Schuld* wird Jaspers zufolge in der Beziehung des Einzelnen zu Gott bedacht und handelt davon, inmitten der Verbrechen weiterhin gelebt haben zu wollen und weitergelebt zu haben.

Einflussreich geworden ist der Text vor allem durch seine vermeintliche Zurückweisung des Gedankens, die Deutschen trügen moralische Kollektivschuld an den deutschen Verbrechen (→Kollektivschuldthese [I.C2]). Zwar kritisiert Jaspers mehrfach ausdrücklich das Kollektivdenken und die damit verbundene Vorstellung von der »Kollektivschuld eines Volkes«. Doch betont er zugleich, dass die Verbrechen, für die Deutschland die politische Haftung zu übernehmen habe, in »Gesamtzuständen« begründet sind, »die gleichsam einen moralischen Charakter haben (...) Es ist so etwas wie eine moralische Kollektivschuld in der Lebensart der Bevölkerung, an der ich als einzelner teilhabe, und aus der die politischen Realität erwachsen.«

Wie Jaspers in der *Schuldfrage* betont, ist der Gedanke einer »in der Lebensart der Bevölkerung« bestehenden moralischen Kollektivschuld nicht als Einladung zu verstehen, in die regressive »Rohheit des Denkens in Kollektiven« zurückzufallen. Die Rede von der »Lebensart der Bevölkerung« sollte nicht hypostasiert werden. »Lebensart« stellt für ihn einen Typenbegriff dar, den wir zu Beschreibungszwecken benutzen und der letztlich individualistisch zu rekonstruieren ist. Nach der moralischen Kollektivschuld der Deutschen zu fragen, bedeutet für Jaspers zu erforschen, welche kulturell nahegelegten oder anerzogenen Handlungsdispositionen und Denkweisen die Etablierung eines Verbrecherstaates ermöglichten. Die *Schuldfrage* sieht dies in erster Linie nicht als Aufgabe wissenschaftlicher Untersuchungen, sondern als Herausforderung an das politische Kollektiv der Deutschen, das sich über sich zu verständigen hat.

Die Rezeption der *Schuldfrage* lässt sich in drei Phasen einteilen: in die frühe Rezeption bis Ende der 1940er Jahre, in eine bis Ende der 1980er Jahre reichende Latenzphase und in eine Phase der Wiederentdeckung seit den 1980er Jahren.

Frühe Rezeption: In der unter alliierter Kontrolle stehenden Presse wurde Jaspers zu einer idealisierten öffentlichen Figur aufgebaut. Am 25. Januar 1946, also noch vor der Veröffentlichung der *Schuldfrage*, sah er sich veranlasst, in der *Rhein-Neckar-Zeitung* dem öffentlichen Kult um seine Person mit einer Erklärung unter dem Titel »Gegen falsche Heroisierung« entgegenzutreten. In Vorlesungen und Seminaren machte Jaspers andere Erfahrungen. Im September 1946 schreibt er an die befreundete Philosophin Hannah Arendt: »Ich habe niemals bis 1937 so wenig mir zugeneigte Stimmung im Auditorium gehabt wie jetzt. Öffentlich lässt man mich noch in Ruhe. Aber unter der Hand werde ich beschimpft: Von Kommunisten als Schrittmacher des Nationalsozialismus, – von den Trotzigen als Landesverräter.«

Als Jaspers 1948, unter anderem aus Rücksicht auf seine jüdische Ehefrau, einen Ruf an die Universität Basel annahm, kam es auch in der deutschen Presse zu offener Ablehnung und Feindseligkeit. Jaspers' Auswanderung wurde mit Worten wie ›Verrat‹ und ›Fahnenflucht‹ kommentiert, und sie scheint auch das Rezeptionsschicksal der *Schuldfrage* beeinflusst zu haben. In einer wütenden Polemik gegen Jaspers schrieb der Bonner Romanist Ernst Robert Curtius am 2. April 1949 in der Schweizer Zeitung *Die Tat* unter Anspielung auf die *Schuldfrage*: »Jaspers hat seit 1945 deutlich bekundet, dass er den vielumworbenen Posten eines praeceptor Germaniae anstrebt. Er hat unsere Kollektivschuld so sonnenklar erwiesen, dass wir noch mit schlechtem Gewissen weiterleben. (...) Er krönt diese volkserzieherische Leistungen durch eine ›Kampagne in der Schweiz‹, die sich gegen Goethe richtet. Habemus papam.« Mit dem Weggang nach Basel verlor Jaspers den Status des Repräsentanten des »besseren Deutschlands«. Thema und Thesen seiner Schrift wurden in den Hintergrund gedrängt.

Latenzphase: Nach der Gründung der Bundesrepublik Deutschland blieb *Die Schuldfrage* durch eine Passage wirksam, in der Jaspers Kollektivschuldvorwürfe gegen die Deutschen auf eine Stufe mit dem Antisemitismus stellt: »Die Weltmeinung aber, die einem Volke die Kollektivschuld gibt, ist eine Tatsache von derselben Art, wie die, dass in Jahrtausenden gedacht und gesagt wurde: die Juden sind Schuld, dass Jesus gekreuzigt wurde.« In einer Rede des ersten Bundespräsidenten Theodor Heuss bei der Gesellschaft für christlich-jüdische Zusammenarbeit vom 7. Dezember 1949 findet sich diese Gedankenfigur wieder: »Das Wort Kollektivschuld und was dahinter steht, ist aber eine simple Vereinfachung, es ist eine Umdrehung, nämlich der Art, wie die Nazis es gewohnt waren, die Juden anzusehen: dass die Tatsache, Jude zu sein, bereits das Schuldphänomen in sich eingeschlossen habe.« Was bei Jaspers als Kritik am kollektivistischen Denken gemeint ist, wird ab 1949 – gegen seine Absichten – zu einem Topos der deutschen Schuldabwehr, der erst in den 1990er Jahren an Einfluss verliert. In den sechziger Jahren wären die Bedingungen für eine erneute Lektüre der *Schuldfrage* günstig gewesen. Eine Rezeptionsblockade dürfte die negative Bewertung von Jaspers durch Adornos *Jargon der Eigentlichkeit* sein. Adornos Kritik gilt in erster Linie Heidegger, bezieht aber auch Jaspers ein.

Wiederentdeckung: Spätestens seit den 1990er Jahren wird in der *Schuldfrage* zunehmend das Manifest einer neuen politischen Kultur in Deutschland gesehen, die für den Versuch eintrete, nationale Identität und politisches Handeln im Bewusstsein historischer Schuld zu formieren und zu stabilisieren. Jaspers habe – so die Politologin Gesine Schwan – erkannt, dass das Gelingen einer freiheitlichen Politik in der neuen Demokratie von »ihrem ehrlichen Umgang mit Schuld« abhänge. Aus heutiger Sicht scheint es zweifellos naheliegend, in der *Schuldfrage* ein politisch-philosophisches Gründungsdokument der Bundesrepublik Deutschland zu sehen, als den Beginn des Selbstverständnisses als einer schuldbewussten Nation. Doch obwohl Jaspers' Arbeit gedankliche Grundmotive der bundesrepublikanischen politischen Kultur idealtypisch enthält, ist unklar, ob sie ein prägender kausaler Faktor für die Entwicklung dieser Kultur war.

MS

Lit.: Karl Jaspers (1946): *Die Schuldfrage*, Heidelberg: Lambert Schneider. Karl Jaspers (1963/1977) »Philosophische Autobiographie«, in: *Mitverantwortlich. Ein philosophisches Lesebuch*. Geleitwort Hannah Arendt, Gütersloh: Bertelsmann, S: 15-101. Karl Jaspers (1978/1989): *Notizen zu Martin Heidegger*, hg. v. Hans Saner, München, Zürich: Piper. Theodor Heuss (1979): »›Mut zur Liebe‹. Rede vor der Gesellschaft für christlich-jüdische Zusammenarbeit in Wiesbaden, 7. Dezember 1949«, in: Ders.: *Mut zum Erinnern. Vier Reden aus dem Jahre 1949*, München 1979, S. 40. Hannah Arendt, Karl Jaspers (1985): *Briefwechsel 1926-1969*, München, Zürich: Piper. Martin Heidegger, Karl Jaspers (1990): *Briefwechsel 1920-1963*, hg. v. Walter Biemel, Hans Saner, München, Zürich: Piper. Michael Schefczyk (2012): *Verantwortung für historisches Unrecht. Eine philosophische Untersuchung*, Berlin, New York: de Gruyter. Jeffrey K. Olick (2005): *In the House of the Hangman. The Agonies of German Defeat, 1943-1949*, Chicago, London: Univ. of Chicago Press. Hans Saner (2005): *Karl Jaspers. Mit Selbstzeugnissen und Bilddokumenten*, Reinbek bei Hamburg: Rowohlt. Gesine Schwan (1997): *Politik und Schuld. Die zerstörerische Macht des Schweigens*, Frankfurt a.M.: Fischer Tb. Ian Buruma (1994): *The Wages of Guilt. Memories of War in Germany and Japan*, London: Cape.

I.C4 Simon Wiesenthal, jüdischer Überlebender des Holocaust, der sich zeitlebens aktiv für eine systematische Strafverfolgung von NS-Tätern einsetzte und zu diesem Zweck Anfang 1947 das »Historische Dokumentationszentrum« im österreichischen Linz gründete, das bis 1954 bestand.

Heute gibt es gleich drei Zentren, die von Wiesenthal gegründet wurden oder seinen Namen tragen: das »Simon Wiesenthal Archiv/Dokumentationszentrum des Bundes Jüdischer Verfolgter des Nazi-Regimes« in Wien seit 1961/63, das seit 2002 in Gründung und seit 2012 im Vollbetrieb befindliche »Wiener Wiesenthal Institut für Holocaust-Studien«, in dem Ersteres langfristig untergebracht werden soll, und das »Simon Wiesenthal-Center« in Los Angeles (1977) mit Zweigstellen in Jerusalem, Paris, Buenos Aires, Toronto, Miami und New York.

Der 1908 in der K.u.K.-Monarchie geborene Wiesenthal war seit 1941 in zwölf verschiedenen Zwangsarbeiter- und Konzentrationslagern inhaftiert gewesen, war 1943 geflohen und 1944 in einem Versteck polnischer Partisanen wieder gefasst worden und hatte aus Angst vor Verhören im Gestapo-Gefängnis von Lwów mehrere Selbstmordversuche unternommen. Bereits am 20.5.1945 übergab Wiesenthal, der im KZ Mauthausen befreit wurde, den amerikanischen Militärbehörden eine Liste mit den Namen von 91 NS-Verbrechern. Die Amerikaner warben Wiesenthal daraufhin für ihren Geheimdienst Office of Strategic Services und später den Counter Intelligence Corps (CIC) an und beauftragten ihn unter anderem mit der Fahndung nach Adolf Eichmann. Wiesenthals Anteil an der Ergreifung Eichmanns ist bis heute unklar geblieben – angeblich soll der passionierte Briefmarkensammler durch Zufall an einen argentinischen Brief gelangt sein, in dem von Eichmanns Aufenthalt nahe Buenos Aires die Rede war. Unstrittig ist allerdings, dass es nur seinem Insistieren zu verdanken war, dass Eichmann nicht von seiner Frau für tot erklärt werden konnte, wodurch er von den Fahndungslisten verschwunden wäre.

Wiesenthal war befugt, sich in der amerikanisch besetzten Zone Österreichs frei zu bewegen und Verhaftungen vorzunehmen. Direkt nach Kriegsende war es noch relativ einfach für ihn, ehemalige SS-Angehörige ausfindig zu machen. So machte er die meisten der insgesamt angeblich 2000 (so Biographin Hella Pick) von ihm veröffentlichten ›Fälle‹ noch 1945/46 publik. Da der CIC jedoch in erster Linie daran interessiert war, militärische und waffentechnische Informationen des Kriegsgegners zu sammeln, wurden nur wenige der von Wiesenthal Verhafteten länger festgehalten und auch tatsächlich angeklagt. Dies und der Umstand, dass die amerikanische →Reeducation [I.A2] schon bald kaum mehr der →Entnazifizierung [I.A1], sondern in erster Linie der antisowjetischen Propaganda diente, bewegte Wiesenthal, eine unabhängige Organisation zu gründen, die sich der Belange der jüdischen Überlebenden annehmen sollte. Das große Verdienst von Wiesenthals erstem Dokumentationszentrum ist es, flächendeckend Gewährsleute in den deutschen, italienischen und österreichischen Lagern für →Displaced Persons [I.A5] eingesetzt zu haben, die systematisch – durchaus im Sinne einer »Oral History« – die Verfolgungsgeschichte Tausender Überlebender protokollierten und auswerteten. Wiesenthal musste sein Dokumentationszentrum 1954 schließen, da sein Hauptförderer, Adolf Silberschein, verstorben war und die Nachkriegsgesellschaft, die zur Restauration ihrer Verwaltung, Armee und Bildungseinrichtungen auf die Integration ehemaliger Nazis setzte, nurmehr geringes Interesse an der Entlarvung der Täter von gestern hatte. Er sandte alle seine in Karteien erfassten und systematisierten Unterlagen, inklusive Karten und Zeichnungen der Tatorte, nach Yad Vashem – sie sollen über eine Tonne gewogen haben.

Erst 1961 gründete Wiesenthal im Zuge der gesteigerten Aufmerksamkeit für den →Eichmann-Prozess [III.A1] ein neues Dokumentationszentrum, diesmal in Wien. Bereits 1963 verließ er das Dach der Israelitischen Kultusgemeinde im Streit und überführte das Zentrum in den von ihm initiierten »Bund Jüdischer Verfolgter des Nazi-Regimes«. Wiesenthal, der sich mittlerweile den Ruf eines unerbittlichen »Nazi-Jägers« erarbeitet hatte, strebte bei seinen Nachforschungen *Recht, nicht Rache* – so einer seiner zahlreichen Buchtitel (1988) – an. So stand etwa bei der Entdeckung jenes Polizisten, der Anne Frank verhaftet hatte, weniger dessen Degradierung im Vordergrund, sondern vielmehr der Beweis, dass das →*Tagebuch der Anne Frank* [II.D1] keine Fiktion ist. Noch im hohen Alter vertrat Wiesenthal sein Credo, dass die NS-Täter niemals in Ruhe, sondern in Angst vor der rechtsstaatlichen Ahndung ihrer Verbrechen leben sollten.

Wiesenthals ungebrochener Glaube an eine vor Gericht durchzusetzende Gerechtigkeit motivierte seine Recherchen nach den Tätern. Mit viel Ausdauer und Nachforschungen in den Fluchtländern ehemaliger Nazis gelang es ihm, so prominente Täter wie Franz Stangl, den Kommandanten der Vernichtungslager Sobibor und Treblinka (→Vernichtungslager-Prozesse [III.A8]), oder Hermine Braunsteiner-Ryan, die so genannte »Stute von Majdanek« (→Majdanek-Prozess [IV.B7]), ausfindig zu machen und so ihre Verhaftung und Verurteilung zu ermöglichen. Dabei machte er sich sowohl auf Seiten der Behörden wie auch jüdischer Organisationen – aus Rivalität, Abwehr oder persönlichen Animositäten, nicht zuletzt aber auch, weil Wiesenthal schon früh auf das Problem jüdischer Kollaboration mit dem NS-Regime hingewiesen hatte – auch Feinde, die seine Arbeit behinderten oder ihm zumindest ihre Unterstützung verweigerten. Wiesenthals polarisierendes Naturell, ebenso geprägt von Arbeitswut wie Geltungsdrang, mag dazu beigetragen haben. Eine beschämende jahrelange Fehde entbrannte 1970 zwischen Wiesenthal und dem österreichischen Bundeskanzler Bruno Kreisky, als Wiesenthal darauf hinwies, dass der jüdische Sozialdemokrat vier NSDAP- und ein SS-Mitglied in sein elfköpfiges Kabinett berufen hatte. Kreisky, der nicht den geringsten Zweifel daran aufkommen lassen wollte, dass sein Judentum seine Loyalität zu Österreich nicht beeinträchtige, bezeichnete Wiesenthals Dokumentationszentrum daraufhin als »private Femeorganisation«. 1975, als er mit der rechtsextremen FPÖ Koalitionsverhandlungen führte, schob er nach, Wiesenthal habe die Lager nur überlebt, weil er mit der Gestapo kollaboriert habe. Wiesenthal klagte gegen diese und andere haltlose Unterstellungen (»Mafiamethoden«, »angeblicher Ingenieur«, Kreisky stellte sogar seine Staatsbürgerschaft in Frage) und bekam schließlich 1989 Recht zugesprochen. Während Kreiskys Amtszeit (1970–1983) geriet er jedoch in der österreichischen Öffentlichkeit, die sich in dieser Frage nur zu gerne mit dem beliebten Kanzler solidarisierte, weitgehend in Verruf. Die Ablehnung seiner unbeirrten, vielen Angehörigen der Tätergesellschaften unbequemen Tätigkeit kulminierte 1982 in einem Sprengstoffanschlag, den Neonazis auf Wiesenthals Haus verübten. Scharfe Kritik und Ablehnung erfuhr Wiesenthal jedoch auch von Seiten des World Jewish Congress (WJC), der nicht dulden mochte, dass Wiesenthal (im Einklang mit dem Ergebnis der internationalen Historikerkommission zur Waldheim-Affäre) darauf beharrte, dass Präsidentschaftskandidat Kurt Waldheim zwar in Bezug auf seine NS-Verstrickung gelogen habe, aber keine Beweise dafür vorlägen, dass er ein Kriegsverbrecher sei. Vertreter des in der Waldheim-Affäre vor allem aus Sicht der jüdischen Österreicher überaus unglücklich agierenden WJC diffamierten Wiesenthal daraufhin: Er würde Waldheim (ÖVP) aus Parteisympathie decken und seine selbst geschaffene Legende als »Nazi-Jäger« pflegen, die völlig übertrieben sei. Der oberste WJC-Anwalt, Eli Rosenbaum, verstieg sich in seinem 1993 veröffentlichten Buch *Betrayel*, das gegen Waldheim und Wiesenthal zugleich polemisierte, zu der Behauptung, es könne »kaum ein Zweifel daran bestehen, daß es Herr Wiesenthal war, der für den Wahlsieg von Dr. Waldheim sorgte«. Auch →Beate Klarsfeld [IV.A4], deren plakative Demonstrationen (→Kiesinger-Ohrfeige [IV.A3]; →Lischka-Prozess [IV.B5]) Wiesenthal als kontraproduktiv ablehnte, unterstellte seinerzeit, Wiesenthal habe Waldheim gedeckt.

Trotz all dieser Angriffe und Ausgrenzungsversuche von verschiedenster Seite erarbeitete sich der Einzelkämpfer Wiesenthal eine wachsende Anerkennung, die sich nicht nur in der Vielzahl der Wiesenthal-Zentren ausdrückt, sondern auch in nicht weniger als 18 Ehrendoktorwürden, sieben darunter von juristischen Fakultäten. Tatsächlich kann Wiesenthal, der 2005 starb, als der erste und letzte »Nazi-Jäger« gelten. Peter Michael Lingens zufolge, seinem ehemaligen Mitarbeiter im Dokumentationszentrum in Wien, »ist es Wiesenthals geringeres Verdienst, dass er immer wieder NS-Verbrecher ausforscht – seine wichtigere Funktion besteht seit mindestens dreißig Jahren darin, dass er österreichische und deutsche Behörden durch ständiges Briefeschreiben daran hindert, die Verfolgung von NS-Tätern sang- und klanglos einschlafen zu lassen«. Die Wiesenthal-Zentren, die die Mission ihres Namensgebers weitertragen, sehen ihre Aufgabe vor allem in der Dokumentation und Verfolgung von Kriegsverbrechen und auf dem Gebiet der Holocaust Education (→Nationalsozialismus im Schulunterricht [III.C8]), das heißt einem antirassistischen Lernprogramm, das die Legitimation für seine gegenwärtige und in die Zukunft gerichtete politische Bildungsarbeit aus der nationalsozialistischen Vergangenheit ableitet.

MNL

Lit.: Simon Wiesenthal, Peter Michael Lingens (1988): *Recht, nicht Rache. Erinnerungen*, Frankfurt a.M. u.a.: Ullstein. Tom Segev (2012): *Simon Wiesenthal. Die Biographie*, München: Pantheon. Hella Pick (1998): *Simon Wiesenthal. Eine Biographie*, Reinbek: Rowohlt. Laura S. Jeffrey (1997): *Simon Wiesenthal. Tracking down nazi criminals*, Springfield, NJ u.a.: Enslow. Emil Brix (1995): *Simon Wiesenthal in Polen. Ein Weg*, Krakau: Österr. Generalkonsulat. Alan Levy (1995): *Die Akte Wiesenthal*, Wien: Überreuther. Herbert Steiner, Maria Sporrer (Hg.) (1992): *Simon Wiesenthal. Ein unbequemer Zeitgenosse*, Wien: Orac. Werner Rosenberg (1992): *Simon Wiesenthal. Der »Nazi-Jäger« und die so genannten NSG-Prozesse*, Gladbeck: Symanek.

I.C5 Exildebatte, im Sommer 1945 begonnene und bis in das Jahr 1946 hineinreichende, mit großer Heftigkeit geführte Schulddebatte zwischen Vertretern der literarischen inneren Emigration und des Exils, die auch als »Große Kontroverse« bezeichnet wird.

Zumeist wird der eigentliche Ausgangspunkt der bedeutendsten und folgenreichsten literarischen Debatte der Nachkriegszeit übersehen: Zwar war es der offene Brief des Schriftstellers Walter von Molo vom August 1945 und die darin formulierte Bitte, Thomas Mann möge »bald wie ein guter Arzt« nach Deutschland zurückkehren, der zum Anstoß der monatelangen Kontroverse wurde. Von Molos Brief war allerdings keineswegs der gut gemeinte Brückenschlag zwischen den Lagern der inneren und äußeren Emigration, als der er oft gelesen wird. Das eigentliche Zentrum des Textes ist denn auch nicht die Aufforderung zur Rückkehr, sondern der Versuch einer

Antwort auf Thomas Manns vielfach wieder abgedruckte Radiobotschaft *Die deutschen KZ* vom Mai 1945, auf die der Beginn von von Molos Brief Bezug nimmt. Konfrontiert mit den ausführlichen Berichten über die befreiten deutschen Konzentrationslager hatte Mann in seiner Radiobotschaft festgehalten, »alles Deutsche, alles was deutsch spricht, deutsch schreibt, auf deutsch gelebt hat« sei durch »diese unglaublichen Bilder« bloßgestellt: »Es war nicht eine kleine Zahl von Verbrechern, es waren Hunderttausende einer so genannten deutschen Elite, Männer, Jungen und entmenschte Weiber, die unter dem Einfluß verrückter Lehren in kranker Lust diese Untaten begangen haben.« Deutschland sei vom »Hitlerismus« zu einem »dickwandigen Folterkeller« gemacht worden. Auf diese eindeutigen und weitreichenden, weil alles Deutsche einschließenden, Schuldzuweisungen reagierte von Molos offener Brief. So ist schon die erste von ihm formulierte Einladung zur Rückkehr mit der Bitte verbunden, Thomas Mann möge »in die von Gram durchfurchten Gesichter« sehen, »das unsagbare Leid in den Augen der vielen« erblicken, die Deutschland nicht verlassen könnten. Die Intention von Molos, den von Mann reflektierten deutschen Verbrechen die Deutschen als Opfer gegenüberzustellen, wird in seiner Charakterisierung des nationalsozialistischen Deutschlands als »allmählich gewordenes großes Konzentrationslager, in dem es bald nur Bewachende und Bewachte verschiedener Grade gab« besonders augenfällig. Das von Mann für NS-Deutschland eingeführte Bild des »dickwandigen Folterkellers«, das ihm als Illustration des Unrechtsstaates diente, wird bei von Molo in einer bemerkenswerten semantischen Verschiebung zum Träger der vorgenommenen Täter-Opfer-Umkehr: In scheinbarer sprachlicher Nähe steht es bei von Molo dezidiert nicht mehr für die deutschen Verbrechen, sondern für die Deutschen als Opfer dieses mit dem Signalwort »KZ« bezeichneten Komplexes ein. Nur folgerichtig mündet von Molos Text schließlich in eine Apotheose des deutschen Volkes und in eine explizite Widerrede gegen Manns These einer Affizierung alles Deutschen durch den Nationalsozialismus: »Ihr Volk, das nunmehr seit einem Dritteljahrhundert hungert und leidet, hat im innersten Kern nichts gemein mit den Missetaten und Verbrechen [...].«

Durch diese Debatteneröffnung wurde in der Exildebatte die Frage, welcher Teil der Literatur nach 1945 sprechen dürfe (die in Deutschland verbliebenen oder die exilierten Autoren) mit der zeitgenössischen Schuldfrage verknüpft. Frank Thiess' Polemik *Die innere Emigration*, vom August 1945, schloss an von Molos Schuldzurückweisung unmittelbar an, verknüpfte sie aber mit einem Überlegenheitspostulat der inneren gegenüber der äußeren Emigration, das den Fortgang der Debatte überlagerte. Während die Emigranten von den »Logen und Parterreplätzen des Auslandes der deutschen Tragödie« zugeschaut hätten, wären die inneren Emigranten in der Mitte »ihres verführten und leidenden Volkes« verblieben, sich dabei auf einen »inneren Raum« stützend, »dessen Eroberung Hitler trotz aller Bemühungen nicht gelungen« sei. Die vom NS-System unkompromittierten, in Deutschland verbliebenen Literaten wie Erich Kästner, Walter Bergengruen, Hans Grimm oder Ernst Wiechert seien dabei um Erfahrungen und Einsichten reicher und hätten sich »als Wissende« den von den Emigranten ins Land geschickten Botschaften (Thiess spielt dabei vor allem auf Thomas Manns BBC-Vorträge an) »stets um Längen voraus« gefühlt.

Die harsche Selbstlegitimation eines großen Teils der Literatur im Nationalsozialismus als »innere Emigration« durch Thiess schloss unmittelbar an die stellvertretend zwischen Gottfried Benn (→Rechtfertigungsschriften [II.D2]) und Klaus Mann (→*Mephisto*-Verbot [II.C7]) geführte Kontroverse des Jahres 1933 an, in deren Verlauf schon Benn die nach 1945 aktualisierte Verratssemantik gegenüber den Emigranten eingeführt hatte. Weder Thiess noch von Molo, Letzterer in der Weimarer Republik immerhin erster Präsident der Sektion Dichtkunst der Preußischen Akademie der Künste, konnten die Position einer unbelasteten inneren Emigration zu Recht für sich beanspruchen: Thiess war nach 1933 bestrebt gewesen, sein Jugendwerk im Sinne des Nationalsozialismus umzudeuten und hatte dabei auch nicht davon abgesehen, einzelne Passagen im Vorwort zur Neuauflage von *Der Leibhaftige* (1933) explizit mit antisemitischen Konnotationen zu versehen. Auch Thiess' Roman *Im Reich der Dämonen* (1941), der sich als historisch vermittelte Kritik an der Gewaltherrschaft des Nationalsozialismus lesen lässt, konnte zunächst ungehindert in zwei Auflagen erscheinen. Mit dem historischen Roman *Tsushima* (1936) über die russisch-japanische Seeschlacht konnte Thiess einen Publikumserfolg verzeichnen, der bis in die Bundesrepublik hineinreichte. Auch von Molos Bücher konnten trotz seiner Distanz zum Regime ungehindert und mit beachtlichen Auflagenzahlen erscheinen. Wie Thiess blieb auch von Molo, der 1933 zu den Mitunterzeichnern des Treuegelöbnisses für Adolf Hitler gehörte, in seinen Schriften nicht frei von deutlichen Anbiederungsversuchen an den NS-Literaturbetrieb (etwa die 1939 erfolgte Veröffentlichung seines Aufsatzes *Was ist nordisch?* im *Deutschen Kunstwart*).

In Unkenntnis der Polemik von Thiess arbeitete Thomas Mann Anfang September 1945 eine Antwort aus, die unter dem Titel *Warum ich nicht nach Deutschland zurückgehe* am 28.9.1945 zuerst erschien und zahlreiche Nachdrucke erfuhr. Manns umfangreiche Antwort rekapitulierte nicht nur die mit dem Exil verbundenen »nervösen Schrecken der Heimatlosigkeit«, sondern motivierte seine Absage vor allem mit einer Kritik an der konstatierten »naiven Unmittelbarkeit des Wiederanknüpfens, so, als seien diese zwölf Jahre gar nicht gewesen«. Zu einer erheblichen Eskalation der Debatte trug sein apodiktisches Urteil bei, die zwischen 1933 und 1945 in Deutschland erschienenen Bücher seien »weniger als wertlos«, ihnen hafte »ein Geruch von Blut und Schande« an. Die von Mann daraus abgeleitete Forderung, »sie sollten alle eingestampft werden«, sah von einer notwendigen Differenzierung ebenso ab wie von der Tatsache, dass die ersten beiden Bände seiner *Joseph*-Tetralogie noch im NS-Deutschland erschienen waren und er selbst bis Mitte der 1930er Jahre gehofft hatte, sich seine Publikationsmöglichkeiten dort zu erhalten.

In der Folgezeit kam es zu weiteren Debattenbeiträgen, in denen Autoren der inneren Emigration von Edwin Redslob bis Otto Flake nicht nur Manns Schuldthese bestritten, sondern ihn auch persönlich angriffen; Thiess verkündete in einer weiteren Zuspitzung gar den *Abschied von Thomas Mann* (30.10.1945), der seinerseits in zwei Radioansprachen erneut in die Debatte eingriff und auf die Vorwürfe reagierte.

Die Frontenbildung der Exildebatte erwies sich für die Rezeption der Exilliteratur in der Bundesrepublik als fatal, die – anders als in der SBZ und DDR – bis in die 1970er Jahre vollständig gegenüber der Literatur der inneren Emigration zurückstand. Einen zeitgenössischen Beleg für die Breitenwirkung der Kontroverse bietet eine im Sommer 1947 in Bayern durchgeführte Umfrage der amerikanischen Besatzungsbehörde, in der sich ein hoher Prozentsatz der Befragten gegen eine Rückkehr der exilierten Schriftsteller aussprach. Mehr und mehr gewann dabei der Ost-West-Konflikt an Bedeutung, der sich in den folgenden Jahren vor allem am Streit um Thomas Manns Deutschland-Reise im Goethe-Jahr 1949 und an seiner Entscheidung, sowohl in Frankfurt a.M. wie in Weimar Festreden zu halten, kristallisierte.

TF

Lit.: Thomas Mann (2009): »Essays VI, 1945-1950«, hg. u. textkritisch durchgesehen v. Herbert Lehnert. *Große kommentierte Frankfurter Ausgabe*, Bd. 19.1, Frankfurt am Main: S. Fischer. Johannes F. G. Grosser (Hg.) (1963): *Die Große Kontroverse. Ein Briefwechsel um Deutschland*, Hamburg u.a.: Nagel. Philipp Gut (2005): »›Ein Geruch von Blut und Schande‹. Die Kontroverse um Thomas Mann und die ›innere Emigration‹«, in: Walter Delabar, Bodo Plachta (Hg.): *Thomas Mann (1875–1955)*, Berlin: Weidler, S. 203–226. Leonore Krenzlin (2005): »Geschichte des Scheiterns – Geschichte des Lernens? Überlegungen zur Lage während und nach der ›Großen Kontroverse‹ und zur Motivation ihrer Akteure«, in: Irmela von der Lühe, Claus-Dieter Krohn (Hg.): *Fremdes Heimatland. Remigration und literarisches Leben nach 1945*, Göttingen: Wallstein, S. 57–70. Markus Joch (2002): »Vom Reservieren der Logenplätze. Das Dreieck Thiess-Mann-Andersch«, in: Hans-Gerd Winter (Hg.): »*Uns selbst mussten wir misstrauen.« Die »junge Generation« in der deutschsprachigen Nachkriegsliteratur*, Hamburg, München: Dölling und Galitz, S. 67–79. Hans Sarkowicz, Alf Mentzer (2002): *Literatur in Nazi-Deutschland. Ein biografisches Lexikon*, erw. Neuausg., Hamburg, Wien: Europa. Thomas Goll (2000): *Die Deutschen und Thomas Mann. Die Rezeption des Dichters in Abhängigkeit von der Politischen Kultur Deutschlands 1898–1955*, Baden-Baden: Nomos. Jochen Strobel (2000): *Entzauberung der Nation. Die Repräsentation Deutschlands im Werk Thomas Manns*, Dresden:

Thelem. Jost Hermand, Wigand Lange (1999): »*Wollt ihr Thomas Mann wiederhaben?*« *Deutschland und die Emigranten*. Hamburg: EVA. Wolfgang Gabler (1995): »Die konservierte Kontroverse. Literaturstreit nach 1945 und nach 1989. Vom Sinn einer Analogiebildung«, in: Gerd P. Knapp, Gerd Labroise (Hg.): *1945–1995. Fünfzig Jahre deutschsprachige Literatur in Aspekten*, Amsterdam, Atlanta: Rodopi, S. 495–522. Klaus Harpprecht (1995): *Thomas Mann. Eine Biographie*, Reinbek: Rowohlt. Johannes G. Pankau (1995): *Schwierige Rückkehr. Exil und Nachkriegsliteratur 1945–1950*, Oldenburg: BIS. Michael Philipp (1994): »Distanz und Anpassung. Sozialgeschichtliche Aspekte der Inneren Emigration«, in: Claus-Dieter Krohn (Hg.): *Aspekte der künstlerischen inneren Emigration 1933 bis 1945*, München: Text+Kritik, S. 11–30. Ralf Schnell (1976): *Literarische Innere Emigration. 1933–1945*, Stuttgart: Metzler.

I.C6 Dramen der Nachkriegszeit, die zeitgeschichtlichen Dramen *Draußen vor der Tür* (Wolfgang Borchert, 1946), *Die Illegalen* (Günther Weisenborn, 1946) und *Des Teufels General* (Carl Zuckmayer, 1942) waren trotz schwieriger Bedingungen – insbesondere für deutsche Autoren – Ausnahmeerfolge im Theater der frühen Nachkriegszeit und sind zugleich wichtige Zeugnisse der frühen literarischen Auseinandersetzung mit dem Nationalsozialismus.

Junge deutsche Zeitstücke sahen sich unmittelbar nach 1945 diversen Widrigkeiten ausgesetzt. Alliierte Kulturoffiziere waren nach Kriegsende zur Vor- und Nachzensur berechtigt, so dass Theaterstücke nur unter Erfüllung bestimmter Richtlinien zur Aufführung kamen. Auf den Spielplänen dominierten unbedenkliche Unterhaltungsstücke und Klassiker der Weltliteratur sowie amerikanische und britische Gegenwartsdramen im Rahmen der →Reeducation [I.A2]. Die Alliierten erhofften sich, dadurch ein neues Wertesystem in Deutschland etablieren und eine rasche Demokratisierung fördern zu können. Damit griff man bewusst auf die Tradition des Theaters als »Erziehungsanstalt« zurück, war aber eher an der Vermittlung allgemeiner humanistischer Werte interessiert als an der expliziten Aufarbeitung der unmittelbaren Vergangenheit. Die Menschen waren neugierig auf Literatur aus dem Ausland, von der sie während der letzten Jahre der NS-Zeit weitgehend abgeschnitten gewesen waren. Zudem herrschte das große Bedürfnis nach Unterhaltung sowie nach einer Flucht vor der Wirklichkeit und den drängenden Fragen nach einer deutschen Schuld. Aufgrund des Mangels an qualifizierten Kräften waren die personellen Kontinuitäten in den Theaterbetrieben eklatant. Entsprechend gering war bei den Theatermachern das Interesse an einer Auseinandersetzung mit der NS-Vergangenheit. Vor diesem Hintergrund sind die drei sehr erfolgreichen Stücke von Borchert, Weisenborn und Zuckmayer als Ausnahmen zu sehen, die den grundsätzlichen Tendenzen des Theaterbetriebs nach 1945 entgegenliefen.

Borcherts expressionistisch geprägtes Stationendrama *Draußen vor der Tür* wurde als Hörspiel erstmals im Februar 1947 im NWDR gesendet und kam im November desselben Jahres auf die deutschen Bühnen. Es handelt von dem Kriegsheimkehrer Beckmann, der rastlos seinen Platz in dem neu entstehenden Gesellschaftsgefüge sucht und doch nicht findet. Innerlich zerrissen stellt er immer wieder die unbeantwortet bleibende Frage nach dem Sinn der Ereignisse, die zugleich als eine Absage an Krieg und Autoritätsgläubigkeit lesbar wird. Zu einem für die →Junge Generation [I.C8] typischen Stück wird *Draußen vor der Tür* vor allem durch die deutlich formulierte Anklage gegen die ältere Generation der Entscheidungsträger, die – exemplifiziert vor allem an den Figuren des Oberst und Kabarretdirektors – jede Verantwortung zurückweist und dabei schon längst wieder im zivilen Leben reüssiert hat. So sind die Gründe für den immensen Erfolg des Stückes nicht zuletzt in dem Identifikationsangebot der Figur Beckmann zu sehen, dem zwar am Ende eine existentiell-unverbindliche Teilhabe an der Schuld zugesprochen wird, der aber in der Frontstellung zur Figur des Oberst als wirkungsmächtige Personifikation des missbrauchten einfachen Soldaten erscheint (→Wehrmachtsausstellung [VI.A1]), der – so das resümierende Fazit Beckmanns – von der älteren Generation »so furchtbar verraten« worden sei. Gleichwohl gemahnt Beckmann trotz dieser deutlichen Opferkonstruktion unmissverständlich an das jüngst Vergangene, das im Stück bereits durch einen Enthusiasmus des Wiederbeginns überlagert wird. Markant ist diese Kritik Borcherts vor allem in der vierten Szene, dem Dialog zwischen Beckmann und einem Kabarettdirektor gestaltet, in der dieser dem Kriegsheimkehrer Beckmann entgegenhält, der Krieg sei doch schon »lange vorbei«. Das Kulturleben hat sich offensichtlich schon längst rekonstituiert, ohne die Problematik eines naiven Wiederanknüpfens (»Positiv, mein Lieber! Denken Sie an Goethe! Denken Sie an Mozart!«) auch nur im Ansatz zu erkennen.

Weisenborns *Die Illegalen*, uraufgeführt 1946 in Berlin, verarbeitet die Erfahrungen des Autors aus dem Leben im Untergrund zur Zeit des Nationalsozialismus. Er war Mitglied der Widerstandsorganisation Rote Kapelle und entging nur knapp dem Todesurteil der NS-Justiz. Mit den Widerstandskämpfern rückt Weisenborn eine in der Nachkriegsliteratur unterrepräsentierte Gruppe in den Mittelpunkt der Betrachtung: Die Protagonisten Lill und Walter gehören zwei getrennt operierenden Widerstandsgruppen an und gefährden durch ihre Liebe zueinander deren Arbeit und das Leben der anderen Mitglieder. Seiner Verhaftung entgeht Walter durch Selbstmord. Er stellt damit die Idee über sein persönliches Wohl und seine Liebe zu Lill und ermöglicht damit das Fortbestehen der Gruppen. Weisenborn versucht mit seinem Stück, das Ansehen der Widerstandkämpfer zu heben, denen in der bundesrepublikanischen Nachkriegsgesellschaft noch lange der Ausspruch Goebbels anhaftete, sie seien »Landesverräter« (→Strafverfahren wegen Verunglimpfung des Widerstandes [II.A4], →Hans Rothfels: *Die deutsche Opposition gegen Hitler* [I.B5]). Die von Weisenborn formulierte Hoffnung, sein Stück »möge den Anstoß geben, daß die Taten der illegalen Organisationen überall in der Öffentlichkeit [...] diskutiert werden«, erfüllte sich in den ersten Jahrzehnten der Bundesrepublik nicht.

Carl Zuckmayer schrieb sein Drama *Des Teufels General* 1942 im amerikanischen Exil. Nachdem es lange durch die Kontrollbehörden zurückgehalten worden war, kam es 1947 erstmals in Deutschland zur Aufführung. Das Stück handelt von dem deutschen Fliegergeneral Harras, der als schneidiger Draufgänger mit jugendlichem Charme in Szene gesetzt wird. Obwohl er die Politik der Nazis ablehnt und sie öffentlich verhöhnt, nutzt Harras die ungeahnten Karrierechancen, die der Krieg ihm bietet. Nachdem aufgrund von Sabotage wiederholt Flugzeuge abgestürzt sind, wird bei der Suche nach den Tätern deutlich, dass Harras' Freund Oderbruch für die Defekte verantwortlich ist. Um diesen nicht verraten zu müssen, wählt Harras den Freitod. Die Dramaturgie des Stückes hat für den Zuschauer durch die Möglichkeit zur Identifikation mit einem ungebrochenen Helden eine entlastende Funktion, was einen Teil des Erfolges des Stückes erklärt. Kritiker warfen Zuckmayer vor, eine »Generals- und Offizierslegende« aufzubauen, indem ein einziges militärisches Schicksal kritiklos bewundernswert dargestellt werde. Zudem wecke der Autor Sympathien für die gut gekleideten, eloquenten Militärs, die sich positiv von den barschen Nazis abheben. Eine Identifikation mit der Partei werde somit verhindert, was der Schuldabwehr des Publikums zuträglich sei. Zuckmayer reagierte auf diese Kritik in Teilen durch eine Überarbeitung des Stückes angesichts der Konfrontation mit dem →Frankfurter Auschwitz-Prozess [III.A3], die die Figur des Widerständlers Oderbruch deutlich aufwertete.

Allen drei Stücken ist gemeinsam, dass sie ihr Thema am Einzelschicksal entfalten, wobei unter weitgehender Ausblendung der Ermordung der Juden vornehmlich Deutsche in Opferrollen dargestellt werden, ohne dass dabei eine substantielle Aufarbeitung der NS-Zeit erfolgen würde. Eine Thematisierung der NS-Zeit fand in der nachfolgenden deutschen Dramatik zunächst nur begrenzt statt. Stattdessen blühte die Tradition des Kabaretts wieder auf, in dem pointiert und kritisch auf die Situation nach dem Krieg eingegangen wurde. Nach 1948 beeinflussten Währungsreform und Kalter Krieg die öffentliche Diskussion und das Publikum derart stark, dass die Schuldfrage kaum noch zur Sprache kam. Eine konkrete und wirkungsmächtige Thematisierung der NS-Verbrechen leistete erst das Dokumentartheater der 1960er Jahre (→Rolf Hochhuth: *Der Stellvertreter* [III.C2], →Peter Weiss: *Die Ermittlung* [III.A6]).

FK/TF

Lit.: Wolf Gerhard Schmidt (2011): *Zwischen Antimoderne und Postmoderne. Das deutsche Drama und Theater der Nachkriegszeit im internationalen Kontext*, Stuttgart, Weimar: Metzler. Horst Mühleisen

(2010): »›Des Teufels General‹. Historische Anmerkungen zu Zuckmayers Drama«, in: Gunther Nickel, Erwin Rotermund (Hg.): *Carl Zuckmayer – Josef Halperin. Briefwechsel und andere Beiträge zur Zuckmayer-Forschung*, Göttingen: Wallstein, S. 249-313. Friedemann Weidauer (2006): »Sollen wir ihn reinlassen? Wolfgang Borcherts Draußen vor der Tür in Neuen Kontexten«, in: *German Life and Letters* 59, H. 1, S. 122–139. Peter Reichel: (2004): *Erfundene Erinnerung. Weltkrieg und Judenmord in Film und Theater*, München: Hanser. Katrin Weingran (2004): »›Des Teufels General‹ in der Diskussion. Zur Rezeption von Carl Zuckmayers Theaterstück nach 1945*, Marburg: Tectum. Mariatte C. Denman (2003): »Nostalgia for a better Germany: Carl Zuckmayer's ›Des Teufels General‹«, in: *The German Quaterly* 76, H. 4, S. 369-380. Frank Overhoff (Hg.) (2002): *Günther Weisenborn zum 100. Geburtstag*, Oberhausen: Athena. Bernd Balzer (1999): *Wolfgang Borchert. Draußen vor der Tür*, Frankfurt a.M.: Diesterweg. Dirk Niefanger (1997): »Die Dramatisierung der ›Stunde Null‹. Die frühen Nachkriegsstücke von Borchert, Weisenborn und Zuckmayer«, in: Ders., Walter Erhart (Hg.): *Zwei Wendezeiten. Blicke auf die deutsche Literatur 1945 und 1989*, Tübingen: Niemeyer, S. 47–70. Gordon Burgess et al. (Hg.) (1996): *»Pack das Leben bei den Haaren«. Wolfgang Borchert in neuer Sicht*, Hamburg: Dölling und Galitz. Voker Wehdeking (1986): »Mythologisches Ungewitter. Carl Zuckmayers problematisches Exilsdrama ›Des Teufels General‹«, in: Harro Kieser (Hg.): *Carl Zuckmayer. Materialien zu Leben und Werk*, Frankfurt a.M.: Fischer, S. 86–102. Barbara Glauert (Hg.) (1977): *Carl Zuckmayer. Das Bühnenwerk im Spiegel der Kritik*, Frankfurt a.M.: Fischer.

I.C7 Trümmer- und Zeitfilme, Bezeichnung für deutsche Filme der unmittelbaren Nachkriegszeit, in denen versucht wurde, den Alltag in den Trümmern während des Krieges und nach Kriegsende realistisch wiederzugeben bzw. eine kritische Auseinandersetzung mit dem Nationalsozialismus zu fördern.

Die zentralen Anliegen der Trümmer- und Zeitfilme waren eine Überwindung der Ästhetik des Nationalsozialismus und die Einleitung eines Läuterungsprozesses beim deutschen Publikum. Der Trümmerfilm gilt, trotz gewisser Parallelen zu Filmen des italienischen Neorealismus (wie Roberto Rossellinis ROMA, CITTÀ APERTA, 1945), als spezifisch deutsches Genre, dessen Name auch der Tatsache zuzuschreiben ist, dass mangels funktionsfähiger Aufnahmestudios in realen Ruinen gedreht werden musste. Bis Ende 1948 spielte jeder zweite deutsche Film in Großstadttrümmern.

Bezüglich der Ausgestaltung waren dem deutschen Spielfilm aufgrund alliierter Vor- und Nachzensur zunächst enge Grenzen gesetzt. Er wurde zwar als notwendiges Mittel zur Demokratisierung angesehen(→Reeducation [I.A2]), die Zensur lehnte allerdings mitunter aktuelle und brisante Stoffe ab und förderte stattdessen zunehmend seichte Unterhaltung. Filme der Lizenz-Zeit verbreiteten infolgedessen häufig ein biederes, positives Bild und enthoben den Zuschauer der Selbstreflexion und konsequenten Auseinandersetzung mit der Vergangenheit. In der sowjetischen Zone wurden Lizenzen in der Hoffnung auf Unterstützung der eigenen politischen Linie relativ bereitwillig erteilt und wurde mit der Deutschen Film-AG (DEFA) bereits 1946 eine Gesellschaft zur Filmproduktion gegründet, während in den anderen Besatzungszonen erst ab 1950 private Filmgesellschaften von den Westalliierten lizenziert wurden. Personelle Kontinuitäten in der deutschen Filmbranche (→Veit Harlan-Prozess [II.C3]) unterbanden oft eine kritische Perspektive auf die jüngste Vergangenheit. Selbst ambitionierte Filme ließen Erklärungsversuche weitgehend vermissen und stellten den Nationalsozialismus vielfach als eine schicksalhafte Entwicklung dar. Das bei den Zuschauern vorherrschende eskapistische Bedürfnis, Bilder der Zerstörung zu meiden, führte dazu, dass ausländische Produktionen sowie Filme der NS-Zeit, die als unbedenklich eingestuft worden waren, wesentlich größeren Zulauf hatten als der Trümmerfilm. Regisseure, die trotz dieser ungünstigen Voraussetzungen mit ihren Produktionen in der unmittelbaren Nachkriegszeit für Aufsehen sorgten, waren Wolfgang Staudte, Kurt Maetzig und Helmut Käutner. Ihre frühen Trümmer- und Zeitfilme wurden zu den prominentesten Vertretern des Genres. Staudtes DIE MÖRDER SIND UNTER UNS entstand 1946 vor der Ruinenkulisse Berlins und bescherte der DEFA einen enormen Anfangserfolg. Ursprünglich unter dem Titel »Der Mann, den ich töten werde« geplant, wurden nach sowjetischer Einflussnahme Titel und Schluss des Films geändert. Er handelt von dem ehemaligen Wehrmachtsangehörigen Mertens, der sich – heimgekehrt nach Deutschland – seiner Mitschuld an einer Massenerschießung 1942 in Polen bewusst wird, die sein damaliger Vorgesetzter Brückner angeordnet hatte. Mertens, der damals nur vorsichtig protestierte, will Brückner, der sich mittlerweile in seinem Leben als erfolgreicher Geschäftsmann eingerichtet und die Kriegsgeschehnisse verdrängt hat, töten. Im letzten Augenblick verhindert Mertens' Geliebte – im überarbeiteten Schluss des Films – die Tat. Auf Wunsch der sowjetischen Militärregierung zeigt der Film deutlich, dass Kriegsverbrechen nicht durch einen weiteren Mord gesühnt werden können, unterstreicht die Pflicht zur Anklageerhebung und spricht sich gegen Selbstjustiz und Rache aus. Im Mittelpunkt der Betrachtung steht das schlechte Gewissen des Mitläufers Mertens, um – so die Intention der Besatzer – die Auseinandersetzung des Publikums mit der eigenen Vergangenheit zu fördern.

Die Produktion von Käutners IN JENEN TAGEN begann am 31.8.1946 in Hamburg. Das Drehbuch entstand in Zusammenarbeit mit dem NWDR-Intendanten Ernst Schnabel unter britischer Lizenz. Käutner lässt in seinem Film einen alten Opel Kadett als Erzähler auftreten, der in sieben kurzen Episoden Ausschnitte aus dem Leben seiner jeweiligen Besitzer zur Zeit des Nationalsozialismus erzählt. Es werden Grenzsituationen geschildert, in denen sich trotz widriger Umstände am Ende die Menschlichkeit auf verschiedenste Weise behauptet. Im Film soll vor allem gezeigt werden, dass Humanität auch in Kriegszeiten nicht verloren geht, sondern versteckt vorhanden ist. Käutner setzt dem Nationalsozialismus in seinem Film auf diese Weise zeitlose ethische Werte entgegen: »Die Zeit war stärker als sie, aber ihre Menschlichkeit war stärker als die Zeit«, heißt es im pathetischen Fazit des Erzählers. Der Film präsentiert in erster Linie Deutsche in Opfer- und Retterrollen und kam durch seinen exkulpierenden Charakter den Wünschen des damaligen Publikums entgegen. Eine Auseinandersetzung mit dessen eigener Schuld unterbanden die zahlreichen Identifikationsmöglichkeiten mit den Helden des Films.

Am 3.10.1947 wurde Kurt Maetzigs Film EHE IM SCHATTEN in allen vier Sektoren des geteilten Berlin uraufgeführt. Er basiert auf der Novelle *Es wird schon nicht so schlimm* von Hans Schweikart, in der die reale Geschichte des Schauspielerehepaars Gottschalk geschildert wird. Maetzig greift dieses Schicksal in seinem Film auf und erzählt von der jüdischen Schauspielerin Elisabeth Maurer und ihrem ›arischen‹ Kollegen Hans Wieland, die trotz der für sie bedrohlichen Situation heiraten und – um Wielands Karriere nicht zu gefährden – in Deutschland bleiben. In einer Schreckensvision sieht Hans die Deportation seiner Frau voraus und die beiden beschließen, gemeinsam in den Tod zu gehen. Das besondere Verdienst des Films ist die authentische Darstellung des Prozesses der fortschreitenden Entrechtung und Verfolgung der Juden im »Dritten Reich« sowie eines wachsenden Opportunismus der Bevölkerung. Kritisch zu sehen ist hingegen die implizite Unterstellung, die Opfer seien zu einem gewissen Teil selbst an dem Ausmaß der Katastrophe Schuld. Der Film legt nahe, dass vor allem Künstler, die einzig ihr persönliches Glück im Vordergrund sahen und sich der Politik entzogen, dem System durch ihre Passivität Angriffsfläche boten, anstatt rechtzeitig zu fliehen bzw. aktiv etwas zu unternehmen.

Die damalige Filmkritik sah die drei Filme als künstlerische und moralische Erneuerung Deutschlands und als Mahnung zur Wachsamkeit. Auch die Publikumsreaktionen waren weitgehend positiv. Die Filme wurden als authentische Repräsentationen der NS-Zeit wahrgenommen und gleichzeitig für ihr Taktgefühl gelobt, weil auf Bilder von Kriegsgräueln und Konzentrationslagern verzichtet wurde.

Wie die meisten Filme der unmittelbaren Nachkriegszeit bemühte sich der Trümmer- und Zeitfilm um einen Mittelweg zwischen Vergegenwärtigung, Verdrängung und Verklärung der NS-Zeit. Die Filme fungieren somit auch als Indikator für das Maß des Erträglichen nach Kriegsende. Die Darstellungen blieben weitgehend versöhnlich, maßvoll und distanziert. Ihr Appell an Lebensmut und Wiederaufbauwillen ging oft einher mit der Konstruktion einer deutschen Opferrolle und dem Wunsch, einen Schlussstrich unter das Gewesene zu ziehen. Den Zuschauern boten die Filme eine Möglichkeit zur Distanzierung von NS-Repräsentanten, was dazu führte, dass viele Deutsche sich in ihrer Meinung bestätigt fühlten, keine Mitschuld an den NS-Verbrechen zu tragen. In der Folgezeit wurden deshalb kritische Stimmen laut, die beanstandeten, dass Deutsche in diesen wie in anderen Filmen meist als Opfer oder Retter auftraten, das eigentliche Problem der Täterschaft jedoch ausgeblendet wurde.

Um 1950 fand der Trümmerfilm sein Ende, ohne die Hoffnungen, die in ihn gesetzt worden waren, vollends erfüllt zu haben. Insbesondere nach der Währungsreform hatten Retrospektiven und Zeitfilme keine Chance mehr an den Kinokassen – die Menschen wollten »nach vorne« schauen. Für die Produktionsfirmen zählte vornehmlich der wirtschaftliche Erfolg der Filme, weshalb sie sich verstärkt am Publikumsgeschmack orientierten. In den 1950er Jahren kam es so zu einer Schwemme seichter Heimatfilme, die den Trümmerfilm endgültig verdrängten.

FK

Lit.: Sean Allan (2011): »›Sagt, wie soll man Stalin danken?‹ Kurt Maetzig's ›Ehe im Schatten‹ (1947), ›Roman einer jungen Ehe‹ (1952) and the Cultural Politics of Post-War Germany, in: *German Life and Letters* 64, H. 2, S. 255-271. Erich Rentschler (2010): »The Place of Rubble in the ›Trümmerfilm‹«, in: *New German Critique* 37, H. 2 110, S. 9-30. Johannes Roschlau (Hg.) (2010): *Im Bann der Katastrophe. Innovation und Tradition im europäischen Film 1940-1950*, München: Ed. Text+Kritik. Claudia Mehlinger, René Ruppert (2008): *Helmut Käutner*, München: Ed. Text+Kritik. Peter Reichel (2004): *Erfundene Erinnerung. Weltkrieg und Judenmord in Film und Theater*, München: Hanser. Detlef Kannapin (1997): *Antifaschismus im Film der DDR. DEFA-Spielfilme 1945-1955/56*, Köln: PapyRossa. Bettina Greffrath (1995): *Gesellschaftsbilder der Nachkriegszeit. Deutsche Spielfilme 1945-1949*, Pfaffenweiler: Centaurus. Thomas Brandlmeir (1993): »Und wieder Caligari... Deutsche Nachkriegsfilme 1946-1951«, in: Uli Jung (Hg.): *Der deutsche Film. Aspekte seiner Geschichte von den Anfängen bis zur Gegenwart*, Trier: WVT, S. 139-166. Wolfgang Jacobsen et al. (Hg.) (1992): *Käutner*, Berlin: Spiess. Egon Netenjakob, Eva Orbanz (Hg.) (1991): *Staudte*, Berlin: Spiess. Hilmar Hoffmann (Hg.) (1989): *Zwischen Gestern und Morgen. Westdeutscher Nachkriegsfilm 1946-1962*, Frankfurt a.M.: Deutsches Filmmuseum.

I.C8 Junge Generation, heterogene Gruppe von Publizisten und Literaten, die für einen radikalen politischen und literarischen Neubeginn in Deutschland nach 1945 eintrat.

Der Terminus beschreibt dabei weniger eine klar umrissene Altersgruppe, als – so Alfred Andersch 1946 – eine Generation von Deutschen »zwischen 18 und 35 Jahren, getrennt von den Älteren durch ihre Nicht-Verantwortlichkeit für Hitler, von den Jüngeren durch das Front- und Gefangenschaftserlebnis«. Im Zentrum des zur »Stunde Null« (→Mythos »Stunde Null« [I.C1]) erklärten Neuanfangs standen Hans Werner Richter und Alfred Andersch, die 1946 in München die Zeitschrift *Der Ruf. Unabhängige Blätter der jungen Generation* als wichtigstes Organ der Jungen Generation mitgründeten.

Ihre prägenden politischen und literarischen Ideen entwickelten die Vertreter der Jungen Generation zumeist in Kriegsgefangenenlagern in den USA. Dort kamen die »jungen« Autoren im Rahmen von Schulungsprogrammen zum einen mit westlichen Demokratiekonzepten in Berührung. Zum anderen sammelten sie – neben Andersch und Richter unter anderem auch Gustav René Hocke, Walter Kolbenhoff und Walter Mannzen – als Redakteure von Kriegsgefangenen-Zeitschriften auch wichtige publizistische Erfahrungen. Nach Kriegsende in die Heimat entlassen, sahen sich die Vertreter der Jungen Generation »vor einer ›tabula rasa‹, vor der Notwendigkeit, in einem originalen Schöpfungsakt eine Erneuerung des deutschen geistigen Lebens zu vollbringen« (so Andersch in dem programmatischen Essay *Deutsche Literatur in der Entscheidung*, 1947). In engem Zusammenhang mit dem selbstbewusst vorgetragenen Anspruch, den Neubeginn zu verkörpern, stand die Absage an die Vätergeneration, die den Krieg verschuldet hatte. Die Anhänger der Jungen Generation hingegen verstanden sich selbst als Opfer und identifizierten sich mit literarischen Figuren wie der des Heimkehrers Beckmann in Wolfgang Borcherts Drama *Draußen vor der Tür* (→Dramen der Nachkriegszeit [I.C6]): ein tragischer Verlierer des Krieges, den, unter dem NS-Regime zum Kampf gezwungen, keine Schuld zu treffen scheint.

Die Distanzierung von den die Literaturszene weiterhin dominierenden älteren Autoren (→Exildebatte [I.C5]) schlug sich auch in dem angestrebten Bruch literarischer Traditionen nieder. Der Schreibstil einiger Vertreter der inneren Emigration wurde als »Kalligraphie« verachtet, welchem die Prosa der Jungen Generation mit dem literarischen »Kahlschlag« begegnete: Unmittelbarkeit, Authentizität und Bereitschaft zur Auseinandersetzung mit dem jüngst Erfahrenen waren programmatisch, wenngleich ihre schriftstellerische Umsetzung sich heute als mühsames »Hinsehenmüssen und Wegschreiben« (Klaus Briegleb) darstellt: Bei gleichzeitiger Ausblendung des Holocaust stand das Weltkriegserlebnis im Zentrum des Schreibens der Jungen Generation. Der postulierte sprachliche »Kahlschlag« erwies sich als Mythos. Dies mag nicht zuletzt dem Umstand geschuldet sein, dass die schriftstellerischen Anfänge zahlreicher Vertreter der Jungen Generation im Nationalsozialismus lagen. Gerade in sprachlicher Hinsicht ist die Nähe zum Nationalsozialismus in programmatischen Texten der Jungen Generation wie etwa Alfred Andersch' *Das junge Europa formt sein Gesicht* unübersehbar: Der von Andersch in Aussicht gestellte schuldpolitische »Brückenschlag zwischen den alliierten Soldaten, den Männern des europäischen Widerstandes und den deutschen Frontsoldaten, zwischen den politischen KZ-Häftlingen und den ehemaligen ›Hitlerjungen‹« wird mit der allen Gruppierungen gemeinsamen »Haltung« begründet, die sich unter anderem darin äußere, »den Kampf gegen alle Feinde der Freiheit fanatisch führen zu wollen«. Andersch' Beschwörung einer vermeintlichen »Gemeinsamkeit [...] des Erlebens« der jungen europäischen Generation – vom Widerstand bis zu den Frontsoldaten – erinnert fatal an Kollektivierungsbestrebungen im Nationalsozialismus und erfüllt unübersehbar die Funktion der strategischen Schuldabwehr. Erfolgreich verstand es die Junge Generation, sich vor dem Hintergrund der symbolischen Auseinandersetzung zwischen der inneren und der äußeren Emigration als Gruppe unbelasteter Literaten zu inszenieren, die den Pathos des Neuanfangs mit einer deutlich sichtbaren Exkulpierung verknüpfte (→Gruppe 47 [II.D3]).

Politisch war die Junge Generation auf der Suche nach einer eigenständigen Position. Die im Untertitel des *Ruf* postulierte Unabhängigkeit spiegelte sich in der offenen Kritik an der Politik sowohl der sowjetischen als auch der alliierten Militärregierung wieder. Die Schlagworte »soziale Gerechtigkeit« und »geistige Freiheit« sollten einen eigenständigen »Dritten Weg« zu einem demokratischen, humanen Sozialismus weisen, der angesichts der sich abzeichnenden Teilung von Ost und West auf Vermittlung abzielte.

Die scharfe Kritik an Maßnahmen der alliierten Besatzungsmacht sowie das Werben für eine sozialistische Ökonomie mussten zum Konflikt mit den amerikanischen Lizenzgebern führen. Die Entlassung der *Ruf*-Herausgeber Richter und Andersch auf Betreiben der amerikanischen Militärregierung im April 1947 markierte einen Einschnitt: Der *Ruf* erschien fortan unter der Herausgeberschaft Erich Kubys, der auch für die amerikanische Information Control Division tätig war.

Mit dem Ende des *Ruf* begann der Rückzug Richters und Anderschs aus der direkten politischen Konfrontation: Die Redaktionssitzung einer projektierten Nachfolgezeitschrift (*Skorpion*) am 10.9.1947, die jedoch nicht lizenziert wurde, avancierte zur Gründungsversammlung der Gruppe 47. Mit der Formierung der Gruppe 47 hatte die Junge Generation schließlich ein Organ mittelbarer öffentlicher Einflussnahme über die Literatur gefunden, das sich zur wichtigsten literarischen Vereinigung der Bundesrepublik entwickelte.

AKH/TF

Lit.: Gordon Burgess, Hans-Gerhard Winter (Hg.) (2008): »*Generation ohne Abschied«. Heimat und Heimkehr in der ›jungen Generation‹ der Nachkriegsliteratur*, Dresden: Thelem. Hans-Gerd Winter (Hg.) (2002): »*Uns selbst mussten wir misstrauen.« Die »junge Generation« in der deutschsprachigen Nachkriegsliteratur*. Hamburg, München: Dölling und Galitz. Walter Erhart (2000): »Generationen – zum Gebrauch eines alten Begriffes für die jüngste Geschichte der Literaturwissenschaft«, in: *Literaturwissenschaft und Linguistik* 30, H. 120, S. 81–107. Klaus Briegleb (1999): »›Neuanfang‹ in der westdeutschen Nachkriegsliteratur – Die Gruppe 47 in den Jahren 1947–1951«, in: Stephan Braese (Hg.): *Bestandsaufnahme. Studien zur Gruppe 47*, Berlin: Schmidt, S. 35–63. Wilfried van der Will (1999): »The Agenda of Re-education and the Contributors of ›Der Ruf‹ 1946–47«, in: Stuart Parkes, John. J. White (Hg.): *The Gruppe 47 – Fifty Years on a Re-appraisal of ist Literary and Political Significance*, Amsterdam, Atlanta: Rodopi. Erich Embacher (1985): *Hans Werner Richter. Zum literarischen Werk und zum politisch-publizistischen Wirken eines engagierten deutschen Schriftstellers*, Frankfurt a.M.

u.a.: Lang. Merle Krueger (1983): »Der ›Dritte Weg‹ der ›Jungen Generation‹: Hans Werner Richter und ›Der Ruf‹«, in: Jost Hermand, Helmut Peitsch, Klaus R. Scherpe (Hg.): *Nachkriegsliteratur in Westdeutschland, Bd. 2: Autoren, Sprache, Traditionen*, Berlin: Argument, S. 28–40. Jérôme Vaillant (1978): *Der Ruf. Unabhängige Blätter der jungen Generation. Eine Zeitschrift zwischen Illusion und Anpassung*, München u.a.: Saur. Volker C. Wehdeking (1971): *Der Nullpunkt. Über die Konstituierung der deutschen Nachkriegsliteratur (1945–1948) in den amerikanischen Kriegsgefangenenlagern*, Stuttgart: Metzler.

II 1949–1961

II.A Initiativen der Aufarbeitung

II.A1 Wiedergutmachungs- und Entschädigungsgesetze,
Abkommen und Gesetze der BRD zur finanziellen Entschädigung der verschiedenen Opfergruppen des NS-Regimes. Schon vor Gründung der BRD einigten sich 19 westliche Länder im Pariser Reparationsabkommen vom 14.1.1946 auf Anspruchsberechtigte und den Umfang der Entschädigung, die Deutschland zukünftig zu leisten habe. Die deutsche Seite verhielt sich zunächst jedoch abwartend. Die amerikanische Militärregierung erließ im November 1947 für ihre Besatzungszone ein erstes Rückerstattungsgesetz (Nr. 59). In der britischen Zone erging das gleiche, in der französischen ein ähnliches Gesetz. Ihnen haftete der Makel autoritären Zwangs an, der ihre Akzeptanz schwächte. Durch das Rückerstattungsgesetz standen alle Besitztumswechsel, die nach den Nürnberger Rassegesetzen von jüdischer in nichtjüdischer Hand erfolgt waren, unter der Verfolgungsvermutung und mussten rückgängig gemacht werden. Die Reichweite des Gesetzes entsprach somit weitgehend den Erwartungen internationaler jüdischer Organisationen und widersprach der öffentlichen Meinung in Deutschland, die nur vom Staat »arisierte« Vermögenswerte rückerstattet sehen wollte. Diese Position wurde mit antisemitischer Färbung vor allem von der »Bundesvereinigung für loyale Restitution« und ihrer Verbandszeitschrift »Restitution« vertreten.

Nach der Gründung der BRD erklärte Kanzler Konrad Adenauer (CDU) »Wiedergutmachung« zur »moralischen Pflicht«. In der deutschen Bevölkerung war das Meinungsbild geteilt: Für eine generelle Wiedergutmachung waren laut einer Umfrage des Allensbach-Instituts im Jahre 1949 mehr als 50 Prozent der Bevölkerung, ein knappes Drittel dagegen. Bei der Rückerstattung unrechtmäßig erworbenen jüdischen Eigentums sank die Zustimmung jedoch auf nur 40 Prozent. In einer anderen Umfrage hielten knapp 70 Prozent der Befragten Juden für wiedergutmachungsberechtigt, 96 Prozent Kriegswitwen und -waisen und 90 Prozent Flüchtlinge sowie Vertriebene aus dem Osten. Deutlich wird hier die Nachrangigkeit, die die Befragten den Überlebenden des Holocaust angesichts innerdeutscher Probleme zumaßen. Der Staat Israel stellte im März 1951 eine Forderung nach Globalentschädigung in Höhe von einer Milliarde Dollar. Adenauer stimmte auf Druck der USA – gegen den Willen seiner eigenen Partei – Verhandlungen zu. Parallel dazu wurde in London bei der Schuldenkonferenz ab Februar 1952 über das Einstehen der BRD für die Auslandsschulden der Vor- und Nachkriegszeit verhandelt. In beiden Fragen benötigte Adenauer einen Erfolg. In den Verhandlungen mit Israel stellte sich dieser nach zwischenzeitlichen Enttäuschungen auf israelischer Seite mit der Unterzeichnung des Luxemburger Abkommens am 10.9.1952 ein, das dem Staat Israel für die Eingliederung einer halben Million jüdischer Flüchtlinge und Heimatloser sowie für Vermögensverluste von Juden in den von Nazi-Deutschland besetzten Gebieten eine globale Entschädigung von 3,45 Milliarden DM zuerkannte. Die Ratifizierung des Abkommens im Bundestag am 18.3.1953 gelang nur mit den Stimmen der SPD, da sich einige CDU/CSU-Abgeordnete enthielten oder gar dagegen stimmten. Das Abkommen steigerte das Ansehen Deutschlands international, vor allem in den USA. Auch die Schuldenkonferenz in London nahm mit dem Londoner Schuldenabkommen vom 27.2.1953 einen positiven Ausgang für die deutsche Seite, indem die Forderungen der Alliierten erheblich gesenkt werden konnten. Außerdem sicherte sich Deutschland vor weiteren Entschädigungsforderungen aus dem Ausland dadurch ab, dass diese gemäß des Abkommens als Reparationsforderungen anzusehen waren, die bis zu einem Friedensvertrag mit Deutschland zurückgestellt werden sollten.

Politik der USA war es, die Westintegration der BRD und deren →Wiederbewaffnung [II.B7] nicht durch eine hohe finanzielle Belastung zu gefährden. Verlierer dabei waren die im Ausland lebenden Verfolgten des NS-Regimes und die Zwangsarbeiter (→Zwangsarbeiter-Entschädigung [VI.B2]). Unter dem Druck der Verfolgtengruppen in elf europäischen Nachbarländern und aus Angst vor einem Präzedenzfall schloss die deutsche Seite Verträge in einem Gesamtvolumen von ungefähr einer Milliarde DM mit diesen Ländern ab.

Tatsächliche Entschädigung erhielten in Deutschland die in den verschiedenen Entschädigungsgesetzen genannten Opfergruppen. Die Alliierten hatten am Ende der Besatzungszeit 1952 diese Gesetze im Überleitungsvertrag schon konzipiert. Das erste Gesetz dieser Art war das 1953 vom Bundestag erlassene Ergänzungsgesetz zur Entschädigung für Opfer der nationalsozialistischen Verfolgung. Dieses wurde 1956 modifiziert durch das Bundesentschädigungsgesetz für Opfer der nationalsozialistischen Verfolgung und abschließend erging 1965 das Entschädigungs-Schlussgesetz. Auch hier wurde nach dem Territorialprinzip vorgegangen, wonach nur in Deutschland Lebende Anspruch auf Entschädigung hatten. Außerdem bevorzugten die Gesetze in den Zahlungen Kriegsopfer, Lastenausgleichsempfänger oder Beamte des NS-Staates vor NS-Verfolgten und Widerstandskämpfern. Opfergruppen wie Homosexuelle (→§ 175 und das unbewältigte Erbe der NS-Homosexuellenverfolgung [IV.A11]), Sinti und Roma (→Antiziganismus/Opferkonkurrenz [VI.A7]) oder Zwangssterilisierte (→Erbgesundheitsgesetz, Ächtung und Entschädigungsdebatten [VI.B6]) wurden gar nicht einbezogen. Elf Landesentschädigungsämter der BRD bearbeiteten die Anträge auf Entschädigung, oft in langwierigen und für die Antragsteller entwürdigenden Verfahren. Neuanträge auf Entschädigung konnten nur bis zum Jahr 1969 gestellt werden. Bis ins Jahr 2003 hat die öffentliche Hand gut 43,5 Milliarden Euro an Entschädigungsberechtigte auf der Basis dieses Gesetzes bezahlt. Lediglich gut zwei Milliarden Euro wurden im Rahmen des 1947 erlassenen Rückerstattungsgesetzes gezahlt. Beide Gesetze sind bis heute wirksam. Auf Druck internationaler jüdischer Organisationen und als Folge der →Neuen Ostpolitik [IV.A7] Willy Brandts (SPD) entschied sich die deutsche Regierung in den 1970er Jahren für eine indirekte Wiedergutmachung an den in Osteuropa lebenden Juden. Polen erhielt 1975 als Wiedergutmachung einen indirekten zinsgünstigen Kredit und einen Ausgleich für polnische Rentenzahlungen über 1,3 Milliarden DM. Mitte der 1980er Jahre bewertete das Bundesfinanzministerium die bis dato geleisteten Entschädigungszahlungen als etwas, auf das ein Deutscher »stolz« sein könne. Zur gleichen Zeit engagierten sich die Grünen im Europäischen Parlament für die Zwangsarbeiter, die Bundespräsident Richard von Weizsäcker in seiner Rede zum 8. Mai 1985 (→Weizsäcker-Rede [V.A7]) thematisiert und als die »vergessenen Opfer« bezeichnet hatte (→Streit um »vergessene Opfer« [V.A11]). Die Grünen erreichten eine Entschließung, wonach deutsche Unternehmen einen Entschädigungsfonds einrichten sollten. Die Bundesregierung reagierte darauf und auf Drängen weiterer Organisationen mit einem Härtefonds von 300 Millionen DM für bislang ignorierte oder vernachlässigte Opfer. Zwangsarbeiter wurden auch hier noch nicht als Opfer anerkannt. Als mit der Wiedervereinigung quasi ein Friedensvertrag im Sinne des Londoner Schuldenabkommens vorlag, setzte die deutsche Seite in den 2+4 Verhandlungen eine Aufhebung dieser Klausel durch. Als Gegenleistung richtete die Bundesregierung einen so genannten Versöhnungsfonds für NS-Verfolgte in Polen, der Ukraine, in Weiß-Russland und Russland, später auch in Estland, Litauen und Tschechien mit einem Gesamtumfang von 1,8 Milliarden DM ein.

Internationaler Druck bestimmte die Zahlungswilligkeit der deutschen Seite von Anfang an wesentlich. Immer wieder setzte sich materiell der Schlussstrich-Gedanke durch, der die Debatte um die Entschädigung in der Bevölkerung und bei den politischen Entscheidungsträgern zu jeder Zeit bestimmte und moralisch auch im naiven und unangemessenen Begriff der Wiedergutmachung seinen Niederschlag fand. Die Mehrheit der 20 Millionen NS-Verfolgten hat nie Entschädigungszahlungen erhalten. Heute könnte die deutsche Seite, was die materielle Entschädigung angeht, noch von den osteuropäischen Staaten, in denen nach Ende des Krieges wegen der herrschenden sozialistischen Ideologie keine Rückerstattung geraubten Eigentums stattfand und von den Opfern der Wehrmacht in Griechenland Forderungen gewärtigen.

DM

Lit.: Constantin Goschler (2005): *Schuld und Schulden. Die Politik der Wiedergutmachung für NS-Verfolgte seit 1945*, Göttingen: Wallstein. Hans Günter Hockerts, Christiane Kuller (Hg.) (2003): *Nach der Verfolgung. Wiedergutmachung nationalsozialistischen Unrechts in Deutschland?*, Göttingen: Wallstein. Christian Reimesch (2003): *Vergessene Opfer des Nationalsozialismus? Zur Entschädigung von Homo-

sexuellen, Kriegsdienstverweigerern, Sinti und Roma und Kommunisten in der Bundesrepublik Deutschland, Berlin: Stein. Hermann-Josef Brodesser et al. (2000): *Wiedergutmachung und Kriegsfolgenliquidation. Geschichte-Regelungen-Zahlungen*, München: Beck. Cornelius Pawlita (1993): *»Wiedergutmachung« als Rechtsfrage? Die politische und juristische Auseinandersetzung um Entschädigung für die Opfer nationalsozialistischer Verfolgung (1945 bis 1990)*, Frankfurt a.M. u.a.: Lang. Constantin Goschler (1992): *Wiedergutmachung. Westdeutschland und die Verfolgten des Nationalsozialismus 1945-1954*, München: Oldenbourg. Ludolf Herbst, Constantin Goschler (Hg.) (1989): *Wiedergutmachung in der Bundesrepublik Deutschland*, München: Oldenbourg. Christian Pross (1988): *Wiedergutmachung. Der Kleinkrieg gegen die Opfer*, Frankfurt a.M.: Athenaeum. Bundesminister der Finanzen in Zusammenarbeit mit Walter Schwarz (Hg.) (1974ff.): *Die Wiedergutmachung nationalsozialistischen Unrechts durch die Bundesrepublik Deutschland*, 6 Bde., München: Beck.

II.A2 Gründung des Instituts für Zeitgeschichte, problematische Gründungsphase der ersten deutschen Forschungsstelle zur NS-Zeit, die sich – zunächst unter dem Namen Deutsches Institut für Geschichte der nationalsozialistischen Zeit firmierend – zum wichtigsten deutschen zeitgeschichtlichen Institut weiterentwickelte, von dem weitreichende Impulse zur Erforschung der NS-Diktatur ausgingen.
Bereits seit 1945 gab es erste Vorschläge zur Sicherung der Quellen aus der jüngsten Geschichte als Grundlage für eine zentrale wissenschaftliche Bearbeitung der NS-Zeit einerseits und für eine politische Aufklärung andererseits. Nach mehreren gescheiterten Gründungsanläufen wurde 1949 durch eine Vereinbarung zwischen der BRD und den Bundesländern das Institut für Geschichte der nationalsozialistischen Zeit in München gegründet, das diese Aufgaben wahrnehmen sollte. Neben administrativen und finanziellen Problemen erschwerte ein Streit über Ausrichtung und Aufgaben die Gründung. Die dabei maßgeblich beteiligte bayerische CSU-Regierung und der erste Leiter des Instituts, Gerhard Kroll, favorisierten eine politisch-publizistische Einrichtung, welche durch Massenpublikationen und Plakate die Bevölkerung rasch aufklären und deshalb unter der Kontrolle von Politikern stehen sollte. Eine historisch-wissenschaftliche Aufarbeitung lehnten sie zu diesem Zeitpunkt ab, da der für ein objektives Urteil notwendige zeitliche und persönliche Abstand der Historiker fehle. Auf der Gegenseite setzte sich Gerhard Ritter (→Fischer-Kontroverse [III.B3]) als Vorsitzender des Historikerverbandes für ein genuin wissenschaftliches Institut und Archiv ein. Er lehnte eine politisch gesteuerte Massenaufklärung über den Nationalsozialismus ab, da diese mit der unbeliebten →Reeducation [I.A2] gleichgesetzt werden könne und eher abschrecken als aufklären würde. Nicht zuletzt ging es Ritter auch um die Bewahrung eines positiven Geschichtsbildes (→Frühe Erklärungsversuche deutscher Historiker [I.B4]) und des Einflusses der deutschen Historiker trotz ihrer Verstrickung in den Nationalsozialismus (→Historiker im Nationalsozialismus [VI.F2]). Er fürchtete, das Institut könne ohne wissenschaftliche Leitung »zur politischen Verleumdungszentrale« werden.
Die Arbeit des Instituts für Geschichte der nationalsozialistischen Zeit begann 1949 mit der Archivierung der Materialien der →Nürnberger Prozesse [I.A3, I.A4], die für das erste Jahrzehnt der Forschung zum Nationalsozialismus den zentralen Quellenbestand darstellten. Zu einem frühen Skandal führte die unkommentierte Vorab-Veröffentlichung von Auszügen aus der von Gerhard Ritter herausgegebenen Instituts-Publikation *Hitlers Tischgespräche* (1951) in der Illustrierten *Quick*, die eher zu einer Hitler-Glorifizierung beitrug als zur Aufklärung.
In den Vordergrund der Institutsarbeit rückte ab 1952, zeitgleich mit der Umbenennung zum Institut für Zeitgeschichte, die wissenschaftliche Forschung und Quellensammlung und weniger die ursprünglich intendierte Aufklärungsfunktion. Zu einer zentralen Tätigkeit der Forschungsstelle wurde in den 1950er Jahren die Erstellung von gerichtlichen und behördlichen Gutachten, z.B. für Strafverfahren gegen NS-Verbrecher, zur Wiedergutmachung (→Wiedergutmachung und Entschädigungsgesetze [II.A1]) und zum Artikel 131 GG (→131er-Gesetzgebung [II.C2]). Die Aufmerksamkeit der Öffentlichkeit richtete sich erstmals mit der Anfertigung der Gutachten zum →Frankfurter Auschwitz-Prozess [III.A3] in größerem Maße auf das

Institut. Die Gutachten von Martin Broszat, Hans Buchheim, Hans-Adolf Jacobsen und Helmut Krausnick bildeten eine der ersten zusammenfassenden Darstellungen der NS-Vernichtungspolitik, welche unter dem Titel →*Anatomie des SS-Staates* [III.A4] 1967 auch als Taschenbuch publiziert und in hoher Auflage verkauft wurde.

Ab 1952 zeigte der neue Name Institut für Zeitgeschichte eine Erweiterung des Forschungshorizonts vom Ende des Ersten Weltkriegs bis in die Gegenwart an, die auch in der Gründung der institutseigenen Zeitschrift *Vierteljahrshefte für Zeitgeschichte* ihren Ausdruck fand. Forschungsschwerpunkt blieb aber bis in die 1970er Jahre der Nationalsozialismus, dessen Struktur und Herrschaftssystem in wegweisenden Einzelpublikationen (etwa Martin Broszat: *Der Staat Hitlers*, 1969), aber vor allem in groß angelegten systematischen Regionalstudien (Martin Broszat et al.: *Bayern in der NS-Zeit*, 6 Bde. 1977–1983) analysiert wurde.

JD

Lit.: Horst Möller, Udo Wengst (2009): *60 Jahre Institut für Zeitgeschichte. München-Berlin. Geschichte, Veröffentlichungen, Personalien*, München: Oldenbourg. Nicolas Berg (2003): *Der Holocaust und die westdeutschen Historiker. Erforschung und Erinnerung*, Göttingen: Wallstein. Sebastian Conrad (1999): *Auf der Suche nach der verlorenen Nation: Geschichtsschreibung in Westdeutschland und Japan, 1945–1960*, Göttingen: Vandenhoeck & Ruprecht. Horst Möller, Udo Wengst (Hg.) (1999): *50 Jahre Institut für Zeitgeschichte. Eine Bilanz*. München: Oldenbourg. Wolfgang Benz (1992): Wissenschaft oder Alibi? Die Etablierung der Zeitgeschichte, in: Walter H. Pehle, Peter Sillem (Hg.): *Wissenschaft im geteilten Deutschland. Restauration oder Neubeginn nach 1945?*, Frankfurt a.M.: Fischer, S. 11–25. Klaus-Dietmar Henke, Claudio Natoli (Hg.) (1991): *Mit dem Pathos der Nüchternheit. Martin Broszat, das Institut für Zeitgeschichte und die Erforschung des Nationalsozialismus*, Frankfurt a.M.: Campus. Ernst Schulin (Hg.) (1989): *Deutsche Geschichtswissenschaft nach dem Zweiten Weltkrieg (1945–1965)*, München: Oldenbourg. Winfried Schulze (1989): *Deutsche Geschichtswissenschaft nach 1945*, München: Oldenbourg. Hellmuth Auerbach (1970): »Die Gründung des Instituts für Zeitgeschichte«, in: *Vierteljahrshefte für Zeitgeschichte* 18, S. 529–554. Helmut Krausnick (1968): »Zur Arbeit des Instituts für Zeitgeschichte«, in: *Geschichte in Wissenschaft und Unterricht* 19, S. 90–96. Gerhard Ritter (1950): »Eröffnungsrede zum ersten deutschen Historikertag«, in: *Historische Zeitschrift* 170, S. 1–22.

II.A3 Prozesse gegen NS-Täter,

die von 1949 bis 1960 in der Bundesrepublik geführt wurden, erscheinen retrospektiv unbefriedigend, die justizielle Aufarbeitung von nationalsozialistischen Gewaltverbrechen bis zum →Ulmer-Einsatzgruppenprozess [II.A5] 1958 und der daraus resultierenden Einrichtung einer Zentralen Stelle der Landesjustizverwaltungen zur Aufklärung nationalsozialistischer Verbrechen in Ludwigsburg (→Ludwigsburger Zentralstelle [II.A7]) als eine Geschichte von Versäumnissen.

1948 hatte die Zahl der wegen nationalsozialistischer Straftaten Verurteilten mit 1819 rechtskräftigen Urteilen ihren Zenit erreicht. Mit der Gründung der Bundesrepublik ging die Zahl der Verfahren deutlich zurück: Nicht nur sank seit 1949 die Zahl der Verurteilten kontinuierlich von 1523 auf nur noch 21 im Jahr 1955 ab, auch wurden erheblich weniger Ermittlungsverfahren eingeleitet.

Erst mit Beginn des Jahres 1952 kam ausschließlich deutsches Recht zur Anwendung, zuvor war das Kontrollratsgesetz Nr. 10 (→Rückwirkungsverbot [I.A7]) von 1945 maßgeblich. Dieses besagte, dass auch deutsche Gerichte zur Verfolgung nationalsozialistischer Straftaten ermächtigt werden konnten, sofern diese sich nicht gegen Staatsangehörige alliierter Nationen und deren Eigentum richteten. Deutsche Gerichte behandelten zunächst also nur von Deutschen an Deutschen begangene Straftaten. Weiterhin kam das Territorialprinzip zum Tragen, wonach Staatsanwaltschaften nur dann aktiv wurden, wenn sich eine Straftat in ihrem Zuständigkeitsbereich ereignet hatte oder bekannt wurde, dass sich ein Beschuldigter in diesem Bereich aufhielt. Demzufolge wurden die in den von Deutschland besetzten Gebieten begangenen Straftaten zu diesem Zeitpunkt nicht geahndet, vielmehr fand ein Großteil der bis dahin geführten Prozesse vor alliierten Gerichten statt.

Auch die eigene Verstrickung der Justiz in die begangenen Verbrechen spielte bei der Rechtsprechung nach 1949 eine nicht unbedeutende Rolle, waren doch die personellen Kontinuitäten in diesem Bereich signifikant hoch (→Selbstamnestierung der Justiz [II. C4]). Mit dem so genannten Straffreiheitsgesetz vom 31.12.1949 (→Amnestien [II.C1]), das die Bundesregierung als eines ihrer ersten Gesetze erließ, wurde die Strafverfolgung zusätzlich erschwert. Ihm zufolge wurden alle Verfahren für vor dem 15.9.1949 begangene Straftaten eingestellt, bei denen zu erwarten stand, dass das Strafmaß nicht höher als sechs Monate ausfallen würde. Bereits im Mai 1950 setzte Strafverfolgungsverjährung für alle Straftaten ein, die nach dem damaligen Recht nicht mit Gefängnis geahndet wurden. Fünf Jahre nach Kriegsende waren lediglich Mord, Totschlag und schwere Körperverletzung überhaupt noch verfolgbar. Auch die →Entnazifizierung [I.A1] galt weitgehend als abgeschlossen. Im Zuge einer gewandelten Politik der westlichen Alliierten, die Deutschland vor dem Hintergrund des sich abzeichnenden Kalten Krieges sukzessive in ihr Bündnissystem integrieren wollten, wurden – auch auf deutschen Druck hin – zahlreiche als Kriegsverbrecher einsitzende Personen begnadigt und freigelassen, sofern sie zuvor von einem alliierten Gericht verurteilt worden waren. Im Rahmen des zwischen der BRD und den Westalliierten 1952 geschlossenen so genannten Überleitungsvertrags konnten bereits durch die Alliierten abgeurteilte Fälle in gleicher Sache nicht erneut von deutschen Gerichten aufgenommen werden. Da nicht wenige NS-Täter in Abwesenheit verurteilt worden waren und somit keinen Tag in Haft verbracht hatten, entgingen diese damit de facto einer Bestrafung. Auch die bereits 1951 verabschiedete →131er-Gesetzgebung [II.C2] verdeutlichte, dass der Gesetzgeber die Entnazifizierung für abgeschlossen erachtete, strebte das Gesetz doch eine Wiedereingliederung von 1945 zwangsweise aus dem öffentlichen Dienst ausgeschiedenen Personen an. Gerade dieses Gesetz sorgte jedoch 1956 für die Aufnahme erneuter Verfahren, in deren Kontext der bereits erwähnte Ulmer-Einsatzgruppenprozess zu nennen ist, da auch schwerstbelastete Täter nun glaubten, ihre versorgungsrechtlichen Ansprüche geltend machen zu können.

Bei den trotz aller Versäumnisse in den 1950er Jahren erfolgten Prozessen wurden die unterschiedlichsten Verbrechenskomplexe behandelt. Einen breiten Raum nahm die Ahndung so genannter Verbrechen der Endphase ein, worunter etwa Erschießungen von Dorfbewohnern wegen Hissens der weißen Fahne beim Näherrücken der Alliierten verstanden wurden. Allerdings fielen auch Erschießungen von Häftlingen aus Konzentrations- und Arbeitslagern auf den Todesmärschen unter diese Kategorie. Weiterhin kam es zu Prozessen wegen Denunziation und Justizverbrechen, ›Euthanasie‹, Kriegsverbrechen und NS-Gewaltverbrechen in Haftstätten. Als Beispiel für Denunziation sei der 1951 geführte Prozess gegen verschiedene Personen genannt, auf deren Hinweis und Betreiben der nach dem Attentat vom 20. Juli 1944 gesuchte Oberbürgermeister von Leipzig, Carl Goerdeler, verhaftet und später vom Volksgerichtshof zum Tode verurteilt und hingerichtet wurde. Der Prozess endete mit Freisprüchen für die Angeklagten. Als Beispiel für einen Prozess wegen Justizverbrechen und Verbrechen der Endphase kann der 1955 durchgeführte Prozess wegen der Mitwirkung an standgerichtlichen Todesurteilen gegen Widerstandskämpfer wie Hans von Dohnanyi im Konzentrationslager Sachsenhausen, Wilhelm Canaris und Dietrich Bonhoeffer im Konzentrationslager Flossenbürg angeführt werden. Hier wurde ein Angeklagter mit einer Freiheitsstrafe von sechs Jahren belegt, ein weiterer freigesprochen. Mit Freisprüchen endeten auch die meisten der wenigen in den 1950er Jahren initiierten Prozesse wegen so genannter anderer Massenvernichtungsverbrechen, die sich zum Beispiel auf Erschießungen von Juden während der ›Räumung‹ des Warschauer Ghettos bezogen, sowie die Prozesse wegen in Lagern verübter Verbrechen. Erst mit der Einrichtung der Ludwigsburger Zentralstelle gegen Ende der 1950er Jahre begann eine systematische juristische Verfolgung von NS-Gewaltverbrechen in der Bundesrepublik.

DS

Lit.: Kerstin Freudiger (2002): *Die juristische Aufarbeitung von NS-Verbrechen*, Tübingen: Mohr Siebeck. Michael Greve (2001): *Der justitielle und rechtspolitische Umgang mit den NS-Gewaltverbrechen in den sechziger Jahren*, Frankfurt a.M. u.a.: Lang. Marc von Miquel (2001): »Juristen. Richter in eigener Sache«, in: Norbert Frei (2001): *Karrieren im Zwielicht. Hitlers Eliten nach 1945*, Frankfurt a.M., New York: Campus, S. 181–237. Christian Frederic Rüter, D.W. De Mildt (1998): *Die Westdeutschen*

Strafverfahren wegen nationalsozialistischer Tötungsverbrechen 1945–1997. Eine systematische Verfahrensbeschreibung mit Karten und Registern, München: Saur. Norbert Frei (1997): *Vergangenheitspolitik. Die Anfänge der Bundesrepublik und die NS-Vergangenheit*, 2. durchges. Aufl., München: Beck. Jürgen Weber, Peter Steinbach (Hg.) (1984): *Vergangenheitsbewältigung durch Strafverfahren? NS-Prozesse in der Bundesrepublik Deutschland*, München: Olzog. Adalbert Rückerl (1984): *NS-Verbrechen vor Gericht. Versuch einer Vergangenheitsbewältigung*, 2. überarb. Aufl., Heidelberg: Müller. Bernd Hey (1981): »Die NS-Prozesse – Versuch einer juristischen Vergangenheitsbewältigung«, in: *Geschichte in Wissenschaft und Unterricht* 32, S. 331–336.

II.A4 Strafverfahren wegen Verunglimpfungen des Widerstandes, Prozesse gegen Wolfgang Hedler (Deutsche Partei) und Otto Ernst Remer (Sozialistische Reichspartei) Anfang der 1950er Jahre, die den Widerstandskämpfern gegen den Nationalsozialismus Landes- und Hochverrat vorgeworfen hatten.

Nach dem Ende des Zweiten Weltkriegs gab es in der westdeutschen Gesellschaft zunächst deutliche Vorbehalte, sich mit dem Thema Widerstand auseinanderzusetzen, da dies die Hinterfragung des eigenen mehr oder minder angepassten Verhaltens bedeutet hätte. Zwar hatte es im »Dritten Reich« durchaus vielfältige Erscheinungsformen antinazistischer Opposition gegeben, die Diskussionen in der frühen Bundesrepublik fokussierten jedoch fast ausschließlich den konservativen Widerstand und den Attentatsversuch vom 20. Juli 1944. Die ablehnende Haltung differenzierte sich, als der politische Nutzen der Erinnerung an den Widerstand zur Durchsetzung von Forderungen gegenüber den Alliierten sowie zur Aufrechterhaltung des Bildes vom teilweise moralisch aufrichtigen Deutschland erkannt wurde (→Hans Rothfels: *Die deutsche Opposition gegen Hitler* [I.B5]). Insgesamt blieb der konservative Widerstand jedoch Gegenstand von innerdeutschen Kontroversen, da seine Wertung keineswegs unumstritten war: Im Juni 1951 missbilligten 30 Prozent den Anschlag vom 20. Juli 1944, noch bis in die 1960er Jahre sahen fast 25 Prozent der Westdeutschen im Widerstand einen Fall von Verrat.

Im Februar 1950 kam es zu einem Aufsehen erregenden Prozess gegen den Bundestagsabgeordneten Wolfgang Hedler. Er war angeklagt, da er bei einer öffentlichen Parteiversammlung im November 1949 Widerstandskämpfer als Landesverräter verunglimpft und über die Vergasung der jüdischen Opfer gesagt hatte: »Vielleicht hätte es andere Wege gegeben, sich ihrer zu entledigen.« Die Richter, teilweise ehemalige NSDAP-Mitglieder, sprachen Hedler aus Mangel an Beweisen frei, da sie die Zeugen, vor allem sozialdemokratische Abgeordnete, für befangen erklärten. Deutsche Politiker zeigten sich bestürzt, während rechtsextreme Kreise dieses Urteil begrüßten. Selbst Hedlers eigene Partei stellte sich allerdings nicht hinter ihn; sie hatte ihn vorsorglich bereits im Dezember 1949 ausgeschlossen. Auseinandersetzungen zwischen Sozialdemokraten und Rechtskonservativen im Bundestag führten nach dem Urteil schließlich zur Aufhebung der Immunität Hedlers. Einige Wochen später kam es zu einem weiteren Eklat, als Hedler im Parlament erschien und, nachdem er des Plenums verwiesen worden war, von SPD-Abgeordneten zum Verlassen des Gebäudes aufgefordert wurde. Politiker und Presse kritisierten die hierbei entstandenen Tätlichkeiten, da sie dem Ansehen des Bundestags und Deutschlands geschadet und Hedler zum Märtyrer gemacht hätten. Im Revisionsverfahren wurde Hedler schließlich zu neun Monaten Haft verurteilt. Der Fall Hedler motivierte die SPD, Gesetze gegen Feinde der Demokratie (→Volksverhetzung als Straftat [II.A9]) und zur Wiedergutmachung von NS-Unrecht (→Wiedergutmachung und Entschädigungsgesetze [II.A1]) vorzuschlagen, die jedoch keine Mehrheit fanden.

Zum eigentlichen Höhepunkt im Streit um das Bild des Widerstands kam es ein Jahr später. Otto Ernst Remer, ehemaliger Wehrmachtsmajor, Kommandeur des Berliner Wachbataillons und maßgeblich an der Niederschlagung des 20. Juli beteiligt, hatte im Mai 1951 auf einer Wahlkampfveranstaltung die Verschwörer des 20. Juli als »vom Ausland bezahlte Landesverräter« bezeichnet. Dass diese Beleidigung vor Gericht verhandelt wurde, war der Initiative des Bundesinnenministers Robert Lehr (CDU) und des Braunschweiger Generalstaatsanwalts →Fritz Bauer [III.A5] zu verdanken. Lehr, der im April 1951 ein →SRP-Verbot [II.A6] gefordert hatte, leitete als Privatperson ein Strafverfahren gegen Remer ein, da er sich zum einen zu den von Remer beleidigten Personen rechnete und zum anderen erkannte, dass ein schneller Erfolg des Verbotsverfahrens nicht absehbar war. Angehörige der Widerstandskämpfer traten als Nebenkläger auf und Remer wurde wegen »übler Nachrede und Beschimpfung des Andenkens Verstorbener« (§§186, 189 Strafgesetzbuch) vor Gericht gestellt. Bauer wollte seinerseits mit dem Verfahren die Widerstandskämpfer vom Vorwurf des Hoch- und Landesverrats befreien und endgültig rehabilitieren; ihm ging es weniger um die Person Remer. Dafür nahm er in Kauf, dass der Prozess, der im März 1952 stattfand, als Schauprozess abqualifiziert wurde. Doch das Gericht sprach die Widerstandskämpfer vom Vorwurf des Landesverrats frei und klassifizierte das NS-Regime erstmals als Unrechtsstaat. Remer wurde zu drei Jahren Haft verurteilt; er entzog sich der Strafe durch Flucht nach Ägypten.

Der Remer-Prozess, der zu einer frühen Rehabilitierung der Männer des 20. Juli führte, war zwar zunächst ein Nebenprodukt des politisch angestrebten SRP-Verbotes, wurde dann aber – auch aufgrund seiner wegweisenden Bedeutung für die nachfolgende Entschädigungsgesetzgebung – zu einem der bedeutendsten Prozesse »seit den Nürnberger Kriegsverbrecherprozessen und vor dem Frankfurter Auschwitzprozeß« (Rudolf Wassermann).

Deutsche Politiker bekannten sich nach dem Prozess öffentlich immer häufiger zum konservativen Widerstand; eine erste Gedenkveranstaltung im Bendlerblock wurde abgehalten und 1953 dort eine Gedenkstätte errichtet (→Ausstellung deutscher Widerstand [V.C8]). 1954 forderte Bundesinnenminister Gerhard Schröder (CDU), die Erinnerung an den 20. Juli zum »Kristallisationspunkt für unser gemeinsames nationales Bewusstsein« zu machen und die Tat derer, die »den Aufstand gegen einen Staat wagten, der Unrecht verkörperte anstatt Recht zu setzen«, zu würdigen.

Erst in den 1960er Jahren veränderte sich die Einstellung zum Widerstand grundlegend: 1968 wurde das Widerstandsrecht im Grundgesetz verankert (Art. 20 Abs. 4), es erlaubt somit sowohl passiven als auch aktiven Widerstand, wenn andere Abhilfe nicht möglich ist.

MM

Lit.: Werner Bergmann (1997): *Antisemitismus in öffentlichen Konflikten. Kollektives Lernen in der politischen Kultur der Bundesrepublik 1949–1989*, Frankfurt a.M., New York: Campus. Norbert Frei (1996): »Erinnerungskampf. Zur Legitimationsproblematik des 20. Juli 1944 im Nachkriegsdeutschland«, in: Christian Jansen (Hg.): *Von der Aufgabe der Freiheit. Politische Verantwortung und bürgerliche Gesellschaft im 19. und 20. Jahrhundert*, Berlin: Akademie-Verlag, S. 493–504. Peter Steinbach, Johannes Tuchel (Hg.) (1994): *Widerstand gegen den Nationalsozialismus*, Berlin: Akademie-Verlag. Peter Steinbach (1994): *Widerstand im Widerstreit. Der Widerstand gegen den Nationalsozialismus in der Erinnerung der Deutschen*, Paderborn u.a.: Schöningh. Gerd R. Ueberschär (Hg.) (1994): *Der 20. Juli 1944. Bewertung und Rezeption des deutschen Widerstandes gegen das NS-Regime*, Köln: Bund-Verlag. Rudolf Wassermann (1985): *Recht, Gewalt, Widerstand. Vorträge und Aufsätze*, Berlin: Berlin Verlag.

II.A5 Ulmer Einsatzgruppenprozess

vom 28.4. bis zum 29.8.1958 andauerndes Strafverfahren vor dem Ulmer Schwurgericht gegen Angehörige der Einsatzgruppe A, das zu einer Zäsur in der juristischen Verfolgung von NS-Gewaltverbrechen in der Bundesrepublik wurde.

Nach den vergangenheitspolitischen Maßnahmen in den ersten Jahren der Bundesrepublik (→Amnestien [II.C1]; →131er-Gesetzgebung [II.C2]) war die juristische Verfolgung von NS-Tätern Mitte der 1950er Jahre fast zum Erliegen gekommen. Während die Zahl der neu eingeleiteten Ermittlungsverfahren gegen NS-Täter 1950 noch fast bei 2500 gelegen hatte, fiel sie im Jahr 1954 auf den niedrigsten Stand von nurmehr 183 Ermittlungsverfahren und pendelte sich bis 1957 etwa in der Größenordnung von 240 neu angestrengten Ermittlungen pro Jahr ein. Die Zahlen der tatsächlich realisierten Prozesse und erst recht die der erfolgten Verurteilungen von NS-Tätern lagen noch einmal deutlich unter denen der Ermittlungsverfahren: In den Jahren 1955 und 1956 erfolgten nur noch 21 bzw. 23 Verurteilungen. Das Jahr 1958 markiert vor diesem Hintergrund eine Trendwende; zwar stagnierte die Anzahl der Verfahren auf niedrigem Niveau, die öffentliche Wahrnehmung der Strafverfahren wandelte sich aber ebenso wie die Systematik ihrer Vorbereitung. Der Ulmer Einsatzgruppenprozess deutete zugleich auf die juristischen Aufarbeitungsanstrengungen der ersten Hälfte der 1960er Jahre und ihre, allerdings ungleich breitere, öffentliche Wirkung voraus (→Eichmann-Prozess [III.A1], →Frankfurter Auschwitz-Prozess [III.A3]).

Die dreijährige Vorgeschichte des Ulmer Einsatzgruppenprozesses war in der Koinzidenz von dreistem Unrechtsbewusstsein auf der Täterseite, den zahllosen glücklichen Zufällen und der zunächst pflichtwidrigen Ermittlungsarbeit der zuständigen Strafverfolgungsbehörden symptomatisch für den Umgang mit NS-Gewaltverbrechen in den 1950er Jahren. Der spätere Hauptangeklagte im Prozess, Bernhard Fischer-Schweder, hatte als Polizeidirektor in Memel einem Einsatzkommando angehört, das an der in zwei Phasen verlaufenden Ermordung von etwa 120.000 litauischen Juden bis November 1941 beteiligt gewesen war; Fischer-Schweder selbst hatte zahlreiche Erschießungen durchgeführt und auch geleitet. Anfang der 1950er Jahre wurde er, zuvor als »nicht betroffen« entnazifiziert (→Entnazifizierung [I.A1]), unter Geheimhaltung seiner NSDAP- und SS-Mitgliedschaft Leiter eines Flüchtlingslagers in Ulm, kündigte diese Stellung allerdings nach nur einem Jahr, als von einer Mitarbeiterin der Bezirksregierung konkrete Anschuldigungen gegen ihn vorgebracht wurden, die auf Behördenseite gleichwohl nicht weiterverfolgt wurden. Seine überstürzte Kündigung bereuend, unternahm Fischer-Schweder Anstrengungen, wieder ins Berufsleben zurückzukehren: Vor einem Arbeitsgericht versuchte er, seine Wiedereinsetzung als Leiter des Flüchtlingslagers zu erwirken; parallel dazu bewarb er sich unter Berufung auf die 131er-Gesetzgebung um die Aufnahme in den Polizeidienst, die jedoch ebenso erfolglos verlief wie seine arbeitsrechtlichen Versuche, seine alte Stellung wiederzuerlangen. Erst ein im Mai 1955 von Fischer-Schweder verfasster Leserbrief in den *Ulmer Nachrichten*, in dem er sich über die ungerechte Behandlung, die ihm als ehrenhaften Staatsbürger und »Freund der Juden und Polen« widerführe, beklagte, brachte zwei seiner ehemaligen Chauffeure dazu, sich gegenüber einem gemeinsamen Bekannten bereit zu erklären, in einem potentiellen Prozess gegen ihren einstigen Vorgesetzten auszusagen. Über Umwege gelangte diese Information an Vertreter der jüdischen Gemeinde Stuttgart, die schließlich im September 1955 gegen Fischer-Schweder Strafanzeige bei der Ulmer Staatsanwaltschaft stellten.

Dort wurden die Ermittlungen jedoch zunächst verschleppt und kaum belastbares Beweismaterial gegen Fischer-Schweder zu Tage gefördert. Als der Generalstaatsanwalt beim Stuttgarter Oberlandesgericht, Erich Nellmann, durch mehrere von Fischer-Schweder angestrengte Haftbeschwerden im Sommer 1956 auf den Fall aufmerksam wurde, stellte er der bisherigen Ermittlungsarbeit ein vernichtendes Zeugnis aus – erst jetzt wurden auf Nellmanns Initiative hin Ermittlungen angestrengt, die der Bedeutung und Komplexität des Falles angemessen waren. Im Vorgriff auf ein später beim Frankfurter Auschwitz-Prozess erneut angewandtes Verfahren erwirkte Nellmann beim Bundesgerichtshof die Ausweitung des Verfahrens auf den gesamten Verbrechenskomplex des Einsatzkommandos Tilsit, dem Fischer-Schweder angehört hatte. Schnell zeigte sich im Zuge der nun mit großem Engagement betriebenen Ermittlungen, dass die Massenmorde der Einsatzgruppen Ende der 1950er Jahre noch fast vollständig der Aufarbeitung harrten und die ermittelnden Staatsanwälte zunächst historiographische Grundlagenarbeit zu leisten hatten. Die Erkenntnisse, die der Einsatzgruppenprozess (Fall 9) der →Nürnberger Nachfolgeprozesse [I.A4] erbracht hatte, waren erst mühsam wieder zu rekonstruieren; zahlreiche Aktenbestände mussten neu erschlossen werden, um die Beteiligten an den Massenmorden zu ermitteln und stichhaltige Beweise gegen sie zusammenzutragen. Wie der spätere Frankfurter Auschwitz-Prozess (→*Anatomie des SS-Staates* [III.A4]) wirkte auch der Ulmer Einsatzgruppenprozess als Stimulus für die historiographische Forschung, sich den fast vollständig vernachlässigten Themenfeldern anzunehmen: Das von Helmut Krausnick vor dem Ulmer Schwurgericht vorgetragene Gutachten bildete den ersten Ansatzpunkt eines 1981 gemeinsam mit Hans-Heinrich Wilhelm publizierten Standardwerks zu den Massenmorden der Einsatzgruppen.

Als Ergebnis der umfassenden Ermittlungsanstrengungen – die Akten der Staatsanwaltschaft umfassten schließlich mehr als 3500 Seiten – konnten im Ulmer Einsatzgruppenprozess schließlich neben Fischer-Schweder neun weitere Beteiligte ermittelt und verurteilt werden, unter ihnen der ehemalige Leiter der Staatspolizeistelle Tilsit, Hans-Joachim Böhme, und der zuständige SD-Führer Werner Hersmann. Das für die bundesrepublikanische Justizgeschichte seinerzeit beispiellose Verfahren endete gleichwohl mit einer Enttäuschung: Obgleich die Staatsanwaltschaft die – durch geschichtswissenschaftliche Studien der 1990er Jahre nachträglich bestätigte – hohe Eigeninitiative der Angeklagten bei den Mordaktionen herausgestrichen hatte, wurden alle Angeklagten nicht als »Täter«, sondern als »Gehilfen« und dementsprechend nicht wegen in Mittäterschaft begangenen Mordes, sondern wegen Beihilfe verurteilt, was es den urteilenden Richtern erlaubte, wesentlich niedrigere Strafen zu verhängen: Das Strafmaß schwankte zwischen drei und 15 Jahren; Fischer-Schweder wurde zu zehn Jahren Zuchthaus wegen der Beihilfe zum Mord an 526 Personen verurteilt, wobei der Vorsitzende Richter zu seinen Gunsten allen Ernstes herausstrich, dass er vor Kriegsbeginn »mitunter auch menschliche Züge gegenüber den Juden gezeigt« habe. Die hochrangigen Angeklagten Böhme und Hersmann – beide für den Mord an über 5000 Menschen mitverantwortlich – erhielten nicht die von der Anklage geforderten lebenslänglichen Haftstrafen, sondern jeweils Freiheitsstrafen von 15 Jahren. Charakteristischerweise wurde diese Urteilspraxis in keinem Kommentar der überregionalen Tagespresse, in der die NS-Massenverbrechen während der zweiten Prozesshälfte die bis dato größte Publizität seit der →Reeducation [I.A2] erreicht hatten, kritisch gewürdigt; ebenso ausgeblendet blieb die Empörung, für die das niedrige Strafmaß bei den während des Prozesses anwesenden litauischen Holocaust-Überlebenden gesorgt hatte.

Die Ambivalenz des Ulmer Einsatzgruppenprozesses für die juristische Aufarbeitung von NS-Gewaltverbrechen besteht in seiner doppelten Modellfunktion: Einerseits warf er durch seinen Charakter als – so der Kommentator der *Süddeutschen Zeitung*, Ernst Müller-Meiningen, – »Zufallsprodukt einer Zufallsjustiz« ein Schlaglicht auf das gewaltige Ausmaß der juristisch bislang nicht verfolgten Verbrechenskomplexe und bereitete vor allem weiteren Einsatzgruppen-Verfahren den Boden. Andererseits trug sein Urteil wesentlich zum Durchsetzungserfolg der so genannten →Gehilfenjudikatur [III.A11] bei, die zu der vielfach kritisierten milden Urteilspraxis in Prozessen gegen NS-Verbrecher führte. Zu einer Zäsur wurde der Ulmer Einsatzgruppenprozess gleichwohl, weil die mit ihm verbundene Schockwirkung wesentlich zur Einrichtung der →Ludwigsburger Zentralstelle [II.A7] beitrug, deren zentralisierte und systematische Aufklärungsarbeit die juristische Verfolgung von NS-Gewaltverbrechen auf eine neue Grundlage stellte.

TF

Lit.: Hilary Camille Earl (2013): »Beweise, Zeugen, Narrative. Der Einsatzgruppen-Prozess und die historische Forschung zur Genese der ›Endlösung‹«, in: Kim C. Priemel, Alexa Stiller (Hg.): *NMT. Die Nürnberger Militärtribunale zwischen Geschichte, Gerechtigkeit und Rechtschöpfung*, Hamburg: Hamburger Ed., S. 127-157. Claudia Fröhlich (2011): »Der ›Ulmer Einsatzgruppen-Prozess‹ 1958. Wahrnehmung und Wirkung des ersten großen Holocaust-Prozesses«, in: Jörg Osterloh, Clemens Vollnhals (Hg.): *NS-Prozesse und deutsche Öffentlichkeit. Besatzungszeit, frühe Bundesrepublik und DDR*, Göttingen: Vandenhoeck & Ruprecht, S. 234-262. Sabrina Müller (2009): »Zum Drehbuch einer Ausstellung. Der Ulmer Einsatzgruppenprozess von 1958«, in: Jürgen Finger et al. (Hg.): *Vom Recht zur Geschichte. Akten aus NS-Prozessen als Quellen der Zeitgeschichte*, Göttingen: Vandenhoeck & Ruprecht, S. 205-216. Marc von Miquel (2004): *Ahnden oder amnestieren? Westdeutsche Justiz und Vergangenheitspolitik in den sechziger Jahren*, Göttingen: Wallstein. Kerstin Freudiger (2002): *Die juristische Aufarbeitung von NS-Verbrechen*, Tübingen: Mohr Siebeck. Christoph Dieckmann (1998): »Der Krieg und die Ermordung der litauischen Juden«, in: Ulrich Herbert (Hg.): *Nationalsozialistische Vernichtungspolitik 1939-1945. Neue Forschungen und Kontroversen*, Frankfurt a.M.: Fischer, S. 292-329. Hans-Heinrich Wilhelm (1996): *Die Einsatzgruppe A der Sicherheitspolizei und des SD 1941/42*. Frankfurt a.M.: Lang. Adalbert Rückerl (1984): *NS-Verbrechen vor Gericht. Versuch einer Vergangenheitsbewältigung*, 2. überarb. Aufl., Heidelberg: Müller. Helmut Krausnick, Hans-Heinrich Wilhelm (1981): *Die Truppe des Weltanschauungskrieges. Die Einsatztruppen der Sicherheitspolizei und des SD 1938 - 1942*, Stuttgart: DVA.

II.A6 SRP-Verbot, durch das Bundesverfassungsgericht (BVerfG) 1952 ergangenes Verbot der Sozialistischen Reichspartei

Deutschlands (SRP), einer neofaschistischen, an nationalsozialistische Traditionen anknüpfenden Partei.

Die 1949 durch Otto Ernst Remer (→Strafverfahren wegen Verunglimpfungen des Widerstandes [II.A4]) und andere ehemalige Mitglieder der DKP-DRP (Deutsche Konservative Partei-Deutsche Reichspartei) gegründete SRP versuchte sich sowohl personell als auch ideologisch als Nachfolgepartei der NSDAP zu etablieren (→Rechtsextremismus [VI.E6]). Sie gewann parteilose, aber auch in bürgerlichen Parteien organisierte Rechtsextremisten für sich und konzentrierte ihre Arbeit auf den norddeutschen Raum, vor allem auf Niedersachsen. Dort erzielte die SRP bei den Landtagswahlen im Mai 1951 ihren größten Wahlerfolg mit 11 Prozent. Trotz der Ankündigung der Bundesregierung, einen Verbotsantrag zu stellen, sobald sich das BVerfG konstituiert habe, und des Verbots der Reichsfront, einer Suborganisation der SRP, waren die niedersächsische CDU und die Deutsche Partei bereit, die SRP an einer Regierung zu beteiligen. Die Koalitionsverhandlungen scheiterten letztendlich an einem späten Veto des CDU-Vorsitzenden Konrad Adenauer und des Gesamtdeutschen Blocks/Bund der Heimatvertriebenen und Entrechteten.

Gewerkschaften und andere demokratische Organisationen protestierten bereits 1950 gegen die ersten Wahlkampfveranstaltungen der SRP und machten ab dem Frühjahr 1951 nicht nur Presse und Rundfunk, sondern auch Behörden, Polizei und Regierungen auf die Bedrohung der jungen Demokratie durch die SRP aufmerksam. Die Entscheidung für einen Verbotsantrag kam nur durch weiteren Druck der Gewerkschaften, der Opposition, des alliierten Hohen Kommissars John McCloy und durch kritische Artikel auch der internationalen Presse zustande. Ein strategisches Motiv der etablierten rechtskonservativen Parteien war auch die Furcht vor Stimmenverlusten an die SRP.

Im November 1951 stellte das Bundeskabinett den Verbotsantrag. In der Antragsbegründung wurde angeführt, die SRP sei eine Nachfolgepartei der NSDAP, sie wolle die freiheitlich-demokratische Grundordnung beseitigen und ihre innere Ordnung sei undemokratisch. Somit sei die SRP verfassungswidrig und müsse aufgelöst, ihr Vermögen eingezogen und Ersatzorganisationen verboten werden.

Nach Aufnahme des Verfahrens am 24.1.1952 ordnete das BVerfG Hausdurchsuchungen an und verbot der SRP jegliche öffentliche Werbung. Um dem Verbot zuvorzukommen, löste die Parteispitze die SRP im September 1952 vorsorglich auf.

Aufgrund der rechtlichen und politischen Bedeutung des Antrags und der Tatsache, dass ein solcher erstmals in der Geschichte der Bundesrepublik gestellt wurde, forderte das BVerfG wissenschaftliche Gutachten an, die sich für ein Verbot aussprachen. Am 23.10.1952 gab das BVerfG dem Verbotsantrag nach Art 21, Abs. 2 des Grundgesetzes statt und verfügte zusätzlich das Erlöschen der SRP-Mandate. Nach dem Verbot bildeten sich zahlreiche Tarngruppen, die allerdings immer wieder aufgedeckt und verboten wurden. Die Mitglieder der SRP schlossen sich mehrheitlich der rechtsextremistischen DRP an. 1964 beteiligte sich die selbst immer mehr an Bedeutung verlierende DRP federführend an der Gründung der Nationaldemokratischen Partei Deutschlands (NPD), die bis in die Gegenwart in Länderparlamente einziehen konnte (→Gründung und Anfangserfolge der NPD [III.B2], →NPD-Verbotsverfahren [VI.B4]).

JD

Lit.: Henning Hansen (2007): *Die Sozialistische Reichspartei. Aufstieg und Scheitern einer rechtsextremen Partei*, Düsseldorf: Droste. Norbert Frei (1997): *Vergangenheitspolitik. Die Anfänge der Bundesrepublik und die NS-Vergangenheit*, 2. durchges. Aufl., München: Beck. Kurt Hirsch (1989): *Rechts von der Union: Personen, Organisationen, Parteien seit 1945*, München: Knesebeck und Schuler. Horst W. Schmollinger (1984): »Die Sozialistische Reichspartei«, in: Richard Stöss (Hg.): *Parteien-Handbuch. Die Parteien der Bundesrepublik Deutschland 1945–1980*, Bd. II, Opladen: Westdeutscher Verlag, S. 69–72. Otto Büsch, Peter Furth (1957): *Rechtsradikalismus im Nachkriegsdeutschland. Studien über die »Sozialistische Reichspartei« (SRP)*, Berlin, Frankfurt a.M.: Vahlen.

II.A7 Ludwigsburger Zentralstelle, Gründung der Zentralen Stelle der Landesjustizverwaltung zur Aufklärung nationalsozialistischer Gewaltverbrechen in Ludwigsburg zur systematischen Ermittlung von bisher nicht strafrechtlich verfolgten NS-Gewaltverbrechen (NSG).

Durch die Justizministerkonferenz 1958 eingesetzt, bedeutete die Gründung der Ludwigsburger Zentralstelle eine Umkehr bei der Strafverfolgung von NSG, die bis dahin auf zufälligen Anzeigen beruhte und oft an der Frage nach der zuständigen Staatsanwaltschaft scheiterte. Für die Ermittlung zuständig war die Staatsanwaltschaft am Tatort oder am Wohnort des Täters gewesen, so dass sich für Verbrechen mit unbekanntem Täter oder außerhalb der BRD keine Zuständigkeit ergeben hatte.

Entscheidende Impulse für die Verstärkung der Verfolgung waren der so genannte →Ulmer Einsatzgruppenprozess [II.A5] 1958 und die Flucht des ehemaligen KZ-Arztes Hans Eisele nach Ägypten kurz vor seiner Verhaftung im gleichen Jahr. Diese Ereignisse offenbarten das Ausmaß der bisher unaufgeklärten Verbrechen und die Mängel der juristischen Verfolgung. Erstmals weckten sie das Interesse der deutschen Öffentlichkeit an der Strafverfolgung von NSG. Bis dahin stieß die Verfolgung von Verbrechen aus der NS-Zeit bei der deutschen Bevölkerung auf massive Ablehnung. Dies war zum Teil darauf zurückzuführen, dass bis in die 1960er Jahre nicht zwischen Kriegsverbrechen und NS-Verbrechen, die außerhalb der Kriegshandlungen begangen worden waren, unterschieden wurde. Für Straftaten im Rahmen der NS-Vernichtungspolitik, wie die Verbrechen der Einsatzgruppen (→Callsen-Prozess (Babij Jar) [III. A10]) in Osteuropa, bildete sich erst mit der Gründung der Ludwigsburger Zentralstelle der Begriff der NSG heraus.

Das neu entstandene Interesse setzte die für die Strafverfolgung zuständigen Justizminister unter Druck. Dieser verstärkte sich noch durch die Anfrage des SPD-Abgeordneten Werner Jacobi an die Bundesregierung, wie viele KZ-Prozesse seit 1945 vor alliierten und deutschen Gerichten stattgefunden hätten. Diese Frage konnte selbst nach eingehenden Erkundungen nicht beantwortet werden, da bezeichnenderweise entsprechende Statistiken und Daten fehlten.

Die Justizminister Bayerns und Baden-Württembergs regten daraufhin eine Intensivierung der Strafverfolgung an. Alle Maßnahmen sollten koordiniert und die Strafprozessakten der Alliierten angefordert werden. Das wesentlich weiter reichende Konzept einer Zentralstelle stammte vom Stuttgarter Generalstaatsanwalt Erich Nellmann, der seine Idee am 30.9.1958 in der *Stuttgarter Zeitung* vorstellte und damit auf große Resonanz stieß. Die Gründung einer Zentralstelle wurde schließlich auf die Tagesordnung der nächsten Justizministerkonferenz gesetzt. Einige Minister sahen jedoch keine Notwendigkeit für eine solche oder lehnten sie ab, um eine politisch inopportune Interpretation als zweite Welle der →Entnazifizierung [I.A1] zu verhindern. Für eine Gründung sprach indes zum einen das Interesse, Vorwürfen wegen Versäumnissen bei der Strafverfolgung zu entgehen, andererseits die anstehende Verjährungsfrist für Totschlag-Delikte aus der NS-Zeit im Mai 1960.

Am 18.9.1958 entschloss sich die Justizministerkonferenz zur Gründung der Ludwigsburger Zentralstelle. Diese sollte hauptsächlich nationalsozialistische Tötungsverbrechen aus dem Zweiten Weltkrieg ahnden, die außerhalb der eigentlichen Kriegshandlungen an Zivilpersonen begangen worden waren, für die aber in der Bundesrepublik kein Gerichtsstand gegeben war. So fanden insbesondere Verbrechen in Ghettos, Konzentrations- und Zwangsarbeiterlagern sowie Tötungen durch Sicherheitsdienst und -polizei Berücksichtigung.

Die Ludwigsburger Zentralstelle sollte diese NSG in Vorermittlungsverfahren systematisch aufklären. Zur Anklageerhebung musste sie die Verfahren aber an die zuständige Staatsanwaltschaft weiterleiten. Durch diese Regelung wurden allerdings viele Verfahren eingestellt, oftmals durch Richter und Staatsanwälte mit nationalsozialistischem Hintergrund (→Selbstamnestierung der Justiz [II.C4]). So führten über 1.000 Vorermittlungsverfahren gegen Wehrmachtsangehörige zu keiner einzigen Verurteilung. Vor allem in den Anfangsjahren standen der Ludwigsburger Zentralstelle nur wenige, häufig wechselnde Staatsanwälte zur Verfügung, was nicht zuletzt darauf hindeutet, dass diese Arbeit wenig populär war.

Im Zuge der drohenden Verjährung von NS-Morddelikten im Mai 1965 (→Verjährungsdebatten [IV.B1]) wurde die Zuständigkeit der Ludwigsburger Zentralstelle Ende 1964 auch auf solche NSG ausgeweitet, die innerhalb der Grenzen des heutigen Bundesgebietes begangen worden waren. Zudem wurden eine personelle Erweiterung sowie die Anforderung von Strafakten aus Polen beschlossen. Die

Auswertung dieses Materials machte deutlich, dass die Zahl der unaufgeklärten Verbrechen so hoch war, dass die ursprünglich von der Bundesregierung geplante Aufklärung aller Verbrechen vor Ablauf der Verjährungsfrist nicht realistisch erschien. Ermöglicht durch die Verlängerung der Verjährungsfrist bis 1969 wurde die Ludwigsburger Zentralstelle 1965 restrukturiert, ihr Zuständigkeitsgebiet auf alle NS-Verbrechen erweitert und ihr Personal nochmals verstärkt – auch, um eine weitere Verlängerung der Verjährungsfristen über 1969 hinaus zu verhindern.

Die Mehrzahl der NSG-Ermittlungen wurde nach 1965 von so genannten Schwerpunktstaatsanwaltschaften übernommen, während die Ludwigsburger Zentralstelle sich um die Beschaffung von Beweismitteln, die Koordinierung aller Verfahren und die Klärung offener Fragen der Rechtsprechung kümmerte. Nach insgesamt drei Verjährungsdebatten wurde 1979 die Nichtverjährbarkeit von Mord beschlossen, so dass die Ludwigsburger Zentralstelle bis heute fortbesteht. Ihre Akten stehen seit 2000 in der Ludwigsburger Außenstelle des Bundesarchivs zur Verfügung und werden von der Universität Stuttgart ausgewertet. Die dortige Dauerausstellung »Die Ermittler von Ludwigsburg« widmet sich der Geschichte und der Arbeit, aber auch dem gesellschaftspolitischen Umfeld der Ludwigsburger Zentralstelle. Dies verdeutlicht, dass sich heute ein Funktionswandel von der Strafverfolgung zur wissenschaftlichen Erschließung von NSG vollzogen hat.

JD

Lit.: Andreas Eichmüller (2012): *Keine Generalamnestie. Die Strafverfolgung von NS-Verbrechen in der frühen Bundesrepublik*, München: Oldenbourg. Jörg Osterloh, Clemens Vollnhals (Hg.) (2011): *NS-Prozesse und deutsche Öffentlichkeit. Besatzungszeit, frühe Bundesrepublik und DDR*, Göttingen: Vandenhoeck & Ruprecht. Annette Weinke (2009): *Eine Gesellschaft ermittelt gegen sich selbst. Die Geschichte der Zentralen Stelle in Ludwigsburg 1958-2008*, 2., erw. Aufl., Darmstadt: Wiss. Buchgesellschaft. Heike Krösche (2008): »Die Justiz muss Farbe bekennen«. Die öffentliche Reaktion auf die Gründung der Zentralen Stelle der Landesjustizverwaltungen 1958«, in: *Zeitschrift für Geschichtswissenschaft* 56, H. 4, S. 338-357. Kurt Schrimm, Joachim Riedel (2008): »50 Jahre Zentrale Stelle in Ludwigsburg. Ein Erfahrungsbericht über die letzten zweieinhalb Jahrzehnte«, in: *Vierteljahrshefte für Zeitgeschichte* 56, H. 4, S. 525-555. Marc von Miquel (2004): *Ahnden oder Amnestieren? Westdeutsche Justiz und Vergangenheitspolitik in den sechziger Jahren*, Göttingen: Wallstein. Rüdiger Fleiter (2002): »Die Ludwigsburger Zentrale Stelle – eine Strafverfolgungsbehörde als Legitimationsinstrument«, in: *Kritische Justiz* 35, H. 2, S. 253-272. Michael Greve (2001): *Der justitielle und rechtspolitische Umgang mit den NS-Gewaltverbrechen in den sechziger Jahren*, Frankfurt a.M.: Lang. Norbert Frei (1997): *Vergangenheitspolitik. Die Anfänge der Bundesrepublik und die NS-Vergangenheit*, 2. durchges. Aufl., München: Beck. Alfred Streim (1994): »Der Umgang mit der Vergangenheit am Beispiel der Zentralen Stelle Ludwigsburg«, in: Landeszentrale für politische Bildung Baden-Württemberg und Haus der Geschichte Baden-Württemberg (Hg.): *Formen den Widerstandes im Südwesten 1933-45*, Ulm. Adalbert Rückerl (1979): *Die Strafverfolgung von NS-Verbrechen 1945-1978. Eine Dokumentation*, Heidelberg: Müller.

II.A8 Aktion Sühnezeichen, 1958 auf einer Synode der Evangelischen Kirche Deutschlands (EKD) durch Lothar Kreyssig als Aktion Sühnezeichen gegründete Freiwilligenorganisation mit selbst gesetzter Friedensmission. Lothar Kreyssig hatte bereits als Richter aktiv Widerstand während des Nationalsozialismus geleistet und war seit 1934 Mitglied der Bekennenden Kirche gewesen. Die von ihm angestoßene Aktion Sühnezeichen – seit 1968 mit dem Zusatz »Friedensdienste« (ASF) versehen – ist vor allem bekannt für die Organisation eines internationalen Programms von Freiwilligendiensten. Durch das Entsenden von jährlich ca. 180 jungen Menschen in vom Zweiten Weltkrieg direkt oder indirekt betroffene Länder, den Einsatz für verfolgte Gruppen, das Engagement gegen Fremdenfeindlichkeit und Antisemitismus will die ASF einen Beitrag zu Versöhnung und Frieden leisten. Zugleich sollen die Dienste die politische Bildung der Teilnehmer positiv beeinflussen.

Nachdem das Stuttgarter Schuldbekenntnis vom 19.10.1945 kaum konkrete Handlungen nach sich gezogen hatte, verlas Lothar Kreyssig (seit 1952 Präses der Evangelischen Kirche der Union) am 30.4.1958 auf einer Synode der EKD den Aufruf »Wir bitten um Frieden«. Darin betonte er noch einmal die deutsche Schuld an den Verbrechen des Zweiten Weltkrieges und sprach die Bitte an die leidtragenden Völker aus, in ihren Ländern etwas Gutes tun zu dürfen, um Zeichen der Versöhnung setzen zu können. Außerdem formuliert der Aufruf zugleich eine konkrete Aufforderung, freiwillige Menschen »aller Stände und Konfessionen« für ein Jahr in diese Länder zu entsenden, um mit der Friedensarbeit beginnen zu können. Dies sei aber nicht als Wiedergutmachung, sondern vielmehr als Bitte um Vergebung und Frieden anzusehen. So definiert Kreyssig den Begriff der Sühne auch als den Moment, in dem »der Verletzte die ihm gezeigte Reue gelten lässt und Vergebung gewährt«.

Im April 1959 begann die Aktion Sühnezeichen ihre Arbeit mit einem Bauprojekt für Arbeiter in Outdorp (Niederlande). Es folgten ähnliche Projekte in Norwegen, Griechenland, Frankreich, England, im damaligen Jugoslawien und Belgien, bei denen es meist um die Errichtung von Begegnungszentren und Einrichtungen für behinderte Menschen, aber auch Synagogen und Kirchen ging. In der britischen Industriestadt Conventry, 1940/41 Ziel zweier verheerender deutscher Bombenangriffe, errichteten Freiwillige eine Versöhnungskirche. Seit 1961 gehört auch Israel zum Entsendegebiet. Ab Mitte der 1960er Jahre trat an die Stelle von Bauarbeiten soziale Arbeit mit Minderheiten, NS-Opfern oder behinderten Menschen.

Mit der Verschärfung der deutschen Teilung durch den Bau der Berliner Mauer änderte sich auch die Arbeit der Aktion Sühnezeichen grundlegend. Hatte es schon zuvor immer wieder Schwierigkeiten mit den Ausreisegenehmigungen der Freiwilligen aus der DDR gegeben, musste sich die Organisation nun vollständig zweiteilen. Von nun an arbeiteten die Aktion Sühnezeichen der Bundesrepublik und der DDR mit dem gleichen Ziel, aber mehr oder weniger getrennt voneinander weiter, bis sie 1990 im Zuge der Wiedervereinigung fusionieren konnten. Bis dahin fungierte der ostdeutsche Zweig weitgehend als Organ der evangelischen Kirche der DDR, während der westdeutsche Zweig sich zunehmend im linken Spektrum der bundesrepublikanischen Politik situierte. »Sühne«, so eine Publikationen der Organisation aus den 1970er Jahren, »bedeutet: wir müssen aus der Geschichte lernen, Folgerungen zu ziehen, Fehler einzugestehen, umzudenken.«

Zahlreiche Berichte von Teilnehmern zeugen davon, dass in erster Linie eine »antifaschistische« Haltung eingeübt wurde, von der erwartet wurde, dass sie anschließend auch auf die bundesrepublikanischen Verhältnisse zurückwirken sollte.

Die Aktion Sühnezeichen stand anfangs häufig quer zur offiziellen Politik der Bundesregierung, indem sie sich dem Versöhnungsgedanken insbesondere auch für die Länder des Ostblocks verpflichtet fühlte. Aus diesem Grund setzte sich die Aktion Sühnezeichen für »Frieden mit den Kommunisten« ein, während Bonn weder die DDR noch die Westgrenze Polens anerkennen wollte und keine diplomatischen Beziehungen mit Warschau pflegte. Die so genannte Ostdenkschrift der EKD vom Herbst 1965, in der sich diese für eine Anerkennung der Oder-Neiße-Linie aussprach, ermöglichte erste Kontakte der Aktion Sühnezeichen nach Polen. 1967 wurde die Freiwilligenarbeit in Auschwitz, auch durch die Vermittlung des Internationalen Auschwitz-Komitees, für Gruppen aus beiden deutschen Staaten möglich. Die Arbeit in der Gedenkstätte Auschwitz wurde vor allem genutzt, um dort zukünftige Freiwillige in Seminaren auf ihre Tätigkeit vorzubereiten. Das zwei- bis vierwöchige Seminarprogramm sah praktische Tätigkeiten auf dem Lagergelände ebenso vor wie Gespräche mit Überlebenden, Besuche des Archivs der Gedenkstätte und Lernphasen. An diesem Programm (das die DDR als Ost-West-Annäherung kritisch beäugte) nahmen 1973 bereits 500 Personen teil; 1983 entsandte die ASF im Schnitt jede Woche eine Gruppe nach Auschwitz. Damit avancierte sie zur führenden westdeutschen Organisation, die Reisen nach Auschwitz anbot. Kritiker wie der Historiker Jonathan Huener werfen den Verantwortlichen vor, die teilnehmenden jungen Deutschen auf antifaschistische Pilgerreisen zu den Orten des Schreckens zu schicken. Er spricht von einem bis ins Detail durchorganisierten, ja choreographierten politisierten Tourismus und sieht die ASF somit als eine von zahlreichen Organisationen, die Auschwitz vor allem als öffentliches Podium zur Präsentation ihrer jeweiligen politischen Agenda benutzten. Der Holocaust, die jüdische Spezifität der Vernichtung an diesem Ort, geriet im Rahmen der antifaschistischen, kapitalismuskritischen Bildungsarbeit der ASF und ihrem Brückenschlag zu »dem polnischen Volk« eher aus dem Blick, was aber auch der angestrebten Kooperation mit dem Staatlichen Museum Auschwitz-Birkenau geschuldet war, das das Lager seit 1955 vor allem als Gedenkstätte polnischen Leides inszenierte. Zumindest bis in die 1960er Jahre erfüllte die Auschwitz-Arbeit der Aktion Sühnezeichen jedoch auch die Funktion, jungen Deutschen grundlegende Kenntnisse über das »Dritte Reich« zu vermitteln, über das sie in Deutschland nicht oder nur unzureichend aufgeklärt worden waren. Zudem fungierte sie als wichtiger Vorreiter bei der Verlagerung des Umgangs der (West-)Deutschen mit dem Nationalsozialismus von regierungsamtlichen Verlautbarungen und Beschlüssen hin zu einem »Graswurzel«-Engagement aus der Bevölkerung heraus. In den 1970er und 1980er Jahren nahm die ASF dann eine führende Rolle in der Friedensbewegung ein.

Seit 1991 arbeiten die Freiwilligen auch in Belarus und Russland sowie in Belgien, Deutschland, Frankreich, Großbritannien, Israel, den Niederlanden, Norwegen, Polen, der Tschechischen Republik, der Ukraine und in den USA. Außerdem richtet sich die ASF mit ihrem Friedensdienstprogramm seit 1996 nicht mehr nur an Deutsche, sondern auch an Freiwillige aus anderen Ländern, die ihrerseits vor allem in Deutschland eingesetzt werden. Die Projektfelder haben sich seit der Gründung ebenfalls verändert. Meist arbeiten die Freiwilligen in der politischen und historischen Bildung, in Einrichtungen für Menschen mit Behinderungen, mit sozial benachteiligten oder älteren Menschen. In mehrwöchigen Sommerlagern, an denen jährlich rund 300 Menschen teilnehmen, werden insbesondere Bewahrungs- und Restaurierungsarbeiten in Gedenkstätten, Synagogen oder auf jüdischen Friedhöfen sowie Dienste in sozialen Einrichtungen und Projekten durchgeführt. Somit hat sich die ASF bezüglich ihres Einsatzgebietes, ihrer Mitgliederstruktur und ihrer Arbeitsweise grundlegend zu einer internationalen Friedensmission gewandelt, in der neben Aspekte des Nationalsozialismus allgemeinere soziale Projekte getreten sind. Allerdings ist nach wie vor eine »Gedenkstättenfahrt« nach Auschwitz, Majdanek oder Stutthoff zur Vorbereitung auf den Freiwilligendienst obligatorisch.

JW

Lit.: Anton Legerer (2011): *Tatort: Versöhnung. Aktion Sühnezeichen in der BRD und in der DDR und Gedenkdienst in Österreich*, Leipzig: Evangelische Verlagsanstalt. Jonathan Huener (2001): »Antifascist Pilgrimage and Rehabilitation at Auschwitz: The Political Tourism of Aktion Sühnezeichen and Sozialistische Jugend«, in: *German Studies Review* 24, H. 3, S. 513–532. Konrad Weiß (1998): *Lothar Kreyssig. Prophet der Versöhnung*, Gerlingen: Bleicher. Manfred Wittmeier (1997): *Internationale Jugendbegegnungsstätte Auschwitz. Zur Pädagogik der Erinnerung in der politischen Bildung*, Frankfurt a.M.: Brandes & Apsel. Martin Onnasch (1993): »›Wir bitten um Frieden‹. Lothar Kreyssigs Versöhnungsarbeit und die Aktion Sühnezeichen in der DDR«, in: *Glaube und Lernen* 8, S. 59–68. Karl-Klaus Rabe (1983): *Umkehr in die Zukunft. Die Arbeit der Aktion Sühnezeichen/Friedensdienste*, Bornheim-Merten: Lamuv.

II.A9 Volksverhetzung als Straftat

, Gesetz, das nach jahrelangen Debatten am 4.8.1960 in Kraft trat und Angriffe auf die »Menschenwürde anderer« und »Weise[n], die geeignet [sind], den öffentlichen Frieden zu stören«, unter Strafe stellt.

Vor dem Hintergrund zahlreicher antisemitischer Ausschreitungen im Jahre 1948, des Falls Hedler (→Strafverfahren wegen Verunglimpfungen des Widerstandes [II.A4]) und der Erfahrungen des Nationalsozialismus legte zuerst die SPD-Fraktion am 15.2.1950 dem Bundestag den Entwurf eines Gesetzes gegen die Feinde der Demokratie vor. Zur Verabschiedung kam es nicht, da die Bundesregierung ebenfalls einen Entwurf verfasste und eine Novellierung des §130 Strafgesetzbuch (StGB) »Anreizung zum Klassenkampf« vorschlug. Da der Bundesrat nur geringe Änderungen des Vorschlages der Bundesregierung verlangte, hätte das Gesetz 1951 verabschiedet werden können. Aufgrund des beginnenden Kalten Krieges änderte sich jedoch die politische Stimmung in Deutschland dahingehend, dass insbesondere »linke« Verfassungsfeinde als strafrechtlich verfolgungswürdig galten. Diesbezüglich vorgenommene Änderungen durch den Rechtsausschuss des Bundestages mochten nun allerdings selbst Teile der Regierungsfraktion nicht mittragen, so dass der Bundestag eine Verabschiedung ablehnte. In den 1950er Jahren gab es mehrere Ansätze zu einer Änderung des §130 StGB, doch bis 1960 wurde das Problem immer wieder vertagt: Im Februar 1952 versuchte Bundesjustizminister Thomas Dehler (FDP) erneut, eine Novellierung des §130 StGB durchzusetzen. Er scheiterte jedoch, da der Rechtsausschuss das bereits laufende Verfahren des Dritten Strafrechtsänderungsgesetzes (→Amnestien [II.C1]) nicht gefährden wollte. Aus zeitlichen Gründen (das Ende der zweiten Wahlperiode stand bevor) konnte auch im Januar 1957 eine Gesetzesänderung nicht durchgeführt werden. Als Ende der 1950er Jahre der Fall Nieland (→Neue Antisemitismuswelle [II.B8]) in der Öffentlichkeit großes Aufsehen erregte, legte die Bundesregierung dem Bundesrat am 21.1.1959 den Entwurf eines Gesetzes gegen Volksverhetzung vor, das Bevölkerungsgruppen vor Hetze und Verleumdung schützen sollte. Da sowohl Bundesrat als auch Bundestag keine Einwände hatten, wurde der Entwurf dem Rechtsausschuss übergeben. Zwar wurde der Entwurf in zweiter Lesung im Bundestag angenommen, in dritter Lesung wurde die Schlussabstimmung allerdings vertagt, da nun überraschend doch Differenzen zwischen Gegnern und Befürwortern zu Tage traten.

Das Entsetzen über die Antisemitismuswelle des Jahres 1959 führte zu einem Stimmungsumschwung. Die Fraktionen von SPD und FDP brachten 1960 Gesetzesentwürfe ein, die dann gemeinsam mit dem früheren Entwurf der Bundesregierung an den Rechtsausschuss übergeben wurden. Dieser formulierte einen Novellierungsvorschlag des §130, der am 20.5.1960 vom Bundestag einstimmig angenommen wurde. Damit wurde die Eignung zur Störung des öffentlichen Friedens und Angriffe auf die Menschenwürde unter Strafe gestellt, wenn gegen Teile der Bevölkerung zum Hass aufgestachelt oder zu Gewalt aufgefordert wird oder sie beschimpft oder verleumdet werden.

In der Öffentlichkeit wurden die Versuche der Änderung des §130 StGB auch durchaus kritisch betrachtet, da man vor allem einen »Sonderschutz« für Juden befürchtete, welchen man mit dem Hinweis darauf ablehnte, dass selbst der Zentralrat der Juden in Deutschland diesen nicht wolle. Als weiteres Argument brachten die Gegner der Novellierung vor, dass Antisemitismus nicht durch Gesetze beseitigt werden könne. Der Rechtsausschuss entgegnete diesen Vorbehalten, dass durch die Formulierung »Teile der Bevölkerung« ausdrücklich nicht nur jüdische Mitbürger gemeint seien. Der Paragraph diene nicht allein dazu, Antisemitismus zu bekämpfen, sondern den neuen Straftat-bestand der Volksverhetzung auch im Kontext des in §220 StGB strafbar gemachten Völkermords anzuwenden.

Aufgrund rechtsextremer Ausschreitungen zu Beginn der 1980er Jahre gab es erneut Debatten um mögliche Gesetzesänderungen, die das Leugnen und Verharmlosen von NS-Verbrechen strafbar machen sollten. Im Juni 1985 einigten sich die Koalitionsparteien CDU und FDP schließlich auf eine Novellierung des §194 StGB, die ermöglichte, dass Beleidigungen, die sich gegen Opfergruppen des Nationalsozialismus richten, auch ohne Strafantrag von Privatpersonen von Amts wegen verfolgt werden, aber das Leugnen des Holocaust nach wie vor überging (→Revisionismus/Leugnung des Holocaust [II.B9]). Erst aufgrund der erneuten Welle rechtsextremer Ausschreitungen zu Beginn der 1990er Jahre (→Rechtsextremismus [VI.E6]) wurde 1994 in den §130 StGB ein Absatz eingefügt, der ausdrücklich das Leugnen des Holocaust unter Strafe stellt.

2004 führte die Sorge vor rechtsextremistischen Demonstrationen vor dem →Holocaust-Mahnmal in Berlin [VI.A2] anlässlich des Jahrestages des Kriegsendes zu erneuten Diskussionen über eine Erweiterung des §130. Seit dem 1.4.2005 ist auch strafbar, die NS-Herrschaft öffentlich oder in einer Versammlung in einer die Würde der Opfer verletzenden Weise zu billigen, zu verherrlichen oder zu rechtfertigen.

MM

Lit.: Benedikt Rohrßen (2009): *Von der »Anreizung zum Klassenkampf« zur »Volksverhetzung« (§130 StGB). Reformdiskussion und Gesetzgebung seit dem 19. Jahrhundert*, Berlin: de Gruyter. Georg Foerstner (2002): *Kollektivbeleidigung, Volksverhetzung und »lex Tucholsky«. Eine Untersuchung zu Äußerungsdelikten und Meinungsfreiheit*, Berlin: Spitz. Gunnar Krone (1979): *Die Volksverhetzung als Verbrechen gegen die Menschlichkeit. Unter Berücksichtigung der soziologischen, psychologischen und sozialpsychologischen Gesetzmäßigkeiten des zugrunde liegenden Aggressionsprozesses sowie des historischen und kriminologischen Hintergrundes von §130 StGB*, Diss. Univ. Mainz.

II.B »Wir sind wieder wer.«

II.B1 Nationale Symbole, Problematik der Kontinuität von Symbolen der deutschen Nation nach 1945.

Nach dem Zusammenbruch des »Dritten Reiches« hatte der Alliierte Kontrollrat alle nationalsozialistischen, aber auch ältere nationale Hoheitssymbole der Deutschen verboten (→Entnazifizierung [I.A1]). So fuhren zum Beispiel deutsche Handelsschiffe noch bis 1951 nicht mit Nationalflagge, sondern mit einem modifizierten Stander »C« des Internationalen Signalbuches. Auch das Singen der deutschen Nationalhymne war von dem alliierten Verbot betroffen, so dass das Deutschlandlied für einige Jahre von der Bildfläche verschwand. Es war 1841 von Heinrich Hoffmann von Fallersleben verfasst worden und richtete sich gegen die damalige Obrigkeit, die ihr Verfassungsversprechen nicht eingelöst hatte. Schon im Kaiserreich war das Deutschlandlied in den Rang einer Nationalhymne erhoben worden; im Ersten Weltkrieg wurde es als Soldatenlied gesungen. 1922 erklärte Reichspräsident Friedrich Ebert (SPD) das dreistrophige Deutschlandlied zur offiziellen Hymne der Weimarer Republik. Im Nationalsozialismus hielt man an der Hymne wegen ihrer chauvinistisch und imperialistisch interpretierbaren ersten Strophe (»Deutschland, Deutschland über alles, über alles in der Welt ...«) fest, in der Regel ergänzt durch die erste Strophe des propagandistischen Horst-Wessel-Liedes. Anfang der 1950er Jahre bedauerte der Parlamentarische Rat, dass man die von Joseph Haydn komponierte Melodie nicht mehr singen könne. Korrekturen des Textes wurden vorgeschlagen und alternative Hymnen kamen ins Gespräch. Bundespräsident Theodor Heuss (FDP) forderte eine neue Hymne, denn »der tiefe Einschnitt in unserer Volks- und Staatengeschichte [sei] einer neuen Symbolgebung bedürftig«. Er setzte sich für die »Hymne an Deutschland« des Schriftstellers Rudolf Alexander Schröder ein, für die in seinem Auftrag auch eine Melodie komponiert wurde. Doch Bundeskanzler Konrad Adenauer (CDU) setzte sich gegen Heuss mit demonstrativem Gestus durch: So bat er bei einer Großveranstaltung im Berliner Titania-Palast im Frühjahr 1950 das verdutzte Publikum, mit ihm die dritte Strophe des Deutschlandliedes zu singen. Die meisten Menschen stimmten begeistert ein. Viele Sozialdemokraten verließen empört den Saal. Nach einer Allensbach-Umfrage waren in dieser Zeit nur 10 Prozent gegen, indes drei Viertel der Deutschen für das Deutschlandlied. So blieb es seit 1952 letztlich bei der Hymne von Fallerslebens, reduziert auf ihre für unverfänglich erklärte dritte Strophe. Die Nationalflagge der Deutschen weist eine noch kontroversere Geschichte auf. Der ›Dreifarb‹ Schwarz-Rot-Gold, Banner der antinapoleonischen Befreiungsbewegung und der Radikaldemokraten in den ersten Jahrzehnten des 19. Jahrhunderts, war durch einen Beschluss der Frankfurter Nationalversammlung 1848 erstmals zur Reichsflagge avanciert, jedoch bereits kurz darauf im Zuge der Gegenrevolution wieder abgeschafft worden. Im Norddeutschen Bund setzte sich 1867 Schwarz-Weiß-Rot durch, eine Kombination der Fahnen der größten deutschen Flottenverbände des Reiches: Preußens Schwarz-Weiß und das Weiß-Rot der Hansestädte Hamburg, Bremen und Lübeck. Diese Farbkombination war spätestens mit dem Ersten Weltkrieg als Symbol kriegerisch-expansionistischer Bestrebungen problematisch geworden, so dass sich die Mitte-Links-Parteien in der Weimarer Republik auf den deutschen ›Dreifarb‹ Schwarz-Rot-Gold besannen; Handelsflagge blieb jedoch die von den konservativen Parteien favorisierte schwarz-weiß-rote Fahne. Das in der Weimarer Zeit zumindest offiziell für den nichtmaritimen Bereich geltende Schwarz-Rot-Gold galt den Nationalsozialisten als »Judenfahne«, die sie durch ihre rot-weiß-schwarze Hakenkreuzflagge, die alleinige Reichsflagge wurde, ersetzten. Nach dem Krieg favorisierte die Sozialdemokratie klar Schwarz-Rot-Gold, die Fahne der Republiken von 1848/49 und 1919, während CDU/CSU zunächst einen Entwurf des Widerstandskämpfers Josef Wirmer (der von den Attentätern des 20. Juli als Reichsjustizminister eingeplant worden war und 1944 hingerichtet wurde) favorisierten: eine rote Fahne mit einem schwarzem Kreuz, über dem ein zweites, goldenes Kreuz lag. Theodor Heuss kanzelte den Vorschlag, der auch in der Bevölkerung kaum Zuspruch fand, als »graphisches Kunstgewerbe« ab. So wählte der Parlamentarische Rat 1949 den deutschen ›Dreifarb‹ als Nationalflagge (Artikel 22 des

Grundgesetzes) – wie 1948 auch schon der Volksrat der DDR, die sich ab 1950 durch den Hammer im Ährenkranz, der 1953 von einem Zirkel ergänzt wurde, von der Bundesrepublik abgrenzte.

Eine weitere Debatte über den angemessenen Umgang der jungen Republik mit ihrer nationalsozialistischen Vorgeschichte wurde in den 1950er Jahren geführt, als man um das Zeigen von im Nationalsozialismus verliehenen Orden stritt. Der Bundesverkehrsminister Hans-Christoph Seebohm (Deutsche Partei) kritisierte 1952 jene ehemaligen Soldaten, die ihre mit Hakenkreuzen geschmückten Orden öffentlich trugen. Sein Parteikollege Hans-Joachim von Meerkatz konterte darauf, dass ein stabiler Staat nach dem Zusammenbruch nur durch eine entschiedene Integration der belasteten Elemente errichtet werden könnte. 1957 entbrannte eine erneute Diskussion um die Legitimität des Tragens von Orden, die deutsche Soldaten im Zweiten Weltkrieg erhalten hatten. Der Anlass war eine Neufassung des Ordensrechts der Bundesrepublik. Bundespräsident Heuss hielt den Artikel 109 der Weimarer Reichsverfassung, der die Vergabe und Annahme von Orden und Ehrenzeichen untersagte, für einen Fehler, da erst dadurch Hitler zum Ordensstifter hatte werden können, und rief als Staatsoberhaupt neue Orden und Ehrenzeichen ins Leben. In einem vom Bundespräsidenten einberufenen Ausschuss plädierten einige Vertreter der Soldatenverbände für das Tragen von im »Dritten Reich« erhaltenen Orden. Nach Protesten amerikanischer Politiker wurde dieser Vorstoß unterbunden. Daraufhin stand nur noch das schwarz-weiß-rote Band zur Debatte, das an fast alle Orden des »Dritten Reichs« geheftet war. Die Farben des Kaiserreichs und der antirepublikanischen Kräfte der Weimarer Republik sollten laut Bundesinnenminister Gerhard Schröder (CDU) in antinazistische Farben umgedeutet werden. Die Sozialdemokraten beantragten nicht nur, die Hakenkreuze aus den Kriegsauszeichnungen zu verbannen, sondern auch das schwarz-weiß-rote Ordensband selbst. Diese Forderung steigerte sich im Laufe der Debatte bis zur Anregung, auf das Tragen von Kriegsauszeichnungen insgesamt zu verzichten, um damit der Welt und der deutschen Bevölkerung den Bruch zwischen der Bundesrepublik und dem »Dritten Reich« zu demonstrieren. Das Gesetz über Titel, Orden und Ehrenzeichen vom 26.7.1957 regelte schließlich, dass Orden, die in der Zeit zwischen 1933 und 1945 verliehen wurden, nur ohne die nationalsozialistischen Embleme getragen werden dürfen. Zivile Orden unterliegen keiner weiteren Einschränkung, während das Gesetz genau festlegt, welche militärischen Orden noch getragen werden dürfen (zum Beispiel das Eiserne Kreuz, das Verwundeten- oder das Luftschutzabzeichen) und welche nicht (Blutorden, Bandenkampfabzeichen und viele andere mehr).

Problematisch war auch der Umgang mit den Kriegerdenkmälern, mit denen der NS-Staat – neben der Zelebrierung von Staatsbegräbnissen für Mitglieder der NS-Elite und Wehrmachtsgeneräle – einen politisch-religiösen Totenkult veranstaltet hatte. Die Kriegerdenkmäler aus der Zeit des »Dritten Reichs« trugen häufig ideologische Inschriften wie »Deutschland muß leben, und wenn wir sterben müssen«, wie etwa am umstrittenen Kriegerdenkmal vor dem Hamburger Dammtorbahnhof zu lesen ist. Eine wichtige Rolle in der offiziellen Memorialkultur spielte seit den 1920er Jahren der Volksbund Deutsche Kriegsgräberfürsorge. Er trug auch dazu bei, dass nach dem Krieg das Gedenken an die ungleichen Toten des »Dritten Reiches« – die Opfer der Deutschen wie die deutschen Kriegsopfer – in ein pauschales Gedenken an die »Opfer von Krieg und Gewaltherrschaft« verwandelt wurde, was bis in die Gegenwart eine populäre Formel geblieben ist. Die identitätsstiftende Erinnerung an Kriege als ›Opfergänge‹ für die Nation war den Deutschen nach 1945 zweifelhaft geworden, so dass man sich nun mit weniger martialischen Denkmalinschriften begnügte wie »Den Opfern« oder »Den Toten zum Gedenken«. Dabei dachte man in den 1950er Jahren noch kaum an die sechs Millionen ermordeten Juden. Billige Formeln wie »Den Opfern von Krieg und Gewaltherrschaft«, die Verfolger wie Verfolgte gleichstellten, wurden erst mit der Etablierung des Gedächtnisrahmens Holocaust als problematisch erkannt, wenngleich sie mit dem Ende der DDR eine neue Attraktivität erhielten, da sich darunter nun auch die Opfer des SED-Regimes subsumieren ließen (→Doppelte Vergangenheitsbewältigung [V.D2]).

RM/MNL

Lit.: Peter Reichel (2012): *Glanz und Elend deutscher Selbstdarstellung. Nationalsymbole in Reich und Republik*, Göttingen: Wallstein. Stiftung Haus der Geschichte der Bundesrepublik Deutschland Bonn (Hg.) (2008): *Flagge zeigen? Die Deutschen und ihre Nationalsymbole*, Bielefeld: Kerber. Hans Hattenhauer (2006): *Deutsche Nationalsymbole. Geschichte und Bedeutung*, München: Olzog. Peter Reichel (2005): *Schwarz-Rot-Gold. Kleine Geschichte deutscher Nationalsymbole*, München: Beck. Gilad Margalit (2004): »Gedenk- und Trauerkultur im Nachkriegsdeutschland. Anmerkungen zur Architektur«, in: *Mittelweg 36* 13, H. 2, S. 76–91. Helmut Dubiel (1999): *Niemand ist frei von der Geschichte. Die nationalsozialistische Herrschaft in den Debatten des Deutschen Bundestages*, München, Wien: Hanser. Peter Reichel (1999): *Politik mit der Erinnerung. Gedächtnisorte im Streit um die nationalsozialistische Vergangenheit*, Frankfurt a.M.: Fischer. Hermann Kurzke (1990): *Hymnen und Lieder der Deutschen*, Mainz: Dieterich'sche Verlagsbuchhandlung. Lothar Wolf u.a. (1990): *Materialien zur Geschichte der deutschen Nationalhymne*, Berlin: Colloquium. Alois Friedel (1968): *Deutsche Staatssymbole. Herkunft und Bedeutung der politischen Symbolik in Deutschland*, Frankfurt a.M.: Athenäum.

II.B2 Gedenk- und Nationalfeiertage, Auseinandersetzungen um die Findung eines Gedenktages, die vor allem vom Zwiespalt zwischen dem Bedürfnis nach einem identifikatorisch-positiv besetzten nationalen Feiertag und einem Gedenktag für die Opfer der deutschen Geschichte geprägt waren.

Die Einführung eines Staatsfeiertages war in der frühen Nachkriegszeit offiziell kein Thema, da der NS-Staat einen regelrechten Feiertagskult zelebriert hatte, von dem es sich abzusetzen galt. Doch musste sich die Bundesregierung bereits im Sommer 1950 mit dieser Angelegenheit beschäftigen, da in der DDR die Vereinigung der Verfolgten des Naziregimes (VVN) am 10.9.1950 eine Gedenkveranstaltung plante. Dieser Tag war ein Jahr zuvor zum Tag der Opfer des Faschismus erklärt worden. Das VVN-Begehren nach einem Gedenktag für die Opfer des Nationalsozialismus löste eine Gedenktagsdebatte aus, in der sich zeigte, dass in der BRD das Bedürfnis nach einer Erinnerung an die eigenen Opfer noch vorherrschend war. Aus diesem Grund wurde die Wiedereinführung des Volkstrauertages gegenüber der VVN-Initiative bevorzugt.

Dieser Gedenktag ging auf einen Vorschlag des Volksbundes Deutsche Kriegsgräberfürsorge aus dem Jahr 1919 zurück und sollte an die Kriegstoten des Ersten Weltkriegs erinnern. Die Nationalsozialisten hatten den Volkstrauertag 1934 zum Staatsfeiertag erklärt und ihm den Namen Heldengedenktag gegeben; im Vordergrund stand damit nicht mehr Totenklage, sondern Heldenverehrung. 1950 wurde der Volkstrauertag nun vom Volksbund erneut ins Leben gerufen; seit 1952 wird er zwei Sonntage vor dem Ersten Advent begangen und erinnert an die Opfer der Weltkriege und von Gewaltherrschaft, was den Nationalsozialismus mit einschließt.

Bundesinnenminister Gustav Heinemann (CDU) schlug vor, am ersten Sonntag im September ein mehrfaches Gedenken zu bündeln und die Erinnerung an die Kriegsopfer mit der Verfassungsfeier und dem Gedenken an die deutsche Einheit zu verbinden. Lediglich drei Jahre wurde dieser Nationale Gedenktag begangen. Demgegenüber bot der Arbeiteraufstand in der DDR vom 17. Juni 1953, den die BRD fürderhin als Tag der deutschen Einheit proklamierte, die Chance, das Bedürfnis nach einem Nationalfeiertag mit einer Anklage gegen die deutschen Teilung zu verbinden. Ende der 1950er Jahre noch in Zigtausend Gemeinden von Millionen Menschen gefeiert, ebbte das Interesse am Tag der deutschen Einheit während der →Neuen Ostpolitik [IV.A7] ein Jahrzehnt später ab und erfuhr erst in der Ära Kohl wieder eine Aufwertung (→»Geistig-moralische Wende« [V.A2]). Singulär blieb der Tag der Souveränität am 5. Mai 1955, an dem das formelle Ende der alliierten Besatzungsherrschaft zelebriert wurde. Zur Wiederholung bot dieses Datum sich kaum an, war doch schon 1955 eine größere Feier des Aktes innenpolitischen Reibereien weitgehend zum Opfer gefallen – Oppositionsführer Erich Ollenhauer (SPD) monierte: »Von der Souveränität Deutschlands kann erst die Rede sein, wenn Deutschland in Freiheit wiedervereinigt ist.«

Als Alternativen zum Volkstrauertag und zum Nationalen Gedenktag boten sich drei herausragende Daten deutscher Geschichte an: der 8. Mai 1945, der 20. Juli 1944 und der 9. November. Am 8. Mai 1945 hatte Deutschland bedingungslos kapitulieren müssen, was das Ende des Zweiten Weltkrieges bedeutete. Das

Interesse an diesem Datum als Gedenktag war anfänglich schwach, da es die Niederlage der Deutschen markierte. So assoziierten viele mit diesem Datum nicht nur materielles Elend, sondern auch die Ächtung der Deutschen als Nation und die Verweigerung der staatlichen Einheit, »erlöst und vernichtet in einem«, so Bundespräsident Theodor Heuss (FDP). Die dem entgegengesetzte geschichtspolitische Aufladung als Tag der Befreiung blieb bis in die 1980er Jahren umstritten (→Weizsäcker-Rede [V.A7]) – auch, weil die Deutschen sich nicht selbst befreit hatten, sondern von den alliierten Mächten besiegt worden waren.

Des Weiteren wurde diskutiert, ob der 20. Juli, an dem 1944 das Attentat auf Hitler durch den konservativen Widerstand um Claus Schenk Graf von Stauffenberg scheiterte, zum Gedenktag werden solle. Der 20. Juli als ein Tag, der seit der unmittelbaren Nachkriegszeit polarisiert hatte, war allerdings ebenso wenig konsensfähig wie der 8. Mai. So wurde der 20. Juli im Westen zuweilen als Ehrenrettung der Deutschen instrumentalisiert (→Hans Rothfels: *Die deutsche Opposition gegen Hitler* [I.B5]), in der DDR dagegen konsequent beschwiegen, weil der konservative Widerstand nicht mit dem Gründungsmythos der antifaschistischen Selbstbefreiung harmonierte. Eine allzu starke Betonung des 20. Juli wäre aber auch in Westdeutschland nicht opportun gewesen: In den 1950er Jahren war der Widerstand der Verschwörer des 20. Juli vor allem in seiner moralisch-rechtlichen Legitimation und politischen Bedeutung umstritten. So standen die Alliierten ihm distanziert gegenüber, da das Attentat zu spät unternommen wurde, erfolglos blieb und die für ihn verantwortlichen Offiziere ihrerseits am Aufstieg und an der Konsolidierung des Nationalsozialismus nicht gänzlich schuldlos waren. Doch auch in der deutschen Bevölkerung gab es massive Vorbehalte: Noch bis in die 1960er Jahre hinein sahen fast 25 Prozent der befragten Bundesbürger im Attentat auf Hitler einen Fall von »Verrat«, so eine Allensbach-Umfrage 1965 (→Strafverfahren wegen Verunglimpfung des Widerstandes [II.A4]). Ungehorsam – ausgerechnet von Militärs – konnte kein Rollenvorbild in Zeiten der Restauration einer deutschen Armee sein (→Wiederbewaffnung [II.B7]); unter den ersten Berufssoldaten waren 60 Prozent den Hitler-Attentätern gegenüber ablehnend eingestellt. Gleichwohl nahmen die offiziellen Erinnerungen und Ehrungen mit wachsendem zeitlichem Abstand zum Kriegsende zu. Größten Anteil hieran hatte Bundespräsident Gustav Heinemann (nun SPD), der in seiner Gedenkrede zum 25. Jahrestag des 20. Juli 1944 schonungslos monokausale Erklärungen für Hitlers Aufstieg, wie die Massenarbeitslosigkeit und dergleichen, zugunsten von weit verbreitetem Antisemitismus, unreflektierter »Untertänigkeit« und »gewalttätigem Nationalismus« der Deutschen verwarf.

Der 9. November war schon vor der Maueröffnung 1989 ein historisches Datum mit bis dahin drei bedeutenden Ereignissen gewesen: der Novemberrevolution von 1918, dem gescheiterten Hitlerputsch von 1923 und der »Reichskristallnacht« von 1938. Doch angesichts der vielfältigen historischen Bezüge ist der 9. November bis heute nicht zu einem nationalen Gedenktag geworden. Im November 1958 fanden zwar erste vereinzelte Gedenkfeiern von Opferverbänden statt und mehrere überregionale Zeitungen erinnerten zugleich an den 40. Jahrestag der Novemberrevolution und an den 20. Jahrestag der Pogromnacht. Das Gedenken an die Opfer des Nationalsozialismus konnte sich im Nachkriegsjahrzehnt jedoch noch nicht durchsetzen; in den politisierten End-1960er Jahren (→»1968« [IV.A1]) fand der 50. Jahrestag der Novemberrevolution ungleich mehr Aufmerksamkeit als die Erinnerung an die Judenverfolgung, die auch ein Jahrzehnt später vor allem an Festakte unter Federführung der jüdischen Gemeinden delegiert blieb. Größere Beachtung erfuhr der 9. November als nationalsozialistisches Datum erst durch die Skandalisierung der missverständlichen Gedenkrede Philipp Jenningers vor dem deutschen Bundestag 1988 (→Jenninger-Rede [V.A10]). Mit dem 9. November 1989 erhielt dieser Tag durch den Mauerfall eine weitere Bedeutung (→Skepsis gegenüber der deutschen Wiedervereinigung [V.D1]). So erhielt die Frage nach einem gesamtdeutschen Feiertag mit der deutsch-deutschen Vereinigung neue Dringlichkeit. Bundestagspräsidentin Rita Süssmuth (CDU) empfahl, »die innere Verbindung zwischen dem Tag der Freude vom 9. November und dem Tag der Trauer vom 9. November 1938« zu sehen. Die Regierung Kohl setzte jedoch den 3. Oktober 1990, ein bis dato gänzlich unbeschriebenes und somit unbelastetes Datum, als Beitrittstag der neuen Länder zur Bundesrepublik fest. Der 3. Oktober löste damit den 17. Juni als bundesdeutschen Nationalfeiertag ab.

Der Vorsitzende des Zentralrats der Juden in Deutschland, Ignatz Bubis, schlug 1995 aus Anlass des 50. Jahrestages der Befreiung zahlreicher Konzentrationslager vor, den 27. Januar, den Tag der Befreiung des Vernichtungslagers Auschwitz-Birkenau durch die Rote Armee, als deutschen →Holocaust-Gedenktag [VI.B1] einzuführen. Seit 1996 wird der 27. Januar als Tag des Gedenkens an die Opfer des Nationalsozialismus mit Feierlichkeiten und einer Rede des Bundespräsidenten begangen.

RM/MNL

Lit.: Vera Caroline Simon (2010): *Gefeierte Nation. Erinnerungskultur und Nationalfeiertag in Deutschland und Frankreich seit 1990*, Frankfurt a.M., New York: Campus. Harald Schmid (2009): »Deutungsmacht und kalendarisches Gedächtnis – die politischen Gedenktage«, in: Ders., Peter Reichel, Peter Steinbach (Hg.): *Der Nationalsozialismus – die zweite Geschichte. Überwindung, Deutung, Erinnerung*, München: Beck, S.175-217. Insa Eschebach (2005): *Öffentliches Gedenken. Deutsche Erinnerungskulturen seit der Weimarer Republik*, Frankfurt a.M., New York: Campus. Peter Hurrelbrink (2005): *Der 8. Mai 1945 – Befreiung durch Erinnerung. Ein Gedenktag und seine Bedeutung für das politisch kulturelle Selbstverständnis in Deutschland*, Bonn: Dietz. Joachim H. Knoll (2005): »›Heil Dir im Siegerkranz‹. Nationale Feier- und Gedenktage als Formen kollektiver Identifikation«, in: *Zeitschrift für Religions- und Geistesgeschichte* 57, H. 2, S. 150–171. Peter Reichel (2005): *Schwarz-Rot-Gold. Kleine Geschichte deutscher Nationalsymbole*, München: Beck. Helmut Vogt (2005): »›Wir stehen als Freie unter Freien‹. Der Tag der Souveränität am 5. Mai 1955«, in: *Vierteljahrshefte für Zeitgeschichte* 53, H. 2, S. 315–329. Hans-Joachim Veen (Hg.) (2004): *Die abgeschnittene Revolution. Der 17. Juni 1953 in der deutschen Geschichte*, Köln u.a.: Böhlau. Frank König (2003): *Politische Gedenk- und Feiertage in der Bundesrepublik Deutschland. Tage des Vergessens oder geschichtspolitisches Mittel mit Zukunft?*, Berlin: Logos. Mario Keßler (1999): »Der 9. November in der Erinnerungskultur der DDR«, in: Friedrich Ebert Stiftung, Landesbüro Brandenburg (Hg.): *Der 9. November als deutscher Gedenktag*, Bonn: Friedrich Ebert Stiftung, S. 27–41. Jan-Holger Kirsch (1999): »*Wir haben aus der Geschichte gelernt«. Der 8. Mai als politischer Gedenktag in Deutschland*, Köln u.a.: Böhlau. Peter Steinbach (1999): »Der 9. November in der deutschen Geschichte des 20. Jahrhunderts und in der Erinnerung«, in: *Aus Politik und Zeitgeschichte* 49, H. 43/44, S. 3–11. Hans-Jörg Koch (1998): *Der 9. November in der deutschen Geschichte. 1919-1923-1938-1989*, Freiburg i.Br.: Rombach.

II.B3 Kriegsheimkehrer, Freilassung der letzten deutschen Kriegsgefangenen 1955 und Wiedereingliederung der Heimkehrer in das gesellschaftliche Leben.

Bis zum Kriegsende nahmen die Alliierten über elf Millionen deutsche Soldaten gefangen, davon gerieten knapp dreieinhalb Millionen in sowjetische Gefangenschaft. Die Amerikaner begannen als Erste mit Entlassungen, entscheidend hierfür waren der Zeitpunkt der Gefangennahme, das Alter, die Ausbildung und Berufslaufbahn sowie der Heimatwohnsitz. Von Mai 1945 an wurden von den Amerikanern und Engländern vor allem Männer entlassen, die Erfahrungen in Bergbau, Landwirtschaft oder im Transportwesen hatten. England und Frankreich erhöhten die Anzahl der Sonderentlassungen, wobei Gefangene in Frankreich mit Prozessen wegen Kriegsverbrechen rechnen mussten. Es gab eine Zulassungssperre für deutsche Rechtsanwälte, so dass eine deutsche Verteidigung nicht möglich war. Außerdem wurde die Behandlung der Gefangenen stark kritisiert. Dies führte zu Spannungen zwischen Deutschland und Frankreich, die erst mit der Freilassung aller Gefangenen beseitigt wurden. Die Alliierten einigten sich auf der Moskauer Außenministerkonferenz im April 1947, alle Kriegsgefangenen bis Ende 1948 zu repatriieren, doch die Sowjetunion verlängerte diese Frist eigenmächtig um ein Jahr. Im Sommer 1947 führten die süddeutschen Länder eine erste Registrierung von Kriegsheimkehrern durch. Eine Nachfolgeuntersuchung ergab 1948, dass mittlerweile fast 900.000 Gefangene zurückgekehrt waren, von denen zuvor 44.000 als vermisst gegolten hatten und die nahezu ausschließlich aus der Sowjetunion kamen. Entgegen der sowjetischen Behauptung, alle Gefangenen repatriiert zu haben, waren Schätzungen zufolge 1950 noch knapp zwei Millionen Gefangene dort. Seit 1948 kam

es zu kleineren Entlassungswellen, doch da die Sowjetunion die letzten Gefangenen vor Gericht gestellt hatte, wurden diese nun als Kriegsverbrecher betrachtet. Die sowjetische Regierung sah keinen Grund, diese freizulassen, da sie rechtskräftig verurteilt waren. Erst nach Stalins Tod konnte die Bundesregierung diplomatische Schritte einleiten, was zu einem Besuch Adenauers in Moskau im September 1955 führte. Dabei wurde unter anderem beschlossen, die restlichen Gefangenen zu entlassen. Anfang 1956 kehrten die so genannten Spätestheimkehrer nach Deutschland zurück. Die Medien und die Bevölkerung feierten Adenauer, der die für die Gesellschaft wichtigste Frage der Nachkriegszeit damit abgeschlossen hatte und dem allein sie die Zusammenführung zu verdanken glaubten. Die Moskaureise wurde in den Zeitungen als »triumphal« betitelt; auch 20 Jahre später noch antworteten Befragte, dass die »Heimführung« der deutschen Kriegsgefangenen das größte Verdienst Adenauers sei.
Eine Nachkriegsumfrage ergab, dass viele Veteranen das Gefühl hatten, ihnen würde bei ihrer Heimkehr nicht genug Ehre und Respekt erwiesen. Der Kontrast zwischen dem Leben als Gefangener und dem Alltagsleben der Deutschen war immens. Die Kriegsgefangenen hatten nach wie vor direkten Bezug zum Krieg, da sie weiterhin auf Befehle hören mussten und von Uniformierten umgeben waren. Vor allem Kriegsheimkehrer aus der Sowjetunion hatten Probleme, sich wieder in das gesellschaftliche Leben einzugliedern. Sie waren oftmals in schlechter körperlicher Verfassung und hatten auch psychische Verletzungen erlitten, was die hohe Selbstmordrate bei den Kriegsheimkehrern erklärt. Ein zentrales Problem bei der Rückkehr an den Wohnort betraf die familiäre Reintegration, da viele Angehörige im Krieg gestorben waren und Ehefrauen der Kriegsheimkehrer zum Teil wieder geheiratet und die Kontrolle im Alltagsleben übernommen hatten. Auch die Suche nach Arbeitsplätzen war von Schwierigkeiten geprägt, weswegen ein Großteil derer, die vor der Währungsreform heimkehrten, aufgrund der besseren Verdienstmöglichkeiten zunächst auf dem Schwarzmarkt handelte.
Obwohl die Kriegsheimkehrer sich ausgeschlossen fühlten, erklärten rund 40 Prozent aller Deutschen bei einer Umfrage von 1950, dass die Frage der Kriegsgefangenen sie unmittelbar berühre. Als sich die wirtschaftliche Situation verbesserte, wuchs auch das Verständnis der Öffentlichkeit für die Probleme der Kriegsheimkehrer. →Amnestien [II.C1] wurden verlangt und Kriegsgefangenenvereine entstanden. Deren Zielsetzung konzentrierte sich jedoch mehr auf die Kriegsheimkehrer als auf die noch Internierten. Anfang Mai riefen die Verbände den »Tag der Treue« aus, um den Gefangenen in der Sowjetunion zu gedenken. Bis Mitte der 1950er Jahre hielt sich die Tradition, eine »Woche der Kriegsgefangenen« mit abschließendem »Tag der Treue« und »Tag des Glaubens« zu gestalten. Mitte Mai 1950 wurde schließlich der Verband der Heimkehrer, Kriegsgefangenen und Vermißtenangehörigen Deutschlands e.V. gegründet, der als Dachverband fungierte und sich auf die Rechte der Veteranen und die Rückkehr der Gefangenen konzentrierte. Während der Kriegsgefangenen-Gedenkwoche 1952 unternahm der Dachverband eine Unterschriftenaktion für die Freilassung aller Kriegsgefangenen, bei der sich ca. sieben Millionen Bundesbürger eintrugen. Die Politik der Verbände führte auch dazu, dass selbst in Regierungserklärungen das Thema der Kriegsgefangenen emotionalisiert und die Zahl der noch in Gefangenschaft Befindlichen von vielen überschätzt wurde. Die Bundesregierung plante schließlich Hilfsprogramme für Kriegsveteranen in Form von medizinischer Versorgung, Kredithilfen für Wohnungen und Bevorzugung bei der Arbeitsplatzvergabe.
Mit der Rückkehr der Spätestheimkehrer nahm das Interesse der Öffentlichkeit am Schicksal der Kriegsheimkehrer rasch ab. Die Funktion, die das Thema bis dato gehabt hatte, war mit der Heimkehr der letzten Kriegsgefangenen erfüllt und sowohl Politik als auch Gesellschaft wandten sich anderen Themen zu, die nun als wichtiger erachtet wurden.

MM

Lit.: Birgit Schwelling (2010): *Heimkehr – Erinnerung – Integration. Der Verband der Heimkehrer, die ehemaligen Kriegsgefangenen und die westdeutsche Nachkriegsgesellschaft*, Paderborn: Schöningh. Andreas Hilger (2000): *Deutsche Kriegsgefangene in der Sowjetunion, 1941–1956. Kriegsgefangenenpolitik, Lageralltag und Erinnerung*, Essen: Klartext. Heinz Heinrich Meyer (1998): *Kriegsgefangene im Kalten Krieg. Die Kriegsgefangenenpolitik der Bundesrepublik*

Deutschland im amerikanisch-sowjetischen Machtkampf von 1950 bis 1955, Osnabrück: Biblio. Annette Kaminsky (Hg.) (1998): *Heimkehr 1948*, München: Beck. Haus der Geschichte der Bundesrepublik Deutschland (Hg.) (1995): *Kriegsgefangene. Sowjetische Kriegsgefangene in Deutschland – Deutsche Kriegsgefangene in der Sowjetunion*, Düsseldorf: Droste. Arthur L. Smith (1985): *Heimkehr aus dem Zweiten Weltkrieg. Die Entlassung der deutschen Kriegsgefangenen*, Stuttgart: Deutsche Verlags-Anstalt.

II.B4 Vertriebenenproblematik, Flucht und Vertreibung der Deutschen aus den ehemaligen deutschen Ostgebieten und den Ländern Ost-Mittel- und Osteuropas bis 1949, ihre Aufnahme und Integration in den westlichen Besatzungszonen ab 1945 und ihre politischen und kulturellen Aktivitäten.

Bei der Potsdamer Konferenz im Sommer 1945 wurde beschlossen, dass die deutsche Bevölkerung aus Ost-Mitteleuropa in die vier Besatzungszonen auf »ordnungsgemäße und humane Weise« umgesiedelt werden sollte. Hintergrund der Entscheidung war die Westverschiebung Polens, das im Osten beträchtliche Gebiete an die Sowjetunion abgeben musste, und die Überzeugung, dass multiethnische Staaten mit deutschen Mehrheiten Konfliktherde darstellen würden. Zudem sollten die bisherigen Bedingungen der Umsiedlung verbessert werden. Den alliierten Beschlüssen vorausgegangen war jedoch bereits seit Mitte 1944 die Flucht und Vertreibung von ca. sechs Millionen Deutschen aus den Ostgebieten, die teils zu Rache- und Gewaltexzessen missbraucht wurde. Die Begriffe ›Vertriebene‹ und ›Flüchtlinge‹ bezeichnen also sowohl die Betroffenen der Evakuierung ab Herbst 1944, der teils gewaltsamen Flucht und Vertreibungen ab Sommer 1945 sowie der organisierten Zwangsumsiedlungen ab 1946, die von der Potsdamer Konferenz ausgingen und von denen weitere ca. 6,6 Millionen Deutsche betroffen waren. Die Gesamtzahl von zwölf Millionen ist in der Forschung ebenso umstritten wie die Zahlenangabe von zwei Millionen während Flucht und Vertreibung zu Tode Gekommenen. Gut ein Drittel der Flüchtlinge und Vertriebenen kam in die Sowjetische Besatzungszone, der Großteil in die Britische und Amerikanische Besatzungszone und dort zu Beginn vor allem in die agrarisch geprägten Flächenstaaten Schleswig-Holstein, Bayern und Niedersachsen. Am 29.11.1949 wurde eine Verordnung über die Umsiedlung der Vertriebenen erlassen, um stark frequentierte Länder zu entlasten.

Konkurrenz um Wohnraum und Arbeitsplätze sowie das Unverständnis für das Schicksal der Neuankömmlinge führten vielerorts zur Ausgrenzung. Den materiellen Problemen versuchte man politisch mit zahlreichen Maßnahmen zu begegnen, so zum Beispiel mit Wohnungsbauprogrammen. Eine wichtige Rolle spielte das Lastenausgleichsgesetz vom 14.8.1952, durch das viele Vertriebene zumindest teilweise entschädigt wurden, die Hauptentschädigungen hielt man allerdings bis 1959 zurück, um dem wirtschaftlichen Aufschwung nicht zu schaden. Obwohl sich die Situation infolge politischer und wirtschaftlicher Maßnahmen allmählich entspannte, existierten zehn Jahre nach Kriegsende immer noch rund 3.000 Vertriebenenlager.

Auch politisch hatten die Flüchtlinge und Vertriebenen zu Beginn eine Sonderrolle. Nachdem Ende der 1940er Jahre das Koalitionsverbot für Flüchtlinge aufgeweicht worden war, gründeten sie zahlreiche eigene Vereine. Im April 1949 entstand der Zentralverband vertriebener Deutscher als Zusammenschluss der Landesverbände der Heimatvertriebenen. Mit den Vereinigten Ostdeutschen Landsmannschaften beschloss er im November 1949 die Magna Charta der Vertriebenen, die als Charta der Heimatvertriebenen am 5.8.1950 bekannt gegeben wurde. Die Charta nennt in erster Linie Rechte und Pflichten der Vertriebenen (Verzicht auf Rache, Beteiligung am Wiederaufbau, Schaffen eines geeinten Europas etc.), die Forderung nach Integration steht eher am Rande. Allerdings ist ihr Lavieren zwischen Mäßigung und Radikalität bezeichnend für die Politik, die von Vertriebenenorganisationen seitdem gemacht wurde. Der Zentralverband bildete im November 1951 den Bund der Vertriebenen (BdV), gemeinsam mit den Landsmannschaften der Sudetendeutschen und Schlesier.

Politisches Gewicht hatte der Bund der Heimatvertriebenen und Entrechteten (BHE), der bei den ersten Landtagswahlen und bei der Bundestagswahl 1953 als Koalitionspartner gefragt war, obwohl er von einem ehemaligen SS-Mann, Waldemar Kraft, gegründet worden war. Erst nach der Wahl 1957 war der BHE nicht mehr im Parlament vertreten. In ihrem Bestreben, wieder in die Ostgebiete zurückzukehren, sahen sich die Vertriebenen auch von der Politik bestärkt. Das Ablehnen der neuen Grenzen war bis weit in die 1950er Jahre ein Wahlversprechen aller Parteien, um die Vertriebenen als Wählergruppe zu gewinnen. Die oppositionelle SPD warb vor ihrer Neuausrichtung in der Ära Brandt (→Neue Ostpolitik [IV.A7]) noch in den 1960er Jahren mit den Grenzen von 1937 – eine Strategie, die sich dahingehend auszahlte, dass die Vertriebenen einen wichtigen Teil ihrer Wählerschaft bildeten.

Um unanfechtbares Material für Friedens- und Gebietsverhandlungen bereitzustellen, wurde vom Bundesministerium für Angelegenheiten der Vertriebenen ein Großprojekt finanziert, das Flucht und Vertreibung möglichst lückenlos dokumentieren sollte. Die *Dokumentation der Vertreibung der Deutschen aus Ost-Mitteleuropa* gilt als größtes zeitgeschichtliches Forschungsprojekt aus den Anfängen der BRD und ihre Erstellung nahm ein Jahrzehnt in Anspruch. Von 1951 an sammelte eine Kommission namhafter Historiker um Theodor Schieder Augenzeugenberichte und private Briefe, führte Umfragen durch und verfasste darüber wissenschaftliche Abhandlungen. Diese erschienen zwischen 1953 und 1961 in fünf Bänden, drei Beiheften und einem Ortsregister. Einzelne Bände wurden ins Englische übersetzt, stießen bei der ausländischen Leserschaft jedoch auf Kritik. Auch deutsche Kritiker wiesen darauf hin, dass der historische Kontext fehle, der Flucht und Vertreibung vorausging. Der Verkauf der Dokumentation war wenig erfolgreich, lediglich die Beihefte mit den Einzelschicksalen fanden Absatz. Der sechste Band blieb unvollendet und erschien nicht mehr. Das Großforschungsprojekt führte auf problematische Art und Weise die ›Ostforschung‹ des Nationalsozialismus (→Historiker im Nationalsozialismus [VI.F2]) fort.

Die Integration der Vertriebenen in die bundesrepublikanische Gesellschaft wurde zwar im Zuge der Abgrenzung von den seit der zweiten Hälfte der 1950er Jahre angeworbenen Gastarbeitern begünstigt, jedoch gerieten die organisierten Vertriebenen mit dem Wandel des politischen Klimas im Kontext der neuen Ostpolitik immer mehr ins gesellschaftliche Abseits.

Durch das Engagement einzelner Flüchtlinge bzw. Vertriebener kamen zahlreiche Städtepartnerschaften zustande, die interkulturelles Verständnis und Interesse in einem stärkeren Maße förderten, als die Vertriebenenorganisationen es vermochten. Hierbei spielten persönliche Kontakte, die bereits seit Ende der 1950er Jahre – stärker seit der Transformation ab 1989 durch Erinnerungsreisen in die ehemaligen Siedlungsgebiete – geknüpft worden waren, eine wichtige Rolle und führten teils zu einer Annäherung.

Als Zeichen für die Position der organisierten Vertriebenen heute kann das geplante →Zentrum gegen Vertreibungen [VI.D9] gesehen werden. Seit September 2000 gibt es eine dazugehörige Stiftung, die sich explizit mit dem Schicksal von Vertriebenen auseinandersetzt, um Zwangsmigrationen zu verurteilen und deren Opfer zu gedenken. Inwiefern mit dem Projekt Versöhnungsabsichten verfolgt werden oder es der Aufwertung deutscher Opfer dient, ist sowohl in der innerdeutschen als auch der deutsch-polnischen und deutsch-tschechischen Debatte sehr umstritten.

MM

Lit.: Andreas Kossert (2008): *Kalte Heimat. Die Geschichte der Vertriebenen nach 1945*, München: Siedler. Ulf Brunnbauer et al. (Hg.) (2006): *Definitionsmacht, Utopie, Vergeltung. »Ethnische Säuberungen« im östlichen Europa des 20. Jahrhunderts*, Münster: LIT. Andreas R. Hofmann (2006): »Zwangsmigrationen im östlichen Mitteleuropa. Neue Forschungen zum Jahrhundert der Vertreibungen«, in: *Zeitschrift für Ostmitteleuropa-Forschung* 55, H. 2, S. 232–252. Eva Hahn, Hans Henning Hahn (2005): »Flucht und Vertreibung«, in: Etienne François, Hagen Schulze (Hg.): *Deutsche Erinnerungsorte. Eine Auswahl*, Bonn: BpB, S. 332–350. Rainer Münz (2002): »Das Jahrhundert der Vertreibungen«, in: *Transit*, H. 23, S. 132–154. Mathias Beer (1998): »Im Spannungsfeld von Politik und Zeitgeschichte. Das Großforschungsprojekt ›Dokumentation der Vertreibung der Deutschen aus Ost-Mitteleuropa‹«, in: *Vierteljahrshefte für Zeitgeschichte* 46, S. 345–389. Albrecht Lehmann (1991): *Im Fremden ungewollt zuhaus. Flüchtlinge und Vertriebene in Westdeutschland 1945–1990*, München: Beck. Paul Lüttinger (1989): *Integration der Vertriebenen. Eine empirische Analyse*, Frankfurt a.M., New York:

Campus. Rainer Schulze et al. (Hg.) (1987): *Flüchtlinge und Vertriebene in der westdeutschen Nachkriegsgeschichte. Bilanzierung der Forschung und Perspektiven für die künftige Forschungsarbeit*, Hildesheim: Lax.

II.B5 Deutsches Programm der FDP, von der »Nationalen Sammlung«, dem rechten Flügel der FDP, 1952 erarbeitetes Parteiprogramm, das der Partei endgültig den Weg zu einer deutschnationalen Sammelbewegung rechts der CDU weisen sollte. Hans Fritzsche, der frühere Chefkommentator des NS-Rundfunks, soll der Verfasser des Programms gewesen sein, was von der FDP aber bestritten wurde. Die FDP, seit 1949 an der Regierung Konrad Adenauers (CDU) beteiligt, forderte im Deutschen Programm die Neutralität Deutschlands und sprach sich gegen die Westverträge aus. Die als Sammelbecken für ehemalige Nationalsozialisten fungierende Partei setzte sich vehement für eine Beendigung der →Entnazifizierung [I.A1] ein. Auch der in dieser Hinsicht unverdächtige Theodor Heuss, der sein Amt als FDP-Parteivorsitzender aufgegeben hatte, als er 1949 zum Bundespräsidenten gewählt worden war, postulierte, einmal müsse mit der Ausgrenzung ehemaliger NSDAP-Mitglieder »Schluss gemacht werden«. Auf ihrem Münchner Bundesparteitag im September 1951 verlangte die FDP die Freilassung aller »so genannter Kriegsverbrecher« und begrüßte die kurz zuvor erfolgte Gründung eines »Verbands Deutscher Soldaten«, der aus ehemaligen Wehrmachts- und Waffen-SS-Angehörigen bestand. Beim Essener Parteitag am 14. Juli 1952 forderte die FDP eine »Generalamnestie« (→Amnestien [II.C1]) für alle Kriegsverbrecher, da niemand »wegen seiner politischen Gesinnung in der Vergangenheit Staatsbürger minderen Rechts oder Ansehens« sein dürfe. Friedrich Middelhauve, Verleger des Westdeutschen Verlags (gegr. 1946) und einer jener Mitbegründer der FDP, die keine nationalsozialistische Vergangenheit hatten, stellte im Sommer 1952 auf dem Landesparteitag in Bielefeld das Deutsche Programm vor, das von den Landesverbänden Nordrhein-Westfalen und Hessen unterstützt wurde. Es stellte den Höhepunkt der nationalen Sammlungsbestrebungen in der FDP dar. Die Begriffe »liberal« oder »demokratisch« kamen nicht vor, der Text ließ vielmehr aggressive antimarxistische und autoritäre Staats- und Gesellschaftsvorstellungen erkennen und beklagte die »Willkür« der Siegermächte des Zweiten Weltkrieges. Middelhauve gelang es zwar nicht, das hochgradig nationalistische Deutsche Programm gegen das moderate »Liberale Manifest« durchzusetzen, hinter dem die Landesverbände Hamburg, Bremen, Baden-Württemberg, Rheinland-Pfalz und Rheinland-Westfalen standen. Dennoch ging die nationale Fraktion gestärkt aus dem Bad Emser Parteitag im November 1952 hervor, da Middelhauve dort neuer stellvertretender Vorsitzender der FDP wurde. Als wichtigen Kandidaten für die »Nationale Sammlung« nahm der Kreis um Middelhauve die gesinnungsverwandte Deutsche Partei (DP) ins Visier. Im Februar 1953 löste die DP ihren Landesverband NRW auf, um »zerstörenden Kräften den Boden für weitere Machenschaften zu entziehen«. Anscheinend wollte der DP-Vorsitzende Heinrich Hellwege die Übernahme des Landesverbandes durch die FDP verhindern und ein Signal gegen künftige Abwerbungsversuche setzen. Der FDP-Bundesvorsitzende Franz Blücher und sein Vize Middelhauve bestritten anschließend, dass man den DP-Landesverband habe kaufen wollen. Die rechtsradikale Unterwanderung einzelner Landesverbände belegt das Ergebnis einer im Januar 1953 veröffentlichten Meinungsumfrage der amerikanischen Besatzungsmacht. Ihr zufolge hätten nur vier Prozent der Gesamtbevölkerung ein Wiederaufleben des Nationalsozialismus begrüßt, aber 25 Prozent der FDP-Mitglieder. Die Frage, ob ehemalige überzeugte Nationalsozialisten in Politik und Wirtschaft in jeder Weise die gleichen Möglichkeiten erhalten sollten, bejahten im Gesamtdurchschnitt 36 Prozent, aber 80 Prozent der FDP-Anhänger.

Am 15.1.1953 gab die britische Besatzungsmacht bekannt, sie habe eine Verschwörung von ehemals führenden Nationalsozialisten aufgedeckt und in Düsseldorf, Solingen und Hamburg die Rädelsführer, die Pläne zur »Wiederergreifung der Macht in Westdeutschland« schmiedeten, verhaftet. Die Verschwörer hatten ihre Anhänger bei der FDP und anderen Rechtsparteien Schlüsselpositionen besetzen lassen wollen, um wieder an die Macht zu kommen. Hauptverdächtiger dieser so genannten »Gauleiterverschwörung«, die von Alt- und Neo-Nazis unter maßgeblicher Beteiligung ehemaliger Gauleiter geführt wurde, war der frühere Staatssekretär im NS-Propagandaministerium, Werner Naumann, den Hitler in seinem Testament zum Nachfolger Goebbels' als Reichspropagandaminister bestimmt hatte. Die Reaktionen der Bundesrepublik auf die britische Verhaftungsaktion waren fast ausnahmslos ablehnend, Adenauer hingegen war von der Richtigkeit des britischen Eingreifens überzeugt.

Die bei der Durchsuchung von Naumanns Wohnung gefundenen Tagebücher belasteten den nordrhein-westfälischen Landtagsabgeordneten der FDP →Ernst Achenbach [II.C6], Vorsitzender des Außenpolitischen Ausschusses der Bundespartei und einstiger NS-Diplomat. In einem Gespräch vom 26.8.1950 waren sich Achenbach und Naumann einig geworden und Naumann hatte notiert: »Um den N[ational]. S[ozialisten]. unter diesen Umständen trotzdem einen Einfluß auf das politische Geschehen zu ermöglichen, sollen sie in die FDP eintreten, sie unterwandern und ihre Führung in die Hand nehmen.« In Achenbachs Essener Büro für Generalamnestie waren der frühere Reichskommissar in Dänemark Werner Best und der frühere SS-Obergruppenführer Franz Alfred Sixt tätig, die gemeinsam mit Fritzsche am Deutschen Programm arbeiteten. Best war schon früh mit der Unterwanderung des Düsseldorfer Landesverbandes der FDP in Verbindung gebracht worden. Da er sich jedoch an den politischen Verabredungen nicht unmittelbar beteiligte, lag gegen ihn nichts vor, was eine Verhaftung gerechtfertigt hätte. Der Vorstand der Liberalen wies Achenbach die Rolle des Hauptschuldigen zu, so dass der Landeschef Middelhauve letztlich im Amt bleiben konnte, ohne dass in der Öffentlichkeit der Eindruck entstand, die Freien Demokraten hätten aus dem Naumann-Skandal keine Konsequenzen gezogen. Achenbach verlor seine wichtigsten Parteifunktionen, wurde von der Landesliste gestrichen und musste auch sein Amt als Vorsitzender des Auswärtigen Ausschusses aufgeben. Der Ausschluss aus der Partei blieb ihm jedoch erspart. Middelhauve setzte sich sogar dafür ein, dass Achenbach in einem Essener Wahlkreis für den Bundestag kandidieren konnte. Auch Naumann entging einer Bestrafung. Er wurde sechs Wochen vor der Bundestagswahl am 6.9.1953 aus der Haft entlassen, das Ermittlungsverfahren gegen ihn wurde eingestellt. Für Adenauer und die Bundes-FDP war die Entscheidung ein Rückschlag, denn die CDU-FDP-Koalition auf Bundesebene und die FDP-Landesverbände in Hamburg, Bremen, Württemberg-Baden und Berlin vertraten demokratische Grundsätze und einen gemäßigten Kurs der Mitte. Die Nationalsozialisten hatten sich lediglich in der FDP-Basis von Nordrhein-Westfalen, Hessen und Niedersachsen durchsetzen können. Doch der Misserfolg aller rechtsextremen Parteien bei der zweiten Bundestagswahl bedeutete das Aus für alle Hoffnungen auf eine große Sammlungspartei rechts von der Union. Die FDP fiel von 11,9 auf 9,5 Prozent, die DP von 4,0 auf 3,3 Prozent und die DRP von 1,8 auf 1,1 Prozent. Mit Adenauers Wahlerfolg hatte nicht nur dessen Kurs eines gemäßigten Konservatismus Bestätigung gefunden, sondern auch eine auf die Westbindung Deutschlands ausgerichtete Außenpolitik. Durch die von Politikern wie Hans-Dietrich Genscher und Hildegard Hamm-Brücher vorgenommene liberale Neuausrichtung emanzipierte sich die FDP in den 1960er Jahren endgültig von ihren problematischen Anfängen als rechte Sammlungspartei. Genscher wurde 1969 in der sozial-liberalen Koalition unter Bundeskanzler Willy Brandt (SPD) Bundesminister des Inneren.

Versuche des FDP-Bundespolitikers Jürgen Möllemann, antisemitisches Gedankengut in die FDP zu tragen (→Jürgen Möllemanns Israel-Flugblatt [VI.E1]) und dafür empfängliche Wählerschichten anzusprechen, scheiterten im Bundestagswahlkampf 2002. Der Ausschluss Möllemanns aus der Fraktion zeugt davon, dass die FDP derartige Tendenzen in ihren Reihen nicht mehr duldet.

RM

Lit.: Kristian Buchna (2010): *Nationale Sammlung an Rhein und Ruhr. Friedrich Middelhauve und die nordrhein-westfälische FDP 1945-1953*, München: Oldenbourg. Norbert Frei (1997): *Vergangenheitspolitik. Die Anfänge der Bundesrepublik und die NS-Vergangenheit*, 2. durchges. Aufl., München: Beck. Ulrich Herbert (1996): *Best. Biographische Studien über Radikalismus, Weltanschauung und Vernunft 1903-1989*, Bonn: Dietz. Christof Brauers (1992): *Liberale Deutschlandpolitik 1949-1969. Positionen der F.D.P. zwischen nationaler und europäischer Orientierung*, Münster, Hamburg: LIT. Sebastian J. Glatzeder (1980): *Die Deutschlandpolitik der FDP in der Ära Adenauer*, Baden-Baden: Nomos. Jörg Michael

Gutscher (1967): *Die Entwicklung der FDP von ihren Anfängen bis 1961*, Meisenheim am Glan: Hain.

II.B6 WM-Sieg 1954, überraschender, zum »Wunder von Bern« mystifizierter 3:2-Endspielsieg der bundesdeutschen Fußball-Nationalmannschaft gegen Ungarn.

Der Gewinn der Fußballweltmeisterschaft 1954 in der Schweiz war eines der zentralen identitätsstiftenden Ereignisse der frühen Bundesrepublik. Neun Jahre nach der vollständigen Kapitulation im Zweiten Weltkrieg durfte erstmals wieder eine deutsche Fußballmannschaft an einem großen internationalen Turnier teilnehmen. Die deutsche Elf hatte im Vorrundenspiel mit 8:3 eine deutliche Niederlage gegen den Titelfavoriten Ungarn erlitten, war danach aber überraschend ins Finale gekommen, in dem die beiden Mannschaften am 4.7.1954 erneut aufeinander trafen. Das Spiel im Berner Wankdorf-Stadion konnte Deutschland nach frühem 0:2-Rückstand gegen den zuvor in 31 Spielen ungeschlagenen Gegner durch das entscheidende Tor von Helmut Rahn in der 84. Minute noch gewinnen. Schon der berühmte Radiokommentar des Reporters Herbert Zimmermann verklärte den sportlichen Erfolg als »Wunder von Bern« und trug so entscheidend zur Legendenbildung bei. Da das Fernsehen – trotz der gestiegenen Verkaufszahlen und der Einrichtung von »Fernsehstuben« in Kneipen – in Deutschland noch ein neues, für die meisten Bürger unbezahlbares Medium war, kam dem Radio die vorrangige Bedeutung bei der Übertragung des Spielgeschehens zu.

Nach Abpfiff des Spieles sangen die im Stadion anwesenden deutschen Zuschauer die erste Strophe des Deutschlandliedes, was im europäischen Ausland mit Unbehagen registriert und seitens der internationalen Presse kritisiert wurde. Die deutsche Politik und auch die Medien ignorierten diesen nationalistischen ›Zwischenfall‹ nahezu völlig.

Die mangelhafte Auseinandersetzung mit der NS-Vergangenheit zeigte sich auch im Verhalten des Deutschen Fußballbundes (DFB): Dessen Präsident, Peco Bauwens, sprach im Zusammenhang mit dem Gewinn der Weltmeisterschaft von einer »ganz besonderen Genugtuung«. Angesichts weiterer nationalistischer Ausfälle Bauwens' fühlte sich Bundespräsident Theodor Heuss zu beschwichtigenden Worten gegenüber der Presse verpflichtet.

Auch später war die Vernachlässigung der NS-Zeit ein bestimmendes Moment der Erinnerungskultur des DFB. So wurde, wenig selbstkritisch, die Anpassung des ursprünglich nationalkonservativen Verbands als notwendiges Verhalten angesichts der faschistischen »Gleichschaltung« verteidigt. Erst im Zuge der 100-Jahr-Feier des DFB im Jahr 2000 wurden Ansätze zu einer kritischeren Auseinandersetzung mit der Verbandsgeschichte erkennbar.

Der Gewinn der Fußballweltmeisterschaft 1954 vermittelte in ähnlicher Weise wie das so genannte Wirtschaftswunder ein Gefühl des »Wir-sind-wieder-Wer« und avancierte so zu einer Art »Gründungsmythos« der BRD. Bis heute geht mit dem Sieg von Bern eine große Faszination einher. Dies wurde insbesondere 50 Jahre nach dem Titelgewinn im Jahr 2004 anhand von zahlreichen Wiederholungen des legendären Radiokommentars, Fernsehdokumentationen, Publikationen, Reprints von Sportmagazinen und auch am großen Erfolg von Sönke Wortmanns Kinofilm Das Wunder von Bern (2003) deutlich.

DMe

Lit.: Franz-Josef Brüggemeier (2014): *Weltmeister im Schatten Hitlers. Deutschland und die Fussball-Weltmeisterschaft 1954*, Essen: Klartext-Verlag. Nils Havemann (2005): *Fußball unterm Hakenkreuz. Der DFB zwischen Sport, Politik und Kommerz*, Frankfurt a.M., New York: Campus. Jürgen Bertram (2004): *Die Helden von Bern. Eine deutsche Geschichte*, Frankfurt a.M.: Scherz. Franz-Josef Brüggemeier (2004): *Zurück auf dem Platz. Deutschland und die Fußball-Weltmeisterschaft 1954*, München: DVA. Sebastian Dehnhardt (2004): *Das Wunder von Bern. Die wahre Geschichte*, München: Heyne. Peter Kasza (2004): *Fußball spielt Geschichte. Das Wunder von Bern 1954*, Berlin: Be.bra. Rudi Michel (2004): *Deutschland ist Weltmeister! Meine Erinnerungen an das Wunder von Bern*, München: Südwest. Gerhard Fischer, Ulrich Lindner (2002): *Stürmer für Hitler. Vom Zusammenspiel zwischen Fußball und Nationalsozialismus*, Göttingen: Die Werkstatt.

II.B7 Wiederbewaffnung, Debatten um die Tradition des deutschen Militärs nach 1945, die in den 1950er Jahren durch die Remilitarisierung Deutschlands ausgelöst wurden.

Auf der Potsdamer Konferenz im Juli/August 1945 hatten die Alliierten die vollständige Entmilitarisierung Deutschlands beschlossen.

Diese Zäsur in der Tradition deutschen Militärs aufzuheben, war von Beginn an ein Anliegen von Bundeskanzler Konrad Adenauer (CDU). Bereits 1949 formulierte Adenauer den Anspruch, im Rahmen eines europäischen Bündnisses eine deutsche Armee aufzustellen. Dieser wie auch folgende Vorstöße seitens der westdeutschen Regierung wurden vom Alliierten Kontrollrat missbilligt und unter anderem im Dezember 1949 mit dem Gesetz Nr. 16 unterbunden, das Deutschland jeglichen Militarismus oder das Lehren von Wissen darüber verbot.

Mit Beginn des Korea-Krieges und im Zuge des sich verschärfenden Ost-West-Konfliktes zogen die Alliierten, vor allem die USA, eine Wiederbewaffnung der BRD jedoch in Betracht. Am 11.8.1950 beschloss der Europarat die Schaffung einer Europaarmee unter Einbeziehung Westdeutschlands. Daraufhin legte Adenauer Ende August der Alliierten Hohen Kommission für Deutschland ein Sicherheitsmemorandum mit eigenen Vorschlägen dazu vor. Auf der New Yorker Außenministerkonferenz und der NATO-Ministerratskonferenz im September 1950 kristallisierte sich heraus, dass Frankreich seine ablehnende Haltung zur Wiederbewaffnung der BRD mittelfristig aufgeben würde. Als Adenauer über diese Konferenzen informiert wurde, ordnete er eine geheime Tagung ranghoher Militärs unter Leitung seines Sicherheitsberaters Gerhard Graf von Schwerin an, die ein militärpolitisches Gutachten mit der Analyse aller Fragen, die mit der Integration einer zukünftigen Armee in Staat und Gesellschaft sowie in eine europäische Streitkraft verbunden waren, erstellen sollten (Himmeroder Denkschrift). Im November wurde Theodor Blank zum »Beauftragten des Bundeskanzlers für mit der Vermehrung der Alliierten Truppen zusammenhängende Fragen« ernannt und im Dezember mit dem so genannten Amt Blank der Kern des späteren Verteidigungsministeriums gegründet. Nach dem Scheitern der geplanten Europäischen Verteidigungsgemeinschaft wurde die BRD auf der Pariser Konferenz im Oktober 1954 zu einem vollwertigen Mitglied der NATO. Im Juni 1955 wurde das Amt Blank in das Bundesministerium für Verteidigung mit Blank als Verteidigungsminister umgewandelt. Bereits im November erhielten die ersten Freiwilligen ihre Ernennungsurkunden, am 2.1.1956 wurde die Bundeswehr gegründet, im Juli vom Bundestag die allgemeine Wehrpflicht beschlossen. Erste Wehrpflichtige wurden am 1.4.1957 einberufen.

Widerstand aus der Bevölkerung setzte ein, als Adenauer seine Bemühungen um die Wiederbewaffnung kundtat. Doch bereits Mitte der 1950er Jahre flachte der Protest ab und wandelte sich zu wachsender Zustimmung. So war es auch möglich, dass Adenauer bei seinen Bemühungen von Anfang an auf die Expertise von ehemaligen Wehrmachtsgenerälen und Admiralen setzen konnte. Zwar war Graf Schwerin als Familienangehöriger von Widerstandskämpfern von jedem Verdacht der Sympathisierung mit dem NS-Regime befreit, doch fungierte er vor allem formal als Berater. Die informelle Beratung kam von ehemaligen Wehrmachtsangehörigen, die trotz ihrer NS-Vergangenheit die »Keimzelle« einer neuen Wehrmacht werden wollten. Im Zuge dessen diffamierten sie Offiziere und Soldaten, die den Widerstandskämpfern nahe gestanden hatten und präsentierten hingegen sich selbst als ehrenhafte Militärs. Da die militärischen Vertreter der Besatzungsmächte diese Gruppierung akzeptierte, konnte sie bei der Planung und dem Aufbau der neuen Armee mitwirken. Im Kontext der Wiederbewaffnung wurden vor allem Fragen der Tradition einer neuen deutschen Armee diskutiert. Für die alte Militärelite stand es außer Frage, dass eine Rehabilitierung der deutschen Soldaten angestrebt werden und gleichzeitig eine deutliche Distanzierung von Kriegsverbrechern, die als Ausnahme und Randerscheinung präsentiert wurden, stattfinden musste. Doch Wolf Graf von Baudissin, der einberufen worden war, um in die Himmeroder Denkschrift Ansätze einer demokratischen Reform einzubringen, erzwang einen »Gründungskompromiss«, der zumindest teilweise eine Abgrenzung von Wehrmacht und Reichswehr festschrieb.

Dennoch konnte nicht verhindert werden, dass bereits der Nachfolger von Blank, Verteidigungsminister Franz Josef Strauß (CSU), die Politik 1956 in eine neue Richtung lenkte, indem er die Wehrmacht auch offiziell als Vorbild der Bundeswehr präsentierte. Dazu war eine deutliche Abgrenzung zur Waffen-SS notwendig, deren ehemalige Angehörige sich jedoch selbst als »Soldaten wie andere auch« sahen und bemüht waren, sich als Teil der Wehrmacht darzustellen. Allerdings wandte sich bereits die zeitgenössische Geschichtswissenschaft dagegen und machte deutlich, dass sehr wohl zu unterscheiden sei bezüglich der militärischen Vergangenheit der Soldaten. Ein Sonderausschuss des Bundestags überprüfte die Vergangenheit der ersten Soldaten, um auszuschließen, dass diese in Verbrechen vor 1945 verwickelt waren. Durch diese Handhabung wurden von 533 Bewerbern 470 angenommen, 32 zogen ihre Bewerbung zurück. Dennoch waren Ende der 1950er Jahre 12.360 Offiziere der Wehrmacht und 300 der SS im Dienst der Bundeswehr.

Mit Einberufung der ersten Wehrpflichtigen wurden auch die Kasernen wieder genutzt. Nach der Aufbauphase der Bundeswehr erhielten ca. 30 Kasernen Namen von ›Helden‹ des Zweiten Weltkriegs, darunter vor allem ›Flieger- und Panzerhelden‹. Auch Namen, die Hitler für Kasernen eingeführt hatte, wurden übernommen. Bis heute wurden nur wenige dieser Kasernen umbenannt, obwohl die fragwürdigen Verdienste der Namenspatrone bekannt und erforscht sind. Ähnlich unreflektiert erlaubte das Ordensgesetz von 1957 das Tragen von NS-Orden, sofern das Hakenkreuz entfernt wurde. Bereits in den 1950er Jahren gab es ca. 1.000 Soldatenverbände und Traditionsgemeinschaften. Landesverbände, die zum Teil auch heute noch existieren, und ein Bundesverband der Veteranen wurden gegründet.

Die Diskussionen um die Tradition der Bundeswehr reichten bis weit in die 1960er Jahre hinein. Erst als die Traditionalisten, welche sich für die Anknüpfung an Wehrmachts- und Reichswehrtraditionen aussprachen, deutlich an den rechten politischen Rand rückten, konnte eine Gruppe zwischen Reformern und Traditionalisten dem Militär zu einem neuen Image verhelfen. Die verschiedenen Traditionsdiskussionen mündeten in einen Erlass vom 20.9.1982, der die Übernahme von Traditionen der Wehrmacht verbietet und bis heute die offizielle Richtlinie für die Traditionsbildung der Bundeswehr darstellt.

MM

Lit.: Wolfram Wette (2008): »Friedensinitiativen in der Frühzeit des Kalten Krieges (1945-1955)«, in: Detlef Bald et al. (Hg.): *Alternativen zur Wiederbewaffnung. Friedenskonzeptionen in Westdeutschland 1945-1955*, Essen: Klartext, S. 9-23. Detlef Bald (2005): *Die Bundeswehr. Eine kritische Geschichte 1955-2005*, München: Beck. Karsten Wilke (2005): »Organisierte Veteranen der Waffen-SS zwischen Systemopposition und Integration. Die ›Hilfsgemeinschaft auf Gegenseitigkeit der Angehörigen der ehemaligen Waffen-SS‹ (HIAG) in der frühen Bundesrepublik«, in: *Zeitschrift für Geschichtswissenschaft* 53, H. 2, S. 149-166. Detlef Bald et al. (2001): *Mythos Wehrmacht. Nachkriegsdebatten und Traditionspflege*, Berlin: Aufbau. Ralph Giordano (2000): *Die Traditionslüge. Vom Kriegerkult in der Bundeswehr*, Köln: Kiepenheuer & Witsch. Martin Kutz (1997): »Militär und Gesellschaft im Deutschland der Nachkriegszeit (1946-1995)«, in: Ute Frevert (Hg.): *Militär und Gesellschaft im 19. und 20. Jahrhundert*, Stuttgart: Klett-Cotta, S. 277-313. Jakob Knab (1995): *Falsche Glorie. Das Traditionsverständnis der Bundeswehr*, Berlin: Links. Karlheinz Höfner (1990): *Die Aufrüstung Westdeutschlands. Willensbildung, Entscheidungsprozesse und Spielräume westdeutscher Politik 1945 bis 1950*, München: ars una. Alexander Fischer (Hg.) (1986): *Wiederbewaffnung in Deutschland nach 1945*, Berlin: Duncker & Humblot. Reiner Steinweg (Red.) (1981): *Unsere Bundeswehr? Zum 25jährigen Bestehen einer umstrittenen Institution*, Frankfurt a.M.: Suhrkamp.

II.B8 Neue Antisemitismuswelle, Häufung von Friedhofs- und Synagogenschändungen und antisemitischen öffentlichen Äußerungen um das Jahr 1959.

Die Antisemitismuswelle war dabei der Kulminationspunkt einer Kontinuität judenfeindlicher Dispositionen in der westdeutschen Nachkriegsgesellschaft. Bereits 1946 hatte die US-amerikanische Militärregierung eine Umfrage zum Antisemitismus in Deutschland in Auftrag gegeben, die ergab, dass viele Deutsche nach wie vor antisemitisch eingestellt waren. Eine erste bundesweite Allensbach-Umfrage im Herbst 1949 zeigte, dass sich ein Viertel der Bevölkerung selbst als antisemitisch einstufte; ein Anteil, der bis 1952 sogar auf ein Drittel anstieg. Die Aktualisierung antisemitischer Einstellung speiste sich aus Ressentiments wegen den zu leistenden Entschädigungs- und Wiedergutmachungszahlungen (→Wiedergutmachungs- und Entschädigungsgesetze [II.A1]). Die Ablehnung äußerte sich nicht nur in Form traditioneller antisemitischer Vorurteile, sondern war vor allem an den Vorwurf geknüpft, dass Juden sich am Völkermord bereichern würden. Eine derartige Vorurteilsstruktur erhielt vermeintliche Evidenz durch Einzelfälle wie den

des jüdischen Leiters des bayerischen Landesentschädigungsamtes, Philipp Auerbach, der unter anderem wegen Missbrauchs von Wiedergutmachungsgeldern angeklagt wurde. Hochrangige Politiker waren in den Fall verstrickt. Auerbach, der in den meisten Anklagepunkten freigesprochen wurde, nahm sich kurz danach das Leben.
Nach 1952 und mit dem →SRP-Verbot [II.A6] zeigte die Regierung deutlich, dass sie eine Renazifizierung nicht dulden würde. Dennoch galten Veröffentlichungen rechtsextremer Gruppierungen wie die *Deutsche Nationalzeitung* nicht als verfassungsfeindlich, was vor allem vom Zentralrat der Juden in Deutschland scharf kritisiert wurde. Konsequenzen der antisemitischen Propaganda waren Drohbriefe an einzelne jüdische Bürger. Von Januar 1948 bis Mai 1957 wurden zudem 176 Schändungen jüdischer Friedhöfe gezählt. Proteste jüdischer Gemeinschaften und antifaschistischer Organisationen bewirkten einzelne Prozesse und Verurteilungen. Das Wiedergutmachungsabkommen mit Israel, die Begnadigung der NS-Verbrecher (→Amnestien [II.C1]) und die Beendigung der →Entnazifizierung [I.A1] trugen dazu bei, dass es in den Jahren 1953–57 nur zu wenigen öffentlichen Auseinandersetzungen kam.
Ab 1957 häuften sich die Fälle, in denen jüdische Bürger beleidigt, antisemitische Schriften verbreitet und KZ-Verbrechen gebilligt wurden – zugleich wuchs jedoch das Bewusstsein, antisemitische Ausfälle öffentlich zu kritisieren und strafrechtlich zu verfolgen. So wurde etwa der Offenburger Studienrat Ludwig Zind nach längeren Verhandlungen wegen einer im April 1957 getätigten antisemitischen Äußerung vom Dienst suspendiert und zu einem Jahr Gefängnis verurteilt. Im gleichen Monat kam es zum Ermittlungsverfahren gegen den Hamburger Holzkaufmann Friedrich Nieland, der antisemitische Broschüren an Politiker versendet hatte. Im Januar 1959 wurde er freigesprochen. Politiker und Presse protestierten gegen diese Entscheidung. Daraufhin wurde das Gesetz gegen Volksverhetzung dem Bundeskabinett früher vorgelegt und von diesem gebilligt (→Volksverhetzung als Straftat [II.A9]). Der Bundesgerichtshof zog den Fall an sich, stufte die Broschüre als staatsgefährdend ein und ließ sie einziehen.

In der Nacht zum 25.12.1959 wurde die erst im September eingeweihte Kölner Synagoge geschändet, was Auslöser einer »Schmierwelle« war. Das Innenministerium stellte bis zum 18.2.1960 617 antisemitische Schmiereien im öffentlichen Raum fest, die Öffentlichkeit war davon schockiert, äußerte ihre Empörung in Demonstrationen. Kurzfristig nahm die Zustimmung zur Verfolgung dieser Straftaten deutlich zu (1958 bejahten 50 Prozent, 1960 82 Prozent eine Bestrafung der Täter) und es kam zur Mobilisierung gegen Antisemitismus sowie allmählich zu einer positiven Auseinandersetzung mit der jüdischen Geschichte und Kultur. Auch die Verbrechen der Nationalsozialisten an Juden wurden in Schulen und anderen Bildungsstätten thematisiert (→Nationalsozialismus im Schulunterricht [III.C8]). Die Täter der Kölner Synagogenschändung waren zwei Mitglieder der Deutschen Reichspartei (DRP), die sich offiziell von den Anschlägen distanzierte, die Täter aus der Partei ausschloss und so einem bundesweiten Verbot der Partei entgegenwirkte. Die Bundesregierung verfasste ein Weißbuch, in dem alle 234 ermittelten Täter der gesamten Schmierwelle demographisch gegliedert und ihre Motive analysiert wurden. Viele stammten aus dem Umfeld der DRP, vereinzelt waren es jedoch auch Mitglieder linker Gruppierungen. Doch im Abschnitt »Einflüsse verfassungsfeindlicher Kräfte« im Weißbuch wurde die Gewichtung so gelegt, dass der Eindruck entstehen konnte, diese linken, als ›kommunistisch‹ bezeichneten Gruppen fielen stärker ins Gewicht. Wegen dieser tendenziösen Interpretation kam die Analyse zu dem Schluss, dass das Gedankengut der DRP die Taten mitbestimmt hatte, aber ›kommunistische Kräfte‹ die antisemitische Welle genutzt hätten, um die Bundesrepublik zu diskreditieren. Dennoch wurde klar, dass gesetzgeberische und bildungspolitische Maßnahmen notwendig waren, da in erster Linie Kinder und Jugendliche die Täter der Schmierwelle waren. Kritik an Versäumnissen von Eltern, Schulen und Kirchen wurde laut, es kam zu Reformen in Justiz und Politik. Auch die Schulen setzten 1960 Neuerungen im Lehrplan durch, die spätere Bundeszentrale für politische Bildung (1952–63: Bundeszentrale für Heimatdienst) engagierte sich für ein politisches Bewusstsein der Jugend. In den 1960er Jahren wurde dieser Lernschub verstärkt durch den →Eichmann-Prozess [III.A1] und den →Frankfurter Auschwitz-Prozess [III.A3] sowie die erste →Verjährungsdebatte [IV.B1] 1965.

MM

Lit.: Juliane Wetzel (2011): »1959 als ›Rückfall‹? Die neue Antisemitismuswelle«, in: Matthias N. Lorenz, Maurizio Pirro (Hg.): *Wendejahr 1959? Die literarische Inszenierung von Kontinuitäten und Brüchen in gesellschaftlichen und kulturellen Kontexten der 1950er Jahre*, Bielefeld: Aisthesis, S. 77-92. Wolfgang Benz (2004): »Antisemitismus: Zum Verhältnis von Ideologie und Gewalt«, in: Samuel Salzborn (Hg.): *Antisemitismus. Geschichte und Gegenwart*, Giessen: Netzwerk für politische Bildung, Kultur und Kommunikation e.V., S. 33-51. Werner Bergmann (1997): *Antisemitismus in öffentlichen Konflikten. Kollektives Lernen in der politischen Kultur der Bundesrepublik 1949-1989*, Frankfurt a.M., New York: Campus. Werner Bergmann, Rainer Erb (1995): »Wie antisemitisch sind die Deutschen? Meinungsumfragen 1945-1994«, in: Wolfgang Benz (Hg.): *Antisemitismus in Deutschland. Zur Aktualität eines Vorurteils*, München: dtv, S. 47-64. Erica Burgauer (1993): *Zwischen Erinnerung und Verdrängung – Juden in Deutschland nach 1945*, Reinbek: Rowohlt. Wolfgang Benz (Hg.) (1991): *Zwischen Antisemitismus und Philosemitismus. Juden in der Bundesrepublik*, Berlin: Metropol. Frank Stern (1991): *Im Anfang war Auschwitz. Antisemitismus und Philosemitismus im deutschen Nachkrieg*, Gerlingen: Bleicher.

II.B9 Revisionismus/Leugnung des Holocaust,

Verharmlosung oder Leugnung des Holocaust und Relativierung aller NS-Verbrechen nach 1945 vor allem in Frankreich, den USA, Kanada, England und Deutschland. Durch die Vernetzung der Holocaust-Leugner untereinander und die Strafbarkeit der Leugnung nur in einzelnen Ländern ist es notwendig, den Revisionismus als weltweites Phänomen zu betrachten.

Prinzipien der Holocaust-Leugnung

Seit Kriegsende folgen revisionistische Schriften einem Argumentationsmuster, das bis heute weltweit Bestand hat. Es wird bestritten, dass es Gaskammern und den Holocaust gegeben hat sowie die deutsche Kriegsschuld angezweifelt. Als wahre Verbrecher des Krieges werden die Alliierten und die Juden genannt, die Deutschen hingegen als Opfer verstanden. Die These, dass es eine jüdische Weltverschwörung gegeben habe und Deutschland aus Notwehr den Plan zur Judenvernichtung umsetzen musste, kursiert vor allem seit den 1970er Jahren. Die Geschichtsfälscher bezwecken damit das Wiederherstellen der Reputation des Nationalsozialismus und Hitlers sowie die Delegitimierung des Staates Israel. Um dies zu erreichen, bedienen sich die Holocaust-Leugner oft eines wissenschaftlichen Duktus, der sich jedoch selbst desavouiert: Sie interpretieren Dokumente selektiv und manipulativ, verfälschen Statistiken über die Zahl jüdischer Opfer und stellen Quellen selbst her. Weiterhin werden bekannten Namen und Institutionen wie dem Internationalen Roten Kreuz oder der UNO fälschlicherweise revisionistische Aussagen unterstellt, die trotz Widerruf vor allem in der rechtsextremen Szene aufgegriffen werden. Als Belege für diese Argumentation dienen stets andere Revisionisten, so dass ein selbstreferentielles System entsteht. Wissenschaftlich anmutende Institutionen wie die »Zeitgeschichtliche Forschungsstelle Ingolstadt« oder das »Institut für deutsche Nachkriegsgeschichte« sind Teil dieser Strategie.

Der Begriff der »Auschwitzlüge«, der sich im Alltagsgebrauch eingebürgert hat, obwohl er etwas Falsches suggeriert, ist auf Thies Christophersen zurückzuführen. Korrekter wäre die Bezeichnung der »Auschwitz-Leugnung« – so gesehen haben die Leugner hier einen Erfolg zu verbuchen. Auch die gängigen Bezeichnungen »Revisionismus« und »Leugnung des Holocaust« sind unpräzise. Während der Begriff des Revisionismus in verschiedenen Kontexten verwendet wird und dabei durchaus positiv konnotiert sein kann, umfasst der engere Begriff »Leugnung des Holocaust« nur den besonders prekären Teil der kursierenden Geschichtsfälschungen in Bezug auf den Nationalsozialismus.

Leugner aus Frankreich

Die ersten international bekannten Holocaust-Leugner kamen aus Frankreich. Bereits 1947 veröffentlichte Maurice Bardèche Bücher mit revisionistischen Inhalten – er war der Erste, der die Behauptung aufstellte, die Gaskammern seien lediglich zur Des-

infektion genutzt worden – und wandte sich vorwurfsvoll gegen die alliierte Kriegspolitik (dabei bezog er sich vor allem auf die Bombardierungen). Die im →Nürnberger Prozess [I.A3] verwendeten Dokumente über Konzentrationslager erklärte er 1948 für gefälscht. Einflussreicher wurden die Texte des Franzosen Paul Rassinier, der internationales Publikum erreichte. Als ehemaliger Häftling der Konzentrationslager Buchenwald und Dora-Mittelbau schien er besonders glaubwürdig. Seine Bücher, die belegen sollten, dass Berichte über Verbrechen der Nazis falsch seien, erfuhren breite Anerkennung in revisionistischen Kreisen. Während er sich in seinen ersten
Publikationen darauf beschränkte, die gezielte Vernichtungspolitik der Nazis gegen Juden abzustreiten, leugnete er später auch die Existenz der Gaskammern, die er zuvor noch eingestanden hatte. Seit den 1970er Jahren gilt der Franzose Robert Faurisson als führend unter den Holocaust-Leugnern. Bekannt wurde er unter anderem durch seine Aussage im französischen Rundfunk aus dem Jahr 1980, als er behauptete, der Holocaust sei »Teil einer geschichtlichen Lüge«.

Geschichtsfälschung in den USA

In den USA traten Holocaust-Leugner am stärksten in den 1960er und 1970er Jahren auf. An Rassiniers Idee, dass einflussreiche Juden den Holocaust erfunden hätten, um Israel finanziell zu fördern (dabei bezog er sich auf die Entschädigungszahlungen, die er fälschlicherweise an den Opferzahlen bemaß), knüpfte beispielsweise Harry Elmer Barnes an. Weniger bekannt ist der amerikanische Professor Austin J. App, der bereits kurz nach Kriegsende den Holocaust leugnete und seine Thesen in zahlreichen Magazinen und Büchern veröffentlichte. 1961 wurde *Der erzwungene Krieg. Die Ursachen und Urheber des Zweiten Weltkriegs* von David Lindsay Hoggan veröffentlicht, eines der bekanntesten Bücher, das Deutschland von der Kriegsschuld entlasten sollte. Später schrieb auch Hoggan Texte, die den Mord an den europäischen Juden leugneten. In den 1980er Jahren kam es zu Diskussionen, als bekannt wurde, dass Bradley Smith, ein führender Revisionist in den USA, versuchte, in Universitätszeitungen Anzeigen mit den Holocaust leugnenden Inhalten zu schalten. Er arbeitete für das »Institute for Historical Review« (IHR), welches revisionistische Schriften publizierte und deshalb mehrfach verklagt wurde. Schwerwiegendere Konsequenzen hatten die Leiter des Instituts jedoch nicht zu befürchten, da das Leugnen des Holocaust in den USA nicht strafbar ist.

Zündel-Prozess und Leuchter-Report

1985 kam es in Kanada zu einem Aufsehen erregenden Prozess der kanadischen Regierung gegen Ernst Zündel. Dieser deutschstämmige, 1957 nach Kanada ausgewanderte Verleger war wegen des Aufrufes zu »sozialer und rassischer Diskriminierung« durch das Publizieren von Holocaust-leugnenden Werken angeklagt und in erster Instanz zu 15 Monaten Freiheitsstrafe verurteilt worden. Anfang der 1970er Jahre hatte Zündel die Broschüre *Die Auschwitz-Lüge* des ehemaligen SS-Mannes Thies Christophersen ins Englische übersetzt und 1979 an der Gründungsveranstaltung des IHR teilgenommen. Sein Verlag Samisdat Publishers verlegte zahlreiche Bücher mit revisionistischen Inhalten; seit Mitte der 1990er Jahre machte sich Zündel zudem das Internet zunutze. 1988 kam es zum Revisionsverfahren. Als Zeuge trat unter anderem Robert Faurisson auf, Verfechter der These, dass es unmöglich sei, dass in Auschwitz Gaskammern als Vernichtungsapparate fungiert hätten. Faurisson setzte sich dafür ein, einen Spezialisten hinzuzuziehen, der dies untersuchen sollte. Er beauftragte Fred A. Leuchter, der von einem US-amerikanischen Gefängniswärter als »Experte« empfohlen worden war. Leuchter reiste mit einem kleinen Team im Februar 1988 nach Auschwitz und Majdanek und erstellte den so genannten »Leuchter-Report«. Dieses ›Gutachten‹ war bereits im April 1988 abgeschlossen und behauptete, dass in den Gaskammern niemand mit Zyklon B ermordet worden sein könne. Vor Gericht musste Leuchter jedoch zugeben, dass er weder eine toxikologische noch eine ingenieurtechnische Ausbildung besaß, und somit verurteilte das Gericht Zündel erneut. Obwohl der Leuchter-Report vor Gericht widerlegt und seine falschen Aussagen als solche benannt wurden, wird dieses ›Gutachten‹ in revisionistischen Kreisen nach wie vor gerne als Beweis verwendet. Leuchter gibt

darin an, dass die Bauweise der Gaskammern nicht zur Vernichtung geeignet gewesen sei und in so kurzer Zeit dort nicht sechs Millionen Menschen getötet worden sein könnten. Dabei bedient er sich einer gängigen Verwirrungstaktik, die verschleiert, dass Millionen Opfer auf andere Weise umgebracht wurden und niemand behauptet, sechs Millionen Juden seien in Auschwitz-Birkenau vergast worden. Noch Ende der 1980er Jahre wurde der Leuchter-Report in London veröffentlicht und erschien in deutscher Übersetzung. Zündel sorgte vor allem in Deutschland nochmals für heftige
Diskussionen, als er 1992 in einem Film des (dezidiert antifaschistischen) Regisseurs Winfried Bonengels (BERUF NEONAZI) mitspielte. Der Film sollte ein Pamphlet gegen Nazis sein, wurde aber von der rechtsextremen Szene instrumentalisiert, da im Film Gegenargumente und Gegenspieler fehlen. So tritt Zündel in Häftlingskleidung auf und dominiert in zynischer Art den Film. In Deutschland wurde vor der Ausstrahlung des Films debattiert, ob er gezeigt werden dürfe oder verboten werden solle. 2005 geriet Zündel erneut in die Schlagzeilen, als bekannt wurde, dass er aufgrund von Gesetzesänderungen in Kanada nach Deutschland abgeschoben würde. Zündel, der zunächst versucht hatte, die US-amerikanische Staatsbürgerschaft zu erlangen, beantragte politisches Asyl in Kanada, was jedoch abgelehnt wurde. Anfang März 2005 traf Zündel in Deutschland ein und wurde aufgrund eines seit 2003 vorliegenden Haftbefehls wegen des Verdachts der Volksverhetzung sofort inhaftiert.

Der Holocaust-Leugner David Irving

Bei dem Prozess gegen Zündel war neben Faurisson auch David Irving aufgetreten, ein Holocaust-Leugner aus England. Seit den 1960er Jahren war er als Autor tätig und hat zahlreiche Artikel zu verschiedenen zeitgeschichtlichen Themen veröffentlicht, die von der Wissenschaft durchaus anerkannt wurden. Es gab zwar seit der Veröffentlichung seines ersten Buches *Der Untergang Dresdens* immer wieder Diskussionen um die Inhalte seiner Werke, doch er wurde so zu einem bekannten Autor, den bis Ende der 1960er Jahre niemand der Holocaust-Leugnung bezichtigte. Ende der 1970er Jahre entbrannte eine Debatte um Irvings jüngstes Werk, *Hitlers Krieg*, in dem er behauptet, Hitler habe bis 1943 nichts von der Judenvernichtung gewusst und von diesem Zeitpunkt an versucht, die »Endlösung der Judenfrage« zu stoppen. Seitdem ist er eine umstrittene Person, die aufgrund ihrer Thesen der revisionistischen Szene zugerechnet werden muss. Irving befürwortete seit dem Zündel-Prozess den »Leuchter-Report«, zu dessen englischer Ausgabe er das Vorwort verfasste, und berief sich in weiteren Publikationen darauf. Er schloss enge Kontakte zur deutschen revisionistischen Szene und wurde schließlich im Januar 1992 vom Landgericht München wegen Beleidigung und Verunglimpfung des Andenkens Verstorbener zu einer Strafe von 30.000 DM verurteilt. Im November desselben Jahres wurde Irving aus Deutschland ausgewiesen und hat seitdem Einreiseverbot. Länder wie Kanada, Italien, Österreich, Australien, Südafrika und Neuseeland schlossen sich der Maßnahme an. 1996 strengte Irving einen Prozess gegen die Publizistin Deborah Lipstadt und deren Verlag Penguin Books an, da Lipstadt ihn in einem Buch als »Revisionisten« bezeichnet hatte. Der Aufsehen erregende Prozess, an dem namhafte Historiker als Gutachter mitwirkten, begann im Januar 2000 in London und endete am 11.4.2000. Irving, der im Prozess den Holocaust einmal mehr in Frage stellen wollte, erlitt eine Niederlage und wurde vom Gericht offiziell als Lügner, Rassist und Antisemit bezeichnet. Der Richter erklärte, dass die Judenvernichtung eine Tatsache sei. Die Prozesskosten stürzten Irving in den finanziellen Ruin, was ihn jedoch nicht daran hindert, seine Thesen weiter zu verbreiten.

Der Fall Williamson

Neben Irving gab es in den 2000er Jahren einen weiteren viel beachteten Fall der Holocaust-Leugnung. Am 21.1.2009 hob Papst Benedikt XVI. die Exkommunikation des Bischofs Richard Nelson Williamson auf, der der erzkonservativen Piusbruderschaft angehörte und Leiter von deren Priesterseminar in Argentinien war. Unmittelbar nach Aufhebung der Exkommunikation wurde bekannt, dass Williamson in einem Fernsehinterview 2008 den Holocaust geleugnet hatte. Er war nicht bereit, seine Aussage, dass es keine Gaskammern gegeben habe und höchstens 200.000 bis 300.000 Juden als Opfer des Nationalsozialismus gestorben seien, zurückzunehmen. Daraufhin wurde er als Leiter des Priesterseminars der Piusbruderschaft abgesetzt und musste Argentinien verlassen, da ihm andernfalls die Ausweisung gedroht hätte. Am 24.2.2009 reiste er von Buenos Aires nach London, wo er von der Holocaust-Leugnerin Michèle Renouf empfangen wurde. Die Aufhebung der Exkommunikation Williamsons löste weltweit Empörung aus. Der Vatikan forderte daraufhin den Widerruf der Äußerungen, doch die darauffolgende Erklärung Williamsons blieb diesen schuldig. Die Piusbruderschaft schloss Williamson 2012 aus, allerdings mit der Begründung, dass Williamson den Oberen den nötigen Respekt und Gehorsam verweigert habe. In Deutschland hatte die Ausstrahlung des Interviews juristische Folgen. Zwar war es im schwedischen Fernsehen gezeigt worden, doch die Aufzeichnung hatte in Deutschland stattgefunden. Williamson wurde 2014 vom Amtsgericht Regensburg rechtskräftig zu einer Geldstrafe in Höhe von 90 Tagessätzen verurteilt.

Leugnung in Deutschland
Obwohl es auch in Deutschland seit Kriegsende Holocaust-Leugner gab, traten diese verstärkt erst in den 1970er Jahren öffentlich in Erscheinung. Zu den bekannteren zählt Thies Christophersen, dessen Thesen unter Revisionisten aufgrund seiner Stationierung nahe Auschwitz als besonders glaubwürdig gelten. 1973 publiziert er *Die Auschwitz-Lüge* und gilt seitdem als Vorreiter der internationalen revisionistischen Szene. 1981 entzog sich Christophersen der Strafverfolgung und siedelte danach in die Schweiz um, aus der er 1996 ausgewiesen wurde. Er starb schließlich 1997 bei Kiel.
1979 erschien das Buch *Der Auschwitz-Mythos. Legende oder Wirklichkeit* von Wilhelm Stäglich. Es gilt bis heute als »Standardwerk« des Revisionismus und breitet die Thesen aus, dass der »Auschwitz-Mythos« jegliche sachliche Debatte über den Nationalsozialismus unmöglich mache und die Juden dadurch von den Vernichtungslagern profitierten. Stäglich erklärt alle Dokumente und Zeugenaussagen, die diese These widerlegen, für gefälscht bzw. erpresst. Trotz der Aberkennung seines Doktorgrades genießt er in revisionistischen Kreisen weiterhin eine hohe Reputation.
Aufsehen erregte auch das so genannte »Rudolf-Gutachten«, ein angeblich vom Max-Planck-Institut in Auftrag gebenes Gutachten von Germar Rudolf, der unter zahlreichen Pseudonymen in der rechtsextremen Szene bekannt ist. Rudolf reiste 1991 nach Polen und kam zu ähnlichen ›Ergebnissen‹ wie Fred A. Leuchter. Auch sein Gutachten wurde vor Gericht nicht anerkannt, aber dennoch von Holocaust-Leugnern verbreitet. Rudolf gehört nach wie vor zu den Vielschreibern der Szene.
Gründer und Leiter der rechtsorientierten Institution »Zeitgeschichtliche Forschungsstelle Ingolstadt« war 1981 Alfred Schickel, der zumeist in rechtsradikalen Zeitschriften publizierte und dabei nicht selten Holocaustleugnende Thesen vertrat. Er organisierte zahlreiche Tagungen, an denen vor allem Personen aus ultra-rechten Kreisen teilnahmen. Dass es Schickel gelang, mithilfe dieser scheinbar wissenschaftlichen Herangehensweise sein eigentliches Ziel zu verschleiern, ist erkennbar an der Tatsache, dass er auf Antrag der bayerischen Regierung 1992 mit dem Bundesverdienstkreuz für sein Engagement gegen »Unkenntnis, Vorurteil und Desinformation« ausgezeichnet wurde.
Im Frühjahr 1991 war ein »Internationaler Revisionistenkongress« in München geplant, bei dem zahlreiche international bekannte Holocaust-Leugner auftreten sollten. Der »Leuchter-Report« sollte Hauptthema des Kongresses sein, doch die Veranstaltung wurde verboten. Daraufhin kam es zu Protestveranstaltungen der Revisionisten, die eine »Mahnwache« vor dem Deutschen Museum in München mit Reden von Irving, Leuchter und Faurisson abhielten.

Strafbarkeit der Holocaust-Leugnung in Deutschland
Bereits zu Beginn der 1950er Jahre hatten Mitglieder des deutschen Bundestags versucht, eine Vorschrift gegen Rassenhass zu beschließen. Durch die →Neue Antisemitismuswelle [II.B8] 1959/60 fanden die Versuche Anklang, und so einigten sich die

Bundestagsfraktionen im März 1960 auf den bis heute geltenden »Volksverhetzungsparagraphen« §130 Strafgesetzbuch (StGB) (→Volksverhetzung als Straftat [II.A9]). Zwar wurden mithilfe dieses Paragraphen Urteile gegen Holocaust-Leugner gefällt, aber da er im Bereich der Straftaten gegen die öffentliche Ordnung angesiedelt war, konnte er nur mühsam angewendet werden. Für eine Ausweitung des Gesetzes sah man keine Notwendigkeit, da Individuen außerdem durch den §185 StGB (Straftatbestand der Beleidigung) verurteilt werden konnten. Mitte 1982 versuchte die SPD-Regierung ein Gesetz zu entwerfen, das den Gesellschaftsbezug deutlich machen sollte: Das Leugnen des Holocaust sollte ein eigener Straftatbestand werden. Die neue CDU/FDP-Regierung übernahm den Vorschlag zunächst, zog ihn aber im März 1985 zurück. Die von der Koalition eingebrachte Neufassung des Gesetzes, welche im §194 StGB umgesetzt wurde, war insofern problematisch, als sie nicht nur das Leugnen des Holocaust umfasste, sondern Gewalttaten anderer Diktaturen mit einschloss. Somit wurde eine relativierende Verbindung zwischen dem Holocaust und der Vertreibung der Deutschen aus Osteuropa hergestellt. Dass hiermit keine gute Lösung gefunden worden war, zeigte sich 1994, als der BGH das Urteil gegen den NPD-Funktionär Günter Anton Deckert aufhob, der den Holocaust geleugnet hatte. Der BGH war der Meinung, das vorinstanzlich urteilende Landgericht habe insbesondere den Vorwurf der Volksverhetzung nicht ausreichend bewiesen. Heftige Kritik kam vor allem aus jüdischen Kreisen, die das Urteil als »Freibrief« für Holocaust-Leugner ansahen. Auf Initiative der SPD-Fraktion beschloss der Bundestag, die entsprechenden Gesetze zu ändern. Am 28. Oktober 1994 traten die Gesetzesänderungen in Kraft. Seitdem ist das Leugnen des Holocaust explizit erwähnt und strafbar. Bis zu diesem politischen Signal dauerte es nahezu 50 Jahre. Dass es auch schneller zu einem solchen Gesetz hätte kommen können, zeigt ein Blick auf Österreich, wo bereits 1945 das Leugnen des Holocaust unter Strafe gestellt wurde. Ob der Leugnung des Holocaust durch Gesetze wirksam entgegenzuwirken ist, bleibt allerdings gerade angesichts der durch das Internet gewachsenen Möglichkeiten, die prekären Thesen schnell und flächendeckend zu verbreiten, fraglich.

MM

Lit.: Milosz Matuschek (2012): *Erinnerungsstrafrecht. Eine Neubegründung des Verbots der Holocaustleugnung auf rechtsvergleichender und sozialphilosophischer Grundlage*, Berlin: Duncker und Humblot. Wolfgang Benz (2009): »Williamson, Richard Nelson«. In: Ders. (Hg.): *Handbuch des Antisemitismus. Judenfeindschaft in Geschichte und Gegenwart*, Band 2/2, Berlin: de Gruyter Saur, S. 888f. Wolfgang Benz, Peter Reif-Spirek (Hg.) (2003): *Geschichtsmythen. Legenden über den Nationalsozialismus*, Berlin: Metropol. Richard J. Evans (2001): *Der Geschichtsfälscher. Holocaust und historische Wahrheit im David-Irving-Prozess*, Frankfurt a.M., New York: Campus. Peter Longerich (2001): »Der Holocaust vor Gericht? Bericht über den Londoner Irving-Prozess«, in: Irmtrud Wojak (Hg.): *»Gerichtstag halten über uns selbst...« Geschichte und Wirkung des ersten Frankfurter Auschwitz-Prozesses*, Frankfurt a.M., New York: Campus, S. 317-351. Alexander Ruoff (2001): *Verbiegen, Verdrängen, Beschweigen. Die Nationalgeschichte der »Jungen Freiheit«. Auschwitz im Diskurs des völkischen Nationalismus*, Münster: Unrast. Thomas Wandres (2000): *Die Strafbarkeit des Auschwitz-Leugnens*, Berlin: Duncker und Humblot. Johannes Klotz, Ulrich Schneider (Hg.) (1997): *Die selbstbewußte Nation und ihr Geschichtsbild. Geschichtslegenden der Neuen Rechten – Faschismus/Holocaust/Wehrmacht*, Köln: PapyRossa. Wolfgang Neugebauer et al. (Hg.) (1996): *Die Auschwitzleugner. »Revisionistische« Geschichtslüge und historische Wahrheit*, Berlin: Elefanten Press. Till Bastian (1994): *Auschwitz und die »Auschwitz-Lüge«. Massenmord und Geschichtsfälschung*, München: Beck. Wolfgang Benz (1994): »Die ›Auschwitz-Lüge‹«, in: Rolf Steininger (Hg.): *Der Umgang mit dem Holocaust. Europa – USA – Israel*. Wien, Köln, Weimar: Böhlau, S. 103-115. Sabine Berghahn (1994): »Die Auschwitz-Leugnung vor Gericht«, in: *Gegenwartskunde. Zeitschrift für Gesellschaft, Wirtschaft, Politik und Bildung* 43, H. 3, S. 333-346. Deborah E. Lipstadt (1994): *Betrifft: Leugnen des Holocaust*, Zürich: Rio. Brigitte Bailer-Galanda et al. (1992): *Amoklauf gegen die Wirklichkeit. NS-Verbrechen und »revisionistische« Geschichtsschreibung*, Wien: Dokumentationsarchiv des österreichischen Widerstandes. Sebastian Cobler (1985): »Das Gesetz gegen die ›Auschwitz-Lüge‹. Anmerkungen zu einem rechtspolitischen Ablaßhandel«, in: *Kritische Justiz* 18, S. 159-170.

II.C Ungebrochene Karrieren

II.C1 Amnestien, mehrere in den ersten Jahren der Bundesrepublik beschlossene Gesetze, die vor 1949 begangene Straftaten – unter ihnen auch durch im Nationalsozialismus begangene Delikte – straffrei stellten.
Weitreichende Amnestien wie die Straffreiheitsgesetze von 1949 und 1954 waren Teil jener gezielten vergangenheitspolitischen Maßnahmen, unter deren Vorzeichen in den ersten Jahren der Bundesrepublik die alliierten Entnazifizierungs- und Säuberungsmaßnahmen (→Entnazifizierung [I.A1]) symbolträchtig beendet und die Masse der kleineren Täter und durch den Nationalsozialismus Korrumpierten in die bundesrepublikanische Gesellschaft integriert werden sollten (→131er-Gesetzgebung [II.C2]).
Die unmittelbar nach der Gründung der Bundesrepublik einsetzenden gesetzgeberischen Tätigkeiten reagierten auf die weit verbreiteten Ressentiments in der Bevölkerung gegen die Entnazifizierung und die unter alliierter Besatzung durchgeführten Gerichtsverfahren. So gehörte das Ende Dezember 1949 beschlossene Straffreiheitsgesetz nur folgerichtig zu den ersten überhaupt vom Bundestag verabschiedeten Gesetzen und war sogar das erste, das aufgrund einer Gesetzesinitiative des Bundesjustizministeriums erlassen wurde. Der erste Satz einer Geschichte der Bundesrepublik müsste – so Norbert Frei in Analogie zu den Anfängen der *Deutschen Geschichte* von Thomas Nipperdey (»Am Anfang war Napoleon«) und der *Deutschen Gesellschaftsgeschichte* von Hans-Ulrich Wehler (»Im Anfang steht keine Revolution«) – dementsprechend lauten: »Im Anfang war, noch vor Adenauer, die Idee der Amnestie.« Schon Konrad Adenauers (CDU) Regierungserklärung sah ausdrücklich die Prüfung einer Amnestie angesichts der »harte[n] Prüfung für viele«, die der Krieg und die Wirren der Nachkriegszeit bedeutet hätten, vor und stellte in diesem Zusammenhang auch die Straffreiheit der von alliierten Militärgerichten verhängten Strafen in Aussicht. Drei Motivbündel spielten bei dem schon im ersten Vierteljahr nach der Konstituierung des Bundestages in die Wege geleiteten Amnestievorhaben eine zentrale Rolle: Gruppierungen, die in unmittelbarer Nachfolgerschaft zum Nationalsozialismus standen, wie etwa die in der Regierungskoalition vertretene Deutsche Partei, ging es expressis verbis um die mit der Amnestie verbundene Apologie des Nationalsozialismus. In weniger radikalen Kontexten spielte die Reaktion auf die Entnazifizierung bzw. deren faktische Ungerechtigkeiten oder aber die nachkriegstypische Konzentration auf die Deutschen als Opfer, die nun wirklich »genug gelitten« hätten, die entscheidende Rolle. Prägend für die Bundestagsdebatten war der Rückbezug auf die als erniedrigend empfundene unmittelbar zurückliegende Vergangenheit, deren Irrwege man beenden wollte. In der überwältigenden Mehrheit der Redebeiträge bezogen sich derartige Formeln allerdings nicht – wie man aus heutiger Sicht fast selbstverständlich annehmen würde – auf die Zeit des »Dritten Reiches«, sondern auf die Jahre nach seinem Zusammenbruch und die als Siegerjustiz und nationale Schande empfundene Besatzungszeit, deren endgültiges Ende man durch die Gründung des neuen deutschen Staates vorgezeichnet sah. Noch vergleichsweise dezent kam diese Perspektive in Adenauers Regierungserklärung zum Ausdruck, die den Fortschritt, den die Bundesrepublik gegenüber der Zeit zwischen 1945 und 1949 bedeutete, deutlich akzentuierte und den Fortschritt gegenüber den Jahren der NS-Herrschaft nicht zufällig erst in zweiter Linie nannte (»Der Fortschritt gegenüber den Verhältnissen, die seit 1945 bei uns bestanden, auch gegenüber den Zuständen des nationalsozialistischen Reichs, ist groß«). In der ersten Lesung des Gesetzesentwurfes tauchte die NS-Zeit in manchen Redebeiträgen, wie dem des Bundesjustizministers Thomas Dehler (FDP), schlicht nicht auf; zahllose weitere Redebeiträge ließen die »Leidensgeschichte des deutschen Volkes« in den »hinter uns liegenden apokalyptischen Jahren«, die »furchtbaren letzten Jahre« oder »die unheilvolle Periode der jüngsten deutschen Geschichte« Revue passieren und bezogen ihre pathetischen Formeln ausnahmslos auf die Zeit seit der deutschen Kapitulation.
Die Rekapitulation der »Wirrnisse« der Besatzungsherrschaft verdeckte vollständig, dass die durch das Gesetz straffrei gestellten Delikte sich in allen Stadien des längeren Diskussionsprozesses auf die Zeit vor 1949 bezogen hatten; damit aber auch auf alle betroffenen Vergehen seit der letzten Amnestie, die im Nationalsozialismus durchgeführt wurde

(1938). Nur konsequent wurde das Gesetz von der Bundesregierung mit dem Hinweis anmoderiert, es diene dem Zweck, die »Jahre der Not, der sittlichen Verwilderung und der Rechtsverwirrung abzuschließen«, vor allem – so die irreführende Formulierung – auf »wirtschaftliche[m] Gebiet«, wo doch »in den vergangenen Jahren zahlreiche Personen straffällig geworden [seien], die unter normalen wirtschaftlichen Verhältnissen sich nicht gegen die Strafgesetze vergangen hätten«.

Die schlussendlich mit großer Mehrheit verabschiedete Fassung des »Gesetzes über die Gewährung von Straffreiheit« begnadigte alle vor dem 15.9.1949 begangenen Taten, die mit Gefängnis bis zu sechs Monaten, bis zu einem Jahr auf Bewährung bzw. mit Geldstrafen bis zu 5.000 DM geahndet werden konnten. Darunter fielen keineswegs nur die in der Debatte fokussierten Schwarzmarkt- und Eigentumsdelikte der Nachkriegszeit, von der Amnestie konnten ebenso Straftaten bis hin zur Körperverletzung mit Todesfolge oder Totschlag begnadigt werden – auch dann, wenn sie vor 1945 von NS-Tätern begangen worden waren. Erst im Verlauf des Gesetzgebungsprozesses hinzugekommen waren zwei bezeichnende Paragraphen, die Straffreiheit für die Vergehen »zur Verschleierung des Personenstandes« so genannter »Illegaler« (also untergetauchter NS-Täter) garantierten (§9) und alle »Strafen für Handlungen auf politischer Grundlage«, die nach dem 8. Mai 1945 begangen wurden – also dezidiert auch solche von Nationalsozialisten – amnestierten (§10). Auf der Grundlage des trotz massiver Bedenken des Alliierten Kontrollrats in Kraft getretenen Straffreiheitsgesetzes des Jahres 1949 wurden bis zum 31.1.1951 792.176 Personen begnadigt. Die Anzahl der begnadigten NS-Täter lässt sich anhand der amtlichen Statistiken nicht ermitteln; sie dürfte nach vorsichtigen Schätzungen im fünfstelligen Bereich liegen. Zweifelsfrei rekonstruieren lässt sich dagegen, dass die Reichweite der Paragraphen 9 und 10 mit 516 bzw. 241 amnestierten Personen vergleichsweise gering ausfiel. Seit der zweiten Jahreshälfte 1952 begannen in Bonn auch unter dem Eindruck der Lobbyarbeit von →Ernst Achenbachs [II.C6] »Vorbereitendem Ausschuß zur Herbeiführung einer Generalamnestie« die Vorbereitungen für ein zweites großes Amnestiegesetz, das das Straffreiheitsgesetz von 1949 in wichtigen Punkten ergänzen sollte. Vergangenheitspolitisch relevant war in dem 1954 verabschiedeten umfangreichen Gesetzeswerk, bei dessen maßgeblichen Autoren auf Referentenebene es sich fast ausschließlich um ehemalige Angehörige des Reichsjustizministeriums oder Kriegs- bzw. Sonderrichter handelte, der so genannte »Zusammenbruchs-Paragraph«, der für alle »Straftaten, die unter dem Einfluß der außergewöhnlichen Verhältnisse des Zusammenbruchs in der Zeit zwischen dem 1. Oktober 1944 und dem 31. Juli 1945 in der Annahme einer Amts-, Dienst- oder Rechtspflicht, insbesondere eines Befehls, begangen worden sind«, Straffreiheit versprach. Als einzige Einschränkung sah der Paragraph vor, dem Täter dürfe »nach seiner Stellung oder Einsichtsfähigkeit« nicht zuzumuten gewesen sein, die Tat zu unterlassen; zudem waren nur Straftaten betroffen, die mit maximal drei Jahren Haft bestraft wurden oder eine entsprechende Bestrafung erwarten ließen. Das sich in diesen Formulierungen manifestierende, sehr weit gehende Bestreben, NS-Täter zu amnestieren, war zwar – nicht zuletzt wegen der offenkundigen Willkürlichkeit des gesetzten Zeitraumes – Gegenstand intensiver Beratungen im Gesetzesverfahren, gleichwohl fand auch das Straffreiheitsgesetz des Jahres 1954 im Parlament breiten Konsens. Auch in weiten Teilen der SPD war man angesichts der ausgeprägten »Schlussstrich-Stimmung« zu Beginn der 1950er Jahre willens, den »kleinen« NS-Tätern, so der SPD-Abgeordnete Otto-Heinrich Greve, »endlich die Last des sich u.U. doch Strafbar-gemacht-habens« zu nehmen. Der Zusammenbruchs-Paragraph bezog sich allerdings deutlich erkennbar längst nicht nur auf solche »kleinen Täter«, sondern stellte potentiell auch schwerwiegende NS-Verbrechen straffrei. Im gleichen Atemzug löschte das Straffreiheitsgesetz alle Strafregistervermerke über Verurteilungen durch Spruchgerichte aus der Zeit vor 1949 und erneuerte die schon 1949 eingeführte Illegalen-Amnestie. Wichtiger noch als die erfolgten faktischen Begnadigungen von NS-Tätern war bei beiden Straffreiheitsgesetzen ihre politische Signalwirkung und ihre hochgradig symbolische Dimension: Der demonstrative Schlussstrich unter die Säuberungsversuche der Alliierten war nicht zuletzt ein Akt der Selbstrehabilitierung und -legitimation des neuen Staates.

Das Straffreiheitsgesetz von 1954 hatte für die Aufarbeitung der NS-Vergangenheit dabei sicherlich gravierendere Folgen als sein Vorläufer, obwohl quantitativ vermutlich weniger NS-Täter dadurch betroffen waren: Nicht zufällig sank die Zahl der neu eingeleiteten Ermittlungsverfahren gegen NS-Täter im Jahr seiner Verabschiedung auf ein Rekordtief und verblieb in den 1950er Jahren auf vergleichbar niedrigem Niveau. Die Amnestie des Jahres 1954 legitimierte im Zusammenbruchs-Paragraphen nicht nur die Rechtfertigungsstrategie des Befehlsnotstandes (»Annahme einer Amts-, Dienst- oder Rechtspflicht«); in ihrer Symbolkraft verstärkte sie die Grundtendenz des vergangenheitspolitischen Klimas der frühen 1950er Jahre, die politisch-justizielle Aufarbeitung der NS-Vergangenheit endgültig abzuschließen, erheblich.

TF

Lit.: Joachim Perels (1998): »Amnestien für NS-Täter in der Bundesrepublik«, in: Thomas Blanke, Stephan Beier (Hg.): *Die juristische Aufarbeitung des NS-Unrechtsstaates*, Baden-Baden: Nomos, S. 677-687. Norbert Frei (1997): *Vergangenheitspolitik. Die Anfänge der Bundesrepublik und die NS-Vergangenheit*, 2. durchges. Aufl., München: Beck. Joachim Perels (1995): »Amnestien für NS-Täter in der Bundesrepublik«, in: *Kritische Justiz* 28, S. 382–389. Ulrich Brochhagen (1994): *Nach Nürnberg. Vergangenheitsbewältigung und Westintegration in der Ära Adenauer*, Hamburg: Junius. Jörg Friedrich (1994): *Die kalte Amnestie. NS-Täter in der Bundesrepublik*, München: Piper. Clemens Vollnhals (Hg.) (1991): *Entnazifizierung. Politische Säuberung und Rehabilitierung in den vier Besatzungszonen*, München: dtv. Adalbert Rückerl (1984): *NS-Verbrechen vor Gericht. Versuch einer Vergangenheitsbewältigung*, 2. überarb. Aufl., Heidelberg: Müller.

II.C2 131er-Gesetzgebung, Gesetz zu Artikel 131 des Grundgesetzes, das den Angehörigen des öffentlichen Dienstes, die durch Wehrdienst, Vertreibung (→Vertriebenenproblematik [II.B4]) oder →Entnazifizierung [I.A1] ihre Stellung verloren hatten, einen Anspruch auf Wiederverwendung gewährte und ihren Anspruch auf Versorgung wieder herstellte.
Am 23.5.1949 verabschiedete der Parlamentarische Rat das Grundgesetz (GG) und schrieb darin in Artikel 131 folgende Forderung an den Bundesgesetzgeber fest: »Die Rechtsverhältnisse von Personen einschließlich der Flüchtlinge und Vertriebenen, die am 8. Mai 1945 im öffentlichen Dienste standen, aus anderen als beamten- und tarifrechtlichen Gründen ausgeschieden sind und bisher nicht oder nicht in ihrer früheren Stellung entsprechend verwendet werden, sind durch Bundesgesetz zu regeln.« Mit dieser inhaltlich offenen, gleichwohl aber den zukünftigen Gesetzgeber verpflichtenden Formulierung, hatte der Parlamentarische Rat der von den Alliierten geforderten Abschaffung des Berufsbeamtentums begegnen wollen, zugleich aber einer fast vollständigen Wiederherstellung der personellen Kontinuität vor allem in den Bereichen der Justiz und der öffentlichen Verwaltung den Weg geebnet. Zu den von Artikel 131 GG Betroffenen zählten die früheren Bediensteten Preußens und des Reiches, deren Dienststellen aufgelöst worden waren (so auch Beamte der Gestapo), die früheren Berufssoldaten und zivilen Angehörigen der Wehrmachtsverwaltung, die vertriebenen und geflohenen Beamten aus dem Osten und jene Beamten, die ihre Stellung aufgrund von Entnazifizierungsmaßnahmen verloren hatten. Die so umrissene Personengruppe war die einzige, die vom Grundgesetz mit einer Aussicht auf Wiedereingliederung bedacht wurde. Die breit angelegte Amnestiegesetzgebung (→Amnestien [II.C1]) ergänzend, erließ der Bundestag nach längeren Diskussionen im Hintergrund am 10.4.1951 das »Gesetz zur Regelung der Rechtsverhältnisse der unter Artikel 131 des Grundgesetzes fallenden Personen« (das so genannte 131er-Gesetz), das den Forderungen der gut organisierten 131er-Lobbyisten – etwa in der Detailfrage der Anerkennung von im Nationalsozialismus erfolgten Beförderungen – weitgehend entgegenkam. Signalcharakter hatte in der Phase der konkreten Ausgestaltung des Gesetzes eine Rede von Bundeskanzler Konrad Adenauer (CDU) besessen, in der er mit Blick auf die Berufssoldaten festgehalten hatte, niemand dürfe sie »wegen ihrer früheren Tätigkeit tadeln und sie, soweit sie im öffentlichen Dienst unterzubringen sind, bei gleicher persönlicher und fachlicher Eignung hinter anderen Bewerbern zurücksetzen«.
Das Gesetz sprach allen entlassenen oder vertriebenen pensionierten Beamten die vollen Ruhebezüge zu; alle noch aktiven Betroffenen

besaßen nun den Status »Beamter zur Wiederverwendung«, durften ihre alte Amtsbezeichnung wieder führen und bekamen, wenn sie zehn Dienstjahre vorweisen konnten, bis zur realisierten Wiederverwendung ein Übergangsgehalt. Selbst ehemalige Angehörige der Gestapo oder Waffen-SS konnten zu den Anspruchsberechtigten zählen, wenn sie – was für die Masse der älteren Beamten der Regel entsprach – »von Amts wegen« dorthin versetzt worden waren. Konnte etwa ein ehemaliges Mitglied der Gestapo nachweisen, dass er als ordentlicher Beamter, beispielsweise bei der Kriminalpolizei, »von Amts wegen« zur Gestapo versetzt worden war, hatte auch er Ansprüche nach dem 131er Gesetz. So öffnete das Gesetz für Gestapobeamte und Soldaten der Waffen-SS ein Schlupfloch, wieder im öffentlichen Dienst verwendet oder vom Staat finanziell versorgt zu werden.

Die mit der Verabschiedung des Gesetzes angestrebte reibungslose Rückführung ehemaliger NS-Beamter auch in die Spitzen von Politik, Justiz und Verwaltung realisierte sich in besonders drastischer Form in den Bonner Bundesministerien: Schon 1953 waren rund 60 Prozent der seit Mitte 1950 – auch unter Berufung auf das 131er-Gesetz – neu eingestellten Abteilungsleiter ehemalige NSDAP-Mitglieder; der Anteil der »131er« auf Planstellen im Ministerialbereich der Bundesverwaltung betrug im Durchschnitt stolze 30 Prozent, lag allerdings in ausgewählten Ministerien wie dem Auswärtigen Amt (40 Prozent), dem Innenministerium (42 Prozent) oder dem Vertriebenenministerium (über 70 Prozent) noch deutlich über diesem ohnehin schon hohen Wert. Während über den Weg des 131er-Gesetzes ein Großteil des NS-Beamtenapparates in den ersten Jahren der Bundesrepublik wieder in den Staatsdienst eingegliedert wurde, verlief die Rückführung der im Nationalsozialismus aus politischen oder rassischen Gründen (etwa nach dem Gesetz zur Wiederherstellung des Berufsbeamtentums 1935) entlassenen Beamten sehr viel schleppender: Zwar hatte der Bundestag wenige Tage nach dem 131er-Gesetz immerhin auch ein entsprechendes Gesetz zur »Regelung der Wiedergutmachung nationalsozialistischen Unrechts für Angehörige des öffentlichen Dienstes« verabschiedet; in der Praxis führte die erinnerungspolitisch motivierte Gleichbehandlung dieser Gruppierungen aber nicht zuletzt wegen der von NS-Beamten durchsetzten Ministerien und Behörden zu einer erheblichen Benachteiligung der im Nationalsozialismus aus ihren Positionen entfernten Beamten.

Der großzügige Umgang auch mit belasteten ehemaligen Nationalsozialisten auf Grundlage des 131er-Gesetzes sorgte in der Öffentlichkeit immer wieder für Aufsehen. So kam etwa der im Nürnberger Juristenprozess (→Nürnberger Nachfolgeprozesse [I.A4]) zu lebenslanger Haft verurteilte ehemalige Staatssekretär im Reichsjustizministerium Franz Schlegelberger bis 1959 in den Genuss seiner Pension als »131er«. Erst dann setzte die SPD den Widerruf seiner Pensionsansprüche durch, den Schlegelberger allerdings in einem langwierigen juristischen Verfahren, das letztendlich mit einem Vergleich vor dem Bundesverwaltungsgericht endete, teilweise rückgängig zu machen wusste.

Das Gesetz führte auch auf der Ebene der höchsten bundesrepublikanischen Gerichte zu einer bemerkenswerten Kontroverse: Der Gesetzgeber hatte bei der Regelung der Beamten-Rechtsverhältnisse offen gelassen, ob Ansprüche aus der Zeit vor dem 8. Mai 1945 in der Bundesrepublik weiterhin Bestand haben sollten oder nicht. Während das Bundesverfassungsgericht (BVerfG) befand, dass mit Kriegsende auch alle Beamtenverhältnisse erloschen seien, vertrat der Bundesgerichtshof (BGH) die Meinung, die Beamtenschaft habe den »Wechsel der Staatsform« unbeschadet überstanden und habe den Nationalsozialismus unkorrumpiert überdauert. In der höchstrichterlichen Kontroverse stand mit der Thematisierung der Rolle von Beamten im Nationalsozialismus auch die Frage der Legitimität ihrer konsequenten Rückführung in die Bürokratie der Bundesrepublik im Raum, die auf Seiten des von belasteten NS-Richtern durchsetzten BGH mit Empörung zurückgewiesen wurde. Das BVerfG stand mit seinen 1957 erneuerten Hinweisen auf die weitreichende Teilhabe von Beamten im NS-Unrechtssystem im Kontext einer vergangenheits- wie realpolitisch gewollten und weitgehend begrüßten Restituierung der alten Beamtenverhältnisse demgegenüber weitgehend isoliert da, zumal durch die Ergebnisse der 131er-Gesetzgebung der Streit de facto gegenstandslos geworden war.

ASp/TF

Lit.: Norbert Frei (1997): *Vergangenheitspolitik. Die Anfänge der Bundesrepublik und die NS-Vergangenheit*, 2. durchges. Aufl., München: Beck. Curt Garner (1995): »Schlußfolgerungen aus der Vergangenheit? Die Auseinandersetzungen um die Zukunft des deutschen Berufsbeamtentums nach dem Ende des Zweiten Weltkriegs«, in: Hans-Erich Volkmann (Hg.): *Ende des Dritten Reiches – Ende des Zweiten Weltkrieges. Eine perspektivische Rückschau*, München, Zürich: Piper, S. 607–675. Ulrich Brochhagen (1994): *Nach Nürnberg. Vergangenheitsbewältigung und Westintegration in der Ära Adenauer*, Hamburg: Junius. Jörg Friedrich (1994): *Die kalte Amnestie. NS-Täter in der Bundesrepublik*, München: Piper. Udo Wengst (1988): *Beamtentum zwischen Reform und Tradition. Beamtengesetzgebung in der Gründungsphase der Bundesrepublik Deutschland 1948–1953*, Düsseldorf: Droste. Bernd Wunder (1986): *Geschichte der Bürokratie in Deutschland*, Frankfurt a.M.: Suhrkamp. Friedrich Gerhard Schwegmann (Hg.) (1986): *Die Wiederherstellung des Berufsbeamtentums nach 1945. Geburtsfehler oder Stützpfeiler der Demokratie*, Düsseldorf: Schwann.

II.C3 Veit Harlan-Prozess, einer der wenigen Prozesse, die gegen exponierte NS-Kulturschaffende in der BRD geführt wurden.

Veit Harlan, Regisseur des antisemitischen Hetzfilmes JUD SÜSS (1940), wurde 1950 in zwei Prozessen von der Anklage des Verbrechens gegen die Menschlichkeit freigesprochen und war anschließend wieder als Regisseur tätig. Der Prozess gegen Harlan warf ein bezeichnendes Licht auf die personellen Kontinuitäten in der Filmindustrie vor und nach 1945, führte aber andererseits auch zu einer neuartigen Protestbewegung in den 1950er Jahren.

Durch den Film JUD SÜSS stieg der ehemalige Schauspieler Harlan in die Riege der führenden NS-Filmregisseure auf. Neben der Regiearbeit war Harlan auch für das endgültige Drehbuch verantwortlich, in dem er die Geschichte des Juden Joseph Süß Oppenheimer (1692–1738), Finanzberater am württembergischen Hof, zu einem scharfen antisemitischen Propagandastoff verfremdete. JUD SÜSS darf bis heute nur zu Forschungszwecken oder mit wissenschaftlicher Begleitung gezeigt werden. Auch weitere Filme Harlans wie das Heldenepos DER GROSSE KÖNIG (1942) oder der Durchhaltefilm KOLBERG (1944/45) belegen Harlans Bedeutung für die NS-Kulturpropaganda.

Im Januar 1948 wurde bekannt, dass Harlan im Entnazifizierungsverfahren in die Kategorie V, als »unbelastet«, eingestuft werden sollte (→Entnazifizierung [I.A1]). Die Vereinigung der Verfolgten des Nazi-Regimes (VVN) sowie die Notgemeinschaft der durch die Nürnberger Gesetze Betroffenen stellten daraufhin bei der Staatsanwaltschaft Hamburg Strafantrag. Grundlage war das Kontrollratsgesetz Nr. 10, II, das auch die Beihilfe zur Verfolgung aus politischen, rassischen oder religiösen Gründen als Verbrechen gegen die Menschlichkeit wertete (→Rückwirkungsverbot [I.A7]). Der Prozess gegen Harlan wurde zu einem Präzedenzfall, da mit ihm ein neuer Täterkreis vor Gericht stand: Künstler und Kulturschaffende, deren geistige Mittäterschaft es zu beurteilen galt.

Der sieben Wochen andauernde Prozess wurde am 3.3.1949 vor dem Hamburger Schwurgericht unter dem Vorsitz des Landgerichtsdirektors Walter Tyrolf eröffnet. Harlan benutzte den viel beachteten Prozess als Bühne für eine mit Anekdoten angereicherte Selbstinszenierung. Reue, Verantwortungs- oder gar Schuldbewusstsein zeigte er nicht. Harlan stellte sich als unpolitischen Künstler dar: Er habe aus Angst vor Goebbels die Regiearbeit übernommen, eine Ablehnung wäre einem »Selbstmord« gleichgekommen, so seine Aussage. Prominente Vertreter des NS-Filmwesens, die als Zeugen in dem Prozess auftraten, bestätigten diesen angeblichen »Befehlsnotstand«. Die Schauspieler Gustaf Gründgens (→*Mephisto*-Verbot [II.C7]), Werner Krauss und Willy Forst, der ehemalige Reichsfilmintendant Fritz Hippler sowie weitere Schauspieler, Aufnahme- und Produktionsleiter entlasteten nicht nur den Angeklagten, sondern vor allem auch ihre eigene Tätigkeit im NS-Kulturapparat.

Am 23.4.1949 wurde Harlan aus Mangel an Beweisen freigesprochen. Das Gericht zweifelte nicht an der antisemitischen Aussage von JUD SÜSS, eine persönliche Schuld des Angeklagten erkannte es jedoch nicht. In der Urteilsbegründung hieß es, es sei nicht zu beweisen, dass das Schicksal der Juden in unmittelbaren Zusammenhang mit dem Film zu stellen sei oder dass einem Juden durch den Film Leid zugefügt worden sei. Die Nebenklage, die in dem Film gemäß §166 StGB eine Religionsbeschimpfung sah, wurde abgewiesen. Laut Urteil sei JUD SÜSS zwar eine Verunglimpfung der Juden, jedoch sei der Straftatbestand der Beleidigung nach fünf Jahren verjährt. Viele Zuschauer nahmen das Urteil mit Beifall auf. Pressefotos zeigen, wie Harlan nach der Urteilsverkündung von seinen Anhängern aus dem Gerichtssaal getragen wurde. Die VVN sowie die KPD bezogen öffentlich Stellung gegen das Urteil. Vertreter jüdischer Gemeinden nahmen den Freispruch mit Entsetzen auf.

Nach einem Revisionsantrag der Staatsanwaltschaft hob der Strafsenat beim Obersten Gerichtshof der Britischen Zone in Köln das Urteil am 12.12.1949 auf und verwies den Fall an das Landgericht in Hamburg zurück. Generalstaatsanwalt Karl Schneidewind begründete den Revisionsantrag mit einer nun vorliegenden Zeugenaussage, durch die ein Kausalzusammenhang zwischen Film und Judenverfolgung hergestellt werden könne. JUD SÜSS, so der Zeuge, sei Ende 1940 oder zu Beginn des Jahres 1941 im Konzentrationslager Sachsenhausen den SS-Wachmannschaften vorgeführt worden, um diese zur Misshandlung jüdischer Häftlinge anzustacheln. Außerdem sei von der Reichsführung SS angewiesen worden, den Film der Polizei, der gesamten SS sowie deren Familien zu zeigen. Der Film habe somit der Indoktrination im Vorfeld der Deportationen gedient. Das Revisionsverfahren, erneut unter dem Vorsitz Tyrolfs, brachte wenig neue Erkenntnisse, die Stimmung wurde jedoch zusehends aggressiver. Zum Eklat kam es, als die Journalistin Karena Niehoff, die als Sekretärin für Wolfgang Eberhard Möller, den ersten Drehbuchautor von JUD SÜSS, gearbeitet hatte, aussagte, dass Harlan den Drehbuchentwurf antisemitisch verschärft habe. Die Zeugin wurde von Zuschauern als »Judensau« beschimpft und unter Polizeischutz aus dem Gerichtssaal gebracht. Der Vorsitzende ließ den Saal räumen und die Verhandlung unter Ausschluss der Öffentlichkeit fortsetzen. Die im Rahmen des Prozesses getätigten rassistischen und antisemitischen Äußerungen gingen durch die Weltpresse, was Bundeskanzler Konrad Adenauer (CDU) veranlasste, den Vorfall öffentlich zu bedauern. Der Hamburger Bürgermeister Max Brauer (SPD) stellte den Skandal dagegen als kommunistische Inszenierung dar und attestierte der Zeugin Niehoff eine Mitschuld, da sie die Zwischenrufe laut mit »Nazibande« erwidert habe.

Im Revisionsprozess bestätigte das Gericht am 29.4.1950 den Freispruch. Einen erneuten Revisionsantrag zog die Staatsanwaltschaft einige Monate später zurück, womit der Freispruch Harlans rechtskräftig wurde. War beim ersten Prozess der Mangel an Beweisen ausschlaggebend, so konnte Harlans Strategie des »Befehlsnotstandes« nun den Präzedenzfall begründen: Tyrolf berief sich nach §52 Strafgesetzbuch auf Nötigung und erklärte, dass Harlan durch eine Ablehnung der Regiearbeit Konflikte mit dem Propagandaministerium heraufbeschworen hätte, die ihn in eine lebensbedrohliche Lage gebracht hätten. Auch wenn der Film JUD SÜSS selbst dem Tatbestand des Verbrechens gegen die Menschlichkeit entspräche, so die weitere Urteilsbegründung, sei Harlan nicht nachzuweisen, dass er als überzeugter Nationalsozialist und Antisemit gehandelt habe. Zu einem Skandalon wurde dieses Urteil nicht zuletzt durch die Biographie des Vorsitzenden, der während des Krieges als Staatsanwalt des Hamburger Sondergerichts für verschiedene Bagatelldelikte die Todesstrafe durchgesetzt hatte. Ralph Giordano, Prozessbeobachter für die *Jüdische Allgemeine*, kritisierte das Verfahren gegen Harlan als »Alibiveranstaltung«.

Mit dem Freispruch Harlans wurde ein Präzedenzfall geschaffen, der nicht nur Harlan, sondern allen Filmkünstlern des Nationalsozialismus eine straffreie Herstellung ihrer Reputation ermöglichte. Gleichzeitig erleichterte die Konzentration der Öffentlichkeit auf Harlan vielen Filmgrößen die nahtlose Fortsetzung ihrer Karrieren nach 1945. Harlan erhielt unmittelbar nach dem Freispruch einen Vertrag bei der Dominik-Filmproduktion und begann mit den Dreharbeiten zu seinem ersten Nachkriegsfilm UNSTERBLICHE GELIEBTE (1951). Als der Film in die Kinos kam, brandete die Diskussion um Harlan erneut auf.

Erich Lüth, Senatsdirektor und Leiter der Staatlichen Pressestelle Hamburg, rief im September 1950 die Kinobesitzer öffentlich auf, den neuen Harlan-Film nicht in ihr Programm zu nehmen. Die Dominik-Filmproduktion sowie der Herzog-Filmverleih erwirkten daraufhin beim Hamburger Landgericht mit der Begründung der unlauteren Geschäftsschädigung eine einstweilige Verfügung gegen Lüth. Dieser ging in Berufung und verlor. Gewerkschaften, Intellektuelle, kritische Sozialdemokraten und vor allem Studenten solidarisierten sich mit Lüth und formierten eine Protestbewegung, die auch in Österreich und der Schweiz Zulauf fand. Der Film lief unterdessen in den bundesdeutschen Kinos an, was zu scharfen Protesten und Auseinandersetzungen zwischen Polizei und Anti-Harlan-Demonstranten führte, die in Stinkbombenwürfen, Kinoräumungen und Verhaftungen gipfelten. In Salzburg schlugen Gegendemonstranten und die Polizei nach Protesten ›jüdisch aussehende‹ Zuschauer zusammen. Begleitet wurden die Proteste, die bis 1954 andauerten, von herben Attacken gegen Lüth in der Boulevardpresse.

Lüth kämpfte auch juristisch gegen Harlan weiter. Im Namen Lüths reichte der Bundestagsabgeordnete und SPD-Rechtsexperte Adolf Arndt im Dezember 1951 beim Bundesverfassungsgericht (BVerfG) in Karlsruhe eine Beschwerde ein, weil er die grundrechtlich geschützte Meinungsfreiheit durch die Landgerichtsverfügung als beschnitten ansah. Erst am 15.1.1958 erhielt Lüth vor dem BVerfG Recht, womit die persönliche Meinungsfreiheit höher eingestuft wurde als die freie Entfaltung der Persönlichkeit und die Geschäftsinteressen der Filmgesellschaften. Lüth erwirkte damit ein Grundsatzurteil zur Meinungsfreiheit, das die Grundrechte als objektive Wertordnung für alle Rechtsbereiche etablierte. Dies betrifft demnach nicht nur die Rechtsbeziehungen zwischen Staat und Bürger, sondern auch die privatrechtlichen Belange. In seinem eigentlichen Anliegen, die Fortsetzung der Karriere Harlans als Regisseur zu verhindern, scheiterte Lüth jedoch. Ab 1954 konnten Harlans Filme weitgehend störungsfrei in den Kinos laufen; nur anlässlich von Premieren kam es vereinzelt noch zu Protestaktionen.

MRa

Lit.: Ingrid Buchloh (2010): *Veit Harlan. Goebbels' Starregisseur*, Paderborn u.a.: Schöningh. Alexandra Przyrembel, Jörg Schönert (Hg.) (2006): *»Jud Süß«. Hoffude, literarische Figur, antisemitisches Zerrbild*, Frankfurt a.M., New York: Campus. Thomas Henne, Arne Riedlinger (Hg.) (2005): *Das Lüth-Urteil in (rechts-)historischer Sicht. Die Konflikte um Veit Harlan und die Grundrechtsjudikatur des Bundesverfassungsgerichts*, Berlin: BWW, S. 111–146. Birthe Kundrus (2004): »›Vergangenheitsbewältigungen‹ – Dimensionen des Falles Veit Harlan«, in: *Geschichte in Wissenschaft und Unterricht* 55, H. 2, S. 68-82. Frank Noack (2000): *Veit Harlan. Des Teufels Regisseur*, München: Ed. Belleville. Dietrich Kuhlbrodt (1997): »›Jud Süß‹ und der Fall Harlan/Lüth. Zur Entnazifizierung des NS-Films«, in: Peter Reichel (Hg.): *Das Gedächtnis der Stadt. Hamburg im Umgang mit seiner nationalsozialistischen Vergangenheit*, Hamburg: Dölling und Galitz, S. 101–112. Wolfgang Kraushaar (1995/96): »Der Kampf gegen ›Jud Süß‹-Regisseur Veit Harlan. Ein Meilenstein in der Grundrechtssprechung des Bundesverfassungsgerichts«, in: *Mittelweg 36* 4, H. 6, S. 4–33. Michael Töteberg (1990): *Filmstadt Hamburg. Von Emil Jannings bis Wim Wenders, Kino-Geschichte(n) einer Großstadt*, Hamburg: VSA. Siegfried Zielinksi (1981): *Veit Harlan. Analysen und Materialien zur Auseinandersetzung mit einem Film-Regisseur des deutschen Faschismus*, Frankfurt a.M.: Fischer.

II.C4 Selbstamnestierung der Justiz, Praxis des in personeller Kontinuität zur NS-Justiz stehenden bundesdeutschen Rechtsapparates, sich von jeder Schuld an den NS-Verbrechen freizusprechen.

Mit dem Ziel, die Spitzen der NS-Justiz zur Verantwortung zu ziehen, wurde am 4.12.1947 vor dem amerikanischen Militärgerichtshof III das Urteil über 14 Angeklagte im Nürnberger Juristenprozess gesprochen (→Nürnberger Nachfolgeprozesse [I.A4]). Die Angeklagten waren leitende Beamte des Justizministeriums, Mitglieder des Volksgerichtshofes, Mitglieder von Sondergerichten und führende Staatsanwälte im »Dritten Reich«. Das Gericht verurteilte vier der Angeklagten zu lebenslanger Haftstrafe, sechs der Angeklagten erhielten Freiheitsstrafen zwischen fünf und zehn Jahren und vier der Angeklagten wurden freigesprochen, da man ihnen den Vorsatz der Rechtsbeugung nicht nachweisen konnte. Allerdings wurden alle Verurteilten im Laufe der 1950er Jahre amnestiert (→Amnestien [II.C1]), waren spätestens 1956 wieder auf freiem Fuß und erhielten Pensionen. Diese Verurteilungen deutscher im Nationalsozialismus tätiger Juristen durch die alliierte Gerichtsbarkeit sollten die einzigen rechtskräftigen Verurteilungen auf bundesdeutschem Boden bleiben. Zwar wurden auch später noch Verfahren gegen einige der damaligen Richter und Staatsanwälte eingeleitet, doch bei keinem dieser Verfahren kam es zu einer rechtskräftigen Verurteilung.

Ein Grund für die fehlende Verurteilung belasteter Richter und Staatsanwälte ist in der personellen Kontinuität der bundesdeutschen Justiz zu suchen. Die →Entnazifizierung [I.A1] war auch im Bereich der Justiz wie in anderen gesellschaftlichen Bereichen in letzter Konsequenz gescheitert. So waren allein in der britischen Zone bald nach 1945 30 Prozent der Gerichtspräsidenten und mehr als 80 Prozent der Landgerichtspräsidenten ehemalige NSDAP-Mitglieder. Diese hohen Zahlen wurden besonders durch eine Amnestierungswelle in den 1950er Jahren und durch die →131er-Gesetzgebung [II.C2] möglich.

Ein solcher Fall personeller Kontinuität führte Ende der 1950er Jahre, angestoßen durch Propagandamaßnahmen der DDR, zu einer Debatte um das Problem der NS-belasteten Richter. Ernst Kauter war im Nationalsozialismus Richter am Zweiten Senat des Reichskriegsgerichts und seit 1943 Generalrichter und Oberster Richter beim Oberbefehlshaber der deutschen Truppen in Dänemark gewesen. Dort hatte er nachweislich 103 Todesurteile gegen dänische Widerstandskämpfer unterschrieben. Ende der 1950er Jahre war er im Justizministerium, Abteilung Politische Strafjustiz, offiziell damit beauftragt, sich mit den von der DDR über einen längeren Zeitraum hinweg kampagnenartig erhobenen Vorwürfen bezüglich immer noch amtierender NS-Richter und -Staatsanwälte zu befassen.

Am 23.5.1957 veranstaltete der »Ausschuß für deutsche Einheit«, eine Art Propagandaausschuss zur Diskreditierung der BRD unter der Leitung von Albert Norden, eine internationale Pressekonferenz, um die Broschüre *Gestern Hitlers Blutrichter – heute Bonner Justizelite* vorzustellen. In der Broschüre wurden 118 Richter und Staatsanwälte der BRD unter Angabe ihrer Position im Nationalsozialismus namentlich genannt. Um eine andauernde öffentliche Aufmerksamkeit zu erreichen, wurden in den folgenden Jahren in einem sechsmonatigen Rhythmus erweiterte Ausgaben vorgestellt, deren letzte im November 1959 unter dem Titel *Freiheit und Demokratie im Würgegriff von 1000 Blutrichtern* erschien.

Diese detaillierte Auflistung belasteter Richter und Staatsanwälte in der BRD wurde zwar im westlichen Ausland besorgt zur Kenntnis genommen, führte aber zu keiner Auseinandersetzung mit den personellen Kontinuitäten im Bereich der Justiz. Erst die Eröffnung der Karlsruher Ausstellung *Ungesühnte Nazi-Justiz*, in der Studenten die Vorwürfe der DDR weiterverfolgt hatten (→»1968« [IV.A1]), rief Anfang 1960 nun auch die bundesdeutsche Presse auf den Plan, die sich ausführlich mit dem Thema beschäftigte und eine politische und juristische Aufarbeitung einforderte. Einer Diskussion über die NS-Juristen konnten sich nun auch Bundesregierung und Länder nicht mehr entziehen.

Da sich der Rechtsausschuss des Bundestages politisch nicht auf eine Grundgesetzänderung einigen konnte, die eine Entfernung der nachweislich belasteten Richter und Staatsanwälte ohne Probleme ermöglicht hätte, einigten sich die Mitglieder des Ausschusses im Zuge der Reformierung des Deutschen Richtergesetzes auf einen zusätzlichen §116, der für belastete Juristen die Möglichkeit eines vorzeitigen Ruhestandes auf eigenen Antrag und bei vollen Bezügen vorsah. Das Gesetz wurde am 14.6.1961 erlassen. Der Paragraph enthielt die implizite Drohung, dass alle Richter und Staatsanwälte, die bis zum 30.6.1962 den Antrag nicht gestellt hatten, mit Disziplinarmaßnahmen zu rechnen hätten. Jedoch konnten sich weder die Mitglieder des Rechtsausschusses noch die Mitglieder des Bundesrates auf solche Disziplinarmaßnahmen einigen, die so eine leere Drohung blieben. Da man aber der Öffentlichkeit einen Beweis für das erfolgreiche Wirken des Paragraphen liefern wollte, wurde im Juni 1962 bekannt gegeben, dass von den 149 Richtern und Staatsanwälten, von denen eine Pensionierung erwartet worden war, bereits 135 den Antrag gestellt hätten. Dennoch war die »Selbstreinigung« der bundesdeutschen Justiz endgültig missglückt, besonders unter dem Gesichtspunkt, dass die Liste der 149 Richter und Staatsanwälte viel zu kurz griff und bis heute keine genaue Definition des Begriffs »belastet« vorliegt. War allein schon die Mitgliedschaft in einem Standgericht, Sondergericht oder dem Volksgerichtshof ein Grund, als »belastet« zu gelten, oder waren Richter und Staatsanwälte nur dann »belastet«, wenn sie an nachweislich zu Unrecht gesprochenen Todesurteilen beteiligt gewesen waren?

Trotz dieser Selbstamnestierung der Justiz kam es im Verlauf der 1960er Jahre – angestoßen vor allem durch die Publikation der so genannten »Braunbücher« durch die DDR – zu vereinzelten Anklagen belasteter Richter und Staatsanwälte. So wurde 1967 Anklage gegen den Kammergerichtsrat Hans-Joachim Rehse erhoben, der unter Roland Freisler Richter am Volksgerichtshof gewesen war und wegen Rechtsbeugung und, damit verbunden, wegen versuchten und vollendeten Mordes angeklagt wurde. Die Todesurteile, die Rehse mitgesprochen hatte, betrafen den §5 der Kriegssonderstrafrechts-Verordnung, der besagte, dass bei wehrzersetzenden Äußerungen in der Öffentlichkeit die Todesstrafe zu verhängen sei. Von Freisler und Rehse wurde die Definition des Begriffs Öffentlichkeit sehr weit gefasst, so dass die Öffentlichkeit auch aus wenigen Personen im privaten Kreis bestehen konnte. Am 3.7.1967 wurde Rehse wegen dreifacher Beihilfe zum Mord und vierfacher Beihilfe zum versuchten Mord vom Landgericht (LG) Berlin zu fünf Jahren Zuchthaus verurteilt. Allerdings warf man ihm keine Rechtsbeugung vor, die nur Freisler begangen hätte. Rehse habe lediglich der Rechtsbeugung assistiert und hätte als qualifizierter Volljurist »das Unrechtmäßige seines Tuns erkennen müssen«. Rehse und die Staatsanwaltschaft legten gegen das Urteil Revision ein und am 3.4.1968 kam es zu einem Urteil des Bundesgerichtshofs (BGH). Dieser verwies die Sache zurück an das LG, mit der Begründung, Rehse sei ein unabhängiger und gleichberechtigter Richter gewesen, dem man eine Rechtsbeugung gesondert nachweisen müsse. Das LG Berlin sprach Rehse daraufhin am 6.12.1968 mit einer Begründung frei, die starke Proteste hervorrief. Der Vorsitzende Ernst-Jürgen Oske erklärte, dass die Urteile Rehses nicht auf Rechtsbeugung beruhten, sondern auf der Annahme, das Gericht müsse den Staat am Ende des Krieges vor Auflösungserscheinungen bewahren bzw. diesen durch harte Urteile vorbeugen. Dieses Recht käme jedem Staat und damit auch seinem Rechtssystem zu. Erneut legte die Staatsanwaltschaft Revision gegen das Urteil ein, doch bevor es zu einer erneuten Verhandlung kommen konnte, verstarb der Angeklagte Rehse.

Mit der Entscheidung des BGH im Fall Rehse war ein Präzedenzfall geschaffen, der die Verurteilung von NS-Richtern nahezu unmöglich machte: In den Folgejahren beriefen sich die Urteilsbegründungen gegen ehemalige NS-Richter und Staatsanwälte immer wieder auf die Schlussfolgerung, dass den Beschuldigten eine vorsätzliche Rechtsbeugung nicht nachweisbar sei. Die Vorsätzlichkeit aber wurde immer wieder unter der Argumentation, die NS-Justiz habe nach rechtspositivistischen Motiven gehandelt, abgewiesen. Dieser Auffassung folgend sind Richter und Staatsanwälte nicht in der Position, Recht zu gestalten, sondern lediglich in der Lage, dieses durchzusetzen. Doch gerade im Nationalsozialismus muss man den Juristen eine strenge rechtspositivistische Haltung absprechen, da es eine übliche Position war, »höhere Rechtsprinzipien« oder »oberste Rechtsgrundsätze« zur Anwendung zu bringen. Urteile von NS-Gerichten verfügten oftmals auch dann die Todesstrafe, wenn diese durch den Gesetzestext nicht gedeckt war.

Erst 1995 stellte sich der BGH seiner problematischen Rolle bei der Selbstamnestierung der Justiz: In einem Urteil vom 16.11. im Rahmen eines Verfahrens gegen einen ehemaligen Richter des Obersten Gerichtes der DDR revidierten die Richter die frühere Rechtsprechung ihres Gerichtes und räumten eine Mitschuld des BGH daran ein, dass die Strafverfolgung von NS-Richtern wegen »Rechtsbeugung in Tateinheit mit Kapitalverbrechen« ausgeblieben war.

IT

Lit.: Marc von Miquel (2004): *Ahnden oder Amnestieren? Westdeutsche Justiz und Vergangenheitspolitik in den sechziger Jahren*, Göttingen: Wallstein. Hans-Eckhard Niermann (2003): »Zwischen Unbehagen und Verdrängung. Die Reaktion von Richterschaft und Justizverwaltung des Oberlandesgerichtsbezirks Hamm auf die ›Braunbuch-Kampagne‹ der DDR 1957 bis 1968«, in: Jörg Requate (Hg.): *Recht und Justiz im gesellschaftlichen Aufbruch (1960–1975). Bundesrepublik Deutschland, Italien und Frankreich im Vergleich*, Baden-Baden: Nomos, S. 103–130. Marc von Miquel (2001): »Juristen: Richter in eigener Sache«, in: Norbert Frei (Hg.): *Karrieren im Zwielicht. Hitlers Eliten nach 1945*, Frankfurt a.M., New York: Campus, S. 181–239. Norbert Frei et al. (Hg.) (2000): *Geschichte vor Gericht. Historiker, Richter und die Suche nach Gerechtigkeit*, München: Beck. Anette Weinke (1998): »Die Selbstamnestierung der bundesdeutschen Justiz 1957–1965: Der Fall West-Berlin«, in: *Zeitschrift für Geschichtswissenschaft* 46, H. 7, S. 622–637. Norbert Frei (1997): *Vergangenheitspolitik. Die Anfänge der Bundesrepublik und die NS-*

Vergangenheit, 2. durchges. Aufl., München: Beck. Bernd Rüthers (1997): *Die unbegrenzte Auslegung. Zum Wandel der Privatrechtsordnung im Nationalsozialismus*, Heidelberg: Müller. Klaus Bästlein (1994): »›Nazi-Blutrichter als Stützen des Adenauer-Regimes‹. Die DDR-Kampagnen gegen NS-Richter und -Staatsanwälte, die Reaktionen der bundesdeutschen Justiz und ihre gescheiterte ›Selbstreinigung‹ von 1957–1968«, in: Helge Grabitz et al. (Hg.): *Die Normalität des Verbrechens. Bilanz und Perspektiven der Forschung zu den nationalsozialistischen Gewaltverbrechen*, Berlin: Ed. Hentrich., S. 408–443. Ingo Müller (1989): *Furchtbare Juristen. Die unbewältigte Vergangenheit unserer Justiz*, München: Kindler. Jörg Friedrich (1983): *Freispruch für die Nazi-Justiz. Die Urteile gegen NS-Richter seit 1948*, Reinbek: Rowohlt. Martin Broszat (1981): »Siegerjustiz oder strafrechtliche ›Selbstreinigung‹. Aspekte der Vergangenheitsbewältigung der deutschen Justiz während der Besatzungszeit 1945–1949«, in: *Vierteljahrshefte für Zeitgeschichte* 29, H. 4, S. 477–544.

II.C5 Fälle Globke und Oberländer, wichtige Beispiele für das Phänomen der personellen Kontinuität ehemaliger NS-Eliten in der Bundesrepublik.

Im Bestreben, die zwölf Jahre des »Dritten Reichs« möglichst schnell hinter sich zu lassen, eine stabile Demokratie zu etablieren und diese wirtschaftlich abzusichern, vollzog sich in der Ära Adenauer die Wiedereingliederung von mehr oder weniger schwer kompromittierten Personen in führende Positionen nahezu diskussionslos (→Amnestien [II.C1]). So wurden Theodor Oberländer und Hans Globke als Vertriebenenminister bzw. Staatssekretär bereits kurz nach dem Ende des Zweiten Weltkriegs in die Regierung Konrad Adenauers (CDU) einbezogen, obwohl ein Bewusstsein für deren Verstrickungen im »Dritten Reich« bei den Verantwortlichen durchaus gegeben war.

Als gelernter Jurist war Hans Globke während der gesamten Dauer des Nationalsozialismus in leitender Stellung zunächst im Preußischen, später im Reichsinnenministerium tätig gewesen und hatte 1936 zusammen mit seinem Vorgesetzten Wilhelm Stuckart einen Kommentar zu Teilen der so genannten Nürnberger Gesetze verfasst, womit er sich an der juristischen Legitimierung der NS-Rassenideologie und der administrativen Vorbereitung des Holocaust mitschuldig machte. Außerdem wurde ihm unter anderem zur Last gelegt, an der Kennzeichnungspflicht jüdischer Pässe sowie an der für Juden spezifischen Namensgesetzgebung in verantwortlicher Stellung mitgewirkt zu haben. Globke selbst verwahrte sich zeitlebens dezidiert gegen diese Vorwürfe und bezeichnete sich als Gegner der Nationalsozialisten, der seine Position behalten habe, um Verfolgten zu helfen. Seine Mitwirkung am Kommentar begründete er damit, Schlimmeres durch milde Auslegungsmöglichkeiten der Gesetze verhindert zu haben. Als gläubiger Christ habe er das Berliner Episkopat sowie die Widerständler des 20. Juli unter großen Gefahren mit Informationen versorgt. Nach dem Zweiten Weltkrieg wurde diese Behauptung von seinen zahlreichen Fürsprechern bestätigt, Globke selbst von den Amerikanern als »unbelastet« entnazifiziert (→Entnazifizierung [I.A1]).

Auch Theodor Oberländer fand nach dem Zweiten Weltkrieg zahlreiche, durchaus prominente Fürsprecher. Bereits vor 1933 war Oberländer im Rahmen antirepublikanischer bündischer Organisationen politisch aktiv gewesen, deren Ziel es war, die Folgen von Versailles zu revidieren und Deutschland wieder zu ›alter Stärke‹ zu führen. 1923 war er, wenn auch nach eigenem Bekunden eher ›zufällig‹, am Marsch auf die Feldherrenhalle in München beteiligt. Schon vor 1933 führte ihn sein beruflicher Werdegang nach Königsberg, einem der bedeutendsten wissenschaftlichen Zentren der ›Ostforschung‹, wo er unter seinem Mentor Hans Rothfels (→Hans Rothfels: *Die deutsche Opposition gegen Hitler* [I.B5], →Historiker im Nationalsozialismus [VI.F2]) geradezu rasant Karriere machte. Als 1933 die Bedeutung dieses Wissenschaftszweiges im Rahmen des so genannten Grenzlandkampfes, also der Frage nach Ansprüchen auf östliche Gebiete, nochmals aufgewertet wurde, war die Kompetenz Oberländers zunächst sehr gefragt. Doch trotz seines bereits 1933 erfolgten Eintritts in die NSDAP kam es nach 1939 zu Problemen: Zwar propagierte Oberländer die ›Überlegenheit der deutschen Rasse‹ und war auch gewillt, eine ›deutsche Herrschaft im Osten‹ zu etablieren, übte aber in seiner Funktion als Berater des Reichskommissars für die Ukraine, Erich Koch, in zahlreichen Denkschriften Kritik an den angewandten Methoden (Massenerschießungen oder systema-

tisches Verhungernlassen). Damit war Oberländers Karriereende in der ›Ostforschung‹ besiegelt.
Aufgrund eines überragenden persönlichen Netzwerkes gelangte er allerdings schnell erneut in eine führende Position beim Oberkommando der Wehrmacht in der Abteilung Abwehr unter Wilhelm Canaris. Hier erkannte man schnell, dass ein Krieg gegen die Sowjetunion nur gewonnen werden könnte, wenn es gelänge, die nicht genuin russischen Völker in der Sowjetunion gegen die Herrschaft Stalins zu instrumentalisieren. Zu diesem Zweck gründete Oberländer das Bataillon Nachtigall, bestehend aus angeworbenen ukrainischen und deutschen Freiwilligen, mit dem er nach dem Überfall auf die Sowjetunion Anfang Juli 1941 in Lemberg einmarschierte. Kurz zuvor war es dort zu Massakern an der ukrainischen Bevölkerung gekommen, die der russische Geheimdienst NKWD zu verantworten hatte. Begünstigt durch eine pogromartige Atmosphäre kam es in den darauf folgenden Tagen zu massiven Ausschreitungen gegen die damals noch zahlreiche jüdische Bevölkerung, bei der mehrere Tausend Juden sowie Intellektuelle ermordet wurden. Nach dem Zweiten Weltkrieg wurde Oberländer wiederholt und vehement vorgeworfen, für diese Verbrechen verantwortlich zu sein; das Stigma des ›Mörders von Lemberg‹ haftete ihm zeitlebens an, obwohl er von mehreren Gerichten von diesem Vorwurf freigesprochen wurde. So stellte zum Beispiel die Staatsanwaltschaft Bonn 1960 und 1961 zwei gegen ihn laufende Verfahren ein. Tatsächlich kann nicht von einer federführenden Verantwortung der Deutschen beim Pogrom von Lemberg gesprochen werden, eine vereinzelte Beteiligung von Angehörigen des Bataillons Nachtigall ist indes nicht auszuschließen.
Auch aufgrund seiner zweiten führenden Rolle als Kommandant des Bataillons Bergmann, einer aus sowjetischen Kriegsgefangenen rekrutierten Spezialeinheit zur ›Partisanenbekämpfung‹, wurden Oberländer nach dem Krieg immer wieder schwerste Verbrechen vorgeworfen, jedoch nie bewiesen. Die Hauptvorwürfe bezogen sich allerdings auf seine Tätigkeit bei der ›Ostforschung‹, die ihm das von Götz Aly und Susanne Heim geprägte Etikett »Vordenker der Vernichtung« einbrachte.

Wie Globke gelangte Oberländer nach Kriegsende erneut in verantwortliche Positionen. Doch im Unterschied zu diesem strebte er ganz energisch eine prominente Stellung in politischer Verantwortung an. Über die FDP und den Bund der Heimatvertriebenen und Entrechteten gelangte er zur CDU und wurde 1953 unter Konrad Adenauer (CDU) Bundesvertriebenenminister. Noch vor Oberländer wurde allerdings Globke, der als Staatssekretär zu einem der engsten Mitarbeiter Adenauers aufgestiegen war, zur politischen Zielscheibe: Zunächst ging vor allem Adolf Arndt (SPD) Globke vor dem Bundestag mehrfach scharf an, später fand die DDR-Propaganda in ihm eine glänzende Möglichkeit, der BRD ihre nationalsozialistische Vergangenheit zu präsentieren und den eigenen antifaschistischen Gründungsmythos zu bestärken. Globke wie Oberländer wurden 1961 in Schauprozessen in Ost-Berlin in Abwesenheit zu lebenslangem Zuchthaus verurteilt. Mit dem Erreichen der Pensionsberechtigung trat Oberländer unter Zurückweisung aller Vorwürfe von seinem Ministeramt im Mai 1960 zurück. Zuvor hatte Oberländer zahlreiche Prozesse gegen seine Gegner angestrengt; dieser Tätigkeit sollte er sich als Pensionär weiterhin widmen. Während Oberländer zu einer Belastung für den Kanzler wurde, hielt Adenauer an seinem Staatssekretär Globke trotz aller Kritik fest. Erst mit dem Rücktritt Adenauers endete auch die Amtszeit Globkes.

DS

Lit.: Erik Lommatzsch (2003): »Hans Globke und der Nationalsozialismus. Eine Skizze«, in: *Historisch-politische Mitteilungen* 10, S. 95–129. Philipp-Christian Wachs (2000): *Der Fall Theodor Oberländer (1905–1998)*, Frankfurt a.M., New York: Campus. Norbert Frei (1997): *Vergangenheitspolitik. Die Anfänge der Bundesrepublik und die NS-Vergangenheit*, 2. durchges. Aufl., München: Beck. Siegfried Schütt (1995): *Theodor Oberländer. Eine dokumentarische Untersuchung*, München: Langen Müller. Norbert Jacobs (1992): *Der Streit um Dr. Hans Globke in der öffentlichen Meinung der Bundesrepublik Deutschland 1949–1973*, Diss. Univ. Bonn. Götz Aly, Susanne Heim (1991): *Vordenker der Vernichtung. Auschwitz und die deutschen Pläne für eine neue europäische Ordnung*, Hamburg: Hoffmann & Campe. Klaus Gotto (1980): *Der Staatssekretär Konrad Adenauers. Persönlichkeit und politisches Wirken Hans Globkes*, Stuttgart: Klett-Cotta.

II.C6 Ernst Achenbach, beispielhafte politische Karriere eines ehemaligen NS-Funktionärs in der Bundesrepublik.

Der promovierte Jurist Achenbach war von 1940 bis 1944 Leiter der Politischen Abteilung der Deutschen Botschaft im besetzten Paris gewesen und dabei unter anderem mit Fragen der Beschlagnahmung von jüdischem Eigentum und der Verschleierung von Geisel-Massakern befasst. Nachweislich setzte er Deportationen französischer Juden nach Auschwitz in Gang. Nach dem Krieg eröffnete Achenbach in Essen eine Anwaltskanzlei und machte es sich zur Hauptaufgabe, ehemalige Nazi-Führungskader und in NS-Verbrechen verstrickte Wirtschaftsunternehmer vor Gericht zu verteidigen, unter anderem auch bei den →Nürnberger Nachfolgeprozessen [I.A4]. Als er jedoch im Zuge der Beweisaufnahme auch selbst belastet wurde, legte er seine Mandate nieder.

In Achenbachs Kanzlei war auch der frühere NS-Ideologe und Jurist Werner Best tätig. Best, ab 1930 Mitglied der NSDAP, hatte während der NS-Zeit eine Vielzahl hochrangiger Posten bekleidet, zuletzt als Reichskommissar im besetzten Dänemark. Best und Achenbach organisierten zu Beginn der 1950er Jahre eine Amnestiekampagne mit dem Ziel, Verfolgungs- und Straffreiheit für alle (Nazi)Strafsachen einer aus ihrer Sicht abgeschlossenen Epoche zu erreichen (→Amnestien [II.C1]). Auch in der FDP, in der Achenbach seit 1950 Vorsitzender des Außenpolitischen Ausschusses und für die er in Nordrhein-Westfalen Landtagsabgeordneter war, agitierte er gegen die bisherige Rechtspraxis und für eine umfassende »Befriedungsamnestie«. In der sich 1952 anschließenden Bundestagsdebatte über die »Kriegsverbrecherfrage« wurde eine Generalamnestie abgelehnt. Monate zuvor hatte der amerikanische Hochkommissar John McCloy bereits vor der versammelten Presse unmissverständlich klargestellt, dass er eine Generalamnestie in keinem Fall unterstützen würde. Danach richtete sich die Amnestiekampagne Achenbachs vermehrt auf die Rechtsprechungspraxis. Hier wirkte er auf seinen Parteifreund Bundesjustizminister Thomas Dehler ein, um die Einstellung aller innerdeutschen NS-Verfahren zu erreichen.

Achenbachs politische Karriere schien 1953 bereits beendet, als bekannt wurde, dass er als wichtiger Mittelsmann bei der Unterwanderung der FDP durch ehemals hochrangige Nationalsozialisten – darunter auch der frühere Staatssekretär im Propaganda-Ministerium Werner Naumann – mitgewirkt und diesen so den Wiedereinstieg in die Politik ermöglicht hatte (→Deutsches Programm der FDP [II.B5]). Achenbach blieb bei der Aufdeckung der so genannten »Gauleiterverschwörung« jedoch unbehelligt. Der Bundesverband der FDP forderte Aufklärung und setzte eine Kommission ein, welche den Parteiausschluss für Achenbach und weitere Rechts-Aktivisten forderte. Das daraufhin eingeleitete Ausschlussverfahren scheiterte jedoch am Widerstand des Landesverbandes Nordrhein-Westfalen. Achenbach wurde lediglich seiner wichtigsten Parteifunktionen enthoben und zog sich für eine Weile zurück. Dank seiner guten Verbindungen zur Wirtschaft gelang ihm jedoch im Frühjahr 1954 über eine Spendengeldsammlung der politische Wiedereinstieg. Bei den Bundestagswahlen 1957 zog Achenbach in den Bundestag ein und vertrat dort die FDP bis 1976. Von 1962 bis 1977 war er Mitglied des Europa-Parlaments.

1970 wurde Achenbach von seiner Partei als Kommissar der Europäischen Wirtschaftsgemeinschaft (EWG) vorgeschlagen. Obwohl die Kandidatur Achenbachs auch innerhalb der Parteispitze nicht unumstritten war, konnte sich Achenbach durchsetzen. Gegen etwaige französische Einwände lieferte er Außenminister Walter Scheel (FDP) Dokumente, die seine frühere Tätigkeit im von den Nazis besetzten Paris in günstigerem Licht erscheinen ließen. Dennoch gab es gegen die Kandidatur heftigen innen- und außenpolitischen Widerstand. Zurückzuführen war dies auch auf ein Achenbach sehr belastendes Dossier, welches →Beate Klarsfeld [IV.A4] erstellt und an die Regierungen der sechs EWG-Länder verschickt hatte. Als auch der deutsche EWG-Kommissar Willi Haferkamp mit Rücktritt drohte, versprach Bundeskanzler Willy Brandt (SPD) Achenbachs Verzicht. Tatsächlich annullierte er dessen Nominierung, nahm ihn jedoch gegen die Vorwürfe in Schutz.

Ein Jahr später machte Achenbach noch einmal seinen Einfluss in einer wichtigen außenpolitischen Entscheidung geltend. Als Vorsitzender des Auswärtigen Ausschusses des

Bundestages blockierte er die Ratifizierung des von Brandt am 2. Februar 1971 unterzeichneten deutsch-französischen Zusatzabkommens zum Überleitungsvertrag. Dieser Vertrag vom 5.5.1955 hatte die Wiederaufnahme alliierter NS-Verfahren untersagt und dadurch die Anklage aller in Abwesenheit im Ausland verurteilten Kriegsverbrecher vor deutschen Gerichten verhindert.

Das Zusatzabkommen zwischen Frankreich und Deutschland sollte nun deutsche Neuanklagen der vor französischen Gerichten verurteilen NS-Täter gestatten. Unter dem Einfluss Achenbachs verweigerte der Koalitionspartner FDP seine Zustimmung zu diesem Abkommen. Erst 1974, nach diversen Protestaktionen französischer Widerstandskämpfer und nach neuerlicher Intervention der französischen Regierung, bemühte sich der neue Außenminister und künftige FDP-Chef Hans-Dietrich Genscher um die Zustimmung seiner Partei zur Ratifizierung des Abkommens.

AL

Lit.: Eckart Conze et al. (Hg.) (2010): *Das Amt und die Vergangenheit. Deutsche Diplomaten im Dritten Reich und in der Bundesrepublik*, München: Karl Blessing. Beate Klarsfeld (2003): »Politik und Protest. Die Überlebenden und ihre Kinder«, in: Anne Klein, Jürgen Wilhelm (Hg.): *NS-Unrecht vor Kölner Gerichten nach 1945*, Köln: Greven-Verlag, S. 167–176. Ullrich Herbert (1996): *Best. Biographische Studien über Radikalismus, Weltanschauung und Vernunft; 1903–1989*, Bonn: Dietz. Jörg Friedrich (1994): *Die kalte Amnestie. NS-Täter in der Bundesrepublik*, München: Piper.

II.C7 Mephisto-Verbot, juristische und literarische Kontroverse in den 1960er Jahren über Legalität und Legitimität des von Klaus Mann im Exil verfassten und 1936 in Amsterdam erstveröffentlichten Romans *Mephisto – Roman einer Karriere*.

Der von Mann im Theatermilieu der 1920er und 1930er Jahre angesiedelte Roman handelt von einem Schauspieler, an dem exemplarisch die Mentalität des Aufsteigers im Nationalsozialismus verdeutlicht wird. Der Protagonist Hendrik Höfgen wurde von Mann dabei mit zahlreichen Zügen des vor und nach 1945 erfolgreichen Schauspielers, Regisseurs und Intendanten Gustaf Gründgens versehen. Die sich fast ein Jahrzehnt hinziehende Auseinandersetzung um die Veröffentlichung des Romans in der Bundesrepublik kreiste nicht nur um Fragen der Kunstfreiheit, sondern auch um solche der personellen Kontinuität und des Stellenwertes kritischer Exilliteratur im Nachkriegsdeutschland.

Für die allgemeine Vernachlässigung der Exilliteratur in der frühen Bundesrepublik bezeichnend hatte sich Klaus Mann bis zu seinem Selbstmord 1949 vergeblich um die Neuauflage des Romans *Mephisto* bemüht. Klaus Manns Schwester Erika stimmte als Nachlassverwalterin 1956 einer Veröffentlichung des *Mephisto* im Ost-Berliner Aufbau-Verlag zu. Das jahrelange Bemühen um eine Neuauflage in einem bundesrepublikanischen Verlag hatte sich zuvor als aussichtslos erwiesen, unter anderem aufgrund von Einschüchterungsversuchen durch die Anwälte von Gustaf Gründgens, der sich durch den Roman diffamiert fühlte. Nicht zuletzt scheiterte eine Wiederveröffentlichung an der Rücksichtnahme auf die ungebrochene Popularität des Theatermanns. Gustaf Gründgens hatte nach der Machtübernahme der Nationalsozialisten dank der Protektion des Preußischen Ministerpräsidenten Hermann Göring und dessen Frau Emmy, einer Schauspielerin, bis 1945 einen bemerkenswerten Karriereaufstieg zum Generalintendanten des Preußischen Staatstheaters gemacht. Im Rahmen seiner →Entnazifizierung [I.A1] wurde ihm von seiner ehemaligen Belegschaft jedoch attestiert, seine Funktion als Preußischer Staatsrat und damit als Würdenträger des NS-Regimes dazu genutzt zu haben, vereinzelt antifaschistischen Kämpfern Schutz vor der Gestapo gewährt zu haben. Durch diese Entlastung konnte Gründgens, nach anfänglicher Internierung in sowjetischen Lagern, schon 1946 wieder im Theaterbetrieb tätig werden.

Als die Nymphenburger Verlagshandlung 1963 ankündigte, eine Neuauflage des *Mephisto* zu publizieren, stieß dies auf erbitterten Widerstand: Am 26.3.1964 klagte der Regisseur Peter Gorski vor dem Landgericht Hamburg auf Unterlassung. Gorski, Lebensgefährte, Adoptivsohn und Alleinerbe des am 7.10.1963 an einer Überdosis Schlafmittel verstorbenen Gründgens, sah durch den Roman dessen Persönlichkeitsrechte verletzt. Obwohl in erster Instanz abgewiesen, da das Landgericht den Schutz der Persönlichkeitsrechte als auf Lebzeiten beschränkt deutete, zog die Berufungsklage am 17.3.1966 beim Hamburger Oberlandesgericht (OLG) ein Verbot des seit September 1965 in der BRD vertriebenen Romans *Mephisto* nach sich.

Das OLG Hamburg folgte dabei Gorski, der argumentiert hatte, dass der Protagonist des Romans aufgrund von Lebenslauf und äußeren Merkmalen vom Leser unweigerlich mit der realen Person Gustaf Gründgens gleichgesetzt werden würde. Die vom Autor in der Figurengestaltung herausgestellten Charaktermerkmale, wie zum Beispiel das mitläuferische Karrierestreben Höfgens oder seine sadomasochistische Neigung, dienten allein der Diffamierung der realen Person. Diese Lesart des Werkes als Schlüsselroman führte zu einer Infragestellung seines Kunstgehalts. Der Roman wurde auch in den darauf folgenden Prozessen in höherer Instanz auf eine justiziable Meinungsäußerung reduziert, wodurch die Einschränkung der im Grundgesetz verankerten Kunstfreiheit durch ein mit Ehr- und Persönlichkeitsrechtsverletzung legitimiertes Zensurverfahren ermöglicht wurde. Dabei wurde übergangen, dass sich Klaus Mann bereits anlässlich der Erstveröffentlichung des Romans 1936 gegen die Zuschreibung »Schlüsselroman« verwahrt hatte. Er leugnete nie, dass ihm sein ehemaliger Schwager Gustaf Gründgens als Vorlage für die Figur Höfgen gedient habe. Er betonte jedoch, dass die Geschichte des Schauspielers, der seine Kunst in den Dienst des NS-Regimes stellt, um seinen Karriereaufstieg zu sichern, der Versuch einer Analyse der »soziologischen und geistigen Voraussetzungen« für die Etablierung des Nationalsozialismus sei: »Mir lag nicht daran, die Geschichte eines bestimmten Menschen zu erzählen […]. Mir lag daran: einen Typus darzustellen.«

Die weitere juristische Auseinandersetzung um Manns Roman zeigte indes schon bald, dass dieser nur vordergründig als Ausdruck einer persönlichen Auseinandersetzung zwischen Mann und Gründgens oder als anschauliches Beispiel einer Kollision der Kunstfreiheit mit dem Persönlichkeitsrecht verhandelt wurde. Der Roman wurde auch zum Spielball des Kalten Krieges, so etwa, als die Kläger die in der DDR 1956 publizierte Neuauflage des »Mephisto« vor dem OLG als Verleumdungskampagne Erika Manns im »Pakt mit dem kommunistischen Regime« darstellten. Das zentrale Konfliktpotential des *Mephisto* offenbarte sich mit der Urteilsfindung des OLG Hamburg im März 1966. Dabei entschied das OLG, dass der *Mephisto* eine »reine Schmähschrift in Romanform« sei: »Es geht nun nicht an, jedem in seinem Beruf tüchtigen Mann deswegen die Ehre abzuschneiden […], weil er auch unter dem neuen Regime weiter seinen Beruf ausübte.« Auf das Argument der Verteidigung, der Roman sei ein »kritisches Zeitbild« und daher von öffentlichem Interesse, erwiderte das OLG lapidar, die Allgemeinheit sei »nicht daran interessiert, ein falsches Bild über die Theaterverhältnisse nach 1933 aus der Sicht eines Emigranten zu erhalten«.

Das Urteil des OLG verdeutlicht, dass die Kritiker des *Mephisto* vor allem daran Anstoß nahmen, dass der Roman aus der Sicht eines Emigranten das Verhalten der nach 1933 in Deutschland verbliebenen Intelligenz, ihre moralische Integrität und den Wert der im »Dritten Reich« entstandenen Kunst hinterfragte. Die Auseinandersetzung um den *Mephisto* knüpfte an eine Kontroverse der unmittelbaren Nachkriegszeit an: den Streit zwischen den Exilierten und der inneren Emigration um Schuld und Wert von Kunst im Nationalsozialismus (→Exildebatte [I.C5]). Zudem erinnerte das Erscheinen des Romans unangenehm an das Problem personeller Kontinuitäten von Repräsentanten des »Dritten Reichs« in der Nachkriegsgesellschaft. Dieser Subtext des Konflikts wurde bald dadurch verdeckt, dass das *Mephisto*-Verbot zum Präzedenzfall der juristischen Bestimmbarkeit von Kunstfreiheit avancierte, als welcher es bis heute herangezogen wird, wenn das Persönlichkeitsrecht gegen das Recht auf Kunstfreiheit abgewogen wird, so geschehen etwa beim 2007 ausgesprochenen Verbot von Maxim Billers Roman »Esra«. Der Verleger der Nymphenburger Verlagshandlung Berthold Spangenberg wandte sich damals gegen diese durch den Instanzweg fortschreitende Entpolitisierung, indem er das *Mephisto*-Verbot als eine über den Einzelfall hinausreichende Auseinandersetzung skandalisierte: »Es ging um die Freiheit der Kunst, die Anerkennung der Emigration und ihres literarischen Ausdrucks als gültigen Teil der deutschen Geschichte.« Die Nymphenburger Verlagshandlung legte noch Ende 1966 mit der Begründung, dass die Freiheit der Kunst über das Persönlichkeitsrecht zu stellen sei, Revision gegen das Urteil des OLG ein. Der Revision wurde nicht stattgegeben und das vorangegangene Urteil so bestätigt. Der Bundesgerichtshof entschied am 20.3.1968, dass die Freiheit der Kunst ihre Schranken in der persönlichen Ehre Gründgens' fände. Die Nymphenburger Verlagshandlung legte daraufhin am 24.7.1968 Verfassungsbeschwerde ein, in der sie die Verletzung der Kunstfreiheit beanstandete, da alle Gerichtsinstanzen dem Werk prinzipiell den Rang eines Kunstwerks zugewiesen hatten. Der Erste Senat des Bundesverfassungsgerichts (BVerfG) kam in seinem Urteil am 24.2.1971 zu keiner einstimmigen Entscheidung: Lediglich die Hälfte der Richter vertrat die Auffassung, die Urteile der vorangegangenen Gerichte seien verfassungswidrig, womit die Verfassungsklage abgewiesen war. Die Nymphenburger Verlagshandlung veröffentlichte im Anschluss an die Entscheidung des BVerfG das 70-seitige Urteil, welches einem Extrakt des *Mephisto* gleichkam und dadurch der breiten Öffentlichkeit die Möglichkeit bot, sich selbst ein Urteil über den Fall zu bilden. Der Roman schien jedoch mit dem Urteil des BVerfG auf unbestimmte Zeit aus der Bundesrepublik verbannt.

Spangenberg verfolgte in den darauf folgenden Jahren weiterhin das Ziel, dem *Mephisto* zur Veröffentlichung zu verhelfen. 1980, ein Jahr nach der Uraufführung der Bühnenfassung des *Mephisto* von Ariane Mnouchkine am Théâtre du Soleil in Paris, publizierte Spangenberg das Textbuch zum Stück. Seit 1979 kursierte in der Bundesrepublik zudem ein Raubdruck des *Mephisto*; die Fahndung der Staatsanwaltschaft wurde jedoch überraschenderweise nach kurzer Zeit eingestellt. 1980 stand die Uraufführung der sich von der Romanvorlage durch eine wohlwollendere Darstellung des Protagonisten auszeichnenden, später mehrfach preisgekrönten und in der BRD, DDR und USA vom Publikum gefeierten Romanverfilmung von István Szabó in Cannes bevor. Zugleich war das Andenken Gründgens 17 Jahre nach seinem Tod gemindert. Dies ließ Spangenberg 1981 eine Neuauflage des *Mephisto* wagen. Die Staatsanwaltschaft ging trotz des offiziell nie aufgehobenen Verbots nicht gegen die Publikation vor. Der *Mephisto* erlangte damit – u.a. mithilfe einer Bühnenfassung und der populären, wenn auch nicht werkgetreuen Romanverfilmung – seinen Platz auch in der bundesrepublikanischen Literaturgeschichte.

EB

Lit.: Klaus Mann (1936): *Mephisto. Roman einer Karriere*, Amsterdam: Querido. Karina von Lindeiner-Stráský´(2013): *Die Mehrfarbigkeit der Vergangenheit. István Szabós Adaption von Klaus Manns Roman »Mephisto«*, Würzburg: Königshausen & Neumann. Anja Schiemann (2010): »Persönlichkeitsrechtsverletzung contra Kunstfreiheit – Die Mephisto-Entscheidung und ihre Auswirkung auf die neuere Rechtsprechung«, in: Claude D. Conter (Hg.): *Justitiabilität und Rechtmäßigkeit. Verrechtlichungsprozesse von Literatur und Film in der Moderne*, Amsterdam u.a.: Rodopi, S. 27-45. Matthias N. Lorenz (2009): *Literatur und Zensur in der Demokratie. Die Bundesrepublik und die Freiheit der Kunst*, Göttingen: Vandenhoeck & Ruprecht. Osman Durrani (2009): »›Der Mime triumphiert im Staat der Lügner‹. Klaus Manns ›Mephisto‹ im Lichte heutiger Erfahrung«, in: Stefan Neuhaus, Johann Holzner (Hg.): *Literatur als Skandal. Fälle-Funktionen-Folgen*, Göttingen: Vandenhoeck & Ruprecht, S. 361-367. Wilfried F. Schoeller (1996): »Unerwünschte Zeugenschaft: Klaus Mann«, in: Jörg Dieter Kogel (Hg.): *Schriftsteller vor Gericht. Verfolgte Literatur in vier Jahrhunderten*, Frankfurt a.M.: Suhrkamp, S. 266-280. Anke-Marie Lohmeier (1987): »Es ist also doch ein sehr privates Buch. Über Klaus Manns ›Mephisto‹, Gustaf Gründgens und die Nachgeborenen«, in: Heinz Ludwig Arnold (Hg.): *Klaus Mann*, München: Text+Kritik, S. 100-128. Eberhard Spangenberg (1986): *Karriere eines Romans. Mephisto, Klaus Mann und Gustaf Gründgens*, Reinbek bei Hamburg: Rowohlt. Klaus Oettinger (1981): »Kunst ist als Kunst nicht justiziabel – Der Fall ›Mephisto‹ – zur Begründungsmisere der Justiz in Entscheidungen zur Sache Kunst«, in: Manfred Fuhrmann, Hans Robert Jauß, Wolfhart Pannenberg (Hg.): *Theologie und Jurisprudenz und Literatur. Wissenschaft im hermeneutischen Gespräch*, München: Fink, S. 163-177.

II.D Widerstreitende Opfererfahrungen in Literatur und Film

II.D1 Tagebuch der Anne Frank, Tagebuchaufzeichnungen eines verfolgten jüdischen Mädchens, die zu einem zentralen Text der Holocaust-Literatur in den 1950er Jahren, nicht nur in Westdeutschland, sondern in der gesamten westlichen Welt wurden. Gelten die 1950er Jahre zu Recht in vielerlei Hinsicht als das Jahrzehnt des Schweigens über die Shoah, so stellt das *Tagebuch* eine Ausnahme dar.

Zwischen dem Juli 1942 und dem August 1944 hielt sich Anne Frank, zusammen mit ihren Eltern, ihrer Schwester und weiteren Personen, im Hinterhaus der Amsterdamer Prinsengracht 263 versteckt, bis die Gruppe schließlich denunziert, verhaftet und deportiert wurde. Annes Vater Otto überlebte als einziger; Anne Frank starb im März 1945 in Bergen-Belsen an Typhus. Am 12.6.1942, zu ihrem 13. Geburtstag, hatte Anne ein Tagebuch geschenkt bekommen, in dem sie die Ereignisse der folgenden Jahre bis zur Deportation sowie viele persönliche Reflexionen festhielt.

Nachdem 1947 die niederländische Originalausgabe erschienen war, folgten Übersetzungen ins Deutsche (1950 sowie 1955 das Taschenbuch) und Englische (1952). Enthusiastische Reaktionen erhielt 1955 eine Broadwayproduktion, die auf einer dramatisierten Fassung von Albert Hackett und Francis Goodrich-Hackett beruhte. Diese wiederum diente als Skriptvorlage für die erfolgreiche Hollywood-Verfilmung durch George Stevens aus dem Jahre 1959. Seither erlebte nicht nur das *Tagebuch* eine Neuauflage nach der anderen, auch die Erforschung von Annes Leben, ihres Textes sowie die Auseinandersetzungen um das *Tagebuch* wurden intensiviert.

Die verschlungene Editionsgeschichte verdeutlicht, dass die diversen Herausgeber, Autoren und Übersetzer zum Teil beträchtlich in den Text eingriffen. Erst seit 1986 (dt. 1988) liegt eine vollständige textkritische Ausgabe vor, in deren Einleitung detailliert auf die Überlieferungsgeschichte und die Rezeption eingegangen wird. Otto Frank hatte nach dem Krieg aus mehreren erhaltenen Manuskripten ein Typoskript angefertigt, aus dem er Passagen verbannte, in denen Anne zum Beispiel über ihre erwachende Sexualität sprach oder in denen noch lebende Personen erwähnt wurden. Weitere Veränderungen nahm der Amsterdamer Contact-Verlag vor. In die deutsche Fassung griff die Übersetzerin Anneliese Schütz ein. In Abstimmung mit Otto Frank änderte sie auch den Sinn einiger Passagen. So etwa, wo Anne von der Feindschaft zwischen Deutschen und Juden sprach oder wo sie bestritt, dass die deutsche Sprache eine Kultursprache sei. Aus der deutschsprachigen Version wurden somit Stellen getilgt, in denen die Feindschaft der Deutschen gegenüber den Juden erwähnt oder in denen die deutsche Kultur mit der nationalsozialistischen identifiziert wird.

Haben diese Manipulationen den Erfolg des Textes in Westdeutschland zweifellos befördert, so dürfte der Hauptgrund in einem anderen Charakteristikum liegen, das durch die amerikanischen Bearbeitungen verstärkt wurde. Das *Tagebuch*, vor allem aber das Theaterstück und der Film, wurden im Zeichen einer Universalisierung der Shoah rezipiert. Das *Tagebuch* fungierte so als breitgefächertes Identifikationsangebot, bei dem die spezifisch jüdische Opfererfahrung ausgeblendet wurde. Immer wieder wird in den Debatten um die Implementierung des Universalismus auf die Schlusswendung des Stücks und des Films verwiesen, wo Anne, nachdem sie schon verhaftet wurde, noch einmal mit den Worten zitiert wird: »Trotz allem glaube ich noch an das Gute im Menschen.«

Die Ergriffenheit des deutschen Publikums im Anschluss an die Theateraufführungen kommt in der zeitgenössischen Presse zur Sprache; es ist von Totenstille oder überlangem Klatschen die Rede. Frei von Vorwürfen an die Deutschen und porträtiert als verfolgtes Kind, kaum jedoch als ermordete Jüdin, gewann Anne Franks *Tagebuch*, so Alvin Rosenfeld, für die Deutschen eine exkulpierende Funktion: »In her name, they have, after all, forgiven themselves.« Hanno Loewy folgert, die Universalisierung der Anne Frank sei »die Vollendung ihrer Vernichtung«.

Peter Novick hat die Rede von der Universalisierung des Tagebuchs jüngst historisiert, indem er auf die Vorherrschaft partikularisierender Auslegungen in den letzten Jahrzehnten verweist: »Jede ›Universalisierung‹ Annes in den 1950er Jahren, die es sicher gab, verblaßt im Vergleich zu ihrer ›Partikularisierung‹ in den letzten Jahren. Das Tagebuch wurde gar nicht [...] zu einem optimistischen und universalistischen Dokument verfälscht; vielmehr war es bereits ein derartiges Dokument, und diese Tatsache hat es für viele, einschließlich des größten Teils der organisierten jüdischen Gemeinde, in den fünfziger Jahren attraktiv gemacht.« Nach dem Sechs-Tage-Krieg von 1967 änderte sich der

Diskurs in den USA grundlegend; in der Bundesrepublik gewann das veränderte Paradigma seit der Ausstrahlung der TV-Serie →Holocaust [V.B1] an Einfluss.

Einer der wenigen, die sich schon in den 1950er Jahren kritisch mit der deutschen Rezeption befassten, war Theodor W. Adorno (→Adorno-Diktum [I.B6]): »Man hat mir die Geschichte einer Frau erzählt, die einer Aufführung des dramatisierten Tagebuchs der Anne Frank beiwohnte und danach erschüttert sagte: ja, aber *das* Mädchen hätte man doch wenigstens leben lassen sollen.« Auch Adorno verweist auf das unbewusste Fortleben nazistischer Einstellungen, indem er fortfährt: »Der individuelle Fall, der aufklärend für das furchtbare Ganze einstehen soll, wurde gleichzeitig durch seine eigene Individuation zum Alibi des Ganzen, das jene Frau darüber vergaß.«

Das ›Ganze‹, an dem, so Adorno, nicht gerührt werden sollte, waren die Todesfabriken. Als ein weiterer Grund für die Kommensurabilität des *Tagebuchs* in den 1950er Jahren darf die Tatsache gesehen werden, dass Annes Tod nicht dargestellt wurde. Die Erforschung ihrer Biographie nach der Deportation, der Gedanke, dass sie – als eine unter Tausenden – in einem Bergen-Belsener Massengrab endete, trug zur Dekonstruktion der Imagination von dem Vergebung gewährenden Opfer bei.

Zu weiteren frühen Debatten um das *Tagebuch* gehört ein Streit um die Autorenrechte für die Bühnenbearbeitung, den Meyer Levin betrieb. Er war der Meinung, dass Anne in dem Theaterstück ihrer jüdischen Identität beraubt werde. Weiterhin äußerte sich 1960 Bruno Bettelheim, 1938/39 selbst im KZ inhaftiert, in einem umstrittenen Beitrag. Er macht Annes Eltern mitverantwortlich für ihren Tod: »Das Verhalten der Familie Frank, die ihr Leben so fortführen wollte, wie sie es immer getan hatte, hat wahrscheinlich zu ihrer Vernichtung geführt.« Flucht, Widerstand oder eine andere Form des Untertauchens wären angemessen gewesen; die Realitätsverleugnung vieler Juden habe ihren Untergang mit befördert. 1986 hat dann Sander Gilman Anne Frank in den Zusammenhang mit seinen Thesen über den jüdischen Selbsthass gebracht und dargelegt, in welcher Weise »die Figur der Anne Frank in den Mittelpunkt verschiedener Projektionen jüdischen Selbstzweifels rückte«.

Von den 1950er bis in die 1980er Jahre gab es immer wieder Versuche Rechtsradikaler, das *Tagebuch* als eine Fälschung darzustellen (→Revisionismus/Leugnung des Holocaust [II. B9]). In Deutschland wurde schon 1959/60 der erste Prozess geführt, in dessen Verlauf die Echtheit des Manuskripts gutachterlich bestätigt wurde. Nachdem 1978 der Revisionist Robert Faurisson die Authentizität erneut bezweifelt hatte, wies auch das Oberlandesgericht Frankfurt die Fälschungsvorwürfe ab. Erst mit dem Erscheinen der kritischen Ausgabe verebbten ab 1986 die revisionistischen Stimmen.

1960 wurde das Haus, in dem sich Anne Franks Versteck befand, als Museum und Dokumentationszentrum eingerichtet. Obwohl die Debatten um die diversen Aspekte des *Tagebuchs* inzwischen an Intensität verloren haben, bildet Anne Frank, die Alvin Rosenfeld »the most famous child of the twentieth century« nennt, seit nunmehr über 50 Jahren einen unverändert wichtigen Kristallisationspunkt bei der Überlieferung der Shoah.

SK

Lit.: Niederländisches Staatliches Institut für Kriegsdokumentation (Hg.) (1988): *Die Tagebücher der Anne Frank*, Frankfurt a.M. Peter Novick (2001): *Nach dem Holocaust. Der Umgang mit dem Massenmord*, Stuttgart: DVA. Hanno Loewy (1998): »Das gerettete Kind. Die ›Universalisierung‹ der Anne Frank«, in: Stephan Braese et al. (Hg.): *Deutsche Nachkriegsliteratur und der Holocaust*, Frankfurt a.M.: Campus, S. 19–41. Lawrence L. Langer (1995): »The Americanization of the Holocaust on Stage and Screen«, in: Ders.: *Admitting the Holocaust*, New York: Oxford Univ. Press, S. 157–177. Sander L. Gilman (1993): *Jüdischer Selbsthaß*, Frankfurt a.M.: Suhrkamp. Alvin H. Rosenfeld (1991): »Popularization and Memory: The Case of Anne Frank«, in: Peter Hayes (Hg.): *Lessons and Legacies*, Bd. 1, Evanston: Northwestern Univ. Press, S. 243–278. Willy Lindwer (1990): *Anne Frank. Die letzten sieben Monate*, Frankfurt a.M.: Fischer. Judith E. Doneson (1987): *The Holocaust in American Film*, Philadelphia u.a.: Jewish Publ. Soc. Bruno Bettelheim (1982): »Anne Frank – eine verpaßte Lektion«, in: Ders.: *Erziehung zum Überleben*, München: dtv, S. 252–265. Theodor W. Adorno (1977): »Was bedeutet: Aufarbeitung der Vergangenheit«, in: Ders.: *Gesammelte Schriften*, Bd. 10.2, Frankfurt a.M.: Suhrkamp, S. 555–572.

II.D2 Rechtfertigungsschriften, Argumentationsstrategien von literarischen Weggefährten des Faschismus, die sich in ihren Publikationen nach 1945 für ihr Schaffen vor oder während des »Dritten Reiches« rechtfertigten.

Zu den Schriftstellern, die in den 1950er Jahren nach anfänglichem Schreibverbot und →Entnazifizierungsverfahren (→Entnazifizierung [I.A1]) wieder ihre völkisch-nationalen Ideen in Neuauflagen älterer Werke oder in Neuerscheinungen einem immer noch bestehenden Rezipientenkreis darlegen wollten, gehören Autoren wie Hans Grimm, Max Barthel, Erwin Guido Kolbenheyer, Friedrich Griese, Werner Beumelburg, Gerhard Schumann und Edwin Erich Dwinger. Die Resonanz auf ihre Werke durch die bundesrepublikanische Öffentlichkeit kann eher als gering eingeschätzt werden, da sie nur in einem relativ begrenzten Raum Gleichgesinnter erfolgreich waren (→Ernst von Salomon: Der Fragebogen [II.D4]). Dennoch trugen zum einen die kleinen Verlage und Gesellschaften dieser Autoren durch gegenseitige Veröffentlichungen und zum anderen die Preisverleihungen durch das von Herbert Böhme – dem ehemaligen Reichsfachschaftsleiter für Lyrik in der Reichsschrifttumskammer – 1950 gegründete Deutsche Kulturwerk Europäischen Geistes zum Einkommen der Autoren bei. Hans Grimm und seine Tochter Holle bereiteten diesen national-konservativen Autoren mit den auf ihrem Anwesen stattfindenden Lippoldsberger Dichtertagen auch nach dem Tod des Schriftstellers im Jahre 1959 bis in die 1980er Jahre hinein ein Forum.

Andere Schriftsteller wie Hans Carossa, Arnolt Bronnen, Frank Thiess oder Gottfried Benn fühlten sich durch das vernichtende Verdikt Thomas Manns (→Exildebatte [I.C5]) über die Literatur im »Dritten Reich« zu einer Rechtfertigung herausgefordert, um ihre moralische Integrität wieder herzustellen. Dies unternahmen sie in Form der Autobiographie, deren Sichtweise im Grunde immer einem Rechtfertigungszwang unterliegt. Das Beispiel Gottfried Benns verdeutlicht dies. Der Exponent des literarischen Expressionismus in Deutschland erreichte in den 1950er Jahren eine fast komplette Rehabilitierung seiner Person. Ab 1948 durfte er in Deutschland wieder veröffentlichen. Die *Statischen Gedichte* von 1949 belebten seine Karriere wieder, die durch die Verleihung des Büchner-Preises im Jahr 1951 ihren Höhepunkt fand. Erst in den 1970er Jahren setzte wieder eine kritischere Rezeption Benns ein.

Benns Begeisterung für den Nationalsozialismus, die sich 1933 in Aufsätzen und Rundfunkreden wie *Züchtung, Der neue Staat und die Intellektuellen* und vor allem in der *Antwort an die literarischen Emigranten*, einer Replik auf einen privaten Brief Klaus Manns (→*Mephisto*-Verbot [II.C7]), zeigt, währte nur 20 Monate von der Machtergreifung 1933 bis zum Röhm-Putsch 1934. In dem Brief hatte Mann Benn unter anderem den Verbleib in der Preußischen Akademie der Künste vorgeworfen. In seiner 1951 veröffentlichten Biographie *Doppelleben* gestand Benn, er habe damals »in einer Art ›Schicksalsrausch‹« auf eine »Erneuerung des deutschen Volkes«, die einen Ausweg aus Rationalismus, Funktionalismus und zivilisatorischer Erstarrung finden würde«, gehofft. Außerdem habe er das Parteiprogramm der NSDAP nie studiert, sei auf keinen nationalsozialistischen Versammlungen gewesen, auch Hitlers *Mein Kampf* habe er nie gelesen. Seine vermeintliche politische Ahnungslosigkeit und strikte Trennung von Kunst und Politik traten auch in der naiven Frage zutage, wer damit habe rechnen können, dass Parteiprogramme verwirklicht würden. Bezogen auf Klaus Mann gestand er, dass jener die Situation damals richtiger beurteilt habe als er. Dennoch lassen sich in *Doppelleben* eine Fehleinschätzung der damaligen Lage und auch Trotz von Seiten Benns erkennen, wenn er das Verbleiben in Deutschland immer noch als das richtige Verhalten pries und fragte, warum die Emigranten ihre Fähigkeiten nicht in Deutschland eingesetzt hätten, um das Unheil von den Deutschen abzuhalten. Gerade Benns unbeugsame Position im Konflikt zwischen Exilliteratur und innerer Emigration trug wesentlich zu der Renaissance seines Werkes nach 1945 bei. Auch in diesem rasanten Wiederaufstieg in den 1950er Jahren weist der ›Fall Benn‹ große Parallelen mit dem des Philosophen Martin Heidegger auf (→Heidegger-Kontroverse [IV.C7]).

Ganz anders die eingangs genannten Autoren: Ruhm wurde ihnen in der BRD nicht mehr zuteil. Sie sahen sich als Opfer der Entnazifizierung, die unter den Meinungsmachern und dem gegen sie gerichteten Zeitgeist zu leiden hatten. Tatsächlich stellte lediglich ein Sechstel der Autoren national-völkisch-konservativer oder nationalsozialistischer Literatur nach 1945 das Schreiben ein, die meisten konnten ohne längere Pause weiterpublizieren. In ihren Rechtfertigungen bedienten sie sich gerne der Ausrede der inneren Emigration, um so ihr Schaffen während des Nationalsozialismus zu verharmlosen. Beliebt war auch eine widersprüchliche Taktik, die bei der Unterstellung explizit nationalsozialistischer Inhalte in ihren Büchern eine anscheinende Vernachlässigung oder gar Ächtung durch die NS-Kulturpolitik vorschob, beim Verweis auf Auszeichnungen durch die Reichsschrifttumskammer aber eine Unausweichlichkeit dieser Verleihungen aufgrund der Bedeutung des jeweiligen Dichters konstatierte.

Der NS-Dichter Gerhard Schumann ging noch einen Schritt weiter und machte sich in einem Beschwerdebrief an Albrecht Schöne anlässlich der Veröffentlichung von dessen *Über Politische Lyrik im 20. Jahrhundert* zum Widerständler. Ebenso verfuhr Edwin Erich Dwinger, der Autor des antibolschewistischen Bestsellers *Armee hinter Stacheldraht*, in seiner Rechtfertigungsschrift *Die 12 Gespräche* und erklärte sich zum Verschwörer gegen Hitler, zum Judenfreund, zum unerwünschten Autor innerhalb des Nationalsozialismus und zum harmlosen Chronisten. Gegen die Vereinnahmung seines Romans *Volk ohne Raum* (1926) als nationalsozialistische Literatur wehrte sich Hans Grimm in vielen Leserbriefen, Reden und Vorworten. Nur weil auch der seiner Meinung nach große Visionär Hitler die Bevölkerungsproblematik erkannt habe, sei diese Idee nicht per se nationalsozialistisch. Von der Judenvernichtung wollte er erst nach 1945 erfahren haben.

In den letztgenannten Beispielen deutet sich an, was in vielen Fällen die eigentliche Intention solcher Rechtfertigungen war: Sie dienten dazu, die alten Ideen wieder zu verbreiten, die historischen Tatsachen zu verdrehen und schon früh an einem Geschichtsrevisionismus zu arbeiten.

DM

Lit.: Torben Fischer (2007): »›Der Drang der Schriftsteller, eine öffentliche politische Rolle zu spielen, ist die Ursache ihres Verfalls.‹ NS-Engagement, innere Emigration und Erinnerungsdiskurs bei Gottfried Benn«, in: Walter Delabar, Ursula Kocher (Hg.): *Gottfried Benn (1886–1956). Studien zum Werk*, Bielefeld: Aisthesis, S. 181–199. Nicolas Berg (2004): »Intellektuelle Distanzen. Versuch über Gottfried Benn, Peter de Mendelssohn und die Frage nach dem Gegenteil von Gedächtnis«, in: Wolfram Mauser, Joachim Pfeiffer (Hg.): *Erinnern*, Würzburg: Königshausen & Neumann, S. 111–124. Michael Jaeger (1995): *Autobiographie und Geschichte. Wilhelm Dilthey, Georg Misch, Karl Löwith, Gottfried Benn, Alfred Döblin*, Stuttgart, Weimar: Metzler. Werner Rübe (1993): *Provoziertes Leben. Gottfried Benn*, Stuttgart: Klett-Cotta. Kai-Uwe Scholz (1993): *Prominente Schriftsteller des Dritten Reichs und ihre ›zweite Schuld‹. Eine vergleichende Untersuchung von Nachkriegspublikationen der Autoren Erwin Guido Kolbenheyer, Hans Friedrich Blunck und Hans Grimm*, Mikrofiche-Ausgabe. Helmut Peitsch (1990): »*Deutschlands Gedächtnis an seine dunkelste Zeit«. Zur Funktion der Autobiographik in den Westzonen Deutschlands und den Westsektoren von Berlin 1945–1949*, Berlin: Sigma. Christiane Deussen (1987): *Erinnerung als Rechtfertigung. Autobiographien nach 1945. Gottfried Benn, Hans Carossa, Arnolt Bronnen*, Tübingen: Stauffenberg. Jörg Thunecke (Hg.) (1987): *Leid der Worte. Panorama des literarischen Nationalsozialismus*, Bonn: Bouvier. Albrecht Schöne (1972): *Über Politische Lyrik im 20. Jahrhundert*, Göttingen: Vandenhoeck & Ruprecht. Heinz Brüdigam (1965): *Der Schoß ist fruchtbar noch...Neonazistische, militaristische, nationalistische Literatur und Publizistik in der Bundesrepublik*, Frankfurt a.M.: Röderberg.

II.D3 Gruppe 47, einflussreichster Zusammenschluss von Schriftstellern in der Bundesrepublik, den nach eigenem Bekenntnis die Zugehörigkeit zur →Jungen Generation [I.C8] sowie ein »antifaschistischer Konsens« einte. Anfang September 1947 trafen sich im Allgäu etwa 15 Autoren, unter ihnen Wolfdietrich Schnurre, Hans Werner Richter, Walter Kolbenhoff, Nicolaus Sombart und Walter Guggenheimer, um aus ihren aktuellen Produktionen vorzutragen und sie der spontanen Gruppenkritik auszusetzen. Noch vor ihrem zweiten Treffen im November desselben Jahres gaben die Autoren sich den Namen »Gruppe 47«; sie kam in sich wandelnder, im Umfang stark zunehmender Zusammensetzung fortan halbjährlich, später jährlich zusammen, ihre letzte Sitzung fand im Oktober 1967 im Gasthof »Pulvermühle« bei Bayreuth statt. Die Gründungsmitglieder stammten aus dem Umkreis der Zeitschrift *Der Ruf – Blätter der jungen Generation*. Diese von der US-Militärregierung initiierte und von Richter und Alfred Andersch herausgegebene Nachkriegszeitschrift artikulierte ein Selbstverständnis der aus dem Krieg zurückgekehrten ehemaligen Wehrmachtsangehörigen, das auch für die Gruppe 47 einflussreich blieb. Bei aller entschiedenen Verurteilung der NS-Diktatur, des Angriffskrieges und ihrer Massenverbrechen beharrten Richter und Andersch in ihren *Ruf*-Beiträgen auf der Unschuld der »Kämpfer von Stalingrad, El Alamein und Monte Cassino [...] an den Verbrechen von Dachau und Buchenwald«. Bereits im Dezember 1946 sieht Andersch die deutsche Schuld an den NS-Verbrechen durch die alliierten Bombenangriffe, die Vertreibung aus den Ostgebieten, die schlechte Ernährungslage und »die babylonische Gefangenschaft von Millionen früherer Soldaten« kompensiert. Und schon im März 1947 findet sich in einem Beitrag Richters jene prekäre Parallelisierung zwischen den Erfahrungen des KZ-Häftlings und des Soldaten (»der Mensch unserer Zeit [...], der durch die Konzentrationslager und über die Schlachtfelder unserer Zeit ging«), die konstitutiv für die deutschsprachige literarische Arbeit an der NS-Vergangenheit werden sollte. Anderschs beim zweiten Gruppentreffen gehaltener Vortrag *Deutsche Literatur in der Entscheidung* überträgt viele der bereits im *Ruf* artikulierten Dispositionen in eine existentialistisch gerahmte literaturpolitische Programmatik. Ins Zentrum künftigen Schreibens rückt Andersch den »Kern unseres Erlebens«, den Krieg; der »Faschismus« wird als »ein Zeichen [...] der apokalyptischen Situation des Menschen« gelesen. Der Literatur des Exils wird hingegen dort, wo sie einer »Neigung zur Tendenz« nachgegeben habe oder sonst durch die Abtrennung »vom Raum der deutschen Sprache« einer »unheilvollen Isolation« zum Opfer gefallen sei, eine klare Absage erteilt; wer jetzt noch im Exil sei, wird zur Rückkehr aufgefordert, da nur sie das »Wieder-Anteilnehmen«, das Ende der »Ressentiments«, die erforderliche »Objektivation der Nation gegenüber« gewährleiste. Der etwa vom Kritiker Roland Wiegenstein beobachtete »antifaschistische Konsens« verbindet sich im Selbstverständnis der Gruppe vor allem in den ersten Jahren ihres Bestehens mit der Ablehnung des Nürnberger Kriegsverbrechertribunals (→Nürnberger Prozess [I.A3]), der Titulierung deutscher Mitarbeiter der Militärregierungen als »Mitläufer« und jeder Zusammenarbeit mit den Besatzungsbehörden als »Kollaboration«. Das Bekenntnis zum Antifaschismus bei gleichzeitigem Verzicht auf jede Form der Offenlegung eigener Verstrickungen in den Jahren 1933 bis 1945 erweist sich als eine Formel, die erhebliche Anziehungskraft im sich neu entfaltenden Literaturbetrieb zunächst der Westzonen, dann der jungen Bundesrepublik ausübt. Einladungen an Verleger, Lektoren und Redakteure – manche Teilnehmer füllten diese Positionen in Personalunion aus – schufen über die Jahre ein enges Netzwerk innerhalb des westdeutschen Literaturbetriebs, in dem Autoren ›entdeckt‹, Verlagsverträge vermittelt sowie Öffentlichkeiten hergestellt und vergrößert wurden. Besondere Bedeutung kam dabei den professionellen Kritikern unter den ständigen Gruppenmitgliedern wie Joachim Kaiser, Marcel Reich-Ranicki, Fritz J. Raddatz, später Reinhard Baumgart und Hellmuth Karasek, zu. Der 1950 erstmals (an Günter Eich) verliehene »Preis der Gruppe 47« trug dazu bei, nicht nur die Prominenz der Gruppe, sondern zugleich ihr gesellschaftliches Prestige als eine der einflussreichsten Formationen im westdeutschen Kulturbetrieb auszubauen und zu festigen. Als die Gruppe 1964 Schweden besuchte, polemisierte ein schwedischer Kritiker, sie suggeriere, »die abendländische Literatur beginne mit der Gruppe 47«. Zahlreiche der bedeutendsten Autoren deutscher Sprache nach 1945 haben mal mehr, mal weniger kontinuierlich an den Tagungen der Gruppe teilgenommen, unter ihnen neben den bereits genannten Ingeborg Bachmann, Günter Eich, Hans Magnus Enzensberger, Erich Fried, →Günter Grass (*Im Krebsgang* [VI.D6]), Helmut Heissenbüttel, Wolfgang Hildesheimer, Uwe Johnson, Alexander Kluge (→Neuer Deutscher Film [IV.A10]), Siegfried Lenz, Peter Rühmkorf, →Martin Walser (*Tod eines Kritikers* [VI.E2]; →Walser-Bubis-Debatte [VI.A4]) und →Peter Weiss (*Die Ermittlung* [III.A6]).

Hinsichtlich des Beitrags der Gruppe 47 zur literarischen Arbeit an der NS-Vergangenheit entsteht ein komplexes Bild, das jedoch weniger in der Verschiedenheit ihrer Mitglieder als in der Beschaffenheit der Gruppe gründet. Zwar hatte Grass, Autor des 1959 erschienenen Welterfolgs *Die Blechtrommel*, 1961 die in der Gruppe vorherrschende Anschauung formuliert, dass es für sie »kein Verdienst, sondern selbstverständlich« sei, die Jahre der NS-Herrschaft literarisch zu thematisieren – doch im Kontext jener Positionen, die die Gründung der Gruppe bestimmt hatten, wurde diese Forderung eher als Auflage und Appell wahrgenommen statt als Konsequenz, die aus der persönlichen Geschichte der Autoren und der Einsicht in die Faktizität der Massenvernichtung erarbeitet wurde. In der Praxis der Tagungen äußerte sich das als fortwährende Ambivalenz: Zwar wurde Ilse Aichinger 1952 in Niendorf für ihre *Spiegelgeschichte* mit dem Preis der Gruppe ausgezeichnet, doch auf derselben Sitzung wurde Paul Celan (→Goll-Affäre [II.D8]), der unter anderem die *Todesfuge* vortrug, ausgelacht und sein Vortragsstil in der Gruppenkritik mit dem von NS-Propagandaminister Joseph Goebbels verglichen. Im gleichen Jahr hatte Richter dem Exilautoren Hermann Kesten noch eine Art antifaschistisches Bündnis zwischen einstiger Exilliteratur und deutschsprachiger Gegenwartsliteratur angetragen – knapp ein Jahrzehnt später (1961) schreibt Richter in einem Brief: »Kesten ist Jude, und wo kommen wir hin, wenn wir jetzt die Vergangenheit untereinander austragen, d.h. ich rechne Kesten nicht uns zugehörig, aber er empfindet es so.« Kesten hatte früh in dem nie diskutierten Verhalten vieler Gruppenmitglieder in der NS-Zeit eine entscheidende Disposition der Gruppe erkannt und dieses bereits ab 1951 öffentlich kritisiert. Ungeachtet expliziter Einladungs- und Diskurspolitik und öffentlicher Kontroverse entsteht in den literarischen Werken ein durchaus ambivalentes Bild der Gruppe. Nicht nur sind etwa mit Wolfgang Koeppens Roman-Trilogie (*Tauben im Gras, Das Treibhaus, Der Tod in Rom*; 1951–54) und →Rolf Hochhuths *Der Stellvertreter* [III.C2] (1963) einige der paradigmatischen literarischen Arbeiten zu NS-Epoche und -Erbe in der deutschsprachigen Nachkriegsliteratur ganz außerhalb des Gruppenzusammenhangs entstanden. Das Werk Heinrich Bölls, eines der Galionsfiguren literarischer Aufarbeitung der NS-Vergangenheit, blieb lange geprägt von einer prekären Stilisierung des ›kleinen Landsers‹ zum Opfer, die, wie in *Wo warst Du, Adam?* (1951), auch eine explizite Parallelisierung zu den jüdischen Verfolgten des NS-Regimes nicht scheute. Von diesem Schema abweichende Texte, wie etwa Wolfgang Hildesheimers *Tynset* (Lesung aus dem Manuskript 1963), wurden dagegen kaum beachtet. In welchem Maß das Verhältnis der Gruppe 47 zur Epoche des Nationalsozialismus in ihrem Kern nie selbstreflexiv bearbeitet wurde, lasen im Verlauf der Princetoner Tagung im April 1966 auch Außenstehende an ihrer literarischen Produktion ab. In einer legendären Spontankritik geißelte der Gast Peter Handke die »Beschreibungsimpotenz« der Gruppe in der Konfrontation mit dem Holocaust. Die *New York Times Book Review* bemerkte eine »vage und unspezifizierte Aura von Schuld [...], ähnlich der Sentimentalisierung der Anne Frank und dem Philosemitismus, der jetzt in gewissen deutschen Kreisen Mode ist« (→*Tagebuch der Anne Frank* [II. D1]). Im Jahr darauf findet die letzte Tagung statt: Unter dem Druck der durch die antiautoritäre Bewegung (→»1968« [IV.A1]) an die Gruppe herangetragenen Forderungen und den unterschiedlichen Konsequenzen, die ihre Mitglieder aus ihnen zogen, endete jene Homogenität, die Richter als Voraussetzung ihrer Zusammenkünfte wahrgenommen hatte.

Das Bild der Gruppe 47 in der Forschung war lange Zeit geprägt und vorgeprägt nicht nur durch die jahrzehntelange, meist beifällige Berichterstattung der Feuilletons (häufig durch Gruppenmitglieder in den Redaktionen), sondern auch durch die von Hans Werner Richter oder gruppennahen Autoren wie Hans A. Neunzig herausgegebenen Sammel- und Erinnerungsbände, die den Mythos der Gruppe 47 als lose Vereinigung befreundeter Schriftsteller, die den Wiederanschluss der deutschsprachigen Literatur an die Moderne bewerkstelligt hätte, fortgeschrieben und bis über die 1980er Jahre hinaus am Leben erhielten. Trotz wichtiger Studien, wie der von Friedhelm Kröll oder Heinz Ludwig Arnold, die etwa den Ausschluss der Exilliteratur kritisch vermerken, hat sich die Literaturwissenschaft erst im Verlaufe der 1990er Jahre von diesem Bild – auch auf der Grundlage neu erschlossener Quellen wie den Briefen Richters – zu lösen vermocht. Die Aufdeckung der Mitgliedschaft namhafter Gruppenmitglieder in der NSDAP (Walter Jens, Martin Walser, Walter Höllerer, 2003 →NSDAP-Mitgliedschaften [VI.F9]) oder der Waffen-SS (Günter Grass, 2006 →Günter Grass' Waffen-SS-Mitgliedschaft [VI.F8]), die beträchtliches öffentliches Aufsehen erregte, versetzte die beginnende Revision der Forschung mit zusätzlicher Dringlichkeit. Das Erscheinen der Studie *Missachtung und Tabu – Eine Streitschrift zur Frage: ›Wie antisemitisch war die Gruppe 47?‹* von Klaus Briegleb im Winter 2002/2003, in der die Frage nach dem Beitrag der Gruppe zur ›Bewältigung‹ der NS-Epoche und ihrer Verbrechen die Leitfrage der Bewertung bildete, provozierte eine in weiten Teilen erregte öffentliche Debatte, die ein weiteres Mal die tiefe Verankerung der Gruppe in der Gesellschaft der Bundesrepublik und ihre Bedeutung für das Selbstverständnis mehrerer Generationen ihrer kulturellen Elite dokumentiert. Es scheint, dass gerade diese Verankerung wohl nur im Zusammenhang mit der zutiefst ambivalenten Funktion verstanden werden kann, die die Gruppe 47 in der Geschichte einer künstlerischen Bewältigung des Nationalsozialismus und seiner Verbrechen eingenommen hat.

StB

Lit.: Alfred Andersch (1947): *Deutsche Literatur in der Entscheidung. Ein Beitrag zur Analyse der literarischen Situation*, Karlsruhe: Volk und Zeit. Hans Werner Richter (Hg.) (1962): *Almanach der Gruppe 47. 1947–1962*, Reinbek bei Hamburg: Rowohlt. Hans Werner Richter (1993): *Im Etablissement der Schmetterlinge. Einundzwanzig Portraits aus der Gruppe 47*, München: Hanser. Stephan Braese (³2010): *Die andere Erinnerung. Jüdische Autoren in der westdeutschen Nachkriegsliteratur*, München: edition text + kritik. Klaus Briegleb (2003): *Missachtung und Tabu. Eine Streitschrift zur Frage: ›Wie antisemitisch war die Gruppe 47?‹*, Berlin, Wien: Philo. Stephan Braese (Hg.) (1999): *Bestandsaufnahme. Studien zur Gruppe 47*, Berlin: Schmidt. Sabine Cofalla (Hg.) (1997): *Hans Werner Richter – Briefe*, München, Wien: Hanser. Heinz Ludwig Arnold (1987): *Die Gruppe 47. Ein kritischer Grundriß*, München: Text+Kritik. Hans A. Neunzig (Hg.) (1979): *Hans Werner Richter und die Gruppe 47*, München: Nymphenburger Verlagsanstalt. Friedhelm Kröll (1977): *Die »Gruppe 47«. Soziale Lage und gesellschaftliches Bewusstsein literarischer Intelligenz in der Bundesrepublik*, Stuttgart: Metzler. Reinhard Lettau (Hg.) (1967): *Die Gruppe 47. Bericht, Kritik, Polemik. Ein Handbuch*, Neuwied, Berlin: Luchterhand.

II.D4 Ernst von Salomon: *Der Fragebogen*,

autobiographische Rechtfertigungsschrift und Persiflage des alliierten Entnazifizierungsfragebogens (→Entnazifizierung [I.A1]) aus dem Jahr 1951, die zu einem der ersten Bucherfolge der bundesrepublikanischen Literatur wurde. *Der Fragebogen* reihte sich in die Flut autobiographischer Texte in den ersten Nachkriegsjahren ein, in denen vor allem Literaten der inneren Emigration (etwa Ernst Jüngers *Strahlungen*, Gottfried Benns *Doppelleben*, 1950), aber auch des Exils und der →Jungen Generation [I.C8] ihre Erfahrungen und Schicksale zu reflektieren und ihre jeweils ganz unterschiedlichen Positionierungen zu rechtfertigen versuchten (→Rechtfertigungsschriften [II.D2]). Diese Intention teilten die literarischen Autobiographien mit der quantitativ rasch anschwellenden Erinnerungs- und Memoirenliteratur, auf die bald auch ehemalige Funktionsträger des »Dritten Reiches« wie der Leiter der Rundfunkabteilung im Propagandaministerium Hans Fritzsche (*Es sprach Hans Fritzsche*, 1949) oder der erste Chef der Gestapo Rudolf Diels (*Lucifer ante portas ... Es spricht der erste Chef der Gestapo*, 1950) zurückgriffen, um ihre moralische Integrität zu unterstreichen bzw. über den Umweg einer *Abrechnung mit Hitler* – so der Titel der Autobiographie von Reichsminister Hjalmar Schacht – wieder herzustellen. Von diesen Texten unterscheidet sich Ernst von Salomons *Fragebogen* nicht in der grundsätzlichen Stoßrichtung, eine Apologie der eigenen Biographie schreiben zu wollen, sehr wohl aber im Grad der Popularisierung. Binnen weniger Jahre erreichte *Der Fragebogen* sechsstellige Auflagenzahlen und erlebt – was angesichts des scheinbar zeitgebundenen Themas überrascht – bis zum heutigen Tag kontinuierliche Neuauflagen (zuletzt erschien 2011 die 19. Auflage).

In den 1950er Jahren war Salomon, anders als heute, wo er trotz des *Fragebogens* zumindest von der Forschung weitgehend vernachlässigt wird, kein unbekannter Autor. Dies lag an seinen noch aus der Weimarer Republik herrührenden Bucherfolgen ebenso wie an seiner

Biographie, die ihm noch heute für rechte Kreise eine fragwürdige Attraktivität verleiht. Geprägt durch die konservativ-militaristische Erziehung in preußischen Kadettenanstalten schloss sich der 1902 in Kiel geborene Salomon nach dem jugendbedingten Ausschluss von den Kampfhandlungen des Ersten Weltkrieges verschiedenen Freikorpsverbänden an und war an der Niederschlagung revolutionärer Unruhen in Deutschland, an den »Grenzlandkämpfen« im Baltikum und nach seiner Rückkehr am Kapp-Putsch beteiligt. Nach der Auflösung der Freikorpsverbände stieß er zu der rechtsextremen Organisation Consul (O.C.) des ehemaligen Korvettenkapitäns Hermann Ehrhardt und stieg schnell zu dessen persönlichem Assistenten auf. 1922 gehörte Salomon als Mitglied der O.C. zu den Beteiligten am Mord an Außenminister Walther Rathenau und wurde in einem zeitgenössisch viel beachteten Prozess wegen Beihilfe zum Mord zu einer Freiheitsstrafe von fünf Jahren verurteilt. Nach seiner Haftzeit verkehrte Salomon in nationalrevolutionären Kreisen und pflegte engen Kontakt mit Schriftstellern und Publizisten der Konservativen Revolution wie Friedrich Hielscher, Hans Zehrer, Arnolt Bronnen oder Ernst Jünger. Salomon begann, ermutigt durch den Verleger Ernst Rowohlt, eine zweite Karriere als Autor autobiographisch geprägter Großessays (*Die Geächteten*, 1930; *Die Kadetten*, 1933) und entfaltete eine rege journalistische Tätigkeit insbesondere für Zeitungen der Landvolkbewegung.

Vor diesem biographischen Hintergrund schildert und reflektiert *Der Fragebogen* Salomons Leben und Wirken in der Weimarer Republik, während des Nationalsozialismus und in der unmittelbaren Nachkriegszeit, formal orientiert an den Abschnitten und Fragen des Entnazifizierungsfragebogens. Versucht der Text schon durch seine äußere Gestalt und die ausführlichste Beantwortung der Fragen die Entnazifizierung als bürokratische Monstrosität darzustellen, ist *Der Fragebogen* auf inhaltlicher Ebene durch zwei Strategien geprägt, die mit der Kritik an der Entnazifizierung aufs engste verwoben sind: *Der Fragebogen* präsentiert Salomon selbst, aber auch das deutsche Volk insgesamt in einer oppositionellen Haltung zum Nationalsozialismus, der konsequent mit einer kleinen parteitreuen Führungsschicht gleichgesetzt, nicht im Ansatz aber als gesellschaftliche Realität verstanden wird. Bei Salomon sind es seine indirekten, gleichwohl aber ausführlich geschilderten Kontakte zu Widerstandsgruppierungen und seine Arbeit beim Film, die als Beleg einer Gegnerschaft herangeführt werden: Salomons Porträt des deutschen Films im Nationalsozialismus als »neutrales Ausland« (→Veit Harlan-Prozess [II.C3]), als ideologiefreier Raum ohne Kompromittierung durch die Realität des NS-Staates, offenbart sich angesichts seiner Mitarbeit am Drehbuch des antienglischen und antisemitischen Propagandafilms CARL PETERS (1940/41) vollends als verfälschende Irreführung.

Die vielfältigen biographischen und gesamtgesellschaftlichen Entschuldungsansätze des Textes münden in zwei umfangreiche Schlussabschnitte, in denen die zuvor vorgeführte Distanz zum Nationalsozialismus durch das angeblich menschenverachtende, arrogante und durch politische Dummheit geprägte Verhalten der amerikanischen Besatzer kontrastiert wird. Rasch fügt sich im *Fragebogen* das Bild eines teils arglosen, teils bösartigen amerikanischen Unrechtsregimes zusammen: Die Amerikaner in Salomons *Fragebogen* stehlen in großem Stil Uhren, quälen die örtliche Bevölkerung durch die Vernichtung der ohnehin knappen Lebensmittelvorräte und sie hegen zudem eine offen zur Schau getragene Faszination für das NS-Regime, insbesondere für die SS (»I like the As-As! The As-As is a good fighting troop and I am a good fighting man, and if I were German, I were in the As-As.«).

Der geschickte dramaturgische Aufbau des Textes gipfelt schließlich in der Schilderung von Salomons Festsetzung als »security threat« in verschiedenen amerikanischen Internierungslagern, die mit einer offensiven Täter-Opfer-Umkehr verbunden wird. Schon im Anschluss an die Konfrontation mit den bildlichen Zeugnissen der Massenvernichtung (→Reeducation [I.A2]) wird die Praxis der Besatzung direkt mit dem Holocaust gleichgesetzt: »Ille sagte: ›Als ich heute die Bilder sah, da wußte ich: es muß alles bezahlt werden!‹ Ich rief: ›Aber doch nicht in gleicher Münze! Das ist ja Wahnsinn! Dann hat es ja nie ein Ende!‹.« Das »Zahlen« für die NS-Massenvernichtungsverbrechen wird in der Schilderung der Internierungslager mit

Inhalt gefüllt, die in mehrfacher Hinsicht in eine bruchlose Kontinuität zu den Konzentrationslagern gerückt werden: Die Zustände sind menschenunwürdig, die Gefangenen – auch Salomons jüdische Lebensgefährtin Ille – werden geschlagen und gefoltert, die Ernährungssituation und die hygienischen Zustände sind katastrophal, die Aufseher tumbe, ewig fluchende Sadisten; zudem übernehmen ehemalige Kapos die Herrschaft und besetzen alle wichtigen Posten im Lager. Seine Mitinhaftierten werden von Salomon demgegenüber entweder als Unschuldige oder aber schuldlos schuldig Gewordene porträtiert: ehrlich-biedere Ortsgruppenleiter, »alte verdiente Kriminalbeamte«, die zum Dienst bei der Gestapo »einfach befohlen worden waren«, kameradschaftliche Waffen-SS-Leute, leicht weltfremde höhere Beamte, menschlich-hilfsbereite KZ-Ärzte und schließlich Mitglieder der Generalität, die unter den Lagerbedingungen allerdings, wie Salomon ironisch feststellt, größere Teile ihrer Würde einbüßen. Salomon bedient sich geschickt des in der Nachkriegszeit allgegenwärtigen Mythos der →Kollektivschuldthese [I.C2] und suggeriert zudem Parallelen zwischen NS-Massenverbrechen und dem vermeintlichen Unrecht der amerikanischen Besatzungszeit. Die wenigen inhaltlichen Bemerkungen zum Holocaust und zur ohne jede Distanzierung akzeptierten ›Judenfrage‹ radikalisieren diese Gleichsetzung sogar noch: Nicht nur trägt die im *Fragebogen* von Salomons Lebensgefährtin Ille referierte Idee des Autors, die »Judenfrage könne überhaupt nur auf der nationalen Basis gelöst werden«, indem sich die Juden rückhaltlos zur Nation bekennen, deutliche Züge eines assimilatorischen Antisemitismus; entlarvend ist vor allem die ebenso relativierende wie verharmlosende Bemerkung zum Holocaust: »[...] als sich die Amerikaner entschlossen, den Inhalt des Topfes, in den sie alles hineingeworfen hatten, einige Male durch ein Sieb zu schütten, purzelten etwa ebenso viel Kategorien heraus wie im jüdischen Topf waren, dessen Inhalt nicht durch ein Sieb zu schütten die zweitgrößte Schuld der ›terribles simplificateurs‹ war, hinter ihrer größten Schuld, den gesamten Inhalt zu verkochen.« Die bestenfalls unsensible Wahl der Bildlichkeit korrespondiert mit der Andeutung, auch die Nationalsozialisten hätten es an einer siebenden ›Auswahl‹ fehlen lassen. So bleibt in den prekären erinnerungspolitischen Konstruktionen des *Fragebogens*, die ein bezeichnendes Licht auf die Erinnerungskultur der 1950er Jahre werfen, die Frage im Raum stehen, wie Salomon den Holocaust eingeschätzt hätte, wenn nur die sich nicht zu ihrer Nationalität bekennenden Juden, und nicht der »gesamte Inhalt«, ›verkocht‹ worden wäre.
TF

Lit.: Ernst von Salomon (1951): *Der Fragebogen*, Hamburg: Rowohlt. David Oels (2013): *Rowohlts Rotationsroutine. Markterfolge und Modernisierung eines Buchverlags vom Ende der Weimarer Republik bis in die fünfziger Jahre*, Essen: Klartext. Jost Hermand (2002): *Ernst von Salomon. Wandlungen eines Nationalrevolutionärs*, Stuttgart, Leipzig: Hirzel. Ulrich Bielefeld (1997): »Die Nation als Geheimnis. Ernst von Salomon und das ›angedrehte Wir‹ des Volkes«, in: *Mittelweg 36* 6, H. 1, S. 4–19. Martin Sabrow (1994): *Der Rathenaumord. Rekonstruktion einer Verschwörung gegen die Republik von Weimar*, München: Oldenbourg. Markus J. Klein (1992): *Ernst von Salomon. Eine politische Biographie*, Diss. Univ. Kiel. Helmut Peitsch (1990): »*Deutschlands Gedächtnis an seine dunkelste Zeit.« Zur Funktion der Autobiographik in den Westzonen Deutschlands und den Westsektoren von Berlin 1945 bis 1949*, Berlin: Ed. Sigma.

II.D5 Landser-Hefte, kriegsverherrlichendes Periodikum trivialliterarischer Prägung, das seit den späten 1950er Jahren wöchentlich episodenhafte Geschichten über deutsche Soldaten im Zweiten Weltkrieg veröffentlicht. Neben den Einzelheften erscheinen zweiwöchentlich zu so genannten »Großbänden« zusammengefasste Landser-Sammelbände sowie monatlich eine Serie über maritime Kriegsgeschichten mit dem Titel *SOS – Schiffsschicksale auf den Meeren der Welt*. Wegen der nicht transparenten Informationspolitik des Heftchenverlages kann die Auflage nur geschätzt werden. Sie soll um die 60.000 Exemplare pro Woche liegen. Erschienen sind bislang ca. 2.500 Einzelhefte, 1.200 Sammelbände und über 100 SOS-Hefte. Die Leserschaft der Landser-Hefte wird vor allem unter männlichen Erwachsenen und Jugendlichen vermutet. Seit Anfang der 1960er Jahre werden die Landser-Hefte immer wieder als jugendgefährdend bezeichnet.

Das erstmalige Erscheinen der Heftchen-Serie Der *Landser* im Jahr 1957, damals im Pabel-, heute im Pabel-Moewig-Verlag, ging einher mit der aufkommenden Popularisierung von den Krieg thematisierenden Stoffen durch Illustrierte und Kinofilme in den 1950er Jahren (→Kriegsfilmwelle [II.D7]). Damit waren die Landser-Hefte Teil einer nationalistischen Publizistik, die sich im Kontext der jüngst erfolgten →Wiederbewaffnung [II.B7] der Bundesrepublik um eine grundlegende Revision des Bildes vom deutschen Soldaten und seiner Rolle während des vergangenen Krieges bemühte. Dieses in den Landser-Heften propagierte Bild des Frontsoldaten unterschied sich zwar vom soldatischen Ideal der NS-Propaganda, noch wesentlicher aber von dem im Zuge der Remilitarisierung propagierten Verständnisses vom »Staatsbürger in Uniform«. Insgesamt wird in dem Periodikum bis heute versucht, die Festigung und Aufrechterhaltung des Mythos von der »ehrenhaften« und »sauberen« Wehrmacht (→Wehrmachtsaustellung [VI.A1]) zu betreiben.

Den Protagonisten in den Landser-Heften werden deshalb von den Autoren als Eigenschaften die Bewahrung eines guten Charakters in einem unanständigen Krieg und Leidensfähigkeit zugeschrieben. Diese korrespondieren mit den Charakteristika Mut, Ehre, Tapferkeit und Gehorsam als Bereitschaft, jeden erteilten Befehl auch über das erforderte Maß hinaus auszuführen, wenn nötig mit selbstzerstörerischem Heroismus. Den Soldaten ist dabei eine fatalistische Weltsicht zueigen: In etwas hineingeraten, das sie selbst nicht zu verschulden haben, fügen sie sich in die bestehenden Verhältnisse und kultivieren so die genannten Tugenden. Die Konsequenz aus dieser Einsicht ist paradoxerweise kein teilnahmsloses Mitmachen, sondern gesteigerte Opferbereitschaft und Kampfeswille.

Die Soldaten erscheinen somit als unschuldige Befehlsempfänger, ihr Reflexionsvermögen beschränkt sich auf ihren vermeintlich kleinen Zuständigkeits- und Kompetenzbereich, den unmittelbaren Kampf. Die Verantwortung für die Niederlage im Großen – in den Geschichten gewinnt der Landser den Kampf im Kleinen meist – wird dementsprechend dem Versagen und der Unfähigkeit der oberen Führungsriege und Hitler als oberstem Befehlshaber sowie der materiellen und personellen Überlegenheit der feindlichen Streitkräfte zugeschrieben. Dem so genannten Befehlsnotstand, dem Abschieben individueller Verantwortung auf höhere Instanzen als Erklärungsmuster für mangelnde persönliche Integrität wird somit Vorschub geleistet. Hinter der angeblichen Intention der Autoren, mittels authentischer »Erlebnisberichte« Aufklärungsarbeit über »Strapazen und Opfer«, »Härte und Grausamkeit« im Krieg zu betreiben, steht die Vermittlung eines militaristischen Weltbildes, in dem Krieg als Abenteuer, Bewährungsprobe und Initiationsritus dargestellt wird.

Die Narration in den Landser-Heften folgt den Prinzipien der Auslassung und Einschränkung: Nicht thematisiert oder im Sinne der Protagonisten umgedeutet werden dabei unmittelbar und unwiderlegbar mit dem Kriegsgeschehen verbundene Aspekte wie Kriegsverbrechen, Besatzungspolitik, Heimatfront, Verfolgung von Juden und anderen Gruppen, NS-Ideologie etc. Das Verschweigen des kausalen Zusammenhangs zwischen NS-Herrschaft und Weltkrieg entspricht der durchgängigen Tendenz zur Enthistorisierung in den Landser-Heften.

Stattdessen erfolgt die Narration als Abfolge von Episoden, die das konkrete Handeln und Erleben von Soldaten in stereotypisierter Form darstellen: Ein Auftrag muss erfüllt, die Stellung gehalten, der Feind zurückgedrängt werden; hinzu kommen Schilderungen des gemeinsamen Erlebens von Kameradschaft – garniert mit Soldatenhumor, komischen Szenen und manchmal einer Prise Erotik – als Beschwörung einer angeblichen männlichen Schicksalsgemeinschaft. Der Leserschaft wird suggeriert, das Wesen des Zweiten Weltkrieges offenbare sich durch diese pseudo-authentischen Geschichten über von kleinen Gruppen und Einzelnen Erlebtes vor dem Hintergrund militärischer Großereignisse. Diese Gemeinschaft mutiger Männer wird noch bestärkt durch das als wenig ehrenhaft beschriebene Verhalten der Antagonisten: Nationale Stereotype, Vorurteile und Rassismus bestimmen das Bild der zumeist anonymisierten Feinde des deutschen Soldaten. Die Strategie ist ebenso durchschaubar wie paradox: Noch vor dem Hintergrund der unbestreitbaren totalen Niederlage bleibt der Landser aufgrund seiner moralischen Überlegenheit, seines »Deutschtums«, unbesiegt.

Ergänzt werden die Geschichten in den Heften durch Informationen in Wort und Bild zu militärischen Dienstgradabzeichen und Auszeichnungen, Kartenmaterial sowie durch Kurzbiographien von Ritterkreuzträgern in der Innenseite des Umschlags einer jeden Ausgabe. Auch die technische Seite des Krieges soll in Form von Schemazeichnungen und zeitgenössischen Photographien faszinieren. Erläuterungen zu technischen Daten von Waffensystemen und Fahrzeugen finden sich auch im Text als Fußnoten wieder. Dies unterstreicht den angeblich dokumentarischen Anspruch der Produzenten dieser Hefte. Die Verwendung von militärischen und technischen Fachbegriffen suggeriert dem Leser zudem die Authentizität der Darstellung und Kennerschaft des Autors.

Es handelt sich bei den Landser-Heften nicht, wie von ihren Machern behauptet, um »pazifistische Leidensprosa einer geschundenen Generation«, sondern um den Krieg ästhetisierende Narrative, die ein falsches, verherrlichendes Bild vom Zweiten Weltkrieg etablieren wollen.

HB

Lit.: *Der Landser. Erlebnisberichte zur Geschichte des Zweiten Weltkrieges*, Rastatt: Pabel-Moewig. Reiner App, Bernd Lemke (2005): »Der Weltkrieg im Groschenheft-Format. Über den Lektüre-Reiz der ›Landser‹-Romane und ihre Verherrlichung des Zweiten Weltkriegs«, in: *Geschichte in Wissenschaft und Unterricht* 56, H. 11, S. 636-641. Habbo Knoch (2003): »Der späte Sieg des Landsers. Populäre Kriegserinnerung der fünfziger Jahre als visuelle Geschichtspolitik«, in: Arbeitskreis Historische Bildforschung (Hg.): *Der Krieg im Bild – Bilder vom Krieg*, Frankfurt a.M.: Europa Verlag der Wissenschaften, S. 163-186. Werner Faulstich (2002): »Groschenromane, Heftchen, Comics und die Schmutz- und- Schund-Debatte«, in: Ders. (Hg.): *Die Kultur der 50er Jahre*, München: Fink, S. 199-216. Habbo Knoch (2001): *Die Tat als Bild. Fotografien des Holocaust in der deutschen Erinnerungskultur*, Hamburg: Hamburger Edition. Waltraud Amberger (1991): *Männer, Krieger, Abenteuer. Der Entwurf des ›soldatischen‹ Mannes in Kriegsromanen über den Ersten und Zweiten Weltkrieg*, Frankfurt a.M.: Rita G. Fischer. Heinz J. Galle (1988): *Groschenhefte. Die Geschichte der deutschen Trivialliteratur*, Frankfurt a.M., Berlin: Ullstein. Jochen Pfeifer (1981): *Der deutsche Kriegsroman 1945-1960. Ein Versuch zur Vermittlung von Literatur- und Sozialgeschichte*, Königstein/Ts.: Scriptor. Ernst Antoni (1979): »*Landser- Hefte«. Wegbereiter für den Rechtsradikalismus*, München: Pressedienst Demokrat. Initiative. Klaus F. Geiger (1974): *Kriegsromanhefte in der BRD. Inhalte und Funktionen*, Tübingen: Vereinigung für Volkskunde. Ders. (1973): *Jugendliche lesen »Landser-Hefte«. Hinweise auf Lektürefunktionen und -wirkungen*, Stuttgart: Ed. Gunter Grimm, S. 324-341.

II.D6 Nacht und Nebel, Essayfilm des französischen Regisseurs Alain Resnais über das System der nationalsozialistischen Vernichtungslager aus dem Jahre 1955/56, nach den KZ-Befreiungsfilmen der Alliierten einer der ersten Filme zum Thema überhaupt.

1955 reiste Alain Resnais nach Polen und drehte in den ehemaligen Lagern Auschwitz und Majdanek einen Film über das Schicksal der französischen Internierten. Es ging um jene systematische Verschleppung von Oppositionellen, die auf deutscher Seite seit 1941 als Nacht und Nebel-Verfahren bezeichnet wurde: Die Gefangenen aus den besetzten Gebieten sollten außer Landes gebracht werden und in den Lagern spurlos – wie bei Nacht und Nebel – verschwinden. Betroffen waren unterschiedliche Gruppen Verfolgter, unter ihnen Juden, sogenannte Politische und Résistancekämpfer. Der Film, der Ende 1955 fertig wurde, stellt das KZ-System der Nationalsozialisten vor und legt dabei besonderes Gewicht auf die systematische Tötung der Internierten in den Todeslagern. Resnais kombinierte Bilder unterschiedlicher Herkunft: das von den Alliierten bei der Befreiung der Lager gedrehte Material, Fotografien von Seiten der Täter und der Opfer, Einstellungen aus einem Spielfilm sowie seine eigenen Aufnahmen. Er erstellte weder einen klassischen Dokumentar- noch einen reinen Kompilationsfilm, sondern einen komplexen Essayfilm über die Lager sowie über die Erinnerung an sie. Dazu kombinierte er die farbigen Bilder von den menschenleeren Tatorten mit dem schwarzweißen Archivmaterial, das u.a. die Leichenberge zeigt. Der Kommentar des französischen Dichters Jean Cayrol, einem Überlebenden von Mauthausen, etablierte dabei einen ebenso eigenständigen Erzählstrang wie die Filmmusik von Hanns Eisler. In der westdeutschen Fassung verlieh Paul Celans Übersetzung dem Kommentar einen eigenen Ton. Diese unterschiedlichen visuellen und auditiven Elemente montierte Resnais zu einem Kunstwerk, das seit den 1950er Jahren mehrere Generationen von Zuschauern schockierte, provozierte und verstörte. Der Film löste mehrere Debatten aus, die mittlerweile durch diverse Forschungen, zuletzt durch die Monografien von Sylvie Lindeperg und Ewout van der Knaap, gut erschlossen sind.

Lindeperg stellt heraus, dass der Film ein »Opfer der Zensur« war. In der staatlichen französischen Kontrollkommission forderte der Vertreter des Verteidigungsministeriums »die Tilgung der Gestalt des Gendarmen, der das Lager von Pithiviers bewacht«. Dieses Detail berührte mit der Kollaboration französischer staatlicher Stellen einen neuralgischen Punkt im Selbstverständnis der Vierten Republik, zu deren Gründungsmythen die Berufung auf die Résistance gehörte. Erst später wurde dieser Mythos revidiert. Resnais tilgte den Gendarmen aus dem inkriminierten Bild, das erst 1997 wieder in einer unzensierten Fassung gezeigt wurde.

Einen Skandal bedeutete der Ausschluss des Films vom Wettbewerb der Filmfestspiele in Cannes 1956. Hierbei prallten die Bestrebungen der französisch-deutschen Aussöhnung, die Empfindlichkeiten der bundesdeutschen Nachkriegspolitik und die Regeln der Einladungspolitik des Festivals aufeinander. Die Satzung des Festivals gestattete es dem Verwaltungsrat, einen Film zurückzuweisen, sofern er als geeignet angesehen wurde, das nationale Gefühl eines Landes zu verletzen. Diese Regelung wurde in Cannes vielfach angewendet. Lindeperg weist aber auf eine Deutschland betreffende Besonderheit hin: Jedwede Erwähnung der nationalsozialistischen Lager galt als eine Verletzung der Empfindlichkeiten der Bundesrepublik. In Antizipation der deutschen Reaktion und eingedenk der von Charles de Gaulle und Konrad Adenauer betriebenen Politik der Aussöhnung, empfahl ein Staatssekretär, Resnais' Film aus dem Programm zu nehmen. Nach einer Probevorführung vor Angehörigen der deutschen Botschaft trat die erwartete Reaktion tatsächlich ein: Die Deutschen forderten von der Festivalleitung, die Vorführung des Films zu verhindern, und richteten sich darüber hinaus mit einer Eingabe an das französische Außenministerium. Lindeperg zitiert aus dem Brief des Kulturattachés: »Die Vorführung von NACHT UND NEBEL liefe Gefahr, die ›Stimmung in Cannes‹ zu vergiften ›und würde der Reputation der Bundesrepublik Deutschland Schaden zufügen, da der normale Zuschauer nicht in der Lage sei, sich den Unterschied zwischen den kriminellen Anführern des Nazi-Regimes und dem heutigen Deutschland klar zu machen‹«. Diese Argumentation provozierte sowohl in Frankreich als auch in Deutschland lebhaften Widerspruch, etwa von Schriftstellern aus dem Umkreis der →Gruppe 47 [II.D3] und von Seiten der SPD in einer Bundestagsdebatte im April 1956. In der Sache fanden die Franzosen einen diplomatischen Ausweg: Der Film wurde nicht im Wettbewerb gezeigt, jedoch im Rahmen einer Feierstunde zum Andenken an die Deportierten. Die Affäre um NACHT UND NEBEL lehrte indessen, in welch geringem Maße die Regierenden der jungen Bundesrepublik bereit waren, den systematischen Mord zu thematisieren, der von Angehörigen ihrer eigenen Generation nur ein Jahrzehnt zuvor verübt worden war.

NACHT UND NEBEL trug dazu bei, dass die folgende Generation dieses Schweigen überwand. Unter anderem setzte die Bundeszentrale für Heimatdienst, die Vorläuferin der heutigen Bundeszentrale für politische Bildung, den Film in der politischen Bildungsarbeit ein. Er wurde zudem, wie van der Knaap feststellt, in den Schulen vieler Bundesländer zum »Teil des deutschen Bildungskurrikulums«. Dokumentiert ist seine einschneidende Wirkung auf einzelne Personen, darunter die Schriftsteller Anne Duden und Friedrich Christian Delius sowie die RAF-Aktivistin Gudrun Ensslin (→RAF und »Faschismus« [IV.A9]). Die Schockwirkung mag von den Aufnahmen aus Bergen-Belsen ausgegangen sein, auf denen Leichen mit Bulldozern in Massengräber geschoben werden, oder von jener Sequenz, in der Resnais den Blick in eine Gaskammer lenkt – Einstellungen, die mittlerweile zu Ikonen der Vernichtung wurden.

Obwohl Resnais' Film bis heute emotional involviert, steht er in einem veränderten Rezeptionsumfeld. Dafür spricht zunächst eine Debatte, die in den 1980er Jahren geführt wurde. Man warf dem Film vor, er stelle die Opfergruppe der Juden nicht hinreichend heraus. Dem stimmt Ilan Avisar, der den Film zwar für einen Meilenstein in der Filmgeschichte der Shoah hält, nach einer abgewogenen Erörterung zum Teil zu: »*Night and Fog* fails to consider the direct connection between [...] antisemitism and Auschwitz, nor does it mention clearly the genocidal assault against the Jewish people«. NACHT UND NEBEL ist zweifellos dem Dispositiv der Universalisierung des Holocaust verpflichtet, das in den 1950er Jahren den Diskurs dominierte. Weil sich dies seither grundlegend geändert hat, wirken einige Elemente des Films heute altertümlich.

Die zweite Veränderung des Rezeptionsumfelds betrifft den Umgang mit Bildern aus dem Archiv. Die Herkunft des gezeigten Materials wird mittlerweile strenger berücksichtigt. Während Resnais noch die von den Tätern angefertigten Aufnahmen neben denen von Opfern einbindet, verweisen heute Filmemacher und Theoretiker auf den unhintergehbaren Unterschied in der Perspektive, der eine veränderte Rezeption verlange. Auch in diesem Punkt muss Resnais' Vorgehen historisiert werden. Was jedoch weiterhin Bestand hat, ist die künstlerische Verfahrensweise eines Kompilationsfilms, der mit der Reflexion auf die Erinnerung zum Essayfilm wird. Als Kunstwerk, weniger als Lehrfilm, ragt NACHT UND NEBEL deshalb auch heute noch heraus.

SK

Lit.: Sylvie Lindeperg (2010): »*Nacht und Nebel*«. *Ein Film in der Geschichte*, Berlin: Vorwerk 8. Ewout van der Knaap (2008): »*Nacht und Nebel*«. *Gedächtnis des Holocaust und internationale Wirkungsgeschichte*, Göttingen: Wallstein. Ewout Van der Knaap (2002): »Monument des Gedächtnisses – Der Beitrag von Nacht und Nebel zum Holocaust-Diskurs«, in: Waltraud ›Wara‹ Wende (Hg.): *Geschichte im Film. Mediale Inszenierungen des Holocaust und kulturelles Gedächtnis*, Stuttgart, Weimar: Metzler, S. 67-77. Michael Bernard-Donals, Richard Glejzer (2001): *Between Witness and Testimony. The Holocaust and the Limits of Representation*, Albany: State University of New York. Habbo Knoch (2001): *Die Tat als Bild. Photographien des Holocaust in der deutschen Erinnerungskultur*, Hamburg: Hamburger Edition. Jess Jochimsen (1996): »›Nur was nicht auf hört, weh zu thun, bleibt im Gedächtnis‹. Die Shoah im Dokumentarfilm«, in: Nicolas Berg et al. (Hg.): *Shoah. Formen der Erinnerung. Geschichte, Philosophie, Literatur, Kunst*, München: Fink, S. 215-231. Wolfgang Jacobsen et al. (1990): *Alain Resnais*, München: Hanser. Walter Euchner (1989): »Unterdrückte Vergangenheitsbewältigung: Motive der Filmpolitik in der Ära Adenauer«, in: Rainer Eisfeld, Ingo Müller (Hg.): *Gegen Barbarei*, Frankfurt a.M.: Athenäum, S. 346-359. Ilan Avisar (1988): *Screening the Holocaust. Cinema's Images of the Unimaginable*, Bloomington, Indianapolis: Indiana UP, S. 6-18.

II.D7 Kriegsfilmwelle, zwischen der zweiten Hälfte der 1950er Jahre und dem Anfang der 1960er Jahre zu verortende Hochkonjunktur der bundesdeutschen Kriegsfilmproduktion. Den Anfang dieser Welle machten 1954 die Filme DIE LETZTE BRÜCKE von Helmut Käutner, CANARIS von Alfred Wiedemann und der erste Teil der Trilogie 08/15 von Paul May. Im Jahr darauf folgten der zweite und dritte Teil dieses Militärschwankes sowie Helmut Käutners Luftwaffen-Drama DES TEUFELS GENERAL in Anlehnung an das Bühnenstück Carl Zuckmayers (→Dramen der Nachkriegszeit [I.C6]). 1957 produzierte Alfred Wiedemann STERN VON AFRIKA und der Regisseur Frank Wisbar brachte den Marinestreifen HAIE UND KLEINE FISCHE heraus, dem er ein Jahr später mit HUNDE, WOLLT IHR EWIG LEBEN ein Drama über die 6. Armee bei Stalingrad folgen ließ. Mit DIE BRÜCKE von Bernhard Wicki entstand 1959 der vielleicht differenzierteste Film dieser Periode, die zahlreiche weitere Kriegsfilme hervorbrachte.

Der sprunghafte Anstieg der deutschen Kriegsfilmproduktion war eng mit dem politischen Kontext der 1950er Jahre verbunden. Mit Beginn des Kalten Krieges forcierte die Besatzungsmacht USA in Abstimmung mit der Regierung Adenauer die →Wiederbewaffnung [II.B7] Deutschlands. Die Remilitarisierungsabsichten der Bundesregierung, die 1955 mit der Ratifizierung der Pariser Verträge und dem Aufbau der Bundeswehr umgesetzt wurden, sorgten für heftige Kontroversen. War die allgemeine Stimmung in der ersten Hälfte der 1950er Jahre mehrheitlich gegen eine Wiederbewaffnung, so waren auch deutsche Kriegsfilmproduktionen bis zur Mitte dieser Dekade unpopulär und nahezu ein Tabu. Allerdings gab es schon früh eine amerikanische Kriegsfilmwelle, die deutschen Produktionen den Weg ebnete. Parallel zum Aktualitätsgrad der Wiederbewaffnung stieg der Anteil der Filme militärischen Inhalts in den deutschen Kinos. Auf seinem Höhepunkt erreichte er einen Anteil von zehn Prozent des Verleih-Angebots in Deutschland.

All diesen Filmen ist eine Entkonkretisierung des Nationalsozialismus gemein. Historische Realitäten werden hinter Metaphern versteckt. Oft betonen die Filme das Motiv der Bipolarität: auf der einen Seite die unpolitische, sich nur dem Vaterland verpflichtet fühlende Wehrmacht und auf der anderen Seite, ohne sichtbare Verbindungslinien, die wahnsinnig erscheinenden, oftmals zu Einzelgängern stilisierten Vertreter des Hitler-Regimes. Durch die »Psychologisierung des Faschismus-Problems« (Klaus Kreimeier) wird ein moralisch geläuterter, allein der militärischen Ehre und Rationalität gehorchender Generalstab der Wehrmacht suggeriert und so die Kriegsschuld allein auf Hitler projiziert. Die große Mehrheit der Filme verbreitete die Botschaft, dass die Wehrmacht von der NS-Führung missbraucht worden sei. So kam es zu einer Art Doppelcodierung: Großteils explizit als Antikriegsfilme ausgewiesen, wurde eine das Militär entschuldende, oftmals kriegsverherrlichende Botschaft gesendet. Auch der politischen Passivität, die bei einem großen Teil der Bevölkerung während der NS-Diktatur herrschte, wurde nachträglich ein Alibi geliefert: Die identitätsstiftenden Figuren dieser Produktionen sind niemals Mitverantwortliche, sondern immer nur Opfer der Politik. Das filmisch inszenierte Bild der »sauberen Wehrmacht«, das zeitgleich auch in den →Landser-Heften [II.D5] gezeichnet wurde, bot eine Argumentationsvorlage für eine positive Traditionslinie, auf die sich die neue Bundeswehr berufen konnte. Neben der Weiterführung dieser »Linie der Legendenbildung« (Wolfram Wette), die seit Kriegsende von ehemaligen Wehrmachtskadern forciert wurde, verharmlosten einige Filme den Angriffskrieg gegen die Sowjetunion, was auch dem Ost-West-Konflikt geschuldet war. Die Exkulpation eigener Wehrmachtserfahrung sowie personelle Kontinuitäten in der Filmbranche (Wiedemann etwa hatte 1942 einen Luftwaffenfilm für die Hitler-Jugend gedreht) trugen ebenfalls zu dieser »sauberen« Visualisierung des Zweiten Weltkrieges bei (→Wehrmachtsausstellung [VI.A1]).

Zwischen 1950 und 1956 kontrollierten staatliche Stellen mittels so genannter Bundesbürgschaften bis zu 50 Prozent der westdeutschen Filmproduktion. Diese Form staatlicher Filmpolitik bildete den Grundstein für den Erfolg des bundesrepublikanischen Kriegsfilms. Auch die seit 1949 bestehende Freiwillige Selbstkontrolle der deutschen Filmwirtschaft (FSK) unterstützte die staatliche Linie, viele Kriegsfilme passierten die FSK ohne Auflagen. 1955, im Jahr der Bundeswehrgründung, wurde DES TEUFELS GENERAL mit dem Bundesfilmpreis ausgezeichnet und erhielt das Prädikat »wertvoll«. Im gleichen Jahr wurde der Filmpreis »Bambi« für den ökonomisch erfolgreichsten Film von 1954 an 08/15 vergeben.

Es bleibt umstritten, in welchem Maße die Kriegsfilmwelle die öffentliche Meinung tatsächlich zugunsten der Wiederbewaffnung beeinflussen konnte. Dass die Filme mit ihren Kernaussagen aber dem restaurativen Zeitgeist entsprachen, gilt als sicher. Vom relativierenden und exkulpierenden Gestus jener Produktionen aus der Adenauer-Ära hat sich der populäre deutsche Kriegsfilm auch später nicht gänzlich lösen können, wie Wolfgang Petersens DAS BOOT (1981) und Joseph Vilsmaiers STALINGRAD (1992) gezeigt haben (→Deutsche Filme der 1980er Jahre [V.B5]).

LK

Lit.: Sonja M. Schultz (2012): *Der Nationalsozialismus im Film. Von Triumph des Willens bis Inglourious Basterds*, Berlin: Bertz+Fischer.Torben Fischer (2011): »Affekt und Erinnerung. Die ›Kriegsfilmwelle‹ im bundesrepublikanischen Kino der späten 1950er Jahre«, in: Matthias N. Lorenz, Maurizio Pirro (Hg.): *WendeJahr 1959? Die literarische Inszenierung von Kontinuitäten und Brüchen in gesellschaftlichen und kulturellen Kontexten der 1950er Jahre*, Bielefeld: Aisthesis, S. 93-111. Heinz B. Heller et al. (Hg.) (2007): *All Quiet on the Genre Front? Zur Praxis und Theorie des Kriegsfilms*, Marburg: Schüren. Hellen Wolfenden (2007): »The Representations of Wehrmacht Soldiers as Victims in Post-war West German Film: Hunde, wollt ihr ewig leben? and Der Arzt von Stalingrad«, in: Helmut Schmitz (Hg.): *A Nation of Victims? Representation of German Wartime Suffering from 1945 to the Present*, Amsterdam, New York: Rodopi, S. 71-85, Jeanine Basinger (2005): »The World War Two Combat Film: Definition«, in: Robert Eberwein (Hg.): *The War Film*, New Brunswick: Rutgers Univ. Press, S. 30-52. Peter Reichel (2004): *Erfundene Erinnerung. Weltkrieg und Judenmord in Film und Theater*, München: Hanser. Bernhard Chiari et al. (Hg.) (2003): *Krieg und Militär im Film des 20. Jahrhunderts*, München: Oldenbourg. Wolfram Wette (1998): »Das Bild der Wehrmacht-Elite nach 1945«, in: Gerd R. Ueberschär (Hg.): *Hitlers militärische Elite. Vom Kriegsbeginn bis zum Weltkriegsende*, Darmstadt: Wiss. Buchgesellschaft, S. 193-308. Wolfgang Becker, Norbert Schöll (1995): *In jenen Tagen... Wie der deutsche Nachkriegsfilm die Vergangenheit bewältigte*, Opladen: Leske+Budrich. Hilmar Hoffmann, Walter Schobert (Hg.) (1989): *Zwischen Gestern und Morgen. Westdeutscher Nachkriegsfilm 1946-1962*, Frankfurt a.M.: Deutsches Filmmuseum. Gerhard Bliersbach (1985): *So grün war die Heide. Der deutsche Nachkriegsfilm in neuer Sicht*, Weinheim u.a.: Beltz. Wilfried von Bredow (1975): »Kriegsfilme in der Bundesrepublik«, in: Ders., Rolf Zurek (Hg.): *Film und Gesellschaft in Deutschland. Dokumente und Materialien*, Hamburg: Hoffmann und Campe, S. 316-325. Klaus Kreimeier (1973): *Kino und Filmindustrie in der BRD. Ideologieproduktion und Klassenwirklichkeit nach 1945*, Kronberg/Ts.: Scriptor.

II.D8 Goll-Affäre, 1960 in der überregionalen Tages- und Wochenpresse geführte Kampagne gegen den Dichter Paul Celan, initiiert durch den Vorwurf Claire Golls, Celan habe wörtlich aus den Gedichten ihres verstorbenen Mannes Yvan Goll abgeschrieben.

Celan, deutschsprachiger Jude aus der ukrainischen Bukowina, überlebte den Holocaust, verlor aber beide Eltern. Dieses Trauma prägte sein dichterisches Werk, seine *Todesfuge* (1947) gilt heute als eine *der* künstlerischen Auseinandersetzungen mit Auschwitz schlechthin. Die von Goll inszenierte Plagiatsdebatte spiegelt in den zunächst nicht nachgeprüften, gleichwohl weitläufig reproduzierten Anschuldigungen auch antisemitische Ressentiments wider, die einem wieder auflebenden Nationalismus sowie der Verdrängung der jüngsten Vergangenheit geschuldet waren. Die Kampagne begann erst 1960 anlässlich von Celans Auszeichnung mit dem Büchnerpreis, sie ging jedoch auf seit den 1950er Jahren kursierende Gerüchte zurück, die Claire Goll verbreitet hatte.

Der noch unbekannte Paul Celan hatte 1949 den Kontakt zu dem Expressionisten Yvan Goll gesucht und einige von dessen französischen Gedichten ins Deutsche übertragen. Zwei Monate später verstarb Goll und seine Witwe beauftragte Celan mit weiteren Übersetzungen, die der Verlag jedoch – paradoxerweise auf ihre eigene Intervention hin – ablehnte. Das Ehepaar Goll hatte zunächst überlegt, den staatenlosen Celan zu adoptieren; die persönliche Beziehung zwischen Claire Goll und Celan scheint spätestens mit dem Tod Yvan Golls durch Rivalität gekennzeichnet gewesen zu sein, denn auch Claire Goll übersetzte die Texte ihres Mannes. Diese deutschen Übersetzungen der französischen Gedichte Golls wurden veröffentlicht, und Celan vermutete richtig, dass ihnen teilweise seine abgelehnten Übertragungen zugrunde lagen. 1952 erschien Celans Lyrikband *Mohn und Gedächtnis*, in dem der unbekannte, in den USA lehrende Germanist Richard Exner starke Parallelen zu Golls Spätwerk *Traumkraut* vermutete. Er berichtete Claire Goll davon, ohne Kenntnis von Celans zurückgezogenem Band *Der Sand aus den Urnen* (1948) zu haben, in dem viele Gedichte des offiziellen Debütbands *Mohn und Gedächtnis* bereits enthalten waren, die Celan in den 1940er Jahren verfasst hatte. Exner betonte eine geistige Nähe zwischen den Autoren, die Claire Goll jedoch als Plagiat ummünzte und Exner, entgegen seiner Richtigstellung, auch weiterhin als Leumund angab. Wenn man überhaupt entstehungsgeschichtlich (statt stilistisch) argumentieren will, dann müsste man also vielmehr Goll eine Beeinflussung durch Celans Gedichte, die ihm in seiner letzten Schaffensphase übermittelt worden waren, attestieren. Claire Goll kannte Celans früher entstandenen Gedichte, nahm den Plagiatsverdacht dennoch auf und startete eine jahrelange Rufmord-Kampagne gegen Celan, in der sie die mangelnde Würdigung ihres verstorbenen Mannes beklagte und den Erfolg des »Meisterplagiators« (Claire Goll) Celan heftig kritisierte. 1953 verschickte Claire Goll einen Rundbrief an die für einen jungen Autor wichtigen Institutionen und Personen mit der Aufforderung, Celan nicht mehr zu publizieren oder zu rezensieren, weil dieser lediglich von Gedichten anderer profitiere und auch ihren verstorbenen Mann plagiiere. Außerdem habe Celan dessen Gedichte »flüchtig« und mit zu großer Abweichung vom Original übersetzt. Zu diesem Urteil sei auch der Verlag gekommen, wie Goll betonte, ohne jedoch zu erwähnen, dass sie selbst entscheidenden Einfluss dabei ausgeübt und eben diese Übersetzungen gegen Celans ausdrückliches Veto weiter benutzt hatte. In der anderweitigen privaten Korrespondenz von Goll widerspricht sie sich sogar selbst in den Datierungen und Textstufen einzelner Gedichte ihres Mannes. Auch die Edition der Goll-Gedichte belegt, dass Claire Goll einzelne Verse ihres Mannes geändert hat – womit sie sich Paul Celans Gedichten annäherten. Celan warf Claire Goll später zu Recht literarische Inszenierung und die gezielte Verfälschung von Tatsachen vor. Der Rundbrief, von dem Celan erst etliche Monate später erfuhr, sollte seiner Karriere schaden. Man riet ihm, nicht darauf einzugehen, da niemand die Diffamierungen ernst genommen habe. Die Reaktionen waren jedoch tatsächlich unterschiedlich: Neben Zweifeln an der Darstellung wurde Celan mitunter auch boykottiert. Im Zuge der Veröffentlichung des Goll-Nachlasses verschickte Claire Goll noch jahrelang Celan diffamierende Briefe.

Die Intention, Celan die Leistung einer genuin neuartigen Schreibweise abzuerkennen, machte sich zumeist nur vage und eher unterschwellig bemerkbar. Auch die sich davon distanzierenden Kritiker antworteten ebenso indirekt auf die Anschuldigungen. Ein bestimmtes Muster, der Celanschen Dichtung Originalität abzusprechen, setzte sich jedoch durch: Auf lobende Töne folgte in zahlreichen Besprechungen die kritische Aufforderung, Celan müsse nun aber zu einer »eigenen Stimme« finden. Die Variation lyrischer Topoi ist bei Celan wie auch bei Goll jedoch stilbildend. Mit der Erwähnung von Celans »Sprachartistik« und der Setzung in eine Tradition von Dichtern ›vor Auschwitz‹ ignorierte man den Wirklichkeitsbezug seiner Dichtung auf die nationalsozialistischen Verbrechen. Die vermeintliche Unverständlichkeit von Celans Lyrik führte man auf seine Herkunft zurück und signalisierte indirekt, dass er die ›normale‹ deutsche Sprache nicht beherrsche, weil er aus dem »östlichen Rand des deutschen Sprachgebiets«, der Bukowina, stamme und ein »Fremdling« sei (Hans Egon Holthusen; →Gruppe 47 [II.D3]).

Die Goll-Affäre im eigentlichen Sinne setzte im Frühjahr 1960 ein. Die Münchener Zeitschrift Der Baubudenpoet druckte »Statt einer Rezension« eine Persiflage der wohlwollenden Kritiken zu Celans Gedichtbänden mit dem Kommentar ab, man wolle nicht auch noch »Herrn Celan den Arsch [...] lecken«, weil man sich dafür »zu schade« sei. Goll schrieb daraufhin einen Leserbrief, in dem sie Celan erneut geistigen Diebstahl vorwarf und ihn mit antisemitischen Klischees beschrieb: Celan verschleiere mit seinem Künstlernamen seine jüdische Identität, seine »zur Schau getragene Schwermut« sei nur das Resultat von schriftstellerisch-ehrgeizigem Kalkül, mit dem er bereits »[d]ie traurige Legende« vom Mord seiner Eltern »so tragisch zu schildern wußte«. Parallel dazu ließ Goll Hinweise auf die jüdische Identität ihres Mannes tilgen. Das »Meisterhafte« an Celans Dichtung wurde damit dem »entjudaisierten« Dichter Goll zugeschrieben. In der Presse sorgte dies trotz des randständigen Erscheinungsortes für Aufruhr. Die Bremer Nachrichten druckten den Leserbrief Claire Golls fast vollständig ab, sparten aber den Passus über die »Legende« aus und machten so Celans heftige Reaktion schwerer verständlich. Neben anderen überregionalen Tageszeitungen reproduzierte auch Die Welt die Plagiats-Vorwürfe im November 1960 (mehr als ein halbes Jahr nach Artikel und Leserbrief im Baubudenpoet) mit dem Hinweis auf die Vergabe des Büchnerpreises an den beschuldigten Autor. Der Höhepunkt seines Ansehens als Autor wurde damit gleichzeitig zum Höhepunkt der Plagiatsaffäre. Celan sah ein Motiv für das breite Interesse an den Anschuldigungen Claire Golls in der Attraktivität jeder Anschuldigung gegen einen Juden für die ehemaligen Täter. Aber auch die NS-Tabuisierung im Umgang mit Literatur belegt Celans Beobachtungen hinsichtlich der Lethargie und Negation, den Diskriminierungen entgegenzutreten. Die philologisch argumentierende Entgegnung des Germanisten Peter Szondi lehnte eben jene Welt-Redaktion ab, die zuvor Golls Leserbrief um die antisemitischen Untertöne gekürzt hatte, weil sie diese Form der »Cliquenwirtschaft« (so Chefredakteur Hans Zehrer) nicht unterstütze. Der Artikel erschien jedoch umgehend in der Neuen Zürcher Zeitung. Szondi argumentierte, dass die inkriminierten Celan-Gedichte alle vor denen Golls entstanden und publiziert wurden, weshalb kein Plagiatsfall vorliegen könne.

Celan selbst äußerte sich gegenüber der Presse nicht zu den Vorwürfen. Kommentare der Tonart, dass er »überempfindlich« auf die antisemitischen Äußerungen reagiere, »wahnsinnig« sei (Celan wurde 1961/62 mehrmals psychiatrisch stationär behandelt), oder weil die Aufregung mit »Judengezänk« abgetan wurde (Paula Zehrer), mögen ihn darin bestärkt haben. Mit der Büchnerpreisrede (1960) sowie seinem Gedichtband Die Niemandsrose (1963) legte er jedoch seine grundlegende Auffassung von Dichtung dar und distanzierte sich damit indirekt von den Vorwürfen, was der zeitgenössischen Kritik jedoch entging. Celans Verlag S. Fischer lehnte eine juristische Auseinandersetzung ab; er reagierte stattdessen mit der Publikation der »Entgegnung« von Marie Luise Kaschnitz, Ingeborg Bachmann und Klaus Demus in der verlagseigenen Zeitschrift *Die neue Rundschau*. Die Akademie für Sprache und Dichtung ließ die Vorwürfe untersuchen. Der junge, wissenschaftlich noch nicht ausgewiesene Gutachter Reinhard Döhl stellte die ›Unschuld‹ Celans fest, wenn er auch einige fragwürdige Argumentationsmuster der Kritik adaptierte. Celan mokierte in privaten Briefen fehlende Richtigstellungen, unterband gleichzeitig aber auch die Veröffentlichung solcher Artikel, vermutlich, um nicht als ihr Initiator zu gelten. Andere Äußerungen pro Celan wurden nicht publiziert oder zeugten von mangelnder Sensibilität: So lobte man etwa das ›Opfer‹ Celan für seine »menschliche und literarische Unbestechlichkeit« (PEN-Club Österreich), statt die Manipulationen Claire Golls und deren fragwürdige Rezeption zu verurteilen. Auch mit der späten Feststellung von Walter Jens in der *Zeit* im Januar 1961, dass die Gedichte Yvan Golls in der von Claire Goll edierten Gesamtausgabe gegen Celan instrumentalisiert und »leichtfertig manipuliert, verändert, verschwiegen und vertauscht« wurden, bleibt fraglich, inwieweit Celan vollends rehabilitiert war. Einige der Journalisten entschuldigten sich zwar bei ihm für ihre vorschnelle und parteiische Berichterstattung, bis in die 1970er Jahre fanden die widerlegten Anschuldigungen dennoch zumindest vereinzelt Eingang in Sekundärliteratur und in Überblicksartikel.

DB

Lit.: Ulrich Konietzky (2001/02): »Paul Celan und Dichterkollegen«, in: *Celan-Jahrbuch*, H. 8, S. 317–327. Andrei Corbea-Hoisie (Hg.) (2000): *Paul Celan. Biographie und Interpretation*, Konstanz: Hartung-Gorre. Barbara Wiedemann (Hg.) (2000): *Paul Celan. Die Goll-Affäre. Dokumente zu einer ›Infamie‹*, Frankfurt a.M.: Suhrkamp. Bernhard Böschenstein, Heino Schmull (Hg.) (1999): *Der Meridian. Vorstufen – Textgenese – Endfassung*, Frankfurt a.M.: Suhrkamp. Barbara Wiedemann (Hg.) (1993): *Paul Celan, Nelly Sachs. Briefwechsel*, Frankfurt a.M.: Suhrkamp. Klaus Briegleb (1997): »Ingeborg Bachmann, Paul Celan. Ihr (Nicht-)Ort in der Gruppe 47 (1952–1963/64). Eine Skizze«, in: Bernhard Böschenstein, Sigrid Weigel (Hg.): *Ingeborg Bachmann und Paul Celan. Poetische Korrespondenzen*, Frankfurt a.M.: Suhrkamp, S. 29–81. Werner Hamacher, Winfried Menninghaus (1988): *Paul Celan*, Frankfurt a.M.: Suhrkamp.

II.D9 Literatur über Flucht und Vertreibung, literarische Bearbeitungen des Themas Flucht und Vertreibung aus den ehemaligen deutschen Ostgebieten zwischen 1945 und 1949 (→Vertriebenenproblematik [II.B4]).

Die Definitionen der »Vertreibungsliteratur« sind gemeinhin eher weit gefasst, dazugerechnet werden u.a. auch autobiographische Berichte, Tagebucheinträge, erzählende Dokumentationen und aus jüngerer Zeit Bearbeitungen von Nachgeborenen, die sich auch mit den langfristigen Folgen der Vertreibung auseinandersetzen. Wie der alliierte Bombenkrieg (→Jörg Friedrich: *Der Brand* [VI.D5]) galt die Flucht und Vertreibung von Deutschen lange als Tabuthema; die Ansicht, sie habe dementsprechend literarisch kaum Beachtung gefunden, ist noch immer verbreitet. Die neuere Forschung konnte demgegenüber zeigen, dass es sich um eine der meistbearbeiteten kollektiven Erinnerungen der Deutschen überhaupt handelt.

Tatsächlich haben Menge und Anspruch der Belletristik über Flucht und Vertreibung in den ersten Nachkriegsjahrzehnten allmählich und ab den 70er Jahren rapide zugenommen; oft werden eine »Erlebnisphase« (ca. 1945 bis 1955), eine »Dokumentationsphase« (1950er bis 1970er) und eine »dichterische Phase« oder »Schaffensphase« (seit ca. 1975) unterschieden (zuerst bei Louis Ferdinand Helbig), wobei mit jeder Phase auch die Anzahl der Veröffentlichungen weiter anstieg. Anders als lange konstatiert, waren aber schon in der Erlebnisphase literarische Bearbeitungen des Themas sehr präsent, selbst wenn reine Heimatdarstellungen, so z.B. Lenz' Kurzgeschichten in *So zärtlich war Suleyken* (1955), und nicht-literarische Zeugnisse Geflohener und Vertriebener als »Vertriebenenliteratur« davon abgegrenzt werden.

Der Fokus der ersten, größtenteils von Augenzeugen verfassten literarischen Auseinandersetzungen mit Flucht und Vertreibung lag meist einseitig auf Einzel- und Familienschicksalen und auf dem schmerzhaften Heimatverlust. Familienchroniken, Tagebücher und Berichte machen den größten Teil der »Erlebnisliteratur« aus; vielgelesen war etwa das *Tagebuch aus Pommern 1945-46* (1952) der heute weitgehend vergessenen Käthe von Normann. Zu den prominenten frühen Verfassern von Vertreibungsliteratur gehören Günter Eich mit *Zwischen zwei Stationen* (1946) und Elisabeth Langgässer mit *Glück haben* (1947). Auch eine ehemalige Exilautorin wie Anna Seghers setzte sich in ihrer Erzählung *Die Umsiedlerin* (entstanden ca. 1950) schon mit Flucht und Vertreibung der Deutschen auseinander (während im gleichnamigen Drama Heiner Müllers von 1961 die »Umsiedlung«, so die offiziell vorgeschriebene Bezeichnung in der DDR, nur im Hintergrund einer Farce über die Bodenreform aufscheint). Bei diversen Autoren ist in dieser Phase ein relativ offen völkischer Charakter der Texte erkennbar: Erfolgreich war beispielsweise Kurt Ziesels Vertreibungsroman *Und was bleibt, ist der Mensch* (1951), in dem nationalsozialistische Ideologeme völlig ungebrochen transportiert werden.

In den 1950er und 1960er Jahren, der sogenannten Dokumentationsphase, sind vor allem zahlreiche Sammelbände mit Memoiren und Erzählungen wenig bekannter Verfasser zu Flucht und Vertreibung erschienen, in denen die verlorene Heimat meist unkritisch und idealisiert gezeichnet wurde. Seltener erschienen in diesen ersten Phasen auch Texte anderer Gattungen, so Heinz Pionteks Gedicht »Die Verstreuten« (1957). Auch Hörspiele – *Die Heimkehr* (1953) von Peter Hirche als eines von wenigen Beispielen – sowie Romane und Dramen wurden kaum publiziert. Als Zäsur gilt gemeinhin Günter Grass' 1959 erschienener Danzig-Roman *Die Blechtrommel*. Hier wurde die Opfer-Täter-Dichotomie durch Einbettung in einen größeren Kontext erstmals deutlich relativiert, womit eine verstärkte Literarisierung des Themas einsetzte.

Die sogenannte Schaffensphase, als deren Vorreiter Grass gelten kann, setzte sich in den 1970er Jahren mit Romanen wie Erica Pedrettis *Heiliger Sebastian* (1973), Horst Bieneks *Die erste Polka* (1975), Christine Brückners *Jauche und Levkojen* (1975) oder Siegfried Lenz' *Heimatmuseum* (1978) allmählich durch und zeichnete sich durch einen differenzierteren und stärker literarischen Umgang mit der Vergangenheit aus.

Ein wichtiges Zeugnis dieser Phase ist auch Christa Wolfs *Kindheitsmuster* (1976): Ihre explizite Bearbeitung des Themas galt als bahnbrechend und blieb in der DDR die Ausnahme. Trotz politisch induzierter sprachlicher wie auch thematischer Einschränkungen – schon aus Rücksicht auf die »deutsch-sowjetische Freundschaft« – lässt sich doch auch für die DDR eine zunehmend große Zahl von Werken ausmachen, in denen sich zumindest einzelne Handlungsstränge oder Figurenbiografien um die »Umsiedlung« drehen oder das Erlebnis in zahlreichen Andeutungen unterschwellig verhandelt wird. Zu den wichtigsten ostdeutschen Werken über die Vertreibung gehören *Schlesisches Himmelreich* (1968) von Hildegard Maria Rauchfuß, *Tod am Meer* (1977) von Werner Heiduczek, das nach der zweiten Auflage wegen »antisowjetischer Passagen« verboten wurde, und *Wir Flüchtlingskinder* (1985) von Ursula Höntsch.

Ein zentraler neuer Aspekt der sogenannten Schaffensphase war die Auflösung einfacher Schemata von Schuld und Unschuld. So thematisierten Grass wie Wolf Flucht und Vertreibung eng an den Holocaust gekoppelt, und im *Heiligen Sebastian* stellte Pedretti Rede und Gegenrede zum »Volkstumskampf« ohne Wertung nebeneinander, um die Erinnerungskonkurrenz formal zu problematisieren. Auch den Errungenschaften dieser Romane stehen heute allerdings vermehrt kritische Lektüren gegenüber, die auf problematische Positionen und Implikationen aufmerksam machen.

Seit den 1990er Jahren, spätestens in den 2000ern hat die Vertreibungsthematik im Zuge der Renaissance deutscher Opfernarrative neue Aufmerksamkeit erfahren. Während die *Blechtrommel* durch einen kritischen und unsentimentalen Umgang mit der deutschen Vergangenheit polarisiert hatte, werden Grass' 40 Jahre jüngerer Novelle →*Im Krebsgang* (2002) [VI.D6], in der das Erzählen über den Untergang der »Wilhelm Gustloff« als Tabubruch inszeniert wird, larmoyante Tendenzen vorgeworfen. Parallel dazu sind in den letzten beiden Jahrzehnten aber auch Werke entstanden, die durch formal anspruchsvollere Verfahren eine differenzierte, unparteiische Deutung der kollektiven Erinnerung anstreben. Als gelungene Beispiele hierfür gelten die Romane *Der Verlorene* (1998) von Hans-Ulrich

Treichel, *Himmelskörper* (2003) von Tanja Dückers und *Die Unvollendeten* (2003) von Reinhard Jirgl. In der jüngsten Vertreibungsliteratur werden nun oft auch transgenerationelle Übertragungen des Traumas beleuchtet und neue – tatsächlich jahrzehntelang ausgeblendete – Aspekte thematisiert. So kann in *Die Unvollendeten* das Erleben sexueller Gewalt und die unbewältigte Erinnerung daran als Kern des Leides dreier Generationen einer vertriebenen sudetendeutschen Familie verstanden werden. Dieser Aspekt des Romans wurde in seiner Rezeption meist übersehen oder blieb zumindest weitgehend unerwähnt, was zeigt, wie wenig die weit verbreitete traumatische Erfahrung geschlechterspezifischer Gewalt im Zuge von Flucht und Vertreibung bis heute aufgearbeitet wurde.

NW

Lit.: Matthias N. Lorenz (2014): »»Familie – der Schoß, dem aller Dreck entsteigt.‹ Sexuelle Gewalt und ihre intergenerationelle Tradierung als zentrale Motive in Reinhard Jirgls Familienroman ›Die Unvollendeten‹ und Blindstellen seiner Rezeption«, in: Jan Süselbeck (Hg.): *Familiengefühle. Generationengeschichte und NS-Erinnerung in den Medien*, Berlin: Verbrecher Verlag, S. 189-219. Júlia Garraio (2010): »Vergewaltigung als Schlüsselbegriff einer misslungenen Vergangenheitsbewältigung«, in: *Mittelweg 36*, H. 4, S. 3-17. Björn Schaal (2006): *Jenseits von Oder und Lethe. Flucht, Vertreibung und Heimatverlust in Erzähltexten nach 1945 (Günter Grass – Siegfried Lenz – Christa Wolf)*, Trier: WVT. Axel Dornemann (2005): *Flucht und Vertreibung aus den ehemaligen deutschen Ostgebieten in Prosaliteratur und Erlebnisbericht seit 1945. Eine annotierte Bibliographie*, Stuttgart: Hiersemann. Eva und Henning Hahn (2005): »Flucht und Vertreibung«, in: Etienne Francois, Hagen Schulze (Hg.): *Deutsche Erinnerungsorte*, München: Beck, S. 332-350. Petra Wohlfahrt (2005): »Das Thema ›Umsiedler‹ in der DDR-Literatur«, in: Stiftung Haus der Geschichte der Bundesrepublik Deutschland (Hg.): *Flucht, Vertreibung, Integration*, Bielefeld: Kerber, S. 102-108. Elke Mehnert (Hg.) (2001): *Landschaften der Erinnerung. Flucht und Vertreibung aus deutscher, polnischer und tschechischer Sicht*, Frankfurt a.M. u.a.: Lang. Frank-Lothar Kroll (Hg.) (1997): *Flucht und Vertreibung in der Literatur nach 1945*, Berlin: Mann. Louis Ferdinand Helbig (1996): *Der ungeheure Verlust. Flucht und Vertreibung in der deutschsprachigen Belletristik der Nachkriegszeit*, 3. überarb. Aufl., Wiesbaden: Harrassowitz.

III 1961–1968

III.A Rechtsfindung und Wahrheitssuche

III.A1 Eichmann-Prozess, vom 11.4.1961 bis 15.12.1961 in Jerusalem geführter Prozess des Staates Israel gegen den ehemaligen SS-Obersturmbannführer und Leiter des Judenreferats im Reichssicherheitshauptamt, Adolf Eichmann, der während des Zweiten Weltkrieges die Deportationen von über drei Millionen Juden sowie anderen Opfergruppen in die Konzentrations- und Vernichtungslager organisiert hatte.

Nach Kriegsende kam Eichmann in amerikanische Haft; es gelang ihm allerdings, seine wahre Identität geheim zu halten und zu fliehen. Bis 1950 war er unter dem Namen Otto Henning in der Lüneburger Heide als Holzarbeiter beschäftigt. Eichmann konnte sich nach Italien absetzen, wo er mit der Hilfe eines Dominikanerpaters eine neue Identität als Ricardo Klement erhielt. Es folgte die Ausreise nach Buenos Aires. Erst am 11.5.1960 wurde Eichmann vom israelischen Geheimdienst Mossad aufgespürt, in seinem Haus festgesetzt und acht Tage später nach Israel ausgeflogen. Die Entführung Eichmanns rief heftigen Protest der argentinischen Regierung hervor, die eine sofortige Rückführung Eichmanns forderte, da sie ihre territorialen Hoheitsrechte verletzt sah. Durch den Verstoß gegen internationales Recht war die juristische Legitimität, den Eichmann-Prozess in Israel zu führen, von Beginn an fraglich. Die Vereinten Nationen befassten sich mit dem Fall und entschieden, dass Israel Entschädigungszahlungen an Argentinien leisten müsse. Beide Staaten erklärten die Angelegenheit am 3.8.1960 in einer gemeinsamen Stellungnahme als beigelegt. Letztlich war Eichmanns faktische Staatenlosigkeit als Flüchtling wohl der Anlass für das rasche Einlenken Argentiniens.

Die Frage nach dem Anspruch Israels, Eichmann vor einem israelischen Gericht anzuklagen, beantwortete die Regierung unter David Ben Gurion, indem sie deutlich machte, dass sich die Verbrechen Eichmanns gegen das »jüdische Volk« gerichtet hätten und Israel der Staat des »jüdischen Volkes« sei. Die Menschen seien nicht aufgrund ihrer früheren Nationalität, sondern als Juden verfolgt worden. Somit sei die juristische Problematik der Territorialität (zum Zeitpunkt der begangenen Verbrechen hatte weder der Staat Israel existiert, noch hatten sich die Verbrechen auf dem Territorium des späteren Staates ereignet) nicht von Belang. Israels Argumentation, stellvertretend für alle Juden Anklage erheben zu dürfen, blieb völkerrechtlich strittig. Eine Einmischung anderer Staaten unterblieb jedoch, da die Ansicht vorherrschte, Israel habe zumindest moralisch ein Recht zur Durchführung des Gerichtsverfahrens.

Sofort nach Bekanntwerden der Verhaftung wurde im Auswärtigen Amt und im Justizministerium der Bundesrepublik ein Antrag auf Auslieferung Eichmanns nach Deutschland diskutiert, gegen den auch hier seit 1956 ein Haftbefehl vorlag. Da aber kein Auslieferungsabkommen zwischen Israel und der Bundesrepublik bestand, sah das Auswärtige Amt aufgrund mangelnder Erfolgsaussichten von einem Antrag ab. Von israelischen Juristen wurde das mangelnde Bemühen Deutschlands um eine Auslieferung mit Verwunderung aufgefasst. Am Verhalten der deutschen Regierung wurde deutlich, dass sie noch weit entfernt war von einer aktiven Aufarbeitung der Vergangenheit.

Nach acht Monaten polizeilicher Voruntersuchungen begann der Prozess im Jerusalemer »Haus der Gerechtigkeit«. Das Gericht bestand aus den Richtern Mosche Landau, Benjamin Halevi und Itzchak Raveh. Alle drei waren vor 1933 aus Deutschland emigriert. Die Anklage umfasste 15 Punkte und wurde vertreten durch Staatsanwalt Gideon Hausner. Dieser legte Eichmann im Wesentlichen Verbrechen am jüdischen Volk, Verbrechen gegen die Menschlichkeit sowie Kriegsverbrechen zur Last. Nicht weniger als 100 Belastungszeugen sagten gegen den Angeklagten aus. Eichmanns Verteidigung übernahm der Kölner Rechtsanwalt Robert Servatius, der seine Strategie auf den juristischen Grundsatz *nulla poena* sine lege (keine Strafe ohne entsprechende Gesetzesgrundlage) aufbaute. Unter Berufung auf den →Nürnberger Prozess [I.A3] als Präzedenzfall wurde dieses Argument zurückgewiesen: Bislang unbekannte Verbrechen wie Völkermord erforderten neue Gesetze, die eine Bestrafung ermöglichten. Ein weiteres Element der Verteidigungsstrategie, Eichmann habe nach gültigem Gesetz des »Dritten Reiches« nicht verbrecherisch gehandelt, wurde ebenfalls mit

Hinweis auf die Ergebnisse des Nürnberger Prozesses entkräftet. Bereits 1945 hatte das Internationale Militärtribunal die NS-Gesetze für völkerrechtswidrig und somit verbrecherisch erklärt.

Eichmann selbst betonte während der 121 Verhandlungstage unablässig, er habe nur Befehlen gehorcht. Dazu sei er aufgrund des geleisteten »Fahneneids« verpflichtet gewesen. Das Zurückweisen individueller Schuld unter Berufung auf das »Führerprinzip« sowie das nicht vorhandene Unrechtsbewusstsein Eichmanns veranlasste die Philosophin Hannah Arendt, die als Prozessbeobachterin die Verhandlungen in Jerusalem verfolgte, zu der These von der »Banalität des Bösen«, die insbesondere von israelischer Seite scharf kritisiert wurde (→Hannah Arendt: *Eichmann in Jerusalem. Ein Bericht von der Banalität des Bösen* [III.A2]).

Adolf Eichmann wurde am 15.12.1961 zum Tod durch den Strang verurteilt, nachdem ihn das Gericht vier Tage zuvor in allen 15 Anklagepunkten für schuldig befunden hatte. Bis zuletzt erklärte Eichmann, im Sinne der Anklage nicht schuldig zu sein und war der festen Überzeugung, an ihm würde ein Exempel für die Taten anderer statuiert. Bis zu seiner Hinrichtung am 1.6.1962 in Jerusalem fertigte er ein 1200-seitiges Manuskript an, in dem er sein Handeln zum wiederholten Male – nun noch einmal schriftlich – rechtfertigte.

Die große Bedeutung des Eichmann-Prozesses ist nicht bloß in der Verurteilung des »Schreibtischtäters« Adolf Eichmann, sondern vielmehr in der öffentlichkeitswirksamen Aufklärung über den Holocaust begründet. Die Anklage griff auf bislang unveröffentlichtes Bildmaterial aus Konzentrationslagern und dem Warschauer Ghetto zurück, um die Weltöffentlichkeit mit den Ausmaßen der Judenvernichtung zu konfrontieren. Mehr noch als im Nürnberger Prozess wurde hier auf die Macht der Bilder gesetzt. In der ganzen Welt, besonders in Israel und Deutschland, geriet der Eichmann-Prozess zum Medienereignis und trug maßgeblich dazu bei, dass der Holocaust Teil des kollektiven Gedächtnisses wurde.

Die politische Absicht des Staates Israel bestand nicht nur darin, der Weltöffentlichkeit und der eigenen Jugend das geschehene Unrecht am »jüdischen Volk« bewusst zu machen. Im Prozess wurde auch versucht, die Juden nicht als bloßes »Volk von Opfern« zu zeigen, sondern ihren Widerstand, den Kampf für die Freiheit herauszustellen. Gleichzeitig wollte man die Notwendigkeit der Existenz des Staates Israel als Schutznation aller Juden unterstreichen. Somit hatte der Prozess gleichsam eine therapeutische Funktion; den Überlebenden des Holocaust wurde Gehör in der israelischen Bevölkerung verschafft und die Shoah wurde wichtiger Bestandteil der nationalen Identität.

In Deutschland wurde der Prozess von 32 halbstündigen Fernsehsendungen begleitet, die auf ein reges Interesse bei den Zuschauern stießen. Der Eichmann-Prozess entfaltete eine enorme Wirkung auf die deutsche Öffentlichkeit und übte starken Druck auf Politik und Justiz aus, die im zunehmenden Maße die Dringlichkeit einer Strafverfolgung von NS-Tätern erkannten. Der Eichmann-Prozess bildete den Anstoß für zahlreiche Prozesse gegen Mitarbeiter Eichmanns in der Bundesrepublik. So wurden wenig später Otto Hunsche, Hermann Krumey, Franz Novak, Gustav Richter und Willi Zöpf vor Gericht gestellt (→Krumey-Hunsche-Prozess [III.A9]). Der Eichmann-Prozess erweiterte nicht nur die Kenntnisse über das Ausmaß des Genozids, sondern auch das Vergangenheitsbewusstsein in Politik und Bevölkerung beträchtlich.

DMe

Lit.: Hannah Arendt (1964): *Eichmann in Jerusalem. Ein Bericht von der Banalität des Bösen*, München: Piper. Deborah E. Lipstadt (2011): *The Eichmann Trial*, New York: Schocken Books. Bettina Stangneth (2011): *Eichmann vor Jerusalem. Das unbehelligte Leben eines Massenmörders*, Zürich, Hamburg: Arche. Mirjam Wenzel (2009): *Gericht und Gedächtnis. Der deutschsprachige Holocaust-Diskurs der sechziger Jahre*, Göttingen: Wallstein. David Cesarani (2004): *Adolf Eichmann. Bürokrat und Massenmörder*, Berlin: Propyläen. Haim Gouri (2004): *Facing the glass booth. The Jerusalem Trial of Adolf Eichmann*, Detroit: Wayne State Univ. Press. Hanna Yablonka (2004): *The State of Israel vs. Adolf Eichmann*, New York: Schocken Books. Peter Krause (2002): *Der Eichmann-Prozeß in der deutschen Presse*, Frankfurt a.M., New York: Campus. Yaacov Lozowick (2000): *Hitlers Bürokraten. Eichmann, seine willigen Vollstrecker und die Banalität des Bösen*, Zürich u.a.: Pendo. Zvi Aharoni, Wilhelm Dietl (1996): *Die*

Jäger. Operation Eichmann. Was wirklich geschah, Stuttgart: DVA. Christina Große (1995): *Der Eichmann-Prozeß zwischen Recht und Politik*, Frankfurt a.M. u.a.: Lang. Avner W. Less (Hg.) (1995): *Der Staat Israel gegen Adolf Eichmann*, Weinheim: Beltz, Athenäum. Jürgen Wilke et al. (1995): *Holocaust und NS-Prozesse. Die Presseberichterstattung in Israel und Deutschland zwischen Aneignung und Abwehr*, Köln u.a.: Böhlau. Gideon Hausner (1966): *Justice in Jerusalem*, London: Thomas Nelson and Sons Ltd. Nathan Cohen (1963): *Rechtliche Gesichtspunkte zum Eichmann-Prozess*, Frankfurt a.M.: Europ. Verl.-Anstalt. Moshe Pearlman (1961): *Die Festnahme des Adolf Eichmann*, Frankfurt a.M.: Fischer.

III.A2 Hannah Arendt: *Eichmann in Jerusalem. Ein Bericht von der Banalität des Bösen*,

Prozessbericht und Kommentar von Hannah Arendt zum Prozess vor dem Jerusalemer Bezirksgericht (Aktenzeichen 40/61) gegen den ehemaligen SS-Obersturmbannführer Otto Adolf Eichmann im Jahr 1961.

Eichmann war Leiter des Referats im Reichssicherheitshauptamt, das für die Organisation der Deportation und Ermordung der Juden zuständig war. In dieser Funktion oblag ihm die gesamte Organisation der Deportation der Juden aus Deutschland und den besetzten europäischen Ländern in die Ghettos und Konzentrationslager. Eichmann lebte nach Kriegsende zunächst mit gefälschten Papieren als Holzfäller in der Lüneburger Heide und wanderte 1950 über Italien nach Argentinien aus. Dort wurde er 1960 vom israelischen Geheimdienst Mossad aufgespürt und nach Israel entführt. Der Prozess dauerte vom 11.4. bis zum 15.12.1961 und endete mit dem Todesurteil (Tod durch den Strang), gegen das Eichmann Berufung einlegte. Das Urteil wurde in zweiter Instanz am 29.5.1962 durch das Berufungsgericht bestätigt und am 1.6.1962 kurz nach Mitternacht im Gefängnis von Ramleh vollstreckt.

Die jüdische Philosophin und Politologin Hannah Arendt, die 1941 durch die Emigration in die USA gerade noch der Verhaftung durch die Nationalsozialisten entgehen konnte, war von der Zeitschrift *The New Yorker* als Prozessbeobachterin nach Jerusalem entsandt worden. Die Initiative dazu ging von ihr aus. In einem Brief an die Rockefeller Foundation schrieb sie: »Ich glaube, Sie werden verstehen, warum ich über diesen Prozeß berichten möchte; ich habe die Nürnberger Prozesse verpaßt, habe diese Leute nie gesehen, und das ist wahrscheinlich meine letzte Chance.« Arendt hatte sich durch ihr 1951 erschienenes, umfangreiches Werk *The Origins of Totalitarianism* bereits einen Namen gemacht. Stand dort die Frage im Mittelpunkt, wie ein System beschaffen sein muss, das die Singularität des Einzelnen in die Konformität einer gleichgeschalteten Masse überführen will, so interessierte sie nun am Eichmann-Prozess die Frage, inwieweit der Grad der Deformation durch das System am Einzelnen sichtbar wird. Ihr Bericht *Eichmann in Jerusalem. Ein Bericht von der Banalität des Bösen* erschien zunächst in fünf Fortsetzungs-Essays im *New Yorker* und kurz darauf im Mai 1963 unter dem gleichen Titel auch in Buchform. Die beispiellose Kontroverse, die schon nach dem Erscheinen der Zeitungs-Essays entbrannte und mit der Veröffentlichung des Buches die Diskussion um die Verantwortung des Einzelnen während der Nazidiktatur auf einen bis dahin noch unerreichten Höhepunkt trieb, hat bis in die Gegenwart wenig an Aktualität verloren, wie nicht zuletzt die →Goldhagen-Debatte [VI. A3] gezeigt hat. Ganz explizit wendet sich Arendt der juristischen bzw. rechtsphilosophischen Frage zu, wie es einem Gericht gelingen kann, über ein Verbrechen zu urteilen, das bis dahin in keinem Gesetzbuch vorkam. Denn nach ihrer Einschätzung sind »die Kategorien, mit denen dies Beispiellose nun politisch und juristisch erfaßbar ist, [...] immer noch gänzlich ungeklärt«. Sehr genau arbeitet sie den heiklen Punkt heraus, der die eigentliche moralische Legitimation für das juristische Verfahren gegen Eichmann bildet und der auch für den →Nürnberger Prozess [I.A3] der alliierten Siegermächte zutrifft: »Was wir in diesen Prozessen fordern, ist, daß Menschen auch dann noch Recht von Unrecht zu unterscheiden fähig sind, wenn sie wirklich auf nichts anderes mehr zurückgreifen können als auf das eigene Urteil, das zudem unter solchen Umständen in schreiendem Gegensatz zu dem steht, was sie für die einhellige Meinung ihrer gesamten Umgebung halten müssen.«

Arendt, der in ihrer Rolle als Prozessbeobachterin reiches Quellenmaterial zur Verfügung stand, hat sich in ihrem Bericht nicht enthalten können, der Interpretation der ›Endlösung‹

durch die Anklage ihre eigene Sicht gegenüberzustellen, um auf diese Weise zugleich auch die problematischen und kritikwürdigen Seiten des Verfahrens zu diskutieren. Damit ist implizit auf die Sperrigkeit dieses Werkes verwiesen, die ihren Grund in einer spezifischen Verflechtung von sozialgeschichtlichen Erzählungen mit philosophischen Überlegungen hat. Drei Stränge können hier unterschieden werden: Zum einen Arendts Kritik an der Prozessführung und den Umständen des Prozesses selbst, zum anderen ihre These von der Banalität des Angeklagten und schließlich ihre Einschätzung der Kooperation jüdischer Funktionäre mit den Nazis. Zu den Punkten im Einzelnen:

Arendt äußert sich kritisch über die Rahmenbedingungen des Prozesses, also die Umstände von Eichmanns Verhaftung, die Untersuchungshaft, das Gerichtsverfahren und insbesondere den israelischen Hauptankläger Oberstaatsanwalt Gideon Hausner, der in ihren Augen das Sprachrohr des israelischen Ministerpräsidenten David Ben Gurion darstellt. Diesem unterstellt sie, als heimlicher Regisseur eines riesigen Schauprozesses zu fungieren, der von ihm letztlich zu Propagandazwecken missbraucht werde. Arendt nimmt hier vor allem an der von Hausner vorgetragenen Argumentationslinie Anstoß, dass in diesem Prozess kein einzelner auf der Anklagebank säße und auch nicht das Naziregime, »sondern der Antisemitismus im Verlauf der Geschichte«. Arendt weist darauf hin, dass mit dieser Interpretation impliziert werde, Eichmann sei »nichts weiter [...] als der ›unschuldige‹ Vollstrecker irgendeines geheimnisvollen vorausbestimmten Geschicks bzw. das historisch notwendige Ausführungsinstrument des ewigen Judenhasses, der den ›blutbefleckten Weg‹ zu bereiten hatte, ›den dieses Volk wandern‹ musste, um seine Bestimmung zu erfüllen«. Wogegen Arendt opponiert, ist eine quasi teleologische Deutung der Shoah, welche die zionistische Staatsgründung als notwendige Konsequenz des Genozids an den Juden interpretiert und auf diese Weise dem vollkommen Sinnlosen retrospektiv eine Sinnstruktur unterlegt.

Eichmann in Jerusalem stellt auch einen Versuch dar, sich über das Verhalten so genannter gewöhnlicher Deutscher während der Naziherrschaft und hier insbesondere ihrer Rolle während des Holocaust klar zu werden. In dieser Hinsicht war Eichmann für Arendt ein geradezu paradigmatischer Fall. Denn im Gegensatz zum Bemühen der Anklage, ihn als den zentralen Vollstrecker der Vernichtung des europäischen Judentums zu überführen, erschien er in ihrer Wahrnehmung als ein subalterner Bürokrat in SS-Uniform, der kaum eigene Initiative entfaltet hatte. Von einem vermeintlich diabolischen Charakter war wenig zu spüren, vielmehr erwies er sich, so zumindest die Wahrnehmung von Arendt, nur als ein willfähriges Rädchen im Getriebe. Der Abgrund, der zwischen der Persönlichkeit des Täters, seiner verblüffenden Normalität und der unvorstellbaren Grausamkeit der begangenen Verbrechen klaffte, hat indes nicht nur Arendt selbst fassungslos gemacht. Ihr Buch ist insofern auch ein engagierter Versuch, dieser Fassungslosigkeit philosophisch zur Sprache zu verhelfen: »Es war gewissermaßen schiere Gedankenlosigkeit – etwas, was mit Dummheit keineswegs identisch ist –, die ihn dafür prädisponierten, zu einem der größten Verbrecher jener Zeit zu werden.« Daher war für Arendt die zentrale Lektion, die man aus dem Jerusalemer Prozess lernen konnte, dass »eine solche Realitätsferne und Gedankenlosigkeit in einem mehr Unheil anrichten können als alle die dem Menschen vielleicht innewohnenden bösen Triebe zusammengenommen«. Ihre Überlegungen kulminieren in der griffigen Formel von der »Banalität des Bösen«, womit sie keinesfalls meint, dass die Taten selbst banal gewesen seien. Vielmehr geht es ihr darum, dem Bösen als einer moralischen Kategorie jedwedes metaphysische Vokabular abzusprechen, das dem Grauen immer noch einen Sinn verleiht und dem Schmerz über das Geschehene eine Art Linderung bietet. Das Denken versage vor der Banalität des Bösen eben deshalb, weil es keinen tieferen Grund gibt, der reflexiv erfasst werden könne. Erst wenn dies erkannt sei, so Arendt, werde die Totalität des moralischen Zusammenbruchs im Herzen Europas im ganzen Umfang sichtbar und der Antisemitismus erweist sich in seiner radikal entleerten Form als das, was er eigentlich ist: als Deformation der Urteilsfähigkeit.

Diese Argumentationslinie wird flankiert von einer kurzen, aber äußerst kritischen Reflexion Arendts über die Rolle der Judenräte bei der Durchführung der ›Endlösung‹. Sie bezeichnete das Mitwirken der jüdischen Führung bei der Zerstörung des eigenen Volkes als das »zweifellos dunkelste Kapitel in der ganzen dunklen Geschichte« und wirft den jüdischen Funktionären vor, dass sich Eichmann bei der Organisation des Völkermordes auf eine Kooperation wahrhaft erstaunlichen Ausmaßes habe verlassen können, ohne die der so reibungslose Ablauf der ›Endlösung‹ schwer vorstellbar sei. Sie schreibt: »Wäre das jüdische Volk wirklich unorganisiert und führerlos gewesen, so hätte die ›Endlösung‹ ein furchtbares Chaos und ein unerhörtes Elend bedeutet, aber angesichts des komplizierten bürokratischen Apparats, der für das ›Auskämmen‹ von Osten nach Westen notwendig war, wäre das Resultat nur in den östlichen Gebieten [...] gleich schrecklich gewesen, und die Gesamtzahl der Opfer hätte schwerlich die Zahl von viereinhalb bis sechs Millionen Menschen erreicht.« Insbesondere diese Vorwürfe führten zu heftiger Kritik. Arendt wurden fehlende Empathie und mangelnde Sensibilität gegenüber den historischen Bedingungen und den konkreten psychologischen Zwängen unterstellt, die eben nicht pauschal, sondern nur im behutsamen Nachvollzug der jeweiligen Einzelsituation rekonstruiert werden könnten.

Die Verschränkung dieser drei Argumentationslinien leistete dem Eindruck Vorschub, Arendt beschuldige die Juden der Komplizenschaft im Holocaust, während sie auf der anderen Seite mit ihrer These von der ›Banalität des Bösen‹ Eichmann und andere Deutsche entlaste. Von Gershom Scholem wurde ihr daher vorgeworfen, es fehle ihr an »Ahabath Israel« (Liebe zum jüdischen Volk). Ein zentrales Problem des Buches ist sicher Arendts Stil, der mitunter ironisch bis sarkastisch und stellenweise arrogant wirkt. Bei aller Klarheit der Gedankenführung hat sie viele ihrer scharfsinnigen Argumente schon allein durch die Art der Darstellung konterkariert und noch heute wird ihr – etwa von Gary Smith – vorgeworfen, dass sie mit dem ganzen Stolz ihrer Intelligenz über die historische Erfahrung und die aktuellen Empfindungen ihrer Zeitgenossen hinweg geschritten sei. Erst im Jahre 2000 erschien Arendts Buch als ihr bislang erstes und einziges in einer hebräischen Übersetzung auch in Israel, was zu einer erneuten Diskussion ihrer Thesen führte.

Die Diskussion um Arendts Bericht über den Eichmann-Prozess steht auch im Mittelpunkt des Films HANNAH ARENDT. IHR DENKEN VERÄNDERTE DIE WELT, der 2012 unter der Regie von Margarethe von Trotta Weltpremiere feierte. Der Film spielt zu Beginn der 1960er Jahre in New York und zeichnet die Jahre nach, in denen Arendt (gespielt von Barbara Sukowa) als Berichterstatterin nach Jerusalem reist. Deutlich herausgestellt werden nicht nur die kontroversen öffentlichen Reaktionen auf Arendts Prozessbericht, sondern vor allem auch die abweisende Haltung einiger Freunde – allen voran von Hans Jonas (Ulrich Noethen) und Kurt Blumenfeld (Michael Degen) –, die sich schließlich von Arendt abwenden. Das Biopic zeigt zwar auch die verletzlichen Seiten Arendts, im Fokus steht aber Arendt als starke und eigenwillige Denkerin, die ihre Thesen bis zum Schluss verteidigt und von Seiten ihres Mannes Heinrich Blücher (Axel Milberg), sowie ihren Freundinnen Mary McCarthy (Janet McTeer) und Lotte Köhler (Julia Jentsch) Unterstützung erhält.

GM

Lit.: Hannah Arendt (1964): *Eichmann in Jerusalem. Ein Bericht von der Banalität des Bösen*, München: Piper. Friedrich A. Krummacher (Hg.) (1964): *Die Kontroverse Hannah Arendt, Eichmann und die Juden*, München: Nymphenburger Verlags-Handlung. Martin Wiebel (Hg.) (2012): *Hannah Arendt. Ihr Denken veränderte die Welt*. München: Piper. Wolfgang Heuer, Bernd Heiter et al. (2011): *Arendt-Handbuch: Leben – Werk – Wirkung*. Stuttgart: Metzler. Kai Ambos, Luis Pareira Coutinho et al. (2012): *Eichmann in Jerusalem – 50 Years After: An Interdisciplinary Approach*, Berlin: Duncker & Humblot. Seyla Benhabib (2006): *Hannah Arendt. Die melancholische Denkerin der Moderne*, Frankfurt a.M.: Suhrkamp. Julia Schulze Wessel (2006): *Ideologie der Sachlichkeit. Hannah Arendts politische Theorie des Antisemitismus*, Frankfurt a.M.: Suhrkamp. Christian Volk (2005): *Urteilen in dunklen Zeiten. Eine neue Lesart von Hannah Arendts »Banalität des Bösen«*, Berlin: Lukas-Verlag. Elisabeth Young-Bruehl (2004): *Hannah Arendt. Leben, Werk und Zeit*, Frankfurt a.M.: Fischer. Georg Mein (2003): »Fermenta cognitionis. Hannah Arendts ›Hermeneutik des Nach-Denkens‹«, in: *Deutsche Vierteljahrsschrift für Literaturwissenschaft und Geistesgeschichte* 77, H. 3, S. 481-511. Gary Smith (Hg.) (2000): *Hannah Arendt Revisited: »Eichmann in Jerusalem« und die*

Folgen, Frankfurt a.M. : Suhrkamp. Daniel Ganzfried, Sebastian Hefti (Hg.) (1997): *Hannah Arendt. Nach dem Totalitarismus*, Hamburg: EVA. Wolfgang Heuer (1992): *Citizen: Persönliche Integrität und politisches Handeln: Eine Rekonstruktion des politischen Humanismus Hannah Arendts*, Berlin: Akademie-Verlag.

III.A3 Frankfurter Auschwitz-Prozess, deutscher Strafprozess gegen Personal des Konzentrationslagers Auschwitz, der wie kein Ereignis zuvor den Holocaust und die NS-Vernichtungspolitik ins Zentrum der gesellschaftlichen Wahrnehmung rückte.
Anders als der für das Einsetzen einer strafrechtlichen Verfolgung von NS-Gewaltverbrechen zentrale →Ulmer Einsatzgruppenprozess [II.A5] wurde der erste Frankfurter Auschwitz-Prozess, der vom 20.12.1963 bis zum 20.8.1965 in Frankfurt a.M. unter der offiziellen Bezeichnung »Strafsache gegen Mulka und andere« (Aktenzeichen: 4 KS 2/63) geführt wurde, zu einer der wichtigsten Zäsuren in der öffentlichen Erinnerungsgeschichte des Holocaust in der BRD. Der Prozess war das sichtbarste Zeichen eines temporären Paradigmenwechsels in der strafrechtlichen Verfolgung von NS-Gewaltverbrechen, der mit mehreren Verfahren im Umfeld des Jahres 1958 begonnen und durch die Aufmerksamkeit, die der →Eichmann-Prozess [III.A1] in Jerusalem auf sich gezogen hatte, an Dynamik gewann.
Ungeachtet dessen war das Zustandekommen der »Strafsache gegen Mulka und andere« weniger einer zielstrebigen Ermittlungsarbeit, sondern mehreren Zufällen und glücklichen Umständen zu verdanken. Zwei parallele Entwicklungen ermöglichten die spätere Anklageerhebung: Bereits im März 1958 hatte der Auschwitz-Überlebende Adolf Rögner die Stuttgarter Staatsanwaltschaft über den Aufenthaltsort des für Tötungen und Folter verantwortlichen ehemaligen SS-Oberscharführers Wilhelm Boger informiert, auf zahlreiche weitere ehemalige Mitglieder der SS-Wachmannschaft in Auschwitz hingewiesen und Strafanzeige gegen sie erstattet. Auf Drängen von Hermann Langbein, Generalsekretär des Internationalen Auschwitz-Komitees (IAK), wurden Ermittlungen aufgenommen. Unabhängig davon hatte der Journalist Thomas Gnielka Ende 1958 Erschießungsakten des Konzentrationslagers Auschwitz, die Namen von SS-Männern der Kommandantur und des SS- und Polizeigerichts XV in Breslau enthielten, dem Hessischen Generalstaatsanwalt →Fritz Bauer [III.A5] übergeben. Dieser leitete das Material umgehend an den Bundesgerichtshof (BGH) in Karlsruhe weiter, der Frankfurt als für alle Auschwitz-Verfahren zuständig erklärte, so dass in den Folgejahren detaillierte Voruntersuchungen durchgeführt werden konnten, die schließlich in den Frankfurter Auschwitz-Prozess mündeten.
Das Konzentrations- und Vernichtungslager Auschwitz war, als der Ort, an dem die NS-Vernichtungspolitik in der fabrikmäßigen Tötung von bis zu 1,5 Millionen Menschen kulminierte, schon vor dem Frankfurter Auschwitz-Prozess Gegenstand zahlreicher Strafverfahren gewesen: Polnische Gerichte erhoben zwischen 1946 und 1953 gegen mehr als 700 Auschwitz-Täter Anklage, unter ihnen in zwei Verfahren vor dem Obersten Volksgerichtshof in Warschau gegen die beiden ehemaligen Kommandanten Rudolf Höß und Arthur Liebehenschel sowie 39 weitere hochrangige Mitglieder der Lager-SS (für Höß, Liebehenschel und 22 weitere Angeklagte endeten die Verfahren mit der Todesstrafe). Auch vor alliierten Militärgerichten wurden Teilbereiche des Vernichtungssystems Auschwitz geahndet (etwa im →Bergen-Belsen-Prozess [I.A6], in den Dachauer Prozessen zwischen 1945 und 1948 und in den →Nürnberger Nachfolgeprozessen [I.A4]), gleichwohl wurde insgesamt nur ein geringer Teil der über 6.000 SS-Angehörigen, die in Auschwitz stationiert gewesen waren und den Krieg überlebt hatten, jemals vor Gericht gestellt. Mit dem Übergang der strafrechtlichen Ahndung von NS-Gewaltverbrechen auf die Gerichtsbarkeit der Bundesrepublik geriet der Verbrechenskomplex von Auschwitz weitgehend aus dem Blick; wo er Gegenstand von Verfahren wurde, endeten diese mit skandalös milden Urteilen oder – wie 1955 im Fall von Gerhard Peters, der dem Zyklon B-Produzenten, der Deutschen Gesellschaft für Schädlingsbekämpfung (Degesch), als Generaldirektor vorgestanden hatte – mit Freisprüchen. Verurteilungen, die vor alliierten Gerichten erfolgt waren, hatten durch die großzügige Begnadigungspraxis in der frühen Bundesrepublik meist nicht lange Bestand: So wurden etwa die in den Nürnberger Nach-

folgeprozessen zu langjährigen Haftstrafen verurteilten Verantwortlichen für die IG-Farben-Fabrik in Auschwitz (Fall VI) rasch begnadigt und konnten nach 1951 in führender Stellung beim Aufbau der bundesdeutschen Chemieindustrie mitwirken.

Angesichts dieser Sachlage gestalteten sich die Vorbereitungen für den Frankfurter Auschwitz-Prozess aufwendig und schwierig. Durch die Beharrlichkeit des Generalstaatsanwaltes Fritz Bauer und die enge Zusammenarbeit der Frankfurter Ermittlungsbehörden mit der →Ludwigsburger Zentralstelle [II.A7] und Hermann Langbein vom IAK konnten als Ergebnis der umfangreichen Vorermittlungen Beschuldigtenlisten erstellt werden, die mehr als 800 Personen verzeichneten. Nach mehr als zwei Jahren Vorbereitungszeit, in der die Hauptarbeit der ermittelnden Staatsanwälte darin bestanden hatte, Aufenthaltsorte von Auschwitz-Tätern zu ermitteln und Beweismittel gegen sie zusammenzutragen, konnte die Strafverfolgungsbehörde am 12.7.1961 beim Landgericht (LG) Frankfurt Antrag auf Eröffnung der gerichtlichen Voruntersuchung stellen. Die in der Anklageschrift der »Strafsache Baer und andere« insgesamt 24 aufgeführten Beschuldigten bildeten tatsächlich einen – wie der Staatsanwalt Gerhard Wiese festhielt – »Querschnitt durch das Konzentrationslager [...] vom Kommandanten bis zum Häftlingskapo«: Mit Richard Baer, der allerdings vor Prozessbeginn verstarb, sollte ursprünglich auch der letzte Kommandant von Auschwitz (Mai 1944 bis Januar 1945) vor dem LG Frankfurt angeklagt werden. Bei der Eröffnung der Hauptverhandlung weitere zwei Jahre später war der ranghöchste Angeklagte Robert Mulka, der als SS-Hauptsturmführer zwischen Anfang 1942 bis März 1943 Adjutant des Auschwitz-Kommandanten Rudolf Höß gewesen war. Unter den Angeklagten waren neben dem Adjutanten des Kommandanten Baer (Karl Höcker) Mitglieder der in Auschwitz stationierten SS-Ärzte, der Leiter der Lagerapotheke (Victor Capesius), der Kleiderkammerverwalter, Angehörige der Lager-Gestapo, SS-Aufseher und als einziger Funktionshäftling Emil Bednarek, dem die Tötung einer »Vielzahl von Häftlingen« zur Last gelegt wurde. Durch die Abkopplung des Verfahrens gegen Gerhard Neubert und das krankheitsbedingte Ausscheiden zweier Angeklagter wurde im Frankfurter Auschwitz-Prozess letztlich gegen 20 Angehörige des Mordkomplexes Auschwitz verhandelt.

In keinem anderen deutschen Prozess gegen NS-Täter zuvor wurden die NS-Verbrechen so detailliert und umfassend aufgearbeitet: Insbesondere die Schilderungen der 356 Auschwitz-Überlebenden, die angesichts des Kalten Krieges spektakuläre Inaugenscheinnahme des KZ Auschwitz durch das Gericht, aber auch die in der Verhandlung vorgetragenen Sachverständigengutachten von Historikern, die den Kontext von Auschwitz beleuchteten (→*Anatomie des SS-Staates* [III.A4]), rückten den Holocaust und die NS-Vernichtungspolitik in einer in der Bundesrepublik zuvor nicht da gewesenen Intensität in den Fokus der gesellschaftlichen Aufmerksamkeit. Die Medien trugen dem breiten Interesse, auf das der Prozess in der Öffentlichkeit stieß (Schätzungen gehen von etwa 20.000 Besuchern der Verhandlung aus), durch eine kontinuierliche und ausführliche Berichterstattung Rechnung, die bei keinem späteren NS-Prozess in dieser Form wieder erreicht wurde, und die durch die Spiegelungen des Prozesses in künstlerischen Ausdrucksformen wie →Peter Weiss' Theaterstück *Die Ermittlung* [III.A6] oder den begleitenden →Holocaust-Photoausstellungen [III.C4] zusätzliche Nahrung erhielt (→Deutsche Schriftsteller und der Frankfurter Auschwitz-Prozess [III.A7]).

Prägend für die Atmosphäre der Hauptverhandlung war die Kombination von Erinnerungsverweigerung und demonstrativ zur Schau getragenem Unschuldsbewusstsein auf Seiten der Täter, zu der die oftmals äußerst schmerzhafte Erinnerungsarbeit der als Zeugen aussagenden Überlebenden in einem denkbar harten Kontrast stand. Die meisten Biographien der Angeklagten zeichneten sich durch eine rasche Reintegration in das Berufsleben nach 1945 aus: So war der im Prozess als Gehilfe angeklagte Robert Mulka, der als Adjutant und rechte Hand des Kommandanten Höß zu den vor Ort unmittelbar Verantwortlichen zählte, nach seiner Festsetzung in amerikanischen Internierungslagern als »entlastet« entnazifiziert worden und bereits ab 1948 als freischaffender Kaufmann tätig gewesen. Victor Capesius, in Auschwitz Leiter der SS-Apotheke und an Selektionen betei-

ligt, betrieb seit 1950 eine Apotheke und einen Kosmetiksalon. Hans Stark, als Mitglied der Lager-Gestapo unmittelbar in die Morde involviert, schloss nach 1945 ein Studium ab und war in den 1950er Jahren zunächst als Lehrer an einer Landwirtschaftlichen Schule, dann als Sachbearbeiter bei der Landwirtschaftskammer in Frankfurt a.M. tätig. Im Prozess zogen sich die Angeklagten im Wesentlichen auf die Verteidigungslinie zurück, keine Kenntnis von den Vergasungen und Massenmorden in Auschwitz gehabt zu haben und lediglich Befehlen gefolgt zu sein. Charakteristisch für diese durch Dokumente und Zeugenaussagen im Prozess nur in Teilen zu erschütternde Strategie der vollständigen Leugnung war die erste Einlassung Robert Mulkas am Tag seiner Festnahme im November 1960, in der er festhielt: »Ich wußte nicht, daß Vergasungen stattfanden. Das Zyklon B ist mir damals nicht bekannt gewesen. Nach dem Krieg habe ich natürlich einiges darüber gehört, was in Auschwitz passiert sein soll.« Die Überlebenden sahen sich im Prozess der Zumutung ausgesetzt, sich die für sie nicht selten traumatischen Erlebnisse in Gegenwart der Täter vergegenwärtigen zu müssen. Nicht unwesentlich war zudem, dass diese Vergegenwärtigung im Rahmen eines Verfahrens erfolgte, das den üblichen strafprozessualen Regeln und Gepflogenheiten folgte. Für die aussagenden Überlebenden bedeutete dies, dass die Anwälte der Verteidigung – unter ihnen insbesondere der in zahlreichen NS-Gewaltverbrechen auftretende Hans Laternser – ihre Aussagen in Zweifel zogen, sie als Zeugen demütigten und unglaubwürdig zu machen versuchten. Laternser, dessen heftige Wortgefechte mit dem als Nebenkläger fungierenden DDR-Anwalt Friedrich Karl Kaul den Auschwitz-Prozess zeitweilig zu einer bloßen Manifestation des Blöckekonfliktes verkommen ließen, unterstellte den Zeugen pauschal, sie seien kommunistisch indoktriniert und war um keine noch so spitzfindige Argumentation verlegen, um die Glaubwürdigkeit der Aussagen zu erschüttern: Detaillierte Aussagen diskreditierte er mit Blick auf die Distanz zu den historischen Ereignissen als unplausibel, übereinstimmende Schilderungen als Produkt vermeintlicher Absprachen.
Die Tatsache, dass die Erinnerungen der Überlebenden solchen Anfeindungen ausgesetzt waren, ergab sich zwangsläufig aus dem Versuch, den Holocaust mit den Mitteln der Strafjustiz aufzuarbeiten und zu ahnden, deren Grenzen der Frankfurter Auschwitz-Prozess – trotz seiner unbestrittenen Bedeutung – überdeutlich offenbarte: Da in Frankfurt nach dem deutschen Strafgesetzbuch (StGB) geurteilt wurde, konnte nicht das Mordgeschehen als ganzes im Zentrum stehen, vielmehr musste – anders als in den →Letzten Täterprozessen [VI.B5] der 2000er Jahre – die konkrete juristische Verantwortung individueller Täter bestimmt werden. Zeitgenössisch wurde die Suche nach individueller Schuld im Sinne des StGB zwar vom Prozessberichterstatter der *Frankfurter Allgemeinen Zeitung* als »Sieg des Rechts über das Unrecht von Auschwitz« (Bernd Naumann) gefeiert, doch schon Fritz Bauer kritisierte, der Frankfurter Auschwitz-Prozess habe den Massenmord in Episoden aufgelöst und das kollektive Geschehen durch Atomisierung und Parzellierung privatisiert. Als Resultat der Vorgaben des BGH bei NS-Gewaltverbrechen erhielten auch im Frankfurter Auschwitz-Prozess nicht die für das Mordgeschehen unmittelbar Verantwortlichen, sondern die »Exzesstäter«, die gemäß §211 Absatz 2 StGB »aus Mordlust, zur Befriedigung des Geschlechtstriebs, aus Habgier oder sonst aus niedrigen Beweggründen, heimtückisch oder grausam oder mit gemeingefährlichen Mitteln« getötet hatten, Höchststrafen: Während Robert Mulka und Victor Capesius zu Haftstrafen von 14 bzw. neun Jahren verurteilt wurden, erhielten Angeklagte wie der eigenhändig und grausam mordende Oswald Kaduk oder der Leiter des Desinfektions- und Vergasungskommandos Josef Klehr, der Hunderte von Häftlingen durch Phenolinjektionen getötet hatte, lebenslängliche Freiheitsstrafen. Die Namen und Gesichter, die die Chiffre Auschwitz durch den Prozess erhalten hatte, verwiesen so – unterstützt durch das Strafmaß der Urteile – auf ein potentiell dekontextualisiertes Bild der Massenmorde, das die gesellschaftliche Dynamik der NS-Vernichtungspolitik nur unzureichend widerspiegelte.

TF

Lit.: Raphael Groß, Werner Renz (Hg.) (2013): *Der Frankfurter Auschwitz-Prozess 1963-1965. Eine kommentierte Quellenedition*, 2 Bde., Frankfurt a.M.: Campus. Fritz Bauer Institut Frankfurt a.M. und das Staatliche Museum Auschwitz-Birkenau (Hg.) (2005): *Auschwitz-Prozess. Tonbandmitschnitte – Protokolle – Dokumente*, 2. durchges. u. verb. Aufl. Berlin: Directmedia Publ. Friedrich-Martin Balzer, Werner Renz (Hg.) (2004): *Das Urteil im Frankfurter Auschwitz-Prozess (1963-1965)*. Erste selbständige Veröffentlichung, Bonn: Pahl-Rugenstein. Hermann Langbein (1995): *Der Auschwitz-Prozeß. Eine Dokumentation*. 2 Bde., Frankfurt a.M.: Verlag Neue Kritik. Devin O. Pedas (2013): *Der Auschwitz-Prozess. Völkermord vor Gericht*, München: Siedler. Sabine Horn (2009): *Erinnerungsbilder. Auschwitz-Prozess und Majdanek-Prozess im westdeutschen Fernsehen*, Essen: Klartext-Verlag. Irmtrud Wojak (2009): *Fritz Bauer 1903-1968. Eine Biographie*, 2. durchges. Aufl., München: Beck. Rebecca Wittmann (2005): *Beyond Justice. The Auschwitz Trial*. Havard: UP. Stephan Braese (Hg.) (2004): *Rechenschaften. Juristischer und literarischer Diskurs in der Auseinandersetzung mit den NS-Massenverbrechen*, Göttingen: Wallstein. Sybille Steinbacher (2004): *Auschwitz. Geschichte und Nachgeschichte*, München: Beck. Irmtrud Wojak (Hg.) (2004): *Auschwitz-Prozess 4 Ks 2/63 Frankfurt a.M.*, Köln: Snoeck. Werner Renz (2002): »Der 1. Frankfurter Auschwitz-Prozess. Zwei Vorgeschichten«, in: *Zeitschrift für Geschichtswissenschaft* 50, S. 622–641. Sabine Horn (2002): »›Jetzt aber sei zu einem Thema, das uns in dieser Woche alle beschäftigt.‹ Die westdeutsche Fernsehberichterstattung über den Frankfurter Auschwitz-Prozeß (1963-1965) und den Düsseldorfer Majdanek-Prozeß – ein Vergleich«, in: *1999* 17, H. 2, S. 13–43. Irmtrud Wojak (Hg.) (2001): *»Gerichtstag halten über uns selbst...« Geschichte und Wirkung des ersten Frankfurter Auschwitz-Prozesses*, Frankfurt a.M.: Campus. Irmtrud Wojak (2000): »Die Verschmelzung von Geschichte und Kriminologie. Historische Gutachten im ersten Frankfurter Auschwitz-Prozeß«, in: Norbert Frei et al. (Hg.): *Geschichte vor Gericht. Historiker, Richter und die Suche nach Gerechtigkeit*, München: Beck, S. 29–45. Cornelia Brink (1998): *Ikonen der Vernichtung. Öffentlicher Gebrauch von Photographien aus nationalsozialistischen Konzentrationslagern nach 1945*, Berlin: Akademie-Verlag. Norbert Frei (1998): »Der Frankfurter Auschwitz-Prozeß und die deutsche Zeitgeschichtsforschung«, in: Fritz Bauer Institut (Hg.): *Auschwitz. Geschichte, Rezeption und Wirkung*, Frankfurt a.M., New York: Campus, S. 123–138. Wolfgang Benz (1996): »Bürger als Mörder und die Unfähigkeit zur Einsicht: Der Frankfurter Auschwitz-Prozess«, in: Uwe Schultz (Hg.): *Große Prozesse. Recht und Gerechtigkeit in der Geschichte*, München: Beck, S. 382–391. Jürgen Wilke et al. (Hg.) (1995): *Holocaust und NS-Prozesse. Die Presseberichterstattung in Israel und Deutschland zwischen Aneignung und Abwehr*, Köln u.a.: Böhlau. Gerhard Werle, Thomas Wandres (1995): *Auschwitz vor Gericht. Völkermord und bundesdeutsche Strafjustiz*, München: Beck. Ulrich Schneider (Hg.) (1994): *Auschwitz – ein Prozeß, Geschichte – Fragen – Wirkungen*. Köln: PapyRossa. Jürgen Weber, Peter Steinbach (Hg.) (1984): *Vergangenheitsbewältigung durch Strafverfahren? NS-Prozesse in der Bundesrepublik Deutschland*, München: Olzog.

III.A4 *Anatomie des SS-Staates*, Sammlung von im →Frankfurter Auschwitz-Prozess [III.A3] vorgetragenen Gutachten deutscher Historiker, die bereits 1965 in Buchform veröffentlicht wurden und erste Ansätze zur Erforschung der NS-Vernichtungspolitik boten.
Trotz der bereits 1949 erfolgten →Gründung des Instituts für Zeitgeschichte [II.A2] (zunächst unter dem Namen Institut für Geschichte der nationalsozialistischen Zeit) hatte die deutsche Geschichtswissenschaft bis Anfang der 1960er Jahre noch keinen gesicherten Kenntnisstand über die NS-Massenvernichtungsverbrechen gewonnen. Die überschaubare Anzahl von wissenschaftlich fundierten Studien zum Lagersystem und zum Holocaust, die zu diesem Zeitpunkt vorlag, stammte entweder aus dem englisch- bzw. französischsprachigen Ausland (so die Arbeiten von Leon Poliakov, Gerald Reitlinger und →Raul Hilberg [V.B4]) oder fußten auf den bereits kurze Zeit nach der Befreiung der Lager begonnenen Forschungen von Überlebenden (etwa von H. G. Adler zu Theresienstadt oder →Eugen Kogons *Der SS-Staat* [I.B2] zu Buchenwald). Bezeichnend für den defizitären wissenschaftlichen Kenntnisstand war der Schock, den der →Ulmer Einsatzgruppenprozess [II.A5] 1958 bedeutete, gelangte mit ihm doch ein bislang fast vollständig ausgeblendeter Teil der NS-Vernichtungspolitik – die Massenerschießungen der Einsatzgruppen – in den Blick.
Wie zuvor schon im Ulmer Einsatzgruppenprozess bedurfte es erst der Herausforderung, vor Gericht wissenschaftliche Gutachten vorlegen zu müssen, um systematische Forschungen anzustoßen. Die vom zuständigen Hessischen Generalstaatsanwalt →Fritz Bauer [III.A5] in Auftrag gegebenen wissenschaftlichen Gutachten für die »Strafsache gegen

Mulka und andere« stehen am Beginn der deutschsprachigen Forschung zum Holocaust und zur Gesamtheit der NS-Vernichtungspolitik. Ihnen vorangegangen war – neben ersten Dokumentensammlungen und Eberhard Kolbs zeitgleich entstandener, von der niedersächsischen Landesregierung in Auftrag gegebenen Studie zu Bergen-Belsen – im wesentlichen nur Wolfgang Schefflers in großer Auflage verbreitete Broschüre *Judenverfolgung im Dritten Reich* (Berlin 1960), die auf knapp 60 Seiten eine kurze Geschichte des Antisemitismus und daran anknüpfend der Judenverfolgung und des Judenmordes im Nationalsozialismus bot und zudem eine Dokumentensammlung und »Anregungen für den Unterricht« bereithielt. Schefflers verdienstvolle erste deutschsprachige Gesamtdarstellung des Holocaust verstand sich als Teil der »staatsbürgerlichen Erziehung«, wartete in diesem Bestreben allerdings mit vollständig fehlgehenden Analogien und Problematisierungen auf (so illustriert Scheffler die »pseudowissenschaftliche Grundlage« der NS-Rassenpolitik etwa mit dem Hinweis, sie sei mit »dem Negerproblem in Südafrika oder im Süden der Vereinigten Staaten von Nordamerika« nicht zu vergleichen, weil es sich dort um »echte Rassenprobleme« handele, die ganz andere Fragen und Schwierigkeiten aufwürfen). Die Gutachten nahmen zu dieser dezidiert um moralische Aufklärung und Aktualisierungen für das Verhalten in der Gegenwart bemühten Haltung die exakte Gegenposition einer strikt positivistischen Wissenschaftlichkeit ein, deren Ethos der rückhaltlosen Sachlichkeit überdeutlich in der Einleitung zur Buchfassung zum Ausdruck kam, in der Hans Buchheim dem »wirkungsvoll[en]« Schreiben über Auschwitz eine deutliche Absage erteilte und die »Strenge der Gerichtsverfahren« als »Maßstab der Rationalität« für die historische Aufarbeitung begriff.

Die insgesamt sieben von Fritz Bauer in Auftrag gegebenen Gutachten sollten ein Korrektiv zur strafrechtlich bedingten Individualisierung des Mordgeschehens bilden und den Schwerpunkt auf die übergeordneten Strukturen, Abläufe und ideologischen Grundlagen des Vernichtungsapparates legen, ohne dabei das konkrete Handeln der Angeklagten des Frankfurter Auschwitz-Prozesses oder selbst des Konzentrationslagers Auschwitz gesondert herauszustellen. In der umfangreichsten Studie der beiden Bände *Die SS – Das Herrschaftsinstrument* zeichnete Hans Buchheim dieser Vorgabe folgend den Aufstieg des von SS und Polizei gebildeten Machtapparats innerhalb des NS-Regimes nach, um zu bestimmen, »wie totalitäre Herrschaft in der Alltagspraxis ausgeübt wurde«. Martin Broszat beschrieb die Genese des nationalsozialistischen Konzentrationslager-Systems von den Anfängen der so genannten »wilden KZ« in den ersten Regimemonaten über die Einrichtung der Vernichtungslager bis zur Auflösung der Lager in den »Evakuierungsmärschen«. Mit Hans-Adolf Jacobsens dokumentenreicher Studie zum Kommissarbefehl und zur Ermordung der sowjetischen Kriegsgefangenen sowie Helmut Krausnicks Darstellung der Judenverfolgung, die in knapper Form auch auf die konkrete Durchführung der ›Endlösung‹ einging, präsentierte die *Anatomie des SS-Staates* erste grundlegende Einsichten in die Strukturen und Abläufe zweier Kernbereiche der NS-Vernichtungspolitik. Für die juristische Aufarbeitung der NS-Gewaltverbrechen in den 1960er Jahren war Hans Buchheims Studie über *Befehl und Gehorsam* am einschlägigsten. Auch wenn Buchheim in zeitgenössischer Diktion und aus heutiger Sicht ebenso holzschnittartig wie exkulpativ zwischen dem im Nationalsozialismus weiterwirkenden »legitimen, den Sinn des Soldatentums und militärischer Organisation erfüllenden Traditionsstrang der Reichswehr« einerseits und der »illegitime[n], abartige[n], soldatische[n] und militärische[n] Sinn verkehrenden Tradition in der nationalsozialistischen Bewegung und ihren Kampfverbänden« andererseits unterschied, setzte er sich doch am Ende seiner Studie differenziert mit der Frage auseinander, ob man sich den »Befehlen in Weltanschauungssachen« – also der spezifischen, Führer-gebundenen Befehlsgewalt vor allem des SS-Apparates – hätte entziehen können. Mit Blick auf die ubiquitäre Annahme eines »Befehlsnotstandes«, die in den folgenden Jahren zur dominanten und zudem juristisch nobilitierten Argumentationsstrategie der Täter wurde (→Gehilfenjudikatur [III.A11]), zeigte Buchheim mehrere Strategien und Wege auf, sich den Befehlen zu verweigern, ohne sich durch einen expliziten Treuebruch selbst in substantielle Gefahr zu begeben: So hätte es etwa die Möglichkeit gegeben, unter der vorgeblichen Anerkennung der Befehle zu erklären, dass man »subjektiv den daraus resultierenden Anforderungen nicht gewachsen sei«, also physisch oder psychisch zur Ausführung nicht in der Lage sei; man hätte sachliche Einwände gegen die Befehle erheben können und schließlich habe die Möglichkeit bestanden, sich den Tötungsbefehlen stillschweigend zu entziehen. Für die moralische und juristische Aufarbeitung der NS-Gewaltverbrechen hätte insbesondere Buchheims Widerlegung der stetig wiederholten These, ein SS-Angehöriger hätte im Falle einer Befehlsverweigerung selbst mit dem Tod oder zumindest mit einer KZ-Einweisung rechnen müssen, Gewicht erhalten können. Hier räumte seine Studie in wünschenswerter Klarheit mit einem weit verbreiteten Mythos auf, der in der Folgezeit gleichwohl – und nicht nur von NS-Tätern – erfolgreich für Rehabilitationszwecke bemüht wurde.

Die fünf in der *Anatomie des Staates* versammelten Gutachten (zwei weitere zur nationalsozialistischen Polenpolitik und zu den Einsatzgruppen erschienen als selbständige Buchausgaben) blieben in der vielfach wieder aufgelegten zweibändigen Taschenbuchausgabe von 1967 im deutschsprachigen Raum lange ein fast konkurrenzloses Grundlagenwerk zur NS-Vernichtungspolitik. Nach der Phase wissenschaftlich eher unergiebiger Großdebatten zum Charakter des Nationalsozialismus in den 1970er Jahren (→Intentionalisten vs. Strukturalisten [IV.C5]) knüpfte erst die Forschung der 1980er und 1990er Jahre – wenn auch mit zum Teil grundlegend anderen Erkenntnisinteressen – wieder an die Ergebnisse der *Anatomie des SS-Staates* an.

TF

Lit.: Hans Buchheim et al. (1965): *Anatomie des SS-Staates.* 2 Bde., Olten, Freiburg i.Br.: Walter. Devin O. Pendas (2013): *Der Auschwitz Prozess. Völkermord vor Gericht,* München: Siedler [Engl. 2006]. Jürgen Finger et al. (Hg.) (2009): *Vom Recht zur Geschichte. Akten aus NS-Prozessen als Quellen der Zeitgeschichte,* Göttingen: Vandenhoeck & Ruprecht. Irmtrud Wojak (2000): »Die Verschmelzung von Geschichte und Kriminologie. Historische Gutachten im ersten Frankfurter Auschwitz-Prozeß«, in: Norbert Frei et al. (Hg.): *Geschichte vor Gericht. Historiker, Richter und die Suche nach der Gerechtigkeit,* München: Beck, S. 29–45. Ulrich Herbert (1998): »Vernichtungspolitik. Neue Antworten und Fragen zur Geschichte des ›Holocaust‹«, in: Ders. (Hg.): *Nationalsozialistische Vernichtungspolitik 1933–1945. Neue Forschungen und Kontroversen,* Frankfurt a.M.: Fischer, S. 9–66. Norbert Frei (1996): »Der Frankfurter Auschwitz-Prozess und die deutsche Zeitgeschichtsforschung«, in: Fritz Bauer Institut (Hg.): *Auschwitz. Geschichte, Rezeption und Wirkung,* Frankfurt a.M., New York: Campus, S. 123–138.

III.A5 Fritz Bauer, Staatsanwalt, der maßgeblich die strafrechtliche Verfolgung der NS-Verbrechen in der Bundesrepublik Deutschland beeinflusste und für die gesellschaftliche Verantwortung des Justizwesens beim Wiederaufbau einer demokratischen Gesellschaft stand. Geboren am 16.7.1903 als Sohn deutsch-jüdischer Eltern, studierte Fritz Bauer Jura und Volkswirtschaft in München und Tübingen und promovierte 1927 in Heidelberg. Ab 1930 war er – als jüngster Hilfsrichter in Deutschland – am Amtsgericht Stuttgart tätig. Nach 1933 wurde Bauer wegen seiner Mitgliedschaft in der SPD und im Reichsbanner »Schwarz-Rot-Gold« gezwungen, sein Amt niederzulegen und für einige Monate im Konzentrationslager Heuberg inhaftiert. Ende 1935 emigrierte er nach Dänemark zu seiner Schwester, von wo aus ihm, nach der deutschen Besetzung 1943, die Flucht nach Schweden gelang. Als Remigrant zählte Fritz Bauer zu den wenigen ›rassisch‹ und politisch Verfolgten, die ab 1949 in der westdeutschen Nachkriegsjustiz am Neuaufbau eines demokratischen Rechtsstaats beteiligt waren. So wurde er bereits ein Jahr nach seiner Rückkehr in die Bundesrepublik Deutschland zunächst Landgerichtsdirektor und ab 1950 zum Generalstaatsanwalt in Braunschweig ernannt. 1956 wurde er hessischer Generalstaatsanwalt in Frankfurt a.M. Fritz Bauer gilt heute als einer der entschlossensten Verfolger von NS-Verbrechen. Der Schwerpunkt seiner Tätigkeit galt dem Wiederaufbau einer humanen Rechtsordnung, die einen rationalen Umgang mit dem Strafrecht, eine Humanisierung des Strafvollzugs und Resozialisierung vorsah. Insbesondere engagierte sich Bauer jedoch für die Verfolgung der nationalsozialistischen Gewaltverbrechen. Eine wichtige Aufgabe der juristischen Aufarbeitung lag für ihn darin, der »Verdrängungsmoral« seiner Zeit entgegenzuwirken. Wesentlichen Anteil hatte Bauer am 1961 in Jerusalem durchgeführten →Eichmann-Prozess

[III.A1], da er dem israelischen Geheimdienst Mossad den entscheidenden Hinweis auf den Aufenthaltsort von Adolf Eichmann gab, der daraufhin 1960 in Argentinien gefasst wurde. Bauer umging dabei bewusst den Dienstweg, der eine Meldung an deutsche Strafbehörden vorgesehen hätte, um auszuschließen, dass Eichmann aus deutschen Justizkreisen gewarnt werden würde.

Vor allem der →Frankfurter Auschwitz-Prozess [III.A3] von 1963 bis 1965 machte Fritz Bauer in einer breiten Öffentlichkeit im In- und Ausland bekannt. Zwar trat er selbst bei dem Prozess nie in Erscheinung, in seiner Funktion als hessischer Generalstaatsanwalt sorgte er jedoch dafür, dass den ausführenden Staatsanwälten jeder erdenkliche Rückhalt geboten wurde, zudem erwirkte er im Vorfeld des Prozesses beim Bundesgerichtshof, dass dem Landgericht Frankfurt die Zuständigkeit für den Komplex Auschwitz zugesprochen wurde: Seine Ermittlungsbehörde konnte insgesamt 211 Überlebende ausfindig machen, die sich bereit erklärten, in Frankfurt als Zeugen auszusagen. Bauer strebte von Beginn an ein Großverfahren an. Er war der Ansicht, dass sich nur durch die gemeinsame Verhandlung gegen ehemalige Angehörige verschiedener Führungsebenen ein so kompliziertes Gefüge wie Auschwitz erschließen ließe. Er wollte den Gesamtkomplex des Holocaust zum Gegenstand des Verfahrens machen, was ihm auch gelang: Mit diesem Prozess gewann die öffentliche Auseinandersetzung mit dem Holocaust eine neue Dimension.

Im Gegensatz zu den unbestreitbaren Erfolgen, die Bauers Initiativen in Bezug auf den Jerusalemer und den Frankfurter Prozess zeitigten, scheiterte er in einem weiteren von ihm angestrengten Verfahren an den Beharrungskräften der erinnerungspolitisch konservativen Justiz. Der sich zum Zeitpunkt seines Todes am 1.7.1968 noch in Vorbereitung befindliche Prozess gegen die Schreibtischtäter und juristischen Erfüllungsgehilfen der »Euthanasie«-Morde (→Euthanasie-Prozesse und -Debatten [IV.B6]) fand nie statt.

SB

Lit.: Fritz Backhaus et al. (Hg.) (2014): *Fritz Bauer – der Staatsanwalt. NS-Verbrechen vor Gericht*, Frankfurt am Main: Campus. Katharina Rauschenberger (Hg.) (2013): *Rückkehr in Feindesland? Fritz Bauer in der deutsch-jüdischen Nachkriegsgeschichte*, Frankfurt am Main: Campus. Werner Renz (Hg.) (2012): *Interessen um Eichmann. Israelische Justiz, deutsche Strafverfolgung und alte Kameradschaften*, Frankfurt a. M., New York: Campus. Irmtrud Wojak (2010): »Fritz Bauer, der Auschwitz-Prozess und die deutsche Gesellschaft«, in: Joachim Perels (Hg.), *Auschwitz in der deutschen Geschichte*, Hannover: Offizin, S. 141-167. Irmtrud Wojak (2009): *Fritz Bauer 1903-1968. Eine Biographie*, 2. durchges. Aufl., München: Beck. Irmtrud Wojak (Hg.) (2004): *Auschwitz Prozeß 4 Ks 2/63 Frankfurt a.M.*, Köln: Snoeck. Matthias Meusch (2001): *Von der Diktatur zur Demokratie. Fritz Bauer und die Aufarbeitung der NS-Verbrechen in Hessen (1956–1968)*, Wiesbaden: Historische Kommission für Nassau. Joachim Perels, Irmtrud Wojak (Hg.) (1998): *Fritz Bauer: Humanität der Rechtsordnung. Ausgewählte Schriften*, Frankfurt a.M., New York: Campus. Hanno Loewy et al. (Hg.) (1996): *NS-»Euthanasie« vor Gericht: Fritz Bauer und die Grenzen juristischer Bewältigung*, Frankfurt a.M., New York: Campus. Gerhard Werle, Thomas Wandres (Hg.) (1995): *Auschwitz vor Gericht. Völkermord und bundesdeutsche Strafjustiz*, München: Beck.

III.A6 Peter Weiss: *Die Ermittlung*,

kontrovers diskutiertes dokumentarisches Drama von Peter Weiss aus dem Jahr 1965, das die Vergangenheit von Auschwitz als die Gegenwart des Verhältnisses zu Auschwitz darstellt und dabei den →Frankfurter Auschwitz-Prozess [III.A3] zum Ausgangspunkt einer weiterführenden ästhetisch-politischen Reflexion macht.

Peter Weiss, Schriftsteller, Maler und Filmemacher bürgerlich-jüdischer Abstammung, wird am 8.11.1916 in Nowawes bei Berlin geboren. Zusammen mit seiner Familie verlässt er Deutschland 1934 und lebt ab 1939 in Schweden, wo er auch seine ersten Werke veröffentlicht. Erst 1960 erscheint mit *Der Schatten des Körpers des Kutschers* sein erstes Buch in Westdeutschland. 1964 bis 1971 veröffentlicht Weiss zahlreiche Dramen mit explizit politischem Selbstverständnis, darunter *Die Verfolgung und Ermordung des Jean Paul Marat* (1964); *Gesang vom lusitanischen Popanz* (1967); *Vietnam-Diskurs* (1968) und *Trotzki im Exil* (1970). In den 1970er Jahren arbeitet Weiss an seinem Hauptwerk, der Romantrilogie *Ästhetik des Widerstands*. Am 10.8.1982 stirbt er in Stockholm.

Bereits kurz nach dem Krieg beginnt Weiss, sich mit der nationalsozialistischen Vernich-

tungspolitik auseinanderzusetzen. Ab März 1964 verfolgt er den Auschwitz-Prozess vor Ort und besucht das in dem ehemaligen Konzentrationslager eingerichtete Museum am 14. Dezember 1964. Unmittelbar unter dem Eindruck dieser Reise verfasst Weiss den Prosatext *Meine Ortschaft*: Der Essay verknüpft historisch-topographische Beschreibungen der von zahlreichen Touristen besuchten Gedenkstätte mit reflexiven Momenten und vollzieht damit den Prozess einer gleichsam doppelt gebrochenen Aneignung der Vergangenheit: Zum einen wird aus der individuellen Perspektive des jüdischen Emigranten die Frage nach den Realitäten kollektiven Erinnerns gestellt. Zum anderen wird die »Ortschaft, für die ich bestimmt war und der ich entkam« dem individuellen Gedächtnis als unhintergehbares Moment eingeschrieben: »Der Lebende, der hierherkommt, [...] besitzt nichts als seine Kenntnisse von Ziffern, von niedergeschriebenen Berichten, von Zeugenaussagen, sie sind Teil seines Lebens, er trägt daran, doch fassen kann er nur, was ihm selber widerfährt.«
Ebenso wie Weiss' stenographische Notizen aus dem Auschwitz-Prozess ist *Meine Ortschaft* Teil der Vorarbeiten zur *Ermittlung*, die noch vor der Urteilsverkündung (August 1965) abgeschlossen ist. Indem Weiss zudem aus den Prozessakten und den Prozessberichten der Tagespresse zitiert, betont er den dokumentarischen Anspruch des Stücks. Auch die Gerichtssituation behält er als szenische Grundkonstellation bei. Gleichwohl werden Tatsachen und Dokumente durch die sprachliche und formale Gestaltung sehr bewusst ästhetisch überformt. So reduziert Weiss die Zahl der Zeugen von 359 auf neun, die der Angeklagten von 22 auf 18. Obgleich die Angeklagten nicht als Individuen auftreten, werden sie im Dialog mit Namen benannt. Die Zeugen dagegen bleiben als bloße Nummern anonym. Durch dieses Verfahren wird der exemplarische Charakter ihrer Berichte hervorgehoben: Der Völkermord erscheint nicht nur als vergangenes Unrecht, sondern vor allem auch als latente Gefahr für Gegenwart und Zukunft.
Bereits der Untertitel *Oratorium in 11 Gesängen* macht deutlich, in welchem Maße Weiss sein Material ästhetisch durchstrukturiert und gestaltet. Als ›Oratorium‹ ist *Die Ermittlung* nicht nur eine groß angelegte Komposition mit dem Charakter einer Totenklage, sondern vor allem auch eine aktionslose, undramatische Abfolge von Bildern. Mit der Gliederung in elf jeweils dreifach unterteilte ›Gesänge‹ stellt Weiss zudem einen inneren Zusammenhang zu Dantes ›Göttlicher Komödie‹ her, die in drei Teile zu je 33 Gesängen gegliedert ist. Das literarische Muster verdoppelt so auf struktureller Ebene die ›Hölle von Auschwitz‹. Die Reihenfolge der Gesänge – vom ›Gesang von der Rampe‹ bis zum ›Gesang von den Feueröfen‹ – entspricht den Stufungen der Entmenschlichung. Die Dialoge heben mit der individuellen Schuld der Angeklagten immer auch die sozialen und politischen Bedingungen eines Systems hervor, das die bürokratisch organisierte und verwaltete Massenvernichtung strukturell und kulturell möglich machte.
Nicht historische Wahrheit, sondern ästhetische Deutung des Geschehenen, nicht literarische Verdoppelung des Schuldspruchs, sondern Einsicht in das komplexe Bedingungsgeflecht der ›Banalität des Bösen‹ (→Hannah Arendt: *Eichmann in Jerusalem. Ein Bericht von der Banalität des Bösen* [III. A2]) strebt *Die Ermittlung* an. Sein Stück stelle keine Rekonstruktion des Auschwitz-Prozesses dar, so hält Weiss im Vorwort fest, sondern sei als »Konzentrat der Aussage« zu verstehen. Das Dokumentarische ist in diesem Sinne kein Selbstzweck, Objektivität nur als Zitat und damit als eine relative möglich. Gerade durch ihr künstlerisches Formprinzip bewahrt *Die Ermittlung* somit das Faktische der Vergangenheit als Herausforderung für die Gegenwart.
Die Ermittlung wurde am 19.10.1965 gleichzeitig von 15 west- und ostdeutschen Bühnen sowie unter der Regie von Peter Brooks von der Royal Shakespeare Company in London uraufgeführt. Erwin Piscators Inszenierung an der Freien Volksbühne Berlin setzte vor allem auf eine emotional-aufrüttelnde, ja körperliche Wirkung. Sie wurde gesteigert durch die schrill-übersteuerte Bühnenmusik Luigi Nonos und den nahtlosen Übergang zwischen Zuschauer- und Bühnenraum. Peter Palitzsch arbeitete in Stuttgart die sozialkritische Tendenz des Stückes dadurch heraus, dass er die gleichen Schauspieler sowohl Zeugen wie auch Angeklagte spielen ließ. Die Inszenierung führte so ganz im Sinne Weiss' vor, dass historische Schuld nicht losgelöst von gesell-

schaftlichen Bedingungen entsteht und dass in einer anderen Konstellation durchaus auch die Opfer hätten zu Tätern werden können. Bereits vor der Ringuraufführung löste *Die Ermittlung* heftige Reaktionen und Kontroversen in der Öffentlichkeit aus. Im Gegensatz zur DDR überwogen in Westdeutschland zunächst die kritischen Stimmen. Die Ablehnung wurde sowohl ästhetisch als auch politisch begründet, wobei die Frage nach der Darstellbarkeit von Auschwitz eine entscheidende Rolle spielte. In der *Süddeutschen Zeitung* vom 4./5.9.1965 zum Beispiel kritisierte Joachim Kaiser die Übermacht der Fakten, die dem Zuschauer keine »Mitdenk-Freiheit« gewährten. Kaiser problematisierte auch die »Uraufführungsorgie«, die ihm als ein »Zeichen von Beflissenheit, Trägheit und falschem Eifer« erschien. Dagegen wandte sich Erasmus Schöfer in der *Stuttgarter Zeitung* (9.10.1965) gegen »das (schlimme) Wort von der ›Wiedergutmachungskonjunktur‹« angesichts der jahrelang ausgebliebenen Auseinandersetzung mit den Opfern des Nationalsozialismus. Zunehmend flossen in die Diskussion auch Ressentiments ein, die sich ausdrücklich auf Weiss' politisches Bekenntnis zu einer sozialistischen Gesellschaftsordnung beriefen. Für Hans-Dietrich Sander (*Die Welt*, 18.9.1965) etwa stellte das Stück die »erste Partisanenaktion des Peter Weiss« dar. Im CSU-Organ *Bayern-Kurier* (2.10.1965) wurde *Die Ermittlung* als »kommunistische[s] Thesenstück« abgetan. Nach der Uraufführung wandte sich die Kontroverse von Weiss' politischen Stellungnahmen ab und dem Stück selber sowie seiner szenischen Darstellbarkeit und Wirkungsmöglichkeit zu. Die Positionen waren auffallend heterogen und reichten von Zustimmung und Anerkennung des aufklärenden Gehalts der Inszenierungen bis hin zu polemischer Kritik an ihrer affektiven, zu wenig reflexiven Wirkungsdimension. Peter Iden etwa erklärte, Palitzsch und Piscator hätten mit vollkommen unterschiedlichen theatralischen Mitteln »die Notwendigkeit der *Ermittlung* bewiesen« und damit zum »Prozess unserer ›Bewußtwerdung‹« beigetragen (*Frankfurter Rundschau*, 26.10.1965). Günther Zehm dagegen forderte in der *Welt* (25.10.1965) die deutschen Bühnen auf, das Stück abzulehnen, ziele es doch auf eine »Kollektiv-Gehirnwäsche« des Publikums, das zum »hirnlosen Komplicen ›deutschen Schicksals‹« gemacht werde. Doch macht auch und gerade die Vielfalt der Reaktionen deutlich, dass Weiss' *Ermittlung* als Drama wie als Aufführung große Resonanz und Breitenwirksamkeit erreichte, wobei der dokumentarische Wahrheitsanspruch des Dargestellten eine zentrale Rolle spielte. Hatte schon →Rolf Hochhuths *Stellvertreter* [III.C2] wichtige Impulse für die öffentliche Auseinandersetzung mit Auschwitz geliefert, so wurden diese in der Kontroverse um *Die Ermittlung* noch verstärkt.

DK

Lit.: Peter Weiss (1965): *Die Ermittlung. Ein Oratorium in 11 Gesängen*, Frankfurt a.M.: Suhrkamp. Dorothea Kraus (2007): *Theater-Proteste. Zur Politisierung von Straße und Bühne in den 1960er Jahren*, Frankfurt a.M.: Campus. Stephan Braese (Hg.) (2004): *Rechenschaften. Juristischer und literarischer Diskurs in der Auseinandersetzung mit den NS-Massenverbrechen*, Göttingen: Wallstein. Peter Reichel (2004): *Erfundene Erinnerung. Weltkrieg und Judenmord in Film und Theater*, München: Hanser. Axel Dunker (2003): *Die anwesende Abwesenheit. Literatur im Schatten von Auschwitz*, München: Fink. Matthias Kontarsky (2001): *Trauma Auschwitz: zu Verarbeitungen des Nichtverarbeitbaren bei Peter Weiss, Luigi Nono und Paul Dessau*, Saarbrücken: Pfau. Klaus von Schilling (2001): *Die Gegenwart der Vergangenwart der Vergangenheit auf dem Theater. Die Kultur der Bewältigung und ihr Scheitern im politischen Drama von Max Frisch bis Thomas Bernhard*, Tübingen: Narr. Christoph Weiß (2000): *Auschwitz in der geteilten Welt. Peter Weiss und die ›Ermittlung‹ im Kalten Krieg*, 2 Bde., Sankt Ingbert: Röhrig. Marita Meyer (1999): *Eine Ermittlung: Fragen an Peter Weiss und an die Literatur des Holocaust*, St. Ingbert: Röhrig. Martin Rector, Christof Weiß (Hg.) (1999): *Peter Weiss' Dramen. Neue Interpretationen*, Opladen, Wiesbaden: Westdeutscher Verlag. Stephan Braese et al. (Hg.) (1998): *Deutsche Nachkriegsliteratur und der Holocaust*, Frankfurt a.M., New York: Campus. Irene Heidelberger-Leonard (Hg.) (1994): *Peter Weiss. Neue Fragen an alte Texte*, Opladen: Westdeutscher Verlag. James Young (1992): *Beschreiben des Holocaust. Darstellung und Folgen der Interpretation*, Frankfurt a.M.: Jüdischer Verlag. Gunilla Palmstierna-Weiss, Jürgen Schutte (Hg.) (1991): *Peter Weiss. Leben und Werk*, Frankfurt a.M.: Suhrkamp. Alfons Söllner (1988): *Peter Weiss und die Deutschen. Die Entstehung einer politischen Ästhetik wider die Verdrängung*, Opladen: Westdeutscher Verlag. Brian

Barton (1987): *Das Dokumentartheater*, Stuttgart: Metzler. Rudolf Wolff (Hg.) (1987): *Peter Weiss. Leben und Werk*, Bonn: Bouvier. Klaus Harro Hilzinger (1976): *Die Dramaturgie des dokumentarischen Theaters*, Tübingen: Niemeyer. Erika Salloch (1972): *Peter Weiss' Die Ermittlung. Zur Struktur des Dokumentartheaters*, Frankfurt a.M.: Athenäum.

III.A7 Deutsche Schriftsteller und der Frankfurter Auschwitz-Prozess

Zeugnisse deutscher Literaten, die sich mit dem →Frankfurter Auschwitz-Prozess [III.A3] auseinandersetzten.

Die »Strafsache gegen Mulka und andere« war seinerzeit der wichtigste Prozess gegen NS-Täter auf deutschem Boden. Er erfuhr somit, vorbereitet durch den weithin wahrgenommenen Jerusalemer →Eichmann-Prozess [III.A1], eine breite öffentliche Aufmerksamkeit, zahlreiche Prozessbeobachter berichteten in der Presse und publizistische Kommentare, juristische und medienkritische Erörterungen erschienen. Auch in der zeitgenössischen Literatur fand der Prozess seinen Niederschlag.

Einige jüdische Emigranten besuchten den Prozess, so etwa Peter Weiss, Robert Neumann und Günther Anders. Weiss verfasste wohl den wirkmächtigsten Text über das Frankfurter Verfahren, *Die Ermittlung. Oratorium in elf Gesängen* (→Peter Weiss: *Die Ermittlung* [III.A6]), ein aus Berichten über den Prozess montiertes Dokumentarstück, das 1965 gleichzeitig in mehreren Städten Europas uraufgeführt wurde. Neumann dagegen wählte einen fiktionalen Rahmen, um im gleichen Jahr auf ein Problem hinzuweisen, das zeitgleich und verschränkt mit dem Frankfurter Auschwitz-Prozess diskutiert wurde: die Verjährung von NS-Verbrechen (→Verjährungsdebatten [IV.B1]). Sein Roman *Der Tatbestand* stellte einen verfolgten Juden vor, der, vor die Wahl gestellt, zwei Leidensgenossen ausliefert, um selbst in die sichere Schweiz flüchten zu können. Der Protagonist Sahl-Sobieski, der skurrilerweise – und, was den Plot angeht, kontrafaktisch – dem jüdischen Literaturkritiker und Holocaustüberlebenden Marcel Reich-Ranicki nachgebildet ist, zeigt sich 20 Jahre später selbst an und demonstriert so die moralische Unverjährbarkeit von im Nationalsozialismus erworbener Schuld. Neumann besuchte den Frankfurter Prozess und nahm zahlreiche seiner Details als Vorlage: Das von ihm imaginierte Verfahren etwa lautet »Strafsache gegen Sahl-Sobieski und einen anderen«. Der Hessische Oberstaatsanwalt Fritz Bauer, Initiator der »Strafsache gegen Mulka und andere«, findet sich im Roman ebenso verschlüsselt und karikiert wie der ostdeutsche Nebenankläger Friedrich Karl Kaul oder →Hannah Arendt (*Eichmann in Jerusalem. Ein Bericht von der Banalität des Bösen* [III.A2]); gleichwohl hieß Bauer Neumanns literarischen Beitrag zur Verjährungsdebatte ausdrücklich gut.

Günther Anders legte 1968 den Band *Der Blick vom Turm. Fabeln* vor, in dem sich die Fabel *Die Eigenschaften* findet. In diesem Text ironisierte er eine Floskel, die vor allem von dem Angeklagten Robert Mulka wie eine Litanei vorgetragen wurde, um sich selbst nur als ausführendes Werkzeug anderer zu präsentieren: Er habe stets nur in seiner »Eigenschaft als Soldat« gehandelt. Anders überspitzt diese Argumentation dahingehend, dass der Beklagte in *Die Eigenschaften* seine »Eigenschaft, die ich heute vertrete« von der damaligen als Täter streng unterschieden wissen will – was ihm dann, weil nur die heutige Person greif- und die frühere nicht mehr belangbar (»nicht mehr existierend [...]«) ist, tatsächlich den Freispruch einträgt.

Marcel Reich-Ranicki wunderte sich am 22.5.1964 provokativ in einem Artikel der *Zeit*, »daß sich über diesen Prozeß [...] kein einziger prominenter deutscher Schriftsteller auch nur mit einem Wort geäußert hat. [...] Was fühlen und denken eigentlich diejenigen, die damals kleine Kinder waren [...]. Keiner ist verpflichtet, sich dieser Frage anzunehmen. Aber die deutsche Literatur unserer Zeit ist es.« Am 12.2.1965 erneuerte Reich-Ranicki diese als Anregung bemäntelte Kritik: »Fürchten die Dichter, sich unbeliebt zu machen?« Wenige Autoren haben sich von diesem Aufruf zu Reaktionen auf den Prozess animieren lassen; in erster Linie erntete Reich-Ranicki Briefe, in denen sein Anliegen zurückgewiesen wurde. So schrieb ihm Günter Grass, er »halte das schlicht für eine Diffamierung«. Erst 34 Jahre später fand Grass einen literarischen Zugang zum Frankfurter Prozess in seinem 99 Jahreserzählungen umfassenden Werk *Mein Jahrhundert* (1999). Hier ließ er in der für das Jahr 1964 stehenden Erzählung ein Brautpaar im Frankfurter Römer, wo seinerzeit der Prozess, aber gleichzeitig auch Trauungen stattfanden, versehentlich im falschen Stockwerk anlangen, das sich – nach weiterer Auseinandersetzung mit dem Verfahren und Widerständen, Gehör für das Gesehene zu finden – fortan an jedem Hochzeitstag an den Prozess erinnert. Eine ›nachholende Bewältigung‹ des Autors, der nunmehr den Frankfurter Auschwitz-Prozess zu den 99 wichtigsten Ereignissen des 20. Jahrhunderts zählte und in seiner Geschichte eine Form gefunden hatte, um dessen Bedeutung für die öffentliche Wahrnehmung der NS-Verbrechen zu beschreiben.

Martin Walser war einer der wenigen, die Reich-Ranickis Aufforderung nachkamen. Sein Essay *Unser Auschwitz* von 1965 war allerdings nicht frei von Trotz, wenn Walser unmissverständlich klarstellte: »Ich verspüre meinen Anteil an Auschwitz nicht, [...] wo Gewissen sich melden müßte, bin ich nicht betroffen.« Walser argumentierte im ersten Teil seines Aufsatzes, der am 20.3.1965 in der *Stuttgarter Zeitung* erschien, medienkritisch gegen eine Dämonisierung der Angeklagten, da deren reißerische Darstellung als »Teufel« und das Bild von Auschwitz als »Hölle« eine allzu leichte Distanzierung aller anderen Deutschen zu den Auschwitz-Wachmannschaften ermögliche. In der Fixierung auf die ausführenden Individuen (»Idealisten«, »Verführte«, »sozialbedingte Asoziale«, »wenn schon Teufel, dann eher arme Teufel«) gerieten die gesellschaftlichen Bedingungen und die Befehlsstrukturen aus dem Blick, an deren Ende erst die Taten der Angeklagten stünden. Im zweiten Teil von *Unser Auschwitz*, den Walser im Juni des gleichen Jahres für einen Neudruck im *Kursbuch 1* ausarbeitete, erklärte er Auschwitz zum letzten alle Deutschen einenden, ja zum nationale Gemeinschaft stiftenden Moment nach dem Verlust eines gemeinsamen Glaubens oder einer gemeinsamen Regierung. Auschwitz wird zum Anknüpfungspunkt für eine Identifikation mit Deutschland, die zwar negativ motiviert ist, aber doch ein »Wir«-Kollektiv beschwört, an dem es festzuhalten gilt. Ex negativo argumentierte Walser: »[W]arum dann überhaupt noch Volk oder Staat, wenn ich mich im prekären Fall auf mein persönliches Unschuldsgefühl berufen kann?« Deutsch sein, das ist für Walser – wie auch noch 1998 in seiner Friedenspreis-Rede (→Walser-Bubis-Debatte [VI.A4]) – schuldig sein, ein Konstrukt, das deutsche Juden per se ausschließt. Insofern erscheint der Essay durchaus auch als eine Zurückweisung von jener Einrede Reich-Ranickis, die ihn provoziert hatte. Walser setzte dem »unser« Auschwitz entgegen, das sich eben nicht ausschließlich auf unseren Anteil an Auschwitz bezieht, sondern vor allem den Anteil von Auschwitz an uns, das heißt: an der deutschen Kollektividentität, um die es dem Autor zu tun ist.

Andere deutschsprachige Autoren sahen sich stärker in das Geschehen verwickelt, dessen Exzesse der Prozess verhandelte. So waren es lebenslange Schuldgefühle, die Marie Luise Kaschnitz und Heimrad Bäcker dazu veranlassten, darüber zu schreiben. Kaschnitz besuchte 1964 in Begleitung ihres Bruders zweimal den Prozess. Der Gedichtzyklus *Zoon politikon*, Herzstück ihres Lyrikbandes *Ein Wort weiter* von 1965, ist eine schonungslose Selbstbezichtigung und Offenlegung von Verdrängtem. Fragmentierte und wie die Zeugenaussagen der Opfer stammende Sätze umkreisen Themen des Prozesses und die Schuldfrage. Kaschnitz' diesbezügliche Aussage »Wir sind vom Übel« zeigt eine gänzlich anders geartete Identifikation über die Erste Person Plural als dies in Walsers Essay der Fall ist. Heimrad Bäcker, einst Gefolgschaftsführer der Hitler-Jugend, NSDAP-Mitglied und als Volontär der *Linzer Tages-Post* Verfasser von Hitler-Elogen, ging mit großem zeitlichen Abstand auf den Prozess ein. Von 1968 bis 1985 arbeitete er 111 schriftliche Zeugnisse des Holocaust akribisch durch, aus denen er – Vertreter der konkreten Poesie – nach jahrelanger Lektüre die für ihn eindrücklichsten auswählte. Sein Credo: »Es genügt, die Sprache der Täter und der Opfer zu zitieren. Es genügt, bei der Sprache zu bleiben, die in den Dokumenten aufbewahrt ist.« 13 Zitate in Bäckers *nachschrift* (Bd. 1: 1986, Bd. 2: 1997) entstammen Hermann Langbeins Standardwerk *Der Auschwitz-Prozeß. Eine Dokumentation*, das 1965 in zwei Bänden erschienen war, so etwa die fünf auf leerer Seite stehenden Worte »kaduk hat ihn toit gemacht«, ein Satz des slowakischen Auschwitz-Häftlings Alexander Princz vom 12.11.1964 (schon Paul Celans Gedicht *Ein Dröhnen* von 1965 hatte mit einer Aussage Princz' vom Folgetag gearbeitet). »Bäcker hat es verstanden, aus den Schriftzeugnissen des Holocaust Sätze, Wendungen, einzelne Wörter herauszuschneiden, an denen in der Vereinzelung blitzartig erfahrbar wird, was in dem längeren Dokument halb verschüttet bleibt«, würdigte *Die Zeit* (22.5.2003) das Verfahren. Die in Langbeins Dokumentation enthaltene tabellarische Auflistung aller 183 Prozesstage etwa kürzte Bäcker radikal um alle inhaltlichen Angaben, so dass nurmehr 183 Mal, durchnummeriert, dasselbe Wort »Verhandlungstag« da steht. Der Dichter mache damit, so Marcel Atze, »die damals oft kritisierte, kaum mehr überschaubare Dauer des Auschwitz-Prozesses mit visuellen Mitteln augenfällig« und rufe in Erinnerung, dass »das bis dato der längste Strafprozeß der deutschen Justizgeschichte war«.

Die in der Mitte der 1960er Jahre schreibenden Autoren sahen sich – wenn auch mit unterschiedlichen Motiven, Verfahren und Schlüssen – als Mittler zwischen dem Frankfurter Prozessgeschehen und der deutschen Bevölkerung. Sie eint die von fast allen Prozessbesuchern beschriebene Erfahrung, dass die Täter sich in den Verhandlungspausen nicht im Geringsten von den Opfern oder den Gerichtsbediensteten unterschieden. Und wie ließen sich die geschilderten, oft unbegreifbar grausamen Taten schreibend begreifbar machen? Trotz dieser berechtigten Zweifel stellte der Frankfurter Auschwitz-Prozess, so Atze, einen »Wendepunkt in der literarischen Beschäftigung mit Auschwitz dar«, nicht zuletzt, weil damit ein unhintergehbares Mindestmaß an Wissen über die NS-Vernichtungspolitik öffentlich geworden war.

MNL

Lit.: Marcel Reich-Ranicki (1964): »In einer deutschen Angelegenheit«, in: *Die Zeit* 19, H. 21, S. 17. Ders. (1965): »Das unbegreifliche Schweigen«, in: *Die Zeit* 12.2.1965. Martin Walser (1965): »Unser Auschwitz«, in: *Kursbuch* I, S. 189–200. Peter Weiss (1965): *Die Ermittlung. Oratorium in 11 Gesängen*, Frankfurt a.M.: Suhrkamp. Marie Luise Kaschnitz (1965): *Ein Wort weiter. Gedichte*, Hamburg: Claassen. Robert Neumann (1965): *Der Tatbestand oder der gute Glaube der Deutschen. Roman*, München: Desch. Horst Bienek (1966): *was war was ist. Gedichte*, München: Hanser. Paul Celan (1967): *Atemwende*, Frankfurt a.M.: Suhrkamp. Günther Anders (1968): *Der Blick vom Turm. Fabeln*, München: Beck. Heimrad Bäcker (1986/1997): *nachschrift*, Bd. 1, Linz, Wien: Ed. Neue Texte; Bd. 2, Graz: Droschl.

Günter Grass (1999): *Mein Jahrhundert*, Göttingen: Steidl. Matthias N. Lorenz (2005): *»Auschwitz drängt uns auf einen Fleck«. Judendarstellung und Auschwitzdiskurs bei Martin Walser*, Stuttgart, Weimar: Metzler. Irmtrud Wojak (Hg.) (2004): *Auschwitz-Prozeß. 4 Ks 2/63. Frankfurt a.M.*, Frankfurt a.M.: Snoeck. Stephan Braese (Hg.) (2004): *Rechenschaften. Juristischer und literarischer Diskurs in der Auseinandersetzung mit den NS-Massenverbrechen*, Göttingen: Wallstein. Thomas Eder, Martin Hochleitner (2003): *Heimrad Bäcker*, Graz: Droschl. Irmtrud Wojak (2003): *Im Labyrinth der Schuld. Täter – Opfer – Ankläger*, Frankfurt a.M.: Campus. Marcel Atze (2002): »Cherchez le juif. Wie der Romancier Robert Neumann schon vor vierzig Jahren einen Skandal mit einer Marcel Reich-Ranicki nachempfundenen literarischen Figur auslöste«, in: *Jahrbuch für Antisemitismusforschung* 11, S. 311–316. Stephan Braese (2001): »›In einer deutschen Angelegenheit‹ – Der Frankfurter Auschwitz-Prozeß in der westdeutschen Nachkriegsliteratur«, in: Irmtrud Wojak (Hg.): »*Gerichtstag halten über uns selbst…«. Geschichte und Wirkung des ersten Frankfurter Auschwitz-Prozesses*, Frankfurt a.M.: Campus, S. 217–243.

III.A8 Vernichtungslager-Prozesse,

Prozesse gegen Wachmannschaften der Vernichtungslager Treblinka, Sobibor, Belzec und andere Angehörige der so genannten Aktion Reinhardt.

Dieser Deckname stand für die systematische Ermordung aller Juden und Roma des Generalgouvernements (Polen), die ab dem Frühjahr 1942 in den dafür errichteten Vernichtungslagern Belzec (März 1942), Sobibor (Mai 1942) und Treblinka (Juli 1942) erfolgte. Die Aktion unter der Leitung des Lubliner SS- und Polizeiführers Odilo Globocnik verfolgte vier Ziele: die ›Sachverwertung‹, die ›Einbringung‹ verborgener Werte und Immobilien, die Verwertung der Arbeitskraft sowie die Ermordung der Juden. Um dies möglichst effizient zu bewerkstelligen, wurde im August 1942 Christian Wirth, der erste Kommandant von Belzec, zum Inspekteur aller drei Lager ernannt. Die Vernichtungslager waren so organisiert, dass nur wenige Täter benötigt wurden: Das Personal für die Aktion Reinhardt bestand aus 92 Deutschen, welche bereits die Aktion T4 (→Euthanasie-Prozesse und -Debatten [IV.B6]) durchgeführt hatten, sowie ca. 1.000 freiwilligen Ukrainern und Litauern. Dazu kamen diverse Angehörige der Polizei, der Wehrmacht, der SS und der Reichsbahn, die an den Deportationen mitwirkten. Zwischen März 1942 und Oktober 1943 wurden von den Mitgliedern der Aktion Reinhardt über zwei Millionen Juden und rund 50.000 Roma (→Antiziganismus/Opferkonkurrenz [VI.A7]) ermordet.

Der erste Prozess gegen Mitglieder der Aktion Reinhardt fand 1950 in Berlin statt: Erich Hermann Bauer, der ›Gasmeister‹ von Sobibor, wurde wegen Verbrechens gegen die Menschlichkeit zum Tode verurteilt. Das Todesurteil wurde nach dem Kontrollratsgesetz Nr. 10 gesprochen, welches oft als Ausdruck einer von den Besatzern aufgezwungenen Siegerjustiz beurteilt wurde (→Rückwirkungsverbot [I.A7]). Umso beachtlicher ist es, dass ein deutsches Gericht die höchste Strafe des alliierten Gesetzes aussprach. Das Urteil wurde, da die Todesstrafe nach Gründung der BRD im Grundgesetz nicht vorgesehen war, in lebenslange Haft umgewandelt. Nach 21 Haftjahren wurde Bauer 1971 begnadigt.

Ebenfalls 1950 verhandelte das Landgericht (LG) Frankfurt gegen die SS-Angehörigen Hubert Gomerski (lebenslange Haft) und Johann Klier (Freispruch). Gomerskis Urteil wurde jedoch 1972 vom Bundesgerichtshof aufgehoben. Die anschließenden Prozesse und Revisionen dauerten bis 1984 an. Im gleichen Jahr wurde das Verfahren endgültig eingestellt.

Des Weiteren wurde 1951 Joseph Hirtreiter, ein Angehöriger der Wachmannschaft in Treblinka, durch das LG Frankfurt zu lebenslanger Haft verurteilt. Diese beiden Prozesse wurden von der Öffentlichkeit kaum beachtet. Dies änderte sich ebenso wenig bei der Anklageerhebung des LG München 1963 gegen acht Täter der Aktion T4, die in Belzec eingesetzt worden waren. Das Gericht lehnte die Eröffnung einer Hauptverhandlung – abgesehen vom Fall des Angeklagten Josef Oberhauser – ab, da es der Ansicht war, die Angeklagten hätten in dem Bewusstsein gehandelt, sich in einer völlig ausweglosen Zwangslage zu befinden und den Befehlen gehorchen zu müssen. Nur der Fall Oberhauser wurde 1965 in München verhandelt und der Angeklagte wegen Beihilfe zum gemeinschaftlichen Mord in 450.000 Fällen zu viereinhalb Jahren Freiheitsstrafe verurteilt.

Der ebenfalls 1965 verhandelte Treblinka-Prozess in Düsseldorf erregte als erster ein breiteres öffentliches Interesse und erfuhr eine ausführliche Berichterstattung in den Medien. Das LG Düsseldorf verurteilte zehn weitere Angehörige der Aktion Reinhardt wegen der Vergasung von 700.000 Juden, Sinti und Roma sowie weiterer Verbrechen zu unterschiedlich hohen Haftstrafen: viermal lebenslänglich, jeweils einmal zwölf, sieben, sechs und vier Jahre Freiheitsstrafe, ein Freispruch; ein Angeklagter verstarb vor Rechtskräftigkeit des Urteils. Auffallend war auch in diesem Verfahren, dass das Schwurgericht in einigen Fällen alle auf Täterschaft hinweisenden Indizien zu entkräften und umzudeuten versuchte, um die Angeklagten als Gehilfen verurteilen zu können (→Gehilfenjudikatur [III.A11]). Als Beispiel kann hier der Angeklagte Gustav Münzberger genannt werden, der an der Tötung von mindestens 300.000 Juden mitgewirkt hatte und vom Gericht zu zwölf Jahren Haft verurteilt wurde. Er hatte seinerzeit SS-Kollegen vorgeworfen, sich nicht eifrig genug an den Vernichtungsmaßnahmen zu beteiligen. Das Gericht nahm zu seinen Gunsten jedoch an, dass er diesen Vorwurf machte, weil er der Ansicht gewesen sei, dass ein treuer SS-Mann seine Befehle ohne Hinterfragen eifrig und exakt auszuführen habe. Die mit vier Jahren niedrigste Strafe erhielt Erwin Lambert, der ›Baumeister‹ der Aktion Reinhardt, der überall dort eingesetzt wurde, wo im Rahmen der Aktion T4 oder der Judenvernichtung Bauarbeiten zu verrichten waren. Er wurde zusätzlich im Hagener Sobibor-Verfahren 1966 zu drei Jahren Haft verurteilt.

Dieses fand vor dem LG Hagen gegen zunächst zwölf Mitglieder der Aktion Reinhardt statt. Ursprünglich wollten die Richter die Anklage bei sieben von zwölf Beschuldigten nicht zulassen und begründeten dies wie ihre Münchener Kollegen mit dem Befehlsnotstand. Doch das Oberlandesgericht Hamm zwang das LG Hagen, die Anklage gegen alle zwölf Täter zuzulassen. Neu an den Prozessen gegen Täter der Aktion Reinhardt war, dass zu der für die Rechtsprechung der 1960er Jahre typischen Argumentationsfigur der Haupttäter Hitler, Himmler und Heydrich zwei weitere hinzugefügt wurden: Odilo Globocnik und Christian Wirth, die beide nicht belangbar waren (Globocnik tötete sich 1945 selbst, Wirth wurde 1944 von Partisanen erschossen). Der Verweis auf diese Haupttäter wurde dann für eine niedrigere Strafzumessung für die Angeklagten instrumentalisiert. Ausnahme blieb einer der Hauptangeklagten, Karl Frenzel, der zu einer lebenslänglichen Freiheitsstrafe verurteilt wurde. Denn das Gericht sah es als erwiesen an, dass er bei seinen Verbrechen über das ihm Anbefohlene hinausging, weil er Gefallen an seiner verbrecherischen Tätigkeit gefunden hatte – eine der wenigen Urteilsbegründungen, die sich dem erweiterten Täterbegriff der →Königssteiner Entschließung [III.B12] anschloss. Das Gericht verhängte gegen die anderen neun Verurteilten wegen der Tötung von mindestens 150.000 Juden jeweils einmal lebenslänglich, acht Jahre, vier Jahre, zweimal drei Jahre Haft und fünfmal Freispruch. Die Presseberichterstattung konzentrierte sich auf die beiden Hauptangeklagten Karl Frenzel und Kurt Boldender, der sich jedoch durch Selbstmord seiner Strafe entzog. Ein weiterer Angeklagter, Gustav Wagner, konnte vor der Verurteilung nach Brasilien fliehen, wo er später ebenfalls Selbstmord beging. Die im Verfahren durch das Gutachten des Historikers Wolfgang Scheffler ans Licht gekommenen Einzelheiten des Geschehens im Vernichtungslager Sobibor wurden der breiten Öffentlichkeit kaum bekannt, da schon zum Zeitpunkt der Hauptverhandlung das Interesse der Presse immer stärker abnahm – am Ende des Prozesses waren nur noch Redakteure der *FAZ* und der Hagener Lokalzeitung anwesend.

Nach dem Hagener Sobibor-Verfahren folgte, von der Öffentlichkeit kaum noch beachtet, 1970 der Prozess gegen den ehemaligen Lagerkommandanten von Treblinka und Sobibor, Franz Stangl, der 1967 in Brasilien festgenommen worden war. Das Düsseldorfer LG konzentrierte sich hauptsächlich auf seine Verbrechen in Treblinka. Stangl starb jedoch, bevor das Urteil rechtskräftig werden konnte. 1976 schließlich endete vor dem LG Hamburg ein weiteres Verfahren im Zusammenhang mit den Verbrechen in Vernichtungslagern. Alle sechs Angeklagten – Angehörige der Waffen-SS, die unter anderem in Belzec, Treblinka, Sobibor, dem Warschauer Ghetto und Lublin an Erschießungen von Juden und Zwangsarbeitern beteiligt gewesen waren – wurden freigesprochen.

NG

Lit.: Jörg Osterloh, Clemens Vollnhals (Hg.) (2011): *NS-Prozesse und deutsche Öffentlichkeit. Besatzungszeit, frühe Bundesrepublik und DDR*, Göttingen: Vandenhoeck & Ruprecht. Thomas »Toivi« Blatt (2004): *Sobibor – der vergessene Aufstand*, Münster: Unrast. Heike Kleffner, Miriam Rürup (2003): »Das vergessene Vernichtungslager Sobibor: Überblick über die juristische Verfolgung der NS-Täter und die Wahrnehmung in der Öffentlichkeit«, in: *Frankfurter Rundschau* 7.11.2003. Kerstin Freudiger (2002): *Die juristische Aufarbeitung von NS-Verbrechen*, Tübingen: Mohr Siebeck. Michael Greve (2001): *Der justitielle und rechtspolitische Umgang mit den NS-Gewaltverbrechen in den sechziger Jahren*, Frankfurt a.M. u.a.: Lang. Adalbert Rückerl (1977): *NS-Vernichtungslager im Spiegel deutscher Strafprozesse*, München: dtv.

III.A9 Krumey-Hunsche-Prozess, zusammengelegter Prozess 1964/65 in Frankfurt a.M. gegen Werner Otto Hunsche und Hermann Aloys Krumey, zwei Mitarbeiter Adolf Eichmanns (→Eichmann-Prozess [III.A1]), der beispielhaft für die juristische Praxis der Gehilfenkonstruktion ist (→Gehilfenjudikatur [III.A11]).

Der ehemalige Regierungsrat im Reichssicherheitshauptamt Otto Hunsche gehörte zu den engsten Mitarbeitern Eichmanns und war maßgeblich an der Organisation der Vernichtung der ungarischen Juden beteiligt. Nach dem Einmarsch deutscher Truppen am 19.3.1944 wurden in Ungarn bereits ab Mitte Mai 1944 in nur acht Wochen etwa 430.000 ungarische Juden nach Auschwitz-Birkenau deportiert und die meisten von ihnen dort unmittelbar ermordet. Hunsche gehörte zu einem von Adolf Eichmann geleiteten Einsatzkommando, das die Mordaktionen in Absprache mit der von den Deutschen eingesetzten ungarischen Regierung vor Ort koordinierte. Seine Aufgabe bestand anfangs darin, als Berater des ungarischen Innenministeriums die Behörden in die Deportationen mit einzubeziehen, um diese als eigenständige Initiative der Ungarn erscheinen zu lassen. Tatsächlich waren an der Durchführung der Transporte außer dem Sonderkommando Eichmanns insbesondere ungarische Gendarmerie- und Polizeieinheiten beteiligt. Aufgrund des immer stärker werdenden außenpolitischen Drucks sah sich die ungarische Führung unter Staatschef Miklós Horthy Anfang Juli jedoch gezwungen, die Deportationen vorerst einzustellen. Mitte Juli versuchte Eichmann trotz Horthys Anweisungen zur Aussetzung aller Deportationen, über 1.000 Juden aus dem Internierungslager Kistarcsa deportieren zu lassen. Der Judenrat des Lagers informierte den Staatschef über die Räumung, der die Züge stoppen ließ. Um die Deportationen dennoch vornehmen zu können, sollte der Judenrat des Lagers ausgeschaltet werden. Diese Aufgabe wurde von Hunsche übernommen, der den Judenrat so lange in einem Hotelzimmer festhielt, bis das Lager geräumt war und die Deportationszüge die ungarische Grenze überschritten hatten.

In völliger Verkennung von Hunsches maßgeblicher organisatorischer Mitarbeit an der auch im Rahmen der NS-Vernichtungspolitik singulären Deportations- und Mordaktion, konzentrierte sich ein erster Prozess gegen Hunsche vor dem Landgericht (LG) Frankfurt 1962 fast vollständig auf diese eine Episode. Andere Aspekte der Handlungen Hunsches in Eichmanns Sonderkommando wurden ausgeblendet. Die Anklage lautete auf Täterschaft, da die Staatsanwaltschaft davon ausging, dass sich Hunsche über den Sinn und Zweck seiner Aufgabe bewusst gewesen sei. Das Gericht entschied dagegen auf Beihilfe, da Hunsche selbst keine Mordaktionen durchgeführt und seine Handlungen sich zudem in größerer zeitlicher und räumlicher Distanz zu der erst in Auschwitz-Birkenau erfolgten Ermordung befunden hätten. Bei einer Verurteilung als Täter müsste zwischen der Vorbereitungshandlung und der Ausführung der Tat ein enges Verhältnis existieren. Diese Konstruktion stand im extremen Widerspruch zum israelischen Urteil gegen Eichmann, demzufolge die Verantwortung mit der Entfernung vom Tatort wachse. Die Frankfurter Richter stellten zudem keinen Täterwillen fest, da sich Hunsche dem Willen Eichmanns vollständig untergeordnet habe. Bei der verhängten fünfjährigen Zuchthausstrafe wurde ihm die Dauer seiner Untersuchungshaft ebenso angerechnet wie die Strafe eines Urteils aus dem Jahre 1947. Somit blieben von den fünf Jahren gerade noch zwei Jahre, die durch gute Führung weiter verringert werden konnten. Obwohl die Staatsanwaltschaft gegen dieses Urteil Revision einlegte, wurde Hunsche im Februar 1963 vorerst aus der Haft entlassen. Im Mai 1963 setzte sich dann der 2. Strafsenat des Bundesgerichtshofs (BGH) mit Hunsches Fall auseinander. Die zuständigen Richter beantworten die Frage nach Täterschaft oder Teilnahme mit Berufung auf das Staschynskij-Urteil. Die äußere Tatherrschaft Hunsches sei nicht entscheidend, wenn beim Angeklagten kein innerer Wille zur Tat bestanden habe. Der BGH wies ausdrücklich darauf hin, dass in einer Neuverhandlung nicht die Frage nach der Täterschaft behandelt, sondern nur das Strafmaß korrigiert werden dürfe. Durch die Zustimmung, für Hunsche die Bestimmungen des §47 Militärstrafgesetzbuch (MilStGB) gelten zu lassen, eröffnete der BGH ihm sogar die Möglichkeit, freigesprochen zu werden. In der Neuverhandlung 1964/65 hielten die Schwurrichter Hunsche zugute, dass er nicht vom direkten Zusammenhang seiner Handlung mit der ›Endlösung‹ gewusst habe. »Ihm sei lediglich bekannt gewesen, daß es den Juden in den Lagern wie Auschwitz ›nicht sehr gut gehen‹ würde. Man könne es ›allenfalls als sehr nahe liegend bezeichnen, daß er auch in die wirklichen Vorgänge eingeweiht gewesen ist. Ein sicherer Beweis ist jedoch insoweit nicht zu führen‹.« (Urteil des LG vom 3.2.1965) Wie von der Verteidigung gefordert, wurde Hunsche daraufhin durch den §47 MilStGB freigesprochen. Eine Bestrafung wäre nur möglich gewesen, wenn er zum Zeitpunkt der Tat den verbrecherischen Inhalt des Befehls erkannt hätte.

Auch im Fall Hermann A. Krumeys, der zusammen mit Hunsche verhandelt wurde, argumentierten die Richter mit dem Staschynskij-Urteil. Krumey war als ranghöchster Mitarbeiter Eichmanns zugleich dessen Stellvertreter in Ungarn gewesen und an der Ermordung von mehr als 300.000 Juden beteiligt. Als »Mitläufer« entnazifiziert (→Entnazifizierung [I.A1]), war Krumey in der Bundesrepublik als Handelsvertreter für pharmazeutische Produkte tätig gewesen, bevor er zusammen mit Hunsche 1957 erstmals in Untersuchungshaft genommen wurde. Dass er seine Verbrechen vom Schreibtisch aus verübt habe, führte allerdings auch im Prozess gegen Krumey zur Anwendung des juristischen Konstruktes der Gehilfenschaft. Das Gericht hielt eine fünfjährige Zuchthausstrafe für angemessen, da Krumey trotz seiner Stellvertreterfunktion im Rahmen des Gesamtgeschehens nur eine verhältnismäßig geringe Bedeutung zugekommen sei.

Die sehr milden Urteile gegen Hunsche und Krumey riefen heftige Reaktionen vor allem im Ausland hervor. Der Bundesregierung gingen aus aller Welt zahlreiche Proteste zu. Die ab Mitte der 1960er Jahre verstärkte Tendenz in der Rechtsprechung, bei der Ahndung von Schreibtischverbrechen deutlich höhere Strafen auszusprechen (→Königsteiner Entschließung III.A12]), hatte auch für Krumey und Hunsche Konsequenzen. Sogar der 2. Strafsenat des BGH, der bisher in seinen Urteilen die Gehilfenkonstruktion mit entsprechend niedriger Strafbemessung verwendet hatte, hob 1967 das vielfach kritisierte Urteil gegen die Mitarbeiter Eichmanns auf. In der erneuten Verhandlung sollte vor allem Krumeys und Hunsches Rolle als Mitglieder von Eichmanns Abteilung stärker berücksichtigt werden. Nun folgten die Frankfurter Richter dem BGH und verurteilten Hunsche 1969 zu einer zwölfjährigen Haftstrafe wegen Beihilfe und Krumey zu lebenslangem Zuchthaus wegen Mordes.

NG

Lit.: Christian Gerlach, Götz Aly (2004): *Das letzte Kapitel. Realpolitik, Ideologie und der Mord an den ungarischen Juden*, Stuttgart, München: DVA. Kerstin Freudiger (2002): *Die juristische Aufarbeitung von NS-Verbrechen*, Tübingen: Mohr Siebeck. Michael Greve (2001): *Der justitielle und rechtspolitische Umgang mit den NS-Gewaltverbrechen in den sechziger Jahren*, Frankfurt a.M. u.a.: Lang. Yaacov Lozowick (2000): *Hitlers Bürokraten. Eichmann, seine willigen Vollstrecker und die Banalität des Bösen*, Zürich: Pendo. Barbara Just-Dahlmann, Helmut Just (1988): *Die Gehilfen. NS-Verbrechen und die Justiz nach 1945*, Frankfurt a.M.: Athenäum.

III.A10 Callsen-Prozess (Babij Jar), Prozess gegen Angehörige des Sonderkommandos 4a der Einsatzgruppe C, der 1967/68 vor dem Schwurgericht Darmstadt unter anderem wegen den Massenerschießungen von Juden in der Schlucht Babij Jar bei Kiew 1941 geführt wurde.
Nach dem Überfall Deutschlands auf die Sowjetunion am 22.6.1941 folgten den Heeresgruppen vier Einsatzgruppen nach, deren Aufgabe die systematische Tötung der Juden im rückwärtigen Armee- und Heeresgebiet darstellte: Einsatzgruppe A (Baltikum), B (Weißrussland), C (Ukraine) mit den Sonderkommandos 4a und 4b, D (Bessarabien, Südukraine, Krim und Kaukasien). Diese vier Einsatzgruppen sollten dem Heer folgen und eng mit ihm zusammenarbeiten. Die Tötung der Juden wurde in so genannten »Ereignismeldungen UdSSR« festgehalten. Eine Woche nach dem Einmarsch der Deutschen in Kiew Mitte September 1941 richteten mehrere Sprengstoffexplosionen beträchtliche Personen- und Sachschäden an. Diese wurden von deutscher Seite als willkommener Vorwand für entsprechende Vergeltungsmaßnahmen benutzt. Nach einer Besprechung zwischen Otto Rasch (Kommandeur Einsatzgruppe C), Paul Blobel (Führer Einsatzkommando 4a), Friedrich Jeckeln (Höherer SS- und Polizeiführer für Russland Süd) und dem Stadtkommandanten Kurt Eberhard wurden die Juden Kiews durch Plakate dazu aufgerufen, sich am 29.9. zur »Umsiedlung« einzufinden. Es wurde mit 5.000 bis 6.000 Personen gerechnet, es erschienen jedoch ca. 34.000. Am 29. und 30.9.1941 wurden in der Schlucht von Babij Jar vom Sonderkommando 4a, zusammen mit dem Stab der Einsatzgruppe C und zwei Kommandos des Polizeiregiments Süd 33.771 Juden erschossen. Die Überlieferung dieser exakten Zahl erklärt sich aus der Tatsache, dass die Opfer neben ihren Wertsachen auf dem Weg zur Hinrichtung auch ihre Pässe abgeben mussten. Der Name Babij Jar wurde zum Symbol für die Massenmorde der Einsatzgruppen, denn weder vorher noch nachher wurden von einem Einsatzkommando in so kurzer Zeit mehr als 30.000 Menschen ermordet. Leiter der Aktion waren Kuno Callsen, Friedrich Hans, August Häfner und Adolf Janssen.
Die juristische Behandlung der Massenerschießungen erstreckte sich zunächst auf die höheren Ränge. Im so genannten Nürnberger Einsatzgruppenprozess 1947/48 (→Nürnberger Nachfolgeprozesse [I.A4]) wurden drei unmittelbar an der Planung und Durchführung des Massakers Beteiligte von den amerikanischen Richtern zur Verantwortung gezogen: Otto Rasch (Führer Einsatzgruppe C), Paul Blobel (Führer Sonderkommando 4a) und Waldemar Radetzky (nach Blobel und neben Callsen ranghöchster Offizier des Sonderkommandos). Rasch verstarb 1948 während des Gerichtsverfah-

rens im Gefängnis, Radetzky wurde zu 20 Jahren Haft verurteilt. Später wurde er durch den amerikanischen Hochkommissar John McCloy begnadigt und 1951 aus der Haft entlassen. Paul Blobel wurde zum Tode verurteilt und 1951 hingerichtet.

Erst 1968 folgte das Verfahren gegen zehn Mitglieder des Sonderkommandos 4a vor dem Darmstädter Schwurgericht, der so genannte Callsen-Prozess. Den Angeklagten, darunter Callsen, Häfner, Hans und Janssen, wurden Massen- und Einzeltötungen von insgesamt ca. 60.000 Juden, kommunistischen Funktionären, ›Geisteskranken‹ und Kriegsgefangenen im rückwärtigen Heeresgebiet der 6. Armee vorgeworfen. Das Gericht verurteilte die Angeklagten zu Freiheitsstrafen zwischen 15 und vier Jahren. Drei Angeklagte wurden freigesprochen, das Verfahren gegen August Häfner wurde eingestellt. Dieser wurde jedoch in einem späteren Verfahren 1973 zu acht Jahren Haft verurteilt.

Das Massaker von Babij Jar war immer wieder auch Gegenstand künstlerischer und wissenschaftlicher Reflexionen über Schuld und Verantwortung. Bereits von 1944 datiert ein Gedicht Ilja Ehrenburgs, bekannter wurde jedoch das 1961 von dem russischen Dichter Jewgeni Jewtuschenko verfasste Gedicht *Kein Denkmal steht in Babij Jar*. Dimitri Schostakowitsch vertonte es im gleichen Jahr in seiner Symphonie Nr. 13 Babi Jar op. 113 in b-Moll. Von Seiten der sowjetischen Regierung wurden Schostakowitsch und Jewtuschenko gezwungen, den exklusiven Bezug des Gedichtes auf die jüdischen Opfer aufzuweichen und auf das ganze russische Volk auszuweiten. Eine literarische Auseinandersetzung legte Anatoli Kusnezow 1968 mit seinem Roman *Babij-Jar. Die Schlucht des Leids* vor. Auch eine filmische Behandlung des Themas fehlt nicht: Schon in der 1979 ausgestrahlten TV-Serie →HOLOCAUST [V.B1] wird das Massaker im zweiten Teil dargestellt. 2002 folgte ein Spätwerk des Produzenten Artur Brauner, dem der Film ein sehr persönliches Anliegen war, da er in Babij Jar zwölf Angehörige verloren hatte. Unter Regie von Jeff Kanew kam der Film BABIJ JAR. DAS VERGESSENE VERBRECHEN Anfang Juli 2003 in die deutschen Kinos.

Das Massaker von Babij Jar fand 1995 auch Eingang in die kontrovers diskutierte Ausstellung »Vernichtungskrieg. Verbrechen der Wehrmacht 1941–1944«, die so genannte →Wehrmachtsausstellung [VI.A1]. Im Ausstellungskapitel »Die 6. Armee. Unterwegs nach Stalingrad 1941–1942« wurden Photos des Massakers gezeigt. Der ungarische Historiker Krisztián Ungváry übte jedoch heftige Kritik: Babij Jar hätte nicht in die Ausstellung aufgenommen werden dürfen, da Wehrmachtssoldaten nicht direkt beteiligt gewesen seien. Vielmehr handele es sich um Mitwisserschaft und logistische Hilfe bei den Massenerschießungen, was jedoch kein Wehrmachtsverbrechen darstelle. Die 1999 eingesetzte Kommission zur Überprüfung der Ausstellung wies jedoch Ungvárys Kritik mit der Begründung zurück, dass sich die Rolle der Wehrmacht hier nicht auf die logistische Unterstützung reduzieren lasse. Es gehe vielmehr um die Verantwortung für diese Morde, die beim Führungsstab der 6. Armee gelegen habe, der schon in früheren Fällen Judentötungen des Sonderkommandos 4a ausdrücklich befürwortet habe.

NG

Lit.: Erhard Roy Wiehn (Hg.) (2001): *Babij Jar 1941. Das Massaker deutscher Exekutionskommandos an der jüdischen Bevölkerung von Kiew 60 Jahre danach zum Gedenken*, Konstanz: Hartung-Gorre. Omar Bartov et al. (2000): *Bericht der Kommission zur Überprüfung der Ausstellung ›Vernichtungskrieg. Verbrechen der Wehrmacht 1941 bis 1944‹*, [www.his-online.de/downloads/Kommissionsbericht.pdf]. Krisztián Ungváry (1999): »Echte Bilder – problematische Aussagen. Eine quantitative und qualitative Analyse des Bildmaterials der Ausstellung ›Vernichtungskrieg. Verbrechen der Wehrmacht 1941- 1944‹«, in: *Geschichte in Wissenschaft und Unterricht* 10, S. 584–603. Hartmut Rüß (1998): »Wer war verantwortlich für das Massaker von Babij-Jahr?«, in: *Militärgeschichtliche Mitteilungen* 57, S. 483- 508. Helmut Krausnick (1989): *Hitlers Einsatzgruppen. Die Gruppe des Weltanschauungskrieges 1938 – 1942*, Frankfurt a.M.: Fischer.

III.A11 Gehilfenjudikatur, Bezeichnung der insbesondere in den 1960er Jahren vorherrschenden Rechtsprechungspraxis bei nationalsozialistischen Gewaltverbrechen, bei der viele Angeklagte nicht als Täter, sondern als Gehilfen verurteilt wurden.

Die drohende Verjährung (→Verjährungsdebatten [IV.B1]) von NS-Gewaltverbrechen im

Jahr 1965 hatte zu einer Flut an Ermittlungsverfahren und Prozessen geführt, die in der breiten Öffentlichkeit kaum auf Zustimmung stießen. Vielmehr wurden Rufe nach einem Schlussstrich unter die Vergangenheit laut, die gerade im Bereich der Justiz, die von weitgehenden personellen Kontinuitäten geprägt war, auf breiten Rückhalt trafen (→Selbstamnestierung der Justiz [II.C4]). Der Bundesgerichtshof (BGH) etwa war 1950 zu etwa 80 Prozent mit ehemaligen NSDAP-Mitgliedern besetzt, von denen nicht wenige eine Vergangenheit als Richter oder Staatsanwälte an Sonder- oder Militärgerichten hatten, so beispielsweise die BGH-Richter Herbert Arndt (Oberlandesgerichtsrat am Sondergericht Kiel), Hans Bock (Landgerichtsrat am Sondergericht Hamburg), Rudolf Börker (Kriegsgerichtsrat der Luftwaffe), Arthur Christoph (Oberlandesgerichtsrat am Sondergericht Breslau) oder die Senatspräsidenten Willi Geiger (Landgerichtsrat am Sondergericht Bamberg), Oskar Haidinger (Landgerichtsrat am Sondergericht Lodz) und Eberhard Rotberg (Landgerichtsrat am Sondergericht Naumburg).
Bei der Bewertung der NS-Gewaltverbrechen nach den Normen des deutschen Strafgesetzbuches (StGB) standen mehrere strafrechtliche Argumentationsfiguren zur Verfügung. Als wichtigste ist nach §211 StGB die vorsätzliche Tötung (Mord) mit den Teilnahmeformen Täterschaft und Beihilfe zu nennen. In Verbindung mit NS-Gewaltverbrechen spielten hierbei die Merkmale »Mordlust«, »niedrige Beweggründe«, »Heimtücke« und »Grausamkeit« eine Rolle. Die größten Probleme der Rechtsprechung tauchten bei der Abgrenzung zwischen Beihilfe und Täterschaft auf, was sich insbesondere im Strafmaß auswirkte (Abmilderung des Urteils bis hin zu drei Jahren als Gehilfe, lebenslang als Täter). Geringere Strafen ergaben sich für Totschlag (eine ohne mordqualifizierende Merkmale begangene vorsätzliche Tötung). Allerdings konnten jene Verbrechen von 1960 an wegen Verjährung nicht geahndet werden, sofern die Frist nicht durch Einleitung eines Ermittlungsverfahrens unterbrochen war. Die uneinheitliche Abgrenzung zwischen Täterschaft und Beihilfe begann bereits in den 1950er Jahren, da der BGH und das Reichsgericht unterschiedliche Standpunkte vertraten und sich die Schwurgerichte somit auf differente Urteile stützen konnten. Die Abgrenzung konnte durch Anwenden der subjektiven oder objektiven Teilnahmetheorie vorgenommen werden. In seinem Urteil BGHSt 8, 393 aus dem Jahr 1956 distanzierte sich der BGH von der extrem subjektiven Teilnahmelehre des Reichsgerichts mit dem folgenden Leitsatz: »Wer mit eigener Hand einen Menschen tötet, ist grundsätzlich auch dann Täter, wenn er es unter dem Einfluss und in Gegenwart eines anderen nur in dessen Interesse tut.« Dabei ließen die Bundesrichter bewusst offen, nach welcher Teilnahmetheorie zukünftig abgegrenzt werden sollte. Zahlreiche Schwurgerichte beriefen sich danach auf diese Entscheidung, wobei sie damit jedoch die Beihilfekonstruktion rechtfertigten. Sie bezogen sich dabei auf eine Ausnahme des Urteils, nach der für den Fall, dass ein Vorgesetzter eine strafbare Handlung durch einen Untergebenen wie durch ein Werkzeug ausführen ließ, die Gehilfenkonstruktion erlaubt sei. Diese als absoluter Ausnahmefall gedachte Einschränkung wurde jedoch zum Regelfall in der Rechtsprechung. Der BGH bestätigte allerdings bei Revisionen die häufige Annahme von Gehilfenschaft nicht. Vom ursprünglichen BGH-Grundsatz, NS-Verbrecher im Regelfall als Täter und nur in bestimmten Ausnahmefällen als Gehilfen zu verurteilen, blieb in den 1960er Jahren kaum etwas übrig. Dies zeichnete sich bereits 1958 im Urteil des →Ulmer Einsatzgruppenprozesses [II.A5] ab. Der Anklage folgend bezeichnete das Schwurgericht Hitler, Himmler und Heydrich als Haupttäter. Gehilfen waren all diejenigen, die die Befehle der Haupttäter ausführten. Jene Argumentationsfigur sollte typisch für die Rechtsprechung der 1960er Jahre werden. Durch die Einordnung in eine lange Befehlskette wurde die strafrechtliche Schuld des Einzelnen relativiert. Obwohl die Abgrenzung nach der subjektiven Teilnahmelehre erfolgte, wonach die gesamten Tatumstände zu werten sind, ließ das Schwurgericht ausschließlich die innere Einstellung des Angeklagten entscheiden. Der Angeklagte Fischer-Schweder, der weder Reue noch Einsicht zeigte, wurde wegen Beihilfe zu zehn Jahren Zuchthaus verurteilt. Bedenklich an diesem Urteil war insbesondere, dass er sich freiwillig, eben nicht auf Befehl, an Exekutionen beteiligt hatte. Anfang der 1960er Jahre folgten nun einige Urteile, die eine maßlose Überdehnung der Gehilfenrecht-

sprechung erkennen ließen, wie im Fall des ehemaligen Führers des Einsatzkommandos 8 der Einsatzgruppe B, Otto Bradfisch, oder im →Krumey-Hunsche-Prozess [III.A9]. Endgültig auch durch den BGH wurde die Gehilfenrechtsprechung 1962 durch das Staschynskij-Urteil legitimiert. Der sowjetische Angeklagte Bodan Staschynskij, der im Auftrag des KGB zwei ukrainische Exilpolitiker getötet hatte, wurde in Anlehnung an die subjektive Teilnahmelehre als Gehilfe qualifiziert, weil er seine Tat nicht als eigene wollte und selbst keinen Täterwillen erkennen ließ. Die Richter des BGH sahen Parallelen zum Nationalsozialismus, unter dem sich die Menschen durch ständige Indoktrination lediglich als kritiklose Werkzeuge der damaligen staatlichen Befehlsautorität untergeordnet hätten. Die Bundesrichter hielten fest: »Wer die Tat eigenhändig ausführt, ist Täter. Wer aber in einem Organisationsapparat an irgendeiner Stelle in der Weise eingeschaltet ist, daß er untergebenen Personen Befehle erteilen kann, ist ebenfalls Täter, wenn er seine Befugnisse zur Durchführung strafbarer Handlung einsetzt.« Das Urteil ermöglichte es, denjenigen als Täter zu verurteilen, der die Tat vollständig durch andere ausführen ließ, was besonders auf Schreibtischtäter wie Adolf Eichmann (→Eichmann-Prozess [III.A1]) zutraf, die sich nicht mehr auf die große Distanz zum Mordgeschehen berufen konnten. Allerdings existierte eine Ausnahmeregelung, nach der unter bestimmten Umständen derjenige als Gehilfe qualifiziert werden konnte, der alle Tatbestandsmerkmale selbst verwirklichte, also zum Beispiel eigenhändig tötete. Indem der BGH sowohl Kriterien für Täterschaft als auch für Beihilfe anbot, blieb den Gerichten der untergeordneten Instanzen die Wahl, nach welcher Argumentation Recht zu sprechen war. Der BGH warnte die Gerichte jedoch vor einer blinden und kritiklosen Übertragung des Staschynskij-Urteils auf die NS-Gewaltverbrechen. Auch Staatsanwälte wie Barbara Just-Dahlmann und →Fritz Bauer [III.A5] äußerten sich kritisch über die ab Mai 1963 zahlreicher auftretende Gehilfenurteilspraxis und die mit ihr verbundene Missachtung der Opfer und Überlebenden. Trotz der →Königsteiner Entschließung [III.A12] der Ständigen Deputation des Deutschen Juristentages, die sich gegen die Gehilfenjudikatur wandte, änderte sich in der Praxis der Rechtsprechung bis auf die teilweise Verschärfung des Strafmaßes wenig.

NG

Lit.: Monika Frommel (2011): »Taktische Jurisprudenz – die verdeckte Amnestie von NS-Schreibtischtätern 1969 und die Nachwirkung der damaligen Rechtsprechung bis heute«, in: Matthias Mahlmann (Hg.): *Gesellschaft und Gerechtigkeit. Festschrift für Hubert Rottleuthner*, Baden-Baden: Nomos, S. 458-473. Christina Ulrich (2011): »*Ich fühl mich nicht als Mörder!« Die Integration von NS-Tätern in die Nachkriegsgesellschaft*, Darmstadt: Wiss. Buchgesellschaft. Kerstin Freudiger (2002): *Die juristische Aufarbeitung von NS-Verbrechen*, Heidelberg: Mohr Siebeck. Michael Greve (2001): *Der justitielle und rechtspolitische Umgang mit den NS-Gewaltverbrechen in den sechziger Jahren*, Frankfurt a.M. u.a.: Lang. Christian Meier (1990): *Vierzig Jahre nach Auschwitz. Deutsche Geschichtserinnerung heute*, München: Beck. Barbara Just-Dahlmann, Helmut Just (1988): *Die Gehilfen. NS-Verbrechen und die Justiz nach 1945*, Frankfurt a.M.: Athenäum. Adalbert Rückerl (1984): *NS-Verbrechen vor Gericht. Versuch einer Vergangenheitsbewältigung*. Heidelberg: C.F. Müller Juristischer Verlag.

III.A12 Königsteiner Entschließung, auf einer von der Mannheimer Staatsanwältin Barbara Just-Dahlmann angeregten Klausurtagung des Deutschen Juristentages vom 1. bis 3.4.1966 in Königstein im Taunus getroffene Resolution zur Behandlung von nationalsozialistischen Gewaltverbrechen (NSG) in der Rechtsprechung.
Durch hartnäckiges Engagement des Ehepaares Just-Dahlmann konnte der Vorsitzende der Ständigen Deputation des Deutschen Juristentages, Erich Friesenhahn, davon überzeugt werden, das Thema der NSG und der zunehmenden →Gehilfenjudikatur [III.A11] im Rahmen des Essener Juristentages 1966 zu behandeln. Friesenhahn argumentierte zunächst, dass eine grundsätzliche Kritik an der Rechtsprechung und die damit verbundene Urteilsschelte nicht in Frage komme. Sie gehöre auch nicht zu den Aufgaben des Juristentages. Eine Meinungsäußerung oder Beschlussfassung im Rahmen des Juristentages hielt er für kaum denkbar. Nach über einem Jahr zäher Verhandlungen über die Form der Behandlung des Themas konnte Friesenhahn die Ständige Deputation wenigstens für eine Podiumsdiskussion hinter verschlossen-

Türen am Rande des Juristentages gewinnen. Vom 1. bis 3.4.1966 nahmen 18 Teilnehmer, unter ihnen Strafrechtslehrer, Generalstaatsanwälte wie bspw. →Fritz Bauer [III.A5] oder Adalbert Rückerl (Leiter der →Ludwigsburger Zentralstelle [II.A7]), Senatspräsidenten, Rechtsanwälte und ein Historiker an der Klausurtagung in Königstein im Taunus teil. Die Kommission sollte die strafrechtlichen und strafprozessualen Schwierigkeiten bei der Ahndung der NSG wie Abgrenzung zwischen Täterschaft und Beihilfe, Probleme des Befehlsnotstandes, Fragen zur Strafbemessung sowie Schwierigkeiten bei Ermittlung und Prozessführung behandeln sowie Lösungsmöglichkeiten erörtern. Durch die personelle Zusammensetzung kam es in einigen Punkten zu teils unüberwindbaren Differenzen. In der von den Teilnehmern am Ende jedoch trotz aller Unstimmigkeiten gefassten Entschließung heißt es: »Die Kommission hat mit Besorgnis von Urteilen Kenntnis genommen, in denen NS-Gewaltverbrechen nach den in den Urteilen getroffenen Feststellungen mit auffallend niedrigen Strafen geahndet worden sind.« Die Entschließung kritisierte vor diesem Hintergrund die Praxis, NS-Gewaltverbrecher lediglich als Gehilfen zu verurteilen und legte einen erweiterten Täterbegriff vor: »Täter ist nach Ansicht der Kommission auf jeden Fall, ohne Rücksicht auf seine Beweggründe im Übrigen, a) wer ohne konkreten Befehl getötet hat; b) wer mehr getan hat, als ihm befohlen war; c) wer als Befehlshaber mit selbständiger Entscheidungsgewalt oder eigenem Ermessensspielraum Tötungen befohlen hat.« Die weiteren Punkte der Resolution beschäftigten sich damit, einer Überdehnung der Gehilfenrechtsprechung ebenso entgegenzuwirken wie einer zu milden Verurteilung von Gehilfen. Die bei Beihilfe verhängten Strafen lagen auffallend oft am unteren Rand der gesetzlichen Mindeststrafe, was nach Ansicht der Kommission insbesondere nicht zu vertreten sei, wenn es sich um höhere Dienstgrade oder um besonders aktiv Mitwirkende handelte.

Kurze Zeit nach der Königsteiner Entschließung verstärkten sich die Differenzen unter den Teilnehmern. Die Professoren Ernst Walter Hanack und Karl Lackner rückten von einigen der Punkte der Entschließung ab, da sie die Strafverfolgung zu negativ beurteile und die Bemühungen der Strafverfolgungsbehörden nicht anerkenne. Trotz dieser Differenzen und der aufgrund Zeitmangels nicht vollständigen Diskussion aller Tagesordnungspunkte waren in der Königsteiner Entschließung einige klare Kriterien und Richtlinien formuliert worden, die insbesondere bei der Differenzierung zwischen Täterschaft und Beihilfe hilfreich sein konnten.

Die Königsteiner Entschließung sollte auf Betreiben von Friesenhahn auf einer Sonderveranstaltung zum Thema »Probleme der Verfolgung und Ahndung nationalsozialistischer Gewaltverbrechen« am 27.9.1966 mit kurzen Referaten und ohne Diskussion und Abstimmung auf dem Essener Juristentag der Öffentlichkeit unterbreitet werden. Die Ständige Deputation des Juristentages hatte zuvor eine kommentarlose Veröffentlichung abgelehnt. Umstritten war nicht nur die Königsteiner Entschließung an sich, sondern auch die angesetzte Sonderveranstaltung. Einige Vertreter der Landesjustizverwaltungen versuchten noch tags zuvor, sie abzusetzen und um zwei Jahre zu verschieben, mit der Begründung, sie sei unzureichend vorbereitet worden. Die Sonderveranstaltung konnte schließlich nur durchgeführt werden, weil Präsident Friesenhahn erklärte, dass er nicht im Namen der Deputation, sondern im eigenen Namen sprechen würde.

Sowohl in der Fach- als auch in der Tagespresse stieß die Sonderveranstaltung des Deutschen Juristentages auf eine hohe Resonanz. Juristische Periodika wie die *Neue Juristische Wochenschrift* sowie alle führenden Tages- und Wochenzeitschriften informierten über die zentralen Aussagen der Resolution. Die *Allgemeine Unabhängige Jüdische Wochenzeitung* begrüßte die Sonderveran-staltung gar »als erste ernsthafte Auseinandersetzung eines deutschen repräsentativen Juristengremiums mit den Missständen der Strafverfolgung« (7.10.1966). Das Bundesjustizministerium dagegen scheute vor einer Stellungnahme zurück. Es wandte sich gegen die Kritik an der Rechtsprechung und den Wunsch nach vermehrter Veröffentlichung von NSG-Urteilen. Auch die Rechtswissenschaft verhielt sich gegenüber der Königsteiner Entschließung eher reserviert. Trotz der Aufforderung, sich vermehrt in den juristischen Fachzeitschriften oder im Rahmen eigener Untersuchungen mit den NSG-Rechtsprechungsproblemen auseinanderzusetzen, zeigten sich nur sehr wenige Wissenschaftler dazu bereit. Ein generelles Problem der auf die Königsteiner Entschließung folgenden Rechtsprechung bestand darin, dass deren Richtlinien nicht bindend waren und somit jedem Richter und Staatsanwalt freigestellt war, diese zu befolgen oder zu ignorieren. So lässt sich feststellen, dass die meisten Gerichte weiter an der Gehilfenjudikatur festhielten und nur bei wenigen Urteilen das Strafmaß verschärften.

NG

Lit.: Kerstin Freudiger (2002): *Die juristische Aufarbeitung von NS-Verbrechen*, Tübingen: Mohr Siebeck. Joachim Perels, Rolf Pohl (Hg.) (2002): *NS-Täter in der deutschen Gesellschaft*, Hannover: Offizin. Michael Greve (2001): *Der justitielle und rechtspolitische Umgang mit den NS-Gewaltverbrechen in den sechziger Jahren*, Frankfurt a.M. u.a.: Lang. Christian Meier (1990): *Vierzig Jahre nach Auschwitz. Deutsche Geschichtserinnerung heute*, München: Beck. Barbara Just-Dahlmann, Helmut Just (1988): *Die Gehilfen. NS-Verbrechen und die Justiz nach 1945*, Frankfurt a.M.: Athenäum. Adalbert Rückerl (1984): *NS-Verbrechen vor Gericht. Versuch einer Vergangenheitsbewältigung*, Heidelberg: Müller. Deutscher Juristentag (1967): *Probleme der Verfolgung und Ahndung von nationalsozialistischen Gewaltverbrechen. Sonderveranstaltung des 46. Deutschen Juristentages in Essen, 1966. Entschließung der Königsteiner Klausurtagung. Bericht, Referate und Schlußwort.* München: Beck.

III.B Belastete Neuanfänge

III.B1 Rücktritte und Entlassungen, verstärkter öffentlicher Druck auf in der BRD arrivierte ehemalige NS-Funktionäre infolge der Aufarbeitungsimpulse seit Ende der 1950er Jahre. Die mediale und kulturelle Aufarbeitung des Nationalsozialismus, die juristische Verfolgung von NS-Taten in den Strafrechtsprozessen seit Ende der 1950er Jahre (→Ulmer Einsatzgruppenprozess [II.A5], →Eichmann-Prozess [III.A1], →Frankfurter Auschwitz-Prozess [III.A3]), die Arbeit der →Ludwigsburger Zentralstelle [II.A7], aber auch die Kampagnen der DDR gegen personelle Kontinuitäten in der BRD bewirkten eine zunehmende Sensibilisierung der westdeutschen Öffentlichkeit gegenüber der politischen Vergangenheit bundesrepublikanischer Funktionsträger:

Während noch in den ersten Jahren der BRD gesetzgeberische Maßnahmen die Reintegration ehemaliger Nationalsozialisten in das neue System unter Zustimmung einer breiten gesellschaftlichen Mehrheit beförderten (→Amnestien [II.C1], →131er-Gesetzgebung [II.C2]), richtete die öffentliche Meinung Ende der 1950er Jahre ihre Aufmerksamkeit kritisch auf die bis dahin scheinbar ungebrochenen Karrieren. Trotz des Interesses an der Beleuchtung der nationalsozialistischen Vergangenheit hochrangiger Politiker, wie des Bundesvertriebenenministers Theodor Oberländer oder des Staatssekretärs Hans Globke (→Fälle Globke und Oberländer [II.C5]), und der öffentlichkeitswirksamen Skandale, die daraus erwuchsen, reagierten die zuständigen Stellen nur zögerlich auf den Ruf der Öffentlichkeit nach Konsequenzen aus belastenden Entdeckungen. Zwar führten diese durchaus zu einigen Rücktritten und Entlassungen, für die betroffenen Karrieren bedeutete dies jedoch nur selten einen schwerwiegenden Einbruch. So wurde 1962 der damalige Generalbundesanwalt Wolfgang Immerwahr Fränkel beurlaubt und einem Disziplinarverfahren unterzogen, als DDR-Dokumente sein häufiges Votum für Strafverschärfung und damit Todesstrafe während seiner Zeit als Abteilungsleiter der Oberreichsanwaltschaft offenbarten; die Beurlaubung erfolgte jedoch mit vollen Bezügen und das Verfahren wurde mit dem Hinweis auf Beweismangel schließlich eingestellt. Das Angebot von Bundesjustizminister Wolfgang Stammberger, angesichts des Falles Fränkel selbst zurückzutreten, wies das Kabinett zurück.

Ein weiterer Beleg für die ambivalente Haltung gegenüber NS-belasteten Biographien ist der Rücktritt Gottfried Jungmichels (FDP) von seiner Kandidatur für das Amt des niedersächsischen Kultusministers. Jungmichel, seit 1956 Oberbürgermeister der Stadt Göttingen, galt offiziellen Stellen während des »Dritten Reiches« als »politisch unbedingt zuverlässiger Parteigenosse« und leitete von 1938 bis 1945 das Institut für gerichtliche Medizin in Göttingen. In dieser Funktion verfasste er zahlreiche wissenschaftliche Arbeiten, in welchen er sich unter anderem seinen Spezialgebieten »Blutgruppen« und »Rassenhygiene« widmete. Erst nachdem Christian von Ferber, Professor für Sozialwissenschaften an der TU Hannover, in einem offenen Brief auf Jungmichels exponierte Position im Nationalsozialismus hingewiesen und damit Bedenken bezüglich dessen Nominierung geäußert hatte, zog Jungmichel seine Kandidatur 1963 zurück und verzichtete auf das Ministeramt. Weitere Konsequenzen folgten nicht: Jungmichel blieb bis 1966 Oberbürgermeister und bis 1967 Mitglied des niedersächsischen Landtags; 1972 erhielt er das Große Verdienstkreuz der BRD, 1977 die Ehrenbürgerschaft der Stadt Göttingen.

Nicht nur in Justiz und Politik, sondern auch in Bildung und Wissenschaft war es ehemals hochrangigen Funktionsträgern des NS-Staates gelungen, sich in den Gründungsjahren der BRD erneut zu etablieren. Neben den Medien waren es hier häufig Studierende, die als Vertreter der jungen Generation durch Hinweise auf das frühere Wirken der Dozenten zum Ende der Karrieren der alten Eliten beitrugen. So auch im Fall des zum Gründungsrektor der Bochumer Universität ernannten Pädagogen Hans Wenke: Die Ernennung Wenkes 1963 knüpfte an dessen Tätigkeit als Rektor der Tübinger Universität und als Hamburger Senator für Schul- und Hochschulwesen an, wurde aber durch eine Veröffentlichung des *Spandauer Volksblattes* in Frage gestellt, das im November 1964 rassenpolitische Parolen Wenkes aus der NS-Zeit zitierte. Tübinger Studierende griffen den Hinweis des Blattes auf und veröffentlichten weitere belastende Äußerungen des Gründungsrektors. Dieser hatte 1934 die »Rassenpflege« als »eine Notwendigkeit für die Zukunft des deutschen Volkes« proklamiert (*Zeitschrift für Deutschkunde*) und 1942 einen Aufsatz *Zur Philosophie des totalen Krieges* publiziert, in welchem er die Wichtigkeit einer solchen »Philosophie« zur Steigerung des deutschen Kampfeswillens betonte. Nachdem sich auch eine Fernseh-Glosse Wenkes Vergangenheit gewidmet hatte, sorgte der nordrhein-westfälische Kultusminister noch vor der Eröffnung der Ruhr-Universität für dessen Ablösung als Vorsitzender des Gründungsausschusses.

Trotz des wachsenden kritischen Bewusstseins gegenüber der Reintegration ehemaliger NS-Funktionäre zu Beginn der 1960er Jahre avancierte die Überzeugung von der Notwendigkeit der historischen Aufklärung keineswegs zum gesamtgesellschaftlichen Anliegen. Die aus den Aufklärungsbemühungen resultierenden personellen Konsequenzen fungierten allerdings als Impulsgeber, das Beschweigen der frühen 1950er Jahre insbesondere in der Folgezeit zu durchbrechen. So erfuhr die Thematisierung des Fortbestehens »faschistischer« Strukturen durch die Studentenbewegung Ende der 1960er Jahre eine Radikalisierung (→»1968« [IV.A1]); dennoch erfolgten vereinzelte »Enttarnungen« ehemaliger nationalsozialistischer Funktionsträger noch bis in die 1990er Jahre (→Fall Schwerte/Schneider [VI. F1]).

JWe

Lit.: Friedrich Herber (2002): *Gerichtsmedizin unterm Hakenkreuz*, Leipzig: Militzke. Detlef Siegfried (2000): »Zwischen Aufarbeitung und Schlussstrich. Der Umgang mit der NS-Vergangenheit in den beiden deutschen Staaten 1958 bis 1969«, in: Axel Schildt et al. (Hg.): *Dynamische Zeiten. Die 60er Jahre in den beiden deutschen Gesellschaften*, Hamburg: Christians, S. 77–113. Frank-Rutger Hausmann (2007): »*Deutsche Geisteswissenschaft« im Zweiten Weltkrieg. Die »Aktion Ritterbusch« (1940-1945)*, 3., erw. Ausg., Heidelberg: Synchron. Axel Schildt (1998): »Der Umgang mit der NS-Vergangenheit in der Öffentlichkeit der Nachkriegszeit«, in: Wilfried Loth, Bernd-A. Rusinek (Hg.): *Verwandlungspolitik. NS-Eliten in der westdeutschen Nachkriegsgesellschaft*, Frankfurt a.M., New York: Campus, S. 19–54. Axel Schildt (1996): »NS-Eliten in der Bundesrepublik Deutschland«, in: *Geschichte, Politik und ihre Didaktik. Beiträge und Nachrichten für den Unterricht* 24, H. 12, S. 20–32. Ingo Müller (1989): *Furchtbare Juristen. Die unbewältigte Vergangenheit unserer Justiz*, München: Knaur.

III.B2 Gründung und Anfangserfolge der NPD, als Sammlung der Nationalen Rechten von der zerfallenden rechtsextremistischen (→Rechtsextremismus [VI.E6]) Deutschen Reichspartei (DRP) initiiert, gründete sich die Nationaldemokratische Partei Deutschlands (NPD) am 28.11.1964.

Den Parteivorsitz übernahm das ehemalige CDU-Mitglied Friedrich Thielen; nach innerparteilichen Machtkämpfen löste Adolf von Thadden (ehemals Vorsitzender der DRP) 1967 den als gemäßigt geltenden Thielen ab.

Obwohl die NPD zunächst ein nationalkonservatives, verfassungstreues Image anstrebte und sich mit Blick auf das 1952 erfolgte verfassungsrechtliche →SRP-Verbot [II.A6] bis heute in ihren Programmen formal zu Demokratie und Rechtsstaatlichkeit bekennt, transportieren interne Parteimaterialien wie die Parteipresse und das *Politische Lexikon der NPD* (1971) auch unmissverständlich rechtsextremistisches Gedankengut: Rassismus und Antisemitismus, ökonomischer Nationalismus und Agrarromantik sowie Verherrlichung des Nationalsozialismus und Leugnung der deutschen Kriegsschuld. Mit ihrer autoritären Ausrichtung, einer entspannungsfeindlichen Ost-Politik und der Agitation gegen »Bolschewismus« und Sozialismus präsentierte sich die NPD in der zweiten Hälfte der 1960er Jahre als »Ordnungsmacht« in Deutschland. Sie konnte insbesondere Wähler aus dem kleinbürgerlichen Mittelstand und aus der Arbeiterschaft mobilisieren, die durch die erste große Wirtschaftskrise der BRD 1966/67, das Bündnis der Unionsparteien mit der Sozialdemokratie in der Großen Koalition, die Entspannungsbemühungen im Ost-West-Konflikt (→Neue Ostpolitik [IV.A7]), die APO-Aktionen sowie die Demonstrationen der Studentenbewegung (→»1968« [IV.A1]) verunsichert waren. Unter den Wählern dominierte die Gruppe der 45- bis 60-jährigen Männer, deren Denken und Weltanschauung durch das NS-Regime entscheidend geprägt worden waren. So erzielte die NPD nach raschem Ausbau ihrer Parteistruktur bei den Landtagswahlen von 1966 bis 1968 überraschende Erfolge (bis zu 9,8 Prozent 1968 in Baden-Württemberg) und zog in diesem Zeitraum mit insgesamt 61 Abgeordneten in sieben Länderparlamente ein. 1969 erreichte die Mitgliederzahl mit 28.000 einen Höchststand.

Der Aufstieg der NPD stieß im In- und Ausland auf Empörung und bewirkte zahlreiche Proteste der demokratischen Öffentlichkeit, die von Aufrufen von Personen des öffentlichen Lebens über Flugblätter und Kundgebungen bis hin zu Forderungen nach einem verfassungsrechtlichen NPD-Verbot reichten. Aufgrund des ungesichert scheinenden Ausgangs sprachen sich Politik und Medien in den 1960er Jahren allerdings überwiegend gegen ein Verbotsverfahren aus (→NPD-Verbotsverfahren [VI.B4]). Die Auseinandersetzung der Medien mit der NPD beschränkte sich auf eine entschiedene Distanzierung von der Partei; strukturelle Gründe für deren Erstarken gerieten kaum in den Blick. Umfragen belegen indessen, dass auch nach 20-jähriger Demokratieerfahrung ein erhebliches autoritäres Potential in weiten Teilen der Bundesrepublik bestand: Laut einer Untersuchung des Kölner Instituts für vergleichende Sozialforschung plädierten 1968 nahezu zwei Drittel der Bevölkerung Baden-Württembergs für eine »gerechte und starke nationale Führerpersönlichkeit«.

Trotz beachtlicher Anfangserfolge gelang es der NPD nicht, auf Bundesebene Fuß zu fassen; mit einem Ergebnis von 4,3 Prozent bei der Bundestagswahl 1969 scheiterte sie an der Fünf-Prozent-Hürde und driftete in den Folgejahren zunächst in die politische Bedeutungslosigkeit ab. Gründe für den Niedergang der NPD waren vor allem der wieder einsetzende Wirtschaftsaufschwung sowie der Wechsel der CDU/CSU von der Regierungs- zur Oppositionspartei. Indem die Unionsparteien das Machtvakuum in der konservativen Opposition wieder ausfüllten, boten sie vielen ehemaligen NPD-Wählern eine neue politische Heimat.

Während die NPD mit ihrem legalistischen Kurs für einen kurzen Zeitraum Ende der 1960er Jahre als Sammelpartei das rechtsextremistische Lager einte und sich aus der Interaktion von zeitgenössischer Protesthaltung und autoritärer Mentalität relative politische Erfolge für die Partei ergaben, konkurrierte sie in den Folgejahren mit der DVU (Deutsche Volksunion, gegr. 1971) und der Partei Die Republikaner (REP, gegr. 1983). Zyklische Erfolge dieser Parteien verweisen auf die Kontinuität eines rechtsextremistischen Einstellungspotentials in der BRD.

JWe

Lit.: Gideon Botsch (2012): *Die extreme Rechte in der Bundesrepublik Deutschland. 1949 bis heute*, Darmstadt: WBG. Armin Pfahl-Traughber (1999): *Rechtsextremismus in der Bundesrepublik*, München: Beck. Richard Stöss (1989): *Die extreme Rechte in der Bundesrepublik. Entwicklung, Ursachen, Gegenmaßnahmen*, Opladen: Westdeutscher Verlag. Horst W. Schmollinger (1984): »Die Nationaldemokratische Partei Deutschlands«, in: Richard Stöss (Hg.): *Parteienhandbuch. Die Parteien der Bundesrepublik Deutschland 1945–1980*, Bd. 2, Opladen: Westdeutscher Verlag, S. 1922–1994. Lutz Niethammer (1969): *Angepaßter Faschismus. Politische Praxis der NPD*, Frankfurt a.M.: Fischer. Reinhard Kühnl, Rainer Rilling, Christine Sager (1969): *Die NPD. Struktur, Ideologie und Funktion einer neofaschistischen Partei*, Frankfurt a.M.: Suhrkamp. Bundesministerium des Innern (1967): »Rechtsradikalismus in der Bundesrepublik im Jahre 1966«, in: *Aus Parlament und Zeitgeschichte* 17, H. 24, S. 3–38.

III.B3 Fischer-Kontroverse, erste große historische Nachkriegsdebatte um das Buch *Griff nach der Weltmacht* (1961) des Hamburger Historikers Fritz Fischer, das aufgrund der Thesen zum Ausbruch des Ersten Weltkrieges eine nicht nur fachwissenschaftliche, sondern auch politische Diskussion um Kontinuitäten deutscher Expansionsbestrebungen anstieß.

Fischer hatte in seinem Buch die Kriegszielpolitik der deutschen Reichsregierung untersucht und dabei in einem ersten kurzen Einleitungskapitel auch die Kriegsschuldfrage gestreift. Entgegen einer allgemeinen Annahme vertrat er, auf Basis von erstmals eingesehenen Akten der Reichsregierung und von Reichskanzler Bethmann-Hollwegs ›Septemberprogramm‹, die These einer kontinuierlichen deutschen Kriegszielpolitik, deren Ziel in erster Linie im Aufstieg Deutschlands zur Weltmacht bestand. Diese Kriegszielpolitik entstand – so Fischer – nicht erst mit oder nach Beginn des Krieges, sondern war in ihren Kernpunkten und Forderungen in der wilhelminischen Zeit seit Langem Thema in Politik und Gesellschaft; der Krieg bot lediglich den benötigten Rahmen, die Erreichung der Ziele in Angriff zu nehmen. Deshalb steuerte die Reichsregierung 1914 nicht gegen einen Konflikt, sondern nahm ihn – ihre eigene Stärke sowie die der Gegner vollkommen verkennend – billigend in Kauf. Die deutsche Reichsregierung trug somit laut Fischer einen großen Anteil der Schuld am Ausbruch des Ersten Weltkriegs und war deshalb nicht – wie der bisherige Konsens besagte – zusammen mit den anderen europäischen Mächten in den Konflikt »hineingeschlittert« (so der britische Premierminister David Lloyd George).

Fischers Buch wurde in der Tagespresse zunächst positiv rezensiert; konservative Vertreter der Historikerzunft lösten mit ihren entschiedenen Widersprüchen in den Fachorganen die Fischer-Kontroverse aus: Sie glaubten, in Fischers Thesen den Versuch einer großen Kontinuitätskonstruktion vom Kaiserreich bis zu Hitler zu erkennen und somit den Vorwurf einer alleinigen deutschen Kriegsschuld an beiden Weltkriegen. In der ersten Debattenphase zwischen 1962 und dem Berliner Historikertag 1964 war es vor allem der Freiburger Historiker Gerhard Ritter (→Frühe Erklärungsversuche deutscher Historiker [I.B4]), der den Widerstand gegen Fischers Thesen anführte. In einer Reihe von Aufsätzen widersprach er Fischers Darstellung der Julikrise scharf, wobei er sich insbesondere auf dessen kritische Einschätzung der Rolle des Reichskanzlers Theobald Bethmann-Hollweg bezog. Ritters Hauptsorge – und hier zeigt sich deutlich die erinnerungspolitische Dimension der Debatte – galt jedoch der »Selbstverdunklung des deutschen Geschichtsbewusstseins«, das Ritters Ansicht nach die große Gefahr des Buches war. Nicht nur in diesem Punkt fand er eine Reihe von Unterstützern. Fischers Hamburger Kollege Egmont Zechlin, der dem rechten Spektrum zuzuordnende Erwin Hölzle oder auch Ludwig Dehio schlossen sich Ritter an. Der polemische Ton, den vor allem Ritter und Hölzle in ihren Texten anschlugen, verließ dabei des Öfteren den Pfad wissenschaftlicher Diskussionskultur.

Als Fürsprecher Fischers traten vor allem seine Schüler, wie etwa Imanuel Geiss, auf. Den Wert der Studie hob in Deutschland vor allem Karl Dietrich Bracher hervor, der, trotz Kritik im Detail, die rein politisch motivierte Abwehr als »sachfremd« zurückwies. Er attestierte Fischer, ein altes Geschichtsbild aufgebrochen zu haben, ohne auf eine »falschverstandene Staatsräson« Rücksicht zu nehmen. Brachers abgewogene Position korrespondierte mit der deutlich positiveren Rezeption von Fischers Studie außerhalb der Bundesrepublik.

Im Verlauf des Jahres 1964 wandelte sich die Fischer-Kontroverse – nicht zuletzt wegen des 50. Jahrestages des Kriegsausbruches – von einer genuin fachwissenschaftlichen zu einer öffentlichkeitswirksamen Debatte. Auch der damalige Bundestagspräsident Eugen Gerstenmaier mischte sich in die Diskussion ein und warf Fischer vor, die Schuldfrage unnötigerweise neu angeheizt zu haben. Der Kieler Politologe Michael Freund warf Fischer daran anknüpfend vor, Bethmann-Hollweg mit Hitler vergleichen zu wollen und insinuierte in völliger Verkennung der historischen Tatsachen, dass an der Kriegsschuldfrage »schon einmal eine deutsche Republik zugrunde gegangen« sei.

Fischer wurden vom Auswärtigen Amt bereits zugesagte Gelder für eine Vortragsreise in die USA mit fadenscheinigen Argumenten entzogen. Mehrere amerikanische Historiker protestierten beim Auswärtigen Amt gegen dieses Vorgehen. Erst nachdem amerikanische Universitäten die fehlenden Gelder aufbrachten, konnte Fischer seine Reise wie geplant antreten. Die Anfeindungen aus der politischen Arena konnten jedoch nicht darüber hinwegtäuschen, dass die geschichtswissenschaftliche Kritik gegen Fischer ins Wanken geriet. Auf dem Historikertag in Berlin, zugleich Höhe- und Wendepunkt der Fischer-Kontroverse, wurden Fischers Thesen zum zentralen Gegenstand der Auseinandersetzungen. Fischer traf in einer großen Podiumsdiskussion auf Ritter, Hölzle und Zechlin. In der in sachlichem Ton geführten Debatte griffen Ritter und Hölzle Fischers Thesen inhaltlich erwartungsgemäß scharf an, doch Zechlin überraschte mit einer Korrektur seiner bisherigen Position, indem er versuchte, einen Mittelweg zu finden. Vor allem jedoch überraschte die Reaktion des Publikums, das überwiegend aus jungen Historikern bestand und sich zu großen Teilen auf die Seite Fischers schlug.

Damit trat die Debatte in ihre zweite Phase. Der unerwartete Verlauf des Historikertages sorgte innerhalb der Geschichtswissenschaft für eine Versachlichung der Debatte und einer sukzessiven Anerkennung von Fischers Darstellung. Diese Linie zeigte sich im Wesentlichen bereits im Jahr 1965, auch wenn sich der Streit bis zum Internationalen Historikerkongress in Wien im gleichen Jahr hinzog. Fischer wie Ritter (der aus gesundheitlichen Gründen nicht teilnahm, seinen Redebeitrag aber in gedruckter Form vorlegte) versuchten, ihre Positionen noch einmal deutlich voneinander abzugrenzen.

Die Öffentlichkeit, die regen Anteil am Verlauf der Debatte genommen hatte, verlor jedoch das Interesse, auch wenn Franz Josef Strauß Fischer in einer Rede 1965 scharf attackierte, indem er die Regierung aufforderte, mit allen Mitteln gegen die »Verzerrung der deutschen Geschichte« vorzugehen.

Fischer, der seine Thesen im Verlauf der Debatte – und vor allem noch einmal in seinem Redebeitrag auf dem Wiener Historikerkongress – zugespitzt hatte (er ging inzwischen tatsächlich von einer Kriegsschuld der Deutschen aus, wogegen er sich bis dahin verteidigt hatte), eröffnete seinen Kritikern in der letzten Debattenphase paradoxerweise gerade durch diese Zuspitzung die Möglichkeit, sich seine Ursprungsthesen in Teilen zu eigen zu machen und das vorher so energisch verteidigte Weltbild anzupassen. Vor allem Andreas Hillgruber bot mit seinen Thesen einen Mittelweg zwischen Fischers Position und der seiner Gegner an, indem er von einer »erheblichen Mitverantwortung« der Deutschen am Kriegsausbruch sprach. Der Reichskanzler habe einen Krieg zwar nicht gewollt, ihn aber in seine Planungen mit einbezogen. Diese vermittelnde Position wurde in den folgenden Jahren zur anerkannten These, bis schließlich Wolfgang J. Mommsen und Hans-Ulrich Wehler 1971 mit dem von Eckart Kehr adaptierten Diktum des »Primats der Innenpolitik« und der damit in Zusammenhang stehenden Neubewertung der Außenpolitik des Kaiserreichs zu einer anderen Debatte überleiteten – die Kriegszielpolitik und der Ausbruch des Ersten Weltkrieges spielten jetzt nur noch ein untergeordnete Rolle.

Letztlich liegt Fischers Verdienst nicht vorrangig in seinen Thesen. Seine eigentliche Leistung war es, festgefahrene Strukturen in der Geschichtswissenschaft und der politischen Öffentlichkeit aufgebrochen und damit ein revisionsbedürftiges Geschichtsbild auf den Prüfstand gestellt zu haben. Die Fischer-Kontroverse rückte nicht nur die erinnerungspolitisch zentrale Frage nach der Kontinuität deutscher Geschichte in den Fokus, sondern fungierte zugleich als Impulsgeber für die Etablierung einer kritischen Geschichtswissenschaft in der Bundesrepublik.

TB

Lit.: Fritz Fischer (1961): *Griff nach der Weltmacht. Die Kriegszielpolitik des kaiserlichen Deutschland 1914/18*, Düsseldorf: Droste. Gerhard Ritter (1962): »Eine neue Kriegsschuldthese? Zu Fritz Fischers Buch ›Griff nach der Weltmacht‹«, in: *Historische Zeitschrift* 194, S. 646–668. Ernst Wilhelm Lynar (Hg.) (1964): *Deutsche Kriegsziele 1914–1918. Eine Diskussion*. Frankfurt a.M. u.a.: Ullstein. Klaus Große Kracht (2005): *Die zankende Zunft. Historische Kontroversen in Deutschland nach 1945*, Göttingen:

Vandenhoeck & Ruprecht. Imanuel Geiss (2003): »Die Fischer-Kontroverse: 40 Jahre danach«, in: Martin Sabrow et al. (Hg.): *Zeitgeschichte als Streitgeschichte. Große Kontroversen nach 1945*, München: Beck, S. 21-57. Wolfgang Jäger (1984): *Historische Forschung und politische Kultur in Deutschland. Die Debatte 1914–1980 über den Ausbruch des Ersten Weltkrieges*, Göttingen: Vandenhoeck & Ruprecht. Volker Berghahn (1980): »Die Fischerkontroverse – 15 Jahre danach«, in: *Geschichte und Gesellschaft* 6, S. 403-419. Arnold Sywottek (1973): »Die Fischer-Kontroverse. Ein Beitrag zur Entwicklung historisch-politischen Bewusstseins in der Bundesrepublik«, in: Imanuel Geiss, Bernd Jürgen Wendt (Hg.): *Deutschland in der Weltpolitik des 20. Jahrhunderts*, Düsseldorf: Bertelsmann, S. 19-49.

III.B4 Germanistentag 1966, vom Deutschen Germanistenverband organisierte Tagung, die vom 17. bis 22. Oktober in München unter dem Titel *Nationalismus in Germanistik und Dichtung* stattfand.

Der Germanistentag von 1966 gilt als Beginn der selbstkritischen Aufarbeitung der Fachgeschichte im Nationalsozialismus und damit auch als »Initialzündung der neueren Wissenschaftsgeschichte der Germanistik« (Dirk Kemper). Die Vorgeschichte jenes Germanistentages, der zum »Einschnitt in der Geschichte der Literaturwissenschaft« (Klaus Weimar) werden sollte, gestaltete sich schwierig. Insgesamt hatte die Germanistik in der Bundesrepublik nach 1945 auf eine Neuorientierung weitestgehend verzichtet und sich mit ihrer Rolle im Nationalsozialismus zunächst nicht weiter beschäftigt. Zu viele der Professoren, die offen mit den Nationalsozialisten paktiert hatten, waren nach dem Krieg erneut zu akademischen Ehren gelangt. Die Furcht vor unangenehmen Fragen bezüglich ihrer Vergangenheit war einer der Gründe, warum die Thematisierung des Zusammenhangs zwischen Literatur und (gesellschaftspolitischer) Realität in den 1950er Jahren keine Konjunktur hatte und von vielen Germanisten nicht nur vernachlässigt, sondern – wie beispielsweise in Wolfgang Kaysers *Das sprachliche Kunstwerk* – sogar gänzlich aus dem Feld der Literaturanalyse verbannt wurde. Stattdessen ermöglichte die Konzentration auf die werkimmanente Methode und der damit verbundene Rückzug in das Reich des Schönen ein zumindest kurzfristiges Vergessen der in mehrfacher Hinsicht desolaten Nachkriegssituation.

Die Hinterfragung der Verstrickungen der Germanistik in den Nationalsozialismus wurde dementsprechend auch nicht von den Fachvertretern in den Universitäten selbst, sondern durch Diskussionen von außen angestoßen. Zu den Auslösern zählen insbesondere die Ende der 1950er Jahre in einem sich langsam verändernden politischen Klima publizierte Streitschrift *Der Sündenfall der deutschen Germanistik* (1959) des Publizisten Rudolf Walter Leonhardt sowie die von Walter Boehlich in der Zeitschrift *Der Monat* entfachte Debatte um nationalistisches Gedankengut im *Grimmschen Wörterbuch*, das nach 120 Jahren 1961 endlich abgeschlossen werden konnte. 1963 kamen mit Joseph Wulfs Dokumentation *Literatur und Dichtung im Dritten Reich* weitere Informationen über verschwiegene und vergessene Schriften ans Licht, mithilfe derer vielen Wissenschaftlern, die bis zu diesem Zeitpunkt noch als unbescholten galten, ihre NS-Vergangenheit nachgewiesen werden konnte. Die in diesem Kontext entfachte Debatte über Wissenschaft im Nationalsozialismus im Allgemeinen bzw. Germanistik im Besonderen fand vor allem in der Wochenzeitung *Die Zeit* ihre Plattform und erlebte ihren vorläufigen Höhepunkt im Oktober 1964 in einem Artikel Walter Boehlichs über die Berufung des Germanisten Hugo Moser zum Rektor der Universität Bonn. In der sich daran anschließenden Diskussion geriet vor allem eine in einer offiziellen Gegendarstellung der Universität zur Verteidigung Mosers verwendete Formulierung ins Kreuzfeuer: »Die zeitbedingte Diktion geht über das Maß des damals üblichen und zur Abwehr politischer Verdächtigungen mitunter sogar Notwendigen nicht hinaus.« (*Die Zeit*, 6.11.1964) Neben Richard Alewyn, einem der wenigen zurückgekehrten emigrierten Germanisten, der den Verantwortlichen in dieser Affäre Relativismus vorwarf (*Die Zeit* 27.11.1964), bezog auch der damalige Vorsitzende des deutschen Germanistenverbandes Benno von Wiese Stellung (*Die Zeit* 25.12.1964). Dabei wich er den Fragen zwar nicht aus, versuchte jedoch zu schlichten und die Angriffe zu entkräften.

Vor dem Hintergrund dieser Ereignisse forderte ein Kreis jüngerer Wissenschaftler – unter ihnen Karl Heinz Borck, Karl Otto Conrady, Arthur Henkel, Eberhardt Lämmert, Herbert Singer, Karl Ludwig Schneider und Peter Wapnewski – die Gründung einer Arbeitsgruppe zur wissenschaftlichen Aufarbeitung der Geschichte der Germanistik. Den Germanistenverband drängten sie, angesichts der großen Aufmerksamkeit, die die Diskussion in der Öffentlichkeit erregt hatte, die nächste Tagung unter den Titel *Nationalismus und Germanistik* zu stellen. Doch das Fach, vor allem seine älteren Vertreter, schien noch nicht bereit, sich den eigenen Fehlern und Versäumnissen der Vergangenheit zu stellen. Zwar gab es bereits 1965/66 an den Universitäten Tübingen, München und Berlin erste Bemühungen, in Ringvorlesungen der Frage nach der Universität im Nationalsozialismus nachzugehen; eine systematische Aufarbeitung der Rolle der Geisteswissenschaften im Nationalsozialismus fand jedoch erst in den 1990er Jahren statt (→Fall Schneider/Schwerte [VI.F1]; →Historiker im Nationalsozialismus [VI.F2]). Der Vorschlag, den Germanistentag 1966 diesem Thema zu widmen, stieß bei vielen Mitgliedern des Germanistenverbands auf Unverständnis und Ablehnung. Sehr zur Enttäuschung der Initiatoren einigte man sich schließlich auf den deutlich entschärften Titel *Nationalismus in Germanistik und Dichtung*, womit die brisante Thematik nunmehr zu einem Thema unter anderen wurde.

Dennoch gelang es den Befürwortern einer selbstkritischen Hinterfragung des Faches, vier zentrale Plenumsvorträge – von Eberhard Lämmert, Walter Killy, Karl Otto Conrady und Peter von Polenz – mit dem Thema zu besetzen, die den Höhepunkt der Konferenz darstellten und viel öffentliche Aufmerksamkeit auf sich zogen. In ihrer radikalen Analyse der bis ins 19. Jahrhundert reichenden historischen Verwurzelung nationalistischen und antisemitischen Gedankenguts im germanistischen Selbstverständnis scheuten sich weder Lämmert noch Conrady Namen zu nennen. Sie zeigten, dass sich die Vorwürfe nicht allein auf erklärte Nationalsozialisten wie Hans Naumann, Heinz Kindermann, Franz Koch und Hermann Pongs beschränken ließen, sondern dass auch bedeutende Germanisten, die bis dahin als unbescholten galten, wie Karl Viëtor, Herbert Cysarz, Josef Nadler, Ernst Bertram, Gerhard Fricke, Wolfgang Kayser, Paul Kluckhohn oder Julius Petersen, sich nach 1933 nicht gescheut hatten, einer zunehmend rassenbiologisch orientierten völkischen Literaturwissenschaft das Wort zu reden. Von Polenz erklärte den verhängnisvollen Zusammenhang zwischen Nationalismus und Historisierung der Sprache und forderte eine stärkere Hinwendung zur strukturellen Linguistik; Killy kam in seiner Betrachtung der Germanistik im historischen Spiegel des Deutschunterrichts sowie der Entwicklung des Lesebuches zu dem Schluss, »dass die Weimarer Republik im bildungsbeflissenen Bürgertum kaum eine ehrliche Chance gehabt hat«.

Trotz der wegweisenden Funktion dieser Vorträge, die 1967 unter dem prägnanten Titel *Germanistik – eine deutsche Wissenschaft* erschienen, erwies sich das ursprüngliche Projekt »einer illusionslosen Bilanzierung der Fachgeschichte« (Conrady) als gescheitert. Zwar war das Echo in der Öffentlichkeit groß und die Zeitungen verkündeten mit skandalträchtigen Schlagzeilen das Ende einer jahrzehntelangen Vertuschungsaktion, jedoch hatte sich kein Fachvertreter der älteren Generation bereit erklärt, einen Vortrag zu diesem Thema zu halten. Benno von Wiese brachte in seinem Eröffnungsvortrag das brisante Thema zwar zentral zur Sprache, argumentierte jedoch im Rückgriff auf die Bedeutung historischer Relativierung weiterhin abwiegelnd und warf der »deutschen Intelligenz von heute« eine Verabsolutierung des Präsentischen vor: Die Handlungen der Vergangenheit ließen sich nicht am moralischen Maßstab der Gegenwart messen. Seine mehrfach geäußerte Befürchtung eines Generationenkonfliktes erwies sich allerdings als begründet: So begaben sich infolge der Debatte viele der jüngeren Germanisten auf die Suche nach »braunen« Aufsätzen ihrer Lehrer, diese versucht hatten, verschwinden zu lassen. Betroffen hiervon waren unter anderem Heinz Otto Burger, Wilhelm Emrich, Friedrich Mauer, Hugo Moser, Wolfdietrich Rasch, Friedrich Sengle und auch Benno von Wiese selbst. Aber auch diese Enthüllungen, die allesamt ohne rechtliche Konsequenzen für die entlarvten Professoren blieben, führten zunächst zu keinem Umdenken. Im Gegenteil erwies sich die Oberflächlichkeit und Unbekümmertheit derer, die überhaupt zu ihrem Verhalten im »Dritten Reich« Stellung bezogen (wie Benno von Wiese), als ebenso peinlich und bestürzend wie das mehrheit-

lich beharrliche Schweigen der anderen (z.B. Fritz Martini).
Trotz dieser scheinbaren politischen Unwirksamkeit jener 1966 auf dem Germanistentag gestellten Forderungen nach einer »ideologiekritischen« Aufarbeitung des Faches, deren Ausläufer sich schließlich zum Ende der 1960er Jahre in den beginnenden Studentenprotesten verliefen, blieb die Diskussion langfristig betrachtet jedoch nicht ohne Ergebnisse. Hierzu zählt nicht zuletzt die 1972 auf Initiative von Eberhard Lämmert und Walter Müller-Seidel im Deutschen Literaturarchiv eingerichtete *Marbacher Arbeitsstelle für die Erforschung der Geschichte der Germanistik*. Als Ironie dieser Geschichte lassen sich die (unerwünschten) Nachwirkungen der Initiative bezeichnen: So löste das 1995-2003 von der *Arbeitsstelle* erarbeitete und von Christoph König herausgegebene dreibändige *Germanistenlexikon 1800-1950* einen Skandal in den deutschen Feuilletons aus, da es die NSDAP-Mitgliedschaft von bis dahin gänzlich unverdächtigen Germanisten enthüllte. Neben Walter Höllerer und Walter Jens findet sich unter den Betroffenen ausgerechnet auch der Name einer der Pioniere der kritischen Aufarbeitung der Fachgeschichte: Peter Wapnewski.

NC

Lit.: Benno von Wiese, Rudolf Henß (Hg.) (1967): *Nationalismus in Germanistik und Dichtung. Dokumentation des Germanistentages in München vom 17.-22. Oktober 1966*, Berlin: Schmidt. Klaus-Michael Bogdal (2006): »Die gute alte und die bessere neue Zeit. Die Germanistik besichtigt ihre Vergangenheit«, in: Konrad Ehlich (Hg.): *Germanistik in und für Europa. Faszination – Wissen. Texte des Münchner Germanistentages 2004*, Bielefeld: Aisthesis, S. 153–160. Christoph König (Hg.) (2003): *Internationales Germanistenlexikon 1800-1950*, 3 Bde., CD-ROM. Berlin, New York: De Gruyter. Holger Dainat, Lutz Danneberg (Hg.) (2003): *Literaturwissenschaft und Nationalsozialismus*, Tübingen: Niemeyer. Dirk Kemper (2000): »Wissenschaftsgeschichte der Germanistik – Wozu?«, in: Ders., Silvio Vietta (Hg.): *Germanistik der siebziger Jahre. Zwischen Innovation und Ideologie*, München: Fink, S. 311–326. Wilfried Barner, Christoph König (Hg.) (1996): *Zeitenwechsel. Germanistische Literaturwissenschaft vor und nach 1945*, Frankfurt a.M.: Fischer. Wolfgang Höppner (1995): »Mehrfachperspektivierung versus Ideologiekritik. Ein Diskussionsbeitrag zur Methodik der Wissenschaftsgeschichtsschreibung«, in: *Zeitschrift für Germanistik* 5, H. 3, S. 49–54. Arbeitsstelle für die Erforschung der Geschichte der Germanistik im Deutschen Literaturarchiv Marbach (Hg.) (1991–2002): *Mitteilungen. Marbacher Arbeitskreis für Geschichte der Germanistik. Eine Veröffentlichung der Deutschen Schillergesellschaft e.V.*, Göttingen (seit 2003 u.d. Titel *Geschichte der Germanistik*). Klaus Weimar (1991): »Über das derzeitige Verhältnis der deutschen Literaturwissenschaft zu ihrer Geschichte«, in: *Internationales Archiv für Sozialgeschichte der deutschen Literatur* 16, H. 1, S. 149–156. Karl Otto Conrady (1988): »Miterlebte Germanistik. Ein Rückblick auf die Zeit vor und nach dem Münchener Germanistentag von 1966«, in: *Diskussion Deutsch* 19, S. 126–143. Christoph König (1988): »Fachgeschichte im Deutschen Literaturarchiv. Programm und erste Ergebnisse«, in: *Jahrbuch der Deutschen Schiller-Gesellschaft* 32, S. 377–405. Klaus Röther (1980): *Die Germanistenverbände und ihre Tagungen. Ein Beitrag zur germanistischen Organisations- und Wissenschaftsgeschichte*, Köln: Pahl-Rugenstein. Klaus Weimar (1976): »Zur Geschichte der Literaturwissenschaft. Forschungsbericht«, in: *Deutsche Vierteljahrsschrift für Literaturwissenschaft und Geistesgeschichte* 50, S. 361. Karl Otto Conrady (1974): *Literatur und Germanistik als Herausforderung. Skizzen und Stellungnahmen*, Frankfurt a.M.: Suhrkamp, S. 239–257. Walter Müller-Seidel (Hg.) (1974): *Historizität in Sprach- und Literaturwissenschaft. Vorträge und Berichte der Stuttgarter Germanistentagung 1972*, München: Fink. Ders. (1973): »Geschichte der Germanistik. Zur Begründung der Arbeitsstelle in Marbach am 14. April 1972«, in: *Jahrbuch der Deutschen Schillergesellschaft* 17, S. 584–588.

III. B5 Karl Jaspers: *Freiheit und Wiedervereinigung*,
in der zweiten Hälfte des Jahres 1960 geführte Debatte um die Forderung des Philosophen Karl Jaspers nach einem Verzicht auf nationale Einheit zugunsten einer freiheitlichen Grundordnung in Ost- und Westdeutschland.

Anstoß der Debatte war ein Fernsehinterview, das Jaspers im März 1960 Thilo Koch, dem Leiter des Berliner NDR-Studios, zur Bedeutung der Philosophie für die damalige Zeit gegeben hatte und das am 10. August 1960 in der ARD-Reihe *Aus erster Hand* ausgestrahlt wurde. Dort vertrat Jaspers, ähnlich wie bereits in der Schrift *Die Schuldfrage* (1946, →Karl Jaspers: *Die Schuldfrage* [I.C3]), unter anderem die Auffassung, dass Deutschland die politische

Haftung für den Nationalsozialismus übernehmen müsse, indem es die Konsequenzen der Vergangenheit anerkenne. Als Beispiel für eine solche Konsequenz führte Jaspers die Teilung Deutschlands an: Diese resultiere aus dem verlorenen Krieg und müsse als Folge der Niederlage akzeptiert werden. Die Forderung nach Wiedervereinigung verwarf Jaspers als »irreal« und revisionistisch, da sie auf die territoriale Wiederherstellung des Bismarckstaates hinauslaufe, dessen nationalstaatliche Chance das Hitler-Reich unwiderruflich »verspielt« habe. Anstelle der Bemühungen um die deutsche Einheit forderte Jaspers den Einsatz für die Freiheit der ostdeutschen Bevölkerung in einem unabhängigen Staat.

Das insgesamt dreißigminütige Interview löste bei Parteien, Vertriebenenverbänden, Presse und Lesern einen Sturm der Entrüstung aus. Als Reaktion auf die breite öffentliche Aufmerksamkeit druckte die *FAZ* am 17.8.1960 das Gespräch ab und gewährte dem Philosophen eine Stellungnahme, in welcher sich dieser über die öffentliche Empörung erstaunt zeigte, sah er doch in früheren Äußerungen von Bundeskanzler Konrad Adenauer (CDU) das politisch »Selbstverständliche« seiner Wertehierarchie bestätigt. Unter dem Titel *Freiheit und Wiedervereinigung* stellte Jaspers deshalb in einer fünfteiligen Artikelserie der *Zeit* vom 26.8. bis zum 23.9.1960 seine deutschlandpolitischen Vorstellungen ausführlicher dar. Als Konsequenz aus dem Verzicht auf Wiedervereinigung forderte er die Anerkennung der Oder-Neiße-Linie sowie eine Revision des Grundgesetzes, da das Verfassungsprovisorium der BRD auf dem seiner Meinung nach ungerechtfertigten Anspruch der gesamtdeutschen Geltung beruhe. Im Dezember 1960 erschienen die *Zeit*-Artikel, ergänzt um einige weitere Aufsätze sowie den Wortlaut des Interviews, mit dem Titel *Freiheit und Wiedervereinigung. Über Aufgaben deutscher Politik* in Buchform.

Aus Unkenntnis der genauen politischen und rechtlichen Hintergründe der deutschen Frage blieben Jaspers' Thesen zur Wiedervereinigung allerdings recht pauschal; als solche stießen sie, trotz der Bemühungen Jaspers' um Darlegung seines Standpunkts, auf weitgehend einmütige Ablehnung in der Öffentlichkeit. Im Zentrum der Kritik standen die unterstellte Analogie von Wiedervereinigung und territorialer Restauration des Kaiserreiches sowie die Aberkennung des moralischen Rechts der Deutschen auf staatliche Einheit durch Jaspers. Politiker unterschiedlichster Couleur wie Adolf Arndt (SPD), Erich Mende (FDP) und Johann B. Gradl (CDU) warfen Jaspers Unbesonnenheit und »innere Widersprüchlichkeit« (Adolf Arndt) vor und betonten einhellig die Untrennbarkeit von Freiheit und Einheit. Damit standen sie quer zur politischen Linie der Adenauer-Regierung, die noch im Jahr 1958 ebenfalls für eine Zurückstellung des Wiedervereinigungsanspruches zugunsten freiheitlicher Grundrechte in der DDR plädiert hatte. Die Leitartikler der bundesrepublikanischen Presse schlossen sich der empörten Ablehnung der Jaspers'schen Forderung durch die Politik an und veröffentlichten in den Tagen nach dem Interview unter Überschriften wie *Hier irrt Jaspers* (*Die Welt*, 12.8.1960) oder *Karl Jaspers. Der Bodenlose* (*Der Spiegel*, 31.8.1960) Stellungnahmen. Darüber hinaus dokumentierten die Zeitungen eine hohe Leserbeteiligung an der Diskussion: Ein Großteil der Leserstimmen zu Jaspers' Thesen stellte die Legitimation des Philosophen zur Behandlung dieses politisch wie emotional besetzten Themas in Frage und rundete so die gesamtgesellschaftliche Abwehr seiner Denkimpulse ab.

Neben der westdeutschen Öffentlichkeit reagierte auch die DDR umgehend auf das Fernsehinterview: Bereits drei Tage nach der Ausstrahlung erschien im *Neuen Deutschland* ein ausführlicher Artikel, der anlässlich der Jaspers'schen Thesen das grundsätzliche Befürworten der Wiedervereinigung durch die SED-Führung betonte. Da Jaspers für die DDR-Spitze als »Staatsphilosoph« galt, leitete deren Oberhaupt Walter Ulbricht – ungeachtet der tatsächlichen Reaktion westdeutscher Politiker – aus Jaspers' Ansichten die Abkehr Bonns vom Wunsch nach staatlicher Einheit ab und instrumentalisierte damit die Auffassung des Philosophen zur Propagierung eines SED-Monopols auf den Einheitsgedanken.

Die ungewöhnlich breite Rezeption der Jaspers'schen Gedanken zu Freiheit und Wiedervereinigung zeigt die Relevanz, die das Thema für Politik und Gesellschaft besaß. Die Homogenität der Kritik an Jaspers verweist auf die Wirkungsgrenzen des von ihm intendierten erzieherischen Anspruchs: Auch wenn vereinzelte Stimmen dem Philosophen die wichtige Rolle des »Mahners« zuschrieben, war die Frage nach Wiedervereinigung offenbar zu emotional besetzt, als dass Jaspers' These über die deutsche Teilung als Form der Sühne für die Vergangenheit eine tief greifende Debatte über den bundesdeutschen Umgang mit der NS-Vergangenheit hätte auslösen können. Die Auseinandersetzung um die moralische Rechtmäßigkeit der Wiedervereinigung schloss ohne eindeutiges Ergebnis; 1989 erreichte sie unter veränderten politischen Gegebenheiten neue Aktualität (→Skepsis gegenüber der deutschen Wiedervereinigung [V.D1]).

JWe

Lit.: Karl Jaspers (1990): *Freiheit und Wiedervereinigung. Über Aufgaben deutscher Politik*, München, Zürich: Piper. Ralf Kadereit (1999): *Karl Jaspers und die Bundesrepublik Deutschland. Politische Gedanken eines Philosophen*, Paderborn, München, Wien, Zürich: Schöningh. Thilo Koch (1972): »Mein folgenreichstes Interview«, in: Klaus Piper, Hans Saner (Hg.) (1974): *Erinnerungen an Karl Jaspers*, München, Zürich: Piper, S. 245–252. Richard Wisser (1967): *Verantwortung im Wandel der Zeit. Einübung in geistiges Handeln: Jaspers, Buber, C.F. v. Weizsäcker, Guardini, Heidegger*, Mainz: v. Hase & Koehler.

III.B6 »Die Nachkriegszeit ist zu Ende«, häufig zur Periodisierung der Geschichte der BRD herangezogenes Zitat Ludwig Erhards (CDU) aus dessen Regierungserklärung vom 10.11.1965.
Erhard hatte bereits bei der Ablösung Konrad Adenauers (CDU) im Oktober 1963 aus der Überwindung der materiellen Kriegsfolgen und der Verankerung einer demokratischen Grundordnung in der BRD eine Zeitenwende abgeleitet: Da Deutschland und die gesamte Welt im Begriff seien, »aus der Nachkriegszeit herauszutreten«, bedürfe es nun eines in die Zukunft gerichteten Blicks und eines »gesunden nationalen Selbstbewusstseins«. Die Schuld Deutschlands an den NS-Verbrechen sei »schonungslos offenbart« und verpflichte weiterhin zur Wiedergutmachung (→Wiedergutmachung und Entschädigungsgesetze [II.A1]) – Versuche, die Vergangenheit als »deutsche Erbsünde« politisch zu instrumentalisieren, könnten jedoch nicht akzeptiert werden. Diese Argumentation bestimmte auch die zweite Regierungserklärung Erhards im November 1965: Ergänzt um den Verweis auf die biographische Distanz der nachwachsenden Generationen zum Nationalsozialismus fasste er seine Einschätzungen in dem Ausspruch »Die Nachkriegszeit ist zu Ende!« apodiktisch zusammen. Eingeleitet werden sollte der Neubeginn in der Geschichte der BRD nach Erhard durch das Konzept der »formierten Gesellschaft«, das die Überwindung der Einzelinteressen zugunsten eines gesamtgesellschaftlichen Konsens vorsah.

Das von Erhard bemühte Motiv vom »Ende der Nachkriegszeit« und sein nach innen wie nach außen gerichteter Appell zum Blick nach vorn waren gesellschaftlich verankerte Forderungen, die bereits seit den Anfangsjahren der BRD kursierten. Dies erklärt den geringen Widerstand, auf den Erhards Äußerungen selbst in der parlamentarischen Aussprache über die beiden Regierungserklärungen stießen. So fragte der CSU-Politiker Franz Josef Strauß 1965 zwar zweifelnd: »Ist die Nachkriegszeit wirklich zu Ende?«, doch bezog sich seine Kritik – in Anspielung auf die →Fischer-Kontroverse [III.B3] – in erster Linie auf die angeblichen »Verzerrungen der deutschen Geschichte und des Deutschlandbildes von heute«. Für ihn sei die Nachkriegszeit »erst dann zu Ende, wenn wir wieder ein gerechtes Urteil über das deutsche Volk erlangt haben«. Auch die Opposition reagierte zunächst eher mit Zustimmung als mit Kritik auf Erhards Feststellung: Fritz Erler, Hauptredner der SPD, griff 1963 die Impulse zur Rehabilitierung nationaler Tendenzen auf und betonte, dass die »Lebensinteressen« der BRD und ihrer heranwachsenden jungen Generation nicht durch den Verweis auf die NS-Vergangenheit beschnitten werden dürften. Dagegen bewertete er Erhards »seltsamen Satz vom Ende der Nachkriegszeit« zwei Jahre später weitaus kritischer: Die deutsche Teilung, die Ansprüche der Opfer aus Krieg und Verfolgung sowie die aktuellen Gerichtsprozesse um die NS-Verbrechen (→Frankfurter Auschwitz-Prozess [III.A3]) seien Indizien dafür, dass »Gewaltherrschaft und zweiter Weltkrieg noch keine völlig abgeschlossenen Kapitel« der Geschichte seien. Obwohl dieser Kritikansatz die Diskrepanz offenbarte, die zwischen der vergangenheitsaktualisierenden Realität der ersten Hälfte der 1960er Jahre einerseits und der expliziten Aufforderung zur Ausrichtung auf die Zukunft andererseits bestand, fand er in der Öffentlichkeit kaum Beachtung. Die ausbleibende Auseinandersetzung mit Erhards Proklamierung einer neuen Epoche weist auf einen weitgehenden gesellschaftlichen Konsens in den Erwartungen an die neue Bundesregierung hin: Angesichts der Wandlungen, zu welchen die wirtschaftliche Prosperität und die Anerkennung der BRD durch die Westmächte geführt hätten, müsse Erhard der »Mann der zweiten Phase unserer Nachkriegsgeschichte sein« (*Die Zeit*, 18.10.1965). Seine Forderung, den »Blick vorwärts zu richten«, könne nicht verneint werden (*Die Welt*, 19.10.1965). Wenn das Erhard-Zitat vom »Ende der Nachkriegszeit« aufgrund der allgemeinen Akzeptanz auch größtenteils unhinterfragt blieb, so erfuhr es in den Folgejahren durch die Versuche der Geschichtswissenschaft zur Periodisierung der Geschichte der BRD einige Aufmerksamkeit: Als mögliche Zäsur in den wirtschafts-, sozial- und politikgeschichtlichen Entwicklungen Ende der 1950er Jahre fand Erhards Ausspruch »Die Nachkriegszeit ist zu Ende!« Eingang in die wissenschaftliche Literatur. Neben weiteren Bezugsdaten gilt dort insbesondere die deutsche Einigung von 1989/90 als potentieller Endpunkt der Nachkriegszeit.

JWe

Lit.: Deutscher Bundestag und Bundesrat (Hg.) (1963): *Verhandlungen des Deutschen Bundestages. 4. Wahlperiode. Stenographische Berichte*, Bd. 53, 72.-97. Sitzung, Bonn, S. 4192–4273. Deutscher Bundestag und Bundesrat (Hg.) (1965): *Verhandlungen des Deutschen Bundestages. 5. Wahlperiode. Stenographische Berichte*, Bd. 60, 1.-24. Sitzung, Bonn, S. 17–389. Edgar Wolfrum (2003): »Die Suche nach dem ›Ende der Nachkriegszeit‹. Krieg und NS-Diktatur in öffentlichen Geschichtsbildern der ›alten‹ Bundesrepublik«, in: Christoph Cornelißen et al. (Hg.): *Erinnerungskulturen. Deutschland, Italien und Japan seit 1945*, Frankfurt a.M.: Fischer, S. 183–197. Helmut Dubiel (1999): *Niemand ist frei von Geschichte. Die nationalsozialistische Herrschaft in den Debatten des Deutschen Bundestages*, München, Wien: Hanser. Klaus Naumann (1999): »Die Frage nach dem Ende. Von der unbestimmten Dauer der Nachkriegszeit«, in: *Mittelweg 36* 8, H. 1, S. 21–32. Axel Schildt (1993): »Nachkriegszeit. Möglichkeiten und Probleme einer Periodisierung der westdeutschen Geschichte nach dem Zweiten Weltkrieg und ihrer Einordnung in die deutsche Geschichte des 20. Jahrhunderts«, in: *Geschichte in Wissenschaft und Unterricht* 44, H. 12, S. 567–584.

III.B7 Jean Améry: *Jenseits von Schuld und Sühne*,

autobiographische Essaysammlung des jüdischen Auschwitz-Überlebenden Jean Améry (Hans Mayer), die zu den zentralen Texten der deutschsprachigen Holocaust-Literatur gehört und für den Kontext der 1960er Jahre in singulärer Form die Verdrängungs- und Exkulpationsmomente der westdeutschen Nachkriegsgesellschaft reflektierte.

Amérys Essaysammlung kennzeichnet eine radikale Selbstbefragung, die – so Améry im Vorwort – eine »Wesensbeschreibung der Opfer-Existenz« versucht. Die Essays unternehmen dabei eine Gedankenbewegung, die von der Reflexion der Situation des Intellektuellen, von Kultur und Geist in Auschwitz (*An den Grenzen des Geistes*), der Erfahrung der Folter im belgischen Fort Breendonk (*Die Tortur*) zu Fragen nach dem Status von »Heimat« in einer Exil-Existenz (*Wie viel Heimat braucht der Mensch?*), dem Verhältnis zu Deutschland (*Ressentiments*) und schließlich den Aporien einer jüdischen (Nicht-)Identität (*Über Zwang und Unmöglichkeit, Jude zu sein*) voranschreitet. Améry selbst hat den Entstehungsprozess der Essays als »langsames und mühseliges Vorwärtstasten im bis zum Überdruß Bekannten, das gleichwohl fremd geblieben war«, beschrieben und dabei auch den mit dem Abfassen der Essays verbundenen Reflexionsprozess dokumentiert sowie auf die einem solchen Verfahren inhärenten Widersprüche hingewiesen: So habe er etwa »über Auschwitz und Tortur schreibend, noch nicht mit hinlänglicher Deutlichkeit gesehen, daß meine Situation nicht voll enthalten ist im Begriff des ›Naziopfers‹: erst als ich zum Ende kam und über Zwang und Unmöglichkeit, Jude zu sein, nachdachte, fand ich mich im Bild des jüdischen Opfers.« Amérys in den 1960er Jahren entstandene Essays waren allerdings keineswegs – wie im Vorwort zur Buchausgabe nahegelegt – seine erste Auseinandersetzung mit Auschwitz und Deutschland. Schon aus dem Jahr 1945 datiert etwa der drei Monate nach der Befreiung aus dem Konzentrationslager Bergen-Belsen abgeschlossene Text *Zur Psychologie des deutschen Volkes*, der retrospektiv als frühe Vorarbeit zum *Ressentiments*-Aufsatz zu lesen ist, sich von

der dort vorgenommenen autobiographischen Selbstbefragung des Opfers aber vor allem in der Perspektivwahl des fast unbeteiligt anmutenden Zeugen deutlich unterscheidet.
Neben der Veröffentlichung der deutschen Übersetzung von Primo Levis Auschwitz-Bericht *Ist das ein Mensch* (1961) und der von Améry zeitlebens als Provokation empfundenen These Hannah Arendts von der »Banalität des Bösen« in ihrem Bericht über den Jerusalemer →Eichmann-Prozess [III.A1] (→Hannah Arendt: *Eichmann in Jerusalem. Ein Bericht von der Banalität des Bösen* [III.A2]) war es vor allem der Aufsehen erregende →Frankfurter Auschwitz-Prozess [III.A3], der Améry, der zuvor als freier Journalist und Publizist über unterschiedlichste Themen geschrieben hatte, bewog, seine Auschwitz-Reflexionen niederzuschreiben und zu veröffentlichen. Paradoxerweise war es gerade die beginnende gesellschaftliche Wiederaneignung der mit dem Namen Auschwitz bezeichneten Verbrechen im Land der Täter, die es für Améry unumgänglich werden ließ, der spezifischen jüdischen Opfererfahrung des Holocaust-Überlebenden nachzuspüren.
Bereits im Januar 1964 schrieb Améry an Karl Schwedhelm vom Süddeutschen Rundfunk, er arbeite an »Reflexionen in Tagebuchform über fundamentale existentielle Probleme des KZ-Universums und namentlich der Reaktionen eines *Intellektuellen*«. Durch diese Anfrage Amérys – und nicht umgekehrt, wie autobiographische Darstellungen Amérys glauben machen wollten – kam der entscheidende Kontakt zu Helmut Heißenbüttel, dem Schriftsteller und Leiter des Radio-Essays, zustande, der Améry einlud, zunächst seinen Essay *An den Grenzen des Geistes* über den Intellektuellen in Auschwitz zu schreiben und der 1965/66 auch die anderen Essays von *Jenseits von Schuld und Sühne* als Radiobeiträge sendete und damit den Weg für Amérys Reüssieren im westdeutschen Kulturbetrieb der 1960er Jahre ebnete. Dem vierten entstandenen Radioessay schickte Améry gegenüber Heißenbüttel die Warnung voraus, es handele sich um »»starke[n] Tobak« – hoffentlich nicht allzu stark für ihre Hörer«. Die Reflexion seines Verhältnisses zu Deutschland und den Deutschen aber könne, so Améry weiter, nur »mit völliger Aufrichtigkeit oder gar nicht geschrieben werden«. Der Begriff des Ressentiments, den Améry zweifach gegen seine negative Besetzung bei Nietzsche und in der Psychologie verteidigt, wird im Essay zum Ausgangspunkt der eingeforderten Selbstaufklärung der Tätergesellschaft – zugleich die Vorbedingung der Aufnahme des von Améry so dringend herbeigesehnten Dialogs mit den Überlebenden. Die Zumutung der von Améry während seiner Deutschland-Aufenthalte erfahrenen Koinzidenz von Wiederaufbau und Verdrängung, die sich beispielhaft in dem von Améry angeführten Ausspruch eines deutschen Kaufmanns manifestiert, die Deutschen hätten ihre Schuld durch die Wiedergutmachungszahlungen beglichen und trügen den Juden im Übrigen nichts mehr nach, rechtfertigt das Abkapseln des Grolls, das Pflegen der Ressentiments als »eine sowohl moralisch als auch geschichtlich der gesunden Geradheit gegenüber ranghöhere Form des Menschlichen«. Weder Sühne noch Rache, sondern die Vergegenwärtigung der Verbrechen sind so der Fluchtpunkt der Ressentiments: Sie sind da, damit »das Verbrechen Realität wird für den Verbrecher«. Zu dieser Vergegenwärtigung gehört auch die zeitgenössisch provokante Annahme einer Kollektivschuld der Deutschen (→Kollektivschuldthese [I.C2]), die Améry dann als »brauchbare Hypothese« versteht, wenn sie nichts anderes bezeichne, als »die objektiv manifest gewordene *Summe* individuellen Schuldverhaltens«: Eindringlich erinnert Améry in diesem Zusammenhang an die Verstrickung breiter Bevölkerungsteile in die NS-Vernichtungspolitik als Täter oder Zuschauer: »Vor dem braungewandeten NS-Amtsverwalter hatte ich auch nicht mehr Angst gehabt als vor dem schlichten feldgrauen Landser. Auch wurde ich den Anblick der Deutschen auf einem kleinen Bahnsteig nicht los, wo man aus den Viehwaggons unseres Transportzuges die Leichen ausgeladen und aufgeschichtet hatte, ohne daß ich auch nur auf einem der steinernen Gesichter den Ausdruck des Abscheus hätte lesen können.«
Während etwa Martin Walser in seiner Reflexion des Frankfurter Auschwitz-Prozesses »Unser Auschwitz« diesen vornehmlich als eine Angelegenheit der Deutschen verstand und dabei Täter- bzw. Opfergedächtnis kategorisch voneinander schied (→Deutsche Schriftsteller und der Frankfurter Auschwitz-Prozess [III.A7]), vermag aus der Perspektive Amérys erst eine Auflösung der einst durch die NS-Vernich-

tungspolitik etablierten Dichotomie das Opfer zu ›erlösen‹: »Das Erlebnis der Verfolgung war im letzten Grunde das einer äußersten Einsamkeit. Um die Erlösung aus dem noch immer andauernden Verlassensein von damals geht es mir.« Auch wenn die mit Pathos aufgeladene Perspektive einer »Erlösung« in deutlicher Spannung zur existentiellen und schonungslosen Analyse der Opferidentität steht, mündet der Essay *Ressentiments* nur konsequent in eine ebenso unvermittelte wie engagierte Aufforderung an die Generation der Nachgeborenen, mit der Verdrängung zu brechen: »Es geht euch nichts an, was geschah, denn ihr wußtet nicht oder wart zu jung oder noch nicht einmal auf dieser Welt? Ihr hättet sehen müssen und eure Jugend ist kein Freibrief und brecht mit eurem Vater.«

Trotz der Provokationen gerade des Essays *Ressentiments*, der ursprünglich dem ganzen Band seinen Titel geben sollte, war *Jenseits von Schuld und Sühne* immenser Erfolg beschieden – auch das ein Indiz für das sich wandelnde erinnerungspolitische Klima nach dem spektakulären Frankfurter Auschwitz-Prozess, den →Verjährungsdebatten [IV.B1] und im Vorfeld von →»1968« [IV.A1]. Améry wurde schlagartig zu einem bekannten Autor, der unzählige Einladungen zu Vorträgen und Lesereisen erhielt und dessen Diskussionsbeiträge bei namhaften deutschen Zeitungen und Zeitschriften dankbare Abnehmer fanden. Spuren einer tiefer gehenden Auseinandersetzung mit Améry finden sich auch in der zeitgenössischen Literatur (etwa bei Ingeborg Bachmann, Helmut Heißenbüttel, Primo Levi, Imre Kertész) und in der Philosophie Theodor W. Adornos.

Gleichwohl musste Amérys Verhältnis zu Deutschland als dem Land der Täter ein ambivalentes bleiben. Den utopischen Charakter und die innere Rechtfertigung seiner Ressentiments unterstrich die auf Seiten von Améry nur widerwillig, kurz nach der Veröffentlichung seines Essaybandes geführte Auseinandersetzung mit dem konservativen Schriftsteller Hans Egon Holthusen. Dieser hatte im *Merkur* (dem Ort der Veröffentlichung von Amérys Tortur-Aufsatz) einen längeren autobiographischen Text veröffentlicht – *Freiwillig zur SS* – in dem er mit sprechender Nonchalance über seine freiwillige Meldung zur SS bereits im Jahr 1933 berichtete, um Verzeihung für diese »Fahrlässigkeit« bat, zugleich aber nicht anstand, angesichts seiner ›guten Taten‹ aufzeigen zu wollen, »was sich hinter einem Plakat wie ›Freiwillig zur SS‹ an konkreter menschlicher Wirklichkeit verbergen kann«. Es blieb Améry vorbehalten, auf die atemberaubende Gegensätzlichkeit der befragten »Plakate« des jüdischen Überlebenden einerseits und des SS-Mannes andererseits hinzuweisen, die sich überdeutlich schon im Begriff der Freiwilligkeit abzeichnete: »Sie gingen zur SS, freiwillig. Ich kam anderswohin, ganz unfreiwillig.«

TF

Lit.: Jean Améry (2002): *Werke*, Bd. 2: *Jenseits von Schuld und Sühne, Unmeisterliche Wanderjahre, Örtlichkeiten*, Stuttgart: Klett-Cotta. Ulrich Bielefeld, Yfaat Weiss (Hg.) (2014): *Jean Améry: »... als Gelegenheitsgast, ohne jedes Engagement«*, Paderborn: Fink. Matthias Bormuth, Susan Nurmi-Schomers (Hg.) (2005): *Kritik aus Passion. Studien zu Jean Améry*, Göttingen: Wallstein. Irene Heidelberger-Leonard (2004): *Jean Améry. Revolte in der Resignation*, Stuttgart: Klett-Cotta. Sven Kramer (2004): *Die Folter in der Literatur. Ihre Darstellung in der deutschsprachigen Erzählprosa von 1740 bis »nach Auschwitz«*, München: Fink. Irene Heidelberger-Leonard, Hans Höller (Hg.) (2002): *Jean Améry im Dialog mit der zeitgenössischen Literatur. Essays*, Stuttgart: Heinz. Gerhard Scheit (2002): »Nachwort«, in: Jean Améry: *Werke*, Bd. 2: *Jenseits von Schuld und Sühne, Unmeisterliche Wanderjahre, Örtlichkeiten*, Stuttgart: Klett-Cotta, S. 629–711. Gerhard Scheit (1997): »Am Ende der Metaphern. Über die singuläre Position von Jean Amérys Ressentiments in den 60er Jahren«, in: *Mittelweg 36*, S. 4–17. Petra S. Fiero (1997): *Schreiben gegen Schweigen. Grenzerfahrungen in Jean Amérys autobiographischem Werk*, Hildesheim u.a.: Olms. Siegbert Wolf (1995): *Von der Verwundbarkeit des Humanismus. Über Jean Améry*, Frankfurt a.M.: dipa-Verlag. Irene Heidelberger-Leonard (Hg.) (1990): *Über Jean Améry*, Heidelberg: Winter.«

III.C Kulturell-didaktische Aufklärung

III.C1 Fernsehreihe DAS DRITTE REICH, als Reaktion auf die →Neue Antisemitismus-Welle [II.B8] entstandene und parallel zum →Eichmann-Prozess [III.A1] ausgestrahlte 14-teilige dokumentarische Fernsehreihe (WDR/SDR

1960/61) von Heinz Huber, Gerd Ruge und Hannes Hoff.
1959 wurde das ehrgeizige Projekt mit einem Etat von über 700.000 DM produziert und ab dem 21.10.1960 wöchentlich gesendet. Gestützt auf historisches Filmmaterial, Archivalien, Tondokumente und Zeitzeugen-Interviews hatten sich Huber, Ruge und Hoff unter dem Eindruck von alarmierenden Erkenntnissen über das zeitgeschichtliche Unwissen deutscher Schüler (→Nationalsozialismus im Schulunterricht [III.C8]) zum Ziel gesetzt, die junge Generation durch eine umfassende Aufarbeitung der NS-Zeit sachlich zu informieren. Thematisch setzten die Autoren folgende Schwerpunkte: Die erste Folge beschäftigte sich mit der ›Machtübernahme‹ Hitlers, die zweite und dritte thematisierten die nationalsozialistische Innenpolitik der 1930er Jahre. Die Folgen vier bis sieben widmeten sich der Außenpolitik Hitlers und den ersten Kriegsjahren. Besonders heftige Reaktionen rief der achte Teil hervor, der die Rolle der SS und die Ermordung der europäischen Juden ins Zentrum der Aufmerksamkeit rückte. Die drastischen, dokumentarischen Bilder von Massenexekutionen entsetzten das Publikum. 1963 wurde dieser achte Teil mit dem Grimme-Preis ausgezeichnet. Die Folgen neun bis zwölf hatten den Zweiten Weltkrieg, die Gewaltherrschaft der Nationalsozialisten in Deutschland und in den besetzten Gebieten sowie den Widerstand zum Thema; die letzten beiden Sendungen fokussierten den deutschen Rückzug und die Kapitulation.

Mit sechs bis acht Millionen Zuschauern pro Sendung und einer Sehbeteiligung zwischen 42 und 69 Prozent stieß die Sendereihe auf eine außergewöhnliche Resonanz. Die Wahl zur besten politischen Sendung des Jahres 1961 und das insgesamt positive öffentliche Echo gerade in Bezug auf die ausgewertete und verwendete Fülle des Materials unterstrichen die Bedeutung des neuen Mediums Fernsehen für die gesellschaftliche Auseinandersetzung mit der NS-Vergangenheit. Gleichwohl blieb DAS DRITTE REICH zeitgenössischen Deutungsmustern verhaftet: Die Konzentration auf die Ebene der Ereignisgeschichte korrespondiert dabei mit dem positivistischen Glauben an die Erklärungsmacht des Dokumentarischen. Gerade bei der Darstellung der deutschen Widerstandsbewegung und der Deutschen als Opfer folgte die Reihe damals gängigen Überbewertungen. Als die bis dato wohl umfassendste dokumentarische Sendereihe zum Nationalsozialismus unterstützte DAS DRITTE REICH aber die politische Aufklärung jüngerer Generationen und hatte für die erstarkende öffentliche Auseinandersetzung um die deutsche Vergangenheit Signalwirkung.

Demgegenüber wurden andere Produktionen weitaus weniger wahrgenommen: Reinhard Ruttmanns 30-minütiges Feature über DIE JUDEN UND FRANKFURT (Hessischer Rundfunk 1964) oder Peter Schier-Gribowskis ALS WÄRS EIN STÜCK VON DIR (ARD 1959) stellten die Nachkriegserfahrung oder Diskussionen mit Überlebenden der Konzentrationslager in den Mittelpunkt. Spätere Dokumentarfilme konzentrierten sich stärker auf den Führerkult und die Person Adolf Hitlers. Als Beispiel sei Hans Jürgen Syberbergs HITLER. EIN FILM AUS DEUTSCHLAND (1978; →Syberberg-Debatte [IV. C4]) genannt, der dokumentarisches Bildmaterial in eine fiktional nachgestellte Struktur einflicht. Erst in den 1990er Jahren allerdings konnte das dokumentarische →Geschichtsfernsehen im ZDF [VI.D2] wieder an den Publikumserfolg von DAS DRITTE REICH anknüpfen.

FB

Lit.: Edgar Lersch (2010): »Gegen das Diktat der Bilder? Die Fernsehserie ›Das dritte Reich‹ 1960/61«, in: Rainer Rother, Judith Prokasky (Hg.): *Die Kamera als Waffe. Propagandabilder des Zweiten Weltkrieges*, München: Ed. Text + Kritik, S. 283-296. Martina Thiele (2007): *Publizistische Kontroversen über den Holocaust im Film*, 2. überarb. Aufl. Münster: LIT. Christiane Fritsche (2003): *Vergangenheitsbewältigung im Fernsehen. Westdeutsche Filme über den Nationalsozialismus in den 1950er und 60er Jahren*, München: Meidenbauer. Knut Hickethier (2003): »Die Darstellung des Massenmordes an den Juden im Fernsehen der Bundesrepublik von 1960 bis 1980«, in: Sven Kramer (Hg.): *Die Shoah im Bild*, München: Text+Kritik, S. 117-132. Christoph Classen (1999): *Bilder der Vergangenheit. Die Zeit des Nationalsozialismus im Fernsehen der Bundesrepublik Deutschland 1955–1965*, Köln, Weimar: Böhlau. Elisabeth Domansky, Harald Welzer (Hg.) (1999): *Eine offene Geschichte. Zur kommunikativen Tradierung der nationalsozialistischen Vergangenheit*, Tübingen: Edition Diskord. Sven Kramer (1999): *Auschwitz im Widerstreit. Zur Darstellung der Shoah in Film,*

Philosophie und Literatur, Wiesbaden: DUV. Gertrud Koch (1992): *Die Einstellung ist die Einstellung. Visuelle Konstruktionen des Judentums*, Frankfurt a.M.: Suhrkamp.

III.C2 Rolf Hochhuth: *Der Stellvertreter*,

Drama in fünf Akten von Rolf Hochhuth aus dem Jahr 1962, das die politisch und wirtschaftlich motivierte Untätigkeit des Vatikans gegenüber der nationalsozialistischen Massenvernichtung problematisiert und einen der nachhaltigsten Literatur- und Theaterskandale der Nachkriegszeit auslöste.

Der Autor Rolf Hochhuth wurde am 1.4.1931 in Eschwege als Sohn eines Fabrikanten geboren. Nach der Schule arbeitete er als Buchhändler und besuchte als Gasthörer die Universität in Heidelberg und München. Von 1955–1963 war er Verlagslektor bei Bertelsmann. Seit 1963 lebt er als freier Autor in der Nähe von Basel. Neben seinem Erstlingswerk *Der Stellvertreter* veröffentlichte er unter anderem *Soldaten* (1967), *Guerillas* (1970), *Die Hebamme* (1971), *Wessis in Weimar* (1993), *McKinsey kommt* (2004).

In Hochhuths Stücken kommt eine radikal moralische Grundhaltung zum Ausdruck, die der Dramatik wie dem Theater vor allem aufklärende Funktion zuspricht. *Der Stellvertreter* legt bereits in der ersten Szene diese Grundfrage als Problemstellung des ganzen Dramas offen: SS-Obersturmbannführer Gerstein, der nur in die SS eingetreten ist, um sich Widerstandsmöglichkeiten gegen die nationalsozialistischen Machthaber zu sichern, stattet dem Apostolischen Nuntius in Berlin einen Besuch ab. Indem er ihm genaue Informationen über Judendeportationen und Konzentrationslager zukommen lässt, möchte er ihn bewegen, Papst Pius XII. von einem offiziellen Protest der Kirche gegen die Judenverfolgung zu überzeugen. Der Versuch wird ebenso wie alle späteren Ansätze abgeblockt. Dagegen setzt sich der ebenfalls anwesende junge Jesuitenpater Riccardo Fontana beim Papst für eine eindeutige Stellungnahme gegen die Massenvernichtung der Juden ein. Obwohl zur selben Zeit auch in Rom Deportationen stattfinden, findet sein Vorschlag kein Gehör. Riccardo heftet sich daraufhin einen Judenstern an und begleitet die in Rom verhafteten Juden nach Auschwitz. Um das Ausmaß von Schweigen und Schuld des Papstes szenisch erfahrbar zu machen, wagt Hochhuth im fünften Akt das bislang Unvorstellbare: Auschwitz im Drama bzw. auf der Bühne darzustellen. Schon in der Vorrede macht er allerdings deutlich, dass dabei »dokumentarischer Naturalismus« und »Nachahmung der Wirklichkeit« keine Stilprinzipien mehr sein können. Mit dem ›Doktor‹ führt Hochhuth statt dessen eine Art personifiziertes ›Prinzip des Bösen‹ ein, dem Gerstein und Riccardo nichts entgegenzusetzen haben. Das Drama nimmt Züge einer Mischung von Kolportage und Mysterienspiel an, das symbolisch ›Teufel‹ und ›Gott‹ konfrontiert. Riccardo stirbt als Märtyrer von der Hand des ›Doktors‹, das Morden in Auschwitz aber geht weiter. Wie sehr der Auschwitz-Akt als ästhetisch und historisch missglückt wahrgenommen wurde, zeigt sich daran, dass ihn kaum eine Inszenierung übernahm. Hochhuth selbst schrieb schon frühzeitig einen alternativen Schluss, der mit der Deportation endet.

Das Schweigen Pius' XII. zum Schicksal der Juden in den Konzentrationslagern wird vor allem dadurch politisch brisant, dass es im *Stellvertreter* den zahlreichen Möglichkeiten gegenübergestellt wird, mit denen Papst und Kirche hätten eingreifen können. Doch zeigt Hochhuth, dass die Kirche aus macht- und wirtschaftspolitischen Gründen keinen Bruch mit den Nationalsozialisten wollte. Letztlich ist das Schweigen der Kirche im *Stellvertreter* aber vor allem durch die fehlende Bereitschaft des Papstes bedingt, Verantwortung zu übernehmen. Hochhuths Interesse gilt also weniger den historischen Ereignissen oder den staats- und kirchengeschichtlichen Zusammenhängen als dem freien, vernünftigen und sich selbst bestimmenden Individuum in einer Entscheidungssituation.

Das dokumentarische Material, auf das Hochhuth zugreift, wird nicht in den Text integriert oder zitiert, sondern im idealistischen Sinne der übergreifenden Geschichtskonzeption untergeordnet. Auf sprachlicher Ebene sind die dokumentarisch-naturalistischen Elemente meist durch ein alternierendes Metrum rhythmisiert. Somit ist *Der Stellvertreter* kein Dokumentarstück im engeren Sinne. Während Gerstein etwa eine historisch verbürgte Figur ist, gilt das für Riccardo nicht. Gleichwohl erhebt das Drama nicht nur einen ästhetischen, sondern vor allem auch einen historischen Wahrheitsanspruch, der durch die sorgfältige Recherche abgesichert wird: Während die Ereignisse nach den Worten des Autors »nicht wie eine Reportage dem geschichtlichen Ablauf nachgeschrieben«, sondern »zu einem Spiel verdichtet« sind, fügt Hochhuth ein Kapitel ›Historische Streiflichter‹ als Anhang bei, das einen Einblick in die Materialsammlung gewähren soll. Zugleich verfasst er ausführliche Zwischentexte und Szenenanweisungen, die auch dramaturgische Reflexionen enthalten. Sie verleihen dem *Stellvertreter* in weiten Teilen eher den Charakter eines Lese- als eines Bühnendramas. Die Handlung selber verbleibt in einer geschlossenen Form, die nur begrenzt historische Zusammenhänge beleuchtet. Dadurch gelangt sie über eine auf Einfühlung und affektive Wirkung zielende Illusionsdramaturgie nicht hinaus.

Der Regisseur und künstlerische Leiter der Volksbühne Berlin, Erwin Piscator, entschloss sich bereits nach der Lektüre der Druckfahnen zur Uraufführung des Dramas. Er hoffe, so bekannte er im Vorwort zur *Stellvertreter*-Ausgabe von 1963, auf die »verändernde Kraft dieses Stückes«. Für seine Inszenierung wählte er, der dramaturgischen Anlage des Stücks entsprechend, nicht die Form einer distanzierten szenischen Demonstration, sondern die eines eher konventionell-naturalistischen Kulissentheaters. Die Premiere am 20.2.1963 löste eine heftige, langanhaltende und nicht selten polemische Debatte aus, die sich mit der weltweiten Verbreitung des Stücks auch auf die internationale Ebene verlagerte. Die Positionen wurden dabei nicht zuletzt von den historisch wie gegenwärtig guten Beziehungen zwischen der BRD und dem Vatikan bestimmt. So betonte Außenminister Gerhard Schröder ausdrücklich die zentrale Rolle Pius' XII. bei der Völkerversöhnung nach dem Zweiten Weltkrieg.

Kernfragen der Debatte waren insbesondere: Entspricht Hochhuths Darstellung der historischen Wahrheit? Darf der Massenmord an den Juden in dieser Weise literarisch und szenisch aufgearbeitet werden? Von kirchlicher Seite wurde vor allem angemahnt, dass mit der Herabsetzung des erst 1958 verstorbenen Pius XII. die religiösen Gefühle der Gläubigen verunglimpft und Hochhuths Thesen der historischen Wahrheit nicht gerecht würden. Die etwa 3.000 positiven wie negativen Stellungnahmen zur Uraufführung argumentierten jedoch nur zu einem kleinen Teil kirchengeschichtlich-religiös. Zustimmung zu dem Versuch einer literarischen Aufarbeitung der Vergangenheit signalisierte etwa Karl Jaspers. Er dankte in Radio Basel dem Autor ausdrücklich für das Stück, das die Judenvernichtung und die Haltung der Kirche endlich wieder ins Bewusstsein der deutschen Bevölkerung gerufen habe. Auch Oskar Maria Graf schrieb Hochhuth unter dem Eindruck »Ihres gewaltigen Stücks« einen begeisterten Brief. Gegen das Drama wird aber neben dem Vorwurf der mangelnden historischen Reflexion oder gar der Geschichtsverfälschung vor allem formale Kritik laut. Sie nimmt die Darstellungsschwächen des Stücks zum Anlass, die Angemessenheit einer ästhetischen Gestaltung des politisch heiklen Themas zu hinterfragen. »Theater bleibt Schein und Spiel«, gab etwa Henning Rischbieter in *Theater heute* zu bedenken.

Noch Jahre nach der Uraufführung zeigte diese Auseinandersetzung Wirkung. Bis Ende 1972 wurde Hochhuths Stück von mehr als 60 Theatern in 26 Ländern aufgeführt. Auch auf die Zeitgeschichtsschreibung und die Reformbewegung innerhalb der katholischen Kirche wirkte sich die *Stellvertreter*-Debatte aus. Reinhard Hoffmeister stellte deshalb 20 Jahre später »erfreuliche Zeichen von unmittelbarer politischer Ausstrahlung« des Stücks fest.

Auch nach dem *Stellvertreter* bezog Hochhuth literarisch Stellung zur Frage nach der Handlungsmächtigkeit des Individuums. Öffentlich wirksam wurde dabei insbesondere sein 1979 erschienenes Drama *Juristen*. Es ist geschrieben als Anklage gegen die deutsche Militärjustiz, die nach dem Zweiten Weltkrieg keine Verantwortung für die mehr als 24.000 Todesurteile gegen deutsche Soldaten übernahm. Obwohl das Stück aufgrund seiner dramaturgischen Mängel – etwa die Überfrachtung mit aktuellen Anspielungen – heftig kritisiert wurde, gewann es vor dem Hintergrund der 1978 von einem Zeitungsartikel Hochhuths ausgelösten Kontroverse um den baden-württembergischen Ministerpräsidenten Hans Karl Filbinger (CDU) (→Filbinger-Affäre [IV.B4]) an politischer Brisanz: Filbinger hatte als Marinerichter noch im März 1945 die Vollstreckung eines unter seiner Beteiligung zustande gekommenen Todesurteils vorangetrieben. Unter starkem öffentlichen Druck musste er am 7.8.1978 zurücktreten und gab später auch seine Parteiämter ab.

DK

Lit.: Rolf Hochhuth (1963): *Der Stellvertreter. Ein christliches Trauerspiel*, Reinbek: Rowohlt. Dorothea Kraus (2007): *Theater-Proteste. Zur Politisierung von Straße und Bühne in den 1960er Jahren*, Frankfurt a.M.: Campus. Emanuela Barasch-Rubinstein (2004): *The Devil, the saints, and the church: reading Hochhuth's The deputy*, New York: Lang. Peter Reichel (2004): *Erfundene Erinnerung. Weltkrieg und Judenmord in Film und Theater*, München: Hanser. Ferdinand Fasse (1987): *Geschichte als Problem von Literatur. Das ›Geschichtsdrama‹ bei Howard Brenton und Rolf Hochhuth*, Frankfurt a.M. u.a.: Lang. Rudolf Wolff (Hg.) (1987): *Rolf Hochhuth. Werk und Wirkung*, Bonn: Bouvier. Walter Hinck (Hg.) (1981): *Rolf Hochhuth. Eingriff in die Zeitgeschichte*, Reinbek: Rowohlt. Reinhart Hoffmeister (Hg.) (1980): *Rolf Hochhuth. Dokumente zur politischen Wirkung*, München: Kindler. Rosemarie von dem Knesebeck (Hg.) (1980): *In Sachen Filbinger gegen Hochhuth. Die Geschichte einer Vergangenheitsbewältigung*, Reinbek: Rowohlt. Jan Berg (1977): *Hochhuths Stellvertreter und die Stellvertreter-Debatte. ›Vergangenheitsbewältigung‹ in Theater und Presse der sechziger Jahre*, Kronberg/Ts.: Scriptor. Reinhold Grimm, Willy Jäggi, Hans Oesch (Hg.) (1963): *Der Streit um Hochhuths ›Stellvertreter‹*, Basel, Stuttgart: Basilius. Fritz Raddatz (Hg.) (1963): *Summa iniuria oder Durfte der Papst schweigen? Hochhuths Stellvertreter in der öffentlichen Kritik*, Reinbek: Rowohlt.

III.C3 Fall Hofstätter, Debatte über die Kritik des Hamburger Professors Peter R. Hofstätter am Umgang der Deutschen mit ihrer nationalsozialistischen Vergangenheit, die in der zweiten Jahreshälfte 1963 unter maßgeblicher Beteiligung der *Zeit* geführt wurde.
Hofstätter vertrat das Fach Sozialpsychologie und hatte im Krieg versucht, dem Nationalsozialismus seine Disziplin als Instrument der psychologischen Betreuung von Wehrmachtssoldaten anzudienen und war selbst als Wehrmachtspsychologe tätig gewesen. Am 14.6.1963 veröffentlichte *Die Zeit* Hofstätters Aufsatz *Bewältigte Vergangenheit?*, in dem er davon ausgeht, dass eine Bewältigung der Vergangenheit prinzipiell unmöglich sei und auch Gerichtsverfahren und Verurteilungen nicht helfen würden, da sie sich nur zur Bewältigung relativ kleiner Untaten eigneten. Hofstätter begründete die Vergehen gegen die Menschlichkeit damit, dass die »Täter in den Uniformen des Dritten Reiches« sich einem Begriff des Soldatentums verschrieben hätten, der uns heute unannehmbar erscheine, womit er implizit SS-Leute mit Wehrmachtssoldaten gleichstellte. Bezugnehmend auf den Holocaust, also die industrielle Massenvernichtung der Juden, stellte er die moralische Legitimation zur Strafverfolgung zu Zeiten, in denen »die Tat-Möglichkeiten des Menschen unendlich viel weiter reichen, als die seiner persönlichen Haftung«, in Frage. Er selbst befürwortete einen Akt des Staates, der zwar die Schuld des Täters nicht tilge, aber auf dessen Bestrafung verzichte, da die Täter sich vor Gott zu verantworten hätten (→Verjährungsdebatten [IV.B1]).
Eine Woche später, am 21. Juni, veröffentlichte *Die Zeit* einen weiteren Aufsatz Hofstätters mit dem Titel *Was verspricht man sich vom Schulfach Zeitgeschichte?*, in dem er gegen die Ausweitung der Beschäftigung mit dem Nationalsozialismus in der Schule argumentierte: Zeitgeschichtlicher Unterricht nähre die Illusion, die Vergangenheit bewältigt und bereits genügend Distanz zu den Ereignissen der NS-Diktatur erlangt zu haben (→Nationalsozialismus im Schulunterricht [III.C8]). Daraufhin wurde Hofstätter vom Liberalen Studentenbund Deutschlands zu einer hochschulöffentlichen Diskussionsrunde am 19.7.1963 eingeladen. Neben Studenten waren auch der Pressechef des Hamburger Senats Erich Lüth und der prominente jüdische Maler, Kunstpädagoge und Publizist Arie Goral anwesend. Die Diskussion eskalierte, als Hofstätter sich mit Argumenten aus dem rechtsradikalen Spektrum zu rechtfertigen suchte. So behauptete er, Hitler habe den Juden quasi den Krieg erklärt, wonach der Holocaust als Kriegshandlung zu sehen sei. Diese These führte zu einem Skandal in der überregionalen Presse und zu einer von Goral angestrengten Anzeige wegen Verunglimpfung von NS-Opfern. Außerdem wurde ein Disziplinarverfahren veranlasst, das jedoch mit dem Hinweis auf die freie Meinungsäußerung nicht über den Status einer Voruntersuchung hinaus kam.
Die Verteidiger Hofstätters sahen in dem breiten Leserbriefecho (in den *Zeit*-Ausgaben vom

12.6., 20.9., 27.9. und 4.10.1963) ihre Befürchtung bestätigt, dass – so der *Zeit*-Feuilletonchef Rudolf Walter Leonhardt am 6.9.1963 – »statt des Ganzen einzelne Sätze wirken, die dann empört abgelehnt oder mit Beifall von der falschen Seite begrüßt werden können«. In den meisten Reaktionen wurde die von Hofstätter geforderte Generalamnestie abgelehnt. Besondere Empörung rief der Vergleich von SS-Wachmannschaften und Wehrmachtssoldaten hervor. Allerdings wurde auch gewürdigt, dass Hofstätter sich überhaupt mit der Problematik der Vergangenheitsbewältigung durch Gerichtsverfahren auseinandersetze.

Die Hamburger Regierung und die Universität zeigten sich besorgt, da Hofstätter auch für die psychologische Ausbildung zukünftiger Lehrer zuständig war. Der Herausgeber der *Allgemeinen Wochenzeitung der Juden in Deutschland*, Karl Marx, rief in der *Zeit* vom 13.9. die Elite des Landes zum Protest auf, woraufhin vor allem hohe Offiziere in Leserbriefen Partei gegen Hofstätter ergriffen. Am 18.9. wurde dieser in einem *Spiegel*-Gespräch mit den ihm zugeschriebenen Aussagen konfrontiert, die er nicht bestritt, sondern weiter verteidigte. Die *Zeit* hatte sich mittlerweile vorsichtig von den Schlussfolgerungen Hofstätters distanziert, rechtfertigte sich aber, sie habe ihm dennoch ein Forum für seine »Fragen« bieten wollen. In der Ausgabe vom 6.9. rekapitulierte Leonhardt den Fall Hofstätter und bezeichnete ihn als »Hexenjagd«. Neben der Qualitätspresse wie *Zeit*, *FAZ*, *Spiegel* oder *Welt* widmete sich auch die rechtsradikale *National-Zeitung* (NZ) ausführlich dem Fall Hofstätter. Dass ausgerechnet die NZ für ihn Partei ergriff und er dieses Forum auch aktiv nutzte, indem er unter anderem in einem Brief an die NZ die Behauptung von der Kriegserklärung Hitlers an die Juden bekräftigte, wurde Hofstätter zusätzlich angelastet. Am 4.10.1963 versuchte *Zeit*-Chefredakteur Josef Müller-Marein in Form eines »Leserbriefes« sein Blatt aus der Schusslinie zu manövrieren, indem er darauf hinwies, die fraglichen Aussagen seien außerhalb des Blattes getätigt worden. Gleichzeitig sprach sich die Redaktion explizit gegen die von Hofstätter geforderte Generalamnestie aus.

Am 27.12.1963 veröffentlichte *Die Zeit* als letzten Beitrag zur Debatte um Hofstätter eine Stellungnahme des Rektors der Universität Hamburg, Rudolf Sieverts. Er nannte den Fall einen weiteren Punkt auf dem »Negativ-Konto der deutschen Hochschulen« und erklärte, er beruhe auf einem durch missdeutbare Formulierungen und unangemessenen Ton verursachten Missverständnis. Hofstätters Vorschlag einer Generalamnestie finde bei Hochschulkollegen sowie Studenten keinen Anklang, bewege sich aber innerhalb der Grenzen der freien Meinungsäußerung. Außerdem sei Hofstätter kein Antisemit.

Das starke Leserecho zeigt den hohen Diskussionsbedarf zum Thema Vergangenheitsbewältigung und Strafverfolgung. Es kann durchaus davon ausgegangen werden, dass Hofstätter – langjähriger Kolumnist des *Hamburger Abendblatts* – nicht die Meinung einer Minderheit vertrat. Auch wenn das Echo des Falls Hofstätter bald verhallte, steht er doch beispielhaft für eine weitverbreitete Skepsis gegenüber den Möglichkeiten einer juristischen Aufarbeitung von NS-Gewaltverbrechen vor bundesrepublikanischen Gerichten, wie sie zeitgleich im →Frankfurter Auschwitz-Prozess [III.A3] initiiert wurde.

AHö

Lit.: Axel Schildt (1998): »Der Umgang mit der NS-Vergangenheit in der Öffentlichkeit der Nachkriegszeit«, in: Wilfried Loth, Bernd A. Rusinek (Hg.): *Verwandlungspolitik. NS-Eliten in der westdeutschen Nachkriegsgesellschaft*, Frankfurt a.M., New York: Campus, S. 19–54. Werner Bergmann (1997): *Antisemitismus in öffentlichen Konflikten. Kollektives Lernen in der politischen Kultur der Bundesrepublik 1949–1989*, Frankfurt a.M., New York: Campus. Arie Goral (1980): »Ein Bericht zum Fall Hofstätter«, in: *Psychologie und Gesellschaftskritik* 4, S. 68–80.

III.C4 Holocaust-Photoausstellungen, die Photoausstellungen *Warschauer Ghetto* (20.11.1963–31.12.1963) und *Auschwitz – Bilder und Dokumente* (18.11.1964–20.12.1964) in der Frankfurter Paulskirche gehörten zu den ersten Ausstellungen, die den Massenmord an den Juden explizit zum Thema hatten und stehen in engem Zusammenhang mit dem →Frankfurter Auschwitz-Prozess [III.A3].

Das Bundespresseamt initiierte und finanzierte die Ausstellung über das Warschauer Ghetto nicht zuletzt aus außenpolitischen Gründen: Da die deutschen Regierungsstellen von einer Ausstellung des Historischen Instituts Warschau anlässlich des 20. Jahrestages des Ghetto-Aufstandes, die auch in bundesdeutschen Städten gezeigt werden sollte, Hinweise auf personelle Kontinuitäten zwischen dem NS-Staat und der BRD erwarteten (→Fälle Globke und Oberländer [II.C5]), wollten sie dieser mit einer eigenen Interpretation der historischen Ereignisse entgegenwirken und gleichzeitig die Öffentlichkeit auf den Auschwitz-Prozess vorbereiten. Der deutschen Ausstellung lag die Photodokumentation des Ghetto-Überlebenden Alexander Bernfes zugrunde, die 1961/62 bereits in London gezeigt worden war. Deutsche Botschaft und Auswärtiges Amt versprachen sich von der Ausstellung eine positive Wirkung im westlichen Ausland, deren regierungsamtlicher Charakter durch das Auftreten des Frankfurter Verbandes für Freiheit und Menschenwürde (Bund demokratischer Widerstandskämpfer und Verfolgter) als offizieller Veranstalter abgeschwächt wurde.

Die Ausstellung war in vier thematische Blöcke eingeteilt: Vorgeschichte des Ghettos, Leben im Warschauer Ghetto, das Konzentrations- und Vernichtungslager Auschwitz und schließlich der Ghetto-Aufstand. Die dritte und vierte Station waren chronologisch vertauscht, um dem Aufstand den Anschein des Triumphes zu verleihen. Zuletzt folgte eine »Bilanz der Ausrottung«. Entlassen wurde der Besucher mit einem Bild der Hakenkreuzbeschmierten Kölner Synagoge von 1959 (→Neue Antisemitismuswelle [II.B8]) – als Mahnung, so lange wachsam zu bleiben, wie der Nationalsozialismus noch in der Demokratie fortlebe.

In der öffentlichen Reaktion dominierten Schrecken, Erschütterung und Scham. Zugleich wurde die Notwendigkeit einer stetigen Vergegenwärtigung des Holocaust hervorgehoben. Erinnerungspolitisch wurde die Ghetto-Ausstellung als Einspruch gegen Schlussstrich und Verjährung interpretiert (→Verjährungsdebatten [IV.B1]), als Vergewisserung der eigenen Lernwilligkeit, als Legitimation des bestehenden politischen Systems und – da der Kampf im Ghetto die Frage danach geradezu aufdrängte – als Gedenken an den eigenen Widerstand.

Im Haushaltsjahr 1964 beendete das Bundespresseamt sein Engagement bereits wieder, unter anderem aufgrund der Tatsache, dass auch die Frankfurter Ausstellung nicht vollständig ohne den Hinweis auf personelle Kontinuitäten auskam. Auch hatte es von jüdischer Seite die Kritik gegeben, die Zurschaustellung erniedrigter jüdischer Opfer könne die antisemitische Bildlichkeit ungewollt bestätigen. Die Ausstellung wurde nur noch in wenigen weiteren Städten gezeigt, trotz hoher Besucherzahlen (61.000) geriet sie bald in Vergessenheit.

Auschwitz – Bilder und Dokumente ging auf die Initiative des Frankfurter Bundes für Völkerverständigung, den hessischen Generalstaatsanwalt →Fritz Bauer [III.A5] sowie Harry Ormond und Christian Raabe, beide Nebenkläger im Auschwitz-Prozess, zurück und wurde durch die Bundeszentrale und die Landeszentralen für politische Bildung in Wiesbaden und Hannover sowie durch Spenden finanziert. Der Prozess lief zu diesem Zeitpunkt seit etwa einem Jahr. In der Sorge, die lange Dauer der Verhandlungen könne zu Ermüdungserscheinungen im öffentlichen Interesse führen, begrüßte der Frankfurter Oberbürgermeister Willi Brundert die Ausstellung als Gegenmaßnahme, da sie die Prozessmaterie in eindrucksvoller Weise sichtbar mache.

Die Ausstellung etablierte mit Aufnahmen von Wachtürmen, Wohnblocks, Stacheldraht und teilweise stark vergrößerten Gesichtern der jüdischen Häftlinge fortan typische Bilder der Konzentrationslager. Im Unterschied zur Ghetto-Ausstellung wurde hier stark mit Gegenüberstellungen von Photos und Dokumenten (Reden, Gesetze, Rechnungen, Protokolle) oder Gegenständen (Koffer, Haare, Zyklon B-Dosen) gearbeitet. Während die Schriftstücke auf diejenigen Täter verwiesen, die den Massenmord geplant und angeordnet, aber nicht eigenhändig ausgeführt hatten, zeigten die Photos die ausführenden Täter.

Einen Skandal löste die Ausladung des als Eröffnungs-Redner vorgesehenen Präsidenten des Internationalen Auschwitz-Komitees (IAK) und ehemaligen KZ-Häftlings Robert Waitz aus, mit der Begründung, das IAK versuche, sich in den Vordergrund zu spielen und sich als Mitträger der Ausstellung auszugeben. Der eigentliche Grund war vermutlich die Angst der Ausstellungsverantwortlichen, mit der Waitz unterstellten kommunistischen Gesinnung in Verbindung gebracht zu werden. Waitz sollte stattdessen lediglich als Ehrengast anwesend sein, was dieser ablehnte. In seiner

Absage wies er indes ausdrücklich darauf hin, dass die Veranstalter somit auch den einzigen jüdischen Überlebenden von Auschwitz, der als Redner eingeladen worden war, zum Schweigen verurteilt hätten.

Die Verteidiger im Frankfurter Prozess sahen in der Schau einen unzulässigen Eingriff in das schwebende Verfahren, da sie Beschuldigungen als Tatsachen darstelle. Eine von ihnen angestrengte Dienstaufsichtsbeschwerde wurde abgelehnt. Dennoch wurden die Bilder der Angeklagten, vermutlich auf Anweisung Fritz Bauers, aus der Ausstellung entfernt, da befürchtet werden musste, dass die Verteidigung den Zeugen unterstellen würde, ihre vor Gericht geschilderten Erlebnisse gar nicht selbst erfahren, sondern sich in der Ausstellung angeeignet zu haben. Insgesamt sahen 88.000 Besucher die Auschwitz-Ausstellung in Frankfurt. 1965/66 war sie außerdem in Stuttgart, Wien, Nürnberg, Düsseldorf, Hannover und West-Berlin zu sehen.

Außenpolitisch sollten die Ausstellungen die Bereitschaft der Deutschen demonstrieren, sich der nationalsozialistischen Vergangenheit zu stellen. Allein die Tatsache, dass die Ausstellungen zu sehen waren, wurde als Zeugnis einer bereits gelungenen Aufarbeitung gewertet. Dass dies jedoch noch in weiter Ferne lag, verdeutlicht die Kritik des Publizisten und Schriftstellers Erich Kuby an der Auschwitz-Ausstellung: Als »gelungen« könne eine solche Ausstellung demnach nur dann gelten, wenn die Betrachter sich im Spiegel der ausgestellten Dokumente selbst entdeckten. Da aber die zahlreichen wirtschaftlichen, politischen und gesellschaftlichen Verbindungen zwischen Nationalsozialismus und Nachkriegsdeutschland vernachlässigt wurden, konnte dieser Effekt kaum eintreten.

AHö

Lit.: O.V. (1963): *Warschauer Ghetto. Ausstellung in der Frankfurter Paulskirche Frankfurt a.M.*, mit einem Vorwort von Eugen Kogon und einem Nachwort von Erich Kuby, o.O. Cornelia Brink (2009): »Nach Bildern suchen – fotografische Erinnerung«, in: Peter Reichel, Harald Schmid, Peter Steinbach (Hg.): *Der Nationalsozialismus – die zweite Geschichte. Überwindung, Deutung, Erinnerung*, München: Beck, S. 335-349 Habbo Knoch (2001): *Die Tat als Bild. Photographien des Holocaust in der deutschen Erinnerungskultur*, Hamburg: Hamburger Edition. Cornelia Brink (2000): »*Auschwitz in der Paulskirche.« Erinnerungspolitik in Fotoausstellungen der sechziger Jahre*, Marburg: Jonas.

III.C5 KZ als Gedenkstätten, während die DDR bereits relativ früh Gedenkstätten an den Orten ehemaliger Konzentrationslager einrichtete (zum Beispiel Buchenwald 1958), diese aber als für ihren antifaschistischen Gründungsmythos unentbehrliche Widerstands- und Befreiungsdenkmale instrumentalisierte, entstanden in der BRD erst ab Mitte der 1960er Jahre vermehrt Gedenkstätten, zumeist auf Initiative ehemaliger Häftlinge und häufig gegen den Protest der lokalen Öffentlichkeit.

Nach Kriegsende nutzten die Alliierten viele Konzentrationslager zunächst als Internierungslager (→Entnazifizierung [I.A1]). Erste Mahn- und Denkmale entstanden entweder auf alliierte Anordnung hin oder durch das Bemühen ehemaliger Häftlinge, wie zum Beispiel im Lager Dachau. Ehemalige Häftlinge richteten hier eine erste Ausstellung im Krematorium ein. Im niedersächsischen Bergen-Belsen verbrannte die britische Militärregierung dagegen im Mai 1945 sämtliche Lagerbaracken zur Vermeidung von Seuchen und ordnete nach der Errichtung eines provisorischen hölzernen Denkmals an, das Lager zu einer würdevollen Grab- und Gedenkstätte auszugestalten.

1948 übergaben die Alliierten die Verwaltung der meisten »Lagerobjekte« an deutsche Behörden, welche die Lager fortan häufig als Flüchtlingslager nutzten (→Displaced Persons [I.A5]). Das Beispiel des ehemaligen Konzentrationslagers Dachau offenbart, wie wenig die ehemaligen Konzentrationslager in der frühen BRD als Schauplätze der NS-Verbrechen und damit als Erinnerungsorte wahrgenommen wurden. Die Behörden richteten in Dachau ein Flüchtlingslager ein, das nach und nach zur Wohnsiedlung Dachau-Ost ausgebaut wurde. Umzäunungen, Umfassungsmauern und Wachtürme wurden abgerissen und in der vormaligen Entlausungsstation die Gaststätte »Zum Krematorium« eingerichtet. Als 1949 beim Abbau von Sand ein Gemeinschaftsgrab aufgedeckt wurde, wurde international Kritik angesichts der Vernachlässigung der Zeugnisse von NS-Verbrechen laut. Zur Besänftigung ausländischer Kritiker ließ der bayrische

Staat die Massengräber aufwendig zu einem Friedhof umgestalten und die Ausstellung im Krematorium erneuern. Sobald die Wogen der Empörung allerdings geglättet waren und die Aufmerksamkeit nachließ, gab es erneut Bemühungen um eine Entfernung der Ausstellung, die 1952 in einer Medienkampagne gipfelten. Nachdem die Gedenkveranstaltung zum Befreiungstag im April desselben Jahres ohne Resonanz geblieben war, schien kein Anlass mehr zu bestehen, die Ausstellung zu erhalten; sie wurde schließlich in einer Blitzaktion geräumt. Der von Landrat Heinrich Junker (CSU) beantragte Abriss des Krematoriums konnte nur mit Hinweis auf eine Klausel der Pariser Verträge verhindert werden, die es der BRD untersagte, Gräber von NS-Opfern aufzugeben. Dennoch ließ Junker sämtliche Hinweisschilder zum ehemaligen KZ sowie Originalbeschriftungen, wie zum Beispiel das Schild »Brausebad« an der Gaskammer, entfernen.

Auch das ehemalige Konzentrationslager im niedersächsischen Sandbostel wurde, nachdem es bis 1948 als Internierungslager für höhere Partei- und SS-Führer gedient hatte, als Flüchtlingslager genutzt und beherbergte bis 1960 elternlose, jugendliche DDR-Flüchtlinge. Die Hamburger Justizbehörde nutzte Teile des Areals und der Gebäude des ehemaligen Konzentrationslagers Neuengamme seit 1948 als »Vollzugsanstalt Vierlande«, erst 2005 wurde das gesamte Areal an die Gedenkstätte Neuengamme übergeben (→Gedenkstätte KZ Neuengamme [V.C2]).

In Bergen-Belsen hingegen weihte schon 1952 Bundespräsident Theodor Heuss die von den Alliierten verordnete und seit demselben Jahr unter der Verantwortung des Landes Niedersachsen stehende Gedenkstätte mit Obelisk und Inschriftenmauer ein. In seiner Ansprache wies er auf das »Geschichtsschicksal des Ortes« hin: Die Deutschen dürften nie vergessen, was hier geschehen sei. Gleichzeitig zeigte er Verständnis für jene, denen der Obelisk »ein Stachel in den Wunden« sein könnte, von denen man gehofft hatte, sie würden schnell verheilen.

Seit Mitte der 1950er Jahre begannen ehemalige Häftlinge, sich in Organisationen zu formieren und wichtige Anstöße zur Einrichtung von Gedenkstätten zu liefern, die im Laufe der 1960er Jahre ausgebaut und als Erinnerungsorte und Mahnmale etabliert wurden.

1960 wurde in Dachau, neben einer neuen Ausstellung im Krematorium, zunächst die katholische Todesangst-Christi-Kapelle in Anwesenheit von 50.000 Menschen auf dem ehemaligen Lagergelände eingeweiht. 1964 folgten das Sühnekloster Heilig Blut und 1967 kurz nacheinander die evangelische Versöhnungskirche und eine jüdische Gedenkstätte. Am 9.5.1965 wurde die KZ-Gedenkstätte Dachau offiziell eröffnet. Anstelle der Wohnsiedlung und der alten Baracken hatte man zwei Baracken originalgetreu nachgebaut und die Standorte der übrigen durch Betonfundamente markiert. 1968 ergänzte ein internationales Mahnmal am Südende des Appellplatzes die Anlage. Ab Mitte der 1960er Jahre wurden die KZ-Gedenkstätten Neuengamme und Bergen-Belsen ebenfalls schrittweise ausgebaut. Seit 1965 beherbergt auch das ehemalige Lagergefängnis von Flossenbürg eine Dokumentation über das Lager. Der Ausbau der ehemaligen Lager stieß aber bei der ansässigen Bevölkerung häufig auf Widerstand. So öffnete zwar 1966 in Bergen-Belsen ein Dokumentenhaus mit einer kleinen Ausstellung, umfassende gartenbauliche Maßnahmen entsprachen jedoch dem Wunsch der Bergener Bürger, durch Umgestaltung der Gedenkstätte die »Sensation Belsen einzugraben« und die Tradition der Stadt Bergen von den NS-Verbrechen möglichst freizuhalten. 1965 brachten überlebende Häftlinge des ehemaligen SS-Kultstätte →Wewelsburg [V.C3] angeschlossenen KZs im westfälischen Kreis Büren im Innenhof der Burg eine Gedenktafel an. Trotz Zustimmung des Kreises entfernte kurz darauf ein Kreistagsmitglied die Tafel »wegen Irritationen in der Bevölkerung«, ein ähnlicher Vorgang wiederholte sich 1977. Auch in Moringen stieß das Erinnern an die Vorgeschichte des heutigen niedersächsischen Landeskrankenhauses, das zu NS-Zeiten unter anderem als Jugend-KZ gedient hatte, auf Widerstand. Als 1982 der Moringer Pfarrer Manfred Hickmann zum Volkstrauertag erstmals der 55 Opfer des Jugend-KZs öffentlich gedachte, wurde er von um das Ansehen ihrer Stadt besorgten Bürgern der »Nestbeschmutzung« bezichtigt und seine Versetzung gefordert.

Gleichwohl besteht seit den 1970er Jahren ein wachsendes Interesse vor allem der jüngeren Generation an lokaler und regionaler Geschichte. In den späten 1970er und den 1980er Jahren wurden die Gedenkstätten kontinuierlich zu Bildungs- und Forschungseinrichtungen ausgebaut. Für Überlebende und Hinterbliebene sind die KZ-Gedenkstätten nicht zuletzt Friedhofsersatz. Heute sind sie zu unverzichtbaren Einrichtungen der deutschen Erinnerungskultur geworden.

AHö

Lit.: Alexandra Klei (2011): *Der erinnerte Ort. Geschichte durch Architektur. Zur baulichen und gestalterischen Repräsentation der nationalsozialistischen Konzentrationslager*, Bielefeld: transcript. Jana Jelitzki, Mirko Wetzel (2010): *Über Täter und Täterinnen sprechen. Nationalsozialistische Täterschaft in der pädagogischen Arbeit von KZ-Gedenkstätten*, Berlin: Metropol. Stefanie Endlich (2009): »Orte des Erinnerns – Mahnmale und Gedenkstätten«, in: Peter Reichel, Harald Schmid, Peter Steinbach (Hg.): *Der Nationalsozialismus – die zweite Geschichte. Überwindung, Deutung, Erinnerung*, München: Beck: S. 350-377. Ulrike Schrader (2006): »Lästige Orte. Bedeutung und Zukunft von Gedenkstätten zur Erinnerung an die Opfer des Nationalsozialismus«, in: Jens Birkmeyer, Cornelia Blasberg (Hg.): *Erinnern des Holocaust? Eine neue Generation sucht Antworten*, Bielefeld: Aisthesis, S. 95-118. Ulrike Puvogel (2003): *Gedenkstätten für die Opfer des Nationalsozialismus. Eine Dokumentation*, Bonn: BpB. James E. Young (1997): *Formen des Erinnerns. Gedenkstätten des Holocaust*, Wien: Passagen. G.E. Schafft, Gerhard Zeidler (1996): *Die KZ-Mahn- und Gedenkstätten in Deutschland*, Berlin: Dietz. Wolfgang Benz, Barbara Distel (Hg.) (1995): *Dachauer Hefte, Bd. 11: Orte der Erinnerung 1945 bis 1995*, Dachau: Verlag Dachauer Hefte. Peter Reichel (1995): *Politik mit der Erinnerung*, München, Wien: Hanser. Bernd Faulenbach, Franz-Josef Jelich (1994): *Reaktionäre Modernität und Völkermord. Probleme im Umgang mit der NS-Zeit in Museen, Ausstellungen und Gedenkstätten*, Essen: Klartext. Harold Marcuse (1994): »Das ehemalige Konzentrationslager Dachau. Der mühevolle Weg zur Gedenkstätte 1945-1968«, in: *Dachauer Hefte 6*, S. 182-205. Harold Marcuse (1993): »Die museale Darstellung des Holocausts an Orten ehemaliger Konzentrationslager in der Bundesrepublik«, in: Bernhard Moltmann et al. (Hg.): *Arnoldshainer Texte. Erinnerung. Zur Gegenwart des Holocaust in Deutschland-West und Deutschland-Ost*, Frankfurt a.M.: Haag+Herchen. Bernd Eichmann (1986): *Versteinert. Verharmlost. Vergessen. KZ-Gedenkstätten in der Bundesrepublik Deutschland*, Frankfurt a.M.: Fischer. Gisela Lehrke (1986): *Gedenkstätten für die Opfer des Nationalsozialismus. Historisch-politische Bildung an Orten des Widerstands und der Verfolgung*, Frankfurt a.M., New York: Campus. Detlef Garbe (Hg.) (1983): *Die vergessenen KZs? Gedenkstätten für die Opfer des NS-Terrors in der Bundesrepublik*, Bornheim-Merten: Lamuv.

III.C6 Spiegel-Serien, erinnerungspolitische Beiträge des Hamburger Nachrichtenmagazins *Der Spiegel* zur Konstitution einer politisierten Öffentlichkeit in den 1960er Jahren (→»1968« [IV.A1]) durch historische wie politisch aktuelle Serien zur NS-Zeit und deren Nachwirkungen.

Bereits zuvor mit investigativem Journalismus an öffentlichen Diskussionen beteiligt, setzte die Wochenzeitschrift in den 1960er Jahren auf mehrteilige Serien über die NS-Vergangenheit wie *Herr Hitler will den Frieden retten. Das doppelte Spiel Englands im Sommer 1939* (H. 35ff./1964), *Die Russen in Berlin 1945* (H. 19ff./1965), *Rußland im Krieg* (H. 26ff./1965) oder *Fahrplan eines Welteroberers. Hitlers ›Mein Kampf‹* (H. 32ff./1966). Insbesondere aufwendig recherchierte Mehrteiler wie *Mit festem Schritt ins Neue Reich. Die katholische Kirche zwischen Kreuz und Hakenkreuz* (H. 8ff/1965) gewährten Einblicke in bisher von weiten Teilen der Bevölkerung verdrängte Zusammenhänge des Nationalsozialismus und versuchten, Gründe für das Versagen gesellschaftlicher Institutionen aufzuzeigen. So beschrieb etwa die genannte Serie die katholische Kirche im »Dritten Reich« als Werkzeug propagandistischer Kontrolle. Ein weiteres Beispiel für den aufklärerischen Impetus des Magazins war die Serie *Der Orden unter dem Totenkopf. Die Geschichte der SS* (H. 42ff./1966). Diese Serie, die »Himmlers Imperium« als »Staat im Staate« verstehen wollte, zeichnete sich vor allem durch den Versuch einer möglichst genauen Quantifizierung und Beschreibung der Schreckenstaten aus.

Neben der Thematisierung der unmittelbaren Vergangenheit stellte *Der Spiegel* jedoch auch konkrete Bezüge zur Gegenwart her. So widmete sich die Serie *Doch die Mörder leben. Auf der Jagd nach flüchtigen NS-Verbrechern* dem

Komplex der Strafverfolgung von NS-Tätern (H. 33ff./1967); die Serie *Rechts ab zum Vaterland* von Peter Brügge »über den neuen Nationalismus in Deutschland« (H. 17ff./1967) verwies auf das Wiedererstarken rechtsextremer Tendenzen (→Rechtsextremismus [VI.E6]). Die große positive wie negative Resonanz der Leser und Kritiker auf die Serien, die Sprache, den Stil und die Ausrichtung des Magazins unterstreicht die Bedeutung politischer Berichterstattung über die NS-Vergangenheit in den 1960er Jahren. Die fortgesetzte Beschäftigung des *Spiegel* mit diesem Themenkomplex war einerseits dem ungebrochen großen Interesse der Leserschaft geschuldet, verweist aber auch auf den Skandalwert und die Schaulust, die das Thema birgt. Gleichwohl hat sich der aufklärerische Gestus des »Enthüllungsblattes« – den geschichtspolitischen Entwicklungen seit den 1980er Jahren folgend – dabei bisweilen zu einer nationalapologetischen Haltung (→*Spiegel*-Serien: Deutsche Opfer [VI.D8]) gewandelt.

FB

III.C7 Der Holocaust im Spielfilm der 1960er Jahre, erste Bestrebungen, die Judenvernichtung im fiktionalen Film zu thematisieren. Frühere Produktionen aus den 1950er Jahren – wie Helmut Käutners IN JENEN TAGEN (1955), Answald Krügers WALDHAUSSTR. 20 (Nord- und Westdeutscher Rundfunkverband 1960), Harald Brauns ZWISCHEN GESTERN UND MORGEN (1947), Claus Hubaleks DIE FESTUNG (Nordwestdeutscher Rundfunk 1957), Fritz Umgelters SOWEIT DIE FÜSSE TRAGEN (1958/59) – spiegelten die Verdrängungshaltung der deutschen Bevölkerung wider: Mit der Fokussierung auf den eigenen Widerstand, der Bedienung gängiger schuldabweisender Stereotype, der Betonung der eigenen Opferrolle und der Thematisierung der Kriegsgefangenschaft klammerten sie insbesondere die Vernichtungspolitik des Nationalsozialismus aus. Erste Produktionen, die den Holocaust nicht mehr ausblendeten, wurden zu Beginn der 1960er Jahre gedreht.
1960 – nahezu zeitgleich zu der Sendereihe →DAS DRITTE REICH [III.C1] – strahlte die ARD die fünfteilige Verfilmung des 1956 mit dem Fontane-Preis ausgezeichneten Romans AM GRÜNEN STRAND DER SPREE von Hans Scholz aus. Mit für das damalige Fernsehen unüblich hohem Produktionsaufwand steht der von Regisseur Fritz Umgelter für den WDR umgesetzte Mehrteiler am Beginn der massenmedialen Repräsentation des Holocaust. Für die damalige Zeit bahnbrechend war die erste Episode des Mehrteilers, die den Titel DAS TAGEBUCH DES JÜRGEN WILMS trägt. In ihr werden die in Tagebuchform überlieferten Erlebnisse des jungen Wehrmachtssoldaten Jürgen Wilms (gespielt von Hinrich Rehwinkel) an der Ostfront erzählt. Entscheidend an Umgelters Verfilmung ist die erstmalige visuelle Konfrontation der deutschen Fernsehöffentlichkeit mit der Darstellung einer massenhaften Erschießung polnischer Juden durch SS und lettische Hilfstruppen. Höhepunkt bildet eine zwanzigminütige Erschießungsszene in einer polnischen Kleinstadt, die den Zuschauer trotz narrativer Vorwarnung und Retardierung der Erzählstruktur mit der ganzen Macht der Visualisierung trifft. Dies gilt, obwohl AM GRÜNEN STRAND DER SPREE die bekannte Dichotomie von »sauberer« Wehrmacht und »böser« SS bzw. nicht-deutschen Hilfstruppen fortschreibt.
Die kontroverse Rezeption des Fernsehereignisses dokumentiert die Singularität des Films: So titulierte die *Süddeutsche Zeitung* AM GRÜNEN STRAND DER SPREE als »vergessene Wahrheit, die die Menschen vom Bildschirm ansprang«. Umgelter wollte »denen, die sich selber vergeben hatten, ihre Mitschuld an den Verbrechen ins Gesicht schleudern«, kommentierte die Fernsehzeitschrift *Hörzu*. Mit einer Sehbeteiligung von bis zu 80 Prozent erreichte der Mehrteiler hohe Aufmerksamkeit.
Ein zweites Beispiel der neuen Herangehensweise an die nationalsozialistische Vergangenheit ist Egon Monks EIN TAG. BERICHT AUS EINEM DEUTSCHEN KONZENTRATIONSLAGER (NDR 1965). Monk, Leiter der Fernsehspielredaktion des NDR, entwickelte gemeinsam mit dem KZ-Überlebenden Gunther R. Lys dieses Fernsehspiel, dessen zentrales Anliegen nicht die Darstellung der Vernichtungsmaschinerie selbst, sondern das System des Terrors ist. Anhand des fiktiven Schutzhaftlagers Altendorf führen Monk und Lys den gegen Ende der 1930er Jahre etablierten nationalsozialistischen Terror als systematische Vorbereitung der Vernichtung vor. Ihr Interesse galt vorrangig der Rekonstruktion

der Lagerbürokratie, die das industrialisierte Morden verwaltete. In sieben Akten erfährt der Zuschauer im dramaturgischen Rahmen eines Tages im Jahr 1939 vom demütigenden, menschenunwürdigen System des Lagers, in dem neben Juden auch ›Kriminelle‹, ›Asoziale‹, Homosexuelle und so genannte Politische inhaftiert sind. Die Mordaktionen werden in EIN TAG exemplarisch anhand der Erschießung eines Juden dargestellt, auch die Darstellung der Aushebung von Massengräbern oder der Brutalität der Wärter weist auf die Massentötungen hin. Mit der Verweigerung von Identifikationsangeboten durch auswechselbare Täter- und Opferfiguren bricht EIN TAG mit tradierten Mustern filmischen Erzählens. Weitere Produktionen wie Artur Brauners ZEUGIN AUS DER HÖLLE (1965) oder Rolf Hädrichs MORD IN FRANKFURT (WDR 1968) reflektieren den Holocaust und seine Aufarbeitung, etwa den 1963/64 stattfindenden →Frankfurter Auschwitz-Prozess [III.A3]. Bestrebungen des →Neuen Deutschen Films [IV.A10] in den 1970er Jahren fokussierten die Nachgeschichte des Nationalsozialismus, blendeten die Judenverfolgung jedoch weitgehend aus und fielen damit hinter den Stand kritischer Filme der 1960er Jahre zurück.

FB

Lit.: Sonja M. Schultz (2012): *Der Nationalsozialismus im Film. Von Triumph des Willens bis Inglourious Basterds*, Berlin: Bertz + Fischer. Catrin Corell (2009): *Der Holocaust als Herausforderung für den Film. Formen des filmischen Umgangs mit der Shoah seit 1945. Eine Wirkungstypologie*, Bielefeld: transcript. Martina Thiele (2007): *Publizistische Kontroversen über den Holocaust im Film*, 2. überarb. Aufl. Münster: LIT. Knut Hickethier (2003): »Die Darstellung des Massenmordes an den Juden im Fernsehen der Bundesrepublik von 1960 bis 1980«, in: Sven Kramer (Hg.): *Die Shoah im Bild*, München: Text+Kritik, S. 117–132. Christiane Fritsche (2003): *Vergangenheitsbewältigung im Fernsehen. Westdeutsche Filme über den Nationalsozialismus in den 1950er und 60er Jahren*, München: Meidenbauer. Klaus Berghahn et al. (Hg.) (2002): *Kulturelle Repräsentationen des Holocaust in Deutschland und den Vereinigten Staaten*, Frankfurt a.M.: Campus. Waltraud ›Wara‹ Wende (Hg.) (2002): *Geschichte im Film. Mediale Inszenierungen des Holocaust und kulturelles Gedächtnis*, Stuttgart, Weimar: Metzler. Claudia Dillmann (2001): *Die Vergangenheit in der Gegenwart: Konfrontationen mit den Folgen des Holocaust im deutschen Nachkriegsfilm*, München: Text+Kritik. Bernd Müllender (Hg.) (1994): *Am Fuß der blauen Berge. Die Flimmerkiste in den 60er Jahren*, Essen: Klartext. Gertrud Koch (1992): *Die Einstellung ist die Einstellung. Visuelle Konstruktionen des Judentums*, Frankfurt a.M.: Suhrkamp.

III.C8 Nationalsozialismus im Schulunterricht

Der Schule, vornehmlich dem Geschichtsunterricht, wird traditionell die zentrale Funktion bei der Vermittlung von historischem Wissen im Sinne einer politisch-moralischen Sozialisation von Schülern zugewiesen. Lehrpläne und Lehrbücher spiegeln wider, was eine Gesellschaft den nachfolgenden Generationen überliefern will.

Neuorganisation des Geschichtsunterrichtes unter alliierter Aufsicht

Unmittelbar nach dem Zusammenbruch der nationalsozialistischen Diktatur wurde der Geschichtsunterricht teilweise ausgesetzt: In manchen Regionen wurde er durch die Alliierten verboten, in anderen gestattet, wenn er die Jahre 1933 bis 1945 ausblendete. Wie sich der Unterricht genau gestaltete, lässt sich heute nur noch schwer nachvollziehen. Sicher ist dagegen, dass die alliierte Politik der →Reeducation [I.A2] dominanten Einfluss darauf hatte, dass politische Bildungsarbeit in den schulischen Unterricht implementiert wurde. Alle Geschichtsbücher wurden von der alliierten Verwaltung konfisziert, belastete Lehrer suspendiert (→Entnazifizierung [I.A1]). Auch die Tatsache, dass neue Schulbücher zunächst von den Alliierten genehmigt werden mussten, ist ein Indiz für deren demokratisierenden Einfluss.

Ab 1947 gab es wieder in allen Zonen Geschichtsunterricht. Der Nationalsozialismus schien zu dieser Zeit im Zentrum zeitgeschichtlicher Überlegungen zu stehen. Historiker suchten nach Erklärungen für die Entwicklung der ›Kulturnation‹ Deutschland hin zum Nationalsozialismus (→Frühe Erklärungsversuche deutscher Historiker [I.B4]). Von großem Einfluss war Erich Wenigers Buch *Neue Wege im Geschichtsunterricht* (1946), in dem er eine kritische Auseinandersetzung mit der Vergangenheit forderte. Im Geschichtsunterricht wurde dementsprechend der Nationalsozialismus und hier besonders der Terror in den Konzentrationslagern herausgestellt. Das in den 1950er Jahren erfolgreichste Geschichtslehrbuch *Wege der Völker* (1949) versuchte, mit überkommenen politischen und personenzentrierten Ansätzen zu brechen und behandelte die Massenvernichtung sowie die Frage nach der Verantwortlichkeit der Mitläufer sehr ausführlich.

Die 1950er Jahre: Bundesrepublikanscher Geschichtsunterricht im Zeichen des Kalten Krieges

Die kritischen Impulse wurden im bundesrepublikanischen Geschichtsunterricht der 1950er Jahre allerdings wieder zurückgedrängt. Die Erörterung der NS-Verbrechen wurde zunehmend als Angriff auf die sich formierende Gesellschaftsordnung der Bundesrepublik verstanden. Zudem wurde die Behandlung des Nationalsozialismus durch einen aggressiven Antikommunismus in den Hintergrund gedrängt. Besonders populär war die Totalitarismustheorie, nach der Faschismus und Kommunismus verwandte Systeme seien. Wenn der Nationalsozialismus im Unterricht behandelt wurde, dann vor allem im Rahmen dieser Totalitarismuskonzepte, wodurch Charakteristika des Nationalsozialismus gleichsam auf den kommunistischen Gegner projiziert wurden. Durch das Herausstellen der monolithisch totalitären Züge des Nationalsozialismus und die Darstellung der Verbrechen als Produkt rassistischer Wahnvorstellungen Adolf Hitlers und seiner ›Verbrecherclique‹, wurde die Frage nach einer Mitschuld effektiv umgangen. Ansonsten war die politische Bildung meist geprägt von einer formalisierten, überwiegend kritiklosen Darstellung der bundesrepublikanischen Demokratie, die durch Bund und Länder gefördert wurde. Hinter dieser antikommunistischen Abgrenzungsstrategie stand auch das Ideal einer Erziehung zu Toleranz und die Förderung partnerschaftlicher Beziehungen zu den Westalliierten. Darüber hinaus gab es Anfang der 1950er Jahre häufig Widerstände gegen die Behandlung des Nationalsozialismus im Unterricht. Der Geschichtsunterricht endete in der Praxis meist mit dem Ersten Weltkrieg oder der Weimarer Republik; wurde der Zweite Weltkrieg behandelt, dann konzentrierten sich viele Lehrer vor allem auf Kriegserlebnisse, da diese auch ihrer persönlichen Erfahrungswelt entsprachen. Auch die geschichtswissenschaftlichen Abhandlungen dieser Zeit behandelten überwiegend militärgeschichtliche Aspekte des Nationalsozialismus.

Am 17.12.1953 verabschiedete die Kultusministerkonferenz (KMK) *Grundsätze für den Geschichtsunterricht*. Auch hier wurde der Nationalsozialismus nicht als eigenständiges politisches System erwähnt, sondern nur die Behandlung der »Diktaturen und des 2. Weltkrieges«. Noch 1956 fehlte in den Lehrplänen einiger Länder jegliche Erwähnung der Judenverfolgung.

Der Historiker Norbert Frei sieht schon für die Mitte der 1950er Jahre eine sich abzeichnende gesamtgesellschaftliche Wende, bei der die »Vergangenheitspolitik« durch »Vergangenheitsbewältigung« ersetzt worden sei. Das zeitgeschichtliche Informationsangebot von Wissenschaft und Medien nahm zu, während zugleich eine Altersgruppe an Einfluss zu gewinnen begann, die kaum durch individuelle politische Schuld belastet war und deshalb Interesse an einer aufklärerischen Durchdringung der NS-Vergangenheit zeigte.

Die 1960er Jahre: Erziehung nach Auschwitz

Einen wichtigen Wendepunkt in der Entwicklung der Behandlung des Nationalsozialismus im Unterricht stellten die Hakenkreuzschmierereien und Synagogenschändungen des Jahreswechsels 1959/60 dar (→Neue Antisemitismuswelle [II.B8]). Die Schuldzuweisungen an den mangelhaften Geschichtsunterricht führten dazu, dass bereits begonnene Reformprozesse in Reaktion auf diese Ereignisse beschleunigt wurden. Im Februar 1960 verabschiedete die KMK ihre erste Entschließung zur *Behandlung der jüngsten Vergangenheit im Geschichts- und Gemeinschaftskundeunterricht*. Darin wurde die Auseinandersetzung mit dem Nationalsozialismus als Aufgabe der politischen Bildung und Erziehung festgelegt, die Behandlung des Holocaust allerdings nicht explizit erwähnt. Am 2.7.1962 verabschiedete die KMK zudem eine Empfehlung zur *Gestaltung der Lehrbücher für den Unterricht in neuester Geschichte und Zeitgeschichte*, deren Akzent auf dem Zusammenhang zwischen geschichtlicher Erkenntnis und politischem Handeln lag. Drei Tage später wurde die Totalitarismusinterpretation in den *Richtlinien zur Behandlung des Totalitarismus im Unterricht* offiziell festgeschrieben.

Parallel zu den Anstrengungen einer Reformierung des Geschichtsunterrichtes war bereits im Oktober 1960 in den *Saarbrücker Rahmenvereinbarungen zur Einrichtung des Faches Gemeinschaftskunde* ein zweites Unterrichtsfach zur Beseitigung von Wissensdefiziten der Bundesbürger und Legitimationsdefiziten der westdeutschen Demokratie empfohlen worden.

Trotz aller Bemühungen ergab eine Untersuchung von Ludwig von Friedenburg und Peter Hübner zum Geschichtsbild von Jugendlichen 1964, dass viele Heranwachsende nicht über gesichertes Wissen über das »Dritte Reich« verfügten; die jüngste Vergangenheit wurde weitgehend auf die Rolle des Diktators Hitler reduziert. Ähnliche Tendenzen weisen auch die Geschichtsbücher der Zeit auf, die zwar vermehrt auch Opfer in Quellentexten zu Wort kommen ließen, den Nationalsozialismus jedoch nach wie vor als Ergebnis der Dämonie Hitlers und der SS darstellten. Als problematisch erwies sich auch die rücksichtslose und didaktisch unzureichende Darstellung des NS-Terrors. Zudem war immer noch nicht gesichert, dass der Geschichtsunterricht nicht mit dem Jahr 1933 endete. Eben diese Defizite nahm der Philosoph und Soziologe Theodor W. Adorno 1966 zum Ausgangspunkt für seine einflussreiche Radioansprache *Erziehung nach Auschwitz*. Vor allem die Eingangssätze wurden zum Credo einer ganzen Lehrergeneration: »Die Forderung, daß Auschwitz nicht noch einmal sei, ist die allererste an Erziehung. Sie geht so sehr allen anderen voran, daß ich weder glaube, sie begründen zu müssen noch zu sollen.«

Ab Mitte der 1960er Jahre wurde die gesellschaftliche Debatte selbstkritischer, auch aus Anlass konkreter Ereignisse wie beispielsweise der →Verjährungsdebatten [IV.B1] und des →Frankfurter Auschwitz-Prozesses [III. A3]. Die neue Studentengeneration war nicht mehr unmittelbar vom Nationalsozialismus geprägt und stand der Elterngeneration eher distanziert gegenüber.

Die 1970er und 1980er Jahre: Ideologiekritik, Wissensdefizite, populärkulturelle Herausforderung

Die Studentenbewegung (→»1968« [IV.A1]) gab auch dem Unterricht an westdeutschen Schulen neue Impulse. Zwischen 1970 und 1980 beriefen sich die Geschichtsdidaktiker auf die Kritische Theorie und entwickelten die »kritische Geschichtswissenschaft«. Die Unterrichtung in Gesellschaftslehre wurde zum Mittel der Systemveränderung erklärt. Die Untersuchung Dieter Bossmanns, der im Jahre 1976 Schüler einen Aufsatz zum Thema »Was ich über Adolf Hitler gehört habe« schreiben ließ, führte zum so genannten Bossmann-Schock: Trotz der Präsenz des Themas des Nationalsozialismus im Unterricht offenbarte das Ergebnis eine große Kluft zwischen den Lehrinhalten und dem Wissen der Schüler.

In den späten 1970er Jahren bis in die 1980er Jahre hinein proklamierte die jüngere Lehrergeneration als Reaktion auf rechtsextreme Strömungen eine antifaschistische Erziehung. Im April 1978 widmete sich die KMK unter der Maßgabe, Schüler zu politischer Urteilsfähigkeit zu führen, erneut der *Behandlung des NS im Unterricht*. Die Schule solle vor der »unkritischen Hinnahme und verharmlosenden oder gar verherrlichenden Darstellung des durch Diktatur, Völkermord und Unmenschlichkeit gekennzeichneten Dritten Reiches« schützen (→Revisionismus/Leugnung des Holocaust [II.B9]). Im gleichen Jahr empfahl sie den 40. Jahrestag des Novemberpogroms als Anlass für eine intensivere schulische Auseinandersetzung. Heute gilt es als Trugschluss anzunehmen, Wissen über den Nationalsozialismus zu verbreiten sei eine hinreichende Bedingung zur Eindämmung von Rechtsextremismus. Der Aufklärungsanspruch der Lehrer führte mitunter eher zu Ablehnung auf Seiten der Schüler.

Bereits seit Mitte der 1970er Jahre war in diesem Sinne an der vermeintlich einseitig negativen Darstellung der deutschen

Geschichte kritisiert worden, sie störe das Selbstwertgefühl der Jugendlichen und den Prozess ihrer Identitätsfindung. Die These vom deutschen Sonderweg ließe den Nationalsozialismus als Schlusspunkt einer Jahrhunderte währenden Fehlentwicklung erscheinen. Insbesondere der Historikertag 1976 ist hier als Tendenzwende aufzufassen, nach der die nationale Identität zunehmend Bedeutung erfuhr.

Eine deutsch-israelische Schulbuchkonferenz zeigte 1979 weiterbestehende Defizite der deutschen Geschichtslehrbücher auf: Der Massenmord an den Juden wurde in den meisten Schulbüchern zwar durchaus detailliert beschrieben, blieb aber ohne klare Einordnung in den Kontext. Es wurden lediglich Fakten dargestellt und mit Ausdrücken der Bestürzung und des Schocks kommentiert. Ernsthafte und tiefer gehende Fragen nach Schuld und Verantwortung wurden vermieden und die irrige Vorstellung, der Massenmord sei das alleinige Produkt der wahnhaften Weltanschauung Hitlers, lebte fort.

Der große Erfolg der amerikanischen →Holocaust-Serie [V.B1] im Fernsehen (1979) lenkte den Blick auf den Einfluss populärer historischer Erzählformen und lieferte so Impulse zu neuen didaktischen und fachwissenschaftlichen Ansätzen. Seit Beginn der 1980er Jahre wurden sozial-, alltags- und lokalgeschichtliche Aspekte stärker akzentuiert, was sich auch in der Empfehlung der KMK zur *Behandlung des Widerstandes in der NS-Zeit im Unterricht* von 1980 ausdrückte. Es gab zu dieser Zeit eine Vielzahl von Schüleraktivitäten, die die lokale Alltagsgeschichte bearbeiteten. Zudem setzte eine Diskussion über eine Abwendung von einer verstärkt rationalen hin zu einer Vermittlung auf emotionaler Ebene ein. Was in den 1970er Jahren noch umstritten war, wurde in den 1980er Jahren zumindest in abgeschwächter Form selbstverständlicher Teil des Curriculums. Nationalsozialismus und Holocaust wurden nun nicht mehr nur im Geschichtsunterricht und in den gemeinschaftskundlichen Fächern, sondern auch im Religions-, Ethik- und Deutschunterricht behandelt.

Perspektiven einer Holocaust Education
In den Niederlanden, den USA und Israel gibt es schon seit geraumer Zeit Einrichtungen, die sich der Erarbeitung von pädagogischen Konzepten zur so genannten Holocaust Education und ihrer Evaluation widmen. Seit 1990 gibt es in Amsterdam den ersten europäischen Lehrstuhl für Holocaust Education. In Deutschland gibt es einzelne Projekte, die versuchen, amerikanische Konzepte für den deutschen Kontext nutzbar zu machen. 1995 wurde das Fritz Bauer-Institut in Frankfurt gegründet, das Lehrern Hilfestellung leistet (→Fritz Bauer [III. A5]). Die pädagogische Abteilung des Fritz Bauer-Institutes arbeitet im Rahmen des Programms *Erziehung nach Auschwitz* an dem Konzept *Konfrontationen – Bausteine für die pädagogische Annäherung an Geschichte und Wirkung des Holocaust*. Die leitende Fragestellung lautet, wie Menschenrechtsbildung mit historischem Lernen zu vermitteln ist. Unter anderem werden diesbezüglich Gespräche mit Zeitzeugen, der Einsatz von Filmen und die Lektüre erzählender Literatur empfohlen. Das Wissen Jugendlicher über das »Dritte Reich« stammt heute nicht zwingendermaßen aus der Schule: Der Einfluss außerschulischer Sozialisationsinstanzen ist gestiegen. Schüler eignen sich das angebotene Geschichtswissen selektiv, massenmedial beeinflusst und unter Umständen biographisch bedingt an. So hat man sich inzwischen vom klassischen Sender-Empfänger-Modell verabschiedet, das unterstellt, die intendierte Lehrbotschaft erreiche die Schüler unverändert. Im Zuge dieser Erkenntnisse hat sich auch die landläufige Meinung als hinfällig erwiesen, Schüler entwickelten eine größere Nähe zu den Opfern, wenn man ihnen die Leiden nur drastisch und nah genug vor Augen führe. Diese Strategie kann auch Abstumpfung, Indifferenz, im schlimmsten Fall gar Faszination bewirken. Auf didaktischer Ebene ist man daher von einem rigiden Instruktionsstil zu Multiperspektivität übergegangen. Der Unterricht soll für plurale Schüleraneignung geöffnet und die Kreativität und Eigentätigkeit im Umgang mit Geschichte gefördert werden. Es werden aber auch immer mehr Zweifel daran laut, inwieweit die Zielsetzung von Holocaust Education überhaupt Sinn ergibt. Zum einen wird die berechtigte Frage gestellt, wie der Holocaust dazu geeignet sein soll, Ideale von Toleranz, Empathie oder Egalität zu vermitteln. Es scheint zweifelhaft,

dass positive Identitätsbildungsprozesse und Identifikationen mit der Gesellschaft sich auf Basis negativer historischer Tatsachenvermittlung hervorbringen lassen. Zum anderen wird die Eignung der Schule für diese Art der Erziehung überhaupt in Frage gestellt. Die Pilotstudie *Nationalsozialismus im Geschichtsunterricht: Beobachtungen unterrichtlicher Kommunikation* aus dem Jahr 2002 diagnostizierte keine tiefe intellektuelle oder emotionale Bewegung mit nachhaltigen Auswirkungen auf die Identitätsbildung der Schüler, sondern eher eine geschäftsmäßige und oberflächliche Abarbeitung des Themas Nationalsozialismus.

AHö

Lit.: Klaus Ahlheim, Matthias Heyl (Hg.) (2010): *Adorno revisited. Erziehung nach Auschwitz und Erziehung zur Mündigkeit heute*, Hannover: Offizin. Rolf Gutte, Freerk Huisken (2007): *Alles bewältigt, nichts begriffen! Nationalsozialismus im Unterricht*, 3., korr. Aufl., Hamburg: VSA. Oliver Naepel (2006): »Der Holocaust in Schule und Geschichtsunterricht zwischen den Polen Betroffenheitspädagogik und Aufklärung«, in: Jens Birkmeyer, Cornelia Blasberg (Hg.): *Erinnern des Holocaust? Eine neue Generation sucht Antworten*, Bielefeld: Aisthesis, S. 239-244. Dieter Nelles (2006): »Nationalsozialismus im Unterricht. Befunde und Überlegungen zum Geschichtsunterricht in der Einwanderungsgesellschaft«, in: *Internationale wissenschaftliche Korrespondenz zur Geschichte der deutschen Arbeiterbewegung* 42, H. 2/3, S. 275-304. Wolfgang Meseth et al. (Hg.) (2004): *Schule und Nationalsozialismus. Anspruch und Grenzen des Geschichtsunterrichts*, Frankfurt a.M., New York: Campus. Werner Bergmann (1997): *Antisemitismus in öffentlichen Konflikten. Kollektives Lernen in der politischen Kultur der Bundesrepublik 1949–1989*, Frankfurt a.M., New York: Campus. Matthias Heyl (1997): *Erziehung nach Auschwitz. Eine Bestandsaufnahme*, Hamburg: Krämer. Ders. (1996): »›Erziehung nach Auschwitz‹ und ›Holocaust Education‹«, in: Ido Abram, Matthias Heyl (Hg.): *Thema Holocaust. Ein Buch für die Schule*, Reinbek: Rowohlt, S. 61–164. Norbert Frei (1995): »Das Problem der NS-Vergangenheit in der Ära Adenauer«, in: Bernd Weisbrod (Hg.): *Rechtsradikalismus in der politischen Kultur der Nachkriegszeit. Die vergessene Normalisierung in Niedersachsen*, Hannover: Hahnsche Buchhandlg., S. 19–31. Falk Pingel (1994): »Nationalsozialismus und Holocaust in westdeutschen Schulbüchern«, in: Rolf Steininger, Ingrid Böhler (Hg.): *Der Umgang mit dem Holocaust in Europa – USA – Israel*, Köln, Weimar: Böhlau, S. 221–232. Ders. (1990): »Geschichte unserer Zeit – Zeit für Geschichte? Geschichtsdidaktik und Geschichtswissenschaft in ihrem Verhältnis zur Zeitgeschichte in den Westzonen und in der Bundesrepublik«, in: *Tel Aviver Jahrbuch für deutsche Geschichte* 14, S. 233–258. Bundeszentrale für politische Bildung (Hg.) (1978): *Der Nationalsozialismus als didaktisches Problem. Beiträge zur Behandlung des NS-Systems und des deutschen Widerstandes im Unterricht*, Bonn: BpB.

IV 1968–1979

IV.A Mehr Verantwortung wagen: Studentenproteste bis RAF

IV.A1 »1968«. Gegen massive Widerstände, nicht zuletzt aus den Führungsschichten der Adenauer-Ära und von mit ihnen verbundenen Honoratioren, verstärkten sich seit Ende der 1950er Jahre allmählich die Tendenzen zu einer demokratischen Liberalisierung der bundesdeutschen Gesellschaft.
Das ist der Rahmen für »Achtundsechzig«. Es kann nicht auf die Jahre 1967/68, die Aktivität seiner »Häuptlinge« und die Bundesrepublik Deutschland beschränkt werden. »Achtundsechzig« ist mit Ingrid Gilcher-Holtey als eine internationale soziale Bewegung zu begreifen, die auch im gemeinsamen Versuch einer Überwindung des Kalten Krieges und seiner autoritär-konservativen innenpolitischen Folgen, in einer Kritik am Kapitalismus, vor allem seiner Darstellung durch Monopole und Oligopole, sowie in einer versuchten Revolutionierung des täglichen Lebens zu sehen ist.
Trotz gegenteiliger Bemühungen des konservativen Establishments war das Deutschland der Adenauer-Ära nicht monolithisch. Gewerkschafter und Sozialdemokraten, vor allem vom linken Flügel ihrer Organisationen, protestierten wiederholt gegen personelle Kontinuitäten und ihre gesellschaftspolitischen Folgen aus der NS-Zeit. Seit seiner Gründung (1946) hatte der Sozialistische Deutsche Studentenbund (SDS) Aktionen durchgeführt, um auf solche Kontinuitäten aufmerksam zu machen.
Der →Ulmer-Einsatzgruppen-Prozess [II.A5] und die Gründung der Zentralen Stelle der Landesjustizverwaltungen zur Aufklärung nationalsozialistischer Verbrechen in Ludwigsburg (→Ludwigsburger Zentralstelle [II.A7]) im Dezember 1958 stellten in der Praxis zwar keinen Übergang zu einer systematischen und umfassenden (Wieder-)Aufnahme der Verfolgung von NS-Verbrechen dar, gaben der justiziellen Verfolgung von NS-Verbrechen aber wichtige Impulse. Schübe für eine erweiterte öffentliche Thematisierung von NS-Verbrechen brachten 1961 der →Eichmann-Prozess [III.A1] in Jerusalem, der →Frankfurter Auschwitz-Prozess [III.A3] (Dezember 1963 bis August 1965), die Folgeprozesse über Verbrechen in anderen Konzentrationslagern (1965–1969) und die erste →Verjährungsdebatte [IV.B1] im Bundestag.
Dennoch gab es weiterhin massive Sperren gegen eine nicht nur juristische, sondern auch gesellschaftliche Analyse der NS-Vergangenheit und ihrer mentalen Wirkung auf die Gegenwart. Besonders die Frage nach der Kontinuität der »Eliten« in der deutschen Geschichte, die der Historiker Fritz Fischer indirekt 1961 in seinem Buch *Griff nach der Weltmacht* stellte (→Fischer-Kontroverse [III.B3]), wurde als illegitim zurückgewiesen und Fischer speziell wegen dieser These von seinem Zunftkollegen Gerhard Ritter angegriffen.
Zu einem symptomatischen Ereignis und einem der Schlüsselerlebnisse für den aktiven linken Flügel der Studentenbewegung im Jahr 1959/60 wurde die vom SDS organisierte Ausstellung *Ungesühnte Nazi-Justiz*, begriffen als eine »Aktion gegen nationalsozialistische Juristen, die heute in der Bundesrepublik Ämter bekleiden« (→Selbstamnestierung der Justiz [II.C4]). Vor dem Hintergrund einer demnächst drohenden Verjährung vieler NS-Verbrechen, so der SDS-Vorsitzende Günter Kallauch, solle dazu beigetragen werden, dass vorher noch gegen möglichst viele Richter ein Verfahren eingeleitet werden könne. Dabei sollte auf die in der BRD-Justiz vorhandenen »restaurativen Tendenzen« hingewiesen werden. Die Ausstellung fand vom 27. bis zum 30.11.1959 in Karlsruhe, dem Sitz der höchsten bundesdeutschen Gerichte, statt. Zu sehen waren Photokopien von mehr als hundert Urteilen der NS-Strafjustiz (meist Todesurteile) sowie eine Liste »von Nazi-Richtern und Staatsanwälten«. 20 Strafanzeigen gegen noch amtierende ehemalige NS-Richter wurden angekündigt. Die meisten erledigten die zuständigen Staatsanwaltschaften durch schnelle Einstellungsbescheide.
Parteivorstand und Präsidium der SPD hatten sich bereits im Vorfeld von der Ausstellung distanziert. Auf Antrag des Parteivorstandes wurden ihre Veranstalter im Januar 1960 »wegen schwerer Schädigung der Partei« mit sofortiger Wirkung aus der SPD ausgeschlossen und die Fortsetzung der Ausstellung abgelehnt. Dabei spielte vordergründig die mangelnde Abstimmung mit der Partei, hintergründig der Konflikt mit dem linken (*konkret-*)Flügel des SDS wegen dessen Kritik an der Godesberger Linie und untergründig die Furcht vor einem Sinken der Chancen beim

Werben um das Bürgertum eine Rolle. Hinzu kam die Angst vor dem »Kommunismusverdacht«, woraus sich auch die Diffamierung der SDS-Aktion *Ungesühnte Nazijustiz* als »kommunistisch gelenkt« speiste. 1989, 30 Jahre später, lobte das Bundesjustizministerium in seiner Ausstellung *Justiz und Nationalsozialismus* die Vorgängerschau als Pioniertat und übernahm Auszüge ihrer Exponate, um den »Korpsgeist« der bundesdeutschen Justiz nach 1945 zu dokumentieren. 1959 hatte die Ausstellung *Ungesühnte Nazi-Justiz* in der konservativen Presse Ablehnung, in der linksliberalen Zustimmung erfahren. Eine zweite Ausstellung der gesammelten Materialien lief vom 23.2. bis zum 7.3.1960 in Berlin. Mitveranstalter waren der Liberale Studentenbund Deutschlands und die Deutsch-Israelische Studiengruppe an der FU Berlin. Zum Kuratorium gehörten die Professoren Helmut Gollwitzer und Ossip K. Flechtheim sowie der Vorsitzende der Berliner jüdischen Gemeinde, Heinz Galinski. Von der Berliner SPD-Führung trat niemand dem Kuratorium bei. Die von einem SPD-Senator geleitete Berliner Justizverwaltung übte Druck auf die Bezirksämter und Hochschulen aus, so dass die Ausstellung keine öffentlichen Räume erhielt und sie in einer Kunstgalerie am Kurfürstendamm gezeigt wurde. Der Konvent der Freien Universität Berlin begrüßte die Ausstellung *Ungesühnte Nazi-Justiz*. SDS-Mitglied Reinhard Strecker, der die Exponate (mit-)zusammengetragen hatte, berichtete dem Konvent, der persönliche Referent des Justizsenators habe ihm angedroht, jedes Mittel anzuwenden, um diese Ausstellung in der FU zu verhindern.

Im Casino des Rathauses Kreuzberg hatten zuvor (13./14.2.1960) der Berliner Landesverband des SDS, der Arbeitskreis »Das Argument« (Zeitschrift der Westberliner Studentengruppen gegen Atomrüstung) und die Deutsch-Israelische Studiengruppe ein Seminar zum Thema »Überwindung des Antisemitismus« veranstaltet. Zu den Hauptreferenten gehörten Gollwitzer und Flechtheim. Aktueller Anlass war die antisemitische Schmierwelle im Winter 1959 (→Neue Antisemitismuswelle [II.B8]).

Die Diskussionen der 140 Teilnehmer waren programmatisch für eine Auseinandersetzung der studentischen Linken mit dem Nationalsozialismus. Vorgeschlagen wurde von den drei Arbeitsgruppen unter anderem: »Überwindung des Antisemitismus nicht nur durch Bekämpfung, sondern auch durch Schaffung von Lehrstühlen über jüdische Geschichte und Einrichtung ausgedehnter Büchereien über Probleme des Judentums. [...] Es wird gefordert, das Wirken ehemaliger Funktionsträger des Nazi-Regimes zu unterbinden. [...] Die Strafverfolgungsbehörden werden aufgefordert, auch von östlichen Stellen vorgelegtes Material gegen ehemalige Nationalsozialisten zu prüfen.« Ein parlamentarischer Untersuchungsausschuss sollte »prüfen, welche ehemals aktiven Nazis im öffentlichen Leben tätig sind« und den Ursachen der Verzögerung von Gerichtsverfahren zur Ahndung von NS-Verbrechen nachgehen. Gefordert wurde auch die Wiedergutmachung an den Opfern des KZ Ravensbrück sowie die Errichtung von Gedenkstätten und Mahnmalen für die Opfer der NS-Herrschaft und die Unterstützung der Ausstellung *Ungesühnte Nazi-Justiz*. Ein wissenschaftlicher Rat sollte eine Dokumentation über die jüngsten antisemitischen Vorfälle in der Bundesrepublik erarbeiten.

Erste Fronten zwischen der Studentenbewegung der 1960er Jahre, ihren intellektuellen Unterstützern und ihren Gegnern waren hiermit abgesteckt. Die wachsende politische Distanz zwischen SDS und SPD führte bald zur endgültigen Trennung. Im November 1961 erklärte der SPD-Parteivorstand eine Mitgliedschaft in der SPD für unvereinbar mit der im SDS.

Der Ruf nach einer »Entnazifizierung« richtete sich zunehmend auch an das wissenschaftliche Personal der Universitäten. Nach Aufforderung einer Tübinger Studentenzeitschrift im Frühjahr 1964, die Rolle der Universitäten im »Dritten Reich« zu überprüfen, hielten Tübinger Professoren im Wintersemester 1964/65 die Ringvorlesung »Das deutsche Geistesleben und der Nationalsozialismus«. Studentenzeitungen und zum Teil auch die überregionale Presse berichteten ausführlich darüber. Ähnliche Veranstaltungen an den Universitäten München, Bonn, Heidelberg, Marburg, Frankfurt und Berlin folgten im Laufe des Jahres 1965.

In diesen Zusammenhängen wurde auch die Frage nach Verantwortung und Schuld der eigenen Familie, der Väter und Mütter in der jüngeren Generation gestellt. Dafür steht eine Eintragung im Tagebuch Dutschkes bei der Fahrt durch Polen auf der Reise nach Moskau im April 1965: »Zu viele Erinnerungen an die Beteiligung der Väter bei der Eroberung Polens, das gleiche galt bei der Fahrt nach Moskau. Allerdings konnte ich eine andere Erfahrung nicht vergessen: die jugendliche Wahrnehmung des 17. Juni 1953, mein Beten für die ungarischen Aufständischen von 1956.«

Sehr pauschal hat Jürgen Habermas 1990 formuliert: »Die 68er Generation war in Deutschland wirklich die erste, die sich nicht gescheut hat, face to face Erklärungen zu fordern, von den Eltern, den Älteren überhaupt, in der Familie, vor dem Fernsehschirm usw.« Wie oft und mit welcher Qualität von politisierten oder auch nur halbpolitisierten Studierenden (ganz zu schweigen von den politisch passiven, uninteressierten) Fragen nach dem Verhalten der Elterngeneration in der NS-Zeit bis hin zur Komplizenschaft mit dem Regime im familiären Bereich gestellt wurden, ist empirisch nicht untersucht und wird wohl auch kaum flächendeckend zu rekonstruieren sein. In der Öffentlichkeit sind sie jedenfalls real gestellt worden und keineswegs ein »Mythos«.

Die Widerstände gegen eine kritische Durchdringung der NS-Vergangenheit blieben weiterhin heftig. Der prominente (Sozial-)Psychologe Professor Peter R. Hofstätter (→Fall Hofstätter [III.C3]) zum Beispiel, Direktor des Psychologischen Instituts an der Universität Hamburg, wandte sich im Juni 1963 in der *Zeit* scharf gegen die sich abzeichnende »Vergangenheitsbewältigung«. Den Holocaust entschuldigte er damit, dass Hitler im gewohnten Sinne den Juden »den Krieg erklärt« habe und dass die Massenmorde demnach »Kriegsfolgen« seien. Gegen diese »Interpretation« regte sich Unmut und Protest auch bei Studierenden. Ein lang anhaltender Konflikt mit Hofstätter und seiner Entourage entstand, der 1969 in der Besetzung des Psychologischen Seminars (vor allem) durch Studierende gipfelte und zu einem Polizeigroßeinsatz an der Universität führte.

Ab Mitte der 1960er Jahre wurden die Forderungen nach einer Demokratisierung der bundesdeutschen Gesellschaft im progressiven politischen Teil der Studierenden drängender. Dabei verlagerte sich die Programmatik immer intensiver auf die Veränderung der gesellschaftlichen Gegenwart und damit auf die Gestaltung der Zukunft. Betrachtet man zum Beispiel die Veranstaltungen der Berliner »Kritischen Universität« (KU) im Wintersemester 1967/68 und im Sommersemester 1968, dann tauchen historische Themen auf den ersten Blick kaum auf. Das mag hier auch mit mangelnder Beteiligung von Historikern zusammenhängen. Zwar gab es im Bereich Medizin den Arbeitskreis »Medizin ohne Menschlichkeit dargestellt an Menschenversuchen im ›Dritten Reich‹ sowie in den Jahren 1947 bis 1966«, doch die anderen Themen hießen »Sexualität und Herrschaft«, »Sexualität und Bewußtseinsindustrie«, »Arbeitsmedizin«, »Arzt und Gesellschaft« sowie »Psychosomatische Medizin«.

Nachdem kritische Studierende in den 1960er Jahren die NS-Vergangenheit von Professoren zunächst vor allem publizistisch zu durchleuchten versucht hatten, suchte der SDS seit 1967 die direkte Auseinandersetzung in deren Veranstaltungen. Ein Beispiel: Als der Pädagoge Wenke nach Konflikten mit Studierenden der Universität Hamburg eine seiner Veranstaltungen ausfallen ließ, übernahmen Studierende eine Vorlesung des Professors in eigener Regie und führten sie als Teach-In der Hamburger KU weiter. Das vom Berliner AStA herausgegebene Programmverzeichnis der KU für das Wintersemester 1967/68 kommentiert: »Dabei untersuchten sie das Verhalten von Prof. Wenke in der Nazi-Zeit und während seiner späteren Tätigkeit als Senator in Hamburg. Dies hat außerhalb des KU-Rahmens zu weiteren Diskussionen mit Professoren geführt.«

Der Vorwurf, solche Aktionen seien – so etwa Michael Schmidtke – zum Selbstzweck geworden, ist indes nur die halbe Wahrheit. Eine Reihe von Fällen zeigt, dass es bei diesen Aktionen meist um Inhalte und nicht um eine bloße »Funktionalisierung« der NS-Kritik für vordergründige eigene Belange ging. Auch die »Anti-Lübke-Woche« (→Rücktritt Heinrich Lübkes [IV.A5]) im Februar 1968 kann nicht auf eine Personalisierung der Faschismus-Debatte reduziert werden. Die NS-Vergangenheit des bundesdeutschen Führungspersonals bis hin zum amtierenden Bundeskanzler Kurt Georg Kiesinger (→Kiesinger-Ohrfeige [IV.A3]) stand zur Debatte.

Auf Kontinuitäten autoritären Verhaltens deutete eine Reihe von Reaktionen in der professoralen und weiteren Öffentlichkeit hin. Oft wünschte man den Studierenden die harte Hand des NS-Staates an den Hals. Bei der feierlichen Rektoratsübergabe an der Hamburger Universität zu Beginn des Wintersemesters 1967/68 entrollten zwei Jurastudenten, Mitglieder des »Sozialdemokratischen Hochschulbundes«, ein Transparent mit der Parole: »Unter den Talaren Muff von Tausend Jahren.« Damit wurde auch auf Relikte aus der NS-Zeit angespielt. Nach tumultartigen Auseinandersetzungen rief der Professor für Islamkunde Bertolt Spuler den protestierenden Studierenden zu: »Sie gehören alle ins Konzentrationslager.«

Nach der Minimalisierung der parlamentarischen Opposition durch die Große Koalition, der Verschärfung des Vietnamkrieges, der Errichtung einer Militärdiktatur durch einen Staatsstreich im NATO-Mitglied Griechenland im April 1967, nach der Einladung des von offizieller Seite als Verbündeter westlicher Politik eingestuften, aber für Mord und Folter in seinem Land verantwortlichen Schahs von Persien zu einem Staatsbesuch in der BRD und schließlich der Ermordung Benno Ohnesorgs durch einen Berliner Kriminalpolizisten am 2. Juni dieses Jahres rückten Vergleiche der bundesdeutschen Gegenwart mit der faschistischen Vergangenheit verstärkt in den Blickpunkt. So forderte eine von 4.000 Studierenden in einer Protestversammlung am 3.7.1967 in Anspielung auf reale personelle Kontinuitäten und aktuelle Mentalitäten verabschiedete Resolution »die Entfaschisierung der Berliner Polizei, besonders der Polizeispitze«.

Es gab auch bereits allzu schnelle und oberflächliche Parallelisierungen zu den Methoden des deutschen Faschismus durch Studierende. Der Hinweis auf die genannten Kontinuitäten bezog sich allerdings weniger auf eine vermeintliche Identität mit der NS-Weltanschauung, sondern nicht zuletzt auf die Tradierung von autoritären, nationalistischen Gesellschaftsbildern und Kulturmustern.

In einer Abendveranstaltung der Studentenschaft im Auditorium maximum der FU Berlin am 7. Juni 1967 sprachen die Akademische Rätin am Philosophischen Seminar, Margherita von Brentano, und Professor Jacob Taubes zum Thema »Wissenschaft und Faschismus. Psychologische Voraussetzungen des Faschismus«. Brentano forderte, eine Faschismusdiskussion einzuleiten, »die nicht nur in diesem Saale und heute, sondern ab jetzt an dieser Universität, nicht nur wie bisher in einem kleinen Kreis, sondern in der ganzen Universität geführt werden müsste«. Es mehrten sich Vergleiche zwischen der Entwicklung der BRD und dem Aufstieg des deutschen (und europäischen) Faschismus. Sie hatten zwei Seiten: Auf der einen verflachten die Analogieschlüsse, auf der anderen vertieften sich neue Faschismustheorien.

Die ideologische Umdrehung, den Studierenden wiederum Faschismus vorzuwerfen, wurde unter anderem durch die Springer-Presse betrieben. Ausgerechnet nach dem Berliner Schah-Besuch mit seinem tödlichen Ende sprach die *Bild*-Zeitung von »Krawallmachern«, meinte damit die Anti-Schah-Demonstranten und fügte hinzu: »Wir haben etwas gegen SA-Methoden. Die Deutschen wollen keine braune und keine rote SA.«

Die bevorstehende (und im Mai 1968 vollzogene) Verabschiedung von Notstandsgesetzen durch den Bundestag und der Mordanschlag auf Rudi Dutschke im April 1968 führten verstärkt zu Vergleichen mit dem Ende der Weimarer Republik und der aktiven Beteiligung der traditionellen deutschen »Eliten« bei der Entstehung der faschistischen Diktatur. »Strauß und Barzel üben fleißig für ein neues Dreiunddreißig« hieß in einer Mischung aus Ironie und Ernst der Ruf von Demonstranten; und genereller: »Kapitalismus führt zum Faschismus, Kapitalismus muß weg!« In München hing im Mai 1968 von der oberen Plattform des Siegestores ein Transparent mit der Parole »kein zweites 1933«. Dabei spielte auch die Erinnerung an den Gebrauch des Artikels 48 der Weimarer Reichsverfassung eine Rolle. Ernst Bloch hatte schon im Oktober 1966 auf der Schlusskundgebung des Kongresses »Notstand der Demokratie« in Frankfurt formuliert: Eine »warnende Ähnlichkeit mit der gehabten Weimarer Demokratie und ihrem diktatorischen Ende drängt sich gleichfalls auf. [...] Die wirkliche Macht könnte schließlich merken, daß mit Neu-Faschistischem im Bund noch solidere Geschäfte zu machen wären«. Bloch weiter: »[...] so mag auch eine noch so vorsorgliche Aufhebung bürgerlicher Grundrechte uns nicht beruhigen, uns vielmehr entsetzen, mit Erinnerung und Ahnung zugleich.« Ausnahmegesetze seien hierzulande »immer nur gegen Links« gerichtet gewesen.

Im Mai 1968 erschien in der vielgelesenen Reihe *rororo aktuell* des Rowohlt Taschenbuch Verlages ein Sammelband mit Beiträgen von Uwe Bergmann, Rudi Dutschke, Wolfgang Lefèvre und Bernd Rabehl. Es ging um eine mögliche Strategie für die internationalen außerparlamentarischen Oppositionsbewegungen. »Vom Antisemitismus zum Antikommunismus« überschrieb Dutschke ein Kapitel, in dem er die von Adorno, Frenkel-Brunswik, Levinson und Sanford 1950 in New York veröffentlichte Studie zur autoritären Persönlichkeit zitierte und folgerte: »Diese Persönlichkeitsgrundlage des Faschismus wurde auch durch die äußerliche Niederlage des Faschismus in Deutschland nicht überwunden, konnte vielmehr im wesentlichen ungebrochen in Antikommunismus transformiert werden.«

Nach einer Verstärkung der Faschismus-Vorwürfe in den späten 1960er Jahren kam es in den 1970er Jahren zu einer Inflationierung des Faschismus-Verdachtes gegen alle wirklichen oder vermeintlichen Formen bürgerlicher Herrschaft und ihrer Repressionstendenzen in der BRD. Trotz der besonderen Vergangenheit der Bundesrepublik gab es in den USA ähnliche Generalisierungen im politischen Umgang mit dem Faschismusbegriff.

Die Auseinandersetzung mit dem Faschismus hatte in der bundesdeutschen Studentenbewegung einen hohen Stellenwert, aber sie war natürlich nicht *das* zentrale Anliegen: Das war eine neue Gesellschaft. Die konnte je nach Position verschieden aussehen. Durch die sozialliberale Koalition von 1969 wurden zum Beispiel zunächst viele politisierte Studierende, vor allem aus dem linken Flügel der SPD, »reformistisch« integriert.

Aus den Reihen der Studentenbewegung und der mit ihr in positiver Wechselwirkung verbundenen Minderheit von akademischen Lehrern wurden deutliche, systematische Fragen von zum Teil neuer Qualität zu den Ursachen, dem Ablauf und den Folgen des deutschen Faschismus gestellt. In der deutschen Historiographie sind viele davon – etwa die Verbrechen der Wehrmacht (→Wehrmachtsausstellung [VI.A1]) oder der Genozid in Osteuropa – erst seit Ende der 1970er Jahre gründlicher erforscht worden und konnten so umfassend und präzise in den 1960er Jahren noch nicht beantwortet werden. Wilfried Loth hält fest: »Bedenkt man jedoch die Kosten, die mit der beschweigenden Integration der NS-Eliten verbunden waren, und das Konfliktpotential, das sie enthielt, wird die Bedeutung der 68er-Bewegung für die innere Demokratiegründung in der Bundesrepublik immer deutlicher.«

KW

Lit.: Rudi Dutschke (2003): *Jeder hat sein Leben ganz zu leben. Die Tagebücher 1963–1979*, hg. von Gretchen Dutschke, Köln: Kiepenheuer & Witsch. Rudi Dutschke (1980): *Mein langer Marsch. Reden, Schriften und Tagebücher aus zwanzig Jahren*, hg. von Gretchen Dutschke-Klotz et al., Reinbek: Rowohlt. Pressestelle der FU Berlin (Hg.) (1973–1990): *Freie Universität Berlin 1948–1973. Hochschule im Umbruch*, 6 Bde, Berlin. Frank Wolff, Eberhard Windaus (Hg.) (1977): *Studentenbewegung 1967–69. Protokolle und Materialien*, Frankfurt a.M.: Verlag Roter Stern. Jörg Zoller (Hg.) (1969): *Aktiver Streik. Dokumentation zu einem Jahr Hochschulpolitik am Beispiel der Universität Frankfurt a.M.* Darmstadt: Melzer. AStA der Freien Universität Berlin (1986): *Kritische Universität Sommer 68 – Berichte und Programm*, Berlin. AStA der Freien Universität Berlin, Politische Abteilung (1967): *Kritische Universität. Freie Studienorganisation der Studenten in den Hoch- und Fachschulen von Westberlin* [auf dem Umschlag: »Kritische Universität der studenten, arbeiter & schüler«]. *Programm und Verzeichnis der Studienveranstaltungen im Wintersemester 1967/68*, Berlin. Uwe Soukup (2007): *Wie starb Benno Ohnesorg? Der 2. Juni 1967*, Berlin: Verlag 1900. Heiko Buschke (2003): *Deutsche Presse, Rechtsextremismus und nationalsozialistische Vergangenheit in der Ära Adenauer*, Frankfurt a.M.: Campus. Michael Schmidtke (2003): *Der Aufbruch der jungen Intelligenz. Die 68er Jahre in der Bundesrepublik und den USA*, Frankfurt a.M.: Campus. Ingrid Gilcher-Holtey (2001): *Die 68er-Bewegung. Deutschland – Westeuropa – USA*, München: Beck. Dieter Rucht (Hg.) (2001): *Protest in der Bundesrepublik. Strukturen und Entwicklungen*, Frankfurt a.M.: Campus. Ursula Heukenkamp (Hg.) (2001): *Schuld und Sühne? Kriegserlebnis und Kriegsdeutung in deutschen Medien der Nachkriegszeit (1945–1961)*, Amsterdam u.a.: Rodopi. Clemens Albrecht (1999): *Die intellektuelle Gründung der Bundesrepublik. Eine Wirkungsgeschichte der Frankfurter Schule*. Frankfurt: Campus. Ingrid Gilcher-Holtey (Hg.) (1998): *1968. Vom Ereignis zum Gegenstand der Geschichtswissenschaft*, Göttingen: Vandenhoeck & Ruprecht. Stefan Hemler (1998): »München

'68 – war da was? Überlegungen zur Erforschung der Studentenbewegung anhand bedeutsamer Marginalien«, in: 1999. *Zeitschrift für Sozialgeschichte des 20. Jahrhunderts* (seit 2003: *Sozial.Geschichte. Zeitschrift für historische Analyse des 20. und 21. Jahrhunderts*) 2, S. 117–136. Willy Albrecht (1994): *Der Sozialistische Deutsche Studentenbund (SDS). Vom parteikonformen Studentenverband zum Repräsentanten der Neuen Linken*, Bonn: Dietz Nachf. Jürgen Miermeister, Jochen Staadt (1980): *Provokationen. Die Studenten- und Jugendbewegung in ihren Flugblättern 1965–1971*, Darmstadt, Neuwied: Luchterhand. Jürgen Briem (1976): *Der SDS. Die Geschichte des bedeutendsten Studentenverbandes der BRD seit 1945*, Frankfurt a.M., Berlin: Päd.-extra-Buchverlag. Uwe Bergmann et al. (1968): *Rebellion der Studenten oder Die neue Opposition. Eine Analyse*, Reinbek: Rowohlt.

IV.A2 Alexander und Margarete Mitscherlich: Die Unfähigkeit zu trauern, 1967 erschienene Aufsatzsammlung der beiden Psychoanalytiker Alexander und Margarete Mitscherlich, die mit der ab 1968 einsetzenden Rezeption zum Bestseller wurde und der deutschen Vergangenheitsdebatte wesentliche Impulse verlieh.

Die These des Buchs, vor allem des den Titel liefernden ersten Aufsatzes, lautet, in weiten Teilen der deutschen Bevölkerung habe keine kollektive Trauer über die Leiden der Opfer des Nationalsozialismus stattgefunden. Stattdessen sei die NS-Zeit verdrängt oder derealisiert worden. Die Autoren denken einen solchen kollektiven Trauerprozess analog zur individuellen Trauer, bei der nach psychoanalytischem Verständnis ein Mensch einen langen und schmerzlichen Erinnerungsprozess durchläuft, um einen schweren Verlust langsam durchzuarbeiten und ertragen zu können. Erst die innere Trennung vom Verlorenen ermögliche es dem bzw. den Trauernden schließlich, sich wieder dem aktuellen Leben zuwenden zu können. Entsprechend wäre eine kollektive Trauer nach dem Zweiten Weltkrieg damit verbunden, an die Leiden der Opfer des Nationalsozialismus zu erinnern und sich eigene Vorurteile und Projektionen auf eben diese Opfer bewusst zu machen. Erst eine durchgearbeitete, erlebte Trauer ermögliche die Befähigung, Mitleid mit den Opfern zu empfinden. Während die Mitscherlichs im bundesrepublikanischen Grundgesetz von 1949 einen »Beweis für diese Trauer« sehen, lautet die Diagnose für weite Bereiche der Bevölkerung jedoch, die Trauer sei versäumt worden und die die NS-Zeit bestimmenden psychischen Strukturen seien weiterhin bestehen geblieben. Auch um das Idol Hitler, dem viele begeistert gefolgt waren, sei eine Trauerarbeit nötig. Als habe es jedoch die NS-Zeit gar nicht gegeben, hätten sich die Deutschen im Westen und im Osten übergangslos mit den Siegermächten identifiziert. Diesen Sachverhalt erklären Mitscherlich und Mitscherlich mit einer »deutschen Art zu lieben«: Hitler sei verehrt worden, weil er Teil einer kollektiven Wunschwelt gewesen sei und das Größenideal der deutschen Untertanen erfüllt habe, die zuvor lange »absolutistisch verkrüppelt« gewesen seien. Den Verlust des ›Führers‹ hätten sie deshalb nur als Verlust ihres Ichs erleben können, den anzuerkennen der Selbstaufgabe gefährlich nahe gekommen wäre. Insofern sei die Verleugnung der Vergangenheit die Folge einer spezifisch deutschen Charakterstruktur. Für die zeitgenössische politische Situation stellen Mitscherlich und Mitscherlich eine psychoökonomische These des Zusammenhangs zwischen dem »politischen Immobilismus« Adenauer-Deutschlands und dem Aufwenden psychischer Energie für das Aufrechterhalten der Vermeidung einer wirklichen Trauer auf. Für die Abwehr der Schuld und die Verdrängung der Geschehnisse sei psychische Energie benötigt worden, die dann nicht mehr für eine Identifikation mit dem neuen demokratischen System und für die politischen Aufgaben der Gegenwart zur Verfügung gestanden habe. Die oft zitierte Formel von der »Unfähigkeit zu trauern« ist also eine Aufforderung an das Kollektiv der Täter, sich von den Größenidealen zu verabschieden, um sich der aktiven Gestaltung einer Gegenwartspolitik zu widmen. Zugleich wiesen die beiden Autoren mit dem Titel gebenden Begriff »Unfähigkeit« explizit auf die historisch bedingten Widerstände hin, die sich dem geforderten Trauerprozess entgegenstellten.

Das Buch entfaltete seit Ende der 1960er Jahre eine breite Wirkung. Öffentliche Diskussionen und die Aufnahme des Themas der Erinnerung und Verarbeitung der Vergangenheit in deutsche Schulbücher stellten den Anfang einer Erinnerungsarbeit dar (→Nationalsozialismus im Schulunterricht [III.C8]). Mit teilweise inquisitorischem Vorgehen wurde versucht, das Schweigen der Elterngeneration aufzubrechen (→»1968« [IV.A1]). Zwei Jahre nach Erscheinen des Buchs erhielt Alexander Mitscherlich den Friedenspreis des Deutschen Buchhandels. Die Theorie der Verdrängung von Trauer und Erinnerung hat aber auch zahlreiche Kritiken erfahren. Hermann Lübbe hat sie 1983 als »Pseudotheorie« bezeichnet, da seiner Ansicht nach niemand die deutsche Vergangenheit verdrängt habe (*FAZ*, 24.1.1983). Gerade weil die Mehrheit der Deutschen sich ehemals mit der NS-Ideologie identifiziert habe, sei das Schweigen darüber die einzige Möglichkeit gewesen, für die Gesamtheit der Deutschen eine neue staatliche Basis zu finden. Entsprechend sei die Aufforderung der »Verdrängungstheoretiker« zur Trauerarbeit ein den Staat gefährdender Erinnerungsimpuls. Der Psychoanalytiker Tilman Moser wandte ein, die Aufforderung der Mitscherlichs stelle eine emotionale Überforderung der Deutschen dar, die nach dem Zweiten Weltkrieg vor lauter eigener Not nicht im Stande gewesen seien, ihre eigene Beteiligung an den Verbrechen zu bearbeiten. Das Buch lese sich »wie ein Katalog von Beschimpfungen«. Die 1968er-Lehrergeneration habe mit dem Buch einen »Gestus der Anklage« in die Schulen und in die Gesellschaft getragen, der eine wirkliche »Vergangenheitsbewältigung« gerade verhindert habe. Die Schuld an der tatsächlich verzögerten Auseinandersetzung mit der Vergangenheit treffe gerade diejenigen, die »als verdammendes Kollektiv mit dem Buch im Marschgepäck« seit 1967 den Trauerprozess angemahnt hätten.

Insofern besitzt das Buch eine fortgesetzte Aktualität in der Diskussion um die Rolle der 1968er-Generation für die deutsche Erinnerungskultur bis heute; fungiert es doch als fortgesetzte Provokation derjenigen, die einer ungebrochenen nationalen Identität nach Auschwitz anhängen. Wie Tilman Moser in der Argumentation des Buches gerade die Ursache für die versäumte Verarbeitung sah, gibt es im Zusammenhang der Debatten um gewalttätige Ausländerfeindlichkeit Anfang bis Mitte der 1990er Jahre (→Rechtsextremismus [VI.E6]) Stimmen, die die 1968er dafür mitverantwortlich machten. Sie hätten ein Klima der Gesprächsbereitschaft verhindert. Margarete Mitscherlich-Nielsen meldete sich darauf 1993 erneut mit der These zu Wort, hier liege dieselbe Unfähigkeit zur Trauer und zum Mitgefühl für Marginalisierte vor wie die 1967 diagnostizierte, um die Verdienste der 1968er zu verteidigen. In der Diskussion ihres 2010 erschienenen »Die Radikalität des Alters« wurde die Debatte unverändert fortgesetzt: Einerseits wurde angemerkt, Mitscherlich-Nielsen habe die in den zurückliegenden Dekaden erfolgte Aufarbeitung vernachlässigt (Die Zeit, 22.12.2010; FR 14.10.2010), andererseits können solche Argumente im Sinne der ursprünglichen Diagnose als Vermeidung von Mitgefühl und Trauer gelesen werden. Martin Walsers Dankesrede anlässlich der Verleihung des Friedenspreises des Deutschen Buchhandels 1998 (→Walser-Bubis-Debatte [VI.A4]) wertete Mitscherlich-Nielsen als weiteren Beleg dafür, dass die Trauerarbeit um die Vergangenheit keineswegs abgeschlossen sei: Seine Rede sei einfühlungslos und spekuliere auf Verdrängung. Als Erklärung führte sie an, dass er auf breite Zustimmung habe rechnen können, als er mit der Stimme eines scheinbar von der »Schande heimgesuchten« Volkes gesprochen habe, bei seiner Klage über die Kränkung seines nationalen Selbstwertgefühls jedoch die alten Abwehrmechanismen gegen die Auseinandersetzung mit der Vergangenheit fortsetze. Den Wunsch, endlich in Ruhe gelassen zu werden, teile er sicherlich mit der Mehrheit der deutschen Bevölkerung; der Wunsch, nicht mehr von der Vergangenheit belästigt zu werden, sei allerdings unerfüllbar, wie Walsers eigenes Sprechen zeige. Eine Bewältigung sei ausschließlich durch die 1967 bestimmte Trauerarbeit zu erreichen.

StH

Lit.: Alexander und Margarete Mitscherlich (1967): *Die Unfähigkeit zu trauern. Grundlagen kollektiven Verhaltens*, München: Piper. Margarete Mitscherlich (2010): *Die Radikalität des Alters. Einsichten einer Psychoanalytikerin*, Frankfurt a.M: S. Fischer. Margarete Mitscherlich-Nielsen (2000): »Schweigen, Wegdenken oder Trauer um die Opfer unserer politischen Vergangenheit«, in: *Psyche* 54, S. 234–241. Margarete Mitscherlich-Nielsen (1993): »Was können wir aus der Vergangenheit lernen?«, in: *Psyche* 47, S. 743–753. Martin Dehli (2007): *Leben als Konflikt. Zur Biographie Alexander Mitscherlichs*, Göttingen: Wallstein. Tobias Freimüller (2007): »Der versäumte Abschied von der Volksgemeinschaft. Psychoanalyse und ›Vergangenheitsbewältigung‹«, in: Jürgen Danyel et al. (Hg.): *50 Klassiker der Zeitgeschichte*, Göttingen: Vandenhoeck & Ruprecht, S. 102–105. Sibylle Drews (Hg.) (2006): *Freud in der Gegenwart. Alexander Mitscherlichs Gesellschaftskritik*, Frankfurt a.M.: Brandes & Apsel. Tilman Moser (1992): »Die Unfähigkeit zu trauern – eine taugliche Diagnose?«, in: *Psyche* 46, S. 389–405.

IV.A3 Kiesinger-Ohrfeige, spektakulärer körperlicher Angriff auf Bundeskanzler Kurt Georg Kiesinger auf dem Bundesparteitag der CDU 1968 durch die Aktivistin →Beate Klarsfeld [IV.A4].

Der Jurist Kiesinger war 1933 in die NSDAP eingetreten, hatte nach dem ›Röhm-Putsch‹ 1934 aber auf eine Verbeamtung als Richter verzichtet und war auch nicht dem NS-Rechtswahrerbund beigetreten. Ab 1940 machte Kiesinger Karriere im Auswärtigen Amt, wo er zum stellvertretenden Leiter der rundfunkpolitischen Abteilung aufstieg und als deren Kontaktmann zum Reichsministerium für Volksaufklärung und Propaganda fungierte. Kiesinger beteuerte nach 1945, er habe sich nie aktiv an der NS-Politik beteiligt. Ins Licht der Öffentlichkeit rückte seine Tätigkeit im »Dritten Reich« erst am 7.11.1968, als Beate Klarsfeld den Kanzler während eines CDU-Parteitages in der Berliner Kongresshalle vor laufenden Kameras mit den Worten »Nazi, Nazi, Nazi« ohrfeigte.

Klarsfeld, die sich aktiv für die Verfolgung von NS-Verbrechern einsetzte, wollte Kiesinger zum Rücktritt zwingen. Zunächst hatte sie in der französischen Zeitschrift *Combat* einen Artikel veröffentlicht, in dem sie feststellte, dass Kiesinger kein Vorbild sein könne und sich für eine Kanzlerschaft Willy Brandts (SPD) aussprach. Daraufhin wurde sie von ihrem Arbeitgeber, dem deutsch-französischen Jugendwerk, entlassen. In der Folgezeit sammelte Klarsfeld belastendes Material über Kiesinger, das sie vergeblich in deutschen Medien unterzubringen versuchte. Am 2.4.1968 (und im weiteren Verlauf von Kiesingers Wahlkampfauftritten) beschimpfte Klarsfeld Kiesinger im Bundestag mehrfach von der Empore mit den Worten: »Nazi-Kiesinger, abtreten!«, was ihr ein erstes, bescheidenes Presse-Echo eintrug. Mit ihren symbolischen Aktionen wollte Klarsfeld dokumentieren, dass nicht ganz Deutschland bereit war, das Faktum eines Kanzlers mit zweifelhafter NS-Vergangenheit zu akzeptieren.

Klarsfeld wurde nach der Tätlichkeit umgehend festgenommen und noch am selben Tag im Schnellverfahren zu einer einjährigen Haftstrafe ohne Bewährung verurteilt. Ihr Verteidiger, der linksradikale (und später rechtsextreme) Anwalt Horst Mahler, hatte zuvor nur eine knappe halbe Stunde Zeit, um mit seiner Mandantin zu sprechen. Das Gericht suggerierte, die »gerichtliche Würdigung« der Tat, nämlich des tätlichen Angriffs auf die Würde eines anderen Menschen, sei unabhängig davon erfolgt, ob der Attackierte der Bundeskanzler sei oder nicht. Zugleich wurde das hohe Strafmaß mit seiner abschreckenden Wirkung jedoch mit Verweis auf die öffentliche Stellung des Geschädigten begründet.

1969 kam es zu einem Berufungsverfahren. Dies geschah unter großer Anteilnahme von Publikum und Presse und endete schon am zweiten Tag, weil das Gericht die Verhandlung »wegen Zeitnot« auf unbestimmte Zeit vertagen musste. Diese Zeitnot war eingetreten, da die Anwälte von Klarsfeld die Vernehmung des Bundeskanzlers beantragt hatten. Schließlich wurde die Haftstrafe im Berufungsverfahren auf vier Monate reduziert und zur Bewährung ausgesetzt. Klarsfeld veröffentlichte noch im gleichen Jahr eine Dokumentation über *Die Geschichte des PG 2633930 Kiesinger*, zu der der Schriftsteller Heinrich Böll, der zu den namhaftesten Unterstützern von Klarsfelds Kampagne gehörte, ein Geleitwort beisteuerte.

Klarsfelds symbolischer Bruch mit der Tätergeneration legte zugleich eine innere Widersprüchlichkeit der Großen Koalition offen, an deren Spitze mit dem Widerständler und Remigranten Willy Brandt und dem Karriere machenden Parteigenossen Kiesinger zwei Parteivorsitzende mit geradezu entgegengesetzten Biographien standen. Mit Willy Brandt (→Kniefall von Warschau [IV.A6]; →Neue Ostpolitik [IV.A7]) zog 1969 erstmals ein Politiker ins Kanzleramt ein, der die Hoffnung der sich formierenden 1968er-Generation nach einem Bruch mit der Kontinuität von NS-Funktionseliten in der Bundesrepublik und nach einer offenen Auseinandersetzung mit der NS-Vergangenheit verkörperte (→»1968« [IV.A1]).

NK

Lit.: Philipp Gassert (2007): »Die Klarsfeld-Ohrfeige«, in: Petra Rösgen (Hg.): *Skandale in Deutschland nach 1945*, Bielefeld: Kerber, S. 86-93. Kurt Georg Kiesinger (1989): *Dunkle und helle Jahre. Erinnerungen 1904–1958*, hg. von Reinhard Schmoekel, Stuttgart: DVA. Dieter Oberndörfer (Hg.) (1984): *Begegnungen mit Kurt Georg Kiesinger*, Stuttgart: DVA. Terence Prittie (1981): *Kanzler in Deutschland*, Stuttgart: Klett-Cotta. Beate Klarsfeld (1969): *Die Geschichte des PG 2633930 Kiesinger*, Darmstadt: Melzer.

IV.A4 Beate Klarsfeld

IV.A4 Beate Klarsfeld, am 13.2.1939 in Berlin als Beate Auguste Künzel geboren, machte es sich gemeinsam mit ihrem Mann Serge Klarsfeld zur Lebensaufgabe, mit detaillierten Dokumentationen und spektakulären Protesten auf unbehelligt lebende NS-Verbrecher aufmerksam zu machen. Hierbei stand nicht nur die Bestrafung der Täter im Vordergrund, sondern auch die Forderung, die Würde der Opfer wieder herzustellen.

International bekannt wurde Klarsfeld 1968, als sie dem Bundeskanzler Kurt Georg Kiesinger, der bereits 1933 in die NSDAP eingetreten war und ab 1940 Karriere im Auswärtigen Amt gemacht hatte, beim Berliner CDU-Parteitag ins Gesicht schlug (→Kiesinger-Ohrfeige [IV.A3]). Noch am selben Tag wurde sie zu einem Jahr Haftstrafe verurteilt, die jedoch nachträglich auf vier Monate und zur Bewährung ausgesetzt wurde.

1970 protestierte Klarsfeld gegen die Kandidatur von →Ernst Achenbach [II.C6] für das Amt eines deutschen Kommissars der Europäischen Wirtschaftsgemeinschaft (EWG), der während der Besatzung Frankreichs in Paris für die Deportation von Juden mitverantwortlich gewesen war. Klarsfeld erstellte ein Dossier mit belastendem Material über die nationalsozialistische Vergangenheit Achenbachs und übermittelte es an die sechs EWG-Mitgliedstaaten. Der ausgelöste außenpolitische Druck sowie das starke Interesse der Presse an der »Affäre Achenbach« zwang die deutsche Regierung dazu, Achenbachs Nominierung zurückzuziehen.

Schon ein Jahr später, im März 1971, plante Klarsfeld, Kurt Lischka (→Lischka-Prozess [IV.B5]), den ehemaligen Leiter der Gestapo-Stelle Köln und Verantwortlichen für den Ausbau der Gestapo-Zentrale in Paris zu einer effektiven Terrorbehörde, nach Frankreich zu entführen. Lischka war dort bereits 1950 in Abwesenheit zu lebenslanger Zwangsarbeit verurteilt worden. Mit dieser Aktion wollte Klarsfeld die Aufmerksamkeit der Öffentlichkeit auf die notwendige Ratifizierung des Abkommens zwischen der BRD und Frankreich vom 2.2.1971 lenken. Ziel des Abkommens war es, auch eine Verurteilung derjenigen NS-Verbrecher in Deutschland zu ermöglichen, die bereits von französischen Militärgerichten in Abwesenheit verurteilt worden waren. Der Überleitungsvertrag von 1954 hatte bisher sowohl die Auslieferung an Frankreich als auch die Verurteilung in Deutschland verhindert. Der Entführungsversuch schlug zwar fehl, doch Klarsfeld konnte aufdecken, dass Lischka nicht nur Gestapo-Chef von Köln, sondern auch für die Deportation von mehr als 70.000 Juden verantwortlich gewesen war. Durch das von Klarsfeld geweckte öffentliche Interesse wurde Lischka schließlich verhaftet und 1980 in Köln verurteilt.

Zu einem ihrer wichtigsten Ergebnisse im Kampf gegen unbehelligt lebende NS-Verbrecher zählt das Aufspüren des Ex-Gestapo-Chefs von Lyon →Klaus Barbie [IV.B3] 1972 in Bolivien. Klarsfeld bemühte sich über mehrere Jahre um dessen Auslieferung. Nur durch ihr Engagement kam es 1987 zu einer Verurteilung.

1979 gründeten Beate und Serge Klarsfeld zwei Organisationen: Die Fils et Filles de Déportés Juifs de France, in der die Kinder und Enkel von Holocaust-Opfern und -Überlebenden organisiert sind, und die Beate Klarsfeld Foundation in New York, die sich der Dokumentation des Holocaust widmet.

Auch weiterhin organisierte Klarsfeld Kampagnen, unter anderem gegen den ehemaligen Gruppenleiter des Reichssicherheitshauptamtes Walter Rauff in Chile und den ehemaligen SS-Arzt in Auschwitz Josef Mengele, der sich nach Kriegsende in Paraguay versteckt hielt.

Die Aktionen Klarsfelds waren umstritten. Mehrfach wurde sie des Landes verwiesen, festgenommen und in Deutschland in den Fällen Lischka und Kiesinger zweimal rechtskräftig verurteilt; 1979 wurde ein Bombenanschlag auf ihren Wagen verübt. In vielen Situationen bekam sie weder Unterstützung vom Staat noch von der Polizei. Für ihr Engagement erhielt Klarsfeld aber auch eine Reihe von Auszeichnungen aus aller Welt; unter anderem 1974 die Tapferkeitsmedaille der

Ghettokämpfer in Israel, 1984 den Jabotinski-Preis und den New-York-Preis der Stiftung des französischen Judentums und 1987 den Golda-Meir-Preis. 2015 wurde ihr schließlich unter großer Beachtung der Öffentlichkeit das Bundesverdienstkreuz verliehen – ein symbolischer Bruch des Bundespräsidialamtes mit der Tätergeneration. Noch zu Lebzeiten wurde ihre Biographie verfilmt, der Film mit dem Titel VERFOLGT UND GEJAGT kam 1987 in die deutschen Kinos. In jüngster Zeit engagierten sich Serge und Beate Klarsfeld – gegen den Widerstand der Deutschen Bahn – für ein dezentrales Ausstellungsprojekt auf deutschen Bahnhöfen, das die Deportation jüdischer Kinder an den authentischen Orten dokumentieren sollte.

NK

Lit.: Beate Klarsfeld (1969): *Die Geschichte des PG 2633930 Kiesinger. Dokumentation mit einem Vorwort von Heinrich Böll*, Darmstadt: Melzer. Beate Klarsfeld, Serge Klarsfeld (2008): *Endstation Auschwitz. Die Deportation deutscher und österreichischer jüdischer Kinder aus Frankreich. Ein Erinnerungsbuch.* Köln u.a.: Böhlau. Anne Klein, Jürgen Willhelm (2003): *NS-Unrecht vor Kölner Gerichten nach 1945*, Köln: Greven. Claudia Fröhlich (Hg.) (1999): *Engagierte Demokraten: Vergangenheitspolitik in kritischer Absicht*, Münster: Westfälisches Dampfboot.

IV.A5 Rücktritt Heinrich Lübkes, vorzeitige Amtsniederlegung des Bundespräsidenten Heinrich Lübke (CDU) am 30.6.1969 als Reaktion auf das Schwinden einer breiten politischen und gesellschaftlichen Unterstützung, das aus der Diskussion um Lübkes Tätigkeit im Nationalsozialismus und aus seinem dem Amt abträglichen Gesundheitszustand resultierte.

Lübke, in der Weimarer Republik Mitglied der Zentrumspartei, war im Nationalsozialismus aus seiner Position als Geschäftsführer der Deutschen Bauernschaft und der Siedlungsgesellschaft Bauernland AG gedrängt worden. 1934/35 wurde er aufgrund einer vermutlich politisch motivierten Anklage wegen Korruption inhaftiert und blieb nach seiner Freilassung arbeitslos. Doch bereits ab 1937 kehrte Lübke in leitende Funktionen zurück. Er bekleidete nun Posten in der Bauwirtschaft, seit 1939 in dem Architektur- und Ingenieurbüro Walter Schlempp, das dem Generalbauinspektor und späteren Rüstungsminister Albert Speer (→Albert Speer: *Erinnerungen* [IV.C1]) unterstand. Schlempp setzte Lübke als Kontaktmann zum Rüstungsministerium und als Bauleiter ein. Lübke fungierte so unter anderem als Bauleiter der Heeresversuchsanstalt in Peenemünde, wo er für seine »Baugruppe Schlempp« auch Zwangsarbeiter und KZ-Häftlinge bei der Anstaltsleitung anforderte und Häftlings-Baracken errichten ließ. Zwischen 1941 und 1945 trieb Lübke jährlich zwischen zwei und vier Millionen Reichsmark vom Generalbauinspektor für das »Bauvorhaben Peenemünde« ein. Umfangreiche Gratifikationen flossen an die Beschäftigten der »Baugruppe Schlempp« (1944 ein Sonderhonorar von 200.000 Reichsmark, davon die Hälfte zur Verteilung an die Mitarbeiter), Lübke erhielt zudem seit 1943 eine monatliche so genannte Ministerialzulage. In den Wirren der letzten Kriegsmonate wurde Lübke Speers engster Mitarbeiter Rudolf Wolters zugeordnet, mit dem zusammen er den Wiederaufbau der zerbombten Städte nach Kriegsende organisieren sollte. Tatsächlich gründeten Lübke und Wolters noch im Mai 1945 in Höxter ein »Nachkriegsbüro Speer«, das als »Baubüro Lübke« firmierte – selbst die allzu freundliche Lübke-Biographie von Rudolf Morsey nennt ihn den »Quartiermacher für Albert Speer«.

Bald nach dem Kriegsende machte Lübke in der nordrhein-westfälischen CDU, der er 1945 beitrat, Karriere: 1946 war er Mitglied des von den Alliierten ernannten Landtages, 1949/50 und von 1953 bis 1959 Mitglied des Bundestages, 1947 bis 1952 Landwirtschaftsminister in Nordrhein-Westfalen und anschließend bis 1959 Bundeslandwirtschaftsminister. In den folgenden zehn Jahren amtierte Lübke als zweiter Bundespräsident der jungen Republik, konnte allerdings nicht an das Format seines Vorgängers Theodor Heuss (FDP) anknüpfen: Lübkes Amtszeit war vielmehr geprägt von seiner rhetorischen Unbeholfenheit vor allem auf dem internationalen Parkett, die ihm den Spott der Medien und des politischen Gegners eintrug.

1964 startete die DDR eine Kampagne gegen Heinrich Lübke, in der versucht wurde, den Bundespräsidenten als ehemaligen Handlanger des Hitler-Regimes darzustellen und so auf personelle Kontinuitäten zwischen »Drittem Reich« und Bundesrepublik hinzuweisen. So behauptete der Nationalrat der Nationalen Front des demokratischen Deutschland in einer 1969 erschienenen 230-seitigen »Dokumentation« über *Aufstieg und Fall des Heinrich Lübke*: »Die Lübkes im Bonner Staat sind Legion.« (→Fälle Globke und Oberländer [II.C5]). Albert Norden, im SED-Politbüro verantwortlich für Agitation, führte die Kampagne, die tatsächlich von langer Hand vorbereitet war und propagandistisch ausgeschlachtet wurde – so wurde etwa der Bericht einer Pressekonferenz, auf der Norden am 24.1.1966 neues Belastungsmaterial gegen Lübke vorgestellt hatte, in 70.000 Exemplaren gedruckt, in mehrere Sprachen übersetzt und international verbreitet. Als Beweis für die These vom »KZ-Baumeister« dienten Norden von Lübke abgezeichnete Baupläne für Baracken des KZ-Außenlagers Neu-Staßfurt. Lübke hatte 1944 als verantwortlicher Mitarbeiter des Büros Schlempp im Auftrag des Reichsministeriums für Rüstung und Kriegsproduktion in Neu-Staßfurt die Verlegung rüstungsindustrieller Produktionsstätten in die Schächte eines Kalibergwerks geleitet. Weil in den echten Akten das Wort »Konzentrationslager« nicht auftauchte, hierauf jedoch die Argumentation gegen den »KZ-Baumeister« aufbaute, fälschte das mit der Kampagne beauftragte Ministerium für Staatssicherheit (MfS) zwei Aktendeckel, die plakativ mit »Vorentwurf zur Erstellung eines KZ-Lagers« überschrieben wurden. Als dieser Schwindel 1985 schließlich bekannt wurde, galt der Fall Lübke bald weiten Teilen der westdeutschen Bevölkerung nurmehr als inszeniert; die Echtheit der Dokumente aus Staßfurt wurde nun – fälschlicherweise – insgesamt in Zweifel gezogen. So geriet völlig aus dem Blick, dass das Büro Schlempp, zu dessen Stellvertreter Lübke aufstieg, tatsächlich maßgeblich an der Einrichtung der Rüstungsfabriken und KZ-Außenlager in Aschersleben, Leau, Neu-Staßfurt, Wolmirsleben, Baalberge und Dora-Mittelbau mitgewirkt hatte und auch für den Einsatz von KZ-Häftlingen verantwortlich war. Gemäß der von Speer initiierten Intensivierung der Kriegswirtschaft wurden hier in Produktionsstätten von BMW, Siemens, Junkers, Heinkel und anderen sowie beim Bau der »Wunderwaffe« V2 in Peenemünde Tausende von Häftlingen unter unwürdigsten Bedingungen als Arbeitssklaven verschlissen und ermordet. Lübkes Verstrickung in die so genannte »Aktion Jägerstab«, ein Programm zur unterirdischen Produktion von Kampfflugzeugen, dessen Mitglied Schlempp war und das Lübke noch bis in die letzten Kriegstage aktiv vorantrieb, ist bislang ein Desiderat der Forschung. Lübke selbst sah sich nur als unschuldiges Opfer und ließ das Präsidialamt am 2.9.1966 verbreiten, die Unterschriften auf den Bauzeichnungen seien gefälscht. Einen Monat später präsentierte Innenminister Paul Lücke (CDU) im Kabinett Entlastungsmaterial, mit dem belegt werden sollte, dass Lübke nur für den Bau von Arbeiterunterkünften verantwortlich gewesen sei. In Ost-Berlin folgte daraufhin eine weitere Pressekonferenz, in der gleich fünf Gutachten präsentiert wurden, die die Echtheit der Unterschriften belegten. 1968 solidarisierte sich der nunmehr aus der Haft entlassene Albert Speer mit Lübke mit dem kaltschnäuzigen Argument, dass der Bau der KZ-Baracken die Überlebenschancen der Häftlinge im Vergleich zu den Bedingungen unter Tage doch verbessert hätte; Kanzler Kurt Georg Kiesinger (→Kiesinger-Ohrfeige [IV. A3]) äußerte sich ähnlich (»besser in Baracken als im Kalten«) – die Solidarisierung dieser beiden durch eigene NS-Vergangenheit kompromittierten Fürsprecher war für Lübke aber nicht publizistisch verwertbar.

Als im Januar ein seriöser amerikanischer Schriftsachverständiger ebenfalls die Echtheit von Lübkes Unterschriften auf den von Ost-Berlin vorgelegten Dokumenten bestätigte, mehrten sich in der westdeutschen Presse die Rufe nach einem Rücktritt des Bundespräsidenten. Vor allem *Stern*-Herausgeber Henri Nannen und *Spiegel*-Herausgeber Rudolf Augstein attackierten Lübke heftig, was ihnen den Vorwurf kommunistischer Umtriebe eintrug. Dabei waren die Rollen keineswegs so klar verteilt: Während Nannen nicht abstreiten konnte, in der NS-Zeit Elogen auf Hitler veröffentlicht zu haben, erhielt Lübke Schützenhilfe von einer israelischen Delegation der »Vereinigung der Opfer nationalsozialistischer Verfolgung« gegen die »unqualifizierten Angriffe«. Lübke geriet jedoch mehr und mehr in eine Zwickmühle: Würde er eine Verleumdungsklage anstrengen, begäbe sich der Bundespräsident auf das Niveau seiner Ankläger und würde der Ost-Berliner Kampagne noch mehr Aufmerksamkeit und neue Ansatzpunkte bieten; würde er aber zurücktreten, könnte dies wie ein Schuldeingeständnis wirken. Auch wohlwollende Journalisten und Parteifreunde drängten ihn, über seine Vergangenheit Rechenschaft abzulegen. Am 1.3.1968 wurde eine fünfminütige Ansprache des Bundespräsidenten in Hörfunk und Fernsehen gesendet, in der er pauschal alle Anschuldigungen zurückwies. Eine anschließende Allensbach-Umfrage ergab allerdings, dass nur 17 Prozent der Befragten Lübkes Ausführungen für zufriedenstellend hielten.

Wohlmeinende Ratschläge aus der Union, sich in den letzten Monaten seiner Amtszeit längere öffentliche Auftritte und Auslandsreisen zu ersparen, ignorierte der mittlerweile schwer an Magenkrebs erkrankte Bundespräsident: »Ich darf nicht vor der Straße kapitulieren, und ich werde es auch nicht.« Den ganzen Sommer 1968 über drängten Parteifreunde, aber auch mit Lübke solidarische Sozialdemokraten wie Herbert Wehner den Bundespräsidenten immer wieder zum Rücktritt, da er die Last des Amtes gesundheitlich nicht mehr schultern könne. Erst an seinem 74. Geburtstag am 14.10.1968 gab Lübke bekannt, zum 30.6.1969 – seinem zehnjährigen Dienstjubiläum – zurückzutreten.

Der Fall Lübke zeigt einerseits die massive Instrumentalisierung der NS-Vergangenheit als propagandistische Waffe im Ost-West-Konflikt, andererseits verweist er überdeutlich auf die in den 1960er Jahren noch mangelnde Sensibilität für personelle Kontinuitäten zwischen Funktionsträgern im Nationalsozialismus und bundesrepublikanischen Eliten. Hartnäckig hält sich seit der Enttarnung der von der Stasi gefälschten Aktendeckel das Gerücht, Lübke sei bloß das Opfer einer Rufmordkampagne gewesen – er war dies auch, besagte Kampagne zielte aber auf einen wahren Kern. Der Historiker Jens-Christian Wagner hat mittlerweile nachweisen können, dass es in Peenemünde ein Häftlingskommando »BGS« (Baugruppe Schlempp) gab, das Lübke unterstellt war, der als Bauleiter für den Einsatz des Personals und damit auch für die Zwangsarbeiter zuständig war. Ein anderes Dokument von 1942 bestätigt dies: »Herr Lübke, der am 21.7. nochmals mit HAP/L [Heeresanstalt Peenemünde/Leitung] verhandelte, hofft, 500 Holländer Anfang August zu erhalten [...].« Kurz darauf wurde das »Ausländer-Barackenlager ›Trassenheide‹ der Firma Schlempp« von britischen Bomben getroffen, wobei 612 der dort untergebrachten »Fremdarbeiter« getötet wurden – auch dies ein Beleg für den massenhaften Einsatz von Zwangsarbeitern und Häftlingen bei den Bauarbeiten in Peenemünde durch Lübkes »Baugruppe«.

Lübke war somit nicht der »KZ-Baumeister« des »Dritten Reiches«, er war vielmehr in leitender Position in der deutschen Kriegswirtschaft tätig, die skrupellos zahllose »Ostarbeiter« und Häftlinge ausbeutete und jene, deren Kräfte verbraucht waren, erbarmungslos aussortierte. 1968 exhumierte Massengräber in Peenemünde mit Häftlingsleichen, deren Schädel zum Teil Einschusslöcher aufwiesen, und Verbrennungslisten des Krematoriums Greifswald zeugen hiervon.

MNL

Lit.: Dirk Schmaler (2013): *Die Bundespräsidenten und die NS-Vergangenheit. Zwischen Aufklärung und Verdrängung*, Frankfurt a.M.: Lang. Jens-Christian Wagner (2007): »Der Fall Lübke. War der zweite Präsident der Bundesrepublik Deutschland tatsächlich nur das unschuldige Opfer einer perfiden DDR-Kampagne?«, in: *Die Zeit* 22.7.2007. Günther Scholz (2005): »Heinrich Lübke«, in: Ders., Martin E. Süskind (Hg.): *Die Bundespräsidenten. Von Theodor Heuss bis Horst Köhler*, Darmstadt: WBG, S. 159-194. Jens-Christian Wagner (2001): »Massengrab an der Raketenrampe. Historiker Jens-Christian Wagner über Heinrich Lübkes Rolle beim Einsatz von KZ-Häftlingen in Peenemünde«, in: *Spiegel* 55, H. 22, S. 218. Detlef Siegfried (2000): »Zwischen Aufarbeitung und Schlußstrich. Der Umgang mit NS-Vergangenheit in den beiden deutschen Staaten 1958 bis 1969«, in: Axel Schildt et al. (Hg.): *Dynamische Zeiten. Die 60er Jahre in den beiden deutschen Gesellschaften*, Hamburg: Christians, S. 77-113. Jens-Christian Wagner (2000): »Zwangsarbeit in Peenemünde (1939–1945): ›Praxis und Erinnerung‹«, in: *Zeitgeschichte regional. Mitteilungen aus Mecklenburg-Vorpommern* 4, H. 1, S. 15-21. Rudolf Morsey (1996): *Heinrich Lübke. Eine politische Biographie*, Paderborn: Schöningh. Michael Lemke (1995): »Instrumentalisierter Antifaschismus und SED-Kampagnenpolitik im deutschen Sonderkonflikt 1960-1968«, in: Jürgen Danyel (Hg.): *Die geteilte Vergangenheit. Zum Umgang mit Nationalsozialismus und Widerstand in den beiden deutschen Staaten*, Berlin: Akademie, S. 61-86.

IV.A6 Kniefall von Warschau, Respektsbekundung des deutschen Bundeskanzlers Willy

Brandt (SPD) für die Opfer des Nationalsozialismus, der am 7.12.1970 völlig unerwartet vor dem Mahnmal für die jüdischen Opfer des Warschauer Ghetto-Aufstandes von 1943 auf die Knie sank.

Diese Geste, die auch als plakatives Schuldeingeständnis verstanden wurde, wurde 1970 noch nicht so prominent wahrgenommen wie heute, sie symbolisiert jedoch aus der Rückschau den Beginn eines gewandelten Umgangs sowohl mit der nationalsozialistischen Vergangenheit als auch mit den Staaten des so genannten Ostblocks.

Im Rahmen der →Neuen Ostpolitik [IV.A7] der sozial-liberalen Regierung Brandt, Willy-Brandt, WillyBrandt, WillyBrandt, die unter dem Leitgedanken »Wandel durch Annäherung« mit den damaligen Staaten des Warschauer Paktes betrieben wurde, reiste Brandt im Dezember 1970 in die polnische Hauptstadt, um dort den so genannten Warschauer Vertrag zu unterzeichnen. In diesem Vertrag wurde die Oder-Neiße-Linie als Westgrenze Polens vertraglich anerkannt und ein beidseitiger Gewaltverzicht bekundet. Die Regierung Brandt war die erste Bundesregierung, die den territorialen Status Quo Nachkriegseuropas durch die Anerkennung der Oder-Neiße-Linie offiziell akzeptierte, was von der Opposition scharf kritisiert wurde.

Vor der Unterzeichnung des Vertrages im Namiestnikowski-Palais war eine Kranzniederlegung am Ghetto-Mahnmal geplant. Dem protokollarischen Ritual folgend, sollte Brandt einen Kranz niederlegen und kurz verharren. Plötzlich kniete sich der Kanzler auf den regennassen Asphalt nieder. Einige Photographen vermuteten zunächst, Brandt sei gestürzt. Das Bild des knienden späteren Friedensnobelpreisträgers ging um die Welt. *Spiegel*-Redakteur Hermann Schreiber notierte die später häufig zitierten Zeilen: »Dann kniete er, der das nicht nötig hat, für alle, die es nötig haben, aber nicht knien – weil sie es nicht wagen oder nicht können oder nicht wagen können.«

Brandts Geste versinnbildlichte nicht nur die Bürde der deutschen Geschichte, sondern unterstrich den moralischen Anspruch seiner Politik. Neben der von ihm forcierten Versöhnungspolitik mit Polen und seiner antifaschistischen Biographie als Emigrant und Widerstandskämpfer wurde der Kniefall von Warschau zum Sinnbild für die moralische Integrität Brandts. Diese moralische Symbolik, so der Historiker Friedrich Kießling, wusste der Bundeskanzler für seine realpolitischen Interessen durchaus einzusetzen: Die Anerkennung von Schuld habe keineswegs im Widerspruch zum »machtbewussten Auftreten« der deutschen Regierung gestanden, sondern diese rhetorisch begleitet und abgesichert, da Brandt nun für ein geläutertes, ›besseres‹ Deutschland stand.

Teile der konservativen Opposition werteten den Kniefall des ersten sozialdemokratischen deutschen Regierungschefs als überzogene Demutsgeste. Zudem wurde Kritik daran geübt, dass Brandt vor dem Mahnmal für jüdische Opfer niederkniete und nicht vor dem Denkmal für die Opfer des Warschauer Aufstandes von 1944. Wiederholt wurde er auch mit dem Vorwurf der Inszenierung konfrontiert, den Brandt aber immer wieder zurückwies und berichtete, dass er in jenen Minuten das getan habe, was Menschen tun, wenn die Sprache versage. Brandts Version einer spontanen Überwältigung darf aber nach heutiger Quellenlage durchaus angezweifelt werden, hatte der Kniefall von Warschau doch eine Vorgeschichte: Zu Beginn von Brandts erster Amtszeit war es um die deutsch-israelischen Beziehungen nicht gut bestellt und das Verhältnis zum Zentralrat der Juden in Deutschland galt ebenfalls als schwierig. Der Journalist Klaus Harpprecht, ein Freund Brandts und ab 1972 dessen Redenschreiber, riet dem Kanzler daher im Oktober 1970 zu einer öffentlichen Geste zur Verbesserung des deutsch-jüdischen Verhältnisses. Insofern handelte Brandt durchaus zielgerichtet, als er durchsetzte, ausgerechnet das Ghetto-Mahnmal aufzusuchen und dort demonstrativ das Leid der Juden anzuerkennen.

Eine Blitzumfrage des *Spiegel* (»Durfte Brandt knien?«) vom 14.12.1970 ergab, dass 41 Prozent der Befragten sein Verhalten angemessen fanden, während es 48 Prozent für übertrieben hielten. Besonders die Altersgruppe der 30- bis 60-Jährigen, die das Ende des Zweiten Weltkrieges noch miterlebt hatten, lehnte diese moralische Symbolik ab. Während in allen großen deutschen Zeitungen darüber diskutiert wurde, zeigte sich das Ausland wenig beeindruckt. Weder bei den NATO-Partnern fand die symbolische Geste des deutschen Regierungschefs Widerhall, noch beeindruckte sie die israelische Seite oder den Zentralrat. Und auch die polnischen Medien berichteten damals lediglich von der Vertragsunterzeichnung. Das Bild des knienden deutschen Kanzlers wurde vom kommunistischen Propagandaapparat zensiert, erst ab 1989 sollte das nun längst bekannte Bild in Polen öffentlich zugänglich sein. Der »Kniefall von Warschau« ist bis heute auch ein Sinnbild der deutsch-polnischen Annäherung, an das mittlerweile mit einer eigenen Gedenktafel auf dem Gebiet des früheren Ghettos erinnert wird.

CK/MNL

Lit.: Alexander Behrens (Hg.) (2010): *Durfte Brandt knien? Der Kniefall in Warschau und der deutsch-polnische Vertrag. Eine Dokumentation der Meinungen*, Berlin, Bonn: Dietz. Nicola Hille (2008): »Willy Brandts Kniefall. Die politische Bedeutung, emotionale Wirkung und mediale Rezeption einer symbolischen Geste«, in: Heidi Hein-Kircher, Jaroslaw Suchoples, Hans Henning Hahn (Hg.): *Erinnerungsorte, Mythen und Stereotypen in Europa*, Breslau: Atut, S. 163-184. Christoph Schneider (2006): *Der Warschauer Kniefall. Ritual, Ereignis und Erzählung*, Konstanz: UVK. Friedrich Kießlich (2005): »Täter repräsentieren: Willy Brandts Kniefall in Warschau. Überlegungen zum Zusammenhang von bundesdeutscher Außenrepräsentation und der Erinnerung an den Nationalsozialismus«, in: Johannes Paulmann (Hg.): *Auswärtige Repräsentationen. Deutsche Kulturdiplomatie nach 1945*, Köln: Böhlau, S. 205-224. Michael Wolffsohn, Thomas Brechenmacher (2005): *Denkmalsturz? Brandts Kniefall*, München: Olzog. Klaus Dieter Hein-Mooren: »Spontan oder geplant? Bemerkungen zu Willy Brandts Kniefall in Warschau«, in: *Geschichte in Wissenschaft und Unterricht* 55, S. 744-753. Christoph Schneider, Bernhard Giesen (Hg.) (2004): *Tätertrauma. Nationale Erinnerungen im öffentlichen Diskurs*, Konstanz: UVK. Peter Merseburger (2002): *Willy Brandt 1913-1992. Visionär und Realist*, Stuttgart: DVA. Adam Krzemiski (2001): »Der Kniefall«, in: Etienne François, Hagen Schulze (Hg.): *Deutsche Erinnerungsorte*, Bd. 1, München: Beck, S. 638-653. Carsten Tessmer (Hg.) (2000): *Das Willy-Brandt-Bild in Deutschland und Polen*, Berlin: Schriftenreihe der Bundeskanzler-Willy-Brandt-Stiftung. Bernd Rother (1999): »Willy Brandt – Der Kniefall von Warschau«, in: Claudia Fröhlich, Michael Kohlstruck (Hg.): *Engagierte Demokraten. Vergangenheitspolitik in kritischer Absicht*, Münster: Westfälisches Dampfboot, S. 299-308.

IV.A7 Neue Ostpolitik, Neuausrichtung der politischen Beziehungen zu den Staaten des Warschauer Paktes zwischen 1969 und 1973, insbesondere gegenüber Polen.

Die erste sozial-liberale Koalition der BRD unter Bundeskanzler Willy Brandt (SPD) wollte das »Wagnis der Versöhnung« eingehen und dabei an Willy Brandts Wirken als Außenminister der Großen Koalition (1966-1969) anknüpfen. Mit der Formel »Wandel durch Annäherung« hatte Egon Bahr, Leiter des Presse- und Informationsamtes in Berlin und späterer Staatssekretär unter Brandt, bereits in seiner Rede vor dem politischen Club der Evangelischen Akademie Tutzing (so genannte Tutzinger Rede 1963) die ersten Veränderungsansätze für eine neue deutsche Außenpolitik formuliert. Die in der Regierungszeit Adenauers in den Mittelpunkt gestellte Integration Westdeutschlands in die westliche Staatengemeinschaft sollte nun durch einen multilateralen Vertragskomplex ergänzt werden. Bereits die Wahl Brandts zum Bundeskanzler am 21.10.1969 war geprägt durch den Rekurs auf die NS-Vergangenheit. Auf einem Abstimmungszettel waren die Worte »Frahm Nein« zu lesen, was auf die Vergangenheit des ehemaligen Emigranten Brandt hinwies. Herbert Karl Frahm lautete der Geburtsname Brandts, der nach seiner Rückkehr 1945 in die BRD seinen nom de guerre nicht ablegte. Wie kein anderer Kanzler verkörperte er als Flüchtling und Remigrant den Willen zur Versöhnung mit den von den Deutschen unterdrückten Völkern Osteuropas. Alle Zugeständnisse, die die Regierung in den folgenden Verträgen einging, sind unter dem langfristigen Ziel einer europäischen Friedensordnung und der Wiedervereinigung beider deutscher Staaten zu verstehen. Die Regierung Brandt sah erst durch eine Anerkennung des damaligen Status quo die Möglichkeit, diesen zugunsten einer deutschen Einheit – der so genannten Deutschen Option – zu verändern. Die ›Vorgehenstrias‹ Versöhnung, Sicherheit und Wandel gab die außenpolitischen Richtlinien der sozial-liberalen Ostpolitik vor.

Durch die Außerkraftsetzung der seit 1955 geltenden Hallstein-Doktrin, das heißt dem Alleinvertretungsanspruch Westdeutschlands und dem Versuch, einer Anerkennung der völkerrechtlichen Staatlichkeit der DDR von Drittstaaten entgegenzuwirken, vollzog die

Regierung Brandt einen Schritt, der von der vorhergehenden Regierung Kurt Georg Kiesingers (CDU; →Kiesinger-Ohrfeige [IV.A3]) noch vehement abgelehnt wurde. Dieses Zugeständnis und die daraus resultierende sofortige Aufnahme bilateraler Verhandlungen mit Moskau, Warschau, Prag und Ost-Berlin signalisierten der sowjetischen Führung die Ernsthaftigkeit der Regierung, zu Vertragsabschlüssen zu gelangen. Der zeitgenössischen hegemonialen Machtordnung folgend kam es am 12.8.1970 zu einem ersten Vertragsabschluss mit Moskau. Nach intensiven Verhandlungen einigte man sich auf die Unantastbarkeit bestehender Grenzen, wobei die Westgrenze Polens besondere Erwähnung fand. Bemerkenswert ist, dass Moskau bereits hier Konditionen für Verhandlungen mit Polen und der DDR aushandelte. Brandt sah folgerichtig in diesem Vertrag den Schlüssel zu weiteren Verhandlungserfolgen mit den anderen Staaten des Warschauer Paktes.

Am 7.12.1970 wurde der Warschauer Vertrag unterzeichnet. Wie im Moskauer Vertrag vorformuliert, kam es zur Anerkennung der Oder-Neiße-Linie als Westgrenze Polens und zur gegenseitigen Versicherung, in Zukunft keinerlei Gebietsansprüche zu erheben. Im Gegensatz zum Moskauer Vertrag war dieses Dokument in erster Linie ein Grenz- und nachgeordnet auch ein Gewaltverzichtsabkommen. In Bezug auf die Rechte der nach 1945 in Polen verbliebenen Deutschen ging die polnische Regierung kaum Kompromisse ein. Die gewünschten Ausreisegenehmigungen wurden nicht bewilligt, vielmehr einigte man sich, nach einer genauen Überprüfung der deutschen Staatsangehörigkeit, auf eine befristete Besuchserlaubnis. Gerade die Verhandlungen mit Polen stellen in der politischen ›Vergangenheitsbewältigung‹ der BRD eine Besonderheit dar, da mit dem deutschen Überfall auf Polen der Zweite Weltkrieg ausgelöst worden war. Die früh ersichtliche Notwendigkeit zur Überarbeitung des Vertrags, die 1975 erfolgte, und die Tatsache, dass dieser dennoch unterzeichnet wurde, wird seitdem als moralisches Zugeständnis der Regierung Brandt interpretiert. Bei seinem Polenbesuch 1970 verdeutlichte Brandt durch seinen kontrovers diskutierten Kniefall vor dem Mahnmal des Warschauer Ghettos (→Kniefall von Warschau [IV.A6]) die Verantwortung Deutschlands gegenüber einem Land, das einen verheerenden Vernichtungskrieg zu ertragen gehabt hatte.

Erst durch die Unterzeichnung des Vier-Mächte-Abkommens im September 1971 konnten die Verträge mit den genannten Staaten in Kraft treten, da die Bundesregierung ihre Ostpolitik als einen einheitlichen Vertragskomplex sah, der ohne eine akzeptable Lösung für West-Berlin nicht existieren konnte. Die vier Siegermächte bezogen die beiden deutschen Regierungen in ihre Verhandlungen mit ein, obwohl dies rechtlich nicht erforderlich gewesen wäre. In dem Abkommen wurden der Status Berlins, der Verkehr zwischen der Stadt und dem Bundesgebiet sowie die Besuchsmöglichkeit der DDR und Ost-Berlins geregelt. Der Prager Vertrag vom 11.12.1973 zur Normalisierung der Beziehung durch ein Gewaltverzichts- und Grenzanerkennungsabkommen stellte den Abschluss der Neuen Ostpolitik dar.

Brandts Kurs der Versöhnung rief viele Skeptiker und Kritiker auf den Plan: zum einen Vertreter der Opposition, besonders Franz Josef Strauß (CSU) und Rainer Barzel (CDU), zum anderen internationale Politiker, etwa US-Präsident Richard Nixon und den französischen Premier Georges Pompidou. Auf internationaler Ebene kamen Ängste vor einer Wiederholung des Vertrages von Rapallo (1922) auf, also die Befürchtung eines Bündnisses zwischen der Sowjetunion und Deutschland hinter dem Rücken ihrer Verbündeten. Die Regierung Brandt bemühte sich jedoch kontinuierlich, keine Zweifel an der Einbindung Westdeutschlands in die westliche Staatengemeinschaft aufkommen zu lassen, indem besonders die Führung der USA frühzeitig über die anstehenden außenpolitischen Absichten informiert wurde. Während der Kontroversen im Bundestag bezeichnete Strauß Brandt als »Kanzler des Ausverkaufs« und Barzel versuchte, durch ein konstruktives Misstrauensvotum am 27.4.1972 die Ratifizierung der Ostverträge zu verhindern. Den Vorwürfen der Opposition hinsichtlich der Anerkennung des territorialen Status quo begegnete Brandt mit dem Argument, dass nichts verloren ginge, was im Nationalsozialismus nicht längst verspielt worden wäre. Das Misstrauensvotum scheiterte und die Verträge wurden schließlich, wenn auch nur durch Enthaltungen von Abgeordneten aus den Reihen der Opposition und mit denkbar knappem Ergebnis, ratifiziert. Brandt erhielt 1971 für das demokratische Wagnis der Neuen Ostpolitik den Friedensnobelpreis. Er selbst sah sein Verdienst darin, »daß in der Welt, in der wir leben, der Name unseres Landes und der Begriff des Friedens wieder in einem Atemzug genannt werden können«.

CK

Lit.: Erich Böhme, Klaus Wirtgen (Hg.) (1993): *Willy Brandt: Die Spiegel-Gespräche 1959–1992*, Stuttgart: DVA. Krzystof Ruchniewicz (2012): *Die Neue Ostpolitik. Die Bonner Republik und der Ostblock 1949-1990*, Stuttgart: Kohlhammer. Katarzyna Stokłosa (2011): *Polen und die deutsche Ostpolitik 1945-1990*, Göttingen: Vandenhoeck & Ruprecht. Carol Fink, Bernd Schaefer (Hg.) (2009): *Ostpolitik, 1969-1974. European and Global Responses*, Cambridge: Cambridge Univ. Press. Julia von Dannenberg (2008): *The Foundations of Ostpolitik. The Making of the Moscow Treaty between West Germany and the USSR*, Oxford: Oxford Univ. Press. Andreas Rödder (2004): *Die Bundesrepublik Deutschland 1969-1990*, München: Oldenbourg. Oliver Bange, Gottfried Niedhardt (2004): »Die ›Relikte der Nachkriegszeit beseitigen‹. Ostpolitik in der zweiten außenpolitischen Formationsphase der Bundesrepublik Deutschland im Übergang von den Sechziger- zu den Siebzigerjahren«, in: *Archiv für Sozialgeschichte* 44, S. 415-448. Wolfgang Schmidt (2003): »Die Wurzeln der Entspannung. Der konzeptionelle Ursprung der Ost- und Deutschlandpolitik Willy Brandts in den fünfziger Jahren«, in: *Vierteljahrshefte für Zeitgeschichte* 51, H. 4, S. 521-563. Peter Merseburger (2002): *Willy Brandt 1913–1922. Visionär und Realist*, Stuttgart: DVA. Werner Link (2001): »Die Entstehung des Moskauer Vertrags im Lichte neuer Archivalien«, in: *Vierteljahrshefte für Zeitgeschichte* 49, H. 2, S. 295-315. Bundeskanzler-Willy-Brandt-Stiftung (1998): *Willy Brandt. 25 Jahre Friedensnobelpreis*, Berlin: Schriftenreihe der Bundeskanzler-Willy-Brandt-Stiftung. Karl Dietrich Bracher et al. (1986): *Geschichte der Bundesrepublik Deutschland. Republik im Wandel 1969-1974. Die Ära Brandt*, Stuttgart: DVA. Helmut Kistler (1982): *Die Ostpolitik der Bundesrepublik Deutschland 1966-1973*, Bonn: BpB.

IV.A8 Väterliteratur, literarische Strömung, die ungefähr ab der Mitte der 1970er Jahre bis in die frühen 1980er Jahre Konjunktur hatte: Bei den schon von Zeitgenossen so bezeichneten »Väter-Büchern« handelt es sich um autobiographisch gefärbte und auf Vergangenheitsbewältigung im Mikrokosmos der Familie abzielende Prosatexte. Zuweilen wird dieser zeitliche Rahmen in der Forschung auf die »zweite Folge« der in den späten 1980er Jahren erschienenen Väterbücher oder gar auf den ›Generationenroman‹ der Gegenwartsliteratur ausgeweitet. Es scheint indes sinnvoller, die Väterliteratur auf ein relativ kompaktes Korpus einzugrenzen, dessen Autorinnen und Autoren ungefähr der Generation der zur Zeit des Nationalsozialismus Geborenen angehören. Die allerdings auch erst im Gefolge der Umwälzungen des Jahres 1968 (→1968 [IV. A1]) einsetzende literarische Reaktion dieser ›zweiten Generation‹ auf die nationalsozialistische Vergangenheit ihrer Eltern ist von einer Unmittelbarkeit gekennzeichnet, die den späteren, oft schon stereotyp angelegten Beiträgen des Genres (u.a. von Niklas Frank, Ludwig Harig und Peter Schneider) tendenziell abgeht.

Die Forschung verortet die so begriffene Väterliteratur für gewöhnlich im Umfeld der (gescheiterten) Studentenrevolte, der angestrebten Überwindung der von Alexander und Margarete Mitscherlich diagnostizierten à»Unfähigkeit zu trauern« [4.A2] und der aufkommenden literarischen Trendwende zur Introspektion (Neue Innerlichkeit bzw. Neue Subjektivität). Als nachgerade stilbildende Texte dürfen dabei vor allem Bernward Vespers fragmentarischer ›Romanessay‹ *Die Reise* (1977 posthum publiziert) und Christoph Meckels *Suchbild. Über meinen Vater* (1980) gelten. Einschlägig sind auch die Romane von Peter Härtling (*Nachgetragene Liebe*, 1980), Sigfrid Gauch (*Vaterspuren*, 1979), E. A. Rauter (*Brief an meine Erzieher*, 1979), Peter Henisch (*Die kleine Figur meines Vaters*, 1975) und Günter Seuren (*Abschied von einem Mörder*, 1980); sowie die von Autorinnen geleisteten Beiträge zur Väterliteratur: Elisabeth Plessens *Mitteilung an den Adel* (1976), Brigitte Schwaigers *Lange Abwesenheit* (1980), Jutta (heute Julian) Schuttings *Der Vater* (1980) und Ruth Rehmanns *Der Mann auf der Kanzel* (1980).

In der Forschungsdiskussion über die Väterliteratur stechen drei Kriterien heraus: Die Väterliteratur wird erstens zumeist als eigenständiges Genre stark gemacht und als Begleiterscheinung der Neuen Subjektivität verstanden; ihr wird zweitens unterstellt, dass sie, wirkungsästhetisch gesprochen, »Kritik am Vater als dem symbolischen Vertreter der Macht und des Gesetzes« (Regula Venske) übe bzw. eine kritische öffentliche Auseinandersetzung der Autorinnen und Autoren mit »their fathers' involvement in the Third Reich« (Barbara Kosta) bezwecke, und sie wird drittens als gleichsam monologische Form der Vergangenheitsbewältigung konzeptualisiert, die nach dem Tod der jeweiligen Väter einsetze.

Diese Sichtweise der Väterliteratur hat sich im Wesentlichen bis heute gehalten. Noch in jüngster Zeit werden die Väterbücher als literarische Zeugnisse des intergenerationellen »Bruchs«, der »Abrechnung« (Aleida Assmann) und der »Distanzierung« (Friederike Eigler) gedeutet und als solche von aktuellen ›Generationenromanen‹ abgegrenzt. Vieles spricht jedoch dafür, derartige Denkfiguren und den Begriff der Väterliteratur überhaupt zur Disposition zu stellen – was Reinhold Grimm bereits 1982 anregte. Bei näherem Hinsehen entpuppt sich dieses angebliche Genre nämlich als arbiträr konstruiertes Konzept, das dem Textkorpus, welches es zu denotieren beansprucht, kaum gerecht wird. Unklar bleibt in der Debatte schon, ob die Väterliteratur nun als Erscheinungsform der Neuen Subjektivität zu gelten hat oder ob sie für ein eminent politisch grundiertes autobiographisches Schreiben steht.

Unterzieht man die Väterbücher einer kritischen Relektüre, wird schnell deutlich, dass wichtige Definitionskriterien des literarhistorischen Konstrukts ›Väterliteratur‹ oftmals gänzlich unerfüllt bleiben. Bei Schutting und Härtling beispielsweise hebt die Auseinandersetzung mit den Vätern nicht auf deren NS-Vergangenheit ab, weil es eine solche gar nicht gab. Bei Henisch, Plessen, Vesper und anderen ist diese Auseinandersetzung zudem keineswegs monologisch angelegt: Die Väter sind nicht während der ganzen Dauer der erzählten Zeit tot und treten durchaus als eloquente Kontrastfiguren der Töchter und Söhne in Erscheinung. Ebenso unhaltbar ist die nach wie vor virulente Grundannahme, dass die Väterliteratur ausschließlich Brüche und Generationenkonflikte inszeniere und dabei die Väter mit einem selbstgerechten Anklagegestus konfrontiere. Im Gegenteil, viele und selbst kämpferische Texte wie Vespers *Reise* sind lesbar als verzweifelte intergenerationelle Annäherungsversuche, deren Scheitern traumatisierend wirkt; das Urteil über die Väter steht keineswegs immer schon fest. Es gibt keinen Verurteilungsimperativ gegenüber den Vorfahren, vielmehr bringen die meisten Väterbücher ein Oszillieren zwischen Annäherung und Distanzwahrung zur Darstellung.

Besonders problematisch ist die schon im Terminus Väterliteratur enthaltene Prämisse, wonach die Mütter in den Väterbüchern keine oder eine nur marginale Rolle spielten. Diese erklärungsbedürftige Verengung des Blickfelds erweist sich bereits bei einer kursorischen Lektüre des väterliterarischen Korpus als unhaltbar. Eine zentrale Rolle kommt den Müttern beispielsweise bei Vesper, Härtling, Seuren und Schwaiger zu. Christoph Meckel (*Suchbild. Meine Mutter*, 2002) und Julian Schutting (*Der Tod meiner Mutter*, 1997) widmeten ihren Müttern ganze Romane, welche die Väterbücher jeweils komplementieren.

Als ergebnisoffene, subjektiv und selbstreflexiv angelegte Versuche transgenerationeller Vergangenheitsbewältigung bilden die Texte der Väterliteratur ein distinktes Moment innerhalb der um 1968 aufkommenden Erinnerungspolitik. Dass diese bisweilen sehr komplexen Beispiele literarischer Vergangenheitsbearbeitung bis heute eher undifferenziert wahrgenommen und in diffuse Begriffs- und Klassifikationsschemata gepresst werden, ist vielleicht ebenfalls bestimmten erinnerungskulturellen Bedürfnissen geschuldet – und zwar auf Seiten auch der professionellen Rezipienten. Deren überraschend homogene Einlassungen zur Thematik scheinen mehrheitlich bestrebt zu sein, die Väterliteratur in das offenbar sehr anschlussfähige Narrativ eines dramatischen, epischen Generationenkonflikts zu integrieren, der sich in der angeblich »bipolare[n] Dynamik« (Elena Agazzi) der Väterbücher manifestiere. Weil der Blick auf die Texte durch diese Tendenzen erheblich getrübt wurde und heute noch wird, kann man über die ›Väterliteratur‹ nicht sprechen und schreiben, ohne diesen Begriff zugleich zu problematisieren.

JR

Lit.: Julian Reidy (2013): *Rekonstruktion und Entheroisierung. Paradigmen des ›Generationenromans‹ in der deutschsprachigen Gegenwartsliteratur*, Bielefeld: Aisthesis. Julian Reidy (2012): *Vergessen, was Eltern sind. Relektüre und literaturgeschichtliche Neusituierung der angeblichen Väterliteratur*, Göttingen: V & R unipress. Jennifer Cameron (2011): »Categorically Complicit. Generation Discourse in Contemporary German Literature«, in: Katharina Hall, Kathryn N. Jones (Hg.): *Constructions of Conflict. Transmitting Memories of the Past in European Historiography, Culture and Media*, Frankfurt a.M. u.a.: Lang, S. 35-52. Mathias Brandstädter (2010): *Folgeschäden. Kontext, narrative Strukturen und Verlaufsformen der Väterliteratur 1960 bis 2008*, Würzburg: Königshausen & Neumann. Marina Karlheim (2010): *Schreiben über die Väter. Erinnerungstopografien – Eine Analyse*, Marburg: Tectum. Elena Agazzi (2008): »Familienromane, Familiengeschichten und Generationenkonflikte. Überlegungen zu einem eindrucksvollen Phänomen«, in: Fabrizio Cambi (Hg.): *Gedächtnis und Identität. Die deutsche Literatur nach der Vereinigung*, Würzburg: Königshausen & Neumann, S. 187-203. Aleida Assmann (2006): *Generationsidentitäten und Vorurteilsstrukturen in der neuen deutschen Erinnerungsliteratur*, Wien: Picus. Friederike Eigler (2005): *Gedächtnis und Geschichte in Generationenromanen seit der Wende*, Berlin: Erich Schmidt. Barbara Kosta (2001): »Väterliteratur, Masculinity, and History«, in: Roy Jerome (Hg.): *Conceptions of Postwar German Masculinity*, Albany: State University of New York Press, S. 219-241. Claudia Mauelshagen (1995): *Der Schatten des Vaters. Deutschsprachige* Väterliteratur *der siebziger und achtziger Jahre*, Frankfurt a.M. u.a.: Lang. Konrad Kenkel (1993): »Der lange Weg nach innen. Väter-Romane der 70er und 80er Jahre. Christoph Meckel *Suchbild: Über meinen Vater* (1980), Elisabeth Plessen *Mitteilungen* [sic!] *an den Adel* (1976) und Peter Härtling *Nachgetragene Liebe* (1980)«, in: Manfred Brauneck (Hg.): *Der Deutsche Roman nach 1945*, Bamberg: C. C. Buchners, S. 167-187. Ralph Gehrke (1992): *Literarische Spurensuche. Elternbilder im Schatten der NS-Vergangenheit*, Opladen: Westdeutscher. Hinrich C. Seeba (1991): »Erfundene Vergangenheit. Zur Fiktionalität historischer Identitätsbildung in den Väter-Geschichten der Gegenwart«, in: *Germanic Review* 66, H. 4, S. 176-182. Susan G. Figge (1990): »›Father Books‹. Memoirs of the Children of Fascist Fathers«, in: Susan Groag Bell, Marilyn Yalom (Hg.): *Revealing Lives. Autobiography, Biography, and Gender*, Albany: State Univ. of New York Press, S. 193-201. Reinhold Grimm (1982): »Elternspuren, Kindheitsmuster. Lebensdarstellung in der jüngsten deutschsprachigen Prosa«, in: Ders., Jost Hermand (Hg.): *Vom Anderen und vom Selbst*, Königstein: Athenäum, S. 167-182.

Karl Ermert, Brigitte Striegnitz (Hg.) (1981): *Deutsche Väter. Über das Vaterbild in der deutschsprachigen Gegenwartsliteratur*, Rehburg-Loccum: Evangelische Akademie Loccum.

IV.A9 RAF und »**Faschismus**«, ein Argumentationsmuster der studentischen Linken der 1960er Jahre bei der Beurteilung des staatlichen Gewaltmonopols in der Bundesrepublik bestand darin, Begriffe wie »faschistisch« und »faschistoid« im politischen Diskurs eher schablonenhaft und zumeist unreflektiert zu verwenden (→»1968« [IV.A1]).

»Die Demokratie in Deutschland ist am Ende«, so 1968 der Befund des SDS-Ideologen Hans-Jürgen Krahl, in dem mannigfaltige Erfahrungen der revoltierenden Studenten als Bestätigung für ein solches Urteil zusammenflossen: Erstens die Kontinuität der deutschen Eliten, die nach 1945 wieder einflussreiche Positionen in Wirtschaft, Politik und Beamtenschaft besetzt hatten, zweitens der unmittelbar erlebte Kampagnenjournalismus der privatwirtschaftlich organisierten Massenpresse (allen voran des Springer-Verlags); drittens aktuelle politische Entscheidungen sowohl der großen als auch der sozial-liberalen Koalitions-Regierung (Notstandsgesetzgebung, Radikalenerlass von 1972), in denen sich ein »neuer Faschismus« im Gesellschaftssystem der BRD abzuzeichnen schien, wobei der Terminus selbst nicht als ein analytischer, historisch fundierter, sondern als aktueller Kampfbegriff aufgegriffen wurde. Es schien ein »tiefsitzendes Vertrauensdefizit« (Wolfgang Kraushaar) zwischen der 1968-Generation und ihren von der NS-Diktatur geprägten Eltern zu existieren, so dass die NS-Vergangenheit zu einem dauerhaften »historischen Resonanzboden« für antiautoritäre, antifaschistische und antikapitalistische Haltungen werden konnte. Kraushaar konstatiert angesichts der unaufgearbeiteten faschistischen Herrschaft und den aktuellen amerikanischen Kriegsverbrechen in Vietnam Ende der 1960er Jahre eine »Glaubwürdigkeitskrise« des Staates, welche die Herausbildung extremistischer und militanter Positionen begünstigte. Schon Anfang der 1960er Jahre hatte Ulrike Meinhof, Journalistin und späteres RAF-Mitglied, in ihren *konkret*-Kolumnen sensibel und kritisch auf neonazistische Tendenzen in der Bundesrepublik reagiert. Als die konservative Tageszeitung *FAZ* die Gewerkschaften als »Volksfeinde« diffamierte und Streiks als Zeichen für einen »Zustand der inneren Krise« wertete, glaubte Meinhof in diesen Äußerungen zumindest Vorboten des Faschismus zu erkennen: Dies sei die »Sprache von Sozialistengesetz und März 33«. Im Streben des Verteidigungsministers Franz Josef Strauß nach Atomwaffen offenbarte sich für sie eine Politik, die den Weg in einen künftigen »Militärstaat« ebne. Die Ablösung Joachim C. Fests als Leiter des Polit-Magazins *Panorama* 1967 nach einem kritischen Bericht über die Notstandsgesetze bezeichnete sie als einen Akt der »Gleichschaltung« und sah darin die Durchsetzung einer »Einheitsideologie« der (für sie längst nicht mehr demokratischen) Parteien. Knapp zehn Jahre später formulierte sie in ihren fragmentarischen Notizen aus dem Gefängnis als zentrale Aufgabe der Stadtguerilla die Bildung einer (militärisch-politischen) »Front« in den Metropolen. Beiläufig schwingt in dem Text ein Rest rationalen ›Aufklärungsdenkens‹ mit, wenn das Ziel des bewaffneten Kampfes Erwähnung findet: »Entlarvung der Sozialdemokratie« und Sichtbarmachung des »Faschismus«.

In den zentralen Schriften der RAF, den Begründungen für ihr »Konzept Stadtguerilla« und der Theorie des bewaffneten Kampfes findet sich verstreut immer wieder ein solcher pauschalisierender und wenig präziser Faschismusbegriff. Ein Grundpfeiler der Argumentation bestand in der Feststellung eines allgemeinen »Faschisierungsprozesses« in der BRD, in den das gesamte politische System (Exekutive, Justiz, Medien) eingebunden zu sein schien, einschließlich der Reformpolitik der SPD, die als »Transmission des neuen Faschismus« gebrandmarkt wurde. Dagegen stand die Hoffnung, dass eine »offene Faschisierung« die Volksmassen zu einem militanten Widerstand gegen Staat und Kapital mobilisieren würde. Dabei kam es in der Begründung für die Anschläge auf die beiden US-Hauptquartiere in Heidelberg und Frankfurt zu irritierenden und provozierenden Gleichsetzungen (»Auschwitz, Dresden und Hamburg«), die darauf hindeuteten, dass die RAF einen (diffusen) Zusammenhang zwischen den Verbrechen des NS-Staates, den Flächenbombardements der Alliierten im Zweiten Weltkrieg und der aktuellen Aggression der USA in Vietnam sehen wollte. Die Diagnose eines »neuen Faschismus« in der BRD führte auch dazu, dass die RAF in ihren Schriften willkürlich auf das Vokabular der NS-Vernichtungspolitik (»Sonderbehandlung«) zurückgriff, um auf das Schicksal ihrer »politischen Gefangenen« aufmerksam zu machen und einen faschistoiden Charakter der BRD-Justiz zu postulieren. Als »Amoklauf von Abstraktionen« interpretiert Peter Brückner den Totalitätsanspruch der »Revolutionäre«, die – wie der im Hungerstreik befindliche Holger Meins in seinen letzten Texten schrieb – nur noch eine Alternative gelten lassen wollten: »Entweder Schwein oder Mensch!« Letztendlich wurden »Schweinesystem« und Faschismus zu einem Synonym für das weltweite imperialistische Unterdrückungssystem der USA und seiner ›Vasallenstaaten‹, dem (aus der RAF-Perspektive) nur mit dem Mittel des bewaffneten antiimperialistischen Kampfes begegnet werden konnte.

Ein Teil des bürgerlichen Lagers war geneigt, in den Kadern der RAF fehlgeleitete, verlassene und »verratene« »Bürgerkinder« zu sehen, ein Klischee, das eine Zuspitzung im Begriff *Hitler's Children* erfuhr, den die amerikanische Autorin Jillian Becker in ihrer Monographie von 1977 für die Mitglieder der Stadtguerilla wählte. Darin wird die These vertreten, die RAF-Aktivisten seien als Revoltierende gegen die Elterngeneration (die »Generation von Auschwitz«) selbst zu radikalen Gewalttätern geworden und hätten mit ihrer Unabdingbarkeit und Gnadenlosigkeit wesentliche Eigenschaften und Merkmale der Nazis übernommen. Das Buch wartet mit kuriosen Vergleichen auf, wenn zum Beispiel auf einer äußeren Erscheinungsebene große »Ähnlichkeiten« zwischen den Terroristen und den Nazi-Verbrechern, aber auch mit dem amerikanischen Massenmörder Charles Manson konstatiert werden. Ebenso zweifelhaft sind auch Behauptungen, »Hitlers Kinder« aus den 1970er Jahren hätten ähnlich »luxuriös und parasitär« wie die Nazi-Prominenz im Wohlstand geschwelgt, ihr selbst inszenierter kollektiver Selbstmord im Hochsicherheitstrakt von Stammheim (der Todestrip als Wiederholungszwang) sei eine historische Parallele zum Untergang der Nazi-Prominenz im »Führerbunker« im April 1945 gewesen. Wie sehr solche psychohistorischen Deutungsmuster und »ideologisch-psychologische Kontinuitäts-

linien« dennoch die Debatten um das Phänomen »Stadtguerilla« auch lange nach dem »Deutschen Herbst« 1977 bestimmt haben, zeigt eine Publikation von 1996, in der Hans-Jürgen Wirth in den Terroristen »unbewusste Delegierte im Auftrag der Elterngeneration« sieht, die gegen die »unheilvolle Vergangenheit ankämpften. Ihr Kampf gegen das, was sie selbst als offenen Faschismus bezeichneten, nahm selbst faschistische Züge an.«
Eine Randfigur der Terroristenszene, Bernward Vesper, Sohn des Blut-und-Boden-Dichters Will Vesper und langjähriger Lebensgefährte von Gudrun Ensslin, reflektiert in seiner 1977 posthum erschienenen Autobiographie *Die Reise* die widersprüchliche Sozialisationsgeschichte eines Nachgeborenen des Nationalsozialismus zwischen autoritärem Elternhaus, post-faschistischer Erziehung und zielloser Rebellion gegen die subtilen Zwänge aus der Vergangenheit (→Väterliteratur [IV.A8]). Während eine verbreitete Lesart des Buches Vesper als »linken Märtyrer« sieht, »der am alltäglichen Faschismus zerbrochen war« (er hatte bereits im Mai 1971 in der Hamburger Universitätsklinik Selbstmord begangen), unterstreicht Christian Schultz-Gerstein in einem *Spiegel*-Artikel von 1979 die Ambivalenz im Verhalten des APO-Protagonisten, der jahrelang die NS-Phrasen seines Vaters mit verbreitete und um dessen Liebe buhlte, während er gleichzeitig die Elterngeneration pauschal als »Vegetables« (Kraut) abkanzelte.
Zur direkten Konfrontation der RAF mit einem ehemaligen Repräsentanten des Nationalsozialismus, dem Präsidenten des Bundesverbandes der Deutschen Industrie und der Bundesvereinigung der Deutschen Arbeitgeberverbände, Hanns Martin Schleyer, kam es mit dessen Entführung am 5.9.1977 in Köln durch das »Kommando Siegfried Hausner«. Schleyer, der während des Zweiten Weltkriegs im Rahmen der NS-Wirtschaftslenkung in Prag an der »Nutzbarmachung der gesamten gewerblichen Wirtschaft des Protektorats für Aufgaben der Reichsverteidigung« beteiligt war, galt er in der Öffentlichkeit als Symbolfigur des deutschen Unternehmertums und schien als »mächtigster deutscher Wirtschaftspräsident der Nachkriegszeit« verantwortlich für die Entwicklung der BRD hin zu einem Unternehmerstaat. In einem Interview, das der *Stern*-Reporter Kai Hermann 1974 mit dem »Boss der Bosse« führte, wurde auch dessen NS-Vergangenheit angesprochen, zu der er sich offen, aber ohne ein Wort des Bedauerns bekannte. Die RAF-Entführer, die bei den »Verhören« Schleyers ebenfalls nach biographischen Details aus seiner NS-Zeit fahndeten, erhielten nur vage Erklärungen, in denen er auf seine Eingebundenheit in die Zeitumstände und die weltpolitischen Konstellationen verwies.

Im Mai 1997 traf sich in Zürich eine Gruppe ehemaliger RAF-Kader, um zwei Jahrzehnte nach den Ereignissen des »Deutschen Herbstes« eine selbstkritische Bilanz ihrer militanten Aktionen zu ziehen. Vorsichtig rückten einige von der Vorstellung ab, die BRD sei ein faschistisch geprägter Staat. Angesichts der weitgehenden Übereinstimmung von »Herrschenden und Beherrschten« könne die Macht des Systems nicht allein auf Repression beruhen. Ex-Terrorist Karl-Heinz Dellwo bekannte: »Die Vorstellungen, die wir hatten, damit konnte man keine neue Gesellschaft gründen – das war zuwenig« (*Frankfurter Rundschau*, 20.5.1997). In der achtseitigen Erklärung, die am 20.4.1998 in den Briefkasten der Nachrichtenagentur Reuters geworfen wurde, verkündeten die Unterzeichner die Auflösung der RAF nach 28 Jahren. Der Befreiungskampf sei gescheitert, die Auseinandersetzung um das Konzept der Stadtguerilla historisch geworden. Einer der Gründe für das Scheitern enthält implizit das Eingeständnis, dass die eigene Faschismus-Theorie falsch war: »Der sozialrevolutionäre Ansatz verschwand aus Theorie und Praxis der RAF. [...] Die RAF ist an der sozialen Frage nicht identifizierbar gewesen. Ein Grundfehler.« Auch wenn letztlich die Beteiligten selbst den Zusammenhang von RAF und Faschismus nicht mehr wahrhaben wollten, tauchte er in späteren Analysen des linken Terrorismus immer wieder auf. So mahnte der Psychoanalytiker und Soziologe Christian Schneider in einem *taz*-Artikel am 11.9.2004: »[...] wo nur Militanz und Mord gesehen werden, fehlt das wichtigste Codewort der Generationsbewegung, aus der die RAF hervorging: Auschwitz.« Ein Beleg hierfür findet sich bereits in Schriften der »Bewegung 2. Juni«, dem gleichsam proletarischen Arm des deutschen Linksterrorismus der 1970er Jahre. So nahm deren Bombenbastler Michael ›Bommi‹ Baumann in seiner autobiographischen Aussteigerschrift *Wie alles anfing* (1975) das gleiche Rechtfertigungsmuster für seine Radikalisierung in Anspruch: »Bevor ich nun wieder nach Auschwitz transportiert werde, denn schieß ich lieber vorher.«

WU

Lit.: Carolin Emcke (2008): *Stumme Gewalt. Nachdenken über die RAF*, Frankfurt a.M.: Fischer. Wolfgang Kraushaar (Hg.) (2006): *Die RAF und der linke Terrorismus*, 2 Bde., Hamburg: Hamburger Ed. Lutz Hachmeister (2004): *Schleyer. Eine deutsche Geschichte*, München: Beck. Gerd Koenen (2001): *Das Rote Jahrzehnt. Unsere kleine deutsche Kulturrevolution 1967-1977*, Köln: Kiepenheuer & Witsch. Hans-Jürgen Wirth (Hg.) (1996): *Hitlers Enkel – oder Kinder der Demokratie? Die 68er-Generation, die RAF und die Fischer-Debatte*, Gießen: Psychosozial. Stefan Aust (1989): *Der Baader-Meinhof-Komplex*, München: Knaur. Iring Fetscher, Günther Rohrmoser (1981): *Ideologien und Strategien*, Opladen: Westdeutscher Verlag. Jillian Becker (1978): *Hitlers Kinder? Der Baader-Meinhof-Terrorismus*, Frankfurt a.M.: Fischer. Peter Brückner (1976): *Ulrike Meinhof und die deutschen Verhältnisse*, Berlin: Wagenbach.

IV.A10 Neuer Deutscher Film, aus dem Oberhausener Manifest (1962) entstandenes Konzept eines erneuerten, von kommerziellen Zwängen befreiten Autorenfilms.

Der Neue Deutsche Film zeichnete sich durch eine kritische Beschreibung der gesellschaftlichen und politischen Verhältnisse sowie der Umgangsweisen mit der deutschen Vergangenheit aus. Mit seiner Gesellschaftskritik hob er sich bewusst von den bisher vorherrschenden Genres der deutschen Filmproduktion – Heimat- und Unterhaltungs- sowie Kriegsfilm (→Kriegsfilmwelle [II.D7]) – ab und versuchte, durch neue, anspruchsvolle Themen die seit Mitte der 1950er Jahre herrschende Krise des westdeutschen Kinos zu überwinden. Frühere filmische Bearbeitungen der NS-Vergangenheit konzentrierten sich oft auf eine deutsche Opferrolle oder eigenen heroischen Widerstand. Mit der dokumentarischen →Fernsehreihe Das Dritte Reich [III.C1] (ARD 1960) und Fritz Umgelters Miniserie Am grünen Strand der Spree (ARD 1960) (→Der Holocaust im Spielfilm der 1960er Jahre [III.C7]) mehrten sich in den 1960er Jahren zunächst im Fernsehen die Anzeichen einer neuen aufklärerischen filmischen Tendenz. Initiatoren und Autoren des Neuen Deutschen Films wie Alexander Kluge, Wim Wenders, Edgar Reitz, Volker Schlöndorff, Hans Jürgen Syberberg (→Syberberg-Debatte [IV.C4]) und Rainer Werner Fassbinder (→Fassbinder-Kontroversen [V.A6]) griffen nun – ausgehend von dem Bestreben nach sozialem Realismus, nach mehr künstlerischer Authentizität und dem Bewusstsein einer öffentlichen Verantwortung des Films – Themen auf, die die NS-Vergangenheit mit zeitgenössischen gesellschaftlichen Kontroversen verbanden.

So handelt Kluges Abschied von Gestern (1966) von den traumatischen Nachwirkungen des Nationalsozialismus im Jahr 1966. Der Film erzählt die Geschichte der Jüdin Anita G. Die durch die Deportation ihrer Großeltern, die sie als Kind miterlebte, traumatisierte Anita vermag sich nicht in die westdeutsche, vom Wirtschaftswunder geprägte Gesellschaft einzugliedern. Kluge findet prägnante Bilder für die Kälte und Doppelmoral einer Gesellschaft, die dem Gedächtnis der Opfer keinen Ort einräumt. Einen weiteren Versuch, Doppelmoral und mangelnde Zivilcourage der Bevölkerung im Dritten Reich zu thematisieren, unternahm Volker Schlöndorff mit seiner filmischen Parabel Der junge Törless (1966), die anhand des Missbrauchs eines jüdischen durch deutsche Internatsschüler die Haltung des schweigenden Mitwissers ins Blickfeld rückt.

Gemeinsam ist sämtlichen ersten Versuchen der neuen deutschen Filmer das Bestreben, durch persönliche Bestandsaufnahmen der damaligen gesellschaftlichen Stimmung in Westdeutschland Trauerarbeit zur Stiftung kollektiver Erinnerung und nationaler wie generationsbezogener Identität leisten zu wollen. Die innovative Verbindung von Geschichte und Gegenwart barg allerdings die Gefahr einer Marginalisierung des Nationalsozialismus zugunsten der Gegenwartsanalyse. Bis in die 1970er Jahre dominierten zudem überzeitliche Erfahrungen wie Einsamkeit, Heimatlosigkeit, Isolation, Angst und Versagen den Neuen Deutschen Film. Unter der Leitung von Alexander Kluge entstand 1978 Deutschland im Herbst, eine gemeinsame Filmarbeit von elf Regisseuren, deren Absicht es war, die Stimmung des so genannten Deutschen Herbstes 1977 in der krisengeplagten Bundesrepublik nach der

Entführung und Ermordung Hanns Martin Schleyers sowie den Selbstmorden der inhaftierten RAF-Terroristen zu reflektieren (→RAF und »Faschismus« [IV.A9]). Die ineinandergeschnittenen, sehr unterschiedlichen Beiträge der einzelnen Autoren zeichnen das Bild eines von der Springer-Presse sekundierten Polizeistaats, mit dem Züge des Nationalsozialismus wiederzukehren schienen. Der Film verknüpft – etwa in Fassbinders Beitrag – eine Trauerarbeit mit Kritik am autoritären Staat sowie der unter vorsichtigem Konservatismus versteckten militärischen Mentalität der Elterngeneration (→»1968« [IV.A1]).

Gegen Ende des Jahrzehnts war das Bemühen, sich explizit mit der deutschen NS-Vergangenheit zu befassen, gewachsen. In Alexander Kluges DIE PATRIOTIN (1979) spielt Hannelore Hoger die Geschichtslehrerin Gabi Teichert, die sich – unbeeindruckt von bisherigen Darstellungen standardisierter Geschichtsbücher – ihren eigenen Nachforschungen widmet. Die Recherche führt sie durch die deutsche Vergangenheit sowie die bundesrepublikanische Gegenwart. Kluges Film kann als metaphorische Anleitung verstanden werden, wie man die nationalsozialistische Geschichte der Republik aufarbeiten und reflektieren sollte. Weitere filmische Annäherungsweisen wie Volker Schlöndorffs DIE BLECHTROMMEL (1975), Rainer Werner Fassbinders Werke wie DIE EHE DER MARIA BRAUN (1979) oder Edgar Reitz' dreiteilige Chronik HEIMAT (1980ff.) (→Deutsche Filme der 1980er Jahre [V.B5]) erweiterten das Repertoire des Neuen Deutschen Films. Dabei bleibt jedoch der Holocaust weitgehend unberücksichtigt.

Zuerst dominiert von der Suche nach den eigenen Wurzeln und dem Wunsch nach einer generationellen Identitätsbildung, stand die Aufarbeitung und Selbstkonfrontation mit der NS-Vergangenheit seit Ende der 1970er Jahre nicht zuletzt unter dem Eindruck der amerikanischen →HOLOCAUST-Serie [V.B1] stärker im Mittelpunkt der filmischen Bemühungen. Spätestens in den 1980er Jahren zeigte der Neue Deutsche Film Ermüdungserscheinungen. Kassenschlager waren eher rein unterhaltende Filme wie das Untersee-Epos DAS BOOT (1981). In den 1990er Jahren dann wurde das Sujet des Nationalsozialismus immer mehr als Kulisse für unterhaltende Genrefilme eingesetzt.

FB

Lit.: Norbert Grob, Hans Helmut Prinzler, Eric Rentschler (Hg.) (2012): *Neuer Deutscher Film. Stilepochen des Films*, Stuttgart: Reclam. Julia Zutavern (2008): »Der Neue Deutsche Film«, in: Thomas Christen, Robert Blanchet (Hg.): *New Hollywood bis Dogma 95. Einführung in die Filmgeschichte Bd. 3*, Marburg: Schüren, S. 111-140. Thomas Elsässer (1994): *Der Neue Deutsche Film. Von den Anfängen bis zu den neunziger Jahren*, München: Heyne. Olaf Grüneis (1994): *Schauspielerische Darstellung in Filmen Alexander Kluges. Zur Ideologiekritik des Schauspielens im Film*, Essen: Die blaue Eule. Caryl Flinn (1992): *The New German Cinema: music, history and matter of style*, Berkeley u.a.: University of California Press. Hans Helmut Prinzler, Eric Rentschler (Hg.) (1988): *Augenzeugen. 100 Texte neuer deutscher Filmemacher*, Frankfurt a.M.: Verlag der Autoren.

IV.A11 § 175 und das unbewältigte Erbe der NS-Homosexuellenverfolgung

Mit der Strafbestimmung des § 175 wurden in Deutschland seit 1872 »beischlafähnliche« homosexuelle Handlungen zwischen Personen männlichen Geschlechts als »widernatürliche Unzucht« aufgefasst und von Staats wegen verfolgt. 1935 wurde das Strafgesetz durch die NS-Machthaber verschärft und erweitert. Nunmehr konnten jegliche gleichgeschlechtliche Kontakte unter Männern, die durch Wollust oder Liebe motiviert schienen, als Vergehen nach § 175 StGB mit Freiheitsentzug (Gefängnis) bestraft werden. Neu hinzu kam der § 175a StGB, der besondere Tatbestände (u.a. Verführung junger Männer unter 21 Jahren, männliche Prostitution, Sex in Abhängigkeitsbeziehungen) als Verbrechen klassifizierte, bereits den Versuch strafbar machte und sie mit verschärfter Haft (Zuchthausstrafen) sowie mit dem Verlust bürgerlicher Ehrenrechte ahnden konnte. Neben diesem Sondergesetz boten weitere Strafbestimmungen und Gesetze dem nationalsozialistischen Staat eine Handhabe, um gegen homosexuelles Verhalten vorzugehen: § 185 (tätliche »Beleidigung«) ermöglichte es, unerwünschte Annäherungsversuche zu bestrafen, mit § 183 (Erregung öffentlichen Ärgernisses/»Exhibitionismus«) konnten beobachtete Sexualkontakte in Parks oder auf Toiletten angezeigt und strafverfolgt werden. Ab 1935 wurde zudem das »Gesetz zur Verhütung erbkranken Nachwuchses« dazu benutzt, um homosexuelle Männer mit der Aussicht auf eine mildere Bestrafung zur Einwilligung in eine »freiwillige Kastration« zu nötigen (→Erbgesundheitsgesetz, Ächtung und Entschädigungsdebatten [VI.B6]). Bis zum Ende der NS-Diktatur wurden durch die Zivil-Gerichte mehr als 50.000 Urteile nach dem exzessiven Sonderstrafrecht (§§ 175, 175a) gefällt. Etwa 200.000 Männer waren ins Visier der polizeilichen Ermittlungsbehörden geraten, verdächtigt, verhört und bedroht worden. Im Verlauf der sich radikalisierenden Verfolgung wurden etwa 7.000 Männer, zumeist nach Ende der Justiz-Haft, durch Kripo und Gestapo in Konzentrationslager eingewiesen. Schätzungen zufolge kamen 5.000 Männer im Zuge der Homosexuellenverfolgung in den Haftanstalten, Konzentrationslagern und durch Suizid zu Tode.

Rechtsbereinigungsbestrebungen der Besatzungsmächte

Die Entnazifizierung (→Entnazifizierung [I.A1]) des Strafrechts nach 1945 erfolgte durch Gremien der alliierten Besatzungsmächte. Im Alliierten Kontrollrat war dazu das Rechtsdirektorat (Legal Directorate) zuständig, dem ein »Criminal Code Committee« (CRICO) und ab 1946 das »Law Reform Committee« (LARE) angeschlossen waren. Diese Komitees, denen Delegationen der vier Besatzungsmächte angehörten, erarbeiteten Vorschläge zur Entnazifizierung des Rechts, die dann mit drei Kontrollratsgesetzen zur pauschalen Aufhebung von NS-Gesetzen führten. Die §§ 175 und 175a StGB zählten letztlich nicht zu den aufgehobenen Gesetzen, trotz einer Empfehlung des Berliner Juristischen Prüfungsausschusses von 1946, der das CRICO beriet. Auch der eigene Vorschlag des CRICO, zum einen den § 175 zu entschärfen und auf seine Weimarer Fassung zurückzuführen und zum anderen den § 175a weitestgehend aufzuheben (bis auf den Tatbestand der Nötigung nach § 175a, Ziff. 1), fand keinen Konsens zwischen den Rechtsdelegationen der Alliierten. Im LARE forderten die Briten mit Nachdruck die Beibehaltung des § 175a StGB. Mehrheitliche Einigkeit bestand zwischen LARE und CRICO 1947 allerdings darin, den § 175 auf seine Weimarer Fassung zurückzuführen. Bevor es zur Umsetzung dieser Empfehlung kommen konnte, beendete die 1948 beginnende Zweiteilung Deutschlands faktisch die Tätigkeit des »Legal Directorate« im Alliierten Kontrollrat. Seine Vorschläge zur weiteren Bereinigung und Erneuerung des Rechts blieben der geteilten Justiz und deren jeweiligen Gesetzgebern nach der vollzogenen Zweistaatenbildung 1949 überlassen.

Zögerliche Strafrechtsreformprozesse

Die DDR griff 1951 den alliierten Reformkompromiss auf. Der überkommene § 175 StGB wurde als typisch nationalsozialistisches Unrecht anerkannt und auf die vor 1935 geltende Fassung im neuen Strafgesetzbuch zurückgeführt. Der § 175a StGB wurde allerdings bis 1968 beibehalten. Angaben zur Verfolgungspraxis, die in der Kriminalstatistik der DDR nicht ausgewiesen wurde, liegen bislang nur für die Zeit von 1949 bis 1960 vor. In diesem Zeitraum wurden nach einer Studie von Berndl und Kruber ca. 1.300 Männer in der SBZ und DDR nach den Strafbestimmungen der §§ 175 und 175a verurteilt. Im Zuge der Strafrechtsreformdiskussion ab 1952 und mit Einführung des DDR-Strafgesetzbuches im Jahr 1968 kam es zu einer ambivalenten Teil-Liberalisierung durch die neue Sonderstrafbestimmung § 151 StGB. Sie entkriminalisierte mann-männliche Beziehungen, legte jedoch für gleichgeschlechtliche sexuelle Kontakte eine gegenüber Heterosexuellen um zwei Jahre erhöhte Altersgrenze von 18 Jahren fest und erweiterte erstmals auch die Strafbarkeit auf lesbische Sexualbeziehungen. 1988 wurde diese diskriminierende Sonder-Altersgrenze vom Obersten Gericht aufgehoben und auf 16 Jahre gesenkt. Damit kam das Wort »Homosexualität« im DDR-Strafgesetzbuch fortan nicht mehr vor.

In der BRD blieben §§ 175 und 175a in ihrer NS-Fassung unverändert bis 1969 Bestandteil des Strafgesetzbuches. In der dazu geführten Reformdiskussion spielte das Ziel einer »Entnazifizierung« keine Rolle. Die Auseinandersetzung mit diesen NS-Strafbestimmungen wurde durch ihre Neudeutung umgangen. In der Neubewertung und Beibehaltung der Strafnorm durch den Bundesgerichtshof (1953) und das Bundesverfassungsgericht (1957) wurden die Motive des NS-Gesetzgebers ausgeblendet. Stattdessen wurde auf den »objektiven Wortlaut« abgestellt, der scheinbar unpolitische Straftatbestände formulierte, zur Legitimation ausgewählte internationale Rechtsvergleiche bemüht, erwartbar genehme wissenschaftliche Gutachten eingeholt sowie auf ein »Sittengesetz« in christlich-konservativer Bestimmung verwiesen.

Strafrechtsreformbestrebungen wurden während dieser Zeit blockiert. Die ab 1954 durch die Große Strafrechtskommission des Bundestags erarbeiteten Entwürfe zur Reform des Homosexuellenstrafrechts und der Vorschlag von 1959 zur Abschaffung des § 175 stießen im Justizministerium auf entschiedene Ablehnung. Der danach in staatlichem Auftrag erarbeitete Strafrechtsentwurf E 62 suchte die unveränderte Beibehaltung des Sonderstrafrechts zu bekräftigen – löste jedoch nicht nur bei liberalen Parteivertretern, sondern nunmehr auch in der veränderten Medienlandschaft öffentliche Diskussionen aus, in denen Reform-Befürworter die Meinungsführerschaft erlangen konnten. Aus der Sicht strafbedrohter Homosexueller provozierte der jüdische Remigrant und Historiker Hans-Joachim Schöps 1963 die Debatte. Sein Satz »Für die Homosexuellen ist das Dritte Reich noch nicht zu Ende« wurde zum erinnerungspolitischen Mahnruf.

Eine erste Reform des NS-Sonderstrafrechts gegen Homosexuelle wurde in einer Regierung möglich, in der die CDU die Macht mit der SPD teilen musste. 1969 wurden mannmännliche Beziehungen entkriminalisiert, jedoch wurde an einem deutlich erhöhten Schutzalter von 21 Jahren festgehalten. Eine tatsächliche Liberalisierung konnte während der sozial-liberalen Koalitionsregierung 1973 erreicht werden, als nicht nur die Altersgrenze auf 18 Jahre herabgesetzt wurde, sondern vor allem das bislang christlich motivierte Unzuchts- und Sittenstrafrecht durch neue Strafrechtsnormen, die sich tendenziell an dem Ideal einer sexuellen Selbstbestimmung orientierten, ersetzt wurde. Wenngleich die Strafverfolgung homosexueller Männer in den folgenden zwei Jahrzehnten in beträchtlichem Ausmaß zurückging, blieb das Sonderstraftrecht gegen Homosexuelle trotz der weiteren Liberalisierung und Erfolge der homosexuellen Emanzipationsbewegung Bestandteil des Strafrechts. Erst nach der Wiedervereinigung beider deutscher Staaten und im Zuge der Rechtsangleichung – denn es existierte seitdem zweierlei Recht in Ost und West, weil die DDR das Homosexuellenstrafrecht 1988 abgeschafft hatte – wurde das Relikt des § 175 StGB 1994 aus dem Strafrecht der BRD getilgt.

Repressive Sexualpolitik unter zweierlei Rechtsnormen

Staatliche Homophobie verband Ost und West, wenngleich sich ihre ideologischen Begründungen gravierend unterschieden. In der DDR beriefen sich Verfolgung und Repression auf Vorurteile aus dem linken politischen Spektrum der Weimarer Republik, wonach Homosexualität als bürgerliche Dekadenzerscheinung aufgefasst und als sittliche Gefährdung für die Arbeiterklasse bzw. nunmehr der Werktätigen und insbesondere der Jugend begriffen wurde. Während Homosexualität dadurch einerseits marginalisiert, als »systemfremd« beim beabsichtigten Aufbau des Sozialismus ausgegrenzt und als Verletzung sittlicher Normen argwöhnisch beobachtet wurde, galt andererseits dem vermeintlichen Jugendschutz besondere Aufmerksamkeit, was sich in der Reform der Strafgesetzgebung – Liberalisierung des § 175 und Beibehaltung des § 175a StGB – offenkundig widerspiegelte. Während die Strafverfolgung tendenziell abnahm, zielte die staatliche Homosexuellenpolitik der DDR bis Mitte der 1980er Jahre vor allem auf Unterdrückung durch Unsichtbarmachung, dem Verbot von Vereinsgründungen, Zeitschriften und demonstrativem öffentlichen Auftreten sowie durch Observation und Repression gegenüber Treffpunkten homosexueller Männer und Frauen.

In der BRD begründeten sich Verfolgung und Repression auf Vorurteile aus dem rechtskonservativen politischen Spektrum am Ende der Weimarer Republik. Der Kampf um »sittliche Erneuerung«, an dem die katholische und große Teile der evangelischen Kirche gegen die Liberalisierung und Modernisierung der Geschlechterverhältnisse und Sexualbeziehungen maßgeblich mitgewirkt hatten, wurde nach 1945 fortgeführt. Ihre Bestrebungen zur Wiederherstellung christlich-konservativ geprägter sittlicher Normen wurde nunmehr als Aufgabe zur Entnazifizierung von der »Entsittlichung« durch den Nationalsozialismus umgedeutet und zur Grundlage der staatlichen Sexual- und Familienpolitik während der Adenauer-Ära und der CDU-Vorherrschaft. Unter strikter Ausblendung der NS-Homosexuellenpolitik und der NS-Verfolgung Homosexueller wurde Homosexualität als sittliche Gefahr für Familie und Jugend propagiert, die erneute staatliche Verfolgung durch Polizei und Justiz ab 1952 forciert und durch höchstrichterliche Entscheidungen, die sich auf ein von den Kirchen postuliertes »Sittengesetz« beriefen, legitimiert. Auf dieser Grundlage wurden bis 1969 in der rechtsstaatlich verfassten Demokratie der BRD etwa 50.000 Männer nach dem aus der NS-Zeit unverändert übernommenen Homosexuellenstrafrecht verurteilt. Die ab Anfang der 1950er Jahre in der BRD wieder entstandene Homosexuellenbewegung, die sich auf Errungenschaften der Weimarer Republik berief und das – wenn auch zunächst widerwillig eingeräumte – Vereins- und Publikationsrecht für Emanzipationsbestrebungen und den Kampf gegen das sie weiterhin bedrohende NS-Sonderstrafrecht gegen Homosexuelle in Anspruch nehmen konnte, wurde durch die zunehmende Strafverfolgung homosexueller Männer und Repressionen gegen ihre Vereine und Zeitschriften am Ende der 1950er Jahre zur Selbstauflösung gezwungen. Erst im Zuge der gesellschaftlichen Liberalisierung ab Mitte der 1960er Jahre (→»1968« [IV.A1]), befördert durch den Generationswechsel und die Studenten-Revolte ab Ende 1960er Jahre, kam es zu Neugründungen homosexueller Interessensvertretungen und dem Entstehen der Schwulen- und Lesbenbewegung am Anfang der 1970er Jahre. Lautstark und nachdrücklich machte sie auf das unbewältigte Erbe der NS-Homosexuellenverfolgung aufmerksam, begriff ihren Kampf um Emanzipation als überfällige Entnazifizierung und legitimierte damit ihren Widerstand gegen staatliche Unterdrückung und gesellschaftliche Diskriminierung.

NS-Opfer unter Vorbehalt

Die gescheiterte Entnazifizierung des NS-Strafrechts gegen Homosexuelle verhinderte die Anerkennung der verfolgten Männer als NS-Opfer. Im Verweis auf die Fortgeltung der Strafbestimmungen wurden ihre Forderungen nach strafrechtlicher Rehabilitierung und ihre Bemühungen um Entschädigung für erlittene Schäden abgewiesen (→Wiedergutmachungs- und Entschädigungsgesetze [II.A1]). Sie wurden stattdessen als rechtmäßig bestrafte Kriminelle bezeichnet.

In den ab Herbst 1945 in den Besatzungszonen gebildeten Hilfsstellen und Vereinigungen für NS-Verfolgte wurde ihnen die Aufnahme und Anerkennung als NS-Opfer verweigert. In der Sowjetischen Besatzungszone (und Berlin) waren zur Anerkennung als »Opfer des Faschismus« (OdF-Fürsorgeorganisation) und zur Aufnahme in die Organisation »Verfolgte des Nazi-Regimes« (VVN) der Nachweis politischer Gegnerschaft und aktiven Widerstands erforderlich. Obgleich der überkommene § 175 als typisches NS-Unrecht anerkannt und reformiert wurde, änderte sich auch nach Gründung der DDR an dieser Ausschlusspraxis nichts. In den westlichen Besatzungszonen und der BRD wurde die Anerkennung des NS-Opfer-Status auf die vier Verfolgungsgründe politischer Gegnerschaft, der Rasse, des Glaubens oder der Weltanschauung beschränkt. Die ab 1950/51 erlassenen Länder-Entschädigungsgesetze, wie die 1953 und 1965 verabschiedeten Bundes-Entschädigungsgesetze (BEG sowie auch das ERG 1992 nach der Wiedervereinigung) schlossen mithilfe dieser Rechtsgrundlage verfolgte Homosexuelle (nach § 1 BEG) von vornherein aus. Jene, die es in den 1950er und 60er Jahren dennoch versuchten, zu ihrem Recht zu kommen und für erlittene Haftzeiten entschädigt zu werden, wurden durch Nachforschungen beim Strafregister und anhand angeforderter Strafakten der NS-Zeit geoutet und als nach § 175 vorbestrafte »Kriminelle« abgewiesen. Für all jene ehemaligen KZ-Häftlinge, die vom BEG prinzipiell ausgegrenzt wurden, sollte das 1957 erlassene »Allgemeine Kriegsfolgengesetz« (AKG) Abhilfe durch geringe Entschädigungsleistungen (Renten und Schadenersatz für Gesundheitsschäden) bieten. Doch diese Möglichkeit, die lediglich in einem versteckten Passus des § 5, Abs. 1, Ziff. 2 von über 100 Paragraphen des AKG eingeräumt wurde, blieb weitgehend unbemerkt, und auch die nur einjährige Antragsfrist (01.01. bis 31.12.1958) machte sie praktisch unwirksam. Lediglich 23 ehemalige homosexuelle KZ-Häftlinge stellten einen AKG-Antrag, nur 14 davon fristgemäß. Geht man davon aus, dass etwa 7.000 Männer als Homosexuelle in Konzentrationslager deportiert wurden und nur etwa 40 Prozent überlebten, dann haben 2.800 homosexuelle KZ-Überlebende von der theoretischen Möglichkeit, wenigstens Schadenersatz als Opfer zweiter Klasse zu erhalten, keinen Gebrauch machen können. Nur ein Antrag wurde, soweit bislang bekannt, positiv beschieden. Erst dreißig Jahre später eröffneten die durch den Bundestag 1988 – auf beharrliche Initiativen der Partei Die Grünen – verabschiedeten AKG-Härterichtlinien wieder eine Möglichkeit, den von Entschädigung bislang ausgegrenzten KZ-Opfern staatliche Hilfeleistungen in Form einmaliger finanzieller Beihilfen zukommen zu lassen (→Streit um »vergessene Opfer« [V.A11]). Für viele KZ-Überlebende kamen sie zu spät und wirkten wohl auch unwürdig und kleinlich, nicht nur in Anbetracht der geringen Zahl der noch Lebenden, sondern weil die Antragsteller auch eine akute finanzielle Notlage nachweisen mussten. Zudem blieb weiterhin die Mehrheit der während der NS-Zeit verfolgten Homosexuellen, die von der NS-Gerichtsbarkeit zu Haftstrafen verurteilt worden waren, unberücksichtigt. Erst mit der pauschalen rückwirkenden Aufhebung der NS-Urteile nach §§ 175 und 175a,4 (männliche Prostitution) durch das novellierte NS-Aufhebungsgesetz (NS-AufhG vom 23.7.2002) sowie mit der Neufassung der AKG-Härterichtlinien (Novellierung vom 28.3.2011) waren auch Ansprüche auf einmalige Beihilfen für erlittene Justiz-Haftzeiten und nunmehr ohne den Nachweis gegenwärtiger Notlagen möglich.

Wege zur Un-Rechtsbereinigung
Das nach 1945 weitergeltende Sonderstrafrecht gegen Homosexuelle hatte für die NS-Verfolgten weitreichende Beeinträchtigungen bei der gesellschaftlichen Wiedereingliederung in die Nachkriegsgesellschaft zur Folge. Die zur Aufhebung von NS-Unrechtsurteilen ab 1947 erlassenen Gesetze in den westlichen Besatzungszonen und Bundesländern orientierten sich an den von den Alliierten aufgehobenen NS-Gesetzen. Durch die fehlgeschlagene Entnazifizierung des § 175 StGB hatten verurteilte Homosexuelle kaum eine Chance auf strafrechtliche Rehabilitierung. Sie wurden auf den regelmäßig erfolglosen Weg eines Wiederaufnahmeverfahrens (§ 359ff. StPO) verwiesen und als »rechtmäßig bestrafte Kriminelle« abgewiesen. Bis in die 1960er Jahre wurden sie diesen Makel nicht los. Auch ihre Anträge auf Herabsetzungen der NS-Strafen und vorzeitige Tilgungen im Strafregister schlugen mehrheitlich fehl. Ihre Berufs- und Einkommens-, Karriere- und Lebenschancen wurden fortwährend beschränkt.

Die Strafverfolgungsbehörden der DDR und der BRD gewährten ihnen lediglich die allen verurteilten Straftätern zugestandene Möglichkeit einer schrittweisen Rehabilitierung von der eingeschränkten Auskunft (etwa für polizeiliche Führungszeugnisse) bis hin zur endgültigen Straftilgung aus den geführten Strafregistern. Grundlage waren das Straftilgungsgesetz (von 1933) sowie die Strafregisterverordnung (von 1934), denen das Strafregistergesetz der DDR (1957) und das Bundeszentralregistergesetz der BRD (1971) folgten. Ein vermerkfreies Führungszeugnis erhielt die Mehrheit der zu 6-18 monatigen Gefängnisstrafen Verurteilten erst ab 5 bis 10 Jahren, eine Tilgung aus dem Strafregister erfolgte 10 bis 20 Jahre nach Strafverbüßung. All jene, die zu Zuchthausstrafen verurteilt worden waren, mussten zunächst eine auf dem Gnadenweg erbetene Umwandlung in eine Gefängnisstrafe beantragen, damit die genannten Fristen überhaupt in Kraft treten konnten. Dazu kam, dass bei erneuter Strafverfolgung nach 1945 die vorangegangenen NS-Urteile bei der Urteilsfindung herangezogen und die Männer als »Wiederholungstäter« zu höheren Haftstrafen verurteilt wurden. In Einzelfällen wurden sogar Strafen, die von der NS-Gerichtsbarkeit oder nach der Befreiung aus den Haftlagern 1945 zur Bewährung ausgesetzt worden waren, nunmehr nachträglich durch die bundesdeutsche Justiz vollstreckt.

Erst mit der Reform des Strafrechts 1969, nach der eine Tilgung der Urteile nach § 175 alter Fassung erfolgte, sowie der Reform des Strafvollzugs im selben Jahr, bei der die Zuchthausstrafe abgeschafft wurde, konnte eine nachhaltige Bereinigung erlangt werden. Die Mehrheit der während der NS-Zeit verfolgten Homosexuellen blieb während ihrer Lebenszeit weiterhin konfrontiert mit gesellschaftlicher Ächtung und Diskriminierung und dem Vorbehalt, zu Recht bestraft worden zu sein. Die in den 1990er Jahren geführten Debatten im Deutschen Bundestag, in denen um eine Aufhebung der NS-Urteile gegen Homosexuelle gestritten wurde, geben anhand der Argumente der Gegner davon einen bemerkenswerten Eindruck.

Schritte zur ›Vergangenheitsbewältigung‹
Während in der DDR jegliche Versuche staatlicherseits unterbunden wurden, an das Schicksal der verfolgten Homosexuellen öffentlich zu erinnern, mehrten sich auf der politischen Bühne und in der Öffentlichkeit der BRD ab Mitte der 1980er Jahre erste Anzeichen, die darauf hindeuteten, die Ignoranz gegenüber dem unbewältigten Erbe der nationalsozialistischen Homosexuellenverfolgung zu überwinden. 1985 wurde die Verfolgtengruppe erstmals in einer Rede des damaligen Bundespräsidenten Weizsäcker im Deutschen Bundestag anlässlich des 40. Jahrestages der Befreiung vom Nationalsozialismus als Opfergruppe erwähnt und damit auf präsidialer Ebene anerkannt (→Weizsäcker-Rede [V.A7]). 1988 beschloss der Bundestag, den noch Lebenden bei existentieller Bedürftigkeit Entschädigungsleistungen zukommen zu lassen (AKG-Härterichtlinien). Zugleich gelang es schwulen Initiativen, mit Erinnerungstafeln in KZ-Gedenkstätten, auf öffentlichen Plätzen und mit Demonstrationen an die Opfer der nationalsozialistischen Homosexuellenverfolgung zu erinnern, indem sie dazu den Rosa Winkel, mit dem homosexuelle KZ-Häftlinge markiert worden waren, verwandten und mit Bezug auf die Erinnerungspolitik nicht selten des anklagend wie herausfordernden Text »Totgeschlagen – Totgeschwiegen« benutzten (z.B. auf Gedenktafeln in Mauthausen, Köln, Berlin). Im Jahr 2000 wurde im ehemaligen Konzentrationslager Sachsenhausen in einer weithin beachteten Sonderausstellung in Kooperation zwischen der staatlichen Gedenkstätte und dem Berliner Schwulen Museum erstmals das Schicksal homosexueller KZ-Häftlinge vergegenwärtigt. Diese erinnerungspolitischen Initiativen und die politische Lobbyarbeit im Zusammenwirken mit Verbänden der Schwulen- und Lesbenbewegung haben in den 1990er Jahren wesentlich dazu beigetragen, Parteien, Parlament und Bundesregierung zu weiteren Aktivitäten bei der Aufarbeitung zu bewegen.

Seit der Jahrtausendwende hat der bundesdeutsche Gesetzgeber grundlegende Schritte zur Übernahme staatlicher Verantwortung für das Unrecht der Homosexuellenverfolgung unternommen. Nach einer parteiübergreifenden Bekundung im Jahr 2001, in der das Parlament die NS-Verfolgung Homosexueller als Unrecht und Verletzung der Menschenwürde bezeichnete und sich zugleich für das jahrzehntelange Verschweigen entschuldigte, wurde ein Jahr später ein Großteil der NS-Urteile, die nach §§ 175 und § 175a gefällt wurden, pauschal aufgehoben (NS-AufhG i.d. Fassung v. 23.7.2002). Dadurch erlangten die Verfolgten zumindest postum den Status eines unschuldigen Opfers und erfüllten nunmehr eine Grundvoraussetzung, um im bundesdeutschen Erinnerungsdiskurs als NS-Opfer vorbehaltlose Anerkennung beanspruchen zu können.

Zugleich beschloss das Parlament 2002 eine Kollektiventschädigung in Form einer »Magnus-Hirschfeld-Stiftung«, die – begleitet von einem außerparlamentarischen Aktionsbündnis schwul-lesbischer Vereinigungen und erst nach anhaltendem Parteienwiderstreit – im Oktober 2011 von der Bundesregierung eingerichtet wurde, um insbesondere die wissenschaftliche Erforschung der Verfolgung und Geschichte der Homosexuellen sowie die politische Bildung zu fördern, um der bestehenden Diskriminierung entgegenzuwirken.

Im Jahr 2003 griff der Bundestag die 1992 begonnene und seit 2000 durch den Lesben- und Schwulenverband mit politischer Lobbyarbeit unterstützte Initiative zur Errichtung eines Berliner Mahnmals zur Erinnerung an die NS-Homosexuellenverfolgung auf. Das im Dezember 2003 vom Parlament beschlossene nationale Mahnmal konnte 2008 im Berliner Tiergarten – unweit der anderen Gedenkorte für NS-Opfergruppen (→Holocaust-Mahnmal in Berlin [VI.A2]) – eingeweiht werden. Im gleichen Jahr entzündete sich an dem per Videoschleife im Mahnmal gezeigten Männerkuss eine erinnerungspolitische Debatte in der lesbisch-schwulen Community. Anhand eines Bilderstreits um die sichtbare Repräsentanz von Schwulen und Lesben wurden Differenzen im Hinblick auf die Würdigung der Spezifik in der Verfolgung von schwulen Männern und der Bedrohung und Repression gegenüber lesbischen Frauen, welche das Mahnmal nicht abbilde, diskutiert und schließlich ein Kompromiss durch einen künftig zweijährigen Filmwechsel erzielt.

Seit 2012 gibt es Anträge von im Parlament vertretenen Oppositionsparteien sowie eine Bundesratsinitiative, welche die Bundesregierung aufforderten, nunmehr auch Maßnahmen zur Rehabilitierung und Unterstützung der nach 1945 in der DDR und der BRD wegen einvernehmlicher homosexueller Handlungen Verurteilten zu ergreifen. In dieser folgerichtig weitergeführten Debatte zur Vergangenheitsbewältigung und Unrechtsbereinigung konnte vor allem im Bezug auf das unabänderlich erscheinende Fehlurteil des Bundesverfassungsgerichts von 1957, welche das aus der NS-Zeit übernommene Strafgesetz zu legitimieren suchte, bis heute weder eine befriedigende Lösung gefunden, noch der bundesdeutsche Gesetzgeber zum Handeln bewegt werden.

AP

Lit.: Landesstelle für Gleichberechtigung – gegen Diskriminierung (2011): *§ 175 StGB. Rehabilitierung der nach 1945 verurteilten homosexuellen Männer. Dokumentation des Fachsymposiums*, Berlin: Senatsverwaltung. Klaus Berndl, Vera Kruber (2010): »Zur Statistik der Strafverfolgung homosexueller Männer in der SBZ und DDR bis 1959«, in: *Invertito. Jahrbuch für die Geschichte der Homosexualitäten*, Bd. 12, S. 58-124. Andreas Pretzel (2010): *Homosexuellenpolitik in der frühen Bundesrepublik*, Hamburg: Männerschwarm. Dagmar Herzog (2005): *Die Politisierung der Lust. Sexualität in der deutschen Geschichte des 20. Jahrhunderts*, München: Siedler. Susanne zur Nieden (2003): *Unwürdige Opfer. Die Aberkennung von NS-Verfolgten in Berlin 1945 bis 1949*, Berlin: Metropol. Christian Reimesch (2003): *Vergessene Opfer des Nationalsozialismus? Zur Entschädigung von Homosexuellen, Kriegsdienstverweigerern, Sinti und Roma und Kommunisten in der Bundesrepublik*, Köln: Wiku-Verlag. Günter Grau (2002): »Liberalisierung und Repression. Zur Strafrechtsdiskussion zum § 175 in der DDR«, in: *Zeitschrift für Sexualforschung* 15, H. 4, S. 323-340. Andreas Pretzel (Hg.) (2002): *NS-Opfer unter Vorbehalt. Homosexuelle Männer in Berlin nach 1945*, Münster: Lit-Verlag. Johannes Wasmuth (2002): »Strafrechtliche Verfolgung Homosexueller in der BRD und DDR«, in: Burkhard Jellonnek, Rüdiger Lautmann (Hg.): *Nationalsozialistischer Terror gegen Homosexuelle. Verdrängt und ungesühnt*, Paderborn: Schöningh, S. 173-186. Günter Grau (1995): »Sozialistische Moral und Homosexualität«, in: Detlef Grumbach (Hg.): *Die Linke und das Laster*, Hamburg: MännerschwarmSkript, S. 38-85. Christian Schulz (1994): *Paragraf 175 (abgewickelt). Homosexualität und Strafrecht im Nachkriegsdeutschland – Rechtsprechung, juristische Diskussionen und Reformen seit 1945*, Hamburg: MännerschwarmSkript, S. 19-39. Matthias Etzel (1992): *Die Aufhebung von nationalsozialistischen Gesetzen durch den Alliierten Kontrollrat (1945-1948)*, Tübingen: Mohr. Manfred Herzer (Hg.) (1990): *Die Geschichte des § 175. Strafrecht gegen Homosexuelle*, Berlin: Verlag rosa Winkel. Stümke, Hans-Georg (1989): *Homosexuelle in Deutschland. Eine politische Geschichte*, München: Beck. Schoeps, Hans-Joachim (1963): »Überlegungen zum Problem der Homosexualität«, in: Hermanus Bianchi et al. (Hg.): *Der homosexuelle Nächste. Ein Symposium*, Hamburg: Furche, S. 74-114.

IV.B Politisch-justizielle Versäumnisse

IV.B1 Verjährungsdebatten, wiederkehrende Parlamentsdebatten um die Verjährungsfristen für Morddelikte.

Es bedurfte zwischen 1960 und 1979 insgesamt vier Kontroversen im Bundestag, bis die Unverjährbarkeit von Mord beschlossen wurde. Dadurch blieb die Kontinuität juristischer Verfolgung und Sanktionierung der in der NS-Zeit verübten Morde gewährleistet. Was innenpolitisch im Ergebnis als Glanzleistung parlamentarischer Demokratie gefeiert wurde, galt im Ausland als längst überfällige Notwendigkeit.

Als am 8.5.1960 von der Öffentlichkeit nahezu unbemerkt die in der NS-Zeit verübten Totschlagsdelikte verjährten, hatte sich das Parlament noch nicht zu einer Verlängerung der entsprechenden Fristen entschließen können. Rechtzeitig im März 1960 hatte die SPD einen Gesetzesentwurf eingebracht, der den Ablauf der Verjährungsfrist um die vier Jahre der alliierten Besetzung Deutschlands verschieben sollte. Die Bundesregierung folgte in der Sitzung vom 24.5.1960 jedoch dem Ablehnungsantrag des Rechtsausschusses und begründete dies in einer kurzen Debatte damit, dass mit dem SPD-Entwurf einerseits gegen das in Artikel 103 Abs. 2 GG festgelegte →Rückwirkungsverbot [I.A7] verstoßen würde und andererseits ohnehin die schwersten Vergehen als Mord zu qualifizieren seien. Genau 20 Jahre nach Kriegsende, am 8.5.1965, drohte schließlich auch die Verjährungsfrist für Mord auszulaufen. Im November des Vorjahres beschloss die damalige Bundesregierung unter Kanzler Ludwig Erhard (CDU), keinen Gesetzesentwurf zur Fristverlängerung im Parlament einzubringen. Für alle noch anhängigen Verfahren war der Ablauf der Verjährungsfrist gestoppt, mit weiteren Prozessen wurde nicht gerechnet. Als außenpolitische Vorsichtsmaßnahme wurde jedoch an »alle Regierungen, Organisationen und Einzelpersonen im In- und Ausland« der Aufruf entsandt, möglicherweise vorhandenes Material zur Aufklärung der NS-Verbrechen der →Ludwigsburger Zentralstelle [II.A7] zur Verfügung zu stellen.

Die Resonanz war unerwartet groß. Mehrere Länder des Ostblocks, darunter auch die DDR, signalisierten ihre Bereitschaft zur Zusammenarbeit und verwiesen auf umfangreiche Archivbestände. Die DDR hatte bereits 1962 angeboten, entsprechende Dokumente zur Verfügung zu stellen. Damals wurde das Angebot als propagandistische Aktion zurückgewiesen. Im Februar 1965 reisten Staatsanwälte zunächst nach Polen, um erste Dokumente auszuwerten. Angesichts der am 8.5. ablaufenden Verjährungsfrist wurde schnell die Unmöglichkeit des Unterfangens deutlich, noch rechtzeitig sämtliche Ermittlungen aufzunehmen, um alle Verfahren fristgerecht einleiten zu können. Nachdem sowohl die CDU als auch die SPD einen Gesetzesentwurf vorgelegt hatten, der jeweils die Nichtverjährbarkeit von Mord vorsah, kam es zu zwei leidenschaftlich geführten Plenardebatten, die als »Sternstunden des Parlaments« in die Geschichte eingehen. Der junge CDU-Abgeordnete Ernst Benda forderte ein neues, materielles Rechtsstaatsverständnis, welches sich substantiell auf den Wert der Gerechtigkeit gründe. Die Argumente der Gegenseite, vorgetragen von Justizminister Ewald Bucher und dem früheren Justizminister Thomas Dehler (beide FDP), stützten sich auf den Wert von Rechtssicherheit als Kontinuität. Eine Auseinandersetzung um moralische oder politische Fragen wurde von den Verjährungsbefürwortern abgelehnt.

Die Aufmerksamkeit der Öffentlichkeit war beachtlich. Die vorangegangenen spektakulären NS-Prozesse wie der →Eichmann-Prozess [III.A1] in Jerusalem 1961 und der →Frankfurter Auschwitz-Prozess [III.A3] 1963 hatten die Menschen im In- und Ausland sensibilisiert. Meinungsumfragen vom Januar 1965 zeigen, dass die Problematik der Verjährung immerhin 88 Prozent der westdeutschen Bevölkerung bewusst war, jedoch die Mehrheit mit 52 Prozent für ein Ende der Strafverfolgung plädierte. Die beiden Debatten vom 10. und 25.3.1965 führten zu einem dürftigen Ergebnis. Das neue »Gesetz über die Berechnung strafrechtlicher Verjährungsfristen« bestimmte den 1.1.1950 als Fristbeginn für diejenigen NS-Verbrechen, welche mit lebenslangem Zuchthaus zu sanktionieren waren. Somit wurde der Ablauf der Frist lediglich auf den 31.12.1969 verschoben.

Auch 1969 lehnte noch immer die Mehrheit der Deutschen eine weitere Strafverfolgung der NS-Verbrechen ab. Der außenpolitische Druck, die Strafverfolgung fortzusetzen, hatte sich jedoch durch die UNO-Konvention über die Nichtanwendbarkeit der gesetzlichen Verjährungsbestimmungen von Kriegsverbrechen und Verbrechen gegen die Menschlichkeit verstärkt. Adalbert Rückerl, Leiter der Ludwigsburger Zentralstelle, verwies zudem auf große Mengen immer noch nicht ausgewerteten Aktenmaterials aus dem Ausland. Die CDU lehnte eine völlige Aufhebung der Verjährung ab, da die Partei wegen der im Herbst 1969 bevorstehenden Bundestagswahl um ihr konservatives Wählerpotential fürchtete. Bundeskanzler Kurt Georg Kiesinger (CDU) (→Kiesinger-Ohrfeige [IV.A3]) entschied sich trotzdem, beim Kabinettsbeschluss Ende April 1969 die Gesetzesvorlage des ehemaligen Justizministers Gustav Heinemann (SPD) mitzutragen und somit die uneingeschränkte Aufhebung der Verjährung von Mord und Völkermord als Gesetzesentwurf in den Bundestag einzubringen. In späteren Beratungen wurde der Entwurf jedoch auf Wunsch des rechten Flügels der CDU wieder abgemildert, um ein völliges Scheitern im Bundestag zu verhindern. Am 26.6.1969 beschloss der Bundestag mit mehr als zwei Dritteln aller abgegebenen Stimmen das 9. Strafrechtsänderungsgesetz. Alle Verbrechen, die mit einer lebenslangen Freiheitsstrafe geahndet werden konnten, sollten fortan erst nach 30 Jahren verjähren.

Die Kritiker dieser Entscheidung, die darin nur eine Aufschiebung, jedoch keine Problemlösung erkannten, sollten Recht behalten. Angesichts der zum 31.12.1979 auslaufenden Verjährungsfrist kam es 1979 zur letzten großen Bundestagsdebatte über die rechtliche Behandlung nationalsozialistischer Verbrechen gegen die Menschlichkeit. Politiker zahlreicher Staaten hatten zuvor an die Bundesrepublik appelliert, die NS-Verbrechen nicht verjähren zu lassen. Abgeordnete der CDU, der SPD und auch der FDP brachten entsprechende Anträge ein, über die am 29.3.1979 ausführlich beraten wurde. Die deutsche Öffentlichkeit solidarisierte sich nun erstmals in starkem Maße mit den Verjährungsgegnern. Wesentlichen Anteil daran hatte die deutsche Erstausstrahlung der →HOLOCAUST-Serie [V.B1] im Januar 1979. Die daraufhin entbrannte öffentliche Debatte mündete in die Forderung nach politischem Handeln.

Am 3.7.1979 beschloss der Bundestag mit 255 gegen 222 Stimmen die endgültige Aufhebung der Verjährung von Mordverbrechen.

AL

Lit.: Deutscher Bundestag (Hg.) (1980): *Zur Verjährung nationalsozialistischer Verbrechen. Dokumentation der parlamentarischen Bewältigung des Problems 1960-1979*, Bonn: Deutscher Bundestag, Presse- und Informationszentrum. Clemens Vollnhals (2011): »›Über Auschwitz wächst kein Gras.‹ Die Verjährungsdebatten im Deutschen Bundestag«, in: Jörg Osterloh, Clemens Vollnhals (Hg.): *NS-Prozesse und deutsche Öffentlichkeit. Besatzungszeit, frühe Bundesrepublik und DDR*, Göttingen: Vandenhoeck & Ruprecht, S. 375-402. Marc von Miquel (2004): *Ahnden oder Amnestieren? Westdeutsche Justiz und Vergangenheitspolitik in den sechziger Jahren*, Göttingen: Wallstein. Anica Sambale (2002): *Die Verjährungsdiskussion im Deutschen Bundestag. Ein Beitrag zur juristischen Vergangenheitsbewältigung*, Hamburg: Kovac. Helmut Dubiel (1999): *Niemand ist frei von der Geschichte. Die nationalsozialistische Herrschaft in den Debatten des Deutschen Bundestages*, München: Hanser. Jörg Friedrich (1994): *Die kalte Amnestie. NS-Täter in der Bundesrepublik*, München: Piper. Adalbert Rückerl (1984): *NS-Verbrechen vor Gericht: Versuch einer Vergangenheitsbewältigung*, Heidelberg: Müller. Jürgen Baumann (1965): *Der Aufstand des schlechten Gewissens. Ein Diskussionsbeitrag zur Verjährung der NS-Gewaltverbrechen*, Bielefeld: Gieseking.

IV.B2 Kalte Amnestie, Bezeichnung einer gesetzgeberischen Fehlleistung, in deren Folge kurz vor Beginn einer Prozesswelle gegen NS-Täter in ehemaligen Führungspositionen eine Verjährung der anzuklagenden Straftaten eintrat.

Der Begriff der Kalten Amnestie wurde vom israelischen Botschafter Asher Ben-Natan geprägt; im *Spiegel* (3/1969) war in diesem Zusammenhang von »kalter Verjährung« zu lesen.

Seit den 1950er Jahren beschäftigte sich in Bonn eine große Strafrechtskommission mit der Überarbeitung des Strafrechts. Die meisten Gesetzesvorschläge dieser Kommission wurden 1970 im Bundestag beraten, beschlossen und traten 1975 in Kraft. Lediglich das »Einführungsgesetz zum Gesetz über Ordnungswidrigkeiten« (EGOWiG) wurde schon 1968 dem Bundestag zugeleitet und trat bereits am 1.10.1968 in Kraft. Das Gesetz bezog sich fast ausschließlich auf Ordnungswidrigkeiten im Straßenverkehr. Artikel 1, Ziffer 6 enthielt jedoch eine Umformulierung eines wichtigen Paragraphen des Strafgesetzbuches (StGB). Die bis dahin geltende Regelung des betreffenden §50 Absatz 2 StGB besagte, dass für Beihilfe zum Mord lebenslänglicher Strafvollzug als Höchststrafe verhängt werden konnte. Die Neuregelung unterschied nun, ob die Beihilfe zur Tat durch »besondere persönliche Eigenschaften, Verhältnisse oder Umstände (besondere persönliche Merkmale)« gekennzeichnet sei. Fehlten diese besonderen persönlichen Umstände, so galt die Beihilfe zur Straftat nur als Versuch und wurde milder bestraft.

Viele Juristen lobten die Leistung des Rechtsausschusses, da sie die Novellierung als gesetzliche Sicherung dafür ansahen, dass jeder Beteiligte einer Straftat nach dem Maß seiner Schuld bestraft werden könne. Offensichtlich war hier übersehen worden, dass mit dem geringeren Strafmaß auch eine Verkürzung der Verjährungsfrist einherging.

Die Urteilspraxis in NS-Strafsachen war in den 1960er Jahren dazu übergegangen, in den Verfahren lediglich Adolf Hitler, Heinrich Himmler und Reinhard Heydrich als Haupttäter und damit als Mörder zu betrachten. Alle anderen darüber hinaus mit den Vernichtungsaktionen befassten NS-Täter wurden ungeachtet ihrer Position nur der Beihilfe zum Mord angeklagt (→Gehilfenjudikatur [III.A11]). Zwar drohte ihnen bisher auch dann noch eine lebenslange Haftstrafe, jedoch wurden in der Regel sehr viel mildere Strafen ausgesprochen. Mit dem neuen Gesetz hätten zahlreiche Täter mangels nachweisbarer niedriger Beweggründe nur noch des Mordversuchs angeklagt werden können. Da mit der Verringerung der Höchststrafe für versuchten Mord auch eine verringerte Verjährungsfrist auf 15 Jahre einherging, waren solche Taten nach der neuen Gesetzeslage bereits seit dem 1.1.1965 verjährt. Dramatische Auswirkungen hatte dies auf die Strafverfolgung hochrangiger NS-Täter, die von ihrem Büro aus die Morde dekretiert hatten. Gegen diese so genannten »Schreibtischtäter« war überwiegend wegen »Beihilfe zum Mord« ermittelt worden. Mit einem Schlag musste die Mehrzahl der anhängigen Verfahren vor allem gegen die ehemaligen Amts- und Referatsleiter des Reichssicherheitshauptamtes (RSHA), der Zentrale der Vernichtungspolitik, eingestellt werden.

Somit kamen die Auswirkungen des unscheinbar wirkenden EGOWiG einer Generalamnestie gleich. Das Nachrichtenmagazin *Der Spiegel* bemerkte die fatalen Folgen des neuen Gesetzes zuerst und löste mit seiner Berichterstattung Betroffenheit unter den Mitwirkenden aus. »Ich bin auf solche Tücken nicht gekommen«, zitierte das Blatt Bundesjustizminister Gustav Heinemann (SPD) in seiner ersten Ausgabe des Jahres 1969.

In diesem Zusammenhang war sowohl von einer der peinlichsten Pannen der Bonner Republik die Rede als auch von einem geschickten Schachzug der Amnestiebefürworter. Vieles spricht dafür, dass die überraschende Nebenwirkung des EGOWiG kein Zufall war.

Der Generalreferent der Kommission zur Überarbeitung des Strafrechts war der Leiter der Strafrechtsabteilung im Bundesjustizministerium, Eduard Dreher. Dieser war zu Beginn der 1950er Jahre im Bundesjustizministerium für Fragen der Amnestie zuständig gewesen und hatte in engem Kontakt zu →Ernst Achenbach [II.C6] und Werner Best sowie dem Essener Ausschuss zur Herbeiführung einer Generalamnestie gestanden. Nicht nur diese personelle Verknüpfung, auch die Umstände der Gesetzesvorlage im Parlament erscheinen fragwürdig. Unter irreführendem Titel und verpackt in eine Unzahl verschiedener Einzelartikel wurde der Gesetzesentwurf vorzeitig und übereilt vom Bundestag beschlossen.

Nachdem der Bundesgerichtshof in einem Grundsatzurteil die Eindeutigkeit der Gesetzeslage bestätigt hatte, mussten die meisten NS-Täter der Gestapo oder des RSHA keine rechtlichen Konsequenzen mehr fürchten.

AL

Lit.: Marc von Miquel (2004): *Ahnden oder amnestieren? Westdeutsche Justiz und Vergangenheitspolitik in den sechziger Jahren*, Göttingen: Wallstein. Ulrich Herbert (1996): *Best. Biographische Studien über Radikalismus, Weltanschauung und Vernunft; 1903–1989*, Bonn: Dietz. Jörg Friedrich (1984): *Die kalte Amnestie. NS-Täter in der Bundesrepublik*, Frankfurt a.M.: Fischer. Adalbert Rückerl (1984): *NS-Verbrechen vor Gericht. Versuch einer Vergangenheitsbewältigung*, Heidelberg: Müller.

IV.B3 Klaus Barbie, Beispiel der ungebrochenen Karriere eines wichtigen Mitglieds der Funktionselite des NS-Vernichtungsapparats. Barbie wurde 1913 in Bad Godesberg geboren und war seit 1935 Angehöriger der SS. Ab 1940 war er als Judenreferent des SD in den besetzten Niederlanden tätig. 1942, nach dem Einmarsch der deutschen Truppen in Süd-Frankreich, übernahm Barbie als Chef der Gestapo in Lyon die Leitung der 4. Sektion der Sicherheitspolizei und des Sicherheitsdienstes. Bis 1944 war Barbie dort für die Folterung und Ermordung von Mitgliedern der Resistance und für die Deportation der im zuvor unbesetzten Teil Frankreichs verbliebenen Juden verantwortlich. So werden ihm unter anderem das Massaker in St. Genis-Laval, die Deportation der Kinder von Izieu sowie zahlreiche Erschießungen im Gefängnis Montluc zur Last

gelegt. Hierbei ging er mit äußerster Brutalität und Rücksichtslosigkeit vor, was ihm den Titel »der Henker von Lyon« einbrachte.
Nach der Befreiung Frankreichs durch die Alliierten war Barbie für den SD in Dortmund tätig. 1947 wurde er in Abwesenheit in Frankreich zum Tode verurteilt; weitere Todesurteile gegen Barbie ergingen 1952 und 1954. Zwei Jahre nach Kriegsende wurde Barbie als Agent vom amerikanischen Geheimdienst CIC (Army Counter Intelligence Corps) angeworben, mit dessen Hilfe er 1951 nach Bolivien flüchten konnte. Er nahm die bolivianische Staatsbürgerschaft an und lebte fortan unter dem Pseudonym Klaus Altmann. Ab 1964 war er dort als Berater der bolivianischen Militärdiktatur tätig.
→Beate Klarsfeld [IV.A4] spürte Barbie im Januar 1972 während ihrer Nachforschungen gegen NS-Verbrecher in La Paz auf. Die deutsche Justiz forderte ebenso wie die französische wiederholt die Auslieferung von Klaus Barbie. Bolivien verlangte hierfür jedoch 5.000 Dollar, wogegen sich der französische Staatspräsident Georges Pompidou verwahrte. So konnte Barbie noch 1980 General Luis Garcia Meza bei seinem Staatsstreich beraten. Doch drei Jahre später, nach der Einsetzung der demokratisch gewählten Regierung unter Hernan Siles Zuaso, wurde Barbie nach inzwischen jahrelangen Verhandlungen nach Frankreich ausgeliefert. Das Untersuchungsverfahren dauerte vier Jahre. Am 12.5.1987 wurde der Prozess gegen Klaus Barbie schließlich vor einem Geschworenengericht eröffnet.
Wegen Verjährung konnten die Kriegsverbrechen von Barbie nicht mehr gerichtlich geahndet werden. Die unverjährlichen Verbrechen gegen die Menschlichkeit, seit 1964 in die französische Rechtsordnung integriert, waren hingegen weiterhin Gegenstand des Verfahrens. Nach 36 Verhandlungstagen wurde Barbie ohne Berücksichtigung mildernder Umstände schuldig gesprochen, 177 Verbrechen gegen die Menschlichkeit begangen zu haben. Am 4.7.1987 wurde er zu lebenslanger Haft verurteilt. Barbie, der sich selbst – unbeeindruckt von den Fakten – für unschuldig erklärte, starb 1991 im Gefängnis von Lyon an Krebs.
Erst 2014 – nach jahrelangen Recherchen und zunächst erheblichen Widerständen der Geheimdienste – konnte der junge Historiker Peter Hammerschmidt aufdecken, dass Barbie auch vom westdeutschen Bundesnachrichtendienst (BND) rekrutiert worden war. Für das Bonner Exportunternehmen MEREX, das im Dienste des Bundesverteidigungsministeriums überschüssiges Waffenmaterial der Bundeswehr auch in Krisenregionen verkaufte, fungierte Barbie in den 1960er Jahren als Repräsentant in Bolivien. Hammerschmidt konnte zeigen, dass der BND mehrere hochrangige und gesuchte Altnazis in Südamerika anwarb und beschäftigte; Barbie war kein Einzelfall. In den BND-Akten über Barbie heißt es lapidar: »die Tatsache, daß er SS-Hauptsturmführer war, schließt nicht aus, ihn als Quelle zu verwenden.« Der Fall Barbie gewinnt so eine neue Dimension, indem er eine Rekrutierungspraxis des BND offenlegt, die in krassem Gegensatz zu dem vom westdeutschen Staat und seinen Institutionen postulierten Bruch mit den nationalsozialistischen Tätern und zu allen Bemühungen um eine Aufarbeitung der NS-Verbrechen stand.

NK

Lit.: Peter Hammerschmidt (2014): *Deckname Adler. Klaus Barbie und die westlichen Geheimdienste*, Frankfurt a.M.: S. Fischer. Peter Hammerschmidt (2011): »›Daß V-43 118 SS-Hauptsturmführer war, schließt nicht aus, ihn als Quelle zu verwenden.‹ Der Bundesnachrichtendienst und sein Agent Klaus Barbie«, in: *Zeitschrift für Geschichtswissenschaft* 59, H. 4, S. 333-348. Ahlrich Meyer (2005): *Täter im Verhör. Die »Endlösung der Judenfrage« in Frankreich 1940–1944*, Darmstadt: WBG. Gustavo Sanchez, Elisabeth Reimann (1987): *Barbie in Bolivien*, Köln: Pahl-Rugenstein. Tom Bower (1984): *Klaus Barbie: Lyon, Augsburg, La Paz – Karriere eines Gestapo Chefs*, Berlin: Rotbuch. Magnus Linklater (1984): *The Fourth Reich. Klaus Barbie and the neo-Fascist connection*, London: Hodder and Stoughton.

IV.B4 Filbinger-Affäre, mehrere Monate des Jahres 1978 bestimmende erinnerungspolitische Kontroverse um die NS-Vergangenheit des baden-württembergischen Ministerpräsidenten Hans Karl Filbinger (CDU), die am 7.8.1978 in seinen Rücktritt mündete.
Filbinger war während des Studiums Mitglied des Nationalsozialistischen Deutschen Studentenbundes und der SA geworden, trat 1937 vor dem zweiten juristischen Staatsexamen in die NSDAP ein und arbeitete nach seiner Promo-

tion als Assistent an der Juristischen Fakultät der Universität Freiburg. 1940 meldete er sich freiwillig zur Marine und wirkte – nach eigener Aussage gegen seinen Willen – zwischen April 1943 und 1945 in verschiedenen Funktionen als Marinerichter und Anklagevertreter im Bereich Nordsee (Cuxhaven, Westerland) und im von Deutschland besetzten Norwegen (Kirkenes, Tromsö, Oslo). Nach 1945 machte der zunächst als Anwalt tätige Filbinger für die CDU Karriere in der baden-württembergischen Landespolitik, zunächst als Stadtrat der Stadt Freiburg, ab 1960 als Innenminister, ab 1966 dann als Ministerpräsident des Landes. 1978 löste der Schriftsteller Rolf Hochhuth (→Rolf Hochhuth: *Der Stellvertreter* [III.C2]) mit einem Vorabdruck seines Romans *Eine Liebe in Deutschland* in der *Zeit* die so genannte Filbinger-Affäre aus, indem er auf Filbingers Tätigkeit als Marinerichter während der NS-Zeit aufmerksam machte, auf die er im Zuge seiner Recherchen für das Stück *Juristen* (1979) gestoßen war. Er bezeichnete Filbinger als »Hitlers Marine-Richter, der sogar noch in britischer Gefangenschaft nach Hitlers Tod einen deutschen Matrosen mit Nazi-Gesetzen verfolgt hat« und charakterisierte ihn als »furchtbaren Juristen« (*Die Zeit*, 17.2.1978). Filbinger ging daraufhin juristisch gegen Hochhuth und *Die Zeit* vor und klagte auf Unterlassung. Gegenüber der Presse präsentierte er sich als Opfer: »Während des ganzen Dritten Reiches habe ich meine antinazistische Gesinnung nicht nur in mir getragen, sondern auch sichtbar gelebt.« Er selbst habe kein Todesurteil gefällt, sondern als Marinerichter geholfen, »wo irgendeine Aussicht auf Hilfe war« und dabei »Leib und Leben« riskiert. Filbinger erstritt eine einstweilige Verfügung, die Hochhuth untersagte zu behaupten, dass Filbinger »nur dank des Schweigens derer, die ihn kannten«, auf freiem Fuß sei. Die Bezeichnungen »Hitlers Marine-Richter« sowie »furchtbarer Jurist« durfte Hochhuth aber weiter verwenden, da es sich um zulässige Werturteile gehandelt habe. Parallel zu dieser von Filbinger angestrengten juristischen Auseinandersetzung wuchs das öffentliche Interesse am Fall Filbinger stetig. Recherchen des *Spiegel* förderten nicht nur einen Aufsatz Filbingers in einer katholischen Studentenzeitschrift aus dem Jahre 1935 zu Tage, der Filbingers Nähe zur NS-Ideologie deutlich auswies; schwerer wog, dass ihm die Mitwirkung an insgesamt vier Todesurteilen nachgewiesen werden konnte. Bedingt durch den Verlust bzw. die Vernichtung eines Großteils der Handakten, die den genauen Verlauf der Militärgerichtsverfahren dokumentierten, lässt sich Filbingers Tätigkeit als Marinerichter bzw. als Anklagevertreter allerdings nach wie vor nur bruchstückhaft rekonstruieren. Anhand der ebenfalls nur in Teilen erhaltenen Strafverfahrenslisten der jeweiligen Gerichte lässt sich eine Beteiligung Filbingers als Anklagevertreter oder Richter an insgesamt 234 Verfahren zweifelsfrei belegen; aufgrund der spärlichen Informationen lassen sie allerdings keine Rückschlüsse auf das konkrete Verhalten Filbingers in diesen Verfahren, die nur einen Teil aller mit seiner Beteiligung geführten Prozesse ausmachen, zu. Von den wenigen über die Gerichtsakten erschließbaren Verfahren, an denen Filbinger beteiligt war, standen in der zeitgenössischen Debatte vor allem zwei Fälle im besonderen Fokus der Aufmerksamkeit: Im Zusammenhang mit der Desertion von Booten der Hafenschutzflottille Oslofjord hatte Filbinger als Richter in Urteilen vom 9. und 17.4.1945 gegen zwei Angeklagte die Todesstrafe verhängt (Fälle Bigalske und Steffen). Da sich beide Angeklagte bereits außer Landes befanden, konnten die Urteile nicht vollstreckt werden – was Filbinger retrospektiv zu der irreführenden Verteidigung veranlasste, es habe sich lediglich um »Phantomurteile« gehandelt.
Für die in der Debatte um Filbinger zentrale Frage nach dessen persönlichen Spielräumen aussagekräftiger ist der Fall des desertierten Matrosen Walter Gröger, für den Filbinger als Anklagevertreter die Todesstrafe beantragte und deren Vollstreckung er als leitender Offizier überwachte. Der 22-jährige Gröger hatte 1944 während eines Aufenthaltes in Oslo gemeinsam mit einer jungen Norwegerin die Flucht nach Schweden geplant und war noch im März 1944 wegen Fahnenflucht im Felde zu acht Jahren Zuchthaus verurteilt worden. Dieses Urteil wurde vom Flottenrichter mit der Begründung kassiert, für das Verhalten Grögers sei die Todesstrafe »die einzig angemessene Sühne« und ein neues Verfahren auf den 16.1.1945 festgesetzt. In diesem Verfahren übernahm nun Filbinger die Vertretung der Anklage und forderte – den Vorgaben folgend – mit Blick auf die charakterlichen Schwächen

und das schlechte soldatische Führungszeugnis des Angeklagten die Todesstrafe, die im Feldurteil vom 22.1.1945 erging. Filbingers Rechtfertigung, ihm seien angesichts der klaren Vorgaben der höheren Instanzen als Anklagevertreter die Hände gebunden gewesen, ließ völlig außer acht, dass er bei einem Abweichen von den Vorgaben – erst Recht angesichts des nahenden Kriegsendes – allenfalls berufliche Konsequenzen zu befürchten gehabt hätte. Das zielstrebige Vorantreiben einer Vollstreckung des Urteils entlarvt Filbingers Rechtfertigungsstrategie vollends als haltlos: Nachdem der erste Versuch, das Urteil durch das Gericht des Führers der Kampfgruppe bestätigen zu lassen, in den Wirren der letzten Kriegswochen scheiterte, beließ es Filbinger nicht dabei, sondern unternahm weitere Versuche, indem er den Marinecherichter Ostsee und das Oberkommando der Kriegsmarine um eine rasche Bestätigung des Urteils und ein Befinden über das Gnadengesuch des Angeklagten bat. Nur einen Tag nach dem Eingang der Bestätigung durch das Oberkommando der Kriegsmarine am 15.3.1945 setzte Filbinger die Vollstreckung des Urteils an, die unter seiner Aufsicht vollzogen wurde. Die offenkundige Diskrepanz zwischen Filbingers Selbststilisierung zum widerständigen Richter einerseits und seiner aktiven Teilhabe am Unrechtssystem der NS-Justiz andererseits führte dazu, dass sich die CDU gezwungen sah, den zuvor äußerst populären und mit absoluter Mehrheit regierenden Ministerpräsidenten zum Rücktritt zu drängen. Durch seine unbewegliche Rechtfertigungshaltung, die keinerlei selbstkritische Reflexion seiner Tätigkeit erkennen ließ, verkörperte Filbinger in den Augen der sensibilisierten Öffentlichkeit geradezu idealtypisch einen in Diktatur wie Demokratie Erfolg versprechenden konservativ-autoritären Habitus, der sich zudem durch ein »pathologisch gutes Gewissen« (Erhard Eppler) und – so die Ergänzung der *Süddeutschen Zeitung* – ein »pathologisch schlechtes Gedächtnis« auszeichnete. Geradezu emblematisch manifestierte sich Filbingers unbelehrbare Haltung in seiner für die →Selbstamnestierung der Justiz (II.C4) programmatischen Wendung, »was damals Recht« gewesen sei, könne »heute nicht Unrecht sein«. Der Versuch Filbingers, diese ihm vom *Spiegel* zugeschriebene Äußerung als verfälschende Reformulierung des Nachrichtenmagazins zu entlarven, war auch deshalb zum Scheitern verurteilt, weil sie Filbingers fehlendes Unrechtsbewusstsein auf eine griffige Formel brachte und so eine immanente Plausibilität besaß.

Filbinger selbst sah sich auch nach seinem Rücktritt als unschuldiges Opfer einer Rufmordkampagne und monierte, ihm sei »schweres Unrecht angetan worden«. Als weiteres Indiz seiner Unschuld interpretierte er auch, dass die DDR-Staatssicherheit – wie sich nachträglich herausstellte – an den Veröffentlichungen über seine Tätigkeit als NS-Marine-Richter beteiligt war.

Filbinger fungierte auch nach dem Ende seiner aktiven politischen Laufbahn als Ehrenvorsitzender der baden-württembergischen Landes-CDU und leitete bis 1997 das von ihm gegründete Studienzentrum Weikersheim, ein umstrittenes Think Tank am rechten Rand der Partei, für das auch Referenten mit Kontakten zur rechtsextremen Mun-Sekte und zu ausgewiesenen Holocaust-Leugnern tätig wurden. Die Person Filbinger sorgte noch in den 2000er Jahren für überregionale Schlagzeilen: 2004 rückte Filbinger erneut in den Fokus der Aufmerksamkeit, nachdem er von der CDU Südwest als Wahlmann für die Bundesversammlung nominiert worden war. Dabei stellte sich heraus, dass er schon zuvor sechsmal das Amt eines Wahlmannes bei der Wahl des Bundespräsidenten bekleidet hatte; davon dreimal nach seinem Rücktritt vom Amt des Ministerpräsidenten. Als ungleich skandalträchtiger erwies sich die Rede des baden-württembergischen Ministerpräsidenten Günther Oettinger (CDU) auf Filbingers Trauerfeier im April 2007, in der er diesen als »große[n] und verdiente[n] Demokraten« und »Gegner des NS-Regimes« verklärte und so Filbingers problematischen Selbstdeutungen und Rechtfertigungen in bewusster Ausblendung der bekannten Fakten den Status verbürgter Wahrheiten zuwies.

NK/TF

Lit.: Rolf Hochhuth (1978): *Eine Liebe in Deutschland*, Reinbek: Rowohlt. Hans Filbinger (1987): *Die geschmähte Generation. Politische Erinnerungen*, München: Universitas. Jacqueline Roussety (2011): »Der Politiker Hans K. Filbinger und der Soldat Walter Gröger. Ein Essay«, in: Joachim Perels, Wolfram

Wette (Hg.): *Mit reinem Gewissen. Wehrmachtrichter in der Bundesrepublik und ihre Opfer*, Berlin: Aufbau, S. 98-114. Wolfram Wette (Hg.) (2006): *Filbinger. Eine deutsche Karriere*, Springe: zuKlampen. Thomas Ramge (2003): »Der furchtbare Jurist – Marinerichter Hans Karl Filbinger und sein pathologisch gutes Gewissen (1978)«, in: Ders.: *Die großen Politikskandale. Eine andere Geschichte der Bundesrepublik*, Frankfurt a.M., New York: Campus, S. 135–153. Michael Schwab-Trapp (1996): *Konflikt, Kultur und Interpretation. Eine Diskursanalyse des öffentlichen Umgangs mit dem Nationalsozialismus*, Opladen: Westdeutscher Verlag. Heinz Hürten et al. (1980): *Hans Filbinger – der »Fall« und die Fakten. Eine historische und politologische Analyse*, Mainz: v. Hase & Koehler. Rosemarie von dem Knesebeck (1980): *In Sachen Filbinger gegen Hochhuth. Die Geschichte einer Vergangenheitsbewältigung*, Reinbek: Rowohlt.

IV.B5 Lischka-Prozess, Prozess gegen die drei Hauptverantwortlichen der Judendeportation aus dem besetzten Frankreich, Kurt Lischka, Ernst Heinrichsohn und Herbert Hagen, vom 23.10.1979 bis zum 11.2.1980 vor dem Kölner Landgericht, der trotz seines späten Zustandekommens als seltenes Beispiel eines gelungenen NS-Verfahrens gilt.

Lischka, ehemaliger Gestapo-Chef von Köln und später als Kommandeur der Sicherheitspolizei und des SD in Paris hauptverantwortlich für die Judendeportationen in Frankreich, war aufgrund der Gesetzeslage zunächst straffrei geblieben, obwohl ihn ein Pariser Militärgericht bereits 1950 in Abwesenheit zu lebenslanger Haft verurteilt hatte. Grund hierfür war einerseits der am 23.10.1954 unterzeichnete Überleitungsvertrag zwischen der BRD und Frankreich. Der am 5.5.1955 mit der Beendigung der alliierten Besatzung in Kraft getretene Vertrag untersagte, in Frankreich bereits verurteilte NS-Täter erneut vor deutschen Gerichten anzuklagen. Gleichzeitig verbot Art. 16 des Grundgesetzes die Auslieferung an Frankreich. Erst mit der Ratifizierung eines Zusatzabkommens zum Überleitungsvertrag mit Frankreich von 1974 wurden deutsche Neuanklagen im Ausland begangener NS-Verbrechen wieder möglich (→Ernst Achenbach [II.C6]).

Das Engagement von →Beate Klarsfeld [IV.A4] und ihrem Mann Serge gegen diese Blockade und für die Ratifizierung des deutsch-französischen Zusatzabkommens führte nach einer medienwirksamen Kampagne schließlich zum Verfahren gegen Lischka, Hagen und Heinrichsohn: Um die Anwendung des Abkommens auf Lischka zu erzwingen und auf seine bisherige Straffreiheit hinzuweisen, unternahm das Ehepaar Klarsfeld im März 1971 zwei erfolglose Versuche, Lischka nach Frankreich zu entführen und legte der Kölner Staatsanwaltschaft eine umfassende Dokumentensammlung zum Fall Lischka vor. 1974 wurde Beate Klarsfeld wegen versuchter Entführung vorläufig festgenommen und wegen gefährlicher Körperverletzung und gemeinschaftlicher Nötigung zu zwei Monaten Freiheitsentzug ohne Bewährung verurteilt. In Frankreich und Israel löste diese Entscheidung einen Proteststurm aus. Die deutsche Politik ratifizierte angesichts des internationalen Aufsehens im Januar 1975 das Zusatzabkommen mit Frankreich, das von den Medien den Titel »Lex Klarsfeld« erhielt.

Bis zur Fertigstellung der Anklageschrift gegen die drei Hauptverantwortlichen für die Judendeportationen aus dem besetzten Frankreich dauerte es noch vier Jahre. Neben Lischka mussten sich Herbert Hagen (ehemaliger Leiter der Außenstelle der Sicherheitspolizei und des SD in Bordeaux und als solcher mit Judendeportationen befasst) und Ernst Heinrichsohn (ihm oblag die Durchführung der Judentransporte vom Lager Drancy nach Auschwitz) vor Gericht verantworten. Die Fülle belastender Dokumente bildete die wesentliche Grundlage für die zügig gefällten Urteile. Kurt Lischka wurde wegen Beihilfe zum Mord zu zehn Jahren Freiheitsentzug verurteilt, von denen er zwei Drittel verbüßte. Herbert Hagen und Ernst Heinrichsohn wurden zu Gefängnisstrafen von zwölf bzw. sechs Jahren verurteilt.

Zu den Umständen, die eine Verurteilung wegen Beihilfe zum Mord möglich machten, gehörte auch die Tatsache, dass gegen rund Hundert im besetzten Frankreich tätige Deutsche (darunter Lischka, Hagen und Heinrichsohn) bereits 1960 Strafanzeige gestellt worden war und erste Voruntermittlungen der →Ludwigsburger Zentralstelle [II.A7] zur Aufklärung von NS-Verbrechen stattgefunden hatten. Dadurch war die Verjährung rechtzeitig unterbrochen worden und die Anzuklagenden konnten nicht von der →»Kalten Amnestie« [IV.B2], einer Gesetzesänderung von 1968, profitieren.

Diese hatte die juristische Voraussetzung dafür geschaffen, dass als »Beihilfe zum Mord« klassifizierbare Straftaten durch das nachweisliche Fehlen niedriger Beweggründe als »Versuch« abgemildert werden konnten und dadurch bereits seit 1965 verjährt waren.
Es blieb jedoch das einzige rechtskräftige Urteil westdeutscher Justiz zu den in Frankreich verübten NS-Verbrechen und verweist so ex negativo auf die Versäumnisse der bundesrepublikanischen Strafverfolgung von NS-Tätern.

AL

Lit.: Ahlrich Meyer (2005): *Täter im Verhör: Die »Endlösung der Judenfrage« in Frankreich 1940–1944*, Darmstadt: Wiss. Buchgesellschaft. Anne Klein, Jürgen Wilhelm (Hg.) (2003): *NS-Unrecht vor Kölner Gerichten*, Köln: Greven.

IV.B6 Euthanasie-Prozesse und -Debatten, juristische Aufarbeitung der systematischen Tötung »lebensunwerten Lebens«, für die im Nationalsozialismus die euphemistische Tarnbezeichnung Euthanasie (griech.: »schöner Tod«) verwendet wurde.
Durch gezieltes Verhungernlassen, Gas oder Giftspritzen wurden in Deutschland im Zuge der Euthanasie-Maßnahmen in den Jahren 1939 bis 1945 mindestens 125.000 Menschen getötet, darunter 5.000 behinderte Kinder, 100.000 Bewohner von Heil- und Pflegeanstalten und 20.000 Anstaltsinsassen in den besetzten Gebieten Polens und der Sowjetunion. Die Morde im Rahmen der Aktion T4, die nach der Anschrift der Organisationszentrale in der Berliner Tiergartenstraße 4 benannt wurde, erfolgten in der NS-Zeit unter Geheimhaltung und ohne gesetzliche Grundlage. De facto war jedoch das Ermächtigungsschreiben Hitlers an die beiden Euthanasie-Beauftragten Philipp Bouhler und Karl Brandt für die Täter ausreichende Legitimation, »unheilbar Kranken bei kritischster Beurteilung ihres Krankheitszustandes den Gnadentod« zu gewähren. Die an den Kranken erprobte Vergasungstechnik wurde später in den Vernichtungslagern zum Einsatz gebracht. Die fabrikmäßige Tötung der Anstaltsinsassen erreichte 1940/41 ihren Höhepunkt und konnte der Öffentlichkeit nicht mehr verborgen bleiben. Am 24.8.1941 stoppte Hitler aus Angst vor öffentlichem Unmut die Aktion T4, nachdem mehrere Bischöfe gegen das Töten der Schutzbefohlenen in ihren Predigten protestiert hatten. Die Euthanasie-Morde wurden jedoch bis Kriegsende fortgeführt; getötet wurde nun zumeist durch Nahrungsentzug oder Vergiftung. Im April 1941 wurden sämtliche Generalstaatsanwälte und Oberlandesgerichtspräsidenten auf einer Berliner Konferenz aufgefordert, jegliche Strafverfolgung dieser Morde zu unterlassen. Tatsächlich wurden noch im gleichen Monat alle die Euthanasie betreffenden Verfahren niedergeschlagen.
1965 stellte der hessische Generalstaatsanwalt →Fritz Bauer [III.A5] einen Antrag auf die Eröffnung einer gerichtlichen Voruntersuchung zu einem Ermittlungsverfahren gegen die noch lebenden Teilnehmer dieser Konferenz. Nach dem Tod Fritz Bauers 1968 wurde das Verfahren eingestellt und die Beschuldigten infolgedessen nicht belangt. Dieses Ermittlungsverfahren blieb ein einmaliger und erfolgloser Versuch, die in die Euthanasie-Aktion involvierte Justiz zur Verantwortung zu ziehen (→Selbstamnestierung der Justiz [II.C4]).
Über das die Anstaltsmorde verübende medizinische Personal wurde nach 1945 sehr unterschiedlich Recht gesprochen. In der Phase der weitgehenden beruflichen Blockierung der NS-Eliten bis 1949 durch alliierten Einfluss (→Entnazifizierung [I.A1]) wurden die Verantwortlichen als Täter qualifiziert und entsprechend verurteilt. Da es sich bei der NS-Euthanasie um Verbrechen überwiegend gegen Deutsche gehandelt hatte, waren auch sofort nach Kriegsende deutsche Gerichte zuständig. Eines der ersten Verfahren war der Prozess des Schwurgerichts beim Landgericht Berlin, in dem im März 1946 die Ärztin Hilde Wernicke und die Pflegerin Helene Wieczorek wegen der Tötung von geisteskranken Kindern und Erwachsenen zum Tode verurteilt wurden. Im August 1947 verurteilte der amerikanische Militärgerichtshof im Rahmen des Nürnberger Ärzteprozesses sieben Angeklagte zum Tode, neun zu Freiheitsstrafen, davon fünf lebenslänglich. In sieben Fällen ergingen Freisprüche (→Nürnberger Nachfolgeprozesse [I.A4]).
Ab 1948/49 wurden Ärzteschaft und Justizangehörige mit brauner Vergangenheit in weitem Maße wieder gesellschaftlich integ-

riert. Die durch Artikel 131 GG (→131er-Gesetzgebung [II.C2]) in großer Zahl rehabilitierten juristischen Funktionseliten sollten nun die Verbrechen jenes Regimes bewerten, dem sie selbst oftmals aktiv gedient hatten. Dies führte zu einem deutlichen Wandel in der Rechtsprechung. Die Verantwortlichkeit bei den Tötungshandlungen wurde hierarchisch nach oben verschoben, bis als maßgebende Initiatoren nur noch Adolf Hitler oder Werner Heyde übrig blieben (Heyde, ehemaliger Obergutachter und zeitweiliger Leiter der Aktion T4, wurde 1959 enttarnt und beging noch in der Untersuchungshaft Selbstmord). So kam es nach 1949 zu einem rapiden Anstieg der Freisprüche. Das die Morde ausführende Anstaltspersonal wurde durch teilweise abenteuerliche Rechtskonstruktionen um die zentralen Begriffe »Pflichtenkollision« und »Verbotsirrtum« entschuldigt.

Beim Frankfurter Euthanasie-Prozess 1966/67 wurden die Ärzte Aquilin Ullrich, Heinrich Bunke und Klaus Endruweit freigesprochen, obwohl sie nachweislich mehrere Hundert – im Fall Bunkes sogar mehrere Tausend – Krankenmorde eigenhändig durchgeführt hatten. Das Gericht führte zur Urteilsbegründung an, dass die Angeklagten ohne Bewusstsein der Rechtswidrigkeit gehandelt und sich somit in einem unvermeidbaren Verbotsirrtum befunden hätten. Das absurde Urteil enthielt die Behauptung, die Tötung der Geisteskranken sei nicht grausam gewesen, die Tötung »durch Kohlenmonoxid verursachte auch keinerlei seelische Qualen bei den Opfern.« Nach drei Jahren hob der Bundesgerichtshof (BGH) das Urteil auf und gab das Verfahren zur Neuverhandlung nach Frankfurt zurück. Neben den drei oben genannten Ärzten wurde nun zusätzlich der Arzt Kurt Borm der Beihilfe zum Krankenmord in mindestens 6652 Fällen angeklagt. Der Prozess fand jedoch nur gegen Borm statt; die drei anderen Angeklagten erbrachten rechtzeitig amtsärztliche Atteste, die ihnen Verhandlungsunfähigkeit bescheinigten. Borm wurde 1972 freigesprochen. Er habe, so das Urteil, bedingt durch seine Sozialisation im NS-Staat »das Unerlaubte seines Tuns nicht erkennen können«. Der BGH bestätigte den Freispruch 1974 und löste damit einen Proteststurm aus. Die Autoren eines offenen Briefes, darunter namhafte Schriftsteller, Publizisten und Politiker, verurteilten den richterlichen Entscheid als »Privilegierung des Massenmordes« und forderten den Bundespräsidenten zu einem »öffentlichen Wort« auf, das Gustav Heinemann jedoch verweigerte. Die Ärzte Ullrich, Bunke und Endruweit legten jahrelang verschiedene Gutachten über ihren Krankheitszustand vor. Dieser hinderte sie jedoch nicht daran, weiter zu praktizieren. Erst 1986/87 kam es zu einem neuen Prozess gegen Ullrich und Bunke und zu deren Verurteilung zu vier Jahren Gefängnis. Auch hier wurde Revision eingelegt und der BGH erkannte an, dass ihnen auch Tötungen während etwaiger Fehlzeiten wie Urlaub oder Freizeit angelastet worden waren. Das Urteil wurde auf drei Jahre Freiheitsentzug verkürzt. Das Verfahren gegen Endruweit wurde eingestellt.

In der Nachkriegsgesellschaft erfolgte keine kritische Aufarbeitung der Rolle des medizinischen Berufsstandes im Nationalsozialismus. Im Gegenteil wurden die »Halbgötter in weiß« zu Helden des eskapistischen Films der 1950er Jahre. Die medizinische Elite bewahrte Kontinuität in Amt und Würden unabhängig von einer ehemaligen SS- oder SA-Karriere.

Das bekamen besonders Alexander Mitscherlich und Fred Mielke zu spüren, deren Dokumentation des Nürnberger Ärzteprozesses *Das Diktat der Menschenverachtung* von 1947 ignoriert oder boykottiert wurde. Auf der Ärztekammertagung desselben Jahres wurde die Befürchtung laut, die Dokumentensammlung würde das Arzt-Patienten-Verhältnis erschüttern. 1960 wurde die Überarbeitung der Dokumentation unter dem Titel *Medizin ohne Menschlichkeit* einem breiten Publikum zugänglich und blieb für 20 Jahre die einzige wissenschaftliche Untersuchung der Ärzteverbrechen.

Erst in den 1980er Jahren wurde in Deutschland mit der außerjuristischen Aufarbeitung der Euthanasie-Verbrechen begonnen und damit das langjährige Tabu gebrochen. Eine Wende markierte die Veranstaltung des ersten Berliner Gesundheitstages 1980, der als Alternative zum Deutschen Ärztetag organisiert worden war. Erstmals nach dem Krieg wurde das Thema »Medizin und Nationalsozialismus« innerhalb der Ärzteschaft öffentlich diskutiert, mehrere Publikationen folgten. Mit der Buchveröffentlichung »*Euthanasie*« *im NS-Staat* (1983) des Journalisten Ernst Klee wurde eine breite Öffentlichkeit ange-

sprochen. Den Deutschen Ärztetag erreichte die Debatte erst 1987, als auf der 90. Tagung in Karlsruhe mehrere Diskussionsbeiträge zu Medizinerverbrechen während des »Dritten Reiches« vorgetragen wurden.
Aus Anlass des 50. Jahrestages des Novemberpogroms von 1938 wurden ab 1988 zahlreiche kritische Stellungnahmen zur NS-Vergangenheit veröffentlicht. So zeigt die *Erklärung zur Schuld von Ärzten im Nationalsozialismus* der Ärztekammer Berlin vom 9. November 1988, dass nun eine neue Medizinergeneration Stellung bezog: »Die Ärztekammer Berlin trägt an dieser Last aus ihrer Vergangenheit. Wir empfinden Trauer und Scham.«
Am 23. Mai 2012 verabschiedeten die Delegierten des Nürnberger Ärztetages eine Erklärung, in der die deutsche Ärzteschaft erstmals die Opfer und ihre Nachkommen um Verzeihung für die Taten bittet, die deutsche Mediziner im Nationalsozialismus verübten.

AL

Lit.: Brigitte Kepplinger, Irene Leitner (Hg.) (2010): *Dameron Report – Bericht des War Crimes Investigating Teams No. 6824 der U.S. Army vom 17.7.1945 über die Tötungsanstalt Hartheim*, Innsbruck: Studien-Verl. Maike Rotzoll et al. (Hg.) (2010): *Die nationalsozialistische »Euthanasie«-Aktion »T4« und ihre Opfer. Geschichte und ethische Konsequenzen für die Gegenwart*, Paderborn: Schöningh. Dick de Mildt (Hg.) (2009): *Tatkomplex: NS-Euthanasie. Die ost- und westdeutschen Strafurteile seit 1945*, 2 Bde., Amsterdam: Amsterdam Univ. Press. Ernst Klee (2004): *»Euthanasie« im NS-Staat*, Frankfurt a.M.: Fischer. Kerstin Freudinger (2002): *Die juristische Aufarbeitung von NS-Verbrechen*, Tübingen: Mohr Siebeck. Ernst Klee (1998): *Was sie taten – Was sie wurden. Ärzte, Juristen und andere Beteiligte am Kranken- oder Judenmord*, Frankfurt a.M.: Fischer. Viola Schubert-Lehnhardt (Hg.) (1997): *Ärztliche Verantwortung heute – 50 Jahre nach dem Nürnberger Ärzteprozess*, Berlin: Trafo. Hanno Loewy, Bettina Winter (Hg.) (1996): *NS-»Euthanasie« vor Gericht: Fritz Bauer und die Grenzen juristischer Bewältigung*, Frankfurt a.M., New York: Campus. Jürgen Peter (1994): *Der Nürnberger Ärzteprozeß im Spiegel seiner Aufarbeitung anhand der drei Dokumentensammlungen von Alexander Mitscherlich und Fred Mielke*, Münster: Lit.

IV.B7 Majdanek-Prozess, Gerichtsverfahren in Düsseldorf gegen 15 ehemalige Angehörige der SS-Wachmannschaft im Konzentrations- und Vernichtungslager Majdanek.

Der Prozess von 1975 bis 1981 war der längste und aufwendigste NS-Prozess seit Bestehen der BRD. Im Gegensatz zum →Frankfurter Auschwitz-Prozess [III.A3], der zum Impulsgeber der gesellschaftlichen Aufarbeitung geworden war, wurde hier letztendlich das Scheitern einer justiziellen Aufarbeitung von NS-Gewaltverbrechen deutlich.

1941 wurde im Lubliner Stadtteil Majdan Tatarski (Polen) ein »Kriegsgefangenenlager der Waffen-SS« eingerichtet. Das spätere Konzentrations- und Vernichtungslager wurde im Volksmund Majdanek genannt. Bereits am 22.7.1944 wurde das Lager durch die Rote Armee befreit. Präzise Zahlen zu den Opfern von Majdanek liegen wegen der schwierigen Quellenlage nicht vor; die Angaben schwanken zwischen 170.000 und 250.000 Ermordeten. Sie starben durch katastrophale Lebensbedingungen, Folter, Exekutionen oder in den sieben Gaskammern.

Von den über 1.300 Angehörigen der SS-Wachmannschaft in Majdanek wurden durch vorwiegend polnische Gerichte bis 1950 115 Personen verurteilt, darunter befanden sich auch drei ehemalige Lagerkommandanten sowie die ehemalige Kommandantin des Frauenlagers. Die bundesdeutschen Ermittlungen im Fall Majdanek begannen erst mit Gründung der Zentralen Stelle der Landesjustizverwaltungen in Ludwigsburg 1958 (→Ludwigsburger Zentralstelle [II.A7]). Bis am 26.11.1975 am Landgericht (LG) Düsseldorf die Hauptverhandlung des ersten deutschen Majdanek-Prozesses beginnen konnte, füllten die Ermittlungen der Staatsanwaltschaft 79 Bände. Nachdem die Zeugenvernehmung nicht angeklagter SS-Leute aus Majdanek ergebnislos geblieben war, begann 1977 die gerichtliche Befragung ehemaliger KZ-Häftlinge aus Polen, Israel, der BRD, Österreich und Amerika.

Die beiden Staatsanwälte Wolfgang Weber und Dieter Ambach konnten nur bei Mordverdacht Anklage erheben, da alle anderen in Frage kommenden Straftatbestände Mitte der 1970er Jahre bereits verjährt waren. Die Täterschaft beim nationalsozialistischen Mord und Massenmord nachzuweisen war jedoch ein schwieriges Unterfangen. Die Spruchpraxis hatte sich dahingehend entwickelt, dass nur derjenige als Täter galt, der »ein ihm befohlenes Verbrechen nicht nur ohne innere Hemmungen ausführt, sondern hierbei noch einen einverständlichen Eifer zeigt und dabei sogar über das ihm Anbefohlene hinausgeht, weil er Gefallen an dieser verbrecherischen Tätigkeit findet«. Im Sinne dieser Definition des nationalsozialistischen Exzesstäters hatte erstmals das LG Düsseldorf 1965 den ehemaligen Lagerkommandanten von Treblinka, Kurt Franz, wegen Mordes zu lebenslangem Zuchthaus verurteilt.

Der Majdanek-Prozess endete mit überwiegend milderen Urteilen. Der Ranghöchste der Angeklagten, der ehemalige stellvertretende Lagerkommandant Hermann Hackmann, wurde lediglich wegen Beihilfe zum Mord zu zehn Jahren Freiheitsstrafe verurteilt. Dabei hatte es nicht an Aussagen gemangelt, die Hackmanns brutales Vorgehen bei der Ausübung der »Mordbefehle« bezeugten. Die Staatsanwaltschaft hatte die Höchststrafe gefordert; für das Gericht war Hackmann jedoch nur »fremdgesteuerter Statist« der Vernichtungsmaschinerie gewesen. Nur im Falle der Angeklagten Hermine Braunsteiner-Ryan sah das Gericht angesichts der erdrückenden Beweislast zahlreicher Zeugenaussagen so genannte »Exzesstaten« als erwiesen an. Sie wurde wegen Mordes zu lebenslanger Haft verurteilt. Sieben weitere Urteile wurden gefällt: ein Freispruch und sechs Freiheitsstrafen zwischen drei und zwölf Jahren. Vier Angeklagte wurden 1979 vorzeitig freigesprochen, da die wichtigsten Belastungszeugen inzwischen verstorben oder schwer erkrankt waren. Einer der Angeklagten verstarb ebenfalls während des Verfahrens, ein weiterer wurde für verhandlungsunfähig erklärt.

Die Urteilsverkündung löste Empörung unter den anwesenden Zuschauern aus. Bereits die vier vorzeitigen Freisprüche von 1979 hatten Tumulte innerhalb des Gerichtssaals und Demonstrationen vor dem Gerichtsgebäude ausgelöst. In der Öffentlichkeit stieß das Urteil jedoch mehrheitlich auf Teilnahmslosigkeit. Nachdem am Tag der Prozesseröffnung Presse und Rundfunk aus aller Welt über die 15 Angeklagten berichtet hatten, nahm das Medieninteresse in den Folgetagen stark ab. Die zeitgleich stattfindenden RAF-Prozesse dominierten in den ersten beiden Jahren deutlich die Berichterstattung. Zwar gab es fundierte Reportagen anwesender Journalisten, jedoch keine kontinuierliche Berichterstattung wie beim →Frankfurter Auschwitz-Prozess [III.A3] von 1963 bis 1965. Die Deutsche Presseagentur lehnte eine ständige Prozessbeobachtung mit dem Argument ab, dass ein entsprechendes Leserinteresse nicht vorhanden sei. Im Ausland wurde das deutsche Desinteresse besorgt zur Kenntnis genommen. Eine Sitzung der israelischen Knesset beschäftigte sich am 14.3.1978 mit dem Düsseldorfer Verfahren. Dort wurde der Prozess als »Schandfleck« für die Justiz in Deutschland und die zuständigen Behörden bezeichnet.

Erst das Jahr 1979 lenkte die Aufmerksamkeit der Medien und damit einer breiten Öffentlichkeit zurück auf den Majdanek-Prozess. Dies hatte drei Gründe: Die Ausstrahlung der amerikanischen →Holocaust-Serie [V.B1] hatte im Januar 1979 wie ein Paukenschlag gewirkt und eine intensive Diskussion in der Öffentlichkeit ausgelöst. Danach stieß die Ankündigung der vorgezogenen Freisprüche von vier Angeklagten im Juni 1979 auf harsche Kritik. Schließlich wurde das Jahr 1979 von der letzten großen →Verjährungsdebatte [IV. B1] beherrscht, während der immer wieder auf den Majdanek-Prozess verwiesen wurde.

Durch das in den ersten Jahren kaum vorhandene Medieninteresse entging es der Bevölkerungsmehrheit zunächst, dass der Prozess zu einer Plattform für die rechtsextreme Ideologie der Anwälte, der Angeklagten und ihrer Sympathisanten geriet (→Rechtsextremismus [VI. E6]). Unter den Anwälten befanden sich die ehemaligen NSDAP-Mitglieder Hermann Stolting und Fritz Steinacker, die bereits im Auschwitz-Prozess verteidigt hatten. Einzelne Presse- und Fernsehbeiträge enthüllten die Vergangenheit einiger Verteidiger: So bestätigte Stolting, der vor 1945 am Sondergericht Bromberg in seiner Funktion als Staatsanwalt zahlreiche Todesurteile wegen Bagatelldelikten beantragt hatte, 1981 in einem ZDF-Interview, dass er ebenjene Todesurteile »unter [...] gegebenen Umständen« abermals beantragen würde.

Ludwig Bock, NPD-Mitglied und Verteidiger der »Blutigen Brigitta« Hildegard Lärchert, fiel besonders negativ durch seine neofaschistischen Äußerungen bis hin zur Holocaust-Leugnung (→Revisionismus/Leugnung des Holocaust [II.B9]) auf. Seine Verteidigungsstrategie gipfelte im Juni 1977 in der Forderung, die

Zeugin Henryka Ostrowska sei festzunehmen wegen mutmaßlicher Beihilfe zum Massenmord. Die Polin hatte zuvor ausgesagt, sie sei in Majdanek auch gezwungen worden, Dosen mit Zyklon B in die Gaskammern zu tragen. Landgerichtsrat Günther Bogen lehnte den Antrag mit der Begründung der Rechtsmissbräuchlichkeit ab. Erst als ein Ermittlungsverfahren gegen Bock wegen der illegalen Ausforschung von Zeugen aufgenommen wurde, zog er sein Mandat zurück. 1978 erreichte die Hetzkampagne der Neonazis im Prozessumfeld ihren Höhepunkt. Angeführt von Erwin Schönborn vom »Kampfbund Deutscher Soldaten« verteilten Rechtsextremisten Flugblätter an das Prozesspublikum, auf denen unter anderem von einer »Vergasungslüge« die Rede war.

Das Einwirken der Verteidiger auf die Zeugen, die vor Gericht gezwungen waren, ihr Leiden nochmals durchleben zu müssen, war oft skandalös. In der täglichen Praxis des nicht zuletzt durch die Verschleppungstaktik der Verteidiger bedingten langen Verfahrens waren zermürbende Kreuzverhöre der ehemaligen KZ-Häftlinge an der Tagesordnung. Es reichte nicht aus, dass einzelne Zeugen zitternd auf die Angeklagten zeigten und deren Teilnahme an einem Mord schilderten. Wer sich nicht dezidiert an Haarfrisur, Schuhbekleidung oder den Dienstgrad erinnern konnte, wurde als »vergesslich« unglaubwürdig gemacht. Auf eine Anfrage des SPD-Landtagsabgeordneten Jürgen Büssow erklärte das nordrhein-westfälische Justizministerium 1978 kontrafaktisch, dass es in der Hauptverhandlung keine antisemitischen oder neonazistischen Propagandaauftritte gegeben habe.

Erst durch den 1984 in drei Teilen gesendeten Dokumentarfilm DER PROZESS von Eberhard Fechner, der das Verfahren auf insgesamt 230 Stunden Filmmaterial festgehalten hatte, erfuhr der Majdanek-Prozess eine öffentlichkeitswirksame kritische Aufarbeitung.

AL

Lit.: Claudia Kuretsidis-Haider et al. (Hg.) (2011): *Das KZ Lublin-Majdanek und die Justiz. Strafverfolgung und verweigerte Gerechtigkeit: Polen, Deutschland und Österreich im Vergleich*, Graz: CLIO. Dieter Ambach, Thomas Köhler (2003): *Lublin-Majdanek. Das Konzentrations- und Vernichtungslager im Spiegel von Zeugenaussagen*, Düsseldorf: Justizministerium des Landes Nordrhein-Westfalen. Kerstin Freudiger (2002): *Die juristische Aufarbeitung von NS-Verbrechen*, Tübingen: Mohr Siebeck. Sabine Horn (2002): »›Jetzt aber zu einem Thema, das uns in dieser Woche alle beschäftigt.‹ Die westdeutsche Fernsehberichterstattung über den Frankfurter Auschwitz-Prozess (1963–1965) und den Düsseldorfer Majdanek-Prozess (1975–1981) – ein Vergleich«, in: *1999* 17, S. 13–43. Heiner Lichtenstein (1979): *Majdanek. Reportage eines Prozesses*, Frankfurt a.M.: Europäische Verlags-Anstalt. Präsidium d. VVN (Hg.) (1979): *KZ Majdanek. Report über das Vernichtungslager und über den Majdanek-Prozeß*, 3. überarb. Aufl., Frankfurt a.M.: Röderberg.

IV.C Faszinosum Hitler

IV.C1 Albert Speer: *Erinnerungen*, 1969 im Ullstein-Verlag erschienene Autobiographie des Chefarchitekten und Rüstungsministers des »Dritten Reiches«.

Der häufig als »Kronzeuge der schuldlosen Verstrickung« bezeichnete Speer, dem es wie keinem anderen führenden Funktionär des Nazi-Regimes gelang, nach dem Krieg wieder öffentliches Ansehen zu erlangen, stellt in der Diskussion um die »Vergangenheitsbewältigung« eine der wichtigsten Symbolfiguren dar.

1905 in Mannheim geboren und in wohlhabenden Verhältnissen aufgewachsen, studierte Albert Speer Architektur, trat bereits 1931 in die NSDAP ein und avancierte in nur wenigen Jahren zu einem der wichtigsten Männer des NS-Staates. Nach ersten Aufträgen für die Partei wurde er vor allem durch seine Licht-Inszenierung auf den Reichsparteitagen in Nürnberg bekannt und stieg rasch auf in der Gunst Hitlers, der ihn 1937 zum Generalbauinspektor der Reichshauptstadt machte. Speer plante und realisierte unter anderem den Neubau der Reichskanzlei und erstellte gemeinsam mit Hitler einen größenwahnsinnigen Generalplan zum Umbau Berlins zur Welthauptstadt »Germania«. 1942 wurde der machtorientierte Führungspolitiker nach dem Tod des Reichsministers für Bewaffnung und Munition, Fritz Todt, zu dessen Nachfolger ernannt und damit zum Leiter der gesamten Kriegswirtschaft, deren Produktion er bis 1944 unter skrupellosem Einsatz von Zwangsarbeitern und KZ-Insassen auf ihren Höchststand trieb. Mit Hitler verband Speer eine tiefe persönliche Freundschaft, die sich weniger in ideologischen Affinitäten als in ihrem gemeinsamen Interesse für Kunst und Architektur gründete.

1945 konnte der im →Nürnberger Prozess [I.A3] als einer der Hauptkriegsverbrecher angeklagte Speer aufgrund seiner bereitwilligen Kooperation mit den Alliierten und einer raffinierten Verteidigungsstrategie der Hinrichtung entgehen. Dabei gründete sich seine Argumentation vor allem auf globale Schuldeingeständnisse bei gleichzeitigem Abstreiten genauerer Kenntnis der Judenvernichtung. Auf diese Weise gelang es Speer, sich zum naiven »verführten Bürger« zu stilisieren – ein Bild, das er dann nach seiner Entlassung 20 Jahre später wirkungsvoll ausbaute.

Im Zentrum seiner *Erinnerungen*, die er 1969 unter Mitwirkung des Verlegers Wolf Jobst Siedler sowie seines späteren Biographen Joachim C. Fest (→Joachim C. Fest: *Hitler. Eine Biographie* [IV.C2]) veröffentlichte, stehen die Jahre 1933 bis 1945 im Allgemeinen sowie Speers persönliches Verhältnis zu Hitler im Besonderen. Speer gab sich nach Belieben als ahnungslos verführter Bürger, ergebnisorientierter Technokrat oder aber romantischer Künstler ohne jeden ideologischen bzw. politischen Anspruch. Die Anhäufung von allgemeinen Schuldeingeständnissen wirkt allerdings belanglos, da Speer konkrete persönliche Verfehlungen – beispielsweise seine Beteiligung an der Enteignung und Deportation Berliner Juden oder seine Rolle beim Bau von Konzentrationslagern (→Rücktritt Heinrich Lübkes [IV. A5]) – bewusst verschwieg; die hemmungslose Aggressivität des von ihm vollbrachten »deutschen Rüstungswunders«, mit der er die Strategie des »totalen Krieges« unterstützte und ganz entscheidend zu dessen Verlängerung beitrug, erklärte er stolz zum Resultat seines Organisationstalentes. Von den NS-Verbrechen wollte er weiterhin keine oder nur vage Kenntnis besessen haben.

Der überraschende Erfolg des Buches machte Speer zu einer Art Medienstar: Die *Erinnerungen* erreichten in Deutschland rasch den Spitzenplatz der Bestsellerlisten und wurden in über 15 Sprachen übersetzt. Speer suchte den Kontakt zu den Medien und gab bereitwillig Interviews. Die Medialisierung seiner Person ist insofern von großer Bedeutung, als dass seine angenehme äußere Erscheinung, sein Charme und seine Kultiviertheit maßgeblich zu seinem positiven Bild in der Öffentlichkeit beitrugen. Als Symbol des geläuterten und reuigen »guten Nazis«, der sich allein optisch deutlich vom Typus des vulgären Nazis à la Himmler, Göring oder Bormann absetzte, entfaltete Speer mit seiner Argumentation der schuldlosen Verstrickung, die er bis zu seinem Tode beibehielt und die vielen Mitläufern als Alibi diente, auf die traumatisierten Deutschen eine geradezu »kathartische Wirkung« (Dan van der Vat): Wenn schon ein derart wichtiger Politiker wie Speer von Auschwitz nichts gewusst hatte, wie wollte man da dem Normalbürger seine Blindheit vorwerfen.

Seine Haltung brachte Speer jedoch nicht nur Sympathien ein: Zu groß erschien der Abgrund zwischen dem Bild des kultivierten Idealisten und seiner offensichtlichen moralischen Indifferenz. Gleichzeitig stießen seine Schuldbekenntnisse und seine Distanznahme zu Hitler auf Unverständnis bei seinen alten Nazi-Kameraden und Freunden, die ihm Opportunismus und feigen Verrat an seinen Idealen und dem Nationalsozialismus vorwarfen. Nach dem Erscheinen der *Erinnerungen* zerbrach unter anderem die Freundschaft zwischen Speer und seinem Jugendfreund Rudolf Wolters, der sich während dessen Haft finanziell sowie ideell für Speer und seine Familie eingesetzt hatte. Wolters wurde schließlich zum Kronzeugen der Anklage, als er Anfang der 1980er Jahre dem jungen Historiker Matthias Schmidt die Chronik der Amtszeit Speers, die er bis dahin nur in einer um entscheidende Stellen gekürzten Fassung zur Einsicht freigegeben hatte, zuspielte, anhand derer die unglaubwürdige Behauptung Speers, er habe von der systematischen Vertreibung und Vernichtung der Juden nichts gewusst, nun widerlegt werden konnte.

So gelang es Schmidt 1983, die federführende Rolle Speers bei der zwangsweisen Ausweisung von Berliner Juden aus ihren Wohnungen sowie ihrer Deportation nachzuweisen. Doch mit Speers Tod am 1.9.1981 in London verebbte das öffentliche Interesse und Schmidts Enthüllungsbuch wurde zwar wissenschaftlich rezipiert, stieß jedoch insgesamt auf weit weniger Resonanz als erhofft. Auch die Entdeckung neuen Beweismaterials – so beispielsweise Bauanträge, die seine direkte Beteiligung am Erweiterungsbau des

Konzentrationslagers Auschwitz belegen – sowie neue differenzierte Biographien aus dem englischsprachigen Raum (Gitta Sereny, Dan van der Vat) vermochten die positive Einschätzung Speers in der Öffentlichkeit nicht zu korrigieren.

Wie hartnäckig solche Mythen sein können, zeigte nicht zuletzt der Film DER UNTERGANG (2004) von Oliver Hirschbiegel und Bernd Eichinger, in dem erneut das Bild Albert Speers als Lichtgestalt, als »Engel, der aus der Hölle kam« (Siedler) beschworen wurde (→DER UNTERGANG [VI.C8]). Die Filmdarstellung Speers entspricht im Wesentlichen den Ausführungen Fests, der bisher zweifellos den größten Einfluss auf die Speer-Rezeption nahm. In Fests 1999 erschienener Speer-Biographie sowie seiner dem Film zugrunde liegenden »historischen Skizze« Der Untergang dominiert eine verständnisvolle, ja wohlwollende Perspektive. Zudem nötigt seine psychologisierende Sichtweise, die vor allem von dem Attribut »rätselhaft« getragen wird, dem Leser, trotz der offen vorgetragenen Ungeheuerlichkeiten, immer wieder Mitleid mit Speer ab.

Erst der in der ARD im Mai 2005 ausgestrahlte Fernsehdreiteiler Speer und Er von Heinrich Breloer räumte explizit für ein breites Publikum mit den Mythen auf, die sich um Speer ranken. Obwohl der Film vor allem das zusammenträgt und wiederholt, was bereits seit langen Jahren bekannt ist, entfachte er endlich eine breit geführte publizistische Diskussion, die nun auch tatsächlich ins öffentliche Bewusstsein zu dringen vermochte.

Damit war aber nicht nur das Geschichtsbild nachhaltig korrigiert, sondern auch neues Interesse an der Figur Speer geweckt: So folgten der Dokumentation von Breloer im gleichen Jahr Neuauflagen der Bücher von Sereny und Schmidt sowie ein weiterer Dokumentarfilm von Nigel Paterson über Speer und die Nürnberger Prozesse: Albert Speer – Karriere ohne Gewissen. Joachim Fest fühlte sich immerhin genötigt, in Die unbeantwortbaren Fragen (2005) erstmals einen deutlich kritischen Blick auf Speer zu werfen – ohne jedoch die eigene Voreingenommenheit zu hinterfragen. In der Welt vom 23.4.2005 fasst Götz Aly die wichtigsten Etappen der Speer-Mythologisierung noch einmal zusammen und bezeichnet die Erinnerungen sowie die Spandauer Tagebücher als »kalkulierten Schwindel«. Nachdem die Speer'sche Selbstdarstellung nun auch in der Öffentlichkeit als unglaubwürdige Inszenierung anerkannt wird, scheint sich weiterer Bedarf an historischer Aufklärung allerdings noch in einem anderen Problemfeld zu verbergen. So berichtete der Spiegel 2007 darüber, dass Speer nach seiner Haftentlassung über 20 geraubte Kunstgemälde durch eine Kölner Galerie verkaufen ließ – ein Thema, das in den nächsten Jahren die Historiker sicherlich noch beschäftigen wird.

NC

Lit.: Albert Speer (1969): Erinnerungen, Frankfurt a.M., Berlin: Propyläen. Albert Speer (1975): Spandauer Tagebücher, Frankfurt a.M., Berlin, Wien: Propyläen. Heinrich Breloer, Rainer Zimmer (2006): Die Akte Speer. Spuren eines Kriegsverbrechers. Berlin: Propyläen. Heinrich Breloer (2005): Unterwegs zur Familie Speer. Berlin: Propyläen. Heinrich Breloer (2005): Speer und Er, Berlin: Propyläen. Joachim Fest (2005): Die unbeantwortbaren Fragen. Reinbek: Rowohlt. Susanne Willems (2002): Der entsiedelte Jude. Albert Speers Wohnungsmarktpolitik für den Berliner Hauptstadtbau, Berlin: Ed. Hentrich. Joachim C. Fest (1999): Speer. Eine Biographie, Frankfurt a.M.: Fischer. Hans Reichhardt, Wolfgang Schäche (1998): Von Berlin nach Germania, Berlin: Transit. Dan van der Vat (1997): Der gute Nazi. Albert Speers Leben und Lügen, Berlin: Henschel. Gitta Sereny (1995): Albert Speer – Das Ringen mit der Wahrheit und das deutsche Trauma, München: Kindler. Matthias Schmidt (1983): Albert Speer: Das Ende eines Mythos, München: Goldmann. Adelbert Reif (1978): Albert Speer. Kontroversen um ein deutsches Phänomen, München: Bernard & Graefe.

IV.C2 Joachim C. Fest: *Hitler. Eine Biographie*,

monumentale Schilderung (1190 Seiten Umfang) der Vita des Diktators, die der konservative Journalist und Intellektuelle Joachim C. Fest (1926-2006) 1973 vorlegte.

Durch seinen großen Erfolg auf dem Buchmarkt prägte Fests eher psychologisch-literarisch als streng wissenschaftlich gehaltenes Buch das Hitler-Bild der deutschen Öffentlichkeit maßgeblich mit; dem Autor selbst trug die öffentliche Wertschätzung noch im gleichen Jahr einen einflussreichen Posten als Redakteur und Herausgeber der FAZ ein. »Hitlers eigentümliche Größe ist [...] ein ungeheurer, alle geltenden Maßstäbe sprengender Energieausbruch«, schreibt Fest auf der ersten Seite seines Werkes. Das Zitat verweist auf einen Zug seiner Auseinandersetzung mit Hitler, der von deutschen Historikern (etwa Golo Mann, *Süddeutsche Zeitung* 13./14.10.1973) früh problematisiert wurde: Fests tiefgründige Faszination für die »Größe« des Diktators, der sich gegen die gesamte Welt aufgelehnt und ihr immerhin sechs Kriegsjahre lang widerstanden habe. Fest: »Kein anderer hat, in einem nur wenige Jahre dauernden Alleingang, dem Zeitlauf so unglaubliche Beschleunigungen gegeben und den Weltzustand verändert wie er [...].« Unverkennbar ist der Biograph Anhänger einer Geschichtsauffassung, der zufolge ›große Männer‹ Geschichte machen; selbstredend benutzt Fest den Begriff der »Machtergreifung« Hitlers. Vor diesem Deutungsrahmen werden Hitlers Wahlvolk und die weit verbreitete gesellschaftliche Akzeptanz der ›Lösung der Judenfrage‹ und des Krieges zwangsläufig zur quantité négligable degradiert. Gänzlich fragwürdig wird der Ansatz, wenn Fest behauptet: »Wenn Hitler Ende 1938 einem Attentat zum Opfer gefallen wäre, würden nur wenige zögern, ihn einen der größten Staatsmänner der Deutschen, vielleicht den Vollender ihrer Geschichte, zu nennen. [...] Sechseinhalb Jahre trennten Hitler von diesem Ruhm.« Diesem Ruhmespotential, das nur unter Ausblendung all der antisemitischen und undemokratischen Maßnahmen der ersten fünf Jahre des »Dritten Reichs« zustande kommen kann (unter anderem Einrichtung von Konzentrationslagern, ›Arierparagraph‹, Bücherverbrennung, Ausschluss von Juden und politischen Gegnern aus der Reichskulturkammer, Nürnberger Rassegesetze), steht Fest offensichtlich bewundernd gegenüber.

In der zeitgenössischen Diskussion wurde Fests Buch bald einer so genannten →Hitler-Welle [IV.C6] zugerechnet – eine Zuschreibung, gegen die Fest sich vehement verwahrte. Eberhard Jäckel bezeichnete Fests Buch als die »ernsthafteste, ja einzig ernstzunehmende Biographie auf der Hitler-Welle«. Wichtiger als diese diffuse und kurzlebige Mode, kaum mehr als eine statistische Häufung diverser Hitleriana zumeist eher fragwürdiger Qualität auf dem Buchmarkt, dürfte für die Rezeption des Buches der Umstand gewesen sein, dass Fests Darstellung in ihrer Fixierung auf die Person Hitlers exkulpativen Mehrwert für die Tätergesellschaft barg – nicht zuletzt auch durch das weitgehende Ausklammern des Holocaust, der auf gerade einmal drei Seiten des Werkes behandelt wird.

Einer differenzierten Kritik wurde *Hitler. Eine Biographie* von den bundesdeutschen Historikern unterzogen: Die Darstellung von Hitlers Leben sei zwar durchaus bekannt und der frühe Hitler im Gegensatz zum späten in der Darstellung überbetont, doch niemand habe »seit Thomas Mann über Hitler in so gutem Deutsch geschrieben« (Eberhard Jäckel); die Stimmungsbilder, die Fest von Hitler entfalte, seien atmosphärisch genau und mustergültig auch für die Geschichtsschreibung über Hitler. Ungenauigkeit wurde Fest dagegen, gleichlautend auch von Hermann Graml, der zwischen »Anlässen zur Bewunderung und Zwang zur Kritik« an Fest schwankte, in Bezug auf die Wahl seiner Begrifflichkeiten – die bloß metaphorische Verwendung von »Revolution«, die Charakterisierung des NS-Staates als »modern« – und die Darstellung des historischen Kontextes vorgeworfen. Graml macht »eine erstaunliche Unsicherheit des Urteils über alle Zusammenhänge, Faktoren und Personen« aus, die den engsten Umkreis Hitlers überschreiten. Die Kräfte, die hinter Hitler standen und die von seiner Herrschaft profitierten, würden kaum benannt. Stattdessen sei Hitler mal »der Mann der Epoche, nicht nur in Deutschland,« dann sei er wieder ein »Mann gegen die Epoche, [...] auch in Deutschland.« So bejahe Fest passagenweise sehr wohl die Frage nach Hitlers »Größe«. Nicht die Zerstörung der Weimarer Republik werde als Voraussetzung für Hitler erklärt, sondern allein der über Weimar triumphierende Hitler gezeigt. Überhaupt vertrete Fest eine Sicht auf die Republik, die nahezu distanzlos zur Haltung der Konservativen Revolution der 1920er Jahre sei. Als »ein Meister der Sprache« kenne Fest jene »Mittel, mit denen ein Autor Ansichten lediglich vorstellt« (Graml), ohne sich völlig zu exponieren. Durch die konservative Brille würden die Demokratiebestrebungen der damaligen Zeit von Fest gar »mit uneuropäischen Umtrieben gleichgesetzt«. So stießen sich insbesondere die linksliberalen Sozialhistoriker an Fests (Nicht-)Darstellung übergreifender Zusammenhänge. Fests Buch wurde Ende der 1970er Jahre zudem in der Geschichtswissenschaft im Kontext des kurzzeitig in Mode gekommenen psychohistorischen Ansatzes diskutiert, dessen spekulativen Zugriff Hans-Ulrich Wehler zu hinterfragen wusste: Werde so etwa »der gewundene Weg nach Auschwitz zur Einbahnstraße eines Psychopathen an der Macht?« Fests Hitler-Biographie steht nur bedingt in dieser Tradition (auch Wehler insinuiert dies nicht); für sie gilt, dass die Gattung einer klassischen biographischen Studie über den »Führer« kaum geeignet erscheint, den Nationalsozialismus als Ganzes darzustellen und zu erfassen (→Intentionalisten vs. Strukturalisten [IV.C5]). Der heute angesehenste Hitler-Biograph, Ian Kershaw, würdigt Fests Werk, trotz seines Ungleichgewichts von biographistischer Personenzentriertheit und gesamtgesellschaftlicher Komplexitätsreduktion, auch rückblickend noch als die »hervorragendste« unter den damaligen Hitler-Biographien.

Fest ist der dunklen Faszination, die der Mythos Hitler auf ihn augenscheinlich ausübte, zeitlebens treu geblieben, ob als Ghostwriter von dessen Rüstungsminister →Albert Speer (Erinnerungen [IV.C1]), als dessen allzu unkritischer Biograph (Speer. Eine Biographie, 1999), in seinem umstrittenen, aus NS-Propagandamaterial montierten Film HITLER – EINE KARRIERE (zusammen mit Christian Herrendoerfer, 1977) oder mit der dem gleichnamigen Erfolgsfilm von 2004 zugrundeliegenden »historischen Skizze« Der Untergang (2002) über die letzten Tage im »Führerbunker« (→DER UNTERGANG [VI.C8]). Die konservative Perspektive Fests, der den engen Kontakt mit den Tätern nicht scheute und sich im →Historikerstreit [V.A9] auf der Seite Ernst Noltes positionierte, äußert sich unter anderem auch in seiner Vorrede zur Neuausgabe seiner Hitler-Biographie 1995, in der er Hitlers Aufstieg einer Angst der Deutschen vor dem Kommunismus zuschreibt. Ähnliche Verschiebungen finden sich in Fests Einordnung, Hitler habe die »Revolution auf ihren modernen Begriff gebracht«, in seiner publizistischen Instrumentalisierung der ersten →Fassbinder-Kontroverse [V.A6] zur Konstruktion eines »Faschismus von Links« und in der Verunglimpfung Jürgen Habermas' – zwei Jahrzehnte zuvor Antagonist im Historikerstreit – als übereifriger Jung-Nazi in seiner Autobiographie Ich nicht (2006). Fest hat die Verantwortung für Hitler so immer wieder auch in Richtung der politischen Linken zu verschieben versucht. Seine Betonung des Modernitätsschubes im Nationalsozialismus, der – wenn auch am Ende negativen – »Größe« des Staatsmannes im Hitler-Buch sowie Fests unverkennbare Faszination für die ›Tragik‹ des Diktatorenschicksals in Der Untergang verweisen auf eine eigenartige Form der Befangenheit gegenüber dem Forschungsgegenstand.

MNL

Lit.: Joachim C. Fest (1995): Hitler. Eine Biographie, unveränd., mit einem Vorw. des Autors vers. Nachdruck der Ausg. 1973, Berlin: Propyläen. Joachim Fest (2007): Nach dem Scheitern der Utopien. Gesammelte Essays zu Politik und Geschichte, Reinbek bei Hamburg: Rowohlt. Heinrich Schwendemann (2007): »Zwischen Abscheu und Faszination. Joachim C. Fests Hitler-Biographie als populäre Vergangenheitsbewältigung«, in: Jürgen Danyel et al. (Hg.): 50 Klassiker der Zeitgeschichte, Göttingen: Vandenhoeck & Ruprecht, S. 127-131. Hannes Heer (2005): »Hitler war's.« Die Befreiung der Deutschen von ihrer Vergangenheit, Berlin: Aufbau. Ian Kershaw (2002): Hitler (2 Bde.), München: dtv. Ders. (1994): Der NS-Staat. Geschichtsinterpretationen und Kontroversen im Überblick, Reinbek: Rowohlt. William Carr (1981): »Historians and the Hitler Phenomenon«, in: German Life and Letters 34, H. 2, S. 260-272. Jörg Berlin (Hg.) (1978): Was verschweigt Fest? Analysen und Dokumente zum Hitler-Film von J.C. Fest, Köln: Pahl-Rugenstein. Wolfgang Michalka (1978): »Wege der Hitler-Forschung: Problemkreise, Methoden und Ergebnisse. Eine Zwischenbilanz«, in: Quaderni die storia 4, H. 7, S. 157-182. Eberhard Jäckel (1977): »Rückblick auf die so genannte Hitler-Welle«, in: Geschichte in Wissenschaft und Unterricht 28, H. 11, S. 695-710. Hermann Graml (1974): »Probleme einer Hitler-Biographie. Kritische Bemerkungen zu Joachim C. Fest«, in: Vierteljahrshefte für Zeitgeschichte 22, H. 1, S. 76-92.

IV.C3 Riefenstahl-Renaissance, seit den 1970er Jahren insbesondere in den Vereinigten Staaten einsetzende, größtenteils ausgesprochen unkritische Würdigung und Wiederentdeckung der ästhetischen Qualitäten der Arbeiten Leni Riefenstahls.

Die Filmemacherin hatte mit DAS BLAUE LICHT (1932) den bedeutendsten deutschen Bergfilm, mit TRIUMPH DES WILLENS (1935) und OLYMPIA (1938) die zwei wichtigsten Propagandafilme des »Dritten Reiches« gedreht und galt nach 1945 lange Zeit als Symbolfigur der deutschen Schuldverstrickung. Den ersten Höhepunkt der Riefenstahl-Renaissance markierte die Ehrung der einstigen Lieblingsregisseurin Hitlers auf einem 1974 veranstalteten feministischen Filmfestival in Telluride, Colorado, deren Organisatorinnen in Riefenstahl nicht zuletzt ein Vorbild für die im männerdominierten Filmbusiness tätigen Frauen zu erkennen meinten. Etwa zur selben Zeit lud Andy Warhol sie in seine Factory ein, ›outete‹ sich Francis Ford Coppola als ihr Bewunderer, ließen sich von ihr die Showstars Siegfried und Roy, aber auch Rolling Stones-Chef Mick Jagger photographieren, der zudem publicityheischend anmerkte, dass er Riefenstahls Filme verehre und speziell TRIUMPH DES WILLENS dutzende Male gesehen habe. Sie alle trugen somit zur Rehabilitation der Künstlerin bei, die indes keineswegs völlig reibungslos verlief, sondern auch für öffentliche Empörung sorgte; speziell natürlich bei jüdischen Organisationen, die in der entpolitisierten, ganz auf das ›Kunstgenie‹ abhebenden Betrachtung der Werke Riefenstahls eine nicht hinzunehmende Verharmlosung des Nationalsozialismus und dessen Verbrechen sahen.

Doch nicht nur der Neubewertung der im »Dritten Reich« entstandenen Arbeiten verdankte sich Riefenstahls spätes Comeback, sondern auch und vor allem dem enormen Erfolg jener Photographien, die die Künstlerin in den 1960er und frühen 1970er Jahren auf zahlreichen, oft mehrmonatigen Expeditionen im südlichen Sudan von den Nuba machte. Diese fanden sehr schnell – erstmals 1964 in der Illustrierten *Kristall*, später dann im *Stern*, in *Paris-Match* und *Time-Life* – Eingang in die internationale Massenpresse, um schließlich in zwei aufwendig gestalteten Bildbänden, *Die Nuba. Menschen wie von einem anderen Stern* (1973) und *Die Nuba von Kau* (1976), kompiliert zu werden. Die Veröffentlichung der amerikanischen Ausgabe des ersten Buches diente Susan Sontag als Aufhänger für ihren wichtigen, erstmalig 1975 im *New York Review of Books* erschienenen Essay »Faszinierender Faschismus«, bei dem es sich um eine scharfsinnige Abrechnung mit dem Œuvre Riefenstahls handelt. Sontag unternahm damit den Versuch, der, wie sie schreibt, »vor kurzem erfolgte[n] Beförderung Leni Riefenstahls zum Kulturdenkmal« argumentativ Einhalt zu gebieten. Hart ins Gericht ging sie dabei auch mit den Nuba-Photos, die trotz ihres auf den ersten Blick ›anti-arischen‹ Sujets keinesfalls als Abkehr vom vorangegangenen Schaffen der Künstlerin begriffen werden dürften: Ganz im Gegenteil betätige sich Riefenstahl einmal mehr als kompromisslose Anwältin des Schönen und Vitalen. Ganz im Einklang mit der nationalsozialistischen Körperideologie glorifiziere sie physische Stärke und Mut und knüpfe mit ihren Aufnahmen somit unmittelbar an ihre kinematographischen Werke der 1930er Jahre an. In gekürzter Form in der *Zeit* abgedruckt, ließ Sontags Essay zwar das Bild der unbelehrbaren Propagandistin zu einem festen Topos speziell der deutschen Diskussion um die Regisseurin werden; dass die Riefenstahl-Renaissance in den folgenden Jahren und Jahrzehnten immer weitere Kreise zog, konnte Sontags Kritik indes nicht verhindern. Zahlreiche, zumeist äußerst gut besuchte Ausstellungen und Retrospektiven (unter anderem 1991 in Tokio, 1996 in Mailand, 1997 in Rom, 1998/99 in Potsdam sowie 2000 in Berlin), das allein aus einem Zusammenschnitt von Szenen aus OLYMPIA bestehende Rammstein-Video zum Song »Stripped« (1998), der in der Zeitschrift *Emma* (H. 1/1999) veröffentlichte, hart am Rande zur Apologie argumentierende Riefenstahl-Artikel der prominenten Feministin Alice Schwarzer oder aber der große Verkaufserfolg des opulenten, sich jeder Kritik an Werk und Person enthaltenen Riefenstahl-Bildbandes *Fünf Leben*, belegen dies in eindringlicher Weise.

JG

Lit.: Jörn Glasenapp (2009): »Paradise Lost: George Rodger, Leni Riefenstahl und das Ende der Nuba«, in: Ders. (Hrsg.): *Riefenstahl revisited*, München: Fink, S. 151-178. Jörn Glasenapp (2006): »Späte Rückkehr: Leni Riefenstahls Nuba«, in: Dietmar Rieger, Stephanie Wodianka (Hg.): *Mythosaktualisierungen: Tradierungs- und Generierungspotenziale einer alten Erinnerungsform*, Berlin: de Gruyter, S. 173-194. Jürgen Trimborn (2002): *Riefenstahl: Eine deutsche Karriere. Biographie*, Berlin: Aufbau. Rainer Rother (2000): *Leni Riefenstahl: Die Verführung des Talents*, Berlin: Henschel. Filmmuseum Potsdam (Hg.) (1999): *Leni Riefenstahl*, Berlin: Henschel. Susan Sontag (1980): »Faszinierender Faschismus«, in: Dies.: *Im Zeichen des Saturn. Essays*, München: Hanser, S. 95-124.

IV.C4 Syberberg-Debatte, vor allem im Sommer und Herbst 1990 geführte Feuilleton-Debatte um eine Buchveröffentlichung des

Filmemachers Hans Jürgen Syberberg mit dem Titel *Vom Unglück und Glück der Kunst in Deutschland nach dem letzten Kriege* (1990). Im Verlauf der Debatte stand nicht nur dieser 200-seitige Essay zur deutschen Nachkriegskunst und -kultur zur Diskussion, sondern auch jener Teil von Syberbergs Filmwerk, der sich mit dem Nationalsozialismus auseinandersetzt, insbesondere sein vierteiliger Film HITLER, EIN FILM AUS DEUTSCHLAND (1977). Schon mit diesem Film hatte eine jahrelange Diskussion um das Werk des Regisseurs und Autors begonnen, die in dessen veröffentlichten Notizbüchern der 1980er Jahre ihren Niederschlag fand.

Mit einer Länge von insgesamt 440 Minuten stellt der HITLER-Film den exponiertesten Teil einer Folge von Filmen dar, in denen sich Syberberg in einer Ästhetik, die Richard Wagner mit Bertolt Brecht verbindet, mit Deutschland, dem Nationalsozialismus und deutschen Trivialmythen beschäftigt. Die öffentliche Auseinandersetzung um sein Werk kulminierte jedoch nach der Veröffentlichung des besagten Essays im Jahr 1990. Syberbergs politische Positionierung im Umfeld der Neuen Rechten (→Neuen Rechten [VI.E5]) in Aufsätzen aus den Jahren 1994/95 steht im Kontext seiner Auseinandersetzung mit der bundesrepublikanischen Kultur und diesen Debatten.

Der 1935 in Pommern geborene Syberberg legte mit *Vom Unglück und Glück* eine Generalkritik der deutschen Nachkriegskultur vor. Diese Kritik stellt zwar hinsichtlich ihrer nationalistischen, antidemokratischen und teilweise antisemitischen Äußerungen des Regisseurs in weiten Teilen eine Wiederholung früherer Aussagen dar, vor dem Hintergrund des 9. November 1989 erhielt sie jedoch den Charakter eines deutschnationalen Manifests für Kunst im wiedervereinigten Deutschland. Schon in HITLER, EIN FILM AUS DEUTSCHLAND hatte der Künstler insbesondere mit dem filmischen Mittel der Rückprojektion den nicht nur ästhetisch ehrgeizigen Versuch unternommen, die Faszination am Nationalsozialismus darzustellen und so für heutige Betrachter nacherlebbar zu machen. Dabei kombinierte er ein reiches Arsenal an heterogenem Bildmaterial, das von Reproduktionen der Synagoga- und Ecclesia-Figuren am Straßburger Münster über Gemälde Philipp Otto Runges bis hin zu SS-Photos aus dem *Auschwitz-Album* reicht, mit Tonmaterial unter anderem aus der Zeit des Nationalsozialismus sowie Motiven aus Wagner-Opern. Eine weitere Ebene der Darstellung bilden die von Schauspielern vorgetragenen Monologe, in denen ähnlich wie in Syberbergs Notizbüchern Meinungen zum Nationalsozialismus und dessen Auswirkungen auf die deutsche Kunst nach 1945 artikuliert sind. Diese Gesamtkunstästhetik zielt programmatisch auf eine besondere Art der »Trauerarbeit«, bei der Hitler als Objekt kollektiver deutscher Identifizierungen betrauert werden soll. Während der Film von einem Teil der bundesdeutschen Filmkritik einer ästhetischen Annäherung an den NS verdächtigt wurde, wurde er von Intellektuellen in den USA, Frankreich und Großbritannien auch wohlwollend aufgenommen.

In seinem Essay von 1990 beklagte Syberberg, Kultur und Kunst in Deutschland nach 1945 stünden unter einem »Fluch der Schuld«. Dieser Schuldkomplex sei von linken Intellektuellen als »Werkzeug der Einschüchterung« missbraucht worden. In seinen weitreichenden Schlussfolgerungen unterstellt Syberberg unter anderem, dass diejenigen Karriere machten, die »mit den Juden« oder »mit den Linken« gingen. In den Besprechungen seines Essays in *Spiegel*, *Zeit* und *FAZ* wurden diese Thesen scharf zurückgewiesen. Obwohl es innerhalb der liberalen Presse keine positiven Reaktionen auf Syberbergs Essay gab, differierten die Besprechungen im Ton dennoch deutlich. Während Hellmuth Karaseks *Spiegel*-Rezension (36/1990) unter der Rubrik »Neonazismus« stand und damit schon vor der eigentlichen Besprechung eine Verurteilung des Autors vornahm, beschränkte sich Günther Nenning in seinem Beitrag in der *Zeit* darauf, Syberberg für »verrückt« zu erklären und sich vor allem über die große pathetische Geste des Künstlers lustig zu machen (27.7.1990). Sehr viel schärfer im Ton waren dagegen die beiden Besprechungen von Werner Fuld und Frank Schirrmacher in der *FAZ* (24.8.1990). Fuld sah in dem Essay einen »Frontalangriff gegen Demokratie und Kunst« und beschloss seine Ausführungen mit der Behauptung, dass dort, wo über Kultur gesprochen werde, Syberberg nichts mehr zu suchen habe. Schirrmacher bezog das Gedankengut Syberbergs auf Ideen der 1920er Jahre zurück, wie sie vor allem im Umfeld der so genannten »Konservativen Revolution« entwickelt worden waren. Auch er schrieb vom »Wahn« des Autors und Filmemachers, den er vor dem Hintergrund der anstehenden deutschen Vereinigung als gefährlich einstufte: Syberbergs Entdeckung des Nationalen, seine antisemitischen Ausfälle und sein deutscher Großmachttraum bildeten eine »Partitur«, für die sich einmal Sprecher finden könnten. Zunächst schienen internationale Reaktionen das Bild zu relativieren. Gegen Karaseks Besprechung hatte der französische Philosoph Jean-Pierre Faye, der sich schon für den HITLER-Film eingesetzt hatte, dem *Spiegel* einen Protestbrief eingesandt. In der französischen Tageszeitung *Libération* wurde dem Streit ein Dossier gewidmet. Einleitend wurde hier darauf hingewiesen, dass einem deutschen Intellektuellen von anderen deutschen Intellektuellen vorgeworfen werde, er sei ein Antisemit, während er von jüdischen, französischen und US-amerikanischen Intellektuellen verteidigt werde. Allerdings führte eine Diskussionsrunde im Oktober 1990 im Rahmen einer viertägigen Veranstaltung zum Werk Syberbergs in der Ost-Berliner Akademie der Künste schließlich auch bei einigen früheren Unterstützern zu einer Distanzierung. Während zum Beispiel Susan Sontag hier zwar weiterhin das Filmwerk Syberbergs in Schutz nahm, wies sie seine aktuellen Äußerungen in *Vom Unglück und Glück* als verletzend zurück. Syberberg bestand hingegen auf der Zusammengehörigkeit beider Teile seines Werks.

Eine der durchgängig während der Debatte zu beobachtenden Strategien mit dem Essay umzugehen ist die Pathologisierung seines Autors. Darin offenbart sich die Schwäche der öffentlichen Auseinandersetzung mit den antidemokratischen und nationalistischen Positionen Syberbergs. Denn eine isolierte Kritik des Regisseurs und Autors verkennt, dass er keineswegs allein gegen eine vermeintliche linksliberale Dominanz in der deutschen Medienkultur aufbegehrt (→Walser-Bubis-Debatte [VI.A4]). Vielmehr lässt sich spätestens nach 1989 eine breitere rechte Medienkritik ausmachen, die als neuer nationaler Normalisierungsdiskurs beschrieben werden kann.

HHa

Lit.: Hans Jürgen Syberberg (1981): *Die freudlose Gesellschaft. Notizen aus dem letzten Jahr*, München, Wien: Hanser. Ders. (1990): *Vom Unglück und Glück der Kunst in Deutschland nach dem letzten Kriege*, München: Matthes & Seitz. Hans-Joachim Hahn (2005): *Repräsentationen des Holocaust. Zur westdeutschen Erinnerungskultur seit 1979*, Heidelberg: Winter. Stephen Brockmann (1996): »Syberberg's Germany«, in: *The German Quarterly* 96, H. 1, S. 48-62. Manfred Schneider (1996): »Medienpathetiker. Wagner und Syberberg«, in: Norbert Bolz (Hg.): *Das Pathos der Deutschen*, München: Fink, S. 173-188. Hans Rudolf Vaget (1984): »Die Auferstehung Richard Wagners. Wagnerismus und Verfremdung in Syberbergs Hitler-Film«, in: Sigrid Bauschinger et al. (Hg.): *Film und Literatur. Literarische Texte und der neue deutsche Film*, Bern: Francke, S. 124-155. Susan Sontag (1980): »Faszinierender Faschismus«, in: Dies.: *Im Zeichen des Saturn. Essays*, München: Hanser, S. 95-124.

IV.C5 Intentionalisten vs. Strukturalisten, methodischer und geschichtspolitischer Richtungsstreit in der Geschichtswissenschaft der 1970er Jahre um die Bedeutung des »Faktors Hitler« für den NS-Staat.

Die komplexe, langwierige und verschiedene Felder der Forschungen zum Nationalsozialismus betreffende Debatte spiegelte nicht zuletzt die konträren Positionen, die sich aus den Impulsen einer Neuausrichtung der Geschichtswissenschaft im Sinne einer »historischen Sozialwissenschaft« ergaben, wider: So erklärt sich die besondere Schärfe, in der die Debatte ausgetragen wurde, vor allem aus ihrem doppelten Polarisierungspotential als vergangenheitspolitische Debatte über den Charakter des NS-Regimes (Hitlerismus oder Faschismus) wie als methodische Grundsatzkontroverse über die treibenden Kräfte in der Geschichte (Struktur oder Persönlichkeit).

Traditionell gingen die meisten Autoren, die sich seit den 1950er Jahren wissenschaftlich mit dem NS-Regime beschäftigten, von einer weitgehend unbeschränkten Machtfülle Hitlers aus. Diese in den 1970er Jahren unter dem Schlagwort des Intentionalismus zusammengefassten Ansätze ließen sich mit Norman Richs Formel beschreiben, Hitler sei »der Herr und Meister im Dritten Reich« gewesen. Repräsentativ für diese meist im Rahmen der Totalitarismustheorie argumentierenden Ansätze hielt Karl Dietrich Bracher 1976 fest, der Nationalsozialismus sei »tatsächlich Hitlerismus« geblieben: »[D]ieser Mann und seine Intentionen und Aktionen werden stets im Zentrum jeder NS-Geschichte stehen.«

Dieser Grundannahme folgend beschrieben intentionalistische Arbeiten die Realität des Nationalsozialismus in weiten Teilen als Vollzug der ›Weltanschauung‹ Adolf Hitlers. Dies galt insbesondere für den Bereich der Außenpolitik, die etwa Andreas Hillgruber (in *Hitlers Strategie*, 1965) als Resultat programmatischer Vorstellungen Hitlers verstand, aber auch für die NS-Vernichtungspolitik und den Holocaust, die Historiker wie Eberhard Jäckel oder Klaus Hildebrand im Kern als Umsetzung der von Hitler bereits in den 1920er Jahren formulierten ›Weltanschauung‹ verstanden. Karl Dietrich Bracher, dessen 1969 erschienene erste Gesamtdarstellung des NS-Regimes *Die deutsche Diktatur* den Judenmord auf gerade einmal zwölf Seiten abhandelte, hielt diesbezüglich apodiktisch fest: »Letztlich gab Hitlers sehr eigene ›Weltanschauung‹ und nichts anderes den Ausschlag: das beweisen vor allem die furchtbaren Konsequenzen seines rassistischen Antisemitismus im geplanten und (bezeichnendes Bürokratenwort!) ›durchgeführten‹ Massenmord.« Die intentionalistischen Ansätze kombinierten so Elemente der Ideengeschichte (Hitlers Ideologie) mit der seit dem 19. Jahrhundert eingeführten Betrachtung von Geschichte als Produkt der Handlungen von ›großen Männern‹. Verbunden war damit auch eine dezidierte Absage an die theoretischen Implikationen einer sozialwissenschaftlich ausgerichteten Sozialgeschichte, wie sie sich – ausgehend von der →Fischer-Kontroverse [III.B3] – in den 1970er Jahren durch Zeitschriftenneugründungen (*Geschichte und Gesellschaft* 1975) und Lehrstuhlberufungen (Hans Mommsen 1968, Hans-Ulrich Wehler 1970/71, Jürgen Kocka 1973 u.a.) zunehmend institutionalisierte. Vor dem Hintergrund der Auseinandersetzungen um die methodisch-theoretische Ausrichtung der Geschichtswissenschaft, die noch im →Historikerstreit [V.A9] des Jahres 1986 nachklangen, wirkten die neueren strukturalistischen Ansätze wie ein Affront: Die Versuche, gerade an der Person Hitler, dem aus totalitarismustheoretischer Sicht unumschränkten Herrscher im »Dritten Reich«, die Grenzen individueller historischer Prägekraft und die Wirkungsmächtigkeit sozialwissenschaftlich erfassbarer Strukturen aufzeigen zu wollen, trafen nur folgerichtig auf besonders erbitterten Widerstand.

Die strukturalistischen Ansätze waren – obgleich sie zeitgenössisch als »neu« (und pejorativ als »revisionistisch«) wahrgenommen wurden – den klassischen, noch in den 1940er Jahren im englischsprachigen Exil entstandenen Analysen Ernst Fränkels (*The Dual State. A contribution to the theory of dictatorship*, 1941) und Franz Neumanns (*Behemoth. The practice and structure of National Socialism*, 1942) verpflichtet. Im Verlauf der 1960er Jahre geriet durch die strukturalistisch geprägten Arbeiten zunehmend der bürokratische Wildwuchs des Nationalsozialismus in den Blick, der auf den meisten Politikfeldern eine Vielzahl miteinander um Macht und Einfluss konkurrierende Akteure sowohl aus dem Partei- wie aus dem Staatsapparat hervorgebracht hatte. Dabei entstand das Bild einer multidimensionalen, »polykratischen« Machtstruktur, in der Hitler zwar meist eine wichtige, aber keineswegs die allein entscheidende Bedeutung beigemessen wurde. Dezidiert gegen die Vorstellung eines monolithischen Führerstaates war etwa – trotz des in dieser Hinsicht irreführenden Titels – Martin Broszats einflussreiche Studie *Der Staat Hitlers* (1969) gerichtet, die ungeachtet ihres Erscheinens als Band 9 der *dtv-Weltgeschichte des 20. Jahrhunderts* keine Gesamtdarstellung des NS-Regimes, sondern Einblicke in die – so der Untertitel – *Grundlegung und Entwicklung seiner inneren Verfassung* intendierte. Broszat arbeitete dabei präzise das »Neben- und Gegeneinander unkoordinierter Instanzen« heraus, das vielfach und in zunehmendem Maße einer »Einheitlichkeit und Gleichmäßigkeit der Machtausübung« entgegengestanden habe. Gegen die intentionalistische Interpretation, die das institutionelle Gestrüpp des NS-Regimes als Produkt eines von taktischen Raffinessen geprägten Machiavellismus Hitlers ansah, vertrat Broszat die These, Hitlers Handeln sei von einem kurzfristig motivierten »Zweckmäßigkeitskalkül« geprägt gewesen, das sich als Kette von »Improvisationen« zunehmend selbst ad absurdum geführt habe: »Angesichts der Fülle widerstreitender Kräfte konnte der Führerwille, auch wenn er anderes im Sinne gehabt hätte, schließlich gar nicht mehr anders als jeweils nur unzusammenhängend und abrupt von Fall zu Fall Anstöße in diese oder jene Richtung geben, war aber außerstande, die sich daraus jeweils entwickelnden neuen Organisationen, Kompetenzen und Ambitionen zu übersehen und im Zaume zu halten.«

Der daraus resultierenden »Verselbständigung partikularer Machtapparate« maß Broszat als »Beschleunigungsmoment der Radikalisierung« in einer auf Vermittlung zielenden Gewichtung eine ebenso bedeutende Rolle zu wie der »weltanschaulichen Zielstrebigkeit« Hitlers.

Eine wesentliche Zuspitzung erfuhr diese Gewichtung in den 1970er Jahren – der Hochzeit der Auseinandersetzung – in den Arbeiten des Bochumer Historikers Hans Mommsen. Mommsen hatte bereits in seiner Habilitationsschrift über *Beamtentum im Dritten Reich* (1966) die seither mehrfach reformulierte und präzisierte These vertreten, Hitler sei »in allen Fragen, die einer grundsätzlichen und definitiven Stellungnahme bedurften, ein schwacher Diktator« gewesen. Ausgehend von dieser Grundthese leitete Mommsen – in Zuspitzung der Position Broszats – den Holocaust aus der spezifischen bürokratischen Zersplitterung des NS-Regimes her, deren Eigendynamik zu einem Prozess »kumulativer Radikalisierung« geführt habe und die der entscheidende Faktor für die »Realisierung des Utopischen« gewesen sei. Mommsen erteilte in diesem Zusammenhang auch der Annahme, es existiere ein förmlicher Befehl Hitlers zur ›Endlösung der Judenfrage‹, eine Absage: Für Mommsen wie für Broszat, der in *Der Staat Hitlers* noch von der Existenz eines Führerbefehls ausgegangen war, lässt sich die Genese des Holocaust nur im Bild der »Twisted Road« (Karl A. Schleunes) beschreiben, nicht jedoch als konsequente Realisierung eines in Hitlers Weltanschauung gründenden, durch konkrete Befehle legitimierten Masterplans.

Die schwelende fachliche Kontroverse kulminierte schließlich im Jahr 1979 auf einer Tagung des Deutschen Historischen Instituts in London, in der in erbitterten Auseinandersetzungen über den Charakter des Nationalsozialismus gestritten wurde. Im Zentrum der intentionalistischen Kritik stand vor allem der Vorwurf, die strukturalistischen Ansätze würden die Unterschätzung Hitlers, die schon in den 1930er Jahren eine Vorbedingung seines Erfolges gewesen sei, wiederholen; umgekehrt stand das Verdikt einer unzulässigen Simplifizierung und Personalisierung der komplexen Geschichte des NS-Staates im Mittelpunkt der Argumentation.

Die Schärfe und der ausufernde Charakter der Auseinandersetzung zwischen den Intentionalisten und Strukturalisten, die in Teilen durch den auch politisch konnotierten Streit der Metatheorien ›Totalitarismus‹ bzw. ›Faschismus‹ überlagert wurde, steht aus heutiger Sicht in einem deutlichen Missverhältnis zu ihrem wissenschaftlichen Ertrag. Unbestritten bedeuteten die strukturalistischen Ansätze einen erheblichen Komplexitätsschub, dessen Ergebnisse das ältere Bild eines monolithischen Führerstaates in der Forschung obsolet werden ließen (obgleich es in populären Darstellungen wie etwa dem →Geschichtsfernsehen des ZDF [VI.D2] ungebrochen fortlebt). Gleichwohl ergaben sich aus den wissenschaftlichen Großdebatten der 1970er Jahre kaum Impulse zur konkreten empirischen Erforschung der NS-Massenverbrechen. Aus der Perspektive der späten 1990er Jahre, in deren Verlauf sich deutlicher als zuvor das defizitäre Wissen über die Partizipation gesellschaftlicher Gruppierungen, ziviler und militärischer Institutionen, aber auch über den konkreten, regional zu differenzierenden Verlauf des komplexen Prozesses der NS-Vernichtungspolitik offenbarte, stellen sich die Auseinandersetzungen der 1970er Jahre als »Krieg der Interpretationen auf der gleichen, dünnen empirischen Grundlage« (Ulrich Herbert) dar. Die vielfältigen Spezialstudien seit Mitte der 1990er Jahre korrigierten die Tendenz der strukturalistischen Ansätze, ideologische Faktoren im Prozess der ›Endlösung‹ zu unterschätzen, indem sie ihre enge Verschränkung mit situativen Momenten betonten, was Hans Mommsen zu dem auf Ulrich Herbert und andere gemünzten Vorwurf veranlasste, sie würden eine »Rückkehr in die 50er Jahre« betreiben. Ungeachtet solcher Rückzugsgefechte stellte sich die Überwindung des strikten Dualismus der Debatte für die Forschung als produktiv heraus: Neuere Hitler-Studien, aber auch repräsentative Gesamtdarstellungen des Holocaust wie Saul Friedländers *Das Dritte Reich und die Juden* nehmen dabei meist von der überzogenen Vorstellung des »schwachen Diktators« Hitler Abstand, ohne dabei in den personalistischen Reduktionismus des genuin intentionalistischen Ansatzes zurückzufallen.

TF

Lit.: Ian Kershaw (1999): *Der NS-Staat. Geschichtsinterpretationen und Kontroversen im Überblick*, erw.

u. bearb. Neuausgabe, Reinbek: Rowohlt. Harald Welzer (Hg.) (1999): *Auf den Trümmern der Geschichte. Gespräche mit Raul Hilberg, Hans Mommsen und Zygmunt Baumann*, Tübingen: Ed. discord. Ulrich Herbert (1998): »Vernichtungspolitik. Neue Antworten und Fragen zur Geschichte des ›Holocaust‹«, in: Ders. (Hg.): *Nationalsozialistische Vernichtungspolitik 1933–1945. Neue Forschungen und Kontroversen*, Frankfurt a.M.: Fischer, S. 9–66. Ulrich Hehl (1996): *Nationalsozialistische Herrschaft*, München: Oldenbourg. Ian Kershaw (1992): *Hitlers Macht. Das Profil der NS-Herrschaft*, München: dtv. Wolfgang Wippermann (Hg.) (1986): *Kontroversen um Hitler*, Frankfurt a.M.: Suhrkamp. Gerhard Schreiber (1984): *Hitler Interpretationen 1923–1983. Ergebnisse, Methoden und Probleme der Forschung*, Darmstadt: Wiss. Buchgesellschaft. Hans Mommsen (1983): »Die Realisierung des Utopischen. Die ›Endlösung der Judenfrage‹ im ›Dritten Reich‹«, in: *Geschichte und Gesellschaft* 9, S. 381–420. Gerhard Hirschfeld, Lothar Kettenacker (Hg.) (1981): *Der ›Führerstaat‹: Mythos und Realität. Studien zur Struktur und Politik des Dritten Reiches*, Stuttgart: Clett-Kotta. Klaus Hildebrand (1980): »Nationalsozialismus ohne Hitler?«, in: *Geschichte in Wissenschaft und Unterricht* 31, S. 289–305. Andreas Hillgruber (1978): »Tendenzen, Ergebnisse und Perspektiven der gegenwärtigen Hitler-Forschung«, in: *Historische Zeitschrift* 226, S. 600–621. Michael Bosch (Hg.) (1977): *Persönlichkeit und Struktur in der Geschichte. Historische Bestandsaufnahme und didaktische Implikationen*, Düsseldorf: Schwann. Martin Broszat (1977): »Hitler und die Genesis der ›Endlösung‹. Aus Anlaß der Thesen von David Irving«, in: *Vierteljahrshefte für Zeitgeschichte* 25, H. 4, S. 737–775. Karl Dietrich Bracher (1976): *Zeitgeschichtliche Kontroversen. Um Faschismus, Totalitarismus und Demokratie*, München: Piper. Norman Rich (1973f.): *Hitler's War Aims*, 2 Bde., London: Deutsch. Martin Broszat (1969): *Der Staat Hitlers. Grundlegung und Entwicklung seiner inneren Verfassung*, München: dtv. Eberhard Jäckel (1969): *Hitlers Weltanschauung. Entwurf einer Herrschaft*, Tübingen: Wunderlich.

IV.C6 Hitler-Welle, Konjunktur von auf die Person Adolf Hitler fixierten Darstellungen, die vor allem zwischen 1973 und 1975 den deutschen Buchmarkt überschwemmten. Die meisten dieser Werke stammten von Zeitzeugen aus dem Dunstkreis der Macht sowie von Biographen oder Amateurhistorikern mit mitunter zweifelhaften Motiven, was die dürftige Qualität vieler dieser Neuerscheinungen erklärt. Diverse Nachdrucke älterer Werke komplettierten das Korpus, das so als »Welle« erscheinen konnte, ohne nennenswerte Beiträge für die Forschung erbracht zu haben. Bei den meisten dieser Publikationen scheinen pekuniäre und politische Motive der Autoren und ihrer Verlage im Vordergrund gestanden zu haben. So legte der Geschichtsrevisionist Erich Kern gleich drei *Adolf Hitler*-Bücher vor (*... und seine Bewegung. Der Parteiführer*, 1970; *... und der Krieg. Der Feldherr*, 1973; *... und das Dritte Reich. Der Staatsmann*, 1974), sekundiert von *Adolf Hitler – Heil und Unheil. Die verlorene Revolution* (1974) aus der Feder des ehemaligen und offensichtlich unbelehrbaren Amtschefs der Reichsjugendführung, Helmut Stellrecht. Dreibändig wie Kern schrieb zeitgleich der Hobbyhistoriker Wolfgang Hammer 1970, 1972 und 1974 seinen *Dialog mit dem »Führer«*, so der Untertitel aller drei Machwerke, die keinerlei wissenschaftlichen Standards genügten (Bd. 1: *Adolf Hitler – ein deutscher Messias?*, Bd. 2: *... – der Tyrann und die Völker*, Bd. 3: *... – Ein Prophet unserer Zeit?*). In den Kreis der ›Zeitzeugen‹ wiederum reiht sich Gerhard Boldt ein, 1945 Ordonnanzoffizier des Heeresgeneralstabs, der seinen knappen Bericht *Die letzten Tage der Reichskanzlei* (1947) – Vorlage der britisch-italienischen Filmproduktion HITLER: THE LAST TEN DAYS (1973) – überarbeitete und 1973 in doppeltem Umfang unter dem Titel *Hitler – die letzten zehn Tage* publizierte.

In überarbeiteter Form erschien 1973 auch das von Walter C. Langer herausgegebene psychoanalytische Gutachten *Das Adolf-Hitler-Psychogramm*, ein bis dato geheimer Report, der Anfang der 1940er Jahre von der US-Regierung in Auftrag gegeben und 1943 fertiggestellt worden war. Durch Langers nachträgliche Eingriffe hatte der Text seinen historischen Quellenwert jedoch weitgehend eingebüßt. Parallel zur Hitler-Welle verlief in der Geschichtswissenschaft in den 1970er Jahren die Diskussion um den kurzzeitig in Mode gekommenen psychohistorischen Ansatz, dessen spekulativen Zugriff Hans-Ulrich Wehler zu hinterfragen wusste: Werde so etwa »der gewundene Weg nach Auschwitz zur Einbahnstraße eines Psychopathen an der Macht?« Hier standen sich durchaus verdienstvolle Versuche wie Rudolph Binions *Dass ihr mich gefunden habt. Hitler und die Deutschen* (1978, englisch zuerst 1976) und fragwürdige Deutungen wie Helmut Stierlins (immerhin bei Suhrkamp erschienene) *Adolf Hitler. Familienperspektiven* (1975) gegenüber, ein Werk, das Hitlers Drang zur Eroberung von ›Lebensraum im Osten‹ allen Ernstes auf seine angebliche orale Gier zurückführt.

Hinzu kamen faktisch unhaltbare (Robert Payne: *The Life and Death of Adolf Hitler*, 1973) und reichlich wirre (Werner Maser: *Adolf Hitler: Legende – Mythos – Wirklichkeit*, 1971) Hitler-Biographien, denen gleichwohl oft beachtlicher Erfolg beschieden war (das Werk des Amateurhistorikers Maser wurde 1973 bereits in der 5. Auflage ausgeliefert). Maser wusste den Publikumserfolg zu nutzen und brachte noch ein Buch mit faksimilierten, abermals völlig durcheinandergeratenen und zudem in seiner Transkription mit unzähligen Fehlern versehenen Hitler-Dokumenten heraus (*Hitlers Briefe und Notizen*, 1973). Ernst zu nehmender war die 1204 Seiten starke, den Forschungsstand angemessen verdichtende Biographie *Adolf Hitler* (1977, englisch zuerst 1976) des Schriftstellers John Toland, die sich zwar nicht auf Quellenforschung, wohl aber auf 250 Zeitzeugeninterviews stützte, die der Autor geführt hatte. David Irvings Biographie des kriegführenden Hitler mit dem Titel *Hitler und seine Feldherren* (1975) brachte der Forschung zahlreiche Anregungen, diskreditierte sich jedoch – trotz Streichungen und Glättungen des Ullstein-Verlags, von denen der Autor sich wiederum distanzierte – letztlich durch Irvings Äußerungen zur NS-Judenpolitik, die auf seine spätere Holocaustleugnung vorausweisen (→Revisionismus/Leugnung des Holocaust [II.B9]).

Mit der ab 1974 in zig Ausgaben und mit größtem Werbeaufwand 14-täglich erscheinende Illustriertenserie *Das Dritte Reich* aus dem Hamburger Jahr-Verlag wurde, so Jäckel, »[e]ine der wenigen Chancen der Hitler-Welle, die darin bestand, das einmal geweckte Interesse einer breiteren Öffentlichkeit für geschichtliche Fragen sinnvoll zu fördern, [...] vertan.« Der Verlag setzte allein auf den Absatz seines Werkes, das entsprechend auf die Befriedigung eines – nicht zu differenzierter Auseinandersetzung neigenden – Massengeschmacks ausgerichtet war. Neben dem erwähnten Spielfilm über Hitlers letzte Tage widmeten sich auch literarische Werke dem Thema Hitler: Dimitris Chorafas stellte 1973 in seinem Roman *Samuel Hitler* die geschmacklose Leitfrage »Wie sähe die Welt heute aus, wenn Hitler Jude gewesen wäre?«. Erfrischend nimmt sich dagegen die von dem Schriftsteller Walter Kempowski gestartete Umfrage *Haben Sie Hitler gesehen? Deutsche Antworten* aus dem gleichen Jahr aus, ein Stück »Oral History«.

Aus der Rückschau erscheint die so genannte Hitler-Welle als eine diffuse und kurzlebige Mode, kaum mehr als eine statistische Häufung von Hitleriana. Allein →Joachim C. Fests *Hitler. Eine Biographie* [IV.C2] von 1973, eine monumentale Darstellung vor allem der frühen Jahre des ›Führers‹, erwies sich als ein Werk, das, obschon in der zeitgenössischen Rezeption der Hitler-Welle zugeordnet, Bestand hatte.

MNL

Lit.: Anneliese Mannzmann (Hg.) (1979): *Hitlerwelle und historische Fakten. Mit einer Literaturübersicht und einer Materialsammlung zum Neonazismus*, Königstein/Ts.: Scriptor. Hans-Ulrich Wehler (1978): »Geschichtswissenschaft und ›Psychohistorie‹«, in: *Innsbrucker Historische Studien* 1, S. 201–213. Eberhard Jäckel (1977): »Rückblick auf die so genannte Hitler-Welle«, in: *Geschichte in Wissenschaft und Unterricht* 28, H. 11, S. 695–710.

IV.C7 Heidegger-Kontroverse, seit 1933 mit unterschiedlicher Intensität unter verschiedensten philosophischen, politischen und nationalen Vorzeichen insbesondere in Deutschland und Frankreich geführte Debatte um Martin Heideggers Verstrickung in den Nationalsozialismus und sein Schweigen darüber nach 1945. Heideggers politisches und öffentliches Engagement für den Nationalsozialismus begann mit seiner Übernahme des Rektorats der Freiburger Universität im April 1933 und offenbarte sich sogleich in seiner sogenannten Rektoratsrede *Die Selbstbehauptung der deutschen Universität* (Mai 1933), deren völkischnationaler Diskurs von den »erd- und bluthaften« Kräften des deutschen Volkes und deren glühende Verehrung des ›Führers‹ keinerlei Zweifel an der Gesinnung ihres Autors lassen konnte. Ihr schlossen sich propagandistische Aktionen wie die Unterzeichnung eines »Bekenntnisses der deutschen Professoren zu Adolf Hitler« ebenso an wie ideologisch verbrämte Vorträge über »Die Universität im Nationalsozialistischen Staat« (beide November 1933). Zudem gestattete Heidegger als Rektor nicht nur Bücherverbrennungen an der Freiburger Universität, sondern stand einer solchen selbst als enthusiastischer ›Festredner‹ vor, der die vernichtenden Flammen ›wider den undeutschen Geist‹ eindringlich beschwor: »Die deutsche Revolution schläft nicht, sie zündet neu umher und erleuchtet uns den Weg, auf dem es kein Zurück mehr gibt. [...] Flammen zündet! Herzen brennt!« So schnell Heidegger das Amt des Rektors übernommen hatte, so schnell legte er es allerdings auch wieder nieder, nachdem er erkannte, dass ihm die Nationalsozialisten nicht ›radikal‹ genug waren (»viel zu unbedarft im Denken«) und dass sich der ›Führer‹ nicht würde von ihm führen lassen.

Dass Heidegger, der bereits in den frühen 1930er Jahren den *Völkischen Beobachter* las, schon 1932 die NSDAP wählte und ihr am 1. Mai 1933 im Rahmen einer öffentlichen Zeremonie beitrat, mindestens bis zum Kriegsende überzeugter Nationalsozialist war (»eine Beglückung, dass der Führer eine neue Wirklichkeit erweckt hat«, 1933), ist in der Auseinandersetzung um sein Verhältnis zum Nationalsozialismus niemals strittig gewesen. Im Zentrum stand vielmehr die Frage, ob Heideggers Parteimitgliedschaft auch bedeutete, dass er seinen Überzeugungen nach antisemitisch und seine Philosophie ihrem Wesen nach faschistisch gewesen sei. Noch 1994 kam Rüdiger Safranski, wie seinerzeit das Gros der Heidegger-Forschung, in seiner einflussreichen Biographie zu dem Schluss, Heidegger sei kein Antisemit »im Sinne des ideologischen Wahnsystems der Nationalsozialisten« gewesen, während Philippe Lacoue-Labarthe, bedeutender Vertreter der französischen Heidegger-Schule, überdies meinte, schützend unterstellen zu können, Heidegger habe sogar Widerstand gegen den Antisemitismus des NS-Staates geleistet. Zweifellos hat sich Heidegger nach heutigem Kenntnisstand vom biologistisch-rassistischen Antisemitismus distanziert, gleichwohl ist aber sein »seinsgeschichtlicher Antisemitismus« (Peter Trawny) dank der Publikation privater Briefwechsel inzwischen nicht mehr von der Hand zu weisen. Bereits der junge Heidegger bedauerte (lange vor der nationalsozialistischen Bewegung) in Briefen an seine Frau die »Verjudung unserer Kultur u. Universitäten«

(1916), klagte gar, »alles ist überschwemmt von Juden u. Schiebern« (1920) und räumte später selbst seiner Geliebten Hannah Arendt gegenüber freimütig ein: »Im übrigen bin ich heute in Universitätsfragen genauso Antisemit wie vor 10 Jahren« (1932/33). In dem Briefwechsel mit Arendt erschien auch erstmals Heideggers Gedicht *Das Geheimnis wächst*, das er ihr 1950 – 25 Jahre nach dem Beginn ihrer Liebesbeziehung – schickte, und in dem er mit Rekurs auf eben dieses Jubiläum einerseits sowie die biographische Konstellation von Arendts Emigration und seiner eigenen ›Irre‹ (Holger Zaborowski) andererseits formulierte: »Fünf Jahrfünfte/lang um lang/verbarg die Zeit/uns in den Wirren/eins dem andern,/hieß Dich wandern,/ließ mich irren [...]«.

Das vieles andeutende, aber nichts benennende ›Irren‹ ist dabei ebenso symptomatisch für Heideggers Nichtauseinandersetzung mit der jüngsten Vergangenheit wie die grobe Bagatellisierung von Arendts existentieller Not und Flucht vor den Nazis ins Exil als bloßes ›Wandern‹, die zudem das antisemitische Stereotyp vom ewig wandernden Juden aufruft. Eine für Heideggers Nachkriegshaltung ebenso typische Relativierung findet sich in einer Vielzahl von Zeitdokumenten. So beispielsweise im Briefwechsel mit seinem einstigen Schüler Herbert Marcuse, der den großen Philosophen kurz nach Kriegsende zu drängen versuchte, ein Bekenntnis seiner Abkehr von einem Regime abzulegen, »das Millionen von Juden umgebracht hat«, dem Heidegger aber 1948 lapidar antwortete, er habe sich außer ein paar geringfügigen Entgleisungen nichts vorzuwerfen. Mit Blick auf die unmittelbare Gegenwart, d.h. die deutsche Besatzung durch die Siegermächte, bemerkte er dafür – die Formulierung Marcuses aufgreifend –, dass nun allerdings »statt ›Juden‹ ›Ostdeutsche‹ zu stehen« habe, dass also das Schicksal der Ostdeutschen angesichts der alliierten Politik mit dem Schicksal der vernichteten Juden zu vergleichen sei.

Noch deutlicher ist diese bewusste Nivellierungsstrategie, die darauf zielte, das deutsche Verbrechen des Genozids an den Juden und gleichsam die eigene Mitschuld daran zu relativieren, nur noch an einem Vortrag abzulesen, den Heidegger im folgenden Jahr hielt. Im Rahmen seiner Bremer Vortragsreihe hielt er 1949 den vieldiskutierten Vortrag »Das Ge-Stell«, in dem er über das Wesen der modernen Technik mit Bezug auf die Massenproduktion der Lebensmittelindustrie nachdenkt und seine Reflexionen in die skandalöse Überlegung münden lässt: »Ackerbau ist jetzt motorisierte Ernährungsindustrie, im Wesen das Selbe wie die Fabrikation von Leichen in Gaskammern und Vernichtungslagern«. So wird die friedliche Nutzung von (Agrar-)Technik kurzerhand in eins gesetzt mit der Massenvernichtung von Menschen und mithin der Völkermord banalisiert als schlichte Entgleisung moderner Technik. Dass gleich diese erste (und einzige) öffentliche ›Auseinandersetzung‹ mit der Shoah zu einer harschen Kritik an ihm führte, wird Heidegger auf Jahrzehnte in seiner Überzeugung bestärken, dass fortan Schweigen geboten war. Erst 1966 reagierte er auf eine aus seiner Sicht unzulässige Darstellung seines Verhältnisses zum Nationalsozialismus in den Medien mit einem Leserbrief an den Spiegel-Herausgeber Rudolf Augstein, dem es schließlich gelang, ein Interview mit Heidegger über sein NS-Engagement von 1933 und dessen Folgen zu führen. In diesem Gespräch, das erst nach Heideggers Tod 1976 veröffentlicht werden durfte, kommen jedoch weder er selbst, noch Augstein und sein Kollege Georg Wolff (Heidegger-Verehrer und ehemaliger SS-Hauptsturmführer) besonders deutlich auf das frühe NS-Engagement des Philosophen zu sprechen. Vielmehr weicht Heidegger immer wieder aus, nutzt den SPIEGEL geschickt als Plattform für seine Selbstinszenierung und kommt auch hier auf seine allgemeine, schon in »Das Ge-Stell« vorgetragene Skepsis bezüglich der modernen Technik zu sprechen. Seine Kritik am Nationalsozialismus ist einzig herauszuhören in der Kritik an dessen unbedarftem Verhältnis zum Wesen der Technik.

Dass es für Heidegger niemals eine Aufarbeitung der eigenen NS-Vergangenheit gab, dass es sie überhaupt nicht geben konnte, weil er zeitlebens nie von seinen frühen Positionen abgerückt ist, offenbaren schließlich die sogenannten Schwarzen Hefte, deren Publikation 2014 und 2015 in der Heidegger-Forschung hohe Wellen schlug. In diesen über Jahrzehnte mit privaten Aufzeichnungen über zeithistorische Beobachtungen und die Aufgabe der Philosophie gleichermaßen gefüllten Kladden beklagt Heidegger auch nach 1945 noch eine jüdische »Rachsucht«, deren Ziel es sei, die »Deutschen geistig und geschichtlich auszulöschen«, wo doch aber gerade der »Deutsche allein [...] das Sein ursprünglich neu dichten und sagen« könne. Nicht nur wird dabei unverhohlen auf die seit Fichtes Reden an die deutsche Nation (1808) tradierte Ideologie des ›deutschen Wesens‹ als ein dem eigenen Blut und Boden ›ursprünglich‹ Verhaftetes zurückgegriffen, vielmehr wird auch hier die NS-Geschichte in ihr Gegenteil verkehrt und werden die Opfer von einst zu den Tätern von heute erklärt. Diese retrospektive Tilgung deutscher (und eigener) Schuld ebenso wie die sich durchziehenden antisemitischen Ausfälle gegen das »Weltjudentum« stellen keine bloßen Entgleisungen dar, keine gedanklichen Fehlleistungen eines angeblich Unpolitischen, sondern bilden vielmehr die Basis seines Denkens. Angesichts der Schwarzen Hefte bedarf daher nicht nur die bisher geläufigste These, Heidegger habe sich zwar (kurz) im Nationalsozialismus engagiert, sei jedoch persönlich kein Antisemit gewesen, einer Revision. Vielmehr wird künftig zu fragen sein, ob Heideggers ontologischer Antisemitismus nicht seine ganze Philosophie kontaminiert hat und was sich von ihr überhaupt noch retten lassen wird. Heidegger selbst sah in dem Beschluss, nach der Emeritierung in Freiburg (1951) nicht mehr lehren zu dürfen, einen »Verrat am Denken«, seinem Denken – nicht etwa eine Konsequenz aus seinem frühen Engagement für Hitler, den er als vom »Sein selbst vorbeigeschickt« gefeiert hatte. Die im Februar 2015 von der Universität Freiburg angekündigte Abschaffung seines einstigen Lehrstuhls (der auch derjenige seines Lehrers Edmund Husserls gewesen war) deutet einen klaren hochschul- und kulturpolitischen Paradigmenwechsel in der noch andauernden Heidegger-Kontroverse an.

BR

Lit.: Martin Heidegger (2015): *Anmerkungen I-V (Schwarze Hefte 1942-1948)* [= GA Bd. 97], hg. v. Peter Trawny, Frankfurt a.M.: Klostermann. Martin Heidegger (2014): *Überlegungen XII-XV (Schwarze Hefte 1939-1941)* [= GA Bd. 96], hg. v. Peter Trawny, Frankfurt a.M.: Klostermann. Martin Heidegger (2014): *Überlegungen VII-XI (Schwarze Hefte 1938/39)* [= GA Bd. 95], hg. v. Peter Trawny, Frankfurt a.M.: Klostermann. Martin Heidegger (2014): *Überlegungen II-VI (Schwarze Hefte 1931-*

1938) [= GA Bd. 94], hg. v. Peter Trawny, Frankfurt a.M.: Klostermann. Martin Heidegger (2005): *»Mein liebes Seelchen!«. Briefe Martin Heideggers an seine Frau Elfride 1915-1970*, hg., ausgewählt u. kommentiert v. Gertrud Heidegger, München: DVA. Martin Heidegger (2005): »Das Ge-Stell« [1949], in: ders.: *Bremer und Freiburger Vorträge 1. Einblick in das was ist. Bremer Vorträge 1949. 2. Grundsätze des Denkens. Freiburger Vorträge 1957* [= GA, Bd. 79], hg. v. Petra Jaeger, 2., durchgesehene Aufl., Frankfurt a.M: Klostermann, S. 24-45. Hannah Arendt u. Martin Heidegger (1998): *Briefe 1925 bis 1975 und andere Zeugnisse*, aus den Nachlässen hg. v. Ursula Ludz, Frankfurt a.M.: Klostermann. Rudolf Augstein und Georg Wolff (1976): »»Nur noch ein Gott kann uns retten«. *Spiegel*-Gespräch mit Martin Heidegger am 23. September 1966«, in: *Der Spiegel* 23/1976, S. 193-219. Lutz Hachmeister (2014): *Heideggers Testament. Der Philosoph, der Spiegel und die SS*, Berlin: Propyläen. Peter Trawny (2014): *Heidegger und der Mythos der jüdischen Weltverschwörung*, 2. überarb. Aufl. Frankfurt a.M.: Klostermann. Holger Zaborowski (2010): *»Eine Frage von Irre und Schuld?« Martin Heidegger und der Nationalsozialismus*, Frankfurt a.M.: S. Fischer. Alfred Denker u. Holger Zaborowski (Hg.) (2009): *Heidegger und der Nationalsozialismus* (2 Bde.: *I. Dokumente; II. Interpretationen*), Freiburg u. München: Karl Alber. Emmanuel Faye (2005 frz.): *Heidegger. Die Einführung des Nationalsozialismus in die Philosophie*, Berlin: Matthes & Seitz. Dieter Thomä (2003): »Heidegger und der Nationalsozialismus. In der Dunkelkammer der Seinsgeschichte«, in: ders. (Hg.): *Heidegger-Handbuch. Leben – Werk – Wirkung*, unter Mitarbeit v. Katrin Meyer u. Hans Bernhard Schmid, Stuttgart u. Weimar: Metzler, S. 141-162. Rüdiger Safranski (1994): *Ein Meister aus Deutschland. Heidegger und seine Zeit*, München u. Wien: Hanser. Ernst Nolte (1992): *Martin Heidegger. Politik und Geschichte im Leben und Denken*, Frankfurt a.M.: Propyläen. Martin Heidegger (1990): *Die Selbstbehauptung der deutschen Universität. Das Rektorat 1933/34*, hg. v. Hermann Heidegger, 2. Aufl., Frankfurt a.M.: Klostermann. Philippe Lacoue-Labarthe (1990): *Die Fiktion des Politischen. Heidegger, die Kunst und die Politik*, Stuttgart: Edition Patricia Schwarz. Víctor Farías (1987 span.): *Heidegger und der Nationalsozialismus*, Frankfurt a.M.: S. Fischer. Theodor W. Adorno (1964): *Jargon der Eigentlichkeit. Zur deutschen Ideologie*, Frankfurt a.M.: Suhrkamp.

V 1979–1995

V.A Spannungsfelder 40 Jahre nach Kriegsende

V.A1 Schmidt-Begin-Konflikt, eine sich von 1980 bis 1982 erstreckende politische und persönliche Auseinandersetzung zwischen dem deutschen Bundeskanzler Helmut Schmidt und dem israelischen Ministerpräsidenten Menachem Begin, die die deutsch-israelischen Beziehungen nachhaltig beeinträchtigte.

Grundlage des Konfliktes waren vor allem Differenzen zwischen den EG-Staaten und Israel hinsichtlich des Nahostkonflikts sowie unterschiedliche Auffassungen zwischen Schmidt und Begin über den Charakter der deutschen Verpflichtung zu einer pro-israelischen Politik.

Die deutsche Israel- und Nahostpolitik stand seit den 1970er Jahren zunehmend im Kontext der internationalen Bündnispolitik von UNO und EG. Die wachsende Bedeutung der BRD vor allem in der EG vergrößerte einerseits die Möglichkeit, die Interessen Israels aktiv unterstützen zu können, verengte andererseits aber den Handlungsspielraum durch die Bindung an einen gemeinsamen außenpolitischen Konsens. Israel nahm die außenpolitische Linie der EG nach der Ölkrise 1973 und in Bezug auf den Palästinakonflikt jedoch als pro-arabisch wahr und projizierte das auch auf Deutschland. Die BRD hatte die zunehmende institutionelle Einbindung im Fall der Israelpolitik auch genutzt, um durch die Verschiebung der Probleme von der bilateralen auf die multilaterale Ebene wirtschaftspolitisch freier agieren zu können: Dies galt insbesondere für die Beziehungen zu den arabischen Staaten, die wirtschafts-, sicherheits- und energiepolitisch enorm an Bedeutung gewannen.

Vor dem Hintergrund dieser allgemeinen Spannungen zwischen den EG-Staaten und Israel wurden die deutsch-israelischen Beziehungen auch durch die Personenkonstellation Schmidt-Begin belastet. Schmidt trat als pragmatischer »Macher« einer Realpolitik auf, die Begins geschichtspolitischer Auffassung von einer besonderen Verpflichtung der Bundesrepublik gegenüber Israel nicht entsprach. Während die Regierung Schmidt es für ihr legitimes Recht hielt, Waffengeschäfte mit arabischen Staaten zu prüfen und günstige Bedingungen für Öllieferungen aus dem Nahen Osten zu schaffen, interpretierte Begin dies bereits als feindlichen Akt und als Aufkündigung der aus dem Holocaust abgeleiteten moralischen Schuldigkeit der Deutschen. Schmidt wurde die Äußerung zugeschrieben, er reise nicht als »wandelnde Aktion Sühnezeichen« (→Aktion Sühnezeichen [II.A8]) nach Israel, während der rechtskonservative Begin, der 1939 vor den Deutschen aus seiner Heimat Polen geflohen war, kundtat, dass er sich weigere, einem Deutschen die Hand zu geben, der Kriegsteilnehmer gewesen sei. Die Tatsache, dass Ex-Kanzler Willy Brandt sich 1979 bei einer Konferenz der Sozialistischen Internationalen an Gesprächen mit PLO-Führer Jassir Arafat beteiligte sowie mehrmalige Besuche Schmidts in arabischen Staaten, während er Israel nicht bereiste, verschärften die Situation weiter. Im Mai 1981 eskalierten die Spannungen der beiden Staaten und Staatsmänner im so genannten Schmidt-Begin-Konflikt.

Stein des Anstoßes waren Gerüchte, die deutsche Regierung würde über Waffenlieferungen an Saudi-Arabien nachdenken. Zwar hatte Schmidts eigene Fraktion im Bundestag das weitere Vorgehen diesbezüglich gestoppt; der im April nach Riad gereiste Kanzler tätigte dort aber Äußerungen, die den Anfang einer verbalen Eskalation darstellten. Er gestand den Palästinensern nicht nur ihr Selbstbestimmungsrecht einschließlich des Rechts »zur staatlichen Selbstorganisation« zu, sondern postulierte zudem eine moralische Verpflichtung von deutscher Seite, diese Rechte durchzusetzen. Der SPD-Nahostexperte Hans-Jürgen Wischnewski begründete diese Haltung damit, dass die Deutschen als Verursacher des an den Juden begangenen Unrechts heute auch sensibilisiert sein müssten für das an den Palästinensern begangene Unrecht. Begin reagierte inhaltlich und formal sehr scharf, nannte es eine »Frechheit« zu sagen, »dass Deutschland eine Schuld gegenüber den Arabern hat«, ohne die Schuld gegenüber Israel einzugestehen (tatsächlich hatte Schmidt Israel nicht erwähnt) und griff den Kanzler wiederholt persönlich an, indem er ihn als »arrogant« und – mit Blick auf vermutete Öl- und Waffengeschäfte – als »geldgierig« bezeichnete. Zudem rückte er ihn verbal in die Nähe von NS-Verbrechern und behauptete unter anderem, Schmidt hätte seinen Eid auf Hitler nie gebrochen. Geradezu grotesk wurden Begins

Ausfälle, als er behauptete, Schmidt sei unter den applaudierenden Zeugen der Erhängung der Attentäter des 20. Juli gewesen, sowie mit der (völkerrechtswidrigen) Drohung, man werde etwaige antisemitische »Rowdies« aus Deutschland wie seinerzeit Adolf Eichmann (→Eichmann-Prozess [III.A1]) aus Argentinien entführen lassen. Weiterhin provozierte er mit der Aussage, dass er dem deutschen Volk »als Ganzem nie vergeben« werde, einschließlich der nachwachsenden Generationen.

Während Schmidt die Vorwürfe weitgehend unkommentiert ließ, um den Konflikt nicht weiter zu verschärfen, reagierte die deutsche politische und mediale Öffentlichkeit mit Entrüstung. Alle Parteien und Fraktionen bekundeten ihre Solidarität mit Schmidt. Man verurteilte die Art und Weise von Begins Kritik, die wiederum in Israel mehrheitlich mitgetragen wurde, sah den Holocaust in unangemessener Weise instrumentalisiert und wies einhellig eine Kollektivschuld zurück (→Kollektivschuldthese [I.C2]). Die deutsche Presse griff Begins Vergangenheit als zionistischer Untergrundkämpfer (»Bombenleger«) auf, um ihn im Gegenzug zu diffamieren. Auf dem Höhepunkt des Schmidt-Begin-Konflikts im Mai 1981 bedienten sich vor allem die Magazine *Spiegel* und *Stern* einer Logik der Aufrechnung, indem sie die Araber als Opfer der Israelis und die Deutschen als Opfer einer »moralischen Erpressung« (*Spiegel*, 11.5.1981) bezeichneten. Die Entgleisungen des israelischen Ministerpräsidenten wurden gleichgesetzt mit dem Verhalten »der Juden« insgesamt. Demagogien dieser Art verbreitete insbesondere *Spiegel*-Herausgeber Rudolf Augstein, der – im Gegensatz zu nahezu allen Kommentatoren des Konflikts aus Politik und Medien – eine besondere moralische Verantwortung Deutschlands gegenüber Israel dezidiert negierte.

Die Sympathiewerte für Israel in der deutschen Bevölkerung erlitten starke Einbußen und schlugen im Mai 1981 erstmals zugunsten der Palästinenser aus. Bis dahin waren die politischen Beziehungen auf höchster Ebene auf ein formales Minimum abgekühlt. Ein Handschlag zwischen Schmidt und Begin im Oktober 1981 am Grab des ägyptischen Präsidenten Muhammad Anwar as-Sadat änderte wenig an der deutsch-israelischen Verstimmung. Dies galt allerdings nicht für den Austausch auf niedrigeren politischen Ebenen und vor allem nicht für die Zusammenarbeit auf wissenschaftlicher, technologischer, wirtschaftlicher und gesellschaftlich-kultureller Ebene, die ununterbrochen fortgeführt wurde (zum Beispiel agrarwissenschaftliche Projekte, Jugendaustausch, Städtepartnerschaften etc.). Erneute Angriffe Begins auf Schmidt im Februar 1982 wurden nun auch in Israel überwiegend kritisch kommentiert.

Offiziell wurde der Konflikt nie bereinigt, doch mit Schmidts Abwahl durch ein konstruktives Misstrauensvotum im Jahr 1982 und dem Rücktritt Begins ein Jahr später ebbte er zumindest auf persönlich-emotionaler Ebene ab. Festzuhalten ist dabei, dass zum ersten Mal Fragen zum deutsch-jüdischen Verhältnis in direkter Konfrontation mit Israel diskutiert wurden, wobei der Konflikt polarisierend wirkte und in Deutschland antisemitische Tendenzen aufscheinen ließ.

Die durch den Schmidt-Begin-Konflikt erneut aufgeworfenen Fragen, inwieweit die moralischen Verpflichtungen gegenüber Israel deutsche politische Entscheidungen beeinflussen sollten, ob und in welcher Weise Deutschland Kritik an Israels Politik üben dürfe und ob in diesem Kontext von einer deutschen »Vergangenheitsentsorgung« gesprochen werden könne, kamen in den folgenden Jahren immer wieder zur Sprache. Schmidts Nachfolger Helmut Kohl setzte die deutsch-israelischen Beziehungen neuen Belastungsproben aus (→»Gnade der späten Geburt« [V.A3]).

ASt

Lit.: Shlomo Shafir (2008): »Helmut Schmidt: Seine Beziehungen zu Israel und den Juden«, in: *Jahrbuch für Antisemitismusforschung* 17, S. 297-321. Markus A. Weingardt (2002): *Deutsche Israel- und Nahostpolitik. Die Geschichte einer Gratwanderung seit 1949*, Frankfurt a.M., New York: Campus. Werner Bergmann (1998): »Realpolitik versus Geschichtspolitik. Der Schmidt-Begin-Konflikt von 1981«, in: *Jahrbuch für Antisemitismusforschung* 7, S. 266-287. Kinan Jaeger (1995): »Die Bedeutung des Palästinenser-Problems für die deutsch-israelischen Beziehungen«, in: *Aus Politik und Zeitgeschichte* 45, H. 16, S. 21-30. Niels Hansen (1990): »Verbindungen in die Zukunft. 25 Jahre diplomatische Beziehungen zwischen Deutschland und Israel«, in: *Aus Politik und Zeitgeschichte* 40, H. 15, S. 8-18. Amnon Neustadt (1983): *Die deutsch-israelischen Beziehungen im Schatten der EG-Nahostpolitik*, Frankfurt a.M.: Haag & Herchen.

V.A2 »Geistig-moralische Wende«, Terminus, der vor allem von den Kritikern des Bundeskanzlers Helmut Kohl (CDU) verwendet wurde, um die gesellschaftspolitischen Veränderungen, die seit dem Regierungswechsel 1982 stattgefunden hatten, auf eine griffige Formel zu bringen.

Darunter fielen die Aufwertung der Familie und der klassischen bürgerlichen Tugenden sowie der positive Bezug auf die (gesamtdeutsche) Nation. Kritiker vermuteten besondere Anstrengungen auf dem Feld der Geschichtspolitik, die auf eine Historisierung und Relativierung der NS-Vergangenheit hinauslaufen würden (→Historisierung der NS-Zeit [V.A8]). Ein Versatzstück der Formulierung, deren Urheber nicht bekannt ist, geht auf die in den 1970er Jahren verbreitete Metapher der ›Tendenzwende‹ zurück, die zuerst unterschiedliche Phänomene des Jahrzehnts beschreiben sollte, unter anderem die Ablösung des Visionärs Brandt durch den Pragmatiker Schmidt, sich dann aber hauptsächlich auf einen vermeintlichen gesellschaftlichen Stimmungsumschwung zu Gunsten konservativer Ideen in Politik, Philosophie und Gesellschaft bezog. 1980 benutzten CDU und CSU den Begriff der Wende erstmals programmatisch. Auf einer Delegiertenkonferenz verabschiedeten sie das ›Mannheimer Manifest der Union für die Wende in Deutschland‹. In der Folge führten Politiker der CSU, allen voran Franz-Josef Strauß, die Zusätze ›politische und geistige Wende‹ ein. Ähnliche Formulierungen benutzten auch CDU-Politiker in der Folge in Variationen: Alfred Dregger forderte 1982 etwa eine ›grundlegende geistige, moralische und politische Wende‹.

Kohl selbst benutzte im Wahlkampf 1982 den Begriff der ›geistigen Wende‹. In der Regierungserklärung vom 13.10.1982 wurde dann eine »geistig-politische Krise« diagnostiziert, die sich unter anderem in der Orientierungslosigkeit der Jugend zeige. Auch in der Regierungserklärung vom 4.5.1983 ist von »geistiger Erneuerung« und einem »Wendepunkt der Geschichte« die Rede. Journalisten und Politiker arbeiteten von Anfang bis Mitte der 1980er Jahre an einer Analyse des Wendebegriffs, der klar in Opposition zum Programm der sozial-liberalen Koalition stand. Die oppositionellen Kräfte (SPD, Gewerkschaften und ihnen politisch nahe stehende Medien und Intellektuelle) zeichneten ein düsteres Bild jener »geistig-moralischen Wende«, die, so die Befürchtungen, einen gesellschaftspolitischen Rückschritt bedeute. Vor allem im Umgang mit der jüngeren deutschen Geschichte wurde ein Rechtsruck befürchtet. Die Formulierung, die in den ideologischen Fundus der Konservativen eingegangen ist, von den vermeintlichen Protagonisten wie Kohl aber selbst in dieser Wortverbindung kaum verwendet wurde, wurde und wird von den Kritikern in meist ironischer Absicht benutzt, um Kohls Projekte (→Museumsdebatte [V.C4]) und Auftritte (→Bitburg-Affäre [V.A4]; →»Gnade der späten Geburt« [V.A3]) als kohärente Geschichtspolitik zu entlarven. Im Mittelpunkt von Kohls Bemühungen sahen die Kritiker die »Normalisierung« der BRD: 40 Jahre funktionierende Demokratie sollten – so wurden Kohls Einlassungen zutreffend gedeutet – die Basis für ein nunmehr positives Geschichtsbild sein, das den negativen Bezugspunkt NS-Zeit zumindest überlagern und somit zwangsläufig relativieren solle. Die Konfliktlinien der Auseinandersetzung um Kohls Politik spiegeln intellektuelle Trends der 1980er Jahre wie das Wiedererstarken von konservativen Geschichtsdeutungen wider, die 1986 im →Historikerstreit [V.A9] kulminierten.

MR

Lit.: Bulletin des Presse- und Informationsamtes der Bundesregierung (1982): *Regierungserklärung vom 14.10.1982*. Bulletin des Presse- und Informationsamtes der Bundesregierung (1983): *Regierungserklärung vom 05.05.1983*. Peter Hoeres (2013): »Von der ›Tendenzwende‹ zur ›geistig-moralischen Wende‹. Konstruktion und Kritik konservativer Signaturen in den 1970er und 1980er Jahren«, in: *Vierteljahrshefte für Zeitgeschichte* 61, H.1, S. 93-119. Andreas Wirsching (2002): »Die mediale ›Konstruktion‹ der Politik und die ›Wende‹ von 1982/83«, in: *Historisch-Politische Mitteilungen*, H.9, S. 127-139. Rupert Seuthe (2001): *»Geistig-moralische Wende«? Der politische Umgang mit Gedenktagen in der Ära Kohl am Beispiel von Gedenktagen, Museums- und Denkmalprojekten*, Frankfurt a.M.: Peter Lang. Sabine Moller (1998): *Die Entkonkretisierung der NS-Herrschaft in der Ära Kohl*, Hannover: Offizin.

V.A3 »Gnade der späten Geburt«, Debatte über den Israelbesuch des Bundeskanzlers Helmut Kohl, der auf israelischer Seite Befremden und in Deutschland harsche Kritik an der Geschichtspolitik des Kanzlers hervorrief. Die diplomatischen Beziehungen zwischen Israel und der Bundesrepublik waren vor Kohls Staatsbesuch vom 24. bis 29.1.1984 aufgrund persönlicher und politischer Differenzen (Saudi-Arabien-Besuch, Position zu einem palästinensischen Staat) zwischen den jeweiligen Amtsvorgängern Helmut Schmidt und Menachem Begin (→Schmidt-Begin-Konflikt [V.A1]) angespannt gewesen. Mit dem Regierungswechsel in Deutschland waren Hoffnungen auf einen Neuanfang verknüpft, die aber bereits vor der Israelreise Kohls durch kleinere Irritationen eingetrübt wurden. Dazu gehörte eine Äußerung Kohls in der ARD-Sendung ›Bonner Perspektiven‹ im Sommer 1983, wenige Tage vor dem ursprünglichen Termin des Staatsbesuches. Darin benutzte er erstmals im Zusammenhang mit dem deutsch-israelischen Verhältnis die Denkfigur der »Gnade der späten Geburt«, die während der Israel-Reise 1984 Kristallisationspunkt politischer Empörung in der Bundesrepublik und in Israel wurde. Er erklärte, der erste Kanzler der Nachkriegsgeneration zu sein, der nach Israel reise. Seiner Generation könne man »keine Vorwürfe machen [...], daß sie in Schuld geraten konnte, weil wir die ›Gnade der späten Geburt‹ besitzen.« Im gleichen Interview betonte er, dass historische Schuld aktuelle politische Kritik an Israel nicht ausschließe. Proteste aus der Bundesrepublik und Israel waren die Folge, die bis zur Reise abklangen. Beim Staatsbesuch nahm Kohl die Denkfiguren, die Protest ausgelöst hatten, wieder auf. Unmittelbar nach seiner Ankunft betonte Kohl, dass er »als Vertreter eines neuen Deutschlands« gekommen sei. Eine neue, moralisch nicht belastete Generation trage in der BRD nun die Verantwortung. Diesen Gedanken, mit dem er sich gegen etwaige Schuldzuschreibungen zu verwahren suchte, variierte er in den zahlreichen offiziellen Ansprachen während des Besuchs. Es bestehe zwar eine moralische Verantwortung aller Deutschen gegenüber Israel, von Kollektivschuld (→Kollektivschuld-These [I.C2]) könne aber nicht gesprochen werden. Kohl führte wiederholt sein Alter als Beweis dafür an. Der Generationswechsel, so Kohl, müsse sich auch in normalisierten deutsch-israelischen Beziehungen widerspiegeln. Das Verhältnis der jungen, nun in Deutschland und Israel regierenden Generation, so die Konsequenz, solle nicht mehr von der NS-Vergangenheit dominiert werden. In einer Rede vor der Knesset am 25.1.1984, die von Protestakten einiger Abgeordneter begleitet wurde, verdichtete Kohl seine Denkfigur der neuen, unbelasteten Generation in der Formulierung, dass er »in der Nazizeit nicht in Schuld geraten konnte, weil er die Gnade der späten Geburt und das Glück eines besonderen Elternhauses gehabt« habe. Die Wendung »Gnade der späten Geburt« brachte den Grundtenor seiner Reise auf eine griffige und fortan viel zitierte Formel.

Als Bezugspunkt innenpolitischer Auseinandersetzungen um die Geschichtspolitik Kohls wurde die Aussage im Kontext der →Bitburg-Affäre [V.A4] und des →Historikerstreits [V.A9] wieder aufgegriffen und von seinen politischen Gegnern teils auch bewusst fehlinterpretiert. Die Urheberschaft für diese Formulierung beanspruchte der Journalist Günter Gaus für sich, der sie jedoch nicht für eine Schlussstrich-Politik missbraucht sehen wollte: Ihm sei es um »eine Gnade, die keine Schuld tilgt«, gegangen.

Über Kohls Äußerungen entbrannte bereits während der Reise eine öffentliche Debatte in Deutschland. Politiker der SPD und der Grünen sowie linksliberale Medien (v.a. *Süddeutsche Zeitung* und *taz*) warfen der Regierung vor, dass die historische Schuld gegenüber Israel aus realpolitischen Interessen gemindert werden solle. Dieser Vorwurf bezog sich vor allem auf Waffengeschäfte der BRD mit Saudi-Arabien. Unionspolitiker und konservative Medien unterstützten Kohls Vorstoß und kritisierten Israels Position, das die Waffengeschäfte mit Saudi-Arabien verurteilte. In der Mediendebatte um Kohls Israelbesuch wurde jedoch erst an zweiter Stelle das deutsch-israelische Verhältnis diskutiert. Im Mittelpunkt stand eine Auseinandersetzung mit dem Kanzler; die Kritik wurde stark personenbezogen formuliert, was in den Kontroversen über die Bitburg-Affäre und den →Goebbels-Gorbatschow-Vergleich [V.A5] fortgesetzt wurde. Ein zentraler Vorwurf war der Kohl unterstellte Dilettantismus. Am 10.2.1984 wählte selbst die dem Kanzler eigentlich wohlgesonnene *FAZ* den Titel »Peinlichkeiten« für einen Artikel über die Israelreise, die von etlichen Fauxpas geprägt war: Ein Mitglied der Delegation, Kurt Ziesel, war ehemaliger Mitarbeiter des NS-Propagandablattes *Völkischer Beobachter* und fungierte nun als Herausgeber des rechtsextremen *Deutschland Magazins*. Zudem sorgte Regierungssprecher Peter Boenisch nicht nur durch seine Aussage, dass Auschwitz nicht für tagespolitische Entscheidungen instrumentalisiert werden dürfe, in der israelischen Öffentlichkeit für Empörung, sondern auch durch das Tragen eines an die Kleidung der SS-Männer erinnernden schwarzen Ledermantels. Die innenpolitische Auseinandersetzung, die bis in den März andauerte, hatte starken Einfluss auf Kohls Bild in der Öffentlichkeit: Historische Unsensibilität und diplomatische Ungeschicklichkeit wurden fortan mit seinem außenpolitischen Profil verknüpft.

MR

Lit.: Bulletin des Presse- und Informationsamtes der Bundesregierung Nr. 13, 2.2.1984: *Der Besuch des Bundeskanzlers im Staate Israel*. Markus A. Weingardt (2002): *Deutsche Israel- und Nahost-Politik. Die Geschichte einer Gratwanderung seit 1949*, Frankfurt a.M., New York: Campus. Werner Bergmann (1997): *Antisemitismus in öffentlichen Konflikten. Kollektives Lernen in der politischen Kultur der Bundesrepublik 1949–1989*, Frankfurt a.M., New York: Campus. Friedo Sachser (1986): »Federal Republic of Germany«, in: *American Jewish Year Book 86*, S. 266-284.

V.A4 Bitburg-Affäre, in den USA und in der BRD hitzig geführte öffentliche Debatte über den Umgang mit der deutschen NS-Vergangenheit anlässlich des Deutschlandbesuchs von US-Präsident Ronald Reagan zum 40. Jahrestag des Kriegsendes 1985.
Im Zentrum der Auseinandersetzung stand die Frage, ob der Besuch eines deutschen Soldatenfriedhofs im rheinland-pfälzischen Bitburg, auf dem neben Wehrmachtssoldaten auch Angehörige der Waffen-SS beigesetzt sind, durch die Regierungschefs Reagan und Helmut Kohl angemessen sei.
Ursprüngliches Ziel des Besuches war, ein Zeichen für die deutsch-amerikanische Freundschaft und die Stabilität des transatlantischen Bündnisses zu setzen. Der Wunsch nach einem solchen symbolischen Akt muss im Kontext der Nachrüstungsdebatte in der BRD und des Ausschlusses Kohls von den Gedenkfeierlichkeiten zum 40. Jubiläum der Landung der Alliierten in der Normandie gesehen werden. Vorbild für den geplanten Versöhnungsakt auf dem Soldatenfriedhof in Bitburg war die Geste der deutsch-französischen Aussöhnung auf dem Schlachtfeld von Verdun. Auf Einladung des französischen Staatspräsidenten hatten sich Kohl und François Mitterand im September 1984 – 70 Jahre nach Ausbruch des Ersten Weltkriegs – auf dem deutsch-französischen Soldatenfriedhof über den Gräbern die Hände gereicht. Im November 1984 unterbreitete Kohl Reagan den Vorschlag, eine vergleichbare Geste bei dessen Deutschlandreise zu wiederholen. Der erste deutsche Entwurf für das Protokoll beinhaltete noch den Besuch des Konzentrationslagers Dachau und des Soldatenfriedhofes. Vom Programmpunkt des KZ-Besuchs rückte Kohl wieder ab und auch das Weiße Haus dementierte, als Entsprechendes in der deutschen Presse kolportiert wurde, da man »Missverständnisse« vermeiden wollte. Die gemeinsame Zukunft und nicht die Vergangenheit sollte im Mittelpunkt des Versöhnungsbesuches stehen, so die Verlautbarungen aus Reagans Planungsstab. Nach Verhandlungen verkündete das Weiße Haus am 12.4.1985 schließlich das offizielle Besuchsprogramm, das eine Kranzniederlegung in Bitburg, aber keinen Besuch eines Konzentrationslagers beinhaltete. Daraufhin brach in den USA von Seiten jüdischer Organisationen, von Veteranenverbänden, osteuropäischen Interessengruppen, der katholischen Bischofskonferenz und im Senat ein Sturm der Entrüstung los. In einer Petition brachten 53 US-Senatoren ihren Widerwillen gegen den Besuch Bitburgs zum Ausdruck und forderten stattdessen den Besuch einer Gedenkstätte für NS-Opfer. Der am 19.4.1985 vor laufenden Fernsehkameras vorgetragene Appell Elie Wiesels, Holocaustüberlebender und Vorsitzender der President's Commission on the Holocaust, dass der Platz des amerikanischen Präsidenten an der Seite der Opfer der SS und nicht an deren Gräbern sei, markierte den emotionalen Höhepunkt der Debatte in den USA. Wiesels Worte bekamen zusätzliche Brisanz durch die Tatsache, dass im April 1985 bekannt wurde, dass in Bitburg nicht nur Wehrmachtssoldaten, sondern auch Angehörige der Waffen-SS begraben lagen. Nach anfänglichen Schätzungen auf 30 SS-An-

gehörige und der beschwichtigenden Äußerung des deutschen Regierungssprechers, dass dies von zweitrangiger Bedeutung sei, wurde die Zahl später auf 49 nach oben korrigiert. Die in Bitburg bestatteten SS-Soldaten hatten in dem Dorf Oradour-sur-Glane eines der schlimmsten Massaker an der Zivilbevölkerung im besetzten Frankreich verübt.

Aufgrund des öffentlichen Drucks wurde das Besuchsprogramm abgeändert: Im Konzentrationslager Bergen-Belsen sollte die Kranzniederlegung stattfinden, der Besuch des Soldatenfriedhofes wurde jedoch beibehalten. Der Widerstand in der US-amerikanischen Bevölkerung und vieler Politiker hielt dennoch an. Nur von den Deutsch-Amerikanern erhielt Reagan partiell Unterstützung, die den Besuch als wichtiges und notwendiges Zeichen der deutsch-amerikanischen Aussöhnung sahen. Reagan stürzte durch die Bitburg-Affäre in seine bis dato schwerste innenpolitische Krise: Er verlor rapide an Popularität und sein Verhältnis zum Kongress verschlechterte sich zunehmend.

Die Debatte in der BRD, die ebenfalls hoch emotional und entlang politischer Konfliktlinien verlief, erhielt durch einen Brief des CDU-Fraktionsvorsitzenden Alfred Dregger an jene US-Senatoren, die die Petition unterzeichnet hatten, neue Schärfe. In dem Brief, aus dem die *FAZ* am 21.4. zitierte, bezeichnete Dregger die Forderung, auf den Besuch Bitburgs zu verzichten, »als Beleidigung meines Bruders und meiner gefallenen Kameraden«. Sein Bruder sei »wie die allermeisten meiner Kameraden« ein »anständiger junger Mann« gewesen. Er interpretierte deren Kampf im Sinne des Ost-West-Konfliktes als Verteidigung gegen die Rote Armee und thematisierte nicht, dass das NS-Regime einen Angriffs- und Vernichtungskrieg geführt hatte (→Wehrmachtsausstellung [VI.A1]). Darüber entbrannte eine scharfe Debatte zwischen Regierung und Opposition. Die Oppositionsparteien im Bundestag versuchten, einen Verzicht auf den Besuch von Bitburg (Grüne) bzw. zumindest eine Programmänderung (SPD) durchzusetzen. Obwohl auch CDU-Abgeordnete zu einem anderen Programm rieten, votierten bei der Abstimmung im Parlament am 25.4.1985 lediglich die 24 Abgeordneten der Grünen gegen das Besuchsprogramm. Führende Sozialdemokraten, die Grünen und Repräsentanten der jüdischen Gemeinde sagten daraufhin ihre Teilnahme an den Feierlichkeiten in Bergen-Belsen und Bitburg ab. Die Reise Reagans (1.-6.5.1985) und vor allem der Besuch Bitburgs, der zwar zeitlich und symbolisch (keine Kranzniederlegung) stark verkürzt wurde, waren von Demonstrationen und Gegenveranstaltungen begleitet. Die links-liberale Öffentlichkeit befürchtete die planmäßige Verdrängung der NS-Verbrechen und bezichtigte Kohl, mit Bitburg einen Schlussstrich ziehen zu wollen. Gegner der Kohl'schen Geste interpretierten die Symbolik als weiteren Versuch, den Nationalsozialismus zu relativieren und zu normalisieren (→»Geistig-moralische Wende« [V.A2], →»Gnade der späten Geburt« [V.A3]). Die Aufwertung nationalsozialistischer Kriegsverbrecher als deutsche Kriegsopfer durch Kohls Politik fand dagegen im konservativen Lager breite Zustimmung; so war im Titel eines *FAZ*-Kommentars am 26.4.1985 von der einebnenden Kategorie der »Kriegstoten« zu lesen, deren allgemeines Schicksal in Bitburg bedauert werden sollte. Die Konfliktfelder der Affäre greifen zentralen Streitpunkten des 1986 stattfindenden →Historikerstreits [V.A9] vor.

Im Vorfeld des Besuches kam im medialen Diskurs der Bundesrepublik latenter Antisemitismus an die Oberfläche. Neben klassischen antisemitischen Topoi wie beispielsweise dem einer jüdischen Medienmacht, wie er auch in Qualitätszeitungen zum Ausdruck kam, rekurrierten vor allem zahlreiche konservative Medien auf den Vorwurf der Unversöhnlichkeit, den man als wichtiges Motiv des Antisemitismus nach 1945 in der BRD begreifen kann. Die ursprüngliche Intention Kohls und Reagans, Versöhnung zu demonstrieren, schlug fehl: In Deutschland und in den USA sowie im europäischen Ausland führte die Bitburg-Affäre zu langen Diskussionen um den Nationalsozialismus. Als Korrektiv der Bitburg-Affäre wird oftmals die Rede von Bundespräsident Richard von Weizsäcker (CDU) (→Weizsäcker-Rede [V.A7]) zum 40. Jahrestag des Kriegsendes gesehen, in der er die besondere deutsche Verantwortung gegenüber der Vergangenheit betonte.

MR

Lit.: Michael Schuldiner (2011): *Contesting Histories. German and Jewish Americans and the Legacy of the Holocaust*, Lubbock, Texas: Texas Tech University Press, Kapitel 4 »The battle of Bitburg« (S. 139-179). Richard J. Jensen (2007): *Reagan at Bergen-Belsen and Bitburg*, College Station, Texas: Texas A&M University Press. Sabine Moller (1998): *Die Entkonkretisierung der NS-Herrschaft in der Ära Kohl*, Hannover: Offizin. Werner Bergmann (1995): »Die Bitburg-Affäre in der deutschen Presse. Rechtskonservative und linksliberale Interpretationen«, in: Ders. et al. (Hg.): *Schwieriges Erbe. Der Umgang mit Nationalsozialismus und Antisemitismus in Österreich, der DDR und der BRD*, Frankfurt a.M., New York: Campus, S. 402-428. Hajo Funke (1988): »Bergen-Belsen, Bitburg, Hambach. Bericht über eine negative Katharsis«, in: Ders. (Hg.): *Von der Gnade der geschenkten Nation*, Berlin: Rotbuch, S. 20-34. Hajo Funke (1986): »Bitburg und ›die Macht der Juden‹. Zu einem Lehrstück anti-jüdischen Ressentiments in Deutschland. Mai 1985«, in: Alphons Silbermann, Julius H. Schoeps (Hg.): *Antisemitismus nach dem Holocaust. Bestandsaufnahme und Erscheinungsformen in deutschsprachigen Ländern*, Köln: Wissen u. Politik, S. 41-52. Geoffrey H. Hartman (Hg.) (1986): *Bitburg in moral and political perspective*, Indiana: Indiana Univ. Press.

V.A5 Goebbels-Gorbatschow-Vergleich,

durch einen Vergleich des sowjetischen Parteichefs Michail Gorbatschow mit dem NS-Propagandaminister Joseph Goebbels löste Bundeskanzler Helmut Kohl einen internationalen politischen Skandal aus.

In einem Interview mit dem amerikanischen Nachrichtenmagazin *Newsweek* im Oktober 1986 sagte Kohl über Gorbatschow, dass dieser ein moderner kommunistischer Führer sei, der etwas von PR verstünde – Goebbels habe auch viel von PR verstanden. Nach der Veröffentlichung (*Newsweek*-Ausgabe vom 27.10.1986) wurde Kohl international kritisiert. Besonders im deutsch-sowjetischen Verhältnis kam es zu ernst zu nehmenden Verstimmungen. Moskau drängte auf eine offizielle Entschuldigung, die Kohl anfänglich verweigerte. Die Versuche, die Situation zu entschärfen, indem *Newsweek* unkorrekte Wiedergabe vorgeworfen wurde (so auch Kohls Erklärung vor dem deutschen Bundestag), scheiterten. Das amerikanische Nachrichtenmagazin veröffentlichte die entsprechenden Passagen des Interviews. Schließlich beugte sich Kohl dem Druck und distanzierte sich in einem Interview mit der Tageszeitung *Die Welt* am 3.11.1986 von seiner Aussage. In der deutschen Diskussion wurden Kohl erneut wie auch in der Diskussion um seinen Israelbesuch (→»Gnade der späten Geburt« [V.A3]) und in der →Bitburg-Affäre [V.A4] historische Instinktlosigkeit, Unkenntnis und törichtes Verhalten auf dem diplomatischen Parkett vorgeworfen. Die überwältigende Mehrheit der Deutschen äußerte in Umfragen Kritik an Kohls Vergleich. Kritiker des Bundeskanzlers sahen in dem Vergleich ein weiteres Beispiel für Kohls vereinfachendes Geschichtsbild: Das NS-Unrechtsregime werde anderen undemokratischen Regimes gleichgestellt und somit relativiert.

MR

Lit.: Georg Stötzel (1995): »Der Nazi-Komplex«, in: Ders., Martin Wengeler (Hg.): *Kontroverse Begriffe. Geschichte des öffentlichen Sprachgebrauchs in der Bundesrepublik Deutschland*, Berlin, New York: de Gruyter, S. 355-382.

V.A6 Fassbinder-Kontroversen, um Rainer

Werner Fassbinders Theaterstück *Der Müll, die Stadt und der Tod* (1975) kreisende Debatten, die zu den längsten und medial umfangreichsten kulturpolitischen Kontroversen nach 1945 mit internationalem Echo zählen.

Gegenstand der Fassbinder-Kontroversen der Jahre 1975/76, 1984 und 1985 war stets der Vorwurf, das Stück sei antisemitisch bzw. entfalte eine antisemitische Wirkung. Noch 1998 führte der gescheiterte Versuch, das Stück auf eine Berliner Bühne zu bringen, zu Kontroversen. Der Zeitrahmen der Fassbinder-Kontroversen umfasst so die unterschiedlichen Etappen des vergangenheitspolitischen Diskurses in Deutschland, vom weitgehenden Fehlen einer systematischen Antisemitismusforschung und einer mangelnden Vergegenwärtigung des im Nationalsozialismus zerstörten jüdischen Erbes in der deutschen Kultur über die zeitliche Kongruenz mit den Normalisierungsbestrebungen der 1980er Jahre (→Historikerstreit [V.A9]) bis hin zu Martin Walsers Friedenspreis-Rede 1998 (→Walser-Bubis-Debatte [VI.A4]).

Skandalisierend wirkte zunächst die Hauptfigur von *Der Müll, die Stadt und der Tod*, »Der Reiche Jude« (als einziger Protagonist namenlos), dessen Tätigkeit als Häuserspekulant den tradierten Typuscharakter zusätzlich verstärkt. Als Jude und Überlebender des Holocaust kalkuliert er kühl die Schuldgefühle seiner

Umwelt ein, beherrscht so Judikative und Exekutive der Stadt (Frankfurt): »Die Stadt schützt mich, das muß sie. Zudem bin ich Jude«, um im Status dieser erpressten Unantastbarkeit des Opfers mit seinen Geschäften der Stadt und ihren Bewohnern Leid zuzufügen: »Ich kaufe alte Häuser auf, reiße sie ab, baue neue, die verkaufe ich gut ... Es muß mir egal sein, ob Kinder weinen, ob Alte, Gebrechliche leiden.« Mit der Schuldausbeutung als Geschäftsmodell erwirtschaftet er zwar einen überragenden Status, doch in Wirklichkeit dient dieser Würgegriff der Schuld seinem Racheprogramm für den Holocaust: »Bin ich ein Jud, der Rache üben muß an kleinen Leuten?! Es soll so sein und ziemt sich auch!!« Traditionelle soziale und religiöse Diffamierungsklischees des Antisemitismus wie Ausbeutung oder Rache werden bei Fassbinder im Rahmen eines Schuldabwehr-Diskurses aktualisiert: durch die Projektion jüdischer Rache für den Holocaust (»jüdische Rachsucht«) und die Konstruktion eines Opfers als Täter (»schuldiger Jude«). Die Aufrechnung individueller Vergehen von Juden nach 1945 gegen die historische Schuld der Deutschen im Nationalsozialismus dient der Schuldumkehr und somit einer Entlastung.

Für einen Skandal sorgte auch die plakativ gezeichnete Figur des Nazis Hans von Gluck, dessen Monolog in einer genussvollen Wunschvorstellung vom Gaskammertod seines geschäftlich erfolgreicheren jüdischen Widerparts gipfelt. Diese Textpassagen gewannen neben denen des »Reichen Juden« in allen Kontroversen ein vom Stück gelöstes Eigenleben als Zitat in fast sämtlichen Medien. Gleichzeitig trieb Fassbinder in *Der Müll, die Stadt und der Tod* den 1966 in NUR EINE SCHEIBE BROT begonnenen Opferkonkurrenzdiskurs Juden/Homosexuelle im Medium einer christlichen Leidenspassion voran, ein Verfahren, das 1978 in dem Film IN EINEM JAHR MIT 13 MONDEN, einer tragisch-sentimentalen Liebe des Homosexuellen Erwin zu dem reichen jüdischen Häuserspekulanten Anton Saitz, abermals in Frankfurt, zum tragenden Element werden sollte (→§175 und das unbewältigte Erbe der NS-Homosexuellenverfolgung [IV.A11]). Konflikte mit der christlichen Sexualmoral werden auf Juden als Täter verschoben und an ihnen durchexerziert. Der Film stellt eine nachgeholte Vorgeschichte des *Müll*-Stücks dar, Anton Saitz ist »Der Reiche Jude« in jungen Jahren. Auch die Filme LILY MARLEEN (1980) und DIE SEHNSUCHT DER VERONIKA VOSS (1982) setzten mit ihren jüdischen Figuren die antijüdische Tendenz in Fassbinders Werk fort.

Fassbinder greift mit seinem Stück trotz gegenteiliger Behauptung nur mittelbar auf die Umstrukturierung des Frankfurter Westends zum Bankenviertel und den Häuserkampf zurück. Der vormals durch jüdische Großbürger geprägte Stadtteil wurde nach deren Enteignung, Vertreibung und Ermordung im Nationalsozialismus aufgrund der unklaren Eigentumsstruktur in den 1950er und 1960er Jahren als zur Umwidmung vom Wohn- zum Bankenviertel geeignet bestimmt. Sowohl die Umsetzung als auch der Widerstand dagegen verliefen gewalttätig, begleitet in bürgerlichen und linken Kreisen von der antisemitischen Diffamierung beteiligter Immobilienkaufleute als »jüdische Spekulanten«. Publizistisch wurden die historischen Ursachen des Niedergangs des Wohnortes durch den Nationalsozialismus im antikapitalistischen Diskurs als sozialer Konflikt bemäntelt, die Umstrukturierung als dessen eigentliche Zerstörung hingestellt und »jüdische Spekulanten« zum Synonym dieses Prozesses. Literarischen Niederschlag fand dieses Stadtklima in Gerhard Zwerenz' Roman *Die Erde ist unbewohnbar wie der Mond* (1973), der Vorlage für *Der Müll, die Stadt und der Tod*. Dessen Hauptfigur, ein »schmarotzender«, »brutaler«, »schwerreicher Jude« mit »Haß auf Sesshaftigkeit«, Lust auf »arische Weiber« und einer Affäre mit einer Goebbels-Mitarbeiterin, führt als Spekulant einen Krieg gegen die wehrlose Westendbevölkerung und triumphiert als »Racheengel«, schließlich als unbehelligter Mörder über seine nichtjüdischen Opfer. Sein Hauptmotiv dabei ist, wie später beim »Reichen Juden«, die Rache für den Holocaust. Zwerenz spielte damit als erster Autor in Deutschland konsequent das Programm eines literarischen Schuldabwehr-Antisemitismus durch.

Nach seinem Scheitern als Direktor des Theaters am Turm in Frankfurt 1975 ließ Fassbinder den *Müll*-Stoff von Daniel Schmid in der Schweiz 1975 als SCHATTEN DER ENGEL verfilmen. Die Entstehungsumstände deuten auf einen kalkulierten Eklat hin, für den der Film in Cannes 1976 dann auch sorgte (als die israelische Delegation aus Protest gegen seine Vorführung die Festspiele verließ), um unmittelbar darauf als Skandal an den Ort seiner Entstehung und Handlung zurückzukehren. Die ein halbes Jahr andauernde ›Kontroverse I‹ um den bei Suhrkamp erschienenen Text begann mit den Artikeln von Werner Schmitz (*Frankfurter Rundschau* 12.3.1976) und Joachim Fest (*FAZ* 19.3.1976) (→Joachim C. Fest: *Hitler. Eine Biographie* [IV.C2]) und wurde rasch zum beherrschenden kulturpolitischen Thema; selbst die Knesset befasste sich mit dem Fall. Während Schmitz sachlich auf den prekären Inhalt und die Konstruktion des Stückes sowie seine potentiell antisemitische Wirkung hinwies, verschob Fests Intervention (»Reicher Jude von links«) mit ihrer im Kern präzisen Analyse des Stückes die Debatte zum Duell zwischen Konservativen und Linken um die politische Verortung des Antisemitismus. Fassbinder und die Befürworter des Stücks gaben vor, eine Debatte über die philosemitischen Tabus, die im Umgang mit Juden in Deutschland herrschen würden, eröffnen zu wollen und sahen in den Widerständen gegen das Stück eine Unterdrückung der Kunstfreiheit. Doch wurde gerade dieser philosemitismuskritische Diskurs mit antisemitischen Argumenten geführt. Zugleich wurde in der zeittypischen Überbewertung jeglicher Enttabuisierung nur eine vorgeblich aufklärerische Kunstpraxis postuliert. Fassbinders Anti-Philosemitismus attackierte in seiner Undifferenziertheit die vom deutschen Nachkriegsstaat und seinen Institutionen übernommene Verpflichtung zur Vorurteilsbekämpfung. Fassbinder gab vor, das Stück sei unfertig gedruckt worden, unterließ jedoch angekündigte Änderungen. Der Suhrkamp-Verlag wertete die geforderte Klärung Fassbinders als unzureichend und stampfte die noch nicht ausgelieferten Exemplare ein.

Die ›Kontroverse II‹ (1984) sowie die wenig später einsetzende ›Kontroverse III‹ (1985) wurden beide – nach dem Tod des Autors im Jahr 1982 – um Inszenierungen in Frankfurt geführt. Erstere wurde vom Generalmanager der gerade wiedererrichteten Alten Oper (Ulrich Schwab) im Kompetenzgerangel mit dem Kulturdezernenten (Hilmar Hoffmann) instrumentalisiert und endete mit Schwabs fristloser Kündigung, nur um im Jahr darauf vom Intendanten des Frankfurter Schauspiels, Günther Rühle, in noch größerer Dimension als Debatte um ein »Ende der Schonzeit« für Juden in Deutschland entfacht zu werden. Rühle, zuvor noch scharfer Gegner des Stücks, beförderte es, von Teilen des Frankfurter Kulturestablishments bedrängt, in die künstlerische Beletage, um das angebliche »Tabu« zu brechen und »Normalisierung« herbeizuführen: »Der Jude« dürfe »nicht ewig in einem Schonbezirk gehalten werden«. Die so ausgelöste Debatte offenbarte massive Verwerfungen der politischen und kulturellen Landschaft in Westdeutschland. Der CDU und der *FAZ* blieb es vorbehalten, dem flutartig anschwellenden ›Antisemitismus ohne Antisemiten‹ innerhalb des links-liberalen Spektrums (*Frankfurter Rundschau, Zeit, Süddeutsche Zeitung*, Teile der Grünen) entgegenzutreten. Internationale Medien berichteten über die Auseinandersetzungen, Parlamente in den USA und Israel befassten sich mit dem Fall. Nur der Frankfurter Oberbürgermeister Walter Wallmann (CDU) konnte Rühle davon abbringen, das Stück am 9. November uraufzuführen. Am 31.10.1985 verhinderte eine Gruppe Frankfurter Juden, darunter Überlebende des Holocaust wie Ignatz Bubis, der in der Öffentlichkeit als Vorbild für Fassbinders »Reichen Juden« diffamiert wurde, durch eine Bühnenbesetzung die Uraufführung. Rühle beschuldigte die Demonstranten, »mit ihrem verspäteten Widerstandsbegehren« das »Ende des politischen Theaters in Deutschland« herbeigeführt zu haben. Doch das Betreten der politischen Bühne von Juden als selbstbewusst agierende Subjekte gehört zu den wichtigsten Ergebnissen der Fassbinder-Kontroversen und markiert deren Bedeutung als Zäsur im Verhältnis zwichen Juden und Nichtjuden in Deutschland.

JB

Lit.: Rainer Werner Fassbinder (1976): »Der Müll, die Stadt und der Tod«, in: Ders.: *Stücke 3*, Frankfurt a.M.: Suhrkamp. Nicole Colin et al. (Hg.) (2012): *Prekäre Obsession. Minoritäten im Werk von Rainer Werner Fassbinder*, Bielefeld: transcript. Wanja Hargens (2010): *Der Müll, die Stadt und der Tod. Rainer Werner Fassbinder und ein Stück deutscher Zeitgeschichte*, Berlin: Metropol. Gerhard Scheit (2006): *Jargon der Demokratie. Über den neuen Behemoth*, Freiburg: ca ira. Janusz Bodek (1998): »Ein Geflecht aus Schuld und Rache«, in: Stephan Braese et al. (Hg.): *Deutsche Literatur nach dem Holocaust*, Frankfurt a.M.: Campus, S. 351–385. Ruth Klüger (1997): *Katastrophen. Über deutsche Literatur*, München: dtv. Rolf Vogt (1995): »Rainer Werner Fassbinders ›Der Müll, die Stadt und der Tod‹ – eine deutsche Seelenlandschaft«, in: *Psyche* 49, H. 4, S. 309–373. Janusz Bodek (1991): *Die Fassbinder-Kontroversen. Entstehung und Wirkung eines literarischen Textes*, Frankfurt a.M. u.a.: Lang. Heiner Lichtenstein (Hg.) (1986): *Die Fassbinder-Kontroverse oder das Ende der Schonzeit*, Königstein/Ts.: Athenäum.

V.A7 Weizsäcker-Rede, wirkungsmächtige Ansprache des Bundespräsidenten Richard von Weizsäcker (CDU) vor dem Deutschen Bundestag im Rahmen der offiziellen Feierlichkeiten zum 40. Jahrestag des Kriegsendes am 8. Mai 1985.

Der Rede vorausgegangen waren innen- und außenpolitische Verwerfungen bezüglich der geschichtspolitischen Initiativen des ebenfalls christdemokratischen Bundeskanzlers Helmut Kohl. Weizsäckers Rede mit dem Titel »Der 8. Mai 1945 – Vierzig Jahre danach« war unter den offiziellen Gedenkreden, die in der Geschichte der BRD gehalten wurden, wohl diejenige mit der größten öffentlichen Wirkung: Sie wurde in 13 Sprachen übersetzt und weltweit in zahlreichen großen Tageszeitungen dokumentiert. Der Bundespräsident thematisierte ein ganzes Bündel kontroverser Aspekte in einer Gratwanderung von Schuldeingeständnissen und Unschuldszugeständnissen an die deutsche Bevölkerung. Im Mittelpunkt stand dabei der Paradigmenwechsel, den 8. Mai 1945 nicht als Niederlage zu werten, sondern als Tag der Befreiung.

Zu Beginn seiner Rede ging Weizsäcker auf die Notwendigkeit ein, dass die Deutschen dieses Datum für sich allein begehen und ihre »Maßstäbe allein finden« müssten, mit der Aufgabe, »der Wahrheit, so gut wir es können, ins Auge zu sehen, ohne Beschönigung und ohne Einseitigkeit«. Für die Deutschen sei dies »kein Tag zum Feiern«, da persönliche Erfahrungen von Krieg, Heimatverlust und Ängste vor einer ungewissen Zukunft als militärische Verlierer und Anhänger eines verbrecherischen Regimes daran geknüpft seien. Damit bezog Weizsäcker indirekt Stellung zu jener Verstimmung, mit der die Kohl-Regierung im Vorfeld auf ihren Ausschluss von den Siegesfeiern der Alliierten in der Normandie reagiert hatte (→Bitburg-Affäre [V.A4]). Weizsäcker sprach offen die Verbitterung an, mit der 1945 »Deutsche vor zerrissenen Illusionen« gestanden hätten und wies auf die gebotene Dankbarkeit für den durch den Sieg der alliierten Streitkräfte »geschenkten Neuanfang« hin. Der 30.1.1933, nicht erst der Tag der Niederlage, sei das Schlüsseldatum, das den Niedergang des Deutschen Reiches markiere und von dem an den Deutschen eine Gewaltherrschaft angetan worden sei. Insofern konnte Weizsäcker den 8. Mai – entgegen der bisher üblichen Darstellung als Niederlage – als »Tag der Befreiung« des deutschen Volkes ausmachen. In offiziellen Verlautbarungen hatte man genau dies bislang stets vermieden, um sich von der DDR zu distanzieren, die das Datum als »Tag der Befreiung vom Hitlerfaschismus« beging. Weizsäcker, der in seiner Rede fast allen Opfergruppen der nationalsozialistischen Verfolgungs- und Vernichtungspolitik gedachte, scheute sich dagegen nicht, auch den kommunistischen Widerstand gleichrangig neben den Attentätern des 20. Juli zu nennen (→Ausstellung deutscher Widerstand [V.C8]).

Unmissverständlich konzedierte Weizsäcker, dass die deutsche Bevölkerung eine Schuld trage, indem er auf die Sichtbarkeit der Verbrechen trotz der Geheimhaltung durch die Behörden hinwies: »Wer seine Augen und Ohren aufmachte, dem konnte nicht entgehen, daß Deportationszüge rollten.« So wie zu Beginn der Rede betont wird, dass die Deutschen ihre »Maßstäbe allein finden« müssten für das Gedenken, so hält Weizsäcker auch an einer individuellen Verantwortlichkeit fest: »Jeder, der die Zeit mit vollem Bewußtsein erlebt hat, muss sich heute im Stillen selbst nach seiner Verstrickung [fragen].« Die deutsche Nachkriegsgeneration dagegen könne nicht mehr persönlich für das Verschulden der Vätergeneration zur Verantwortung gezogen werden, sie stünde aber in einer besonderen Verantwortung zu diesem Erbe. Mit seinen Gedanken zur Schuldfrage nahm Weizsäcker implizit Kohls Ausspruch von der →»Gnade der späten Geburt« [V.A3] auf, knüpfte daran jedoch eine moralische Verpflichtung für die Nachgeborenen: Versöhnung könne es »ohne Erinnerung nicht geben«.

Die Versöhnung, die Weizsäcker in seiner Rede beschwört, ist von umfassendem Anspruch: Den Erwartungen der ehemaligen Kriegsgegner versucht er ebenso zu entsprechen wie dem Bedürfnis der Deutschen, sich mit ihrer Geschichte selbst zu versöhnen. Vor diesem Hintergrund greift Weizsäcker auf die seit den 1950er Jahren ritualisierte, in ihrer unterschiedslosen Adressierung der Opfer und Täter fragwürdige Gedenkfigur zurück, die die Erinnerung an die »Toten des Krieges und der Gewaltherrschaft« beschwört: Den jüdischen sowie den sowjetischen und polnischen Opfern gilt sein erster Gedanke, gefolgt von einem Memento mori für alle Deutschen, die als Soldaten, bei Fliegerangriffen, in Kriegsgefangenschaft und durch Vertreibungen starben. Die Legende von der »sauberen Wehrmacht« ermöglicht es 1985 noch – anders als rund ein Jahrzehnt später –, die Wehrmachtssoldaten ohne Einschränkung als Opfer Hitlers zu zählen (→Wehrmachtsausstellung [VI.A1]). Es folgen weitere Opfergruppen wie Sinti und Roma (→Antiziganismus/Opferkonkurrenz [VI.A7]), Homosexuelle (→§175 und das unbewältigte Erbe der NS-Homosexuellenverfolgung [IV.A11]), »Geisteskranke« (→Euthanasie-Prozesse und -Debatten [IV.B6]), erschossene Geiseln, der Widerstand in den von Deutschen besetzten Gebieten ebenso wie der deutsche Widerstand. Im Anschluss ruft Weizsäcker »ein Gebirge menschlichen Leids« in Erinnerung und verweist etwa auf die Hinterbliebenen der Kriegstoten, die Verwundeten oder die im Nationalsozialismus Misshandelten. Auch hier schließt sich eine längere Aufzählung an, die deutlich macht, dass dieses von Deutschen »allein« gefundene Gedenken an den Gesamtkomplex »1933–1945« versucht, auch für die deutschen Opfer einen angemessenen Platz zu finden: Weizsäcker nennt Bombennächte, Flucht und Vertreibung, Vergewaltigung und Plünderung, Zwangsarbeit, Unrecht, Folter, Hunger und Not, Angst vor Verhaftung und Tod sowie »Leid durch Verlust all dessen, woran man irrend geglaubt und wofür man gearbeitet hatte.« Die meisten dieser Leidfaktoren konnotieren vor allem deutsches Leid kurz vor und nach 1945. Geschichtspolitisch schloss sich Weizsäcker der These eines deutschen Sonderweges (der »8. Mai 1945 als das Ende eines Irrweges deutscher Geschichte«; →Frühe Erklärungsversuche deutscher Historiker [I.B4]) sowie der rechten Fraktion der deutschen Historiker wie Ernst Nolte oder Michael Stürmer an, deren relativierende Bestrebungen unverkennbar in den von ihnen gesetzten und vom Redner affirmativ zitierten Begriffen aufscheinen (der Zweite Weltkrieg als »europäische[r] Bürgerkrieg« – eine These, die erst im Jahr darauf im →Historikerstreit [V.A9] problematisiert werden sollte). Nicht nur deshalb sei der 8. Mai keine rein deutsche Zäsur: Auch die Alliierten des Ersten Weltkrieges seien, so Weizsäcker mit einem Zitat Churchills, »arglos, nicht schuldlos« an der »verhängnisvollen Entwicklung« gewesen. Auch hätten die Friedensverträge nach dem Ersten Weltkrieg keinen Frieden gestiftet, so dass dann eine über 100-jährige, europäische »nationalistische[...] Übersteigerung« in Deutschland auf eine »soziale[...] Notlage[...]« getroffen sei. So wird der Nationalsozialismus in ein die deutschen Grenzen und die Zeit des »Dritten Reiches« weit überschreitendes Gefüge eingebettet. Auch die Sowjetunion, deren Bürger im ersten Teil der Rede als erste Opfergruppe gleich nach den Juden betrauert werden, trage eine Mitschuld am Krieg durch den Hitler-Stalin-Pakt. Typisch für die Rede ist das nicht nur an diesem Beispiel zu beobachtende halb relativierende, halb die Relativierung wieder zurücknehmende Lavieren Weizsäckers an solchen Punkten: »Dadurch wird die deutsche Schuld am Ausbruch des Zweiten Weltkrieges nicht verringert. Die Sowjetunion nahm den Krieg anderer Völker in Kauf, um sich am Ertrag zu beteiligen.« Derartige Paradoxien der Bewertung werden sogar innerhalb einzelner Sätze nicht aufgelöst; nachdrückliche Feststellungen in Kombination mit relativierenden Formulierungen sind charakteristisch für den gesamten Aufbau der Argumentation.

Dass die Rede auch im linksliberalen Lager weitestgehenden Zuspruch erfuhr, ist wohl auf die diversen Passagen zurückzuführen, in denen Weizsäcker Angebote über die Köpfe konservativer Wähler hinweg machte, die so von einem Unionspolitiker und Staatsoberhaupt nicht erwartet worden waren, etwa sein Plädoyer für einen endgültigen Verzicht auf die ehemaligen Ostgebiete oder seine explizite Würdigung der Frauen als Hauptleidtragende des Krieges, deren »stille Kraft [...] die Weltgeschichte nur allzu leicht« vergäße und die auch den emotionalen wie materiellen Aufbau nach 1945 maßgeblich bewirkt hätten. Die Trümmerfrauen sind am Schluss der Rede ein weiteres Identifikationsangebot, das auf die Errungenschaften der Bundesrepublik als Gegenentwurf zum Dritten Reich und als Beweis, dass die Deutschen auch zum Gegenteil nationalsozialistischer Grausamkeit fähig sind, verweist: »[W]ir hatten die Chance zu einem Neubeginn. Wir haben sie genutzt, so gut wir konnten.« Weizsäcker brachte als positives Element den 8. Mai 1949 in die Feierstunde im Bundestag ein; den Tag, an dem der Parlamentarische Rat das Grundgesetz beschloss. Auch dies ist somit implizit eine Dimension der Befreiung: die »Befreiung« der Deutschen von der alliierten Vorherrschaft der frühen Nachkriegsjahre. Die Bundesrepublik sei nunmehr ein »weltweit geachteter Staat«, »unsere Staatsbürgerschaft ein angesehenes Recht«. Innerhalb der transatlantischen und europäischen Bündnisse habe die Bundesrepublik das ihre getan, den Frieden zu sichern. Aus dem »Irrweg« deutscher Geschichte, der am 8. Mai 1945 geendet habe, sowie der mit dem 8. Mai 1949 begonnenen Erfolgsgeschichte der BRD leitete Weizsäcker moralische Gebote ab: die Aufrechterhaltung einer Solidargemeinschaft, die Gewährung von Asyl, den Schutz der Meinungsfreiheit, Solidarität mit Israel und Versöhnung mit den Ländern des Warschauer Paktes: »Wir wollen Freundschaft mit den Völkern der Sowjetunion.« Auch damit rückte Weizsäcker eindeutig von der Position seiner eigenen Partei ab und würdigte die →Neue Ostpolitik [IV.A7] der sozialliberalen Regierung unter Willy Brandt. Zugleich äußerte Weizsäcker seine »Zuversicht, daß der 8. Mai nicht das letzte Datum unserer Geschichte bleibt, das für alle Deutschen verbindlich ist«, und nährte so die Hoffnung auf eine Wiedervereinigung der Nation – auch dieser Spagat zwischen Annäherung an den gegnerischen Block im Kalten Krieg und Festhalten am Einheitswunsch ist kennzeichnend für diese Rede. So ist es dem Bundespräsidenten gelungen, ein breites Spektrum an Zustimmung aus den verschiedensten politischen Lagern zu gewinnen. Selbstverständlich provozierte seine Neubestimmung des historischen Datums aber auch harsche Kritik. So warf der CSU-Bundestagsabgeordnete Lorenz Niegel in einem offenen Brief ein, dass dieses Datum kein »Tag der Befreiung« sei, sondern »einer der traurigsten Tage, ein Tag der tiefsten Demütigung, zumal er dem persönlichen Elend die Ächtung unserer Nation und die Verweigerung unserer staatlichen Einigung zufügte«. Günter Grass entgegnete dagegen auf das Bild von der Befreiung der Deutschen, dass von diesen sehr viel gegen ihre Befreiung getan worden sei, insofern müsse doch eher von einem Sieg über die Deutschen gesprochen werden. Grass kritisierte den Gebrauch von »Schonwörtern«, die mehr verdeckten, als sie beschrieben und die Kontinuitäten innerhalb des Systems übertünchten.

Obwohl Weizsäcker in seiner Ansprache vom weithin sichtbaren verbrecherischen Charakter des NS-Regimes ausging, verengte er die Tätergruppe dennoch auf Hitler und seine Führungsschicht: Sie waren Täter, alle anderen erscheinen als Verführte (→Intentionalisten vs. Strukturalisten [IV.C5]). Während eine allgemeine Verantwortung der Deutschen für einen bewussten Umgang mit der Geschichte zwar eingeräumt wurde, sollten konkrete Ansprüche offenbar keine Ansatzpunkte finden. Dementsprechend blieb es bei folgenlosen Formulierungen wie der »Verantwortung des deutschen Volkes«. So tauchten einige Gruppen, wie etwa die Zwangsarbeiter, deren materielle Forderungen zu befürchten wären, nicht explizit in der Rede auf (→Zwangsarbeiterentschädigung [VI.B2]). Politische Verantwortung wurde durch Moral ersetzt; »Was materielle, strukturelle oder personelle Konsequenzen nach sich zöge, blieb konsequent ausgeblendet« (Michael Hoffmann).

Gleichwohl markiert die Rede Richard von Weizsäckers vom 8. Mai 1985 eine Zäsur im erinnerungspolitischen Diskurs: erstens, indem sie Anhängern der Unionsparteien eine nunmehr innerhalb des konservativen Lagers legitimierte Teilhabe an einer offener geführten Auseinandersetzung um die deutsche Vergangenheit eröffnete; zweitens, indem sie durch die vorgenommene semantische Verschiebung von der Niederlage zur Befreiung den Weg für ein differenzierteres Bild von der historischen Situation im Mai 1945 eröffnete; und drittens, indem sie durch die in Teilen positive Konnotation der eigenen Niederlage die Überwindung einer nationalistischen Perspektive auf das Datum des 8. Mai bedeutete.

DB/MNL

Lit.: Richard von Weizsäcker (1986): *Reden und Interviews. 1. Juli 1984 – 30. Juni 1985*, Bonn: Presse- und Informationsamt der Bundesrepublik. Dirk Schmaler (2013): *Die Bundespräsidenten und die NS-Vergangenheit. Zwischen Aufklärung und Verdrängung*, Frankfurt a.M.: Lang. Andreas Rothenhöfer (2011): *Identität und Umbruch. Die sprachliche Konstruktion des Kriegsendes nach 1945. Zur Grammatik und Semantik emotiver Ereignisbezeichnungen im politischen Diskurs*, Frankfurt a.M.: Lang. Friedbert Pflüger (2010): *Richard von Weizsäcker. Mit der Macht der Moral*, München: DVA. Hermann Rudolph (2010): *Richard von Weizsäcker. Eine Biographie*, Berlin: Rowohlt. Michael Hoffmann (2003): *Ambivalenzen der Vergangenheitsdeutung. Deutsche Reden über Faschismus und »Drittes Reich« am Ende des 20. Jahrhunderts*, Diss. Univ. Gießen. Edgar Wolfrum (1999): *Geschichtspolitik in der Bundesrepublik Deutschland. Der Weg zur bundesrepublikanischen Erinnerung 1948–1990*, Darmstadt: Wiss. Buchgesellschaft. Axel Schildt (1998): »Der Umgang mit der NS-Vergangenheit in der Öffentlichkeit der Nachkriegszeit«, in: Wilfried Loth, Bernd.-A. Rusinek (Hg.): *Verwandlungspolitik. NS-Eliten in der westdeutschen Nachkriegsgesellschaft*, Frankfurt a.M., New York: Campus. Matthias Rensing (1996): *Geschichte und Politik in den Reden der deutschen Bundespräsidenten 1949–1984*, Münster u.a.: Waxmann. Rolf Grix, Wilhelm Knöll (1987): *Die Reden zum 8. Mai 1945. Texte zum Erinnern, Verstehen und Weiterdenken. Ein Lehrbuch zur Zeitgeschichte*, Oldenburg: Atelea. Ulrich Gill, Winfried Steffani (Hg.) (1986): *Eine Rede und ihre Wirkung. Die Rede des Bundespräsidenten Richard von Weizsäcker vom 8. Mai 1985 anlässlich des 40. Jahrestages der Beendigung des 2. Weltkrieges. Betroffene nehmen Stellung*, Berlin: Röll.

V.A8 Historisierung der NS-Zeit, im Umfeld des →Historikerstreits [V.A9] geführte Debatte zwischen den Historikern Martin Broszat und Saul Friedländer um eine angemessene historiographische Betrachtung der NS-Vergangenheit 40 Jahre nach Kriegsende.

Der langjährige Leiter des Münchner Instituts für Zeitgeschichte (→Gründung des Instituts für Zeitgeschichte [II.A2]) Martin Broszat hatte im Gedenkjahr 1985 in der Zeitschrift *Merkur* unter dem Schlagwort der »Historisierung« dafür plädiert, der Geschichtsschreibung über den Nationalsozialismus die gleichen Erkenntnisinteressen und Betrachtungsweisen zu öffnen wie der Erforschung anderer historischer Epochen. Die an die Stelle des historischen Verstehens getretene »Pauschaldistanzierung von der NS-Vergangenheit« sei, so Broszat, noch als »eine Form der Verdrängung und Tabuisierung« zu verstehen, die einen angemessenen historiographischen Zugang zur Zeit zwischen 1933 und 1945 blockiere: Während das Kaiserreich und die Weimarer Republik nicht mehr länger als Vorgeschichte des Nationalsozialismus betrachtet würden und als »Perioden eigener Historizität« wieder eingesetzt seien, kennzeichne Darstellungen des »Dritten Reiches« noch immer der völlige Verzicht auf ein »Einfühlen in historische Zusammenhänge« und die nicht existente »Lust am geschichtlichen Erzählen«. Die Geschichte des Nationalsozialismus werde zwar nicht mehr verdrängt, aber sie sei – so Broszats Fazit – zur »Pflichtlektion« verkümmert. Ausdrücklich stand bei Broszat hinter dieser Kritik die Forderung nach einer »Normalisierung unseres Geschichtsbewusstseins«, für deren Ausbleiben er schon 1984 in einem sprachlichen Fehlgriff erster Güte die »methodische Sonderbehandlung« des Nationalsozialismus mitverantwortlich gemacht hatte. Insgesamt gelte es, sich von dem »übermächtigen Eindruck des katastrophalen Endes und Endzustandes« des Nationalsozialismus zu lösen: Aus der »Geschichte der nationalsozialistischen Diktatur« müsse eine »Geschichte der nationalsozialistischen Zeit« werden.

Im Laufe des 1986 geführten Historikerstreits wurde Broszats Plädoyer von verschiedenen nationalkonservativen Historikern aufgegriffen. Der nicht eben trennscharfe Historisierungs-Begriff erhielt so eine von Broszat in dieser Form nicht intendierte revisionistische Prägung. Broszat selbst sprach später vom »Beifall von der falschen Seite«. Im Zusammenhang mit der versuchten Zurückweisung solcher Positionen hatte vor allem der israelische Historiker Saul Friedländer in seinen *Überlegungen zur Historisierung des Nationalsozialismus* deutliche Kritik am Historisierungs-Begriff und dem damit verbundenen Plädoyer Broszats geübt; dieser hatte in der *Historischen Zeitschrift* versucht, seine Überlegungen zu präzisieren, dabei allerdings die von Historikern wie Friedländer und Dan Diner geäußerte Kritik zurückgewiesen.

Der von Friedländer und Broszat im Anschluss an diese Positionsbestimmungen geführte offene Briefwechsel, den die *Vierteljahrshefte für Zeitgeschichte* dokumentierten, griff die Hauptlinien der Debatte wieder auf, machte aber auch neue oder bislang kaum beachtete Aspekte sichtbar. Drei Schwerpunkte des beziehungsreichen Dialoges zwischen den beiden Historikern lassen sich exemplarisch herausstellen: (1) der Versuch, die mit dem Begriff der »Historisierung« verbundenen Intentionen und Implikationen zu bestimmen, (2) die Auseinandersetzung über mögliche Verschiebungen des Blicks auf die NS-Zeit vor allem durch alltagsgeschichtliche Zugänge, (3) schließlich die Reflexion der sich aus der Zugehörigkeit zum Täter- bzw. Opferkollektiv ergebenden Konsequenzen für die historiographische Erforschung des Holocaust.

(1) Die Distanzierung von der Rezeption seines Historisierungsplädoyers im Verlauf des Historikerstreits verband Broszat zu Beginn des Briefwechsels mit dem Eingeständnis, sein Begriff der Historisierung sei tatsächlich »vieldeutig und missverständlich« gewesen. An dieses Zugeständnis schloss Broszat gleichwohl die Kritik an, Friedländer sei in seiner Auseinandersetzung im Wesentlichen von der »Missbrauchbarkeit« des Begriffs ausgegangen, habe damit aber dessen intendierte Bedeutung verfehlt. In diesem Vorwurf manifestierte sich schon zu Beginn des Briefwechsels eine grundsätzliche Divergenz, die den weiteren Verlauf der Auseinandersetzung prägte: Während Broszat zwischen der intendierten Bedeutung und der Missbrauchbarkeit des Begriffes (und der Kritik daran) unterschied und darauf beharrte, für letztere de facto »keine Handhabe [...] geliefert« zu haben, versuchte Friedländer dessen ungeachtet die immanenten Verschiebungen, die Broszats *Plädoyer* vorgenommen hatte, herauszuarbeiten. Dabei bezweifelte Friedländer nachdrücklich die von Broszat beschriebene Problemlage: Weder könne er in der Forschung zum Nationalsozialismus seit Mitte der 1950er Jahre »Moralismus« erkennen, noch eine »durchgängige Blockade« bemerken. Vielmehr sei die Forschung zum Nationalsozialismus von eben der Sachlichkeit und Differenziertheit geprägt, die alle wissenschaftlichen Darstellungen historischer Epochen kennzeichne. Die so von Friedländer konstatierte »Diskrepanz zwischen dem allgemeinen Zustand der Geschichtsschreibung über die Epoche des Nationalsozialismus und dem Ton der Dringlichkeit« des *Plädoyers* veranlasste Friedländer schon in seinen *Überlegungen*, Broszats Forderungen auf ihre Implikationen hin zu befragen, wobei er insbesondere die Idee einer Betrachtung des Nationalsozialismus »wie jede andere Epoche auch« als Teil einer Relativierung zurückwies und zudem – angesichts der fortwährenden Gegenwärtigkeit des NS-Regimes in den Täter- wie Opferkollektiven – die Realisierbarkeit eines solchen Zugangs in Frage stellte. Eng mit dieser Kritik verknüpft kritisierte Friedländer zudem Broszats im *Plädoyer* aufgeworfene Forderung, die Phänomene der »langen Dauer« – etwa im Bereich der Sozialpolitik – stärker zu berücksichtigen und äußerte in diesem Zusammenhang die Sorge, durch die Betonung einer Modernität des »Dritten Reiches« und die Konzentration auf die in übergeordnete historische Entwicklungen eingebetteten Phänomene könnte der verbrecherische Charakter und die NS-Vernichtungspolitik als Kern des Regimes zu stark in den Hintergrund gedrängt werden.

(2) Diese Fragen kulminierten im Briefwechsel im Dissens über die Chancen und Potentiale alltagsgeschichtlicher Betrachtungen des Nationalsozialismus, die vor allem am Beispiel des von Broszat federführend am Institut für Zeitgeschichte betreuten Bayern-Projektes (*Bayern in der NS-Zeit*, 6 Bde. 1977–1983) diskutiert wurden. Friedländer hatte in seinen *Überlegungen* das Bayern-Projekt als Beispiel der von ihm mit der Historisierung verknüpften »Bedeutungsverschiebungen« angeführt und dabei insbesondere den dort zugrunde gelegten, sehr weiten Begriff der »Resistenz« kritisiert, der – verstanden als Mischung aus Konformität und Nonkonformität – noch den die Front haltenden Soldaten der Wehrmacht eine Haltung der »Resistenz« zuschreiben könne. Ohne auf die Kritik am Resistenzbegriff explizit einzugehen, verteidigte Broszat, der alltagsgeschichtliche Zugänge in der fachwissenschaftlichen Debatte schon zuvor engagiert gegen die Kritik von Sozialhistorikern in Schutz genommen hatte, das Bayern-Projekt, sei es doch bei ihm gerade um eine »Nachholarbeit des Verstehbarmachens und der Verlebendigung historischer Erinnerungen, die das Politisch-Moralische [...] durch Konkretisierung neu zu begründen suchte«, gegangen. Auch wenn Friedländer methodisch recht konventionell auf einem »Primat des

Politischen« in der Erforschung des Nationalsozialismus beharrte, war die Auseinandersetzung um das Bayern-Projekt mehr als eine bloße Rekapitulation der Debatte um die Alltagsgeschichte. Im Kern ging es dabei zwischen Friedländer und Broszat auch um den Stellenwert von Auschwitz – als Zentrum der NS-Vernichtungspolitik – in der Geschichte des Nationalsozialismus. Die Miniatursicht des Alltags in der Bayrischen Provinz, die von Broszat eingeforderte Rückkehr zur »Lust am historischen Erzählen«, schließlich seine Forderung, nicht die gesamte NS-Geschichte »in den Schatten von Auschwitz« zu stellen – alle diese Aspekte einer »Historisierung« des Nationalsozialismus deuteten für Friedländer auf eine Akzentverschiebung in der Erforschung des NS-Regimes hin, die dieses entpolitisieren und entkriminalisieren würde.

(3) In der Frage nach dem Stellenwert von Auschwitz in der Geschichte des Nationalsozialismus manifestierten sich überdeutlich die generationellen und erfahrungsgeschichtlichen Prägungen der beiden Historiker – der eine ehemaliges NSDAP-Mitglied und Angehöriger der »Flakhelfer-Generation«, der andere ein Holocaust-Überlebender, dessen Eltern in Auschwitz ermordet wurden –, gegen deren Vergegenwärtigung sich der mit dem Gestus des sachlich-nüchternen Wissenschaftlers auftretende Broszat zumindest anfänglich sperrte. Broszat hatte schon in seinem ersten Brief die Selbstverständlichkeit, »daß die Geschichte der NS-Zeit längst nicht allein von deutschen Historikern bestimmt werden kann«, unverständlicherweise als Vorzug seines *Plädoyers* gepriesen, daran anschließend aber ein »Nebeneinander von wissenschaftlicher Einsicht und mythischer Erinnerung« konstatiert und letztere dabei zumindest implizit auf die Opfer der NS-Verfolgung bezogen, was Friedländer zu der nahe liegenden und noch vorsichtig formulierten Frage führte, ob Broszat nicht meine, dass der »deutsche Hintergrund bei der Darstellung der NS-Zeit ebenso viele Probleme« bereite wie ein jüdischer. Auch Broszats These, der »Stellenwert von Auschwitz im ursprünglichen historischen Handlungskontext« sei ein »extrem anderer als seine Bedeutung in der nachträglichen historischen Sicht« gewesen, setzte die zuvor etablierte Opposition zwischen jüdisch-mythischer Erinnerung und deutsch-wissenschaftlicher Erforschung fort: Von Opferseite sei Auschwitz immer wieder als »Zentralereignis der NS-Zeit« verstanden worden, was an der historischen Wirklichkeit vorbeiginge. In dieser von Broszat an verschiedenen Punkten seines Wirkens (etwa zuvor in der Auseinandersetzung mit dem jüdischen Historiker Joseph Wulf) etablierten starren Opposition zwischen einer deutschen und jüdischen Perspektive auf die Geschichte des Nationalsozialismus offenbarte sich letztlich die Problematik einer identitätsstiftenden Historiographie des Nationalsozialismus, deren erklärtes Ziel es war, »eine Voraussetzung dafür [zu] schaffen, daß auch dieses zutiefst verderbte Kapitel der deutschen Geschichte überhaupt wieder als ein Stück der eigenen Geschichte integrierbar wird.« Die so intendierte Integration des Nationalsozialismus in nationale Identitätsprozesse aber konnte von Broszat offenkundig nur als eine gedacht werden, die der verbrechenszentrierten Sicht der Opfer entgegenstand.

Die schon im Historikerstreit vorgezeichnete Instrumentalisierung des Historisierungsbegriffes (die die von Broszat wie Friedländer konstatierte Missbräuchlichkeit des *Plädoyers* unterstrich) brach auch mit dem Ende der offen geführten Kontroverse nicht ab. Ihren sichtbarsten Ausdruck fanden diese mit dem Historisierungsbegriff verknüpften Bestrebungen in einem von Uwe Backes, Eckhard Jesse und Rainer Zitelmann 1990 herausgegebenen, Martin Broszat gewidmeten Sammelband, der – so der Untertitel – »Impulse zur Historisierung des Nationalsozialismus« zu geben versprach. Der Absage an »dogmatische Vorgaben, inquisitorische Praktiken, konformistische[n] Meinungsdruck« stellen die Herausgeber ohne sichtbare Reflexion der von Friedländer und anderen gegen das Historisierungsplädoyer vorgetragenen Einwände eine Revision der von »Tabus und wissenschaftsfremde[n] Motiven« blockierten Forschung in Aussicht, deren problematische Konturen Friedländer in seiner Intervention schon passgenau vorgezeichnet hatte.

TF

Lit.: Norbert Frei (Hg.) (2007): *Martin Broszat, der »Staat Hitlers« und die Historisierung des Nationalsozialismus*, Göttingen: Wallstein. Nicolas Berg (2003):

Der Holocaust und die westdeutschen Historiker. Erforschung und Erinnerung, Göttingen: Wallstein. Stefan Trute (2000): »Martin Broszat und Saul Friedländer über das Konzept der ›Historisierung‹ und den ›Historikerstreit‹«, in: *Hallesche Beiträge zur Zeitgeschichte* 8, S. 57–68. Ian Kershaw (1999): *Der NS-Staat. Geschichtsinterpretationen und Kontroversen im Überblick*, erw. u. bearb. Neuausgabe, Reinbek: Rowohlt. Jörn Rüsen (1997): »The Logic of Historicization. Metahistorical Reflections on the Debate between Friedländer and Broszat«, in: *History & Memory* 9, H. 1–2, S. 113–144. Saul Friedländer (1991): »Martin Broszat und die Historisierung des Nationalsozialismus«, in: Klaus-Dietmar Henke, Claudio Natoli (Hg.): *Mit dem Pathos der Nüchternheit. Martin Broszat, das Institut für Zeitgeschichte und die Erforschung des Nationalsozialismus*, Frankfurt a.M., New York: Campus, S. 155–171. Uwe Backes et al. (Hg.) (1990): *Die Schatten der Vergangenheit. Impulse zur Historisierung des Nationalsozialismus*, Frankfurt a.M., Berlin: Propyläen. Martin Broszat (1988): »Was heißt Historisierung des Nationalsozialismus?«, in: *Historische Zeitschrift* 247, S. 1–14. Martin Broszat, Saul Friedländer (1988): »Um die ›Historisierung des Nationalsozialismus‹. Ein Briefwechsel«, in: *Vierteljahrshefte für Zeitgeschichte* 36, H. 2, S. 339–372. Saul Friedländer (1987): »Überlegungen zur Historisierung des Nationalsozialismus«, in: Dan Diner (Hg.): *Ist der Nationalsozialismus Geschichte? Zu Historisierung und Historikerstreit*, Frankfurt a.M.: Fischer, S. 34–50. Martin Broszat (1985): »Plädoyer für eine Historisierung des Nationalsozialismus«, in: *Merkur* 39, S. 373–385.

V.A9 Historikerstreit, im Jahr 1986 von Historikern und Publizisten ausgetragene Mediendebatte um den gesellschaftspolitischen und historiographischen Umgang mit der nationalsozialistischen Vergangenheit.
Anlass der Debatte, die bemerkenswerterweise von Beginn an in der überregionalen bundesdeutschen Presse ausgetragen wurde, bildete der am 6.6.1986 in der *FAZ* erschienene Artikel *Vergangenheit, die nicht vergehen will* des Berliner Historikers Ernst Nolte. Darin entwickelte der seit den 1960er Jahren durch seine Faschismus-Forschung renommierte Historiker die These vom »kausalen Nexus«, also dem ursächlichen Zusammenhang zwischen dem stalinistischen GULag-System und dem nationalsozialistischen Judenmord. Das GULag sei »ursprünglicher« und somit als Vorläufer der deutschen Verbrechen an den Juden zu werten, Hitlers »asiatische Tat« damit lediglich eine Reaktion auf die von den Bolschewiken begangenen Untaten. Mit dieser Einordnung in eine internationale Abfolge von Genoziden sprach Nolte dem Holocaust die zuvor nicht in Frage gestellte Singularität ab. Des Weiteren schloss sich Nolte der 1985 von Martin Broszat, dem Direktor des Instituts für Zeitgeschichte in München (→Gründung des Instituts für Zeitgeschichte [II.A2]), vorgetragene Forderung nach einer →Historisierung der NS-Zeit [V.A8] an. Nur ein »Schlussstrich« unter den seiner Meinung nach konsensuell-aufgezwungenen Erinnerungsritus der Bundesrepublik könne Raum für Wahrheit und freie Kritik möglich machen.
Mit der Replik des Frankfurter Philosophen Jürgen Habermas vom 11. Juli in der *Zeit* wurde die Kontroverse eröffnet. Habermas warf Nolte vor, die von ihm postulierte »Dialektik wechselseitiger Vernichtungsdrohungen« impliziere eine Negation der Singularität des Holocaust. In seiner Antwort attackierte er aber nicht nur Nolte, sondern warf unter anderem auch den Historikern Michael Stürmer und Andreas Hillgruber aufgrund ihrer Veröffentlichungen seit Anfang der 1980er Jahre vor, eine Art vergangenheitspolitische »Schadensabwicklung« zu betreiben. Stürmer, Erlanger Historiker und deutschlandpolitischer Berater Helmut Kohls, hatte in seinem kurz vor dem Historikerstreit veröffentlichten Buch *Dissonanzen des Fortschritts* eine Bewusstseins- und Identitätskrise konstatiert, für die er die linksliberale Entwicklung seit den 1960er Jahren verantwortlich machte. Er forderte ein neues, identitätsstiftendes Geschichtsbild, in dem die Frage nach der Schuld der Deutschen an der Judenvernichtung nicht weiter im Vordergrund stehen solle. Diese Position, die ihm den Vorwurf der politischen Instrumentalisierung der Geschichte eintrug, vertrat Stürmer – außer in seinen wissenschaftlichen Publikationen – auch in der *FAZ*, in der er regelmäßig publizierte.
Auch der Kölner Historiker Andreas Hillgruber geriet ins Visier von Habermas. Vor allem sein im Frühjahr 1986 im Siedler-Verlag erschienenes Buch *Zweierlei Untergang. Die Zerschlagung des Deutsches Reiches und das Ende des europäischen Judentums* wurde scharf kritisiert. Hillgruber betonte darin die besondere

geopolitische Situation Deutschlands vor und während des Zweiten Weltkrieges aufgrund seiner Mittellage zwischen West- und Osteuropa und forderte vor diesem Hintergrund eine positive Identifikation mit dem Ostheer der Wehrmacht. Dieses habe gegen eine bolschewistische Bedrohung aus dem Osten im gesamteuropäischen Interesse gekämpft. Unterstützung fand Habermas bei vornehmlich linksliberalen Sozialhistorikern wie Hans Mommsen, Kurt Pätzold, Heinrich August Winkler, Eberhard Jäckel, Jürgen Kocka und Saul Friedländer, die seine Befürchtungen in einzelnen Punkten oder vollständig teilten. Zumeist zurückgewiesen wurde dagegen der Eindruck, der beim Lesen von Habermas' Replik entstehen konnte, dass es sich um eine Art konzertierte Aktion handeln würde.

Habermas, der einen »Verfassungspatriotismus« und ein pluralistisches Geschichtsbild als Identifikationspotential forderte, verlieh der Befürchtung der sozialgeschichtlich arbeitenden Historiker und liberalen Publizisten Ausdruck, die nationalkonservative Revision des Geschichtsbildes habe das Potential, gefährliche rechtsgerichtete Traditionen wiederzubeleben. Die darin enthaltenen Botschaften könnten die demokratische innen- sowie außenpolitische Entwicklung der BRD gefährden. Darüber hinaus teilten Habermas und andere die Besorgnis, dass der offiziöse »antifaschistische Konsens« angegriffen und die Exkulpation der Deutschen politisch motiviert vorangetrieben werden könnte. Als Zielrichtung unterstellten sie diesen nationalapologetischen Tendenzen – zu denen auch die erneut auftretende Forderung nach einer Wiedervereinigung gezählt wurde – die Rechtfertigung einer neuen internationalen Machtpolitik der BRD.

Die Härte der Polemisierung und Diffamierung zwischen Fachkollegen im Historikerstreit kann auch auf konkurrierende methodische Ansätze zurückgeführt werden. Auf der einen Seite stehen hierbei die konventionellen bzw. konservativen Historiker, die mit einem Historismus-Vorwurf bedacht wurden. Konträr dazu etablierten sich seit den späten 1960er Jahren sozialgeschichtliche Methoden, die die Kontinuitäten in den einzelnen Gesellschaftsschichten im Übergang vom Kaiserreich zur Weimarer Republik und schließlich zum »Dritten Reich« betonten. Seit den gesellschaftspolitischen Umbrüchen von →»1968«

[IV.A1] erlangte diese Position eine wichtige Stellung innerhalb der Disziplin, wodurch sich konservativ geprägte Historiker marginalisiert sahen.

Durch die veränderten politischen Rahmenbedingungen seit Beginn der Ära Kohl 1982 wurde dem Streit erst der Grund bereitet. Motiviert durch Kohls →»Geistig-moralische Wende« [V.A2] versuchten konservative Intellektuelle im öffentlichen Diskurs eine Vormachtstellung zurückzuerlangen. Sowohl von der Regierung selbst als auch von regierungsnahen Historikern wurde eine auf Normalisierung im Umgang mit der NS-Geschichte ausgerichtete Geschichtspolitik forciert, die einen neuen identitätsstiftenden Konsens ohne besondere Betonung der nationalsozialistischen Verbrechen ermöglichen sollte. Parallel zum Historikerstreit profilierte sich beispielsweise die *FAZ* als Sprachrohr dieser Position und publizierte seit Anfang der 1980er Jahre eine Artikelserie, in der geschichtsrevisionistische Thesen vertreten wurden. So offenbarte sich Noltes Position bereits in seinem am 24.7.1980 in der *FAZ* veröffentlichten Artikel *Zwischen Geschichtslegende und Revisionismus*: Die Stellungnahme Chaim Weizmanns – Präsident des Zionistischen Weltkongresses – von 1939, er wolle den Britischen Premierminister im Kampf gegen Deutschland unterstützen, könne als »Kriegserklärung der Juden gegen Deutschland« (Nolte) gewertet werden und sei bei der Beurteilung des Judenmordes zu berücksichtigen.

Auch wenn sich während des Historikerstreits auf wissenschaftlicher Ebene die sozialgeschichtlich orientierten Historiker behaupten konnten und sich im Verlauf der 1990er Jahre die Erkenntnis durchsetzte, dass dem Holocaust in der Geschichte des Nationalsozialismus eine zentrale Bedeutung zukommt, schuf der Historikerstreit die Basis für den Durchbruch einer nationalkonservativen Strömung, die mit der Wiedervereinigung zusätzlichen Aufwind erhielt. Neben der Diskussion, ob und wie Geschichte zu einem kollektiven Identifikationsmuster gereichen kann und soll, warf der Historikerstreit auch die Frage nach dem gegenwärtigen Umgang mit der NS-Vergangenheit auf, die das Feld für die Geschichtsdebatten der 1990er Jahre eröffnete.

LK

Lit.: Rudolf Augstein (Hg.) (1987): »Historikerstreit«: Die Dokumentation der Kontroverse um die Einzigartigkeit der nationalsozialistischen Judenvernichtung, München: Piper. Reinhard Kühnl (Hg.) (1987): Vergangenheit, die nicht vergeht. Die »Historiker-Debatte«. Dokumentation, Darstellung und Kritik, Köln: Pahl-Rugenstein. Klaus Große Kracht (2005): Die zankende Zunft. Historische Kontroversen nach 1945, Göttingen: Vandenhoeck & Ruprecht. Ulrich Herbert (2003): »Der Historikerstreit. Politische, wissenschaftliche, biographische Aspekte«, in: Martin Sabrow et al. (Hg.): Zeitgeschichte als Streitgeschichte. Große Kontroversen nach 1945, München: Beck, S. 94–113. Edgar Wolfrum (1999): »Geschichtspolitik in der Bundesrepublik Deutschland 1949–1989. Phasen und Kontroversen«, in: Petra Bock, Edgar Wolfrum (Hg.): Umkämpfte Vergangenheit. Geschichtsbilder, Erinnerung und Vergangenheitspolitik im internationalen Vergleich, Göttingen: Vandenhoeck & Ruprecht, S. 55–81. Richard J. Evans (1991): Im Schatten Hitlers? Historikerstreit und Vergangenheitsbewältigung in Deutschland, Frankfurt a.M.: Suhrkamp. Heinrich Senfft (1989): Kein Abschied von Hitler. Ein Blick hinter die Fassaden des »Historikerstreits«, Hamburg: Hamburger Stiftg. f. Sozialgeschichte des 20. Jh. Dan Diner (Hg.) (1987): Ist der Nationalsozialismus Geschichte? Zu Historisierung und Historikerstreit, Frankfurt a.M.: Fischer.

V.A10 Jenninger-Rede, am 10.11.1988 von Bundestagspräsident Philipp Jenninger (CDU) anlässlich der 50. Wiederkehr des Tages der so genannten »Reichskristallnacht« von 1938 gehaltene Gedenkrede im Deutschen Bundestag in Bonn. Aufgrund harscher, aus der Rückschau jedoch weitgehend überzogener Kritik an seiner Rede trat Jenninger bereits am 11.11.1988 von seinem Amt zurück.

Auf diese Gedenkfeier im Bundestag war die nationale und internationale Aufmerksamkeit gerichtet. In Abkehr vom konventionellen Gedenkritus wollte Jenninger die Entwicklung nachvollziehen, die zu den nationalsozialistischen Verbrechen geführt hatte. Um die Ursachen für die Unterstützung oder Duldung der Nationalsozialisten durch die Bevölkerung verständlich zu machen, bediente sich Jenninger des Stilmittels der erlebten Rede. Die Aneinanderreihung rhetorischer Fragen (»Und was die Juden anging: Hatten sie sich nicht in der Vergangenheit eine Rolle angemaßt, die ihnen nicht zukam?«) wirkte jedoch auf die Zuhörer befremdlich, da die monotone Vortragsweise Jenningers die Anführungszeichen des Manuskripts verschluckte. Auch die Verwendung von NS-Vokabular (»Rassenschande«, »jüdisches Ungeziefer«; →Sprache des Nationalsozialismus [I.B1]), mit dem Jenninger den damaligen Zeitgeist wirkungsvoll beschreiben wollte, brüskierte anwesende Politiker und Pressevertreter. Mehrere Abgeordnete verließen vorzeitig den Saal, obwohl Jenninger im überwiegenden Teil seiner Rede seine lauteren Absichten unzweifelhaft zum Ausdruck brachte.

Am selben Tag noch erreichte ihn ein Brief des SPD-Vorsitzenden Hans-Jochen Vogel, der ihm »in großer Betroffenheit und Sorge« eine völlige Verkennung der für den Anlass erforderlichen sprachlichen Einfühlung und Sorgfalt bescheinigte. Jenningers eigene Partei, die CDU, sah am Tag der Rede von einer öffentlichen Stellungnahme ab. Das Presse-Echo, vor allem das ausländische, war vernichtend. Einen Sturm der Empörung hatte allein die Kennzeichnung des politischen Aufstiegs Adolf Hitlers als »Faszinosum« entfesselt. Die Anschuldigungen gipfelten in der Behauptung, Jenninger wolle den Nationalsozialismus verteidigen und sei ein verkappter Neonazi. Mit der Erklärung, dass man in Deutschland nicht alles beim Namen nennen könne – so Jenninger in einem ARD-Interview –, trat er am Folgetag von seinem Amt als Bundestagspräsident zurück.

In der deutschen Presse zeichnete sich ab, dass Jenninger insbesondere von denjenigen Journalisten verteidigt wurde, die vom Rede-Eindruck abstrahierten und ihrem Urteil die Textform zugrunde legten. So sah die *Deutsche Tagespost* den einzigen Fehler Jenningers darin, die Empfindlichkeit einiger älterer Abgeordneter nicht erkannt und die »Heuchelei in den Reihen der roten und grünen Opposition« unterschätzt zu haben. *Die Zeit* erörterte am 18.11.1988 »Pro und Contra«: Während Christoph Bertram die ehrliche Abhandlung der Kollektivschuld-Frage lobte, kritisierte Marion Gräfin Dönhoff die mangelnde Distanz zu politischen Ansichten der NS-Zeit. Dönhoff reklamierte: »[W]eder spricht er von dem Leid [der Überlebenden und Hinterbliebenen], noch von der nie zu tilgenden Schande.« Dies war auch die vorherrschende Meinung von Jenningers Kollegen aus der Politik, die seine Integrität nicht anzweifelten, ihm jedoch rednerische Unfähigkeit vorwarfen. Jenninger habe die Gattung »Gedenkrede« verfehlt, war ein vielzitiertes Argument. Die Gedenkrede Richard von Weizsäckers am 8. Mai 1985 (→Weizsäcker-Rede [V.A7]) war der Maßstab, an dem Jenninger gemessen wurde. Von Weizsäcker war es gelungen, das öffentliche Bedürfnis nach einem maximal möglichen Konsens zu befriedigen. Dazu gehörte die vom Ausland so dringend erwartete Aussage »Der 8. Mai war ein Tag der Befreiung« ebenso wie von Weizsäckers klare Distanzierung von einer kollektiven Schuld (→Kollektivschuldthese [I.C2]) sowie seine explizite Würdigung deutscher Opfer. Eine Analyse der Tätermotivation war demgegenüber noch nie Gegenstand einer opferbezogenen Gedenkrede gewesen. Jenningers Vorhaben, sich in historische Mentalitäten auch der Täter und vor allem der so genannten »Mitläufer« hineinzuversetzen, war ein heikles Unterfangen.

Der CDU-Vorsitzende und amtierende Bundeskanzler Helmut Kohl erklärte am 11.11.1988, dass er die Entscheidung Jenningers »mit großem Respekt« zur Kenntnis genommen habe. Die Richtigkeit des Rücktritts zog er nicht in Zweifel, da »Philipp Jenninger offensichtlich nicht mehr das volle Vertrauen des Deutschen Bundestages« habe.

Dass die Christdemokraten ihren Parteifreund ohne Weiteres opferten, ist jedoch nicht allein auf etwaige rhetorische Unzulänglichkeiten Jenningers zurückzuführen. Jenninger hatte maßgeblich auf das Zustandekommen der Gedenkfeier hingewirkt, nachdem sich die CDU lange dagegen gesperrt hatte. Bereits zu Beginn der Rede schürte er den Unmut seiner Parteifreunde, als er ein Plädoyer für die Akzeptanz der nationalsozialistischen Vergangenheit als unverrückbaren Bestandteil deutscher Geschichte hielt. Dadurch übte er Kritik am konservativen Modell der Vergangenheitsbewältigung der CDU/CSU, welches zuletzt von Franz Josef Strauß im Bundestagswahlkampf 1986 propagiert worden war: »Es ist höchste Zeit, dass wir aus dem Schatten des 3. Reiches und aus dem Dunstkreis Adolf Hitlers heraustreten und wieder eine normale Nation werden.« Jenninger erteilte dieser rechtskonservativen Position eine klare Absage: »An Auschwitz werden sich die Menschen bis ans Ende der Zeiten als eines Teils unserer deutschen Geschichte erinnern. Deshalb ist auch die Forderung sinnlos, mit der Vergangenheit endlich Schluss zu machen.«

Doch auch aus den Reihen der Opposition bekam Jenninger keinen Beifall. Die Grünen hatten schon im Vorwege ihre Verärgerung darüber zum Ausdruck gebracht, dass Jenninger keinen weiteren Redner neben sich auftreten ließ. Der Wunschredner der Grünen war Heinz Galinski, Vorsitzender des Zentralrats der Juden in Deutschland. Bereits am 9.11. hatte die deutsch-israelische Staatsangehörige und Abgeordnete der Grünen, Jutta Oesterle-Schwerin, erklärt, dass sie eine Gedenkstunde zur »Reichskristallnacht« im Bundestag für unerträglich halten würde, da von der CDU-Regierung verschiedene Gesetzesanträge der Grünen abgelehnt worden waren. Es ging dabei um die Entschädigung bisher von Zahlungen ausgeschlossener Opfergruppen (→Zwangsarbeiter-Entschädigung [VI.B2]) und die Nichtigerklärung der NS-Gesetze »zur Verhütung erbkranken Nachwuchses«(→Erbgesundheitsgesetz, Ächtung und Entschädigungsdebatten [VI.B6]). Oesterle-Schwerin war es auch, die kurz nach Beginn der Jenninger-Rede laut »Das ist doch alles gelogen« rief. Wie sie später in einem Interview zugab, hatte sie diesen Zwischenruf vorbereitet und ihn nicht vom tatsächlichen Inhalt der Rede abhängig gemacht.

Bezeichnenderweise erfuhr die Rede ausgerechnet von Seiten der Opfer viel Zustimmung. Jenninger erhielt eine Vielzahl ermutigender Zuschriften, in denen sich Überlebende der NS-Verbrechen oder deren Angehörige für Jenningers Mut zur Wahrheit bedankten. Solidaritätsbekundungen erreichten Jenninger unter anderem von Michael Fürst, dem stellvertretenden Vorsitzenden des Zentralrats der Juden in Deutschland, dem israelischen Parlamentspräsidenten Schlomo Hillel und von →Simon Wiesenthal [I.C4], dem Leiter des jüdischen Dokumentationszentrums in Wien. Das israelische Außenministerium bezeichnete die Rede allerdings als »unglücklich«. Jahre später meinte Ignatz Bubis als Vorsitzender des Zentralrats, Jenninger habe eine »über weite Strecken hervorragende Rede einfach nur rhetorisch miserabel vorgetragen.«

Der Fall Jenninger zeigt, wie schwierig es auch 40 Jahre nach Kriegsende war, eine angemessene Sprache für die NS-Verbrechen zu finden. Er zeugt aber nicht nur von einer deutlich gestiegenen Sensibilität der Öffentlichkeit, sondern auch von der parteipolitischen Indienstnahme des Gedenkens.

AL

Lit.: Jan C. L. König (2011): *Über die Wirkungsmacht der Rede. Strategien politischer Eloquenz in Literatur und Alltag*, Göttingen: V&R unipress. Horst Ferdinand (Hg.) (2002): *Reden, die die Republik bewegten*, Opladen: Leske+Budrich. Holger Siever (2001): *Kommunikation und Verstehen. Der Fall Jenninger als Beispiel einer semiotischen Kommunikationsanalyse*. Frankfurt a.M. u.a.: Peter Lang. Heiko Girnth (1993): *Einstellung und Einstellungsbekundung in der politischen Rede. Eine sprachwissenschaftliche Untersuchung der Rede Philipp Jenningers vom 10. November 1988*, Frankfurt a.M. u.a.: Lang. Birgit-Nicole Krebs (1993): *Sprachhandlung und Sprachwirkung. Untersuchungen zur Rhetorik, Sprachkritik und zum Fall Jenninger*, Berlin: Schmidt. Astrid Linn (1991): *»...noch heute ein Faszinosum...«. Philipp Jenninger zum 9. November 1938 und die Folgen*, Münster: LIT. Armin Laschet (Hg.) (1989): *Philipp Jenninger. Rede und Reaktion*, Aachen: Einhard.

V.A11 Streit um »vergessene Opfer«, seit Anfang der 1980er Jahre geführte gesellschaftliche Auseinandersetzung um die Anerkennung und Entschädigung der im Nationalsozialismus verfolgten Sinti und Roma, Zwangssterilisierten, Homosexuellen, ›Asozialen‹, Deserteure und ehemaligen Zwangsarbeiter, die in den ersten Nachkriegsjahrzehnten aus dem offiziellen Gedenken und von der ›Wiedergutmachung‹ für NS-Verfolgte ausgeschlossen worden waren.

In den frühen 1980er Jahren glaubten alle bis dahin beteiligten Akteure, dass der Streit um die Entschädigung für NS-Verfolgte abgeschlossen sei. Auf Tagungen und in Publikationen zog man überwiegend positive Bilanzen. Zugleich griffen jedoch junge Aktivisten aus der linksalternativen Szene, aus evangelischen Gruppen der Friedensbewegung und aus den Reihen der Grünen die Entschädigungsfrage erneut auf. Sie wandten sich lautstark gegen einen materiellen Schlussstrich und machten die ausstehende Anerkennung und Entschädigung verschiedener Opfergruppen zu einem gesellschaftlichen Konfliktthema. Zentral für die Entstehung des Streits um »vergessene Opfer« war neben der Ausstrahlung der Fernsehserie →HOLOCAUST [V.B1], die ein gesteigertes öffentliches Interesse an der Verfolgungsgeschichte und aktuellen Lebenssituation der NS-Verfolgten auslöste und erste politische Forderungen zugunsten der Sinti und Roma und der Zwangssterilisierten nach sich zog, auch der Beginn der Kanzlerschaft Helmut Kohls, dessen Geschichtspolitik als Kontrastfolie fungierte (→»Geistig-moralische Wende« [V.A2]). Nicht zu unterschätzen ist daneben die Bedeutung der um 1980 als Teil der Neuen Sozialen Bewegungen entstehenden Geschichtsbewegung, mit der in vielen westdeutschen Städten die Erforschung der lokalen NS-Geschichte begann. Eine katalytische Wirkung entfaltete hierbei insbesondere der Schülerwettbewerb Deutsche Geschichte um den Preis des Bundespräsidenten, der 1981 und 1983 tausende Schüler und Lehrer dazu veranlasste, dem »Alltag im Nationalsozialismus« vor Ort nachzuspüren. Die neuen Initiativen für eine Entschädigung »vergessener Opfer« hatten damit ähnliche Ursprünge wie jene Initiativen, die zeitgleich »vergessene KZs« (→KZ als Gedenkstätten [III.C5]) oder andere Orte des Terrors entdeckten und sich für die Errichtung von Gedenkstätten einsetzten (→Topographie des Terrors [V.C6]). Im Streit um »vergessene Opfer« wurde der Blick jedoch räumlich über die KZs und thematisch über die bisher im Zentrum stehenden Gruppen der politisch, religiös und rassisch Verfolgten auf das Geschehen vor Ort und bisher marginalisierte Verfolgtengruppen ausgeweitet.

Der Streit um »vergessene Opfer« begann mit verschiedenen Tagungen, auf denen Kritik an der staatlichen Entschädigungspolitik artikuliert und erste Aktionen geplant werden konnten. Im Anschluss an den Bremer Gesundheitstag, ein Großevent des alternativen Milieus, entstand im Oktober 1984 ein erster Aufruf »Für eine gerechte und ausreichende politische und materielle Entschädigung aller NS-Opfer«. Fast zeitgleich publizierte die Journalistin Dörte von Westernhagen in der Wochenzeitung *Die Zeit* ein Dossier zum Thema, mit dem sie der neuen Kritik »von unten« große öffentliche Beachtung verschaffte und den Begriff der »Vergessenen« prägte. Resonanz fand die Diskussion in der berühmten Rede von Bundespräsident Richard von Weizsäcker am 8. Mai 1985 (→Weizsäcker-Rede [V.A7]), in der dieser neben den politisch, religiös und rassisch Verfolgten erstmals auch der »ermordeten Sinti und Roma, der getöteten Homosexuellen, der umgebrachten Geisteskranken« gedachte.

Der Streit um »vergessene Opfer« führte zur Wiederbelebung der Entschädigungsdiskussion und bewirkte in ihr zugleich einen Wandel. Die bisherige Praxis im Rahmen des Bundesentschädigungsgesetzes von 1953 (→Wiedergutmachungs- und Entschädigungsgesetze [II.A1]) geriet aufgrund des Ausschlusses großer Gruppen und der von vielen NS-Verfolgten als extrem belastend beschriebenen Einzelfallprüfung stark in die Kritik. Hatte man in der früheren Entschädigungspraxis den materiellen und gesundheitlichen Schaden des Einzelnen exakt zu ermitteln versucht und diesem hierbei die Beweislast aufgebürdet, so forderten die Aktivisten nicht nur die Einbeziehung weiterer Gruppen und eine Beweislastumkehr, sondern zugleich eine Abkehr von der Bemessung einzelner Schäden. Sie votierten stattdessen für von der individuellen Verfolgung entkoppelte Renten- und Sozialversicherungsleistungen und für symbolische Gesten der Anerkennung, etwa durch die Verleihung von Ehrenbürgerschaften. Zudem forderten die Aktivisten die Aufhebung von Urteilen der Erbgesundheitsgerichte oder der Wehrmachtsjustiz und deren Ächtung als NS-Unrecht. Der Streit um Entschädigung war für sie zugleich ein Kampf um die Anerkennung noch immer diskriminierter Minderheiten in der westdeutschen Gesellschaft. Ein erster Versuch der Bundesregierung, der aufkeimenden Kritik durch eine eng begrenzte Härtefondslösung zu begegnen, schlug aufgrund dieser viel weiter reichenden Forderungen schon 1981 fehl.

Einen starken Auftrieb erfuhr der Streit um »vergessene Opfer« seit Ende 1985 dadurch, dass die Grünen im Bundestag das Thema aufgriffen und erste Gesetzesinitiativen für die Entschädigung und Anerkennung aller NS-Verfolgten einbrachten. Nachdem kurz darauf zudem die SPD für die bisher ausgegrenzten Gruppen eintrat, wurde das Thema regelmäßig zum Gegenstand scharf geführter parlamentarischer Debatten. 1987 stellte die Grüne Antje Vollmer sogar die Frage, ob es sich bei der »Wiedergutmachung« nicht eigentlich »um so etwas wie eine zweite Phase der Verfolgung« gehandelt habe. Obwohl auch die FDP einen Korrekturbedarf sah, trug sie in Abstimmungen mit dazu bei, dass die Regierungsmehrheit alle Vorstöße der Opposition ablehnte. Erst nachdem Vertreter der bisher marginalisierten Gruppen im Juni 1987 bei einem öffentlichen Hearing im Innenausschuss des Bundestags ihre Verfolgungsgeschichte und die anhaltende Diskriminierung nach 1945 schildern konnten, stimmte die Bundesregierung der Einrichtung eines weiteren Härtefonds zu, dessen Anspruchskriterien allerdings so restriktiv formuliert waren, dass auch er den Streit nicht beenden konnte. Ergänzend entstanden in den späten 1980er und frühen 1990er Jahren weitere Härtefonds und Stiftungen für »vergessene Opfer« in rotgrün regierten Bundesländern, über die aber ebenfalls keine befriedigende Gesamtlösung erreicht werden konnte.

Ein erstes wichtiges Ergebnis des Streits um »vergessene Opfer« bestand darin, dass erstmals in der Nachkriegsgeschichte eine von den Aktivisten angestoßene Selbstorganisation verschiedener bisher marginalisierter Verfolgtengruppen begann. Nachdem bereits 1982 der Zentralrat Deutscher Sinti und Roma gegründet worden war (→Antiziganismus/Opferkonkurrenz [VI.A7]), folgten 1986 der Bund der »Euthanasie«-Geschädigten und Zwangssterilisierten (→Erbgesundheitsgesetz, Ächtung und Entschädigungsdebatten [VI.B6]) und der Bundesverband Homosexualität (→§175 und das unbewältigte Erbe der NS-Homosexuellenverfolgung [IV.A11]) und 1990 die Bundesvereinigung Opfer der NS-Militärjustiz. Nur für die als »Asoziale« Verfolgten entstand keine eigene Interessenvertretung. Unter den ehemaligen Zwangsarbeitern bewirkte der Streit um »vergessene Opfer« hingegen eine Selbstorganisation, die sogar über die Bundesrepublik hinausging. Seit 1986 bildeten sich nicht nur in Westdeutschland, sondern auch in Polen und den Niederlanden Zwangsarbeiterverbände, die wiederum die jungen deutschen Aktivisten in ihrem Handeln bestärkten. In der lokalen Aufarbeitung der NS-Geschichte standen Zwangsarbeiter vielerorts im Mittelpunkt. In den Deutungsrahmen der Diskussion um »vergessene Opfer« passten sie trotz gedanklicher Brückenschläge zur aktuellen

Situation von »Gastarbeitern« allerdings nie richtig hinein. Die ehemaligen Zwangsarbeiter waren keine fortdauernd diskriminierte Minderheit und lebten mehrheitlich nicht in Deutschland. Schließlich löste sich die Diskussion über den Umgang mit dem Erbe der NS-Zwangsarbeit aus dem Streit um »vergessene Opfer« und wurde nach der Wende von 1989/90 zu einem eigenständigen Entschädigungsproblem (→Zwangsarbeiter-Entschädigung [VI.B2]).

Noch in den späten 1980er Jahren führten die wenig befriedigenden materiellen Ergebnisse des Streits um »vergessene Opfer« unter den Aktivisten zum einen zu Bemühungen um eine Professionalisierung der eigenen Arbeit. Infolgedessen entstand in Köln 1989 eine Informations- und Beratungsstelle, aus der 1993 der Bundesverband Information und Beratung für NS-Verfolgte hervorging, der sich seither um politische Lobbyarbeit bemühte, NS-Verfolgte bei der Antragstellung beriet und für eine verbesserte medizinische und soziale Betreuung hilfsbedürftiger NS-Verfolgter eintrat. Zum anderen kam es zu realpolitischen Veränderungen der eigenen Forderungen. In neuen Gesetzesinitiativen verlangten die Grünen nur noch begrenzte Einmalzahlungen, die das erlittene Unrecht symbolisch anerkennen sollten und die für die Entschädigungsdiskussion der 1990er Jahre wegweisend wurden. Als SPD und Grüne im Herbst 1998 die Bundestagswahl gewannen und die Regierung Kohl ablösten, einigten sie sich in ihrem Koalitionsvertrag als Ergebnis der jahrelangen gemeinsamen Parlamentsinitiativen auf die Gründung einer Stiftung zur Zwangsarbeiterentschädigung und einer weiteren Bundesstiftung »Entschädigung für NS-Unrecht« für die »vergessenen Opfer«, die anders als die Zwangsarbeiterstiftung dann jedoch nicht realisiert wurde.

Vor allem dank späterer Lockerungen der zunächst sehr restriktiv gefassten Kriterien der Härtefonds erhielten einige tausend bisher nicht entschädigte NS-Verfolgte, hierunter mehrheitlich Sinti und Roma und Zwangssterilisierte, infolge des Streits um »vergessene Opfer« begrenzte Einmalzahlungen oder kleine Renten. In materieller Hinsicht blieben die Ergebnisse dieses Streits dennoch weit von den Forderungen der Entschädigungsaktivisten und der seit Mitte der 1980er Jahre neu entstandenen Verfolgtenverbände entfernt. Für den Wandel der Erinnerung an die NS-Verbrechen hatte dieser Streit gleichwohl eine kaum zu unterschätzende Bedeutung. Denn auch nachdem die Verfolgtenverbände zu Beginn der 2000er Jahre altersbedingt ihre Aktivitäten einstellten und parallel die Strukturen der Entschädigungsaktivisten zerfielen, blieb die Verfolgung der bis Anfang der 1980er Jahre marginalisierten Gruppen im öffentlichen Gedenken präsent – wenn auch in einer sehr unterschiedlichen Intensität. Obwohl es im Streit um »vergessene Opfer« stets vor allem um Entschädigung ging, sind seine Folgen daher primär in der Erweiterung des historischen Bildes von nationalsozialistischem Unrecht und den Opfern der NS-Verbrechen zu sehen.

HBo

Lit.: Henning Borggräfe (2014): *Zwangsarbeiterentschädigung. Vom Streit um ›vergessene Opfer‹ zur Selbstaussöhnung der Deutschen*, Göttingen: Wallstein. Henning Tümmers (2011): *Anerkennungskämpfe. Die Nachgeschichte der nationalsozialistischen Zwangssterilisation in der Bundesrepublik*, Göttingen: Wallstein. Constantin Goschler (2005): *Schuld und Schulden. Die Politik der Wiedergutmachung für NS-Verfolgte seit 1945*, Göttingen: Wallstein. Günter Saathoff (2003): »Entschädigung für Zwangsarbeiter? Entstehung und Leistungen der Bundesstiftung ›Erinnerung, Verantwortung und Zukunft‹ im Kontext der Debatte um die ›vergessenen Opfer‹«, in: Hans Günter Hockerts et al. (Hg.): *Nach der Verfolgung. Wiedergutmachung nationalsozialistischen Unrechts in Deutschland?*, Göttingen: Wallstein, S. 241-273. Gilad Margalit (2001): *Die Nachkriegsdeutschen und ›ihre Zigeuner‹. Die Behandlung der Sinti und Roma im Schatten von Auschwitz*, Berlin: Metropol. Deutscher Bundestag, Referat Öffentlichkeitsarbeit (Hg.) (1987): *Wiedergutmachung und Entschädigung nationalsozialistischen Unrechts. Öffentliche Anhörung des Innenausschusses des Deutschen Bundestages am 24. Juni 1987*, Bonn: Selbstverlag. Thomas Lutz et al. (Hg.) (1987): *Alle NS-Opfer anerkennen und entschädigen*, Berlin: Selbstverlag. Hamburger Initiative ›Anerkennung aller NS-Opfer‹ (Hg.) (1986): *Wiedergutmacht? NS-Opfer – Opfer der Gesellschaft noch heute*, Hamburg: Selbstverlag.

V.A12 Reichstagsbrand-Kontroverse, seit der NS-Zeit bis heute anhaltende Debatte um den Brand im Plenarsaal des Berliner Reichstagsgebäudes am 27. Februar 1933, der am Beginn der eigentlichen diktatorischen Machtausübung des NS-Regimes steht.

Als der Reichstag am 27. Februar 1933 zum Ort einer Brandstiftung wurde, erklärte das Regime unverzüglich, der Brand sei die Tat kommunistischer Umstürzler. Genauso rasch erklärten liberal- und linkseingestellte Nazi-Gegner, insbesondere im Ausland, der Brand sei ein vom Regime selbst bestellter Anschlag, um einen Vorwand für die »Reichstagsbrandverordnung« genannte Notverordnung vom 28. Februar 1933 zu schaffen. Diese suspendierte die freiheitliche Verfassung der Weimarer Republik und legitimierte eine Verhaftungswelle, die schon in der Nacht zum 28. Februar anlief. Auf frischer Tat wurde nur der 24-jährige niederländische Maurergeselle Marinus van der Lubbe im Reichstagsgebäude ertappt und verhaftet. Bis zum 9. März wurden noch vier kommunistische Aktivisten verhaftet, unter ihnen der deutsche Parlamentarier Ernst Torgler, der bulgarische Komintern-Funktionär Georgi Dimitroff und zwei weitere Bulgaren. Der Reichstagsbrandprozess vom 21. September bis 23. Dezember 1933 sowie der außerhalb Deutschlands immer heftiger geführte Streit über den Brand kreisten hauptsächlich um die Frage, ob van der Lubbe ein Einzeltäter sei oder ob hinter ihm Nazis oder Kommunisten stünden. Auch den Nationalsozialisten wurde langsam klar, dass der Beweis gegen Torgler und die Bulgaren keineswegs für eine Verurteilung ausreichte, aber nach dem feuertechnischen Beweismaterial war offensichtlich, dass ein Einzeltäter den Brand im Plenarsaal nicht vorbereitet und entzündet haben konnte. Schon im Oktober 1933 hieß es daher in amtlichen Berichten, van der Lubbe sei vielleicht im Reichstagsgebäude ein Einzeltäter, aber doch in einem weiteren Sinne ein Vertreter der kommunistischen Revolution gewesen. Er wurde zum Tode verurteilt und im Januar 1934 hingerichtet; die anderen Angeklagten wurden freigesprochen und, nach kontroversen Diskussionen, freigelassen.

Nach dem Krieg wurde bald klar, dass der Reichstagsbrand im Bewusstsein der Zeitgenossen Symbolwert eingenommen hatte. Um das geschichtliche Narrativ des ›Dritten Reichs‹ zu kontrollieren, musste man auch das Narrativ seines Anfangs beherrschen. Von den 1940er bis zu den 1960er Jahren waren die Phasen des Reichstagsbrandstreits immer mit denen der allgemeinen politischen und gesellschaftlichen Vergangenheitsbewältigung kongruent: aktiv in der Zeit des →Nürnberger Prozesses [I.A3] und der →Entnazifizierung [I.A1]; relativ still in den 1950er Jahren; dann wieder lebhaft nach dem →Ulmer Einsatzgruppen-Prozess [II.A5] von 1957 und der darauffolgenden Gründung der →Ludwigsburger »Zentralen Stelle der Landesjustizverwaltungen zur Aufklärung nationalsozialistischer Verbrechen« [II.A7].

In den 1940er Jahren wurden vor allem zwei ehemalige Gestapobeamte zu den Architekten der konkurrierenden Narrative, um deren Argumente der Streit bis heute im Wesentlichen kreist: Hans Bernd Gisevius, Zeuge im Nürnberger Prozess, vertrat in seinen Memoiren *Bis zum bitteren Ende* (1946) die These, eine SA-Truppe habe das Feuer im Plenarsaal gelegt und die Gestapo die Sache vertuscht. 1946 hatte der ehemalige Gestapochef Rudolf Diels der These von Gisevius noch im Wesentlichen zugestimmt. Drei Jahre später erschien in der extrem rechts eingestellten schweizerischen Zeitschrift *Neue Politik* eine (allerdings anonyme) Artikelserie von Heinrich Schnitzler, »Der Reichstagsbrand in anderer Sicht«. Schnitzler zufolge hatte der Brand die NS-Führung tatsächlich überrascht; van der Lubbe sei in der Tat ein Einzeltäter gewesen. Wichtig war Schnitzler auch die Feststellung, dass die Gestapobeamten, die 1933 die Ermittlungen des Brandes durchgeführt hatten, gewissenhaft gearbeitet und ehrlich geglaubt hätten, dass van der Lubbe ein Einzeltäter sei. Die Arbeit dieser pflichtbewussten Gestapobeamten sei dann von den NS-Machthabern, aber auch von linken Publizisten wie Willi Münzenberg, gegen besseres Wissen als Propaganda missbraucht worden. Zur selben Zeit erschienen auch die Memoiren des ehemaligen Gestapochefs Rudolf Diels (*Lucifer ante Portas*, 1949), die die gleiche, offensichtlich vorher mit Schnitzler abgesprochene Version präsentierten.

In der Tat dienten die Thesen von Gisevius und Schnitzler – an die aller Wahrscheinlichkeit nach die beiden Autoren selbst glaubten – verschiedenen politischen und persönlichen

Interessen. Gisevius hatte unter den Verschwörern des 20. Juli gekämpft und als Diplomat und Abwehr-Offizier in der Schweiz nach 1943 mit dem US-Geheimdienst OSS kooperiert. Seine Darstellung gab sich bewusst antinazistisch, eine Apologie für Freunde wie den Polizisten und Einsatzgruppen-Kommandeur Arthur Nebe und nicht zuletzt ein Angriff auf seinen persönlichen Feind Diels. Schnitzler stand im engen Kontakt mit den Reichstagsbrand-Ermittlern von 1933, insbesondere mit den ehemaligen Kommissaren Helmut Heisig und Walter Zirpins. Diese NS-Funktionäre der ersten Stunde waren Entnazifizierungsverfahren (→Entnazifizierung [I.A1]) unterworfen, in denen die Rolle der Gestapo 1933/34 und die Reichstagsbrand-Ermittlungen wichtige Themen waren. Später wurden gegen Heisig und Zirpins auch Verfahren wegen Verbrechen während des Krieges geführt: Als Chef der Stapo-Stelle Würzburg hatte Heisig 1943 Juden nach Auschwitz deportiert, Zirpins war 1940/41 Chef der Kriminalpolizei in Lodz und im Ghetto Lodz gewesen. Um ihre Karrieren wieder herzustellen und um einer Anklage wegen der Verfolgung des möglicherweise unschuldigen van der Lubbe zu entgehen (oder wegen seiner möglicherweise unrechtmäßigen Tötung, eine Anklage, die dem Kommissar Rudolf Braschwitz drohte), war es nun für die Kommissare wichtig zu beweisen, dass es sich bei van der Lubbe tatsächlich um einen Einzeltäter gehandelt habe. Nur dann wären ihre Ermittlungen gegen van der Lubbe legitimiert gewesen.

Diels, Schnitzler, Zirpins, Heisig und Braschwitz bestanden alle glücklich ihre Entnazifizierungsverfahren und arbeiteten (außer Diels) nach 1950 wieder als Beamte (→BKA-Historie [VI.F5]), ohne dass die breitere Öffentlichkeit ihre Einzeltäter-These wahrnahm. Die Version von Gisevius wurde im Wesentlichen akzeptiert, obwohl Gisevius selber in Westdeutschland wegen seiner Widerstandstätigkeit weitgehend als Verräter angesehen wurde und jahrelang in den USA lebte (→Strafverfahren wegen Verunglimpfungen des Widerstandes [II.A4]).

Nach 1957 aber drohte den ehemaligen Gestapobeamten eine erneute strafrechtliche Verfolgung. Es war nun ein Beamter des niedersächsischen Verfassungsschutzes, Fritz Tobias, der die Thesen von Schnitzler aufnahm und sie 1959/60 zunächst in einer sensationsheischenden Serie im Spiegel (→Spiegel-Serien [III.C6]) und dann in seinem Buch *Der Reichstagsbrand. Legende und Wirklichkeit* (1962) wieder in Umlauf brachte. Mit Tobias' Schriften setzte der öffentliche Streit über den Brand erneut ein. Überlebende der NS-Verfolgungen, Remigranten, liberale und linke Personen erkannten Tobias' Thesen als einen nazistischen Reinwaschungsversuch. Rechtslastige Blätter und Autoren (*Die Soldatenzeitung*, *Kristall*, Kurt Ziesel, David Irving) versammelten sich um Tobias. Dem Münchener →Institut für Zeitgeschichte (IfZ) [II.A2] schien es wichtig, Tobias zu widerlegen, und es beauftragte 1960 mit diesem Projekt den Gymnasiallehrer Hans Schneider.

Daraufhin setzte ein regelrechter publizistischer Feldzug gegen das IfZ ein. Von rechts wurde die These der Schuld der Nationalsozialisten am Reichstagsbrand als »Lüge« oder »kommunistische Legende« mindestens implizit mit der deutschen Schuld an Krieg und Holocaust gleichgesetzt und dem IfZ zwischen den Zeilen vorgeworfen, unpatriotische, proamerikanische und tabubehaftete Zeitgeschichtsschreibung zu betreiben. Wohl deswegen schrieb Golo Mann, die These von Tobias sei volkspädogogisch unwillkommen. Damals nicht öffentlich bekannt war die Tatsache, dass der Direktor des IfZ, Helmut Krausnick, zwischen 1932 und 1934 Mitglied der NSDAP gewesen war. Als Verfassungsschutzbeamter konnte Tobias diese Tatsache aber aufdecken und Krausnick buchstäblich erpressen, um das IfZ zur Änderung seiner Anschauung zu zwingen. 1962 wurde jedenfalls der Vertrag mit Schneider vom IfZ tatsächlich gekündigt und Schneider auch davor gewarnt, seine Arbeit andernorts zu veröffentlichen. 1964 erschien der berühmte und wirkmächtige Artikel von Hans Mommsen, »Der Reichstagsbrand und seine politische Folgen« in den IfZ-eigenen *Vierteljahrsheften für Zeitgeschichte*. Mommsen wurde zu einem Befürworter der Thesen von Schnitzler und Tobias: Van der Lubbe sei ein Einzeltäter gewesen; die Nazis hätten gar nichts mit dem Reichstagsbrand zu tun gehabt.

Bei seinen Bestrebungen, die Annahme dieser Thesen zu erzwingen, schien Tobias hauptsächlich zwei vergangenheitspolitische Beweggründe zu haben. Zum einen wollte er zeigen, dass nur »ein blinder Zufall, ein Irrtum, eine Revolution auslößte«. Seine Thesen, wie er 1960 an Krausnick schrieb, hätten eine »weitgehende Korrektur der Anfangsphase des Dritten Reiches« bewirkt. Zweitens wurde Tobias, der nach dem Krieg bei einem Entnazifizierungsausschuss gearbeitet hatte, zum Beschützer von ehemaligen NS-Polizisten und RSHA-Offizieren, unter ihnen Bernhard Wehner, Walter Zirpins und Rudolf Braschwitz. 1960 waren Zirpins und Braschwitz erneut von Kriegsverbrechen-Ermittlungen bedroht, Tobias' Buch war in diesem Kontext von großem Nutzen für sie. Annette Weinke hat in diesem Zusammenhang etwa gezeigt, wie eifrig der damalige niedersächsische Innenminister Otto Bennemann (SPD), für den Tobias arbeitete, Akteure wie Zirpins verteidigt hat. Ende der 1960er Jahre wurde ein weiterer vergangenheitspolitisch motivierter Versuch gemacht, das Narrativ des Brandes umzulenken. Das »Internationale Komitee zur wissenschaftlichen Erforschung der Ursachen und Folgen des Zweiten Weltkrieges«, kurz Luxemburger Komitee genannt, agierte im Geist der Volksfront der 1930er Jahre und der Widerstandsbewegungen des Krieges. Generalsekretär war der ehemalige KZ-Häftling Edouard Calic, Teilnehmer waren viele NS-Verfolgte und Widerstandskämpfer, unter ihnen Willy Brandt. Das Luxemburger Komitee veröffentlichte eine zweibändige »Dokumentation« über den Reichstagsbrand, um im Interesse des Antifaschismus scharf gegen Tobias' These zu protestieren. Nach 1978 wurde aber klar, dass mindestens ein Teil der Dokumente, insbesondere im zweiten Band der Dokumentation, gefälscht war. In den 1980er Jahren wurde die Debatte um den Reichstagsbrand Teil des →Historikerstreits [V.A9], was man zum Beispiel an verschiedenen Arbeiten von Uwe Backes und Eckhard Jesse ablesen kann: Hier wird die These präsentiert, ehemalige Opfer seien aufgrund ihrer Erfahrungen gar nicht im Stande, objektiv-wissenschaftlich zu arbeiten, wobei stets angenommen wird, die ehemaligen Gestapo-Beamten und Verfechter der Einzeltäter-These seien nicht mindestens in der gleichen Manier disqualifiziert.

Das Renommee des IfZ und Hans Mommsens sowie die Fälschungen des Luxemburger Komitees haben sukzessive dazu geführt, dass die Einzeltäterthese von Historikern allgemein als richtig angenommen worden ist. Der Streit über den Brand ist zwar nach 1990 unter dem Einfluss neuer Quellen aus der DDR und anderen osteuropäischen Archiven weitergegangen und die Einzeltäterthese wurde nach Ansicht des relativ unparteilichen Autors Marcus Giebeler nochmals in die Defensive gedrängt. Im Allgemeinen aber wurde die Kontroverse jetzt ohne die deutlich vergangenheitspolitischen Motivationen früherer Jahre fortgeführt. Bezeichnenderweise wurde die Verurteilung van der Lubbes 2008 rückwirkend von der Bundesanwaltschaft aufgehoben, weil das Urteil von 1933 auf »nationalsozialistischen Unrechtsvorschriften beruht, die zur Durchsetzung des nationalsozialistischen Regimes geschaffen worden waren und die Verstöße gegen Grundvorstellungen von Gerechtigkeit ermöglichten« – eine Feststellung, die kein deutsches Gericht der 1950er oder 1960er Jahre zu treffen bereit war.

BH

Lit.: Hans Bernd Gisevius (1960): *Bis zum bitteren Ende. Vom Reichstagsbrand bis zum 20. Juli 1944*, Hamburg: Rütten & Loening. Fritz Tobias (1962): *Der Reichstagsbrand. Legende und Wirklichkeit*, Rastatt: Grote. Hans Mommsen (1964): »Der Reichstagsbrand und seine politischen Folgen«, in: *Vierteljahrshefte für Zeitgeschichte* Jg. 12, H. 4, S. 365-413. Benjamin Carter Hett (2014): *Burning the Reichstag: An Investigation into the Third Reich's Enduring Mystery*, New York: Oxford University Press. Alexander Bahar und Wilfried Kugel (2013): *Der Reichstagsbrand. Geschichte einer Provokation*, Köln: PapyRossa. Marcus Giebeler (2010): *Die Kontroverse um den Reichstagsbrand. Quellenprobleme und historiographische Paradigmen*, München: Meidenbauer. Sven Felix Kellerhoff (2008): *Der Reichstagsbrand. Die Karriere eines Kriminalfalls*, Berlin: BeBra Verlag. Annette Weinke (2008): *Eine Gesellschaft ermittelt gegen sich selbst. Die Geschichte der Zentralstelle Ludwigsburg 1958-2008*, Darmstadt: WBG. Uwe Backes et al. (1986): *Reichstagsbrand. Aufklärung einer historischen Legende*, München: Piper.

V.B Erzählmuster und Aneignungsverhältnisse

V.B1 HOLOCAUST-Serie, vierteilige amerikanische Fernsehserie nach einem Drehbuch von Gerald Green, deren Ausstrahlung im Januar

1979 in Deutschland zu einer Zäsur im öffentlichen Umgang mit der nationalsozialistischen Vergangenheit führte. HOLOCAUST gilt als populärkulturelle und massenwirksame Aufklärung über NS-Verbrechen. Die von den Programmverantwortlichen als »Doku-Drama«, von ihren Kritikern hingegen als »Soap-Opera« (Elie Wiesel) bezeichnete Serie des Regisseurs Marvin Chomsky erzählt anhand des Schicksals einer fiktiven jüdischen Arztfamilie aus Berlin die Geschichte der Judenverfolgung und -vernichtung. Sie erzielte bei ihrer Erstausstrahlung Einschaltquoten von 31 bis 40 Prozent und löste beim Publikum Erschütterung aus.

Begleitet wurde die Ausstrahlung von einer publizistischen Kontroverse, die schon im April 1978 mit der überaus erfolgreichen Ausstrahlung im US-amerikanischen Fernsehen und dem Ankauf der Serie vom produzierenden Sender NBC begonnen hatte. Vorgeworfen wurde der Sendung vor allem die Fiktionalisierung, Trivialisierung und Kommerzialisierung des Holocaust. Zudem sei die Vernichtung der europäischen Juden in ihrem Grauen und Ausmaß unfassbar und damit undarstellbar. Ein Verstoß gegen dieses Bilderverbot, als dessen Vertreter insbesondere der Holocaust-Überlebende und Literatur-Nobelpreisträger Elie Wiesel und der Regisseur Claude Lanzmann (→SHOAH [V.B2]) gelten müssen, komme einer Verletzung der Würde der Opfer gleich. Gegenstand der Kritik wurde auch die stark konstruierte und dadurch unglaubwürdig wirkende Handlung. In dem Bemühen, die Stationen der »Endlösung« vollständig zu thematisieren, kommen nahezu alle wichtigen Orte und Ereignisse der Vernichtung vor, sei es anhand der Verfolgung der jüdischen Familie Weiß oder anhand der Karriere des SS-Mannes Erik Dorf, der vom arbeitslosen Juristen zum persönlichen Referenten Reinhard Heydrichs (Chef des Reichssicherheitshauptamtes) aufsteigt. Aus der großbürgerlichen jüdischen Familie Weiß überlebt am Ende nur ein erwachsener Sohn, der mit seiner Tätigkeit in einer jüdischen Partisanengruppe zugleich den jüdischen Widerstand und Selbstbehauptungswillen verkörpert. Nach Kriegsende wandert er mit einigen anderen Überlebenden der Konzentrationslager nach Palästina aus.

Der publizistische Streit in der Bundesrepublik bezog sich zunächst auf die amerikanischen Rezensionen von HOLOCAUST und setzte sich bald mit der Frage auseinander, ob und auf welchem Sendeplatz die Serie im eigenen Land gezeigt werden sollte. Selbst führende Politiker bezogen in dieser Debatte Stellung, die schließlich mit dem Kompromiss endete, die Serie statt im Ersten in den Dritten Programmen zu zeigen. Mit der Ausstrahlung der Serie und der für die Programmverantwortlichen überraschend großen und emotionalen Publikumsresonanz änderte sich die zuvor überwiegend kritische und abwartende Berichterstattung. Das Verdienst der Serie, anders als alle Produktionen zuvor die breite Masse zu einer Auseinandersetzung mit dem Völkermord angeregt zu haben, relativierte für viele Kritiker ästhetische und qualitative Mängel. Darüber hinaus entbrannte eine Diskussion über ein mögliches Versagen der Geschichtswissenschaft, die zwar vor allem seit den 1960er Jahren begonnen hatte, den Völkermord zu erforschen, ihre Erkenntnisse jedoch nicht derart massenwirksam weitergeben konnte. Auf der einen Seite sprach *Spiegel*-Zeithistoriker Heinz Höhne von einem »schwarzen Freitag für die Historiker« und *FAZ*-Herausgeber Joachim Fest sowie *ZEIT*-Herausgeberin Marion Gräfin Dönhoff eiferten sich gegen den Hochmut der kulturellen Eliten und konstatierten eine Entfremdung zwischen Fachleuten und allgemeinem Publikum. Auf der anderen Seite beharrten Wolfram Schütte und Peter Iden in der *Frankfurter Rundschau* entgegen dieser populistischen Kunstverachtung darauf, dass ästhetische Fragen im hohen Maße auch moralische seien. Die Diskussion um das Dilemma zwischen angemessenem und massenwirksamen Erinnern, oft ausgetragen in Form eines Streits zwischen Hoch- und Populärkultur, sollte sich später (nicht nur) bei filmischen Repräsentationen des Holocaust wiederholen (→SCHINDLERS LISTE [V.B8]; →Holocaust als Filmkomödie [VI.C3] etc.). Zahlreiche Rezeptionsstudien ergaben kein einheitliches Bild zur Langfristigkeit der durch HOLOCAUST erzeugten Wirkungen auf das Geschichtsbewusstsein der Zuschauer. Kritiker bezweifelten den nachhaltigen Effekt des Serienkonsums und unterstellten HOLOCAUST die Wirkung eines »Strohfeuers«, bei dem nach kurzer Betroffenheit und Unterhaltung das Interesse wieder schwinde. Der WDR gab in Kooperation mit der Bundeszentrale für politische Bildung eine dreistufige Begleitstudie in Auftrag, in der kurz- und mittelfristige Einstellungsänderungen gemessen werden sollten. Die durch die HOLOCAUST-Serie erzeugte Aufmerksamkeit und der damit gewachsene Stellenwert des Judenmordes im kollektiven Bewusstsein führten in der Folgezeit zu einer Flut von Filmen und Literatur zum »Dritten Reich«, die jedoch nur selten Neuproduktionen waren. Die erinnerungskulturelle Zäsur durch HOLOCAUST bezieht sich damit weniger auf die zur Verfügung stehenden Erkenntnisse zum Völkermord als vielmehr auf die Bereitschaft der Massen, sich mit diesen auseinanderzusetzen. Dennoch kann das vergrößerte Interesse als Anstoß auch für weitere Forschungen der Fachwissenschaft gelten.

Darüber hinaus kann ein Einfluss der Serie auf die wenige Monate später stattfindende →Verjährungsdebatte [IV.B1] angenommen werden. In Parlamentsreden diente der Verweis auf HOLOCAUST den Gegnern der Verjährung zur Unterstützung ihrer Argumentation. Auch die Aufmerksamkeit für den langjährigen →Majdanek-Prozess [IV.B7] und andere zeitgenössische politisch-justizielle Ereignisse wie die →Filbinger-Affäre [IV.B4] scheint durch HOLOCAUST gesteigert worden zu sein.

Die Serie war international ein großer Publikumserfolg und wurde in mehr als 30 Ländern ausgestrahlt. In Deutschland führte sie zur Verbreitung des Begriffs »Holocaust«. Zuvor noch weitgehend unbekannt, wurde dieser 1979 von der Gesellschaft für deutsche Sprache zum »Wort des Jahres« erklärt und setzte sich, trotz aller Kritik, nun auch in Deutschland zur Bezeichnung des Völkermords durch.

UJ

Lit.: Raul Jordan (2008): *Konfrontation mit der Vergangenheit. Das Medienereignis »Holocaust« und die politische Kultur der Bundesrepublik Deutschland*, Frankfurt a.M. u.a.: Peter Lang. Sandra Schulz (2007): »Film und Fernsehen als Medien der gesellschaftlichen Vergegenwärtigung des Holocaust. Die deutsche Erstausstrahlung der US-amerikanischen Fernsehserie ›Holocaust‹ im Jahre 1979«, in: *Historical Social Research/Historische Sozialforschung* 32, H. 1, S. 189–249. Martina Thiele (2007): *Publizistische Kontroversen über den Holocaust im Film*, 2. überarb. Aufl. Münster: LIT. Peter Reichel (2004): *Erfundene Erinnerung. Weltkrieg und Judenmord in Film und Theater*, München, Wien: Hanser. Georg-Michael Schulz (2002): »Docu-Dramas – oder: Die Sehnsucht nach der Authenzität. Rückblicke auf Holocaust von Marvin Chomsky und Schindlers Liste von Steven Spielberg«, in: Waltraud ›Wara‹ Wende (Hg.): *Geschichte im Film. Mediale Inszenierung des Holocaust und kulturelles Gedächtnis*, Stuttgart, Weimar: Metzler, S. 159–180. James Edward Young (1992): *Beschreiben des Holocaust. Darstellung und Folgen der Interpretation*, Frankfurt a.M.: Suhrkamp. Joachim Siedler (1984): »*Holocaust*« – *Die Fernsehserie in der deutschen Presse*, Münster: LIT. Yizhak Ahren (1982): *Das Lehrstück Holocaust. Wirkungen und Nachwirkungen eines Medienereignisses*, Opladen: Westdeutscher Verlag. Friedrich Knilli, Siegfried Zielinski (Hg.) (1982): *Holocaust zur Unterhaltung. Anatomie eines internationalen Bestsellers. Fakten, Fotos, Forschungsreportagen*, Berlin: Elefanten Press. Heiner Lichtenstein, Michael Schmidt-Ospach (Hg.) (1982): *Holocaust. Briefe an den WDR*, Wuppertal: Hammer. Hella Dunger, Kristina Zerges (1980): *Amor vincit omnia. Empirische Rezeptionsuntersuchung zur Ausstrahlung der amerikanischen TV-Serie Holocaust*, Universität-Gesamthochschule Siegen. Tilman Ernst (1980): »»Holocaust« in der Bundesrepublik: Impulse, Reaktionen und Konsequenzen der Fernsehserie aus der Sicht politischer Bildung«, in: *Rundfunk und Fernsehen* 28, H. 4, S. 509–533. Uwe Magnus (1980): »»Holocaust« in der Bundesrepublik: Zentrale Ergebnisse der Begleituntersuchungen aus der Sicht der Rundfunkanstalten«, in: *Rundfunk und Fernsehen* 28, H. 4, S. 534–542. Uwe Magnus (1979): »Die Reaktionen auf Holocaust. Ergebnisse der Begleitstudie des WDR und der Bundeszentrale für politische Bildung«, in: *Media Perspektiven*, H. 4, S. 226–240. Peter Märtesheimer, Ivo Frenzel (Hg.) (1979): *Im Kreuzfeuer: Der Fernsehfilm Holocaust. Eine Nation ist betroffen*, Frankfurt a.M.: Fischer.

V.B2 SHOAH, Dokumentarfilm des französischen Regisseurs Claude Lanzmann aus dem Jahre 1985, der zu einem der zentralen Referenzpunkte in den Debatten um die Darstellbarkeit der Vernichtungspolitik wurde. Lanzmann arbeitete insgesamt elf Jahre an dem Projekt, drehte 350 Stunden Rohmaterial und schnitt daraus ein neuneinhalbstündiges Werk, das von der Kritik viel besprochen und mit diversen internationalen Filmpreisen ausgezeichnet, jedoch vom Publikum wenig beachtet wurde. 1985 in Paris in Anwesenheit des Staatspräsidenten François Mitterand uraufgeführt, wurde SHOAH in Deutschland nur in Dritten Fernsehprogrammen ausgestrahlt. Eine späte Ehrung erfuhr Lanzmann durch die Auszeichnung mit dem Goldenen Ehrenbären für sein Lebenswerk bei der Berlinale 2013.

Bereits mit der Wahl des Werktitels grenzte sich Lanzmann – Enkel jüdischer Immigranten und französischer Intellektueller – explizit von Marvin Chomskys amerikanischem TV-Mehrteiler →HOLOCAUST (1978/79) [V.B1] ab, dessen Fiktionalisierung der Judenvernichtung er äußerst hart kritisierte. Während das griechische Wort »Holocaust« »Brandopfer« bedeutet, steht »Shoah« für »Katastrophe«. Lanzmanns Intention ist es, die Katastrophe durch eine radikal-ästhetische Inszenierung von Zeugenschaft und Erinnerungsorten in der Vorstellung des Zuschauers entstehen zu lassen und sie gerade nicht durch Integration von Archivbildern mit Leichenbergen darzustellen. Er entscheidet sich damit sowohl gegen fiktionale wie klassische dokumentarische Verfahren.

Im Unterschied zu vorangegangenen Kompilationsfilmen wie Alain Resnais' →NACHT UND NEBEL (F 1955) [II.D6], Erwin Leisers MEIN KAMPF (SE 1960), Michail Romms DER GEWÖHNLICHE FASCHISMUS (UDSSR 1965) oder fiktionalen Werken wie Frank Beyers NACKT UNTER WÖLFEN (DDR 1962) und JAKOB DER LÜGNER (DDR 1974) sowie insbesondere HOLOCAUST ist SHOAH vor allem ein Film der Zeugenschaft. In gewisser Weise vergleichbar mit Max Ophüls' LE CHAGRIN ET LA PITIÉ (CH/BRD 1969) bzw. HÔTEL TERMINUS (USA 1985-1988), wählt Lanzmann in seinem Werk eine Herangehensweise, die jeglichen Versuch, das Geschehen in rekonstruierte oder gar fiktionale Bilder zu bringen, strikt ablehnt und damit derjenigen von HOLOCAUST und →SCHINDLERS LISTE (USA 1993) [V.B8] diametral entgegensteht.

Lanzmann setzt durchgängig auf die mündliche Zeugenschaft vor allem der Holocaust-Überlebenden. Es geht ihm um das Lesen bzw. das Verschwinden von Spuren – an den Orten des Verbrechens und im Ausdruck der Zeitzeugen. Die den Film charakterisierende Gegenwart der Vergangenheit versucht Lanzmann durch die Kombination von Ort und Wort zu aktualisieren. Ursprünglich sollte das Werk »Der Ort und das Wort« heißen, ein Titel, der die Erinnerungs(re)konstruktion von Lanzmann auf den Punkt bringt. Anders als in seinem späteren eineinhalbstündigen Dokumentarfilm SOBIBOR, 14. OKTOBER 1943, 16 UHR (F 2001) ist Lanzmanns zentrales Thema in SHOAH die Vernichtung, die Radikalität des Todes. Daher interviewt er – neben Tätern und Zeitzeugen – vor allem Überlebende aus ehemaligen Sonderkommandos der Vernichtungslager, »Rückgekehrte« und »Sprecher der Toten«, so Lanzmann.

Obwohl SHOAH auf den ersten Blick relativ uninszeniert erscheint, wird der spezifische Inszenierungscharakter des gesamten Films vom Regisseur selbst sowie von zahlreichen Forschern und Rezensenten hervorgehoben. Um die Zeitzeugen zum Erinnern und Sprechen zu veranlassen, greift Lanzmann, rund drei Jahrzehnte später, Resnais' Verfahren der Rückkehr an die Vernichtungsstätten auf und dreht in etlichen Vernichtungslagern (Auschwitz-Birkenau, Belzec, Chelmno, Sobibor, Treblinka). Hierbei kontrastiert er aktuelle Aufnahmen der Lager mit den Zeugenschilderungen. Ähnlich wie in NACHT UND NEBEL konfrontiert er Zeitzeugen und somit den Zuschauer mit den inzwischen verwaisten Landschaften, die durch Kameraschwenks, -fahrten und zum Teil sogar subjektive Kameraführung filmisch inszeniert werden. In einigen Fällen setzt Lanzmann noch deutlichere Formen der Inszenierung ein: Den einstigen Friseur in den Gaskammern von Treblinka, Abraham Bomba, bittet er, in einem Friseursalon in Tel Aviv erneut Haare zu schneiden; für den polnischen Lokführer Henrik Gawkowski, der Transporte nach Treblinka brachte, mietet er eine Lokomotive und lässt ihn zur Rampe des Lagers fahren. Lanzmanns Rekonstruktion des einstigen Kontextes will den Überlebenden ermöglichen, sich in die damalige Situation zu versetzen, einen – so Lanzmann – »Akt des Gebärens, der Auferstehung« herbeizuführen und somit ein Zeugnis hervorzubringen. Um den Zuschauer an diesem Prozess zu beteiligen, ihn die Erschütterung und Traumatisierung der Betroffenen erfahren zu lassen, arbeitet Lanzmann mit nahen Einstellungsgrößen, welche die hervorgerufenen Emotionen sicht- und spürbar machen. Diskretion bzw. Mitgefühl vermeidend, setzt Lanzmann die Interviews mit den Überlebenden auch dann fort, wenn diese die Fassung verlieren und um Unterbrechung bitten, wie im Falle von Abraham Bomba – die wohl meistbesprochene und extrem kontrovers diskutierte Schlüsselszene von SHOAH. Während Befürworter Lanzmanns dessen Hartnäckigkeit im Umgang mit den Opfern vor dem Hintergrund des angestrebten »Gebärens« des Zeugnisses und der Erinnerung als notwendig erachten, lehnen Kritiker sein Insistieren als Taktlosigkeit, als eine die Überlebenden verratende Indiskretion, sogar als Vergewaltigung und als Folter für Zeitzeugen und Zuschauer ab. Auch das Konzept der Inszenierung der verwaisten Vernichtungsstätten wird kontrovers diskutiert: Häufig, wie im Falle des Chelmno-Überlebenden Simon Srebnik in der Eröffnungssequenz, vermag der Zeuge die einstigen Vernichtungsstätten nicht wiederzuerkennen, so dass unklar ist, welche Wirkung diese Aufnahmen beim Zuschauer hervorrufen – und sogar die Gefahr besteht, dass sie Holocaustleugnern als Argument dienen (→Revisionismus/Leugnung des Holocaust [II.B9]).

Lanzmann hat mit seinem ambitionierten Werk Fragen nach der Wirkkraft von Orten der Erinnerung und dem Status von Zeugenschaft aufgeworfen, an die viele der folgenden Debatten zumindest implizit anknüpften.

CC

Lit.: »Autorengespräch mit Claude Lanzmann zu seinem Film Shoah (1998)«, in: Kulturamt der Stadt Marburg (Hg.): *Formen von Erinnerung*, Marburg: Jonas, S. 11-32. Claude Lanzmann (1986): *Shoah*, Düsseldorf: Claassen. Sonja M. Schultz (2012): *Der Nationalsozialismus im Film. Von Triumph des Willens bis Inglourious Basterds*, Berlin: Bertz + Fischer. Robert Skloot (2012): »Lanzmann's ›Shoah‹ after Twenty-Five Years. An Overview and a Further View«, in: *Holocaust and Genocide Studies* 26, H. 2, S. 261-275. Max Dax (2011): *Was ist Erinnerung? Gespräche mit Claude Lanzmann*, Berlin: Suhrkamp. Claude Lanzmann (2010): *Der patagonische Hase. Erinnerungen*, Hamburg: Rowohlt. Daniel Baranowski (2008): *Simon Srebnik kehrt nach Chelmno zurück*, Würzburg: Königshausen & Neumann. Catrin Corell (2008): *Der Holocaust als Herausforderung für den Film*, Bielefeld: transcript. Stuart Liebman (Hg.) (2007): *Claude Lanzmann's »Shoah«. Key Essays*. Oxford: Oxford Univ. Press. Stefan Krankenhagen (2001) *Auschwitz darstellen. Ästhetische Positionen zwischen Adorno, Spielberg und Walser*, Köln, Weimar, Wien: Böhlau. Vincent Lowy (2001): *L'histoire infilmable*, Paris: L'Harmattan. Martina Thiele (2001): *Publizistische Kontroversen über den Holocaust im Film*, Münster: LIT. Sven Kramer (1999): *Auschwitz im Widerstreit*, Wiesbaden: Deutscher Universitätsverlag. Sigrid Lange (1999): *Authentisches Medium. Faschismus und Holocaust in ästhetischen Darstellungen der Gegenwart*, Bielefeld: Aisthesis. Manuel Köppen, Klaus R. Scherpe (Hg.) (1997): *Bilder des Holocaust. Literatur – Film – Bildende Kunst*, Köln, Weimar, Wien: Böhlau. Gertrud Koch (1992): *Die Einstellung ist die Einstellung. Visuelle Konstruktionen des Judentums*, Frankfurt a.M.: Suhrkamp. Bernard Cuau (Hg.) (1990): *Au sujet de* SHOAH. *Le film de Claude Lanzman*, Paris: Ed. Belin.

V.B3 Späte Anerkennung für Edgar Hilsenrath, beispielhafter Verlauf für die (Nicht-)Rezeption der Literatur jüdischer Holocaust-Überlebender im bundesrepublikanischen Kulturbetrieb.

Edgar Hilsenrath wurde 1926 als Sohn einer jüdischen Kaufmannsfamilie in Leipzig geboren. Im Sommer 1938 zog Hilsenrath mit seiner Mutter und seinem Bruder nach Siret in Rumänien zu seinen Großeltern, um einer Vorladung der Gestapo zu entgehen. Der Vater flüchtete einige Monate später nach Frankreich. Im Oktober 1941 wurde Hilsenrath mit Mutter und Bruder in das Ghetto der ukrainischen Ruinenstadt Moghilev-Podolsk deportiert, aus dem sie im März 1944 von den Russen befreit wurden. 1947 traf sich die Familie erstmals in Frankreich wieder, wo der Vater den Holocaust überlebt hatte. 1951 wanderte Hilsenrath nach Amerika aus, kehrte jedoch 1975 nach Deutschland zurück.

Die bekanntesten Werke Edgar Hilsenraths sind seine Romane *Nacht* (1964), *Der Nazi & der Friseur* (1971, dt. 1977) und *Das Märchen vom letzten Gedanken* (1989). Zwischen 1989 und 2004 erhielt Hilsenrath für sein Werk zahlreiche Preise, darunter den Alfred-Döblin-Preis, den Heinz-Galinski-Preis und den Lion-Feuchtwanger-Preis – späte Ehrungen angesichts der Tatsache, dass Hilsenrath seit den 1960er Jahren ein im Ausland anerkannter deutscher Schriftsteller war.

Hilsenrath wurde auf Empfehlung von Hans-Geert Falkenberg im Münchner Kindler-Verlag unter Vertrag genommen. Falkenberg, Chef-Lektor des Verlages, sah in Hilsenraths Roman *Nacht* ein Novum angesichts des unverstellten Blickes des Autors auf den Überlebenskampf der Juden im Ghetto und empfahl das Manuskript zur Veröffentlichung. *Nacht* beschreibt auf schonungslose Weise das Leben und Sterben im Prokower Ghetto, einer von Lebensmittelzufuhren fast gänzlich abgeschnittenen Ruinenstadt in Transnistrien. Im Mittelpunkt des Romans stehen Ranek und sein Kampf gegen Hunger, Krankheit und um eine Unterkunft im Ghetto. Der Selbsterhaltungstrieb der Ghettobewohner, den Hilsenrath mit Mitteln des schwarzen Humors darstellt, setzt die jüdischen Bewohner in ein Licht, das die NS-Propaganda-Bilder des »hässlichen Juden« fortschreibt. Die Ghetto-Bewohner werden als wüste, gewissen- und mitleidlose Menschen dargestellt, während die deutsche Öffentlichkeit zu dieser Zeit erwartete, die jüdischen Opfer als moralisch integere Personen beschrieben zu sehen. Dieser Tabubruch hatte eine absurde Publikationsgeschichte zur Folge. Der damalige Werbeleiter des Kindler-Verlages, Ernest Landau, verschickte Leseexemplare des Romans an ausgesuchte Buchhändler und vorwiegend jüdische Journalisten und Historiker, um der Frage nachzugehen, ob die Veröffentlichung eines solchen Romans nicht schädlich sein könne. Während der Roman bereits im Druck war, holte Landau Meinungen ein, wobei er hoffte, dass sich die Befragten gegen die Veröffentlichung aussprechen würden. Von den neun Antwortbriefen, die er erhielt, votierten jedoch sieben für die Veröffentlichung von *Nacht*. Die ›Gutachter‹ befanden, dass Hilsenraths Roman einer größeren Leserschaft zugänglich gemacht werden müsse und hofften, dass »die Herausgabe dieses Buches eine Hypothek auf dem Gewissen der Menschheit und jedes Einzelnen begründet« (Hugh G. Elbot). Die beiden ablehnenden Stellungnahmen argumentierten, dass die Täter als die Enthumanisierenden fehlten und die moralische Verbundenheit der Opfer durch die ehrliche Beschreibung des Selbsterhaltungstriebes der Ghettobewohner ausgeblendet werde, so Baruch Graubard vom Landesverband der israelitischen Kultusgemeinden in Bayern. Zu den neun schriftlichen Stellungnahmen kamen zwei Hausmitteilungen, die Ernest Landau selbst auf Basis einiger Telefongespräche verfasste, die er mit Herausgebern jüdischer Presse-Erzeugnisse geführt hatte. Faktisch gab es unter den Gutachten, die Landau telefonisch entgegennahm, ebenfalls mehrheitlich positive Rückmeldungen auf *Nacht*. Landau fasste jedoch als Ergebnis zusammen, dass sich die jüdische Presse in ihrer Ablehnung des Buches einig sei.

Landaus Verhalten wurde durch die Befürchtung geleitet, der Verstoß gegen das ›Gutheitsgebot‹, das für das Sprechen und Schreiben über Juden im philosemitischen Diskurs galt, würde neuen Antisemitismus hervorrufen. Das Verleger-Ehepaar Kindler schloss sich dieser Befürchtung an und veröffentlichte den Roman in einer sehr geringen Auflage von nur 1250 Exemplaren, von denen höchstens 700 den Buchhandel erreichten. Edgar Hilsenrath kritisierte diese Behandlung als Nachverfolgung.

Dem tabubehafteten Sprechen über Juden in Deutschland nach 1945 fiel auch Hilsenraths zweiter Roman *Der Nazi & der Friseur* zum Opfer. Vermutlich durch die Erfahrung mit der Veröffentlichung von *Nacht* inspiriert, stellt Hilsenrath in seinem Roman das Verhältnis von Deutschen und Juden nach dem Holocaust in den Fokus und überzeichnet mit Mitteln der Groteske und des schwarzen Humors sämtliche Klischeevorstellungen über Opfer und Täter. Erzählt wird die Geschichte des KZ-Wärters und Massenmörders Max Schulz, der nach dem Krieg die Identität seines früheren jüdischen Freundes Itzig Finkelstein annimmt. Dieser Rollentausch gelingt deshalb so gut, weil Max Schulz alias Itzig Finkelstein alle antisemitischen Vorurteile in seinem Aussehen vereint. Hilsenrath beschreibt auf satirische Art die fortgesetzten antisemitischen Verhaltensweisen der Deutschen, die sich in der Nachkriegszeit selbst zu Opfern stilisierten, und allegorisiert auf groteske Weise – mit dem Identitätswechsel vom SS-Mann zum Holocaust-Überlebenden – das Phänomen des Philosemitismus, den er als bloße Entlastungsstrategie enttarnt.

Es ist nicht verwunderlich, dass dieser zweite Roman Hilsenraths von westdeutschen Verlegern ignoriert wurde, obwohl er im Ausland erfolgreich war – in der englischen Übersetzung erreichte er Millionen-Auflagen – und es Appelle gab, dass dieser Roman auch in Deutschland erscheinen müsse. Erst 1975, als Hilsenrath nach Deutschland zurückkehrte und den jungen Kölner Verleger Helmut Braun kennen lernte, eröffnete sich Hilsenrath die Möglichkeit, *Der Nazi &*

der Friseur auch in der BRD zu publizieren. 1977 erschien der Roman bei Braun und löste kurz darauf ein enormes Presse-Echo in West-Deutschland aus. Im Zuge dieser großen Resonanz wurde 1978 auch *Nacht* – 14 Jahre nach der unglücklichen Erstveröffentlichung – wieder aufgelegt. Auch dieser Roman wurde in nahezu allen überregionalen Tages- und Wochenzeitungen besprochen. Die breite Rezeption von Hilsenraths Romanen war auch der neuen Bereitschaft seit Ende der 1970er Jahre geschuldet, sich mit der NS-Geschichte verstärkt auseinanderzusetzen (→Holocaust-Serie [V.B1]). Das innovative Potential von Hilsenraths nichtveristischer Darstellung des Holocaust wurde erst in den 1990er Jahren – im Wissen um ähnliche Erzählformen von Imre Kertész (*Roman eines Schicksallosen*, 1975) bis Roberto Benigni (Das Leben ist schön, 1997) (→Holocaust als Filmkomödie [VI.C3]) – vollends erkannt.

JvB

Lit.: Edgar Hilsenrath (1964): *Nacht*, München: Kindler. Ders.: (1977): *Der Nazi & der Friseur*, Köln: Braun. Patricia Vahsen (2008): *Lesarten. Die Rezeption des Werks von Edgar Hilsenrath*, Tübingen: Niemeyer. Stephan Braese (2001): *Die andere Erinnerung. Jüdische Autoren in der westdeutschen Nachkriegsliteratur*, Berlin: Philo. Dietrich Dopheide (2000): *Das Groteske und der Schwarze Humor in den Romanen Edgar Hilsenraths*, Berlin: Weißensee. Ursula Hien (1998): »Schreiben gegen den Philosemitismus. Edgar Hilsenrath und die Rezeption von ›Nacht‹ in Westdeutschland«, in: Stephan Braese et al. (Hg.): *Deutsche Nachkriegsliteratur und der Holocaust*, Frankfurt a.M., New York: Campus, S. 229–244. Thomas Kraft (Hg.) (1996): *Edgar Hilsenrath – Das Unerzählbare erzählen*, München: Piper. Claudia Brecheisen (1993): *Literatur des Holocaust: Identität und Judentum bei Jakov Lind, Edgar Hilsenrath und Jurek Becker*, Diss. Univ. Augsburg.

V.B4 Raul Hilberg: *Die Vernichtung der europäischen Juden*, frühes Standardwerk der wissenschaftlichen Erforschung des Holocaust, dessen fundierte Erkenntnisse zum »Vernichtungsprozeß« der europäischen Juden gleichwohl erst 20 Jahre nach ihrer Erstveröffentlichung in einer deutschen Ausgabe zugänglich wurden.

Angeregt durch in den USA lehrende deutschsprachige Emigranten wie Hans Rosenberg und vor allem Franz Neumann begann Hilberg – dem Holocaust selbst als Kind durch die Emigration aus Wien in die USA entronnen – bereits unmittelbar nach Kriegsende, die Ermordung der europäischen Juden zu erforschen. Ursprünglich als Doktorarbeit bei Franz Neumann, der selbst eine der gewichtigsten frühen Studien zum Nationalsozialismus vorgelegt hatte (*Behemoth. The structure and practice of National Socialism*, London 1942), geplant, bildete das 1948 fertiggestellte Manuskript den Anfang eines Jahrzehnte währenden gründlichen Quellen- und Aktenstudiums, als dessen Ergebnis Hilberg 1961 die erste englische Fassung von *The Destruction of the European Jews* publizierte. Hilbergs Buch gehörte damit, neben Gerald Reitlingers *The Final Solution* (London 1953, dt. 1956) und Leon Poliakovs *Bréviaire de la haine* (Paris 1951), zu den ersten Versuchen einer wissenschaftlichen Aufarbeitung der Geschehnisse, die sich allerdings von den genannten einerseits durch ihre Systematik und andererseits durch eine breitere Quellenbasis abhob. In fortwährender Ergänzung und Erweiterung seiner Ergebnisse, die zumeist auf weiterführende Quellenstudien zurückgingen, erarbeitete Hilberg in den folgenden Jahrzehnten eine umfassende Darstellung, die den Holocaust als Produkt bürokratischer Maßnahmen verstand und ihn in seiner Vorgeschichte und seinen verschiedenen Radikalisierungsstufen (Enteignungen, Konzentration, Operation der mobilen Tötungseinheiten, Deportationen, Vernichtungszentren) zugleich detailliert beschrieb.

Hilbergs Studie, die für die eingehende Erforschung des Holocaust grundlegend war, sah sich zahlreichen Publikations- und Rezeptionshemmnissen ausgesetzt, die bis in die 1960er Jahre hinein auch in den USA nicht zuletzt dem weitgehenden Desinteresse gegenüber der Shoah geschuldet waren. So musste Hilberg vor der Veröffentlichung seines Buches viel Zeit und Energie mit der Suche nach Verlegern und Förderern aufbringen, bevor schließlich 1961 der kleine Quadrangle-Verlag in Chicago – nach Absagen von namhaften Universitätsverlagen (Columbia, Princeton und Oklahoma) und der Gedenkstätte Yad Vashem – Hilbergs Text publizierte. In den USA und Israel stieß vor allem Hilbergs skeptische Einschätzung des jüdischen Widerstandes auf heftige Kritik, die in den 1960er Jahren zusätzlich dadurch befördert wurde, dass Hannah Arendt sich in ihrer massiv angegriffenen Bewertung der Rolle der Judenräte (→Hannah Arendt: *Eichmann in Jerusalem. Ein Bericht von der Banalität des Bösen* [III.A2]) auf Hilbergs Buch stützte. Obwohl sich Hilberg keineswegs mit Arendt einig sah und er sich noch in seiner Autobiographie, die 1994 unter dem sprechenden Titel *Unerbetene Erinnerung* erschien, deutlich von ihrer Darstellung abgrenzte, war *The Destruction of the European Jews* von den Turbulenzen um Arendts Eichmann-Buch gleichsam mitbetroffen.

Noch schleppender als in den USA verlief die Rezeption von Hilbergs Buch in Deutschland, wo es erst 1990 in einem namhaften Verlag erscheinen konnte. Die englischsprachige Erstausgabe erfuhr so gut wie keine Beachtung; keine der einschlägigen Fachzeitschriften druckte eine Besprechung. Bereits 1963 hatte die Droemersche Verlagsanstalt (Th. Knaurs Nachfolger) die deutschen Rechte erworben und eine Übersetzung in Auftrag gegeben, von einer Veröffentlichung dann aber – trotz eines bereits gezahlten Vorschusses – überraschend abgesehen. Weitere Anfragen bei größeren deutschen Verlagen scheiterten in den folgenden Jahren – meist unter Verweis auf die ökonomische Bürde, die ein solch umfangreiches Buch (und das bedeutete unausgesprochen auch immer: mit diesem Thema) für das Verlagsprogramm bedeutete. Nach Absagen von Rowohlt (1967) und C. H. Beck (1980) wurde *Die Vernichtung der europäischen Juden* erst 1982 im Berliner Kleinverlag Olle & Wolter erstmals in Deutschland publiziert, bevor es 1990 schließlich in die namhafte, von Walter H. Pehle betreute »Schwarze Reihe« des Fischer-Verlages aufgenommen wurde und durch eine Sachspende seither zu einem ermäßigten Preis verkauft werden kann.

Die schwierige Publikationsgeschichte von Hilbergs Standardwerk in Deutschland war sicherlich auch Zufälligkeiten geschuldet. Gleichwohl besitzt Hilbergs eigene Vermutung, sein Buch sei in den 1960er Jahren in Deutschland auch deshalb nicht veröffentlicht worden, weil sein umfangreiches Namensregister »in den Händen von Staatsanwälten zu einer Waffe« hätte werden können, angesichts der weitgehenden personellen Kontinuitäten im Nachkriegsdeutschland eine kaum zu leugnende Plausibilität. Eberhard Jäckel, der Hilberg 1984 als erster deutscher Historiker zu einem Vortrag einlud, bezeichnete die Rezeptionsgeschichte von Hilbergs Pionierstudie, die 1961 – wie Hilberg selbst bemerkte – offenkundig »zu früh« kam, vor diesem Hintergrund treffend als einen regelrechten »Kampf um Wahrheit«.

TF

Lit.: Raul Hilberg (1999): *Die Vernichtung der europäischen Juden*, 3 Bde., 9., erneut durchges. Aufl., Frankfurt a.M.: Fischer. Harald Welzer (Hg.) (1999): *Auf den Trümmern der Geschichte. Gespräche mit Raul Hilberg, Hans Mommsen und Zygmunt Baumann*, Tübingen: Ed. discord. Raul Hilberg (1994): *Unerbetene Erinnerung. Der Weg eines Holocaust-Forschers*, Frankfurt a.M.: Fischer. Raul Hilberg (1992): *Täter, Opfer, Zuschauer. Die Vernichtung der Juden 1933–1945*, Frankfurt a.M.: Fischer. Nicolas Berg (2007): »›Phantasie der Bürokratie‹ – Raul Hilbergs Pionierstudie zur Vernichtung der europäischen Juden«, in: Jürgen Danyel et al. (Hg.): *50 Klassiker der Zeitgeschichte*, Göttingen: Vandenhoeck & Ruprecht, S. 71–75.

V.B5 Deutsche Filme der 1980er Jahre, Wiederkehr des NS-Themas nach den erinnerungspolitisch eher ruhigen 1970er Jahren, die von dem Erfolg der amerikanischen →Holocaust-Serie [V.B1], die 1979 im deutschen Fernsehen ausgestrahlt worden war, angestoßen wurde.

Im folgenden Jahrzehnt eigneten sich westdeutsche Regisseure und Produzenten das Thema wieder an und erzählten in ihren wirkungsmächtigsten Beiträgen wie Wolfgang Petersens Das Boot (1981) oder Edgar Reitz' Zyklus Heimat – Eine deutsche Chronik (1984) spezifisch deutsche Geschichten aus der NS-Zeit. Das Jahrzehnt war zugleich geprägt von einer Lähmung des Kinos, aus der sich die Filme und ihre Macher – auf ganz unterschiedlichen Wegen – erst befreien mussten: Die kreative Phase des in den 1970er Jahren florierenden →Neuen deutschen Films [IV.A10] war vorbei und das Kino steckte angesichts der Konkurrenz zum Fernsehen, zum Video-Boom und zur Dominanz Hollywoods in einer tiefen Krise.

Den Auftakt machten 1980 zwei Filme, in deren Zentrum Frauen stehen: Der international preisgekrönte DEFA-Film DIE VERLOBTE von Günther Rücker und Günter Reisch schildert die Haftzeit einer Kommunistin im Nationalsozialismus; DEUTSCHLAND, BLEICHE MUTTER von Helma Sanders-Brahms ist eine sehr persönliche Recherche der bundesdeutschen Regisseurin über die eigene Familienvergangenheit, die aber weniger Beachtung erfuhr. Schon im Folgejahr kamen gleich drei Filme in die westdeutschen Kinos, die nationalen wie internationalen Ruhm erlangten: Rainer Werner Fassbinders Melodram LILI MARLEEN, eine sehr freie Hommage an die Sängerin Lale Andersen und noch ganz Autorenkino, die ungarisch-österreichisch-deutsche Co-Produktion MEPHISTO (István Szabó), Verfilmung des gleichnamigen, in der BRD gerichtlich verbotenen Exil-Romans von Klaus Mann (→*Mephisto*-Verbot [II.C7]), die 1982 den Oscar als bester ausländischer Film erhielt, und Petersens DAS BOOT, einer der ersten erfolgreichen deutschen Beiträge zum internationalen Genrekino.

DAS BOOT basiert auf dem Bestseller-Roman des ehemaligen Kriegsberichterstatters Lothar-Günther Buchheim von 1973. Petersen engagierte für den Film mit Jürgen Prochnow, Uwe Ochsenknecht, Herbert Grönemeyer, Martin Semmelrogge, Claude-Oliver Rudolph, Heinz Hoenig und Otto Sander zahlreiche Darsteller, deren erfolgreiche Karrieren mit diesem Film begannen oder deutlichen Auftrieb erhielten. Mit einem Budget von 32 Millionen DM war DAS BOOT seinerzeit der teuerste deutsche Film; die 149-minütige erste Kinofassung erreichte allein in Deutschland 3,6 Millionen Zuschauer und wurde für gleich sechs Oscars nominiert. Da die Sendeanstalten WDR und SDR gut ein Drittel der Produktionskosten übernommen hatten, wurde eine fünfstündige Fassung als Mehrteiler für das Fernsehen geschnitten (1985). Autor Buchheim, der sich als »entrechteter Stofflieferant« fühlte, distanzierte sich bereits während des Drehs von dem Werk, da es historisch unglaubwürdig geraten sei und falsche Posen inszeniere: »Trauma und Katharsis: Mein Film, der nicht gedreht wurde, sollte den Atem und die Gewalt einer griechischen Tragödie haben. Was stattdessen entstand, gerät nun doch wieder zum Action-Film nach amerikanischem Muster. [...] Kann dieser Film, wenn er die Kinogänger die Hölle in der Tiefe nacherleben läßt, sie zu Verächtern des Krieges machen – oder fasziniert er sie gar?« Tatsächlich empfahl Petersen sich mit dem Film als Hollywoodregisseur und reüssierte dort mit diversen Actionstreifen. Die von Buchheim beschworenen Schrecken – er hatte, bei aller Affirmation, auch über den peinigenden Anblick der todgeweihten gegnerischen Schiffbrüchigen und über Begegnungen mit Überlebenden geschrieben – werden einem spannungsgeladenen Kriegsfilm geopfert, der auf eindrucksvolle Szenarien und Special Effects, bedeutungsschwere Musik und Technikfaszination setzt. Eine von den Machern postulierte Antikriegstendenz ist kaum zu erkennen. Das problematische Bild, das DAS BOOT vom Zweiten Weltkrieg zeichnet, ist indes bereits in der Romanvorlage angelegt: die Darstellung der jungen U-Boot-Soldaten bloß als Opfer einer verbrecherischen Führungsschicht, als weitgehend ideologiefreie und damit unschuldige Kameradschaft.

Im Jahr 1982 kamen gleich drei Geschichten aus dem deutschen Widerstand auf die Leinwand: In der DDR DEIN UNBEKANNTER BRUDER (Ulrich Weiß) über einen Hamburger Kommunisten, in der BRD Percy Adlons FÜNF LETZTE TAGE über Sophie Scholl und, zum gleichen Thema, DIE WEISSE ROSE von Michael Verhoeven, der zum erfolgreichsten deutschen Kinofilm des Jahres avancierte. Verhoeven räumt darin zugunsten einer Würdigung der klaren politischen Haltung der Geschwister Scholl mit Mythisierungen ihrer Gruppe als todessehnsüchtige Schwärmer oder politische Sektierer auf. 1983 sorgte DER AUFENTHALT von Frank Beyer für Aufsehen. Der DEFA-Film schildert die Haftzeit eines unschuldig als Mörder verdächtigten deutschen Soldaten in Polen im Jahr 1945 nach einem Roman Hermann Kants (1977). Er zeigt ein ungeschöntes Bild des polnisch-deutschen Verhältnisses nach dem Krieg und sorgte für Verstimmungen auf polnischer Seite (er wurde daraufhin von der Berlinale zurückgezogen), hatte in der DDR jedoch großen Erfolg.

Im darauf folgenden Jahr präsentierte Edgar Reitz mit HEIMAT. EINE DEUTSCHE CHRONIK den ersten, über 15-stündigen Teil seines monumentalen Epos über ein fiktives Dorf im

Hunsrück von 1919 bis 1980, der insgesamt (DIE ZWEITE HEIMAT. CHRONIK EINER JUGEND, HEIMAT 3. CHRONIK EINER ZEITENWENDE) 52 Stunden lang ist. Ausgestrahlt wurde die Serie von WDR und SFB, bis zu zwölf Millionen Zuschauer schalteten regelmäßig ein. HEIMAT ist ein Langzeitprojekt, in dem 32 Schauspieler, 159 Laiendarsteller und 3863 Komparsen auftreten. Die deutsche Geschichte wird von Reitz als Alltagsgeschichte im Lokalen und Privaten geschildert, nicht als Staatspolitik. Diese Perspektive ›von unten‹, beglaubigt durch die vielen Laiendarsteller aus dem Hunsrück, wurde von zahlreichen Jurys für preiswürdig erachtet, die Feuilletons lobten das Werk euphorisch. Die *Süddeutsche Zeitung* urteilte: »Heimat dürfte für den Neuen Deutschen Film das werden, was Die Blechtrommel für die deutsche Nachkriegsliteratur geworden ist.« Sieben der elf Teile von HEIMAT. EINE DEUTSCHE CHRONIK spielen in der NS-Zeit und beschreiben den Aufstieg Hitlers im Spiegel des Dorfalltags sowie die allmählichen Auswirkungen des nationalsozialistischen Systems von braunen Karrieren über die Verhaftung von Kommunisten, Reichsautobahnbau und Wochenschau-Propaganda bis hin zur Erschießung von Juden und abgestürzten alliierten Fliegern. Auch wenn die verbrecherische Politik der Nazis von außen gekommen ist und somit als etwas dem Dorf eigentlich Fremdes erscheint – wie in fast allen deutschen Heimatfilmen nach 1945 –, ist der Wille erkennbar, alle Dimensionen des Geschehens zu erfassen und nichts zu beschönigen. So steht Reitz' HEIMAT am Ende einer Reihe kritischer Heimatfilme von Regisseuren des Neuen Deutschen Films (etwa Peter Fleischmanns JAGDSZENEN AUS NIEDERBAYERN von 1968 oder Volker Schlöndorffs DER PLÖTZLICHE REICHTUM DER ARMEN LEUTE VON KOMBACH von 1971), die sich abgrenzen vom verlogenen Kino der NS-Zeit und der Adenauer-Ära mit seinen falschen und kitschigen Heimatbildern. Die erneute Hinwendung zur Provinz ermöglichte es diesen Regisseuren, den Heimatbegriff und damit verbundene Fragen von Herkunft und Identität zu reflektieren, »die traditionellen (patriarchalischen, autoritären) Familien- und Sozialstrukturen zurückzuverfolgen, die wenige Jahrzehnte zuvor den Faschismus ermöglicht« hatten (Anton Kaes).

Nachdem 1986 lediglich Herbert Achternbuschs Groteske HEIL HITLER! und zwei DDR-Filme über Beziehungsschicksale im »Dritten Reich« Premiere hatten (DAS HAUS AM FLUSS von Roland Gräf und HILDE, DAS DIENSTMÄDCHEN von Günther Rücker und Jürgen Brauer), folgten 1988 Filme, die die Frage nach einem moralisch richtigen Verhalten aufwarfen: In dem DEFA-Streifen DIE SCHAUSPIELERIN lässt Siegfried Kühn eine Schauspielerin auftreten, die sich in den 1930er Jahren gegen eine Fortsetzung ihrer Karriere und für ihren jüdischen Mann entscheidet, LAND DER VÄTER, LAND DER SÖHNE von Nico Hofmann beleuchtet die schuldhafte Verstrickung des Vaters aus der Perspektive des Sohnes, Michael Verhoevens DAS SCHRECKLICHE MÄDCHEN ist eine seltene Satire auf die ›Vergangenheitsbewältigung‹ in einer bayrischen Kleinstadt. Im letzten Jahr des Jahrzehnts stehen so unterschiedliche Filme wie HERBSTMILCH (Joseph Vilsmaier) über das Schicksal einer jungen bayrischen Bäuerin in den Kriegsjahren, Bernhard Wickis Alterswerk DAS SPINNENNETZ, ein 15 Millionen DM teurer und 196 Minuten langer Film über den Präfaschismus der Weimarer Republik nach dem Roman von Joseph Roth (1923), Klaus Maria Brandauers Spielfilm-Hommage an Hitler-Attentäter GEORG ELSER – EINER AUS DEUTSCHLAND und Uwe Jansons VERFOLGTE WEGE über den schwierigen Neuanfang nach dem Krieg.

So zeigt sich die filmische Repräsentation der NS-Zeit in den 1980er Jahren als breit gefächertes Spektrum von Darstellungen vor allem deutscher Opfer und Täter; die anhaltende Konjunktur von Filmen über die jüdischen Holocaust-Opfer beginnt, getragen allerdings hauptsächlich vom internationalen Kino, erst in den 1990er Jahren (→SCHINDLERS LISTE [V.B8]; →Holocaust als Filmkomödie [VI.C3]).

MNL

Lit.: Lothar-Günther Buchheim (1973): *Das Boot*, München: Piper. Ders. (1981): »Die Wahrheit blieb auf Tauchstation«, in: *GEO*, H. 10. Edgar Reitz, Peter Steinbach (1985): *Heimat. Eine deutsche Chronik*, Nördlingen: Greno. Martin Nies (Hg.) (2012): *Deutsche Selbstbilder in den Medien. Film – 1945 bis zur Gegenwart*, Marburg: Schüren. Sonja M. Schultz (2012): *Der Nationalsozialismus im Film. Von Triumph des Willens bis Inglorious basterds*, Berlin: Bertz+Fischer. Michael Wedel (2011): *Film-*

geschichte als Krisengeschichte. Schnitte und Spuren durch den deutschen Film, Bielefeld: transcript. Christoph Vatter (2009): *Gedächtnismedium Film. Holocaust und Kollaboration in deutschen und französischen Spielfilmen seit 1945*, Würzburg: Königshausen & Neumann. Gundolf Hartlieb (2004): *In diesem Ozean von Erinnerung. Edgar Reitz' Filmroman Heimat. Ein Fernsehereignis und seine Kontexte*, Diss. Univ. Siegen. Eric Rentschler (2004): »Film der achtziger Jahre«, in: Wolfgang Jacobsen et al. (Hg.): *Geschichte des deutschen Films*, 2. akt. u. erw. Aufl., Stuttgart, Weimar: Metzler, S. 281–318. Michael Kaiser (2001): *Filmische Geschichts-Chroniken im Neuen Deutschen Film. Die Heimat-Reihen von Edgar Reitz' und ihre Bedeutung für das deutsche Fernsehen*, Diss. Univ. Osnabrück. Rachel Palfreyman (2000): *Edgar Reitz' Heimat. Histories, Traditions, Fictions*, Frankfurt a.M. u.a.: Lang. Alon Confino (1998): »Edgar Reitz's Heimat and German Nationhood: Film, Memory, and Understandings of the Past«, in: *German history* 16, H. 2, S. 185–208. Anton Kaes (1998): »Der Neue Deutsche Film«, in: Geoffrey Nowell-Smith (Hg.): *Geschichte des internationalen Films*, Stuttgart, Weimar: Metzler, S. 566–581. Hans Helmut Prinzler (1995): *Chronik des deutschen Films. 1895–1994*, Stuttgart, Weimar: Metzler. Philipp Sanke (1994): *Der bundesdeutsche Kinofilm der 80er Jahre. Unter besonderer Berücksichtigung seines thematischen, topographischen und chronikalischen Realitätsverhältnisses*, Diss. Univ. Marburg. David G. Thompson (1993): »Villains, Victims, and Veterans: Buchheim's Das Boot and the Problem of the Hybrid Novel-Memoir as History«, in: *Twentieth century literature* 39, H. 1, S. 59–78. Friedrich Salow (Hg.) (1992): *Der DEFA-Spielfilm in den 80er Jahren – Chancen für die 90er?*, Berlin: Vistas.

V.B6 Hitler-Tagebücher, Skandal um die Veröffentlichung gefälschter Tagebücher Adolf Hitlers durch die Illustrierte *Stern* im Jahr 1983, der beispielhaft für den ›Skandalwert‹ von NS-Themen in der Mediengesellschaft ist. Die 60 angeblichen Tagebücher Hitlers, vom *Stern* für über 9,3 Millionen DM angekauft, waren das Werk Konrad Kujaus, eines künstlerisch begabten, mit dem Handeln und Fälschen von NS-Devotionalien vertrauten Hochstaplers. Erst das nachdrückliche Interesse führender Mitarbeiter des *Stern* und deren Faszination für den ›Mythos Hitler‹ führte letztlich zur Produktion von Falsifikaten in großem Umfang. Eine Schlüsselrolle spielte dabei der damals hoch bezahlte Starreporter des *Stern*, Gerhard Heidemann, der als Kontaktperson zu Kujau fungierte. Er war es, der, ermuntert und finanziert durch die Verlagsleitung von Gruner+Jahr und unterstützt durch leitende Mitglieder der Redaktion des *Stern*, die inhaltsarmen Tagebücher von Kujau ab 1980 kaufte. Heidemann hatte bereits zuvor Kontakte zu Sammlern von NS-Devotionalien, aber auch zu in Deutschland unbehelligt lebenden NS-Verbrechern, mit denen er sich gemeinsam mit anderen hochrangigen *Stern*-Mitarbeitern dem vermeintlichen ›Faszinosum Nationalsozialismus‹ hingab; die filmische Satire SCHTONK! (1992, Regie: Helmut Dietl) entlarvt dies auf unterhaltsame Weise. Neben den Verlockungen einer publizistischen Sensation wirkte nicht zuletzt der ebenso unreflektierte wie verklärende Gruseleffekt, der sich für Heidemann mit der Person Hitlers verband, als wesentlicher Faktor bei der Entscheidung, die Aufzeichnungen aufzukaufen und zu publizieren. Die Prinzipien journalistischer Sorgfaltspflicht wurden dabei außer Acht gelassen: Eine Überprüfung der Echtheit der Tagebücher wurde nicht sofort durchgeführt, da man um die Geheimhaltung des brisanten Fundes fürchtete. Eine vom *Stern* veranlasste, erste empirisch-historische Verifizierung erfolgte durch zwei wenig seriös arbeitende Gutachter. Der britische Historiker Hugh Trevor Roper und der US-Amerikaner Gerhard L. Weinberg hatten nach kurzer Ansicht der inhaltsarmen Hefte zwei ebenfalls falsche Schriftgutachten erstellt. Nur kurze Zeit nach der Veröffentlichung der ersten Tagebuchauszüge, die mit der Ankündigung einer ging, die Geschichte des Nationalsozialismus müsse nun teilweise neu geschrieben werden, stand jedoch eindeutig fest, dass es sich um plumpe Fälschungen handelte. Die naturwissenschaftlichen Analysen des Bundesamtes für Materialprüfung und des Bundeskriminalamtes hatten eindeutig ergeben, dass die vorliegenden roten Kladden zum einen weitgehend aus Materialien bestanden, die erst nach dem Krieg erhältlich waren (so fanden sich optische Aufheller im Papier), und zudem stilistische und inhaltliche Ungereimtheiten, zahlreiche Fehler und aus allgemein zugänglichen Quellen Abgeschriebenes enthielten.

Von besonderer inhaltlicher Brisanz war das vom *Stern* gezeichnete Bild Hitlers als jemand, der nicht in der bis dato bekannten Art und Weise für die NS-Verbrechen verantwortlich gemacht werden könne. Durch die falschen Tagebücher wurde somit kurzzeitig einer gefährlichen, weil deutlich zu positiven Bewertung der Person Hitlers Vorschub geleistet. Eine Mischung aus naiver Leichtgläubigkeit und faszinierter Verblendung ließ die Verantwortlichen beim *Stern* nur allzu leicht auf Kujaus Fälschungen hereinfallen. Er und Heidemann wurden im nachfolgenden Prozess jeweils zu mehr als vier Jahren Haft verurteilt, die Verantwortlichen in der Verlags- und Redaktionsleitung hingegen wurden justiziell nicht zur Rechenschaft gezogen.

HB

Lit.: O.V. (1983): »Hitlers Tagebücher«, in: *Stern* H. 19. O.V. (1983): »Fälschung. Hitlers Tagebücher«, in: *Der Spiegel* H. 19. Michael Seufert (2011): *Der Skandal um die Hitler-Tagebücher*. Frankfurt am Main: Fischer. Manfred Buchenwald (1994): »Die Sensation als Droge«, in: Georg M. Hafner (Hg.): *Die Skandale der Bundesrepublik: 1949–1989. Von der Gründung der Bundesrepublik bis zum Fall der Mauer*, Reinbek: Rowohlt. Robert Harris (1991): *Selling Hitler: the story of the Hitler diaries*. London: Faber and Faber. Peter-Ferdinand Koch (1990): *Der Fund*, Hamburg: Facta Oblita. Wolfgang Niess (1988): *Konrad Kujau und der Scheckbuchjournalismus*, Hamburg: Rasch und Röhring. Manfred Bissinger (1984): *Hitlers Sternstunde. Kujau, Heidemann und die Millionen*, Hamburg, Zürich: Rasch und Röhring. Erich Kuby (1983): *Der Fall »stern« und die Folgen*, Hamburg: konkret.

V.B7 Ruth Klüger: *weiter leben. Eine Jugend*,

Erinnerungen der jüdischen Literaturwissenschaftlerin Ruth Klüger an ihre Kindheit und Jugend als Verfolgte des Nationalsozialismus. Ihr Buch *weiter leben* entstand zu Beginn der 1990er Jahre mit großer zeitlicher Distanz zum Erinnerten und zeichnet sich durch eine komplexe, da mehrere Zeit- und Bewusstseinsebenen integrierende Erzählweise aus. Frei von dem Druck, noch Zeugnis ablegen zu müssen, konnte Klüger den bisherigen Diskurs um die Erinnerung an den Holocaust in ihre Arbeit einbeziehen. Ihr *weiter leben* ist in kürzester Zeit zum meistverkauften Bericht einer Holocaust-Überlebenden in Deutschland avanciert.

1931 in Wien geboren, wuchs Klüger in einer assimilierten jüdischen Familie auf. Der zunehmenden Entrechtung in Schule und Alltag begegnete sie ab 1938 mit dem Rückzug in die Welt der Literatur. 1942 wurden Klüger und ihre Mutter in das Ghetto Theresienstadt deportiert, zwei Jahre später in das Vernichtungslager Auschwitz und im Sommer 1944 nach Christianstadt (eine Außenstelle des Konzentrationslagers Groß-Rosen). Bei der »Evakuierung« dieses Lagers gelang Klüger, ihrer Mutter und einem von dieser im KZ adoptierten Mädchen im Februar 1945 die Flucht. Nach einem Notabitur begann die erst 15-Jährige ein Studium der Philosophie und Geschichtswissenschaften in Regensburg, wo sie sich mit Martin Walser (→Walser-Bubis-Debatte [VI.A4]) anfreundete. 1947 wanderte Klüger in die USA aus, wo sie Anglistik und Germanistik studierte und 1967 in Berkeley/Kalifornien promovierte. Als Leiterin des kalifornischen Studienzentrums der Universität Göttingen kam Klüger von 1988 an wieder regelmäßig nach Deutschland.

Einen schweren Verkehrsunfall in Göttingen 1989 interpretierte Klüger als erneuten »Zusammenstoß mit Deutschland«. Ihre Genesung und den Zuspruch ihrer deutschen Freunde nahm sie zum Anlass, ihre Memoiren niederzuschreiben. Das 1992 in Deutschland erschienene Buch *weiter leben* ist ihre erste literarische Veröffentlichung, außerdem ihre erste Arbeit in deutscher Sprache. Klüger, mittlerweile emeritiert, lebt nach wie vor in Kalifornien. Sie ist – vor allem während ihrer Besuche in Deutschland – eine gefragte Interview- und Diskussionspartnerin.

Der Bericht *weiter leben* ist der Ausgangspunkt für Ruth Klügers diskursives Engagement in Deutschland. Die Autorin will das Buch nicht etwa als »Rückkehr in die deutsche Sprache« (Martin Walser) verstanden wissen, sondern vielmehr als Anstoß für eine produktive Debatte um das Verhältnis zwischen Deutschen und Juden: Sie lehnt das Vorgaukeln einer Annäherung zwischen »Tätern« und »Opfern« ab und fordert statt dessen die Anerkennung des jeweiligen Andersseins als Grundlage für die Aushandlung eines deutsch-jüdischen Verhältnisses. Eine Identifikation der Täter(nachkommen) mit den Opfern ist ihrer Auffassung nach unzulässig, da diese lediglich als Schuldabwehr diene und ermögliche, der Geschichte der Täter den Rücken zu kehren. Klüger betont die Subjektivität jeder einzelnen Leidensgeschichte, in ihrem Fall die

Kindperspektive im Erleben der Verfolgung und einen stark feministischen Zugang als Erwachsene. Sie wehrt sich gegen die Musealisierung der NS-Verbrechen, zum Beispiel durch KZ-Gedenkstätten und Mahnmale (→KZ als Gedenkstätten [III.C5]). Provokant ist auch, dass sie die Zeit im Ghetto Theresienstadt als relevant für die Entwicklung ihrer jüdischen Identität – und damit nicht durchgehend negativ – darstellt. Sie ermutigt ihre Leserschaft außerdem, Vergleiche zu ziehen, um sich in das individuelle Leiden der Opfer einfühlen zu können.

Vor allem diese letzte Aufforderung hätte bei kritischer Rezeption eine Debatte auslösen können (stellt sie doch implizit die so genannte Singularität des Holocaust in Frage). Das Diskussionspotential von *weiter leben* wurde aber nicht genutzt: Die durchgängig positive Rezeption, die sich in der Verleihung von diversen wichtigen Literaturpreisen und ausnahmslos zustimmenden Besprechungen in den bundesweiten Feuilletons manifestierte, würdigte lediglich ihre persönliche »Vergangenheitsbewältigung« durch ihren lakonisch-spröden, aber nie banalen Duktus und die essayistische Herangehensweise an das von Kritikern als nicht bzw. schwer darstellbar markierte Thema »Auschwitz«. Viele Rezensenten reduzierten *weiter leben* auf ein Sprachereignis; die Enttarnung Walsers als der in Klügers Buch beschriebene Freund Christoph wurde als Sensationswert anerkannt, aber nicht als Hinweis auf die überfällige Auseinandersetzung der Nachkriegsintellektuellen mit den Holocaust-Überlebenden begriffen. Eine noch stärker vereinfachende Lesart von *weiter leben* bestand darin, die Erinnerungen der etablierten US-Wissenschaftlerin Ruth Klüger als »escape story« mit »happy end« zu rezipieren – obwohl sie genau auf das Problem der Identifikation mit Überlebenden verweist, während die große Mehrzahl der KZ-Insassen *nicht* überlebt hat und kein Zeugnis ablegen konnte. Im Zentrum dieser Missinterpretation stand die Beschreibung der Selektionssituation, in der Klüger durch wiederholtes Anstellen, zufällig, wie sie betont, überleben konnte.

Im literaturwissenschaftlichen Diskurs ist *weiter leben* seit Mitte der 1990er Jahre differenziert aufgearbeitet worden. In der breiten Öffentlichkeit erfolgte hingegen die von Ruth Klüger geforderte Auseinandersetzung zwischen Deutschen und Holocaust-Opfern nicht. Der Aufnahme der Streitangebote ihres Buches stand offenbar ein Tabu im Weg: eine Holocaust-Überlebende bzw. ihre Erinnerungen zu kritisieren. Dennoch nutzt Ruth Klüger nach wie vor ihre Besuche in Deutschland, um sich in zeitgenössische Diskussionen um den Umgang mit der NS-Vergangenheit – wie in die Debatte um das →Holocaust-Mahnmal in Berlin [VI.A2] oder während der Antisemitismusdebatte im Sommer 2002 (→Martin Walser: *Tod eines Kritikers* [VI.E2]) – einzumischen und so ihren Teil zur Entstehung eines kontroversen Dialogs beizutragen.

2008 veröffentlichte Ruth Klüger unter dem Titel *unterwegs verloren* den zweiten Teil ihrer Autobiografie, in dem sie Bezug auf *weiter leben* und dessen Rezeption nimmt. Im gleichen Jahr erhielt sie das Bundesverdienstkreuz. 2010 wurde ihr aufgrund ihrer literarischen Bedeutung und ihrer langjährigen Beziehung zu Göttingen die Ehrenmedaille der Stadt verliehen.

SL

Lit.: Ruth Klüger (1992): *weiter leben. Eine Jugend*, Göttingen: Wallstein. Dies. (1996): »Missbrauch der Erinnerung: KZ-Kitsch«, in: Dies.: *Von hoher und niedriger Literatur*, Göttingen: Wallstein, S. 29–44. Ruth Klüger (2008): *unterwegs verloren*. München: Zsolnay. Eva Lezzi (2006): »Ruth Klüger. Literarische Authentizität durch Reflexion. Weiter leben – Still alive«, in: Norbert Otto Eke, Hartmut Steinecke (Hg.): *Shoah in der deutschsprachigen Literatur*, Berlin: Schmidt, S. 286–292. Sascha Feuchert (2004): *Erläuterungen und Dokumente: Ruth Klüger. weiter leben*, Stuttgart: Reclam. Phil C. Langer (2002): *Schreiben gegen die Erinnerung? Autobiographien von Überlebenden der Shoah*. Irene Heidelberger-Leonard (1998): »Ruth Klüger *weiter leben* – ein Grundstein zu einem neuen Auschwitz-›Kanon‹?«, in: Stephan Braese et al. (Hg.): *Deutsche Nachkriegsliteratur und der Holocaust*, Frankfurt a.M., New York: Campus, S. 157–181. Hamburg: Krämer. Irmela von der Lühe (1997): »Das Gefängnis der Erinnerung. Erzählstrategien gegen den Konsum des Schreckens in Ruth Klügers *weiter leben*«, in: Manuel Koeppen, Klaus R. Scherpe (Hg.): *Bilder des Holocaust. Literatur – Film – Bildende Kunst*, Köln u.a.: Böhlau, S. 29–45. Irene Heidelberger-Leonard (1996): *Ruth Klüger. Weiter leben. Eine Jugend*, München: Oldenbourg. Stephan Braese, Holger Gehle (Hg.) (1994): *Ruth Klüger in Deutschland*. Bonn: Selbstverlag.

V.B8 SCHINDLERS LISTE, Steven Spielbergs filmische Adaption von Thomas Keneallys 1982 erschienenem, unter anderem mit dem Booker Price prämierten Bestsellerroman *Schindler's Arc*. Ende 1993 in den USA angelaufen, erzählt SCHINDLERS LISTE eine auf historischen Fakten basierende Rettungs- und Transformationsgeschichte, die sich in den Jahren 1939 bis 1945 im Kontext der Vernichtung der europäischen Juden ereignet: Oskar Schindler, ein zwielichtiger deutscher Geschäftsmann, folgt Hitlers Truppen bei ihrem Einmarsch nach Polen, um aus der Entrechtung des dortigen jüdischen Bevölkerungsteils Kapital zu schlagen. Er gründet – finanziert durch jüdisches Vermögen und toleriert durch die von ihm bestochene lokale SS-Führung – eine Emaillefabrik, deren Belegschaft aus jüdischen Zwangsarbeitern besteht. Bald schon wirft Schindlers Unternehmen gewaltige Gewinne ab, doch führt das barbarische Vorgehen von SS und Wehrmacht gegen die jüdische Bevölkerung allmählich zu einem Gesinnungswandel beim Protagonisten. Vom Ausbeuter ›seiner‹ jüdischen Arbeiter mutiert dieser schließlich zu ihrem Retter und wendet als ein solcher sein gesamtes Vermögen und taktisches Geschick dafür auf, ›seine Schindler-Juden‹ vor dem Zugriff der SS und damit der Deportation nach Auschwitz zu bewahren. Mit Erfolg: Durch seinen Einsatz entgehen 1.100 Juden der Vernichtung.

SCHINDLERS LISTE, dessen Kinostart weltweit ein Medienecho kaum gekannten Ausmaßes provozierte und dessen Premieren nicht selten durch die Anwesenheit hochrangiger Politiker den Charakter von Staatsakten erhielten, avancierte zu einer der meistausgezeichneten Produktionen der Kinogeschichte. Unter anderem sieben Oscars (bei insgesamt zwölf Nominierungen) sowie drei Golden Globes gewann der Film, für den US-Präsident Bill Clinton mit den viel zitierten Worten »Go see it!« warb. Auch an der Kinokasse erwies sich SCHINDLERS LISTE als außerordentlich erfolgreich: Insgesamt über 321 Millionen Dollar spielte der Film ein, was sich angesichts der Tatsache, dass es sich bei ihm um ein größtenteils in Schwarzweiß gedrehtes Werk mit erheblicher Überlänge und ohne allzu große *Star power* handelt, umso erstaunlicher ausnimmt. Allein in Deutschland wurde Spielbergs Film von mehr als sechs Millionen Menschen gesehen.

Dabei reagierten Öffentlichkeit und Kritik auf SCHINDLERS LISTE keineswegs geschlossen: Der Film stieß auf begeisterte Zustimmung ebenso wie auf vehemente Ablehnung – auch und vor allem im Land der Täter, wo er bereits vor seinem im März 1994 erfolgten Kinostart eine breit geführte Kontroverse auslöste, die SCHINDLERS LISTE zu einem, so der Filmkritiker Andreas Kilb, »Ereignis der Zeitgeschichte« werden ließ. Konnte ein kulturindustriell hergestelltes Produkt, dessen Schöpfer sich bis dato insbesondere als Regisseur von Blockbustern wie JAWS, E.T. und JURASSIC PARK einen Namen gemacht hatte und der in seinem Holocaust-Epos trotz darüber hinaus gehender Ambitionen keine Abkehr vom Unterhaltungsauftrag Hollywoods erkennen ließ, dem Ernst des verhandelten Themas gerecht werden, dessen wie auch immer geartete Visualisierung, Dramatisierung und Fiktionalisierung Anwälten der Undarstellbarkeit wie SHOAH-Regisseur Claude Lanzmann bereits einem Tabubruch gleichkam? So lautete die diskursbestimmende Frage, die vielfach – und dies auch und vor allem von Holocaust-Überlebenden – bejaht wurde. Zu nennen wäre beispielsweise Ignatz Bubis (→Walser-Bubis-Debatte [VI.A4]), der Vorsitzende des Zentralrates der Juden in Deutschland, der den über weite Strecken offensiv um ›Realismus‹ und eine Anmutung des ›Dokumentarischen‹ bemühten Film als authentisch beglaubigte (»Genauso war es, selbst die Details stimmen.«). Ebendies tat auch die Auschwitz-Überlebende und Autorin Ruth Klüger (→Ruth Klüger: *weiter leben* [V.B7]), die SCHINDLERS LISTE abgesehen von Lanzmanns SHOAH als »das filmisch eindrucksvollste Werk zur jüdischen Katastrophe« bezeichnete, das dazu beitrage, den Revisionisten und Holocaust-Leugnern die Argumentationsgrundlage zu entziehen (→Revisionismus/Leugnung des Holocaust [II.B9]). Dass der aufklärerische Wert von SCHINDLERS LISTE unschätzbar sei, unterstrich auch der Filmkritiker Georg Seeßlen: »Angesichts der schieren Notwendigkeit eines solchen Films in der Zeit der schmutzigen Renaissance des Faschismus in den Straßen«, so argumentierte er, seien die gegen Spielbergs Werk ins Feld geführten Argumente »zweit- oder drittrangig«. Es sei also entschuldbar, was die Literaturkritikerin Sigrid Löffler und andere Spielberg vorwarfen: nämlich, dass dieser, erstens, die Singularität der historischen Ereignisse in ein in jeder Hinsicht konventionelles, der üblichen Spannungs- und Emotionsdramaturgie verpflichtetes Narrativ voller Sentimentalität überführt habe, dass er, zweitens, die Massenvernichtung ausgerechnet anhand einer gänzlich atypischen, mit Happy End versehenen Geschichte des Überlebens erzähle und dass er, drittens, einen ›guten‹ Deutschen in den Mittelpunkt stelle, der anders als die als ›schwach‹ gezeichneten, größtenteils anonym bleibenden Juden zur Identifikation seitens des Zuschauers einlädt. Die Kontroverse um SCHINDLERS LISTE flackerte noch einmal auf, als der Film 1997 erstmals im deutschen Fernsehen gezeigt wurde. Für das Aufgehen von Spielbergs Kalkül, seinem minutiös durchkomponierten, durch und durch inszenierten Film eine ›realistische‹ Anmutung zu verleihen und dem Zuschauer zu suggerieren, bei den historischen Geschehnissen tatsächlich mit ›dabei zu sein‹, spricht, dass SCHINDLERS LISTE heutzutage vielfach als ein »Dokument« der Vernichtung betrachtet wird.

JG

Lit.: Sonja M. Schultz (2012): *Der Nationalsozialismus im Film. Von Triumph des Willens bis Inglourious Basterds*, Berlin: Bertz + Fischer. Christoph Claasen (2009): »Balanced Truth. Steven Spielberg's SCHINDLER'S LIST among History, Memory, and Popular Culture«, in: *History and Theory* 48, H. 2, S. 77-102. Karyn Ball (2008): »For and against the *Bilderverbot*. The Rhetoric of ›Unrepresentability‹ and Remediated ›Authenticity‹ in the German Reception of Steven Spielberg's SCHINDLER'S LIST«, in: David Bathrick, Brad Prager, Michael D. Richardson (Hg.): *Visualizing the Holocaust. Documents, Aesthetics, Memory*, Rochester: Camden House, S. 162-184. Jürgen Fohrmann (2002): »Der Aufschub des Erzählens. Überlegungen zu HOLOCAUST und SCHINDLERS LISTE«, in: Klaus L. Berghahn, Jürgen Fohrmann, Helmut J. Schneider (Hg.): *Kulturelle Repräsentationen des Holocaust in Deutschland und den Vereinigten Staaten*, New York et al.: Peter Lang, S. 43-68. Ingeborg Harms (2002): »SCHINDLERS LISTE. Eine Parabel des kollektiven Narzißmus«, in: Klaus L. Berghahn, Jürgen Fohrmann, Helmut J. Schneider (Hg.): *Kulturelle Repräsentationen des Holocaust in Deutschland und den Vereinigten Staaten*, New York et al.: Peter Lang, S. 59-68. Miriam Bratu Hansen (1996): »SCHINDLER'S LIST Is Not SHOAH. The Second Commandment, Popular Modernism, and Public Memory«, in: *Critical Inquiry* 22, H. 2, S. 292-312. Frank Manchel (1995): »A Reel Witness. Steven Spielberg's Representation of the Holocaust in SCHINDLER'S LIST«, in: *Journal of Modern History* 67, H. 1, S. 83-100. Nigel Morris: *The Cinema of Steven Spielberg: Empire of Light*, London: Wallflower. Christoph Weiss (Hg.) (1995): *Der gute Deutsche. Dokumente zur Diskussion um Steven Spielbergs SCHINDLERS LISTE in Deutschland*, St. Ingbert: Röhrig.

V.B9 Wilkomirski-Affäre, Literaturskandal um das 1995 veröffentlichte Buch *Bruchstücke. Aus einer Kindheit 1939–1948* des Schweizers Binjamin Wilkomirski, das sich als Fälschung eines Holocaust-Überlebendenberichtes erwiesen hat.

Bruchstücke erzählt, wie ein kleiner Junge während eines Massakers an Juden in Riga von seinen Eltern getrennt und nach kurzer Flucht in das Konzentrationslager Majdanek (→Majdanek-Prozess [IV.B7]) deportiert wird. Der fragmentarischen Schilderung von Erlebnissen im Lager folgen die Zeit nach dem Kriegsende in einem jüdischen Waisenhaus in Krakau sowie die ersten Jahre bei Pflegeeltern in der Schweiz. Die Kritik lobte insbesondere den Sprachstil, der die unschuldige Perspektive des kindlichen Protagonisten konstruiert. Wilkomirskis Buch wurde in neun Sprachen übersetzt und erhielt zahlreiche Auszeichnungen, zum Beispiel 1996 den National Jewish Book Award. Manche Kritiker verglichen Wilkomirski mit Autoren wichtiger Zeugnisse der Holocaust-Literatur wie Elie Wiesel (*Nacht*), Anne Frank (→*Tagebuch der Anne Frank* [II.D1]) oder Primo Levi (*Ist das ein Mensch?*). Am 27.8.1998 bezichtigte Daniel Ganzfried, Historiker und Sohn eines Auschwitz-Überlebenden, Wilkomirski in der Schweizer Zeitung *Die Weltwoche* der Fälschung. Es folgte eine breite öffentliche Debatte um den Fall Wilkomirski, die dessen Literaturagentur Liepman schließlich dazu veranlasste, bei dem Züricher Historiker Stefan Mächler ein Gutachten darüber in Auftrag zu geben, ob das Buch autobiographischer oder fiktionaler Natur sei. 1999 nahm der Jüdische Verlag *Bruchstücke* aufgrund vorläufiger Informationen Mächlers aus dem Verkauf. Dieser Entscheidung folgten

Wilkomirskis Verleger in anderen Ländern. Im Jahr 2000 erschien schließlich Mächlers kompletter Bericht unter dem Titel *Der Fall Wilkomirski. Über die Wahrheit einer Biographie.* Mächler dokumentiert in seiner umfangreichen Studie die tatsächliche Identität des Autors von *Bruchstücke:* Wilkomirski heißt Bruno Grosjean und wurde als uneheliches Kind – aufgrund des damaligen Gesetzes – von seiner Mutter Yvonne Grosjean getrennt. Nach diversen Heimaufenthalten wurde er von dem Ehepaar Doessekker adoptiert. Sein leiblicher Vater konnte von Mächler ausfindig gemacht werden und ein DNA-Test sollte die Recherchen untermauern. Wilkomirski lehnte diesen Test jedoch kategorisch ab. Erst eine private Strafanzeige des Rechtsanwalts Manfred Kuhn wegen gewerbsmäßigen Betrugs bewirkte 2001 einen behördlich veranlassten DNA-Test, der ergab, dass Wilkomirski keine jüdische Identität besitzt.

Ganzfried hatte Wilkomirski stets kalkulierten Betrug vorgeworfen, wohingegen Mächler davon ausgeht, dass Wilkomirski seine Traumata unbewusst im Kontext der Shoah literarisch stilisiert habe. Eine zentrale Textstelle in *Bruchstücke* beschreibt, wie der Erzähler im Lager auf seine sterbenskranke Mutter trifft. Kurz nach dieser Begegnung erfährt der Erzähler von einer Wärterin auf nüchterne Weise, dass seine Mutter verstorben sei. Mächler interpretiert, dass Wilkomirski mit dieser Szene die Trennung von seiner Mutter durch die Behörden verarbeitet habe.

Der Authentizitätsanspruch von *Bruchstücke,* der unter anderem durch Wilkomirskis hochemotionale Auftritte in den Medien sowie in Schulen und Universitäten erzeugt wurde, potenzierte den von Ganzfried aufgeworfenen Skandal. Über drei Jahre hinweg hatten weder Historiker noch Literaturwissenschaftler an der Echtheit von *Bruchstücke* gezweifelt und Psychologen in der Schilderung der Traumata keine Unstimmigkeiten erkannt. Selbst Experten wie der Leiter des Berliner Zentrums für Antisemitismusforschung, Wolfgang Benz, zweifelten nicht an Wilkomirskis Glaubwürdigkeit, und Daniel Goldhagen (→Goldhagen-Debatte [VI.A3]) versprach 1998 im Klappentext der Taschenbuchausgabe, dass *Bruchstücke* sogar die Fachwelt belehren würde.

Der Fall Wilkomirski hat eine öffentliche Diskussion darüber entfacht, ob Zeugenberichte von Holocaust-Überlebenden überhaupt als authentisch gewertet werden können. Der Text hatte die Leser insbesondere durch seine ungefilterte Gewaltdarstellung bewegt und der enorme Erfolg des Buches scheint nicht wenig damit zu tun zu haben, dass es mit seinem Gestus des Zeugnis-Ablegens, seiner postulierten Authentizität und seiner Arbeit am Trauma tradierten Lesererwartungen über die literarische Verarbeitung der Shoah entsprach. Doch auch besondere politische Umstände in der Schweiz hatten die Popularität von *Bruchstücke* gefördert. So hatten der Skandal um Schweizer Verbindungen zur NS-Rüstungsindustrie sowie verschwiegene Vermögenswerte von Holocaust-Opfern durch das Schweizer Bankenwesen in den 1990er Jahren den neutralen Nationalmythos des Landes in Frage gestellt. Wilkomirski wurde zu einem Mahner gegen die Verstrickungen der Schweiz während der NS-Zeit stilisiert.

Der Fall Wilkomirski weist zahlreiche Parallelen zur Debatte um das Buch *Jakob Littners Aufzeichnungen aus einem Erdloch* auf, das ebenfalls im Jüdischen Verlag erschienen war. Es wurde zunächst als authentischer Zeitzeugenbericht verkauft und die literarische Öffentlichkeit erfuhr erst Anfang der 1990er Jahre, dass dieses erstmals 1948 erschienene Buch nicht aus der Feder des jüdischen Überlebenden Jakob Littner, sondern von dem damals noch unbekannten deutschen Schriftsteller Wolfgang Koeppen stammt. Wilkomirski nahm bis zuletzt für sich in Anspruch, authentischer Autor zu sein, wohingegen Koeppen zugab, das Buch *Aufzeichnungen aus einem Erdloch* aufgrund einer Vorlage Littners geschrieben zu haben. Koeppen wurde vorgeworfen, Littner seiner Erinnerungen beraubt zu haben. Koeppens Buch wurde schließlich 2002 durch ein kritisches Nachwort ergänzt und der Metropol-Verlag gab parallel hierzu Littners Originalmanuskript heraus.

Die Frage, ob Wilkomirskis Fälschung das Resultat des »Shoah-Business« (→Norman G. Finkelstein: *Die Holocaust-Industrie* [VI.D3]) oder einer frühkindlichen Traumatisierung sei, ist ebenso umstritten wie die retrospektive Beurteilung des ästhetischen Werts von *Bruchstücke.* So vermutet der amerikanische Verleger Arthur Samuelson, es wäre durchaus denkbar gewesen, *Bruchstücke* von Anfang an als Fiktion zu verkaufen. Verbürgte Authentizität – hergestellt über die Person des Opfers als Autor oder aber über die Faktizität des Geschilderten – scheint jedoch ein unausgesprochenes Gebot der ›Holocaust-Etikette‹ zu sein; davon abweichende Fiktionalisierungen waren stets Gegenstand von Kontroversen (→Holocaust als Filmkomödie [VI.C3]), eine erschlichene Opferidentität wird von der Öffentlichkeit bei diesem Thema nicht akzeptiert.

AK

Lit.: Binjamin Wilkomirski (1995): *Bruchstücke. Aus einer Kindheit 1939–1948*, Frankfurt a.M.: Jüdischer Verlag. Wolfgang Koeppen (2002): *Jakob Littners Aufzeichnungen aus einem Erdloch*, Frankfurt a.M.: Jüdischer Verlag. Jakob Littner (2002): *Mein Weg durch die Nacht. Mit Anmerkungen zu Wolfgang Koeppens Textadaption*, hg. v. Roland Ulrich, Reinhard K. Zachau, Berlin: Metropol. Eva Kormann (2009): »Bruchstücke großer und kleiner Konfessionen. Vom gelegentlichen Widerspruch zwischen individuellem, familiärem und kulturellem Gedächtnis: Grass, Timm und Wilkomirski«, in: Judith Klinger, Gerhard Wolf (Hg.): *Gedächtnis und kultureller Wandel. Erinnerndes Schreiben – Perspektiven und Kontroversen*, Tübingen: Niemeyer, S. 53-66. Steffen Kailitz (Hg.) (2008): *Die Gegenwart der Vergangenheit. Der ›Historikerstreit‹ und die deutsche Geschichtspolitik*, Wiesbaden: VS. Volker Kronenberg (Hg.) (2008): *Zeitgeschichte, Wissenschaft und Politik. Der ›Historikerstreit‹ – 20 Jahre danach*, Wiesbaden: VS. Rachel Carroll (2007): »Possessed by the Past: Agency, Inauthentic Testimony, and Wilkomirski's Fragments«, in: *Literature Interpretation Theory* 18, H. 1, S. 21-36. Martin A. Hainz (2007): »›Kein Schrei kommt aus seiner Kehle, aber ein mächtiger schwarzer Strahl schießt aus seinem Hals.‹ Zu Binjamin Wilkomirski«, in: Stefan Neuhaus, Johann Holzner (Hg.): *Literatur als Skandal. Fälle – Funktionen – Folgen*, Göttingen: Vandenhoeck & Ruprecht, S. 613-623. Willi Jasper (2007): »›Holocaust-Travestie‹, falsche Identitäten und Grenzen der Zeugenschaft. Zur libidinösen Besetzung ›des Juden‹ nach 1945«, in: Klaus-Michael Bogdal et al. (Hg.): *Literarischer Antisemitismus nach Auschwitz*, Stuttgart, Weimar: Metzler, S. 205-217. Ruth Klüger (2006): *Gelesene Wirklichkeit*, Göttingen: Wallstein. Andrew S. Gross, Michael J. Hoffman (2004): »Memory, Authority, and Identity. Holocaust Studies in Light of the Wilkomirski Debate«, in: *Biography* 27, H. 1. S. 25-47. Matíaz Martínez (Hg.) (2004): *Der Holocaust und die Künste*, Bielefeld: Aisthesis. Irene Diekmann, Julius H. Schoeps (Hg.) (2002): *Das Wilkomirski-Syndrom*, München: Pendo. Daniel Ganzfried (2002): *...alias Wilkomirski. Die Holocaust-Travestie*, Enger: Jüdische Verlagsanstalt Berlin. Hanna Rheinz (2002): »Verdächtige und verdächtige Biographien. Der Identitätsschwindler und seine Leser«, in: *Kursbuch* 148: *Die Rückkehr der Biographien*, S. 138-148. Elena Lappin (2000): *Der Mann mit zwei Köpfen*, Zürich: Chronos. Stefan Mächler (2000): *Der Fall Wilkomirski. Über die Wahrheit einer Biografie*, München: Pendo.

V.C Erinnerungsorte zwischen Akzeptanz und Widerstand

V.C1 Umgang mit NS-Bauten, an den Beispielen der Orte Nürnberg (1), Berlin (2) und Prora (3) zeigt sich exemplarisch die ab den 1970er Jahren aufkommende neue Auseinandersetzung mit Überresten von NS-Bauten sowie die Schwierigkeit und Strittigkeit einer Nutzung der erhaltenen Gebäude.

Am Umgang mit dieser so genannten Erblast lassen sich unterschiedliche Tendenzen ablesen: Zunächst wurden in den Nachkriegsjahren die Spuren und Zeichen der NS-Ideologie von den Alliierten meist symbolisch zerstört. In den folgenden Jahren der Bundesrepublik ließ sich darauf eine Tendenz zu Restauration und Um- bzw. Weiternutzung der Gebäude verfolgen. Zuletzt entwickelte sich ein neues Bewusstsein, das auf Dokumentation und Gedenken der mit den Bauten verbundenen Geschichte abzielte. Der Verlauf der einzelnen Auseinandersetzungen um die unterschiedlichen Nutzungskonzepte lässt sich als Parameter für die kollektiven Erinnerungsstrategien sowie deren Wandlung lesen.

(1) In Nürnberg sprengten die amerikanischen Truppen im April 1945 das Hakenkreuz auf der Zeppelintribüne des Reichsparteitagsgeländes, im Anschluss kam es zu einer Mischnutzung des gesamten Geländes. Die SS-Kasernen wurden US-militärische Standorte und auf dem Gelände des Kriegsgefangenenlagers entstand zunächst ein Flüchtlingslager, das 1960 jedoch durch die Planung einer Wohnsiedlung aufgelöst wurde. Die Sprengung der elf monumentalen Türme auf dem angrenzenden Märzfeld, ehemals ein geplantes Aufmarsch- und Manöverfeld, und damit die symbolische »Bereinigung« des Ortes von seiner Vergangenheit in den Jahren 1966 und 1967 fand ein

internationales Presse-Echo. Die Luitpoldarena musste 1960 vorbehaltlos dem Bauvorhaben der Nürnberger Meistersingerhalle weichen, während das Gelände der Zeppelintribüne seit 1947 jährlich für Rennen des Motorsports genutzt und für weitere Großveranstaltungen zur Verfügung gestellt wurde. 1967 schließlich sprengte man die Säulengalerie der Tribüne wegen Baufälligkeit.

Debatten um die Nutzung des Geländes entzündeten sich jedoch erst an dem unvollendeten Monumentalbau der Kongresshalle. Umstritten waren zunächst die teuren baulichen Instandsetzungsmaßnahmen zur 1949 ausgetragenen Deutschen Bauausstellung. 1959 beschloss der Stadtrat den Ausbau der Kongresshalle zu einem Fußballstadion und betraute auf Empfehlung des Deutschen Fußball-Bundes den NS-Architekten und Erbauer des Berliner Olympiastadions, Werner March, mit der Planung. Aufgrund der Kostenfrage entschied sich der Stadtrat 1962 jedoch für einen Ausbau des bereits bestehenden städtischen Stadions.

In der Folgezeit vermietete die Stadt die Räumlichkeiten als Lagerhalle und sicherte sich somit beachtliche Mieteinnahmen. Durch das neue bayrische Denkmalschutzgesetz von 1973 wurde der »Kolossalstil des Dritten Reichs« als denkmalschutzwürdig eingeschätzt und die Stadt somit verpflichtet, für die Erhaltung der NS-Bauten aufzukommen. Mit dieser Obliegenheit entstand ein neues Bewusstsein, das die Debatten um neue Nutzungskonzepte bestimmte. Nach Vorschlägen zur Umwandlung in ein Autokino oder ein Altersheim entwickelte sich erst 1987 eine anhaltende Kontroverse, als eine Investorengruppe die Kongresshalle in ein Freizeitzentrum umbauen wollte. Dieses Vorhaben hatte im Jahr der Planung Unterstützung von den verschiedenen politischen Lagern der städtischen Verwaltung erfahren und begegnete erst in der finalen Phase öffentlichem Widerstand. Die daraufhin gegründete Bürgerinitiative rückte die Funktion der Kongresshalle als NS-Bau wieder ins Bewusstsein und erarbeitete erste konkrete Vorschläge zur Nutzung als Mahnmal. Zu diesem Konzept gehörte maßgeblich die Idee des geplanten Verfalls, dem das Gebäude überlassen werden sollte. Erstmals wurde durch diesen Vorschlag öffentlich die Notwendigkeit einer Dokumentation der Geschichte des Geländes thematisiert. Da sich nun auch das Landesamt für Denkmalpflege dafür aussprach, die Kongresshalle als eines »der wichtigsten Zeugnisse der Gigantomanie des Nationalsozialismus« als Mahnmal umzugestalten, wurde das Projekt zurückgezogen. Eine erneute Debatte flammte auf, als 1990 die parteilose Kulturreferentin Karla Fohrbeck ihren Plan der Umgestaltung des Geländes in einen »europäischen Friedensort« vorstellte. Dieses »europäische Gesamtkunstwerk« einer »Wächterstadt« wurde aufgrund seiner religiösen Phraseologie und der mit ihm verbundenen Ästhetisierung von Leid, in der die Fragen nach historischen Zusammenhängen ausgeklammert blieben, von der breiten Öffentlichkeit abgelehnt. Die Debatte um ein angemessenes Gedenken und Dokumentieren erhielt dadurch wieder Auftrieb. Seit 1979 hatte sich eine Arbeitsgruppe damit beschäftigt, eine Ton- und Bildschau zum Nationalsozialismus zu erarbeiten. Unter dem Titel *Faszination und Gewalt* wurde diese seit 1985 in der Eingangshalle der Zeppelintribüne ausgestellt und 1994 von den städtischen Museen übernommen. Ab 1989 kristallisierte sich die Forderung nach einem Dokumentationszentrum im Bau der Kongresshalle heraus, die im Jahr 2000 durch eine Ausschreibung realisiert wurde und deren Umsetzung öffentlich große Zustimmung fand. Das im November 2001 in Anwesenheit des damaligen Bundespräsidenten Johannes Rau eröffnete »Dokumentationszentrum Reichsparteitagsgelände« wird heute jährlich von mehr als 200.000 Besuchern besichtigt.

(2) In Berlin zeigte der Umgang mit dem Olympiagelände von 1936 eine ganz andere Auseinandersetzung. Von 1945 bis 1994 stand das Gelände unter britischer Besatzung und wurde weiterhin als Sportstätte genutzt. Gleichzeitig begann schon 1960 der Wiederaufbau beschädigter Elemente. Der wieder errichtete Glockenturm auf dem Reichssportfeld ist ein Beispiel für fehlende Thematisierung der NS-Vergangenheit: Der Turm wurde erneut von Werner March erbaut und sogar die darin hängende Olympische Glocke mit der Inschrift »Ich rufe die Jugend der Welt – Olympische Spiele 1936« wurde rekonstruiert, die alte beschädigte Glocke als Denkmal aufgestellt. Die Kontroversen zur Weiternutzung und Modernisierung des Stadions spitzten

sich erst Anfang der 1990er Jahre zu, als die Berliner Olympiabewerbung für das Jahr 2000 konzipiert wurde. Hilmar Hoffmann, Kulturbeauftragter der Olympia GmbH, wies darauf hin, dass mit der Geschichte des Geländes bewusst umgegangen werden müsse. In der *FAZ* (12.1.1993) erschien daraufhin ein Artikel des Publizisten und Verlegers Wolf Jobst Siedler, der sich gegen die »überflüssige Diskussion« aussprach, Architektur und Baukunst »für die Untaten ihrer Nutzer büßen« zu lassen. Zwischen Hoffmann, Siedler und dem Kunsthistoriker Tilmann Buddensieg entwickelte sich daraufhin ein publizistischer Schlagabtausch, der die Notwendigkeit einer Dokumentation des NS-Propagandabaus von verschiedenen Standpunkten aus bewertete. Öffentliche Beachtung, zuweilen Kritik, fand vor allem die symbolische Bedeutung einer erneuten Austragung der Olympischen Spiele in Berlin, nachdem in den Monaten zuvor vermehrt ausländerfeindliche Anschläge in Deutschland die internationale Presse beschäftigt hatten (→Rechtsextremismus [VI.E6]). Die denkmalpflegerischen Einwände zur Erneuerung der Anlage wurden schon früh in der politischen Entwicklung der Planung ausgegrenzt. Diese Haltung ermöglichte auch den zur Fußballweltmeisterschaft 2006 ohne größere Einwände durchgeführten Umbau des Stadions.

Die Debatte um einen 1990 entdeckten Bunker unter der ehemaligen Reichskanzlei verlief entlang der Konfliktlinie um den adäquaten Umgang mit der Geschichte und wurde breit in der Berliner und nationalen Presse rezipiert. Bestrebungen des Archäologischen Landesamtes, den Bunker unter Denkmalschutz zu stellen, stießen bei vielen Stellen auf Gegenwehr. Die Jüdische Gemeinde Berlins äußerte die Befürchtung, einen »Wallfahrtsort für alte und neue Nazis« zu schaffen, der sich der parteilose Kultursenator Berlins, Ulrich Roloff-Momin, später anschloss. Der Verein »Aktives Museum Faschismus und Widerstand« sprach sich für eine Eingliederung in die Stiftung →Topographie des Terrors [V.C6] aus; während Wolfgang Benz, Leiter des Berliner Zentrums für Antisemitismusforschung, gegen ein Nebeneinander des Bunkers als Gedenkstätte und des →Holocaust-Mahnmals [VI.A2] auf dem gleichen Gelände plädierte. Gemeinsamer Tenor der Beteiligten war schließlich, die Trivialität des Bunkers, der nie als aktiver Schauplatz des Naziterrors fungiert hatte, als nicht denkmalschutzwürdig einzustufen. Durch einen Senatsbeschluss von 1994 wurde das Denkmalschutzverfahren gestoppt und das Brachland zum Bau der Landesvertretungen in Berlin freigegeben.

(3) Die ehemalige KdF-Ferienanlage Prora auf Rügen wurde von ihren nationalsozialistischen Erbauern nie fertiggestellt, da der Kriegsbeginn bauliche Prioritäten verschob. Die russische Armee versuchte nach ihrer Ankunft 1945 den kolossalen Bau zu sprengen, was allerdings aufgrund der massiven Bausubstanz nicht gelang. Das sich über vier Kilometer erstreckende Gebäude nutzte ab den 1950er Jahren die Nationale Volksarmee der DDR. 1990 ging das Gelände mit dem Einigungsvertrag in den Besitz der Bundeswehr über, die es dem Land Mecklenburg-Vorpommern jedoch zur Verpachtung überließ. In den folgenden Jahren zeichneten sich unterschiedliche Interessen und Befürchtungen um die weitere Nutzung der Anlage ab. Nach der Einstufung der Gesamtanlage Prora als Denkmal 1992 dominierte die Auflage, ein Gesamtnutzungskonzept vorzulegen, die Suche nach einem Investor. Da sich dadurch vor allem Schwierigkeiten in der Finanzierung abzeichneten und der Rügener Fremdenverkehr eine Konkurrenz durch Massentourismus – Prora hätte nach den ursprünglichen NS-Plänen 20.000 Urlauber beherbergt – fürchtete, scheiterte die Suche. Vor allem die Prora-Symposien 1994 weckten das nationale Interesse und gaben Vorschläge für die weitere Nutzung ab. Die Debatte dominierten Befürchtungen, Prora durch den Bau einer riesigen Freizeitanlage historisch zu entsorgen oder aber durch die Nutzung der NS-Architektur »in die Falle des Alltagsfaschismus« zu tappen, wie der frühere Vizelandrat Udo Knapp (SPD) anmerkte. Diese Einwände wurden von der Machbarkeitsstudie von 1997 (erarbeitet im Auftrag der Oberfinanzdirektion als Besitzerin) entkräftet. Die Studie, die von der breiten Öffentlichkeit positiv aufgenommen wurde, schlug eine Mischnutzung unter Einbezug einer historischen Auseinandersetzung mit dem KdF-Bau vor und verwies des Weiteren auf die nicht genuin nationalsozialistische Architektur, die vielmehr der Neuen Sachlichkeit verpflichtet gewesen sei.

Mit dem Beginn der Teilverkäufe einzelner Blöcke der Gesamtanlage im Jahr 2004 haben sich allerdings erneut Befürchtungen zur weiteren Nutzung der Anlage ergeben. Die seit Anfang der 1990er Jahre aus privater Initiative gegründeten Museen zur Geschichte Proras und der KdF-Anlage (»Museum Prora« und das mit EU-Mitteln geförderte Dokumentationszentrum »MachtUrlaub« sowie unter anderem das »One World« Jugendcamp) haben Zweifel an ihrer weiteren Existenzmöglichkeit, wenn die auf Profit orientierten Investoren (und bisherigen Betreiber der »KulturKunststatt« – ein aus KdF-Museum, »Haus der Armee«, Technik-Museum, Kaffeehaus und Kunstgalerie bestehender touristisch orientierter Museumskomplex) den Block 3 – Ort der »Museumsmeile Prora« – zur touristischen Nutzung sanieren werden. Seit 2004 wurden fast alle Teilabschnitte der Anlage verkauft: Die Blöcke 1 bis 2 sind zum Umbau in Ferienwohnungen vorgesehen, Block 3 wird von der »Inselbogen GmbH« saniert, die eine Mischnutzung von Museum und Hotel vorsieht, für Block 5 interessiert sich das Jugendherbergswerk, Block 6 wurde an einen unbekannten Bieter versteigert.

KL

Lit.: Eckart Dietzfelbinger, Gerhard Liedtke (Hg.) (2004): *Nürnberg – Ort der Massen. Das Reichsparteitagsgelände, Vorgeschichte und schwieriges Erbe*, Berlin: Ch. Links. Peter Reichel (1999): *Politik mit der Erinnerung. Gedächtnisorte im Streit um die nationalsozialistische Vergangenheit*, Frankfurt a.M.: Fischer. Gerd Zimmermann, Christiane Wolf (Hg.) (1999): *Vergegenständlichte Erinnerung. Über Relikte der NS-Architektur*, Weimar: Bauhaus-Universität. Peter Reichel (1994): »Prora oder die Last der Steine. Der schwierige Umgang mit NS-Bauten nach 1945«, in: *2. Prora-Symposium* [Forum-Reihe 2], S. 15–22. Eckart Dietzfelbinger (1993): *Der Umgang der Stadt Nürnberg mit dem früheren Reichsparteitagsgelände*, Nürnberg: Pädagogisches Institut. Jürgen Rostock (1992): *Paradiesruinen. Das KdF-Seebad der Zwanzigtausend auf Rügen*, Berlin: Ch. Links.

V.C2 Gedenkstätte KZ Neuengamme, seit Kriegsende geführte Debatte um die Errichtung einer Gedenkstätte auf dem Gelände des ehemaligen Konzentrationslagers Neuengamme bei Hamburg (→KZ als Gedenkstätten [III.C5]).
Nach einer Zwischennutzung durch die britische Besatzungsmacht als Internierungslager für NS-Funktionäre wurde das Areal 1948 der Hamburger Justizbehörde für den Umbau zu einer Haftanstalt, der Justizvollzugsanstalt (JVA) XII, übergeben. Die fehlende politische Sensibilität für die Geschichte des Areals wurde vom zuständigen Oberlandesgerichtsrat als Akt der »Wiedergutmachung« dargestellt. Durch die Eröffnung einer modernen Haftanstalt beabsichtigte er, »das Schandmahl der Vergangenheit« auszulöschen. Als 1951 erstmals die Bitte ehemaliger französischer KZ-Häftlinge formuliert wurde, das Gelände betreten zu dürfen, verweigerte Bürgermeister Max Brauer (SPD) ihnen dieses Anliegen und plädierte dafür, »die furchtbaren Entsetzlichkeiten der vergangenen Epoche [...] allmählich aus der lebendigen Erinnerung auszulöschen«. Der Protest des Hohen Kommissariats der Französischen Republik bewog den Hamburger Senat 1953, auf dem Areal der ehemaligen Lager-Gärtnerei eine sieben Meter hohe Säule mit der Inschrift »Den Opfern 1938–1945« als Denkmal einzurichten. Erst sieben Jahre später wurde ein Verweis auf das Konzentrationslager hinzugefügt.

1960 kam es auf Betreiben der 1958 gegründeten »Amicale International de Neuengamme« (AIN), einem Zusammenschluss ehemaliger Häftlinge, mit dem Senat zu Verhandlungen über ein weiteres Mahnmal. Allerdings wurde die Zusammenarbeit von Senat und AIN durch den pauschalen Kommunismusverdacht seitens der Stadt erschwert, der die Opfer – ehemals politische Häftlinge – abermals stigmatisierte und die Verhandlungen immer wieder zum Erliegen brachte. Die Einweihung des Mahnmals (bestehend aus einer dem Krematoriumsschornstein nachempfundenen Säule, einer Skulptur und einer Mauer mit davorliegenden Steinplatten, in die alle Nationen der Lagerhäftlinge eingemeißelt wurden) im November 1965 war von etlichen Peinlichkeiten begleitet: Nach der Gedenkveranstaltung wurden unter Berufung auf »polizeilich-rechtliche Vorschriften« von den Kränzen der DDR-Lagergemeinschaft die Aufschrift »Komitee der Antifaschistischen Widerstandskämpfer der DDR« und das DDR-Emblem abgeschnitten. Außerdem wies die angefertigte Inschriftentafel schwerwiegende Fehler auf: Anstatt von 55.000 Toten war auf der Tafel nur von 5500 zu lesen, was durch eine nachträglich eingefügte 0 korrigiert wurde. Der Senat hatte sich zudem darauf beschränkt, die

Außenlager lediglich topographisch zu nennen und somit die in den Lager-Akten geführten Namen wie »Hamburg – Blohm & Voss« vermieden, die auch auf die wirtschaftlichen Verstrickungen hingewiesen hätten (→Debatte um die Rolle von Unternehmen im Nationalsozialismus [VI.F6]).

Zeitgleich mit der Planung dieses Mahnmals hatte der Senat der Stadt Hamburg den Bau einer zusätzlichen Strafanstalt auf dem Gelände begonnen. Über diesen erneuten Eingriff in das Lager-Gelände wurden der AIN und öffentliche Gremien nicht informiert, so dass der Bau einer geschlossenen Vollzugsanstalt (JVA IX) 1970 ohne nennenswerte Proteste abgeschlossen wurde.

Die andauernden Forderungen der AIN nach einem Zugang zum ehemaligen Ort des Krematoriums, das sich auf dem Gelände der JVA befand, und der Einrichtung eines Dokumentationszentrums wurden erst im Laufe der 1970er Jahre erfüllt. 1979 beschloss die Hamburger Bürgerschaft den Bau des Dokumentenhauses Neuengamme. Diese Einrichtung, mit der erstmals in Hamburg eine Ausstellung zum KZ Neuengamme eingerichtet wurde, konnte die Ansprüche der zahlreichen Besucher räumlich und museumspädagogisch jedoch nicht erfüllen.

Um die aufgenommene Archiv- und Forschungsarbeit weiterhin betreiben zu können, strebte die »Initiative Dokumentationsstätte Neuengamme« die Eingliederung eines leerstehenden Klinkerwerkes in die Gedenkstätte an. Nachdem bekannt wurde, dass die Justizbehörde ihrerseits eine Verpachtung an die Raiffeisen-Warengenossenschaft plante, zu deren Vertriebspartnern das Familienunternehmen des ehemaligen Auschwitzer Lagerarztes Josef Mengele gehörte, stellte sich öffentlicher Protest ein. Auch 1983, als die Verwaltung des Bezirks Bergedorf einen Abriss erwog, wurde massive Kritik laut und die Dokumentationsstätte schließlich erweitert.

In den 1980er Jahren wandelte sich die Bedeutung des Geländes durch verschiedene Aktionen im öffentlichen Bewusstsein. Der 1983 initiierte »Neuengamme-Appell« mobilisierte 12.000 Menschen aus 18 Nationen und stellte die baulichen Überreste des KZ am 28.1.1984 symbolisch unter Schutz. Daraufhin erklärte im Februar der Senat für die Gebäude den Denkmalschutz bzw. eine Bestandsgarantie für die von der JVA genutzten Bereiche. Im Juli 1989 reagierte der Senat unter Betreiben des Bürgermeisters Henning Voscherau (SPD) schließlich auf die Forderungen der Opferverbände und beschloss, die JVA XII zu verlegen. Die Eröffnung der Gedenkstätte auf dem gesamten Gelände wurde für 2005 geplant, aufgrund lokalpolitischer Interessen verzögerte sich der Bau der neuen JVA jedoch in den 1990er Jahren. Im Herbst 2001 erreichte die öffentliche Debatte um die Einrichtung einer Gedenkstätte ihren letzten Höhepunkt. Nach einem einstimmigen Senatsbeschluss Anfang September 2001, das Gelände nach Umzug der JVA der Gedenkstätte zu übergeben, gab die zwei Wochen darauf neu gewählte Regierung von CDU und Schill-Partei in ihren Koalitionsverhandlungen bekannt, dass von einem Umzug der JVA XII abgesehen werde. Der sich daraufhin einstellende internationale Protest und das breite publizistische Echo bewogen Bürgermeister Ole von Beust (CDU), den Koalitionsvertrag in diesem Punkt nicht den Interessen des neuen Innensenators Ronald Schill (Schill-Partei) anzupassen. 2003 wurde die JVA XII geräumt und das Areal des KZ für die Gedenkstätte umgebaut. Die überraschende Meldung des Justizsenators Roger Kusch (CDU), im März 2005 auch die JVA IX räumen zu lassen, führte am 5. Mai 2005 zu einer Übergabe des vollständigen Geländes an die Gedenkstätte. In mehreren Dauerausstellungen wird dort die Geschichte des KZ sowie seine Nachkriegsgeschichte thematisiert.

KL

Lit.: Johann Klarmann (2013): *Die erneute Demütigung. Hamburgs Umgang mit dem ehemaligen Konzentrationslager Neuengamme, 1945 bis 1985*, Berlin: LIT Verlag. Ulrike Puvogel (Red.) (2003): *Gedenkstätten für die Opfer des Nationalsozialismus. Eine Dokumentation*, Bonn: BpB. Detlef Garbe (2002): »›Hamburgs Ruf ist gerettet‹. Der Streit um die KZ-Gedenkstätte Neuengamme nach dem Hamburger Regierungswechsel«, in: KZ-Gedenkstätte Neuengamme (Hg.): *Entgrenzte Gewalt. Täterinnen und Täter im Nationalsozialismus*, Bremen: Ed. Temmen, S. 151–165. Ders. (2001): »›Das Schandmal auslöschen‹. Die KZ-Gedenkstätte Neuengamme zwischen Gefängnisbau und -rückbau: Geschichte, Ausstellungskonzepte und Perspektiven«, in: KZ-Gedenkstätte Neuengamme (Hg.): *Museale und mediale Präsentation in KZ-Gedenkstätten*, Bremen: Ed. Temmen, S. 41–71. Ders. (1997): »Ein schwieriges Erbe. Hamburg und das ehemalige Konzentrationslager Neuengamme«, in: Peter Reichel (Hg.): *Das Gedächtnis der Stadt. Hamburg im Umgang mit seiner Nationalsozialistischen Vergangenheit*, Hamburg: Dölling u. Galitz, S. 113–134. Fritz Bringmann, Hartmut Roder (1995): *Neuengamme. Verdrängt – vergessen – bewältigt?*, Hamburg: KZ-Gedenkstätte Neuengamme.

V.C3 Mahnmaldebatte Wewelsburg, seit 1975 lokalpolitisch geführte Debatte um die Errichtung eines Mahnmals für die Opfer des KZ Niederhagen auf dem Gelände der Burg Wewelsburg im gleichnamigen Ort nahe Paderborn.

1934 hatte der Reichsführer SS, Heinrich Himmler, im Namen der NSDAP die 800 Jahre alte Wewelsburg vom Landkreis Büren gemietet, um die Burg zunächst als »Reichsführerschule SS« für SS-Offiziere umzubauen. Die Ausbaupläne nahmen ab 1939 immer gigantomanischere, darüber hinaus auch kultische Ausmaße an. Himmler plante eine Erweiterung der Burganlage zum geistigen »Mittelpunkt der Welt«, zur Repräsentationsstätte der SS als »Elite der Eliten«, wozu im Keller eine »Gruft«, im Erdgeschoss ein repräsentativer »Obergruppenführersaal« entstanden. Zur Realisierung der Baumaßnahmen wurden 100 Häftlinge eines Außenkommandos des KZ Sachsenhausen nach Wewelsburg überführt. Nachdem die Häftlinge ein etwa 400 m vom Ortsrand entferntes Lager im Gebiet Niederhagen hatten errichten müssen, das formal zunächst dem Hauptlager Sachsenhausen unterstand, wurde das Lager von 1941 an als autonomes KZ Niederhagen geführt. Die Häftlinge waren seit 1942 größtenteils sowjetische Kriegsgefangene und Zwangsarbeiter. Bis zur Aufteilung eines Großteils der Häftlinge auf andere Lager 1943 – lediglich 50 Inhaftierte blieben in Niederhagen zurück –, waren mindestens 1.285 der rund 3.900 Häftlinge ums Leben gekommen. Am 2. April 1945 wurde das KZ durch amerikanische Truppen befreit. Von der Wewelsburg, die eine SS-Einsatztruppe kurz zuvor zu sprengen versucht hatte, waren nur die »Gruft« und der »Obergruppenführersaal« Himmlers erhalten geblieben.

In den 1950er Jahren diente die Wewelsburg wie schon vor ihrer nationalsozialistischen Nutzung erneut als Jugendherberge. Zeitgleich entstand in der »Gruft« des Nordturms ein Gemäldezyklus mit zehn kriegshistorischen Themen als »Mahnmal gegen den Krieg«. Aufgrund von Beschwerden von Vertretern der örtlichen Volksschule wurde trotz moraltheoretischer Gutachten und der Unterstützung des Künstlers Josef Glahe durch die Presse das entsprechende Gemälde abgehängt. 1973 wurden schließlich der gesamte Gemäldezyklus sowie eine 1965 im Burginnenhof angebrachte Bronzetafel des »Bundes der Verfolgten des Naziregimes« (BVN) zur Erinnerung an die Opfer des KZ Niederhagen vom Burggelände entfernt. Diese Maßnahme der CDU-geführten Kreisverwaltung wurde mit der Lage des KZs abseits des Burggeländes sowie der Nutzung des Gebäudes als Jugendherberge, die frei von Lager-Assoziationen bleiben sollte, begründet.

1976 reichte die SPD im Kreistag einen Antrag auf Errichtung eines Mahnmals ein, der nach Ablehnung durch die CDU lang anhaltende Debatten auslöste. Die CDU, die für eine »Gnade des Vergessens« und die Entlastung der Bevölkerung argumentierte, wurde mit zahlreichen aufgebrachten Leserbriefen in den Lokalzeitungen konfrontiert, die diese Form der Vergangenheitsverdrängung scharf rügten. Ein im gleichen Jahr erneut gestellter Mahnmal-Antrag der SPD wurde im Kreiskulturausschuss bearbeitet, der sich 1977 schließlich für eine dokumentarische Ausstellung in Verbindung mit dem Kreisheimatmuseum entschied. Auf diese Weise sollte der Mahnmalforderung durch die SPD entgegen gewirkt werden. Die Einweihung der Dokumentation »Wewelsburg 1933-1945. Kult- und Terrorstätte der SS« im eigens dafür erworbenen ehemaligen SS-Wachgebäude am Burgvorplatz erfolgte im Jahr 1982. Obwohl die SPD diese aktive Gedenkstätte guthieß, hielt sie dennoch an ihrer Forderung nach einem öffentlichen, jederzeit im Burgbereich zugänglichen Mahnmal fest. 1984 begegnete die Kreisverwaltung diesem Anspruch mit der Anbringung einer Gedenktafel neben dem Wachgebäude.

Dennoch hielt die Kritik an der ausbleibenden Kenntlichmachung der örtlichen NS-Geschehnisse weiterhin an und umfasste nun auch das Gelände des KZ Niederhagen, das zum größten Teil von einer Wohn- und Gewerbesiedlung dominiert wurde. 1991 wurden nach

Einschalten der Denkmalbehörde und etlichen unterstützenden Bürgerversammlungen der unbebaute ehemalige Appellplatz, die Umrisse des Küchen- und Esssaalgebäudes sowie die Lagerstraße durch eine Pflastersteinmarkierung im Rasen sichtbar hervorgehoben.
Im Jahr 1992 hatten zum ersten Mal Überlebende des KZ Niederhagen das Lagergelände und die Wewelsburg aufgesucht sowie die Forderung nach einem dauerhaften Zeichen des Gedenkens an die KZ-Opfer auf dem ehemaligen Appellplatz ausgesprochen. Die seit 1997 bestehende örtliche Arbeitsgruppe »Gedenktag 2. April«, die sich für eine jährlich stattfindende Gedenkfeier der Befreiung des KZ einsetzte, konzipierte schließlich ein Mahnmal, das in Form eines Dreiecks an die Häftlingswinkel anknüpfte. Da über ein permanentes Mahnmal noch immer nicht entschieden war, wurde das Dreieck ab 1997 zunächst aus Kies aufgeschüttet, um nach den Gedenkfeiern wieder entfernt werden zu können. Bis zur endgültigen Zustimmung vergingen weitere drei Jahre. Am 2. April 2000 fand die Debatte schließlich mit der Einweihung eines permanenten, aus örtlichem Kalkstein bestehenden und auf diese Weise auf die Arbeitstätigkeit der Häftlinge in den Steinbrüchen verweisenden, dreieckigen Mahnmals, das mit einer Inschrift in deutsch, russisch und englisch versehen ist, ein Ende.
In Reaktion auf das anhaltende Aufsuchen der Wewelsburg durch die rechte Szene, die die Sonnenradintarsie Himmlers im »Obergruppenführersaal« immer wieder als Kampfzeichen ihrer Gesinnung auslegt, sowie den engen lokalpolitischen Zuschnitt der Dauerausstellung, waren seit Mitte der 1990er Jahre Rufe nach einer Neukonzeption derselben laut geworden. Nach vielen Jahren der wissenschaftlichen Forschung, Einwerbung von Drittmitteln und dem Bau eines neuen Verwaltungsgebäudes informiert die neue Dauerausstellung seit dem 15. April 2010 auf 850 qm nun u.a. über die ideologischen okkultistischen Pläne der SS für den Ort.

CKl

Lit.: Ulrike Puvogel (Hg.) (2003): *Gedenkstätten für die Opfer des Nationalsozialismus. Eine Dokumentation*, Bonn: Bundeszentrale für politische Bildung. O.V. (1976): Gnade des Vergessens. In: *Der Spiegel*, Nr. 47, S. 63-65. Wulff E. Brebeck (2001): »Von langer Dauer. Zum Streit um ein Mahnmal für die NS-Opfer in Wewelsburg seit 1945«, in: Naturwissenschaftlicher und Historischer Verein für das Land Lippe (Hg.): *Dörfliche Gesellschaft und ländliche Siedlung*, Bielefeld: Kreismuseum Wewelsburg. Wulff E. Brebeck (1983): »Wie Wewelsburg zu einer Gedenkstätte kam«, in: Detlef Garbe (Hg.): *Die vergessenen KZs? Gedenkstätten für die Opfer des NS-Terrors in der Bundesrepublik*, Bornheim-Merten: Lamuv.

V.C4 Museumsdebatte, zur Konzeption des Deutschen Historischen Museums (DHM) in Berlin und zum Haus der Geschichte in Bonn 1986 geführte Diskussion um das politisch-kulturelle Selbstverständnis der Deutschen, die sich im →Historikerstreit [V.A9] noch zuspitzte.
Der Gedanke der Präsentation einer deutschen Nationalgeschichte in Form des Hauses der Geschichte in Bonn für die 40-jährige Geschichte der Bundesrepublik zum einen und des DHM in Berlin für die Geschichte der Deutschen zum anderen wurde von der Bundesregierung unter Helmut Kohl (CDU) vorangetrieben. In der damaligen Bundeshauptstadt Bonn wurde eine Sammlung zur deutschen Geschichte seit 1945 geplant, die »der Geschichte unseres Staates und der geteilten Nation«, wie es Bundeskanzler Kohl 1982 formulierte, gewidmet sein sollte. Kohls Ziel war es, mit den beiden Museen die historische Kontinuität zu einer deutschen Vergangenheit vor dem Nationalsozialismus einerseits und die Erfolgsgeschichte der nachnationalsozialistischen Zeit andererseits her- bzw. herauszustellen.
Das Konzept des Hauses der Geschichte sah ein Ausstellungs-, Dokumentations- und Informationszentrum vor und gliederte die bundesrepublikanische Geschichte in Phasen von 1945 bis 1982. Doch sollte in zwei eigenen Ausstellungseinheiten die Zeit vor 1945 thematisiert werden, so dass die Vorgeschichte der Bundesrepublik nicht ausgeklammert würde. Hinter der Museumsgründung vermuteten Kritiker von Kohls geschichtspolitischen Impulsen den gezielten Versuch einer »Normalisierung« des deutschen Geschichtsbildes, in dessen Zentrum die demokratischen Errungenschaften nach 1945 rücken sollten.
Lautstarker Protest gegen die Museumspläne der Regierung formierte sich allerdings erst nach der Ankündigung Kohls auf dem His-

torikertag 1984, Berlin zur 750-Jahr-Feier der Stadt im Jahr 1987 ein großes Nationalmuseum schenken zu wollen. Das DHM sollte zwar ein kritisches und vielseitiges Bild der deutschen Geschichte zeichnen, damit verknüpft war jedoch auch die Intention, mit der Darstellung der deutschen Geschichte eine nationale Identität zu stärken. Diese Pläne kollidierten mit Planungen des Berliner Senats, der in einem so genannten Forum für Geschichte und Gegenwart Raum für wechselnde und vor allem lokalhistorische Ausstellungen zu schaffen beabsichtigte. So kritisierte der Bochumer Historiker Hans Mommsen nicht nur die »künstliche Identitätsstiftung« durch ein zentrales Nationalmuseum, sondern in seiner Eigenschaft als Mitglied einer vom Senat eingesetzten Expertenkommission auch die tragende Rolle seines Erlanger Kollegen Michael Stürmer bei der Konzeption des DHM. Stürmer, der auch als Berater des Bundeskanzlers fungierte, stand für einen real- und machtpolitischen Umgang mit der Geschichte: »[D]ie Zukunft gewinnt, wer die Erinnerung füllt, die Begriffe prägt und die Vergangenheit deutet.« (Stürmer in der FAZ, 25.4.1986) Diese Streitkonstellation zeigt, dass sich in der Museumsdebatte Fronten bildeten, die die Polarisierung im Historikerstreit vorbereiteten: auf der einen Seite der Versuch von konservativer Seite aus, die herausgehobene Bedeutung des Nationalsozialismus innerhalb der deutschen Geschichte abzuschwächen, auf der anderen Seite die sozialliberalen Historiker, die diese Tendenzen kritisch kommentierten.

Die Versuche einer »Normalisierung« der deutschen Geschichte und der Etablierung eines homogenen nationalen Geschichtsbildes wurden kritisiert als obsolete Vorstellungen einer zielgerichteten Geschichts- und Identitätspolitik, wie sie sich unter anderem auch in Kohls Treffen mit den Staatschefs François Mitterand oder Ronald Reagan (→Bitburg-Affäre [V.A4]) und eben auch den Museumsbauten des Bundes in Bonn und Berlin äußerte. 1987 wurde die Gründungsurkunde für das DHM unterzeichnet, das zunächst in der Nähe des Reichstages neu gebaut werden sollte, nach dem Fall der Berliner Mauer jedoch in dem 1990 geschlossenen Ostberliner Museum für Deutsche Geschichte realisiert wurde. Die Dauerausstellungen sowohl des DHM als auch des Hauses der Geschichte in Bonn wurden nach Phasen der Gründung und des Sammlungsaufbaus erst 1994 eröffnet. Damit stehen beide Museen in einem deutlich veränderten politischen Kontext als zur Zeit der Museumsdebatte von 1986: Die Kollektividentität der Deutschen ist durch die Wiedervereinigung noch weniger homogenisierbar geworden als zuvor und das zeitgeschichtlich angelegte Haus der Geschichte muss nun neben der Geschichte der Bundesrepublik auch Zeugnis von 40 Jahren DDR ablegen.

RM/MNL

Lit.: Etta Grotrian (2009): »Kontroversen um die Deutungshoheit. Museumsdebatte, Historikerstreit und ›neue Geschichtsbewegung‹ in der Bundesrepublik der 1980er Jahre«, in: *Zeitschrift für Religions- und Geistesgeschichte* 61, H. 4, S. 372-389. Krijn Thijs (2008): *Drei Geschichten, eine Stadt. Die Berliner Stadtjubiläen von 1937 und 1987*, Köln: Böhlau. Klaus Große Kracht (2005): *Die zankende Zunft. Historische Kontroversen in Deutschland nach 1945*, Göttingen: Vandenhoeck & Ruprecht. Rupert Seuthe (2001): »Geistig-moralische Wende«? *Der politische Umgang mit Gedenktagen in der Ära Kohl am Beispiel von Gedenktagen, Museums- und Denkmalprojekten*, Frankfurt a.M.: Peter Lang. Peter Reichel (1995): *Politik mit der Erinnerung. Gedächtnisorte im Streit um die nationalsozialistische Vergangenheit*, München: Carl Hanser Verlag. Christoph Stölzl (Hg.) (1988): *Deutsches Historisches Museum. Ideen, Kontroversen, Perspektiven*, Frankfurt a.M.: Ullstein. Landeszentrale für Politische Bildung Nordrhein-Westfalen (Hg.) (1988): *Streitfall deutsche Geschichte: Geschichts- und Gegenwartsbewußtsein in den 80er Jahren*, Essen: Reimar Hobbing. Hans Mommsen (1986): »Verordnete Geschichtsbilder. Historische Museumspläne der Bundesregierung«, in: *Gewerkschaftliche Monatshefte* 37, H. 1, S. 13-24.

V.C5 Todesmarsch-Mahnmale, seit 1985 lokal geführte Debatten um die Aufstellung einer Reihe von Mahnmalen entlang der Marschroute des so genannten Todesmarsches von Dachau. Im April 1945 schickte die SS-Wachmannschaft des KZ Dachau rund 7.000 Häftlinge auf einen Marsch Richtung Süden, um das KZ vor Eintreffen der Alliierten möglichst vollständig zu räumen. Auch Häftlinge des Außenlagers Kaufering stießen später auf der Route zu dem Konvoi, so dass die Gesamtzahl der Häftlinge auf rund 10.000 anstieg. Am 2.5.1945 befreiten US-amerikanische Soldaten die Überlebenden des Zuges in der Nähe des Tegernsees; etwa 3.000 der Häftlinge waren unterwegs bereits umgekommen.

Die Initiative zu einer Reihe von Denkmalen, die in den Ortschaften auf der Route des Todesmarsches aufgestellt werden sollten, kam maßgeblich aus Gauting. Dort hatte in den 1980er Jahren ein Abiturient in seiner Facharbeit die Verbindung der Stadt mit dem Todesmarsch recherchiert. Im Anschluss bildeten sich Jugendinitiativen, die das Gedenken an die Opfer in der Region wach halten wollten. Angeregt durch dieses Engagement stellten die Fraktionen der Grünen und der SPD im Gautinger Gemeinderat den Antrag auf Errichtung eines Mahnmals. 1985 rief die Gemeinde einen Gestaltungswettbewerb für das Denkmal aus, bei dem Hubertus von Pilgrim (Professor an der Münchner Kunstakademie) für seinen Entwurf den Auftrag erhielt. Das Denkmal zeigt eine Gruppe von 14 Figuren mit schemenhaften Köpfen, die sich voranzuschleppen scheinen. Zu dem Abguss der Figuren gehört eine Inschrift: »Hier führte in den letzten Kriegstagen im April 1945 der Leidensweg der Häftlinge aus dem Konzentrationslager Dachau vorbei ins Ungewisse.« Nachdem ein Streit unter den beteiligten Bildhauern um die mögliche künstlerische Darstellbarkeit der Häftlingsleiden beigelegt war, richtete sich der Gautinger Bürgermeister Ekkehard Knobloch mit der Idee, die Bronzeskulptur entlang der Strecke des Todesmarsches aufzustellen, an 25 seiner Kollegen in der Region. Auf diesen Vorschlag reagierten zunächst lediglich sieben weitere Gemeinden, die ebenfalls 1989 das Denkmal aufstellten. In den darauf folgenden Jahren wurde – zumeist durch Bürgerinitiativen und Spendengelder aus der Bevölkerung – in weiteren Gemeinden angeregt, einen Abguss der Skulptur aufzustellen, wodurch eine kontroverse Auseinandersetzung mit der Geschichte angestoßen wurde. In den meisten Gemeinden wurde die Errichtung eines Todesmarschdenkmals wegen Finanzierungsproblemen zunächst abgelehnt. In Starnberg verwies der Bürgermeister Heribert Thallmair (CSU) auf die bestehenden Gedenkstätten an den Orten der Massenmorde und lehnte mit der Begründung »Oft bewirkt weniger mehr.« die Errichtung eines Mahnmals ab. Erst nach öffentlichem Druck wurde 1991 ein Gedenkstein errichtet, der im Jahr 2000 durch die gemeinsame Skulptur erweitert wurde. In Eurasburg evozierte der Bürgermeister Hans Fischbacher (CSU) zudem 1997 einen Eklat, als er sich im Gemeinderat gegen die Aufstellung des Mahnmals mit dem Argument äußerte, unter den Häftlingen des Todesmarsches seien auch Verbrecher gewesen. Die Israelitische Kultusgemeinde München und Oberbayern stellte daraufhin Strafanzeige gegen Fischbacher.

Den zahlreichen Bürgerinitiativen ist es jedoch zu verdanken, dass bis in das Jahr 2001 20 der identischen Mahnmale (in Dachau, Karlsfeld, Fürstenfeldbruck, Allach, Obermenzing, Pasing, Gräfelfing, Planegg, Krailing, Gauting, Grünwald, Starnberg, Berg, Münsing, Dorfen, Wolfratshausen, Eurasburg, Geretsried, Bad Tölz, Waakirchen) entlang der Todesmarschroute aufgestellt werden konnten. Im November 1992 ging zusätzlich eine der Bronzen als Geschenk der Gemeinde Gauting an die Gedenkstätte Yad Vashem in Jerusalem.

KL

Lit.: Zwi Katz (2003): »Todesmarsch von Kaufering ins Ungewisse«, in: Wolfgang Benz und Barbara Distel (Hg.): *Dachauer Hefte*, Bd. 18: *Terror und Kunst. Zeugnis, Überlebenshilfe, Rekonstruktion*, Dachau: Verlag Dachauer Hefte. Ulrike Puvogel (Redaktion) (2003): *Gedenkstätten für die Opfer des Nationalsozialismus. Eine Dokumentation*. Bonn: BpB. Hubertus v. Pilgrim (2001): *Das Mahnmal. Zur Erinnerung an den Todesmarsch der Häftlinge des Konzentrationslagers Dachau*. München: Biering & Brinkmann.

V.C6 Topographie des Terrors, seit 1987 Bezeichnung des Geländes des ehemaligen Reichssicherheitshauptamtes (RSHA) in Berlin, Name sowohl der 1992 gegründeten Stiftung für ein internationales Dokumentations- und Begegnungszentrum als auch des 2010 neu eröffneten Dokumentationszentrums und der Dauerausstellung.

Ab 1933 wurden auf dem so genannten Prinz-Albrecht-Gelände zwischen der damaligen Prinz-Albrecht-Straße (heute Niederkirchnerstraße), der Wilhelmstraße und der Anhalter Straße das Geheime Staatspolizeiamt, der Reichsführer-SS mit seinem persönlichen Stab, weitere SS-Führungsämter sowie das Hauptamt des Sicherheitsdienstes (SD) der SS untergebracht. Damit konzentrierten sich dort in direkter Nachbarschaft zum Regierungsviertel die zentralen Repressions- und Verfolgungsinstanzen des NS-Staates. Nachdem 1937 mit der Ernennung Heinrich Himmlers zum Reichsführer-SS und Chef der Deutschen Polizei der bedeutendste Schritt zur Verschmelzung von SS und Polizei getan war, wurden am 27.9.1939 Gestapo, Reichskriminalpolizeiamt und SD-Hauptamt unter der Leitung des Chefs der Sicherheitspolizei und des SD Reinhard Heydrich (ab 1943 unter Ernst Kaltenbrunner) zum RSHA zusammengefasst. 1944 wurden auch die Abwehrabteilungen des Oberkommandos der Wehrmacht eingegliedert.

Das RSHA in der Prinz-Albrecht-Straße 8 war die Befehlszentrale des »SS-Staates«. Hier wurden im Frühjahr 1941 die Einsatzgruppen der Sicherheitspolizei und des SD zur Vorbereitung auf den Einmarsch in Russland und den »Vernichtungskrieg« (→Wehrmachtsausstellung [VI.A1]) aufgestellt sowie der Völkermord an den Juden und den Sinti und Roma geplant, organisiert und mit den staatlichen Behörden abgestimmt. Von den 1940 geschaffenen sieben Ämtern stand insbesondere das Amt IV (Gegnererforschung und -bekämpfung/Gestapo) für diese Vernichtungspolitik des »Dritten Reiches«. Es organisierte die Verfolgung der Regimegegner in Deutschland und allen besetzten Ländern und unterhielt ein »Hausgefängnis« für noch zu vernehmende Angehörige des Widerstandes. Das Referat IV B 4 unter der Leitung von Adolf Eichmann (→Eichmann-Prozess [III.A1]) in der Kurfürstenstraße fungierte als Schaltstelle der Organisation des Holocaust und bereitete auch die so genannte Wannsee-Konferenz (→Haus der Wannsee-Konferenz [V.C7]) vor. Im kriminaltechnischen Institut des Amtes IV entwickelten Mitarbeiter tödliche Medikamente für die so genannte »Vernichtung unwerten Lebens« und erforschten Möglichkeiten, Menschen mit Gas zu töten (Euthanasie-Prozesse und -Debatten [IV.B6]). Hier wurden die mobilen Gaswagen konzipiert und erprobt.

Die einzelnen Gebäude auf dem Prinz-Albrecht-Gelände wurden teils im Krieg zerstört, teils in den 1950er Jahren abgerissen. Anfang der 1970er nutzten eine Bauschuttfirma und ein Autodrom (»Fahren ohne Führerschein«) die Fläche.

Erst gegen Ende der 1970er Jahre setzte die »Wiederentdeckung« des Areals als ein zentraler deutscher Erinnerungsort ein: 1980 forderten verschiedene Organisationen wie die Liga für Menschenrechte und diverse Verfolgtenverbände die Errichtung eines Mahnmals für die Opfer des Nationalsozialismus auf dem Gelände, 1982 wurde ein entsprechender Antrag der SPD-Fraktion des Berliner Abgeordnetenhauses angenommen. Der von der Jury favorisierte erste Preis des ein Jahr später ausgeschriebenen Gestaltungswettbewerbs wurde nie realisiert. Es bestand noch kein Konsens aller am Diskussionsprozess beteiligten Interessengruppen. Der 1983 gegründete Verein »Aktives Museum Faschismus und Widerstand in Berlin e.V.« und die zusammen mit der Geschichtswerkstatt Berlin und anderen Vereinen und Institutionen 1985 ins Leben gerufene »Initiative für den Umgang mit dem Gestapo-Gelände« favorisierten eine aktive und gegenwartsbezogene Auseinandersetzung mit dem Ort und erkannten bereits die pädagogischen Chancen, die in der Analyse der Täter der nationalsozialistischen Gewaltverbrechen, ihrer Motive sowie der gesellschaftlichen Strukturen liegen.

1987 initiierte der Kultursenator Volker Hassemer anlässlich der 750-Jahr-Feier der Stadt Berlin die zunächst temporär geplante Ausstellung *Topographie des Terrors. Gestapo, SS und Reichssicherheitshauptamt auf dem »Prinz-Albrecht-Gelände«*, die aufgrund des großen öffentlichen Interesses noch bis 2010 als Freilichtausstellung in den Kellerresten entlang der Niederkirchnerstraße zu sehen war.

Noch 1988 forderte Lea Rosh »Perspektive Berlin e.V.« entgegen bestehender Vorstellungen die Errichtung eines Holocaust-Mahnmals im Gedenken an die Opfer auf dem Gelände. 1989 erhielt eine Expertenkommission des Berliner Senats mit Vorsitz von Reinhard Rürup den Auftrag, unter Einbeziehung aller Interessengruppen ein Gestaltungs- und Nutzungskonzept zu erarbeiten. 1990 lag ihr Abschlussbericht vor. 1992 wurde die unselbständige, 1995 die selbständige öffentlich-rechtliche Stiftung *Topographie des Terrors – Internationales Dokumentations- und Begegnungszentrum Berlin* unter gemeinsamer Trägerschaft von Bund und Land gegründet.

Der erste Preis des neu ausgeschriebenen Wettbewerbs ging 1993 an den Schweizer Architekten Peter Zumthor. Am 8. Mai 1995 war der symbolische Baubeginn, doch wurde auch dieser Entwurf nicht vollständig realisiert. Die Finanzsituation Berlins, die Komplexität des Entwurfs und Kostensteigerungen führten nach fast zehn Jahren dazu, dass zwei Baufirmen Insolvenz anmelden mussten, Reinhard Rürup als langjähriger wissenschaftlicher Direktor im März 2004 zurücktrat und der Entwurf Zumthors im Mai 2004 endgültig verworfen wurde. Den dritten Wettbewerb gewann 2006 die Architektin Ursula Wilms vom Berliner Büro Heinle, Wischer und Partner gemeinsam mit dem Aachener Landschaftsarchitekten Heinz W. Hallmann. Der neue Lernort mit Dauerausstellung und Geländerundgang wurde am 6. Mai 2010 eröffnet. Mit 900.000 Besuchern im Jahr 2012 gehört er heute zu den meist besuchten Erinnerungsorten in Berlin.

Die Debatten um das Prinz-Albrecht-Gelände verdeutlichen – analog zum Paradigmenwechsel in der Geschichtswissenschaft – einen Wandel in der Wahrnehmung des Ortes: Während das Areal zunächst als »Ort des Gedenkens an die Opfer« mit Fokus auf das »Hausgefängnis« der Gestapo interpretiert wurde, steht es heute für den bedeutendsten »Ort der kritischen Auseinandersetzung mit den Tätern« in Deutschland. Statt der Empathie mit den Opfern steht hier die Frage nach der eigenen Verantwortung im Mittelpunkt.

MH

Lit.: Stiftung Topographie des Terrors (Hg.) (2010): *Topographie des Terrors. Gestapo, SS und Reichssicherheitshauptamt in der Wilhelm- und Prinz-Albrecht-Strasse. Eine Dokumentation. Katalogbuch zur gleichnamigen Präsentation,* Berlin. Stiftung Topographie des Terrors (Hg.) (2010): *Geländerundgang Topographie des Terrors. Geschichte des historischen Orts,* Berlin. Stiftung Topographie des Terrors (Hg.) (2006): *Das »Hausgefängnis«. Katalog zur Ausstellung,* Berlin. Matthias Haß (2012): *Das Aktive Museum und die Topographie des Terrors,* Berlin: Hentrich & Hentrich. Michael Wildt (2002): *Generation des Unbedingten. Das Führungskorps des Reichssicherheitshauptamtes,* Hamburg: Hamburger Edition. Reinhard Rürup (Hg.) (2001): *Topographie des Terrors. Gestapo, SS und Reichssicherheitshauptamt auf dem »Prinz-Albrecht-Gelände«. Eine Dokumentation,* Berlin: Arenhövel. Ders. (1997): *10 Jahre Topographie des Terrors,* Berlin: Stiftg. Topographie des Terrors. Akademie der Künste (Hg.) (1988): *Zum Umgang mit dem »Gestapo-Gelände«. Gutachten im Auftrag der Akademie der Künste Berlin,* Berlin: Akademie der Künste. Johannes Tuchel, Reinhold Schattenfroh (1987): *Zentrale des Terrors. Prinz-Albrecht-Strasse 8. Hauptquartier der Gestapo,* Berlin: Siedler.

V.C7 Haus der Wannsee-Konferenz, Villa Am Großen Wannsee 56–58 in Berlin, in der am 20.1.1942 die so genannte Wannsee-Konferenz stattfand; seit 1992 Gedenk- und Bildungsstätte.

1947 fanden amerikanische Fahnder in den Beständen des Auswärtigen Amtes das bisher einzige überlieferte, von Adolf Eichmann (→Eichmann-Prozess [III.A1]) angefertigte Protokoll einer Konferenz vom 20.1.1942 unter Vorsitz des Chefs des Reichssicherheitshauptamtes (RSHA), Reinhard Heydrich. Insgesamt 15 hochrangige Vertreter von SS- und NSDAP-Dienststellen und der Staatsbürokratie besprachen organisatorische Fragen zum bereits begonnenen Massenmord an den europäischen Juden.

Die Wannsee-Konferenz war entgegen verbreiteter Auffassung nicht das zentrale Organ der Beschlussfassung des Holocaust. Bereits seit dem Überfall auf die Sowjetunion waren in planmäßigen Massenerschießungen durch die Einsatzgruppen der Sicherheitspolizei und des SD mehrere Hunderttausend Juden getötet worden. Deportationen von Juden aus dem Reich in die besetzten Ostgebiete fanden seit Herbst 1941 statt. Die unmittelbare Vorgeschichte der »Endlösung« setzte mit dem Angriff auf Polen ein. Während zunächst geplant war, alle polnischen Juden in einem »Judenreservat« im Generalgouvernement (Polen) anzusiedeln, verlegte man sich dann auf die Konzentrierung der Juden in größeren Städten und an Eisenbahnknotenpunkten, um sie später in die noch zu erobernden Gebiete hinter dem Ural abzuschieben. Das Vernichtungslager Belzec befand sich seit November 1941 im Bau, seit Dezember 1941 wurden polnische Juden in Chelmno bei Lodz systematisch in »Gaswagen« getötet.

Vor diesem Hintergrund waren die wichtigsten Ziele des Treffens vor allem die Information der Geladenen über den laut Protokoll alle elf Millionen Juden im deutschen Machtbereich betreffenden »Vernichtungsplan« und die »Parallelisierung der Linienführung«, das heißt, die Sicherung der wirkungsvollen Zusammenarbeit aller Zentralinstanzen des Reiches.

Weitere Protokollpunkte waren die Betonung der Zuständigkeit Reinhard Heydrichs für Vorbereitung und Durchführung der so genannten »Endlösung« sowie die Klärung der Frage nach der Behandlung der »Mischlinge« und der in »Mischehen« lebenden Juden.

Die Wannsee-Konferenz verdeutlicht die enge Zusammenarbeit von SS, Partei und traditioneller Staatsverwaltung bei der Planung und Durchführung des rationalisierten Völkermordes; generelle Einwände gegen die Ermordung der europäischen Juden wurden – trotz offenkundigem Dissens in ›Detailfragen‹ wie dem Umgang mit so genannten »Mischehen« – von keinem Vertreter der beteiligten Institutionen erhoben.

Bereits 1965 entwickelte Joseph Wulf, Mitglied der jüdischen Kampforganisation im Krakauer Ghetto, Auschwitz-Überlebender, Autor zahlreicher Publikationen zum Holocaust und Mitbegründer der Zentralen Jüdischen Historischen Kommission in Polen, zusammen mit einigen Freunden und Kollegen einen Plan für ein internationales Dokumentationszentrum in Berlin mit Sitz in der Wannsee-Villa, die seit 1952 als Schullandheim des Bezirks Neukölln genutzt wurde. 1966 wurde der Verein »Internationales Dokumentationszentrum zur Erforschung des Nationalsozialismus und seiner Folgeerscheinungen e.V.« (IDZ) gegründet und Joseph Wulf zum Vorsitzenden gewählt. Im Kuratorium saßen unter anderem Alfred Grosser und Golo Mann; frühe Mitglieder waren die Professoren Karl Dietrich Bracher, Max Horkheimer, →Eugen Kogon (*Der SS-Staat* [I.B2]) und Margarete Mitscherlich (→Alexander und Margarete Mitscherlich: *Die Unfähigkeit zu trauern* [IV.A2]), der Publizist Ralph Giordano, der Generalstaatsanwalt →Fritz Bauer [III.A5] und »Nazi-Jäger« →Simon Wiesenthal [I.C4]. Den Ehrenvorsitz übernahm →Karl Jaspers (*Die Schuldfrage* [I.C3]).

Nach Erwägung verschiedener alternativer Standorte versuchte der Berliner Senat, das Projekt in die Freie Universität zu integrieren, worauf der regierende Bürgermeister Klaus Schütz erklärte, dass dafür zurzeit keine Mittel zur Verfügung stünden. 1972 beschlossen Kuratorium und Mitgliederversammlung des IDZ die Auflösung des Vereins. Zwei Jahre später nahm sich Joseph Wulf aus Verzweiflung, auch über die fehlende Anerkennung als Historiker, das Leben.

Erst ein Jahrzehnt später wiederholte Heinz Galinski, Vorsitzender der Jüdischen Gemeinde zu Berlin, anlässlich einer Gedenkstunde zum 40. Jahrestag der Wannsee-Konferenz den Vorschlag, in der Wannsee-Villa ein Dokumentations- und Begegnungszentrum einzurichten und fand dabei Unterstützung von ehemaligen Mitgliedern des Wulf'schen Aktivkreises, jüngeren Historikern sowie von Bürgermeister Eberhard Diepgen. Der Senatsbeschluss erfolgte im Herbst 1986; am 20.1.1992, dem 50. Jahrestag der Wannsee-Konferenz, wurde die Gedenkstätte mit dem Anspruch, ein erster zentraler Ort zur Erinnerung an die Opfer des Holocaust in Deutschland zu sein, eröffnet. Träger der Gedenkstätte sind der Verein »Erinnern für die Zukunft«, dem Bund und Land angehören, der Zentralrat der Juden in Deutschland, die Jüdische Gemeinde zu Berlin, das Deutsche Historische Museum, ein Repräsentant der Verfolgtenverbände und Vertreter der beiden christlichen Kirchen.

Die auf dem Photoband *Der gelbe Stern* (Gerhard Schoenberner, 1960) über die Vernichtung der europäischen Juden beruhende Dauerausstellung im Haus der Wannsee-Konferenz thematisierte den Prozess der Entrechtung, Verfolgung und Ermordung der europäischen Juden auf dem Forschungsstand der 1960er Jahre und war stark intentionalistisch geprägt (→Intentionalisten vs. Strukturalisten [IV.C5]).

Die 2006 neu gestaltete Dauerausstellung fokussiert die Wannsee-Konferenz sowie die beteiligten Ämter und Personen, die umfassend in die Geschichte des Antisemitismus und den Verlauf des Holocaust eingebettet werden. In verschiedenen Ausstellungsräumen werden die Erfahrungen der Opfer mit einem Blick auf die verschiedenen Tätergruppen kontrastiert. Thematisiert werden dabei auch neue Erkenntnisse über Kollaboration oder die Frage, wie viel die deutsche Bevölkerung vom Genozid an den Juden wusste.

Die parallel verlaufenden Bemühungen um das Prinz-Albrecht-Gelände (→Topographie des Terrors [V.C6]), bei denen die Initiatoren den Arbeitsschwerpunkt erstmals auf die Analyse der Täter und der Strukturen, die die NS-Verbrechen ermöglichten, legten, mündeten erst 2010 in die Eröffnung einer Dauerausstellung in einem angemessenen Gebäude.

Die Gedenkstätte Haus der Wannsee-Konferenz bezeichnet sich heute zwar auch als Haus der Täter, erstes Ziel des Trägervereins bleibt jedoch »das Gedenken an die Opfer der nationalsozialistischen Politik und des Völkermordes«. Daran lässt sich ablesen, wie lange die Täterperspektive selbst an diesen Orten marginalisiert wurde.

MH

Lit.: Gedenk- und Bildungsstätte Haus der Wannsee Konferenz (Hg.) (2008): *Die Wannsee-Konferenz und der Völkermord an den Europäischen Juden. Katalog der ständigen Ausstellung*, Berlin. Norbert Kampe, Peter Klein (Hg.) (2013): *Die Wannsee-Konferenz am 20. Januar 1942. Dokumente, Forschungsstand, Kontroversen*, Köln: Böhlau. Michael Haupt (2009): *Das Haus der Wannsee-Konferenz. Von der Industriellenvilla zur Gedenkstätte*, Paderborn: Bonifacius. Peter Longerich (1998): *Die Wannsee-Konferenz vom 20. Januar 1942. Planung und Beginn des Genozids an den europäischen Juden*, Berlin: Ed. Hentrich. Kurt Pätzold, Erika Schwarz (1998): *Tagesordnung Judenmord. Die Wannsee-Konferenz am 20. Januar 1942. Eine Dokumentation zur Organisation der »Endlösung«*, Berlin: Metropol. Wolf Kaiser (1997): »Die Wannsee-Konferenz. SS-Führer und Ministerialbeamte im Einvernehmen über die Ermordung der europäischen Juden«, in: Heiner Lichtenstein, Otto R. Romberg (Hg.): *Täter-Opfer-Folgen. Der Holocaust in Geschichte und Gegenwart*, Bonn: BpB, S. 24–37. Gerhard Schoenberner (1992): »Der lange Weg nach Wannsee: von der Gründerzeitvilla zur Gedenkstätte«, in: *Dachauer Hefte*, H. 8, S. 150–163. Johannes Tuchel (1992): *Am Großen Wannsee 56–58. Von der Villa Minoux zum Haus der Wannsee-Konferenz*, Berlin: Ed. Hentrich.

V.C8 Ausstellung deutscher Widerstand, in der zweiten Hälfte der 1980er Jahre und erneut im Jahr 1994 geführte Kontroverse um die sukzessive in Teilabschnitten eröffnete Ausstellung im Berliner Bendlerblock, dem ehemaligen Reichskriegsministerium, die eine pluralistische, alle Facetten umfassende Dokumentation des deutschen Widerstandes gegen den Nationalsozialismus vorstellte.

Im Zuge einer sich wandelnden Widerstandsrezeption initiierte der Regierende Bürgermeister Berlins, Richard von Weizsäcker (CDU), 1983 die Dauerausstellung *Widerstand gegen den Nationalsozialismus* auf dem Gelände der Berliner Gedenkstätte deutscher Widerstand. Deren wissenschaftlicher Leiter Peter Steinbach konzipierte seinem Auftrag entsprechend eine Ausstellung, die dem breiten Spektrum einer Gegnerschaft zu Hitler Rechnung trug.

Diese Ausstellung, die die gesamtdeutsche Widerstandsgeschichte aufgreifen und die bisherigen vorherrschenden Reduktionen auf einzelne heroisierte Akteure überwinden sollte (→Hans Rothfels: *Die deutsche Opposition gegen Hitler* [I.B5]), wurde vor allem von Nachkommen einzelner Widerstandskämpfer massiv kritisiert. Im Zentrum der Kritik stand der Ausstellungskomplex »Kommunistischer Widerstand«, insbesondere die Präsentationen des »Nationalkomitees Freies Deutschland« (NKFD) sowie des »Bundes Deutscher Offiziere«, die beide aus russischer Kriegsgefangenschaft heraus agiert hatten und deren gleichberechtigte Würdigung im Rahmen einer westdeutschen Ausstellung harsche Proteste provozierte: Im Zuge der einzelnen Teileröffnungen der Ausstellung zwischen 1985 und 1989 wurde über publizistische Stellungnahmen die Forderung nach einer Entfernung einzelner Ausstellungsstücke sowie einer politischen Intervention in den Ausstellungsinhalt laut.

In der Debatte, die zum Zeitpunkt der zweiten Teileröffnung einsetzte, wurde aus dem Umfeld einiger Nachkommen des konservativen Widerstands gefordert, einen Ausstellungsteil »Christdemokraten im Widerstand« einzurichten, um eine Gegenposition zum Widerstand der Arbeiterbewegung aufzuzeigen. Diese Erweiterung bzw. Reduktion der bisherigen Ausstellungskonzeption zeigte das Bestreben, den konservativen Widerstand als Ursprung der CDU – und damit verbunden als Legitimitätsgrundlage der BRD – herauszustellen.

1994, zeitgleich mit der dritten Teileröffnung, entzündete sich anlässlich des 50. Jahrestages des Attentates vom 20. Juli erneut eine Kontroverse um die Wertung und Besetzung des Widerstandsbegriffs. Im Verlauf des Juni und Juli 1994 erörterten zahlreiche Leserbriefe und Leitartikel der Tagespresse die Bedeutung des 20. Juli 1944 für das demokratische Selbstverständnis der Bundesrepublik sowie die Rolle des NKFD im Zusammenhang mit der Etablierung einer SED-Diktatur. Maßgeblicher Streitpunkt war die Würdigung der Verschwörer um Claus Schenk Graf von Stauffenberg am historischen Ort ihrer Hinrichtung und die Nennung der späteren SED-Größen Walter Ulbricht und Wilhelm Pieck im Rahmen der Ausstellung. Diese Gleichzeitigkeit von Ehrung und Erwähnung wurde vor allem von Franz Ludwig Graf Schenk von Stauffenberg (CSU) als Abwertung des Gedenkens an seinen Vater gewertet. Auch Volker Rühe (CDU), als Verteidigungsminister neuer Hausherr im Bendlerblock, urteilte: »Menschen, die ein Unrechtsregime nur durch ein anderes ersetzt haben [...] verdienen nicht an gleicher Stelle und in einem Atemzug mit [...] Graf von Stauffenberg, Goerdeler und Leuschner geehrt zu werden.«

Am 20. Juli 1994 besetzten Demonstranten die Gedenkstätte und machten darauf aufmerksam, dass Bundeskanzler Helmut Kohl (CDU) den konservativen Widerstand nutze, um damit die eigene politische Legitimation zu untermauern (→»Geistig-moralische Wende« [V.A2]). Sie konfrontierten die Bundesregierung mit dem Vorwurf, die ursprüngliche Intention der Ausstellung ins Gegenteil zu verkehren, da sie die Ausstellungsgegner unterstütze. Wenn die Darstellung des Widerstandes aus politischer Motivation reglementiert werde, wie es zum Beispiel die Gleichsetzung des Nationalsozialismus mit der SED-Diktatur ausdrücke, werde der Anspruch einer Darstellung der gesamtdeutschen Widerstandsgeschichte unterlaufen.

Mit der 1993 erfolgten Angliederung als wissenschaftliche Forschungsstelle an das Otto-Suhr-Institut der FU Berlin wurde die Ausstellung in einem unabhängigen Rahmen verankert und hat als Dauerausstellung ihren festen Ort im Bendlerblock gefunden. Somit hat sich das Konzept eines ›integralen‹ Widerstandsbildes, das alle Facetten der Opposition zum Nationalsozialismus umfasst, etablieren können, wobei der konservativ-militärische Widerstand des 20. Juli schon aufgrund des Ortes akzentuiert wird.

Kurz vor dem 70. Jahrestag des 20. Juli 1944 wurde die für 4 Mio. Euro neu gestaltete Ausstellung von Bundeskanzlerin Angela Merkel (CDU) neu eröffnet. Das Ansinnen der Leiter der Einrichtung, Johannes Tuchel und Peter Steinbach, alle Facetten des Widerstandes zu würdigen, hat sich darin durchgesetzt. Das Spektrum reicht von nonkonformistischen jugendlichen Subkulturen wie dem Swing bis zu politisch motivierten Gruppierungen, deren mitunter moralische Zwiespältigkeit (wenn etwa einzelne Mitglieder des militärischen Widerstandes zuvor Akteure in der NS-Mordmaschinerie gewesen waren) nicht ausgespart wird. In der heutigen Ausstellung finden sich weniger sinnstiftende Vorbilder für politische Parteien, wie dies Kohl noch vorgeschwebt hatte, als vielmehr komplexe individuelle Biografien. Einzelschicksale wie das des Hitler-Attentäters Georg Elser wurden aufgewertet, ebenso kaum bekannte Widerstandshandlungen wie ein Aufstand von Sinti und Roma im Vernichtungslager Auschwitz in Erinnerung gerufen. Gleichwohl monierte der Historiker Martin Sabrow fast zeitgleich mit der Neueröffnung, wenngleich nicht in direktem Zusammenhang mit der Ausstellung, dass der kommunistische Widerstand in der Bundesrepublik nach wie vor kaum gewürdigt werde.

KL/MNL

Lit.: Martin Sabrow (2014): »Die vergessene Erinnerung. Kommunistischer Widerstand und kulturelles Gedächtnis«, in: *Merkur. Deutsche Zeitschrift für europäisches Denken* 68, H. 11, S. 953–964. Hans Maur (1999): *Geschichtsrevision – Gedenkstätten. Gedenkstättenkultur der BRD am Scheideweg zum 21. Jahrhundert*, Berlin: Gedenkstättenverband e.V. Peter Reichel (1999): *Politik mit der Erinnerung. Gedächtnisorte im Streit um die nationalsozialistische Vergangenheit*, Frankfurt a.M.: Fischer. Rheinischer Merkur (Hg.) (1994): *20. Juli 1994*, Bonn: Verlag Rheinischer Merkur. Peter Steinbach (1994): »Vermächtnis oder Verfälschung? Erfahrungen mit Ausstellungen zum deutschen Widerstand«, in: Gerd Ueberschär (Hg.): *Der 20. Juli 1944*, Köln: Bund-Verlag, S. 170–188. Peter Steinbach, Johannes Tuchel (Hg.) (1994): *Widerstand gegen den Nationalsozialismus*, Bonn: Bundeszentrale für politische Bildung. Peter Steinbach (1990): »Wem gehört der Widerstand gegen Hitler?«, in: *Dachauer Hefte* 6, S. 56–72.

V.C9 Streitfall jüdischer Friedhof in Hamburg-Ottensen, öffentliche Auseinandersetzung um den Bau eines Einkaufszentrums auf dem im Nationalsozialismus weitgehend zerstörten jüdischen Friedhof.

Der bereits 1663 angelegte jüdische Friedhof im Hamburger Stadtteil Ottensen war im »Dritten Reich« weitgehend zerstört worden.

Nach seiner Schließung 1934 und seiner Entwidmung 1941 war der Status einer Totenstätte aufgehoben; durch den 1939/40 und 1942 erfolgten Bau von zwei Bunkern wurde der Ort schwer beschädigt. Die Hälfte der über 4.000 Grabstätten waren 1942 eingeebnet, als Bauschutt abgefahren und zum Straßenbau verwendet worden.

Nach Kriegsende wurde das Gelände von der Stadt nach längerem Rechtsstreit an die Jewish Trust Corporation for Germany zurückerstattet, die den geschändeten Friedhof, dessen Wiederherstellung den Beteiligten nicht mehr möglich schien, in Absprache mit der Jüdischen Gemeinde Hamburg 1950 an den Warenhauskonzern Hertie verkaufte. Es wurde vereinbart, dass alle noch aufzufindenden Grabsteine und Gebeine an die Jüdische Gemeinde übergeben würden, damit diese die Gräber auf ihren neuen Ohlsdorfer Friedhof überführen konnte. Hertie errichtete 1952/53 ein Kaufhaus auf dem ehemaligen Friedhof und asphaltierte das übrige Gelände. Ob dabei tatsächlich Gebeine exhumiert wurden, lässt sich nicht mehr nachvollziehen.

Aufgrund finanzieller Probleme veräußerte Hertie seinen Besitz in Ottensen 1988 an die Unternehmensgruppe Büll & Dr. Liedtke, die einen das ganze Grundstück bedeckenden Massivbau mit Tiefgarage errichten wollte. Da bei Probegrabungen Überreste von Gebeinen gefunden wurden, einigte sich der Investor mit der Jüdischen Gemeinde Hamburg darauf, einen jüdischen Beerdigungsfachmann die Bauarbeiten und die Exhumierung überwachen zu lassen.

Ab Mitte 1991 wurde der ehemalige Friedhof in Hamburg jedoch zum Thema in der ausländischen jüdischen Presse. Schnell entwickelte sich unter Federführung der Athra Kadischa, einer internationalen Organisation zur Erhaltung heiliger jüdischer Stätten, die der jüdischen Orthodoxie zugerechnet wird, eine koordinierte internationale Protestbewegung gegen die geplante Bebauung. Daneben gab es auf kommunal- und bundespolitischer Ebene inoffizielle Interventionsversuche seitens verschiedener Rabbinate und auch der US-amerikanischen Diplomatie. Seit September 1991 demonstrierten immer wieder vor allem orthodoxe Juden aus den Niederlanden und Belgien vor Ort, die von der Athra Kadischa mobilisiert worden waren. Zwischenzeitlich kam es zur vollständigen Besetzung des Baugrunds. Vor allem Bilder von orthodoxen Juden mit ihrem für das Deutschland nach dem Holocaust außergewöhnlichen Erscheinungsbild dominierten die Berichterstattung und vermittelten den Eindruck, bei dem Streit gehe es um das Problem einer exotischen und extremen religiösen Minderheit – dies führte auch dazu, dass es kaum zur Solidarisierung nicht-jüdischer Deutscher mit dem Protest kam. Die Jüdische Gemeinde Hamburg verhielt sich im gesamten Friedhofsstreit völlig passiv, wohl auch, weil der Friedhofsstreit antisemitische Schmierereien am Bauzaun und Drohungen gegen Gemeindemitglieder provozierte.

Trotz des Widerstandes erließ die Hansestadt mit Berufung auf einen positiven Bauvorbescheid von 1990 und die rechtliche Lage im Dezember 1991 die Baugenehmigung, in der allerdings »die Schaffung einer angemessenen, öffentlich zugänglichen Gedenkstätte« explizit – wenn auch baurechtlich kaum durchsetzbar – zur Auflage gemacht wurde. Lange Zeit blieb der Verweis auf die Rechtsstaatlichkeit des Verfahrens die einzige Konfliktbewältigungsstrategie der Hamburger Politik. Auch viele Politiker auf Bundesebene wiesen mit dieser Begründung jede Zuständigkeit von sich.

Verschiedene Verhandlungen zwischen Büll & Dr. Liedtke und der Athra Kadischa scheiterten. Der für Hamburg zuständige Landesrabbiner Nathan P. Levinson vertrat die Position, eine Exhumierung und Umbettung sei mit halachischem Recht sehr wohl zu rechtfertigen, konnte jedoch die Athra Kadischa und streng orthodoxe Rabbinate ebenso wenig überzeugen wie die Deutsche Rabbinerkonferenz, die jede Grabung auf dem Friedhofsgelände untersagte. Am 5.5.1992 wurde ein Baustopp verfügt und zugleich vom Senat der Jerusalemer Oberrabbiner Itzchak Kolitz als Schlichter angerufen. Kolitz sprach sich am 21.5.1992 dafür aus, das Gelände zu versiegeln, ohne eine Ausschachtung vorzunehmen. Stützpfeiler sollten nur an bereits ausgehobenen Stellen eingesenkt werden und die gesamten Bauarbeiten von einem jüdischen Fachmann überwacht werden. Kolitz machte zugleich unmissverständlich deutlich, dass jedes Gebäude auf diesem Gelände »ein Schandmal für die deutsche Regierung« sei. Nach einer Entschädigungsklage des Investors gegen die Stadt wegen Bauverzögerung und einer Abänderung der Baugenehmigung im Hinblick auf das Jerusalemer Gutachten kam es schließlich zum Bau des Gebäudekomplexes. Die 21.000 Quadratmeter große Einkaufspassage »Mercado« wurde 1995 eröffnet. Sie steht auf einer meterdicken Stahlbetonplatte. Mit dieser Versiegelung des Untergrundes sollte jede Bewegung des Erdreiches unterbunden sein, wenn so zugleich auch der Zugang zu den Überresten von schätzungsweise immer noch 400 bis 550 Grabstellen endgültig versperrt wurde. Dabei konnte sich der Investor mit dem Verbot von Tiefbauarbeiten insofern abfinden, als dass bereits große Kellerflächen durch den Bunker von 1942 und das Hertie-Kaufhaus von 1953 vorhanden waren, die nun nurmehr miteinander verbunden werden mussten.

Die Auseinandersetzung um den jüdischen Friedhof in Hamburg-Ottensen war für die beteiligten Politiker und den Investor auch deshalb ein schwieriges Unterfangen, weil mit ihr ein weitgehender innerjüdischer Konflikt verbunden war. Dass die Angelegenheit bei der endgültigen Lösung jedoch nur wie ein rein jüdisches Problem gehandhabt wurde, das einen rabbinischen Schiedsspruch benötigte, ist ebenso fragwürdig wie das vorgebrachte Argument, der Friedhof sei ja bereits von den Nationalsozialisten entwidmet und zerstört worden und könne daher nicht mehr als Friedhof angesehen werden. Der Tatsache, dass sich die komplizierte Situation aus der NS-Vergangenheit ergeben hatte, mit der sich mindestens eine moralische Verpflichtung für die Stadt und den Bund verband, wurde nicht Rechnung getragen. Vor allem aber agierten Politik und Wirtschaft so, als gelte in Hamburg auch vier Jahrzehnte später noch immer der Abriss- und Wiederaufbaupragmatismus der 1950er Jahre: Obwohl es entsprechende Vorschläge gab, wurde von den Verantwortlichen zu keiner Zeit erwogen, das Gelände als Gedenkstätte im Sinne eines Erinnerungsortes zu erhalten und so die Zerstörung des jüdischen Friedhofs in Ottensen zwar nicht rückgängig, aber zumindest sichtbar zu machen. Während das »Mercado« in seiner Selbstdarstellung darauf hinweist, der Besucher werde architektonisch »an die Bauten des alten Ottensen erinnert – an Werften, Schiffbau, Eisenschmieden«, ist der Verweis auf das, was diesen Ort mehrere Jahrhunderte lang konkret ausmachte, an eine 1996 enthüllte Wandinstallation im Eingangsbereich mit den Namen der einst rund 4500 in Ottensen beigesetzten Juden delegiert. Die an der Erstellung dieser »Memorwand« beteiligte Historikerin Ina Lorenz kommentierte, es werde sich zeigen, »ob die staatlich angeordnete ›Gedenkstätte‹ sich nicht auf die Ghettoisierung einer wohlmeinenden Idee beschränkt«. Für die Geschichte der »Vergangenheitsbewältigung« erscheint im Streit um den jüdischen Friedhof aber weniger der mehr oder minder adäquate Umgang einzelner Beteiligter mit diesem historischen Ort bedeutsam als die unabschließbare Wiederkehr des in den 1940er und 1950er Jahren im wahrsten Sinne des Wortes Verschütteten.

NKl/MNL

Lit.: Ina Lorenz (2001): »Rabbinische Konfliktlösung und politischer Konflikttransfer. Der Streit um den jüdischen Friedhof Ottensen in der Nachschau«, in: *Jahrbuch für Antisemitismusforschung* 10, S. 36–54. Jörg Berkemann, Ina Lorenz (Hg.) (1995): *Streitfall jüdischer Friedhof 1663–1993*, 2 Bde., Hamburg: Dölling und Gallitz.

V.C10 Gedenkstätte Neue Wache, 1993 geführte Kontroverse um die Ausgestaltung und Einweihung der Neuen Wache Unter den Linden als zentrales Mahnmal »Für die Opfer von Krieg und Gewaltherrschaft« in Berlin. Bereits Mitte der 1980er Jahre wurde im Bundestag über eine nationale Gedenkstätte für die Kriegstoten beider Weltkriege debattiert, wobei seitens der beteiligten Verbände (neben dem federführenden Volksbund deutsche Kriegsgräberfürsorge e.V. unter anderem auch der Bund der Vertriebenen und der Ring Deutscher Soldatenverbände) das Gedenken primär den deutschen Opfern gelten sollte. Eine Einigung scheiterte 1986 an Differenzen bezüglich der Inschrift einer solchen Gedenkstätte. SPD und Grüne sprachen sich im Bundestag gegen die Formulierung »Für die Opfer von Krieg und Gewaltherrschaft« aus, und plädierten stattdessen für die differenziertere Benennung der Opfer entsprechend der Rede des Bundespräsidenten Richard von Weizsäcker (CDU) vom 8. Mai 1985 (→Weizsäcker-Rede [V.A7]). Von Weizsäcker hatte darin, als Reaktion auf die →Bitburg-Affäre [V.A4], die folgenden Opfergruppen genannt, derer gedacht werden sollte: der sechs Millionen ermordeten Juden, der Bürger der Sowjetunion und Polens und der Völker, die im Krieg gelitten hatten, der bei Luftangriffen, in Gefangenschaft und bei Vertreibung gestorbenen Deutschen, der ermordeten Sinti und Roma, der getöteten Homosexuellen und der wegen ihrer politischen oder religiösen Überzeugung Umgebrachten, der erschossenen Geiseln und Opfer des Widerstandes in besetzten Ländern sowie der Opfer des deutschen Widerstandes. Die Fraktionen der CDU und FDP im Bundestag lehnten diesen Opfer-Nekrolog aufgrund seiner Ausführlichkeit jedoch ab.

Im Januar 1994 wurde bekannt, dass Bundeskanzler Helmut Kohl (CDU) in der neuen Bundeshauptstadt Berlin die Neue Wache als Ort für ein nationales Mahnmal ausgewählt und alle Maßnahmen bereits in Auftrag gegeben hatte, ohne diesbezüglich eine Anhörung im Bundestag anzusetzen. Der von Architekt Heinrich Tessenow 1931 gestaltete Gedenkraum hatte vorher der Erinnerung an die Gefallenen des Ersten Weltkrieges und dann der DDR »Für die Opfer von Militarismus und Faschismus« gedient. Als Zentrum des Mahnmals hatte Kohl die Plastik *Mutter mit totem Sohn* (1938) von Käthe Kollwitz ausgewählt. In den folgenden Monaten wurde heftiger Protest laut, der eine publizistische Kontroverse anstieß. Im Mittelpunkt der Kritik standen der Alleingang des Kanzlers, abermals die Inschrift, vor allem aber die stark vergrößerte Plastik von Käthe Kollwitz. Nachdem bereits im April 1994 der Umbau begonnen hatte, wurde die Neue Wache erst im Mai 1994 auf die Tagesordnung des Haushaltsausschusses im Bundestag gesetzt. In der Debatte konnten demnach nur noch Standpunkte formuliert werden, eine gemeinsame Erarbeitung des Projektes war nicht mehr möglich. Im Rahmen dieser Bundestagsdebatte formulierten SPD, Grüne und PDS erneut die Forderung nach einer Inschrift, die sich an der Weizsäcker-Rede orientieren sollte. Der Vorwurf gegen die vorgesehene Inschrift »Für die Opfer von Krieg und Gewaltherrschaft« richtete sich vor allem gegen die Nivellierung der Opfergruppen. Durch den undifferenzierten Opferbegriff, so der Historiker Reinhart Koselleck (*FAZ*, 8.4.1993), entstehe der Eindruck, nationalsozialistische Täter seien genauso wie die vom Nationalsozialismus Verfolgten »Opfer« (im passiven Sinne) der Ereignisse des Krieges geworden. Im Einvernehmen mit Ignatz Bubis (→Walser-Bubis-Debatte [VI.A4]), dem Vorsitzenden des Zentralrates der Juden in Deutschland, wurde der Kompromiss gefunden, außerhalb des Gedenkraumes eine Tafel mit den Benennungen der Opfer entsprechend der →Weizsäcker-Rede [V.A7] anzubringen. Dieser Kompromiss konnte auch deshalb erreicht werden, da zeitgleich die Zusage für das →Holocaust-Mahnmal in Berlin [VI.A2] erfolgte, so dass der Holocaust-Opfer gesondert gedacht werden würde. Die Kritik an der Plastik wurde außerparlamentarisch debattiert und vor allem im Feuilleton der *FAZ* formuliert. Christoph Stölzl, Leiter des Deutschen Historischen Museums in Berlin und Berater Kohls, sprach sich für die Plastik aus und betonte die Priorität der politischen Interessen vor künstlerischen Aspekten (*FAZ*, 13.3.1993). Koselleck dagegen wandte sich in diversen *FAZ*-Artikeln gegen die Aufstellung der Plastik. Er argumentierte gegen die zweifache Symbolik der »Mutter mit totem Sohn«: die symbolische Bedeutung einer Pietà, die in der christlichen Tradition für Trost und Erlösung stehe einerseits; zum anderen die Trauer der hinterbliebenen Mutter, die den Tod ihres Sohnes im Ersten Weltkrieg thematisiert. Beide symbolischen Aufladungen würden dem Gedenken an die Opfer des systematischen Mordens im Nationalsozialismus nicht gerecht (*FAZ*, 23.8.1993). Unter anderem mit dem *FAZ*-Redakteur Eduard Beaucamp (*FAZ*, 13.3.1993) argumentierte Koselleck für eine Ausschreibung des Mahnmalprojektes, da sich erst die Kunst nach Auschwitz mit dieser neuen Dimension des Massenmordes auseinandersetzen könne. Der Vorwurf Kosellecks an die Bundesregierung war die Schaffung eines Trauermonopols, das den Staat als theologischen Garanten für Zuversicht und Trost einsetze. Hinzu kamen ästhetische Bedenken an der vierfachen Vergrößerung der Plastik auf etwa 150cm, die von Käthe Kollwitz mit durchaus autobiographischer Intention als Intimplastik von 38cm Höhe entworfen worden war. Die Eröffnung der Gedenkstätte am Volkstrauertag, dem 14.11.1993, galt unter Kritikern als ein weiteres Beispiel für die Geschichtsrelativierung der Ära Kohl (→»Geistig-moralische Wende« [V.A2]; →»Gnade der späten Geburt« [V.A3]).

KL

Lit.: Sabine Moller (1998): *Die Entkonkretisierung der NS-Herrschaft in der Ära Kohl*, Hannover: Offizin. Peter Reichel (1995): *Politik mit der Erinnerung. Gedächtnisorte im Streit um die nationalsozialistische Vergangenheit*, München: Hanser. Thomas E. Schmidt (1995): »Gedenken als symbolische Politik. Die Neue Wache im neuen Deutschland«, in: Hans-Ernst Mittig et al. (Hg.): *Nationaler Totenkult: Die Neue Wache*, Berlin: Kramer, S. 69–73. Christoph Stölzl (1993): *Die Neue Wache unter den Linden. Ein deutsches Denkmal im Wandel der Geschichte*, Berlin: Koehler u. Amelang, S. 212–221. Akademie der Künste (Hg.) (1993): *Streit um die Neue Wache. Zur Gestaltung einer zentralen Gedenkstätte*, Berlin: Akademie der Künste, S. 7–18.

V.D Nach der Wiedervereinigung

V.D1 Skepsis gegenüber der deutschen Wiedervereinigung, seit der Öffnung der österreichisch-ungarischen Grenze im Mai 1989 und spätestens seit dem Fall der Berliner Mauer am 9. November 1989 aufkommende internationale Misstrauens- und Ablehnungsbekundungen zum Wiedervereinigungsprozess beider deutscher Staaten.
Ein von Bundeskanzler Helmut Kohl (CDU) am 28.11.1989 dem Deutschen Bundestag vorgelegter Zehn-Punkte-Plan markierte den Grundstein für eine deutsche Vereinigungspolitik, die in der Sorge um eine wieder aufkeimende großdeutsche Vergangenheit kritisch-besorgte bis angsterfüllte ausländische Stimmen hervorrief. Auslöser war – neben dem Vorwurf eines deutschen Alleingangs durch Kohl – vor allem die fehlende Stellungnahme zur Unantastbarkeit der Oder-Neiße-Grenze, die großes Missfallen bei den EG- und NATO-Partnern, insbesondere aber bei der polnischen Bevölkerung hervorrief. Bereits im Vorfeld war außenpolitische Unruhe entstanden, als der damalige Finanzminister und CSU-Vorsitzende Theo Waigel im Sommer 1989 auf einem Schlesiertreffen in Hannover von einer »offenen deutschen Frage« in Bezug auf die ›deutschen Ostgebiete‹ gesprochen hatte. Helmut Kohl, der einen Besuch einer deutsch-polnischen Messe im oberschlesischen Góra Świętej Anny (dt. St. Annaberg) geplant hatte, hatte diesen im November 1989 auf Druck der polnischen Regierung absagen müssen. Der Ort, bis zum Ende des Zweiten Weltkrieges der wichtigste katholische Wallfahrtsort in Oberschlesien und späterer Anlaufpunkt für Vertriebene und Angehörige der deutschen Minderheit, war in Polen äußerst negativ konnotiert. Die zögerliche Haltung Kohls zur Grenzanerkennung – eine Frage, die sowohl das Potsdamer Abkommen von 1945 als auch Willy Brandts →Neue Ostpolitik [IV.A7] offen gelassen hatten – führte zu internationalen Ressentiments gegenüber möglichen Großmachtbestrebungen eines vereinten Deutschland. Besonders die internationale Presse schürte die aufkeimende Deutschland-Angst, oftmals unter Rückgriff auf die NS-Vergangenheit. Etikettierungen von Kohls Verhalten als Zeichen einer »großdeutschen Arroganz« in den dänischen Medien, die Heraufbeschwörung eines »Vierten Reiches« in der britischen *Times* sowie in der französischen Presse unübersetzt verwendete Begriffe wie »Reich«, »Anschluss« oder die im Zusammenhang mit Kohls Zehn-Punkte-Plan gewählte Formulierung »Blitzangriff« zeigen dies deutlich. Die internationale Forderung nach einer völkerrechtlichen Anerkennung der Oder-Neiße-Grenze noch vor der Realisierung einer deutschen Vereinigung fand bei den EG-Staaten und auch von sowjetischer Seite Unterstützung. Kohls Zögern war auch innenpolitisch motiviert, fürchtete er doch vor allem einen Verlust der Wählerstimmen der aus den ehemaligen Ostgebieten stammenden Flüchtlinge und Vertriebenen.
Ausländische Einsprüche häuften sich, als im Februar 1990 am Rande der NATO-Außenministerkonferenz in Ottawa die Regelung der Zwei-plus-Vier-Gespräche zur Lösung des deutschen Vereinigungsprozesses festgelegt wurde. Dass an den Verhandlungen die vier Siegermächte, nicht jedoch weitere NATO- und EG-Länder partizipieren sollten, löste bei etlichen Nachbarstaaten Deutschlands Besorgnis aus. Sie forderten Garantien für die eigene Sicherheit unter Ausschluss deutscher Expansionsmöglichkeiten. Insbesondere die Polen wichen nicht von ihrer Forderung nach einer Teilnahme an den Zwei-plus-Vier-Gesprächen ab. Traumatisiert durch den Ausschluss von den Verhandlungen in Jalta und Potsdam 1945 waren sie nicht bereit, Entscheidungen über polnische Grenz-

fragen über ihren Kopf hinweg verhandeln zu lassen. Mithilfe der Unterstützung von Frankreich und England wurde Polen schließlich zur Teilnahme an der dritten Zwei-plus-Vier-Verhandlung in Paris zugelassen. Die Unterzeichnung eines bilateralen deutsch-polnischen Grenzvertrages erfolgte schließlich am 14.11.1990.

Im Prozess der Wiedervereinigung hatten sich von Beginn an lediglich die USA – unter der Prämisse einer gesamtdeutschen NATO-Mitgliedschaft – für das deutsche Vereinigungsbestreben eingesetzt. Bereits im Oktober 1989 hatte sich US-Präsident George Bush von den Ängsten der europäischen Nachbarn Deutschlands hinsichtlich einer Wiedervereinigung distanziert. Frankreich und England hingegen teilten die Sorge, dass durch ein souveränes Gesamtdeutschland das Kräfteverhältnis in der EG und im restlichen Europa maßgeblich zu ihren Ungunsten beeinflusst werden würde. Insbesondere Frankreichs Ministerpräsident François Mitterand und die britische Premierministerin Margaret Thatcher versuchten ein vereintes Deutschland zu verhindern, welches England und Frankreich auch wirtschaftlich und demographisch von ihrer bisherigen Führungsrolle zu verdrängen drohte und – so das Schreckensbild – zu peripheren Kleinstaaten ohne Autorität in Europa werden ließe.

Neben weiteren öffentlichen Bekundungen gegen eine deutsche Wiedervereinigung, unter anderem aus Dänemark, den Niederlanden und Italien, äußerte besonders der israelische Ministerpräsident Izchak Schamir heftige Kritik. Die Skepsis gegenüber einer befürchteten deutschen Vernachlässigung des Erinnerungsgebotes an den Holocaust begründete Schamir mit erstarkenden deutschen Neonazi-Bewegungen (→Rechtsextremismus [VI. E6]) sowie bundesdeutschen Waffenexporten an den Irak, die eine indirekte Beihilfe zur Ermordung von Juden darstelle. Des Weiteren verwies er auf die seines Erachtens fehlende Auseinandersetzung der ostdeutschen Bürger mit der nationalsozialistischen Vergangenheit, die Israel veranlasste, eine Erklärung Ostdeutschlands zur historischen Mitverantwortlichkeit für den Holocaust zu verlangen. Diese wurde im April 1990 durch die Modrow-Regierung ausgesprochen.

Unterstützt wurde Schamir durch den Vorsitzenden der Konferenz europäischer Rabbiner, Oberrabbiner Lord Immanuel Jakobovits, der internationale Garantien zur Sicherheit der europäischen Juden verlangte. Im Mai 1990 koppelte der Jüdische Weltkongress schließlich seine Zustimmung zur Wiedervereinigung an eine langfristige Institutionalisierung der Erinnerung an den Holocaust, einen NATO-Beitritt des geeinten Deutschland sowie die Unterstützung der EG-Integration.

Auch innerhalb Deutschlands wurde eine scheinbar verblassende Verantwortung der Deutschen gegenüber den Holocaust-Opfern diskutiert: Trotz internationalen Aufsehens und heftiger Proteste weigerte sich die bundesdeutsche Regierung, dem Wunsch des Vorsitzenden des Zentralrats der Juden in Deutschland, Heinz Galinski, nach einem Gedenk-Passus in der Präambel des deutschen Einigungsvertrages zu entsprechen.

Massive innerdeutsche Kritik am Wiedervereinigungsprozess wurde von dem Schriftsteller Günter Grass vorgetragen: Die Vereinigung beider deutscher Staaten sei de facto eine Übernahme des Ostens und ein wiedervereinigtes Deutschland löse nicht ohne Gründe Sorgen bei den Nachbarstaaten aus. Mögliche gesamtdeutsche Machttendenzen könnten durch die Bildung einer deutschen Konföderation anstelle eines Einheitsstaates unterbunden werden. Im Gegensatz zur Annahme Israels insistierte Grass darauf, dass die DDR durch das stalinistische System die Hauptlast des Zweiten Weltkrieges stellvertretend für die BRD-Bürger getragen hätte. Aus diesem Grund forderte er einen weitreichenden »Lastenausgleich« zugunsten der DDR, deren spezifische Geschichte nicht dem »dumpfen Einheitsgebot« gleichgemacht werden dürfe.

Als zum Ende des Jahres 1991 Deutschland im Alleingang die Dissidentenrepubliken Kroatien und Slowenien vorzeitig anerkannte und sich damit über ein EG-Übereinkommen hinwegsetzte, wurde die Wiedervereinigungskritik neu entfacht. Die ausländische Presse, allen voran die *New York Times*, missbilligte ein neues Selbstverständnis der Deutschen hinsichtlich ihrer Entscheidungsbefugnisse, die als neues großdeutsches Streben bewertet wurden. Auch Nationalismen deutscher Politiker wie zum Beispiel Kohls penible

Hochrechnungen der Verbreitung der deutschen Sprache in Europa wurden wiederholt als großdeutsche Bestrebungen wahrgenommen.

CKl

Lit.: Günter Grass (1990): *Deutscher Lastenausgleich. Wider das dumpfe Einheitsgebot. Reden und Gespräche*. Frankfurt: Luchterhand. Ines Lehmann (1996–2004): *Die deutsche Vereinigung von außen gesehen. Angst, Bedenken und Erwartungen in der ausländischen Presse*, 4 Bde., Frankfurt a.M. u.a.: Peter Lang.

V.D2 Doppelte Vergangenheitsbewältigung,

umstrittener Begriff zur Bezeichnung der veränderten erinnerungspolitischen Lage nach 1989/90 angesichts von DDR- und NS-Vergangenheit. »Doppelte Vergangenheitsbewältigung« umfasste erstens die historische wissenschaftliche Aufarbeitung beider Vergangenheiten als Diktaturenvergleich, zweitens die daraus abgeleitete vergleichende Analyse der strafrechtlichen bzw. justiziellen, personellen und materiellen »Vergangenheitsbewältigungen«(→Restitution ‚arisierten' Besitzes [V.D4]) sowie drittens den Umgang mit Orten aufeinander folgender Gewaltherrschaft.

Diktaturenvergleich

Insbesondere von konservativen Kreisen angeführt, wurde mit der Verwendung des Begriffs der »doppelten Vergangenheitsbewältigung« nicht selten eine unkritische Parallelisierung des NS und der DDR vorgenommen, suggerierte das Wort »doppelte« doch eine Gleichsetzung beider Systeme, gerade so als handele es sich um zwei Seiten ein und derselben Medaille. Der Begriff »Vergangenheitsbewältigung« implizierte darüber hinaus den Wunsch nach Vergessen und weitete die bereits in Bezug auf die NS-Zeit jahrzehntelang umstrittenen Forderungen nach einem Schlussstrich auf den Umgang mit der DDR-Vergangenheit aus. Die Singularitätsthese wiederum wurde in Bezug auf den Nationalsozialismus auf diese Weise abgeschwächt. Ohne Anerkennung der Singularität der Gewaltverbrechen des Nationalsozialismus wurde die SED-Herrschaft in manchen wissenschaftlichen Arbeiten, trotz Hinweisen auf grundverschiedene Konstellationen und Ausprägungen, als analoge totalitäre Diktatur neben dem Nationalsozialismus behandelt.

Oftmals ging diese Verwendung des Begriffs einher mit einer Aufweichung des Diktaturbegriffs. Genannt seien hier beispielsweise die gängigen Bezeichnungen »braune« und »rote« Diktatur. Das Prinzip der »doppelten Vergangenheitsbewältigung« korrelierte mit der Konjunktur der Totalitarismustheorie zwischen 1990 und 1995, die sich nach dem Kollaps der DDR zeitweilig als dominantes Deutungsmuster durchsetzen konnte. Der totalitarismustheoretische Vergleich von Nationalsozialismus und DDR wurde vorübergehend legitim; komparatistisch angelegte wissenschaftliche Arbeiten zu parallelen Herrschaftstechniken, analogen totalitären Strukturen und die Gegenüberstellung von Formen der personellen, rechtlichen und materiellen »Vergangenheitsbewältigungen« (nach 1945 und nach 1989/90) bildeten den Großteil der Untersuchungen, die sich Anfang der 1990er Jahre mit der Aufarbeitung der DDR-Vergangenheit befassten. In diesen ersten Studien zur doppelten Vergangenheitsbewältigung wurden zwar auch die gravierenden Unterschiede zwischen NS-System und DDR herausgearbeitet, die Übereinstimmungen in der Regel aber doch stärker gewichtet und die DDR stellenweise sogar als das verbrecherischere System dargestellt. Folgende Übereinstimmungen wurden hervorgehoben: Verbrechen gegen die Menschlichkeit, Einparteiensystem, fehlende demokratische Freiheiten (Meinungsfreiheit, Wahlfreiheit, Recht auf Eigentum etc.), Systemideologie. Dass die DDR über 40 Jahre Bestand hatte (statt zwölf Jahre Nationalsozialismus), dass sich die Gewalt vornehmlich nach innen richtete und eine höhere Durchdringung gesellschaftlicher Bereiche mit dem diktatorischen System vorlag sowie dass es formal wie real keine Gewaltenteilung gab, waren die zentralen Punkte, an denen die DDR in diesen Untersuchungen gegenüber dem Nationalsozialismus abgegrenzt wurde. Gemeinsam ist diesen Untersuchungen, neben dem stellenweise analogisierenden Vergleich von Nationalsozialismus und DDR und der

Delegitimierung beider Systeme sowie der punktuellen Einstufung der DDR als das totalitärere Regime von beiden, der Mangel an Ausdifferenzierung im Hinblick auf den geschichtlichen Bezugsrahmen. Die den historischen Tatsachen geschuldete Differenzierung zwischen SBZ und DDR, zwischen stalinistischen Verbrechen und Verbrechen des sozialistischen Regimes, erfolgte in diesen ersten schriftlichen Beiträgen über die Aufarbeitung der DDR-Vergangenheit nur am Rande. In der Regel wurden diese unterschiedlichen Phasen der ostdeutschen Geschichte nicht berücksichtigt.

Erst durch Kritik von Seiten meist sozialliberaler Historiker im Zuge der Enquete-Kommissionen des Deutschen Bundestages »Aufarbeitung der Geschichte und Folgen der SED-Diktatur« (1992–1994) und »Überwindung der Folgen der SED-Diktatur« (1995–1998) erfolgte eine Abmilderung dieser totalitarismustheoretischen, undifferenzierten und im Ansatz zum Teil geschichtsrevisionistischen Aufarbeitung. Berühmt geworden ist die Formel Bernd Faulenbachs, »dass die NS-Zeit mit ihren einzigartigen Verbrechen durch die stalinistischen Verbrechen nicht relativiert oder die stalinistischen Verbrechen mit Hinweisen auf die NS-Verbrechen bagatellisiert werden« dürfen. Jürgen Kocka führte in mehreren Aufsätzen Grundsätze einer komparatistischen Diktaturforschung ein (»Vergleich bedeutet nicht Gleichsetzen«, »Ähnlichkeiten und Unterschiede sind zu benennen«, »Vielschichtigkeit der historischen Realität ist nicht zu reduzieren auf einen reinen Diktaturenvergleich«, den »Grenzen des Vergleichs« bzw. den »Grenzen der diktatorischen Durchdringung« sind Vorzug zu geben), um geschichtspolitisch motivierte Formen der »doppelten Vergangenheitsbewältigung« abzufedern, wenn nicht gar als gegenstandslos zu erklären.

Zweifache Vergangenheitsbewältigung

Die »doppelte Vergangenheitsbewältigung« umfasste neben dem totalitarismustheoretisch angelehnten Diktaturenvergleich auch einen Vergleich von Aufarbeitungsleistungen in der DDR und der BRD vor 1989/90 in Bezug auf den Nationalsozialismus sowie eine Analyse der Aufarbeitungen beider Vergangenheiten nach 1989, die sich aus dem Diktaturenvergleich legitimierte.

Vergleichende Analysen der Vergangenheitsaufarbeitung des Nationalsozialismus nach 1945 in der BRD und DDR bis 1989 hoben die NS-Aufarbeitung in der BRD gegenüber der NS-Aufarbeitung der DDR positiv als einzig gelungene hervor. Sie argumentierten, dass die Aufarbeitung in der DDR vom Antifaschismus geprägt gewesen sei, der zugleich als »Gründungsmythos« fungiert habe, und dass sich die Gedenkkultur in der DDR – so Eckhard Jesse und Christa Hoffmann – bis in die 1980er Jahre auf die kommunistischen Opfer konzentriert habe, alle weiteren Opfergruppen ausblendend. Die BRD habe stattdessen, dem demokratischen Rechtssystem und den freiheitlichen Grundwerten verpflichtet, intensiver und objektiver aufgearbeitet als gemeinhin behauptet. Kritik an der BRD-Aufarbeitung fand sich in diesen Untersuchungen nur am Rande. Stattdessen wurden die (Erfahrungs-)Werte der NS-Aufarbeitung in der BRD als Maßstab für die Aufarbeitung der DDR nach 1989/90 zugrunde gelegt.

Vergleichende Analysen zur Aufarbeitung nach 1945 und nach 1989 kamen zu dem Ergebnis, dass sich die Aufarbeitung der DDR-Vergangenheit an der Aufarbeitung des Nationalsozialismus orientierte, dass es im Zusammenhang mit der Vergangenheitsbewältigung der DDR – wie auch nach 1945 in Westdeutschland – vornehmlich um die Delegitimierung des diktatorischen Vorgängerregimes ging und dass die Aufarbeitung der DDR-Vergangenheit in umfassenderem Ausmaß und prompter erfolgte, dabei Defizite aus den Erfahrungen der NS-Vergangenheitsbewältigung verhindert worden seien. »Was sich nach 1945 im Umgang mit der nationalsozialistischen Vergangenheit in Phasen nacheinander vollzog, spielte sich nun alles zugleich und in großer emotionaler Heftigkeit ab.« (Frieso Wielanga)

Als Beispiele für die rigorosere und umfassendere Aufarbeitung der »roten Diktatur« wurden folgende Maßnahmen angeführt: Die von der vorletzten Regierung der DDR unter Hans Modrow begonnene justizielle Ahndung des Systemunrechts wurde mit dem 3. Oktober 1990 und dem Beitritt der DDR zur BRD nach den rechtsstaatlichen Möglichkeiten der BRD weitergeführt. Dabei stellte die Rechtsprechung des Bundesgerichtshofes die Ahndung von Staatsunrecht und die Verletzung von Menschenrechten über das geltende Rückwirkungsverbot (→Rückwirkungsverbot [I.A7]).

Dieses besagt, dass nur Taten bestraft werden können, die zum Zeitpunkt der Tat nach dem positiven Recht als Straftat erkennbar waren. Nur in den Fällen, in denen das BRD-Recht mildere Strafen vorsah, wurde vom DDR-Recht abgewichen (Bock 1999). Durch die Schaffung des Stasi-Unterlagen-Gesetzes von 1991 und die damit verbundene Aktenöffnung sowie durch die Bildung der Behörde des Bundesbeauftragten für die Unterlagen des Staatssicherheitsdienstes der DDR (zunächst geleitet von Joachim Gauck) wurde eine wissenschaftliche, publizistische und individuelle Aufarbeitung ermöglicht. Um eine breite, differenzierte und nicht allein auf die Stasi reduzierte Aufarbeitung der Vergangenheit auf demokratischem Wege langfristig zu etablieren, wurden zwei Enquete-Kommissionen eingerichtet, die sich mit einem breiten Spektrum der DDR-Vergangenheit sowie ihrer Vorgeschichte auf politischer Ebene befassten und den Grundstein einer breiten Aufarbeitung legten.

Auf personeller Ebene wurde ein Austausch – wo möglich und sinnvoll – vorgenommen, eine Überprüfung von Mitarbeitern im Hinblick auf eine mögliche Stasi-Vergangenheit wurde zumindest für den öffentlichen Dienst konsequent durchgesetzt. Zur Gewährleistung einer nachhaltigen Aufarbeitung wurde die Bundesstiftung zur Aufarbeitung der SED-Diktatur im Anschluss an die letzte Enquete-Kommission eingerichtet, deren ausschließlicher Zweck es ist, die Aufarbeitung der DDR-Vergangenheit in allen Bereichen zu fördern (Forschung, Projekte, Beratung). Die Gedenkstättenkonzeption des Bundes von 1999 definierte als weiteres Ergebnis der Enquete-Kommissionen Standards bundesdeutschen Gedenkens an beide Vergangenheiten und regelte die Verantwortung von Bund und Ländern für erinnerungskulturelle Einrichtungen zum Nationalsozialismus und zur SBZ/DDR.

Diese implizite Gleichsetzung wurde von konservativen Vertretern der »doppelten Vergangenheitsbewältigung« (ihrer Argumentation des Diktaturenvergleichs folgend) als konsequente Folge des totalitäreren Charakters der DDR-Diktatur begrüßt. Wortführer der ost- und westdeutschen Linken wie Ludwig Elm und Ulrich Schneider sahen in diesen Analysen der Aufarbeitungen nach 1945 sowie in den umfassenden Maßnahmen der DDR-Vergangenheitsaufarbeitung nach 1989 hingegen eine ungerechtfertigte Delegitimierung der DDR sowie ihrer antifaschistisch geprägten NS-Aufarbeitung und bezeichneten die Entwicklungen der 1990er Jahre als anti-kommunistische »Siegerjustiz« bzw. als geschichtsrevisionistische Abwicklung, die eine Renationalisierung zum Ziel gehabt hätte.

Bei näherer Betrachtung gingen sowohl die Interpretationen der Vertreter der »doppelten Vergangenheitsbewältigung« als auch die Auslegungen ihrer Kritiker fehl. Für die zügige und umfassende Aufarbeitung der DDR-Vergangenheit in den 1990er Jahren war nicht eine Fortführung des »Kalten Krieges in den Köpfen« verantwortlich, sondern die asymmetrischen Ausgangsbedingungen 1945/1989. Die Aufarbeitung nach 1989 verlief nicht im Zeichen einer Kriegsniederlage und eines bis dato unvorstellbaren Vernichtungssystems. Die DDR war implodiert und hatte nie eine Massenbasis in der Bevölkerung. Zudem war die Aufarbeitung anfangs in erster Linie durch die »Selbstbefreiung« der ostdeutschen Bevölkerung geprägt. Weitere Argumente gegen die Vergleichbarkeit von Vergangenheitsaufarbeitungen (im Sinne des Diktaturenvergleichs) bezogen sich auf das Faktum, dass die Intensität der Debatten nach 1989 auch eine Folge der gewachsenen Medialisierung und der Professionalisierung der Erinnerungsarbeit sowie ihrer weltweiten Etablierung war. Diese Ausgangsbedingungen führten dazu, dass es statt Vergessen und Verdrängen unmittelbar 1989/90 eine Forschungs- und Publikationskonjunktur gab, der Schulddiskurs umfassender und allgemeiner verlief (»Schuld des fehlenden Mutes«), die Akten geöffnet wurden, Verjährung und Amnestien erfolgreich verhindert wurden sowie in kürzester Zeit eine Erinnerungs- und Gedenkkultur zur SBZ- und DDR-Vergangenheit entstand. Insgesamt nahm die Aufarbeitung aufgrund dieser zahlreichen Faktoren einen vollkommen anderen Verlauf als die des Nationalsozialismus nach 1945. Sie war keine direkte Folge einer angeblich totalitäreren DDR-Diktatur, war nicht Ergebnis einer Siegerjustiz und strebte auch keine konservative Renationalisierung des »Siegersystems« BRD an.

Der präzisere und von der Totalitarismustheorie losgelöste Begriff der »zweifachen Vergangenheitsaufarbeitung« ersetzte den problematischen Begriff der »doppelten Vergangenheitsbewältigung« zum Ende der 1990er Jahre. Dieser differenziertere Begriff berücksichtigt die Unterschiedlichkeit der zwei deutschen Vergangenheiten und besitzt den Vorteil, die Eigenheiten und Besonderheiten ihrer Formen der Aufarbeitung vor und nach 1989 ausdrücken zu können.

Umgang mit Orten aufeinander folgender Gewaltherrschaft

Die Debatte um die »doppelte Vergangenheitsbewältigung« erstreckte sich über die wissenschaftliche, justizielle und publizistische Aufarbeitung hinaus auch auf den kulturellen Umgang mit Orten aufeinander folgender Gewaltherrschaft. Die Schwierigkeit eines Nebeneinanders und der Überlagerungen verschiedener jüngster Vergangenheiten wurde an den authentischen Orten des Verbrechens besonders offenkundig. Im Zentrum der Auseinandersetzungen standen die Gedenkstätten, insbesondere die ehemaligen Konzentrations-, Internierungs- und Speziallager Sachsenhausen bei Berlin-Oranienburg und Buchenwald auf dem Ettersberg bei Weimar. Obwohl Auseinandersetzungen um diese beiden Gedenkstätten den Mittelpunkt des Konfliktes markierten, betraf das Problem der Um- bzw. Neugestaltung auch die Einrichtungen, die bis dahin als Gedenkstätten erst im Entstehen waren.

Mit dem Beitritt der DDR zur BRD übernahm der Bund zunächst die großen ehemaligen nationalen Mahn- und Gedenkstätten der DDR (so Buchenwald und Sachsenhausen). Die als defizitär beurteilte DDR-Geschichtsdarstellung des Nationalsozialismus galt es in den 1990er Jahren durch Neukonzeptionen der Ausstellungen und Umgestaltungen der Anlagen in eine differenziertere Geschichtsdarstellung nach bundesdeutschem Vorbild umzuwandeln. Diesem Anspruch folgend sollten die bis 1989 nicht berücksichtigten Gewaltverbrechen aus der Internierungs-, NKWD- und Speziallagerzeit in die politische Bildungsarbeit der Gedenkstätten integriert werden.

Die Anfang der 1990er Jahre verbreitete Vorstellung einer »doppelten Vergangenheitsbewältigung« bei diesen Gedenkstätten bedeutete allerdings eine Gleichsetzung der unterschiedlichen Opfergruppen zu dem Preis, ihre differenten und nicht selten auch disparaten Erfahrungen zu nivellieren. Gegen die durch die »doppelte Vergangenheitsbewältigung« implementierte undifferenzierte Vereinbarkeit »doppelten Gedenkens und Erinnerns« wehrten sich vor allem Zeitzeugen und Nachkommen des Holocaust vehement. Es entzündete sich ein Streit um die pikante Frage, wie ungleichen Opfergruppen aus unterschiedlichen Verfolgungsepochen an einem Ort zu gedenken sei, zumal wenn einzelne der Internierungs- und Speziallageropfer zu den (Mit-)Tätern des Vorgängerregimes gehörten. Die Opfer des Nationalsozialismus befürchteten durch ein gemeinsames Gedenken am gleichen Ort und gemeinsame Ausstellungen eine Bagatellisierung ihrer Leiden sowie eine Relativierung des Holocaust. Die Opfer des Stalinismus und die Opfer politischer Verfolgung in der DDR wiederum kämpften in diesen Auseinandersetzungen um die Anerkennung ihrer Leiden, die 40 Jahre in der DDR tabuisiert und von BRD-Seite ab den 1960er Jahren in der Öffentlichkeit kaum noch wahrgenommen wurden. Sie empfanden sich gegenüber den Holocaustopfern als Opfer zweiter Klasse und damit erneut als stigmatisiert.

Den unterschiedlichen jüngsten Vergangenheitsschichten, den verschiedenen Verfolgungsgruppen und ihrer Leiden wurde das Konzept der »doppelten Vergangenheitsbewältigung« nicht gerecht. Nur Gegenmodelle zur »doppelten Vergangenheitsbewältigung« erwiesen sich in Bezug auf Erinnern und Gedenken an Orten aufeinander folgender Gewaltherrschaft als sinnvoll und historisch evident. So wurden an den Gedenkstätten separate, kleinere Ausstellungen und Stätten des individuellen und öffentlichen Totengedenkens (zum Beispiel durch Opferkreuze oder die Kennzeichnung von Gräbern) geschaffen. Die Ausstellungen berücksichtigten unterschiedliche historische Schichten und vermieden unkritische Vergleiche. In ihnen wurde der Versuch gewagt, das jeweils Spezifische darzustellen und Ausdifferenzierungen kritisch zu dokumentieren. Im Mittelpunkt der Gedenkstätten aufeinander folgender Gewaltherrschaft verblieb der Nationalsozialismus. Des Weiteren wurde an den Orten, die bereits vor 1989 Gedenkstätten waren, Ausstellungen zur Geschichte der Gedenkstätten selbst installiert, die den Ort in seiner Historizität selbstreflexiv thematisierten. Somit wurden bei den Erinnerungsstätten zum Nationalsozialismus, zur SBZ und zur DDR – auf dezentrale, pluralistische und multiperspektivische Weise – Schärfen und Unschärfen unterschiedlicher Facetten deutscher Geschichte beachtet, nicht zuletzt zur Förderung und Stabilisierung einer heterogenen, demokratischen politischen Kultur in Gesamtdeutschland.

CSR

Lit.: Petra Bock (1999): »Vergangenheitspolitik in der Revolution von 1989«, in: Dies., Edgar Wolfrum (Hg.): *Umkämpfte Vergangenheit*, Göttingen: Vandenhoeck & Ruprecht, S. 82–100. Bernd Faulenbach (1999): »Erinnerung und Politik in der DDR und in der Bundesrepublik. Zur Funktion der Gedenkstätten für die Opfer des Nationalsozialismus«, in: *Deutschland Archiv* 32, Heft 4, S. 599–606. Bert Pampel (1998): »Bagatellisierung durch Gedenken? Gedenkstättenarbeit an Orten aufeinander folgender nationalsozialistischer und kommunistischer Unrechts«, in: *Deutschland Archiv* 31, H. 3, S. 438–453. Lore Maria Peschel-Gutzeit, Birgit Geigle (1998): »Die Bedeutung des Nürnberger Juristenprozesses für die justitielle Bearbeitung der DDR-Vergangenheit«, in: Helmut König et al. (Hg.): *Vergangenheitsbewältigung am Ende des zwanzigsten Jahrhunderts*, Opladen: Westdeutscher Verlag, S. 111–135. Ludwig Elm (1997): »DDR und ›Drittes Reich‹ im Vergleich. Kritische Anmerkungen zur Instrumentalisierung des Totalitarismustheorems«, in: Christoph Butterwegge (Hg.): *NS-Vergangenheit, Antisemitismus und Nationalismus in Deutschland. Beiträge zur politischen Kultur der Bundesrepublik und zur politischen Bildung*, Baden-Baden: Nomos, S. 50–61. Günther Heydemann, Christopher Beckmann (1997): »Zwei Diktaturen in Deutschland. Möglichkeiten und Grenzen des historischen Diktaturenvergleichs«, in: *Deutschland Archiv* 30, H. 1, S. 12–40. Eckhard Jesse (1997): »Doppelte Vergangenheitsbewältigung in Deutschland. Ein Problem der Vergangenheit, Gegenwart und Zukunft«, in: Ders., Konrad Löw: *Vergangenheitsbewältigung*, Berlin: Duncker & Humblot, S. 11–26. Johannes Klotz, Ulrich Schneider (Hg.) (1997): *Die selbstbewusste Nation und ihr Geschichtsbild. Geschichtslegenden der Neuen Rechten – Faschismus/Holocaust/Wehrmacht*, Köln: PapyRossa. Bernd Faulenbach (Hg.) (1994): *Die Partei hatte immer Recht – Aufarbeitung von Geschichte und Folgen der SED-Diktatur*, Essen: Klartext. Bernd Faulenbach (1994): »Die doppelte ›Vergangenheitsbewältigung‹. Nationalsozialismus und Stalinismus als Herausforderungen zeithistorischer Forschung und politischer Kultur«, in: Jürgen Danyel (Hg.): *Die geteilte Vergangenheit. Zum Umgang mit Nationalsozialismus und Widerstand in beiden deutschen Staaten*, Berlin: Akademie, S. 107–124. Klaus Sühl (1994): *Vergangenheitsbewältigung 1945 und 1989. Ein unmöglicher Vergleich?*, Berlin: Volk und Welt. Frieso Wielenga (1994): »Schatten der deutschen Geschichte. Der Umgang mit der Nazi- und DDR-Vergangenheit in der Bundesrepublik Deutschland«, in: *Deutschland Archiv* 27, H. 10, S. 1058–1073. Bernd Faulenbach (1993): »Probleme des Umgangs mit der Vergangenheit im vereinten Deutschland. Zur Gegenwartsbedeutung der jüngsten Geschichte«, in: Werner Weidenfeld (Hg.): *Deutschland. Eine Nation – doppelte Geschichte*, Köln: Verlag Wissenschaft und Politik, S. 175–190. Eckhard Jesse (1993): *Vergangenheitsbewältigung im internationalen Vergleich*, in: Peter Eisenmann, Gerhard Hirscher (Hg.): *Bilanz der zweiten deutschen Diktatur*, München: v. Hase & Koehler, S. 19–36. Christa Hoffmann (1992): *Stunden Null? Vergangenheitsbewältigung 1945 und 1989*, Berlin, Bonn: Bouvier. Ludwig Elm (1991): *Nach Hitler. Nach Honecker. Zum Streit der Deutschen um die eigene Vergangenheit*, Berlin: Dietz.

V.D3 Ausschreitungen von Rostock-Lichtenhagen, mehrtägige Angriffe im August 1992 auf eine Unterkunft von Asylsuchenden und ein Wohnheim vietnamesischer Vertragsarbeiter vor dem Hintergrund einer intensiven bundesweiten Debatte um das Grundrecht auf Asyl. Die Ereignisse in Rostock-Lichtenhagen gelten als die massivsten rassistischen Ausschreitungen oder gar das größte Pogrom der deutschen Nachkriegsgeschichte.

Die Zentrale Aufnahmestelle für Asylbewerber (ZAST) des Landes Mecklenburg-Vorpommern im Rostocker Stadtteil Lichtenhagen war im Sommer 1992 angesichts steigender Flüchtlingszahlen überbelegt, viele Betroffene mussten tagelang unter unhaltbaren hygienischen Zuständen vor dem Gebäude warten, bis ihre Anträge auf Asyl bearbeitet und sie in eine der regulären Unterkünfte weiterverwiesen werden konnten. Nachdem die Lokalpresse mehrmalsAufrufe zur Gewalt wiedergegeben hatte, versammelten sich am Sonnabend, dem 22. August, mehrere Tausend Menschen vor der Einrichtung. Aus der Menge heraus wurden die Flüchtlingsunterkunft und die Polizei attackiert, am Folgetag richtete sich die Gewalt auch gegen ein benachbartes Wohnheim vietnamesischer Vertragsarbeiter. Obwohl sich nach der Räumung der ZAST am 24. August die Angriffe fortsetzten, zog sich die Polizei am Abend zeitweise zurück. Unter dem Beifall der Menge und vor laufenden Kameras wurde das vietnamesische Wohnheim gestürmt und Feuer gelegt, während die mehr als 120 Bewohner, einige deutsche Unterstützer und ein Fernsehteam nur deshalb körperlich unversehrt blieben, weil sie sich über das Dach in ein Nachbarhaus retten konnten. Nachdem auch sie aus dem Stadtteil gebracht wurden, flaute die Gewalt in den Folgetagen ab. Die Eskalation rassistischer Gewalt in Rostock fand vor dem Hintergrund der andauernden Debatte um das Grundrecht auf Asyl statt: Forderungen nach einer Begrenzung von Einwanderung in die Bundesrepublik waren Anfang der 1990er Jahre auf die Änderung des Asylrechts eingeengt worden, als die Zahl von Flüchtlingen insbesondere aus Südosteuropa rasant anstieg. Das individuelle Recht auf Asyl war nach den Erfahrungen des Nationalsozialismus bewusst breit gefasst und in Artikel 16 des Grundgesetzes verankert worden, Forderungen nach seiner Einschränkung scheiterten an der fehlenden Zwei-Drittel-Mehrheit der konservativ-liberalen Regierungskoalitionen im Bundestag. Unter dem Eindruck einer Welle rassistischer Gewalttaten gaben die oppositionellen Sozialdemokraten jedoch 1992 dem Drängen der Regierungsparteien immer mehr nach. Im Mai des folgenden Jahres beschloss der Bundestag eine Änderung des Grundgesetzes, die die Drittstaatenregelung einführte und Asylanträge bei einer Einreise über sichere Länder – darunter alle Nachbarstaaten der Bundesrepublik – unmöglich machte. Zugleich führte die Änderung die Möglichkeit der Definition sicherer Herkunftsstaaten ein, für deren Staatsangehörige kein Asylrecht mehr besteht. Die Sozialleistungen für Asylbewerber wurden zudem gesenkt und verstärkt reglementiert.

Eine erhitzte und langanhaltende öffentliche Auseinandersetzung hatte die Asyldebatte begleitet. Politik und Medien diskutierten mit Schlagwörtern und in einem alarmistischen Ton über die soziale und kulturelle Aufnahmefähigkeit des Landes sowie vermeintliche neue Formen der Kriminalität, die den Zuwanderern angelastet wurden. Während die Kommunen über unzureichende Kapazitäten zur Unterbringung der Asylsuchenden klagten, wurden diese in der Öffentlichkeit zunehmend als »Scheinasylanten« oder »Wirtschaftsflüchtlingen« diffamiert. Eine Mehrzahl der Deutschen sprach in Umfragen von einem Missbrauch des Asylrechts, rechtsextreme Parteien erlangten mit dem Thema einzelne Wahlerfolge. Eine besondere Form nahmen rassistische Ressentiments im Antiziganismus gegenüber Roma aus den Balkanstaaten an (→Antiziganismus/ Opferkonkurrenz [VI.A7]). In der Rostocker Presselandschaft wurden ihnen mangelnde Sauberkeit und Ordnung als Eigenarten zugeschrieben, was die Situation um die ZAST zu bestätigen schien, obgleich erst das Versagen der Behörden diese katastrophalen Zustände hervorgebracht hatte.

Begleitet wurde die Asyldebatte von einer Welle rechtsextremer Gewalt, insbesondere in Ostdeutschland (→Rechtsextremismus [VI.E6]). Die von den Behörden registrierten Straftaten stiegen rasant an, Neonazis attackierten Migranten regelmäßig mit Steinen, Knüppeln, Messern oder Molotow-Cocktails. Bereits im September 1991 war die Polizei im sächsischen Hoyerswerda nicht in der Lage gewesen, tagelange Angriffe auf Unterkünfte von Vertragsarbeitern und Asylsuchenden zu verhindern, die den Beifall von Anwohnern fanden. Der Volksfestcharakter von Rostock-Lichtenhagen im folgenden Jahr bestärkte rechtsextreme Gewalttäter in ihrem Glauben, im Einklang mit dem Willen der Bevölkerung zu handeln. Ungezählte weitere Angriffe folgten und fanden ihren traurigen Höhepunkt in den Mordanschlägen von Mölln und Solingen.

Langanhaltend und lückenhaft blieb die Aufarbeitung der Ereignisse von Rostock-Lichtenhagen. Untersuchungsausschüsse von Stadt und Land hinterfragten die Überfüllung der ZAST, die Zustände um die Einrichtung und den Polizeieinsatz, waren allerdings von deutlichen parteipolitischen Differenzen gekennzeichnet. Die Justiz beschäftigte sich noch ein Jahrzehnt später mit der Verfolgung der Täter. Eine Aufarbeitung des größten Pogroms nach dem Ende des Nationalsozialismus hat lange weder durch die Wissenschaft noch durch Künstler, Schriftsteller und Intellektuelle stattgefunden; eine seltene Ausnahme stellt die gezeichnete Reportage des Comicautors Art Spiegelman dar, der den Ort des Geschehens noch 1992 besucht hatte und darüber am 7. Dezember des Jahres unter dem Titel »A Jew in Rostock« im New Yorker berichtete (→Art Spiegelman: Maus [VI.C2]). Dass der traditionsreiche New Yorker Spiegelmans Reportage brachte (als ersten Comic der Blattgeschichte überhaupt), verdeutlicht, wie stark das Pogrom von Rostock-Lichtenhagen international Befürchtungen hinsichtlich eines neuen Nationalismus in Deutschland nach der Wiedervereinigung schürte (→Skepsis gegenüber der deutschen Wiedervereinigung [V.D1]). Seit dem 20. Jahrestag wurde eine Diskussion um ein Mahnmal aufgenommen und haben die Ereignisse wieder vermehrt Aufmerksamkeit gefunden. Ende 2014 widmete sich ein erster Kinofilm den Vorfällen, WIR SIND JUNG. WIR SIND STARK. aus der Feder des deutsch-afghanischen Regisseur Burhan Qurbani, der bezeichnenderweise 1992 nur als Kind erlebt hatte. Die Exponenten deutscher Kultur, die das Pogrom als mündige Zeitgenossen erlebten, haben stattdessen mehrheitlich mit Desinteresse oder Derealisierung reagiert. So stellte der Schriftsteller Martin Walser verbürgte Fakten des Vorfalls 1998 in seiner umstrittenen Friedenspreis-Rede schlichtweg in Abrede: Er wolle an eine Volksfeststimmung mit Würstchenbuden vor dem brennenden Asylbewerberheim einfach nicht glauben. Diejenigen, die daran erinnerten, »wollen uns wehtun, weil sie finden, wir haben das verdient. [...] Alle Deutschen.« (→Walser-Bubis-Debatte [VI.A4])

Trotz einer beginnenden Historisierung bleibt angesichts fortdauernder Debatten um Rassismus, Asylpolitik und rechte Gewalt auch die Auseinandersetzung mit Rostock-Lichtenhagen politisiert. Sie bewegt sich zwischen den Polen von Schuldabwehr im Bedürfnis nach einem »Schlussstrich« und der Funktionalisierung Lichtenhagens als Symbol zur Abwehr von Rassismus sowie zur Forderung einer Revision der bundesdeutschen Asylpolitik.

TP

Lit.: Roman Guski (2012): »›Das Wort Pogrom kannte ich nur aus Geschichtsbüchern‹. Nachwendepogrome im vereinten Deutschland«, in: *Zeitgeschichte regional. Mitteilungen aus Mecklenburg-Vorpommern* 16, H. 2, S. 26-35. Thomas Prenzel (Hg.) (2012): *20 Jahre Rostock-Lichtenhagen. Kontext, Dimensionen und Folgen der rassistischen Gewalt*, Rostock: Universität Rostock, Institut für Politik- und Verwaltungswissenschaften. Jochen Schmidt (2002): *Politische Brandstiftung. Warum 1992 in Rostock das Ausländerwohnheim in Flammen aufging*, Berlin: Edition Ost. Ulrich Herbert (2001): *Geschichte der Ausländerpolitik in Deutschland. Saisonarbeiter, Zwangsarbeiter, Gastarbeiter, Flüchtlinge*, München: Beck.

VI 1995–2008

VI.A Erinnerungskontroversen der Berliner Republik

VI.A1 Wehrmachtsausstellung, vom Hamburger Institut für Sozialforschung (HIS) im März 1995 anlässlich des 50. Jahrestages des Kriegsendes initiierte Wanderausstellung mit dem vollständigen Titel *Vernichtungskrieg. Verbrechen der Wehrmacht 1941 bis 1944*.

Anhand bisher unveröffentlichter Privatphotographien von Wehrmachtssoldaten beabsichtigten Jan Phillip Reemtsma, Leiter des HIS, und Kurator Hannes Heer über die langfristig geplanten, von der breiten Masse der Soldaten mitgetragenen Verstrickungen der Wehrmacht in die nationalsozialistische Vernichtungspolitik in Osteuropa aufzuklären.

Mittels dreier regional unterteilter Hauptkapitel – Besatzungspolitik in Weißrussland 1941 bis 1944, Tötung von Zivilisten im so genannten Partisanenkampf in Serbien bis 1941 und Vernichtungsaktionen der 6. Armee bei ihrem Vormarsch nach Stalingrad bis Anfang 1942 – sollten die oben genannten, in der Geschichtswissenschaft anerkannten Thesen einem breiten, nicht-akademischen Publikum zugänglich gemacht werden. Bewusst wurden dabei alltagsgeschichtliche Materialien wie Briefe und vor allem etwa 1500 Photographien eingesetzt, die in der HIS-Ausstellung großenteils zum ersten Mal öffentlich zu sehen waren. Knapp die Hälfte der Bilder zeigte deutsche Soldaten beim Ausführen verbrecherischer Befehle sowie beim Posieren vor Ermordeten. Die restlichen 735 kleinen Porträtphotos waren Aufnahmen von Opfern eines Massakers in Serbien. Von ihrem Beginn bis zu ihrem Moratorium 1999 war die Ausstellung in 33 deutschen und österreichischen Städten zu sehen und erreichte angesichts der sich zusehends verschärfenden Kontroverse enorme Publikumszahlen.

Obwohl die Ausstellung keine grundsätzlich neuartigen Tatbestände präsentierte, löste sie hochgradig emotionale Reaktionen aus, die sich ab 1996/97 zu einem nahezu gesamtgesellschaftlichen Skandal ausweiteten. Erstmalig wurde in der Ausstellung *Vernichtungskrieg* die bisher im kollektiven Gedächtnis eingeschriebene Trennlinie zwischen der Wehrmacht als Institution von 18 Millionen deutschen Männern auf der einen Seite und den nationalsozialistischen Verbreche(r)n auf der anderen Seite visuell – und damit anscheinend unleugbar – überschritten. Die an der Ostfront begangenen Gewalttaten wurden somit zu »Verbrechen von Jedermann, von Jedermanns Mann, Vater, Bruder, Onkel, Großvater« (Jan Phillip Reemtsma) und zwangen sowohl die Generation der Täter als auch die der Nachgeborenen zu einer innerfamiliären Auseinandersetzung mit der Geschichte.

Kritiker warfen der Ausstellung zunächst vor allem Pauschalisierung und Einseitigkeit der Darstellung vor; in einer späteren Debattenphase rückte der Vorwurf einer bewussten Fälschung von Photos (bzw. Bildlegenden) in das Zentrum der Aufmerksamkeit. Ehemalige Kriegsteilnehmer empörten sich über das, was sie als Verrat der Nachgeborenen an der Soldatenehre empfanden. Die Gästebücher der Ausstellung reflektieren hingegen auch andere Einsichten der beteiligten Generation; es finden sich dort auch Schuldbekenntnisse und Erleichterungsbekundungen ob des endlich gebrochenen Schweigens. Ablehnende Stimmen aus Publizistik und Wissenschaft vereinten sich in der Formel: »Unvollständigkeit und Unausgewogenheit ist gleich Unwissenschaftlichkeit« (so der Politologe Hans Arnold). Auf dieser Ebene aktualisierten sich unter anderem geschichtspolitische Flügelkämpfe der 1980er Jahre (→Historikerstreit [V.A9]), was auch dazu führte, dass Reemtsma und Heer zu dogmatischen Linksideologen stilisiert wurden und die Auseinandersetzung auf eine stark personalisierte Ebene verlagert wurde. Darüber hinaus waren die Vertreter der geschichtswissenschaftlichen ›Zunft‹ nicht bereit, Heer und Reemtsma als Historiker zu akzeptieren und sprachen ihnen entsprechende Kompetenzen und Zuständigkeiten ab.

Die publizistisch hauptsächlich im Feuilleton und in den Leserbriefspalten geführte Debatte begann bemerkenswerterweise erst eineinhalb Jahre nach Eröffnung der Ausstellung *Vernichtungskrieg*. War die Presseresonanz zuerst neutral bis positiv und quantitativ überschaubar, wurde der Tenor bis Ende 1996 kritischer, die Aufmerksamkeit der Medien nahm zu. Im Juni desselben Jahres bekämpfte die extreme Rechte (→Rechtsextremismus [VI.E6]) zum ersten Mal mit einer kriminellen Aktion die Ausstellung, deren Machern sie Vaterlandsverrat vorwarf. Der Neonazi Manfred Roeder beschmierte in Dresden Ausstellungs-Tafeln mit dem Wort »Lüge«. Eine Steigerung in der nationalkonservativen Agitation vollzog sich 1999 in Saarbrücken, als rechtsextreme Gegner einen Bombenanschlag auf die Ausstellungsräume verübten. Im November desselben Jahres kam es zur ersten größeren parteipolitischen Auseinandersetzung um die mittlerweile allgemein als Wehrmachtsausstellung titulierte Schau, als die große Koalition in Bremen über der Frage zu zerbrechen drohte, ob die Ausstellung in der Hansestadt gezeigt werden solle. Weitere Landtagsdebatten folgten. Den Höhepunkt der partei- und geschichtspolitischen Instrumentalisierung bildete jedoch die NPD-gestützte Fundamentalopposition, die der Münchner CSU-Vorsitzende Peter Gauweiler inszenierte, als die Ausstellung Anfang 1997 in die bayerische Landeshauptstadt kam. Neben einer Anzeige wegen Volksverhetzung gegen die Ausstellungsmacher kam es zum größten Neonaziaufmarsch seit Kriegsende, der von mehreren Gegendemonstrationen flankiert wurde. Straßenschlachten konnten nur durch massiven Polizeieinsatz verhindert werden.

Im Anschluss beschäftigte sich auch der Bundestag in einer Sitzung mit der Ausstellung und der von ihr ausgelösten Debatte. In einer Sondersitzung wurden parteipolitische Grenzen durch geteilte familiäre Erfahrungen überwunden. Auf einer sehr emotionalen Ebene sprach beispielsweise Otto Schily (SPD) über seinen jüdischen Schwiegervater, der als Partisan gegen die deutsche Wehrmacht gekämpft hatte, während sich Christa Nickels von den Grünen vor dem Plenum mit dem Soldatentum ihres Vaters auseinandersetzte. Der damalige Verteidigungsminister Volker Rühe (CDU) bezog für die Bundeswehr Stellung, unterstrich den Wahrheitsgehalt der Ausstellung und negierte die Wehrmacht als Traditionsgrundlage der Bundeswehr. Eine gemeinsame Erklärung hingegen scheiterte an parteipolitischen Differenzen.

Höhepunkt der geschichtswissenschaftlichen Kritik an der so genannten Wehrmachtsausstellung bildeten photohistorische Fälschungsvorwürfe, die im Oktober 1999 in mehreren historischen Fachzeitschriften erschienen und von den Medien in die breite Öffentlichkeit weitergetragen wurden. Der polnische Historiker Bogdan Musial beanstandete, dass mehrere Bilder aus Galizien nicht Opfer der Deutschen, sondern des russischen Geheimdienstes NKWD zeigten. Das HIS reagierte auf diese Vorwürfe in ungewöhnlich scharfer Form, indem es mehrere gerichtliche Verleumdungsklagen anstrengte. Erst als die Ausstellung in ihrer Gesamtheit zusehends an Glaubwürdigkeit verlor, ließ Reemtsma sie 1999 zurückziehen und setzte eine unabhängige Historikerkommission zu ihrer Überprüfung ein. Diese beanstandete mehrere sachliche Fehler bei den Bildlegenden und bemängelte die Art der Präsentation als zu suggestiv (etwa den Grundriss der Ausstellungsarchitektur in Form eines Eisernen Kreuzes) und die Fokussierung auf kaum kontextualisierte Gewaltphotographien als übertrieben drastisch. Die Expertenkommission verteidigte die Ausstellungsmacher jedoch gegen den Vorwurf der Fälschung. Wohl aufgrund der Fehler der ersten Ausstellung trennte sich das HIS von Heer. Die Ausstellung wurde im Folgenden massiv umstrukturiert, so dass die zweite Wehrmachtsausstellung im November 2001 in Berlin letztlich als vollständige Neukonzeption eröffnet wurde. Ihr Titel lautete nun *Verbrechen der Wehrmacht. Dimensionen des Vernichtungskrieges 1941–1944*. Im Gegensatz zur ersten, eher emotional-sinnlich erfahrbaren Ausstellung, stand hier die distanzierte Versachlichung der Bilder durch Text im Vordergrund. Privatphotos der Landser – essentieller Bestandteil des ersten Ausstellungskonzeptes – waren dabei nahezu verschwunden. Der frühere Ausstellungsverantwortliche Heer wurde zum schärfsten Kritiker der Neufassung und verurteilte sie als »Konsensausstellung«, die einem »Verschwinden der Täter« Vorschub leiste. Die breite Medienresonanz war hingegen durchweg positiv.

Mit der Annäherung von privat-verdeckter und öffentlich-ritualisierter Erinnerungskultur trug die erste »Wehrmachtsausstellung« entscheidend zum Aufbrechen der Legende von der »sauberen Wehrmacht« bei und provozierte eben dadurch eine gesamtgesellschaftliche Kontroverse. Kaum jemals zuvor hatte die deutsche Öffentlichkeit so engagiert und andauernd über ihre Vergangenheit gestritten. Zugleich löste die Diskussion um die zunächst unreflektierte Verwendung von historischem Bildmaterial eine fruchtbare Auseinandersetzung über die Verwendung photographischer Zeugnisse als geschichtswissenschaftlich relevante Quellen aus.

Als die (zweite) Ausstellung im Frühjahr 2004 ihr einstweiliges Ende in Hamburg fand, stand ihre zukünftige Präsentationsform noch nicht fest. Mittlerweile wird sie im Magazin des Deutschen Historischen Museums Berlin aufbewahrt.

LK

Lit.: Hamburger Institut für Sozialforschung (HIS) (Hg.) (2002): *Verbrechen der Wehrmacht. Dimensionen des Vernichtungskrieges 1941 bis 1944. Ausstellungskatalog*, Hamburg: Hamburger Edition. Omar Bartov et al. (2000): *Bericht der Kommission zur Überprüfung der Ausstellung ›Vernichtungskrieg. Verbrechen der Wehrmacht 1941 bis 1944‹* [www.his-online.de/fileadmin/user_upload/pdf/veranstaltungen/Ausstellungen/Kommissionsbericht.pdf]. HIS (Hg.) (1999): *Eine Ausstellung und ihre Folgen. Zur Rezeption der Ausstellung »Vernichtungskrieg. Verbrechen der Wehrmacht 1941 bis 1944.«*, Hamburg: Hamburger Edition. HIS (Hg.) (1998): *Krieg ist ein Gesellschaftszustand. Reden zur Eröffnung der Ausstellung »Vernichtungskrieg. Verbrechen der Wehrmacht 1941 bis 1944«*, Hamburg: Hamburger Edition. Hans-Ulrich Thamer (2012): »Eine Ausstellung und ihre Folgen. Impulse der ›Wehrmachtsausstellung‹ für die historische Forschung«, in: Ulrich Bielefeld (Hg.): *Gesellschaft – Gewalt – Vertrauen: Jan Philipp Reemtsma zum 60. Geburtstag*, Hamburg: Hamburger Edition, S. 489-503. Ulrike Jureit (2004): »›Zeigen heißt verschweigen.‹ Die Ausstellungen über die Verbrechen der Wehrmacht«, in: *Mittelweg 36* 13, H. 1, S. 3-27. Hannes Heer (2004): *Vom Verschwinden der Täter. Der Vernichtungskrieg fand statt, aber keiner war dabei*, Berlin: Aufbau. Christian Hartmann et al. (Hg.): *Verbrechen der Wehrmacht. Bilanz einer Debatte*, München: Beck. Martin Sabrow et al. (Hg.) (2003): *Zeitgeschichte als Streitgeschichte. Große Kontroversen seit 1945*, München: Beck. Miriam Y. Arani (2002): »›Und an den Fotos entzündete sich die Kritik.‹ Die ›Wehrmachtsausstellung‹, deren Kritiker und die Neukonzeption. Ein Beitrag aus fotohistorisch-quellenkritischer Sicht«, in: *Fotogeschichte* 22, H. 85/86, S. 97-124. Klaus Hesse (2002): »›Verbrechen der Wehrmacht – Dimensionen des Vernichtungskrieges 1941-1944‹. Anmerkungen zur Neufassung der ›Wehrmachtsausstellung‹«, in: *Geschichte in Wissenschaft und Unterricht* 53, H. 10, S. 594-611. Helmut Lethen (2002): »Der Text der Historiographie und der Wunsch nach einer physikalischen Spur. Das Problem der Photographie in den beiden Wehrmachtsausstellungen«, in: *Zeitgeschichte* 29, H. 2, S. 76-97. Walter Manoschek (2002): »›Vernichtungskrieg. Verbrechen der Wehrmacht 1941 bis 1944.‹ Innenansichten einer Ausstellung«, in: *Zeitgeschichte* 29, H. 2, S. 64-75. Alexander Pollack (2002): »Die Historisierung eines Tabubruchs. Von der umstrittenen Entmythologisierung des Bildes der ›sauberen Wehrmacht‹ zur versachlichten Dokumentation des Vernichtungskrieges: ein Vergleich der beiden Wehrmachtsausstellungen«, in: *Zeitgeschichte* 29, H. 2, S. 56-63. Habbo Knoch (2001): *Die Tat als Bild. Photographien des Holocaust in der deutschen Erinnerungskultur*, Hamburg: Hamburger Edition. Bogdan Musial (1999): »Bilder einer Ausstellung. Kritische Anmerkungen zur Wanderausstellung ›Vernichtungskrieg. Verbrechen der Wehrmacht 1941 bis 1944‹«, in: *Vierteljahrshefte für Zeitgeschichte* 47, H. 4, S. 563-591. Hans Arnold (1997): »Anmerkungen zur Wehrmachtsausstellung«, in: *Frankfurter Hefte* 44, H. 5, S. 399-403. Heribert Prantl (Hg.) (1997): *Wehrmachtsverbrechen. Eine deutsche Kontroverse*, Hamburg: Hoffmann und Campe. Hans-Günther Thiele (Hg.) (1997): *Die Wehrmachtsausstellung. Dokumentation einer Kontroverse*, Bonn: BpB. HIS (Hg.) (1996): *Vernichtungskrieg. Verbrechen der Wehrmacht 1941 bis 1944. Ausstellungskatalog*, Hamburg: Hamburger Edition.

VI.A2 Holocaust-Mahnmal in Berlin, nach über 15-jährigem Prozess der Diskussion, Planung und Realisierung am 12.5.2005 eröffnetes zentrales deutsches »Denkmal für die ermordeten Juden Europas«.

Initiiert wurde die Denkmalsetzung von der Publizistin Lea Rosh und dem Historiker Eberhard Jäckel, die 1988 den Verein Perspektive Berlin gründeten. Persönlichkeiten wie Willy Brandt, Otto Schily oder Christa Wolf unterzeichneten den am 30.1.1989 in überregionalen Medien veröffentlichten Presseaufruf des Vereins »An den Berliner Senat, die Regierungen der Bundesländer, die Bundesregierung«, mit dem die Errichtung einer zentralen Holocaust-Gedenkstätte im Land der Täter gefordert wurde. Am 7.11.1989 wurde die Gründung eines Förderkreises beschlossen, um bundesweit für die Errichtung eines Mahnmals zu werben. Anvisiert wurde zunächst das Prinz-Albrecht-Gelände, auf dem zur NS-Zeit die Zentralen der Gestapo, der SS und des Reichssicherheitshauptamtes gestanden hatten, und das seit 1987 provisorisch für die Ausstellung →Topographie des Terrors [V.C6] genutzt wurde. Die Maueröffnung gab Raum frei für einen neuen, in den Augen des

Förderkreises idealen Standort zwischen Brandenburger Tor und Potsdamer Platz, nahe der ehemaligen Reichskanzlei und dem einstigen »Führerbunker«. »Auf den Trümmern dieses Zentrums der Nazi-Macht ein Denkmal für die ermordeten Juden zu setzen, heißt [...] die Opfer über die Täter erheben«, begründete Lea Rosh die neue Standortpräferenz. Die gezwungene Symbolik des Geländes wurde im Debattenverlauf oft problematisiert, da sie die Begrenzung der Tätergruppe auf die Führungselite des NS-Staats impliziere.

Ungeachtet dieser Vorbehalte stimmten 1992 der Berliner Kultursenator Ulrich Roloff-Momin und Bundesinnenminister Rudolf Seiters Projekt und Standort zu. Das Holocaust-Mahnmal war dabei auch als Gegenentwurf zur →Gedenkstätte Neue Wache [V.C10] zu verstehen, die als zentrale Gedenkstätte der BRD gänzlich unspezifisch »den Opfern von Krieg und Gewaltherrschaft« gewidmet werden sollte.

Der Ausschluss der nicht-jüdischen Opfergruppen aus dem Mahnmalprojekt stieß schon frühzeitig auf Kritik. Romani Rose, Zentralratsvorsitzender der Sinti und Roma, bemühte sich mehrfach um ein gemeinsames Mahnmal auch für die vom Naziterror verfolgten und ermordeten ›Zigeuner‹ (→Antiziganismus/Opferkonkurrenz [VI.A7]). Doch sowohl Heinz Galinski (bis 1992 Präsident des Zentralrates der Juden in Deutschland) als auch sein Nachfolger Ignatz Bubis verwahrten sich – auch im Namen des Fördervereins – gegen dieses Anliegen. Der Förderkreis, das Land Berlin und der Bund lobten Mitte April 1994 den bundesoffenen Wettbewerb »Denkmal für die ermordeten Juden Europas« aus. Zwölf internationale Künstler wurden zusätzlich eingeladen, gegen ein Bearbeitungshonorar von 50.000 DM einen Entwurf einzureichen. Am Abgabestichtag, dem 28.10.1994, lagen 528 Beiträge vor, die im Frühjahr 1995 ausgestellt und von der Kritik unter anderem als »Panoptikum der Peinlichkeiten« abgelehnt wurden. Im Juni 1995 konnte sich der modifizierte Entwurf der Künstlergruppe um Christine Jackob-Marks durchsetzen, der eine trapezförmige, schräg aufragende, sieben Meter dicke Grabplatte vorsah, auf der die Namen jüdischer Holocaust-Opfer eingraviert werden sollten. Vor allem Bubis hatte sich gegen eine erste Version des Entwurfs ausgesprochen, bei der ein Teil der Namensgravuren schrittweise durch Spendengelder finanziert werden sollte. Auch die *Süddeutsche Zeitung* hatte vor einem »fröhlichen Ablaßhandel ohne Ende« gewarnt.

Drei Tage nach der Entscheidung sprach sich Bundeskanzler Helmut Kohl gegen den Jackob-Marks-Entwurf aus. Form und Größe des Objektes ließen sich städtebaulich nur schwer integrieren, argumentierte er. Zudem müsse die Entscheidungsfindung transparenter gemacht sowie auf einen breiteren Konsens gestützt werden. Der Förderkreis argumentierte dagegen mit der Gefahr einer massiven Beschädigung des deutschen Ansehens im Ausland, wenn der Juryentscheidung keine zeitnahe Umsetzung folgen würde. Dagegen plädierte etwa James E. Young – international renommierter Autor wissenschaftlicher Studien zu Repräsentationen des Holocaust – dafür, das Denkmal möge »erklärtermaßen unvollendet, ungebaut und für immer ein unabgeschlossener Denkprozess bleiben«.

Im Juli 1995 kam die Forderung auf, einen erneuten Wettbewerb zu initiieren. »Noch mal, aber von vorn« schrieb *Die Zeit* am 7.7.1995, während Bubis befürchtete, das Mahnmal könne »zerredet« werden. Im Januar 1996 stellte die SPD-Bundestagsfraktion unter Federführung des Architekten und Abgeordneten Peter Conradi den Antrag, das Parlament in den Prozess zur Meinungs- und Willensbildung einzubeziehen. Eine ergebnislose Bundestagsdebatte am 9.5.1996 verdeutlichte, dass bisher kein Entwurf konsensfähig war.

Zeitgleich formierte sich in Berlin weiterer Widerstand gegen das Projekt, der nicht frei von antijüdischen Untertönen war. So trat die Berliner Junge Union 1995 mit einem Papier an die Öffentlichkeit, das im Titel »Kein Juden-Denkmal am Potsdamer Platz« forderte. Auch der Regierende Bürgermeister Berlins, Eberhard Diepgen (CDU), fiel mehrfach durch eine ausgeprägte Abwehrhaltung auf. Diepgen rechtfertigte im November 1996 die damals geplante Streichung des Ausbaus der Gedenkstätte →Topographie des Terrors [V.C6] mit dem Argument, die Berliner hätten »schon genug für die jüdische Gemeinde getan«. Zwei Jahre später forderte er, aus Berlin dürfe keine »Hauptstadt der Reue« werden.

Nach drei vom Kultursenator Peter Radunski initiierten Kolloquien zu Grundsatzfragen der Denkmalserrichtung wurde Mitte Juli 1997 bekannt, dass es nun doch einen zweiten Gestaltungswettbewerb mit 25 ausgewählten Teilnehmern geben würde. Im November 1997 wurden die Arbeiten von Peter Eisenman/Richard Serra und Gesine Weinmiller für eine Realisierung vorgeschlagen und die Entwürfe von Daniel Libeskind und Jochen Gerz in die engere Auswahl aufgenommen. Das »Feld der Erinnerung« von Serra und Eisenman sah eine begehbare, rasterförmige Anordnung von 4.000 Betonstelen unterschiedlicher Höhe vor. Modulationen in Stelenhöhe und Bodenrelief sollten zum einen den Eindruck eines vom Wind bewegten Feldes erwecken, und zum anderen bewirken, dass sich dem Denkmalsbesucher die bedrohliche Wirkung der bis zu sieben Meter hohen Stelen sukzessive erschließt. Kritisiert wurde, dass dieser Entwurf nicht weniger monumental sei als die verschmähte Grabplatte von Jackob-Marks. Außerdem lasse das »Feld der Erinnerung« einen direkten Bezug zu den jüdischen Opfern vermissen und sei zu abstrakt. Auf Wunsch Helmut Kohls legte Eisenman Mitte Juni 1998 einen überarbeiteten Entwurf vor (»Eisenman II«), der nur noch 2700 Stelen vorsah, die von Bäumen umsäumt sein sollten. Die Höhe der Stelen wurde auf etwa vier Meter reduziert. Serra war inzwischen aus Protest gegen die Aufweichung des ursprünglichen Mahnmalkonzeptes aus dem Projekt ausgeschieden. Aus wahlkampftaktischen Gründen wollte Kohl keine endgültige Entscheidung vor der Bundestagswahl im Herbst 1998 herbeiführen. Mit dem rot-grünen Wahlsieg änderten sich die politischen Vorzeichen. Der neue Bundeskanzler Gerhard Schröder und sein designierter Staatsminister für Kultur und Medien, Michael Naumann, hatten dem Mahnmalprojekt in der Vergangenheit eher kritisch gegenüber gestanden und sich ablehnend auch über den nach Kohls Vorstellungen überarbeiteten Eisenman-Entwurf geäußert.

Einen Monat nach dem Regierungswechsel bezeichnete der Schriftsteller Martin Walser in seiner Friedenspreis-Rede (→Walser-Bubis-Debatte [VI.A4]) den vermeintlich favorisierten Eisenman-Entwurf als »fußballfeldgroßen Alptraum« und »Monumentalisierung der Schande«. Auch der Philosoph Hermann Lübbe und der Publizist Rudolf Augstein wehrten sich dagegen, der »eigenen Schande ein Denkmal zu setzen«. Am 1.11.1998 äußerte Gerhard Schröder in einem Fernsehinterview, er befürworte ein Holocaust-Mahnmal, dies solle aber – so seine denkwürdige Formulierung – ein Ort sein, »an den man gerne geht«. Er hoffe, es würde einen Vorschlag geben, der nicht nur der Vergangenheit zugewandt sei.

Dies aufgreifend schlug Naumann vor, anstelle des Denkmals Teile der »Survivors of the Shoah Visual History Foundation« von Steven Spielberg (→ SCHINDLERS LISTE [V.B8]) in Berlin anzusiedeln. James E. Young mutmaßte daraufhin, Naumann hätte die bisherige Diskussion nicht verfolgt und würde deshalb mit diesem »unausgegorenen Vorschlag« in die Debatte platzen. Es gab jedoch auch Stimmen wie die von Peter Glotz (SPD), die ein entschlossenes Regierungshandeln begrüßten, um die Diskussion um das Mahnmal endlich zum Abschluss zu bringen. Schröder lehnte jedoch in seiner Regierungserklärung vom 10.11.1998 einen Exekutivbeschluss über das Denkmal ab. Die Entscheidung sollte nach einer »breiten öffentlichen Debatte hier im Deutschen Bundestag« fallen.

Die Idee Naumanns, eine Gedenkstätte mit wechselnden Ausstellungen, eingebettet in einen »Garten des Spiels und der Besinnung« zu realisieren, scheiterte ebenso am Widerstand der Öffentlichkeit wie ein im Januar 1999 mit Eisenman gefundener Kompromissvorschlag (»Eisenman III«). Dieser sah vor, dessen »Feld der Erinnerung« nun nochmals deutlich zu verkleinern, dafür aber um einen umfangreichen Gebäudekomplex zu erweitern. Es zeigte sich jedoch, dass namhafte Politiker aller Fraktionen sowie der Förderkreis den Entwurf »Eisenman II« vorziehen würden. Zudem löste Naumanns Alleingang den Vorwurf der Wettbewerbsverzerrung aus, da der Wettbewerb noch nicht ordnungsgemäß beendet worden war.

Die stillschweigende Demontage des offiziellen Verfahrens veranlasste den SPD-Abgeordneten und Theologen Richard Schröder dazu, seinerseits einen Gegenvorschlag beizusteuern. In Wiederbelebung eines früheren Wettbewerbsbeitrages plädierte er für einen schlichten Obelisken mit dem jüdisch-christlichen Gebot »Morde nicht!« in mehreren Sprachen, darunter Hebräisch. In der daraufhin einsetzenden Diskussion fand dieser Vorschlag nicht zuletzt wegen seiner bescheidenen räumlichen Abmessungen den Zuspruch derer, die sich an der Monumentalität des Eisenman-Entwurfes gestört hatten. Kritiker monierten dagegen neben der völlig unspezifischen Aussage die Adressierung des hebräischen Tötungsverbotes ausgerechnet an die jüdischen Opfer.

Im Juni einigte sich der Kulturausschuss des Bundestages mit rot-grüner Mehrheit auf zwei einzubringende Anträge: »Eisenman II« plus einen »Ort der Information« sowie den Alternativvorschlag Richard Schröders. Am 25.6.1999 stimmten 439 von 559 Abgeordneten in der Grundsatzentscheidung für die Errichtung eines Holocaust-Mahnmals und gaben dem Entwurf »Eisenman II« gegenüber dem Schröders bei 188 Gegenstimmen den Vorzug. Die Realisierung des Denkmals wurde mit Wirkung vom 6.4.2000 der »Stiftung Denkmal für die ermordeten Juden Europas« übertragen.

Der endgültige Entscheid für das Mahnmal bedeutete jedoch keineswegs ein Ende der Debatten. Im Juli 2001 veranlasste der Förderkreis eine Spendenkampagne zur Mitfinanzierung des Bauvorhabens, die durch ihre gewollte Provokation für Unmut sorgte. Auf bundesweit verbreiteten Werbeträgern war ein idyllisches Landschaftspanorama zu sehen, das mit der strafbewehrten Aussage »Den Holocaust hat es nie gegeben« untertitelt war. Darunter folgte die Erklärung, dass mit der Denkmalsetzung genau diesem Phänomen der Holocaust-Leugnung entgegengewirkt werden sollte. Nach massiven Protesten wurde die Plakataktion gestoppt.

Ein halbes Jahr nach Beginn der Bauarbeiten am 1.4.2003 kam es zu einer dreiwöchigen Bauunterbrechung, nachdem bekannt geworden war, dass Produkte der Firma Degussa, die während der NS-Zeit an der Firma Degesch beteiligt gewesen war, die das Giftgas Zyklon B für die Vernichtungslager geliefert hatte, beim Bau verwendet wurden. Nach kontroverser Debatte wurde die Fortführung des Bauvorhabens mit den bisherigen Firmen beschlossen und das Mahnmal schließlich im Mai 2005 eröffnet. Der Bund finanzierte den Bau mit insgesamt 27,5 Millionen Euro. Ein unter dem Stelenfeld befindlicher, 930qm großer »Ort der Information« ergänzt heute den Komplex. Die dortige Ausstellung versucht, die Anonymität der Opfer aufzuheben und informiert über die Geschichte des Holocaust.

AL

Lit.: Michael S. Cullen (Hg.) (1999): *Das Holocaust-Mahnmal. Dokumentation einer Debatte*, Zürich: Pendo. Erik Meyer (2009): »Ein Ort, an den man gerne geht. Das Berliner Holocaust-Mahnmal«, in: Herfried Münkler, Jens Hacke (Hg.): *Wege in die neue Bundesrepublik. Politische Mythen und kollektive Selbstbilder nach 1989*, Frankfurt a.M., New York: Campus, S. 153-170. Gerd Knischewski, Ulla Spittler (2005): »Remembering in the Berlin Republic. The debate about the central Holocaust memorial in Berlin«, in: *Journal of Contemporary Central and Eastern Europe* 13, H. 1, S. 25-42. Claus Leggewie, Erik Meyer (2005): »*Ein Ort, an den man gerne geht*«. *Das Holocaust-Mahnmal und die deutsche Geschichtspolitik nach 1989*, München u.a.: Hanser. Jan-Holger Kirsch (2003): *Nationaler Mythos oder historische Trauer? Der Streit um ein zentrales »Holocaust-Mahnmal« für die Berliner Republik*, Köln: Böhlau. Hans-Georg Stavginski (2002): *Das Holocaust-Denkmal: Der Streit um das »Denkmal für die ermordeten Juden Europas« in Berlin (1988–1999)*, Paderborn: Schöningh. Micha Brumlik et al. (2000): *Umkämpftes Vergessen. Walserdebatte, Holocaust-Mahnmal und neuere deutsche Geschichtspolitik*, Berlin: Das Arabische Buch. James E. Young (1997): *Formen des Erinnerns. Gedenkstätten des Holocaust*, Wien: Passagen.

VI.A3 Goldhagen-Debatte, hochgradig emotional und unter Beteiligung zahlreicher Fachwissenschaftler geführte Medienkontroverse um die im März 1996 veröffentlichte Dissertation *Hitler's Willing Executioners* des amerikanischen Politologen Daniel Jonah Goldhagen. Goldhagen hatte in seinem Buch versucht, ausgehend von drei exemplarischen Fallstudien zu den Polizeibataillonen, zur jüdischen Zwangsarbeit und zu den Todesmärschen, die Holocaust-Forschung einer »radikalen Revision« zu unterziehen: Nicht die Untersuchung der übergeordneten Strukturen und Entscheidungsprozesse, sondern die Offenlegung der Motive der Täter und die Analyse ihres konkreten Tötungsverhaltens liefere – so Goldhagens Grundannahme – den Schlüssel zu einer Erklärung des Holocaust. Goldhagens diesbezügliche These lautete, dass die Deutschen spätestens seit dem 19. Jahrhundert von dem kognitiven Modell eines »eliminatorischen Antisemitismus« bestimmt gewesen wären, das ihnen die Juden als hassenswert erscheinen ließ. Unter den politischen und gesellschaftlichen Rahmenbedingungen des Nationalsozialismus seien die Deutschen schließlich bereit gewesen, Juden aus freien Stücken zu quälen und umzubringen. Um das Verhalten der Täter zu erklären, bedürfe es deshalb keiner multikausaler Modelle, sondern lediglich der Einsicht, dass es sich bei den Deutschen zur Zeit des Nationalsozialismus nicht »um Menschen wie wir«, sondern um fanatische Judenhasser gehandelt habe. Hiermit widersprach Goldhagen explizit Christopher Browning, der in seiner 1992 erschienenen Studie *Ordinary Men* wie Goldhagen das Hamburger Reserve-Polizeibataillon 101 untersucht hatte, die Motivlage der Täter aber als Überlagerung verschiedener ideologischer und situativer Merkmale analysierte. Anders als Browning versuchte Goldhagen, seine Ergebnisse im Schritt von der Mikro- zur Makroebene zu verallgemeinern: Da es sich bei den untersuchten Tätern um ein repräsentatives Sample von »ganz gewöhnlichen Deutschen« gehandelt habe, sei es in einem zweiten Schritt möglich, von ihnen auf die Einstellung und das potentielle Verhalten der anderen Deutschen zu schließen, die an ihrer Stelle stehend genau so gehandelt hätten.

Die für eine wissenschaftliche Publikation ungewöhnlich breite Aufmerksamkeit, die Goldhagens Buch in den USA erfuhr, ließ das Thema schon früh auch deutschen Zeitungsredaktionen relevant erscheinen. Die bereits am 31. März, zwei Tage nach dem amerikanischen Erscheinungstermin erschienene Besprechung im *Tagesspiegel* blieb allerdings ohne jedes Echo. Erst als *Die Zeit* am 5. April Goldhagens Buch auf die Titelseite hob, wurde es zu einem Medienereignis. Den ersten Besprechungen vom April und Mai 1996 gemein waren charakteristische Missinterpretationen und Verzerrungen, die nicht unwesentlich der Debatteneröffnung in der *Zeit* geschuldet waren. Diese hatte durch Überschriften und redaktionelle Ankündigungen der Fehlinterpretation Vorschub geleistet, Goldhagen postuliere einen ewigen, bösartigen Nationalcharakter der Deutschen und behaupte deren Kollektivschuld (→Kollektivschuldthese [I.C2]) in der Zeit zwischen 1933 und 1945. Hiergegen formierte sich in den Wochen nach dem Leitartikel der *Zeit*, in dem Volker Ullrich allerdings ein differenzierteres Bild gezeichnet hatte, ein bemerkenswerter Abwehrkonsens in der deutschen Presselandschaft: Goldhagens Buch wurde jenseits der üblichen politischen Frontverläufe aus vornehmlich nationalpolitischen Gründen vehement abgelehnt. Gegen jede Tradition waren sich nicht nur die *taz* und die *FAZ* einig in der Abwertung der »zur Flagellanten-Geste verkommene[n] Selbstbezichtigungsrhetorik« (Mariam Niroumand, *taz* 13.4.1996), zu der Goldhagens Buch Anlass biete. Charakteristisch für diese erste Phase war das Ausbleiben einer inhaltlichen Auseinandersetzung mit Goldhagens Thesen. An ihre Stelle traten nicht selten Spekulationen über die Person und die Motive Goldhagens, die – wie im Falle der *Frankfurter Rundschau* und der *taz* – mit antisemitischem Einschlag auf seine Zugehörigkeit zum amerikanischen Judentum und die Opfererfahrung seines Vaters Erich Goldhagen rekurrierten.

Wesentlich zur Versachlichung der Debatte trug die in der Folgezeit prägende Serie der *Zeit* bei, in der sich namhafte Historiker, allerdings nur wenige ausgewiesene Experten der NS-Vernichtungspolitik, zu Wort meldeten. Die Bewertungen reichten von harscher Zurückweisung (Eberhard Jäckel) über ambivalente Beurteilungen (Hans-Ulrich Wehler, Ulrich Herbert) bis hin zu vorsichtig positiven Einschätzungen (Moshe Zimmermann, Ingrid Gilcher-Holtey). Mit dem Auslaufen der *Zeit*-Serie Mitte Juni bzw. mit dem zeitgleich zur deutschen Ausgabe Anfang August erscheinenden Dokumentationsband (herausgegeben von Julius H. Schoeps) war die erste Phase der Goldhagen-Debatte kurioserweise noch vor der deutschsprachigen Publikation des Streitgegenstandes abgeschlossen.

Nach der Veröffentlichung der deutschsprachigen, überarbeiteten Ausgabe des Buches unter dem leicht entschärfenden Titel *Hitlers willige Vollstrecker* wurde die Goldhagen-Debatte endgültig zu einem gesellschaftlichen Ereignis. In den Monaten August und September 1996 erreichte die Berichterstattung ihren quantitativen Höhepunkt, wobei nun auch das Fernsehen durch die Übertragung von Diskussionsveranstaltungen während Goldhagens Lesereise Anfang September eine gewichtige Rolle einnahm. In den Blick geriet dabei mehr und mehr das »Goldhagen-Phänomen« (Josef Joffe, *Süddeutsche-Zeitung* 11.9.1996), das in der Berichterstattung der Presse, die im Umfeld der triumphal verlaufenden Lesereise einen deutlichen Schwenk vollzog, immer positivere Bewertungen erfuhr. *Die Zeit*, die sich seit Beginn der Kontroverse der Kritik ausgesetzt sah, aus verkaufspolitischen Gründen eine unnötige Diskussion angestoßen zu haben, räumte Goldhagen im wohl längsten Dossier der Blattgeschichte die Möglichkeit ein, auf seine Kritiker zu antworten, was abermals heftige Zurückweisungen (etwa durch den Antisemitismusforscher Johannes Heil in der *Süddeutschen Zeitung*, 19.8.1996) zur Folge hatte. Demgegenüber deutete schon die Herausbildung von Nebenschauplätzen auf das allmähliche Auslaufen der Goldhagen-Debatte im Verlaufe der zweiten Septemberhälfte hin: Die kurze Debatte um die Frage, ob die durch die *Zeit*-Mitherausgeberin Marion Gräfin Dönhoff geäußerte Befürchtung, Goldhagens Buch könne eine neue Judenfeindschaft befördern (*Die Zeit*, 6.9.1996), selbst an antisemitische Klischees anknüpfe, besaß nur noch einen mittelbaren Bezug zu Goldhagens Thesen. Die Person Goldhagen und die mit ihr verknüpfte Auseinandersetzung blieb allerdings bis zum Jahr 2003 Gegenstand der Berichterstattung, die durch einzelne Impulse immer wieder angestoßen wurde (Verleihung des Demokratie-Preises durch Jürgen Habermas (→Historikerstreit [V.A9]) und Jan Philipp Reemtsma (→Wehrmachtsausstellung [VI.A1]) im März 1997, Angriffe durch →Norman G. Finkelstein (*Die Holocaust-Industrie* [VI.D3]), Scheitern eines Berufungsverfahrens für eine Holocaust-Stiftungsprofessur in Harvard etc.). Goldhagens zweites Buch (*Die katholische Kirche und der Holocaust. Eine Untersuchung über Schuld und Sühne*, 2002) erreichte trotz Dokumentationsband und umfangreicher Werbemaßnahmen bei Weitem nicht die Publizität des Erstlings. Die exponierte Position der Goldhagen-Debatte in der Debattengeschichte der Bundesrepublik erklärt sich zu einem guten Teil aus ihrem Charakter als vergangenheitspolitisches Massenphänomen: Letztlich waren es Goldhagens Leser und Zuhörer, die den Ausgang der medial verfassten Wissenschaftsdebatte entscheidend bestimmten. Der geschichtswissenschaftlichen Forschung gelang es dagegen nur zu selten, sachliche Bewertungen geltend zu machen, in denen weder die methodischen Unzulänglichkeiten und inhaltlichen Simplifizierungen Goldhagens noch die innovative Fragestellung marginalisiert wurden. Während *Hitlers willige Vollstrecker* in der Folgezeit auf dem Gebiet der Täterforschung zumindest Anstöße lieferte, schlug die kritische Auseinandersetzung mit den deutschen Tätern, die aus der breiten Publikumsresonanz Goldhagen abgeleitet werden könnte, im neuen deutschen Opferdiskurs der späten 1990er Jahre in ihr Gegenteil um. Zuletzt knüpften organisationssoziologische Arbeiten wie die des Bielefelder Soziologen Stefan Kühl an die Fragestellungen der Goldhagen-Debatte an, nun allerdings mit einer produktiven Akzentverschiebung weg von den »normalen Männern« (Browning) bzw. »normalen Deutschen« (Goldhagen) auf die Bedeutung von »ganz normalen Organisationen« für die NS-Massenmorde.

TF

Lit.: Daniel Jonah Goldhagen (1996): *Hitlers willige Vollstrecker. Ganz gewöhnliche Deutsche und der Holocaust*, Berlin: Siedler. Julius H. Schoeps (Hg.) (1996): *Ein Volk von Mördern? Die Dokumentation der Goldhagen-Kontroverse um die Rolle der Deutschen im Holocaust*, Hamburg: Hoffmann & Campe. Stefan Kühl (2014): *Ganz normale Organisationen. Zur Soziologie des Holocaust*, Frankfurt a.M.: Suhrkamp. Klaus Große Kracht (2005): *Die zankende Zunft. Historische Kontroversen in Deutschland nach 1945*, Göttingen: Vandenhoeck & Ruprecht. Sabine Manke (2004): *Die Bilderwelt der Goldhagen-Debatte. Kulturwissenschaftliche Perspektiven auf eine Kontroverse um Geschichte*, Marburg: Tectum. Norbert Frei (2003): »Goldhagen, die Deutschen und die Historiker. Über die Repräsentation des Holocaust im Zeitalter der Visualisierung«, in: Martin Sabrow et al. (Hg.): *Zeitgeschichte als Streitgeschichte. Große Kontroversen nach 1945*, München: Beck, S. 138–151. Ulrich Herbert (1999): »Academic and Public Discourses on the Holocaust. The Goldhagen Debate in Germany«, in: *German Politics and Society* 17, S. 33-54. Martin Kött (1999): *Goldhagen in der Qualitätspresse. Eine Debatte über »Kollektivschuld« und »Nationalcharakter« der Deutschen*, Konstanz: UVK. Christopher R. Browning (1998): »Die Debatte über die Täter des Holocaust«, in: Ulrich Herbert (Hg.): *Nationalsozialistische Vernichtungspolitik 1939–1945. Neue Forschungen und Kontroversen*, Frankfurt a.M.: Fischer, S. 148-169. Johannes Heil, Rainer Erb (Hg.) (1998): *Geschichtswissenschaft und Öffentlichkeit. Der Streit um Daniel J. Goldhagen*, Frankfurt a.M.: Fischer. Peter Weingart, Petra Pansegrau (1998): »Reputation in der Wissenschaft und Prominenz in den Medien. Die Goldhagen-Debatte«, in: *Rundfunk und Fernsehen* 46, H. 2-3, S. 193-208. Dieter Pohl (1997): »Die Holocaust-Forschung und Goldhagens Thesen«, in: *Vierteljahrshefte für Zeitgeschichte* 45, H. 1, S. 1-48. Michael Schneider (1997): *Die »Goldhagen-Debatte«. Ein Historikerstreit in der Mediengesellschaft*, Düsseldorf: Friedrich-Ebert-Stiftung.

VI.A4 Walser-Bubis-Debatte, in sämtlichen überregionalen deutschen Zeitungen von Herbst 1998 bis Frühjahr 1999 geführte Auseinandersetzung um den normierenden Charakter der öffentlichen Erinnerung an die NS-Zeit.

Auslöser der Walser-Bubis-Debatte war die Dankesrede Martin Walsers anlässlich seiner Auszeichnung mit dem Friedenspreis des Deutschen Buchhandels am 11.10.1998 in der Frankfurter Paulskirche. Walser beklagte darin die »Instrumentalisierung unserer Schande zu gegenwärtigen Zwecken«, Auschwitz sei zur omnipräsenten »Moralkeule« verkommen. Gegen die von ihm wahrgenommene »Ritualisierung« des öffentlichen Gedenkens plädierte Walser für die Verlagerung der Auseinandersetzung mit dem NS in das individuelle Gewissen und damit einhergehend für »Gewissensfreiheit«. Die vom Fernsehen übertragene Rede erfuhr durch die 1.200 Festgäste, aber auch in der breiten Öffentlichkeit große Zustimmung. Gelobt wurde in zahlreichen Leserbriefen und Schreiben an den Autor vor allem ihre »befreiende Wirkung«: Was man vorher nur hinter vorgehaltener Hand habe äußern dürfen, sei nun öffentlich kommunizierbar geworden. Diese von Walser vorformulierte »Kultur des Wegschauens« forderte den Widerspruch des Präsidenten des Zentralrats der Juden in Deutschland, Ignatz Bubis, heraus, der zwei Tage darauf seine Rede zum 60. Jahrestag des 9. November als kritische Replik ankündigte. Walser sei ein »geistiger Brandstifter«, der den bislang latent gehaltenen Wunsch der nichtjüdischen Deutschen nach einem Schlussstrich gesellschaftsfähig gemacht habe. Indem Walser sein persönliches Wegschauen propagiere, öffne er den politisch zulässigen Diskursraum für rechtsradikales Gedankengut (→Rechtsextremismus [VI.E6]).

Die direkt nach Bubis' Ankündigung seiner Gegenrede einsetzende mediale Kontroverse, deren ideologische Fronten quer durch die Zeitungsredaktionen verliefen, kreiste zunächst um die Zulässigkeit inkriminierter Begrifflichkeiten: Walsers »Moralkeule« Auschwitz sei nichts anderes als die »Auschwitzkeule« der rechtsradikalen Presse; der Autor versuche anspielungsreich und durch subtile Begriffsverschiebungen wie der von »Schuld« zu »Schande«, Stammtischparolen hoffähig zu machen. Die Verteidiger Walsers wiesen dagegen vor allem Bubis' Vorwurf des »latenten Antisemitismus« kategorisch zurück, da er einen Autor treffe, der sich zeitlebens in seinen Texten mit der schuldhaften deutschen Vergangenheit befasst habe; zudem spreche ein Schriftsteller mit einer anderen Sprache als ein Politiker, die Rede lasse sich daher nicht wie ein Pamphlet lesen, sondern sei ein mehrstimmiger, literarischer Text. Zwar wurde am Rande auch darüber diskutiert, inwieweit Walsers Konzept der Innerlichkeit in Bezug auf Auschwitz angemessen sei, im Gegensatz zur Debatte um das →Holocaust-Mahnmal in Berlin [VI.A2] jedoch kaum über konkrete Möglichkeiten des Gedenkens. Stattdessen dominierte die in Walsers Rede behauptete »unerbittliche Entgegengesetztheit von Tätern und Opfern« die Diskussion. Dieser Zug der Debatte wurde insbesondere durch Klaus von Dohnanyi verstärkt, der vehement für Walser eintrat. Der Sohn eines deutschen Widerständlers sprach Bubis ab, als Jude verstehen zu können, worum es Walser und seinem Publikum gegangen sei. Eine revisionistische Note erhielt von Dohnanyis Einlassung durch den Nachsatz, es »müßten sich natürlich auch die jüdischen Bürger in Deutschland fragen, ob sie sich so sehr viel tapferer als die meisten anderen Deutschen verhalten hätten, wenn nach 1933 ›nur‹ die Behinderten, die Homosexuellen und die Roma in die Vernichtungslager geschleppt worden wären.« Bubis warf daraufhin von Dohnanyi vor, mit dieser »bösartigen« Frage noch expliziter geworden zu sein als Walser; über beide mutmaßte er, »›es‹ denkt in ihnen« antisemitisch.

Trotz dieser Eskalation in der Auseinandersetzung zwischen nichtjüdischen Deutschen und Juden wurde Walsers Rede in der großen Mehrheit ihrer Besprechungen nicht als antisemitischer Text gewertet. Die Antisemitismusforschung ist jedoch relativ zeitnah zu anderen Ergebnissen gekommen. So erkennt etwa Klaus Holz in der Friedenspreis-Rede ein eingeführtes rhetorisches Muster der Täter-Opfer-Umkehr, indem die in Walsers Rede implizit aufgeworfene Frage nach denjenigen, welche die Deutschen durch die »Vorhaltung unserer Schande« maßregeln, nicht allen möglichen Antworten offen sei, sondern – gerade im Rahmen der zeitgleich verlaufenden Verhandlungen um eine →Zwangsarbeiterentschädigung [VI.B2] – auf die Beschuldigung der Opfergruppe hinauslaufe. In eben diesem Sinne verengte Walser den Gehalt seiner Rede bei einem von der FAZ organisierten Treffen mit Bubis, das als Höhepunkt der Walser-Bubis-Debatte angesehen werden kann: Nunmehr erhob er den Vorwurf der Instrumentalisierung von Auschwitz, der »Dauerpräsentation unserer Schande« und eines »grausamen Erinnerungsdienst[es]« nicht mehr gegen ungenannte intellektuelle »Meinungssoldaten« und »die Medien«, sondern gegen die Opfergruppe selbst. Zu den skandalträchtigsten Äußerungen Walsers in diesem Gespräch vom 12.12.1998 gehörte zweifellos seine Selbstinszenierung als Vorreiter bundesrepublikanischer Aufarbeitung, der dem ehemaligen Lagerhäftling und später als Immobilienkaufmann in den Frankfurter Häuserkampf (→Fassbinder-Kontroversen [V.A6]) involvierten Bubis vorwarf: »[I]ch war in diesem Feld beschäftigt, da waren Sie noch mit ganz anderen Dingen beschäftigt.« Auch in Bezug auf gesellschaftliches Engagement sprach Walser dem jüdischen Gegenüber jegliche Zuständigkeit ab. Wenn Bubis sich anlässlich von rechtsradikalen Übergriffen in den Medien äußere, sei dies ohne sachliche Rechtfertigung »sofort zurückgebunden an 1933«. Damit wurde der jüdischen Minderheit nahegelegt, sich öffentlich zurückzuhalten, wenn es um nationale Belange geht. Diese Haltung korrespondiert mit der strikten Abgrenzung eines nationalen »Wir« in der Friedenspreis-Rede und der Walser-Bubis-Debatte, das sich über die Täterschaft des Kollektivs definiert. Jüdische Deutsche und ihre Opfererfahrung werden in diesem Konzept nationaler Identität vom Deutschsein ausgeschlossen. Das als Geste der Versöhnung geplante Treffen wurde somit zum Ausdruck verhärteter Fronten, obgleich Bubis den Vorwurf der geistigen Brandstiftung zurücknahm.

Nach Bubis' Tod im Sommer 1999 verebbte die ungewöhnlich stark personalisierte Walser-Bubis-Debatte. Sie war eine der heftigsten Debatten um den Umgang mit der NS-Vergangenheit mit breiter Beteiligung der Bevölkerung. Obschon die Walser-Bubis-Debatte kein greifbares Ergebnis erbracht hat, hat sie zu einer Verschiebung der Toleranzen geführt. In der Hochphase der Debatte zwischen Bubis' Rede und seinem Aufeinandertreffen mit Walser, als zum Teil an einem Tag mehrere Debattenbeiträge in einer einzigen Zeitungsausgabe erschienen, fanden vorher weitgehend kommunikationslatente antijüdische Ressentiments Eingang in die Qualitätspresse (so unter anderem durch Horst Mahler im Focus, H. 53/1998, und Rudolf Augstein im Spiegel, H. 49/1998). Damit hat sich Bubis' Sorge, Walser trage als Gewährsmann eines gemäßigten Bildungsbürgertums extremistisches Gedankengut in die gesellschaftliche Mitte, zumindest zeitweise bewahrheitet. In der Antisemitismusdebatte im Sommer 2002 wurde der Antisemitismusvorwurf gegen Martin Walser anlässlich seines Romans Tod eines Kritikers (→Martin Walser: Tod eines Kritikers [VI.E2]) erneuert und breit diskutiert.

Martin Walser hat 2015 in einem Spiegel-Interview (H. 19/2015) bekannt, er »könnte die Paulskirchenrede so nicht mehr halten«, nehme allerdings »keinen Satz von damals« zurück. Es sei vielmehr »leichtsinnig« von ihm gewesen, die Instrumentalisierung der Schande zu beklagen, ohne Namen zu nennen. Gemeint habe er Günter Grass (→Skepsis gegenüber der deutschen Wiedervereinigung [V.D1]), Joschka Fischer (→Farbbeutel-Rede Joschka Fischers [VI.A5]) und Walter Jens. »Ignatz Bubis hat geglaubt, ich würde ihn damit meinen. Das war natürlich fatal. Heute kommt es mir absurd vor, solche Lächerlichkeiten überhaupt auseinanderpflücken zu wollen.« Ein Dementi sieht tatsächlich anders aus, schiebt Walser Bubis hier doch abermals die Schuld zu, nun an der misslungenen Rezeption seiner Rede. Dass Bubis durchaus gemeint war, wurde spätestens im F.A.Z.-Gespräch der beiden deutlich, in dem Walser ihn direkt attackiert hatte. Der späte Versuch einer Umdeutung der Kontroverse zu einem Missverständnis – das Walser in der Debatte 1998 noch vehement ausgeschlossen hatte – steht im Kontext mehrerer Versuche des Autors, sich im hohen Alter zu rehabilitieren. Hierzu gehören auch Walsers Loblied auf den jiddischen Dichter Sholem Abramovitsh *Shmekendike blumen* (2014) und der Band *Unser Auschwitz. Auseinandersetzung mit der deutschen Schuld* (2015), der einmal mehr Walsers lebenslange Beschäftigung mit Auschwitz belegen soll. Keineswegs will der Schriftsteller als Apologet eines Schlussstrichs in die Annalen eingehen, im *Spiegel*-Interview beschließt er seine Aussage »[h]eute würde ich das nicht mehr sagen« allerdings mit der Begründung »[i]ch will dieses Hickhack nicht.«

MNL

Lit.: Martin Walser (1998): *Erfahrungen beim Verfassen einer Sonntagsrede*, Frankfurt a.M.: Suhrkamp. Frank Schirrmacher (Hg.) (1999): *Die Walser-Bubis-Debatte. Eine Dokumentation*, Frankfurt a.M.: Suhrkamp. Martin Dietzsch et al. (Hg.) (1999): *Endlich ein normales Volk? Vom rechten Verständnis der Friedenspreis-Rede Martin Walsers. Eine Dokumentation*, Duisburg: DISS. Matthias N. Lorenz (2005): »*Auschwitz drängt uns auf einen Fleck«. Judendarstellung und Auschwitzdiskurs bei Martin Walser*, Stuttgart, Weimar: Metzler. Stuart Parkes, Fritz Wefelmeyer (Hg.): *Seelenarbeit an Deutschland. Martin Walser in Perspective*, Amsterdam, Atlanta: Rodopi. Johannes Klotz, Gerd Wiegel (Hg.) (2001): *Geistige Brandstiftung. Die neue Sprache der Berliner Republik*, Berlin: Aufbau. Klaus Holz (1999): »Ist Walsers Rede antisemitisch?«, in: *Kultursoziologie* 8, H. 2, S. 189–193. Wulf D. Hund (1999): »Auf dem Unsäglichkeitsberg. Martin Walser, Ignatz Bubis und die tausend Briefe«, in: *Blätter für deutsche und internationale Politik* 44, H. 10, S. 1245–1254. Jan-Holger Kirsch (1999): »Identität durch Normalität. Der Konflikt um Martin Walsers Friedenspreisrede«, in: *Leviathan* 22, H. 3, S. 309–354.

VI.A5 Farbbeutel-Rede Joschka Fischers, Rede des amtierenden Außenministers auf dem Bielefelder Sonderparteitag von Bündnis 90/Die Grünen am 13.5.1999, die beispielhaft die Wandlung und Problematik identitätsstiftender Rekurse auf »Auschwitz« in der Bundesrepublik dokumentiert.

Der Sonderparteitag von Bündnis 90/Die Grünen vom Mai 1999 sollte die drohende Spaltung der Partei angesichts einer deutschen Beteiligung am Krieg der NATO (ohne völkerrechtliche Legitimation durch ein Mandat der UNO) gegen den jugoslawischen Präsidenten Slobodan Milošević verhindern. Während seiner von Sprechchören und Protesten der Delegierten und Demonstranten begleiteten Rede wurde Fischer von einem roten Farbbeutel getroffen und erlitt einen Trommelfellriss.

Die deutsche Beteiligung an den NATO-Luftangriffen im Kosovo seit März 1999 hatte zuvor für heftige Kontroversen innerhalb der sich einstmals als pazifistisch verstehenden Partei gesorgt. Während Fischer und andere so genannte »Realos« das Vorgehen verteidigten, verurteilte der linke Flügel (»Fundis«) der Partei die Angriffe scharf. Dies ging soweit, dass der Rücktritt aller grünen Minister der damaligen rot-grünen Bundesregierung unter Bundeskanzler Gerhard Schröder gefordert wurde. Die Entscheidung für den Einsatz deutscher Soldaten im Kosovo – zugleich der erste Kriegseinsatz deutscher Soldaten seit dem Ende des Zweiten Weltkrieges – bedeutete für die Bundesrepublik eine tief greifende Zäsur; die Grünen, deren Wurzeln in der ökologischen, aber auch der Friedensbewegung der 1980er Jahre liegen, stürzte sie in eine existentielle Krise, wurde mit dem Ja zum Kriegseinsatz doch ein integraler Bestandteil grüner Programmatik aufgegeben. Den grünen Abgeordneten wurde vorgeworfen, ihre ehemaligen Prinzipien der Gewaltfreiheit und des Pazifismus zugunsten von Amt und Würden verraten zu haben.

Bereits im Vorfeld des Parteitages kam es zu Protesten gegen die neue grüne Politik. Die Protestierenden – Autonome, linke Gruppen und serbische Nationalisten – versuchten, den Parteitag zu stören bzw. zu verhindern, was Polizeischutz für die grünen Delegierten nötig machte. Trotz der für einen grünen Parteitag ungewöhnlich scharfen Sicherheitsvorkehrungen gelang es einigen Demonstranten, in die Halle, in der der Parteitag stattfand, einzudringen und den Ablauf massiv zu stören. Auf dem Programm des Parteitages stand die Abstimmung über zwei den Krieg betreffende Anträge. Der Antrag des linken Flügels forderte den bedingungslosen Stopp der NATO-Angriffe, der Antrag des Bundesvorstandes setzte sich dagegen für einen Kompromiss ein, indem er für eine Pause der Bombardierungen zum Zwecke von erneuten Friedensverhandlungen plädierte. Bei der Abstimmung erhielt der Antrag des Bundesvorstandes letztendlich die Mehrheit der Stimmen.

Markant ist, dass sich der außenpolitische Richtungswechsel, der mit einer bisherigen Konstante bundesrepublikanischer Politik brach, im Rekurs auf die Argumentationsfigur eben jenes »Nie wieder« vollzog, die ihn ursprünglich begründet hatte. Stand am Beginn der Bundesrepublik in weiten Teilen der Bevölkerung zunächst die diffuse Grundüberzeugung »Nie wieder Krieg« als ›Lehre‹ aus der deutschen Geschichte im Zentrum, bestimmte in den Argumentationsmustern der 1990er Jahre der Erinnerungsrahmen des Holocaust den identitätsstiftenden Rekurs auf die Vergangenheit: Fischer, der in früheren Stellungnahmen Kriegseinsätze deutscher Soldaten gerade mit dem Hinweis auf den Zweiten Weltkrieg abgelehnt hatte, diente die Chiffre »Auschwitz« in seiner frei vorgetragenen Rede auf dem Bielefelder Sonderparteitag als Begründung eines der historischen Verantwortung der Deutschen Rechnung tragenden Interventionismus: Die innenpolitische Rückbindung rechtsradikaler Gewalt an die Geschichte des Nationalsozialismus sei durch ein ebenso konsequentes Einschreiten bei Vertreibung und ethnischer Kriegsführung zu ergänzen. Der »völkischen Politik« Miloševićs gegenüber erwachse Deutschland im Lichte seiner eigenen Vergangenheit eine ebenso wichtige Verantwortung wie angesichts rechtsradikaler Gewalt im eigenen Land.

Auch wenn der nahe liegend scheinende Zusammenhang zwischen Fischers Rede und Martin Walsers wenige Monate zuvor formulierten Mahnung, Auschwitz eigne sich nicht als »Moralkeule« (→Walser-Bubis-Debatte [VI. A4]) inhaltlich fehlgeht, weil Walsers Invektiven andere »Moralisierungen« zum Gegenstand hatten, wirft der Auschwitz-Rekurs in Fischers Parteitagsrede doch ein bezeichnendes Licht auf die ubiquitären Vereinnahmungspotentiale der NS-Vernichtungspolitik in den 1990er Jahren, die zugleich die Tendenz zu einer Universalisierung der Ereignisse offen legen: »Auschwitz« als das Böse schlechthin bietet wie kaum ein anderes historisches Ereignis die Möglichkeit, in aktualisierende Sinnstiftungen einmontiert zu werden, verliert dabei aber – auch das zeigten die entgegengesetzten Bezugnahmen in der Kosovo-Diskussion – ebenso an Eindeutigkeit wie an Überzeugungskraft.

LR/TF

Lit.: Christian Otto (2011): *Die Grünen und der Pazifismus*, Marburg: Tectum. Joschka Fischer (2007): *Die rot-grünen Jahre. Deutsche Außenpolitik vom Kosovo bis zum 11. September*, Köln: Kiepenheuer & Witsch. Steffen Schmuck-Soldan (2004): *Der Pazifismus bei Bündnis 90/Die Grünen. Entwicklung und Stellenwert einer außenpolitischen Ideologie 1999–2000*, Diss. HU Berlin. Michael Schwab-Trapp (2003): »Der Nationalsozialismus im öffentlichen Diskurs über militärische Gewalt. Überlegungen zum Bedeutungswandel der deutschen Vergangenheit«, in: Wolfram Bergem (Hg.): *Die NS-Diktatur im deutschen Erinnerungsdiskurs*, Opladen: Leske+Budrich, S. 171–185. Michael Schwab-Trapp (2002): *Kriegsdiskurse. Die politische Kultur des Krieges im Wandel 1991–1999*, Opladen: Leske+Budrich.

VI.A6 Jüdisches Museum Berlin, nach jahrelangen Kontroversen im September 2001 eröffnetes größtes und bekanntestes jüdisches Museum in Europa.

Im Mittelpunkt des Interesses von Publikum, Medien und Experten steht das von Daniel Libeskind entworfene Gebäude. Mit seinem eigenwilligen Beitrag für die Ausschreibung 1988 unternahm der Architekt den in der deutschen und internationalen Museumsarchitektur der Nachkriegszeit einmaligen Versuch, den Zivilisationsbruch des Holocaust in die Formensprache eines Museumsbaus zu übersetzen.

Die Vor- und Gründungsgeschichte des Berliner Museums steht im Kontext einer Vielzahl größerer und kleinerer musealer Dauerausstellungen zu jüdisch-deutscher Geschichte in der Bundesrepublik. Stets war ihre Entstehung, wie in Berlin, begleitet von langwierigen, stark symbolisch besetzten Auseinandersetzungen. Diese spiegeln die Ambivalenzen Jüdischer Museen in Deutschland nach 1945, die an Orten, deren jüdische Einwohner vertrieben, deportiert und ermordet wurden, immer auch Mahnmale der Geschichte der Massenvernichtung der europäischen Juden sind. Anders als etwa in den USA sind Initiatoren und Adressaten solcher Museen in der Mehrzahl Nichtjuden, Nachkommen der Tätergeneration.

Von wenigen Ausnahmen abgesehen wurden erst seit den 1970er und verstärkt seit den 1980er Jahren die Spuren deutsch-jüdischer Geschichte vor und nach 1933 allmählich wieder sichtbar gemacht, Einzelpersonen, Bürgerinitiativen, Denkmalschützer und Me dien begannen sich für lokale jüdische und NS-Geschichte, für ehemalige Synagogen, jüdische Friedhöfe, Schulen und die Wohnhäuser jüdischer Einwohner zu interessieren. Synagogen, die nach 1945, sofern sie Novemberpogrom und Krieg überdauert hatten, zu Schuppen, Garagen, Feuerwehrhäusern »umgenutzt« worden waren, wurden restauriert und in Museen umgewandelt. Heute gibt es in Deutschland etwa 80 jüdische Museen und Ausstellungen in ehemaligen Synagogen.

Mit der politischen Wende 1989, mit dem Generationswechsel zur Generation der Enkel der Opfer und Täter, mit der Zuwanderung russischer Juden und der zunehmenden Differenzierung der jüdischen Gemeinschaft sowie anderer gesellschaftlicher Gruppen und mit der Popularität des Berliner Jüdischen Museums haben sich diese Museen stärker für die Gegenwart geöffnet. Sie thematisieren nun auch die Nachkriegsgeschichte der Juden in Deutschland, der →Displaced Persons [I.A5] und die jüngere Gegenwart russisch-jüdischer Immigranten. Alle Museen sind Orte anhaltender Auseinandersetzungen und Verhandlungen über die Formen der Erinnerung an die Geschichte der deutschen Juden, an die NS-Geschichte und über die gegenwärtige Bedeutung und Deutungsmacht der Institution für die Selbstbilder von Juden und Nichtjuden.

Die ersten jüdischen Museen, Museumsabteilungen und Dauerausstellungen im deutschsprachigen Raum vor der NS-Zeit gehen zurück auf die Gründung von Vereinen, die sich mit der Sammlung, Erforschung und Ausstellung jüdischer religiöser und ethnographischer Objekte oder Kunst befassten, z.B. in Wien (1894), in Düsseldorf (1897), in Hamburg (1898). In Berlin war seit 1917 die Kunstsammlung von Albert Wolf in Räumen der jüdischen Gemeinde untergebracht, das erste Berliner Jüdische Museum wurde jedoch erst am 24.1.1933 eröffnet und 1938 geschlossen, die Sammlung konfisziert. Ziel von Sammlungen, Ausstellungen und Museen vor 1933 war es, die mehrheitlich assimilierten Juden der Zeit mit den Traditionen jüdischer Kultur vertraut zu machen und Nichtjuden über deren Bedeutung als integralem Bestandteil abendländischer Geschichte aufzuklären. Aber die Museumslandschaft war unübersichtlich, ihre Wirkung auf ein jüdisches Publikum nicht groß, ihre geringe Wirkung auf ein nichtjüdisches entsprach dem öffentlichen und wissenschaftlichen Desinteresse von Nichtjuden für jüdische Geschichte und Kultur.

Den Bruch zwischen jüdischen Museen vor 1933 und nach 1945 kennzeichnet das »Zentrale Jüdische Museum« in Prag. Dieses Museum entstand 1942 unter dem Kommando der Deutschen. Mitarbeiter des ehemaligen Jüdischen Museums und Angehörige der Prager Kultusgemeinde mussten das Eigentum von deportierten Juden und den aufgelösten Jüdischen Gemeinden in Böhmen und Mähren sammeln, sortieren und in Ausstellungen für SS-Eliten präsentieren, ehe auch sie deportiert und ermordet wurden. Dieses Prager Museum war die pervertierte Form eines Museums, in dem dessen Aufgaben, »Sammeln, Bewahren, Erforschen, Vermitteln und Ausstellen«, zur gleichen Zeit wahrgenommen wurden wie die Verbrechen stattfanden, die dieses Sammeln ermöglichten.

Die erste Ausstellung zur Geschichte der Juden in Berlin nach 1945, die als Keimzelle der Idee eines Berliner Jüdischen Museums gesehen werden kann, fand 1971 unter dem Titel »Leistung und Schicksal« statt. Damalige Pläne für ein Museum in West-Berlin scheiterten zunächst, eine Interimslösung sorgte dafür, dass ab 1984 Teile der Judaica-Sammlung im Berlin Museum, ab 1986 weitere in Räumen im Martin-Gropius-Bau ausgestellt wurden. Die Initiative für den Wettbewerb »Erweiterung Berlin Museum mit Abteilung Jüdisches Museum« 1988 wurde nicht zuletzt durch den Profilierungsbedarf gegenüber Ost-Berlin befördert, wo im selben Jahr des Gedenkens an den Novemberpogrom der Wiederaufbau der »Neuen Synagoge« offiziell beschlossen wurde. Libeskinds Lösung für einen Neubau neben dem barocken Kollegienhaus, dem Berlin Museum, fand fast einhellige Zustimmung und große publizistische Beachtung. Konstitutives Element des Gebäudes und seiner Konzeption sind drei sich kreuzende Achsen im Untergeschoss und die so genannten *voids*, hängende Schächte, die in den zickzackförmigen Bau eingelassen sind, angeordnet auf einer imaginären Geraden, die die reale Zickzacklinie schneidet. Die drei Achsen sollen metaphorisch für Wege deutsch-jüdischer Geschichte stehen: die Achse des Holocaust, die in einem fast dunklen Raum des Gedenkens, dem *Ho-*

locaust void, endet, die Achse des Exils, die durch Unebenheit die Beschwerlichkeit der Emigration evozieren will und draußen in einen Stelengarten mündet, und die Achse der Kontinuität, die zur Treppe und zu den Ausstellungsräumen führt. »Between the lines« hat Libeskind sein Projekt genannt, das Kontinuitäten und den Bruch der Geschichte im Holocaust verkörpern soll.

Angesichts der nationalen und internationalen Bedeutung des Berliner Jüdischen Museums konnte es im Rahmen bundesdeutscher Gedächtnisgeschichte nicht überraschen, dass im Sommer 1997 das zukünftige Jüdische Museum in Berlin zum Thema der, so der *Tagesspiegel*, »schärfsten deutsch-jüdischen Kontroverse nach dem Krieg« wurde. Die Heftigkeit der Auseinandersetzung lässt sich mit vorangehenden vergleichen, mit dem Streit um den Börneplatz in Frankfurt, mit den Protesten der Jüdischen Gemeinde gegen Fassbinders *Die Stadt, der Müll und der Tod* (→Fassbinder-Kontroversen [V.A6]) und mit dem Konflikt um die Beseitigung des ehemaligen Jüdischen Friedhofs in Hamburg-Ottensen durch einen Kaufhausneubau (→Streitfall jüdischer Friedhof in Hamburg-Ottensen [V.C9]). Um ein Jüdisches Museum hatte es eine Kontroverse, in der die vorhandenen Konflikte derart öffentlich wurden, bis dahin nicht gegeben.

Vordergründig ging es darum, ob der Neubau ein weitgehend autonomes Jüdisches Museum werden würde oder entsprechend der damaligen Absichten und Rechtslage eine jüdische Abteilung des Berlin Museums mit eingeschränkten Entscheidungsbefugnissen. Erneut zur Debatte stand auch das vorgesehene inhaltliche Konzept des Museums, das »Integrationsmodell«, eine Präsentation der Geschichte von Berliner Juden und Nichtjuden im 19. und 20. Jahrhundert. Es kam zum offenen Streit zwischen Behörde und Jüdischer Gemeinde, als die Kulturbehörde den ersten Direktor des Museums, Amnon Barzel, ohne Rücksprache mit der Gemeinde entließ. Der Vorstand der Jüdischen Gemeinde, Andreas Nachama, reagierte auf die Brüskierung mit der Äußerung, ihm dränge sich der Vergleich mit der NS-Zeit auf, in der jüdische Museumsdirektoren ihres Amtes beraubt wurden, Michal Bodemann zitierte das Prager Jüdische Zentralmuseum als Beispiel für ein »von deutscher Seite kontrolliertes jüdisches Museum«. Auch der weitere Verlauf der Auseinandersetzung schien zu bestätigen, so die *taz*, dass »Juden und Deutsche in verschiedenen Erinnerungswelten« leben. Mit den Kontroversen um das Berliner Jüdische Museum wurde zum ersten Mal ein jüdisches Museum öffentlich mit den Ansprüchen der jüdischen Gemeinschaft in Deutschland auf Selbstrepräsentation im Museum und mit der Frage, wessen Lesarten deutsch-jüdischer Geschichte die Museen ausstellen oder ausschließen, konfrontiert. Erst diese Kontroversen haben dazu geführt, dass das Jüdische Museum heute ein autonomes jüdisches Museum ist, nicht ein Erweiterungsbau des heimatgeschichtlichen Berlin Museums. Die Kontroverse legte sich, nachdem der Berliner Senat Michael Blumenthal, ehemaliger US-Finanzminister und als Kind aus Deutschland emigriert, 1997 als Direktor berief. Diesem gelang es, ein Team zusammenzustellen, das unter der Leitung des Neuseeländers Ken Gorbey in wenigen Monaten ein Konzept für die Dauerausstellung realisierte. Unter dem historisch nicht ganz zutreffenden Titel »Zwei Jahrtausende Deutsch-Jüdische Geschichte« inszeniert diese Ausstellung eine Chronologie, die nach der Intention des Museumsleiters weniger die Brüche als die Kontinuitäten der Geschichte der Juden in Deutschland vorführt und nicht den Zivilisationsbruch Holocaust, sondern Integration und Assimilation der jüdischen Minderheit in den Mittelpunkt stellt. Kritiker dieses Konzepts, das den programmatischen Anspruch der Gebäudearchitektur unterläuft, sehen darin Bedürfnisse nach einer Kontinuität, die neue und positive Identifizierungen mit der Geschichte der Nation zu versprechen scheinen.

Als zentrale Monumente haben das Jüdische Museum Berlin ebenso wie das 2005 eröffnete →Holocaust-Mahnmal in Berlin [VI.A2] erheblichen Anteil an der Integration von Gedächtnisgeschichte in der neuen Hauptstadt Deutschlands nach 1989. Die Ausstellung, das »Learning Center« und zahlreiche weitere Vermittlungsangebote ziehen jährlich mehr als 600.000 Besucher an. Im Spannungsverhältnis zwischen der Gebäudearchitektur, den sich kreuzenden »Achsen« des Holocaust, des Exils, der Kontinuität im Untergeschoss und der Dauerausstellung in den beiden Obergeschossen ist es aber auch ein Ort für weitere Debatten über Ausstellungsweisen deutsch-jüdischer Geschichte in Museen.

2011/12 gründete das Jüdische Museum Berlin eine Akademie, die nun die Themenfelder Migration und Diversität behandelt; 2014 wurde der Judaist Peter Schäfer, der zuvor an der Universität Princeton gelehrt hatte, als neuer Direktor berufen.

SO

Lit.: Katrin Pieper (2006): *Die Musealisierung des Holocaust. Das Jüdische Museum Berlin und das US Holocaust Memorial Museum in Washington DC*, Köln u.a.: Böhlau. John Rosenthal (2005): »Von Katastrophe zu Katastrophe. Die bizarre Metaphysik des Architekten Daniel Libeskind«, in: *Merkur* 59, H. 672, S. 318–328. Jan Björn Potthast (2002): *Das Jüdische Zentralmuseum der SS in Prag. Gegnerforschung und Völkermord im Nationalsozialismus*, Frankfurt a.M.: Campus 2002. Katharina Rauschenberger (2002): *Jüdische Tradition im Kaiserreich und in der Weimarer Republik. Zur Geschichte des jüdischen Museumswesens in Deutschland*, Hannover: Hahnsche Buchhandlung. Sabine Offe (2000): *Ausstellungen, Einstellungen, Entstellungen. Jüdische Museen in Deutschland und Österreich*, Berlin: Philo. Kristin Feireiss (Hg.) (1992): *Erweiterung des Berlin Museums mit Abteilung Jüdisches Museum*, Berlin: Ernst & Sohn.

VI.A7 Antiziganismus/Opferkonkurrenz.

Der Begriff ›Antiziganismus‹ ist umstritten. Maßgeblich für die Kritik an diesem Begriff sind die Publikationen von Klaus-Michael Bogdal, der dargelegt hat, dass der Terminus eine ahistorische Analogie zum Begriff ›Antisemitismus‹ suggeriert und daher irreführend ist. Zu den als ›Semitismus‹ bezeichneten kulturellen Praktiken und ihrer Ablehnung gibt es kein Pendant in Form eines historischen Begriffs des ›Ziganismus‹. Unter dem Titel ›Antiziganismus‹ firmieren dennoch einige neuere geschichts- und sozialwissenschaftliche Publikationen, die mit diesem vergleichsweise jungen Begriff alle Bestrebungen, Sinti und Roma zu exkludieren, bezeichnen. So verstanden, verlagert sich der neuralgische Punkt des Begriffs auf die Definition des ›Ziganen‹, die in verwaltungsgeschichtlich orientierten Arbeiten ganz anders ausfällt als etwa in ethnologischen. So grenzt sich die seit 1998 bestehende »Gesellschaft für Antiziganismusforschung« um Wilhelm Solms von der ethnologischen »Forum Tsiganologische Forschung« in Leipzig ab, weil Letztere die ›Zigeuner‹-Eigenschaft nicht als ein Konglomerat von Vorurteilen begreife, sondern am sozialen Verhalten der so Bezeichneten festmache und so Gefahr laufe, deren Individualität zugunsten ethnisierender Muster zu übergehen. Aus beiden Zusammenhängen gingen Buchreihen sowie periodisch erscheinende Fachpublikationen (»Zeitschrift für Antiziganismusforschung« bzw. »Tsiganologische Mitteilungen«) hervor. Die terminologischen Schwierigkeiten gehen teilweise darauf zurück, dass der Begriff ›Zigeuner‹ vor der Etablierung rassenhygienischer und eugenischer Disziplinen im 20. Jahrhundert nicht unbedingt ein ›Volk‹ meinte, sondern (wie die Historiker Wim Willems und Leo Lucassen dargelegt haben) von den Behörden im 19. Jahrhundert kaum auf bürgerlich assimilierte Sinti und Roma bezogen wurde. Dafür traf er jedoch potentiell alle, die arm waren und umherzogen oder keinen festen Wohnsitz vorweisen konnten. Das historische Stigma ›Zigeuner‹ wandelt sich mit den Exklusionsmustern und herrschenden Selbstentwürfen der Gesellschaft seit dem 15. Jahrhundert und deckt sich weder mit der Gruppe der Romanes-Sprechenden noch mit jenen, die sich selbst als Sinti, Roma oder Jenische bezeichnen.

Der Genozid aus rassistischen Gründen an den Sinti und Roma während der NS-Zeit ist noch verhältnismäßig wenig erforscht, wenngleich in den letzten Jahren einige neue Publikationen wie die 2009 erschienene Studie von Martin Holler zum Völkermord an osteuropäischen Roma entstanden. Die Zahl der Opfer wird insgesamt auf bis zu 500.000 geschätzt.

Erst mit der späten offiziellen Anerkennung dieses Völkermords durch Bundeskanzler Helmut Schmidt im Jahr 1982 geriet die Verfolgungsgeschichte der als ›Zigeuner‹ Bezeichneten in den Fokus der geschichts- und sozialwissenschaftlichen Forschung.

Abwertende ›Zigeuner‹-Stereotype entstanden bereits im 16. Jahrhundert. Um 1700 erfuhren sie eine Zuspitzung, die sich in Vertreibungen und Morden niederschlug, und gegen Ende des 19. Jahrhunderts radikalisierte sich die Verfolgungspolitik erneut, allerdings unter weitaus bedrohlicheren Vorzeichen. Mit dem *Zigeuner-Buch* des Polizeibeamten Alfred Dillmann (1905) wurde die Gesamterfassung aller Sinti und Roma und sonstiger als ›Zigeuner‹ bezeichneten Personen zum Hauptziel der Behörden. Seit der Reichsgründung 1871 spitzte sich der Konflikt zwischen dem Freizügigkeitsrecht für alle Staatsbürger und den behördlichen Bestreben, das Umherreisen der ›Zigeuner‹ zu begrenzen, kontinuierlich zu. Diesbezügliche Verordnungen und Erlasse aus dieser Zeit (wie die preußische *Anweisung zur Bekämpfung des Zigeunerunwesens* von 1906) sind bereits als Sonderrecht für ›Zigeuner‹ einzuschätzen. Das bayerische *Zigeuner- und Arbeitsscheuengesetz* von 1926, das u.a. auch Internierungen in Zwangsarbeitslager für ›Zigeuner‹ vorsah, führte explizit rassistische Kategorien in die Gesetzgebung ein. Bereits 1928 entstand in Frankfurt a.M. das Konzentrationslager an der Friedberger Straße, in dem ›Zigeuner‹ interniert wurden. Das NS-Regime konnte also an einen seit der Jahrhundertwende zunehmend professionalisierten staatlichen Apparat der Überwachung und Diskriminierung von ›Zigeunern‹ sowie an bereits bestehendes Sonderrecht anschließen.

Der Genozid an Sinti und Roma in der NS-Zeit

Sinti und Roma sowie weitere als ›Zigeuner‹ erfasste Personen aus Deutschland wurden ab 1940 über die sogenannten Zigeunerleitstellen in München, Köln, Hamburg und Stuttgart in das besetzte Polen (Generalgouvernement) deportiert. Diesen Aktionen waren in den Jahren zuvor bereits zahlreiche Gewaltmaßnahmen vorangegangen, darunter Zwangssterilisation infolge des sogenannten Blutschutzgesetzes oder die Konzentrierung der Berliner Sinti und Roma im ›Zigeunerlager Marzahn‹ im Vorfeld der olympischen Spiele 1936 (um ein ›zigeunerfreies‹ Stadtbild zu erzeugen). Die Kommentatoren des *Gesetzes zum Schutz des deutschen Blutes und der deutschen Ehre* hatten bereits 1935 formuliert, dass alle ›Zigeuner‹ einer ›artfremden Rasse‹ angehörten; sexuelle ›Vermischung‹ mit ›Ariern‹ wurde als »Rassenschande« bestraft.

Am 16.12.1942 wurde durch den Auschwitz-Erlass Himmlers verfügt, dass alle ›Zigeuner‹ im besetzten Europa innerhalb weniger Wochen in Konzentrationslager gebracht werden sollten. Die meisten deutschen Sinti und Roma kamen im März 1943 in das neu ausgebaute Auschwitz-Birkenau, wo ein sogenannter Zigeunerblock eingerichtet wurde. Als dieser (nach einem am Widerstand der Opfer gescheiterten Versuch im Mai) im August 1944 aufgelöst werden sollte, wurden in einer Nacht 2.897 ›Zigeuner‹ in den Gaskammern umgebracht; insgesamt starben mindestens 17.000 der etwa 23.000 in Auschwitz inhaftierten Sinti und Roma. Für die Überlebenden begannen Todesmärsche in westlich des Frontverlaufs gelegene Lager. Im restlichen Europa starben Sinti und Roma sowohl durch Deportationen in Konzentrationslager (wie etwa von Rumänien nach Transnistrien) als auch durch Massenerschießungen im Rahmen von ›Säuberungs-‹ oder ›Sühneaktionen‹, insbesondere in den eroberten Teilen Russlands, den Baltischen Staaten und den eroberten Gebieten des ehemaligen Jugoslawien, aber auch in Polen und Ungarn.

Die 1936 gegründete und von Robert Ritter geleitete Rassenhygienische und bevölkerungsbiologische Forschungsstelle im Reichsgesundheitsamt widmete sich hauptsächlich der Erfassung und »Bestimmung« der ›Zigeuner‹ unter ›rassischen‹ Gesichtspunkten. Sie kooperierte mit dem Kriminalbiologischen Institut beim Reichskriminalamt, dem Ritter seit 1941 ebenfalls vorstand. So flossen Wissensproduktion über ›Zigeuner‹ und politische Umsetzung in eins. Beide Institutionen hatten die Aufgabe, alle in Deutschland lebenden Sinti und Roma zu erfassen. Dabei wurden selbst ›Achtelzigeuner‹ zu den ›Zigeunermischlingen‹ gerechnet. Ihnen wurden angeborene Degeneration, Neigung zu Schwachsinn, Amoralität und Kriminalität zugeschrieben. Die von Ritter und Eva Justin angelegte Datenbank fungierte als Grundlage für die im Mai 1940 einsetzende Deportationswelle von etwa 2.800 Sinti und Roma ins besetzte Polen. Die Rassenhygienische und bevölkerungsbiologische Forschungsstelle nahm eine pseudowissenschaftliche Einteilung der ›Zigeuner‹ vor, und zwar in ›asoziale Mischlinge‹ (die in Konzentrationslagern vernichtet werden sollten), in sozial unschädliche ›Mischlinge‹ (deren Arbeitskraft noch vom »Reich« gebraucht werden konnte, die aber allesamt sterilisiert werden sollten) und schließlich in ›reinrassige Zigeuner‹, für die sich auch das SS-Amt »Ahnenerbe« zu ›Forschungszwecken‹ im Rahmen des »Neusiedlersee-Plans« interessierte. Dieses unvollendete Projekt wird oft herangezogen, um Unterschiede in der Behandlung von Juden und ›Zigeunern‹ im Nationalsozialismus zu betonen. Mitunter wurde u.a. aufgrund von Spekulationen um das ›Ariertum‹ ›reinrassiger Zigeuner‹ im SS-Amt Ahnenerbe (Walter Wüst) den Tötungen der Charakter eines Völkermords abgesprochen. Diese nationalsozialistischen Spekulationen hatten jedoch keine realpolitischen Konsequenzen und änderten nichts an der rechtlichen Einstufung aller ›Zigeuner‹ als ›Artfremde‹.

Bei der Verfolgung der Sinti und Roma kann von einer hohen Zustimmung in der Bevölkerung gegenüber den staatlich verordneten Maßnahmen ausgegangen werden: Neuere Studien beschreiben einen systematischen Ausschluss aus Schule, Arbeitsleben und öffentlichem Raum. Jene Sinti und Roma, die noch nicht deportiert wurden, waren während des Krieges oft dem Hass und der Missachtung der Mehrheitsbevölkerung ausgesetzt. So wurde beispielsweise gefordert, dass ›Zigeuner‹ nur zu einigen wenigen Läden Zugang haben sollten, da es ›deutschen Hausfrauen‹ nicht zugemutet werden könne, gemeinsam mit ›Zigeunern‹ einzukaufen. Solche und ähnliche Beschwerden aus der Bevölkerung über die bloße Anwesenheit von ›Zigeunern‹ gaben wiederholt Anlass zu immer restriktiveren Maßnahmen und beschleunigten die Deportationen. Schließlich wurde auch hinsichtlich des Projektes am Neusiedler See von Martin Bormann, dem Leiter der Parteikanzlei, argumentiert, das Vorhaben könne der Bevölkerung kaum vermittelt werden. Aus der Wehrmacht wurden selbst ranghöhere und mit Medaillen ausgezeichnete Sinti und Roma ausgeschlossen (und meist direkt in Konzentrationslager deportiert) mit der Begründung, sobald die ›artfremde Rassenzugehörigkeit‹ ermittelt worden sei, könne es dem Volk nicht mehr verständlich gemacht werden, dass die als ›Zigeuner‹ Ausgemachten weiterhin deutsche Soldaten bleiben könnten.

Ausgebliebene Aufarbeitung und verpasste Wiedergutmachung (1945-1980)

Drei Jahrzehnte lang stritten die bundesdeutschen Behörden den Genozid an Sinti und Roma ab. So stellten die meisten Wiedergutmachungsämter KZ-Einweisungen als Disziplinarmaßnahmen wegen angeblicher Asozialität und Kriminalität der Betroffenen dar und rekurrierten damit auf klischeehafte Argumentationsmuster, die seit Jahrhunderten das tradierte ›Wissen‹ über ›Zigeuner‹ bestimmen. Neue Forschungsarbeiten haben noch größere Missstände bei der Behandlung der Antragsteller, die Sinti und Roma waren, zutage gefördert, als bislang angenommen. Eingeleitet wurde diese Entwicklung von den bald nach 1950 ergangenen Anweisungen der für die Wiedergutmachungsbehörden zuständigen Landesminister, nach denen das Bundesentschädigungsgesetz (BEG) möglichst keine Anwendung auf Sinti und Roma finden sollte. Einen negativen Kulminationspunkt der Kontinuität von Rassismus auf dem Gebiet des Rechts stellt ein 1956 gefälltes Urteil des Bundesgerichtshofs (BGH) dar, laut dem die Deportationen von Sinti und Roma vor dem 1. März 1943 nicht als rassistische Verfolgung einzustufen seien, sondern als Folge von deren eigenem Fehlverhalten zu gelten hätten. Damit erfolgte ein nahtloser Anschluss an die kriminalpräventive Haltung der Weimarer Zeit, die allen Zigeunern prinzipiell gesetzwidriges Verhalten unterstellte. Der BGH legte in der Urteilsbegründung dar, dass ›Zigeuner‹ zu Kriminalität, Diebstählen und Betrügereien neigten und ihnen ein »ungehemmter Okkupationstrieb« zu eigen sei. Damit wurden die Deportationen von Sinti und Roma zur rechtsstaatlichen Maßnahme, die der Verbrechensbekämpfung und -vorbeugung gedient habe, erklärt. Die Korrektur dieses Urteils und die Festsetzung des Beginns rassistischer Verfolgung auf 1938 erfolgten erst 1963.

Mit diesem BGH-Grundsatzurteil von 1956 wurde der Wiedergutmachungsantrag einer Frau, die 1940 ins damalige Generalgouvernement deportiert worden war, abgelehnt und die Deportation als keine »Gewaltmaßnahme im Sinne des §1 Bundesentschädigungsgesetz« eingestuft. Auch in zahlreichen weiteren Fällen, die vom Zentralrat der deutschen Sinti und Roma dokumentiert wurden, entschieden Amts- und Landgerichte nach 1945 gegen die Gewährung von Wiedergutmachungsleistungen. Sowohl die Begründungen als auch die erniedrigenden Prozeduren, denen die Überlebenden ausgesetzt wurden, wiederholten altbekannte abwertende Zuschreibungen. Teilweise wurden zynische Argumentationskonstrukte bemüht – etwa als der Regierungspräsident in Hildesheim 1955 und ein Jahr später das Oberlandesgericht in Celle im Fall eines Mannes, der über ein Jahr lang im KZ Buchenwald inhaftiert war, entschieden, dieser hätte, wäre er ein rassistisch verfolgter ›Zigeuner‹ gewesen, doch im März 1943 nach Auschwitz-Birkenau deportiert werden müssen. Seine Deportation nach Buchenwald im Oktober 1943 habe also nur aufgrund seines mutmaßlichen kriminellen oder asozialen Verhaltens geschehen können; demnach stünden ihm keine Leistungen zu. Eine weitere Ablehnungsstrategie, die auch die Behördenpolitik der 1960er und 1970er Jahre bestimmte, war die Streichung der extra für ›Zigeuner‹ eingerichteten Konzentrationslager im besetzten Polen von den Listen der im Sinne des BEG anerkannten Lager. Hinzu kam die Bestellung ärztlicher Gutachten, die die erlittenen Gesundheitsschäden unterhalb der für die Anerkennung notwendigen 25 Prozent Erwerbsfähigkeitsminderung einstuften oder aber schwere gesundheitliche Schäden auf das Leben im ›Zigeunermilieu‹ und den angeblichen unsoliden Lebenswandel der Opfer zurückzuführen wussten (wie die Nierendysfunktion eines Mannes, der in KZ-Versuchen u.a. 12 Tage lang Meerwasser hatte trinken müssen). Einigen Sinti und Roma war die deutsche Staatsangehörigkeit aufgrund der *Reichsbürger- und Blutschutzgesetze* 1935 wegen ›artfremden Blutes‹ entzogen worden. Vielerorts weigerten sich die Behörden nach 1945, diese Aberkennung rückgängig zu machen.

Es fehlte in diesen Jahrzehnten jedoch nicht allein die Bereitschaft anzuerkennen, dass der Nationalsozialismus für die zerstörten Lebenspläne und gefährdeten Bildungsbiographien von Sinti und Roma verantwortlich war. Kriminalpolizei und Behörden knüpften vielmehr an die Tradition der Totalüberwachung von Sinti und Roma an, die bereits um 1900 eingesetzt hatte. Ohne jegliches Unrechtsbewusstsein wurden auch die von der Rassenhygienischen und bevölkerungsbiologischen Forschungsstelle angelegten Datensammlungen zur lückenlosen Personenerfassung herangezogen. An den Zigeunerzentralen und Zigeunerleitstellen der NS-Zeit sowie an deren Datenmaterial und Personal änderte sich mitunter nur die Bezeichnung (meist in Landfahrerzentrale). So bestand beispielsweise in München die NS-Zigeunerleitstelle, die neben der Erfassung der Personaldaten von Sinti und Roma auch für die Deportationen aus der Region zuständig war, nach 1945 unter der Bezeichnung Zigeunerpolizeistelle nahtlos weiter (dieses war die Bezeichnung, die im NS-Staat vor 1938 für sie verwendet wurde); bald wurde sie erneut umbenannt, diesmal in Landfahrerzentrale. Die Mitarbeiter Hans Eller, Georg Geyer und August Wutz, die für die Deportationen zuständig waren, setzten ihre Arbeit in der Nachfolge-Behörde fort. Leiter dieser Abteilung wurde Josef Eichberger, dem für die Verfolgung der ›Zigeuner‹ eine vergleichbare Rolle wie Adolf Eichmann (→Eichmann-Prozess, III.A1) bei der Judenvernichtung zugewiesen wird: Er war Hauptverantwortlicher für die gesamten Maßnahmen zur Deportation und Ermordung der ›Zigeuner‹ im Reichssicherheitshauptamt (RSHA). Ebenfalls aus dem RSHA nach München kam Rudolf Uschold. Diese Mitarbeiter der Landfahrerzentrale erwirkten ein neues diskriminierendes Sonderrecht für ›Zigeuner‹ in Gestalt der 1953 verabschiedeten *Bayrischen Landfahrerordnung* (in deren Gegenstandsbereich auch sesshaft-bürgerlich lebende Sinti und Roma fielen). Durch die Umwandlung des ethnisch codierten ›Zigeuner‹-Begriffs in eine soziographische Kategorie entstand zunächst der Eindruck, das Grundgesetz und das dort verankerte Diskriminierungsverbot seien nicht verletzt. Aufgrund der *Bayrischen Landfahrerordnung* wurden Sinti und Roma pauschal unter Beobachtung gestellt, ihre Personalien konnten jederzeit ohne besonderen Anlass überprüft werden und es fanden mitunter auch unangekündigte Polizeirazzien in ihren Wohnungen statt. Sehr viele Sinti und Roma gingen mittelständischen Berufen nach und wären ohne den Rekurs auf die Akten der NS-Zigeunerzentralen nicht von der übrigen Bevölkerung zu unterscheiden gewesen.

Diese Vorgehensweise gipfelte darin, dass bei jedem Antrag auf Wiedergutmachung, der von Sinti und Roma gestellt wurde, auf Verfügung der zuständigen Minister automatisch die Landesämter für Kriminal- und Erkennungsdienst eingeschaltet wurden. Die Mitarbeiter der Landfahrerzentralen, die das Datenmaterial der ehemaligen Zigeunerleitstellen und die ›Rassegutachten‹ Robert Ritters vervielfältigt und untereinander ausgetauscht hatten, wurden in den Wiedergutmachungsverfahren um Gutachten gebeten. Die Bayrische Landfahrerverordnung wurde erst 1970 außer Kraft gesetzt. Alle Landeskriminalämter arbeiteten jedoch bis in die 1970er Jahre weiter an sogenannten ›Zigeunerkarteien‹, die alle als ›Zigeuner‹/›Landfahrer‹ geltenden Personen erfassen sollten. Die Karteien beinhalteten neben Namen, Fingerabdrücken und einer Stichwortkartei auch die im Konzentrationslager eintätowierte Häftlingsnummer, die nun erneut zu erkennungsdienstlichen Zwecken verwendet wurde.

Im Sprachgebrauch der Kriminalpolizei lassen sich auch in den 1960er Jahren Wendungen nachweisen, die im Nationalsozialismus – aber auch früher – verwendet wurden, wie etwa »Bekämpfung der Landfahrerplage« (zuvor »Zigeunerplage«) oder »Landfahrerunwesen« (zuvor »Zigeunerunwesen«). Sprechend für die Kontinuität diskriminierenden Gedankenguts ist der *Leitfaden für Kriminalbeamte*, der 1967 in einer Schriftenreihe des Bundeskriminalamtes erschien (→Historie des BKA [VI.F5]). Darin wird ›Landfahrern‹ und ›Zigeunern‹ das Leben in Sippen und Horden, Erwerbslosigkeit und Nomadentum nachgesagt. Romani Rose hat darauf hingewiesen, dass ganze Passagen aus dem NS-*Handwörterbuch der Kriminologie* – nämlich aus den dortigen Einträgen »Rasse« und »Zigeuner« – für den *Leitfaden* von 1967 wörtlich übernommen wurden.

Viele Aspekte der oben erwähnten Verfolgungs- und Diskriminierungszusammenhänge gelten auch für die in Deutschland, Österreich und der Schweiz lebenden Jenischen. Auch die Angehörigen dieser Gruppe – die sich von Sinti und Roma u.a. darin unterscheidet, dass sie kein Romanes sprechen und auch keine diesbezüglichen Überlieferungen existieren – wurden von Robert Ritter als ›Asoziale‹ abgestempelt und im Nationalsozialismus ermordet. Ihre Verfolgungsgeschichte ist – abgesehen von einigen wenigen Arbeiten, darunter die des Historikers Thomas Huonker – noch weniger erforscht als diejenige der Sinti und Roma.

Erste Erfolge der Bürgerrechtsbewegungen von Sinti und Roma

Die Bürgerrechtsbewegung der Sinti und Roma begann sich Anfang der 1970er Jahre zu formieren. Mehrere Verbände wurden gegründet, wie das von Vinzenz Rose 1971 ins Leben gerufene Zentralkomitee der Sinti Westdeutschlands (1972 in Verband der Sinti Deutschlands umbenannt). Bereits in den 1960er Jahren waren in der Bundesrepublik auch erste Roma-Organisationen, wie Roma-International (1989 umbenannt in Roma-Union Frankfurt a.M.) entstanden. Durch den Zusammenschluss von neun Verbänden konnte im Februar 1982 der mit Bundesmitteln finanzierte Zentralrat Deutscher Sinti und Roma als Dachverband gegründet werden, dem sich mittlerweile zahlreiche weitere Organisationen angeschlossen haben.

Bereits in ihrer Entstehungsphase erhielt die Bürgerrechtsbewegung Unterstützung von Seiten prominenter Vertreter der jüdischen Überlebenden, wie etwa der damaligen Präsidentin des Europäischen Parlaments Simone Veil oder dem Leiter des Dokumentationszentrums des Bundes Jüdischer Verfolger des Naziregimes →Simon Wiesenthal, I.C4l. Der Vorsitzende der Gesellschaft für bedrohte Völker, Tilman Zülch, gab 1979 das für die Bewegung grundlegende Buch *In Auschwitz vergast, bis heute verfolgt* mit einem viel zitierten Vorwort des deutsch-jüdischen Philosophen Ernst Tugendhat heraus. Durch verschiedene Aktionen machte die Bürgerrechtsbewegung auf sich aufmerksam – so etwa durch den in der Presse viel beachteten Hungerstreik von zwölf Sinti in der Gedenkstätte Dachau Ostern 1980, der das Ziel hatte, den Umgang mit den persönlichen

Daten von Sinti und Roma in den Behörden der Landeskriminalpolizeien öffentlich zu machen. Am 1.9.1981 besetzten 18 Sinti den Keller des Universitätsarchivs Tübingen und bewirkten damit, dass die von der ehemaligen NS-Anthropologin Sophie Erhardt dorthin zu Forschungszwecken bestellten Akten der Rassenhygienischen und bevölkerungsbiologischen Forschungsstelle sofort zum endgültigen Verbleib in das Koblenzer Bundesarchiv überführt wurden. Durch diese Aktion wurde auf Kontinuitäten der rassistisch motivierten ›Zigeunerforschung‹ aufmerksam gemacht. Erhardt, die von 1935 bis 1938 völkerbiologische Studien am Berliner Institut des Rassenkundlers Hans F. K. Günther betrieb, bis 1942 an der Rassenhygienischen und bevölkerungsbiologischen Forschungsstelle und ab 1942 am Rassebiologischen Institut in Tübingen beschäftigt war, erhielt 1957 dort eine außerplanmäßige Professur und suchte noch in den 1980er Jahren nach »Handleistensystemen der Zigeuner«. Sinti- und Roma-Organisationen machten auch auf einen weiteren Vertreter dieser ›Zigeunerforschung‹ aufmerksam: Hermann Arnold hatte bereits während der NS-Zeit mit Robert Ritter kooperiert und war ebenfalls an der Vervielfältigung der NS-Rasseakten nach 1945 beteiligt. Bis 2004 publizierte er mit Unterstützung verschiedener Forschungsförderungseinrichtungen zahlreiche Studien über die angeblich primitiven ›Zigeuner‹. Unter anderem hat die Bürgerrechtsbewegung ein Umdenken in den wissenschaftlichen Diskursen über ›den Zigeuner‹ mit gefördert und darauf hingewirkt, dass ernsthafte Studien innerhalb des Wissenschaftsbetriebes an Arbeiten wie diese nicht anknüpfen.

Das Bedürfnis der Sinti und Roma nach Anerkennung des von ihnen erfahrenen Unrechts und Leids drang zunehmend an die Öffentlichkeit; Delegationen wurden 1981 von dem damaligen Bundespräsidenten Carl Carstens (CDU) und 1982 von Bundeskanzler Schmidt empfangen. Politik, Kirchen sowie diverse öffentliche Einrichtungen nahmen sich zunehmend der Anliegen von Sinti und Roma an, etwa in den 1980er Jahren bei Debatten wie jener um die sogenannte »Härteregelung«. Diese sah einen Wiedergutmachungsfonds für nichtjüdische NS-Opfer vor, über dessen Verwaltung Betroffene mitbestimmen sollten. Sinti und Roma wurden jedoch aus dem Beirat ausgeschlossen, obgleich die überwiegende Mehrheit der Antragsteller aus ihren Reihen stammte. Ein weiterer Rückfall erfolgte im Jahr 1985 mit der Leugnung des Völkermords an Sinti und Roma durch den Kölner Regierungspräsidenten Franz-Josef Antwerpes (SPD), der mit den Zahlungen nach der Härteregelung beauftragt worden war. Erst nach massiven Protesten nahm er diese Behauptungen zurück.

Nicht nur der Zentralrat gewann an Anerkennung, sondern auch einzelne Sinti- und Roma-Organisationen, -Initiativen und -Beratungsstellen, die zunehmend eigene Strukturen erschufen, etwa der Rom e.V. in Köln, die Sinti Allianz Deutschland sowie die Roma-Union Frankfurt a.M. Die mit dem Ende der Abschottung Osteuropas durchlässig gewordenen Grenzen boten für Presse und Medien gleichwohl Gelegenheiten, tiefsitzende Ängste der Mehrheitsbevölkerung neu zu schüren. ›Zigeuner‹ waren jene Gruppe osteuropäischer Einwanderer, über welche das meiste vorurteilshafte ›Wissen‹ im kollektiven Bewusstsein archiviert und ohne große Mühe wieder aktualisierbar war. Nicht nur die *Bild*-Zeitung griff die Vorstellung der »Zigeunerplage« wieder auf, sondern auch der *Spiegel* sprach von »gewalttätigen Roma-Kindern« (H. 42/1991). Im Sommer 1992 kam es in Rostock-Lichtenhagen zu tagelangen massiven rassistisch motivierten Angriffen gegen Roma aus Osteuropa, die sich in oder vor der überfüllten Zentralen Aufnahmestelle für Asylbewerber aufhielten. Die Polizei intervenierte nur zögerlich und über 150 Menschen konnten sich knapp aus dem in Brand gesetzten Gebäude retten (→Ausschreitungen in Rostock-Lichtenhagen [V.D3]). 2012 fand in Rostock-Lichtenhagen eine Gedenkveranstaltung statt, an der unter anderem Bundespräsident Joachim Gauck teilnahm. Im österreichischen Oberwart wurden im Februar 1995 vier Roma heimtückisch ermordet, indem sie mit einem Metallschild mit der Inschrift »Roma zurück nach Indien« in eine Sprengfalle gelockt wurden. Diesen Mord thematisierte Elfriede Jelinek in ihrem Stück *Stecken, Stab und Stangl*. 2008 und 2009 töteten ungarische

Rechtsterroristen sechs Roma in Ungarn und verletzten 55 weitere. Drei der Rechtsextremen wurden im August 2013 in erster Instanz zu lebenslangen Haftstrafen verurteilt. Der Film *Csak a szel – Just the Wind* (Regie: Bence Fliegauf), der diese Morde aufarbeitet, erhielt auf der Berlinale 2012 den Großen Preis der Jury und den Friedensfilmpreis.

Immer wieder gerieten die Medien in die Kritik, rassistische Vorurteile gegenüber Sinti und Roma zu schüren. So druckte die Schweizer »Weltwoche« im April 2012 eine 2008 entstandene Nahaufnahme eines kleinen Jungen, der eine bedrohlich wirkende Pistole auf die Leser richtet, und dazu den Text: »Die Roma kommen: Raubzüge in der Schweiz«. Europaweit stießen Fotographie und Text auf Kritik. Der Redaktion wurde eine Opfer-Täter-Umkehr vorgeworfen und die Schweizer Staatsanwaltschaft eröffnete ein Strafverfahren gegen die Zeitung. Die Kritik spitzte sich zu, sobald Recherchen anderer Medien ergaben, dass der Junge seit 2009 zu einem Caritas-Projekt in der Schweiz gehört, das Kinder in einer älteren Roma-Siedlung in der Nähe einer Mülldeponie im Westkosovo betreut, wo auch das Foto aufgenommen worden war. Im Oktober 2013 ging eine Meldung um die Welt, gemäß der in einer Roma-Familie ein blondes Mädchen ›gefunden‹ wurde: Allein aufgrund der helleren Haut- und Haarfarbe ging Interpol davon aus, es liege ein Kindsraub vor und ermittelte entsprechend, bis mittels DNA-Tests zwei Roma als die leiblichen Eltern des Kindes ausgemacht wurden. Bereits vor diesem Ergebnis hatte es auch Kritik an der massiven Bereitschaft gegeben, das Kindsraub-Stereotyp zu aktualisieren und zu affirmieren. Ein gemeinsamer Nenner dieser Debatten liegt darin, dass sie einerseits zeigen, wie groß die Gefahr ist, dass althergebrachte Klischees und Exklusionsmuster erneut aufgerufen werden und zum Einsatz kommen. Andererseits wird aber auch deutlich, dass sich eine stabile europaweite Kritik am Rassismus gegen Roma formiert hat.

Die Situation von Roma, die als Flüchtlinge nach Deutschland kommen, bleibt indes weiterhin prekär. Selbst wenn sie aus jugoslawischen Gebieten vor pogromartigen Verfolgungen geflohen waren, wurden osteuropäische Roma nur vorübergehend in der Bundesrepublik aufgenommen. Viele wurden selbst dann abgeschoben, wenn sie sich in der Bundesrepublik beruflich oder schulisch integriert hatten. Mit Rumänien wurde 1992 ein bilaterales Rücknahmeabkommen unterzeichnet, nach dem sich der rumänische Staat verpflichtete, Roma-Flüchtlinge selbst dann wieder aufzunehmen, wenn diese angaben, staatenlos zu sein. Das deutsche Innenministerium entwickelte ein Reintegrationsprogramm für Sinti und Roma in ihren Herkunftsländern, welches Aus- und Fortbildungsangebote sowie Beratungsmöglichkeiten und finanzielle Hilfen beinhaltete und meist zu 60 Prozent vom deutschen, zu 40 Prozent vom Herkunftsstaat getragen wurde (so etwa in Mazedonien). Mit dem EU-Beitritt Rumäniens und Bulgariens 2007, endgültig aber mit dem Inkrafttreten der Arbeitnehmerfreizügigkeit für die beiden letztgenannten Staaten am 01.01.2014 entfällt die Rechtsgrundlage für Abschiebungen. Eine insbesondere gegen Roma aus Osteuropa gerichtete Kampagne der CSU mit dem Slogan »Wer betrügt, der fliegt«, stieß im Januar 2014 in Internet-Foren sowie in vielen Printmedien auf Ablehnung und Spott, der sich beispielsweise gegen flugreisende CSU-Politiker richtete. Daraus wird ersichtlich, dass die Bereitschaft, gegen die vielfältigen Facetten der Stigmatisierung von Roma zu protestieren, zunimmt. Dazu haben öffentliche Interventionen von Interessensverbänden der Sinti und Roma beigetragen. Bund und Länder unterstützen die deutschen Landesverbände und des Dokumentations- und Kulturzentrums Deutscher Sinti und Roma in Heidelberg, das zu 90 Prozent aus Bundesmitteln und zu 10 Prozent aus Mitteln des Landes Baden-Württemberg getragen wird.

Debatten um Singularität und Opferkonkurrenz

Die 1997 erschienene Studie Jean-Michel Chaumonts *Die Konkurrenz der Opfer* versuchte zunächst darzulegen, wie sich in Frankreich die jüdischen Überlebenden des Holocaust gegenüber den politisch Verfolgten (die als Helden gefeiert wurden) behaupten mussten, um die ihnen gebührende Anerkennung als Opfer zu erhalten. Hinter der »historischen Pseudo-Debatte über die

Singularität der Shoah«, so Chaumont, verberge sich ein moralischer Kampf um Anerkennung. Die Singularitätsthese gehe von der Inkommensurabilität des Völkermords an den Juden aus, was letztlich diejenigen unterstütze, die sich damit nicht auseinandersetzen wollten. Chaumonts Versuch, vor dem Hintergrund der These von der Singularität des nationalsozialistischen Judenmordes die Problematik weiterer NS-Opfergruppen aufzuarbeiten, scheiterte an der Komplexität der zu berücksichtigenden Kontexte und wurde von Rezensenten in die Nähe der 2000 erschienenen, höchst umstrittenen Arbeit des New Yorker Politologen Norman G. Finkelstein →*Die Holocaust-Industrie*, VI.D3 gerückt. Finkelstein hatte unter Verwendung von Thesen aus Peter Novicks 1999 erschienenem Werk *The Holocaust in American Life* behauptet, Lobbyisten hätten den Nationalsozialismus aus Profitgründen instrumentalisiert. Dies lieferte Material für antisemitische Propaganda und Chaumont wurde vorgeworfen, dass er vor dem Hintergrund der lange schon bestehenden Debatte und im Kontext wachsender Medienpräsenz der Neuen Rechten letztlich – gewollt oder ungewollt – Argumente für die Relativierung der Shoah bereitstellte. In der Folge dieser Debatte nahm die begründete Skepsis gegenüber Ansätzen, die die Singularität der Shoa infrage stellten, zu.

Vor dem Hintergrund dieser Diskussionen wurde seit etwa 1980 in der Forschung eine polemische Kontroverse ausgetragen, in der es um adäquate Beschreibungsmuster des Völkermords an Sinti und Roma ging. Sowohl die Gemeinsamkeiten der Verfolgung im Nationalsozialismus als auch gruppenspezifische Unterschiede wurden geltend gemacht und gegeneinander polarisiert. So sprachen sich etwa Gilad Margalit und Guenter Lewy ausdrücklich für die absolute Singularität der Shoah aus, während Wolfgang Wippermann und Michael Krausnick von einer Vergleichbarkeit beider Genozide ausgingen.

Ian Hancock, Direktor des Romani Archives and Documentation Center an der University of Texas, beteiligte sich an der Debatte, indem er den Begriff Porrajmos (auch Porajmos) einführte, der in Analogie zum Terminus Shoah den Genozid an Sinti und Roma mit einem Wort in Romani bezeichnet. Obgleich das Wort Porrajmos von einigen Romani-Sprechenden kritisiert wurde (weil es eigentlich Verschlingen bedeute und das Ausmaß der Gewalt nicht ausreichend zum Ausdruck bringe), setzt es sich zunehmend in populärwissenschaftlichen wie wissenschaftlichen Diskursen durch.

In den 1990er Jahren kritisierte Reinhar Kosselleck, dass ›Shoah‹ und ›Porrajmos‹ sowie die Exklusionsmuster gegenüber Juden und ›Zigeunern‹ gegeneinander aufgerechnet und Opferhierarchien aufgestellt würden. Die Diskussion um die Anerkennung beider Genozide brachte jedoch nicht nur eine zeitweise bedenkliche Verschärfung der Fronten hervor, sondern förderte auch die öffentliche Diskussion und eine reflektierte Auseinandersetzung mit der jahrhundertealten, allerdings in vielerlei Hinsicht unterschiedlichen Verfolgungsgeschichte beider Gruppen und dem Leid der Überlebenden. Auch der Bedarf nach gründlicher Erforschung der Inklusions-/Exklusions-Modi von Juden bzw. der als ›Zigeuner‹ Stigmatisierten in ihrem diskurshistorischen Wandel wurde immer deutlicher. Der ehemalige Vorsitzende der Yad-Vashem Gedenk- und Forschungsstelle in Jerusalem, Yehuda Bauer, der sich zunächst gegen die Anerkennung des Holocaust an den europäischen Sinti und Roma als rassistischer Völkermord ausgesprochen hatte, erkannte infolge seiner Kontroverse mit Romani Rose im Jahr 1998 trotz einiger Divergenzen die NS-Verfolgung der Sinti und Roma als Genozid an. Darüber hinaus stellte er auch ausdrücklich heraus, dass die Solidarität der jüdischen Verfolgten mit den Sinti und Roma in ihrem Kampf um Anerkennung in der Bundesrepublik nach 1945 von großer Bedeutung sei.

Eine beachtliche Bandbreite unterschiedlicher Einschätzungen und Anliegen kristallisierte sich noch einmal in der jüngsten Mahnmal-Kontroverse (→Holocaust-Mahnmal in Berlin, VI.A2) heraus. Die Berücksichtigung der Sinti und Roma wurde von dem Zentralrat und weiteren politischen Interessensvertretern bereits zu Beginn der Mahnmal-Planung 1989 gefordert. Der Zentralrat der Sinti und Roma erhob Einspruch gegen eine Unterscheidung in Völkermordopfer erster und zweiter Klasse. In den 1990er Jahren setzte sich neben den Streitigkeiten um das Holocaust-Mahnmal auch dieser »Hierarchisierungsstreit« (Hans-Georg Stavginski) weiter fort. Nach Gesprächen zwischen dem Vorsitzenden des Zentralrats der Juden, Ignatz Bubis, und Romani Rose wurde 1993 geplant, in der Nähe des Denkmals für die ermordeten Juden Europas ein Mahnmal für die als ›Zigeuner‹ Verfolgten und Ermordeten zu errichten. Die Gespräche endeten jedoch zunächst im Dissens. Als im Juni 1999 beschlossen wurde, dass ein mehrfach überarbeiteter Entwurf Eisenmans als Mahnmal gebaut werden sollte, hielten die Beteiligten fest, dass möglicherweise auch weiterer Opfergruppen gedacht werden könnte.

Im Mai 2000 entschied die Bundesregierung, im Berliner Stadtzentrum ein Mahnmal für die als ›Zigeuner‹ Verfolgten und Ermordeten Opfer des Holocaust zu errichten. Die einzelnen organisierten Verbände vertraten jedoch unterschiedliche Positionen hinsichtlich des Begriffs, der diese Opfer angemessen bezeichnen sollte. Während ›Zigeuner‹ alle Verfolgten einschließen würde (wie die Kölner Sinti-Allianz unter Vorsitz von Natascha Winter argumentierte), laufe der Begriff andererseits Gefahr, die Stigmatisierungen zu wiederholen (so der Zentralrat deutscher Sinti und Roma). ›Sinti und Roma‹ dagegen schließe einige Gruppen, wie etwa die Jenischen, nicht mit ein. Im Rahmen mehrerer Vermittlungsversuche wurde unter anderem vorgeschlagen, den Begriff Zigeuner zwar zu verwenden, ihn aber in Anführungszeichen zu setzen (Vorschlag von Bundestagspräsident Wolfgang Thierse) bzw. stattdessen auf das englische Wort ›Gypsies‹ zurückzugreifen (Kulturstaatsministerin Christina Weiss). Im Mai 2006 wurde beschlossen, dass das Mahnmal keine Inschrift tragen solle. Eine Informationstafel sollte dagegen die Verfolgungsgeschichte der Sinti und Roma erörtern. Der israelische Künstler Dani Karavan gestaltete schließlich das in der Nähe des Südportals des Reichstags liegende Denkmal für die im Nationalsozialismus ermordeten Sinti und Roma Europas, das im Oktober 2012 im Beisein ranghoher Politikerinnen und Politiker, darunter Bundeskanzlerin Angela Merkel, sowie des Zentralratsvorsitzenden Romani Rose und unter reger Anteilnahme der Medien, der breiten Öffentlichkeit und der Wissenschaft eingeweiht wurde. Herbert Uerlings hat die Kontexte des Mahnmals gewürdigt und analysiert sowie auf die Dilemmata der Repräsentation eines Stigmas hingewiesen. Das Mahnmal besteht aus einem imposanten kreisförmigen Wasserbecken, in dem das Wasser eine dunkle, beinah schwarze Farbe annimmt. In der Mitte des Brunnens steigt täglich eine dreieckige Stele mit einer frisch geschnittenen Blume empor. Am Rand des Beckens ist das Gedicht *Auschwitz* des Dichters Santino Spinelli, der selbst Roma ist, eingraviert »Eingefallenes Gesicht/ erloschene Augen/kalte Lippen/Stille/ein zerrissenes Herz/ohne Atem/ohne Worte/ keine Tränen«.

IKP

Lit.: Uwe Ebbinghaus (2013): Interview mit Klaus-Michael Bogdal. Europa erfindet die Zigeuner, um sie zu verachten, in: *FAZ*, 13.03. Yvonne Robel (2013): *Verhandlungssache Genozid. Zur Dynamik geschichtspolitischer Deutungskämpfe*, Paderborn: Fink. Herbert Uerlings (2013): »›Wie die Juden?‹ Roma-Mahnmal, Schuldabwehrantiziganismus und kollektives Gedächtnis«, in: Anna Babka, Axel Dunker (Hg.): *Postkoloniale Lektüren. Perspektivierungen deutschsprachiger Literatur*, Bielefeld: Aisthesis, S. 159-188. Igal Avidan (2012): »›Israel ist auch Sprachrohr für uns‹. Interview. Romani Rose über Sinti, Roma und Juden«, in: *Jüdische Allgemeine*, 25.10. Rebecca Jablonsky (2012): »Russian Jews and Gypsy ›Punks‹: The Performance of Real and Imagined Cultural Identities with a Transnational Migrant Group«, in: *Journal of Popular Music Studies* 24, H. 1, S. 3-24. Markus End (2012):. *Gutachten Antiziganismus. Zum Stand der Forschung und der Gegenstrategien*, Mannheim: RomnoKher – Haus für Kultur, Bildung und Antiziganismusforschung, S. 60-67. Bence Fliegauf (2012): JUST THE WIND (dt.: »Nur der Wind«; Originaltitel: Csak a szél). Spielfilm. Ungarn. Reuter (2012): »Die Deutungsmacht der Täter. Zur Rezeption des NS-Völkermords an den Sinti und Roma in Norddeutschland«, in: KZ-Gedenkstätte Neuengamme (Hg.): *Die Verfolgung der Sinti und Roma im Nationalsozialismus. Beiträge zur Geschichte der nationalsozialistischen Verfolgung in Norddeutschland*, Bd. 14. Bremen, Ed. Temmen, S. 127-143. Klaus-Michael Bogdal (2011): *Europa erfindet die Zigeuner. Eine Geschichte von Faszination und Verachtung*, Berlin: Suhrkamp. Paola Bertilotti

(2011): »Gedenken an die ›Deportation‹« im Italien der Nachkriegszeit (1945-1965). Erinnerungsarbeit, Erinnerungspolitik und Opferkonkurrenz«, in: Andreas Ehresmann (Hg.): *Die Erinnerung an die nationalsozialistischen Konzentrationslager. Akteure, Inhalte, Strategien*, Berlin: Metropol, S. 44-66. Hans Richard Brittnacher (2011): »Erinnerungen an das Undenkbare. Der Porrajmos in der Literatur von und über ›Zigeuner‹«, in: Irmela von der Lühe (Hg.): *Geschichte und Gedächtnis in der Literatur vom 18. bis 21. Jahrhundert*, Frankfurt a.M.: Lang, S. 215-228. Frank Julia Knesebeck (2011): *The Roma Struggle for Compensation in Post-War Germany*. Hatfield: University of Hertfordshire Press. Silvio Peritore, Frank Reuter (Hg.) (2011): *Inszenierung des Fremden. Fotografische Darstellung von Sinti und Roma im Kontext der historischen Bildforschung*, Heidelberg: Dokumentations- und Kulturzentrum Deutscher Sinti und Roma. Klaus-Michael Bogdal (2010): »Begegnungen im Wald. Heimische Zivilisationsgrenzen im 18. Jahrhundert«, in: *Zeitschrift für interkulturelle Germanistik* 1, S. 75-84. Martin Feyen (2010): »›Wie die Juden‹? Verfolgte ›Zigeuner‹ zwischen Bürokratie und Symbolpolitik«, in: Norbert Frei (Hg.): *Die Praxis der Wiedergutmachung. Geschichte, Erfahrung und Wirkung in Deutschland und Israel*, Bonn: Bundeszentrale für Politische Bildung, S. 323-355. Benno Nietzel (2010): »Asymmetrie, Opferkonkurrenz, Reziprozität. Zur Erforschung transnationaler Wiedergutmachungsprozesse seit Ende des Kalten Krieges«, in: Birgit Hofmann (Hg.): *Diktaturüberwindung in Europa. Neue nationale und transnationale Perspektiven*, Heidelberg: Winter, S. 53-68. Jeffrey C. Blutinger (2009): »Bearing Witness: Teaching the Holocaust from a Victim-Centered Perspective«, in: *The History Teacher* 42, S. 269-279. Martin Holler (2009): *Der nationalsozialistische Völkermord an den Roma in der besetzten Sowjetunion (1941-1944)*, Heidelberg: Dokumentations- und Kulturzentrum Deutscher Sinti und Roma. Yvonne Robel (2009): »Konkurrenz und Uneinigkeit. Zur gedenkpolitischen Stereotypisierung der Roma«, in: Markus End (Hg.): *Antiziganistische Zustände: zur Kritik eines allgegenwärtigen Ressentiments*. Münster: Unrast, S. 110-130. Daniel Strauß (2009): »Schwierigkeiten des Gedenkens – Gesichter des Vorurteils«, in: *Antiziganismusforschung* 1, S. 9f. Christoph Garstka (2008): »Der lange Weg zur Anerkennung als Opfer: die Roma in der polnischen Erinnerungskultur nach 1945«, in: Felicitas Fischer von Weikersthal (Hg.): *Der nationalsozialistische Genozid an den Roma Osteuropas: Geschichte und künstlerische Verarbeitung*, Köln: Böhlau, S. 185-216. Herbert Uerlings, Iulia-Karin Patrut (Hg.): ›Zigeuner‹ *und Nation. Repräsentation – Inklusion – Exklusion*, Frankfurt a.M.: Lang, S. 67-134. Wolfgang Wippermann (2005): »*Auserwählte Opfer?« Shoah und Porrajmos im Vergleich. Eine Kontroverse*, Berlin: Frank und Timme. Michael Zimmermann (2004): »Die nationalsozialistische Verfolgung der Juden und ›Zigeuner‹. Ein Vergleich. Überlegungen zur Diskussion um das Mahnmal für die ermordeten Sinti und Roma«, in: *Zeitschrift für Geschichtswissenschaft* 52, S. 50-71. Anneke Winckel (2002): *Antiziganismus. Rassismus gegen Roma und Sinti im vereinigten Deutschland*, Opladen: Leske und Budrich. Gilad Margalit (2002): *Die Nachkriegsdeutschen und ›ihre Zigeuner‹. Die Behandlung der Sinti und Roma im Schatten von Auschwitz*, Berlin: Metropol. Heike Krokowski (2001): *Die Last der Vergangenheit. Auswirkungen nationalsozialistischer Verfolgung auf deutsche Sinti*, Frankfurt a.M., New York: Campus. Guenter Lewy (2001): »*Rückkehr nicht erwünscht«. Die Verfolgung der Zigeuner im Dritten Reich*, Berlin: Propyläen. Marion Bonillo (2001): »*Zigeunerpolitik« im Deutschen Kaiserreich 1871-1918*, Frankfurt a.M.: Lang. Jean-Michael Chaumont (2001): *Die Konkurrenz der Opfer. Genozid, Identität und Anerkennung*, Lüneburg: zu Klampen. Thomas Huonker, Regula Ludi (2001): *Roma, Sinti und Jenische. Schweizerische Zigeunerpolitik zur Zeit des Nationalsozialismus*, Zürich: Chronos. Peter Widmann (2001): *An den Rändern der Städte. Sinti und Jenische in der Kommunalpolitik*, Berlin: Metropol. Udo Engbring-Romang (2001): *Die Verfolgung der Sinti und Roma in Hessen zwischen 1870 und 1950*, Frankfurt a.M.: Brandes & Apsel. Michael S. Cullen (Hg.) (1999): *Das Holocaust-Mahnmal. Dokumentation einer Debatte*, München, Zürich: Pendo. Romani Rose (Hg.) (1999): »*Den Rauch hatten wir täglich vor Augen«. Der nationalsozialistische Völkermord an den Sinti und Roma*, Heidelberg: Wunderhorn. Yehuda Bauer (1998): Rede zum »Tag des Gedenkens an die Opfer des Nationalsozialismus« am 27.1.1998. Deutscher Bundestag: Plenarprotokoll 13/214 vom 16.01.1998, S. 19603ff. Yehuda Bauer (1998): »›Es galt nicht der gleiche Befehl für beide‹. Eine Entgegnung auf Romani Roses Thesen zum Genozid an den europäischen Juden«, Sinti und Roma, in: *Blätter für deutsche und internationale Politik* 43, H. 11, S. 1380-1386. Romani Rose (1998): »›Für beide galt damals der gleiche Befehl‹. Eine Entgegnung auf Yehuda Bauers Thesen zum Genozid an den europäischen Juden«, Sinti und Roma«, in: *Blätter für Deutsche und internationale Politik* 43, H. 4, S. 467-472. Waclaw Dlugoborski (Hg.) (1998): *Sinti und Roma im KL Auschwitz-Birkenau 1943-1944 vor dem Hintergrund ihrer Verfolgung unter der Naziherr-*

schaft, Oswiecim: Staatliches Museum Auschwitz-Birkenau. Wolfgang Wippermann (1997): »*Wie die Zigeuner.« Antisemitismus und Antiziganismus im Vergleich*, Berlin: Elefanten-Press. Lucassen, Leo (1996): *Zigeuner. Die Geschichte eines polizeilichen Ordnungsbegriffes in Deutschland 1700-1945*, Köln: Böhlau. Leo Lucassen et al. (Hg.) (1998): *Gypsies and Other Itinerant Groups. A Socio-Historical Approach*, New York: St. Martin's Press. Michael Zimmermann (1996): *Rassenutopie und Genozid. Die nationalsozialistische »Lösung der Zigeunerfrage«*, Hamburg: Christinas. Mary Johnson, Carol Rittner (1996): »Circels of Hell: Jewish and Non-Jewish Victims of the Nazis«, in: *The Annales. The American Academy of Political and Social Science* Vol. 548, S. 123-137. Ian Hancock (1995): »Reponses to the Porrajmos (The Romani Holocaust)«, in: Alan Rosenbaum (Hg.): *Is the Holocaust Unique?* Boulder: The Westview Press, S. 39-64. Michael Krausnick (1995): *Wo sind sie hingekommen? Der unterschlagene Völkermord an den Sinti und Roma*, Gerlingen: Bleicher. Edgar Bamberger (Hg.) (1994): *Der Völkermord an den Sinti und Roma in der Gedenkstättenarbeit*, Heidelberg: Dokumentations- und Kulturzentrum Deutscher Sinti und Roma. Romani Rose (1987): *Bürgerrechte für Sinti und Roma. Das Buch zum Rassismus in Deutschland*, Heidelberg: Zentralrat Deutscher Sinti und Roma. Rainer Hehemann (1987): *Die »Bekämpfung des Zigeunerunwesens« im Wilhelminischen Deutschland und in der Weimarer Republik 1871-1933*, Frankfurt a.M.: Haag und Herchen. Wolfgang Seibert (1984): *Nach Auschwitz wird alles besser. Die Roma und Sinti in Deutschland*, Hamburg: Libertäre Assoziation. Joachim Hohmann (1981): *Die Geschichte der Zigeunerverfolgung in Deutschland*, Frankfurt a.M., New York: Campus. Tilman Zülch (Hg.) (1979): *In Auschwitz vergast, bis heute verfolgt. Zur Situation der Roma (Zigeuner) in Deutschland und Europa*, Reinbek: Rowohlt.

VI.B Erfolge und Misserfolge staatlicher Intervention

VI.B1 Holocaust-Gedenktag, am 27.1.1996 von Bundespräsident Roman Herzog (CDU) mit Zustimmung aller Bundestagsparteien eingeführter offizieller »Tag des Gedenkens an die Opfer des Nationalsozialismus«.
Der Vorsitzende des Zentralrats der Juden in Deutschland, Ignatz Bubis, hatte dieses Datum bereits 1995 aus Anlass des 50. Jahrestags der Befreiung des Konzentrations- und Vernichtungslagers Auschwitz durch sowjetische Truppen vorgeschlagen. Seit 1994 hatte er mehrfach für einen Gedenktag an einem »europäischen Datum« plädiert, da das »deutsche Datum« des 9. November historisch zu vielschichtig sei (→Gedenk- und Nationalfeiertage [II.B2]). Die 50. Jährung mehrerer symbolträchtiger Tage sorgte im Erinnerungsjahr 1995 für eine ungewöhnlich reibungslose Einführung des Gedenktages.
Bei der ersten öffentlichen Gedenkstunde im Bundestag, die aus Termingründen abweichend schon am 19.1.1996 stattfand, betonte Herzog in seiner Rede, Auschwitz stehe als Synonym für »millionenfachen Mord, [...] Brutalität und Unmenschlichkeit, für Verfolgung und Unterdrückung« aller Bevölkerungsgruppen, die den Rassengesetzen der Nationalsozialisten und der damit verbundenen systematischen Vernichtungspolitik ausgesetzt waren. Der Bundespräsident insistierte jedoch darauf, dass das Gedenken nicht als dauerhaftes »Schuldbekenntnis« verstanden werden möge, sondern vielmehr das Bewusstsein der Bevölkerung gegenüber möglichen anderen Menschenrechtsverbrechen schärfen solle. Nur durch das stetige Erinnern sei eine »Überwindung des Bösen« möglich und seien die in der Demokratie rechtsstaatlich festgeschriebenen Menschenrechte dauerhaft zu schützen. Im Hinblick auf die Nachgeborenen verwies Herzog in seiner Rede auf die Gefahr, durch die Selbstverständlichkeit von Freiheit und Recht das Aufkommen von Totalitarismus und Rassismus nicht rechtzeitig zu erkennen (→Rechtsextremismus [VI.E6]). Um der Gefahr einer Wiederholung entgegenzuwirken, sollten insbesondere Medien und Schulen in die Pflicht genommen werden, um bei jungen Menschen das Gefühl der Verantwortung gegenüber der Vergangenheit zu fördern (→Nationalsozialismus im Schulunterricht [III.C8]).
Im Zuge der Proklamation des 27. Januar als nationaler Gedenktag wurden jedoch auch kritische Stimmen laut, die darauf hinwiesen, dass, entgegen der ursprünglichen Forderung von Bubis, diese Entscheidung nicht auf Initiative der deutschen Bevölkerung zustande kam. So bewertete der Schriftsteller und Holocaust-Überlebende Ralph Giordano die generelle Einführung dieses Gedenktags zwar als richtigen Schritt gegen die stillschweigende Unterstüt-

zung faschistischen Denkens, kritisierte aber, dass er nicht »durch Druck von unten« und »durch ein kollektives Bedürfnis« in der Bevölkerung durchgesetzt wurde, sondern durch die fast heimliche Proklamation des Bundespräsidenten vielmehr aufoktroyiert worden sei. Durch die allgemein gebräuchliche Verkürzung »Holocaust-Gedenktag« würden zudem andere Opfergruppen des Nationalsozialismus übergangen und vergessen (→Antiziganismus/Opferkonkurrenz [VI.A7]).

Ungeachtet aller Kritik vollzog Herzog mit seiner Initiative den bundesdeutschen Anschluss an internationale Gedenktage für die Opfer des Holocaust. Der israelische Jom haShoah vehaGwurah (Holocaust- und Heldentums-Tag) wurde bereits 1959 unter David Ben Gurion und Jitzchak Ben Tzwi (unabhängig vom Datum der Befreiung von Auschwitz) eingeführt und wird seither jährlich am 27. Nisan des Jüdischen Kalenders mit Sirenen, Stilllegung der Arbeit und des Verkehrs sowie einer Kranzniederlegung an der Gedenkstätte Yad Vashem begangen. Im Jahr 2000 wurde der 27. Januar auch in Großbritannien zum Holocaust-Gedenktag sowie zum Tag des Gedenkens aller Völkermorde der Welt erklärt. In Luxemburg hingegen wurde der 10. Oktober gewählt, da sich die Einwohner an diesem Datum geweigert hatten, sich als Deutsche zu bezeichnen; in Ungarn gedenkt man der Einrichtung des ersten jüdischen Ghettos am 16. April. Parallel zu nationalen Gedenkkulturen hat die UNO im November 2005 den 27. Januar zum International Holocaust Remembrance Day erklärt.

NT/AW

Lit.: Sophie Käser (2009): »Der Schweizer Holocaust-Gedenktag am 27. Januar. Der Eintritt der Schweiz in die europäische Geschichtspolitik. Oder: Wie führt man einen ›Erinnerungsort‹ ein?«, in: Georg Kreis (Hg.): *Judentum, Holocaust, Israel, Palästina*, Basel: Schwabe. Harald Schmid (2009): »Deutungsmacht und kalendarisches Gedächtnis – die politischen Gedenktage«, in: Ders., Peter Reichel, Peter Steinbach (Hg.): *Der Nationalsozialismus – die zweite Geschichte. Überwindung, Deutung, Erinnerung*, München: Beck: S. 175-216. Harald Schmid (2008): »Europäisierung des Auschwitzgedenkens? Zum Aufstieg des 27. Januar 1945 als ›Holocaust-Gedenktag‹« in Europa, in: Jan Eckel, Claudia Moisel (Hg.): *Universalisierung des Holocaust? Erinnerungskultur und Geschichtspolitik in internationaler Perspektive*, Göttingen: Wallstein, S.174-202. Rita Süssmuth (2003): »Der Gedenktag 27. Januar – eine Zwischenbilanz«, in: Hans Erler (Hg.): *Erinnern und Verstehen. Der Völkermord an den Juden im politischen Gedächtnis der Deutschen*, Frankfurt a.M., New York: Campus, S. 309-316.

VI.B2 Zwangsarbeiter-Entschädigung, internationale Debatte um Entschädigungszahlungen an die Überlebenden der rund zehn Millionen NS-Zwangsarbeiter, die das politische Leben der Bundesrepublik zwischen 1998 und 2000 wesentlich mitbestimmte.

Beteiligt waren neben Spitzenvertretern der deutschen Wirtschaft und der Bundesregierung amerikanische Anwälte, verschiedene Opferorganisationen sowie die Regierungen der USA, Israels und verschiedener osteuropäischer Staaten, darunter Russland und Polen. Eingeleitet wurden die Verhandlungen um Entschädigungszahlungen durch den Regierungswechsel 1998 und den Koalitionsvertrag der rot-grünen Regierung unter Führung Gerhard Schröders, der die Gründung einer Stiftung zur Entschädigung ehemaliger Zwangsarbeiter vorsah. Alle vorherigen Regierungen hatten Entschädigungszahlungen stets kategorisch mit dem Argument ausgeschlossen, dass diese mit Reparationen gleichzusetzen seien, für deren Zahlung zuerst ein Friedensvertrag mit Zusicherung staatlicher und wirtschaftlicher Rechtssicherheit vorhanden sein müsse (→Wiedergutmachung und Entschädigungsgesetze [II.A1]). Auch die Konzerne sahen lange keine Veranlassung, sich mit Entschädigungsforderungen auseinander zu setzen und verwiesen die Verantwortlichkeit an den Staat als Rechtsnachfolger des »Dritten Reichs«.

Die Absichtserklärung zur Zwangsarbeiterentschädigung durch die rot-grüne Regierung erfolgte jedoch nicht allein aus Verantwortungsgefühl gegenüber den Opfern, sondern auch aus handfesten wirtschaftlichen Interessen. Der Debatte vorausgegangen war die Drohung von Rechtsanwälten und Opferverbänden, Sammelklagen vor US-Gerichten gegen namhafte deutsche Automobil-, Elektro- und Chemiekonzerne (oder deren Rechtsnachfolger) einzureichen, die Zwangsarbeiter beschäftigt und bis zu diesem Zeitpunkt keinerlei Entschädigung geleistet hatten. Um

einen möglichen Prozess und die Gefahr eines dauerhaften Imageschadens in den USA abzuwenden, entschieden sich – nach Intervention von Bundeskanzler Gerhard Schröder – zuerst Volkswagen und später auch Siemens dafür, einen Entschädigungsfonds für ehemalige Zwangsarbeiter einzurichten. Im November 1998 wurde eine Sammelklage gegen die Deutsche Bank, die Dresdner Bank und gegen den Degussa-Konzern unter dem Vorwurf erhoben, im Nationalsozialismus lukrative Geschäfte mit unter Menschenrechtsverletzungen angeeignetem Gold jüdischen Eigentums getätigt zu haben. Für die Bundesregierung war es inzwischen von nationalem Interesse, Schaden von der deutschen Wirtschaft abzuwenden, denn die bereits erfolgten und beabsichtigten Sammelklagen beeinträchtigten massiv das Ansehen deutscher Unternehmen in den USA. Dementsprechend sollte die neu gegründete Bundesstiftung für Entschädigungszahlungen hauptsächlich von den betroffenen Konzernen getragen werden, die von der bislang nicht entschädigten Zwangsarbeit profitiert hatten. Um schnellstmöglich eine Lösung und endgültige Rechtssicherheit gegen jedwede Ansprüche aus der Zeit des Nationalsozialismus zu erlangen, versuchte die Bundesregierung, alle Ansprüche gegen die deutsche Wirtschaft zusammenzufassen. Zielvorstellung war ein gemeinsamer Entschädigungsfonds von Industrie und Banken; anschließend sollte eine Übereinkunft zwischen der US-Regierung und den deutschen Unternehmen erreicht werden. Eine Einigung mit der Industrie zu finden erwies sich jedoch zunächst als äußerst schwierig, da die Konzerne unter allen Umständen ein Schuldeingeständnis und damit verbundene unkalkulierbare Kosten vermeiden wollten. So lehnten die Automobilhersteller es zunächst ab, einem gemeinsamen Fonds mit anderen Wirtschaftszweigen beizutreten, da Zwangsarbeiterentschädigungen nicht mit Ansprüchen aus unrechtmäßig angeeignetem Eigentum vergleichbar seien. Auch bei den weniger exportorientierten Unternehmen bestand nur geringes Interesse an einem gemeinsamen Hilfsfond, da sie kaum Imageprobleme im Ausland zu befürchten hatten.
Nach langwierigen Verhandlungen gründeten schließlich am 16.2.1999 zwölf deutsche Großunternehmen die Stiftungsinitiative der deutschen Wirtschaft »Erinnerung, Verantwortung und Zukunft«. Die Gründungsmitglieder (Allianz, Daimler Chrysler, BMW, Volkswagen, Bayer, BASF, Hoechst, DegussaHüls, Krupp, Siemens sowie die Deutsche und die Dresdner Bank) übernahmen damit – unter der Bedingung einer endgültigen Rechtssicherheit vor zukünftigen Sammelklagen – erstmals kollektiv Verantwortung gegenüber der Vergangenheit. Ansprüche aus der NS-Zeit sollten nicht mehr gegen die einzelnen Unternehmen, sondern nur noch gegen diesen Fonds zu richten sein. Während zunächst noch ein Beginn der Zahlungen zum 1.9.1999, dem 60. Jahrestag des Überfalls der Wehrmacht auf Polen, realistisch erschien, führten die Konflikte zwischen den Opfervertretern und der Stiftungsinitiative um die Höhe der Entschädigung zu einer langwierigen Verzögerung des Verfahrens. Während die Unternehmen daran interessiert waren, die Kosten möglichst gering zu halten und die Entschädigungszahlungen an das Rentenniveau der jeweiligen Länder anzupassen, sahen sich die osteuropäischen Opfer in diesem Vorschlag benachteiligt.
Im Laufe der Auseinandersetzung um die Höhe der von der Wirtschaft zu zahlenden Entschädigung wurden auch Ansprüche bisher in der Diskussion vernachlässigter Geschädigter laut, die während der nationalsozialistischen Diktatur in der Landwirtschaft und bei den Kommunen zwangsbeschäftigt waren. Lange Zeit war dieses Thema damit abgetan worden, dass es schon vor dem Nationalsozialismus üblich gewesen sei, Arbeiter aus osteuropäischen Ländern zu beschäftigen. Der Sachverhalt der nationalsozialistischen Verschleppung wurde hierbei geflissentlich ignoriert. Nachdem einer ehemaligen Zwangsarbeiterin, deren Arbeitskraft von einer Kommune ausgenutzt worden war, vor dem Landgericht Bremen Entschädigung zugesprochen wurde, ließ sich die bisherige Ignoranz gegenüber kommunal organisierter Zwangsarbeit nicht länger rechtfertigen. Auch der Staat konnte sich nun nicht mehr dem Vorwurf entziehen, Zwangsarbeiter beschäftigt zu haben. Ende September 1999 beschlossen deshalb Bundesregierung und Wirtschaft die Gründung einer gemeinsamen Stiftung öffentlichen Rechts und nannten zum ersten Mal auch eine Gesamtsumme von sechs Milliarden DM, wovon zwei Milliarden auf den Bund und vier Milliarden auf die Wirtschaft

entfallen sollten. Die Opfer-Anwälte aus den USA wiesen dieses Angebot jedoch mit einer Gesamtforderung von 30 Milliarden DM als zu niedrig zurück und sahen sich daraufhin sowohl von der Wirtschaft als auch von Seiten anderer Opfervertreter dem Vorwurf der Profitgier ausgesetzt – *Spiegel*-Herausgeber Rudolf Augstein sprach gar von »Haifischen im Anwaltsgewand« (H. 49/1998). Am 17.12.1999 einigten sich Vertreter der Stiftung und der Opfer auf eine Gesamtentschädigungssumme von zehn Milliarden DM. Eine schnelle und unbürokratische Auszahlung an die Überlebenden bedeutete dies jedoch nicht. So wollte die Wirtschaft erst in den Fonds einzahlen, wenn die genaue Zahl der Überlebenden feststünde. Die Opferverbände reagierten empört und warfen den Wirtschaftsvertretern vor, lediglich Zeit gewinnen zu wollen.

Am 6.7.2000 wurde, nachdem sich zwischenzeitlich auch der Deutsche Städtetag, der Bauernverband und die Evangelische Kirche dem Beitritt zur Stiftungsinitiative verpflichtet hatten, das »Gesetz zur Entschädigung ehemaliger Zwangsarbeiter im Dritten Reich« im Bundestag verabschiedet. Auf dieser Grundlage wurde am 17.7.2000 ein Abkommen zwischen Regierungsvertretern der BRD, aus Osteuropa, den USA, Israel, der Jewish Claims Conference und den Anwälten der Opfer geschlossen. Dieser Vereinbarung liegt eine parallel getroffene Übereinkunft zwischen Deutschland und den USA zugrunde, worin den deutschen Unternehmen die Intervention der US-Regierung bei neuerlichen Ansprüchen garantiert wird. Im Juni 2007 war die Entschädigung abgeschlossen. Die Stiftung hatte nach eigenen Angaben rund 4,37 Milliarden Euro an etwa 1,66 Millionen ehemalige Zwangsarbeiter und deren Angehörige ausgezahlt. Die verbleibenden Mittel im Fonds »Erinnerung und Zukunft« sollen zukünftig Projekten zufließen, die das Gedenken der Zwangsarbeit befördern oder sich um eine Verständigung zwischen Deutschland und den vom Nationalsozialismus besonders betroffenen Ländern bemühen.

AW

Lit.: Joachim Robert Rumpf (2010): *Der Fall Wollheim gegen die I.G. Farbenindustrie AG in Liquidation. Die erste Musterklage eines ehemaligen Zwangsarbeiters in der Bundesrepublik Deutschland – Prozess, Politik und Presse*, Frankfurt a.M. u.a.: Peter Lang. Constantin Goschler (2009): »Wiedergutmachungspolitik – Schulden, Schuld und Entschädigung«, in: Peter Reichel, Harald Schmid, Peter Steinbach (Hg.): *Der Nationalsozialismus – die zweite Geschichte. Überwindung, Deutung, Erinnerung*, München: Beck, S. 62-84. Aline Levin (2007): *Erinnerung? Verantwortung? Zukunft? Die Beweggründe für die gemeinsame Entschädigung durch den deutschen Staat und die deutsche Industrie für historisches Unrecht*, Frankfurt a.M. u.a.: Peter Lang. Constantin Goschler (2008): *Schuld und Schulden. Die Politik der Wiedergutmachung für NS-Verfolgte seit 1945*, 2., durchges. Aufl., Göttingen: Wallstein. Michael Jansen, Günter Saathoff (Hg.) (2007): *»Gemeinsame Verantwortung und moralische Pflicht.« Abschlussbericht zu den Auszahlungsprogrammen der Stiftung »Erinnerung, Verantwortung und Zukunft«*, Göttingen: Wallstein. Kerstin Liesem (2005): *Die Reparationsverpflichtungen der Bundesrepublik Deutschland nach dem Zweiten Weltkrieg unter besonderer Berücksichtigung der Zwangsarbeiterentschädigung*, Frankfurt a.M. u.a.: Peter Lang. Stuart E. Eizenstat (2003): *Unvollkommene Gerechtigkeit. Der Streit um die Entschädigung der Opfer von Zwangsarbeit und Enteignung*, München: Bertelsmann. Matthias Arning (2001): *Späte Abrechnung. Über Zwangsarbeiter, Schlussstriche und Berliner Verständigungen*, Franfurt am Main: Fischer. Klaus Körner (2001): *»Der Antrag ist abzulehnen«. 14 Vorwände gegen die Entschädigung von Zwangsarbeitern; eine deutsche Skandalgeschichte 1945–2000*, Hamburg: Konkret. Cord Brügmann (2000): »›Wiedergutmachung‹ und Zwangsarbeit. Juristische Anmerkungen zur Entschädigungsdebatte«, in: *Dachauer Hefte* 16, S. 177-189. Ulrike Winkler (2000): *Stiften gehen: NS-Zwangsarbeit und Endschädigungsdebatte*, Köln: PapyRossa. Ulrich Herbert (1985): *Fremdarbeiter. Politik und Praxis des »Ausländer-Einsatzes« in der Kriegswirtschaft des Ditten Reiches*, Bonn: Dietz.

VI.B3 Beutekunststreit, juristische und politische Auseinandersetzung zwischen der BRD und der UdSSR bzw. dem späteren Russland um die Rückführung von im Krieg beschlagnahmtem deutschen Kulturgut. Zum Ausgleich eigener Verluste durch die Zerstörungen und Plünderungen der deutschen Wehrmacht fasste die sowjetische Regierung bereits zu Kriegszeiten den Entschluss, Kulturgüter in Deutschland zu beschlagnahmen und in die Sowjetunion abzutransportieren. Insbesondere in den Jahren 1945 bis 1948 wurden vornehmlich aus der SBZ zahlreiche bedeutende Kunstwerke und Sammlungen aus Museen und Privatbesitz in die Sowjetunion verbracht und an geheimen Orten gelagert. Als eines der Bekanntesten gilt der lange verschollen geglaubte Schatz des Priamos aus Heinrich Schliemanns Sammlung Trojanischer Altertümer, dessen Aufenthaltsort im Moskauer Puschkin-Museum erst 1994 von russischer Seite bestätigt wurde. Schätzungen der Bundesregierung zufolge sollen sich noch immer über eine Million Kunstwerke, über vier Millionen Bücher und Manuskripte sowie drei laufende Archivkilometer Akten deutscher Provenienz in Russland befinden.

Zwar begann die Sowjetunion schon in den 1950er Jahren mit der Rückgabe verschiedener Werke an Museen der DDR, doch erst mit dem Ende des Kalten Krieges und der damit verbundenen Öffnung der Grenzen tauchten viele der bis dahin verschollen geglaubten Kunstwerke wieder auf, wodurch Rückgabeforderungen neue Aktualität erhielten. Es folgte eine mitunter sehr hitzige Debatte um den Anspruch der Bundesrepublik auf Herausgabe der in Russland befindlichen deutschen Kunstwerke, während der die russische Seite kontinuierlich die moralische Pflicht der Deutschen anmahnte, Ersatz für Kriegsschäden leisten zu müssen. Die Bundesregierung dagegen beharrte auf der Herausgabe und versuchte jegliche Zugeständnisse zu vermeiden, die als Eingeständnis von Schuld in Form von Reparaturzahlungen verstanden werden konnten. Weder die Unterzeichnung des Nachbarschaftsvertrags im Jahr 1990 noch das deutsch-russische Abkommen über kulturelle Zusammenarbeit von 1992 konnten – trotz einer gegenseitigen Rückgabeverpflichtung in beiden Verträgen – eine zügige Rückführung der beschlagnahmten Werke sicherstellen. Der Zerfall der Sowjetunion führte in Russland neben großen finanziellen und politischen Schwierigkeiten zu einem Erstarken nationalistischer Strömungen und einer Emotionalisierung der Debatte: Zerstörte oder seit Kriegsende verschollene Kulturgüter wurden fester Bestandteil der Agitation, um an nationale Werte und das durch Deutschland erlittene Leid zu erinnern. Besonderen Identifikationsgehalt erhielt hierbei das legendäre Bernsteinzimmer, das 1941 durch die Wehrmacht aus dem Katharinenpalast in Zarskoje Selo nach Königsberg (heute Kaliningrad) transportiert worden war und seitdem als verschollen gilt. 1998 erließ das russische Parlament gegen den Willen des Präsidenten Boris Jelzin das Beutekunstgesetz, welches beschlagnahmte deutsche Kulturgüter zu russischem Staatseigentum als Kompensation für die im Krieg erlittenen Schäden erklärte. Von diesem Zeitpunkt an wurde die Rückführung deutscher Kunstwerke an mitunter erhebliche finanzielle Forderungen geknüpft. Die Bundesregierung versuchte daraufhin vor europäischen Gerichtshöfen Besitzansprüche auf Grundlage der Haager Landkriegsordnung von 1907 geltend zu machen, der zufolge beschlagnahmte Kulturgüter nicht zur Kompensation oder Reparation von Kriegsschäden eingesetzt werden dürfen. Auch wenn das russische Beutekunstgesetz international als völkerrechtswidrig eingestuft wird, fielen die Urteile sehr unterschiedlich aus. So entschied der oberste Gerichtshof der Niederlande 1998, dass nach einer Zeit von 30 Jahren der Herausgabeanspruch verjährt sei, während im selben Jahr der Londoner High Court of Justice den Anspruch der Bundesrepublik auf Rückgabe eines Gemäldes bestätigte.

Der Konflikt um die Rückführung von Beutekunst blieb nicht allein auf die außenpolitische und juristische Ebene beschränkt, sondern führte auch zu einem innenpolitischen Konflikt um die Verhandlungszuständigkeit zwischen Bund und Ländern. Durch den schleppenden Verlauf der Verhandlungen und fehlende Erfolge entmutigt, begannen einzelne Bundesländer unter Berufung auf ihre Kulturhoheit Ende der 1990er Jahre direkte Verhandlungen mit russischen Institutionen aufzunehmen. Die Bundesregierung sah durch das eigenmächtige Vorgehen der Bundesländer ihre alleinige Verhandlungslegitimation gefährdet. Letztlich brachten jedoch nur die direkten Verhandlungen auf Landesebene nennenswerte Erfolge. So konnte das Land Bremen im Jahr 2000 eine Sammlung von Zeichnungen und Graphiken in einem Tauschgeschäft gegen ein Mosaik und eine Kommode aus dem Bernsteinzimmer wieder in die Bremer Kunsthalle zurückholen. Dass in diesem Fall überhaupt auf Länderebene verhandelt werden konnte, lag vorrangig an den im russischen Beutekunstgesetz enthaltenen Ausnahmeregelungen, die das Eigentum von Kirchen, Religionsgemeinschaften, wohltätigen Organisationen, Opfern des NS-Regimes und Widerstandskämpfern sowie auf privatem Weg verbrachtes Kulturgut ausklammern.

Trotz der sich positiv entwickelnden deutsch-russischen Beziehungen waren auch in der Folgezeit auf staatlicher Verhandlungsebene bis auf einige Gesten nur wenige Erfolge bei der Rückgabe geraubter Kunstgegenstände zu verzeichnen. Hauptgründe für den Stillstand blieben das auf dem Kompensationsgedanken beruhende russische Beutekunstgesetz und die in allen Entschädigungsfragen wiederzufindende Strategie der Bundesregierung, mit Reparationen vergleichbare Handlungen ohne eindeutige Rechtssicherheit in jedem Fall zu vermeiden.

AW

Lit.: Herbert Güttler (2010): *Beutekunst? Kritische Betrachtungen zur Kulturpolitik*, Bonn: Bouvier. Thomas Armbruster (2008): *Rückerstattung der Nazi-Beute. Die Suche, Bergung und Restitution von Kulturgütern durch die westlichen Alliierten nach dem Zweiten Weltkrieg*, Berlin, New York: de Gruyter. Wilfried Fiedler (2008): »Die Verhandlungen zwischen Deutschland und Russland über die Rückführung der während und nach dem 2. Weltkrieg verlagerten Kulturgüter«, in: *Jahrbuch des Öffentlichen Rechts der Gegenwart* 56, S. 217-227. Tobias H. Imscher (2007): »Kulturgüterschutz im Völkerrecht am Beispiel der Beutekunst in Russland«, in: *Im Labyrinth des Rechts? Wege zum Kulturgüterschutz. Veröffentlichungen der Koordinierungsstelle für Kulturgutverluste* 5, S. 15-46. Susanne Schoen (2004): *Der rechtliche Status von Beutekunst*, Berlin: Duncker u. Humblot. Kristiane Burchardi, Christof Kalb (1998): »*Beutekunst« als Chance. Perspektiven der deutsch-russischen Verständigung*, München: Osteuropa-Institut.

VI.B4 NPD-Verbotsverfahren,

vergeblicher Versuch, die rechtsextreme Nationaldemokratischen Partei Deutschlands (NPD) vom Bundesverfassungsgericht (BVerfG) verbieten zu lassen. Obwohl über ein Verbot der NPD seit deren Gründung im Jahr 1964 (→Gründung und Anfangserfolge der NPD [III.B2]) regelmäßig diskutiert wurde, wurden entsprechende Anträge beim BVerfG von den antragsberechtigten Gremien Bundesregierung, Bundestag und Bundesrat erstmals Anfang 2001 gestellt. Die Einstellung des Verfahrens im März 2003 aufgrund verfahrensrechtlicher Bedenken hat in der Folgezeit die Vorbehalte hinsichtlich der Erfolgsaussichten eines solchen Verfahrens gestärkt, sodass ein erneuter Verbotsantrag lediglich vom Bundesrat gestellt wurde.

Mit separaten Anträgen seitens der Bundesregierung (30.01.2001) sowie durch Bundesrat und Bundestag (30.03.2001) wurde nach langjähriger kontroverser Diskussion ein Verfahren vor dem BVerfG zur Feststellung der Verfassungswidrigkeit der NPD und deren Verbot gemäß Art. 21 Abs. 2 GG in Verbindung mit §§ 43ff. BVerfGG eingeleitet. Insbesondere ein Sprengstoffanschlag auf eine Gruppe jüdischer Immigranten am 27.07.2000 hatte die Bereitschaft gefördert, bei der Bekämpfung der extremen Rechten auch das Mittel des Parteiverbotes zu nutzen. Noch bevor in eine sachliche Prüfung des von den Antragstellern vorgelegten Materials eingetreten werden konnte, sah eine relevante Minderheit des Zweiten Senats des BVerfG ein unüberwindbares Verfahrenshindernis in der Tatsache, dass V-Leute des Verfassungsschutzes auch in Führungsfunktionen der NPD tätig waren. Aufgrund einer »fehlenden Staatsferne«, die für das Verfahren möglicherweise zentrale Handlungen und Äußerungen nicht mehr eindeutig zurechenbar mache, sei ein rechtsstaatliches Verfahren nicht mehr möglich.

Die Einstellung des Verfahrens am 18.03.2003 wurde von der NPD als politischer Erfolg gefeiert; bei den im Bundestag vertretenen Parteien hat es die Bereitschaft zur Anwendung dieses Instruments erheblich gedämpft. In Folge des Bekanntwerdens der von der Gruppe »Nationalsozialistischer Untergrund« begangenen Morde (→NSU-Morde [VI.E4]) sind rasch auch Forderungen nach einem NPD-Verbot erhoben worden; insbesondere aufgrund von Zweifeln bezüglich der Erfolgsaussichten eines erneuten Antrages haben im Jahr 2013 die Bundesregierung (CDU/CSU; FDP) und der Bundestag (mit der Mehrheit der Stimmen von CDU/CSU und FDP gegen einen Antrag der SPD-Bundestagsfraktion) auf einen Verbotsantrag verzichtet. Lediglich der Bundesrat hat bei Enthaltung Hessens beschlossen, ein erneutes NPD-Verbotsverfahren einzuleiten.

Die Einleitung eines Verbotsverfahrens wird aus verschiedenen Perspektiven kontrovers diskutiert. Demokratietheoretisch wird eingewandt, dass mit dem Verbot einer Partei eine politische Strömung aus dem Meinungswettbewerb verschwände und dies angesichts der großen Bedeutung, die Parteien für die politische Willensbildung in einer parlamentarischen Demokratie hätten, nicht akzeptabel sei. Demgegenüber wird hervorgehoben, dass nicht zuletzt im Lichte der NS-Diktatur eine demokratische Gesellschaft auch Grenzen ziehen können müsse und denen, die ihre Grundlagen beseitigen wollen, nicht auch noch die mit dem Parteienstatus verbundenen Privilegien einzuräumen seien. Unter dem Gesichtspunkt der Verhältnismäßigkeit wird kontrovers beurteilt, ob die NPD die demokratischen Grundlagen tatsächlich gefährden könne und nicht ohnehin das Hauptaugenmerk auf die politische Bekämpfung dieses Phänomens zu richten sei. Strittig werden auch die Erfolgsaussichten eines Verbotsverfahrens diskutiert: Tatsächlich wird erwartet, dass das BVerfG sich auch mit den Kriterien für ein Verbot befassen wird, da die beiden einzigen Parteienverbote in der Bundesrepublik Deutschland aus den 1950er Jahren stammen und unter völlig anderen gesamtgesellschaftlichen Rahmenbedingungen beantragt wurden (→SRP-Verbot [II.A6]). Bezüglich der Güte des von den Behörden gesammelten Beweismaterials gibt es unter Experten verschiedene Ansichten. Juristisch wird insbesondere die Befürchtung geäußert, die NPD könne nach einem Verbotsbeschluss des BVerfG mit einer Klage vor dem Europäischen Gerichtshof Erfolg haben, da dort die Kriterien für Parteienverbote in der Vergangenheit noch strenger gefasst wurden. Schließlich besteht Uneinigkeit hinsichtlich der Wirksamkeit bzw. der Bewertung des Auftretens nicht-intendierter Effekte. Dem Verlust von Mandaten, Propagandamöglichkeiten und finanziellen Ressourcen sowie der Schwächung der Strukturen der organisierten extremen Rechten werden Befürchtungen gegenübergestellt, dass sich die Aktivitäten in anderer Form fortsetzten und es möglicherweise zu einem Ausweichen in konspirative Strukturen oder zu einer Gewalteskalation komme.

Betrachtet man die Verbotspraxis der Behörden gegen extrem rechte Parteien und Vereinigungen seit Gründung der Bundesrepublik Deutschland empirisch, so lassen sich für solche Befürchtungen nur zum Teil Belege finden. Während eine direkte Gewalteskalation nur selten zu beobachten war, haben viele Kader verbotener Organisationen ihre Aktivitäten in anderem Rahmen fortgesetzt. Zugleich ist jedoch zu konstatieren, dass die über 80 Verbote zu einer politischen Ausgrenzung der organisierten extremen Rechten beigetragen haben.

FV

Lit.: Fabian Virchow, Gideon Botsch, Christoph Kopke (2013): *Verbote extrem rechter Parteien und Organisationen. Staatliche Verbotspolitik in der Bundesrepublik Deutschland zwischen »wehrhafter Demokratie« und symbolischer Politik, 1951-2012*, Wiesbaden: Springer VS. Eckart Klein (2012): *Ein neues NPD-Verbotsverfahren? Rechtsprobleme beim Verbot politischer Parteien*, Baden-Baden: Nomos. Theresia Anna Gelberg (2009): *Das Parteiverbotsverfahren nach Art. 21 Abs. 2 GG am Beispiel des NPD-Verbotsverfahrens*, Göttingen: V&R unipress. Anne-Kathrin Lang (2008): *Demokratieschutz durch Parteiverbot? Die Auseinandersetzung um ein mögliches Verbot der Nationaldemokratischen Partei Deutschlands (NPD)*, Marburg: Tectum. Lars Flemming (2005): *Das NPD-Verbotsverfahren: Vom »Aufstand der Anständigen« zum »Aufstand der Unfähigen«*, Baden-Baden: Nomos. Peter Niesen (2003): »Anti-Extremism, Negative Republicanism, Civic Society: Three Paradigms for Banning Political Parties«, in: Shlomo Avineri, Zeev Sternhell (Hg.): *Europe's Century of Discontent. The Legacies of Fascism, Nazism and Communism*, Jerusalem: Hebrew Univ. Press, S. 249-286. Claus Leggewie, Horst Meier (Hg.) (2002): *Verbot der NPD oder mit Rechtsradikalen leben? Die Positionen*, Frankfurt a.M.: Suhrkamp.

VI.B5 Letzte Täterprozesse, Gerichtsverfahren gegen NS-Kriegsverbrecher, die sich bis in die Gegenwart erstrecken und den über lange Zeit zögerlichen Umgang der deutschen Justiz mit der Vergangenheit in Erinnerung riefen. Trotz Bemühungen im In- und Ausland, die überlebenden Verantwortlichen für die nationalsozialistischen Gewalt- und Kriegsverbrechen strafrechtlich zu verfolgen, konnte sich ein Teil der Täter dem Zugriff der Justiz entziehen und jahrzehntelang ein unbehelligtes Leben führen.

Einer der vorerst letzten großen NS-Täterprozesse in Deutschland fand zwischen November 2009 und Mai 2011 am Landgericht München gegen den gebürtigen Ukrainer Iwan »John« Demjanjuk statt. Demjanjuk war als sogenannter Hilfswilliger in der SS unter anderem in Konzentrationslagern eingesetzt worden. Nach einem früheren Prozess in Israel, in welchem Demjanjuk 1993 aus Mangel an Beweisen freigesprochen worden war, wurde er in den USA im Jahr 2001 wegen seiner Tätigkeiten in Sobibor erneut angeklagt. Die US-Behörden beschlossen schließlich seine Auslieferung nach Deutschland, wo 2009 ein Prozess wegen Beihilfe zum Mord in 29.000 Fällen im Lager Sobibor eröffnet wurde.

Die →Ludwigsburger Zentralstelle [II.A7], die das Ermittlungsverfahren durchführte, sah es als erwiesen an, dass Demjanjuk an Gewaltverbrechen beteiligt gewesen war, auch wenn keine Belege für konkrete Taten vorlagen. Mit Demjanjuk wurde somit erstmals ein nichtdeutscher Staatsbürger ohne konkreten Tatnachweis in Deutschland angeklagt. Im Prozess konnte Demjanjuks individuelle Schuld nicht zweifelsfrei nachgewiesen werden, da er weder von Überlebenden identifiziert noch die Authentizität seines SS-Dienstausweises nachgewiesen werden konnte. Die Staatsanwaltschaft forderte dennoch sechs Jahre Haft, da als bestätigt angenommen werden könne, dass alle Hilfswilligen in Sobibor an Gewaltverbrechen beteiligt gewesen seien. Der Nachweis einer konkreten Einzeltat sei unter den Bedingungen industrieller Massentötung nicht möglich, hier bedürfe es einer Berücksichtigung der besonderen Umstände in den Vernichtungslagern. Demjanjuk selbst äußerte sich im Prozess nur schriftlich; in seinen Stellungnahmen kritisierte er das Verfahren als Schauprozess im Land der eigentlichen Täter und stritt jegliche Schuld ab. Demjanjuks Verteidigung forderte einen Freispruch, da keine Beweise für Demjanjuks Aufenthalt in Sobibor vorlägen.

Das Gericht verurteilte Demjanjuk im Mai 2011 wegen Beihilfe zum Mord in rund 28.000 Fällen zu fünf Jahren Haft. Das Gericht sah es als erwiesen an, dass Demjanjuk als Hilfswilliger in Sobibor tätig und somit Teil der nationalsozialistischen Vernichtungsmaschinerie gewesen sei, auch wenn ihm persönlich keine konkrete Tat nachgewiesen werden konnte. Befehlsnotstand könne der Angeklagte nicht für sich in Anspruch nehmen, da theoretisch die Möglichkeit zur Flucht bestanden habe. Das Urteil gegen Demjanjuk hat somit Präzedenzcharakter, da erstmals ein Helfer der NS-Vernichtungspolitik – die osteuropäischen Hilfswilligen (»Trawniki«) waren oft unter Zwang zu Kollaborateuren geworden – ohne konkreten Tatbeweis verurteilt wurde. Im Anschluss an dieses Urteil wurden Vorermittlungen gegen über 50 mutmaßliche KZ-Aufseher aufgenommen. Aufgrund seines hohen Alters musste Demjanjuk seine Haftstrafe nicht mehr antreten. Er lebte bis zu seinem Tod im März 2012 in einem Pflegeheim in Bad Feilnbach. Das Urteil wurde nie rechtskräftig: Sowohl Staatsanwaltschaft als auch Verteidigung legten Revision ein, das Revisionsverfahren konnte aber aufgrund von Demjanjuks Tod nicht mehr stattfinden.

Der Fall des Niederländers Heinrich Boere zeigt exemplarisch auf, wie zaghaft und unvollständig die Strafverfolgung von NS-Verbrechern in Deutschland durchgeführt wurde. Boere trat 1940 freiwillig der Waffen-SS bei und kämpfte bis 1942 an der Ostfront. Ab 1942 gehörte er dem SS-Sonderkommando »Feldmeijer« an, das unter anderem für die »Silbertannen«-Morde, die Ermordung von 54 niederländischen Zivilisten als Reaktion auf Anschläge von Widerstandskämpfern, verantwortlich war. Boere gestand 1946 die Morde an drei Opfern und wurde in den Niederlanden zum Tode verurteilt. Die Strafe wurde später in eine lebenslange Haftstrafe umgewandelt. Boere entzog sich aber durch Flucht nach Deutschland, wo er mehrere Jahre unbehelligt als Bergarbeiter lebte. Eine Auslieferung an die Niederlande scheiterte 1983, da die deutschen Behörden annahmen, dass Boere durch seine frühere SS-Mitgliedschaft die deutsche Staatsbürgerschaft erhalten habe und eine Auslieferung deutscher Staatsbürger bis in das Jahr 2000 rechtlich nicht erlaubt war. Außerdem sah das deutsche Gericht die »Silbertannen«-Morde als völkerrechtlich zulässige Kriegsrepressalie an und verzichtete deshalb auf ein eigenes Ermittlungsverfahren.

Erst im Jahr 2007 wurde der Prozess gegen Boere in Deutschland neu aufgerollt. Im Oktober 2009 begann schließlich am Landgericht Aachen der Prozess gegen den 88-jährigen Boere wegen dreifachen Mordes, nachdem dieser als verhandlungs- und schuldfähig eingestuft worden war. Anders als die meisten anderen angeklagten NS-Täter gestand Boere die ihm zur Last gelegten Taten vorbehaltlos, forderte aber dennoch einen Freispruch, da er im Befehlsnotstand gehandelt habe. Das Gericht folgte in seinem Urteil der Anklage der Staatsanwaltschaft und verurteilte Boere am 23. März 2010 zu lebenslanger Haft, die Boere im Dezember 2011 als 90-Jähriger antrat. Er starb 2013 im Justizvollzugskrankenhaus Fröndenberg.

Große internationale Beachtung fand 2015 der Prozess vor dem Landgericht Lüneburg gegen den so genannten »Buchhalter von Auschwitz«, den ehemaligen SS-Mann Oskar Gröning. Grönings Aufgabe im Lager war die materielle Ausplünderung der eingelieferten Häftlinge gewesen, er hatte auch mehrfach bei den Selektionen auf der Rampe von Auschwitz Dienst getan. Die Anklage lautete auf Beihilfe zum Mord in 300.000 Fällen im Rahmen der so genannten Ungarn-Aktion im Sommer 1944, die das Lüneburger Schwurgericht untersuchte. Auch Gröning war zuvor nicht juristisch zur Verantwortung gezogen worden, ein erstes Ermittlungsverfahren aus dem Jahr 1978 war 1985 von der Staatsanwaltschaft eingestellt worden, wobei auf die Formulierung einer schriftlichen Einstellungsbegründung verzichtet wurde. Zum Verfahren gegen Gröning wurden 70 Nebenkläger zugelassen, die unter anderen von den Anwälten Thomas Walther und Cornelius Nestler vertreten wurden, die auch bereits als Nebenklageverteter im Demjanjuk-Prozess tätig waren, der wiederum das Lüneburger Verfahren überhaupt erst ermöglicht hatte. Zwar hatte sich die Rechtslage durch das Münchner Verfahren gar nicht geändert, doch die bundesdeutsche Justiz ist seither bereit, Beihilfe zum Mord in den Konzentrationslagern zu verfolgen. Damit wurde die Revision des Urteils aus dem →Frankfurter Auschwitz-Prozess [III.A3] durch den Bundesgerichtshof (BGH) von 1969 endlich als juristischer Fehlentscheid erkannt. Der BGH hatte in der gleichen Logik wie die Vordenker der Vernichtung den Tatkomplex Auschwitz in tausende Einzeltaten atomisiert, für die sich kaum Nachweise erbringen ließen. Das Lüneburger Gericht knüpfte 2015 an Generalstaatsanwalt Fritz Bauers Argumentation von 1963 an, Auschwitz als eine Maschinerie und damit als eine einzige Mordtat anzusehen. Der vorsitzende Richter Franz Kompisch erkannte auch in Oskar Grönings Tätigkeit in der Häftlingsgeldverwaltung des Vernichtungslagers sowie seiner Bewachung des Gepäcks auf der Rampe von Auschwitz-Birkenau einen Beitrag zum Massenmord. Der 94jährige Gröning wurde zu schuldig gesprochen und zu vier Jahren Haft verurteilt. Große Aufmerksamkeit fand der Prozess, als Gröning sich zumindest moralisch mitschuldig bekannte und die Tötungsmaschinerie von Auschwitz bezeugte und nicht – wie etwa die Angeklagten und Verteidiger im →Majdanek-Prozess (IV.B7) – leugnete. Eine Überlebende von Josef Mengeles grausamen Zwillingsexperimenten, Eva Mozes Kor, gab Gröning daraufhin die Hand und dankte ihm für seine Reue. Diese Geste des Verzeihens wurde unter Opfern und Hinterbliebenen sehr kontrovers diskutiert. Tatsächlich ist Oskar Gröning auch der erste Täter in einem Prozess gegen das SS-Lagerpersonal, der sich seinerseits bei den Opfern entschuldigt hat.

Das zögerliche und unentschlossene Vorgehen der Bundesrepublik bei der juristischen Aufarbeitung der NS-Kriegsverbrechen wurde immer wieder scharf kritisiert, so warf etwa Michel Friedman (→Jürgen Möllemanns Israel-Flugblatt [VI.E1]) vom Zentralrat der Juden in Deutschland der deutschen Justiz Versagen vor, da diese nie eine systematische Verfolgung von NS-Tätern angestrengt habe. Auch das Simon-Wiesenthal-Zentrum (→Simon Wiesenthal [I.C4]) in Jerusalem übte mehrmals deutliche Kritik am zögerlichen und inkonsequenten Vorgehen der deutschen Behörden, stellte aber im Jahr 2010 eine »monumentale und höchst bedeutsame Veränderung der deutschen Anklagepolitik« fest, wobei unter anderem die Prozesse gegen Demjanjuk und Boere als lobenswerte Beispiele genannt wurden und Deutschland als einziges Land neben den USA für seine juristische Aufarbeitung des Nationalsozialismus die Bewertung »sehr gut« erhielt. Dies ändert nichts an der Tatsache, dass die deutsche Justiz trotz Phasen mit verstärkten Bemühungen in den 50er und 60er Jahren sowie in den Jahren nach 2000 jahrzehntelang durch eine äußerst defizitäre juristische Aufarbeitung der NS-Verbrechen geprägt war, sodass vielen Tätern erst als Hochbetagten der Prozess gemacht wurde. Von den 6.500 in Auschwitz Beschäftigten wurden in den siebzig Jahren vor dem Verfahren gegen Oskar Gröning gerade einmal 49 verurteilt.

AKö

Lit.: Rainer Volk (2012): *Das letzte Urteil. Die Medien und der Demjanjuk-Prozess*, München: Oldenbourg. Angelika Benz (2011): *Der Henkersknecht: Der Prozess gegen John (Iwan) Demjanjuk in München*,

Berlin: Metropol. Ulrich Busch (2011): *Demjanjuk der Sündenbock. Schlussvortrag der Verteidigung im Strafverfahren gegen John Demjanjuk vor dem Landgericht München*, Münster: Monsenstein und Vannerdat. Sabine Swoboda (2011): »Paying the Debts – Late Nazi Trials before German Courts. The Case of Heinrich Boere«, in: *Journal of International Criminal Justice* 9, H. 1, S. 243-269. Heinrich Wefing (2011): *Der Fall Demjanjuk. Der letzte große NS-Prozess*, München: C.H. Beck. Matthias Janson (2010): *Hitlers Hiwis. Iwan Demjanjuk und die Trawniki-Männer*, Hamburg: KVV Konkret.

VI.B6 Erbgesundheitsgesetz, Ächtung und Entschädigungsdebatten, politische Auseinandersetzung um die Frage, ob das nationalsozialistische ›Gesetz zur Verhütung erbkranken Nachwuchses‹ ein NS-Unrechtsgesetz war und die danach Zwangssterilisierten einen Rechtsanspruch auf Entschädigung haben sollten.

Im Mai 2007 beschloss der Deutsche Bundestag die Ächtung des Gesetzes zur Verhütung erbkranken Nachwuchses vom 14. Juli 1933 (GzVeN, »Erbgesundheitsgesetz«). Dieses sei ein »Ausdruck der menschenverachtenden nationalsozialistischen Auffassung vom ›lebensunwerten Leben‹« und der erste Schritt auf dem Weg zum »Euthanasie«-Massenmordprogramm. Die rechtliche Absicherung von Zwangssterilisationen durch das Gesetz sei ein nationalsozialistisches Unrecht gewesen. Der Bundestag ging damit über seinen Beschluss von 1988 hinaus, der die nach GzVeN gefällten Sterilisations-Urteile für NS-Unrecht erklärt hatte, nicht aber das Gesetz selbst. Mit der Ächtung sollten »jegliche Zweifel am Willen des Gesetzgebers zur umfassenden Genugtuung und Rehabilitierung der Betroffenen beseitigt werden.« Einen Rechtsanspruch auf Entschädigung als NS-Verfolgte erhielten die Zwangssterilisierten damit jedoch nicht. Zwar wurden zum 1.1.2011 die monatlichen Härteleistungen, die sie seit 1988 erhalten konnten, von 120 € auf 291 € erhöht, zu diesem Zeitpunkt gab es allerdings nur noch 563 Überlebende, die diese Leistungen erhielten. Ein Alternativantrag von Bündnis 90/Die Grünen, der das Anliegen des Bundes der »Euthanasie«- Geschädigten und Zwangssterilisierten (BEZ) auf Nichtigkeitserklärung des GzVeN einbrachte, fand keine Mehrheit, denn das Erbgesundheitsgesetz sei schon mit Inkrafttreten des Grundgesetzes automatisch außer Kraft getreten und könne daher nicht mehr aufgehoben werden. Allerdings hatten bundesdeutsche Gerichte und Institutionen das Erbgesundheitsgesetz auch nach 1949 als Grundlage rechtswirksamer Entscheidungen über die Entschädigung von Zwangssterilisierten herangezogen. Diese Praxis wird von der Ächtungserklärung nicht problematisiert. Dem Beschluss von 2007 waren jahrzehntelange Auseinandersetzungen um den Anspruch der Zwangssterilisierten auf Entschädigung als Opfer nationalsozialistischer Verfolgung vorausgegangen.

Das »Erbgesundheitsgesetz« trat im Januar 1934 in Kraft. Es legalisierte die Sterilisation von Menschen mit sogenannten Erbkrankheiten, »angeborenem Schwachsinn« und Alkoholikern und erlaubte explizit die Anwendung von Zwang. Per Gesetzesänderung vom 26. Juni 1935 konnte, formell mit Einwilligung der Betroffenen, bei Frauen, die zur Sterilisation verurteilt, aber bereits schwanger waren, ein Schwangerschaftsabbruch vorgenommen werden. Männer konnten nun, formell mit Einwilligung, kastriert werden, um sie »von einem entarteten Geschlechtstrieb zu befreien«, was vor allem auf Homosexuelle abzielte (→§175 und das unbewältigte Erbe der NS-Homosexuellenverfolgung [IV.A11]). Die Sterilisationsurteile wurden von sogenannten Erbgesundheitsgerichten bzw. Erbgesundheitsobergerichten getroffen, die aus einem Richter, einem beamteten Arzt und einem sogenannten Erbarzt bestanden. Das Urteil, einmal gefällt, musste vollstreckt werden. Zwischen 1934 und 1945 wurden zwischen 350.000 und 400.000 Männer und Frauen nach dem GzVeN zwangssterilisiert, mehrere tausend Betroffene, überwiegend Frauen, starben durch den Eingriff. Die Zwangssterilisation bedeutete nicht nur eine körperliche und seelische Verletzung, sondern auch ein soziales Stigma, das meist vielfältige weitere Diskriminierungen nach sich zog.

Zwangssterilisationen wurden im Nationalsozialismus allerdings nicht nur auf gesetzlicher Grundlage durchgeführt. Tausende von Jüdinnen und Juden, Sinti und Roma, Polinnen und Polen wurden in den Konzentrationslagern auf Basis einer sogenannten Durchführungsverordnung in grausamen Menschenexperimenten zwangssterilisiert. Außerhalb des Gesetzes erfolgte 1937 auch die vom Reichskanzleramt beschlossene Aktion der »Sonderkommission 3«, bei der 400 bis 800 Kinder von deutschen Frauen und schwarzen Angehörigen französischer oder amerikanischer Truppen aus der Zeit der Rheinlandbesetzung zwangssterilisiert wurden. Die genaue Zahl der Opfer ist nicht bekannt.

Nach Kriegsende wurde das Erbgesundheitsgesetz nicht einheitlich aufgehoben. Der Alliierte Kontrollrat nahm es nicht in die Liste der Gesetze auf, die von nationalsozialistischem Gedankengut durchdrungen waren und daher per Kontrollratsgesetz Nr.1 ungültig wurden. Nur in der sowjetischen Besatzungszone wurde es 1946 durch Erlass der sowjetischen Militäradministration als nazistisches Gesetz aufgehoben. Seit Ende 1945 wurde in Expertenkreisen bereits an einem neuen Sterilisationsgesetz gearbeitet, und zwar auf Aufforderung der US-Militärregierung. Bis ein solches von den Deutschen beschlossen werden könnte, sollten die Erbgesundheitsgerichte geschlossen und das Erbgesundheitsgesetz suspendiert bleiben.

In der Bundesrepublik setzte sich die Diskussion um ein neues eugenisches Sterilisationsgesetz in den 1950er und 60er Jahren fort. Ein bekannter Befürworter war der Erbpathologe Hans Nachtsheim, der in den 1940er Jahren Abteilungsleiter für experimentelle Erbpathologie am Kaiser-Wilhelm-Institut für Anthropologie gewesen war und dort Experimente an epilepsiekranken Kindern und mit Organen von ermordeten Auschwitzhäftlingen durchgeführt hatte. Nachtsheim vertrat auch nach 1945 die »Notwendigkeit einer aktiven Erbgesundheitspflege« (so 1964 der Titel eines Aufsatzes von ihm), zu der seiner Ansicht nach sowohl das Mittel der Sterilisation als auch die Ausübung von Zwang gehörten.

Die Betroffenen konnten in den 1950er, 60er und 70er Jahren nur im Zuge von sogenannten Wiederaufnahmeverfahren eine Entschädigung für das erlittene Unrecht erstreiten. Sie mussten dazu nachweisen, dass das nationalsozialistische Gesetz in ihrem Fall missachtet oder fehlerhaft angewendet worden war. Bei gesetzeskonformer Durchführung wurde eine Entschädigung abgelehnt. Die Gesetzesgrundlage der Wiederaufnahmeverfahren bildete das Erbgesundheitsgesetz, das somit von bundesdeutschen Gerichten aktiv angewendet wurde. Einen Rechtsanspruch auf Entschädigung als nationalsozialistisch Verfolgte haben die Zwangssterilisierten bis heute nicht, denn die Definition der NS-Verfolgten im Bundesentschädigungsgesetz von 1953 (§1 Abs.1 BEG) schließt Zwangssterilisierte ebenso wie »Euthanasie«-Geschädigte aus. Das BEG enthielt zwar die Möglichkeit eines Härteausgleichs für Personen, »die ohne vorausgegangenes Verfahren« (§171 Abs.4 Nr.1) nach GzVeN sterilisiert worden waren, der Großteil entsprechender Anträge wurde jedoch abgelehnt, »weil die Sterilisationen aufgrund eines Verfahrens nach dem Erbgesundheitsgesetz durchgeführt worden waren« (Bundestagsdrucksache 10/6287), wobei wiederum das GzVeN zu Grunde gelegt und somit angewendet wurde. Die Möglichkeit des Härteausgleichs beinhaltete daher gerade nicht die Anerkennung, dass das Erbgesundheitsgesetz ein Unrechtsgesetz war; vielmehr bestätigt die Bindung der Härteleistung an die Bedingung eines Regelverstoßes die Regel selber. In diesem Sinne lehnte 1954 etwa das OLG Hamm den Anspruch eines Zwangssterilisierten auf Schadensersatz ab. Weit entfernt, eine Unvereinbarkeit zwischen dem nationalsozialistischen Erbgesundheitsgesetz und dem Grundgesetz zu erkennen, entschied das Gericht, das GzVeN verstieße nicht gegen »rechtsstaatliche Grundsätze« oder das »Naturrecht«. Generell zeigen sich zwischen der nationalsozialistischen Sterilisationspolitik und ihrer politischen Aufarbeitung in der Bundesrepublik in den 1950er und 60er Jahren eine Reihe diskursiver, personeller und auch rechtlicher Kontinuitäten. So glichen die Begründungen, mit denen Entschädigungsansprüche von Zwangssterilisierten abgewiesen wurden, den Begründungen der eugenischen Bevölkerungspolitik im Nationalsozialismus. So bekräftigte auch der 1953 eingerichtete Wiedergutmachungsausschuss des Deutschen Bundestages, das NS-Sterilisationsgesetz sei kein Unrechtsgesetz gewesen und lehnte 1965 einen Rechtsanspruch der Zwangssterilisierten auf Entschädigung ab (→Wiedergutmachungs- und Entschädigungsgesetze [II.A1]). Er folgte damit der Auffassung der Professoren Hans Nachtsheim, Werner Villinger und Helmut Ehrhardt, die er 1961 als Sachverständige in dieser Angelegenheit angehört hatte. Alle drei waren während der NS-Zeit aktiv an nationalsozialistischen Medizinverbrechen (→Euthanasie-Prozesse und -Debatten [IV.B6]) beteiligt gewesen, teils als Richter am Erbgesundheitsobergericht und T4-Gutachter (Villinger), als Erbpathologe und Betreiber von Menschenversuchen (Nachtsheim) oder Gutachter für Erbgesundheitsgerichte (Ehrhardt). Nachtsheim vertrat bei der Anhörung die Auffassung, das GzVeN sei von der nationalsozialistischen Rassenpolitik zu trennen, denn es sei »ein unpolitisches Gesetz, das zum Schutze der Erbgesundheit des deutschen Volkes bestimmt war«. Auch Ehrhardt betonte, dass das Gesetz »in seinem Kerngehalt wirklich der damaligen und auch der heutigen wissenschaftlichen Überzeugung entspricht« (Deutscher Bundestag, 1961 #2523, S. 25; 17). Der gegenteiligen Auffassung des Sachverständigen Ministerialrats Dr. Karl, dass der Zweck des Gesetzes, »nämlich einen von »biologisch minderwertigem Erbgut gereinigten Volkskörper« zu erhalten«, sittenwidrig sei und die darunter angeordneten Sterilisationen »eine von einem Unrechtsgesetz ausgehende Körperverletzung« darstellten, die der Staat durch ein spezielles Entschädigungsgesetz zu entschädigen habe (Deutscher Bundestag, 1961 #2523, S. 48), schloss sich der Ausschuss nicht an. Noch 2008 erklärte dazu das Bundesfinanzministerium in einem Schreiben an den Petitionsausschuss des Bundestages, sämtliche Gesichtspunkte der Wiedergutmachungsgesetzgebung seien damals vom Wiedergutmachungsausschuss »nach Anhörung führender Fachleute der Psychiatrie sorgfältig geprüft worden« (Bundestagsdrucksache 17/8729).

Erst ab 1980 konnten alle Zwangssterilisierten, unabhängig davon, ob das Gesetz in ihrem Fall inkorrekt angewendet worden war, eine Einmalzahlung von 5.000 DM erhalten. Von den Hunderttausenden, die auf Basis des GzVeN zwangssterilisiert worden waren, erhielten bis 2012 insgesamt nur 13.816 Männer und Frauen eine solche Einmalzahlung (Bundestagsdrucksache 17/8729). Ab 1988 konnten die Betroffenen nach § 6 Abs.1 der AKG-Härterichtlinien auch monatliche Leistungen von zunächst 120 DM beantragen, vorausgesetzt sie konnten einen »erheblichen Gesundheitsschaden« nachweisen. Die Nachweispflicht entfiel 1990 und die Härteleistungen wurden bis Januar 2011 sukzessive auf 291 € erhöht. Im Dezember 2012 erhielten noch 368 Zwangssterilisierte monatliche Leistungen und 178 ergänzende Leistungen in besonderen Notlagen (Bundestagsdrucksache 17/12415).

In den 1980er Jahren kam auch eine zivilgesellschaftliche Auseinandersetzung mit der nationalsozialistischen Sterilisationspolitik in Gang und die Frage nach einer Entschädigung wurde neu gestellt. Im Kontext des →Streits um »vergessene Opfer« [V.A11] – die tatsächlich nie vergessen, sondern bewusst vom Entschädigungssystem ausgeschlossen worden waren – wurden auch die Medizinverbrechen des Nationalsozialismus thematisiert, darunter die Zwangssterilisation. 1986 erschien die Studie von Gisela Bock zur Zwangssterilisation im Nationalsozialismus, und in vielen psychiatrischen Institutionen bildeten sich Arbeitsgruppen, die einen Prozess der Aufarbeitung in Gang setzten. Eine wichtige Rolle spielten der 1987 gegründete Bund der »Euthanasie«-Geschädigten und Zwangssterilisierten e.V. (BEZ) und dessen Vorsitzende Klara Nowak, die Reformbewegung in der Psychiatrie, hier insbesondere der Psychiater Klaus Dörner, sowie der Arbeitskreis zur Erforschung der nationalsozialistischen »Euthanasie« und Zwangssterilisation, aber auch Einzelpersonen wie der Parlamentarier Ernst Waltemathe oder Valentin Hennig und Hans Lieser, die sich als Bürger bereits seit den 1960er Jahren für eine Entschädigung von Zwangssterilisierten eingesetzt hatten.

Auch die Diskussion, ob Zwangssterilisationen gesetzliches Unrecht gewesen waren, erhielt in den 1980er Jahren neuen Auftrieb. Wichtig war hier die Rede des damaligen Bundespräsidenten Richard von Weizsäcker von 1985 zum 40. Jahrestag des Kriegsendes (→Weizsäcker-Rede [V.A7]), in der er ausdrücklich auch der Opfer von Zwangssterilisation und Krankenmord gedachte.

Mitte der 1980er Jahre begann auch die Auseinandersetzung um eine zentrale Forderung des Bundes der »Euthanasie«-Geschädigten und Zwangssterilisierten: die Nichtigkeitserklärung des Erbgesundheitsgesetzes. Die Fraktion der Grünen brachte 1986 und 1987 entsprechende Anträge im Bundestag ein. Der Bundestag solle erklären, dass das Erbgesundheitsgesetz ein nationalsozialistisches Unrechtsgesetz gewesen ist, weil es bestimmte Menschen als minderwertig und sozial unerwünscht diffamierte und bereits sein Ziel und Zweck, das »Erbniveau« des deutschen Volkes zu heben, verwerflich war. Aus diesem Grunde sollten das Gesetz und alle danach ergangenen Entscheidungen für nichtig erklärt werden. Die Forderung nach einer Nichtigkeitserklärung des Erbgesundheitsgesetzes setzte sich nicht durch. Stattdessen stellte der Bundestag 1988 fest, dass die auf Basis des GzVeN durchgeführten Sterilisationen nationalsozialistisches Unrecht waren. Aufgehoben wurden die Urteile 1998. Obwohl der BEZ sich weiterhin für eine Nichtigkeitserklärung und die Anerkennung der Zwangssterilisierten als NS-Verfolgte einsetzte, unterstützt u.a. von der Fraktion der Linken im Bundestag, geschah nach 1988 in dieser Hinsicht nicht viel. Erst 2006 gab es, angestoßen u.a. von Hans-Jochen Vogel (SPD) und dem Nationalen Ethikrat, eine neue parlamentarische Initiative zur Nichtigkeitserklärung des Erbgesundheitsgesetzes, die in die Ächtungserklärung von Mai 2007 mündete. Diese bezieht sich nur auf die Zeit von 1933 bis 1945, nicht auf die weitreichenden diskursiven, personellen und rechtlichen Kontinuitäten zwischen der nationalsozialistischen Sterilisationspolitik und der Entschädigungspolitik der Bundesrepublik.

KB

Lit.: Henning Tümmers (2011): *Anerkennungskämpfe. Die Nachgeschichte der nationalsozialistischen Zwangssterilisation in der Bundesrepublik*, Göttingen: Wallstein. Svea L. Herrmann, Kathrin Braun (2010): »Das Gesetz, das nicht aufhebbar ist. Vom Umgang mit den Opfern der NS-Zwangssterilisation in der Bundesrepublik«, in: *Kritische Justiz* 43, H. 3, S. 338-352. Stefanie Westermann (2010): *Verschwiegenes Leid. Der Umgang mit den NS-Zwangssterilisationen in der Bundesrepublik*, Wien: Böhlau. Margaret Hamm/Bund der »Euthanasie«-Geschädigten u. Zwangssterilisierten e.V. (Hg.) (2005): *Lebensunwert – zerstörte Leben. Zwangssterilisation und »Euthanasie«*, Frankfurt a.M.: VAS. Gisela Bock (1986): *Zwangssterilisation im Nationalsozialismus: Studien zur Rassenpolitik und Frauenpolitik*, Opladen: Westdeutscher.

VI.C Künstlerische Entwürfe von Nachgeborenen

VI.C1 Junge deutsch-jüdische Literatur, sich seit den 1980er Jahren in Deutschland etablierende Literatur jüdischer Autoren, die nach 1945 geboren wurden und deren Schreiben zwar durch die Erzählungen der Überlebendengeneration geprägt ist, die in ihren literarischen Texten aber auf eigene Erfahrungen zurückgreifen, die sie in der BRD und der DDR gemacht haben. Es handelt sich bei dieser Literatur nicht mehr unbedingt um Literatur über den Holocaust, sondern um Literatur nach Auschwitz. Zu Vertretern einer jungen jüdischen Literatur deutscher Sprache zählen Autoren wie Rafael Seligmann (geb. 1947 in Tel Aviv), Barbara Honigmann (geb. 1949 in Berlin), Esther Dischereit (geb. 1952 in Heppenheim), Robert Menasse (geb. 1954 in Wien) oder Maxim Biller (geb. 1960 in Prag).

Ein Impuls für die Herausbildung der jungen jüdischen Literatur war der Wandel in der Auseinandersetzung mit der NS-Vergangenheit in der Ära Kohl. Die restaurativen Bemühungen, der Bevölkerung wieder die Möglichkeit einer positiven Identifikation mit der deutschen Geschichte jenseits des Nationalsozialismus zu geben, waren mitunter von unsensiblen Gesten und Tabubrüchen gekennzeichnet. Zu nennen wären hier Helmut Kohls Rede von der →»Gnade der späten Geburt« [V.A3] bei seiner Israel-Reise 1984 und der gemeinsame Besuch von Kohl und Ronald Reagan auf dem Soldatenfriedhof in Bitburg 1985 (→Bitburg-Affäre [V.A4]). Parallel dazu mehrten sich Forderungen nach einer Überwindung vermeintlicher Tabus in der Auseinandersetzung mit dem Nationalsozialismus wie etwa in der Debatte um Rainer Werner Fassbinders Theaterstück *Der Müll, die Stadt und der Tod* (→Fassbinder-Kontroversen [V.A6]) oder im so genannten →Historikerstreit [V.A9].

Kennzeichnend für die junge deutsch-jüdische Literatur ist ihre Auseinandersetzung mit der deutschen Gesellschaft seit 1945 sowie mit dem traditionellen Selbstverständnis des Judentums. Zentrales Problem ist nicht zuletzt das Ringen um eine eigene Identität als Jude und deutschsprachiger Autor nach dem Ende der deutsch-jüdischen Kultur im Holocaust, als Nachfahre der Opfer im Land (und in der Sprache) der Täter.

Die Bezeichnung deutsch-jüdische Literatur für die deutschsprachige Literatur jüdischer Autoren ist nicht erst seit Beginn der Nachkriegszeit umstritten. Der Terminus stand im Verdacht, die Identität der Verfasser auf das Kriterium ihrer Zugehörigkeit zum Judentum zu reduzieren und schien dazu geeignet, ideologisch verwendet zu werden. Neben den methodischen Problemen bestanden zudem historische Vorbehalte angesichts des schon vor 1933 unternommenen Versuchs, mit dem Wortpaar »deutsch-jüdisch« deutschsprachige jüdische Literatur als »undeutsch« zu klassifizieren und Juden aus der deutschen Literatur auszugrenzen. Auf der anderen Seite haben Argumente wie das, die Vermeidung des Begriffes »deutsch-jüdisch« wäre »falsch verstandene Rücksichtnahme« (Sander L. Gilman), dazu beigetragen, dass dieser Begriff seit Anfang der 1990er Jahre wieder – wenn auch kontrovers – Bestandteil des Diskurses ist. Ein weiterer Grund für die Verwendung des Begriffs »deutsch-jüdisch« ist der Umstand, dass in der angloamerikanischen Fachliteratur zu diesem Thema vermehrt von »german-jewish writing« die Rede ist. Für die Adaption des Begriffs ist es jedoch unabdingbar, das jeweilige Selbstverständnis der Autoren zu berücksichtigen.

In der Literaturwissenschaft werden die nach 1945 geborenen jüdischen Autoren häufig mit dem Begriff der »Zweiten Generation«, gelegentlich schon mit dem der »Dritten Generation« oder als die »Generation nach der Shoah« kategorisiert. Eine solche Kategorisierung ist jedoch problematisch, da die so Bezeichneten somit lediglich als Nachkommen der Opfer betrachtet werden könnten. Auch wird die Zuordnung der Autoren zur »Zweiten Generation« unterschiedlich gehandhabt. Einerseits wird sie über das Geburtsdatum des Autors vorgenommen, andererseits über das Datum der ersten Veröffentlichung. Einigkeit besteht jedoch darin, dass Ende der 1980er Jahre ein neuer jüdischer Diskurs in der deutschen Literatur aufgekommen ist. Hierin beschäftigen sich die Autoren insbesondere mit dem Aufspüren erlernter Verhaltensmuster der Deutschen gegenüber Juden (und umgekehrt). Darüber hinaus thematisieren sie ihr Verhältnis zur Eltern-Generation und zu Israel, das besonders nach dem Sechs-Tage-Krieg 1967 für die nachgeborenen Juden zu einer positiven Identitätsreferenz geworden ist. In ihren Werken dient Israel häufig als Orientierungspunkt. Trotzdem ist das Verhältnis jüngerer Literaten zum jüdischen Staat nicht konfliktfrei: Auf der einen Seite steht die Gewissheit, in Israel immer willkommen zu sein, auf der anderen Seite die israelische Politik, mit der viele deutsche Juden nicht konform gehen. Trotz dieses Zwiespalts stellt für sie die Identifikation mit Israel ein verlässliches Integrationsangebot in die jüdische Gemeinschaft dar.

Zu ihrer Eltern-Generation stehen die jungen Autoren in einem Spannungsverhältnis. Dieser Generationskonflikt entsteht aus dem Selbstverständnis der jüngeren Generation, die sich nicht mehr als Opfer begreifen will, sondern sich ein selbstsicheres Auftreten als Jude in der Öffentlichkeit wünscht. Darüber hinaus fehlt vielen der Nachgeborenen das Verständnis dafür, dass sich die Eltern trotz des Holocaust wieder in Deutschland niedergelassen haben. An sie ergeht der Vorwurf, sich letztlich am »Normalisierungsprozess« beteiligt zu haben.

Neben den Themen haben die Autoren außerdem gemeinsam, dass in ihren Texten die Auseinandersetzung mit der gegenwärtigen deutschen Gesellschaft überwiegend in nicht-fiktionaler, essayistischer Form stattfindet. Besonders Maxim Biller und Rafael Seligmann nehmen häufiger zum tagespolitischen Geschehen in Deutschland Stellung. Auch wenn die Autoren junger jüdischer Literatur gemeinsame Themen haben, unterscheiden sie sich in ihren Positionierungen zu diesen. Während etwa Maxim Biller bestrebt ist, sich von der nicht-jüdischen Mehrheitsgesellschaft abzugrenzen und diese zu provozieren, bekennt sich Rafael Seligmann zur deutschen Kultur und hat sich mit seiner Kritik an den Juden und am Judentum den Vorwurf des »Nestbeschmutzers« eingehandelt. Im Hinblick auf den Generationskonflikt versuchen Biller und Seligmann, in der Gestaltung ihrer Figuren einen Gegenentwurf zum Selbstverständnis der Eltern-Generation aufzuzeigen, während sich die Autorinnen Honigmann und Dischereit mit ihren Figuren gerade an Positionen der Eltern orientieren.

Die Autoren erarbeiten aber nicht nur unterschiedliche kulturelle und politische Positionen, sondern unterscheiden sich auch in ihren ästhetischen Verfahrensweisen. Rafael Seligmann und Maxim Biller haben sich als deutsch-jüdische Autoren mit einer provozierenden, mit ironischen und satirischen Mitteln gestalteten Prosa einen Namen gemacht. Werke der jüdischen Autorinnen Esther Dischereit, Barbara Honigmann oder Katja Behrens etwa zeichnen sich dagegen durch ihre zum Teil fragmentarische Erzählstruktur und elliptische Erzähltechnik aus. Vor diesem Hintergrund ist der Terminus »junge deutsch-jüdische Literatur« als Sammelbegriff für eine Strömung der Gegenwartsliteratur unpräzise, als Bezeichnung für den vielgestaltigen Ausdruck einer spezifischen Generationenerfahrung aber hilfreich.

JvB

Lit.: Andreas B. Kilcher (Hg.) (2012): *Metzler Lexikon der deutsch-jüdischen Literatur. Jüdische Autorinnen und Autoren deutscher Sprache von der Aufklärung bis zur Gegenwart*, 2., aktual. und erw. Aufl., Stuttgart, Weimar: Metzler. Andrea Heuser (2011): *Vom Anderen zum Gegenüber. »Jüdischkeit« in der deutschen Gegenwartsliteratur*, Köln u.a.: Böhlau. Stefanie Leuenberger (2007): *Schrift-Raum Jerusalem. Identitätsdiskurse im Werk deutsch-jüdischer Autoren*, Köln u.a.: Böhlau. Hartmut Steinecke (2006): »Die Shoah in der Literatur der ›zweiten Generation‹«, in: Ders., Norbert Otto Eke (Hg.): *Shoah in der deutschsprachigen Literatur*, Berlin: Schmidt, S. 135–153. Sander L. Gilman, Hartmut Steinecke (Hg.) (2002): *Deutsch-jüdische Literatur der neunziger Jahre: Die Generation nach der Shoah*, Berlin: Schmidt. Barbara Oberwalleney (2001): *Heterogenes Schreiben: Positionen der deutschsprachigen jüdischen Literatur (1986–1998)*, München: Iudicum. Andreas B. Kilcher (Hg.) (2000): *Metzler Lexikon der deutsch-jüdischen Literatur. Jüdische Autorinnen und Autoren deutscher Sprache von der Aufklärung bis zur Gegenwart*, Stuttgart, Weimar: Metzler. Helene Schruff (2000): *Wechselwirkungen. Deutsch-jüdische Identität in erzählender Prosa der »Zweiten Generation«*, Hildesheim u.a.: Olms. Andreas B. Kilcher (1999): »Was ist ›deutsch-jüdische Literatur‹?«, in: *Weimarer Beiträge* 45, H. 4, S. 485–511. Dieter Lamping (1998): *Von Kafka bis Celan. Jüdischer Diskurs in der deutschen Literatur des 20. Jahrhunderts*, Göttingen: Vandenhoeck & Ruprecht. Thomas Nolden (1995): *Junge jüdische Literatur. Konzentrisches Schreiben in der Gegenwart*, Würzburg: Königshausen & Neumann. Jens Stüben, Winfried Woesler (Hg.) (1994): *Wir tragen den Zettelkasten mit den Steckbriefen unserer Freunde: Acta-Band zum Symposion »Beiträge Jüdischer Autoren zur Deutschen Literatur seit 1945*, Darmstadt: Häusser. Sander L. Gilman (1992): *Rasse, Sexualität und Seuche. Stereotype aus der Innenwelt der westlichen Kultur*, Reinbek: Rowohlt.

VI.C2 Art Spiegelman: *MAUS*, 1986 und 1991 in zwei Bänden erschienener Comic, der von der Auseinandersetzung des Zeichners mit seinem Vater, dem Auschwitz-Überlebenden Vladek Spiegelman handelt, aber auch der ästhetisch-moralischen Frage der Darstellbarkeit des Holocaust und der autobiografischen Problematik der fortgesetzten Traumatisierung in den Familien der Opfer nachgeht. Als 1986 der erste Band von *MAUS – A Survivor's Tale* erschien, ahnte kaum jemand, dass dies einer der einflussreichsten Comics des letzten Viertels des 20. Jahrhunderts werden würde. Nicht nur bewies *MAUS* mit seiner internationalen Beachtung, dass Comics als Literatur wahrgenommen werden können, sondern vor allem setzte Spiegelman – spätestens mit Erscheinen des zweiten Teils 1991 – auch ästhetische Standards für die Darstellung des Holocaust durch die Zweite Generation.

Als Autobiographie des Autors, der seinen Vater Vladek besucht und ihn über dessen Überleben des Holocaust befragt, reflektiert Spiegelman das vom Vater Erzählte immer schon als Erinnertes. Indem diese Geschichte zudem in Referenz auf zahlreiche überlieferte Dokumente und Bildquellen, insbesondere Häftlingszeichnungen aus Auschwitz, verbildlicht wird, problematisiert Spiegelman nicht nur die Erinnerung des Überlebenden als nachträgliche und unsichere Konstruktion, sondern auch die bildliche Kanonisierung des Holocaust vor allem durch Fotografien nationalsozialistischer Provenienz. Diese komplexe Anlage des Comics wird durch die Reflexivität des eigenen Mediums und dessen Geschichte ergänzt, insbesondere durch die Figurendarstellung. Die Juden sind mit Mäuseköpfen, die Deutschen mit Katzenköpfen, die Amerikaner mit Hundeköpfen und die Polen mit Schweineköpfen dargestellt, eine deutliche Referenz an die Figurenwelt Walt Disneys. An den deutlich als Masken gekennzeichneten Tierköpfen hat sich ein Großteil der Debatte über *MAUS* entzündet.

Dass es sich dabei um einen Comic handelt, störte, entgegen immer wieder vorgebrachter Behauptungen, ausgesprochen wenige Kritiker – wie Christoph Krämer in konkret (11/1989), der jede Bildlichkeit bezüglich des Holocaust ablehnt. Stattdessen wurde *MAUS* entweder von anderen Comics abgegrenzt, also nicht mehr als Comic gesehen, oder gerade sein (überraschendes) Gelingen als Comic gelobt. Zwar wird immer wieder behauptet, dass es ablehnende Stimmen gäbe, aber die Belege sind gegenüber der überwältigenden Zahl positiver Besprechungen und wissenschaftlicher Analysen rar. Dass MAUS als Tabubruch verstanden worden sei, dient als rhetorische Figur, um es umso deutlicher gegen Kritik abzusetzen.

Hinsichtlich der Tierköpfe wurde Spiegelmans Darstellung jedoch wiederholt und deutlich kritisiert. Der Comic-Autor Harvey Pekar monierte, die »Tiermetapher« widerspreche dem Realismus der Darstellung. Um Gewalt und Krieg darzustellen, wären darüber hinaus keine »symbolischen Tiercharaktere« nötig, eine Argumentation, die Pascal Croci in seinem – nicht unproblematischen – Comic *Auschwitz* (2000) aufnimmt. Zudem würde, so Pekar weiter, die Darstellung »ethnische Stereotypen perpetuieren«, insbesondere die Darstellung von Polen als Schweine sei beleidigend. Hillel Halkin generalisiert Pekars Zweifel, dass mit der Referenz auf *Tom und Jerry* die Geschichte des Holocaust erzählt werden könnte. Nicht zuletzt nehme dieses Bild die Nazi-Rassentheorie mit ihren enthumanisierenden Praktiken auf. Robert C. Harvey sieht in MAUS sogar die Reproduktion eines stereotypen Judenbildes. Amy Hungerford historisiert MAUS als Beispiel einer Darstellung, die für einen bestimmten gegenwärtigen Holocaust-Diskurs charakteristisch sei, in dem *alle* Identitäten auf den Holocaust bezogen würden und das Judentum als »untrennbar von seiner Beziehung zum Holocaust« erscheine. In allen diesen Einwänden zeigt sich, dass die Konturierung der Figuren mit maskenhaften Tierköpfen eine geschichtspolitische Dimension eröffnet, die zur Debatte, aber auch zur sorgfältigen Interpretation herausfordert. Spiegelman widmete ihnen eines von drei Kapiteln in seinem Interview- und Materialienband *MetaMAUS*.

Dass die Tierköpfe ein Politikum bleiben, beweist die Adaption von MAUS durch den Zeichner Ilan Manouach, der 2011 zuerst anonym im Verlag La 5^e Couche MAUS unter dem Titel *KATZ* umgezeichnet veröffentlichte. Alle Tierköpfe ersetzte Manouach durch überdimensionierte Katzenköpfe. Spiegelman ließ die weitere Verbreitung des Bandes wegen der Verletzung des Copyrights untersagen, Manouach und sein Verleger Xavier Löwenthal dokumentierten die Debatte in dem Band *Metakatz*.

MAUS hat aber vor allem andere Zeichner ermuntert, Comics oder, wie es seit einigen Jahren und durchaus mit Rückgriff auf *MAUS* heißt, Graphic Novels über den Holocaust zu produzieren. So unterschiedliche Zeichner wie Joe Kubert, der für seine Superhelden-Comics bekannt geworden ist, Dave Sim, ein prominenter Zeichner aus dem Independent-Bereich oder Berenice Eisenstein haben eigenständige Ansätze gefunden, den Holocaust in seriellen Bildern zu erzählen.

Kontroversen haben diese Comics nicht ausgelöst. Eine Ausnahme bildet der vom Anne-Frank-Haus in Amsterdam angeregte Comic Eric Heuvels *Die Entdeckung*, der von Franziska Brüning in der *Süddeutschen Zeitung* (4.3.2008) der »bonbonbunten Bagatellisierung« verdächtigt wurde, nicht zuletzt, weil er im Stil von Hergés *Tim und Struppi* gezeichnet ist. Es ist bezeichnend für den bundesdeutschen Diskurs über die nationalsozialistische Vergangenheit, dass es ähnliche Vorbehalte gegenüber dem Comic *Hitler* von Friedeman Bedürftig und Dieter Kalenbach, der wie *Die Entdeckung* von der Bundeszentrale für politische Bildung vertrieben wurde, nicht gegeben hat, obwohl sie sicher aufgrund ihrer fragwürdigen Darstellung der Opfer angebracht gewesen wären.

OF

Lit.: Art Spiegelman (1986/1989): *MAUS – A Survivor's Tale – My Father bleeds History* (MAUS – Die Geschichte eines Überlebenden – Mein Vater kotzt Geschichte aus), New York: Pantheon (Reinbek bei Hamburg: Rowohlt). Ders. (1991/1992): *MAUS – A Survivor's Tale II – And here my troubles began* (MAUS – Die Geschichte eines Überlebenden – Bd. II – Und hier begann mein Unglück), New York: Pantheon (Reinbek bei Hamburg: Rowohlt). Friedemann Bedürftig, Dieter Kahlenbach (1993): *Hitler*, Hamburg: Carlsen. Art Spiegelman (2012): *MetaMAUS*, Frankfurt a.M.: Fischer. Xavier Löwenthal, Ilan Manouach (2012): *Metakatz*, Brüssel: La 5^e Couche. Dave Sim (2008): *Judenhass*, Kitchener: Aardvark. Pascal Croci (2005): *Auschwitz*. Stuttgart: Ehapa. Eric Heuvel (2005): *Die Entdeckung*, Amsterdam: Anne Frank Haus. Joe Kubert (2005): *Yossel, April 19, 1943*, Köln: Ehapa. Ole Frahm (2006): *Genealogie des Holocaust. Art Spiegelmans MAUS – A Survivor's Tale*, Paderborn: Fink. Deborah R. Geis (Hg.) (2003): *Considering Maus. Approaches to Art Spiegelman's ›Survivor's Tale‹ of the Holocaust*,

Tuscaloosa, London: Univ. of Alabama Press. Amy Hungerford (1999): »Surviving Rego Park. Holocaust Theory from Art Spiegelman to Berel Lang«, in: Helene Flanzbaum (Hg.): *The Americanization of the Holocaust*, Baltimore, London: Johns Hopkins UP, S. 102-124. Robert C. Harvey (1996): *The Art of the Comic Book. An Aesthetic History*, Jackson: Mississippi UP. Kai Steffen Schwarz (1993): »Vom Aufmucken und Verstummen der Kritiker – Die Diskussion um Art Spiegelmans Maus«, in: Joachim Kaps (Hg.): *Comic Almanach 1993*, Wimmelbach: Comic-Press, S. 107-114. Hillel Halkin (1992): »Inhuman Comedy«, in: *Commentary* 93 (Februar), S. 55f. Harvey Pekar (1986): »MAUS and other Topics«, in: *The Comics Journal*, 113, S. 54-57.

VI.C3 Holocaust als Filmkomödie, filmische Auseinandersetzungen mit der Shoah vom Ende der 1990er Jahre, die die veristisch-ernsthaften Darstellungskonventionen des Genres Holocaust-Film bewusst verletzten, um einen neuen Zugang zum Thema zu entwickeln.

Als Initial dieser Kleinstkonjunktur komischer Spielfilme über den Holocaust gilt der international überaus erfolgreiche Film DAS LEBEN IST SCHÖN (LA VITA È BELLA, 1997) des italienischen Komikers Roberto Benigni. Ein Jahr später präsentierte der gebürtige Rumäne Radu Mihaileanu seine absurde Tragikomödie ZUG DES LEBENS (TRAIN DE VIE), die jedoch weit weniger Aufmerksamkeit fand. In diesem Zusammenhang weitgehend unbeachtet blieben zeitnah präsentierte Filme wie GHENGIS COHN (1992, Regie: Elijah Moshinsky), PUNCH ME IN THE STOMACH (1994, Regie: Deb Filler, Francine Zuckerman) und MUTTERS COURAGE (1996, Regie: George Tabori, Michael Verhoeven), die sich dem Thema in der Tradition jüdischen Humors näherten.

Die ästhetische Repräsentierbarkeit des Holocaust war immer wieder Gegenstand heftiger Debatten. Neben der rigiden Position einer Nichtdarstellbarkeit – bis hin zu einem in missverstandener Anlehnung an Adorno (→Adorno-Diktum [I.B6]) dekretierten Darstellungsverbot – dominieren bis heute unausgesprochen gewisse Gebote, die bestimmte Strategien bei der ästhetischen Verarbeitung des Holocaust vorgeben. Diese »Holocaust-Etikette« (Terrence Des Pres) umfasst unter anderem das Postulat einer Singularität des Völkermords an den europäischen Juden, die deutliche Bevorzugung ›wahrer Geschichten‹ in dokumentarischer oder zumindest um historische Genauigkeit bemühter Gestalt sowie eine Betonung der Tragik des Geschehens durch die Verwendung ernsthafter, ›hochkultureller‹ Narrative. Die Filme Benignis und Mihaileanus entsprachen diesen Vorgaben in keiner Weise und wurden daher als Tabubrüche in der Darstellung des Holocaust aufgefasst und diskutiert.

Benignis DAS LEBEN IST SCHÖN beginnt als eine typisch italienische Romanze zwischen dem Buchhändler Guido und der Lehrerin Dora, die heiraten und einen Sohn, Giosuè, bekommen. Neben zahlreichen Slapstickeinlagen zu Beginn ist der komische Einfall des Films vor allem der, dass der jüdische Vater versucht, seinem Kind die unmenschliche antisemitische Verfolgungspolitik durch das Erfinden einer kindgerechten Parallelwelt zu verbergen. Besonders nach der Deportation der Familie in ein nationalsozialistisches Lager nehmen die Erfindungen Guidos verzweifelt-groteske Züge an. So übersetzt er die Lagerregeln des deutschen Wachsoldaten – Zwangsarbeit, bedingungsloser Gehorsam, Rechtlosigkeit, Fluchtverbot und die Androhung des Todes – als Spielregeln: »Wer als erster tausend Punkte hat, gewinnt einen echten Panzer. In drei Fällen verliert man alle Punkte: Erstens wenn man anfängt zu weinen. Zweitens wenn man zu seiner Mama will. Drittens wenn man Hunger hat und nach Marmeladenbrot fragt.« Dieser Logik folgend fungiert die eintätowierte Häftlingsnummer als Startnummer usw. Am Ende des Krieges, mit dem der Film schließt, gelingt es Guido im Chaos der Auflösung des Lagers, Giosuè zu verstecken. Er selbst wird bei der Suche nach seiner Frau, die wie das Kind überleben wird, aufgegriffen und erschossen.

Mihaileanus ZUG DES LEBENS beschwört ebenso romantisierend wie grell überzeichnend die verschwundene Welt der osteuropäischen Shtetl-Kultur herauf. Dorfnarr Schlomo wird im Nachbardorf Zeuge der deutschen Vernichtungspolitik und überredet seine Gemeinde daraufhin, in einem fingierten deutschen Deportationszug über Russland nach Palästina zu flüchten. Dabei werden sämtliche Figuren in stereotyper Weise charakterisiert – die schöne Jüdin, der geizige Jude, der jüdische Bolschewist etc. –, jedoch gleichzeitig als liebenswert dargestellt. Mihaileanu gelingt so, obschon eigentlich ›politisch inkorrekt‹, die Außerkraftsetzung antisemitischer Klischees. Diese Umkehrung gipfelt darin, dass ein Teil der sich selbst deportierenden Juden die deutschen Bewacher spielen muss, woraus sich zahlreiche komische Überkreuzungen ergeben – etwa wenn der jüdische Nazi-Kommandant tatsächlich preußische Sekundärtugenden an den Tag legt oder aber die feldgraue Wachmannschaft am Sabbat betet. Der Film endet nach diversen Verwicklungen mit dem Erreichen der deutsch-russischen Frontlinie. Dieses Bild der Freiheit und des Überlebens wird in der Schlusseinstellung jedoch negiert, in der die gesamte Geschichte des Zugs des Lebens als trügerische Phantasie des KZ-Häftlings Schlomo entlarvt wird.

Obwohl es diverse literarische und filmische Vorläufer einer komischen Bearbeitung des Themas gab – etwa die Anti-Nazi-Satiren Hollywoods der 1940er Jahre oder Überlebendenberichte, die das Trauma der Lagererfahrung als Groteske zu fassen versuchten – brachten DAS LEBEN IST SCHÖN und ZUG DES LEBENS tatsächlich etwas Neues in die filmische Tradierung des Holocaust ein. Sie zeigten ein Verfahren der Nacherinnerung an den Holocaust auf, das weniger der Vermittlung von Fakten (die als bekannt vorausgesetzt wurden) diente, sondern vielmehr der ästhetischen Erfahrbarkeit der NS-Verbrechen in menschlich-tragischer Hinsicht. Es gelang ihnen, so Fürsprecher, den Rezipienten durch das genregemäß evozierte Lachen unmittelbar körperlich und emotional zu erreichen. Angesichts der Fülle der bereits vorliegenden dokumentarischen bzw. veristischen Darstellungen setzten beide Regisseure auf Komik auch als ein Mittel, bei diesem Thema eingeübte Rezeptionsgewohnheiten zu durchkreuzen. So spielten beide Filme mit der gezielten Verletzung von Genrekonventionen (Benignis Clown stirbt im KZ; die Flucht des Shtetls ist bloß Phantasie eines Narrs), die den Rezipienten darauf stoßen, welche kulturindustriell vorgeprägten Wünsche ihn eigentlich umtreiben. Dies wird besonders deutlich am Schluss von DAS LEBEN IST SCHÖN, der die dem Genre Holocaustfilm durchaus geläufige Hoffnung auf ein Happy End (→SCHINDLERS LISTE [V.B8]) parodiert: Während der soeben gerettete Junge begeistert »Wir haben gewonnen!« ruft, weiß der Zuschauer um den Tod des Vaters, des Sympathieträgers in Benignis Film, der auch dem Sohn nur zu bald bewusst werden wird.

DAS LEBEN IST SCHÖN wurde vor allem außerhalb Deutschlands relativ kontrovers diskutiert. Im *New Yorker* (15.3.1999) wurde der Film als »a benign form of Holocaust denial« bezeichnet und selbst von Art Spiegelman, der den Holocaust in einem Comic dargestellt hatte (→*Maus* [VI.C2]), scharf verurteilt. Die Kritik rekurrierte vor allem auf die Verharmlosung der Vergangenheit und den Missbrauch der Erinnerung: die populärkulturelle Darstellung, der komische Erzählmodus, die Fiktionalisierung des Stoffes bei gleichzeitigen Verstößen gegen die historischen Fakten und Gegebenheiten. Auch wurde der Vorwurf erhoben, dass Benigni als Nachgeborener und Nichtjude nicht autorisiert sei, den Holocaust darzustellen. Aus diesem Grund wurde die US-amerikanische Fassung des Films um einen Vor- und Nachspann erweitert, in dem die nunmehr erwachsene Figur des Giosuè ihrem Vater dankt und das Gezeigte somit ›authentisiert‹. Schwerer wiegt letztlich allerdings die aufgeworfene Frage, ob ein Film über die Lager derart konsequent Bilder des Todes vermeiden könne.

DAS LEBEN IST SCHÖN wurde zu einem Welterfolg: Nominiert für sieben, ausgezeichnet mit drei Oscars, mit zahlreichen weiteren Preisen prämiert, erreichte der Film allein in Deutschland ein Publikum von zwei Millionen Zuschauern.

Mihaileanus Film, der erst zwei Jahre nach Erscheinen durch einen euphorischen Artikel von Henryk M. Broder (*Spiegel* 24/1999) einen deutschen Verleih fand, litt unter einer Plagiats-Debatte zwischen Mihaileanu und Benigni, die angesichts der unterschiedlichen Handlungsverläufe und Milieus der Filme jeder Grundlage entbehrte: Während der Jude Mihaileanu, Jahrgang 1958, Sohn eines Holocaustüberlebenden ist und seinem Film die spezifisch rumänische Geschichte der Judenvernichtung mitsamt der ausgelöschten Shtetl-Kultur zugrunde gelegt hat, zeigt der 1952 geborene Nichtjude Benigni in einem typisch italienischen Familienfilm ausnahmslos assimilierte Juden in einem westeuropäischen bildungsbürgerlichen Milieu. Mihaileanu wurde gelegentlich ebenfalls Verharmlosung vorgeworfen, sein Film als »zwei Stunden Judenvernichtung light« (*analyse und kritik* 16.3.2000) verurteilt. Bereits mit dieser zweiten Holocaust-Komödie galt jedoch der Paradigmenwechsel in Sachen Holocaust und Film als ausgemacht. Als der Film im März 2000 in die deutschen Kinos kam, erreichte er nurmehr 230.000 Zuschauer. Die Fernsehproduktion GOEBBELS UND GEDULDIG von Kai Wessel, die auf Wunsch der ARD mehrfach umgeschnitten wurde und erst nach mehrjährigem Zögern der Verantwortlichen im Jahr 2000 gezeigt wurde, erreichte kaum noch Aufmerksamkeit. Der Tabubruch Holocaust-Komödie ist keiner mehr.

Die »Freigabe der Bilder für die populäre Kultur« (*Die Zeit* 46/1999) bleibt indes ambivalent. Einerseits können die Komödien durchaus als »gelungene Bewältigung einer neuen Problemstellung in der Darstellung der Shoah durch und für die Generationen nach den Überlebenden und den Tätern« gewertet werden (Kathy Laster, Heinz Steinert). Andererseits findet der Autonomiewunsch dieser Generationen bezüglich des Umgangs mit der Geschichte seine Grenzen in der Sehnsucht nach einer leicht konsumierbaren, versöhnlichen Darstellung, in der das Lachen als Befreiung von der historischen Erblast fungiert. So steht und fällt die Rezeption der Filme mit dem Vermögen, die ihnen eingeschriebene Doppelbödigkeit zu erkennen.

LK/MNL

Lit.: Roberto Benigni, Vincenzo Cerami (1998): *Das Leben ist schön*, Frankfurt a.M.: Suhrkamp. Tobias Ebbrecht (2011): *Geschichtsbilder im medialen Gedächtnis. Filmische Narrationen des Holocaust*, Bielefeld: transcript. Hannu Salmi (Hg.) (2011): *Historical comedy on screen. Subverting history with humour*, Bristol: Intellect Books. Matthias N. Lorenz (2008): »Eine Version von Menschlichkeit: Komik und die Logik des Humanen in Roberto Benignis Das Leben ist schön«, in: Jörn Glasenapp, Claudia Lillge (Hg.): *Die Filmkomödie der Gegenwart*, Paderborn: Fink, S. 65-87. Martina Thiele (2007): *Publizistische Kontroversen über den Holocaust im Film*, 2. überarb. Aufl. Münster: LIT. Margrit Frölich et al. (Hg.) (2003): *Lachen über Hitler – Auschwitz-Gelächter? Filmkomödie, Satire und Holocaust*, München: Ed. Text+Kritik. Anja Oster, Walter Uka (2003): »Der Holocaust als Filmkomödie. Komik als Mittel der Darstellung des Undarstellbaren«, in: Sven Kramer (Hg.): *Die Shoah im Bild*, München: Ed. Text+Kritik, S. 249–266. Eva Schäfer (2002): *Mediendidaktische Reflexionen über Erinnerungskonstruktionen in Walter Benjamins Baudelaire-Studien und Roberto Benignis Film Das Leben ist schön*, Frankfurt a.M. u.a.: Lang. Deutsches Filminstitut (Hg.) (2001): *Cinematographie des Holocaust. Die Vergangenheit in der Gegenwart. Konfrontationen mit den Folgen des Holocaust im deutschen Nachkriegsfilm*, München: Ed. Text+Kritik. Sander L. Gilman (2000): »Is Life Beautiful? Can the Shoah Be Funny? Some Thoughts on Recent and Older Films«, in: *Critical Inquiry* 26, H. 2, S. 279–308. Kathy Laster, Heinz Steinert (1999): »La vita è bella. Absurdismus und Realismus in der Darstellung der Shoah«, in: *Mittelweg 36* 8, H. 4, S. 76–89. Terrence Des Pres (1988): »Holocaust Laughter?«, in: Berel Lang (Hg.): *Writing the Holocaust*, New York, London: Holmes & Meier, S. 216–233.

VI.C4 »Tagebuch eines Massenmörders – Mein Kampf«, szenische Lesung des deutschtürkischen Künstlers Serdar Somuncu aus Adolf Hitlers ideologischem Hauptwerk *Mein Kampf* (1925/26).

Das Programm verfolgte die Intention, Hitlers Pamphlet zu entmythologisieren und in seiner Skurrilität der Lächerlichkeit preiszugeben. Durch das Verbot des unkommentierten Nachdrucks und der unveränderten Vervielfältigung würde, so Somuncu, um diesen »ungelesensten Bestseller der deutschen Geschichte« ein Mythos aufgebaut, dem der »Unfug« des Inhaltes in keiner Weise gerecht werde. Somuncu beobachtete bei seinen Zuschauern daher großes Erstaunen ob der Banalität des Textes. Indem er abstruse Passagen des Pamphlets vortrug, ermöglichte er das Verlachen von Werk und Urheber. Kritiker problematisierten jedoch gerade diesen komödiantischen Ansatz (→Holocaust als Filmkomödie [VI.C3]). Dass der Inhalt des Buches – einmal bekannt – jegliche Verehrung von Hitler unmöglich mache, sei nicht gesagt. Schließlich sei das Buch auch vor und nach 1933 von der deutschen Bevölkerung gelesen worden, ohne dass dies eine abschwächende Wirkung auf den Wahlerfolg der NSDAP gehabt habe. Zudem sei unklar, ob das Publikum über Hitlers Text oder die Darbietung Somuncus lache.

Somuncu, der nach eigenen Angaben durch eine ähnliche, in den 1970er Jahren vom Hamburger Thalia Theater initiierte Lesereise des Schauspielers Helmut Qualtinger angeregt wurde, ist mittlerweile deutschlandweit der einzige Künstler, der legal aus *Mein Kampf* lesen darf. Eine vom Finanzministerium

Bayern nicht genehmigte und vom Zentralrat der Juden in Deutschland stark kritisierte CD des Schauspielers und Brecht-Schwiegersohnes Ekkehard Schall, auf der dieser ebenfalls Auszüge aus Hitlers Werk vorträgt, musste 1998 vom Verlag zurückgezogen werden; noch im Januar 2012 wurde eine kommentierte Teilveröffentlichung in der Zeitschrift »Zeitungszeugen« auf Antrag des Freistaates verboten. Das Münchner Institut für Zeitgeschichte (→Gründung des Instituts für Zeitgeschichte [II.A2]) plant jedoch mittlerweile eine historisch-kritische Neuausgabe des Textes, für die von der Bayerischen Staatsregierung Unterstützung zugesagt wurde. Der Freistaat Bayern, der bis zum 01. Januar 2016 über die Nutzungsrechte an *Mein Kampf* verfügt, gestattete Somuncu etwa 1500 Aufführungen in ganz Europa – unter anderem vor ehemaligen Häftlingen der Konzentrationslager Sachsenhausen und Buchenwald – und die Veröffentlichung einer CD-Aufnahme in der NS-Dokumentationsstelle Köln. Ausgerechnet im bayrischen Bamberg jedoch, wohin Somuncu einer Einladung der Antirassismusinitiative gefolgt war, wurden Veranstalter wie Künstler wegen Verbreitung rechtsradikalen Gedankenguts zu einer Geldstrafe verurteilt.

Neben dem Programm »*Tagebuch eines Massenmörders – Mein Kampf*« (1996–2001) erregte Somuncu mit einer Lesung der so genannten Sportpalast-Rede von Joseph Goebbels (»Wollt ihr den totalen Krieg?«) sowie der Techno-CD *Wollt ihr den totalen Beat?* Aufsehen. Somuncu wurde mit dem renommierten Kabarett-Preis Prix Pantheon ausgezeichnet und ist mittlerweile einer der Schirmherren des Netzwerks für Demokratie und Courage in Saarbrücken, dessen erklärtes Ziel ist, Aufklärungsarbeit gegen das Wiederaufkeimen ewig-gestriger Ideologien zu leisten.

Im Jahr 2004 begann die Schauspielerin Iris Berben eine ähnliche Lesereise mit dem Titel »Hitlers Tischgespräche aus dem Führerhauptquartier – Zeugnisse von Holocaust-Opfern«. Die Inszenierung beruhte auf den privaten Aufzeichnungen Henry Pickers, der ab 1942 als Oberregierungsrat und juristischer Mitarbeiter im Führerhauptquartier tätig war, und die er in dem Buch *Hitlers Tischgespräche im Führerhauptquartier* veröffentlicht hatte. Berben und ihr Regisseur Carlo Rola stellten diesen Texten Zeitzeugenberichte des polnischen Schriftstellers Józef Mackiewicz sowie Berichte und Tagebucheinträge unbekannter Holocaust-Opfer gegenüber. 2002 begann Berben mit dem Projekt *Das Tagebuch der Anne Frank – Tagebücher von Joseph Goebbels – Verfemte Musik*. Der dreigeteilte Abend in Zusammenarbeit mit dem Regisseur Michael Verhoeven stellte Opfer- und Täterpositionen gegenüber und untermalte sie mit authentischer Musik aus Konzentrationslagern. Die seit 2004 gelesenen *Tischgespräche* brachten ihrem Engagement jedoch die größte Aufmerksamkeit ein und mussten aufgrund massiver rechtsradikaler Drohungen teilweise unter Polizeischutz stattfinden. Für ihr Engagement erhielt Berben unter anderem das Bundesverdienstkreuz sowie den Leo-Baeck-Preis, die höchste Auszeichnung des Zentralrates der Juden in Deutschland.

NT

Lit.: Serdar Somuncu (2002): *Nachlass eines Massenmörders – Auf Lesereise mit »Mein Kampf«*, Bergisch Gladbach: Lübbe. Ders. (2004): *Serdar Somuncu liest Joseph Goebbels*, Audio CD, Bergisch Gladbach: Lübbe. Ders. (2004): *Serdar Somuncu liest aus dem Tagebuch eines Massenmörders – Mein Kampf*, Audio CD, Köln: WortArt. Invasion feat. Serdar Somuncu (2005): *Wollt ihr den totalen Beat?*, München: Sony Music. Helmut Qualtinger (o.J.): *Adolf Hitler: Mein Kampf. Eine Lesung von Helmut Qualtinger*, Audio CD, Wien: Preiserrecords. Henry Picker (2003): *Hitlers Tischgespräche im Führerhauptquartier*, Berlin: Propyläen. Christian Zentner (1992): *Adolf Hitlers »Mein Kampf«: eine kommentierte Auswahl*, 8. Aufl., München: List. Karl Lange (1968): *Hitlers unbeachtete Maximen: »Mein Kampf« und die Öffentlichkeit*, Stuttgart: Kohlhammer.

VI.C5 Das HIMMLER-PROJEKT, filmisch dokumentierte Lesung der so genannten Posener Rede des Reichsführer-SS und Chefs der Deutschen Polizei Heinrich Himmler, die unter der Regie von Romuald Karmakar durch den Schauspieler Manfred Zapatka unkommentiert und in voller Länge vorgetragen wird.

Himmlers auf einer SS-Gruppenführertagung am 4.10.1943 gehaltene dreieinhalbstündige Ansprache ist aufgrund ihrer Offenheit bezüglich der »Ausrottung des jüdischen Volkes«, die nicht – wie sonst in NS-Akten üblich – in verschleiernder Tarnsprache beschrieben wird, eines der zentralen Dokumente der NS-Vernichtungspolitik. Bereits im →Nürnberger Prozess [I.A3] spielte die Rede eine wichtige Rolle. Einige markante Passagen machen sie zudem zu einer der meistzitierten Quellen des Nationalsozialismus und zugleich zu einem der »schrecklichsten Zeugnisse deutscher Sprache« (Joachim C. Fest), so beispielsweise die Rede von der bewahrten Anständigkeit der SS-Leute, die sie »hart gemacht« habe und »ein niemals genanntes und niemals zu nennendes Ruhmesblatt der deutschen Geschichte« sei.

Diese selektive Bekanntheit motivierte Karmakar, eine »Rekonkretisierung« der Rede zu verfolgen. Diese war auf Wachsplatten aufgezeichnet und archiviert worden und ist seit 1947 als Anhang der Protokolle des Internationalen Militärtribunals auch in schriftlicher Form öffentlich zugänglich. Karmakars minimalistische Regie konzentriert sich ganz auf den Schauspieler Zapatka. Dieser liest in Alltagskleidung, vor monochromer Studio-Kulisse und in neutralem Sprachgestus den vollständigen Text, wobei auch Versprecher und dadurch hervorgerufene Wiederholungen nicht herausgeschnitten wurden. Er wird dabei von vier Kameras in Nah- und Großaufnahmen sowie leichter Untersicht gefilmt; die Reaktionen der historischen Zuhörer – allesamt Teil des Führungspersonals der NS-Vernichtungspolitik – werden als Untertitel eingeblendet. Im Abspann werden die Biographien der anwesenden SS-Männer rekonstruiert und ein besonderer Akzent auf ihre Karrieren nach 1945 gelegt: 38 der 92 Anwesenden zählten in der BRD – zum Teil bis in die 1980er Jahre hinein – zur gesellschaftlichen Elite.

Lobende und kritische Stimmen zu Karmakars Verfahren waren sich in einem Punkt einig: Die verständliche und überzeugende Art des Vortrags löst die Distanz zum Text auf und verleiht ihm stattdessen den Anschein ungeheuerlicher Logik und Wirklichkeit, mit der es sich ernsthaft auseinanderzusetzen gilt. Diesen »bedrohlichen Sog« kontert Karmakar jedoch nach Ansicht von Befürwortern, indem er auch die Inszenierung der Rede nicht verschleiert, sondern dem Rezipienten deutlich vor Augen führt. Mit seiner Darstellung der Täter habe er den Mythos von der »Banalität des Bösen« (→Hannah Arendt: *Eichmann in Jerusalem. Ein Bericht von der Banalität des Bösen* [III.A2])

entkräften wollen, so Karmakar. Er zeige stattdessen, dass es ein »begreifbares Böses und ein durchschaubares Banales« in der Posener Rede gäbe: »Der Holocaust, die Rechtfertigung der ›Ausrottung der Juden‹, ist für Himmler nur ein Nebenaspekt, den er nach 110 Minuten Rede kurz anspricht. Diese heute verwirrende Erfahrung muss man jedem, der es wissen will, ermöglichen.«

Der Vorgänger-Film des HIMMLER-PROJEKTES, WARHEADS von 1992, der in ungeschnittenen Interviews Fremdenlegionäre und Söldner zu Wort kommen lässt, brachte Karmakar noch den Vorwurf des Faschismus und der Begeisterung für das Martialische ein. Das HIMMLER-PROJEKT hingegen wurde nach heftigen internen Diskussionen der Auswahlkommission am Ende der Berlinale 2000 uraufgeführt und nach Ansicht des Regisseurs sehr viel sachlicher aufgenommen. Probleme mit dem deutschen Verleih blieben dennoch nicht aus, so dass der Film zunächst nur in Österreich einem deutschsprachigen Publikum zugänglich gemacht wurde. Im September 2001 war der Film über 3Sat schließlich auch in Deutschland zu sehen. Karmakar und Zapatka wurden 2002 gemeinsam für Idee und Realisierung von DAS HIMMLER-PROJEKT mit dem Grimme Preis ausgezeichnet.

NT

Lit.: Manfred Zapatka (2000): *Das Himmler-Projekt und die Rede Heinrich Himmlers bei der SS-Gruppenführertagung in Posen am 4. Oktober 1943*, Berlin: Absolut Medien. Bradley F. Smith, Agnes F. Peterson (Hg.) (1974): *Heinrich Himmler. Geheimreden 1933–1945 und andere Ansprachen*, Frankfurt a.M. u.a.: Propyläen. Richard Breitman (2000): *Heinrich Himmler. Der »Architekt« der Endlösung*, Zürich: Pendo. Peter Longerich (1998): *Politik der Vernichtung. Eine Gesamtdarstellung der nationalsozialistischen Judenverfolgung*, München: Piper.

VI.C6 LEGO-KZ, nachempfundene LEGO-Bausätze des polnischen Künstlers Zbigniew Libera für die Architektur eines Vernichtungslagers mit Baracken, Krematorium, Gaskammer und Folterszenen.

Die Arbeit wurde 1996 unter Verwendung von Originalbausteinen der Firma LEGO hergestellt. Jedes Set besteht aus mehreren Kartons: größeren Packungen mit den Gebäuden Hauptlager, Krematorium und einer leergeräumten Baracke, vor der Stapel von Leichenteilen liegen, sowie kleine Schachteln mit Figurengruppen (Skelette hinter Stacheldraht, Elektroschock-Folter, prügelnder SS-Mann und Opfer, Leichenberg, Lagerkommandant mit Aufsehern).

Das LEGO-KZ war Teil der Reihe *Correctional Devices* (Erziehungsmittel), die unter anderem auch mehrfach in deutschen Kunstinstitutionen ausgestellt wurde. Libera hatte zunächst ein Krankenhaus oder Gefängnis geplant; der dänische Spielzeughersteller, der über den Verwendungszweck der gestifteten Steine (die Skelett-Figuren der Häftlinge entstammten der Piraten-Serie von LEGO) nicht hinreichend informiert wurde, distanzierte sich von dem Kunstwerk, das auf der Packung deutlich auswies »This Work of Zbigniew Libera has been sponsored by LEGO SYSTEM« und versuchte erfolglos, den Künstler dazu zu bringen, es aus der Öffentlichkeit zurückzuziehen. Das LEGO-KZ Liberas stand im Zeichen eines gewandelten Umgangs mit der nationalsozialistischen Vergangenheit, der durch Ironisierung und Verfremdung entschieden deren bloße Dämonisierung in Frage stellte (→Holocaust als Filmkomödie [VI.C3]). Durch die Verwendung massenindustriell hergestellter Spielzeug-Bausteine befürchteten Kritiker allerdings eine Trivialisierung, Entsakralisierung und scheinbare Serialisierung des Holocaust. Jörg Lau warnte in der *Zeit* (12/2002) davor, den Nationalsozialismus durch Verbindung mit Massenprodukten zu einer bloßen Chiffre für die allgemeine Verdinglichung des Lebens in der Moderne werden zu lassen. Zahlreiche Medienberichte unterstellen Libera, einen solchen Ansatz zu verfolgen, und sahen in seinem Werk eine Anlehnung an →Norman G. Finkelsteins *Die Holocaust-Industrie* [VI.D3] – ein mit Recht umstrittener Begriff, der bei Libera jedoch eher persifliert erscheint. Für den deutschen Kunstkritiker Tom Holert warfen zeitgenössische Auschwitz-Modelle wie das von Libera die Frage nach der »Ausstellbarkeit« des Holocaust neu auf: »Ist eine Mikrologie des Holocaust möglich und akzeptabel?« (*Texte zur Kunst* 41/2001). Er verglich Liberas Arbeit mit dem Auschwitz-Birkenau-Modell des Imperial War Museum in London, das »Momente des Erhabenen und Putzigen« miteinander verbinde. Im Gegensatz zu der übrigen, erlebnisorientierten Ausstellungsarchitektur des Museums führe das Modell zu einer »weitgehenden Derealisierung der Erfahrung des Vernichtungslagers«.

1997 wurde Libera zur Biennale nach Venedig eingeladen, sagte seine Teilnahme jedoch ab, da der Kurator ihn darauf verpflichten wollte, das LEGO-KZ – damals die neueste Arbeit des Künstlers und dadurch essentieller Bestandteil seines aktuellen Werks – wegzulassen. Zur Begründung seiner Entscheidung nannte Jan Stanislaw Wojciechowski die Frivolität und den möglichen Antisemitismus der Arbeit. Dabei lässt sich Liberas Fake-Bausatz ebenso als drastische Repräsentationskritik an der so genannten Amerikanisierung des Holocaust, das heißt der Universalisierung des historischen Geschehens und der damit verbundenen Trivialisierung des Judenmords deuten. In diesem Spannungsfeld wurde das LEGO-KZ auch in der New Yorker Ausstellung *Mirroring Evil: Nazi Imagery/Recent Art* im Jewish Museum diskutiert, die zahlreiche vergleichbare Werke zeitgenössischer Künstler, etwa ein »Gift-Set« (Geschenkpackung) aus Zyklon-B-Dosen mit Logos von Chanel und anderen Luxusmarken, präsentierte und damit einen wohlkalkulierten Skandal auslöste. Während sich Überlebende des Holocaust verhöhnt fühlten (Elie Wiesel sprach von »Verrat«), debattierten die Feuilletons, ob es sich nicht vielmehr um eine mutige Erkundung der medialen Faszination des Bösen und einen Nazismus der Warenwelt handele. Ausstellungskurator Norman Kleeblatt begründete die Provokation damit, dass er Denkanstöße geben wolle hinsichtlich eines von ihm beobachteten Blickwechsels von den Holocaust-Opfern auf die Täter, wodurch der Faschismus zur Faszination geworden sei (→Riefenstahl-Renaissance [IV.C3]).

Der Konzeptkünstler Zbigniew Libera selbst beschäftigte sich auch in seinen nachfolgenden Werken mit kommerzieller Standardisierung und richtete seinen Blick kritisch auf die Auswirkungen einer Medien- und Werbeindustrie, die Kindern eine verlogene Idealwelt vorgaukelte. Das LEGO-KZ, das zur Problematisierung dieser Derealisierung die schrecklichste Realität in das Medium Spielzeug transformierte, blieb seine bisher einzige Thematisierung des Holocaust. Die drei existierenden Sets des KZ-Bausatzes sollen in den 1990er Jahren für je 7500 Dollar an Kunstsammler verkauft worden sein; 2012 kaufte sie das Warschauer Museum für Moderne Kunst für 55.000 Euro.

NT/MNL

Lit.: Winzer, Catharina (2010): »Polnische Gegenwartskunst und die Erinnerung an den Holocaust im globalen Zeitalter: Zbigniew Libera, Miroslaw Balka, Wilhelm Sasnal«, in: Magdalena Marszalek, Alina Molisak (Hg.): *Nach dem Vergessen. Rekurse auf den Holocaust in Ostmitteleuropa nach 1989*, Berlin: Kadmos, S. 137-160. Stephen C. Feinstein (2009): »Genocide and the Shock Process in Conceptual Art (Zbigniew Libera, LEGO Concentration Camp)«, in: Adam Jones (Hg.): *Evoking genocide. Scholars and activists describe the works that shaped their lives*, Toronto: Key Pub. House, S. 148-151. Norman L. Kleeblatt (Hg.) (2002): *Mirroring Evil: Nazi Imagery/Recent Art*, New Brunswick u.a.: Rutgers Univ. Press. Roland Seim, Josef Spiegel (Hg.) (2001): *Der kommentierte Bildband zu »Ab 18«. Zensur in der deutschen Kulturgeschichte*, Münster: Telos. Stephen C. Feinstein (2000): »Zbigniew Libera's Lego Concentration Camp: Iconoclasm in Conceptual Art About the Shoah«, in: *Other Voices* 2, H. 1.

VI.C7 Stolpersteine, Kunst- und Denkmalaktion, die gezielt im öffentlichen Raum an die Verfolgten des Nazi-Regimes erinnern will. In mit Messingblech verkleidete Pflastersteine graviert der Künstler Gunter Demnig Namen sowie Geburts- und Schicksalsdaten (Daten und Stationen der Deportation, Inhaftierung und Ermordung) von NS-Opfern und zementiert sie vor deren ehemaligen Wohnhäusern in die Straße ein. Gespendet werden die Steine à 120 Euro (anfangs 95 Euro) von Privatleuten, Initiativen, Schulen oder Firmen, die mithilfe der Datenbank der Gedenkstätte Yad Vashem in Jerusalem auch die Daten der Opfer recherchieren.

Das Projekt wurde – nach ungenehmigten Vorläuferaktionen Demnigs Anfang der 1990er Jahre – 1996 durch die Berliner Ausstellung *Künstler forschen nach Auschwitz* der Neuen Gesellschaft für Bildende Kunst initiiert und umfasst sämtliche Opfergruppen des NS-Regimes. Bereits in der konzeptionellen Phase erregte das Projekt einige Aufmerksamkeit und auch erste Gegenstimmen. 1999 etwa lehnte das Evangelische Forum in Kassel das Projekt mit der Begründung ab, die Auswahl der Personen, die einen Stein bekommen sollten, erinnere an die Selektion an der Rampe in Auschwitz. Zwei Jahre später stoppte die Stadtverwaltung Leipzig den Antrag auf Stolpersteine für Euthanasie-Opfer mit der Begründung, diese würden formal und inhaltlich an den Hollywood-Boulevard in Los Angeles erinnern. Die deutsche jüdische Gemeinschaft und ihre Presseorgane, etwa die *Jüdische Allgemeine Wochenzeitung*, äußerten sich hingegen positiv. Der stellvertretende Vorsitzende des Zentralrates der Juden in Deutschland (ZJD), Salomon Korn, sprach dem Projekt nachdrücklich seine Unterstützung aus. Kritik von rechts kam unter anderem von dem Holocaust-Leugner Rainer Link, der von »Mahnmalismus« sprach.

Die bislang größte Kontroverse um die Stolpersteine entbrannte in München. Hier formierte sich eine Koalition von Gegnern des Projekts, die sich aus Immobilienbesitzern, der Kunstkommission München und jüdischen Bürgern der Stadt zusammensetzte. Während die Mitglieder der liberalen jüdischen Gemeinde Beth Shalom die Idee der Stolpersteine unterstützten, begründete die Präsidentin der Israelitischen Kultusgemeinde für München und Oberbayern, Charlotte Knobloch, Bezug nehmend auf die Einlassung der Steine in den Asphalt, ihre rigide Ablehnung so: Sie könne es nicht ertragen, dass Stiefel und Schuhe auf Namen von Opfern des Naziregimes herumträten. Dies sei keine geeignete Möglichkeit, sich derer zu erinnern, »die zum großen Teil durch Stiefel und ähnliches gedemütigt und verletzt wurden«. Die Befürworter der Stolpersteine bezeichnete Knobloch in einer Ansprache auf dem Münchner Jakobsplatz am 14.12.2004 als »Gedenktäter«. Der Vorsitzende der Münchner »Initiative Stolperstein«, Reiner Bernstein, sprach daraufhin von der Rede Knoblochs als einer »Denunziation«. Mit dem Täter-Vergleich, so die Initiative, werde Münchner Bürgern unterstellt, sie handelten in der symbolischen Absicht, die Opfer der Shoah ein zweites Mal zu ermorden.

Nach Angaben des Künstlers ergibt sich das Prinzip des Pflastersteins als künstlerische Form und Medium der Erinnerung dadurch, dass die Irritation des Ungewohnten im Laufe der Zeit noch verstärkt und durch das Begehen die Erinnerung geradezu blankpoliert werde. In einer Stadtratssitzung am 16.6.2004 wurde schließlich trotz großer Zustimmung der Münchner Bevölkerung mit überwältigender Mehrheit – darunter alle Stimmen der Fraktionen von SPD, CSU und FDP sowie aller drei Bürgermeister – die Entscheidung des Ältestenrates bestätigt, das Projekt »Stolpersteine« in München nicht zu realisieren und keinen öffentlichen Straßengrund dafür zur Verfügung zu stellen. Schon wenige Stunden nach dem Beschluss wurden bereits verlegte Steine wieder aus dem Pflaster entfernt. Die Stadt München argumentierte, mit dem Bau des Jüdischen Zentrums am Jakobsplatz und einer Dauerausstellung zur nationalsozialistischen Vergangenheit habe man würdigere und angemessenere Formen des Gedenkens gefunden. Die Ablehnung des Projektes habe nichts mit einer Verweigerung der Erinnerungsarbeit an der NS-Geschichte der Stadt zu tun.

Wie viele seiner Kritiker betonte auch der Oberbürgermeister der Stadt, Christian Ude, die besondere Stellung und auch Verantwortung Münchens als »Hauptstadt der Bewegung«, in der die zahllosen Erlasse, mit denen Juden seit 1938 im täglichen Alltag ausgegrenzt wurden, besonders gründlich umgesetzt wurden. Der Bürgermeister sowie alle Mitglieder des Ältestenrats des Münchner Stadtrats äußerten erhebliche Zweifel daran, dass eine solche »Inflationierung der Gedenkstätten« tatsächlich zu einer Ausweitung bzw. Intensivierung der Erinnerungsarbeit führen würde. Der Selektionscharakter des Projekts würde zudem durch eine vergleichsweise geringe Zahl von Stolpersteinen das Ausmaß der nationalsozialistischen Verbrechen verharmlosen und verniedlichen, und dazu führen, dass im Alltag gar buchstäblich über sie hinweggegangen würde. Die Assoziation zu dem antisemitischen Ausspruch, wo man stolpere, müsse ein Jude begraben sein, läge damit zu nahe.

In der darauf folgenden Kontroverse, die medial hauptsächlich von der *Süddeutschen Zeitung* dokumentiert wurde, fand ein reger Argumentations-Austausch statt. In einer bundesweiten Anzeige in der *Süddeutschen Zeitung* (23.6.2004) machten 169 Unterzeichner deutlich, dass die Stolpersteine von vielen Münchnern ausdrücklich erwünscht seien. Die *FAZ* betonte den auratisch hohen Wert des Demnig-Projektes durch dessen Bespielung der wahren Orte. Als empathisch-sinnliches Gegenmodell zu allem Ritualisierten und Institutionalisierten würden die Stolpersteine so zu einer Mikrogedenkstätte mitten im Alltag. Durch das Authentizitätsvakuum, das langsam durch die immer geringer werdende Zahl an Zeitzeugen entstehen würde, käme dem Projekt eine erhöhte Bedeutungs- und Wirkungsmacht zu. Auch viele andere deutsche Publikationsorgane lobten die Ermutigung, Geschichte im sozialen Nahbereich anzusiedeln. Auch Demnig selbst sieht den Vorteil seines Projekts in dessen Alternativ-Charakter zum offiziösen Gedenken, mit dessen monumentalem Charakter sich viele Menschen nicht identifizieren könnten. Am 27. Januar 2005, dem 50. Jahrestag der Befreiung des Konzentrations- und Vernichtungslagers Auschwitz (→Holocaust-Gedenktag [VI.B1]), bekam Gunter Demnig bei einer Feier im Abgeordnetenhaus in Berlin für sein Engagement den German Jewish History Award. Der Preis wird von der amerikanischen Obermayer Foundation für eine Steigerung des deutschen Ansehens im Ausland vergeben. Im Oktober desselben Jahres wurde Demnig von Bundespräsident Horst Köhler der Verdienstorden der Bundesrepublik Deutschland verliehen; zahlreiche weitere Preise folgten. Demnig hofft, dass die Stolpersteine ein großes, dezentrales Mahnmal bilden mögen; eine begehbare Skulptur, die sich auch auf Städte des europäischen Auslands, etwa auf Frankreich, Italien und die Niederlande, ausweitet; 2007 wurden erste Steine in Ungarn gesetzt. In Wien gibt es zudem seit 2005 ein vergleichbares Projekt mit dem Namen »Steine der Erinnerung«, das nicht von Demnig betrieben wird, sondern von dem gleichnamigen Verein.

Im Jahr 2010 befand das Finanzamt Köln-Altstadt, dass es sich bei dem Projekt nicht länger um ein Kunstwerk, sondern ein »fabrikmäßig betriebenes Gewerbe« handle und entsprechende Steuernachzahlungen nötig seien: einem Gutachten der Zollbehörde nach handle es sich um »Hinweisschilder aus Messingblech«. Nach kritischer Berichterstattung über dieses Vorgehen wurden die Forderungen schließlich fallengelassen; der nordrhein-westfälische Finanzminister ordnete eine erneute Überprüfung an und wertete die Stolpersteine als »Kunstwerk im Zustand fortlaufender Vervollständigung«.

Der Streit um Demnigs Aktion verdeutlicht – wie unter anderem auch die Kontroverse um den wirkungsmächtigen Hollywood-Film →SCHINDLERS LISTE [V.B8] oder die polarisierte →Walser-Bubis-Debatte [VI.A4] – die Schwierigkeit, die ›richtige‹, das heißt eine konsensfähige Form des Gedenkens an die Opfer des Holocaust zu finden. Zugleich ist das Stolpersteine-Projekt Teil eines Wechsels der Erinnerungsmedien in diesem Diskurs, der nunmehr von den letzten Zeitzeugen auf verschiedenste ästhetische Formen der Vermittlung übergeht (→Holocaust-Mahnmal in Berlin [VI.A2]; →Holocaust als Filmkomödie [VI.C3]).

NT

Lit.: NS-Dokumentationszentrum der Stadt Köln (Hg.) (2007): *Stolpersteine. Gunter Demnig und sein Projekt*, Köln: Emos. Neue Gesellschaft für bildende Kunst e.V. (Hg.) (1996): *Stolpersteine. Dokumentation – Texte – Materialien*, Berlin: Neue Gesellschaft für Bildende Kunst e.V. (NGBK). Marlis Meckel (2006): *Den Opfern ihre Namen zurückgeben. Stolpersteine in Freiburg*, Freiburg: Rombach. Kurt Walter (2005): *Stolpersteine in Duisburg*, Duisburg: Ev. Familienbildungswerk. Nicolaus Neumann (2004): »Der Spurenleger«, in: ART, H. 9, S. 80–83. Kirsten Serup-Bilfeldt (2003): *Stolpersteine. Vergessene Namen, verwehte Spuren. Wegweiser zu Kölner Schicksalen in der NS-Zeit*, Köln: Kiepenheuer & Witsch. Gabriele Lindinger, Karlheinz Schmid (Hg.) (1993): *Größenwahn – Kunstprojekte für Europa*, Regensburg: Lindinger+Schmid.

VI.C8 DER UNTERGANG, Kriegsdrama über die letzten Tage Adolf Hitlers und des so genannten »Dritten Reiches« in Berlin. Der 2005 als bester ausländischer Film für den Oscar nominierte UNTERGANG (2004) entstand nach einem Drehbuch von Bernd Eichinger und unter der Regie von Oliver Hirschbiegel. Realisiert wurde der Publikumserfolg mit einem großen Ensemble bekannter deutschsprachiger Schauspieler, allen voran Bruno Ganz in der Rolle des »Menschen« Adolf Hitler. Als literarische Vorlage diente Joachim C. Fests Buch *Der Untergang – Hitler und das Ende des Dritten Reiches. Eine historische Skizze* aus dem Jahr 2002 (→Joachim C. Fest: Hitler. Eine Biographie [IV.C2]). Es basiert auf den subjektiven Erinnerungen von NS-Tätern und Zeitzeugen wie Hanna Reitsch, Albert Speer und Ernst-Günther Schenck sowie auf einschlägigen Quellen wie Protokollen von Lagebesprechungen. Das filmische Vorbild für den UNTERGANG lieferte DER LETZTE AKT (1955), ein vom deutschen Publikum bei seinem Erscheinen weitgehend ignorierter, mit Stilmitteln des Expressionismus ästhetisch anspruchsvoll gestalteter Film von Georg Wilhelm Pabst, an dessen Drehbuch auch Erich Maria Remarque mitgearbeitet und dem die letzte Sekretärin Hitlers, Traudl Junge, bereits beratend zur Seite gestanden hatte. Zur Rahmung der Spielhandlung des UNTERGANGS dienten denn auch Interviewsequenzen aus einer Dokumentation über Traudl Junge: IM TOTEN WINKEL: HITLERS SEKRETÄRIN (2002) von André Heller und Othmar Schmider. Junges bestenfalls vage selbstkritische Aussagen im Prolog und Epilog des UNTERGANGS zu ihrer persönlichen Rolle während der NS-Zeit und zu Fragen nach Verantwortung und Schuld dienen, neben Re-Inszenierungen und Zitationen historischer Foto- und Filmaufnahmen, als ein Element filmischer Authentifizierung. Mit den Augen der fiktionalisierten Traudl Junge wird im Film die Innenwelt des Bunkers perspektiviert. Ihr ebenso unschuldig-naiver wie schockierter und betroffener Blick auf Hitler und die anderen Bunkerbewohner macht sie zur zentralen Figur des Films. Dessen Narration ist insgesamt multiperspektivisch angelegt und basiert auf der Verknüpfung von Einzelschicksalen verschiedener Charaktere vor dem Hintergrund der bevorstehenden deutschen Kapitulation in der Schlacht um Berlin.

Die dramaturgisch konventionelle Spielhandlung des UNTERGANGS erzählt chronologisch von den letzten zwölf Lebenstagen Adolf Hitlers und seiner Entourage vom 20. April bis zum 02. Mai 1945 im Bunker unter der Reichskanzlei sowie vom gleichzeitigen Kriegsgeschehen in den Straßen der deutschen Hauptstadt. In den in der Innenwelt des »Führerbunkers« spielenden, kammerspielartig inszenierten Teilen der Handlung geht es um Erörterungen der ausweglosen militärischen Lage angesichts des nahenden Kriegsendes, um die realitätsferne Mobilisierung nur noch in der Phantasie Hitlers existierender Kampfverbände, um Fragen von Treue und Verrat sowie um viel Banales und Zwischenmenschliches: Trinkgelage in Endzeitstimmung, die Einnahme von vegetarischen Mahlzeiten durch Hitler oder seine Hochzeit mit Eva Braun. Den

Höhepunkt des Geschehens im Innenraumschauplatz des Bunkers bildet der nicht direkt gezeigte, gemeinsame Selbstmord des Ehepaares Hitler sowie die emotionalisierend inszenierte Ermordung der sechs Goebbels-Kinder durch ihre Mutter. Die außerhalb des Bunkers spielenden Sequenzen haben inhaltlich ebenfalls Suizide sowie Kampfhandlungen in den Ruinen Berlins, willkürliche Hinrichtungen, Angst, Tod sowie weiteres kriegsbedingtes Elend zum Thema. Als Betroffene werden fast ausschließlich Deutsche gezeigt. Die Figur des verblendeten Kindersoldaten und Hitlerjungen Peter Kranz kommt am Ende des Films mit jener von Traudl Junge zusammen, womit der Außen- und Innenraum der Handlung vereinigt werden. Als Verführte, unschuldig zu Schuldigen Gewordene sowie dem Untergang Entronnene radeln beide am Ende in einem klassischen Happy End dem Sonnenuntergang entgegen in eine bessere Zukunft.

Der Kinostart von DER UNTERGANG wurde zum Medienereignis. Die *Bild*-Zeitung sorgte im Vorfeld mit einer Hitler-Serie von Joachim C. Fest für Aufmerksamkeit, der *Spiegel* widmete dem Film eine Titelstory und zeigte Bruno Ganz als Hitler auf dem Cover der meistverkauften Ausgabe des Jahres. Frank Schirrmacher lobte den Film in der *FAZ* als »Meisterwerk«. Die Macher des Films betonten bei ihrer Öffentlichkeitsarbeit die vermeintliche Authentizität und Genauigkeit der Darstellung – der Film wurde als eine historiografische Quelle inszeniert, die er aber nicht ist. Die Strategie war jedoch zunächst erfolgreich und sogar namhafte Historiker bescheinigten dem Film eine unbedingte Wirklichkeitstreue: Der Hitler-Biograf Ian Kershaw bezeichnete den Film gar als »meisterhafte Rekonstruktion«. Darüber hinaus betonten die Macher des Films den moralfreien und unverstellten Blick auf einen Teil des dunkelsten Kapitels der deutschen Geschichte und die, nicht zuletzt nach →SCHINDLERS LISTE [V.B8] und anderen Hollywoodproduktionen, vermeintlich längst fällige Rückgewinnung der medialen »Interpretationshoheit« (Sonja M. Schultz) darüber durch Deutsche selbst.

Die Reaktionen in Publizistik und Wissenschaft nach dem Anlaufen des Films und später fielen indes differenzierter und kritisch aus. Anerkennung wurde Bruno Ganz für seine facettenreiche Charakterstudie des Diktators gezollt. Als äußerst problematisch hingegen gelten die Verfälschungen und Leerstellen des Films dort, wo er den Anschein erweckt, historische Ereignisse zu rekonstruieren: So verweigert der wesentlich mit Inszenierungen des Todes arbeitende UNTERGANG in einem Akt falscher Pietät den Blick auf den sterbenden Hitler, was von Regisseur Wim Wenders in einem wichtigen Beitrag zur Diskussion bemängelt wurde: »Warum nicht zeigen, dass das Schwein tot ist? Warum dem Mann diese Ehre erweisen, die der Film sonst keinem von denen erweist, die da reihenweise sterben müssen?« In diesem Punkt arbeitet DER UNTERGANG mithin nicht an einer Entzauberung des Hitler-Mythos, sondern schreibt ihn stattdessen fort. Die im UNTERGANG bösesten der Bösen, Hitler und das Ehepaar Goebbels, sterben unsichtbar. Damit ist auf ein weiteres problematisches erzählerisches Mittel verwiesen, das binäre Gut/Böse-Schema der Figurenkonstellation. DER UNTERGANG unterscheidet undifferenziert zwischen vielen im Kern guten und wenigen rein bösen Deutschen. Während einigen filmischen Wiedergängern von Angehörigen der NS-Elite wie Himmler, Göring oder Bormann im Film die Funktion unmotivierter Statisten zukommt, gibt es im UNTERGANG vor allem im Außenraumschauplatz des umkämpften Berlin agierende Figuren, die angesichts der ausweglosen Lage das Gute wollen oder sogar in Teilopposition zu Hitler gezeigt werden. Zu diesen positiven Identifikationsfiguren zählen beispielsweise der zum Verteidiger des Regierungsviertels von Berlin ernannte SS-General Wilhelm Mohnke, der sich angesichts der verantwortungslosen Verheizens von Angehörigen des so genannten »Volkssturms« entsetzt zeigt, Rüstungsminister und Architekt Albert Speer, der – getreu des von ihm selbst geschaffenen Bildes des Künstlers und »Edelnazis« (→Albert Speer: *Erinnerungen* [IV.C1]) – Hitler gegenüber als tragischer Held dessen »Verbrannte-Erde-Befehl« in Frage stellt, sowie SS-Arzt Ernst Günther Schenck, der mit Vernunft viel Gutes tut, im Niemandsland Medikamente beschaffen und alte Männer vor der Erschießung retten will. Derart gestaltete Figuren sind im Rahmen der Unterhaltungsdramaturgie des Spielfilms funktional. Diese Figurenzeichnungen im UNTERGANG stellen sich bei genauerer Betrachtung der historischen Vorbilder und Fakten indes als Umdeutungen und sogar grobe Verfälschungen heraus. Die Inkorrektheit der produktionsseitigen Behauptung einer angeblichen Authentizität der Darstellung wird besonders deutlich an der Figur des SS-Arztes Ernst Günther Schenck. Seine Vorgeschichte als Mediziner und »Ernährungsinspekteur«, der in Dachau und Mauthausen als NS-Täter an Menschenversuchen mitwirkte, verschweigt DER UNTERGANG. Stattdessen orientiert sich die filmische Narration, wie auch bei Speer, an Schencks eigenem subjektiv-autobiografischen Bericht über seine Zeit in Berlin kurz vor Kriegsende. Anstatt seinen Figuren eine differenzierte (Vor-)Geschichte zu geben, bietet der Film, wiederum im Sinne seiner Strategie der Authentifizierung, im Abspann neben Porträtbildern der Schauspieler biografische Daten über den weiteren Lebensweg der Protagonisten nach 1945. Ebenfalls im Abspann per Schrifteinblendungen nachgereicht findet das Erwähnung, wofür der Nationalsozialismus im Kern steht: der Holocaust und die vielen Opfer des Zweiten Weltkriegs. Umso schwerer wog für einige Kritiker des Films deshalb die implizite Verbindung von Holocaust und deutschem Kriegsleid in einigen Szenen des Films.

DER UNTERGANG ist keine objektive Darstellung dessen, was in der letzten Phase des »Dritten Reiches« geschah, sondern konstruiert aus Versatzstücken subjektiver Erlebnisse eine filmische Version der Vergangenheit. Der aufwändig produzierte Film ordnet historiografische Aufklärung dem Primat der Unterhaltsamkeit unter. Er beutet das letzte Kapitel der NS-Geschichte aus und verarbeitet es zu schauwertem »Todeskitsch« (Peter Reichel) – DER UNTERGANG ist damit ein Stück spektakulärer Nazisploitation. Im Gegensatz zu filmischen Werken wie ARCHITEKTUR DES UNTERGANGS. SCHÖNHEITSKULT UND BARBAREI IM DRITTEN REICH, von Peter Cohen und mit Bruno Ganz als Sprecher, versucht DER UNTERGANG sich nicht an einer Erklärung des Nationalsozialismus. Es ist ein Film für bereits Wissende, für jene, die über das historische Phänomen des Nationalsozialismus, seine Ursprünge, Entwicklungen und barbarischen Auswüchse bereits informiert sind. Sein Erfolg ist auch mit dem ambivalenten Verhältnis zwischen Faszination und Abscheu – nicht nur der Deutschen – gegenüber Hitler zu erklären.

HB

Lit.: Joachim Fest, Bernd Eichinger (2004): *Der Untergang. Das Filmbuch*, Reinbek bei Hamburg: Rowohlt. André Heller/Othmar Schmiederer (2002): IM TOTEN WINKEL – HITLERS SEKRETÄRIN. DVD. Berlin: Absolut Medien. Sonja M. Schultz (2012): *Der Nationalsozialismus im Film. Von Triumph des Willens bis Inglourious Basterds*, Berlin: Bertz + Fischer. Tobias Ebbrecht (2011): *Geschichtsbilder im medialen Gedächtnis. Filmische Narrationen des Holocaust*, Bielefeld: transcript. Waltraud Wende (2011): *Filme, die Geschichte(n) erzählen*, Würzburg: Königshausen und Neumann. Sven Kramer (2009): »Wiederkehr und Verwandlung der Vergangenheit im deutschen Film«, in: Peter Reichel, Harald Schmid, Peter Steinbach (Hg.): *Der Nationalsozialismus – Die zweite Geschichte. Überwindung – Deutung – Erinnerung*, Bonn: Bundeszentrale für politische Bildung, S. 283-299. Michael Wildt (2008): »›Der Untergang‹. Ein Film inszeniert sich als Quelle«, in: Thomas Fischer, Rainer Wirtz (Hg.): *Alles authentisch? Popularisierung der Geschichte im Fernsehen*, Konstanz: UVK, S. 73-86. Zeno Ackermann (2007): »›Der Untergang‹ und die erinnerungskulturelle Rahmung des Zivilisationsbruchs«, in: Geschichte in Wissenschaft und Unterricht 58, H. 3, S. 148-162. John Bendix (2007): »Facing Hitler: German Responses to Downfall«, in: *German Politics and Society* 25, H. 1, S. 70-89. Frank Bösch (2007): »Film, NS-Vergangenheit und Geschichtswissenschaft. Von ›Holocaust‹ zu ›Der Untergang‹«, in: *Vierteljahrshefte für Zeitgeschichte* 55, H. 1, S. 1-32. Sabine Hake (2007): »Historisierung der NS-Vergangenheit. ›Der Untergang‹ (2004) zwischen Historienfilm und Eventkino«, in: Inge Stephan, Alexandra Tacke (Hg.): *NachBilder des Holocaust*, Köln: Böhlau, S. 188-218. Jürgen Pelzer (2007): »›The Facts Behind the Guilt‹? Background and Implicit Intentions in Downfall«, in: *German Politics and Society* 25, H. 1, S. 90-101. Margrit Frölich, Christian Schneider, Karsten Visarius (Hg.) (2007): *Das Böse im Blick. Die Gegenwart des Nationalsozialismus im Film*, München: Ed. Text + Kritik. Roel Vande Winkel (2007): »Hitler's ›Downfall‹, a film from Germany (›Der Untergang‹, 2004), in: Ders., Leen Engelen (Hg.): *Perspectives on European Film and History*, Gent: Academia Press, S. 183-219. Volker Benkert (2005): »Kein ›Untergang‹ der Geschichtskultur, aber auch keine Bereicherung«, in: *Geschichte in Wissenschaft und Unterricht* 56, S. 414-419. Hannes Heer (2005): »*Hitler war's*«. *Die Befreiung der Deutschen von ihrer Vergangenheit*, Berlin: Aufbau. Peter Reichel (2005): »›Onkel Hitler und Familie Speer‹ – die NS-Führung privat«, in: *Aus Politik und Zeitgeschichte* 55, H. 44, S. 15-23.

VI.C9 Erinnerungskultur in den Neuen Medien

, eine im Zusammenhang mit dem Kommunikations- und Medienwandel, der Mediatisierung von Alltagswelt und Kultur stehende Verlagerung erinnerungskultureller Themen in neue, digitale, insbesondere Internet-Medien.

Spätestens seit Anfang der 2000er Jahre ist ein Wandel der Mediennutzung zu verzeichnen, der sich zunehmend auch in der medialen Auseinandersetzung mit den Themen Holocaust und Nationalsozialismus niederschlägt und von der Erinnerungs- und Gedächtnisforschung aufgegriffen wird. Unter dem Begriff »Erinnerungskultur 2.0« entstehen interdisziplinäre Untersuchungsfelder, die sich mit der Vermittlung und Repräsentation des Holocaust in den neuen Medienformaten beschäftigen. Zu diesen häufig interaktiven und multimedialen Untersuchungsgegenständen zählen u.a. digitale Videozeugnisse Holocaust-Überlebender, geschichtsdidaktische E-Learning-Programme, virtuelle Rundgänge durch Museen und Gedenkstätten, der →Eichmann-Prozess [III.A1] als YouTube-Video, die Real-Time-Chronik des Zweiten Weltkrieges auf Twitter, Holocaust-Blogs sowie Facebook-Profile von Holocaust-Opfern oder das YouTube-Video *Dancing Auschwitz*.

Diese neuen Erinnerungsangebote lassen sich grundsätzlich in einerseits primär didaktische und andererseits im weitesten Sinne künstlerische Formate unterscheiden. Unter den didaktischen Projekten finden sich besonders solche, die an institutionelle Einrichtungen angegliedert sind bzw. deren digitale Onlinedarstellung sie übernehmen. Kaum ein Museum, eine Gedenkstätte oder ein Forschungsinstitut kommt gegenwärtig ohne Repräsentationen auf Facebook, Twitter oder Aktivitäten in Web-Blogs aus. So hat beispielsweise die israelische Gedenkstätte Yad Vashem mit ihrer weltweit größten Sammlung biographischer Daten von Holocaust-Opfern jüngst ihre »Pages of Testimony« auch in einer digitalen Version verfügbar gemacht und zusätzlich mit einer Datenbank ausgestattet, in der nun online nach vermissten jüdischen Angehörigen gesucht werden kann. Ein didaktischer Auftrag liegt auch der Video-Version des Eichmann-Prozesses von 1961 zugrunde, der zu dessen 50. Jahrestag auf dem YouTube-Kanal der Gedenkstätte veröffentlicht wurde. In ihrer wissenschaftlichen Anlage, vor allem aber in ihrer Resonanz umstritten sind diejenigen Formate, die sich auf den ersten Blick dem Unterhaltungssegment zuordnen lassen. Obwohl die populären Massenmedien sowie die sozialen Netzwerke heute fester Bestandteil der Medienkultur sind, ist ihr Repräsentationsanspruch in Bezug auf die nationalsozialistische Vergangenheit und damit die Adaption des Holocaust als Produkt der Popular Culture ein strittiges Thema. Ein konkretes Beispiel für die Verbindung sozialer Netzwerke mit Reflexionen des Holocaust ist das Facebook-Profil des Holocaust-Opfers Henio Zytomirskis, das im August 2009 von dem polnischen Historiker Piotre Brozek online gestellt wurde. Über mehrere Monate hinweg konnten auf der Seite andere Facebook-Nutzer mit dem 1942 im NS-Vernichtungslager Majdanek ermordeten Sechsjährigen eine fiktive, virtuelle Freundschaft eingehen, ihm Nachrichten posten, die stellvertretend von Brozek beantwortet wurden. Im Oktober 2010 und mit dem Erreichen einer Freundeanzahl von 5.000 wurde das Profil stillgelegt und ist seitdem nur noch als inaktive »Gedenkseite« auf Facebook abrufbar. Die Diskussionen, die sich an die Veröffentlichung dieses Erinnerungsformates anschlossen, bedienten die Spannbreite von moralischer Entrüstung bis hin zu euphorischen Fortschrittshymnen auf eine modernisierte Erinnerungskultur. Ein kaum minder ambivalentes Echo erzielte das YouTube Video *Dancing Auschwitz*, in dem sich der Holocaust-Überlebende Adolek Kohn in Begleitung seiner Enkelkinder tanzend zum Disco-Klassiker »I will survive« vor Orten ehemaliger NS-Verbrechen wie zum Beispiel der KZ-Gedenkstätte Auschwitz zeigt. Aufgenommen, produziert und auf der Internet-Plattform YouTube platziert wurde das Video von Kohns Tochter, der Performance-Künstlerin Jane Korman, die in Israel und in Ihrem Heimatland Australien mit ähnlichen Performances bekannt geworden ist. Das Video kommt bis auf die Schlusssequenz ohne gesprochenen Text aus, verwendet jedoch eine prägnante und z.T. plakative Bildersprache, in der auch symbolische Verstärkungen wie Bildmontagen von Stacheldraht, Viehwagons und Verbrennungsöfen das Sujet kennzeichnen. Beide Onlineformate sind Beispiele für einen sich abzeichnenden verstärkten Einsatz Neuer Medien für die Vermittlung, Darstellung und vor allem (inter-)aktive Auseinandersetzung mit dem Holocaust. Insofern unterscheiden sie sich noch nicht von didaktischen und institutionellen Angeboten. Jedoch begann angesichts dieser neuen Formate massenmedialer Unterhaltungs- und Kommunikationskultur eine neuerliche Debatte um die Angemessenheit und politische wie historische Korrektheit von Repräsentationen des Holocaust, wie sie Jahrzehnte zuvor mit einem ganz ähnlichen Tenor um populäre Fernseh- und Filmformate wie die →HOLOCAUST-Serie [V.B1] oder →SCHINDLERS LISTE [V.B8] geführt wurde. Wie in der damaligen Diskussion um die angemessene Verarbeitung und Bewältigung der traumatischen Vergangenheit in einem audio-visuellen Massenmedium wird heute die Erinnerungskultur in den Neuen Medien einer kritischen Reflexion unter dem Verdachtsmoment der Trivialisierung und der Effekthascherei unterzogen.

Es ist in Anbetracht des anhaltenden fluktuativen Medienwandels davon auszugehen, dass dies erst den Anfang einer Debatte um die Bewältigung der Vergangenheit in den Neuen Medien und um die Zukunft des Gedenkens an den Holocaust markiert. Vor allem für die nachfolgenden Generationen werden Internet und neue Medien weiter an Relevanz gewinnen und auch die Themen Holocaust und Nationalsozialismus werden dabei eine Rolle spielen. Dies kann durchaus nicht nur fruchtbringende Debatten auslösen, sondern auch als Chance gelten, Geschichte in die Gegenwart eines jüngeren Publikums zu integrieren.

KF

Lit.: Kirstin Frieden (2014): *Neuverhandlungen des Holocaust – Mediale Transformationen des Gedächtnisparadigmas*, Bielefeld: transcript. Wolfram Dornik (2010): »Internet: Maschine des Vergessens oder globaler Gedächtnisspeicher? Der Holocaust in den digitalen Erinnerungskulturen zwischen 1990 und 2010«, in: Gerhard Paul, Bernhard Schoßig (Hg.): *Öffentliche Erinnerung und Medialisierung des Nationalsozialismus*, Göttingen: Wallstein, S. 79-98. Gerhard Paul (2010): »Holocaust – Vom Beschweigen zur Medialisierung. Über Veränderungen im Umgang mit Holocaust und Nationalsozialismus in der Mediengesellschaft«, in: Ders., Bernhard Schoßig (Hg.): *Öffentliche Erinnerung und Medialisierung des Nationalsozialismus*, Göttingen: Wallstein, S. 15-39. Dörte Hein (2009): *Erinnerungskulturen online: Angebote, Kommunikatoren und Nutzer von Websites zu Nationalsozialismus und Holocaust*, Konstanz: UVK. Erik Meyer (Hg.) (2009): *Erinnerungskultur 2.0. Kommemorative Kommunikation in digitalen Medien*, Frankfurt a.M.: Campus. Barbara Korte, Sylvia Paletschek (Hg.) (2009): *History Goes Pop. Zur Repräsentation von Geschichte in populären Medien und Genres*, Bielefeld: transcript.

VI.D Deutsche Opfernarrative

VI.D1 Victor Klemperer: *Tagebücher 1933–1945*, zwischen 1995 und 1999 in mehreren Bänden veröffentlichte und breit rezipierte Aufzeichnungen des deutsch-jüdischen Romanisten Victor Klemperer, der unter anderem den Alltag im Nationalsozialismus in Tagebuchform festhielt.

Klemperer, 1881 in Landsberg an der Warthe (heute Gorzów Wielkopolski) als Sohn eines Rabbiners geboren, war von 1920 bis 1935 Professor für Romanistik an der Technischen Hochschule Dresden. Seit seinem 16. Lebensjahr und bis wenige Monate vor seinem Tod im Jahre 1960 schrieb Klemperer regelmäßig Tagebuch, das sein Leben als Lehrling, Student, freier Publizist und zuletzt als angesehener Romanist spiegelt. Seine privaten Aufzeichnungen umfassen die Epochen Kaiserreich, Erster Weltkrieg, Weimarer Republik, »Drittes Reich« und die frühe DDR. Spätestens seit seiner Zwangsemeritierung 1935 und dem Verbot der Bibliotheksnutzung 1938 wurde das Tagebuchschreiben für Klemperer zu einem Bestandteil seiner Überlebensstrategie im Nationalsozialismus und er selbst dabei zum Chronisten der Judenverfolgung in Deutschland. Seine Ehe mit der protestantischen Eva Klemperer, geb. Schlemmer, sowie der Bombenangriff auf Dresden am 13.2.1945 und das anschließende Chaos bewahrten Klemperer vor der drohenden Deportation.

In seinen Tagebüchern hält er die schrittweise Entrechtung und Verfolgung der Juden in Deutschland fest. Dabei schildert er beispielsweise seine zwangsweise Versetzung in den Ruhestand aufgrund des Gesetzes zur Wiederherstellung des Berufsbeamtentums im Jahre 1935, die Einstufung seiner Ehe als »Mischehe«, was ihn bis zum Ende des Krieges vor der Deportation schützte, sich wiederholende Hausdurchsuchungen der Gestapo, die Einschränkung der allgemeinen Bewegungsfreiheit jüdischer Bürger durch Ausgangssperren oder Verbote von Theater- oder Kinobesuchen, die Zwangseinweisung in verschiedene Judenhäuser ab 1940, die Verordnung zum Tragen des Judensterns 1941, Zwangsarbeit ab 1943, Flucht aus Dresden in den Kriegswirren im Februar 1945 und die Rückkehr vier Monate später. Seine Aufzeichnungen sind dabei aber weniger eine Darstellung des erfahrenen Leids als vielmehr nüchterne, beobachtende Beschreibungen des Alltags im Nationalsozialismus. Sie dienten ihm auch als Vorarbeit zu seinem 1947 erschienenen Werk *LTI* (Lingua Tertii Imperii), einer linguistischen Untersuchung der Sprache des »Dritten Reiches« (→Sprache des Nationalsozialismus [I.B1]).

Klemperer zeigt sich in seinen Aufzeichnungen als ein assimilierter Jude, der sich selbst zuallererst als Deutscher begriff: »Kam aber eine Wahl im geringsten in Betracht, so bedeutete mir das Deutschtum alles und das Judentum gar nichts.« (Tagebucheintrag 1912). Auch wenn er seine jüdische Herkunft nicht verleugnete, so war sie für ihn doch bis in die 1930er Jahre nicht identitätsbestimmend. Umso schwerer war für ihn, die Reduzierung auf sein Judentum durch die Nationalsozialisten zu akzeptieren. Ihre Unterdrückungsmethoden gegen die jüdische Bevölkerung bedeuteten das Scheitern der angestrebten vollständigen Assimilation und führten zu Klemperers Rückbesinnung auf seine jüdische Identität. Die Nationalsozialisten negierten sein Ideal eines kulturalistischen ›Deutschtums‹; für Klemperer standen sie für all das, was aus seiner Sicht undeutsch war. Aus diesem Grund war für ihn das Tagebuchschreiben eine Art der Selbstbehauptung, eine Überlebensstrategie, die ihm helfen sollte, seinen Idealen vom »eigentlichen Deutschtum« treu zu bleiben. Gleichzeitig galt es für ihn aber auch, überhaupt etwas zu »tun« in einer Zeit, in der ihm jede akademische, publizierende Tätigkeit unmöglich gemacht wurde. Das außerordentliche Interesse an Klemperers Tagebüchern zeigt sich nicht nur an den hohen Verkaufszahlen, die bereits 1996 – nur ein Jahr nach Erscheinen – bei 150.000 Exemplaren lagen, sondern auch an ihrer raschen Verfilmung. So wurde im Herbst 1999 in der ARD der zwölfteilige Fernsehfilm KLEMPERER – EIN LEBEN IN DEUTSCHLAND ausgestrahlt. Der Modus der Rezeption der Tagebücher als einmaliges und außergewöhnliches Zeugnis des Nationalsozialismus wurde schon 1995 in der Laudatio des Schriftstellers Martin Walser anlässlich der postumen Verleihung des Geschwister-Scholl-Preises an Klemperer vorgegeben. Walser schreibt, er »kenne keine Mitteilungsart, die uns die Wirklichkeit der NS-Diktatur faßbarer machen kann, als es die Prosa Klemperers tut«. Dabei schreibt die euphorische Rezeption der Tagebücher oft unreflektiert Klemperers Unterscheidung von ›wahrem Deutschtum‹ und undeutschen Nationalsozialisten fort. Der Verdacht liegt nahe, dass so an ein verlorengegangenes Selbstverständnis als Kulturnation angeknüpft werden soll, deren Tradition durch den NS-Staat nur temporär unterbrochen worden sei. Den Nationalsozialismus als »deutsches« Phänomen anzusehen, das sich bis in die Gegenwart auswirkt, wird auf diese Weise vermieden.

Auch vom Fach der Romanistik wird Klemperer retrospektiv zum Aufklärer stilisiert, der sich in den 1920er Jahren als Dissident gegen ideologisch fanatische Kollegen des Faches auflehnte. Dabei wird aber unterschlagen, dass auch Klemperer durch seine Partizipation an völkerpsychologischen Studien einen Beitrag zu nationalistischen Theorien leistete. Er war von der Existenz nationaler Eigenheiten durchaus überzeugt. Erst Hitlers Machtübernahme führte bei Klemperer zu einer Besinnung auf die Ideale der Aufklärung, die diese Theorien negieren. In Bezug auf die Rezeption der Tagebücher ist gerade die heutige Ausblendung seiner früheren Ansichten kritikwürdig – als würde die Grausamkeit der Verbrechen nur dann zum Ausdruck kommen, wenn sich die Opfer als ausnahmslos vorbildlich erwiesen hätten.

Das große Interesse an den Tagebüchern lässt sich auch auf die Tatsache zurückführen, dass in ihnen zum ersten Mal der gesamte Zeitraum des »Dritten Reiches« aus der Perspektive eines in Deutschland verbliebenen Opfers dokumentiert wird. Der enorme Erfolg der Publikation rührt sicher auch daher, dass Klemperers Aufzeichnungen im Gegensatz etwa zu KZ-Überlebenden-Berichten für den Leser vergleichsweise leichter konsumierbar sind. Seine Erfahrungen sind mitteilbar, eher an die Erfahrungen der deutschen Mehrheitsgesellschaft anschließbar und – indem Klemperer dem Holocaust entgeht – aufgrund ihres glücklichen Ausgangs auch leichter zu ertragen. Die Erlebnisse eines Juden in Deutschland fügen sich durchaus ein in die Konjunktur eines neuen deutschen Opfernarrativs, da Klemperer zum Beispiel das Bombardement Dresdens (und nicht etwa das Vernichtungslager Auschwitz) beschreibt.

Die Instrumentalisierung der Klemperer-Tagebücher in der deutschen Debatte als Gegenpol zu Goldhagens vermeintlicher These (→Goldhagen-Debatte [VI.A3]) einer deutschen Kollektivschuld erscheint allerdings kaum haltbar, wenn man bedenkt, dass Klemperer selbst in seinen Tagebüchern von 1945 eine Kollektivschuld (→Kollektivschuldthese [I.C2]) der Deutschen durchaus annimmt. Gerade mit Klemperers Bericht, der immer wieder das »Wegschauen« seiner Mitbürger von 1933 bis 1945 dokumentiert, lässt sich kaum gegen Goldhagens Thesen argumentieren.

LR

Lit.: Victor Klemperer (1995): *Ich will Zeugnis ablegen bis zum letzten. Tagebücher 1933–1945*, 2 Bde., hg. v. Walter Nowojski, Berlin: Aufbau. Martin Walser (1997): »Das Prinzip Genauigkeit. Über Victor Klemperer«, in: *Martin Walser Werke*, Bd. 12, Frankfurt a.M.: Suhrkamp, S. 780–805. Arvi Sepp (2012): »›Fraglos empfindet das Volk die Judenverfolgung als Sünde.‹ Victor Klemperers Überlegungen zum Antisemitismus«, in: *Seminar. A Journal of Germanic Studies* 48, H. 3, S. 349-364. Denise Rüttinger (2011): *Schreiben ein Leben lang. Die Tagebücher des Victor Klemperer*, Bielefeld: transcript. Arvi Sepp (2008): »Die Politik des Erinnerns. Aktuelle Anmerkungen zur autobiografischen Zeitzeugenschaft in den Tagebüchern Victor Klemperers«, in: Arne de Winde, Anke Gilleir (Hg.*)*: *Literatur im Krebsgang. Totenbeschwörung und »memoria« in der deutschsprachigen Literatur nach 1989*, Amsterdam u.a.: Rodopi, S. 77-92. Paola Traverso (2007): »›Klemperer c'est nous‹. Ein Nachtrag zur deutschen Rezeption der Tagebücher von Victor Klemperer«, in: *Babylon* 22, S. 36-43. Peter Jacobs (2000): *Victor Klemperer – im Kern ein deutsches Gewächs*, Berlin: Aufbau. Johannes Dirschauer (1997): *Tagebuch gegen den Untergang. Zur Faszination Victor Klemperer*, Gießen: Psychosozial. Hannes Heer (Hg.) (1997): *Im Herzen der Finsternis: Victor Klemperer als Chronist der NS-Zeit*, Berlin: Aufbau. Paola Traverso (1997): »›Gott behüte mich vor den Freunden...‹«, in: *Die Zeit* 52, H. 49, S. 66. Christoph Wielepp (Hg.) (1997): *Leben in zwei Diktaturen: Victor Klemperers Leben in der NS-Zeit und in der DDR*, Dresden: Friedrich-Ebert-Stiftung.

VI.D2 Geschichtsfernsehen im ZDF, seit 1995 von der ZDF-Redaktion Zeitgeschichte unter der Leitung von Guido Knopp produzierte (zeit-)geschichtliche Dokumentationen zum Themenkomplex des Nationalsozialismus, die in der Regel zur Primetime um 20.15 Uhr liefen und meist zwischen dreieinhalb und vier Millionen Zuschauer erreichten.

Die Beiträge befreien die historische Dokumentation – aktuell das dominierende Genre des Geschichtsfernsehens – aus ihrem Nischendasein; bis dahin war die durchschnittliche Geschichtsdokumentation sonntags oder mittwochs nach 22.00 Uhr in den Dritten Programmen gelaufen und hatte mit etwa 250.000 Zuschauenden ein Minderheitenpublikum angesprochen.

Die Dokumentationen DER VERDAMMTE KRIEG und HITLER – EINE BILANZ im »Gedenkjahr« 1995 erreichten bereits ein breites Publikum, doch der große Erfolg des ZDF-Geschichtsfernsehens begann mit der Ausstrahlung der Serie HITLERS HELFER (1997), die im Schnitt 6,8 Millionen Zuschauer sahen. Auch wenn die nachfolgenden Reihen – u.a. die zweite Staffel von HITLERS HELFER (1998), HITLERS KRIEGER (1998), HOLOKAUST (2000), HITLERS KINDER (2001), HITLERS FRAUEN (2001), DIE GROSSE FLUCHT (2001), DIE SS. EINE WARNUNG DER GESCHICHTE (2002), JAHRHUNDERTKRIEG (2002), STALINGRAD (2003), DER BOMBENKRIEG (2003), DIE GEFANGENEN (2003), SIE WOLLTEN HITLER TÖTEN (2004), DIE BEFREIUNG (2004), HITLERS MANAGER (2004), DER STURM (2005), STALINGRAD (2006), DER FEUERSTURM (2006), DIE GROSSEN DIKTATOREN (2006) (u.a. Hitler), DIE WAFFEN-SS (2006), GÖRING – EINE KARRIERE (2006), HITLERS NÜTZLICHE IDOLE (2007), ROMMELS KRIEG, ROMMELS SCHATZ (2007), DIE WEHRMACHT – EINE BILANZ (2007), HITLERS ÖSTERREICH (2008), DIE GUSTLOFF – DIE DOKUMENTATION (2008), STAUFFENBERG – DIE WAHRE

GESCHICHTE (2009), DIE MACHTERGREIFUNG (2009), ANGRIFF AUF EUROPA (2009), DIE GEHEIMNISSE DES ›DRITTEN REICHES‹ (2011), WELTENBRAND (2012) – nicht an die Reichweite von HITLERS HELFER heranreichten, blieben sie bemerkenswert erfolgreich.

Obwohl die ZDF-Redaktion die Reihen in unterschiedlicher Besetzung und wechselnder Kooperation mit verschiedenen Medienfirmen produzierte, besitzt Knopp bis heute die letzte Entscheidungsbefugnis und das ZDF lanciert, exportiert und verwertet sie unter seinem ›Markennamen‹. Das von Knopp nach englischem und amerikanischem Vorbild entwickelte Format prägte seit Mitte der 1990er Jahre in Aufbau und Struktur und besonders durch seine damals neuartige Ästhetik, den spezifischen »look« (Judith Keilbach), die gesamte telegene Zeitgeschichtsdarstellung. Die Serien waren nach bestimmten formalen und inhaltlichen Richtlinien konzipiert: Eine weitgehend personenorientierte Geschichtsdarstellung, filmisch umgesetzt in der rasanten Montage von sehr kurzen Sequenzen zeitgenössischer (audio-)visueller Quellen, oft unscharfen szenischen Nachstellungen von Geschehnissen, Zeitzeugeninterviews vor einem schwarzen Hintergrund und aktuellen Aufnahmen von historischen Orten und Landschaften. Charakteristisch waren weiterhin der nahezu allwissende Voice-Over-Kommentar in recht einfachen, kurzen Sätzen, der die optischen Bestandteile verknüpfte, die emotionalisierende Verwendung von Musik und Tondesign und der Einsatz visueller Effekte wie Über- oder Zerreißblenden.

Knopp selbst formulierte den Anspruch, »unverwechselbare Orientierungspunkte der Erinnerung zu setzen«. Die Dokumentationen sollten gleichzeitig für Qualität und Quote, Aufklärung und Reichweite stehen, indem sie den aktuellen geschichtswissenschaftlichen Forschungsstand – vorgeblich verbürgt durch die Mitarbeit von Wissenschaftlern – attraktiv, spannend und emotionsreich darstellten. Knopp leitete diesen Anspruch aus einem von ihm konstatierten Bedürfnis nach einer nationalen Identität in der Bundesrepublik ab. Diese Identität, zu der seiner Meinung nach auch ›Auschwitz‹ und ›Hitler‹ gehörten, könne nur durch einen Bezug zur eigenen Vergangenheit erlangt werden. In dieser Auseinandersetzung mit der eigenen Geschichte möchte die Redaktion durch »investigatives Ereignisfernsehen« über die deutsche Vergangenheit aufklären und gleichzeitig unterhalten. Knopp bezeichnete dieses Unterfangen 2009 als »Demokratisierung des historischen Diskurses«.

Das ZDF befasste sich seit seiner Gründung 1961 in einer hohen Zahl unterschiedlichster fiktionaler und dokumentarischer Sendungen mit der nationalsozialistischen Vergangenheit. Bis Mitte der 1970er Jahre dominierten ›aufklärerische‹ Dokumentationen mit aus heutiger Sicht eher beschränkten Stilmitteln: Film- und Bilddokumente, viel gesprochener Kommentar, eventuelle Studiomoderation. Die Sendungen blieben oft diffus und unkritisch, vor allem gegenüber der Rolle der deutschen Bevölkerung. Während das ZDF in den 1970er Jahren, entsprechend der gesamtgesellschaftlich konstatierten ›Geschichtsverdrossenheit‹, Zeitgeschichte nicht in nennenswertem Maße präsentierte, änderte sich das seit Beginn der 1980er Jahre. Auch infolge des »Modellfall[s]« der →HOLOCAUST-Serie [V.B1] (Knut Hickethier), die den Zuschauern durch einen personalisierenden und emotionalisierenden Zugang Identifikation mit den Opfern bot, brachte der Beginn der ›Geschichtskonjunktur‹ Veränderungen in den dokumentarischen Darstellungsformen mit sich: Einzelschicksale von Opfern (und auch Tätern) standen im Mittelpunkt, neue Stilmittel wie Zeitzeugenaussagen – auch infolge der »Oral History« – und Spielszenen kamen hinzu. Der Umfang an Sendungen zum Holocaust nahm deutlich zu.

Seit dem 1.7.1984 ist die Zeitgeschichtsdarstellung im ZDF in der Redaktion ›Zeitgeschichte‹ unter Knopps Leitung institutionalisiert. Trotzdem geriet der Nationalsozialismus nach einem Rückgang zwischen den Jahren 1988 und 1993 erst wieder durch die Reihen nach 1995 ins Blickfeld. Diese beschäftigten sich endlich mit den Tätern – allerdings (zunächst) ausschließlich mit denen der obersten Führungsriege. Die vorgeblichen ›Befehlsempfänger‹ und vor allem die passiven Zuschauer blieben weiterhin meist außen vor. Da Knopps Redaktion gleichsam die Hoheit über die Zeitgeschichtsdarstellung im ZDF hat, boten die Serien inhaltlich ein kongruentes Bild des Nationalsozialismus.

Vor allem Pressevertreter kritisierten das Geschichtsfernsehen im ZDF von Beginn an, meist mit dem Vorwurf unangemessener Trivialisierung und Popularisierung. Ihre Deutungsmacht, der große Einfluss der inhaltlichen Botschaften der Sendungen auf das individuelle und kollektive Geschichtsbewusstsein des Publikums – der auch in der besonders hohen Glaubwürdigkeit begründet liegt, die historische Dokumentationen des öffentlich-rechtlichen Fernsehens bei den Zuschauern genießen – blieben zunächst unreflektiert. Erst um 2000 begannen Medien- und Geschichtswissenschaft sowie die Geschichtsdidaktik, sich mit diesen Fragen zu beschäftigen und unter anderem im Rahmen des neuen deutschen Opferdiskurses zu untersuchen. In der zweiten Hälfte des 00er Jahrzehnts beschäftigten sich immer mehr wissenschaftliche Beiträge mit dem Phänomen.

Nur ganz selten ließen sich Knopp eindeutige historische Fehler oder grobe ›Geschichtsverdrehung‹ nachweisen. Im Gegenteil: Die aufwendig und gut recherchierten Serien berücksichtigten auf der Ebene des »gesichtslosen« (Frank Bösch) Kommentars den aktuellen Forschungsstand. Über die wesentlich stärker wirkende Bildebene transportierten die Serien jedoch zweifelhafte Deutungen. Viele filmische und photographische Dokumente – oft Ausschnitte aus NS-Wochenschauen oder anderes NS-Propaganda-Material, das den Blick der Täter transportierte – wurden dekontextualisiert, als reine Illustration und nicht als kritisch zu hinterfragende Quelle verwendet und liefen so Gefahr, nationalsozialistische Stereotype und Ideologien zu transportieren oder die Würde der Opfer zu verletzen. Die Narration konzentrierte sich auf unmittelbare Ereignisse; Strukturen, längerfristige Prozesse, Fragen nach Genese und Wirkung gerieten in den Hintergrund.

Besonders problematisch war vor allem die emotionalisierende Inszenierung von Zeitzeugenberichten als dominierendes Stilelement: Die Zeitzeugen hatten und haben in den Dokumentationen die Aufgabe, Authentizität zu suggerieren. Nach Judith Keilbach bestätigen die Zeitzeugen »nicht mehr historische Fakten, sondern konstruieren Geschichte« und ersetzen das Experteninterview. Knopp stellte sie nicht nur im Sinne der »Geschichte von unten« als Instanz im Hinblick auf Geschehnisse dar, die sie selbst als Beteiligte oder Zuschauer mit eigenen Augen gesehen hatten, sondern ebenso als Autoritäten für allgemeine Zusammenhänge, da sie als Zeitgenossen wüssten, ›wie es wirklich war‹. Weniger Opfer als oft Täter und Zuschauer waren gefragte ›Nationalsozialismus-Experten‹, die ihre eigene Rolle und individuelle Verantwortung fast nie reflektierten, sondern oft verharmlosend umdeuteten und sich selbst als Opfer präsentierten. Ihre Aussagen widersprachen teilweise dem historisch ›korrekten‹ Kommentar und wurden durch (audio-)visuelles Material argumentativ bestätigt.

Die Reihen ordneten die Interviews weder in den Kontext ein, noch problematisierten sie diese als subjektive Quellen und kommentierten sie kritisch. Die Interviews mit Zeitzeugen, die durch die Präsentation vor der schwarzen Studiowand ›geschichtslos‹ und ›aus der Zeit gefallen‹ wirken, wurden nicht in ausführlichen Gesprächszusammenhängen präsentiert, sondern als ›Erinnerungsschnipsel‹ in knappen, oft nur wenige Sekunden langen Sequenzen. Diese Montagetechnik erlaubte es, einzelne Sätze aus den Interviews herauszuschneiden und nahezu beliebig dort einzusetzen, wo sie der inneren, oft entlastenden Argumentation der Serien folgend am besten passten. So überdeckten eindrucksvolle Bilder und emotional bewegende Zeitzeugenstatements in der Wahrnehmung des Publikums die auf der Kommentarebene vermittelten allgemein anerkannten geschichtswissenschaftlichen Erkenntnisse. Die Produktionen folgen somit einer »Strategie der Interpretationsoffenheit« (Michael Elm), um möglichst vielen Zuschauern Identifikation zu ermöglichen.

Das Geschichtsfernsehen im ZDF um die Jahrtausendwende kann als Bestandteil des neuen deutschen Opferdiskurses betrachtet werden, da es eine Verlagerung der Schuld auf eine ›wahrhaft böse‹, nahezu dämonische Führungsspitze um Hitler und damit einhergehend eine kollektive Entlastung der gesamten deutschen Bevölkerung nahelegt. Abgesehen von Hitler und seinen Helfern gerieten alle weiteren Täter aus dem Blick, weil implizit alle Akteure zu »Opfern der Geschichte« (Judith Keilbach) erklärt wurden. Und genau darin scheint auch ihr Erfolg bei vielen Zuschauern, die die Zeit des Nationalsozialismus erlebt haben, und bei deren Nachkommen zu liegen: Die Serien ließen sich ›angenehm‹ rezipieren, da die Frage nach der individuellen Verantwortung der Angehörigen der NS-Volksgemeinschaft hinter der Erkenntnis verblasste, ›dass damals furchtbares Leid über die Menschen kam‹. Über die wesentlich stärker wirkende Bildebene boten die Beiträge des ZDF – und hier im Besonderen die Serie HOLOKAUST – nicht nur vorübergehend sehr fragwürdige Identifikationsmöglichkeiten mit den NS-Tätern, sondern beschworen eine kollektive Opferidentität, die auch Zuschauer und Täter mit einschloss.

In der zweiten Hälfte der 2000er Jahre deuteten sich im dokumentarischen Geschichtsfernsehen des ZDF neue Tendenzen an. Auch wenn das ZDF weiter Einzelfilme und Serien zur NS-Zeit produzierte, war eine stärkere Hinwendung auf die Zeit nach 1945 zu verzeichnen. Themen waren neben zahlreichen Portraits europäischer Adelshäuser auch Dokumentationen über bundesrepublikanische Politiker. Zudem geriet vor allem mit der crossmedial vermarkteten Großserie DIE DEUTSCHEN (2008/2009) auch der Zeitraum vor Beginn des 20. Jahrhunderts in den Fokus. Die Redaktion modifizierte das ›klassische‹ Format ihrer Dokumentationen, immer stärker bildeten fiktionale Elemente die Leitmotive: ›Re-Enactment‹, das vorgeblich detailgetreue Nachspielen historischer Begebenheiten durch kostümierte Schauspieler und Komparsen an Originalschauplätzen, im Studio oder in durch aufwändige Computeranimationen gestalteten Settings, entwickelte sich zum vorherrschenden Gestaltungselement, neben Landschafts- oder Gebäudeaufnahmen, abgefilmten Quellen, 3D-Rekonstruktionen und Interviewsequenzen mit Historikern. Die Grenzen zwischen dokumentarischen und fiktionalen Elementen verschwimmen zunehmend, Emotionalisierung und Erlebnisorientierung – kurz: Infotainment – stehen erklärtermaßen im Mittelpunkt. Anfang 2013 ging Guido Knopp nach 35 Jahren als Leiter der Redaktion Zeitgeschichte in den Ruhestand, eine umfassende Erneuerung des ZDF-Geschichtsfernsehens deutet sich an.

AS

Lit.: *ZDF-Jahrbuch 2002-2012*, in: http://www.zdf.de/Presse-und-Positionen-25585610.html (30.04.2013). Christoph Claasen (2009): *25 Jahre »Redaktion Zeitgeschichte« des ZDF. Interview mit Guido Knopp*, in: http://www.zeithistorische-forschungen.de/site/40208892/default.aspx (30.04.2013). Guido Knopp (1999): »Zeitgeschichte im ZDF«, in: Jürgen Wilke (Hg.): *Massenmedien und Zeitgeschichte*, Konstanz: UVK, S. 309–316. Ders. (1999): »Aufklärung braucht Reichweite«, in: ZDF (Hg.): *ZDF Jahrbuch 1998. Jahrbuch des Zweiten Deutschen Fernsehens*, Mainz: klr, S. 68–69. Frank Bösch (2010): »Bewegte Erinnerung. Dokumentarische und fiktionale Holocaustdarstellungen im Film und Fernsehen seit 1979«, in: Gerhard Paul, Bernhard Schoßig (Hg.): *Öffentliche Erinnerung und Medialisierung des Nationalsozialismus. Eine Bilanz der letzten dreißig Jahre*, Göttingen: Wallstein, S. 39-61. Horst W. Blanke (2009): »Stichwortgeber. Die Rolle der ›Zeitzeugen‹ in G. Knopps Fernsehdokumentationen«, in: Vadim Oswalt, Hans-Jürgen Pandel (Hg.): *Geschichtskultur. Die Anwesenheit von Vergangenheit in der Gegenwart*, Schwalbach/Ts.: Wochenschau, S. 63-74. Barbara Korte, Sylvia Paletschek (Hg.): *History goes Pop. Zur Repräsentation von Geschichte in populären Medien und Genres*, Bielefeld: transcript. Frank Bösch (2009): »Der Nationalsozialismus im Dokumentarfilm: Geschichtsschreibung im Fernsehen, 1950-1990«, in: Ders., Constantin Goschler (Hg.): *Public History. Öffentliche Darstellungen des Nationalsozialismus jenseits der Geschichtswissenschaft*, Frankfurt a.M. u.a.: Campus. Albert Drews (Hg.) (2008): *Zeitgeschichte als TV-Event. Erinnerungsarbeit und Geschichtsvermittlung im deutschen Fernsehfilm*, Rehburg-Loccum: Ev. Akademie Loccum. Michael Elm (2008): *Zeugenschaft im Film. Eine erinnerungsgeschichtliche Analyse filmischer Erzählungen des Holocaust*, Berlin: Metropol. Thomas Fischer, Rainer Wirtz (Hg.) (2008): *Alles authentisch? Popularisierung der Geschichte im Fernsehen*, Konstanz: UVK. Hannes Heer (2008): »*Hitler war's«. Die Befreiung der Deutschen von ihrer Vergangenheit*, Berlin: aufbau. Judith Keilbach (2008): *Geschichtsbilder und Zeitzeugen. Zur Darstellung des Nationalsozialismus im bundesdeutschen Fernsehen*, Münster: Lit. Edgar Lersch, Reinhold Viehoff (2007): *Geschichte im Fernsehen. Eine Untersuchung zur Entwicklung des Genres und der Gattungsästhetik geschichtlicher Darstellungen im Fernsehen 1995 bis 2003*, Berlin: Vistas. Frank Bösch (2006): »Holokaust mit ›K‹. Audiovisuelle Narrative in neueren Fernsehdokumentationen«, in: Gerhard Paul (Hg.): *Visual History. Ein Studienbuch*, Göttingen: Vandenhoeck&Ruprecht, S. 317-323. Gerd Wiegel (2004): »Familiengeschichte vor dem Fernseher. Erinnerte NS-Geschichte in den Dokumentationen Guido Knopps«, in: Michael Klundt (Hg.): *Heldenmythos und Opfertaumel. Der Zweite Weltkrieg und seine Folgen im deutschen Geschichtsdiskurs*, Köln: PapyRossa, S. 82–102. Wulf Kansteiner (2003): »Die Radikalisierung des deutschen Gedächtnisses im Zeitalter seiner kommerziellen Reproduktion: Hitler und das ›Dritte Reich‹ in den Fernsehdokumentationen von Guido Knopp«, in: *Zeitschrift für Geschichtswissenschaft* 50, H. 7, S. 626–648. Ders. (2003): »Ein Völkermord ohne Täter? Die Darstellung der ›Endlösung‹ in den Sendungen des Zweiten Deutschen Fernsehens«, in: Moshe Zuckermann (Hg.): *Medien – Politik – Geschichte. Tel Aviver Jahrbuch für deutsche Geschichte* XXXI, Göttingen: Wallstein, S. 253–286. Judith Keilbach (2003): »Zeugen, deutsche Opfer und traumatisierte Täter – Zur Inszenierung von Zeitzeugen in bundesdeutschen Fernsehdokumentationen über den Nationalsozialismus«, in: Ebd., S. 287–306. Oliver Näpel (2003): »Historisches Lernen durch ›Dokutainment‹? – Ein geschichtsdidaktischer Aufriss. Chancen und Grenzen einer neuen Ästhetik populärer Geschichtsdokumentationen analysiert am Beispiel der Sendereihen Guido Knopps«, in: *Zeitschrift für Geschichtsdidaktik* 1, S. 213–244. Ole Frahm (2002): »Von Holocaust zu Holokaust. Guido Knopps Aneignung der Vernichtung der europäischen Juden«, in: *1999* 17, H. 2, S. 128–138. Judith Keilbach (2002): »Von Hitler zu Holokaust. Die Thematisierung des Holocaust in den Geschichtsdokumentationen der ZDF-Redaktion Zeitgeschichte«, in: Susanne Düwell, Matthias Schmidt (Hg.): *Narrative der Shoah. Repräsentationen der Vergangenheit in Historiographie, Kunst und Politik*, Paderborn: Schöningh, S. 127–141. Dies. (2002): »Fernsehbilder der Geschichte. Anmerkungen zur Darstellung des Nationalsozialismus in den Geschichtsdokumentationen des ZDF«, in: *1999* 17, H. 2, S. 102–113. Hanno Loewy (2002): »Bei Vollmond: Holokaust. Genretheoretische Bemerkungen zu einer Dokumentation des ZDF«, in: *1999* 17, H. 2, S. 114–127. Judith Keilbach (1998): »Mit dokumentarischen Bildern effektvoll Geschichte erzählen. Die historischen Aufnahmen in Guido Knopps Geschichtsdokumentationen«, in: *Medien und Erziehung* 42, H. 1, S. 355–361.

VI.D3 Norman G. Finkelstein: *Die Holocaust-Industrie*, im Juni 2000 veröffentlichtes Pamphlet des New Yorker Politologie-Professors, in dem er den Umgang mit dem Holocaust in der amerikanischen Öffentlichkeit und die Rolle jüdischer Organisationen scharf kritisierte, was in Deutschland eine kontroverse Feuilleton-Debatte auslöste.
Den Anstoß zu seinem Buch erhielt Finkelstein durch Peter Novicks *The Holocaust in American Life* von 1999 (dt. *Nach dem Holocaust*, 2003), auf das er sich wesentlich beruft. Dieser hatte in einer wissenschaftlichen Studie die in den USA mit dem Holocaust verknüpften historischen Prozesse der Identitätsbildung untersucht und dabei die Überhöhung des Holocaust als Gründungsmythos der jüdischen Community in den USA ebenso kritisiert wie die bequeme Folgenlosigkeit des Holocaust-Gedenkens im Land der »Befreier«. Finkelstein radikalisierte nun Novicks Befunde, indem er schon im Vorwort seines Buchs betonte, er wolle aussagekräftige politische Kategorien wie »Macht« und »Interesse« in die Debatte um den öffentlichen Umgang mit dem Holocaust einführen. Die Massenvernichtung der Juden werde von der erfolgreichen Gruppe der amerikanischen Juden instrumentalisiert, um sich selbst und die Politik des Staates Israel vor jeder Kritik zu immunisieren und sich finanziell zu bereichern. Vorreiter seien dabei die großen jüdischen Interessenverbände wie der World Jewish Congress (WJC) oder die Jewish Claims Conference (JCC), denen Finkelstein vorwirft, mit unlauteren Mitteln, wie falschen Zahlen und Fakten, Geld im Namen der Holocaust-Opfer einzutreiben, dies jedoch für ihre eigenen Anliegen zu missbrauchen, statt die Betroffenen damit zu entschädigen. Zu diesem Zweck verteidige diese »Holocaust-Industrie« die unhaltbare These von der Einzigartigkeit des Holocaust als Höhepunkt des Antisemitismus.
Finkelsteins Buch weist offenkundige sachliche Mängel auf. Ein Beispiel dafür sind seine Ausführungen zu den Überlebendenzahlen, aus der er die These ableitet, die JCC würde mit zu hohen Zahlen unrechtmäßig Geld eintreiben. Die Zahlen der JCC liegen jedoch im wissenschaftlich bestätigten Rahmen und wurden auch von unabhängiger Seite verifiziert.
Besonders scharf greift Finkelstein das geschäftliche Vorgehen der kritisierten Organisationen an (zum Beispiel die Sammelklagen gegen die Schweizer Banken, die Verhandlungen um die →Zwangsarbeiter-Entschädigung [VI.B2] in der Bundesrepublik), während ihre nichtjüdischen Verhandlungspartner größtenteils in positivem Licht erscheinen. Damit vollzieht er eine sehr fragwürdige Täter-Opfer-Umkehr, die der tatsächlichen Praxis der Entschädigung in keiner Weise ge-

recht wird. Stattdessen greift er mit polemischer Ausdrucksweise die Legitimität sowie die Integrität der Verbände an und vermittelt das unzutreffende und auf die tradierte antisemitische Vorstellung einer jüdischen Weltverschwörung rekurrierende Bild einer jüdischen Pressure Group, die sich mit unlauteren Mitteln bereichere und die Politik des Staates Israel international decke.

Bereits im Januar 2000 wurde in der *Berliner Zeitung* ein langes Interview mit Finkelstein abgedruckt, in dem er im Zusammenhang mit dem neuen Entschädigungsfonds für Zwangsarbeiter die JCC scharf angriff und seine Thesen vorstellte. Das Interview erfuhr einige Beachtung; zu einer öffentlichen Diskussion kam es jedoch trotz einer ausführlichen Gegendarstellung seitens der JCC nicht. Nach dem Erscheinen des Buches in den USA betonten die ersten Rezensenten in der *Welt*, der *Zeit*, der *FAZ* und der *Süddeutschen Zeitung*, trotz der Schwächen und des polemischen Tones solle die Kritik Finkelsteins ernst genommen, im Einzelnen überprüft und diskutiert werden. Nur in der *taz* veröffentlichte Brigitte Werneburg eine scharfe Verurteilung. In einem frühen Kurzkommentar für *Die Woche* kritisierte Salomon Korn, stellvertretender Präsident des Zentralrats der Juden in Deutschland, die offensichtliche Bereitschaft der deutschen Öffentlichkeit, Finkelsteins Behauptungen derart wohlwollend aufzunehmen. Ab Mitte August nahm die Kritik an Finkelstein in den Feuilletons deutlich zu. In einer Antwortreihe an Finkelstein in der *Süddeutschen Zeitung* betonte der Historiker Charles Maier, in Deutschland gehe es bei der Debatte um Finkelstein im Grunde darum, wie lange Forderungen nach Wiedergutmachung akzeptabel seien. Der Historiker Peter Longerich warnte in der *Frankfurter Rundschau*, Finkelsteins Buch bediene das verbreitete Gefühl des ›endlich genug‹. Jacob Heilbrunn kritisierte in einem Beitrag der *Süddeutschen Zeitung* die NS-Debatten in Deutschland als unehrlich: Der Fall Finkelstein erfahre so viel Aufmerksamkeit, weil nun ein »jüdischer Stellvertreter« Kritik an den Entschädigungen übe.

Zwar kritisierten namhafte deutsche Historiker wie Ulrich Herbert oder Julius H. Schoeps *The Holocaust-Industry*; von vielen wurde die Debatte jedoch mit dem Argument zurückgewiesen, Finkelsteins Buch gehöre in den amerikanischen Kontext. Auch auf dem Historikertag war es daher kein Thema.

Die insgesamt intensive Debatte ebbte schließlich Mitte September ab, lange vor Erscheinen der deutschen Übersetzung (*Die Holocaust-Industrie. Wie das Leiden der Juden ausgebeutet wird*) im Frühjahr 2001. In einem Gastbeitrag in der *Süddeutschen Zeitung* verwies Peter Novick noch einmal auf den wichtigen Prozess der Aushandlung des öffentlichen Gedenkens an den Nationalsozialismus, zu dem Finkelsteins Buch jedoch nichts Konstruktives beitragen könne.

Die Debatte um Finkelstein zeigt deutlich die besonders im Zusammenhang mit der Entschädigungszahlung spürbare Schlussstrich-Mentalität, in der die Kritik an den Entschädigungsforderungen trotz deutlicher Mängel und eines völlig unangebrachten Duktus des Buches zunächst mit großer Bereitwilligkeit ernst genommen wurde.

NKl

Lit.: Norman G. Finkelstein (2001): *Die Holocaust-Industrie. Wie das Leid der Juden ausgebeutet wird*, München: Piper Peter Novick (2003): *Nach dem Holocaust. Der Umgang mit dem Massenmord*, Stuttgart, München: DVA. Ernst Piper (Hg.) (2001): *Gibt es wirklich eine Holocaust-Industrie? Zur Auseinandersetzung um Norman Finkelstein*, Zürich, München: Pendo. Petra Steinberger (Hg.) (2001): *Die Finkelsteindebatte*, München: Piper. Rolf Surmann (Hg.) (2001): *Das Finkelstein-Alibi. »Holocaust-Industrie« und Tätergesellschaft*, Köln: PapyRossa.

VI.D4 Bernhard Schlink: *Der Vorleser* (1995), deutscher Erfolgsroman, der eine kleinere Feuilletondebatte im Frühjahr 2002 in den deutschen Printmedien auslöste, in der die seit dem Erscheinen von Bernhard Schlinks *Der Vorleser* 1995 praktisch ausschließlich in der Literaturwissenschaft geführte Diskussion um den moralischen Gehalt des Erfolgsromans kurzzeitig eine größere Öffentlichkeit erreichte. Spätere Veröffentlichungen Schlinks wurden seither kritisch kommentiert, zumeist ohne dass dabei eine größere Öffentlichkeit erreicht worden wäre.

Der 1944 geborene Autor und Jurist Bernhard Schlink hatte 1987 zusammen mit Walter Popp seinen ersten Krimi veröffentlicht. Neben seiner Tätigkeit als Verfassungsrichter schrieb er zwei weitere Krimis, bevor ihm 1995 mit dem *Vorleser* ein Bestseller gelang. Im Mittelpunkt dieses Romans steht die kurze Liebesaffäre des 15-jährigen Michael Berg, der sich Ende der 1950er Jahre in die 36 Jahre alte Straßenbahnschaffnerin Hanna Schmitz verliebt. Später stellt sich heraus, dass sie bei der SS und Aufseherin in Auschwitz war und für den Tod von jüdischen Frauen mitverantwortlich ist, die während einem der Todesmärsche in einer Kirche verbrannten. In der für den Roman zentralen Gerichtsverhandlung erhält sie die Hauptschuld zugesprochen und wird mit lebenslänglichem Freiheitsentzug bestraft, während der Jurastudent Berg herausfindet, dass sie als Analphabetin einen ihr zugeschriebenen, belastenden Bericht nicht verfasst haben konnte. Erzählt ist die Geschichte aus der Perspektive Bergs als ein Rückblick zu Beginn der 1990er Jahre. In den 1980er Jahren hatte sich Hanna Schmitz nach Verbüßen ihrer Haftstrafe am Vorabend ihrer Entlassung das Leben genommen.

Die zeitversetzte Debatte sieben Jahre nach Erscheinen des *Vorlesers* entwickelte sich unabhängig von und bereits einige Wochen vor der Kontroverse um →Martin Walsers Roman *Tod eines Kritikers* [VI.E2], die erst ab Ende Mai 2002 einsetzte. Verhandelt wurden neben Schlinks Roman auch eine im Februar 2002 erschienene Novelle von →Günter Grass: *Im Krebsgang* [VI.D6], um den Untergang der Wilhelm Gustloff. Nach Darstellung des *Spiegel* sei die Debatte insbesondere von zwei Artikeln ausgelöst worden: Harald Welzer hatte am 3.4.2002 in der *Neuen Zürcher Zeitung* von einer Rückkehr der deutschen Opfergesellschaft gesprochen, während Willi Winkler in einem durchgängig polemischen Stil Schlinks Erfolgsroman als »Holo-Kitsch« abqualifiziert hatte (*Süddeutsche Zeitung*, 30.3.2002). Diesen »Generalverdacht«, unter den Volker Hage die erfolgreichen Bücher von Grass und Schlink gestellt sah, wies er im *Spiegel* (H. 15, 2002) zurück.

Die Skandalisierung von Schlinks Roman sieben Jahre nach seinem Erscheinen muss vor dem Hintergrund seines großen Erfolgs insbesondere auch im angloamerikanischen Raum gesehen werden. Nur so wird die sich wechselseitig kommentierende Folge von Leserbriefen im *Times Literary Supplement* (=*TLS*) verständlich, die im März des Jahres in unmittelbarer Reaktion auf das Erscheinen der englischsprachigen Ausgabe von Schlinks Erzählungsband *Liebesfluchten* (2002) veröffentlicht wurde. Es sind im Wesentlichen die Argumente aus dieser Auseinandersetzung, die einige Wochen später im deutschen Feuilleton aufgegriffen, zugespitzt bzw. zurückgewiesen wurden. Am 8.3.2002 erschien zunächst im *TLS* Frederic Raphaels Leserbrief, in dem er gegenüber Schlinks *Vorleser* und dessen literarischer Methode insgesamt den Vorwurf erhob, sie bestehe aus »bad writing, tendentious moralizing and dishonest imagining«. Sein Leserbrief endete mit dem vernichtenden Urteil: »If literature means anything, *The Reader* has no place in it.« Am 21.3.2002 knüpfte Jeremy Adler, Germanist und Sohn des Theresienstadt- und Auschwitzüberlebenden H. G. Adler, in einem umfangreicheren Leserbrief an den Beitrag von Frederic Raphael an, der in erweiterter Form am 20./21.4. auch in der *Süddeutschen Zeitung* abgedruckt wurde.

Einleitend begründete Adler die späte Debatte mit der Tatsache, dass Schlinks Roman in der Zwischenzeit nicht nur zu einem internationalen Bestseller avanciert, sondern auch zur kanonischen Schullektüre gemacht worden sei; so bilde der große internationale Erfolg des Romans den entscheidenden Anlass für eine kritische Auseinandersetzung. Sowohl hinsichtlich des Umgangs mit Klischees als auch durch die Handlung selbst, die auf der sexuellen Begegnung des Ich-Erzählers Michael Berg mit der SS-Wärterin Hanna Schmitz basiere, sei der Roman »Kulturpornographie«. Als Leitmotiv des Romans erkennt Adler das Vergnügen der ungebildeten SS-Aufseherin, sich Meisterwerke der Literatur vorlesen zu lassen. Darin verkörpere sich »auf groteske Weise die Frage, wie es möglich gewesen sei, dass eine Kultur, die Goethe und Schiller hervorgebracht habe, der Barbarei verfallen sei«. Sein zentraler Einwand gegen den Roman bezieht sich aber auf die Gestalt dieser Massenmörderin, die Schlink als eine »virtuelle Heilige« präsentiere und die durch ihren erfolgreichen Bildungsprozess während ihrer Haftzeit eine Läuterung erfahre, wobei der Leser dazu angehalten sei, »die heilende Kraft der Dichtung zu bestätigen«. Zur Diskussion steht mithin eine Täter-Opfer-Umkehr, die aus der Massenmörderin Hanna Schmitz in den Augen der Leser ein Opfer ihrer fehlenden Bildung, insbesondere ihres Analphabetismus, werden lässt. Adlers Debattenbeitrag galt als die schärfste Kritik an Schlink, wobei nicht alle von ihm angeführten Fehlleistungen zutraffen. Schwer wiegt jedoch sein Einwand, dass Schlinks Darstellung eines Todesmarschs eine SS zeige, die nicht die Schwachen erschieße, sondern sich wie eine reguläre Einheit verhalte. Seine Darstellung der Opfer ebenso wie der SS mache die viel komplexeren Erfahrungen, die historischen Tatsachen, »zu Spielmaterial«. Schließlich filtere der Autor die historischen Ereignisse derartig durch die Subjektivität seines Erzählers, »bis sie jede Verbindung mit dem tatsächlichen Geschehen verloren« hätten, was auch für das Kriegsverbrecherverfahren gelte, in dem Hanna im zweiten Teil des Romans angeklagt ist.

Auch wenn die gegenüber Schlinks Roman geäußerte Kritik insbesondere die unterschiedlichen Erzählebenen des *Vorlesers* unberücksichtigt ließ und sich im Verlauf der Debatte die Positionen von Kritik und ihrer Zurückweisung weitgehend unvermittelt gegenüberstanden, liegt ihr Verdienst darin, dass sie auf grundsätzliche Ambivalenzen des Romans hinweist. Schlink hat sich nach der Debatte in den letzten Jahren in kulturpolitischen Essays ebenso wie in seinen Heidelberger Poetikvorlesungen (2010/2011) erinnerungspolitisch so positioniert, dass die produktiven Ambivalenzen seines Bestsellers dahinter zu verschwinden drohen. Seine im Juni 2011 im *Merkur* veröffentlichte Polemik »Die Kultur des Denunziatorischen« etwa richtete sich gegen jeden nicht grundsätzlich von Empathie geleiteten Umgang mit der deutschen Geschichte in Schule, Wissenschaft und Feuilleton. Angesichts des moralischen Rigorismus, mit dem Schlink dabei die gegenwärtige Öffentlichkeit kritisiert, wirkt sein versöhnlicher Umgang mit früheren NS-Tätern, die Schlinks Generation etwa als Lehrer in der Schule hatte, besonders provozierend. William Collins Donahue hat in einer Studie 2011 noch einmal die im *Vorleser* ebenso wie in seiner Verfilmung vorgenommene Verschiebung einer Darstellung des Völkermords an den europäischen Juden in eine selbstmitleidige Reflexion auf den Konflikt zwischen der Tätergeneration und ihren Kindern umfassend analysiert. Ungeachtet der damaligen Kontroverse und aktueller Interventionen – und offenbar auch ohne wirklich Schaden erlitten zu haben – bleibt *Der Vorleser* eines der erfolgreichsten Werke der deutschen Nachkriegsliteratur.

HHa

Lit.: Bernhard Schlink (1995): *Der Vorleser*, Zürich: Diogenes (als Tb 1997). Ders. (2011a): *Gedanken über das Schreiben*, Zürich: Diogenes. Ders. (2011b): »Die Kultur des Denunziatorischen«, in: *Merkur* 65, H. 745, S. 473-486. Hans-Joachim Hahn (2012): »Kulturen des Denunziatorischen. Oder: ›In richtig funktionierenden Institutionen versteht sich das Moralische von selbst‹«, in: *literaturkritik.de* (05/2012). Jan Süselbeck (2012): »Der gemeine Jurist. Bernhard Schlink umspielt in seinen ›Gedanken über das Schreiben‹ und seinem Essay über die ›Kultur des Denunziatorischen‹ revisionistische Denkfiguren«, in: *literaturkritik.de* (05/2012). William Collins Donahue (2011): *Holocaust Lite. Bernhard Schlinks »NS-Romane« und ihre Verfilmungen*, Bielefeld: Aisthesis Verlag. Matthias N. Lorenz (2007): »›Political Correctness‹ als Phantasma. Zu Bernhard Schlinks ›Die Beschneidung‹«, in: Klaus-Michael Bogdal et al. (Hg.): *Literarischer Antisemitismus nach Auschwitz*, Stuttgart, Weimar: Metzler, S. 219-242. Jane Alison (2006): »The Third Victim in Bernhard Schlink's *Der Vorleser*«, in: *Germanic Review* 81, H. 2, S. 163-178. Hans-Joachim Hahn (2005): *Repräsentationen des Holocaust. Zur westdeutschen Erinnerungskultur seit 1979*, Heidelberg: Winter. Sascha Feuchert, Lars Hofmann (2005): *Bernhard Schlink: Der Vorleser. Lektüreschlüssel*, Stuttgart: Reclam. William Collins Donahue (2004): »Der Holocaust als Anlass zur Selbstbemitleidung. Geschichtsschüchternheit in Bernhard Schlinks ›Der Vorleser‹«, in: Stephan Braese (Hg.): *Rechenschaften. Juristischer und literarischer Diskurs in der Auseinandersetzung mit den NS-Verbrechen*, Göttingen: Wallstein, S. 177-197. Kathrin Schödel (2004): »Jenseits der political correctness – NS-Vergangenheit in Bernhard Schlink, Der Vorleser und Martin Walser, Ein springender Brunnen«, in: Stuart Parkes, Fritz Wefelmeyer (Hg.): *Seelenarbeit an Deutschland. Martin Walser in Perspective*, Amsterdam, New York: Rodopi, S. 307-322. Omer Bartov (2000): »Germany as Victim«, in: *New German Critique*, H. 80, S. 29-40.

VI.D5 Jörg Friedrich: *Der Brand*, 2002 veröffentlichte Gesamtdarstellung über – so der Untertitel – »Deutschland im Bombenkrieg 1940–1945«, die im Kontext der Debatte um eine deutsche Opferrolle auf breite Resonanz stieß.

Mit der für ein geschichtswissenschaftliches Werk ungewöhnlich hohen Zahl von rasch über 100.000 verkauften Exemplaren wurde das Buch des Publizisten und Historikers Jörg Friedrich innerhalb kurzer Zeit zum Bestseller. Als maßgeblich für den Erfolg gelten der Vorabdruck eines Textauszuges in der *Bild-Zeitung* sowie die sprachliche Wucht des Autors, die sein Werk von anderen wissenschaftlichen Veröffentlichungen zum Thema unterscheidet und somit einem breiteren Publikum zugänglich macht.

Friedrich stellt den strategischen Luftkrieg der alliierten Westmächte gegen NS-Deutschland dar. Dabei steht das Leiden der Zivilbevölkerung im Vordergrund, die durch die Strategie des »moral bombings« in Opposition zu Hitler getrieben werden sollte. Friedrich zeigt, dass diese Strategie nicht zum gewünschten Erfolg führte, vielmehr Hitlers Regime den Rücken gestärkt hat. Als zentrale These des Buches lässt sich dabei die Behauptung herausfiltern, die systematische »Vernichtung« der deutschen Zivilbevölkerung sei von Engländern und Amerikanern planmäßig durchgeführt worden: »Die meisten Menschen in Deutschland kämpften mit nackten Körpern gegen die vollkommenste Waffengewalt, die je in der Geschichte aufgetaucht war«, so Friedrich 2003 bei der Präsentation seines Buchs in Dresden. Dabei wird insbesondere der britische Premierminister Winston Churchill als »Schlächter« diffamiert und somit als Kriegsverbrecher dargestellt. Die Brisanz solcher Behauptungen war der Auslöser für Diskussionen, die das Erscheinen des Buches nicht nur in Deutschland, sondern vor allem auch in Großbritannien ausgelöst hat.

Der Brand ist nach einem geographischen Prinzip aufgebaut. Akribisch trägt Friedrich alle Einzelheiten über die zerstörten Städte zusammen, listet genau die jeweiligen Opferzahlen auf und erreicht durch wortgewaltige und mit grausigen Details gespickte Beschreibungen des Erstickens und anderer Todesarten der Opfer eine höchst emotionalisierende Wirkung seiner Schilderungen. Hier ergeben sich durchaus Ähnlichkeiten zum inhaltlich konträren, aber ebenso populären Werk Daniel J. Goldhagens über *Hitlers willige Vollstrecker* (→Goldhagen-Debatte [VI. A3]). Neben den Opfern in der Zivilbevölkerung beklagt Friedrich zudem die materiellen Verluste an kultureller Vergangenheit. Auch wenn Friedrich nicht verschweigt, dass die deutsche Luftwaffe mit den Bombardierungen begonnen hatte, zuerst 1937 mit dem Angriff auf die baskische Stadt Guernica, gefolgt 1939 von dem ersten flächendeckenden Luftangriff auf Warschau, so liest sich seine Beschreibung der alliierten Angriffe auf deutsche Städte dennoch nicht wie eine militärische Reaktion, sondern vielmehr wie ein barbarisches Massaker an einer unschuldigen Zivilbevölkerung, dem jede militärische oder völkerrechtliche Grundlage gefehlt habe.

Das Novum von Friedrichs Werk ist seine emotionalisierende Darstellung des Luftkrieges. Sie brachte ihm das Lob vieler Publizisten ein, endlich ein vermeintliches Tabu gebrochen zu haben und dem Leiden der Bevölkerung nach einem halben Jahrhundert des Schweigens zum Ausdruck verholfen zu haben. Andererseits wird ihm seitens der Wissenschaft einseitige Opferbetrachtung, Verleugnung der deutschen Täterschaft, Revisionismus und fehlende Kontextualisierung mit dem Nationalsozialismus vorgeworfen.

Der Behauptung, Friedrich habe mit seinem Buch an ein lange beschwiegenes Tabu gerührt, ist jedoch zu widersprechen. Publikationen wie Hans Erich Nossacks *Der Untergang* (1948) über die Zerstörung Hamburgs, zahlreiche Romane und Zeitschriftenartikel aus den 1950er und 1960er Jahren, die ebenfalls den Luftkrieg zum Thema hatten, oder der 1997 erschienene Essay des Schriftstellers W.G. Sebald über die (vermeintliche) Verdrängung des Themas in der Nachkriegsliteratur (*Luftkrieg und Literatur*) lassen die These eines Tabubruchs unhaltbar erscheinen.

Die einseitige Konzentration auf deutsche Opfer weckt den Verdacht, es gehe Friedrich um eine Aufrechnung der aus dem Holocaust resultierenden deutschen Schuld. Dieser Vorwurf entsteht vor allem durch die verwendete Sprache, mit der Friedrich Luftschutzkeller als »Krematorien«, Bombenopfer als »Ausgerottete«, die Bomber Group Number 5 als »Einsatzgruppe« und den Luftkrieg als »Vernichtungskrieg« bezeichnet. Durch die Verwendung dieser eindeutig konnotierten Begriffe, die eigentlich den Verbrechen des Naziregimes zugeordnet sind, rückt Friedrich den Luftkrieg zumindest semantisch in die

Nähe des Holocaust. Nicht zuletzt diese semantischen Verschiebungen provozierten rigorose Kritiken seines Werkes, die jedoch nicht die Beschäftigung mit deutschen Opfern ausschließen. Spätestens seit Erscheinen von Günter Grass' Novelle *Im Krebsgang* (→Günter Grass: *Im Krebsgang* [VI.D6]) ist diesem Aspekt des Zweiten Weltkriegs in der Öffentlichkeit ein neuer Diskussionsraum eingeräumt worden. Die resultierende Debatte muss jedoch gerade in Deutschland dahingehend hinterfragt werden, inwieweit es ihr gelingt, den Nationalsozialismus und die deutsche Aggression als Bezugsrahmen im Auge zu behalten und ohne Aufrechnungs- oder Verdrängungsabsichten zu gedenken.

LR

Lit.: Jörg Friedrich (2002): *Der Brand. Deutschland im Bombenkrieg 1940–1945*, München: Propyläen. Ralf Steckert (2008): *Begeisterndes Leid. Zur medialen Inszenierung des ›Brands‹ und seiner geschichtspolitischen Wirkung im Vorfeld des 2. Irakkriegs*, Stuttgart: ibidem. Daniel Fulda (2006): »Irreduzible Perspektiven. ›Der Brand‹ von Jörg Friedrich und das Dispositiv des nicht nur literarischen Geschichtsdiskurses seit den 1990er Jahren«, in: Barbara Beßlich, Katharina Grätz, Olaf Hildebrand (Hg.): *Wende des Erinnerns? Geschichtskonstruktionen in der deutschen Literatur nach 1989*, Berlin: Schmidt, S. 133–155. Dietmar Süß (2005): »Erinnerung an den Luftkrieg in Deutschland und England«, in: *Aus Politik und Zeitgeschichte* 55, H. 18/19, S. 1–7. Hannes Heer (2004): *Vom Verschwinden der Täter. Der Vernichtungskrieg fand statt, aber keiner war dabei*, Berlin: Aufbau. Kurt Petzold (2004): »Auch die Geschichte kennt ihre Zahltage – Die Debatte um den ›Bombenkrieg‹«, in: Michael Klundt (Hg.): *Heldenmythos und Opfertaumel. Der Zweite Weltkrieg und seine Folgen im deutschen Geschichtsdiskurs*, Köln: PapyRossa. Ders. (2004): »Massaker und Mongolensturm. Anmerkungen zu Jörg Friedrichs umstrittenem Buch ›Der Brand. Deutschland im Bombenkrieg 1940–1945‹«, in: *Historisches Jahrbuch* 124, S. 521–543. Volker Hage (2003): *Zeugen der Zerstörung. Die Literaten und der Luftkrieg. Essay und Gespräche*, Frankfurt a.M.: Fischer. Lothar Kettenacker (Hg.) (2003): *Ein Volk von Opfern? Die neue Debatte um den Bombenkrieg 1940–45*, Berlin: Rowohlt. Klaus Naumann (2003): »Bombenkrieg – Totaler Krieg – Massaker. Jörg Friedrichs Buch ›Der Brand‹ in der Diskussion«, in: *Mittelweg 36* 12, H. 4, S. 49–60.

VI.D6 Günter Grass: ***Im Krebsgang***, 2002 erschienene Novelle, die eine Diskussion darüber auslöste, inwieweit die Thematisierung deutschen Leidens im Zweiten Weltkrieg 60 Jahre nach dessen Ende (wieder) zulässig bzw. längst überfällig sei.

Grass erzählt in *Im Krebsgang* zum einen von einer realen Schiffskatastrophe: Die »Wilhelm Gustloff« war vor allem mit Flüchtlingen beladen, als sie am 30.1.1945 durch ein sowjetisches U-Boot in der Ostsee versenkt wurde. Geschätzte 7.000 bis 9.000 Menschen starben, darunter vor allem Frauen und Kinder. Zum anderen erzählt die Novelle von den Schwierigkeiten, angesichts der deutschen Schuld von deutschen Opfern zu berichten. Grass bedient sich dabei eines komplexen Erzählverfahrens, das Realität und Fiktion ebenso ineinander blendet wie drei verschiedene Zeitebenen (die Ermordung des NSDAP-Funktionärs Wilhelm Gustloff, der Untergang des nach ihm benannten Flüchtlingsschiffes und die Gegenwart der 1990er Jahre, in der die Erzählung angesiedelt ist). Historisch verbürgte Personen stehen neben neu eingeführten oder aber aus älteren Texten Grass' bekannten Figuren; in der Figur des ›Alten‹, der den Erzähler, den auf dem Flüchtlingsschiff geborenen Journalisten Paul Pokriefke, zum Abfassen der Novelle nötigt, schließlich geht Grass selbst in den Text ein – zu dem er so eine doppelte Distanz und Nähe als Autor und der Erzählung immanente Figur gewinnt. Die Novelle entwirft dabei ein Panorama des Umgangs mit dem Thema der Vertreibung und der deutschen Opfer, das von der Generation der Miterlebenden (die schon aus den *Hundejahren* bekannte Tulla Pokriefke, Überlebende des »Gustloff«-Untergangs), der Generation der Söhne und Töchter (vor allem Tullas Sohn, die Erzählerfigur Paul Pokriefke) bis zur Generation der Enkel (Konny Pokriefke, Wolfgang Stremplin) reicht. Bei allen Unterschieden im Umgang mit dem Thema sind sich Tulla und die Repräsentanten der nachgeborenen Generation in dem Lamento einig, es sei ein »Versäumnis« gewesen, das Thema so lange wegzuschieben. Der ›Alte‹ wird vom Erzähler mit den Worten zitiert, niemals hätte »man über so viel Leid, nur weil die eigene Schuld übermächtig gewesen sei, schweigen, das gemiedene Thema den Rechtsgestrickten überlassen dürfen. Dieses Versäumnis sei bodenlos.« Die Figur der Tulla, deren für Zeitzeugen typische Selbstbezüglichkeit der Erinnerung in der Novelle anschaulich illustriert wird, ergänzt: »Sowas« wie der neue Rechtsextremismus habe nur passieren können, weil man jahrzehntelang »ieber die Justloff nich reden gedurft hat. Bai ons im Osten sowieso nich. Ond bai dir im Westen ham se, wenn ieberhaupt von frieher, denn immerzu nur von andre schlimme Sachen, von Auschwitz und so was jeredet.« Der Erzähler Paul Pokriefke bringt die Problematik der Erinnerungskonkurrenz schließlich auf den Punkt, wenn er – sein eigenes Schweigen reflektierend – festhält, man habe getan, »als hätte es das Schiff ›Wilhelm Gustloff‹ nie gegeben, als fände sich kein Platz für ein weiteres Unglück, als dürfte nur jener und nicht dieser Toten gedacht werden«.

Gerade weil die Gesamtkonzeption der Novelle die Divergenz der generationellen Erinnerung an Flucht und Vertreibung und den mit ihr verbundenen Umgang betont, erhalten die sich wechselseitig verstärkenden Aussagen über die vermeintliche Ignoranz gegenüber den Toten der »Gustloff« ein zusätzliches Gewicht; hier – so scheint die Novelle zu sagen – besitzt das Beharren der Zeitzeugen auf der Bedeutung ihrer Erinnerung ein Potential, das der von Tabus und Konjunkturen abhängigen kulturellen Tradierung der Vergangenheit überlegen ist.

Im *Krebsgang* wird die Kritik an den Versäumnissen der Erinnerung, der einseitigen Fokussierung auf die Deutschen als Täter, insofern noch zugespitzt, als zugleich die Auswirkungen dieser vermeintlichen Verdrängungsleistung am Beispiel der Generation der Enkel vorgeführt wird. Die Ignoranz des halbherzigen 1968ers (→»1968« [IV.A1]) Paul Pokriefkes (sowie dessen geschiedener Ehefrau) mündet in eine Besessenheit der Generation der Enkel, die im *Krebsgang* am Beispiel des sich in der virtuellen Welt des Internet verlierenden Konny Pokriefke und seines ›jüdischen‹ Antagonisten ›David‹ vorgeführt wird. Konny und ›David‹ widmen große Teile ihrer Freizeit der Auseinandersetzung mit dem Nationalsozialismus – Konny aus rechtsradikaler, Wolfgang Stremplin, der sich im Chatroom als Jude ›David‹ ausgibt, aus philosemitischer Perspektive. Beiden Positionen gemeinsam ist eine jeden Sinn für die Realität verlierende Besessenheit (die von Grass mit einer Kritik des Gedächtnismediums Internet verknüpft wird) und eine gleichermaßen fehlgehende Identifikation – mit Gustloff und den Nationalsozialisten auf der einen, mit seinem Attentäter und den Juden überhaupt auf der anderen Seite. Ihre Auseinandersetzung endet schließlich tödlich (Konny erschießt Wolfang bei ihrem ersten Treffen in der realen Welt) und wiederholt die Konstellation des eingangs geschilderten Mordes des jüdischen Attentäters David Frankfurter an Wilhelm Gustloff wie in einem Zerrspiegel.

»Niemals [...] hätte man über soviel Leid [...] schweigen [...] dürfen.« Dieser Satz des ›Alten‹ wurde in der anschließenden Mediendebatte als zentral aufgefasst und in fast jedem Feuilleton-Artikel zitiert. Schon bald aber begannen die Kritiker, den von Grass selbst inszenierten Status als Tabubrecher zu hinterfragen. Ähnlich wie in der Diskussion um W.G. Sebalds Thesen zur Vernachlässigung des »Luftkriegs« in der deutschen Nachkriegsliteratur (→Jörg Friedrich: *Der Brand* [VI.D5]), wurde auch in der Debatte um *Im Krebsgang* darauf hingewiesen, dass sowohl die Thematik von Flucht und Vertreibung als auch das Beispiel der »Gustloff« bereits zuvor filmisch und literarisch bearbeitet und wissenschaftlich erforscht worden sind, ja in den 1950er Jahren sogar massiv den Erinnerungsdiskurs prägten (→Vertriebenenproblematik [II.B4]). Auch wenn Grass als linksliberaler Autor nicht der erste des Aufrechnens »unverdächtige« Schriftsteller war, der sich dem Schicksal der Vertriebenen annahm (siehe Walther Kempowskis *Echolot* oder Siegfried Lenz' *Heimatmuseum*), so scheinen doch der große Erfolg von *Im Krebsgang* – kurz nach dem Erscheinen waren bereits 400.000 Exemplare und damit sieben Auflagen gedruckt – und die Anerkennung durch die Kritik (der Holocaust-Überlebende Marcel Reich-Ranicki behauptete gar, bei der Lektüre geweint zu haben) Indizien für einen Wandel in der deutschen Erinnerungskultur zu sein. Hinzu kam die sich zeitgleich verstärkende Aufmerksamkeit für deutsche Opfererfahrungen im Zweiten Weltkrieg. Ende 2001 wurde Guido Knopps Fernsehreihe DIE GROSSE FLUCHT im ZDF ausgestrahlt (→Geschichtsfernsehen im ZDF [VI.D2]), deren zweite Folge sich ausschließlich dem Untergang der »Gustloff«

widmete. *Im Krebsgang* erschien im Februar 2002, und während die Novelle im März auf der Leipziger Buchmesse vorgestellt wurde, präsentierte der *Spiegel*, der schon dem Erscheinen der Novelle eine Titelgeschichte gewidmet hatte, eine Serie mit dem Titel *Flucht und Vertreibung* (→*Spiegel*-Serien: Deutsche Opfer [VI.D8]). Im November erschien mit *Der Brand* von Jörg Friedrich ein Buch, das die Leiden der deutschen Zivilbevölkerung während der alliierten Luftangriffe thematisiert. *Im Krebsgang* kann somit als Teil und Stimulus des so genannten neuen deutschen Opferdiskurses bewertet werden, der 2002 seinen Höhepunkt fand.

UJ/TF

Lit.: Günter Grass (2002): *Im Krebsgang*. Göttingen: Steidl. Bill Niven (Hg.) (2011): *Die Wilhelm Gustloff. Geschichte und Erinnerung eines Untergangs*, Halle: Mitteldeutscher Verlag. Pól Ó Dochartaigh (2010): »Günter Grass's ›Im Krebsgang‹ as a German Memory Contest Without Jews«, in: *German Life and Letters* 63, H. 2, S. 194-211. Katharina Hall (2009): »›Why only now?‹ The Representation of German Wartime Suffering as a ›Memory Taboo‹ in Günter Grass's Novella ›Im Krebsgang‹«, in: Stuart Taberner, Karina Berger (Hg.): *Germans As Victims in the Literary Fiction of the Berlin Republic*, New York: Camden House, S. 133-146. Michael Paaß (2009): *Kulturelles Gedächtnis als epische Reflexion. Zum Werk von Günter Grass*, Bielefeld: Aisthesis. Siegfried Mews (2008): *Günter Grass and His Critics. From »The Tin Drum« to »Crabwalk«*, New York: Camden House. Alexandra Pontzen (2008): »Der unmögliche Chronotopos. Die ›Stunde Null‹ als Mythos der Narration am Beispiel von Günter Grass' ›Im Krebsgang‹«, in: Matteo Galli, Heinz-Peter Preusser (Hg.): *Deutsche Gründungsmythen*, Heidelberg: Winter, S. 129-142. Michael Braun (2007): »Die Medien, die Erinnerung, das Tabu. ›Im Krebsgang‹ und ›Beim Häuten der Zwiebel‹ von Günter Grass«, in: Ders. (Hg.): *Tabu und Tabubruch in Literatur und Film*, Würzburg: Königshausen & Neumann, S. 117-135. Kirsten Prinz (2004): »›Mochte doch keiner was davon hören‹ – Günter Grass' ›Im Krebsgang‹ und das Feuilleton im Kontext aktueller Erinnerungsverhandlungen«, in: Astrid Erll, Ansgar Nünning (Hg.): *Medien des kollektiven Gedächtnisses. Konstruktivität – Historizität – Kulturspezifität*, Berlin: de Gruyter, S. 179-194. Harald Welzer (2004): »Schön unscharf. Über die Konjunktur der Familien- und Generationenromane«, in: *Mittelweg 36* 13, S. 53-64. Marie Corbin (2003): »Engagement und neue Distanz bei Günter Grass: Vom Wenderoman ›Ein weites Feld‹ zur Flüchtlingsnovelle ›Im Krebsgang‹«, in: Volker Wehdeking, Anne-Marie Corbin (Hg.): *Deutschsprachige Erzählprosa seit 1990 im europäischen Kontext. Interpretation, Intertextualität, Rezeption*, Trier: WVT, S. 79-90. K. Erik Franzen (2003): »In der neuen Mitte der Erinnerung. Anmerkungen zur Funktion eines Opferdiskurses«, in: *Zeitschrift für Geschichtswissenschaft* 51, H.1, S. 49-53. Adolf Höfer (2003): »Die Entdeckung der deutschen Kriegsopfer in der Gegenwartsliteratur. Eine Studie zu der Novelle Im Krebsgang von Günter Grass und ihrer Vorgeschichte«, in: *Literatur für Leser* 26, H. 3, S. 182-197. Harald Welzer (2003): »Von der Täter- zur Opfergesellschaft. Zum Umbau der deutschen Erinnerungskultur«, in: Hans Erler (Hg.): *Erinnern und Verstehen. Der Völkermord an den Juden im politischen Gedächtnis der Deutschen*, Frankfurt a.M.: Campus, S. 100-108. Hermann Beyersdorf (2002): »Von der ›Blechtrommel‹ bis zum ›Krebsgang‹. Günter Grass als Schriftsteller der Vertreibung«, in: *Weimarer Beiträge* 48, H. 4, S. 568-593. Bernd Faulenbach (2002): »Die Vertreibung der Deutschen aus den Gebieten jenseits von Oder und Neiße. Zur wissenschaftlichen und öffentlichen Diskussion in Deutschland«, in: *Aus Politik und Zeitgeschichte* 52, H. 51/52, S. 44-54. Klaus Weigelt (Hg.) (1986): *Flucht und Vertreibung in der Nachkriegsliteratur*, Melle: Knoth.

VI.D7 Anonyma: *Eine Frau in Berlin*, von der deutschen Literaturkritik im Herbst 2003 kontrovers aufgenommener Bericht einer Unbekannten (»Anonyma«) über die letzten Kriegs- und ersten Nachkriegswochen in Berlin unter sowjetischer Besatzung. Die Tagebuch-Aufzeichnungen vom 20. April bis zum 22. Juni 1945, so der Untertitel, schildern auf unsentimentale, oft schockierende Weise die Massenvergewaltigungen deutscher Frauen durch sowjetische Soldaten und wurden in den führenden Feuilletons zunächst als wichtiges historisches Zeugnis aufgenommen. Zwar war das Buch bereits 1954 in New York und 1959 erstmals in deutscher Sprache im Genfer Verlag Kossodo veröffentlicht worden, größeres öffentliches Interesse fand es aber erst mit seinem Erscheinen im Frühsommer 2003 in der von dem Schriftsteller Hans Magnus Enzensberger herausgegebenen Anderen Bibliothek des Eichborn-Verlags. Im Herbst des gleichen Jahres kam es zu einer

Debatte um die Authentizität des Berichts, als Jens Bisky, Redakteur der *Süddeutschen Zeitung*, in einem Artikel vom 24.9.2003 zwei grundlegende quellenkritische Vorbehalte äußerte: Zum einen kritisierte er die ungerechtfertigte Geheimhaltung der im Jahr 2001 verstorbenen Verfasserin. Nach einem Hinweis aus dem persönlichen Umfeld der Autorin deckte er deren Identität als Marta Hillers auf, einer Journalistin, die bis in die letzten Kriegsmonate hinein als freie Mitarbeiterin für deutsche Zeitungen tätig gewesen war, aber auch eine nationalsozialistische Propagandabroschüre verantwortet hatte. Dieser für die Genese des Textes relevante biographische Hintergrund hätte laut Bisky im (ebenfalls anonymen) Vorwort des Buches erwähnt werden müssen. Zum anderen bemängelte er die Differenzen sowohl zwischen der deutschen Erstausgabe von 1959 und der »überaus schlampigen« Ausgabe des Eichborn-Verlags, in der zahlreiche vorher präzise Angaben, etwa zum zeitlichen Geschehen, von unbekannter Hand verunklart wurden; selbst der Schluss des Buchs wurde durch Streichung eines ganzen Absatzes, in dem die Autorin Auskunft zur Textentstehung gibt, verändert. Zudem konnte Bisky zahlreiche philologische Indizien dafür anführen, dass auch zwischen dem handschriftlichen Originaldokument (zwei Schulheften und einer Kladde) und der ersten maschinenschriftlichen Druckvorlage sowie zwischen diesen Quellen und den beiden Buchfassungen aus den 1950er Jahren Unterschiede bestehen müssten. Bisky schloss aus dem Umstand, dass der ursprüngliche Herausgeber von *Eine Frau in Berlin* und enge Freund und Kollege der »Anonyma«, der Autor Kurt W. Marek, die Darstellungen Hillers' nachträglich bearbeitet hatte. Marek gilt unter dem Pseudonym C. W. Ceram als Wegbereiter des literarischen Sachbuchs in Deutschland, etwa mit *Wir hielten Narvik* (1941), einem »Bericht nach Tagebuchaufzeichnungen«. Sein größter Erfolg beim Montieren und Ausschmücken von dokumentarischem Material war der Bestseller *Götter, Gräber und Gelehrte* (1949). Bisky vermutete aus biographischen Umständen des Herausgebers, aber auch aufgrund bestimmter Textsignale in den veröffentlichten Fassungen, dass Marek die Aufzeichnungen der »Anonyma« auf einen plakativen Antikommunismus hin getrimmt habe »und zugleich das Bild bußfertiger Deutscher« zeichne. Das Fazit von Biskys umfangreichen Recherchen fiel entsprechend deutlich aus: Das Buch sei »ein gut inszeniertes Rätsel«, aber »als zeithistorisches Dokument wertlos« – bzw. »in erster Linie ein Dokument für die Umtriebigkeit seiner Herausgeber«.

Hans Magnus Enzensberger, der zuvor die Identität Hillers' mit unzutreffenden Mutmaßungen über die »Anonyma« vernebelt hatte (»Ich stelle mir jemanden vor, der schon 1930 seine ersten Sachen veröffentlicht hat und dann vielleicht in einem Modejournal überwintert hat.«), wies die Vorwürfe des »Enthüllungsjournalisten« und »Schnüfflers« Bisky am 29.9.2003 in einem Interview mit dem *Spiegel* kategorisch zurück und versicherte die Echtheit des Berichts. Der Versuch des *Zeit*-Redakteurs Volker Ullrich, Biskys begründete Vermutungen an den Quellen zu verifizieren, wurde vom Eichborn-Verlag verhindert. Schließlich kündigte der immer stärker unter Rechtfertigungsdruck geratene Verlag an, einen »renommierten Historiker« zu bestellen, der die Editionsgeschichte des Textes prüfen solle. Tatsächlich wurde jedoch der Schriftsteller Walter Kempowski damit beauftragt, der vor allem als Chronist deutscher Kriegserfahrung bekannt geworden ist, die er in seinem Werk *Das Echolot. Ein kollektives Tagebuch* (1993–2005) aus zahlreichen gesammelten Tagebucheinträgen kompiliert hat. Angesichts dessen war Kempowski eine unglückliche Wahl, galt doch das Wort des Romanciers Philologen wie Historikern im Quellenstreit wenig. Das von Kempowski Anfang 2004 vorgelegte, anderthalbseitige Gutachten bestätigte zwar die Originalität der ursprünglichen Notizen und die Reinschrift der Autorin (121 Schreibmaschinenseiten), vernachlässigte jedoch das Verhältnis von Reinschrift und Buchtext. Einen genaueren textkritischen Vergleich hat Kempowski nach eigenem Bekunden aus Zeitgründen nicht vollzogen, sondern nur eine »stichpunktartige Prüfung«. So gab sein defizitäres Gutachten nur Auskunft über veränderte Eigennamen, Ortsangaben und manche Details, die »im Hinblick auf die Veröffentlichung« verändert worden seien. Kempowski hat somit sämtliche prekäre Fragen Biskys geflissentlich ausgespart. Volker Ullrich bilanzierte am 22.1.2004

in der *Zeit*: »Man könnte das ganze Verfahren als Posse abtun, wenn es sich nicht um eines der wenigen herausragenden Zeugnisse über die Massenvergewaltigungen von Frauen im Berlin des Jahres 1945 handelte. Im Eichborn-Verlag scheint man das immer noch nicht begriffen zu haben.«
Letztendlich blieb die Literaturkritik uneinig darüber, ob das Buch trotz ungekennzeichneter nachträglicher Änderungen als »Dokument von eminentem historischen und literarischen Wert« (Felicitas von Lovenberg in der *FAZ*, 20.1.2004) zu rezipieren sei oder ob die Veröffentlichung, da unzuverlässig ediert, nur einer allgemeinen, an der Opfergeschichte der deutschen Zivilbevölkerung im Zweiten Weltkrieg interessierten Stimmungslage entgegen komme (Ursula März in der *Frankfurter Rundschau*, 21.12.2003).

ChR

Lit.: Anonyma (2003): *Eine Frau in Berlin. Tagebuchaufzeichnungen vom 20. April bis 22. Juni 1945*, Frankfurt a.M.: Eichborn. Anja Wieden (2011): *Female Experience of Rape and Hunger in Postwar German Literature, 1945-1960*, Chapel Hill: Univ. of North Carolina at Chapel Hill. Daniela Puplinkhuisen (2009): »Kleine Fußnote zum Untergang des Abendlandes. Das Zusammenspiel von kollektiver Erinnerung und weiblicher Perspektive in Anonymas ›Eine Frau in Berlin‹«, in: *Zeitschrift für Literaturwissenschaft und Linguistik* 39, H. 155, S. 148-161. Jennifer Redmann (2008): »›Eine Frau in Berlin‹. Diary as history or fiction of the self?«, in: *Colloquia Germanica* 41, H. 3, S. 193-210. Constanze Jaiser (2003): »[Rez. v.] Anonyma – Eine Frau in Berlin«, in: *Historische Literatur* 1, H. 4, S. 190-193. Susanne zur Nieden (1993): *Alltag im Ausnahmezustand. Frauentagebücher im zerstörten Deutschland 1943–1945*, Berlin: Orlanda.

VI.D8 *Spiegel*-Serien: Deutsche Opfer, intensive Thematisierung der NS-Vergangenheit durch das Nachrichtenmagazin *Der Spiegel* im Kontext der ›Erinnerungsoffensive‹ seit den frühen 2000er Jahren.
Einerseits griff der *Spiegel* ein bereits seit den 1980er Jahren gestiegenes Interesse der Öffentlichkeit an der NS-Zeit (→Holocaust-Serie [V.B1]) auf, andererseits verstärkte er diesen »Gedächtnisboom« (Ute Frevert) durch seine geballten publizistischen Anstrengungen. So erschien im Jahr 2001 die ungewöhnlich breit angelegte Serie *Die Gegenwart der Vergangen-* *heit. Die Spiegel-Serie zum langen Schatten des Dritten Reichs*, die sich in mehreren Heften und anschließend zusammengefasst in einem *Spiegel special* Themen wie *Hitler und die Deutschen, Holocaust – Zeichen des Bösen, Nationale Mythen* oder der alliierten *Allianz gegen Hitler* annahm. Journalisten, Autoren (unter anderem Bernhard Schlink), Historiker (wie Ian Kershaw, Götz Aly, Norbert Frei, Joachim C. Fest) und Politiker (etwa Helmut Schmidt) schrieben über den neuesten Forschungsstand oder erzählten ihre persönlichen Erinnerungen an die NS-Zeit. Im Vordergrund der Beiträge standen dabei meist der »Dämon« Hitler sowie die engste NS-Führungsriege. Kaum analysiert wurden dagegen die sozialpolitischen Hintergründe für die breite Unterstützung des Nationalsozialismus im Volk.
Im Gegensatz dazu lag der Fokus der späteren Serien zu den Themen *Flucht und Vertreibung der Deutschen aus dem Osten* und *Der Bombenkrieg gegen die Deutschen* (ab März 2002 und Januar 2003) fast ausschließlich auf dem Leiden der deutschen Zivilbevölkerung. In einer Hausmitteilung zu Beginn der vierteiligen Vertreibungs-Serie verkündeten die Verantwortlichen, es sei nun möglich, den »Blick auf die Deutschen auch als Opfer« freizugeben. Den Auftakt machte sodann ein mit *Die Deutschen als Opfer* (13/2002) titulierter Artikel. Zur Erinnerung an den anrückenden 60. Jahrestag des alliierten Bombardements deutscher Städte wurden zahlreiche persönliche, oft emotionale Leidenserfahrungen Deutscher präsentiert, die, so die Schlussfolgerung, unter »Hitlers Krieg« letztlich genauso gelitten hätten wie die Opfer der Deutschen. Das Leid der Kriegsgegner wiederum wurde (zum Beispiel beim Thema Bombenkrieg) eher in allgemeinen Zahlen abgehandelt.
Die *Spiegel*-Serien wurden zeitgleich mit einer publizistischen Flut und zahlreichen TV-Dokumentationen (→Geschichtsfernsehen im ZDF [VI.D2]) lanciert, die allesamt auf eine Neubewertung der jüngeren deutschen Geschichte abzielten. Zum Erfolg der Serien trugen themenverwandte Neuerscheinungen auf dem Buchmarkt bei, so die 2002 veröffentlichte Grass-Novelle *Im Krebsgang*, deren Autor behauptete, es sei an der Zeit, über Dinge zu sprechen, die man unter dem Verdikt der Schuld nie habe aussprechen können

(→Günter Grass: *Im Krebsgang* [VI.D6]). Im gleichen Jahr erschien Jörg Friedrichs ebenso erfolgreiches wie umstrittenes Buch *Der Brand*, dessen Darstellung sich der *Spiegel* in seiner Serie *Der Bombenkrieg* zu Eigen machte (→Jörg Friedrich: *Der Brand* [VI.D5]). Schließlich brachte der *Spiegel*-Buchverlag – dem Vorbild der Guido Knopp-Produktionen im ZDF folgend – zwischen 2002 und 2004 drei Bücher zu den eigenen Serien heraus: *Die Flucht* (2002 – diese Serie wurde auch als Buch in das Programm der Bundeszentrale für politische Bildung aufgenommen), *Als Feuer vom Himmel fiel* (2003) und *Die Gegenwart der Vergangenheit* (2004).

Die *Spiegel*-Serien spielten eine nicht zu unterschätzende Rolle in der Konsensverschiebung im Diskurs über das »Dritte Reich«. Die vom *Spiegel* zu Beginn des neuen Jahrtausends aufgegriffenen Themenfelder wie Bombenkrieg und Vertreibung, aber auch die Dämonisierung Hitlers zeigen, dass die zeitgenössische Wahrnehmung mehr um deutsches Leid kreiste, die deutsche Schuld dagegen als nahezu »abgearbeitet« galt.

ChR

Lit.: Stuart Taberner, Karina Berger (Hg.) (2009): *Germans as Victims in the Literary Fiction of the Berlin Republic*, New York: Camden House. Salzborn (2007): »Opfer, Tabu, Kollektivschuld. Über Motive deutscher Obsession«, in: Ders. et al. (Hg.): *Erinnern, verdrängen, vergessen. Geschichtspolitische Wege ins 21. Jahrhundert*. Gießen: NBKK, S. 17-42. William John Niven (Hg.) (2006): *Germans as Victims. Remebering the Past in Contemporary Germany*. Basingstoke u.a.: Palgrave Macmillan. Stefan Aust, Gerhard Spörl (Hg.) (2004): *Die Gegenwart der Vergangenheit*, Hamburg: Spiegel-Verlag. Stephan Burgdorff, Christian Habbe (Hg.) (2003): *Als Feuer vom Himmel fiel*, Hamburg: Spiegel-Verlag. Ute Frevert (2003): »Geschichtsvergessenheit und Geschichtsversessenheit revisited. Der jüngste Erinnerungsboom in der Kritik«, in: *Aus Politik und Zeitgeschichte* 53, H. 40/41, S. 6-13. Stefan Aust, Stephan Burgdorff (Hg.) (2002): *Die Flucht*, Hamburg: Spiegel-Verlag. (O.V.) (2001): *Die Gegenwart der Vergangenheit. Die SPIEGEL-Serie über den langen Schatten des Dritten Reichs. Spiegel special 1/2001*, Hamburg: Spiegel-Verlag.

VI.D9 Zentrum gegen Vertreibungen, im März 1999 erstmals vorgestellter Plan der Vertriebenenorganisation »Bund der Vertriebenen« (BdV), in Berlin einen zentralen Dokumentations-, Forschungs- und Erinnerungsort über Flucht und Vertreibung der Deutschen zu errichten. Das am 6. September 2000 in Form einer gleichnamigen Stiftung institutionalisierte Vorhaben löste zeitverzögert nicht nur eine intensive politische und mediale Auseinandersetzung über die adäquate Erinnerung an die Zwangsmigration der Deutschen in der Bundesrepublik aus, sondern führte auch zu Kontroversen mit den Nachbarstaaten Polen und Tschechien. Über mehrere Debattenphasen löste sich das Projekt von der ursprünglichen Trägerschaft – und teilweise deren Konzeption – und soll in einem bundeseigenen Museum »über Flucht und Vertreibung der Deutschen während und nach dem Zweiten Weltkrieg sowie über weitere Zwangsmigrationen vornehmlich in Europa im 20. Jahrhundert« münden. Momentan befindet sich die Ausstellung in der Konzeptionierungsphase unter Federführung der Bundesstiftung »Flucht, Vertreibung, Versöhnung« (SFVV, 2008 gegründet), deren Träger das Deutsche Historische Museum Berlin ist.

Vorsitzende der Stiftung »Zentrum gegen Vertreibungen« wurden 2000 der damalige Bundesgeschäftsführer der SPD, Peter Glotz, und die CDU-Abgeordnete Erika Steinbach in ihrer Funktion als Präsidentin des BdV. Seit Mai 1998 hatte sie den Verbandsvorsitz inne und war seitdem wiederholt mit symbol- und realpolitischen Forderungen an die Öffentlichkeit getreten, die Vertreibungen als Unrecht anzuerkennen. Ihre Aktivitäten fügten sich in ein gesellschaftliches Klima Ende der 1990er Jahre ein, in dem der Vertreibungsthematik verstärkte Aufmerksamkeit zuteil wurde. So gab es auf partei- und verbandspolitischer Ebene zahlreiche Initiativen, die sich an die Klientel der (organisierten) Vertriebenen richteten. In deren Kreisen teilweise noch 1989 bestehende Hoffnungen auf eine Grenzrevision wurden mit der Wiedervereinigung enttäuscht, gerade von der ihnen seit den Ostverträgen (→Neue Ostpolitik [IV A.7]) nahestehenden Unionsfraktion. Nun umwarben CDU und CSU diese Gruppe mit anderen Versprechen: Bei den Attacken des bayerischen Ministerpräsidenten und Kanzlerkandidaten Edmund Stoiber im Bundestagswahlkampf 1998 gegen die Beneš-Dekrete im Falle Tschechiens und gegen das vermeintlich polnische Pendant der Bierut-Dekrete ging es im Kern um Eigentumsansprüche der Vertriebenen und ihrer Nachkommen. Zudem machte sich die Unionsfraktion im Bundestag auch auf symbolpolitischer Ebene für die Vertriebenen stark. So wurde im Jahr 1999, zum 50. Jahrestag der Charta der Heimatvertriebenen, ein Antrag zur Erweiterung des bestehenden zentralen Denkmals für die Flüchtlinge und Vertriebenen am Theodor-Heuss-Platz in Berlin eingebracht.

Das Projekt eines Zentrums gegen Vertreibungen geht explizit über diese begrenzten Vorstöße hinaus und stellt sich drei Aufgaben: Erstens soll ein »Gesamtüberblick« über die »mehr als 15 Millionen deutschen Deportations- und Vertreibungsopfer aus ganz Mittel-, Ost- und Südosteuropa mit ihrer Kultur und ihrer Siedlungsgeschichte« sowie die Spätaussiedler gegeben werden, wobei das Gedenken an die Opfer eine besondere Rolle spielen soll. Zweitens soll die Integrationsgeschichte der Flüchtlinge und Vertriebenen hervorgehoben werden und drittens sollen andere Vertreibungen in die Darstellung des Zentrums aufgenommen werden. Unter den Schlagworten »Vertreibung und Genozid« wiesen die Stiftungsziele besonders den Genozid an den Armeniern und den Mord an den europäischen Juden aus.

Erste politische Reaktionen auf das Projekt waren eher positiv, auch wenn einzelne Politiker wie der damalige Bundeskanzler Gerhard Schröder sich früh distanzierten. In der Frühphase hatte das Projekt auch Unterstützer von den Grünen und aus der SPD, darunter prominent Otto Schily, der seine Position beibehielt. Erst 2002 war eine parteipolitische Polarisierung zu beobachten: Im März stellten die Unionsparteien einen Bundestagsantrag auf Unterstützung des Zentrum gegen Vertreibungen in der vom BdV angedachten Form; der Gegenantrag der rot-grünen Regierungsparteien zur Unterstützung eines europäischen Netzwerkes und der Beschluss des Bundestags für ein europäisches Zentrum folgten im Juli 2002. In der Debatte polarisierte die Frage nach dem Standort, und damit verknüpft, die Frage, wie sich das Gedenken an Flucht und Vertreibung zum Gedenken an den Holocaust in der Stiftungskonzeption verhalte. Steinbach selbst forderte auf einer Pressekonferenz im Juni 2000, das Zentrum gegen Vertreibungen »in geschichtlicher und räumlicher Nähe« zum →Holocaust-Mahnmal in Berlin [VI.A2] zu errichten. Angesichts der Tatsache, dass sich seit Ankunft der deutschen Flüchtlinge und Vertriebenen eine reichhaltige lokale und regionale Ausstellungskultur etablierte, auf privater Ebene mit den »Heimatstuben«, auf regionaler in Ostdeutschen Landesmuseen, wird deutlich, dass es mit dem Projekt eines Zentrums gegen Vertreibungen nicht zuletzt darum ging, die Flüchtlinge und Vertriebenen als Opfer (im Sinne des BdV) in die Gedenklandschaft der neuen Bundeshauptstadt Berlin einzuschreiben.

Die Bundestagsanträge 2002 wurden begleitet von einer Debatte um den potentiellen Standort eines solchen Erinnerungsorts. Markus Meckel (SPD) sowie die polnischen Publizisten Adam Michnik und Adam Krzemiński plädierten für Breslau/Wrocław, einen Ort, an dem sich die Zwangsmigration von Deutschen und Polen im Zuge des Zweiten Weltkrieges gemeinsam verdeutlichen ließe. Weitere Vorschläge wie Görlitz folgten, die die deutschen Medien interessiert aufnahmen. Durch die mediale Verkürzung auf die Standortfrage in dieser Debattenphase fehlte eine inhaltliche Auseinandersetzung mit der grundsätzlichen Frage, ob ein einheitlicher Erinnerungsort an die Zwangsmigration überhaupt nötig sei. Die Debatte wies damit ähnliche Verkürzungen auf wie die Debatten um Deutsche als Opfer (→Günter Grass: *Im Krebsgang* [VI.D6], →Jörg Friedrich: *Der Brand* [VI.D5]), in denen verstärkt ab 2002 ein vermeintlich verdrängtes und tabuisiertes deutsches Martyrium im Zweiten Weltkrieg konstruiert wurde.

Im Jahr 2003 wuchs sich die Debatte um ein Zentrum gegen Vertreibungen, die bislang hauptsächlich innerdeutsch geführt wurde, zu einer deutsch-polnischen Krise aus. In Reaktion auf innenpolitische Instrumentalisierungen der Vertreibungsthematik im deutschen Wahlkampf 2002 wurde das geplante Zentrum zunehmend als Teil einer größeren erinnerungskulturellen Revision interpretiert, an deren Ende die polnische Öffentlichkeit eine Relativierung der deutschen Täterschaft befürchtete. Dem BdV als Träger des Zentrums wurde besonders misstraut, da in dessen Umfeld Restitutionsansprüche geäußert wurden. Seit der Jahrtausendwende mehrten sich in Polen – nachdem in den 1990er Jahren die deutsch-polnische Annäherung, nicht zuletzt wegen des Interesses am NATO- und EU-Beitritt, wichtiges polnisches außenpolitisches Ziel war – europakritische Stimmen, die unter anderem die Dominanz Deutschlands in der EU anprangerten. Die im Jahr 2001 aus diesen Milieus erwachsene Partei *Prawo i Sprawiedliwość* [Recht und Gerechtigkeit] kam 2005 in Regierungsverantwortung und schrieb sich den Kampf gegen einen als omnipräsent wahrgenommenen deutschen Geschichtsrevisionismus auf die Fahnen. Der Regierungswechsel 2007 beruhigte die deutsch-polnische Beziehung, wenngleich die Folgeprojekte des Zentrums weiterhin Misstrauen hervorrufen. Auf deutscher Seite einigten sich CDU und SPD nach der Bundestagswahl 2005 in ihrem Koalitionsvertrag auf die Errichtung eines »sichtbare[n] Zeichen[s]«, das sich in modifizierter Form an das Ursprungsprojekt anschließen, aber das »Europäische Netzwerk Erinnerung und Solidarität« miteinbeziehen sollte. Diese 2006 gegründete Institution spiegelt den Versuch der Europäisierung nationaler Geschichtsdebatten wider und wird von vielen Historikern unterstützt. 2008 beschloss das Bundeskabinett eine neue Einrichtung zum Gedenken an Flucht und Vertreibung und gründete dazu die Bundesstiftung SFVV. Der Zweck der Stiftung ist »im Geiste der Versöhnung, die Erinnerung und das Gedenken an Flucht und Vertreibung im 20. Jahrhundert im historischen Kontext des Zweiten Weltkrieges und der nationalsozialistischen Expansions- und Vernichtungspolitik und ihrer Folgen wach zu halten.« Zur Erfüllung des Zwecks soll im Berliner »Deutschlandhaus« eine Dauerausstellung zu Flucht und Vertreibung entstehen, ergänzt durch Wechselausstellungen und ein Archiv.

Die Verstaatlichung der Initiative bedeutete jedoch nicht das Ende der Kontroversen. Bereits die Berufung Manfred Kittels zum Direktor wurde als falsche Weichenstellung kritisiert. 2007 hatte Kittel die These einer Tabuisierung der Vertreibungserinnerung vertreten, was von vielen anderen Historikern angezweifelt wird. Die entscheidende Personalie war aber Erika Steinbach. Sie war von ihrem Verband für einen der Sitze im Stiftungsrat vorgesehen, war aber vor allem für die polnische Seite untragbar. Im Februar 2010 verzichtete Steinbach aufgrund massiven öffentlichen Drucks auf einen Sitz. Doch auch die Berufung von zwei anderen BdV-Vertretern, Arnold Tölg und Hartmut Saenger, die sich mit als revisionistisch interpretierten Äußerungen hervorgetan hatten, schürte weiteres Misstrauen gegen das Erinnerungsprojekt. Zudem brach der 2009 gegründete international besetzte Beirat bereits 2010 auseinander, da von polnischen Historikern der Vorwurf geäußert wurde, das Projekt sei zu fixiert auf innerdeutsche Verständigungsprozesse über die Vertriebenen als Opfer.

Nach langem inhaltlichem Schweigen verabschiedete die SFFV im Juni 2012 die Leitlinien für die geplante Dauerausstellung. Zuvor diskutierten Historiker außerhalb der SFFV einen möglichen Zuschnitt des Erinnerungsprojektes und forderten die qualitativen Unterschiede zwischen der nationalsozialistischen Vertreibungs- und Vernichtungspolitik und anderen Zwangsmigrationen, darunter die Vertreibung der Deutschen, gebührend herauszustreichen. Eine additive Darstellung von Zwangsmigrationen, wie in der vorangegangenen Ausstellung des BdV »Erzwungene Wege« (2006) erprobt, diene nicht der historischen Aufklärung, da Unterschiede verwischt würden. Im nun vorliegenden Konzept der SFFV steht ein Bekenntnis zur Multiperspektivität in der Erzählung der Zwangsmigrationen und zur Aufklärung über nationalsozialistische Verbrechen sowie eine Distanzierung von »aufrechnenden Deutungsversuchen«, allerdings wird festgehalten: »In Bezug auf die Vertreibungen im 20. Jahrhundert ist zu konstatieren: Unrecht hat in der Geschichte oft zu neuem Unrecht geführt, doch schafft früheres Unrecht, auch wenn es noch so groß war, keine rechtliche oder moralische Legitimation für neues Unrecht. Das gilt auch und gerade für die Vertreibung der Deutschen im östlichen Europa nach 1945.« Auch wenn die konkrete Ausgestaltung der Erinnerungsstätte noch abzuwarten bleibt, lässt sich festhalten, dass ein Ziel der Zentrums-Initiative des BdV durch die Quasi-Verstaatlichung erreicht wurde: In der Gedenklandschaft Berlins und der Bundesrepublik einen zentralen Ort zur Erinnerung an Flucht und Vertreibung der Deutschen zu etablieren, der das Geschichtsbild von diversen Besuchergruppen (in- und ausländische Touristen, Schulklassen) prägen wird.

MR

Lit.: Maren Röger (2011): *Flucht, Vertreibung und Umsiedlung. Mediale Erinnerungen und Debatten in Deutschland und Polen seit 1989*, Marburg: Herder (Studien zur Ostmitteleuropaforschung, 23).Tim Völkering (2011): *»Flucht und Vertreibung« ausstellen – aber wie? Konzepte für die Dauerausstellung der »Stiftung Flucht, Vertreibung, Versöhnung« in der Diskussion*. Bonn: Friedrich-Ebert-Stiftung, Archiv der Sozialen Demokratie (Gesprächskreis Geschichte, 93). Eva Hahn, Hans Henning Hahn (2010): *Die Vertreibung im deutschen Erinnern. Legenden, Mythos, Geschichte*, Paderborn: Schöningh. Philipp Ther (2010): »Zentrum gegen Vertreibungen«, in: Brandes, Detlef; Sundhaussen, Holm; Troebst, Stefan (Hg.): *Lexikon der Vertreibungen. Deportation, Zwangsaussiedlung und ethnische Säuberung im Europa des 20. Jahrhunderts*, Wien: Böhlau, S. 736-739. Tim Völkering (2008): *Flucht und Vertreibung im Museum. Zwei aktuelle Ausstellungen und ihre geschichtskulturellen Hintergründe im Vergleich*, Berlin u.a.: LIT (Zeitgeschichte Zeitverständnis, 17). Jürgen Danyel, Philipp Ther (Hg.) (2005): *Nach der Vertreibung. Geschichte und Gegenwart einer kontroversen Erinnerung*. Themenheft der Zeitschrift für Geschichtswissenschaft 53, H. 10. Dieter Bingen, Wlodzimierz Borodziej, Stefan Troebst (Hg.) (2003): *Vertreibungen europäisch erinnern? Historische Erfahrungen, Vergangenheitspolitik, Zukunftskonzeptionen*, Wiesbaden: Harrassowitz (Veröffentlichungen des Deutschen Polen-Instituts Darmstadt, 18). Jürgen Danyel, Philipp Ther (Hg.) (2003): *Flucht und Vertreibung in europäischer Perspektive*. Themenheft der Zeitschrift für Geschichtswissenschaft 51, H.1. Samuel Salzborn (2003): »Geschichtspolitik in den Medien: Die Kontroverse über ein ›Zentrum gegen Vertreibungen‹«, in: *Zeitschrift für Geschichtswissenschaft* 51, H. 12, S. 1120-1130.

VI.D10 Dresden 1945, Chiffre für Gedenkveranstaltungen und -initiativen anlässlich der Bombardierung Dresdens durch britische und amerikanische Luftwaffenverbände vom 13. auf den 14. Februar 1945.
Bereits in der DDR avancierte »Dresden 1945« zu einem staatlichen Erinnerungsort, der am Jahrestag der Bombardierung, am 13. Februar, meist aufwendig begangen wurde. Standen dabei zunächst Appelle an den Wiederaufbau im Fokus, erhielt das Gedenken seit den 1950er Jahren eine außenpolitische Tendenz. Während des Kalten Krieges war der alliierte »Bombenterror« gegen Dresden ein beliebter Erinnerungsanlass, um »gegen die anglo-amerikanischen Kriegstreiber« (so die sächsische SED-Landesleitung 1950), insbesondere gegen die USA zu hetzen. Noch 1983 mahnte die *Sächsische Zeitung* anlässlich des Jahrestags der Bombardierung »Europa darf kein Euroshima sein« und stilisierte Dresden zum Menetekel einer sinnlosen und verbrecherischen Kriegsführung. Pikanterweise griffen Politiker und Presse mit solchen Deutungen mitunter auf Narrative der NS-Propaganda zurück, die den Angriff bereits 1945 zum Anlass für eine Pressekampagne gegen den alliierten »Bombenterror« genutzt hatte. Bis heute wirken die von Reichspropagandaministerium und Auswärtigem Amt überhöhten Opferzahlen in den Auseinandersetzungen um die Bombardierung und ein angemessenes Gedenken nach.
Internationale Aufmerksamkeit erhielt das Gedenken seit den 1990er Jahren, was sich auf drei Entwicklungen zurückführen lässt: Erstens avancierten Dresden und die Frauenkirche zu einem internationalen Symbol der Versöhnung. Zweitens sorgten rechtsextreme Erinnerungsinitiativen seit den späten 1990er Jahren für bundesweite Aufmerksamkeit. Drittens steht »Dresden 1945« seit den 1990er Jahren vermehrt auch im Fokus einer wissenschaftlichen Auseinandersetzung.
Nach der deutsch-deutschen Vereinigung warben Initiativen mit dem Versöhnungsgedanken um Spenden in der ganzen Welt für den Wiederaufbau der durch Bomben zerstörten Frauenkirche. Bereits die staatliche Gedenkveranstaltung zum 50. Jahrestag der Bombardierung 1995 gab für diese Neuinterpretation ein Beispiel. Neben britischen und amerikanischen Rednern sprach auch Bundespräsident Roman Herzog (CDU) über den Angriff und beschrieb das Versöhnungsmotiv als eine »Mahnung für alle Zukunft!« Steingeworden ist dieses Motiv seit der Weihe der wiederaufgebauten Frauenkirche im Oktober 2005. Während des ökumenischen Weihgottesdienstes erinnerten Bundespräsident Horst Köhler (CDU), der anglikanische Bischof der von der deutschen Luftwaffe zerstörten Stadt Coventry, Colin Bennets, und der sächsische Evangelische Landesbischof Jochen Bohl an das gemeinsame Aufbauwerk als Ausdruck europäischer Einheit. Fortan, so Köhler, stehe die Frauenkirche »für die Kraft der Versöhnung und für das, was uns eint«. Dass dieses

Narrativ auch massenmedial kompatibel war, bewies nur ein Jahr später die Ausstrahlung des ZDF-Zweiteilers DRESDEN (D, 2006, Regie: Roland Suso Richter). Der Film, der zu den teuersten deutschen TV-Produktionen zählt, inszeniert die Liebe zwischen einer deutschen Krankenschwester und einem abgestürzten britischen Piloten als romantische Version der Versöhnung ehemaliger Kriegsgegner. Montagen von Spielfilm- mit Dokumentarszenen rücken das Werk in den Kontext zahlreicher TV-Dokumentationen, mit denen sich das ZDF in dieser Zeit der Geschichte des »Dritten Reichs« annahm (→Geschichtsfernsehen im ZDF [VI.D2]).

1998 zogen rechtsextreme »Kameradschaften« und Mitglieder der NPD erstmals anlässlich des Jahrestags der Bombardierung in einem »Trauermarsch« durch die Stadt, um gegen den »Bombenholocaust« vom Februar 1945 zu demonstrieren und sich als »Volksfront von rechts« zu inszenieren (→Rechtsextremismus [VI.E6]). Diese rechtsextreme Erinnerung rief wiederum Demonstrationen und Veranstaltungen auf den Plan, die als »Gegenerinnerung« eine revanchistische »Übernahme« des Gedenktags verhindern wollten. Dass die Landesregierung (CDU/SPD) im Sächsischen Landtag 2008 einen Gesetzentwurf zum Schutz des Gedenktages vor rechtsextremistischen Organisationen einbrachte, unterstreicht das Konfliktpotenzial, das vom Gedenken seit den 1990er Jahren ausgeht. Wirksamer als Gesetze waren indes Reaktionen unterschiedlicher zivilgesellschaftlicher Gruppierungen. Vereine wie die »Interessengemeinschaft 13. Februar«, kirchliche Akteure und Zeitzeugen setzten mit Gedenkveranstaltung ein »Zeichen gegen rechts«, wie es anlässlich einer großen NPD-Demonstration zum 60. Jahrestag 2005 hieß. Noch deutlichere Zeichen setzten Antifa-Gruppen, die sich seit 1998 mit Gegendemonstrationen gegen die alljährlichen »Trauermärsche« der Rechten und gegen ein einseitiges Opfergedenken der Deutschen wehrten. Dass dabei mitunter polemische Forderungen wie »no tears for Krauts« zu hören waren, sorgte wiederum für Anfeindungen nicht zuletzt durch Zeitzeugen und deren Angehörige, die ihre persönliche Leidenserfahrungen instrumentalisiert bzw. verhöhnt sahen.

Die Einberufung einer Historikerkommission im Oktober 2004 durch den Dresdner Oberbürgermeister Ingolf Roßberg (FDP) zielte nicht nur auf eine Klärung der Opferzahlen, die seit 1945 immer wieder Anlass für Spekulationen und Streit gegeben hatten. Darüber hinaus sollten die Kommissions-Ergebnisse einer Versachlichung der Erinnerungsdebatte dienen. Dass diese Zielsetzung nicht gänzlich erreicht wurde, unterstreicht die nach wie vor anhaltende Kritik an der Darstellung der Opferzahlen, die einigen Dresdnern als zu gering erscheinen. Während zuvor von mehr als 100.000, z.T. sogar bis zu einer Million Bombenopfern die Rede war, kam die Historikerkommission auf eine Zahl von »bis zu 25.000 Toten«.

Angesichts dieser Entwicklungen steht das Gedenken an »Dresden 1945« als markantes Beispiel für die Konjunkturen deutscher Opfer im Erinnerungsdiskurs seit der Jahrtausendwende. Schließlich ging und geht es in der Erinnerung an den 13. Februar nie nur um Dresden an sich, sondern ebenso um den Stellenwert der Bomben- und Vertreibungsopfer in der bundesdeutschen Erinnerungskultur sowie um das Verhältnis zwischen deutscher Schuld bzw. Verantwortung und deutschem Leid. Darüber hinaus verweist der Erinnerungsort »Dresden 1945« aber auch auf eine lange Erinnerungstradition in anderen Städten. Das Gedenken an die Deutschen als Opfer war keineswegs jahrzehntelang ein Tabu, wie es seit der Jahrtausendwende immer wieder zu hören ist [→Jörg Friedrich: *Der Brand* [VI.D5]; →*Spiegel*-Serien: Deutsche Opfer [VI.D8]). Vielmehr gehörte das Gedenken an die alliierten Bombardierungen fest ins Erinnerungsrepertoire deutscher Städte, nicht nur in der DDR, sondern ebenso in der Bundesrepublik. Und nicht zuletzt regt das Gedenken an »Dresden 1945« dazu an, Erinnerungstraditionen an die Deutschen als Opfer bis an ihre Ursprünge zurückzuverfolgen. Dass wesentliche Narrative und Symbole für »Dresden 1945« bereits im »Dritten Reich« geprägt wurden, sensibilisiert für eine »longue durée« der Erinnerung an den Bombenkrieg – und zwar nicht nur in Dresden.

MT

Lit.: Historikerkommission (2010): *Abschlussbericht der Historikerkommission zu den Luftangriffen auf Dresden zwischen dem 13. und 15. Februar 1945*, Dresden [www.dresden.de/media/pdf/infoblaetter/

Historikerkommission_Dresden1945_Abschlussbericht_V1_14a.pdf]. Thomas Fache (2009): »Gegenwartsbewältigung. Dresdens Gedenken an die alliierten Luftangriffe vor und nach 1989«, in: Jörg Arnold et al. (Hg.): *Luftkrieg. Erinnerungen in Deutschland und Europa*, Göttingen: Wallstein, S. 221-238. Anja Pannewitz (2008): »Die wiederaufgebaute Dresdner Frauenkirche und die Erinnerung an NS und Zweiten Weltkrieg«, in: *Deutschland Archiv* 41, S. 204-214. Malte Thießen (2008): »Gemeinsame Erinnerungen im geteilten Deutschland. Der Luftkrieg im ›kommunalen Gedächtnis‹ der Bundesrepublik und der DDR«, in: *Deutschland Archiv* 41, S. 226-232. Bill Niven (2006): »The GDR and Memory of the Bombing of Dresden«, in: Ders. (Hg.): *Germans as Victims. Remembering the Past in Contemporary Germany*, Palgrave: New York, S. 109-129. Matthias Neutzner (2005): »Vom Anklagen zum Erinnern. Die Erzählung vom 13. Februar«, in: Oliver Reinhard et al. (Hg.): *Das rote Leuchten. Dresden und der Bombenkrieg*, edition Sächsische Zeitung: Dresden, S. 128-163. Thomas Widera (2005): »Gefangene Erinnerung. Die politische Instrumentalisierung der Bombardierung Dresdens«, in: Lothar Fritze et al. (Hg.): *Alliierter Bombenkrieg. Das Beispiel Dresden*, Göttingen: V&R unipress. Gilad Margalit (2002): »Der Luftangriff auf Dresden. Seine Bedeutung für die Erinnerungspolitik der DDR und für die Herauskristallisierung einer historischen Kriegserinnerung im Westen«, in: Susanne Düwell et al. (Hg.): *Narrative der Shoah. Repräsentationen der Vergangenheit in Historiographie, Kunst und Politik*, Paderborn: Schöningh, S. 189-207.

VI.E Antisemitismusdebatten und Rechtsextremismus

VI.E1 Jürgen Möllemanns Israel-Flugblatt, Affäre um unsachliche Israelkritik sowie antisemitische Äußerungen, die der FDP-Politiker Jürgen Möllemann im Wahljahr 2002 vortrug und die zusammen mit dem Skandal um Martin Walsers unter Antisemitismusverdacht stehendem Roman *Tod eines Kritikers* (→Martin Walser: *Tod eines Kritikers* [VI.E2]) im Frühsommer 2002 in eine deutsche Antisemitismusdebatte mündete.
Eng verknüpft mit dem Streit um Möllemann, der auch unter der Bezeichnung »Flugblattaffäre« diskutiert wurde, waren der aus Syrien stammende Jamal Karsli, Grünen-Abgeordneter im nordrhein-westfälischen Landtag, sowie Michel Friedman, Fernseh-Talkmaster und stellvertretender Vorsitzender des Zentralrats der Juden in Deutschland.
Die Wurzeln des Antisemitismusstreits vom Sommer 2002 liegen im März des Jahres, als israelische Truppen in die Palästinensergebiete einmarschierten. Jamal Karsli kritisierte die israelische Politik aufs schärfste, indem er in einer von ihm am 15.3. verbreiteten Presse-Erklärung behauptete, die Auseinandersetzung mit den Palästinensern werde von den Israelis mit »Nazimethoden« geführt. Als ›Beleg‹ insinuierte er die »Konzentration Tausender gefangener Palästinenser in großen Lagern, wo diesen Nummern in die Hand tätowiert werden«; die israelische Armee betreibe »in den palästinensischen Gebieten eine Politik der verbrannten Erde«. Diese Vergleiche des Nahostkonflikts mit dem Holocaust und NS-Vernichtungskrieg lösten in den Reihen von Bündnis 90/Die Grünen einen Eklat aus, stellten sie doch das Kollektiv der Opfer des Holocaust auf eine Stufe mit seinen Mördern – eine Rhetorik der Täter-Opfer-Nivellierung, die gemeinhin vor allem von Rechtsextremen verbreitet wird (→Rechtsextremismus [VI.E6]). Einem Parteiausschluss kam Karsli durch seinen Austritt aus Partei und Fraktion am 23.4. zuvor, den er damit begründete, dass die Nahostpolitik der Grünen nicht mehr seinen Vorstellungen entspreche. Karsli unterstrich seine antisemitisch geprägte Wahrnehmung am 3.5. in einem Interview, das er der neurechten Zeitung *Junge Freiheit* gab und in dem er unterstellte, es gebe eine »zionistische Lobby«, die den »größten Teil der Medienmacht in der Welt« innehabe. Jürgen Möllemann, Vorsitzender der FDP in Nordrhein-Westfalen und selbst bekannt für seine harsche Kritik am Staat Israel (er hatte zum Beispiel im April die palästinensischen Selbstmordattentate gegen israelische Zivilisten gerechtfertigt), nahm Karsli dessen ungeachtet in die Landtagsfraktion der FDP auf. Karsli wurde zudem am 15.5. Parteimitglied. Zu einer Affäre von bundesweiter Dimension wurde der Fall wegen der Protektion Karslis durch den ehemaligen Vizekanzler der Bundesrepublik (1992/93) und nun stellvertretenden Bundesvorsitzenden der FDP Möllemann, aber auch wegen der zögerlichen Haltung der FDP-Spitze, die sich lange nicht zu einer deutlichen Verurteilung des Vorgangs entschließen konnte (erst am 5.6. musste Karsli die

Fraktion auf Druck des FDP-Bundesvorstands wieder verlassen). Dies trug der Parteiführung um Guido Westerwelle den Vorwurf ein, gezielt ein rechtsextremes Wählerpotential anzusprechen und dessen Meinungen damit hoffähig zu machen. Die Affäre nahm noch an Schärfe zu, als Möllemann vor laufender Fernsehkamera die Forderung des Zentralrats der Juden nach einem Ausschluss Karslis aus der FDP damit beantwortete, »dass kaum jemand den Antisemiten, die es in Deutschland gibt und die wir bekämpfen müssen, mehr Zulauf verschafft als Herr Sharon und in Deutschland Herr Friedman – mit seiner intoleranten gehässigen Art«. Die Kritik an dem für seine scharf und polemisch geführten Fernsehinterviews bekannten Friedman und an dem israelischen Regierungschef bedient ein tradiertes Muster antisemitischer Rhetorik, indem es suggeriert, ›die Juden‹ seien am Antisemitismus selber schuld. Die Grünen-Bundestagsabgeordnete Claudia Roth reichte daraufhin Klage wegen Volksverhetzung gegen Möllemann ein (→Volksverhetzung als Straftat [II.A9]); im Gegenzug verklagte der Offenbacher FDP-Bundestagskandidat Oliver Stirböck den grünen Bundesaußenminister Joschka Fischer, da dieser mit seiner Aussage, die FDP sei »ein Hort des Antisemitismus«, 60.000 FDP-Mitglieder diffamiert habe. Doch auch zahlreiche prominente FDP-Politiker verurteilten Möllemanns Äußerungen, so etwa Otto Graf Lambsdorff in der *Westdeutschen Zeitung* am 24.5.: »Es ist nicht erlaubt, Friedman zu unterstellen, er produziere Antisemitismus. Das heißt nämlich, er darf sich nicht äußern, weil er Jude ist.« Die FDP-Ehrenvorsitzende Hildegard Hamm-Brücher hatte bereits zwei Wochen zuvor mit ihrem Parteiaustritt gedroht, sollte die FDP Karslis und Möllemanns Kurs weiter tolerieren (ein Schritt, den sie nach 54 Jahren Mitgliedschaft am 22.9., dem Tag der Bundestagwahl, auch vollzog).

Jürgen Möllemann inszenierte sich indes als aufrechter Tabubrecher, der mit ideologischer Unbeweglichkeit aufräume; die Wahnhaftigkeit seines Projektes offenbart sich in folgender Zeitungskolumne: »Die Historiker werden später schreiben: Zu Beginn des dritten Jahrtausends prägte eine Welle des erwachenden Selbstbewusstseins der Menschen die Völker und Staaten Europas. Ein mündiges Volk von Demokraten nach dem anderen zwang die politische Klasse, sich an Haupt und Gliedern zu erneuern.« (*Neues Deutschland*, 27.5.) Sein Hinweis »es begann in Österreich« signalisiert ein bewusstes Anknüpfen Möllemanns an den Rechtspopulismus des durch fremdenfeindliche und antisemitische Äußerungen aufgefallenen österreichischen Politikers Jörg Haider (FPÖ). Westerwelle jedoch verteidigte Möllemann weiter und stellte die »Protest«-Partei FDP als mutiges Opfer einer Medienkampagne dar. Er insistierte – den Sachverhalt von Karslis und Möllemanns Äußerungen verharmlosend – darauf, man müsse Israel doch kritisieren dürfen. Vor allem die *FAZ* druckte im Verlauf der Debatte immer wieder Beiträge, die diese bigotte Haltung stützten, indem sie nicht die getätigten antisemitischen Äußerungen als Skandalon ausmachten, sondern vielmehr deren »schrille« (so Lorenz Jäger am 23.5.) Verurteilung durch den Zentralrat der Juden.

Die breite öffentliche Aufmerksamkeit wusste Möllemann im Kontext der Bundestagswahlen zu nutzen, für die er als FDP-Wahlziel ebenso Aufsehen erregende wie utopische 18 Prozent Stimmenanteil ausgegeben hatte. Der *Berliner Tagesspiegel* kommentierte am 19.5. konsterniert, Möllemann wolle »die 18 Prozent wirklich: mit Muslimen, mit Antisemiten, mit allen, denen die ganze Konsensdemokratie nicht mehr passt«. Höhepunkt seines populistischen Stimmenfangs jenseits der Ränder des demokratischen Spektrums stellte ein Flugblatt dar, in dem Möllemann eine Woche vor der Wahl unter der konfrontativen Überschrift »Klartext. Mut. Möllemann.« seinen Konflikt mit Sharon und Friedman wieder aufnahm. Dieses Flugblatt, das an alle Haushalte in Nordrhein-Westfalen verteilt wurde, stellte – wie seinerzeit Karslis Pressemitteilung – eine Privatinitiative dar, die nicht mit den Parteigremien abgesprochen war. Erst nachdem das Wahlergebnis der FDP die angestrebten 18 Prozent deutlich verfehlt hatte und bei der Suche nach Verantwortlichen für das schlechte Abschneiden der Partei auch Möllemanns Israel-Flugblatt mitverantwortlich gemacht wurde, distanzierte sich Westerwelle von seinem Stellvertreter. Die FDP verklagte Möllemann auf Preisgabe der anonymen Geldquelle zur Finanzierung des Flugblattes, der nacheinander von seinen

Ämtern im Bundes- und im Landesvorstand sowie als Fraktionschef der Partei zurücktrat. Endgültig desavouiert war er, als sich herausstellte, dass er selbst die Druckkosten für das umstrittene Wahlkampf-Flugblatt gesetzeswidrig in Form von künstlich gestückelten Kleinbeträgen der Parteikasse gespendet hatte. Zwei Ermittlungsverfahren der Düsseldorfer Staatsanwaltschaft sowie der Ausschluss aus der FDP-Bundestagsfraktion folgten. An dem Tag, an dem Möllemanns Immunität als Abgeordneter aufgehoben wurde (5.6.2003), verübte er bei einem Fallschirmsprung Selbstmord.

Die beiden Debatten um Möllemann/Karsli/Friedman und um Walsers *Tod eines Kritikers* wurden in unterschiedlichen Ressorts und um unterschiedliche Gegenstände – antizionistische und antisemitische Rhetorik zur Mobilisierung rechter Wähler einerseits, Literatur als Ort zur Pflege von Ressentiments andererseits – geführt. Ihr gemeinsamer Nenner ist jedoch neben der zeitlichen Koinzidenz, die dazu führte, dass sich beide Debatten in der öffentlichen Wahrnehmung wechselseitig verstärkten, ein als Tabubruch empfundener Umgang mit Juden, den die Akteure augenscheinlich gezielt einsetzten, um Aufmerksamkeit zu erzielen. Die Flugblattaffäre zeigte zwar, dass antisemitische Rhetorik in der Bundesrepublik nicht mehrheitsfähig ist, sie demonstrierte jedoch auch, dass die gezielte Verletzung des demokratischen Konsens, wenn sie mit dem Gestus eines Tabubruchs vorgetragen wird, zumindest kurzfristig eine gesteigerte Medienaufmerksamkeit bewirkt. Damit wird die öffentliche Problematisierung von Antisemitismus, die als Sicherungsinstanz gegenüber extremistischen Tendenzen fungiert, zur simplen Herstellung gesteigerter Beachtung missbraucht, dabei als reflexartiger Automatismus vorgeführt und so letztlich in ihrer demokratischen Funktion ausgehöhlt.

MNL

Lit.: Lars Rensmann (2004): *Demokratie und Judenbild. Antisemitismus in der politischen Kultur der Bundesrepublik Deutschland*, Wiesbaden: Verlag für Sozialwissenschaften. Frank Decker (2003): »Von Schill zu Möllemann: keine Chance für Rechtspopulisten?«, in: *Neue soziale Bewegung* 16, H. 4, S. 55–66. Michael Naumann (Hg.) (2002): »*Es muss doch in diesem Lande wieder möglich sein* ...« – *Der neue Antisemitismus-Streit*, München: Ullstein. Claus Leggewie (2002): »Die Versuchung des Populismus. Die Möllemann-Debatte und der europäische Nationalpopulismus«, in: *Archplus* 34, H. 162, S. 36–43.

VI.E2 Martin Walser: *Tod eines Kritikers*, Debatte um das Erscheinen eines Schlüsselromans im Frühsommer 2002, in dem der Autor den jüdischen Literaturkritiker Marcel Reich-Ranicki derb karikierte, was ihm den Vorwurf eintrug, ein modernes Beispiel antisemitischer Literatur geschrieben zu haben. Die von Mai bis Juli erbittert geführte Feuilletondebatte wurde zusammen mit der Affäre um →Jürgen Möllemanns Israel-Flugblatt [VI. E1] auch als ressortübergreifender deutscher Antisemitismus-Streit wahrgenommen.

Walsers Roman *Tod eines Kritikers* handelt von Intrigen im Literaturbetrieb der Bundesrepublik. Zahlreiche Figuren spielen auf reale Personen des öffentlichen Lebens an, unter anderem treten in mehr oder minder verschlüsselter Form Marcel und Theophila Reich-Ranicki, Walsers Verleger Siegfried Unseld und dessen Frau Ulla Berkéwicz, Walter und Inge Jens, Joachim Kaiser und Jürgen Habermas (→Historikerstreit [V.A9]) auf; auch wird auf Institutionen wie den Suhrkamp-Verlag und die *FAZ* angespielt. Die zentralen Figuren sind der mit zahlreichen Verweisen auf Marcel Reich-Ranicki ausgestattete Literaturkritiker André Ehrl-König und der Schriftsteller Hans Lach alias Michael Landolf, der in der Debatte um den Roman als Alter Ego Walsers gelesen wurde. Nach einer Fernsehsendung, in der Ehrl-König ein Werk Lachs schlecht besprochen hat, kommt es zur Konfrontation von Autor und Kritiker auf einer Party. Lach droht erregt: »Ab heute Nacht Null Uhr wird zurückgeschlagen.« Nach dieser Party ist der Kritiker verschwunden, neben seinem Auto findet sich ein Blutfleck. Lach wird zum Hauptverdächtigen, der zunächst in ein Untersuchungsgefängnis, später in eine psychiatrische Anstalt gesperrt wird. Michael Landolf, der ebenfalls ein Schriftsteller und – wie sich herausstellen wird – Hans Lach selber ist, stellt Recherchen im Umfeld der Protagonisten Lach und Ehrl-König an, um die Unschuld des Schriftstellers zu beweisen. Ausführlich werden von allen Gesprächspartnern Landolfs die Verfehlungen des Kritikers referiert, so dass selbst für den ermittelnden Kommissar der Eindruck entsteht, die Ermordung des Verschwundenen sei gerechtfertigt. Doch Ehrl-König taucht unerwartet und unversehrt wieder auf und gesteht, den Rummel um sein Verschwinden aus der Ferne genossen und sich dabei mit einer Jung-Autorin vergnügt zu haben. Lach kommt daraufhin frei, zieht sich (nach einer Affäre mit der Frau seines Verlegers) in den Alpen zurück und beginnt dort, seine Leidensgeschichte niederzuschreiben.

Der Roman sollte ursprünglich, wie bereits zahlreiche Walser-Romane zuvor, in der *FAZ* als Vorabdruck erscheinen. Am 29.5. erteilte *FAZ*-Herausgeber Frank Schirrmacher Walser diesbezüglich eine Absage in Form eines offenen Briefes, der in der *FAZ* erschien. Er bezeichnete darin *Tod eines Kritikers* als »Dokument des Hasses« auf Marcel Reich-Ranicki: Das Buch sei eine »Mordphantasie« über den Tod des Kritikers, der nicht nebenbei auch Jude sei, sondern bewusst als Jude im Geiste ermordet werde. Die Drohung Lachs sei eine Abwandlung von Adolf Hitlers Kriegserklärung gegen Polen, die nicht viele der damals in Polen lebenden Juden – zu denen Reich-Ranicki gehörte – überlebt hätten. Es sei geschmacklos, den Mord an einer Person auszuphantasieren, die in ihrem Leben tatsächlich mit ihrer Ermordung bedroht worden sei. Zudem manifestierten sich in der Sprechweise des Kritikers mit ihrer »Verballhornung des Jiddischen« sowie seinen Charaktereigenschaften der »Herabsetzungslust« und »Verneinungskraft« antisemitische Klischees. *Tod eines Kritikers* sei kein literarisches Werk, sondern eine »Abrechnung« mit dem Walser verhassten Kritiker Reich-Ranicki.

Die daraufhin einsetzende Debatte knüpfte in ihrer Polarisierung an die →Walser-Bubis-Debatte [VI.A4] von 1998 an, in deren Verlauf dem Schriftsteller ebenfalls die Verbreitung antisemitischer Ressentiments vorgeworfen worden war. Neben der Frage nach »literarischem Antisemitismus« standen weitere Provokationen zur Debatte: Walser wurde vorgeworfen, auch den Tod seines schwerkranken Verlegers und Freundes Siegfried Unseld auf zynische Weise imaginiert zu haben (der dann tatsächlich im Verlauf der Debatte verstarb). Das Vorgehen Schirrmachers erschien nicht nur manchen Kritikern hinsichtlich des Antisemitismusvorwurfs fragwürdig, sondern auch wegen der Verurteilung eines Buchs, das noch niemand anderem vorlag. Zwar war Reich-Ranicki Literaturchef der *FAZ* gewesen, es überraschte aber zumindest, dass ausgerechnet Schirrmacher derart demonstrativ auf Distanz zu Walser ging, hatte die *FAZ* doch seit Jahren Texte des Autors gedruckt und in den von ihm provozierten Debatten stets Position für Walser bezogen – Schirrmacher war 1998 sogar Walsers Laudator bei der Verleihung des Friedenspreises gewesen.

Die *FAZ*-Kritik wurde umgehend selbst zum Gegenstand von Kritik, sowohl wegen des Vertrauensbruchs gegenüber dem Schriftsteller als auch aufgrund der von Schirrmacher angeführten Argumente. So wurde der Vorwurf einer »jiddelnden« Figurensprache bezweifelt, auch sind die meisten der von Schirrmacher monierten Sätze Figurenrede, mithin nicht als Aussagen des Schriftstellers selbst zu werten. Walsers Verteidiger beriefen sich auf den satirischen Charakter des Werkes, das eben typische Eigenarten Reich-Ranickis überzeichne: Das Vorbild sei nun mal Jude, spreche so wie Walsers Romanfigur und habe von Literatur keine Ahnung. Gleichwohl kristallisierten sich in der Diskussion des Manuskripts von *Tod eines Kritikers* einige problematische Aspekte des Romans heraus. So tritt der Kritiker als machtgieriger Drahtzieher eines von Juden dominierten Literaturbetriebs auf, in dem durch strikt dichotomische Anlage der Charaktere den deutschen Protagonisten die Rolle der produktiv Schaffenden zukommt, während die jüdischen Figuren als unproduktive Schmarotzer deutscher Literatur fungieren. Die Darstellung Ehrl-Königs verhält sich konform zu einer ganzen Reihe antisemitischer Stereotype, etwa ›jüdische‹ Fremdheit und Heimatlosigkeit, verschlagenes Auftreten und Täuschung von Nichtjuden, übersteigerte sexuelle Triebhaftigkeit bei gleichzeitiger Impotenz, Beherrschung der Medien und Unsterblichkeit. Der mit diversen biographischen Details und charakteristischen Zitaten auf Reich-Ranicki gemünzte Ehrl-König ist ein Schädling im Literaturbetrieb, der folgerichtig auch mit entsprechenden Ungeziefermetaphern belegt wird.

Der Streit um die Stichhaltigkeit des Antisemitismusvorwurfs wurde begleitet von der Frage nach einer Führungsschwäche im renommierten Suhrkamp-Verlag, der von Befürwortern und Gegnern des Buchs, die entweder die baldige Drucklegung oder aber die Nichtveröffentlichung des Buches forderten, heftig unter Druck geriet. Marcel Reich-Ranicki äußerte am 30.5., der Roman dürfe zumindest nicht bei Suhrkamp, dem Verlag so prominenter jüdischer Intellektueller wie Theodor W. Adorno und Walter Benjamin, erscheinen. Gleichzeitig stieg das öffentliche Interesse an dem Werk immens. Der Verlag verschickte zunächst die Datei des Manuskripts an ausgewählte Journalisten, um Schirrmachers Kritik überprüfbar und widerlegbar zu machen. In Form elektronischer Raubkopien kursierte der Text schon bald darauf im Internet. Es entbrannte als Nebenschauplatz der Debatte ein Streit zwischen den Feuilletons der *FAZ* und der *Süddeutschen Zeitung*, welche Schirrmachers Vorgehen scharf kritisierte und zugleich – in dieser Vehemenz als einzige Zeitung – Walsers Roman in Schutz nahm. Diese Streitkonstellation hatte weniger mit der politischen Ausrichtung der jeweiligen Redaktion zu tun als mit der Tatsache, dass die maßgeblichen Redakteure der *Süddeutschen* kurz zuvor im Streit aus Schirrmachers Ressort bei der *FAZ* ausgeschieden waren.

Nicht zuletzt weil der auflagenstarke Walser drohte, Suhrkamp zu verlassen, zog der Verlag den Erscheinungstermin des Romans »in der von Martin Walser verantworteten Textform« (Presse-Erklärung vom 5.6.) von August auf Juni vor. Als das Buch am 26.6. in den Handel kam, war die Startauflage von 50.000 Exemplaren bereits verkauft, *Tod eines Kritikers* führte bald die Bestsellerlisten an. Die literarische Qualität des Werks wurde einhellig als misslungen rezipiert, zu sehr überwog der Eindruck, hier habe ein gekränkter Autor mit einem unliebsamen Kritiker abgerechnet (Walser selbst bekannte, aus diesem Grund seit über 20 Jahren Material über Reich-Ranicki zusammengetragen zu haben). Uneinigkeit herrscht in der Literaturwissenschaft jedoch über den antisemitischen Charakter von *Tod eines Kritikers*, nicht zuletzt, weil Walser im Roman selbst dessen kontroverse Rezeption einschließlich des Antisemitismusvorwurfs bereits vorweggenommen hat: So wird Lachs Hitler-Zitat schon von anderen Romanfiguren als geschmacklos bewertet, der Kritikermord von den Medien bereits im Buch zum Mord an einem Juden zugespitzt. Der Skandal, den Schirrmachers offener Brief auslöste, ist damit ein in die Realität übersetzter Teil von Walsers Fiktion, der dessen Roman-Diagnose über die »Machtausübung im Kulturbetrieb« zu beglaubigen scheint. Während die Walser-Philologie im Nachgang zur Debatte bemüht war, alternative Lesarten auch jenseits der Antisemitismus-Debatte anzubieten, hat die Antisemitismusforschung gezeigt, dass Walsers Romankonstruktion zahlreiche Anknüpfungen an Muster sowohl der antisemitischen Literatur des 19. Jahrhunderts als auch eines spezifischen Nachkriegsantisemitismus aufweist.

MNL

Lit.: Martin Walser (2002): *Tod eines Kritikers. Roman*, Frankfurt a.M.: Suhrkamp. Matthias N. Lorenz (2005): *»Auschwitz drängt uns auf einen Fleck«. Judendarstellung und Auschwitzdiskurs bei Martin Walser*, Stuttgart, Weimar: Metzler. Dieter Borchmeyer, Helmuth Kiesel (Hg.) (2003): *Der Ernstfall. Martin Walsers »Tod eines Kritikers«*, Hamburg: Hoffmann u. Campe. Michael Braun (2003): »Zur Rezeption von Martin Walsers Roman ›Tod eines Kritikers‹«, in: Volker Wehdeking, Anne-Marie Corbin (Hg.): *Deutschsprachige Erzählprosa seit 1990 im europäischen Kontext. Interpretationen, Intertextualität, Rezeption*, Trier: WVT, S. 107–117. Jochen Hörisch (2003): »Literatur und Literaturkritik. Worum geht es eigentlich im Streit zwischen Martin Walser und Marcel Reich-Ranicki?«, in: Harald Hillgärtner, Thomas Küpper (Hg.): *Medien und Ästhetik*, Bielefeld: transcript, S. 149–166. Bill Niven (2003): »Martin Walser's ›Tod eines Kritikers‹ and the Issue of Anti-Semitism«, in: *German Life and Letters* 56, H. 3, S. 299–311. Mona Körte (2002): »Erlkönigs Kinder. Überlegungen zu Martin Walsers Roman ›Tod eines Kritikers‹«, in: *Jahrbuch für Antisemitismusforschung* 11, S. 295–310. Michael Naumann (Hg.) (2002): *»Es muss doch in diesem Lande wieder möglich sein ...« – Der neue Antisemitismus-Streit*, München: Ullstein.

VI.E3 Hohmann-Affäre, erregte Mediendebatte um eine Rede, die der hessische CDU-Bundestagsabgeordnete Martin Hohmann zum Tag der Deutschen Einheit 2003 hielt und in der er unter anderem die These aufgestellt hatte, die Juden seien auch »Täter« gewesen. Zuerst nahm niemand Anstoß an dieser Behauptung, so dass die CDU in Fulda seine vollständige

Rede im Internet veröffentlichte. Erst Ende Oktober kam es zum Skandal, nachdem eine jüdische Leserin aus Amerika den Hessischen Rundfunk darauf aufmerksam gemacht hatte. Massenmedial vermittelt löste Hohmanns Vorwurf der jüdischen Täterschaft eine heftige geschichtspolitische Debatte aus und endete mit seinem Ausschluss aus der CDU-Bundestagsfraktion. Die Wirkung seiner Rede hatte er zwar bedauert, aber er distanzierte sich weder von der Intention noch von der Argumentation des Textes. Ein Ermittlungsverfahren gab es nicht, da die Staatsanwaltschaft kein strafwürdiges Verhalten feststellen konnte.

Das Thema von Hohmanns Rede war »Gerechtigkeit für Deutschland« und zielte auf die »etwas schwierige Beziehung der Deutschen zu sich selbst«. Rhetorisch gewandt zählte er zunächst Beispiele von Ungerechtigkeiten auf, mit denen die Deutschen jeden Tag konfrontiert seien. Unbestrafte Ausländerkriminalität gehörte für ihn genauso dazu wie nur scheinbar bedürftige Sozialhilfeempfänger und die Entschädigungszahlungen an jüdische Zwangsarbeiter. Dieses Anspruchsdenken, dass nach Hohmann stets mit der deutschen Geschichte gerechtfertigt werde, führe nun dazu, dass »man als Deutscher in Deutschland keine Vorzugsbehandlung« mehr genießen dürfe. Mehr noch: Die deutschen Verbrechen im Nationalsozialismus würden instrumentalisiert, um allen Deutschen kollektive Schuldgefühle zu oktroyieren. Dabei hätten sie selbst im Zweiten Weltkrieg durch die Bombardierungen und Vertreibungen enormes Leid erlitten. Schon allein aus diesem Grund sei das dominierende Geschichtsbild von den Deutschen als einem Tätervolk falsch. Eine »gnädige Neubetrachtung oder Umdeutung« dieses Bildes werde aber nicht gestattet. Während sich »der Rest der Welt in der Rolle der Unschuldslämmer« bestens eingerichtet habe, würden die Deutschen für die »größten Schuldigen aller Zeiten« gehalten. Und das, obwohl »das deutsche Volk nach den Verbrechen der Hitlerzeit sich in einer einzigartigen, schonungslosen Weise mit diesen beschäftigt«, um »Vergebung gebeten und im Rahmen des Möglichen eine milliardenschwere Wiedergutmachung« vor allem »gegenüber den Juden« geleistet habe.

Um die deutsche Exkulpierung in der Gegenwart möglichst vollkommen zu machen, suchte Hohmann nach jüdischen Schuldigen in der Geschichte. Er fand sie in den kommunistischen Bewegungen Europas und knüpfte dabei an das althergebrachte Feindbild vom »jüdischen Bolschewismus« an. Detailliert zählte er die Anzahl der Juden in den kommunistischen Parteien der Sowjetunion und anderer mitteleuropäischer Staaten auf und bezichtigte sie, für den Tod an »weit über 10 Millionen Menschen« Verantwortung zu tragen. Die angebliche barbarische Tötungslust der jüdischen Kommunisten resultierte für den bekennenden Katholiken Hohmann daraus, dass sie »zuvor ihre religiösen Bindungen gekappt hatten«. Diese »religionsfeindliche Ausrichtung und die Gottlosigkeit« seien auch das verbindende »Element des Bolschewismus und des Nationalsozialismus«. Die Schlussthese seiner Rede war daher eindeutig: »Weder ›die Deutschen‹ noch ›die Juden‹ sind ein Tätervolk«, sondern lediglich die »Gottlosen mit ihren gottlosen Ideologien«.

Auf der Basis der Gleichsetzung von »gottlosen« Juden und Nationalsozialisten gelang Hohmann eine geschickte Wendung in seinem Aufrechnungs- und Entschuldungsdiskurs. Die von der Religion abgefallenen jüdischen Kommunisten reihte er weiter unter die Juden ein, während die nationalsozialistischen »Hasser jeglicher Religion« für ihn nicht mehr als Christen galten. Mit seinem Bezug auf den christlichen Glauben stellte er das Christentum als »Religion des Guten« dar und befreite mithin alle sich als Christen verstehenden Deutschen von ihrer Verantwortung für die nationalsozialistischen Verbrechen. Eine ähnliche Entlastungsmöglichkeit gönnte er »den Juden« dagegen nicht. Jüdischen Kommunisten wurde ihr Judentum nicht abgesprochen, sie blieben für ihn Juden kommunistischen bzw. »gottlosen« Glaubens. Hohmann folgte so dem althergebrachten antijudaistischen Vorwurf, die Juden würden Christus nicht als Messias anerkennen. Damit wurden dann alle Juden zu einem und eigentlich sogar zu dem einzigen »Täterkollektiv« abgestempelt. Um die Juden als Inbegriff des Bösen auch im politischen Sinne kollektiv zu verurteilen, griff er die von den Nationalsozialisten besonders intensiv propagierte Verbindung von »Judentum« und »Kommunismus« auf. Hohmann benötigte diese Zuordnung, denn nur auf dieser Basis konnte er die These von der angeblichen »jüdischen Weltverschwörung«

bestätigen. Durch den Hinweis auf die Überpräsenz der Juden in den kommunistischen Bewegungen stempelte er den Kommunismus zu einer »jüdischen Methode« ab, die Weltherrschaft zu erringen. Die Juden galten für ihn als »Drahtzieher« der kommunistischen Verbrechen und es war sicher kein Zufall, dass bei ihm die Summe der »jüdischen« Verbrechen die im öffentlichen Diskurs fest etablierte Zahl von sechs Millionen jüdischen Opfern weit übertrifft. Um die deutschen Taten zu relativieren, bediente sich Hohmann einer der typischen Strategien des sekundären Antisemitismus, der Täter-Opfer-Umkehr. Dass man dem Feindbild vom »jüdischen Bolschewisten« eine dreifache Schuld (Jude, Kommunist und Feind Gottes) zuschreiben kann, machte es für seine Vergangenheitsbewältigung besonders attraktiv.

Mit der Bekanntmachung von Hohmanns Rede brach ein Sturm der Entrüstung quer durch alle im Bundestag vertretenen Parteien los. Sowohl die Grünen als auch die SPD forderten den hessischen CDU-Abgeordneten auf, sofort sein Bundestagsmandat niederzulegen. Deutlich verhaltener reagierte dagegen seine eigene Partei. Präsidium und Vorstand der CDU mit Angela Merkel an der Spitze nannten die Äußerungen von Hohmann zwar »unerträglich«, beschränkten sich jedoch zunächst darauf, ihm eine Rüge zu erteilen. Die Kritik an Hohmann wurde aber auch in der Unionsfraktion immer lauter, nachdem der Verteidigungsminister Peter Struck (SPD) den Chef den Bundeswehr-Eliteeinheit KSK, Brigadegeneral Reinhard Günzel, wegen seiner Unterstützung von Hohmanns Äußerungen in einem privaten Lobbrief, den Hohmann publik machte, entließ. Erst als der Fall außer Kontrolle zu geraten drohte, weil der Zentralrat der Juden eine Strafanzeige gegen Hohmann wegen Volksverhetzung erstattete (→Volksverhetzung als Straftat [II.A9]) und bekannt wurde, dass sich die Jewish Claims Conference bereits 2001 bei der CDU/CSU-Bundesfraktion mit einem langen Brief über Hohmanns antisemitische Stellungnahmen beschwert hatte, entschied sich die Unionsfraktion gegen internen Widerstand, Hohmann aus der Partei auszuschließen. Glaubhafte Distanzierung und aufrichtige Entschuldigung wurden von ihm aber nicht verlangt.

APu

Lit.: Julia Kopp, Tobias Neef (2014): »Ausprägungen des Antisemitismus in der CDU«, in: Dana Ionescu, Samuel Salzborn (Hg.): *Antisemitismus in deutschen Parteien*, Baden-Baden: Nomos, S. 11-52. Agnieszka Pufelska (2010): »Bolschewismus«, in: Wolfgang Benz (Hg.): *Handbuch des Antisemitismus*, Bd. 3: *Begriffe, Theorien, Ideologien*, Berlin: De Gruyter Saur, S. 46-49. Micha Brumlik (2005): »Der Fall Hohmann und warum er gar keiner ist«, in: Jörg Döring (Hg.): *Antisemitismus in der Medienkommunikation*, Frankfurt a.M.: Verlag der Gesellschaft zur Förderung arbeitsorientierter Forschung und Bildung, S. 129-142. Wolfgang Benz (2004): *Was ist Antisemitismus?*, München: Beck.

VI.E4 NSU-Morde, Nationalsozialistischer Untergrund (NSU) ist die Selbstbezeichnung einer rechtsterroristischen Gruppe, die zwischen 1998 und 2011 im Untergrund lebte und aus rassistischen Motiven zehn Menschen ermordete, weitere durch zwei Bombenanschläge verletzte sowie diverse Banküberfälle durchführte.

Erst mit der Selbstenttarnung der Gruppe 2011 und einer Bekenner-DVD konnte die größte rassistische Mordserie in der Geschichte der BRD der Gruppe zugeschrieben werden. Zwei Mitglieder nahmen sich bei der Enttarnung das Leben, gegen das dritte Mitglied und weitere Unterstützer wird seit Mai 2013 vor dem Oberlandesgericht (OLG) München der Prozess geführt. Vieles ist weiterhin ungeklärt: Warum wurden genau diese zehn Menschen Opfer der Gruppe? Wie groß sind die Gruppe und ihr Netzwerk tatsächlich? Inwiefern waren und sind staatliche Stellen in die rechtsextremen Netzwerke und auch die Geschichte des NSU verwickelt? Sowohl die Rolle der Justiz und der Strafverfolgungsorgane, der Medien als auch politischer Akteure werden angesichts vielfachen Fehlverhaltens und Ermittlungsversagens kritisch diskutiert. Die Gruppe, deren Kern nach heutigem Wissensstand aus Uwe Mundlos, Uwe Böhnhardt und der heutigen Hauptangeklagten im NSU-Prozess, Beate Zschäpe, bestand, lernte sich in der rechten Szene Jenas kennen (→Rechtsextremismus [VI.E6]). Bereits in den 1990er Jahren radikalisierte sich die Gruppe und verübte schon vor dem Untertauchen im Jahre 1998 zahlreiche Straftaten. Am 4. November 2011 begingen Mundlos und Böhnhardt nach einem Banküberfall auf eine Sparkasse und der anschließenden Verfolgung durch die Polizei in Eisenach Selbstmord. Am selben Tag sprengte Beate Zschäpe die Wohnung der Gruppe in die Luft. Vier Tage später stellte sie sich der Polizei. Vorher hatte sie an verschiedene offizielle Personen und Organisationen eine DVD verschickt, in welcher sich der NSU der Morde und Bombenanschläge bezichtigte. Auf einen Schlag war nicht nur eine ungeklärte Mordserie aufgeklärt, auch fanden jahrelange Verdächtigungen und Ermittlungen gegen die Opfer und ihre Angehörigen, in der systematisch die Opfer zu Tätern gemacht worden waren, ihr vorläufiges Ende. Die Mitglieder des NSU hatten bis zur Selbstenttarnung unbehelligt in Zwickau und Chemnitz gelebt und von dort aus ihre Anschläge verübt. Zwischen 2001 und 2006 ermordeten sie in verschiedenen deutschen Städten (Nürnberg, Hamburg, München, Rostock, Dortmund und Kassel) insgesamt neun Menschen mit türkischem bzw. griechischem Hintergrund, 2007 in Heilbronn eine deutsche Polizistin. Alle Opfer waren kaltblütig und mehr oder weniger auf offener Straße, zumeist an ihrer Arbeitsstätte, exekutiert worden. Zudem detonierte 2001 in Köln in einem Lebensmittelladen eine Bombe und verletzte eine Frau schwer, die Explosion einer Nagelbombe in der Keupstraße in Köln verletzte 2004 über 20 Menschen ebenfalls schwer. Auch für diese Anschläge war der NSU verantwortlich. Da die Morde mit derselben Waffe verübt wurden, gingen die Behörden recht bald von einer Mordserie aus, ermittelten aber ausschließlich auf Seiten der Opfer und ihrer Angehörigen. Die extra eingerichtete Sonderkommission bzw. besondere Aufbauorganisation (BAO) »Bosporus« konzentrierte sich einzig auf Motive im Kontext von »organisierter« bzw. »Ausländerkriminalität«.

Die Medien schlossen sich dieser Deutung an und prägten das Schlagwort von den ungeklärten »Döner-Morden«, mit welchem sie die politische Dimension der Taten verkannten und die Opfer in dieser stereotypisierenden und diskriminierenden Bezeichnungspraxis ein weiteres Mal entmenschlichten. Bis auf sehr wenige Stimmen, meist aus den türkischen Communities, ging die (Medien-)Öffentlichkeit bis zum Schluss von einer rätselhaften Mordserie »unter Ausländern« aus.

Auf das Bekanntwerden der Terror-Gruppe und ihrer Taten folgten viele kritische Fragen zu der Rolle der Medien, der Behörden und Strafverfolgungsorgane und nicht zuletzt hinsichtlich der verschiedenen Ebenen von Rassismus, der sich unter anderem im Umgang mit den Angehörigen der Opfer manifestierte. In Ansätzen fand seitdem in der Forschung und in der Öffentlichkeit eine Auseinandersetzung mit Funktionen und Mustern der medialen Berichterstattung statt: Virchow et al. haben beispielsweise eine kritische Medienanalyse der deutschsprachigen und türkischsprachigen Presse vorgelegt. Der alternative spendenfinanzierte Blog »NSU Watch« bemüht sich um Aufklärung und unabhängige Berichterstattung. Auf seiner Internetseite veröffentlicht »NSU-Watch« regelmäßig Protokolle des laufenden NSU-Prozesses am OLG München sowie Berichte und Recherchen unabhängiger Journalisten zu den Themen NSU, Rassismus und Rechtsextremismus.

Das Versagen der staatlichen Behörden in der Geschichte des NSU war Thema verschiedener Untersuchungsausschüsse, die ab 2012 nach und nach eingesetzt wurden, zunächst vom Bundestag, dann von den Ländern Thüringen, Sachsen, Bayern, Hessen, Nordrhein-Westfalen und Baden-Württemberg. Dabei ging es um die Klärung der Frage, wieso die abgetauchte Gruppe und ihre Taten so lange unentdeckt geblieben waren. Die Arbeit der Untersuchungsausschüsse deckte eine bis heute anhaltende Kette von Versäumnissen, Pannen, Inkompetenzen, Vertuschungen und bewussten Täuschungen auf. Angefangen bei einer misslungenen Festnahme 1998 und dem Ignorieren wichtiger Hinweise in der Zeit des anschließenden Abtauchens über die Vernichtung von Beweismitteln bis hin zu der unklaren Rolle der Geheimdienste und ihrer V-Leute, mit denen die Dienste die rechte Szene nicht nur beobachteten, sondern in Gestalt des für den NSU maßgeblichen politischen Kontextes »Thüringer Heimatschutz« wesentlich mit aufbauten (→NPD-Verbotsverfahren [VI.B4]). So waren etwa während der Aufklärungsarbeit Akten verschwunden bzw. geschreddert worden und wichtige Zeugen konnten sich nicht erinnern bzw. konnten aus Gründen des »Quellenschutzes« gar nicht erst vorgeladen werden. Die vielen Unklarheiten haben viel Anlass zur Spekulation insbesondere in Bezug auf die Verwicklungen der Sicherheitsbehörden des Bundes und der Länder gegeben. Eine restlose Aufklärung steht noch aus.

Seit Mai 2013 wird am OLG München der Strafprozess gegen die Hauptangeklagte B. Zschäpe sowie vier weitere Unterstützer geführt. Es ist der größte Prozess dieser Art und ein Ende ist noch nicht absehbar. Während die staatliche Anklagevertretung vor allem die Verantwortung der Hauptangeklagten klären will, versuchen Vertreter der Nebenklage den Fokus auf lokale Strukturen und rechtsextreme Netzwerke auszuweiten, ohne deren Unterstützung der NSU nicht möglich gewesen wäre. Die Verbindung zwischen dem NSU und unterschiedlichen lokalen Nazi-Gruppierungen wird nach und nach deutlich und vor allem von freien Journalisten untersucht. Hier können die zuletzt eingesetzten Untersuchungsausschüsse vermutlich neue Erkenntnisse zu Tage fördern.

Nach einer anfänglich von Medien und politischen Akteuren geäußerten Betroffenheit ist die Beschäftigung mit dem NSU mittlerweile weitgehend von der Tagesordnung verschwunden. Von offizieller politischer Seite folgten dem Skandal verschiedene symbolische Gesten, eine Entschuldigung in die Geschichte involvierter Amtsträger von Polizei und Geheimdiensten ist hingegen ausgeblieben. Eine Reform der Struktur und Funktion der Geheimdienste ist ebenfalls bisher nicht geplant, wenngleich dies in den bisherigen Abschlussberichten der Untersuchungsausschüsse und in weiten Teilen der Öffentlichkeit vehement gefordert wurde. Vielmehr fand und findet die Forderung nach der Stärkung der Kompetenzen und der Erhöhung der Ausstattung der Geheimdienste (u.a. begründet durch den islamistischen Terrorismus) aktuell mehr Unterstützung im politischen Feld als eine kritische Perspektive.

Die Thematisierung und Problematisierung der dem NSU zugrundeliegenden Strukturen, von strukturellem und institutionellem Rassismus, von Rechtsextremismus und der Verwicklungen der Geheimdienste bleibt daher noch immer vor allem Aufgabe nicht-staatlicher und privater Initiativen und des Fachjournalismus. So gibt es neben »NSU Watch« in verschiedenen Städten Initiativen, die sich um die Aufarbeitung vor Ort und mit Veranstaltungen und →Umbenennungen von Straßen [VI.F10] um das Gedenken der Opfer bemühen wie die »Initiative Keupstraße ist überall«, die »Initiative 6. April Kassel« und »NSU-Tatort Hamburg«. Die *Süddeutsche Zeitung* hat zweimal Protokolle des Prozesses als Sonderheft abgedruckt. Auch gibt es mittlerweile eine Reihe von künstlerischen Auseinandersetzungen mit den Taten und ihrer Bedeutung für die deutsche Gesellschaft, wie Elfriede Jelineks Theaterstück »Das schweigende Mädchen«, »Urteile« am Münchner Residenztheater, »Der Weiße Wolf« am Schauspiel Frankfurt und viele weitere Theaterinszenierungen zum Thema in verschiedenen Städten.

Mit wachsendem Abstand zur Enttarnung der Gruppe finden sich lauter werdende Stimmen der Opferangehörigen, die sich in Buchpublikationen, auf Veranstaltungen und in Fernsehberichten äußern. Die Ombudsfrau der Angehörigen der NSU-Opfer, Barbara John, hat in einem Buch ebenfalls Stimmen der Opferangehörigen versammelt. Hier wird deutlich, welche Traumata und nicht wieder gut zu machende Verletzungen der gesellschaftliche Umgang mit den Opfern erzeugt hat und wie sensibel die Angehörigen dafür sind, dass im politischen Feld nur wenig aufrichtige Reform- und Aufarbeitungsbereitschaft zu spüren ist. Für eine abschließende Bewertung der NSU-Mordserie ist es gegenwärtig noch zu früh. Noch sind viele Ermittlungen, der Prozess, mögliche Folgeprozesse sowie die aktuellen Untersuchungsausschüsse nicht abgeschlossen, viele Fragen ungeklärt. Die größte Herausforderung für echte Konsequenzen abseits der Symbolpolitik scheint derzeit darin zu bestehen, das Thema des rechten Terrorismus trotz anderer Sicherheitsthemen auf der Agenda zu halten. Ein positives Zeichen hinsichtlich einer Wende in der Bewertung des rechten Terrorismus könnte in der öffentlichen und juristischen Neubewertung des Oktoberfestattentates von 1980 gesehen werden. Auch die Komplexität, die die Beschreibung des Falles und all seiner Nebenstränge inzwischen angenommen hat, ist groß. Sie stellt eine Herausforderung für den Journalismus dar. Die gesamte Geschichte des NSU und der Gesellschaft, die ihn ermöglicht hat, ist erst noch zu schreiben.

IS/JS

Lit.: Informationsstelle Wissenschaft und Frieden in Zusammenarbeit mit FORENA (2015): *Dossier 77, Rechter Terror in Deutschland*. Mit Beiträgen von Ulrich Chaussy, Elke Grittmann, Ayla Güler Saied, Heike Kleffner, Tanja Thomas und Fabian Virchow, Bonn: W&F. tefan Aust, Dirk Laabs (2014): *Heimatschutz. Der Staat und die Mordserie des NSU*, München: Pantheon. Dostluk Sineması (Hg.) (2014): *Von Mauerfall bis Nagelbombe. Der NSU-Anschlag auf die Kölner Keupstraße im Kontext der Pogrome und Anschläge der neunziger Jahre*, Berlin: Amadeu Antonio Stiftung. Barbara John (Hg.) (2014): *Unsere Wunden kann die Zeit nicht heilen. Was der NSU-Terror für die Angehörigen bedeutet*, Freiburg: Herder. Fabian Virchow, Tanja Thomas, Elke Grittmann (2014): »*Das Unwort erklärt die Untat*«. *Die Berichterstattung über die NSU-Morde – eine Medienkritik*. Eine Studie der Otto-Brenner Stiftung, Frankfurt a.M. SAndreas Förster (Hg.) (2014): *Geheimsache NSU. Zehn Morde, von Aufklärung keine Spur*, München: Klöpfer & Meyer Verlag. Bodo Ramelow (Hg.) (2013): *Schreddern, Spitzeln, Staatsversagen. Wie rechter Terror, Behördenkumpanei und Rassismus aus der Mitte zusammengehen*, Hamburg: VSA. Andrea Röpke, Andreas Speit (Hg.) (2013): *Blut und Ehre. Geschichte und Gegenwart rechter Gewalt in Deutschland*, Berlin: Ch. Links. Imke Schmincke, Jasmin Siri (Hg.) (2013): *NSU Terror. Ermittlungen am rechten Abgrund. Ereignis, Kontexte, Diskurse*, Bielefeld: transcript. Semiya Simsek (2013): *Schmerzliche Heimat. Deutschland und der Mord an meinem Vater*, Reinbek: Rowohlt. Wolf Wetzel (2013): *Der NSU-VS-Komplex. Wo beginnt der Nationalsozialistische Untergrund – wo hört der Staat auf?* Münster: Unrast. Maik Baumgärtner, Marcus Böttcher (2012): *Das Zwickauer Terror-Trio. Ereignisse, Szene, Hintergründe*, Berlin: Das Neue Berlin. Christian Fuchs, John Goetz (2012): *Die Zelle. Rechter Terror in Deutschland*, Reinbek: Rowohlt. Patrick Gensing (2012): *Terror von rechts. Die Nazi-Morde und das Versagen der Politik*, Berlin: rotbuch. Olaf Sundermeyer (2012): *Rechter Terror in Deutschland. Eine Geschichte der Gewalt*, München: Beck.

VI.E5 Neue Rechte, heterogenes Ensemble rechtsintellektueller Projekte zur Neuformulierung völkisch-nationalistischer Ideen und Strategien. Die Projekte der Neuen Rechten haben die doppelte Zielsetzung, zum einen das nationalsozialistische Erbe – den Makel der ›alten Rechten‹ – zu entsorgen, zum anderen über den eigenen Wirkungskreis hinaus antidemokratische, antiegalitäre und antiliberale Positionen zu verbreiten. Der Begriff ›Neue Rechte‹ ist dabei sowohl als Selbstbezeichnung innerhalb rechter Strömungen als auch im wissenschaftlichen Diskurs umstritten, zumal das (vermeintlich) Neue der Neuen Rechten in einer Tradition extrem rechter Ideologien steht.

Charakteristisch für die neurechte Theorieproduktion ist die Bezugnahme auf die bis in die Weimarer Republik zurückreichende ›Konservative Revolution‹ sowie die ›Nouvelle Droite‹, die französische Neue Rechte. Mit dem Konstrukt ›Konservative Revolution‹ fasste der zur Neuen Rechten zu rechnende Armin Mohler 1950 disparate völkisch-nationalistische Strömungen der Weimarer Republik zusammen, deren gemeinsamer Nenner in der Ablehnung sowohl der Demokratie als auch des geschwächten, vom Adel getragenen Konservatismus lag. Den Nationalsozialismus klammerte Mohler dabei explizit aus und verschleierte das ambivalente Verhältnis der ›konservativ-revolutionären‹ Akteure zu diesem. Unter Berufung auf die ›nationalrevolutionäre‹ und die ›jungkonservative‹ Strömung will die Neue Rechte an antidemokratische, antiliberale und antikommunistische Traditionslinien jenseits des Nationalsozialismus anknüpfen. Wichtige Impulse zur Neuformulierung rechtsintellektueller Strategien bekam die Neue Rechte aus Frankreich. Große Resonanz erfuhr etwa Alain de Benoists – sehr selektive – Rezeption der Hegemonietheorie des italienischen Marxisten Antonio Gramsci, wonach es für den Erfolg politischer Projekte zuvorderst nötig sei, die »kulturelle Hegemonie« zu erlangen. Folglich hatte de Benoist im Jahre 1985 eine »Kulturrevolution von rechts« gefordert. Auch in der deutschen Neuen Rechten fand dieser Ansatz breite Resonanz.

Gerade weil der französische Einfluss auf die Neue Rechte unübersehbar ist, sei jedoch auf den gänzlich verschiedenen Organisationsgrad verwiesen. Zwar hatte sich die französische Nouvelle Droite beinahe zeitgleich Mitte/Ende der 1960er Jahre formiert, jedoch war es dort bald zur Gründung einer Dachorganisation, des ›Groupement de Recherche et d'Études pour la Civilisation Européenne‹ (GRECE) gekommen. Diese Struktur vereinte zeitweise mehrere Tausend Mitglieder und wirkte über mehrere Vorfeldorganisationen in militärische Kreise und die französische Beamtenschaft hinein. Nach gescheiterten Versuchen parteipolitischer Betätigung der Kader und mehreren Spaltungen hat das bis heute bestehende GRECE weitgehend an Einfluss eingebüßt. Derweil blieb die Neue Rechte in Deutschland hauptsächlich ein loser Zusammenhang von Theoriezirkeln, Studierendengruppen, Verlagen und publizierenden Einzelpersonen.

Die Entwicklung der Neuen Rechten lässt sich grob in eine ›nationalrevolutionäre‹ und eine ›jungkonservative‹ Phase teilen. Die erste reicht von der Gründung bis in die frühen 1980er Jahre, die zweite hält bis in die Gegenwart an. Als Selbstbezeichnung entstand der Begriff der Neuen Rechten parallel zu weiteren wie dem der ›Jungen Rechten‹ in den intellektuellen Zirkeln einer jungen akademischen Generation, deren Absicht es war, völkischnationalistische Ideen jenseits einer positiven Bezugnahme auf den Nationalsozialismus zu aktualisieren. Über zahlreiche Theorieorgane (*Criticón, wir selbst, Neue Zeit* u.a.) wurden dabei auch Themen der ›Neuen Linken‹ aufgenommen. Über Konzepte wie dem des ›antimarxistischen Sozialismus‹ sowie einem sozialrevolutionären Gestus versuchten diese ›Nationalrevolutionäre‹, auch in Kreisen der linken Außerparlamentarischen Opposition (APO) zu wirken. In dieser Gemengelage entwickelte der neurechte Vordenker Henning Eichberg 1973 das Konzept des Ethnopluralismus: Statt von der Höher- oder Minderwertigkeit von ›Rassen‹ auszugehen, sprach Eichberg von einem Nebeneinander von ›Ethnien‹, deren ›kulturelle Identität‹ jedoch nicht beschädigt werden dürfe. In letzter Konsequenz ist dies ein modernisierter, kulturalistischer Rassismus, der jedoch an zentrale Themen der APO wie z.B. ›Natürlichkeit‹, ›Imperialismus‹ oder ›Entfremdung‹ anknüpfbar war.

Mit der Aktion Neue Rechte (ANR) gab es zwischen 1972 und 1974 den Versuch einer bundesweiten Organisierung. Die ANR war ein Zerfallsprodukt der bei der Bundestagswahl 1969 knapp gescheiterten NPD (→Gründung und Anfangserfolge der NPD [III.B2]), umfasste trotz ihres Namens außer der Neuen Rechten auch die ›alte‹, sich positiv auf den Nationalsozialismus berufende Rechte und scheiterte letztendlich an internen Konflikten. Die allmähliche Einstellung diverser neurechter Theorieorgane ab Mitte der 1970er Jahre markiert den Niedergang der ›nationalrevo-lutionären‹ Strömung. Allerdings vollzog die NPD etwa zur gleichen Zeit einen Paradigmenwechsel, nachdem ihre Jugendorganisation ›nationalrevolutionäre‹ Ideologeme in die Partei getragen hatte. Bis heute existiert dort ein ›nationalrevolutionär‹ geprägter Flügel fort, der aber weder nennenswerte Theoriearbeit leistet noch die neonationalsozialistische Ausrichtung der Partei grundsätzlich in Frage stellt.

Im Zuge der veränderten politischen Rahmenbedingungen der 1980er Jahre wandte sich die Neue Rechte größtenteils dem gestärkten bürgerlich-konservativen Lager zu. Das Versprechen der CDU/CSU, eine →»geistig-moralische Wende« [V.A2] herbeizuführen, hatte im Wahlkampf 1983 christlich-konservative Kreise mobilisieren können. Deren Erwartungen wurden jedoch enttäuscht, da die Umsetzung dieser ›Wende‹ ausblieb. Infolgedessen vollzogen wesentliche Teile der Neuen Rechten eine strategische Umorientierung und schickten sich an, de Benoists »Kulturrevolution von rechts« in Vertriebenen- und studentischen Korporationsverbänden sowie ähnlichen rechtskonservativ geprägten Organisationen umzusetzen.

Mitte/Ende der 1990er Jahre vollzog die Neue Rechte im Rahmen des geschichtspolitischen ›Kulturkampfes‹ einen Paradigmenwechsel. Während zuvor, gerade auch im Nachhall des →Historikerstreits [V.A9], geschichtsrevisionistische Thesen zum Teil offen vertreten worden waren, stehen inzwischen nicht mehr die nationalsozialistischen Verbrechen selbst, sondern deren erinnerungskulturelle Verarbeitung im Fokus. Diese sei einseitig auf eine inzwischen angeblich verinnerlichte deutsche Kollektivschuld fixiert (→Kollektivschuldthese [I.C2]). Im neurechten ›Kulturkampf‹ wird dieser Befund provokativ zum »pathologischen Schuldkult der Deutschen« gesteigert. Um aber eine allzu offensichtliche Nähe zur extremen Rechten zu vermeiden, bedient sich die Neue Rechte des Hitler-Attentäters Claus Schenk Graf von Stauffenberg: In der ›jungkonservativen‹ Lesart erscheint Stauffenberg, der selbst der ›Konservativen Revolution‹ nahestand, nicht nur als Gegner des Nationalsozialismus, sondern vor allem auch als patriotischer Märtyrer und ›Held‹, dem im bundesdeutschen Gedenken zu wenig Aufmerksamkeit zukomme.

Das wichtigste ›jungkonservative‹ Organ ist die im Jahre 1986 gegründete Wochenzeitung *Junge Freiheit*. Daneben kann die im Jahre 2000 gegründete Denkfabrik *Institut für Staatspolitik* als erfolgreiches neurechtes Projekt der Gegenwart gelten. Dieses organisiert regelmäßig Veranstaltungen zur politischen Bildung und gibt ein zweimonatlich erscheinendes Theoriemagazin heraus. Verschiedene neurechte Zeitschriften- und Internetprojekte junger Rechtsintellektueller werden durch das Institut unterstützt.

Hinsichtlich der Frage, inwiefern die Neue Rechte der extremen Rechten zuzuordnen ist, wird eine seit Ende der 1980er Jahre anhaltende Kontroverse geführt. Bis heute wird die Definition Wolfgang Gessenharters rezipiert, die Neue Rechte sei als »Scharnier« zwischen Konservatismus und Rechtsextremismus zu begreifen. Demgegenüber verortet Armin Pfahl-Traughber die Neue Rechte als eine intellektuelle Strömung innerhalb des Rechtsextremismus. Gessenharter wirft er vor, die Annahme einer ›Grauzone‹, in der die Neue Rechte agiere, verharmlose diese. Diese extremismustheoretische Sicht wird auch von den Verfassungsschutzbehörden geteilt. Kritisch wurde angemerkt, dass andernfalls die Gefahr bestünde, dass nicht eindeutig dem Rechtsextremismus zuordenbare Publikationen, Gruppen oder Personen aus dem Fokus geraten. Diese Kontroverse dauert weiter an.

LS

Lit.: Julian Bruns, Kathrin Glösel, Natascha Strobl (2014): *Die Identitären. Handbuch zur Jugendbewegung der Neuen Rechten in Europa.* Münster: Unrast. Helmut Kellershohn (Hg.) (2013): *Die ›Deutsche Stimme‹ der ›Jungen Freiheit‹. Lesarten des völkischen Nationalismus in zentralen Publikationen der extremen Rechten.* Münster: Unrast. Benedikt Sepp (2013): *Linke Leute von rechts? Die nationalrevolutionäre Bewegung in der Bundesrepublik.* Marburg: Tectum. Gideon Botsch (2012): *Die extreme Rechte in der Bundesrepublik Deutschland 1949 bis heute.* Darmstadt: Wissenschaftliche Buchgesellschaft. Volker Weiß (2011): *Deutschlands Neue Rechte. Angriff der Eliten – Von Spengler bis Sarrazin.* Paderborn: Ferdinand Schöningh. Bernhard Schmid (2009): *Die Neue Rechte in Frankreich.* Münster: Unrast. Stephan Braun, Ute Vogt (Hg.) (2007): *Die Wochenzeitung ›Junge Freiheit‹. Kritische Analysen zu Programmatik, Inhalten und Kunden.* Wiesbaden: VS. Stefan Kubon (2006): *Die bundesdeutsche Zeitung ›Junge Freiheit‹ und das Erbe der ›Konservativen Revolution‹ der Weimarer Republik. Eine Untersuchung zur Erfassung der Kontinuität ›konservativ-revolutionärer‹ politischer Ideen.* Würzburg: Ergon. Heiko Kauffmann, Helmut Kellershohn, Jobst Paul (Hg.) (2005): *Völkische Bande: Dekadenz und Wiedergeburt – Analysen rechter Ideologie.* Münster: Unrast. Toralf Staud (2005): *Moderne Nazis. Die neuen Rechten und der Aufstieg der NPD.* Köln: Kiepenheuer & Witsch. Rainer Benthin (2004): *Auf dem Weg in die Mitte. Öffentlichkeitsstrategien der Neuen Rechten.* Frankfurt: Campus. Wolfgang Gessenharter, Thomas Pfeiffer (Hg.) (2004): *Die Neue Rechte – eine Gefahr für die Demokratie?* Wiesbaden: VS. Martin K. W. Schweer (Hg.) (2003): *Die Neue Rechte. Eine Herausforderung für Forschung und Praxis.* Frankfurt: Peter Lang. Alice Brauner-Orthen (2001): *Die Neue Rechte in Deutschland. Antidemokratische und rassistische Tendenzen.* Opladen: Leske und Budrich. Helmut Kellershohn (Hg.) (2000): *Das Plagiat: Der Völkische Nationalismus der Jungen Freiheit.* Münster: Unrast. Andreas Speit, Felix Krebs, Jean Cremet (1999): *Jenseits des Nationalismus. Ideologische Grenzgänger der ›Neuen Rechten‹.* Münster: Unrast. Wolfgang Gessenharter, Helmut Fröchling (Hg.) (1998): *Rechtsextremismus und Neue Rechte in Deutschland. Neuvermessung eines politisch-ideologischen Raumes?* Opladen: Leske und Budrich. Michael Minkenberg (1998): *Die neue radikale Rechte im Vergleich: USA, Frankreich, Deutschland.* Opladen: Westdeutscher Verlag. Armin Pfahl-Traughber (1998): *Konservative Revolution und Neue Rechte. Rechtsextremistische Intellektuelle gegen den demokratischen Verfassungsstaat.* Opladen: Leske und Budrich. Rainer Benthin (1996): *Die Neue Rechte in Deutschland und ihr Einfluß auf den politischen Diskurs der Gegenwart.* Frankfurt: Peter Lang. Stefan Breuer (1995): *Anatomie der konservativen Revolution. 2. aktualisierte Auflage.* Darmstadt: Wissenschaftliche Buchgesellschaft. Friedrich Paul Heller, Anton Maegerle (1995): *Thule. Vom völkischen Okkultismus bis zur Neuen Rechten.* Stuttgart: Schmetterling-Verlag. Wolfgang Gessenharter (1994): *Kippt die Republik? Die Neue Rechte und ihre Unterstützung durch Politik und Medien.* München: Knaur. Franz Gress, Hans-Gerd Jaschke, Klaus Schöneskäs (1990): *Neue Rechte und Rechtsextremismus in Europa. Bundesrepublik – Frankreich – Großbritannien.* Opladen: Westdeutscher Verlag. Claus Leggewie (1989): *Die Republikaner – Phantombild der Neuen Rechten. 2. aktualisierte Auflage.* Berlin: Rotbuch. Kurt Lenk (1989): *Deutscher Konservatismus.* Frankfurt: Campus. Siegfried Jäger (Hg.) (1988): *Rechtsdruck. Die Presse der Neuen Rechten.* Bonn: Dietz. Margret Feit (1987): *Die ›Neue Rechte‹ in der Bundesrepublik. Organisation – Ideologie – Strategie.* Frankfurt/New York: Campus.

VI.E6 Rechtsextremismus

Während der Verfassungsschutz in seiner Definition des Rechtsextremismus auf die Verfassungswidrigkeit und das Kriterium der Ablehnung der freiheitlich-demokratischen Grundordnung abhebt, werden in der politik- und sozialwissenschaftlichen Forschung komplexere Merkmalsbestimmungen verwendet. Weite Akzeptanz in den Sozialwissenschaften findet die Definition von Hans-Gerd Jaschke, der diejenigen Einstellungen und Verhaltensweisen (ob organisiert oder nicht) als rechtsextremistisch begreift, »die von der rassisch oder ethnisch bedingten sozialen Ungleichheit des Menschen ausgehen, nach ethnischer Homogenität von Völkern verlangen und das Gleichheitsgebot der Menschenrechts-Deklaration ablehnen, die den Vorrang der Gemeinschaft vor dem Individuum betonen, von der Unterordnung des Bürgers unter die Staatsräson ausgehen und die den Wertepluralismus einer liberalen Demokratie ablehnen und Demokratisierung rückgängig machen wollen«. Als weitere Ausdifferenzierung dieser als Orientierungshilfe dienenden Bestimmung finden auch die Begriffe Neofaschismus für jenen Teil der extremen Rechten, der ein organizistisches Gesellschaftsmodell und einen »Tatglauben« propagiert, sowie Neonazismus für jene Akteure, die sich offen an Programmatik und Vertretern des Nationalsozialismus orientieren, Verwendung.

Da der Rechtsextremismus als organisatorisches, politisches, soziales und kulturelles Phänomen in der Bundesrepublik Deutschland unterschiedliche Ausdrucksformen, Entwicklungsdimensionen und Bezugnahmen auf den je aktuellen gesellschaftlichen Kontext gezeitigt hat, schlagen einige Forscher die Verwendung des Terminus *Rechtsextremismen* vor, um dieser Vielgestaltigkeit Rechnung zu tragen und unzutreffende Verallgemeinerungen zu vermeiden.

Phasen

Tatsächlich lassen sich hinsichtlich des Auftretens und der Wirkung der organisierten extremen Rechten in der Bundesrepublik verschiedene Phasen unterscheiden. Nach anfänglichen Wahlerfolgen der *Deutschen Rechtspartei* (1949: fünf Bundestagsmandate) und der *Sozialistischen Reichspartei* (SRP) (1951: acht bzw. sechzehn Mandate in Bremen und Niedersachsen) wurde die extreme Rechte durch die politische Integrationsleistung der konservativen Parteien, Organisationsverbote im Falle von NSDAP-Äquivalenten (→SRP-Verbot 1952 [II.A6]) sowie interne Auseinandersetzungen und unrealistische Politikansätze parlamentarisch unbedeutend. Auch Versuche der Sammlung ehemaliger NS-Funktionäre (die sogenannte Naumann-Verschwörung) bzw. der Unterwanderung anderer Parteien (→Deutsches Programm der FDP [II.B5]) scheiterten. Allerdings bildete sich ein vielgestaltiges Netzwerk extrem rechter Jugendorganisationen, Kulturvereinigungen, Verlage und soldatischer Veteranenverbände aus. Die zweite Phase von 1962 bis 1970 war gekennzeichnet durch die Sammlung der extremen Rechten in der 1964 gegründeten *Nationaldemokratischen Partei Deutschlands* (→NPD: Gründungs- und Anfangserfolge [III.B2]) und deren Einzug in sieben Landtage zwischen 1966 und 1968 sowie dem Scheitern der Partei bei den Bundestagswahlen 1969 (4,3 Prozent). Charakteristisch für die folgende Phase (1970-1983) war die Zersplitterung der extremen Rechten in eine aktionistisch-neonazistische Strömung, eine dezidiert nach politisch-inhaltlicher Neuprofilierung suchende Fraktion sowie in die 1971 gegründete *Deutsche Volksunion* (DVU), die quasi als Sammelbecken für das nationalistisch-konservative Spektrum in der NPD fungierte. Die organisatorisch ausgezehrte NPD kam bei der Bundestagswahl 1972 auf 0,6 Prozent und fristete – von einigen kommunalen Hochburgen abgesehen – bis weit in die 1980er Jahre ein Schattendasein. Die Gründung der Partei *Die Republikaner* (REP) im Jahre 1983 steht für den Beginn der vierten Phase, in der REP und DVU vor dem Hintergrund ansteigender Massenarbeitslosigkeit, offensichtlich werdender ökonomischer Strukturprobleme und Migrationsbewegungen mit aggressiver rassistischer Propaganda der Einzug in die Landesparlamente von Bremen (1987) und Berlin (1989) gelang. 1989 erreichten die REP zudem 7,1 Prozent der Stimmen bei der Wahl zum Europäischen Parlament – nie zuvor in der Geschichte Westdeutschlands hatte die extreme Rechte auf Bundesebene ein so hohes Ergebnis erzielt.

Die Herstellung der ›deutschen Einheit‹ brachte der organisierten extremen Rechten zunächst nicht den von ihr erhofften Erfolg – bei der Bundestagswahl 1990 verbuchten NPD und REP zusammen nur 2,4 Prozent der Zweitstimmen. Bedeutsam für die Entwicklung der extremen Rechten war jedoch die Ausbreitung einer bereits in der DDR existenten und mit ideologischen Versatzstücken aus Rassismus und NS-Verherrlichung affizierten Jugendszene, die mit den Pogromen von Hoyerswerda und →Rostock-Lichtenhagen [V.D3] – jenen auch aufgrund der Beifallsbekundungen ›ganz normaler Deutscher‹ eine qualitativ neue Stufe rassistisch motivierter Gewaltverbrechen markierenden Taten – auch international für Schlagzeilen sorgte. Die daraufhin verhängten Organisationsverbote gegen regional oder bundesweit agierende Neonazi-Gruppen verzögerten die Neuformierung der extremen Rechten lediglich. Während DVU und REP mit dem Rückenwind der öffentlichen Diskussion um die Einschränkung des Asylrechts 1991 erneut in Bremen, 1992 in Schleswig-Holstein sowie in Baden-Württemberg in die Landesparlamente einzogen, weitete sich die Zahl der subkulturell eingebundenen, meist jugendlichen Anhänger extrem rechter Orientierungen beträchtlich aus. Die Öffnung der NPD für diese subkulturelle Szene sowie die Nutzung dezentralisierter Organisationsformen (sogenannte Kameradschaften), die durch gering formalisierte Modi der Abstimmung und Steuerung verbunden sind, waren seit Mitte der 1990er Jahre wichtige Voraussetzungen für die seitdem zu beobachtende Verschiebung des Kräfteverhältnisses innerhalb der extremen Rechten. Die auf ein Bündnis mit den Konservativen zielenden REP verloren zugunsten neonazistischer Netzwerke und der NPD, die sich als system-oppositionell inszenierten, an Bedeutung. Während die REP im ersten Jahrzehnt des 21. Jahrhunderts bei Wahlen erfolglos blieben, agiert die NPD als Zentrum einer ›Volksfront von rechts‹, in der die NPD einerseits mit der DVU Absprachen bzgl. der Teilnahme an Wahlen getroffen hat und andererseits mit neonazistischen Netzwerken in Aktionseinheiten auf der Straße kooperiert. Ob sich der Spagat zwischen aggressiv-neonazistischem außerparlamentarischem Auftreten, das für die Bindung des aktionistischen Teils der Bewegung bedeutsam ist, und kontinuierlichen parlamentarischen Initiativen, mit denen die Wähler an die Partei gebunden werden sollen, über längere Zeit fortsetzen lässt, bleibt abzuwarten.

Themen- und Agitationsfelder

Auch wenn der organisierten extremen Rechten der Einzug in den Bundestag und die entsprechende Etablierung einer dauerhaften parlamentarischen Vertretung bisher nicht gelungen ist, so vermochte sie doch immer wieder bei Wahlen zu den Kommunal-, Landes- und Europaparlamenten politische Unzufriedenheit auszunutzen. Ihr gelang es, extrem rechtes, völkisch-nationalistisches und antisemitisches Einstellungspotential zu mobilisieren, das Abtreten der vor 1945 (politisch) sozialisierten Generation von Aktivisten und Wählern zu kompensieren, Perioden längerer politischer Marginalisierung durchzustehen und – nicht zuletzt als Reaktion auf staatliche Verbotsmaßnahmen – neue organisatorische Formen und politische beziehungsweise soziale Praktiken zu entwickeln.

Es lassen sich verschiedene Agitationsschwerpunkte bestimmen, mit denen die organisierte extreme Rechte seit 1945 versucht hat, die bestehende politische Ordnung und das ihr zugrundeliegende Normverständnis zu delegitimieren, ihre Anhänger zu mobilisieren sowie neue Sympathisanten hinzuzugewinnen. Dies war zunächst über mehrere Jahrzehnte die Betonung der ›nationalen Frage‹, d.h. die Überwindung der Teilung Deutschlands als Ergebnis der NS-Gewaltpolitik, und damit verbunden Polemik gegen große Teile der politischen Klasse der Bundesrepublik, die aufgrund der Politik der Westintegration als ›Verräter an Reich und Nation‹ angegriffen wurden. War die Ende der 1960er Jahre scharf geführte politisch-gesellschaftliche Auseinandersetzung um die Anerkennung der Oder-Neiße-Grenze (→Neue Ostpolitik [IV.A7]) ein wichtiger Aspekt des zeitweiligen Zuspruchs für die NPD, so reduzierte sich deren Bedeutung im Laufe der folgenden Jahrzehnte. Die Vereinigung der DDR mit der alten Bundesrepublik war aus Sicht der extremen Rechten lediglich ein erster Schritt zur Rückgewinnung vergangener territorialer und machtpolitischer Größe. Seit Mitte der 1990er Jahre wurde im Spektrum der organisierten extremen Rechten eine Debatte über Wesen und Struktur eines anzustrebenden Reiches geführt.

Bedeutsamer Teil des Eintretens der organisierten extremen Rechten für die Wiederherstellung Deutschlands als völkisch-territoriale Einheit und europäischer Machtfaktor war von jeher das Eintreten für die Revision der Geschichtsinterpretation. Im Zuge dieser Revisionismuskampagne werden bis heute nicht nur die von den Alliierten durchgeführten Kriegsverbrecher- und NS-Täter-Prozesse (→Bergen-Belsen-Prozess [I.A6]; →Nürnberger Prozess [I.A3]; →Nürnberger Nachfolgeprozesse [I.A4]) als rechtswidrige politische Justiz denunziert, sondern auch die →Entnazifizierung [I.A1]. Einen besonderen Stellenwert hatte zudem die Verbreitung der Legende vom Präventivkrieg gegen die Sowjetunion, da man hoffte, von der antikommunistischen Grundstimmung im Kalten Krieg profitieren zu können. Neben der sogenannten ›Kriegsschuld-Lüge‹ vertraten bedeutende Teile der extremen Rechten die sogenannte ›Auschwitz-Lüge‹, derzufolge es keinen systematisch durchgeführten Massenmord an den europäischen Juden gegeben habe (→Revisionismus/Leugnung des Holocaust [II.B9]).

Während die Revisionismusthematik für das Binnengefüge und Selbstverständnis der extremen Rechten bedeutsam ist, ohne jedoch massenwirksam zu sein, boten die im Kontext von Wirtschaftskrise und Anwerbestopp für ausländische Arbeiter in der zweiten Hälfte der 1970er Jahre einsetzenden Aktivitäten gegen die Immigration weitaus bessere Möglichkeiten zur Ansprache der Bevölkerung. Mit völkisch-nationalistischen und zum Teil offen rassistischen Parolen errangen zunächst kommunale Wahllisten der extremen Rechten Erfolge. Der Einzug von REP und DVU in Landesparlamente in den späten 1980er und frühen 1990er Jahren ist ebenfalls in starkem Maße dieser Thematik zu verdanken. Wurden bereits dabei ausländerfeindliche Aussagen mit sozialpolitischen Problemlagen (Arbeitslosigkeit, Wohnungsnot) verknüpft, so stellt diese Kombination auch einen wichtigen Teil der seit Mitte der 1990er Jahre entwickelten Kritik der extremen Rechten an ökonomischen, sozialen und kulturellen Globalisierungsprozessen dar. Diesen setzen große Teile der extremen Rechten eine völkisch-nationalistische Sozialpolitik, die Beseitigung der Arbeitslosigkeit durch Zwangsdienste sowie Autarkie-Konzepte entgegen. Vertrat die extreme Rechte über Jahrzehnte hinweg eine system-stabilisierende Mittelstandspolitik, so inszeniert sie sich in den letzten Jahren als system-oppositioneller politischer Akteur.

Verjüngung und Etablierung

Mit der in den 1990er Jahren erfolgten Differenzierung des Aktionsrepertoires, der Entstehung einer breiten rechts-affinen bis extrem rechten Jugendkultur und der Öffnung zumindest der NPD für Kooperation und Integration des offen neonazistischen Spektrums hat eine beträchtliche Verjüngung der organisierten extremen Rechten stattgefunden. Zugleich hat sich aus der mittleren Generation der nach 1950 Geborenen eine neue Führungsschicht herausgebildet. Führende Akteure treten zugleich in ihrer Lebensweise bürgerlich angepasst und gesellschaftlich etabliert wie auch kämpferisch-aggressiv und mit politischen Verbindungen zum gewaltbereiten Spektrum der Bewegung auf. Das politische Scheitern des →NPD-Verbotsverfahren [VI.B4] und der Einzug der NPD in die Landesparlamente von Sachsen (2004) und Mecklenburg-Vorpommern (2006) haben nicht nur das Selbstbewusstsein der Bewegung gestärkt, sondern bieten nun die Möglichkeit, mit den damit verbundenen Ressourcen die Darstellung der Partei in der Öffentlichkeit zu professionalisieren, die Qualifizierung der Aktiven zu fördern und zahlreiche Aktive auf Stellen in den Fraktionsapparaten unterzubringen.

Gegenüber den 1970er und 1980er Jahren ist es der extremen Rechten – insbesondere in den östlichen Bundesländern – gelungen, lokal und regional als politische Akteure innerhalb der parlamentarischen Strukturen aufzutreten und wahrgenommen zu werden. Mit der Präsenz und Veralltäglichung rechtspopulistischer wie extrem rechter Rhetorik werden diese Parteien als Alternative zu den

›Systemparteien‹ offenbar dauerhaft wählbar – sei es aus ›Protest‹ oder aus ›Überzeugung‹.

Reichweite rechtsextremen Gedankenguts

Im Spannungsfeld von Protest und Gesinnungswahl versucht die extreme Rechte sowohl Stimmen von denjenigen zu erhalten, bei denen es lediglich einzelne Anknüpfungspunkte zur eigenen Weltanschauung gibt, als auch jene, die in empirischen Erhebungen ein geschlossenes extrem rechtes Weltbild haben erkennen lassen. Zahlreiche Studien (z.B. die SINUS-Studie 1981) haben gezeigt, dass das extrem rechte Einstellungspotential in der Bundesrepublik Deutschland gewöhnlich erheblich größer war als die Zahl der bei Wahlen erzielten Stimmen. Der SINUS-Studie zufolge hatten 13 Prozent der volljährigen Bevölkerung ein geschlossen rechtsextremes Weltbild; weitere 37 Prozent waren aufgrund ihrer autoritären Einstellung für extrem rechte Propaganda empfänglich. Andere Untersuchungen (z.B. das 2013 abgeschlossene Langzeitprojekt zur ›gruppenbezogenen Menschenfeindlichkeit‹ von Wilhelm Heitmeyer oder der jährliche ›Thüringen-Monitor‹) verdeutlichen, dass einzelne Aussagen aus dem Kanon extrem rechter Weltanschauung, z.B. ausländerfeindliche bzw. -diskriminierende Thesen, Zustimmungsquoten von zum Teil über 60 Prozent erzielen.

In der Geschichte der Bundesrepublik ist die Zustimmung zu Aussagen, nach denen Hitler ohne den Krieg einer der größten deutschen Staatsmänner gewesen wäre bzw. das NS-Regime kein Unrechtsstaat gewesen sei, von etwa 50 Prozent (1954) auf unter 30 Prozent (1999) bzw. von 30 Prozent (1960) auf 15 Prozent (1999) zurückgegangen. NS-Nostalgie und territoriale Ansprüche als Elemente extrem rechter Weltbilder haben in der Bevölkerung an Bedeutung verloren. Demgegenüber haben völkischer Nationalismus und Ausländerfeindlichkeit sowie neue Ausprägungen des Antisemitismus an Gewicht gewonnen.

Staatliche und gesellschaftliche Reaktionen

Zu den Konstitutionsbedingungen und Erfolgsaussichten des Rechtsextremismus zählt maßgeblich auch der Umgang politischer Akteure, der Medien und staatlicher (Kontroll-) Institutionen mit seinen Ausdrucksformen. Folgt man Peter Dudek und Hans-Gerd Jaschke, so hat die Summe von Aufklärungs-, Kriminalisierungs- und Pathologisierungsstrategien dazu geführt, dass die organisierte extreme Rechte politisch-parlamentarisch marginal geblieben ist. Tatsächlich war die Beschäftigung mit dem Rechtsextremismus in Deutschland nach 1945 stark von der historischen Erfahrung der NS-Verbrechen und der militärischen Niederlage bestimmt, so dass der Diskurs über den Rechtsextremismus nicht nur hinsichtlich der offen auf den deutschen Faschismus Bezug nehmenden Akteure von der Figur der ›Ewiggestrigen‹ bestimmt und nach unmittelbaren Kontinuitätslinien zur NSDAP bzw. zur NS-Diktatur gesucht wurde. Solche Ansätze der Parallelisierung von Rechtsextremismus und Nationalsozialismus finden sich bis heute, auch wenn die Zahl der biographischen Kontinuitäten fast bedeutungslos geworden ist. Ausbreitung und Intensität des Rechtsextremismus einerseits sowie die kritische Auseinandersetzung mit ihm und seine Bekämpfung andererseits sind in der Bundesrepublik Deutschland stets als Indikator für die Stabilität der Demokratie angesehen worden. Die zahlreichen Organisationsverbote sind in diesem Sinne auch als symbolische Markierungen einer ›wehrhaften Demokratie‹ verstanden worden.

Zugleich finden sich zahlreiche Beispiele der Verharmlosung und Entpolitisierung extrem rechter Aktivitäten. Dies gilt etwa für die Präsentation rechten Terrors als Handeln von Einzeltätern (zum Beispiel beim Anschlag auf das Oktoberfest 1980), für die zeitweise Bewertung der Überfälle und Brandanschläge zu Beginn der 1990er Jahre als ›unpolitische‹ Jugendgewalt unter Alkoholeinfluss sowie für die unentdeckt gebliebene Terrorgruppe »Nationalsozialistischer Untergrund«. Zum Teil wurde extrem rechtes Gewalthandeln auch als Legitimationsressource zur Durchsetzung ordnungsstaatlicher Maßnahmen sowie für die Einschränkung grundlegender politischer Rechte (besonders Art. 16 GG: Staatsangehörigkeit; Asyl) genutzt, denen als Institutionen des Lernens aus der Erfahrung der NS-Diktatur ein besonderer Status zugewiesen worden waren. Während offen antisemitische und geschichtsrevisionistische Positionen im Regelfall skandalisiert und negativ sanktioniert werden, ist der politische Raum für rassistische und völkisch-nationalistische Äußerungen erheblich großzügiger bemessen. In diesem Feld hat sich durch mediale und politische Diskurse seit den späten 1970er Jahren, insbesondere jedoch seit der Debatte um die Änderung des Asylrecht-Artikels des Grundgesetzes im Jahre 1992 sowie das durch staatliches Handeln gegenüber Migranten und Flüchtlingen vermittelte Bild der Inferiorität dieser Gruppen eine Verschiebung in der politischen Kultur ergeben, die der extremen Rechten Anknüpfungspunkte und ihrer Agitation Resonanzböden bietet.

Der starke Anstieg extrem rechter Gewalttaten Anfang der 1990er Jahre (1991: 849; 1992: 1485; 1993: 1322) und einzelne Verbrechen (z.B. die nächtlichen Brandanschläge in Mölln und Solingen) haben immer wieder zivilgesellschaftliche Reaktionen (z.B. ›Lichterketten‹) hervorgerufen. Zwar hat verstärkte staatliche Verfolgung der Gewalttaten zunächst zu einem Rückgang der offiziell registrierten Fälle geführt (1995: 612; 1996: 624). Die seitdem zu beobachtende erneute Zunahme der Gewalttaten (2004: 776; 2005: 958) bzw. der Straftaten (2004: 12.051; 2005: 15.361) fand jedoch vergleichsweise wenig kritische Beachtung.

Konjunkturen der Forschung

Wie der öffentliche Diskurs war auch die sozialwissenschaftliche Forschung über den Rechtsextremismus zunächst davon bestimmt, diesen als Fortsetzung oder Wiederbelebung von NS-Aktivitäten zu identifizieren. In der Fokussierung auf die SRP und die Deutsche Reichspartei, bei denen schon in der Organisationsbezeichnung der Bezug auf die großdeutsche Reichsidee sichtbar wurde, sowie später auf die NPD wurde diese akteurs-orientierte und organisations-zentrierte Perspektive manifest. Insofern extrem rechte Parteien an Wahlen teilnahmen, ergab sich eine Erweiterung um wahlsoziologische Fragestellungen nach den Charakteristika der Wählerschaft und den Gründen von Wahlerfolgen.

Mit der im Auftrag der sozialliberalen Bundesregierung 1981 erstellten SINUS-Studie, deren Anlass das vermehrte Auftreten extrem rechter Jugendorganisationen und paramilitärischer Gruppen war, nahm die Wissenschaft nicht mehr nur konkretes zielorientiertes Handeln, sondern auch extrem rechte Einstellungsdimensionen und deren Verbreitung stärker wahr. Mit der 1984 von Peter Dudek und Hans-Gerd Jaschke veröffentlichten Studie zur Entwicklung des Rechtsextremismus wurde dieser als Problem der politischen Kultur und im Kontext von Interaktionsdynamiken mit anderen gesellschaftlichen Protagonisten analysiert. Dabei situierten sie den Rechtsextremismus im Wechselspiel zwischen einem stigmatisierenden Umgang hegemonialer gesellschaftlicher Akteure gegenüber der organisierten extremen Rechten einerseits und einer Affinität der Mehrheitsgesellschaft für Versatzstücke rechtsextremen Gedankenguts andererseits.

Mit dem Begriff der →›Neuen Rechten‹ [VI. E5] wurden in der Forschung seit Anfang der 1980er Jahre so unterschiedliche Phänomene wie das Erstarken neokonservativer und extrem rechter Kräfte in den USA und Westeuropa, die REP sowie die Zeitung *Junge Freiheit* bedacht; inzwischen wird er in der Diskussion in Deutschland vor allem für jenes politische Akteursspektrum verwendet, welches – zum Teil in Anlehnung an die Schriften der französischen *Nouvelle Droite* – eine Abkehr vom biologistischen hin zu einem kulturalistischen Rassismus vollzogen hat. Mit ihrer Diskursstrategie versuchen sie völkischen Nationalismus, deutsche Großmachtambitionen und die Perspektive, dass ›deutsche Opfer‹ stärkere Aufmerksamkeit erfahren müssten, in der Gesellschaft mehrheitsfähig zu machen. Die Diskussion über die Verortung dieser Strömung, z.B. als Scharnier- oder Brückenfunktion zwischen Konservatismus und Rechtsextremismus, hat an Bedeutung verloren.

Die rassistische Gewaltwelle der frühen 1990er Jahre führte nicht nur zu einer intensiveren Betrachtung der Ursachen für gewaltförmiges Handeln, sondern auch zur Erforschung der sich herausbildenden rechten Jugendsubkultur mit ihren eigenständigen Stylecodes, internen Verständigungs- und musikalischen Ausdrucksformen. Wichtige konzeptionelle Anregungen kamen dabei von den soziologischen Arbeiten zu den neuen sozialen Bewegungen, die später um empirische Forschungen zu den erweiterten Aktionsrepertoires der extremen Rechten ergänzt wurden. Vergleichsweise rar sind noch immer detaillierte Untersuchungen extrem rechter Argumentationsmuster und Ideologeme sowie interaktionstheoretisch fundierte Arbeiten zur Dynamik des diskursiven, medialen und praxeologischen Auftretens der extremen Rechten einerseits und staatlicher bzw. gesellschaftlicher Akteure andererseits. Während Gewalthandeln von rechts und soziale Orte extrem rechten Auftretens (z.B. Stadt, Land, Stadion) inzwischen erhebliche Aufmerksamkeit gefunden haben, steht eine systematische Erforschung extremen Gewalthandelns noch weitgehend aus.

Seit Anfang der 1990er hat sich ein eigenständiger Forschungsstrang herausgebildet, der sich mit Gender-Aspekten der extremen Rechten befasst. Dabei ging es zunächst darum, die Teilnahme von Mädchen und Frauen an verschiedenen Ausprägungen des Rechtsextremismus sichtbar zu machen und in ihrer Bedeutung für die Szene sowie die persönlichen und politischen Lebensentwürfe der besagten Frauen zu bestimmen. Vergleichsweise rudimentär sind bisher Arbeiten, die sich der (Re-)Produktion von Maskulinität und heldisch-soldatischem Habitus widmen.

Angesichts der Bedeutung, die rechtspopulistischen Parteien in zahlreichen europäischen Ländern zukommt, hat sich die Forschung in jüngerer Zeit mit der Abgrenzung dieser Organisationen zum Rechtsextremismus, dem programmatischen Profil und soziologischen Charakteristika sowie seinen (Miss-)Erfolgsbedingungen befasst.

Erst in jüngster Zeit sind Studien initiiert worden, die sich mit transnationalen Organisations- und Vernetzungsprozessen, den Einstiegs- und Ausstiegsprozessen in bzw. aus der extrem rechten Bewegung befassen bzw. die Wirkung von Verboten extrem rechter Parteien und Organisationen empirisch zu fassen versuchen.

FV

Lit.: Robert Ackermann (2012): *Warum die NPD keinen Erfolg haben kann*, Opladen: Budrich. Gideon Botsch (2012): *Die extreme Rechte in der Bundesrepublik Deutschland*, Darmstadt: WBG. Ursula Birsl (Hg.) (2011): *Rechtsextremismus und Gender*, Opladen: Budrich. Robert Claus (Hg.) (2010): *»Was ein rechter Mann ist...«: Männlichkeiten im Rechtsextremismus*, Berlin: Dietz. Henrik Steglich (2010): *Rechtsaußenparteien in Deutschland: Bedingungen ihres Erfolgs und Scheiterns*, Göttingen: V&R. Heribert Ostendorf (Hg.) (2009): *Rechtsextremismus: eine Herausforderung für Strafrecht und Strafjustiz*, Baden-Baden: Nomos. Rainer Erb (2007): *Mit Gewalt zur Vernunft? Staatliche Repression und ihre Wirkungen auf den gegenwärtigen Rechtsextremismus in Deutschland*, Wiesbaden: VS. Esther Burkert (2006): *Rechtsextremismus und Geschlecht*, Herbolzheim: Centaurus. Elke Endert (2006): *Über die emotionale Dimension sozialer Prozesse*, Konstanz: UVK. Fabian Virchow (2006): *Gegen den Zivilismus. Internationale Beziehungen und Militär in den politischen Konzeptionen der extremen Rechten*, Wiesbaden: VS. Andreas Klärner, Michael Kohlstruck (Hg.) (2006): *Moderner Rechtsextremismus in Deutschland*, Hamburg: Hamburger Edition. Michael Minkenberg (2005): *Demokratie und Desintegration. Der politikwissenschaftliche Forschungsstand zu Rechtsradikalismus, Fremdenfeindlichkeit und Gewalt*, Berlin: Pro Business. Bernhard Pörksen (2005): *Die Konstruktion von Feindbildern. Zum Sprachgebrauch in neonazistischen Medien*, Wiesbaden: VS. Andreas Speit (2005): *Mythos Kameradschaft. Gruppeninterne Gewalt im neonazistischen Spektrum*, Braunschweig: ARUG. Richard Stöss (2005): *Rechtsextremismus im Wandel*, Berlin: FES. Wilfried Schubarth, Richard Stöss (Hg.) (2005): *Rechtsextremismus in der Bundesrepublik Deutschland*, Opladen: Leske+Budrich. Rainer Benthin (2004): *Auf dem Weg in die Mitte. Öffentlichkeitsstrategien der Neuen Rechten*, Frankfurt a.M., New York: Campus. Wolfgang Gessenharter, Heinz Lynen von Berg (2004): *Politische Mitte und Rechtsextremismus*, Opladen: Leske+Budrich. Thomas Pfeiffer (Hg.) (2004): *Die Neue Rechte. Eine Gefahr für die Demokratie?*, Wiesbaden: Westdeutscher Verlag. Klaus Schroeder (2003): *Rechtsextremismus und Jugendgewalt in Deutschland*, Paderborn: Schöningh. Hans-Gerd Jaschke (2001): *Rechtsextremismus und Fremdenfeindlichkeit*, Wiesbaden: Westdeutscher Verlag. Christoph Butterwegge et al. (1997): *Rechtsextremisten in Parlamenten*, Opladen: Leske+Budrich. Thomas Saalfeld (1997): »Up and Down with the Extreme Right in Germany, 1949–1996«, in: *Politics* 17, H. 1, S. 1–8. Jürgen W. Falter et al. (Hg.) (1996): *Rechtsextremismus* (Sonderheft der *Politischen Vierteljahresschrift* 27), Opladen: Westdeutscher Verlag. Günther Heiland,

Christian Lüdemann (Hg.) (1996): *Soziologische Dimensionen des Rechtsextremismus*, Opladen: Westdeutscher Verlag. Marcus Neureiter (1996): *Rechtsextremismus im vereinten Deutschland. Eine Untersuchung sozialwissenschaftlicher Deutungsmuster und Erklärungsansätze*, Marburg: Tectum. Peter Dudek (1994): »Die Auseinandersetzungen mit Nationalsozialismus und Rechtsextremismus nach 1945«, in: Wolfgang Kowalsky, Wolfgang Schroeder (Hg.): *Rechtsextremismus. Einführung und Forschungsbilanz*, Opladen: Westdeutscher Verlag, S. 277–301. Eckhard Fascher (1994): *Modernisierter Rechtsextremismus?*, Berlin: Köster. Peter Dudek, Hans-Gerd Jaschke (Hg.) (1984): *Entstehung und Entwicklung des Rechtsextremismus in der Bundesrepublik*, 2 Bde., Opladen: Westdeutscher Verlag.

VI.F Erkenntnis gesamtgesellschaftlicher Verstrickung

VI.F1 Fall Schneider/Schwerte, 1995 aufgedeckte Schein- bzw. Doppel-Identität des vormaligen SS-Funktionärs Hans Ernst Schneider (1909–1945), der in der Bundesrepublik unter dem Namen Hans Schwerte (1910–1999) eine Universitätskarriere als Germanist machte, die ihn bis ins Rektorat der RWTH Aachen führte und ihm das Bundesverdienstkreuz eintrug. Schneider studierte zwischen 1928 und 1935 an den Universitäten Königsberg, Berlin und Wien die Fächer Deutsche Literaturgeschichte, Kunstgeschichte, Theaterwissenschaft, Philosophie, Volkskunde und Urgeschichte. Die Dissertation, die Schneider angibt, 1935 über »Turgenjev und die deutsche Literatur« geschrieben zu haben, ist bis heute nicht gefunden worden, und es herrscht Zweifel in der Forschungsliteratur, ob Schneider die Dissertation überhaupt je geschrieben hat, unter anderem weil er zu dieser Zeit bereits aktiv im NS-Staat tätig war und die Dissertation faktisch in nur drei Semestern hätte schreiben müssen. Schließlich hatte Schneider Paul Hankamer, den er als Betreuer seiner Königsberger Dissertation angibt, erst 1932 kennen gelernt und war im selben Jahr für ein Gastsemester in Wien. 1933 meldete sich Schneider außerdem zum freiwilligen Arbeitsdienst und war 1934 als »Referent für Volkstumsarbeit in der Gaudienststelle der NS-Gemeinschaft Kraft durch Freude in der deutschen Arbeitsfront« tätig.

Zudem war Schneider seit 1933 Mitglied der SA, vier Jahre später der NSDAP und der SS, in der er bis zum Hauptsturmführer aufstieg. 1938 wurde er hauptamtlicher Referent im Rasse- und Siedlungs-Hauptamt der SS und im Oktober desselben Jahres hauptamtlicher Referent des »Ahnenerbes« der SS, bis er 1943 schließlich die Abteilung »Germanistischer Wissenschaftseinsatz« des »Ahnenerbes« leitete, unter dessen Obhut unter anderem die medizinischen Menschenversuche im KZ Dachau abgewickelt wurden.

1940 bis 1943 war Schneider in den besetzten Niederlanden tätig, wo er an der Errichtung eines wissenschaftlichen Zentrums für das »Studium der Rassenfrage und der Erbpflege« und dem Aufbau einer Organisation für die systematische rassenbiologische Untersuchung des niederländischen Volkes beteiligt war, die als Grundlage für künftige »rassenhygienische Maßnahmen« dienen sollte. Schneider förderte darüber hinaus Pieter Emiel Keuchenius, der die Personalliste der niederländischen Juden zusammenstellte, auf denen die Deportationsmaßnahmen aufbauten.

Schneider verschwand kurz vor der Kapitulation aus der Berliner Zentrale des »Ahnenerbes«. Seine Frau ließ ihn für tot erklären und behauptete, er sei in den letzten Kriegstagen bei Berlin gefallen. 1946 schrieb sich Schwerte – nachdem er ein Jahr zuvor unter der Angabe, sämtliche persönliche Dokumente seien verschollen, seine Identität geändert hatte – an der Universität Hamburg, kurz darauf in Erlangen ein, wo er 1948 bei Helmut Prang, Hans-Joachim Schoeps und Heinz Otto Burger promovierte. 1954 gab Schwerte mit Wilhelm Sprengler, einem ehemaligen SD-Funktionär und SS-Standartenführer, mit dem er gemeinsam in Den Haag tätig gewesen war, den Band *Denker und Deuter im heutigen Europa* heraus. 1958 erfolgte die Habilitation in Erlangen, wo er als Universitätsdozent Leiter der Theaterwissenschaftlichen Abteilung des Germanistischen Seminars war. 1964 wurde er zum außerordentlichen Professor, ein Jahr später zum ordentlichen Professor für Neuere Deutsche Literaturwissenschaften an der RWTH Aachen berufen. Hier wurde Schwerte von 1970 bis 1973 Rektor und zwischen 1974 und 1981 Beauftragter des Landes Nordrhein-Westfalen für die Beziehungen zwischen den Hochschulen in Nordrhein-Westfalen, Belgien und den Niederlanden. Nach seiner Emeritierung 1978 erfolgten 1983 die Benennung als Honorarprofessor der Universität Salzburg sowie die Auszeichnung mit dem Bundesverdienstkreuz I. Klasse und die Verleihung des belgischen Ordens Officier de l'Ordre de la Couronne du Royaume de Belgique. 1990 wurde Schwerte zum Ehrensenator der RWTH Aachen ernannt.

Bereits 1992 war der US-amerikanische Romanist Earl Jeffrey Richards bei Nachforschungen zu Ernst Robert Curtius im Berlin Document Center auf die Akte Schneider gestoßen. Richards ging aufgrund von signifikanten Übereinstimmungen in den Lebensläufen von Schneider und Schwerte, von realen Personen, die in beiden Biographien als Verwandte auftauchten und äußerlichen Ähnlichkeiten auf Photographien davon aus, dass sich hinter Schneider und Schwerte die gleiche Person verbarg. Er verständigte das Simon-Wiesenthal-Dokumentationszentrum (→Simon Wiesenthal [I.C4]), wo die strafrechtlich relevanten Vorgänge allerdings als verjährt angesehen wurden. Erst drei Jahre später erfolgte Schwertes Selbstanzeige, nachdem unabhängig voneinander eine Gruppe Aachener Studierender sowie holländische Journalisten die Identität von Schneider und Schwerte aufgedeckt hatten. Diese Doppel-Identität wurde einen Tag darauf in der Sendung *Brantpunt* im niederländischen Fernsehen publik gemacht und entwickelte sich in der Folgezeit zu einem brisanten öffentlichen Diskussionsgegenstand. Infolgedessen wurde Schneider alias Schwerte noch im selben Jahr das Bundesverdienstkreuz aberkannt und ihm sein Professorentitel durch einen Erlass des Ministeriums wegen »arglistiger Täuschung« entzogen. Der Antrag auf Aberkennung der Doktorwürde wurde dagegen trotz zahlreicher Bemühungen seitens Professoren der Universität Erlangen-Nürnberg abgelehnt. Der Rektor sowie der Promotionsausschuss der Universität begründeten die Entscheidung 1996 damit, dass Schneider/Schwerte keinerlei strafrechtliche Verurteilung erfahren habe. Diese Entscheidung wurde öffentlich kontrovers diskutiert und unter anderem als »Persilschein für eine Lebenslüge«, so eine studentische Initiative, bezeichnet.

Der Fall Schneider/Schwerte erscheint rückblickend als Zeugnis jener Seilschaften, die weit über das Ende des Krieges 1945 Bestand hatten und auch in anderen wissenschaftlichen Disziplinen zu beobachten sind (→Historiker im Nationalsozialismus [VI. F2]); schließlich ist es kaum vorstellbar, dass eine Karriere wie die von Hans Schwerte ohne Protektion von Mitwissern und Eingeweihten funktionieren konnte.

2012 wurde der Fall Schneider/Schwerte unter der Regie von Andrea Schwalbach erstmals dramatisch inszeniert: Irene Dische und Elfriede Jelinek haben die heiteren Singspiel-Handlungen »Der vierjährige Posten« von Theodor Körner und »Die Zwillingsbrüder« von Georg Ernst von Hoffmann (Franz Schubert) unter dem Titel »Der tausendjährige Posten oder Der Germanist« satirisch (um-)interpretiert. In der Neuinszenierung gibt sich der einstmalige SS-Hauptführer Schaal ›allein‹ aus Liebe zu seiner Frau nach dem Krieg in alter Gesinnung eine neue Identität. Die zweite Hochzeit in den 1950er Jahren scheitert beinahe, als Kamerad Spieß aus Sibirien heimkehrt und sein Anrecht auf die Witwe des angeblich Verstorbenen geltend machen will. Die Lebenslüge des Prof. Dr. Schall/Schaal wird von der Presse aufgedeckt, als ihm eine Ehrenmedaille für seine akademischen Verdienste verliehen werden soll.

JP

Lit.: Josef Thomik (2009): *Nationalsozialismus als Ersatzreligion: Die Zeitschriften »Weltliteratur« und »Die Weltliteratur« (1935/1944) als Träger nationalsozialistischer Ideologie; zugleich ein Beitrag zur Affäre Schneider/Schwerte*, hg. und bearbeitet von Josef Schreier, Aachen: Einhan. Karl Müller (2007): »Vier Leben in einem – Hans Schneider/Hans Schwerte. Die Literaturwissenschaft als Selbsterkenntnis- und Zuflluchtsraum«, in: *Soziokulturelle Metamorphosen*, Heidelberg: Universitätsverlag Winter, S. 79-117. Holger Dainat, Lutz Danneberg (Hg.) (2003): *Literaturwissenschaft und Nationalsozialismus*, Tübingen: Niemeyer. Frank-Rutger Hausmann (2001): ›*Auch im Krieg schweigen die Musen nicht‹: Die Deutschen Wissenschaftlichen Institute im Zweiten Weltkrieg*, Göttingen: Vandenhoeck & Ruprecht. Joachim Lerchenmueller, Gerd Simon (Hg.) (1999): *Masken-Wechsel: Wie der SS-Hauptsturmführer Schneider zum BRD-Hochschulrektor Schwerte wurde und andere Geschichten über die Wendigkeit deutscher Wissenschaft im 20. Jahrhundert*, Tübingen: Ges. für Interdisziplinäre Forschung. Antirassismus-Referat der Studentischen Versammlung an der

Friedrich-Alexander-Universität Erlangen-Nürnberg (Hg.) (1998): *Ungeahntes Erbe. Der Fall Schneider/Schwerte: Persilschein für eine Lebenslüge. Eine Dokumentation*, Aschaffenburg: Alibri. Ludwig Jäger (1998): *Seitenwechsel. Der Fall Schwerte Schneider und die Diskredition der Germanistik*, München: Fink. Helmut König (Hg.) (1998): *Der Fall Schwerte im Kontext*, Opladen: Westdeutscher Verlag. Claus Leggewie (1998): *Von Schneider zu Schwerte. Das ungewöhnliche Leben eines Mannes, der aus der Geschichte lernen wollte*, München: Hanser. Gustav Seibt (1998): »Kann eine Biographie ein Werk zerstören? Bemerkungen zu de Man, Jauß, Schwerte und Hermlin«, in: *Merkur* 52, H. 588, S. 215–226. Michael H. Kater (1997): *Das »Ahnenerbe« der SS 1935 – 1945. Ein Beitrag zur Kulturpolitik des Dritten Reiches*, 2., erg. Aufl. München: Oldenbourg. Helmut König et al. (Hg.) (1997): *Vertuschte Vergangenheit. Der Fall Schwerte und die NS-Vergangenheit der deutschen Hochschulen*, München: Beck. Hans Jürgen Heringer et al. (Hg.) (1996): *Sprache und Literatur. Schwerpunkt: Der Fall Schneider/Schwerte*, Heft 77. Gotthard Jasper (1996): »Die Universität Erlangen-Nürnberg und der Fall Schneider/Schwerte«, in: *Leviathan* 24, H. 4, S. 456–468.

VI.F2 Historiker im Nationalsozialismus, kontrovers geführte Debatte um die Rolle renommierter Historiker im Nationalsozialismus, die, ausgehend von einer Tagungssektion auf dem 42. Deutschen Historikertag 1998, zu einer ersten grundlegenden Aufarbeitung der Fachgeschichte im »Dritten Reich« führte und insbesondere den Blick für die thematischen und personellen Kontinuitäten historiographischer Forschung im Nationalsozialismus und in der frühen Bundesrepublik öffnete.

Bis in die 1990er Jahre hatte in der Geschichtswissenschaft ein Bild der Fachgeschichte im Nationalsozialismus dominiert, das die Historiker in deutlicher Distanz zum Regime sah. Zwar war seit Helmut Heibers voluminöser Untersuchung zu Walter Franks Reichsinstitut für Geschichte des neuen Deutschlands aus dem Jahr 1966 bekannt, dass es eine spezifisch nationalsozialistische historische Forschung gegeben hatte; diese sah man jedoch in deutlicher Distanz zur etablierten universitären Zunft. Gerade das Wissen um die Existenz einer genuinen, in ihrem Dilettantismus von Heiber der Lächerlichkeit preisgegebenen NS-Forschung konnte in dieser Rezeptionsphase den Rest der Geschichtswissenschaft paradoxerweise als dominant unpolitischen, der Wissenschaftlichkeit verpflichteten Rückzugsraum erscheinen lassen. Wirkungsmächtig war in diesem Zusammenhang die 1965 mit der Legitimation des jüdischen Remigranten vorgebrachte Einschätzung Hans Rothfels' – dessen Rolle in der ›Ostforschung‹ in den 1990er Jahren selbst Gegenstand der Debatte wurde –, dem Nationalsozialismus hätten sich im Bereich der Geschichtswissenschaft nur »wildgewordene Studienräte oder Außenseiter« angedient.

Eine solche allzu bequeme Sicht auf die Rolle der Geschichtswissenschaft im Nationalsozialismus geriet im Verlauf der 1990er Jahre aus mehreren Richtungen unter Druck. Zum einen erschienen mit den Arbeiten von Michael Burleigh (1989), Karen Schönwalder (1992) und Willi Oberkrome (1993) erste systematische Studien, die die Rolle von Historikern und Wissenschaftlern als Politikberater im Rahmen der völkischen Neuordnung im Osten sichtbar machten; parallel dazu wurde in den Arbeiten von Götz Aly (und Susanne Heim) der enge Konnex zwischen den Plänen einer völkischen Neuordnung im Osten – etwa dem so genannten ›Generalplan Ost‹ – und der Genese der NS-Vernichtungspolitik deutlich, was der Rolle der Geschichtswissenschaft, aber auch von Geistes- und Sozialwissenschaften insgesamt, als »Legitimationswissenschaft« (Peter Schöttler) des Nationalsozialismus ein wesentlich größeres Gewicht gab. Die hochgradig problematische Rolle der ›Ostforschung‹ im Nationalsozialismus entwickelte sich so – befördert durch die grundlegende Studie von Ingo Haar – zu einem Schwerpunkt der Debatte. Dabei war es für die Aufnahme des Themas auf dem Historikertag 1998 und vor allem für die emotionale Aufladung der Debatte von entscheidender Bedeutung, dass nun – neben den bekannten, älteren Protagonisten der ›Ostforschung‹ wie Hermann Aubin oder Otto Brunner – mit →Hans Rothfels (*Die deutsche Opposition gegen Hitler* [I.B5]), vor allem aber Theodor Schieder (Jahrgang 1908) und Werner Conze (Jahrgang 1910) gerade jene jüngeren Historiker in den Blick gerieten, die ihre wissenschaftliche Karriere im Nationalsozialismus begannen und nach 1945, methodischen Neuorientierungen aufgeschlossen gegenüber stehend oder sie gar vorantreibend, zu den Protagonisten der BRD-Geschichts-

wissenschaft wurden (beide waren etwa Vorsitzende des Historikerverbandes). Hatte schon Oberkrome in seiner Dissertation des Jahres 1993 die Verschränkung von »methodischer Innovation« und »völkischer Ideologisierung« der ›Volksgeschichte‹ betont, rückten über Rothfels, Conze und Schieder endgültig die methodischen, aber auch thematischen und personellen Kontinuitäten zwischen der Geschichtswissenschaft im Nationalsozialismus und in der BRD in den Fokus: So hatte etwa Conze, dessen programmatische Plädoyers für struktur- und sozialgeschichtliche Ansätze in der Bundesrepublik wegweisend für die methodische Neuausrichtung der Geschichtswissenschaft in den 1970er Jahren wurden, sich in seinen Arbeiten zur von Hans Freyer und Gunter Ipsen geprägten ›Bevölkerungswissenschaft‹ bereits im Nationalsozialismus eines Methodenspektrums bedient, welches das der tradierten Politikgeschichte erheblich erweiterte: Conzes Dissertation über eine deutsche Sprachinsel im Baltikum (*Hirschenhof. Die Geschichte einer deutschen Sprachinsel in Livland*, 1934) verknüpfte innovativ soziologische, demographische, statistische, volkskundliche und sprachwissenschaftliche Methoden. Conze wie Schieder gehörten dabei zum ›Königsberger Kreis‹ um Hans Rothfels, der sich wissenschaftlich vor allem um die Legitimation einer deutschen Herrschaft im Osten und um die Revision des Versailler Vertrages bemühte, später aber auch konkrete Vorschläge zur völkischen Neuordnung Osteuropas erarbeitete: So bewertete Conze in seinem Vortrag über *Die ländliche Überbevölkerung in Polen* auf dem XIV. Internationalen Soziologenkongress in Bukarest 1940 diese als »eine der ernstesten gesellschaftlichen und politischen Fragen überhaupt« und hielt »Mittel zur Bekämpfung der Notlage wie Parzellierung, Separation, Intensivierung der Wirtschaft, Industrialisierung, Entjudung der Städte und Marktflecken zur Aufnahme bäuerlichen Nachwuchses in Handel und Handwerk« für »äusserst wirksam und lindernd«. Schieder hatte in seiner so genannten Polendenkschrift vom 7.10.1939 im Auftrag der Nordostdeutschen Forschungsgemeinschaft (NOFG) ganz unmittelbar auf die Durchführung der ›Germanisierung‹ der annektierten polnischen Westprovinzen einzuwirken versucht. Für die ›Ostforscher‹ schlug mit dem Kriegsbeginn 1939 »die Stunde der Experten« (Michael Burleigh), sie versuchten ihren Konzeptionen zur »Lösung der polnischen Frage« im NS-typischen Kompetenzgerangel Gewicht zu verschaffen; Hermann Aubin, Mitbegründer und stellvertretender Direktor der NOFG, in der sich wichtige Teile der ›Ostforschung‹ organisiert hatten, begründete seine Initiative zur Ausarbeitung einer Denkschrift folgerichtig mit dem Hinweis, die Wissenschaft könne »nicht einfach warten, bis sie gefragt wird, sie muß sich selber zum Worte melden«. Schieders ›Polendenkschrift‹, die als eine Art Vorläufer zum ›Generalplan Ost‹ zu sehen ist, rekapitulierte mit ihren Forderungen nach einer Wiedergutmachung der »zwanzigjährigen brutalen Entdeutschungspolitik«, nach »Bevölkerungsverschiebungen«, nach einer »klare[n] Abgrenzung von polnischem und deutschem Volkstum die die Gefahren völkischer und rassischer Vermischung vermeidet« oder in der Rückbindung einer stärkeren polnischen Einwanderung nach Restpolen an die Vorraussetzung einer »*Herauslösung des Judentums* aus den polnischen Städten« [Hervorh. im Orig.] noch einmal die Ingredienzien der ›Ostforschung‹, verschaffte ihnen aber eine Konkretisierung, die dem Ideal einer »kämpfenden Wissenschaft« des inzwischen in die USA emigrierten Rothfels auf fatale Weise nahe kam.
Die ›Ostforschung‹ wurde im Verlauf der Debatte schnell als paradigmatisches Beispiel einer weitgehenden, wenn auch der offenkundigen Ideologisierung entkleideten Kontinuität erkennbar: Auf personeller Ebene deutet viel auf ein erfolgreiches Wirken des ›Königsberger Kreises‹ hin, an dessen Spitze der aus dem amerikanischen Exil zurückgekehrte Rothfels nach 1945 erfolgreich Personalpolitik betrieb. Institutionell waren die im Nationalsozialismus etablierten Strukturen bei der gezielt vorangetriebenen Reetablierung der ›Ostforschung‹ und ihrer Protagonisten in der Bundesrepublik von großer Hilfe; Einrichtungen wie das Marburger Herder-Institut (geleitet von Erich Keyser) oder Periodika wie die *Zeitschrift für Ostforschung* (ab 1952 herausgegeben unter anderem von Hermann Aubin) knüpften unmittelbar an die ›Ostforschung‹ des Nationalsozialismus an. Inhaltlich zeigten sich die offenkundigsten Parallelen hinsichtlich des – erst im

Kontext der Debatte wieder in Erinnerung gerufen – wissenschaftlichen Großprojektes *Dokumentation der Vertreibung der Deutschen aus Ostmitteleuropa*, das vom Bundesvertriebenenministerium – dem ab 1953 der der Rothfels-Gruppe aus dem Nationalsozialismus bestens bekannte Theodor Oberländer (→Fälle Globke und Oberländer [II.C5]) vorstand – initiiert und finanziert wurde und die Politikberatung der ›Ostforschung‹ bruchlos fortschrieb: Vorrangiges Ziel des Projektes war es, das an Deutschen begangene Unrecht der Vertreibung zu dokumentieren und es zugleich als Argumentationshilfe für zukünftige außenpolitische Verhandlungen nutzbar zu machen. Durch die Vermittlung von Rothfels wurde Theodor Schieder, auf dessen ›Verdienste‹ in der ›Ostforschung‹ Rothfels dezidiert hinwies, Leiter des Projektes, dem eine hochkarätig besetzte Kommission an die Seite gestellt wurde (Mitglieder waren unter anderem die Historiker Werner Conze, Peter Rassow und Hans Rothfels). Die Tatsache, dass an den fünf publizierten Teilbänden der *Dokumentation der Vertreibung der Deutschen aus Ostmitteleuropa* zahlreiche jüngere Wissenschaftler mitarbeiteten, die wie Martin Broszat oder Hans-Ulrich Wehler später zu den einflussreichsten und wichtigsten Historikern der zweiten Generation in der Bundesrepublik aufstiegen, unterstrich die bis in die Gegenwart reichende Dimension der Debatte. Rothfels, Conze und Schieder waren Doktorväter oder Habilitationsbetreuer einer ganzen Reihe wichtiger jüngerer Historiker gewesen – eine Konstellation, die zu einer erheblichen Verschärfung der Debatte auf und nach dem Historikertag beitrug, sahen sich doch manche Historiker in der Pflicht, ihre ehemaligen akademischen Lehrer gegen die als überzogen empfundene Kritik zu verteidigen. So griff etwa der Rothfels-Schüler Heinrich August Winkler Ingo Haar in ausgesprochen scharfer Form an, konnte ihm zwar einen Fehler bei der Datierung einer Rundfunkrede Rothfels' nachweisen, aber kaum stichhaltige Argumente gegen Haars Studie, deren Einschätzungen durch neuere Forschungen bestätigt werden, vorbringen. Hans-Ulrich Wehler äußerte in einem abwägenden, seine Loyalitäten zu Schieder (bei dem er sich habilitiert hatte) offen eingestehenden Beitrag den Verdacht, es ginge in der Kontroverse unausgesprochen auch »um die konzeptionelle, ja politisch-moralische Delegitimierung der Sozialgeschichte«, wohingegen Hans Mommsen – ehemaliger Assistent von Werner Conze – insbesondere Götz Aly gegen die scharfe Kritik verteidigte und gar einen »faustische[n] Pakt der Ostforschung mit dem NS-Regime« beklagte.

Im Gegensatz zur in den Jahren nach 1998 immer wieder – zuletzt nach der Studie *Der Holocaust und die westdeutschen Historiker* (2003) von Nicolas Berg – auflodernden Debatte, die sich stark auf exponierte Historiker wie Conze, Schieder, Rothfels, Karl Dietrich Erdmann oder zuletzt Martin Broszat konzentrierte, entstand in den einschlägigen Studien ein komplexes Bild vor allem der Forschungsorganisation im Nationalsozialismus, in dem bislang weitgehend übersehene Forschungsverbünde wie die »Volksdeutschen Forschungsgemeinschaften« (mehrere Tausend Mitarbeiter), aber auch wissenschaftliche Großprojekte wie das *Handwörterbuch des Grenz- und Auslanddeutschtums* (mehr als 700 Mitarbeiter) erstmals systematisch untersucht wurden. Dabei verschränkte sich die Debatte um die Rolle von Historikern im Nationalsozialismus mit einer intensivierten Forschung zur Rolle von Geistes- und Sozialwissenschaften, aber auch zum Wissenschaftssystem im Nationalsozialismus insgesamt, die seit Ende der 1990er Jahre zahlreiche Studien zu Institutionen wie der →Deutschen Forschungsgemeinschaft [VI.F3], zum »Kriegseinsatz der deutschen Geisteswissenschaften«, zur Kaiser-Wilhelm-Gesellschaft, zum Nationalsozialismus in den Kulturwissenschaften, aber auch zahlreiche Einzelstudien zur Geschichte wichtiger Universitäten im Nationalsozialismus hervorbrachte und deren bis heute anhaltende Konjunktur durch die Debatte um Historiker im Nationalsozialismus einen wichtigen Stimulus erfuhr. Für den Bereich der Geschichtswissenschaft lässt sich seit den frühen 2000er Jahren – etwa in den Arbeiten von Jan Eckel, Nicolas Berg und Thomas Etzemüller – eine deutliche Tendenz zur Historisierung der BRD-Geschichtswissenschaft beobachten, die wesentlich von der Debatte um die Rolle einzelner Historiker im Nationalsozialismus profitiert, ohne deren Konzentration auf Einzelakteure fortzuschreiben.

TF

Lit.: Matthias Berg (2014): *Karl Alexander von Müller. Historiker für den Nationalsozialismus*, Göttingen: V&R. Christoph Nonn (2013): *Theodor Schieder. Ein bürgerlicher Historiker im 20. Jahrhundert*, Düsseldorf: Droste. Jan Eike Dunkhase (2010): *Werner Conze. Ein deutscher Historiker im 20. Jahrhundert*, Göttingen: V&R. Corinna R. Unger (2007): *Ostforschung in Westdeutschland. Die Erforschung des europäischen Ostens und die Deutsche Forschungsgemeinschaft, 1945 - 1975*, Stuttgart: Steiner. Jan Eckel (2005): *Hans Rothfels. Eine intellektuelle Biographie im 20. Jahrhundert*, Göttingen: Wallstein. Hartmut Lehmann, Otto Gerhard Oexle (Hg.) (2004): *Nationalsozialismus in den Kulturwissenschaften*, 2 Bde., Göttingen: Vandenhoeck & Ruprecht. Nicolas Berg (2003): *Der Holocaust und die westdeutschen Historiker. Erforschung und Erinnerung*, Göttingen: Wallstein. Frank-Rutger Hausmann (Hg.) (2002): *Die Rolle der Geisteswissenschaften im Dritten Reich 1933-1945*, München: Oldenbourg. Thomas Etzemüller (2001): *Sozialgeschichte als politische Geschichte. Werner Conze und die Neuorientierung der westdeutschen Geschichtswissenschaft nach 1945*, München: Oldenbourg. Ingo Haar (2001): *Historiker im Nationalsozialismus. Deutsche Geschichtswissenschaft und der »Volkstumskampf im Osten«*, 2. durchges. und verb. Aufl., Göttingen: Vandenhoeck & Ruprecht. Karl Heinz Roth (2001): »Hans Rothfels: Geschichtspolitische Doktrinen im Wandel der Zeiten. Weimar – NS-Diktatur – Bundesrepublik«, in: *Zeitschrift für Geschichtswissenschaft* 49, S. 1061-1073. Michael Fahlbusch (1999): *Wissenschaft im Dienst der nationalsozialistischen Politik? Die »Volksdeutschen Forschungsgemeinschaften« von 1931-1945*, Baden-Baden: Nomos. Notker Hammerstein (1999): *Die Deutsche Forschungsgemeinschaft in der Weimarer Republik und im Dritten Reich. Wissenschaftspolitik in Republik und Diktatur*, München: Beck. Winfried Schulze, Otto Gerhard Oexle (Hg.) (1999): *Deutsche Historiker im Nationalsozialismus*, Frankfurt a.M.: Fischer. Peter Schöttler (Hg.) (1999): *Geschichtsschreibung als Legitimationswissenschaft 1918–1945*, Frankfurt a.M.: Suhrkamp. Mathias Beer (1998): »Im Spannungsfeld von Politik und Zeitgeschichte. Das Großforschungsprojekt ›Dokumentation der Vertreibung der Deutschen aus Ost-Mitteleuropa‹«, in: *Vierteljahreshefte für Zeitgeschichte* 46, H. 3, S. 345-389. Johannes Fried (1998): »Eröffnungsrede zum 42. Deutschen Historikertag«, in: *Zeitschrift für Geschichtswissenschaft* 46, H. 10, S. 869-874. Frank-Rutger Hausmann (1998): *»Deutsche Geisteswissenschaft« im Zweiten Weltkrieg. Die »Aktion Ritterbusch« (1940–1945)*, Dresden: Dresden Univ.-Press. Götz Aly (1997): »Rückwärtsgewandte Propheten. Willige Historiker – Bemerkungen in eigener Sache«, in: Ders.: *Macht – Geist – Wahn. Kontinuität deutschen Denkens*, Berlin: Argon, S. 153-183. Martin Kröger, Roland Thimme (1996): *Die Geschichtsbilder des Historikers Karl Dietrich Erdmann. Vom Dritten Reich zur Bundesrepublik*, München: Oldenbourg. Willi Oberkrome (1993): *Volksgeschichte. Methodische Innovation und völkische Ideologisierung in der deutschen Geschichtswissenschaft 1918–1945*, Göttingen: Vandenhoeck & Ruprecht. Angelika Ebbinghaus, Karl Heinz Roth (1992): »Vorläufer des ›Generalplan Ost‹. Eine Dokumentation über Theodor Schieders Polendenkschrift vom 7. Oktober 1939«, in: *1999* 7, S. 62–94. Karen Schönwälder (1992): *Historiker und Politik. Geschichtswissenschaft im Nationalsozialismus*, Frankfurt a.M., New York: Campus. Michael Burleigh (1989): *Germany turns eastwards. A study of Ostforschung in the Third Reich*, Cambridge: Cambridge Univ. Press. Christoph Kleßmann (1985): »Osteuropaforschung und Lebensraumpolitik im Dritten Reich«, in: Peter Lundgreen (Hg.): *Wissenschaft im Dritten Reich*, Frankfurt a.M.: Suhrkamp, S. 350-383. Hans Rothfels (1965): »Die Geschichtswissenschaft in den dreißiger Jahren«, in: Andreas Flitner (Hg.): *Deutsches Geistesleben und Nationalsozialismus*, Tübingen: Wunderlich, S. 90–107.

VI.F3 Die DFG im Nationalsozialismus, groß angelegtes, mittlerweile abgeschlossenes Forschungsprojekt zur Geschichte der Deutschen Forschungsgemeinschaft (DFG) in den Jahren 1920-1970. Das vom damaligen Präsidenten der DFG, Ernst-Ludwig Winnacker, im Jahr 2000 wesentlich initiierte und von der DFG selbst geförderte Forschungsprojekt ist Teil der seit den späten 1990er Jahren an Dynamik gewinnenden Tendenz zur institutionellen Selbstaufklärung, die die Wissenschaftsgeschichte des Nationalsozialismus, als Geschichte der wissenschaftlichen Disziplinen, Methoden, Paradigmen, Wissenschaftler und Institutionen, aber auch eine Vielzahl weiterer gesellschaftlicher Teilbereiche wie den Sport (der DFB im Nationalsozialismus), die Diplomatie (→*Das Amt und die Vergangenheit* [VI.F4]) oder von →Wirtschaftsunternehmen im Nationalsozialismus [VI.F6] erfasste.

Im Bereich der Wissenschaftsgeschichte stand das Forschungsprojekt zur Geschichte der DFG im Kontext der parallelen Erforschung weiterer großer Wissenschaftsorganisationen wie der Max-Planck-Gesellschaft (ehemals Kaiser-Wilhelm-Gesellschaft) in den Jahren 1999-2004, aber auch einer verstärkten Hinwendung zur Aufarbeitung der Geschichte und Kontinuität wissenschaftlicher Disziplinen wie der Soziologie, der Geschichtswissenschaft (→Historiker im Nationalsozialismus [VI.F2]), der Bedeutung der Geistes- und Sozialwissenschaften für die planerische und ideologische Begleitung und Vorbereitung der NS-Vernichtungspolitik (z.B. über die Erforschung der »Aktion Ritterbusch«, dem Versuch einer Mobilisierung der Geisteswissenschaften für den »Kriegseinsatz«) oder durch die Neubewertung der ausgearbeiteten Pläne für Bevölkerungsverschiebungen im Rahmen des sogenannten »Generalplans Ost«. Die disziplinäre und wissenschaftliche Selbstaufklärung reagierte auf Versäumnisse und Simplifizierungen, reflektierte aber zugleich eine sich wandelnde Einschätzung der Bedeutung von Wissenschaft und Wissensgenerierung auch im Kontext der zeitgenössischen Debatten um populäre Schlagwörter wie dem der »Wissensgesellschaft«. Sie war zudem Teil des insgesamt zu beobachtenden Bedeutungszuwachses von wissens- und wissenschaftsgeschichtlichen Perspektiven.

Im Rahmen des Forschungsprojektes zur Geschichte der Deutschen Forschungsgemeinschaft 1920-1970 entstanden unter der Gesamtleitung der Historiker Rüdiger vom Bruch (HU Berlin) und Ulrich Herbert (Univ. Freiburg) insgesamt zwanzig Einzelstudien, deren überwiegende Mehrheit bereits publiziert ist und die sich neben übergreifenden institutions- und politikgeschichtlichen Fragestellungen verschiedenen Wissenschaftsfeldern und -disziplinen wie der Medizingeschichte, den Geistes- und Sozialwissenschaften, den Natur- und Technikwissenschaften sowie den Bio-/Lebenswissenschaften widmeten. Drei Leitlinien waren dabei für das Forschungsprojekt konstitutiv: Erstens die Einbettung der NS-Geschichte der DFG, die das Projekt überhaupt erst motivierte, in den größeren historischen Zusammenhang der Jahre 1920 bis 1970; zweitens die Überschreitung einer rein institutionshistorischen Perspektive zugunsten einer deutlichen Konzentration auf die durch die DFG geförderte Forschung und auf ihren Einfluss auf die Wissenschaft im Nationalsozialismus und darüber hinaus sowie drittens ein exemplarischer Ansatz, bei dem es darum ging, relevante Trends und Entwicklungen auch jenseits der Disziplinengrenzen zu erfassen und zu analysieren.

Die nach dem Ersten Weltkrieg zunächst unter dem Titel »Notgemeinschaft der deutschen Wissenschaft« gegründete DFG hatte sich bereits während der Weimarer Republik als fester, für die Forschungsförderung elementarer Bestandteil des deutschen Wissenschaftssystems etabliert. Im Nationalsozialismus verlor sie institutionell spätestens durch die Gründung des Reichsforschungsrates (RFR) im Jahr 1937 an Bedeutung. Dieser übernahm die Förderung der für die Kriegsziele, die Expansions- und Vernichtungspolitik des Nationalsozialismus besonders wichtigen Forschungsfelder der Natur-, Agrar-, Sozial- und Technikwissenschaften, während die DFG in einer Doppelrolle als »Zahlstelle« des RFR und als Förderinstitution der Geisteswissenschaften weiterbestand. Auch wenn die DFG damit als wissenschaftspolitische Akteurin durch diese vom Reichserziehungsministerium vorangetriebene institutionelle Neuorganisation an Bedeutung verlor, war sie gleichwohl schon durch die enge Verflechtung mit dem RFR wesentlich in die wissenschaftliche Unterstützung des NS-Regimes eingebunden. So ist festzuhalten, dass der Beginn des Nationalsozialismus 1933 für die Förderpolitik der DFG »keinen schwerwiegenden Einschnitt« (Sören Flachowsky) darstellte. Vielmehr war die bereits 1933/34 frühzeitig von der DFG-Führung eingeleitete Konzentration auf anwendungsorientierte Forschungsfelder im Dienste des neuen Regimes (etwa zu Rüstungsfragen) unmittelbar anschlussfähig an Grundzüge der Forschungsförderung in der späten Weimarer Republik. Zur institutionellen Schattenseite der DFG gehört auch, dass sie bereits ab Juni 1933 eigeninitiativ Stipendienanträgen jüdischer Wissenschaftler grundsätzlich die Bewilligung versagte, mehrere Monate bevor dies offizielle Politik wurde. Der Einfluss der DFG und des RFR auf die Rahmenbedingungen von Forschung im Nationalsozialismus war dabei immens: Kaum ein zentrales NS-Forschungsprojekt unterlag nicht der Förderung durch die beiden Institutionen, die auf diese Weise auch unmittelbar in den Kern der NS-Vernichtungspolitik einbezogen waren. Gefördert wurden Arbeiten prominenter »Rasseforscher« ebenso wie die »Aktion Ritterbusch«; die verbrecherischen Experimente von Ärzten und Wissenschaftlern in Konzentrations- und Vernichtungslagern wie Auschwitz (Carl Clauberg, Josef Mengele), Natzweiler (Eugen Haagen) oder Dachau (Claus Schilling); legitimatorische Arbeiten für die Deportation und Tötung von »Asozialen« und »Zigeunern« oder die Begleitforschung im Kontext des »Generalplans Ost«. Nicht zuletzt koordinierte der RFR den großen Komplex rüstungsrelevanter Forschungen der Natur- und Technikwissenschaften.

Dank der im Kontext des Forschungsprojektes zur Geschichte der DFG zwischen 1920 und 1970 geförderten Einzelstudien, die in der eigens gegründeten Reihe »Beiträge zur Geschichte der Deutschen Forschungsgemeinschaft« publiziert wurden, ist das Bild der Rolle von DFG und RFR im Nationalsozialismus mittlerweile facettenreich und die Konturen des Wissenschaftssystems im Nationalsozialismus, die bis in die 1990er Jahre nur schemenhaft erkennbar waren, treten zunehmend deutlicher hervor. Das dabei entstehende Bild ist durchaus beunruhigend, zeigt sich doch gerade am Beispiel der Geschichte der DFG, wie leicht das Selbstverständnis als »Grundlagenforscher« mit anwendungsorientierten Projekten im Dienste des NS-Regimes in Deckung zu bringen war.

In enger Verschränkung mit der wissenschaftlichen Aufarbeitung der NS-Geschichte der DFG wurde zudem die Ausstellung »Wissenschaft – Planung – Vertreibung: Der Generalplan Ost der Nationalsozialisten« erarbeitet, die ab 2011 auch international gezeigt wurde. Seit 2006 erinnert ein Mahnmal auf dem Gelände der DFG-Geschäftsstelle an die Beteiligung von DFG und Wissenschaft am Nationalsozialismus.

TF

Lit.: Mark Walker et al. (Hg.) (2013): *The German Research Foundation 1920-1970. Funding poised between science and politics*, Stuttgart: Steiner 2013. Karin Orth, Willi Oberkrome (Hg.) (2010): *Die Deutsche Forschungsgemeinschaft 1920-1970. Forschungsförderung im Spannungsfeld von Wissenschaft und Politik*, Stuttgart: Steiner. Karin Orth (2010): *Autonomie und Planung der Forschung. Förderpolitische Strategien der Deutschen Forschungsgemeinschaft 1949-1968*, Stuttgart: Steiner. Friedemann Schmoll (2009): *Die Vermessung der Kultur. Der »Atlas der deutschen Volkskunde« und die Deutsche Forschungsgemeinschaft 1928-1989*, Stuttgart: Steiner. Anne Cottebrune (2008): *Der planbare Mensch. Die Deutsche Forschungsgemeinschaft und die menschliche Vererbungswissenschaft, 1920-1970*, Stuttgart: Steiner. Sören Flachowsky (2008): *Von der Notgemeinschaft zum Reichsforschungsrat. Wissenschaftspolitik im Kontext von Autarkie, Aufrüstung und Krieg*, Stuttgart: Steiner. Frank Rutger Hausmann (2007): *»Deutsche Geisteswissenschaft« im Zweiten Weltkrieg. Die »Aktion Ritterbusch« (1940-1945)*, 3. erw. Aufl., Heidelberg: Synchron. Corinna R. Unger (2007): *Ostforschung in Westdeutschland. Die Erforschung des europäischen Ostens und die Deutsche Forschungsgemeinschaft 1928-1989*, Stuttgart: Steiner. Karen Bayer, Frank Sparing, Wolfgang Woelk (Hg.) (2004): *Universitäten und Hochschulen im Nationalsozialismus und in der frühen Nachkriegszeit*, Stuttgart: Steiner. Frank Rutger Hausmann (Hg.) (2002): *Die Rolle der Geisteswissenschaften im Dritten Reich 1933-1945*, München: Oldenbourg. Doris Kaufmann (Hg.) (2000): *Geschichte der Kaiser-Wilhelm-Gesellschaft im Nationalsozialismus. Bestandsaufnahme und Perspektiven der Forschung*, 2 Bde., Göttingen: Wallstein. Notker Hammerstein (1999): *Die Deutsche Forschungsgemeinschaft in der Weimarer Republik und im Dritten Reich. Wissenschaftspolitik in Republik und Diktatur 1920-1945*, München: Beck.

VI.F4 *Das Amt und die Vergangenheit*, durch das Auswärtige Amt (AA) im Jahr 2005 auf den Weg gebrachte historische Studie zu seiner Rolle im Nationalsozialismus und dem Umgang mit dieser Vergangenheit nach 1945, um deren Bewertung in den Jahren 2010 bis 2012 unter Historikern, Redakteuren, Publizisten und ehemaligen Diplomaten in einer heftigen Mediendebatte gerungen wurde.

Im Mai 2003 erschien im Hausblatt *internAA* eine ehrende Todesanzeige für den verstorbenen ehemaligen Generalkonsul Franz Nüßlein, die lückenhafte und geschönte Angaben über seine Biographie während der NS-Zeit transportierte. In Schreiben an Außenminister Joschka Fischer (Grüne) und Bundeskanzler Gerhard Schröder (SPD) protestierte die pensionierte AA-Mitarbeiterin Marga Henseler, die Nüßlein bereits aus seiner früheren Tätigkeit als Jurist im besetzten Prag der Kriegszeit kannte, gegen diese ihrer Meinung nach geschichtsverfälschende Ehrung eines »gnadenlosen Juristen«. Fischer verfügte daraufhin im September 2003, für frühere Mitglieder der NSDAP und ihrer Unterorganisationen fortan keine Ehrbezeugungen mehr vorzunehmen. Diese veränderte Nachrufpraxis wurde erst am 18.1.2005 durch einen Leserbrief des Botschafters a.D. Heinz Schneppen in der *FAZ* publik, nachdem die erwartete Todesanzeige für den verstorbenen prominenten Botschafter a.D. Franz Krapf, ein früheres NSDAP- und SS-Mitglied, ausgeblieben war.

Schneppen kritisierte die neue Praxis als »unsachlich, unanständig, unehrlich«, und bereits am 9.2.2005 erschien in der *FAZ* eine privat finanzierte Todesanzeige für Krapf, die von über hundert ehemaligen Angehörigen des Auswärtigen Dienstes gezeichnet worden war. Damit wurde die als »Nachruf-Affäre« bezeichnete Auseinandersetzung zum breit diskutierten Medienthema. Eine wenig später veranlasste abermalige Änderung der Nachrufpraxis – Würdigungen entfielen nun gänzlich, stattdessen wurde über sämtliche Todesfälle lediglich knapp informiert –, konnte nicht verhindern, dass sich nun auch aktive Amtsangehörige gegen ihren Minister auflehnten. In einem Offenen Brief warfen sie Fischer mit Verweis auf seine Achtundsechziger-Vergangenheit vor, sich in beschämender Weise als »Richter« über andere »aufzuspielen«. Um den eskalierenden Konflikt zu klären, berief Fischer nach ersten Ankündigungen im April am 11.7.2005, zwei Monate vor der vorgezogenen Bundestagswahl, eine fünfköpfige internationale »Unabhängige Historikerkommission«.

Die Kommission, die aus den Historikern Eckart Conze, Norbert Frei, Moshe Zimmermann, Klaus Hildebrand (2005-08), Henry A. Turner (bis 2006) und Peter Hayes (ab 2006) gebildet wurde, hatte den Auftrag, in eigener fachlicher Verantwortung »die Rolle des Auswärtigen Dienstes in der Zeit des Nationalsozialismus, den Umgang mit dieser Vergangenheit nach der Wiedergründung des Auswärtigen Amts 1951 und die Frage personeller Kontinuität bzw. Diskontinuität nach 1945« zu erforschen. Verzögert durch den Regierungswechsel, konnte die Kommission die mit einem Budget von knapp 1,5 Millionen Euro ausgestattete Arbeit jedoch erst im August 2006 aufnehmen. Ihren Schlussbericht in Form des 880-seitigen Buchs *Das Amt und die Vergangenheit* stellte sie am 28.10.2010 unter großem öffentlichen und medialen Interesse vor. Darin kamen die Autoren zu dem – keineswegs unerwarteten oder neuen – Ergebnis, dass sich das AA aktiv an NS-Verbrechen beteiligt hatte und deutsche Diplomaten nicht nur zu Mitwissern, sondern zu Mittätern geworden waren. Auch habe sich nicht zuletzt aufgrund der hohen Personalkontinuität in den Nachkriegsjahrzehnten innerhalb des AA ein Geschichtsbild durchgesetzt, das diese Vergangenheit ausgeblendet und umgedeutet, historische Belastungen relativiert und minimiert habe. In sechs Auflagen erreichte der Band die außergewöhnlich große Verbreitung von 80.000 Exemplaren und wurde von Außenminister Guido Westerwelle (FDP) zur Pflichtlektüre in der Attachéausbildung erklärt.

Die Kontroverse um das Buch begann bereits am 24.10.2010, als die *Frankfurter Allgemeine Sonntagszeitung* trotz einer bestehenden Sperrfrist breit und überaus wohlwollend über den anstehenden Band berichtete. Auch wenn die mediale Resonanz zunächst überwiegend positiv war, meldeten sich rasch auch kritische Stimmen zu Wort; ihren konfrontativen Höhepunkt erreichte die Debatte zwischen November 2010 und Januar 2011. Geführt wurde sie über redaktionelle Berichte und Besprechungen, Gastbeiträge, Leserbriefe und Interviews in der Presse und im Hörfunk, und zwar von (Fach-)Redakteuren, Publizisten, akademisch tätigen Historikern und Politikwissenschaftlern, aber auch von ehemaligen Diplomaten. Einer der letzteren versuchte gar – wenn auch erfolglos – eine Verbotsverfügung gegen die Studie zu erwirken. Nach dieser sich in den Publikumsmedien vollziehenden ersten Phase verschob sich das Debattenforum in einer zweiten Phase ab Februar 2011 zunehmend in die Fachorgane, was zu einer merklichen Versachlichung führte. Von Oktober 2011 bis Juli 2012 lässt sich schließlich eine dritte und letzte Phase ausmachen, die durch sporadisches Wiederaufgreifen der Thematik in den Publikumsmedien geprägt war. Ein entscheidender Schritt zur fachlichen Historisierung wurde dann im Juni 2013 auf der Fachtagung »Das Auswärtige Amt in der NS-Diktatur« in Tutzing getan, die erstmals die wichtigsten Kontrahenten zusammenführte. Nachfolgende Versuche einer Neuauflage der Debatte – etwa durch das im November 2013 veröffentlichte Buch *Diplomatenjagd* des Berliner Honorarprofessors Daniel Koerfer – blieben jedoch ohne größeren Widerhall.

Wie in anderen historischen Kontroversen auch, bildeten sich – zumindest in der medialen Wahrnehmung und Darstellung – auch in der Debatte um *Das Amt und die Vergangenheit* rasch ein Pro- und ein Contra-Lager. Als Gravitationszentrum der Kritiker galt das von Rainer Blasius geleitete *FAZ*-Ressort »Politische Bücher«. Blasius, als ehemaliger Leiter der im AA angesiedelten Außenstelle des Instituts für Zeitgeschichte intimer Kenner der Materie, begleitete für die *FAZ* bereits die »Nachruf-Affäre« mit Sympathie für die protestierenden Diplomaten. Dem stand jedoch die positive Rezeption im von *FAZ*-Mitherausgeber Frank Schirrmacher geleiteten Feuilleton gegenüber, wo Blasius' Vorgehen als »Gipfel der Infamie« (Edo Reents) tituliert wurde. Zu den schärfsten Fachkritikern zählten die Historiker Hans Mommsen, Daniel Koerfer und Horst Möller, letzterer Leiter des Instituts für Zeitgeschichte, sowie der Politikwissenschaftler Christian Hacke. Eindeutig ablehnend positionierte sich *Der Spiegel*.

Das Lager der Verteidiger der Studie wurde vornehmlich durch die angegriffene ehemalige Kommission bzw. ihre einzelnen Mitglieder gebildet. Zu ihren weitgehenden, wenn auch nicht vollumfänglichen Unterstützern in der akademischen Sphäre lässt sich neben den Historikern Michael Stürmer, Ulrich Herbert und Jürgen Kocka auch der ausgewiesene AA-Kenner Christopher R. Browning zählen. Für die Studie machten sich vor allem die *Frankfurter Rundschau*, die *taz* und *Die Zeit* stark und auch die *Süddeutsche Zeitung* und *Die Welt* zeigten sich zumeist geneigt. Besondere Bedeutung kam der Positionierung der *Zeit* zu, war ihre vormalige Mitherausgeberin Marion Gräfin Dönhoff doch als Unterstützerin des verurteilten AA-Staatssekretärs Ernst von Weizsäcker (→Nürnberger Nachfolgeprozesse [I.A4]) bekannt und hatte die Zeitung sich nicht nur in ihren nationalkonservativen Anfangstagen, sondern noch Jahrzehnte später als Fürsprecherin belasteter NS-Diplomaten profiliert.

Die gegen das Buch und die Autoren vorgebrachte Kritik lässt sich in fünf Themenkomplexe bündeln. Erstens habe die Schwerpunktsetzung auf die nationalsozialistische Verfolgungs- und Vernichtungspolitik zu Verzerrungen, Überzeichnungen und Leerstellen in der Darstellung geführt: So sei etwa die Diplomatiegeschichte im Vorfeld des Zweiten Weltkriegs in weiten Teilen außen vor geblieben. Zweitens wurde der Kommission vorgeworfen, Quellen fehlerhaft interpretiert zu haben und unzulässig generalisierende bzw. unzutreffende und nicht hinreichend belegte Schlussfolgerungen vorgenommen zu haben. Beispielsweise werde dem AA unverständlicherweise die Initiative zum Holocaust zugeschrieben und ohne Differenzierung pauschal von »den« Diplomaten gesprochen. Drittens wurden Zweifel an der Unabhängigkeit der Historikerkommission geäußert. So habe die Kommission im Sinne der Hofgeschichtsschreibung ein »Buch der Rache« (Daniel Koerfer) verfasst, sich an DDR-Propagandapamphleten orientiert und das »linke« Geschichtsbild ihres Auftraggebers Joschka Fischer bedient. Viertens wurden die Kompetenz und Seriosität der Kommissionsmitglieder in Frage gestellt; prägend war die Aufforderung, erneut ein »historisches Proseminar« (Hans Mommsen) zu besuchen oder der Vorwurf, sich zu Unrecht als Autoren ausgegeben zu haben. Schließlich stand fünftens die Öffentlichkeitsarbeit im Fokus: Kritisiert wurde namentlich, dass die Erkenntnisse in tendenziöser Art, und zwar als »Geschichtspornographie« (Sönke Neitzel) sowie als letztgültige Wahrheit präsentiert worden seien. Dies machte sich vor allem an dem von Kommissionssprecher Conze in einem Interview gebrauchten – im Buch jedoch nicht verwendeten und auch von Kommissionsmitglied Frei abgelehnten – Begriff der »verbrecherischen Organisation« (→Nürnberger Prozess [I.A3]) fest, der das AA auf eine Stufe mit der SS stellte.

Die Kommissionsmitglieder antworteten seit Dezember 2010 vielfach auf die vorgebrachte Kritik. Sie verteidigten und erläuterten etwa ihre Begriffsverwendungen, Quelleninterpretationen und Deutungen, die inhaltliche und methodische Anlage der Studie und legten forschungspraktische und handwerkliche Entscheidungen und Zwänge dar. Insbesondere auf die Vorwürfe mangelnder fachlicher Kompetenz und Redlichkeit antworteten die Kommissionsmitglieder mit nicht minder heftigen Gegenangriffen. So seien professorale Kritiker offenbar »beleidigt«, selbst nicht in die Kommission berufen worden zu sein, zudem machten die Kommissionsmitglieder eine »Kampagne« mit politischer Agenda zur Exkulpierung belasteter NS-Diplomaten aus. Auch die der Studie wohlgesonnenen Historiker äußerten sich, wenn auch seltener und weniger scharf, und qualifizierten einzelne Wortmeldungen als »Zumutungen«, mit denen Leser »manipuliert« (Ulrich Herbert) würden. Andere bezeichneten die Kritik teils als »schäbig« und charakterisierten FAZ-Redakteur Blasius als »virtuosen Propagandisten« (Rudolf Walther). Eine der markantesten Eigenschaften der Debatte um *Das Amt und die Vergangenheit* war, dass sie weit mehr als vergleichbare Kontroversen über historiographische Fachprobleme ausgetragen wurde. Allerdings war sie zugleich in nicht geringerem Maße (geschichts-)politisch eingefasst und griff in die Bewertung der deutschen Nachkriegsgeschichte und der mit der Chiffre →»1968« [IV.A1] verbundenen gesellschaftlichen Auseinandersetzungen ein. Gleichwohl ließ sich ihre Struktur nur noch schwer anhand eines Links-Rechts-Schemas fassen, demzufolge die konservative Seite der Studie eher ablehnend gegenübersteht, und das linke und linksliberale Lager dem Kommissionsbericht eher akklamiert. Größere Bedeutung besaßen hingegen institutionelle, persönliche und fachlich-inhaltliche Verflechtungen und Gegenpositionen, wozu etwa dienstliche und familiäre Loyalitäten und Näheverhältnisse, aber nicht zuletzt auch Konkurrenzbeziehungen zu zählen sind. Wie in anderen Kontroversen spielten zudem die Medien nicht nur als Austragungsformate mit der ihnen eigenen Zuspitzung und Dynamik, sondern vielmehr als eigenständige Akteure eine herausgehobene Rolle.

Der Studie und der Debatte kommt das Verdienst zu, in der Fachwelt längst bekanntes Wissen einer breiteren Öffentlichkeit vermittelt oder (erneut) bewusst gemacht zu haben. Bedeutender dürfte jedoch sein, eine fachliche und öffentliche Neufokussierung und Selbstvergewisserung in Gang gesetzt zu haben. So sind nicht nur zahlreiche wissenschaftliche Anschlussvorhaben angestoßen worden, sondern werden seitdem vermehrt Forschungsschwerpunkte gesetzt, die die Realgeschichte vor 1945 mit der Rezeptionsgeschichte nach 1945 verklammern und die nach Kontinuität und Umbruch fragen. Unmittelbar politisch relevant war zudem die Frage, ob es auch in den 2000er Jahren im AA noch Versuche der Vertuschung gab, wie dies die Historikerkommission nahelegte, als sie beklagte, durch das hausinterne Politische Archiv »nicht nur nicht unterstützt, sondern zum Teil sogar behindert« worden zu sein. Eine daraufhin durchgeführte externe Evaluation, deren Ergebnis nach einjähriger Arbeit im März 2012 vorgestellt wurde, fiel für das Archiv jedoch durchweg positiv aus. Entsprechend wurden die Ende 2010 laut gewordenen Forderungen nach Überführung der Alt-Akten – die das AA als einziges Bundesministerium selbst verwahrt – in das von Ressortinteressen freie Bundesarchiv nicht erneut erhoben.

Als sichtbarste Wirkung kann gelten, dass nach dem AA nunmehr auch zahlreiche andere Bundesministerien, Behörden und weitere staatliche Einrichtungen ähnliche Forschungsprojekte auf den Weg gebracht haben, darunter der Bundesnachrichtendienst, das Bundeskriminalamt (→Historie des BKA [VI.F5]) und das Bundesjustizministerium. Nicht zuletzt deshalb steht *Das Amt und die Vergangenheit* für eine neue Etappe sowohl der wissenschaftlichen als auch der gesellschaftlichen Aufarbeitung des Nationalsozialismus in der Bundesrepublik.

CM

Lit.: Eckart Conze, Norbert Frei, Peter Hayes, Moshe Zimmermann (2010): *Das Amt und die Vergangenheit. Deutsche Diplomaten im Dritten Reich und in der Bundesrepublik*, München: Blessing. Magnus Brechtken (2015): »Mehr als Historikergeplänkel. Die Debatte um ›Das Amt und die Vergangenheit‹«, in: *Vierteljahrshefte für Zeitgeschichte* 63, H. 1, S. 59-92. Johannes Hürter, Michael Mayer (Hg.) (2014): *Das Auswärtige Amt in der NS-Diktatur*, Berlin, München, Boston: De Gruyter Oldenbourg. Martin Sabrow, Christian Mentel (Hg.) (2014): *Das Auswärtige Amt und seine umstrittene Vergangenheit. Eine deutsche Debatte*, Frankfurt a.M.: Fischer. Daniel Koerfer (2013): *Diplomatenjagd. Joschka Fischer, seine Unabhängige Kommission und »Das Amt«. Mit einem Essay von Alfred Grosser*, Potsdam: Strauss Edition. Christian Mentel (2012): »Die Debatte um ›Das Amt und die Vergangenheit‹«, in: *Aus Politik und Zeitgeschichte* 62, H. 32-34, S. 38-46. Karin Schwarz (2012): »Die Evaluierung des Politischen Archivs im Auswärtigen Amt durch die FH Potsdam. Zur transparenten Zugänglichkeit des Archivs und zu archivischen Arbeitsweisen im Politischen Archiv«, in: *Archivar* 65, H. 3, S. 288-291. Neil Gregor (2011): »›Das Amt‹ und die Leitnarrative moderner deutscher Geschichte. Überlegungen zu einem Buch und dessen Rezeption«, in: *Geschichte in Wissenschaft und Unterricht* 62, H. 11/12, S. 719-731.

VI.F5 BKA-Historie, beginnende systematische Aufarbeitung der personellen, konzeptionellen und institutionellen Kontinuitäten im Bundeskriminalamt (BKA) seit Mitte der 2000er Jahre, die als Teil einer größeren Welle institutionengeschichtlicher ›Selbstaufklärungen‹ anzusehen ist.

Von zentraler Bedeutung war ein Forschungsprojekt, das 2007 auf Initiative des BKA-Präsidenten Jörg Ziercke von einer Historikergruppe unter der Leitung von Patrick Wagner bis 2010 durchgeführt und dessen Ergebnisse 2011 veröffentlicht wurden.

Das Bundeskriminalamt (BKA), die durch das am 8. Mai 1951 verabschiedete BKA-Gesetz legitimierte zentrale Kriminalpolizei (West-)Deutschlands, ist de facto die Nachfolgeorganisation des Reichskriminalpolizeiamtes (RKPA). Als Aufgabe des BKA wurde »die Bekämpfung des gemeinen Verbrechers, soweit er sich über das Gebiet eines Landes hinaus betätigt oder voraussichtlich betätigen wird«, definiert. Zentraler Akteur in der Gründung bzw. Neuorganisation dieser kriminalpolizeilichen Zentralstelle war der ehemalige SD-Mitarbeiter, spätere BKA- und Interpol-Direktor und gleichzeitige CIA-Informant Paul Dickopf. Zusammen mit Rolf Holle, einem SS-Hauptsturmführer und ehemaligen Kollegen Dickopfs aus dem 1938 bis 1939 gemeinsam absolvierten 13. Kriminalkommissaranwärter-Lehrgang des preußischen Polizeiinstituts Charlottenburg, aus dem sich eine einflussreiche Seilschaft in der Führungsebene des jungen BKA, die sogenannten »Charlottenburger«, rekrutierte, und mit der Unterstützung des CIA, konnte Dickopf zwischen 1947 und 1950 im Bundesinnenministerium (BIM) auf die Grundgesetzgebung (Ziffer 10 in Artikel 73) Einfluss nehmen. Dieses Engagement führte letztlich zum BKA-Gesetz und somit, trotz des alliierten Dreimächteverhältnisses in Westdeutschland, zur Gründung eines zentralisierten (Bundes-)Kriminalamtes.

Im BKA der Gründungsphase war die NS-Vergangenheit der Kriminalbeamten nur selten ein Ausschlusskriterium bei der Rekrutierung. Der Historiker Patrick Wagner nennt zwei Hauptstrategien ›belasteter‹ Kriminalisten, um sich gegen Vorwürfe wegen Kriegsverbrechen zu schützen. Einerseits argumentierten die Polizisten, dass eine SS-Mitgliedschaft durch ›Dienstgradangleichung‹ von außen aufgezwungen worden sei und betonten eine unpolitisch-professionelle Grundhaltung, mit der sie sich traditionell der Rechtstaatlichkeit verpflichtet hätten. Andererseits wurde die kriminalpolizeiliche Deportationspraxis von ›Asozialen‹ und ›Verbrechern‹ im Terrorsystem des SS-Staates beschwiegen bzw. relativiert. Seilschaften von im Nationalsozialismus beruflich sozialisierten Kriminalisten konkurrierten um strategische Platzierungen im neuen Amt. Mit der Verabschiedung des Artikels 131 (→131er-Gesetzgebung [II.C2]) im Grundgesetz wurde die gesetzliche Grundlage für die innerbehördliche Reintegration von ehemaligen Beamten des ›Dritten Reichs‹ geschaffen. Lediglich wer sich als Akteur des NS-Staates zu sehr exponiert oder innerhalb der Kriminalistenelite als illoyal bzw. inkompetent erwiesen hatte, wurde von der Wiedereinstellung ausgeschlossen.

In der konzeptionellen Ausrichtung des BKA kam eine entsprechend ideologisch geprägte Haltung zum Ausdruck, die teilweise bereits während der Weimarer Republik und insbesondere während des NS-Regimes verfolgte Gruppen wie Sinti und Roma, Kommunisten oder Homosexuelle stigmatisierte und in der ›Gründungsphase‹ eine »vorbeugende Verwahrung« von »Berufs- oder Gewohnheitsverbrechern« befürwortete. Mit dem →Ulmer Einsatzgruppenprozess [II.A5] von 1958 wurden einer breiten Öffentlichkeit die Beteiligungen von Angehörigen der nationalsozialistischen Sicherheitspolizei an Massenexekutionen in Polen und der UdSSR bekannt. Eine im Dezember 1958 erstellte BKA-interne Erhebung ergab, dass sich unter den 47 Führungsbeamten des Amtes 33 ehemalige SS-Führer, darunter zwei Sturmbann- und 20 Hauptsturmführer befanden. Daraufhin veranlasste das BIM im BKA ab 1960 interne Personalüberprüfungen, sogenannte »Allgemeine Überprüfungen«, und bewirkte so eine intensive Auseinandersetzung mit der Vergangenheit NS-belasteter Kriminalbeamter. Es kam jedoch nur zu Suspendierungen, Rentenkürzungen und wenigen Verurteilungen von BKA-Mitarbeitern. Durch die von der →Ludwigsburger Zentralstelle [II.A7] und zahlreichen Sonderkommissionen intensivierten Ermittlungen gegen Beteiligte an Massenverbrechen stieg der Anpassungs- bzw. Konformitätsdruck auf die belasteten Beamten und veranlasste sie, sich innerinstitutionell politisch unauffällig zu verhalten. Im Laufe der 1960er Jahre wirkten sich die Netzwerke solcher BKA-Mitarbeiter und deren Unwille zu sowohl inhaltlicher wie konzeptioneller Neuorientierung jedoch zeitweise hemmend auf die Modernisierung des BKA aus.

Um 1969 setzte eine Reform- und Wachstumsphase des Amtes ein, in der Organisation und Arbeitstechniken im Zeichen neuer Computertechnologien und einer Verwissenschaftlichung erneuert wurden. Durch Pensionierungen und die markante Erweiterung des Personalstandes wurde die ›alte Riege‹ strukturell zusehends marginalisiert.

Eine polizeiinterne Auseinandersetzung mit der NS-Vergangenheit wurde zwar schon in den 1990er Jahren durch Veröffentlichungen über das »Reserve-Polizei-Bataillon 101«, das mindestens 38.000 Juden exekutiert hatte, wie Christopher Brownings *Ganz normale Männer* (1992) oder Daniel J. Goldhagens *Hitlers willige Vollstrecker* (1996) (→Goldhagen-Debatte [VI.A3]) angestoßen. Das institutionelle Beschweigen der NS-Verbrechen (kriminal-)polizeilicher Vorgängerorganisationen und personeller bzw. konzeptioneller Kontinuitäten wurde nach außen jedoch erst um 2001 gebrochen. Maßgeblich an der historischen Aufarbeitung der »braunen Wurzeln des BKA« beteiligt war der frühere BKA-Kriminaldirektor Dieter Schenk. Der Grund für das späte Erscheinen seiner Arbeit sei eine Sperre der Akten über die Gründungsgeschichte des BKA bis 2001 gewesen, so Schenk. Im Zuge eines Trends zur historischen Aufarbeitung der gesamtgesellschaftlichen Verstrickungen bundesdeutscher Institutionen und Konzerne lancierte BKA-Präsidenten Jörg Ziercke 2007 eine Initiative zur Aufarbeitung der Verflechtungen früherer Spitzenbeamter mit dem nationalsozialistischen Regime. Dazu wurde im Herbst 2008 eine Forschungsgruppe der Universität Halle-Wittenberg unter der Leitung des Historikers Patrick Wagner mit dem Projekt »BKA-Historie«, also der Untersuchung der Frühgeschichte bzw. personellen und konzeptionellen Kontinuitäten aus dem ›SS-Staat‹ im BKA, beauftragt. Im Vorfeld wurden medienwirksam drei Kolloquien mit Vertretern von Behörden, Wissenschaft und Opferverbänden zur Thematik veranstaltet. Dabei kritisierten einige BKA-Mitarbeiter diese »neue Offenheit«. Der jüdische Schriftsteller und Publizist Ralph Giordano verwies diesbezüglich auf die »zweite Schuld« – den »großen Frieden mit den Tätern« (*Jüdische Allgemeine* 15.12.2011) – und machte darauf aufmerksam, dass das Ungleichgewicht in der Strafverfolgung von Links- und Rechtsextremismus in der BRD auf mögliche ideologische und konzeptionelle Kontinuitäten aus dem ›Dritten Reich‹ zurückzuführen sei. Auch wurde Kritik laut, dass diese Initiative aus ›Imagegründen‹ lanciert worden sei, um die Annahme der Novelle des BKA-Gesetzes 2008, die zu einer Erweiterung der Kompetenzen bei Überwachungsmaßnahmen führte, zu begünstigen.

Gleichwohl berücksichtigt die umfangreiche Auftragsarbeit zur historischen Aufarbeitung der »BKA-Historie« die gesellschaftlichen und vor allem innerinstitutionellen Spannungsverhältnisse und Grauzonen. Die untersuchten Quellen stammen in erster Linie aus den BKA-Archiven. Zudem verweisen die Verfasser des BKA-Berichts auf Akten in den ›National Archives‹ der USA, die über BKA-Mitarbeiter, die vor und während ihrer Dienstzeit mit dem amerikanischen Auslandsgeheimdienst CIA in Kontakt standen, angelegt wurden und »Innensichten in das Bundeskriminalamt« ermöglichten.

Gewisse Denkmuster und Stereotype aus der Weimarer Republik und der NS-Zeit wurden auch auf der semantischen Ebene in Form von Kategorisierungstermini – wie »Landfahrer«, später »häufig wechselnder Aufenthaltsort (HWAO)« oder »Zigeunername (ZN)«, später »mobile ethnische Minderheit (MeM)« – trotz aller Reformen und Sprachregelungen bis mindestens in die 1980er Jahre tradiert (→Antiziganismus/Opferkonkurrenz [VI.A7]). Die Verfasser des Berichts betonen aber auch, dass sich diese Diskriminierung von Sinti und Roma nicht auf die Verwendung spezifischer Termini beschränke, sondern bis heute ein gesamtgesellschaftliches Problem darstelle. Zudem werden auch »Erfassungsdefizite« im BKA genannt und somit Schenks

Aussagen gestützt, dass trotz bis zu 129 rechtsextremistisch motivierter Morde zwischen 1990 und 2000 erst ab dem 23. Januar 2001 eine Kategorie »Gewalttäter rechts« in den BKA-Datenbanken eingeführt worden sei. Die Forscher kamen in den 2011 veröffentlichten Arbeiten *Spurensuche in eigener Sache* und *Schatten der Vergangenheit* dennoch zu dem Fazit, dass das Bundeskriminalamt sich trotz der biografischen Prägungen seiner Gründungsgeneration und deren Einfluss im Amt in den Rechtsstaat eingefügt und diesen auch gestärkt habe. Anlässlich des Symposiums zur Veröffentlichung der Ergebnisse des BKA-Forschungsprojekts am 26. April 2011 betonte Ziercke, dass Veränderungen im Diskurs über die BKA-Vergangenheit auszumachen seien. So finde nunmehr kooperative Kommunikation anstatt Anklage und Konfrontation unter den Akteuren statt und es werde die konzeptionelle Bedeutung einer Vergangenheitsaufarbeitung bei der Ausrichtung der aktuellen Polizeipraxis anerkannt. Zudem gab er die Eingabe eines Gesuchs an die zuständige Stadtverwaltung bekannt, um die Paul-Dickopf-Straße, die zu der Niederlassung des BKA in Meckenheim führt, umzubenennen (→Umbenennung von Straßen [VI. F10]). Dies ist eine direkte Reaktion auf die Forschungsergebnisse, die offenlegten, dass der ehemalige BKA-Direktor Dickopf unter anderem maßgeblich an der Rekrutierung von Beamten bzw. der Tradierung ideologischer Konzepte aus den nationalsozialistischen Sicherheitsdiensten im Bundeskriminalamt beteiligt gewesen war.

Vorwürfe an das BKA, ›auf dem rechten Auge blind‹ zu sein, wurden anlässlich der 60-Jahr-Feier des BKA auf dessen Herbsttagung in Wiesbaden vom 6. bis 7. Dezember 2011 wieder laut. Zu diesem Zeitpunkt zeigten sich anhand der teilweise als ›Döner-Morde‹ verharmlosten Neonazi-Morde durch die ›Zwickauer Terrorzelle‹ des ›Nationalsozialistischen Untergrunds (NSU)‹ erneute Defizite in der sicherheitsbehördlichen Überwachung rechtsextremer Gewalttäter (→NSU-Morde [VI.E4]).

JBr

Lit.: Bundeskriminalamt (Hg.) (2008): *Das Bundeskriminalamt stellt sich seiner Geschichte. Dokumentation einer Kolloquienreihe*, Köln: Luchterhand. Bundeskriminalamt (Hg.) (2011): *Der Nationalsozialismus und die Geschichte des BKA. Spurensuche in eigener Sache*, Köln: Luchterhand. Imanuel Baumann et al. (2012): »(Um-)Wege in den Rechtsstaat. Das Bundeskriminalamt und die NS-Vergangenheit seiner Gründungsgeneration«, in: *Zeithistorische Forschungen/Studies in Contemporary History*, Online-Ausgabe, 9, H. 1, S. 1-36. Imanuel Baumann et al. (2011): *Schatten der Vergangenheit. Das BKA und seine Gründungsgeneration in der frühen Bundesrepublik*, Köln: Luchterhand. Klaus-Michael Mallmann, Gerhard Paul (Hg.) (2004): *Karrieren der Gewalt. Nationalsozialistische Täterbiographien*, Darmstadt: WBG. Patrick Wagner (2002): »Die Resozialisierung der NS-Kriminalisten«, in: Ulrich Herbert (Hg.): *Wandlungsprozesse in Westdeutschland. Belastung, Integration, Liberalisierung 1945-1980*, Göttingen: Wallstein, S. 179-213. Patrick Wagner (2002): *Hitlers Kriminalisten. Die deutsche Kriminalpolizei und der Nationalsozialismus zwischen 1920 und 1960*, München: Beck. Dieter Schenk (2001): *Auf dem rechten Auge blind. Die braunen Wurzeln des BKA*, Köln: Kiepenheuer & Witsch. Friedrich Wilhelm (1997): *Die Polizei im NS-Staat*, Paderborn: Schöningh. Christopher Browning (1993): *Ordinary Men. Reserve Police Battalion 101 and the Final Solution in Poland*, New York: HarperCollins. Walter Zirpins (1955): *Die Entwicklung der polizeilichen Verbrechensbekämpfung in Deutschland*, Hamburg: Verlag Deutsche Polizei.

VI.F6 Debatte um die Rolle von Unternehmen im Nationalsozialismus, vor allem in den 1990er und 2000er Jahren geführte, aber in ihren Ursprüngen bis in die 1970er Jahre zurückreichende Debatte, in der Fragen der privatwirtschaftlichen Mitwirkung bei und Verantwortung für verschiedene NS-Verbrechen im Zentrum standen. Die Debatte war eng mit dem Streit um die →Zwangsarbeiter-Entschädigung [VI.B2] und mit der allgemeinen Entwicklung der unternehmensgeschichtlichen Forschung verbunden.

Eine wissenschaftliche Unternehmensgeschichtsschreibung war in der Bundesrepublik lange Zeit nicht existent. Nach 1945 lehnten mit Anschuldigungen und Forderungen konfrontierte Unternehmen Entschädigungszahlungen an ehemalige Zwangsarbeiter strikt ab und betonten, im »Dritten Reich« selbst unter Zwang gestanden zu haben. Obwohl erste Großunternehmen in Reaktion auf publizistische Angriffe aus der DDR in den 1970er Jahren die politische Bedeutung ihrer

Geschichte erkannten, historische Archive aufbauten und eine Gesellschaft für Unternehmensgeschichte mit wissenschaftlichem Anspruch gründeten, dominierten gerade für die NS-Zeit weiter beschönigende Darstellungen, sofern sie in Festschriften nicht gleich komplett ausgeklammert wurde. Seit den frühen 1980er Jahren erfuhr die NS-Geschichte einzelner Unternehmen im Kontext lokaler Aufarbeitungsprojekte der Geschichtsbewegung und des →Streits um »vergessene Opfer« [V.A11] zunehmend mehr Aufmerksamkeit. Auf Kritik ›von unten‹, die im Zusammenhang mit Konzernjubiläen in den Medien größeres Interesse fand, reagierten Daimler-Benz und Volkswagen 1986 mit der Vergabe von Forschungsaufträgen zur eigenen NS-Geschichte an unabhängige Historiker. In den Konflikten um Daimler-Benz in Stuttgart und VW in Wolfsburg vermengten sich zwei Aspekte, die die gesamte Debatte prägten: Einerseits ging es um Entschädigungsforderungen, andererseits erhoffte sich vor allem die kommunistische Vereinigung der Verfolgten des Naziregimes – Bund der Antifaschisten (VVN-BdA), die vielerorts Konflikte um Unternehmen anfachte, dass durch die Debatte im Sinne einer klassischen linken Faschismusinterpretation die Schuld des Kapitals an den NS-Verbrechen öffentlich festgestellt und der Kapitalismus so delegitimiert werden würde. Im Fokus der Debatte stand daher nie die gesamte Privatwirtschaft, sondern sie konzentrierte sich auf exponierte Großunternehmen. Zugleich war der Blick auf die Unternehmensgeschichte stark auf einzelne Verbrechenskomplexe, zunächst speziell auf die NS-Zwangsarbeit, und auf diesbezügliche Verantwortlichkeiten konzentriert.

Nach 1989/90 verlor die antikapitalistische Stoßrichtung der Debatte an Wirkkraft, während die Entschädigungsfrage vor allem im Ausland Auftrieb erhielt. In den USA entstand in den frühen 1990er Jahren eine von der Regierung Clinton unterstützte Bewegung zur Restitution und Entschädigung jüdischen Eigentums im ehemaligen Ostblock, die 1995 auch Westeuropa erreichte. Bekannt sind vor allem die Sammelklagen spezialisierter US-Anwälte und Sanktionsdrohungen jüdischer Interessenorganisationen gegen Schweizer Großbanken aufgrund des Handels mit Raubgold und ihres Umgangs mit sogenannten nachrichtenlosen Konten von Holocaust-Opfern sowie gegen europäische Versicherungskonzerne aufgrund nie ausgezahlter Policen. Im Zuge dessen gerieten ab Mitte der 1990er Jahre auch deutsche Großbanken und Versicherungen und später eine Reihe von Industrieunternehmen, die zu jener Zeit massiv auf dem US-Markt expandierten und dort neue Anteilseigner fanden, in den Fokus. Auf erste Klagen in den USA, die einige Unternehmen schon seit 1995 beschäftigten, reagierten sie, ebenso wie auf Proteste bei Firmenjubiläen oder Aktionärsversammlungen, mit Ablehnung. Um dem Druck zu begegnen – und wohl auch aus Einsicht in die Unrechtmäßigkeit damaliger Unternehmenshandlungen – wurden aber mehrere neue Auftragsforschungsprojekte vergeben, zudem spendeten einige Konzerne an Gedenkstätten oder unterstützten Besuche ehemaliger Zwangsarbeiter in Deutschland. Im größeren Stil hatten 1988 schon Daimler-Benz und 1991 VW versucht, so Auswege aus dem Streit um Entschädigung zu finden. Sie negierten eine juristische Schuld, gestanden aber moralische Verantwortung ein und zahlten 20 bzw. 12 Mio. DM an Hilfsorganisationen und Erinnerungsprojekte. Die ehemaligen Zwangsarbeiter beider Unternehmen erreichten die Zahlungen aber bestenfalls indirekt, so dass die Kritik an der Praxis der Konzerne nicht verstummte.

Vor diesem Hintergrund blieben unternehmenshistorische Auftragsforschungen umstritten. Dies erlebte vor allem der Historiker Hans Mommsen, der 1996 seine zehn Jahre zuvor von VW in Auftrag gegebenen Forschungen publizierte und sich heftigen Vorwürfen der »Weißwäscherei« ausgesetzt sah. Dabei unterschieden sich die VW- und die bereits 1994 publizierte Daimler-Studie inhaltlich kaum von unabhängigen Studien zur NS-Zwangsarbeit und beschrieben schonungslos die katastrophalen Lebens- und Arbeitsbedingungen. Wenn Unternehmen Forschungsaufträge vergaben, wollten sie nicht nur einen offenen Umgang mit der NS-Vergangenheit demonstrieren – Großkonzerne bemühten sich daher auch später um renommierte Historiker und veröffentlichten deren Studien meist auch in englischer Sprache. Die Unternehmen wollten schlicht auch Zeit gewinnen, indem sie argumentierten, vor einer Antwort auf die Entschädigungsfrage erst die Sachlage klären zu müssen. War die Kritik anfangs nur auf die deutsche Diskussion begrenzt, so erreichte sie am Ende der 1990er Jahre auch die internationale Presse.

Als ab August 1998 eine Welle von Sammelklagen über geschäftlich in den USA tätige deutsche Großunternehmen hereinbrach, waren nicht zufällig mit VW, Daimler-Benz, der Deutschen und der Dresdner Bank, der Allianz oder Degussa zunächst primär diejenigen betroffen, welche die Erforschung ihrer NS-Geschichte in Auftrag gegeben hatten. Dank der bereits vorliegenden Studien bzw. der öffentlichen Begleitdiskussionen zur Auftragsvergabe existierte zu diesen Konzernen leicht zugängliches Belastungsmaterial für Klagen.

Die beklagten Unternehmen standen jetzt fast täglich in der medialen Kritik, konnten sich zunächst aber nicht auf ein koordiniertes Vorgehen einigen. Nachdem VW und Siemens erst im Alleingang eigene Entschädigungsfonds aufgelegt hatten, gaben zwölf deutsche Konzerne am 16. Februar 1999 die Gründung einer Stiftungsinitiative der deutschen Wirtschaft bekannt. In der Öffentlichkeit dominierte das Thema Zwangsarbeit für die Industrie. Mit der Stiftungsinitiative wollten die Unternehmen aber auch Klagen abwenden, die sich gegen Banken und Versicherungen aufgrund von deren Beteiligung an der Ausplünderung der europäischen Juden sowie gegen den Pharmakonzern Bayer wegen medizinischer Experimente an KZ-Häftlingen richteten.

Die Unternehmensgeschichtsschreibung erfuhr durch diese Auseinandersetzungen immensen Auftrieb, blieb aber inhaltlich stark auf Großunternehmen und politisch brisante Fragen fokussiert. Wie auch unabhängig entstandene Studien stellten die neuen Auftragsstudien klar heraus, dass und wie Unternehmen aktiv an verschiedenen Verbrechen mitgewirkt hatten. Zwar habe es kein Primat der Wirtschaft, sondern eines der Politik gegeben, aber es habe keinen staatlichen Zwang zur privatwirtschaftlichen Beschäftigung von Zwangsarbeitern oder zur Mitwirkung an »Arisierungen« gegeben. Eine Zurückhaltung hätte jedoch Wettbewerbsnachteile bedeutet, während das Mitmachen Vorteile versprach. Die meisten Unternehmen, bilanzierte der Historiker Christoph Buchheim 2006, hatten daher bewusst auch »moralisch verwerfliches Handeln in Kauf« genommen. Statt um das Erzielen kurzfristiger Gewinne war es ihnen dabei primär um die mittel- und langfristige Sicherung oder Verbesserung ihrer Wettbewerbspositionen gegangen. Die Auftragsstudien zur NS-Geschichte einzelner Unternehmen zeigten deutlich, dass auch innerhalb eines vorgegebenen Untersuchungsrahmens seriöse Forschungen möglich waren und neue Erkenntnisse produziert werden konnten. In Gesamtdarstellungen zur Konzerngeschichte, die etwa für Firmenjubiläen verfasst wurden, waren in den nun obligatorischen Abschnitten zur NS-Zeit dagegen mitunter weiterhin ausweichende oder rechtfertigende Argumentationen vorzufinden.

Die Folgen der Debatte um die Rolle von Unternehmen im Nationalsozialismus sind in drei Bereichen zu sehen: Erstens gelang es der Privatwirtschaft, sich nach der Regelung der Zwangsarbeiterentschädigung im Sommer 2000 vom Feld der Entschädigung zu verabschieden. Dies lag nicht nur an der erlangten Rechtssicherheit, sondern auch an einer von der Stiftungsinitiative der Wirtschaft forcierten Diskursverschiebung, infolge derer statt einer konkreten unternehmerischen zunehmend eine allgemeine gesellschaftliche Verantwortung herausgestellt wurde. Es kam so zu einer dauerhaften Entkopplung der Diskussion über die Lebenssituation derjenigen, die unter Beteiligung einzelner Unternehmen verfolgt und dabei gesundheitlich oft schwer geschädigt worden waren, vom aktuellen Umgang dieser Unternehmen mit ihrer NS-Vergangenheit. Zweitens entwickelte eine Reihe international tätiger Großunternehmen, die in den 1990er Jahren die Erforschung ihrer NS-Geschichte in Auftrag gegeben hatten, eine neue historische Identität. Ihren offenen Umgang mit der Verstrickung in NS-Verbrechen stellten sie etwa auf den Konzern-Homepages demonstrativ heraus. Ob die neue Identität auch in veränderten Geschäftspraktiken ihren Ausdruck findet – etwa im Umgang mit Formen unfreier Arbeit bei Geschäften in autoritären Staaten – ist jedoch unklar. Zudem darf nicht übersehen werden, dass die Mehrzahl deutscher Unternehmen, die sich auch nicht an der Finanzierung der Entschädigung beteiligte, eine Thematisierung der eigenen NS-Vergangenheit weiterhin mied. Drittens entfiel zu Beginn des neuen Jahrtausends mit der Lösung der Entschädigungsfrage auch die Bindung der historischen Forschung an den politischen Streit. Die Unternehmensgeschichte verlor ihr Skandalisierungspotential und konnte sich dank der entschädigungspolitischen Sonderkonjunktur als Subdisziplin der Geschichtswissenschaft etablieren. Die um das Jahr 2000 kontrovers geführte Diskussion über die Unabhängigkeit historischer Auftragsforschungen ist dagegen weitgehend folgenlos geblieben, insofern sich die Geschichtswissenschaft nicht auf verbindliche Standards für solche Projekte verständigen konnte. Dies wird daran deutlich, dass gut ein Jahrzehnt später angesichts einer neuen Welle von Auftragsforschungen für deutsche Ministerien und Behörden (→*Das Amt und die Vergangenheit* [VI.F4]) die gleichen Fragen erneut diskutiert wurden.

HBo

Lit.: Henning Borggräfe (2014): *Zwangsarbeiterentschädigung. Vom Streit um ›vergessene Opfer‹ zur Selbstaussöhnung der Deutschen*, Göttingen: Wallstein. Jörg Osterloh, Harald Wixforth (Hg.) (2014): *Unternehmer und NS-Verbrechen. Wirtschaftseliten im »Dritten Reich« und in der Bundesrepublik Deutschland*, Frankfurt a.M., New York: Campus. Johannes Bähr, Paul Erker (2013): *Bosch. Geschichte eines Weltunternehmens*, München: Beck. Jürgen Finger et al. (2013): *Dr. Oetker und der Nationalsozialismus. Geschichte eines Familienunternehmens 1933 – 1945*, München: Beck. Tim Schanetzky (2013): »Distanzierung, Verunsicherung, Entschädigung: Die deutsche Wirtschaft und die Globalisierung der Wiedergutmachung«, in: José Brunner et al. (Hg.): *Die Globalisierung der Wiedergutmachung. Politik, Moral, Moralpolitik*, Göttingen: Wallstein, S. 104-148. Norbert Frei et al. (Hg.) (2010): *Unternehmen im Nationalsozialismus. Zur Historisierung einer Forschungskonjunktur*, Göttingen: Wallstein. Christoph Buchheim (2006): »Unternehmen in Deutschland und NS-Regime 1933-1945. Versuch einer Synthese«, in: *Historische Zeitschrift* 282, S. 351-390. Klaus-Dietmar Henke (Hg.) (2006): *Die Dresdner Bank im Dritten Reich*, 4 Bände, München: Oldenbourg. Jürgen Lillteicher (Hg.) (2006): *Profiteure des NS-Systems? Deutsche Unternehmen und das ›Dritte Reich‹*, Berlin: Nicolai. Peter Hayes (2004): *Die Degussa im Dritten Reich. Von der Zusammenarbeit zur Mittäterschaft*, München: Beck. Gerald D. Feldman (2001): *Die Allianz und die deutsche Versicherungswirtschaft 1933-1945*, München: Beck. Harold James et al. (2001): *Die Deutsche Bank und die ›Arisierung‹*, München: Beck. Lothar Gall et al. (Hg.) (1998): *Unternehmen im Nationalsozialismus*, München: Beck. Hans Mommsen et al. (1996): *Das Volkswagenwerk und seine Arbeiter im Dritten Reich*, Düsseldorf: Econ. Barbara Hopmann et al. (1994): *Zwangsarbeit bei Daimler-Benz*, Stuttgart: Steiner.

VI.F7 Götz Aly: *Hitlers Volksstaat*, in der medialen Öffentlichkeit und in Historikerkreisen weithin diskutierte Studie des Historikers Götz Aly, in der dieser die Fundierung der nationalsozialistischen Herrschaft auf sozialpolitische Maßnahmen und eine der Bevölkerung zugutekommende Raubpolitik gegenüber den entrechteten Juden und den unterworfenen Kriegsgegnern zurückführte.

Seit Daniel J. Goldhagens Untersuchung *Hitlers willige Vollstrecker* von 1996 (→Goldhagen-Debatte [VI.A3]) hatte kein historisches Buch mehr mediale Aufmerksamkeit erregt als Götz Alys 2005 erschienene Studie *Hitlers Volksstaat*. Nicht nur die überregionale Tagespresse, sondern auch zahlreiche lokale Blätter veröffentlichten Rezensionen, Berichte und Interviews mit dem Autor, der zudem eine ungewöhnliche Präsenz in Funk und Fernsehen zeigte. Auch die Verkaufszahlen – allein im Erscheinungsjahr wurden diverse Folgeauflagen, Lizenzausgaben und Übersetzungen gedruckt – belegen, dass Alys Untersuchung weit über Journalisten- und Historikerkreise hinaus den Nerv der Zeit getroffen hatte.

Der habilitierte Historiker und frei arbeitende Publizist Götz Aly hatte bereits diverse Untersuchungen zum ›Dritten Reich‹ und insbesondere zum Holocaust vorgelegt. Sowohl seine Studie, die den Zusammenhang zwischen dem Massenmord an den Juden und den geplanten Bevölkerungsumsiedelungen im europäischen Osten belegt (*»Endlösung«. Völkerverschiebung und der Mord an den europäischen Juden*, 1995), als auch seine Arbeit zur Beteiligung akademischer Eliten am Holocaust (*Vordenker der Vernichtung. Auschwitz und die deutschen Pläne für eine neue europäische Ordnung*, 1991) haben der zeithistorischen Forschung wichtige Impulse gegeben. Die Kernthesen von *Hitlers Volksstaat* hatte er bereits in seiner Dankesrede anlässlich der Auszeichnung mit dem Heinrich-Mann-Preis im Jahr 2002 vorweggenommen.

In *Hitlers Volksstaat. Raub, Rassenkrieg und nationaler Sozialismus* widmet sich Aly mit den für ihn typischen, provokant zugespitzten Thesen den Zusammenhängen zwischen der Sozial- und Finanzpolitik des ›Dritten Reichs‹, der Besatzungsherrschaft und der Judenvernichtung. Große Beachtung fand besonders seine These, wonach die Ausbeutungspolitik der Nationalsozialisten und der Holocaust entscheidend dazu beigetragen haben, dass die deutsche Bevölkerung der NS-Herrschaft zustimmte. Nach Alys Verständnis strebten die Nationalsozialisten aufgrund der Erfahrung des verlorenen Ersten Weltkriegs und der Revolution von 1918 einen rassistischen Volksstaat gleicher Deutscher in einer Wohlstandsgesellschaft an. Die NS-Sozialpolitik habe dabei sowohl diesem langfristigen Ziel als auch der kurzfristigen Herrschaftsstabilisierung gedient, der die Finanzpolitik vollständig untergeordnet worden sei. Um die Aufrüstung und staatliche Sozialpolitik trotz leerer Staatskassen und unsolider Verschuldung weiterführen zu können, griff das Regime – so Aly – im Herbst 1938 auf das Vermögen der deutschen und österreichischen Juden zu.

Nach Kriegsausbruch sei diese Ausbeutungspolitik nicht nur auf das Vermögen der europäischen Juden, sondern auch auf die besetzten Länder ausgeweitet worden, die das Regime in erheblichem Maße zur Finanzierung des Kriegs heranzog. So wurden zum Beispiel die Wehrmachtskosten mit den geldähnlichen Reichskreditkassenscheinen gedeckt, für die die besetzten Länder aufkommen mussten. Zudem wurden die Erlöse aus dem Verkauf jüdischen Eigentums z.T. in den Haushalt der jeweiligen Länder gelenkt, wie in Griechenland, wo man so die durch die enormen Besatzungskosten entstandene Inflation eindämmen und die Funktionsfähigkeit der Volkswirtschaften aufrechterhalten wollte. Sowohl der Raub der jüdischen Vermögen als auch die finanzielle und materielle Ausplünderung Europas beruhten nach Aly auf dem Konsens der verantwortlichen deutschen Eliten, die deutsche Bevölkerung möglichst wenig mit den Kosten des Kriegs zu belasten.

Innenpolitisch habe eine aktive Steuer- und Sozialpolitik diese Raubpolitik unterstützt: Mit Kindergeld, Ehegattensplitting und Steuerfreibeträgen bei Nacht- und Feiertagszuschlägen sowie mit den Rentenerhöhungen von 1941 sollte das nationalsozialistische Ziel eines egalitären Volksstaats umgesetzt und die anhaltende Zustimmung der Bevölkerung erkauft werden. Aly ist der Auffassung, dass die Nationalsozialisten mit diesen materiellen »Erfolgen« die Deutschen korrumpieren und eine »Wohlfühl-Diktatur« schaffen wollten. Diese Politik und nicht Repressionsmaßnahmen, Ideologie und Propaganda habe maßgeblich für die Stabilität des Regimes und die Zustimmung der Bevölkerung zum Nationalsozialismus gesorgt.

Vor allem Nichthistoriker zeigten sich von Alys These überrascht, dass nicht deutsche Großunternehmen, sondern der deutsche Staat und damit indirekt die deutsche Bevölkerung am stärksten von der Ausbeutungspolitik profitierte hatten. Aly rückte damit Erkenntnisse ins allgemeine Bewusstsein, die unter Historikern seit langem bekannt, aber in den seit den 1990er Jahren geführten Mediendebatten über die NS-Vergangenheit der Konzerne nur selten thematisiert worden waren (→Debatte um die Rolle von Unternehmen im Nationalsozialismus [VI.F6]). Der deutsche Staat erhielt ab Mitte 1938 tatsächlich zumeist 80 bis 90 Prozent der Erträge aus Raub und Zwangsarbeit. Der Fiskus war zudem alleiniger Nutznießer der riesigen Besatzungszahlungen, die den größten Anteil dieser Erlöse ausmachten. Die deutsche Bevölkerung profitierte einerseits durch niedrige Steuern und eine bessere – staatlich organisierte – Güterversorgung, beteiligte sich aber auch direkt an dem räuberischen Verwertungssystem, indem sie jüdisches Vermögen aus ganz Europa erwarb. Dies hatte der Hamburger Zeithistoriker Frank Bajohr schon 1997 ausführlich beschrieben (»*Arisierung*« *in Hamburg. Die Verdrängung der jüdischen Unternehmer 1933-1945*).

Alys Studie konnte eine derart heftige Debatte über die Schuld der deutschen Bevölkerung entfachen, weil die damalige Diskussion um die Sozialpolitik ein günstiges Klima bot: In der Debatte über die Zukunft des deutschen Sozialstaates meinten manche Teilnehmer, strukturelle Ähnlichkeiten zwischen den sozialpolitischen Herrschaftstechniken des NS-Staates und der Politik in der Bundesrepublik erkennen zu können. Dabei wurde die Gewährung von Sozialleistungen, wie sie ab Mitte der 1960er Jahre als Mittel des demokratischen Machterhalts verstärkt betrieben wurde, mit den NS-Maßnahmen gleichgesetzt. Der Vergleich mit dem Nationalsozialismus schien die gegenwärtige Sozialpolitik zu delegitimieren. Aly selbst, der erkennbar auch die in der rot-grünen Koalition unter Bundeskanzler Gerhard Schröder (SPD) ins politische Establishment aufgerückte bundesdeutsche Linke provozieren wollte, hatte derartige Spekulationen bereits kurz vor Erscheinen des Buches angeheizt, so in einem Artikel in der *Süddeutschen Zeitung* (1.9.2004): »Vom Kündigungs- über den Mieter- bis zum Pfändungsschutz bezweckten Hunderte fein austarierte Gesetze das sozialpolitische Appeasement. Hitler regiere nach dem Prinzip ›Ich bin das Volk‹ und er zeichnete damit die politischmentalen Konturen des späteren Sozialstaats Bundesrepublik vor. Die Regierung Schröder/Fischer steht vor der historischen Aufgabe des langen Abschieds von der Volksgemeinschaft«. In Interviews gab Aly zu Protokoll, dass er »in der Struktur der nationalsozialistischen Steuer- und Sozialpolitik ein linkssozialdemokratisches Grundmuster erkenne« (*Die Zeit* 28.4.2005). Er spitzte die Kritik an den als Sozialabbau umstrittenen Maßnahmen der sogenannten Agenda 2010 und der Hartz IV-Reformen wie folgt zu: »Hitler hätte sich Sozialabbau nicht leisten können.« (*taz* 15.1.2005) Seine Provokation zielte jedoch letztlich mehr auf die Methode der Korrumpierbarkeit der Massen durch Sozialleistungen und die These, dass die Annehmlichkeiten des Sozialstaats sowie die Staatsräson des Westens angeblich auch mit dem Holocaust erkauft worden sind. Allerdings eignen sich Alys Ausführungen aus mehreren Gründen nicht für die Diskussion um den heutigen Sozialstaat: So haben weder die einzelnen Maßnahmen noch die gesamte bundesrepublikanische Sozialpolitik ihren eigentlichen Ursprung in der NS-Zeit. Vielmehr reichen ihre Wurzeln zumeist in die Weimarer Republik zurück oder wurden nach 1945 auf Basis älterer Denktraditionen wie der christlichen Soziallehre oder dem sozialdemokratischen Reformismus entwickelt. Abgesehen von den Repressionsmaßnahmen gegen die Arbeiterschaft (Auflösung der Gewerkschaften, Zwangstarife, Abschaffung der Mitspracherechte etc.) besaßen die Empfänger von sozialen Transfers im NS-Staat anders als nach 1945 keinen Rechtsanspruch auf die letztlich nur nach Nützlichkeitserwägungen verteilten NS-Leistungen. Insgesamt gehorchte das völkische Sozialsystem nicht sozialstaatlichen Maximen, sondern vor allem Prioritäten der Kriegswirtschaft. Der Historiker Michael Wildt hat darauf hingewiesen (*Die Zeit* 4.5.2005), dass soziale Gleichheit im Nationalsozialismus »stets rassenbiologische Homogenität« bedeutete, also gerade die Ungleichheit derjenigen, die dazugehörten bzw. – als ›Asoziale‹, Homosexuelle, Behinderte, Juden – ausgeschlossen waren. Aly, so Wildt, rede mit seinen Thesen von der Begründung der bundesrepublikanischen Sozialpolitik durch Hitler dem gegenwärtigen Abbau staatlicher Sozialleistungen das Wort, der so als ein »letzter Akt der Vergangenheitsbewältigung« veredelt werde.

Weitere Aspekte haben in der Geschichtswissenschaft eine starke Kritik an dem von Aly gezeichneten Bild des NS-Volksstaats hervorgerufen; zustimmende Rezensionen wie die des Zeithistorikers Hans Mommsen (*Süddeutsche Zeitung* 10.3.2005) blieben die Ausnahme. Vor allem Sozialhistoriker haben mehrfach darauf hingewiesen, dass die nationalsozialistische Politik deutlich hinter den Weimarer Sozialleistungen zurückblieb. Auch Alys Behauptung, dass das Regime durch seine Sozialleistungen eine breite Zustimmung der Bevölkerung gewinnen konnte, wurde zurückgewiesen, da die einzelnen Maßnahmen – wie die Stimmungsberichte des Sicherheitsdienstes zeigen – immer nur zur kurzzeitigen Stimmungsaufhellung in der Bevölkerung führten. Kritiker wie Hans-Ulrich Wehler (*Der Spiegel* 4.4.2005) warfen Aly ferner vor, dass er den Stellenwert der nationalsozialistischen Ideologie im Zusammenhang mit dem Massenmord an den europäischen Juden völlig vernachlässige. Wenngleich immer auch ökonomische Motive in der Judenverfolgung mitschwangen, so hat doch die neuere Forschung herausgearbeitet, wie stark sich, zum Beispiel bei den sogenannten Arisierungen, ideologische Vorgaben im NS-Staat mit gesellschaftlichen Interessen verbanden. Auch in der Wirtschaftsgeschichte stand *Hitlers Volksstaat* stark in der Kritik. Alys Aussage, dass die besetzten Länder zwei Drittel der deutschen Kriegsausgaben trugen, wurde von dem britischen Wirtschaftshistoriker Adam Tooze vehement in Frage gestellt (*taz* 12.3.2005), der Aly handwerkliche Fehler nachwies, da dieser nur die reinen Staatsausgaben, nicht aber weitere

Finanzierungsquellen wie Spareinlagen und Sozialversicherungsbeiträge, die ebenfalls für die Kriegsfinanzierung verwandt wurden, in seine Berechnungen einbezogen hatte. Zwischen Tooze und Aly entspann sich ein publizistischer Schlagabtausch, der zunächst in der *taz* und dann in der *Zeit* geführt wurde. Problematisiert wurde auch Alys These, dass die unteren Bevölkerungsschichten gegenüber den wohlhabenderen Schichten durch die Steuer- und Lohnpolitik bewusst besser gestellt worden seien. Tatsächlich lagen die nominellen Bruttostundenverdienste deutscher Arbeiter noch 1943 deutlich unter dem Stand von 1929. Alys Darstellung des Lebensstandards der deutschen Bevölkerung im Krieg, die für seine Argumentation von zentraler Bedeutung ist, erfuhr heftige Kritik. Das Versorgungsniveau der Deutschen verharrte im Krieg auf dem niedrigen Stand der Weltwirtschaftskrise, da das Regime der Aufrüstung und Autarkie den Vorzug vor der Produktion von Konsumgütern und dem Import von Nahrungsmitteln gab. Seit 1933 nahm die Sterblichkeit zu und die Kindergröße ab, beides sind Indikatoren für einen sinkenden Lebensstandard, wie Jörg Baten und Andrea Wagner (*Jahrbuch für Wirtschaftsgeschichte* 2003) dargestellt haben. In der fachlichen Diskussion um *Hitlers Volksstaat* wurde auch wiederholt darauf hingewiesen, dass Aly die NS-Propaganda mit der Wirklichkeit verwechselt habe; so wurden zwar vom Regime zukünftige Konsummöglichkeiten angekündigt, aber gleichzeitig blieb das Warenangebot stark beschränkt. Die mitunter wenig repräsentativen Einzelaussagen, die Aly als Belege seiner Thesen anführt, machen zwar die Struktur des Raubsystems deutlich, dieses hatte sich aber eher aus den Zwangslagen situativ entwickelt; eine zentrale Steuerung durch die Spitze des Regimes scheint nicht nachweisbar. Mark Spoerer, selbst Autor einer einschlägigen Studie zur NS-Wirtschaftsgeschichte, urteilte abschließend (*www.hsozkult. de* 26.5.2005): »die Provokation, die in der Überspitzung seiner Thesen zum ›Volksstaat‹ liegt, basiert auf gravierenden handwerklichen Fehlern, die sich – bei wohlmeinender Interpretation – nur aus einem gewissen Autismus gegenüber der Forschung erklären lassen.« Alys Interpretation vom NS-Volksstaat als »Wohlfühl-« und »Gefälligkeitsdiktatur« hat in der Forschung kaum Nachhall gefunden. Gleichwohl wurde die wissenschaftliche Forschung durch die sich an *Hitlers Volksstaat* entzündenden Diskussionen dazu angeregt, sich intensiver mit den verschiedenen Faktoren der Stabilität des NS-Staates und deren Einfluss auf den Holocaust zu beschäftigen. Unbestritten bleibt es auch Alys Verdienst, das finanzielle Ausbeutungssystem in den besetzten Gebieten präziser als bisher beschrieben zu haben.

RB

Lit.: Götz Aly (2005): *Hitlers Volksstaat. Raub, Rassenkrieg und nationaler Sozialismus*, Frankfurt a.M.: S. Fischer. Winfried Süß et al. (2005): »Forum: ›Götz Aly: Hitlers Volksstaat‹«, in: *Sehepunkte* 5, H. 7/8 [www.sehepunkte.de/2005/07/]. Mark Spoerer (2005): [Rez. von] »›Götz Aly: Hitlers Volksstaat‹«, in: *H-Soz-Kult* 26.5.2005 [www.hsozkult. de/publicationreview/id/rezbuecher-6430]. Christoph J. Bauer et al. (Hg.) (2007): *Faschismus und soziale Ungleichheit*, Duisburg: Universitätsverlag Rhein-Ruhr. Jörg Baten, Andrea Wagner (2003): Mangelernährung, Krankheit und Sterblichkeit im NS-Wirtschaftsaufschwung (1933-1937), in: *Jahrbuch für Wirtschaftsgeschichte* 1, S. 99-124. Frank Bajohr (1997): »*Arisierung*« in Hamburg. Die Verdrängung der jüdischen Unternehmer 1933-1945, Hamburg: Christians. Mark Spoerer (1996): *Von Scheingewinnen zum Rüstungsboom. Die Eigenkapitalrentabilität der deutschen Industrieaktiengesellschaften 1925-1941*, Stuttgart: Franz Steiner.

VI.F8 Günter Grass' Waffen-SS-Mitgliedschaft

2006 geführte internationale Mediendebatte um die Mitgliedschaft des Literatur-Nobelpreisträgers Grass in der Waffen-SS, die der Autor anlässlich seines autobiografischen Erinnerungsbuchs *Beim Häuten der Zwiebel* erstmals eingestanden hat.

Den Anstoß zur Mediendebatte gab ein Interview mit dem Schriftsteller, das im Vorfeld der Publikation von *Beim Häuten der Zwiebel* am 12.08.2006 in der *FAZ* erschien. Darin wurde erstmals enthüllt, dass Grass im November 1944 als 17-Jähriger in die 10. SS-Panzerdivision Jörg von Frundsberg eingezogen wurde. Bislang hatte Grass vorgegeben, wie zahlreiche seiner Generationsgenossen Flakhelfer gewesen zu sein – was in der 2002 erschienenen Grass-Biografie von Michael Jürgs bestätigt wurde. Das unter anderem von *FAZ*-Herausgeber Frank Schirrmacher geführte Interview erregte nicht nur in der nationalen Presse großes Aufsehen. Grass, der gerade für seine Forderung nach einer selbstkritischen Aufarbeitung der Vergangenheit über die Grenzen Deutschlands hinaus bekannt war, der weithin als »moralische Instanz« galt, war nun selbst Mitglied in einer verbrecherischen NS-Organisation gewesen. Die öffentlichen Reaktionen auf die Enthüllung waren zahlreich: Allein in der meinungsführenden deutschsprachigen Presse erschienen in den Monaten von August bis Dezember 2006 260 Artikel zum Thema. Zur Debatte stand dabei nicht nur die Integrität von Günter Grass als öffentliche Person, sondern auch diejenige des weltbekannten Schriftstellers. Die Glaubwürdigkeit seines Wirkens wurde allerdings weniger in Bezug auf seine Waffen-SS-Vergangenheit in Zweifel gezogen: Dass einem 17-jährigen, im NS-Staat sozialisierten Jugendlichen seine Verführbarkeit nicht vorgehalten werden konnte, war weitgehend Konsens. Beanstandet wurde vielmehr die Tatsache, dass Grass diesen biografischen Umstand 61 Jahre lang verschwiegen hatte. Einige Stimmen forderten daraufhin gar die Rückgabe des Literaturnobelpreises (etwa die CDU-Politiker Wolfgang Börnsen und Philipp Mißfelder) oder der Ehrenbürgerschaft seiner heute polnischen Geburtsstadt Gdańsk (so der ehemalige polnische Staatspräsident Lech Wałęsa).

Infrage gestellt wurde in der Folge auch die moralische Vormachtstellung der Flakhelfer-Generation, deren Vertreter als ›unbelastete‹ Zeitzeugen den Diskurs um die ›Vergangenheitsbewältigung‹ stets dominiert hatten (→Gruppe 47 [II.D3], →NSDAP-Mitgliedschaften [VI.F9]). Ihre Rolle als meinungsbildende Intellektuelle, die sie seit der Nachkriegszeit für sich reklamiert hätten, sei mit dem Grass-Bekenntnis nun endgültig unglaubwürdig worden.

Ein in den Medien ebenfalls weit verbreiteter Verdacht war, dass das Geständnis ein wohlfeiler PR-Coup zur Steigerung der Verkaufszahlen gewesen sei. Tatsächlich wurde aufgrund der hohen Medienpräsenz der ursprünglich auf den ersten September festgelegte Erscheinungstermin von Beim Häuten der Zwiebel vom Steidl-Verlag auf den 15. August vorgezogen. Die zweite Auflage erschien bereits am 23. August, nur acht Tage nach der Auslieferung der 150.000 Exemplare der Erstauflage. In der Internet-Buchhandlung amazon.de war der Titel bereits am zweiten Verkaufstag auf Platz eins der Verkaufsliste, noch Ende desselben Monats folgten zahlreiche Nennungen in verschiedenen nationalen Bestsellerlisten. Schon am dritten Tag der laufenden Mediendebatte meldete sich Grass selbst zu Wort und beklagte die Skandalisierung. Er beteuerte, nur in den Monaten zwischen November 1944 und Februar 1945 im Einsatz gewesen zu sein – was anhand eines später veröffentlichten Fragebogens der US-Armee verifiziert werden konnte. Während seines Einsatzes als Soldat der Waffen-SS habe er keinen einzigen Schuss abgegeben, auch sei er »an keinem Verbrechen beteiligt gewesen«. Eine weitere persönliche Stellungnahme gab Grass im Rahmen eines TV-Auftritts ab. Am 15.8.2006 trat er in der Sendung »Wickerts Bücher« auf, die eine Einschaltquote von 1.48 Millionen Zuschauern erreichte.

Unter den zahlreichen Reaktionen auf das Geständnis fanden sich auch sympathisierende Stimmen von Schriftstellerkollegen wie etwa Martin Walser, John Irving, Norman Mailer oder Walter Jens. Unter Berufung auf sein literarisches Lebenswerk und seine kontinuierliche politisch-publizistische Arbeit plädierten sie für einen nachsichtigeren Umgang mit dem Bekenntnis. Auch Grass betonte, stets überzeugt gewesen zu sein, mit dem, was er »schreibend tat, genug getan zu haben«, und dass er es deswegen bislang für unnötig befunden habe, das Thema überhaupt aufzugreifen. Erst 2007 wurde bekannt, dass Grass in den 1960er Jahren noch vergleichsweise offen mit seiner Waffen-SS-Vergangenheit umging. Klaus Wagenbach – ehemaliger Lektor des S. Fischer Verlags – berichtete, 1963 von Grass selbst über dessen Mitgliedschaft informiert worden zu sein. In Gesprächen anlässlich einer geplanten Monografie über den Schriftsteller sei der Waffen-SS-Einsatz als eines von zahlreichen Themen gestreift worden. Wagenbach beließ den als beiläufig empfundenen Hinweis unveröffentlicht. Im Nachhinein begründete er dies mit dem Wandel des Erinnerungsdiskurses in den 1960er Jahren: Zu Beginn des Jahrzehnts wäre die Waffen-SS-Mitgliedschaft eines 17-Jährigen keineswegs als skandalös empfunden worden, da die Erinnerung an die letzten Kriegsmonate, in denen zahlreiche Jugendliche von der Waffen-SS rekrutiert und nicht zwingend freiwillig aufgenommen wurden, gesellschaftlich noch präsent gewesen sei. Der Wandel im deutschen Erinnerungsdiskurs der 1960er Jahre jedoch erschwerte ein öffentliches Geständnis zunehmend: Im Zuge des →Frankfurter Auschwitz-Prozesses [III.A3] und bestärkt durch die rigoros geführte Vergangenheitsaufarbeitung der Studentenbewegung (→»1968« [IV.A1]) sei das Kürzel »SS« zum Signalwort für die NS-Verbrechen geworden. Insofern hätte, so das Argument Wagenbachs, Ende der 1960er Jahre das Geständnis, Mitglied einer SS-Organisation gewesen zu sein, für Grass einen nur schwer reparablen Image-Schaden zur Folge gehabt. Erst als gegen Ende der 1990er Jahre das von vielen Seiten propagierte Verständnis für eine deutsche Opferperspektive den deutschen Vergangenheitsdiskurs zu dominieren begann, seien die Voraussetzungen für das Waffen-SS-Geständnis wieder günstiger gewesen.

Obgleich Grass ab Ende der 1960er Jahre begann, seine eigene problematische Vergangenheit zu verschweigen, äußerte er sich dezidiert kritisch zur NS-Vergangenheit des damaligen Wirtschaftsministers Karl Schiller. Wie im Kontext der Debatte im September 2006 publik wurde, forderte Grass den Minister in zwei Briefen von 1969 und 1970 eindringlich auf, seine NSDAP-Mitgliedschaft offenzulegen. Ebenso deutlich positionierte sich Grass 1985 zur sogenannten →Bitburg-Affäre [V.A4]: Der Gedenkbesuch der beiden Staatsmänner Ronald Reagan und Helmut Kohl auf dem Soldatenfriedhof in Bitburg wurde von Grass öffentlich als eine illegitime Ausstellung von »Unschuldszeugnissen« kritisiert, weil auf besagtem Friedhof neben gefallenen Wehrmachtssoldaten auch 49 Soldaten der Waffen-SS begraben waren. Diese Stellungnahme wurde ihm während der Debatte 2006 zum Vorwurf gemacht.

Während die Mediendebatte nahezu ausschließlich das Waffen-SS-Geständnis, dessen Zeitpunkt sowie die Abwägung des moralischen Schadens, den Grass dadurch erlitten haben möge, verhandelte, fokussierte die literaturwissenschaftliche Forschung stärker auf den Text Beim Häuten der Zwiebel und darauf, welche Neubewertung auch des literarischen Œuvres von Grass das Geständnis mit sich bringen könnte. In Beim Häuten der Zwiebel erzählt Grass sein Leben zwischen dem Ausbruch des Zweiten Weltkriegs 1939 und seinem Romandebüt Die Blechtrommel 1959. Trotz dieser autobiografischen Ausrichtung liegt kein konventioneller autobiografischer Bericht vor, sondern ein literarischer Text mit starken autofiktionalen Tendenzen; geradezu leitmotivisch problematisiert und anhand der Zwiebel-Metapher immer wieder neu verhandelt werden die Fähigkeit, sich zu erinnern, und die Verlockung, die Vergangenheit umzudichten. In der Forschung wurde betont, dass zumindest die stark autobiografisch geprägten Bücher der Danziger Trilogie, zu der auch der Weltbestseller Die Blechtrommel gehört, vor dem Hintergrund der aktuellen biografischen Enthüllung neu zu lesen wären. Die Verhandlung von Schuld, bzw. von »Mitverantwortung«, wie sie in Beim Häuten der Zwiebel eingestanden wird, ließ sich nun als zentraler Antrieb auch der früheren Texte von Grass verstehen. In diesem Sinne konnte gezeigt werden, dass bereits in der Novelle Katz und Maus (1961) eine literarisch codierte Verhandlung von Grass' Waffen-SS-Vergangenheit stattfindet. Der Umgang mit Schuld, wie er in der Novelle verhandelt wird, wird in der »Autobiografie«, wo es nicht mehr nur implizit um die Waffen-SS-Mitgliedschaft geht, wiederaufgenommen. In beiden Büchern wird jedoch die Haltung des Erzählers von einer Vermeidungsrhetorik bestimmt: An die Stelle eines Reuegefühls tritt die Verhandlung der Ursachen des »Makels« – des freiwilligen Eintritts in die Waffen-SS in Beim Häuten der Zwiebel bzw. der unterlassenen Hilfe für den auf Unterstützung angewiesenen desertierten Freund in Katz und Maus. Auf diese Weise wird die Frage nach der Schuld für obsolet erklärt, da die Erzählstruktur jede Handlungsalternative des Jugendlichen im Voraus ausschließt.

In diesem Sinne wurden auch weitere Stimmen in der Forschung laut, die Grass vorwarfen, die Deutungshoheit über die deutsche Vergangenheit für sich proklamiert und sich gegen kritische Einrede immunisiert zu haben. Sein Bestreben, »das letzte Wort haben« zu wollen, sei darauf ausgerichtet gewesen, die moralische Bewertung seiner Mitverantwortung der eigenen Person vorzubehalten und so Verurteilungen von außen abzuwehren, bevor sie überhaupt erst formuliert werden konnten. Entsprechend wurde das Schuldbekenntnis von Grass zugleich auch als Entlastungsversuch gesehen, da er den ethischen Rahmen für die Diskussion um seine Rolle in der NS-Zeit im Voraus abgesteckt habe. Ein solcher Versuch der Immunisierung gegen Kritik lässt sich an der starken literarischen Stilisierung von *Beim Häuten der Zwiebel* festmachen: Der junge Grass tritt als fiktive Figur auf, auf die etwa in der dritten Person Singular rekurriert wird. Grass präsentiert den Rückblick auf sein Leben bewusst als narrativen Akt, in dem sich die Grenzen zwischen Fiktionalität und Faktizität ausdrücklich fließend gestalten.

Weiter diskutierte die Forschung die Grenzen der Bereitschaft des Publikums, für deutsche Opfernarrative Empathie aufbringen zu können: Wie viel Mitleid darf bzw. kann von der Öffentlichkeit für einen Protagonisten erwartet werden, der sich zugleich als Komplize und als Opfer des NS-Systems präsentiert?

Weitere Bedenken aus der literaturwissenschaftlichen Forschung zielten auf die konkrete Darstellung von Grass' Zeit in der Waffen-SS. Grass habe diese Schilderung, indem er sie auf eines von elf Kapiteln beschränkte, auf ein Erzählminimum reduziert und so einerseits zur Verharmlosung des Gegenstandes beigetragen, andererseits aber auch eine bewusste Konzentration auf die Opferperspektive bewirkt. So habe er seinen Erlebnissen in der Nachkriegszeit überproportional viel Platz einräume. Letzteres wurde insofern als problematisch aufgefasst, weil Grass in seiner »Autobiografie« eine Kontextualisierung seiner Waffen-SS-Mitgliedschaft im Zusammenhang mit der deutschen Vernichtungspolitik insgesamt unterlassen hat. Indem er lediglich eine moralische »Mitverantwortung« eingestanden hat, wurde die Verhandlung über die eigene potenzielle Schuld im Gesamtkontext der nationalsozialistischen Verbrechen umgangen. Die ausschließliche Konzentration auf die eigenen Erlebnisse aus der Sicht des kindlich-naiven Kriegsopfers – die durch die fortwährenden Anspielungen auf Grimmelshausens Simplicissimus bestärkt wird – wurde deswegen als bedenklich bewertet. Bezüglich seines Gesamtwerks wurde von Carol A. Costabile-Heming des Weiteren die These aufgestellt, Grass hätte die Sensibilisierung seines Lesepublikums für den deutschen Opferdiskurs bereits in seiner 2002 erschienenen Novelle *Im Krebsgang* (→Günter Grass: *Im Krebsgang* [VI.D6]) bemüht und so gewissermaßen das Opfernarrativ von *Beim Häuten der Zwiebel* vorbereitet.

Noch als die Mediendebatte währte, führte der *Spiegel* eine Publikumsbefragung zum Thema durch, die ergab, dass 65 Prozent aller Befragten die Integrität von Grass in politischen und moralischen Angelegenheiten durch das Bekenntnis nicht als beschädigt ansahen. Spätestens jedoch als im April 2012 sein israelkritisches Gedicht »Was gesagt werden muss« publiziert wurde und ihm über seine Waffen-SS-Mitgliedschaft hinaus nun auch Antisemitismus vorgeworfen wurde (die *ZEIT* etwa hatte sich geweigert, das Gedicht zu drucken), erlitt das Renommee des einstigen Meinungsbildners erheblichen Schaden.

JBi

Lit.: Günter Grass (2006): *Beim Häuten der Zwiebel*, Göttingen: Steidl. Lily Tonger-Erk (2012): »›Die Fakten Lügen strafen‹. Zur Ambiguität des Autobiographischen in Günter Grass' ›Beim Häuten der Zwiebel‹«, in: *Zeitschrift Für Deutsche Philologie* 131, H. 4, S. 571-590. Matthias N. Lorenz (2011): »›Von Katz und Maus und mea culpa‹. Über Günter Grass' Waffen-SS-Vergangenheit und ›Die Blechtrommel‹ als moralische Zäsur«, in: Ders., Maurizio Pirro (Hg.): *Wendejahr 1959? Die Literarische Inszenierung von Kontinuitäten und Brüchen in gesellschaftlichen und kulturellen Kontexten der 1950er Jahre*, Bielefeld: Aisthesis, S. 281-305. Kilian Trotier (2011): »Der Fall Günter Grass: Eine Inhaltsanalyse ausgewählter Qualitätsmedien nach dem Waffen-SS-Geständnis«, in: *Publizistik* 56, H. 1, S. 7-25. Rebecca Braun (2010): »›Mich in Variationen erzählen‹. Günter Grass and the Ethics of Autobiography«, in: Birgit Dahlke et al. (Hg.): *German Life Writing in the Twentieth Century*, Rochester: Camden House, S. 121-136. Helen Finch (2009): »Günter Grass's Account of German Wartime Suffering in *Beim Häuten der Zwiebel*. Mind in Mourning or Boy Adventurer?«, in: Stuart Taberner, Karina Berger (Hg.): *Germans As Victims in the Literary Fiction of the Berlin Republic*, Rochester: Camden House, S. 177-190. Stuart Taberner (2009): »Memory-Work in Recent German Novels. What (if Any) Limits Remain on Empathy with the ›German Experience‹ of the Second World War?«, in: Ders., Karina Berger (Hg.): *Germans As Victims in the Literary Fiction of the Berlin Republic*,

Rochester: Camden House, S. 205-218. Carol Anne Costabile-Heming (2008): »Overcoming the Silence. Narrative Strategies in Günter Grass's ›Beim Häuten der Zwiebel‹«, in: *Colloquia Germanica* 41, H. 3, S. 247-261. Christoph König (2008): *Häme als literarisches Verfahren. Günter Grass, Walter Jens und die Mühen des Erinnerns*, Göttingen: Wallstein. Burkhard Schaeder (2008): »›Es mußte raus, endlich‹. Das Geständnis des Günter Grass, Soldat der Waffen-SS gewesen zu sein. Eine kommunikationswissenschaftliche Betrachtung«, in: Norbert Honsza, Irena Światłowska (Hg.): *Günter Grass. Bürger und Schriftsteller*, Dresden: Neisse, S. 363-383. Stuart Taberner (2008): »Private Failings and Public Virtues. Günter Grass's ›Beim Häuten der Zwiebel‹ and the Exemplary Use of Authorial Biography«, in: *Modern Language Review* 103, H. 1, S. 143-154. Anne Fuchs (2007): »›Ehrlich, du lügst wie gedruckt‹. Günter Grass's Autobiographical Confession and the Changing Territory of Germany's Memory Culture«, in: *German Life and Letters* 60, H. 2, S. 261-275. Martin Kölbel (Hg.) (2007): *Ein Buch, ein Bekenntnis. Die Debatte um Günter Grass' »Beim Häuten Der Zwiebel«*, Göttingen: Steidl. Michael Braun (2006): »Günter Grass, Die Waffen-SS und die Rolle der Literatur in der deutschen Erinnerungskultur«, in: *Der Deutschunterricht* 58, H. 6, S. 87-91.

VI.F9 NSDAP-Mitgliedschaften,

in den 1990er und 2000er Jahren neu veröffentlichte Erkenntnisse von NSDAP-Mitgliedschaftskarteieinträgen deutscher Prominenter, die mehrheitlich der sogenannten Flakhelfergeneration angehört hatten und sich in der Nachkriegszeit als Kunstschaffende, Wissenschaftler und Politiker verdient gemacht hatten. Betroffen waren u.a. die Germanisten Walter Jens und Walter Höllerer (2003), die Schriftsteller Martin Walser, Siegfried Lenz und Tankred Dorst, der Kabarettist Dieter Hildebrandt, die Politiker Erhard Eppler und Horst Ehmke sowie der Wissenschaftler Niklas Luhmann (2007), schließlich der Schriftsteller Dieter Wellershoff und der Komponist Hans Werner Henze (2009).

Erstmals breiter diskutiert wurde die Belastung durch eine NSDAP-Mitgliedschaft schon 1979, als Fritz J. Raddatz in der *Zeit* (12.10.1979) im Rahmen einer Polemik gegen den →Mythos der »Stunde Null« [I.C1] darauf hinwies, dass Günter Eich in die NSDAP habe eintreten wollen: Er hatte, wie ein Briefwechsel zeigt, 1933 erfolglos um Aufnahme in die Partei ersucht. Der *Zeit*-Artikel schlug große Wellen und die beantragte NSDAP-Mitgliedschaft blieb auch in der späteren, umfangreicheren ›Eich-Debatte‹ um 1993 ein Argument, als Eichs Arbeiten im Nationalsozialismus und deren etwaige Verbindungen mit dem späteren Werk verhandelt wurden.

Die Debatten um NSDAP-Mitgliedschaften verschärften sich um die Jahrtausendwende. Nach der rasch versandeten ersten Auseinandersetzung mit der eigenen Vergangenheit im Rahmen des →Germanistentags 1966 [III.B4] und der Diskussion um den →Fall Schneider/Schwerte [VI.F1] im Jahr 1995 geriet die Rolle der Germanistik im Nationalsozialismus 2003 erneut in den Fokus: Bei biografischen Recherchen für das *Internationale Germanistenlexikon* entdeckte der Osnabrücker Germanist Christoph König in der Mitgliederkartei der NSDAP unzählige noch nicht bekannte Mitgliedschaftsbestätigungen namhafter Germanisten.

Die NSDAP-Mitgliederkartei ist zu ca. 80 Prozent erhalten und wird im Bundesarchiv Berlin, das die Bestände des ehemaligen Berlin Document Center (BDC) übernommen hat, verwahrt. Das Archiv war erst 1993 durch die USA an die BRD übergeben worden, zuvor hatte es als zentrales Lager personenbezogener belastender Dokumente aus der NS-Zeit gedient: Unter anderem liegen dort Dokumente über die Angehörigen von SS, SA und Reichskammern, Parteikorrespondenz, Umsiedlungs- und Einbürgerungsunterlagen. Im Kontext des Kalten Krieges hatten die US- wie auch die deutsche Regierung aus Angst vor politisch schädlichen Enthüllungen lange kein Interesse daran, es uneingeschränkt zugänglich zu machen. Das Archiv wurde erst an Deutschland übergeben, nachdem alle Dokumente verfilmt und als Kopie in die USA gebracht worden waren.

Schon vor dem Erscheinen des Germanistenlexikons wurden die Entdeckungen Königs im *Spiegel* (24.11.2003) publik gemacht. Walter Jens (*1923), Walter Höllerer (*1922) und Peter Wapnewski (*1922) wurden neben anderen Germanisten wie Karl Stackmann (*1921) oder Arthur Henkel (*1915) aufgeführt. Im *Spiegel*-Artikel ist das Bemühen erkennbar, die NSDAP-Mitgliedschaft im Kontext der Zeit zu relativieren und auf die schwereren Belastungen anderer Germanisten im Dritten

Reich hinzuweisen. Höllerer, der 2003 starb, konnte nicht öffentlich Stellung nehmen, er soll sich vor seinem Tod aber noch erbittert gegen die Veröffentlichung seiner Karteinotiz gewehrt haben: Im Lexikoneintrag zu seiner Person ist der Hinweis auf eine Parteimitgliedschaft mit verschiedenen einschränkenden Bemerkungen versehen. Wapnewski und Jens kommentierten im *Spiegel*, sie könnten sich nicht erinnern, jemals einen Antrag unterschrieben zu haben, Stackmann meinte, er habe vielleicht etwas unterschrieben, weil die Hitlerjugend ihn gemeldet hätte; nur Henkel ließ verlauten: »Meine ganzen Freunde in meiner Widerstandsgruppe waren in der SA oder in der NSDAP« – das sei auch die einzige Möglichkeit gewesen, Chancen auf eine Lektorenstelle in Schweden zu haben.

In Voraussicht einer Debatte hatte König vor der Publikation des Lexikons ein Gutachten von Michael Buddrus vom *Institut für Zeitgeschichte* erstellen lassen. Unter dem Titel »War es möglich, ohne eigenes Zutun Mitglied der NSDAP zu werden?« konstatierte dieser, dass in ausnahmslos jedem Fall eine eigenhändige Unterschrift erforderlich gewesen sei, damit Mitgliedschaftsanträge akzeptiert wurden. Dafür, dass diese Einschätzung falsch sein könnte, wie u.a. ein von Walter Jens in Auftrag gegebenes Gegengutachten des Historikers Götz Aly in der *Frankfurter Allgemeinen Zeitung* (16.01.2004) argumentiert, existierten keine empirischen Belege. Aly führte als Beleg für seine These einen Zeitungsartikel aus dem Zweiten Weltkrieg an, der nahelegte, dass automatisierte Mitgliedschaften von Mitgliedern der Hitlerjugend geplant gewesen seien. Die Argumente, die dafür sprechen, dass ein solches Verfahren nie zur Anwendung kam, sind aber zahlreich. Als zentraler Punkt wurde immer wieder das elitäre Selbstverständnis der NSDAP betont: Die Partei sollte nie mehr als 10 Prozent der deutschen Bevölkerung umfassen; vollständige Aufnahmestopps wurden von April 1933 (in Reaktion auf die sogenannten ›Märzgefallenen‹) bis 1937 verhängt und mit nur wenigen Ausnahmen streng umgesetzt. Auch in der Zeit danach blieb die Aufnahme restriktiv und formalisiert. Ab 1939 wurde die Überführung aus der Hitlerjugend tatsächlich erleichtert: Die Ortsgruppen-, Kreis- und Gauleiter waren angewiesen, jedes Jahr ungefähr 30 Prozent der Jungen und 5 Prozent der Mädchen für eine Parteimitgliedschaft vorzuschlagen. Das Mindestalter für einen Parteieintritt wurde von ursprünglich 21 Jahren auf 18 und 1944 sogar auf 17 Jahre gesenkt, sodass zuletzt die Jahrgänge 1926 und 1927 aufgenommen werden konnten. In den letzten Kriegsjahren wurden zudem die Eintrittsdaten der Nachwuchsmitglieder kollektiv zum 1. September (Kriegsbeginn) oder zum 20. April (Hitlers Geburtstag), also zu symbolischen Daten, verzeichnet; jeweils dann sollte der Eintritt zeremoniell gefeiert und den Neumitgliedern das Parteiheft persönlich übergeben werden. Erst zu diesem Zeitpunkt galt die Mitgliedschaft als rechtsgültig.

Diese einheitlichen Daten in der Mitgliederkartei und die Quotenvorgaben lassen Kollektivüberführungen aus der Hitlerjugend in die NSDAP auf den ersten Blick plausibel scheinen. Tatsächlich belegen aber verschiedene Dokumente eine sehr genaue Prüfung jedes einzelnen Antrags auf eigenhändige Unterschrift. So ist eine Korrespondenz darüber erhalten, dass noch im Jahr 1944 aus Sammellisten mit hunderten von Aufnahmeanträgen einzelne Anträge unbearbeitet wieder an die jeweiligen Gauleitungen zurückgeschickt wurden, wenn die handschriftliche Unterschrift fehlte; auch im Rahmen der →Entnazifizierung [I.A1] dokumentierte Aussagen einzelner Gauschatzmeister sowie Anordnungen der letzten Kriegsjahre bestätigen diese Praxis. Um in der Mitgliederkartei als ›aufgenommen‹ verzeichnet zu sein, hatte ein junger Parteianwärter gemäß Weisung nicht nur mindestens vier Jahre Mitgliedschaft in der Hitlerjugend und eine handschriftliche Signatur vorzuweisen, sondern zudem die Betätigung des Bannführers, dass er durch »eifrige Erfüllung seiner Dienstobliegenheiten und tadellose Führung sich in Gesinnung und Charakter als zuverlässiger Nationalsozialist erwiesen« habe und »freiwillig erklärt hat, der Partei beitreten zu wollen«. Dieser strengen Auswahl ist zuzuschreiben, dass von 18 Millionen HJ-Mitgliedern zwischen 1933 und 1945 insgesamt weniger als 1,3 Millionen, also nur etwa 7 Prozent, in die NSDAP übernommen wurden.

Nachdem das ehemalige BDC und insbesondere die gut erhaltene Mitgliederkartei der NSDAP vor allem von Journalisten als Quelle für brisante Daten entdeckt worden waren, gab es mehrere Wellen von Enthüllungen. 2007 wurden im *Focus* (30.06.2007) in einer kurzen Nachricht die NSDAP-Mitgliedschaftseinträge der Schriftsteller Martin Walser und Siegfried Lenz sowie des Kabarettisten Dieter Hildebrandt – alle drei mit Aufnahmedatum 20. April 1944 – bekanntgegeben. In ihren Entgegnungen betonen alle drei, nichts von ihrer Mitgliedschaft gewusst zu haben. Sie seien wohl in einem Sammelverfahren aufgenommen worden. Hildebrandt und Lenz nahmen für sich in Anspruch, zur Zeit der Antragstellung in der Wehrmacht gewesen zu sein, Walser kommentierte, er sei ein Kind gewesen und der Vorwurf sei absurd: kein Mensch wolle mit sechzehn in eine Partei. Wenige Wochen nach dem *Focus*-Artikel schrieb der Journalist Malte Herwig – der seine Recherchen zur ›Flakhelfergeneration‹ 2013 auch als Monografie veröffentlichte – im *Spiegel* (16.07.2007) einen langen Bericht und kommentierte zahlreiche weitere NSDAP-Mitgliedschaften der ›Flakhelfergeneration‹, u.a. des Autors Tankred Dorst, der Politiker Erhard Eppler und Horst Ehmke, der Wissenschaftler Hermann Lübbe, Wolfgang Iser und Niklas Luhmann, des Journalisten Peter Boenisch und des Bildhauers Günther Oellers. Eppler sprach von einer »Dummheit«, die er als 16-Jähriger begangen habe, der Tenor der meisten Reaktionen war aber Unwissen und Unmut über die angeblichen Unterstellungen der Medien. Zwei Jahre später machte Herwig auch die Mitgliedschaften des Komponisten Hans Werner Henze (*Weltwoche* 11.02.2009) und des Schriftstellers Dieter Wellershoff (*Zeit* 09.06.2009) publik. Wellershoff hatte schon die Aufdeckungen von 2007 als »Sommertheater« bezeichnet, nun bestritt er jede Erinnerung daran, jemals einen Antrag unterschrieben zu haben. In Zusammenhang mit Henzes Mitgliedschaftseintrag wurde nun die Möglichkeit in Betracht gezogen, dass übereifrige regierungstreue Familienangehörige die Unterschrift ihrer Kinder, ggf. ohne deren Wissen, hätten fälschen können: Bei Henze, der wegen seiner Homosexualität und linken Einstellung ein traumatisches Verhältnis zu seinem streng nationalsozialistischen Vater hatte, um das – wie auch um den Faschismus an sich – sein ganzes späteres Werk kreist, schien eine freiwillige Mitgliedschaft besonders überraschend.

Daneben wurden nun auch psychologische und situationsbedingte Gründe zur Erklärung der kollektiven Erinnerungslücke herangezogen: Das jugendliche Alter und die traumatischen Erlebnisse in Diktatur und Krieg würden eine komplette Verdrängung sehr wahrscheinlich machen. Vor allem aber sei unumstritten, dass der rechtmäßige Abschluss des Beitritts erst zu dem Zeitpunkt erfolgte, da das Parteibuch übergeben wurde, und dass dies immer persönlich geschehen musste; keinesfalls wäre ein Parteibuch an ein neues Mitglied verschickt worden. Gerade aus den letzten Kriegsjahren – in denen die umstrittenen Mitgliedschaften allesamt beantragt worden sind – gibt es Belege dafür, dass der Eintrag in der Kartei schon vor Aushändigung des Parteibuchs erfolgen konnte. Durch die Einsätze in der Wehrmacht, die ständige Standortwechsel mit sich brachten, und die Überlastung der Verwaltung in den letzten Kriegsjahren sei es gut möglich, dass die Parteibücher nie zu den jungen Bewerbern gelangt seien; so hätten sie also tatsächlich nie erfahren, dass sie in die Partei aufgenommen wurden.

Um die Bedeutung einer Parteimitgliedschaft zu relativieren, wurde zudem auf die Praxis der Besatzungsmächte bei der →Entnazifizierung [I.A1] hingewiesen: Personen, die ausschließlich als nominelle Mitglieder der NSDAP galten, wurden nach dem Krieg üblicherweise höchstens als ›Mitläufer‹ klassifiziert, bei einer plausiblen Begründung für den Beitritt wurden sie oft sogar schon nach kurzer Zeit auf ›entlastet‹ herabgestuft. Außerdem wurden der Effizienz halber bald Jugendamnestien (→Amnestien [II.C1]) gewährt: Schon 1946 entschieden die amerikanischen und britischen Besatzer, alle Parteimitglieder der Jahrgänge 1919 und jünger automatisch zu entlasten, sofern sie nicht als ›belastet‹ oder ›schuldig‹ galten; in der französischen und der sowjetischen Zone wurde eine vergleichbare Jugendamnestie 1947 gewährt. Die Mitgliedschaften der sogenannten Flakhelfer-Generation müssten, so sie denn doch bekannt gewesen wären, in den Bereich dieser Amnestien gefallen sein.

Obwohl die Anträge zur Mitgliedschaft mit größter Wahrscheinlichkeit willentlich gestellt werden mussten und auch zu jeder Zeit nur ein eingeschränkter, empfohlener Personenkreis tatsächlich aufgenommen wurde – ein Eintrag in der Mitgliederkartei also zweifellos viele belastende Implikationen hat –, überwog bis zuletzt die Einschätzung, dass die Jugend, die zeitgeschichtlichen Umstände, das mögliche Unwissen um eine Aufnahme und vor allem das spätere Wirken der Betroffenen in der Demokratie das Gewicht dieser spät enthüllten Parteimitgliedschaften stark relativiere.

NW

Lit.: Malte Herwig (2013): *Die Flakhelfer. Wie aus Hitlers jüngsten Parteimitgliedern Deutschlands führende Demokraten wurden*, München: DVA. Glenn R. Cuomo (2012): »The NSDAP's Enduring Shadow: Putting in Perspective the Recent Outing of Brown Octogenarians«, in: *German Studies Review* 35, H. 2, S. 265-288. Heinz Fehlauer (2010): »NS-Unterlagen aus dem Berlin Document Center und die Debatte um ehemalige NSDAP-Mitgliedschaften«, in: *Historical Social Research* 35, H. 3, S. 22-35. Wolfgang Benz (2009): *Wie wurde man Parteigenosse? Die NSDAP und ihre Mitglieder*, Frankfurt a.M.: Fischer. Karl Otto Conrady (2005): »In den Fängen der Vergangenheit. Der neue Streit über Germanisten und ihre Mitgliedschaft in der NSDAP«, in: Ders.: *Klärungsversuche. Essays zu Literatur und Zeitgeschehen*, München: Allitera, S. 169-173. Michael Buddrus (2003): »›War es möglich, ohne eigenes Zutun Mitglied der NSDAP zu werden?‹ Gutachten des Instituts für Zeitgeschichte München-Berlin für das IGL«, in: Christoph König u.a. (Hg.): *Geschichte der Germanistik*, Bd. 23/24, S. 21-26. Christoph König, Birgit Wägenbaur (Hg.) (2003): *Internationales Germanistenlexikon 1800-1950*, Berlin, New York: de Gruyter.

VI.F10 Umbenennung von Straßen, ein Instrument der Geschichtspolitik, das häufig in Reaktion auf politische Zäsuren als Mittel zur Verbreitung eines geänderten Geschichtsbilds eingesetzt wird. Mit Blick auf die ›Vergangenheitsbewältigung‹ löst es bis in die Gegenwart häufig emotional geführte Debatten aus.

Historisch betrachtet hat sich die Funktion von Straßenbenennungen in der Moderne signifikant verändert. Über lange Zeit dienten Straßennamen ausschließlich der besseren Orientierung. Erst nach der Französischen Revolution, verstärkt im Zeitalter des Nationalismus und der politischen Ideologisierung, wurden Straßennamen als kulturelle Symbole gebraucht, die das vordergründige Ziel von Ehrungen mit politischen Zeichensetzungen verbanden. Seither manifestiert sich die jeweils zur Zeit der Benennung herrschende Geschichtsauffassung im Bestand der Straßennamen, diese übernehmen eine Repräsentativ- und Erinnerungsfunktion. Sie können insofern als Medien des kulturellen Gedächtnisses bezeichnet werden, verfügen aber gleichzeitig – viel stärker als andere Ausdrucksformen der Erinnerungskultur – über eine Orientierungsfunktion in der alltäglichen Lebenswelt; einer der Gründe dafür, dass sich die Umbenennung von Straßen als problematisch erweisen kann.

Nachhaltigen Einfluss auf das Korpus der Straßennamen in Deutschland übte die Neu- und Umbenennungspraxis der Nationalsozialisten ab 1933 aus. Die Steuerung der kommunalen Straßennamenvergabe sollte einen Beitrag zur Konsolidierung des nationalsozialistischen Staats, zur symbolischen Markierung und ›Nazifizierung‹ der Städte und Gemeinden leisten. Im Rahmen der allgegenwärtigen Politisierung des Alltags boten Straßennamen die Möglichkeit, den Lebensraum nachhaltig ideologisch (neu) zu besetzen und damit propagandistisch auf die Bevölkerung einzuwirken. Bereits wenige Monate nach der ›Machtergreifung‹ gab es über das gesamte Reichsgebiet verteilt repräsentative Straßen und Plätze, die nach Adolf Hitler, Horst Wessel, Hermann Göring und anderen Größen des NS-Staats sowie »Blutzeugen der Kampfzeit« benannt waren. Beseitigt wurden Namen, die mit der Weimarer Republik in Verbindung standen (z.B. Walther Rathenau, Friedrich Ebert, Matthias Erzberger), oder in anderer Weise mit der »nationalen Revolution« nicht in Einklang zu bringen waren (Marxisten, Juden). Straßennamen mit einem direkten NS-Bezug hielten Einzug; neue Vorbilder, Orte und Begriffe der NS-Ideologie fanden sich auf Straßenschildern wieder. Hinzu traten Neu- oder Umbenennungen, die sich aus dem Bereich des Militärs rekrutierten, darunter (preußische) Offiziere und symbolisch stark aufgeladene Kriegsschauplätze (Tannenberg, Langemarck). Besondere Ehrerbietung widerfuhr Reichskanzler Paul von Hindenburg, dessen Name oft gemeinsam mit dem Adolf Hitlers vergeben wurde. Das ungeschriebene Gesetz einer posthumen Namensvergabe wurde in der ersten Phase der Straßenumbenennungen ignoriert und auch nach einem anderslautenden Erlass des Reichsinnenministeriums vom 4. Oktober 1934 noch unterlaufen. Hindenburg, nach dem bereits vor 1933 Straßen und Plätze benannt waren, erschien auch nationalkonservativen Kreisen als ehrwürdig, ebenso wie »Turnvater« Friedrich Ludwig Jahn. Gleiches ließe sich für die als Heroen verklärten Protagonisten des deutschen Kolonialismus (Paul von Lettow-Vorbeck, Carl Peters) und des Ersten Weltkriegs (Manfred von Richtofen, Oswald Boelcke) sagen, die sich nach 1933 zahlreich auf Straßenschildern gewürdigt fanden.

Ein offizieller Kanon von Straßennamen existierte nicht. Die lokale Ausprägung konnte stark variieren, wenngleich verhältnismäßig wenige Straßennamen mit lokalpolitischem Bezug vergeben wurden. Mit der »Verordnung über die Benennung von Straßen, Plätzen und Brücken« vom 1. April 1939 kontrollierte die NSDAP reichsweit mit einem einheitlichen Regelwerk die kommunale Benennungspraxis, die bereits seit 1933 nur unter Billigung der Partei funktionierte.

Ähnlich rasch wie 1933 angebracht, verschwanden 1945 die Adolf-Hitler-Plätze und Horst-Wessel-Straßen aus den deutschen Stadtbildern. Mit dem politischen Systemwechsel einher ging ein rigider Bruch mit der vorgefundenen Erinnerungskultur: Eindeutig nationalsozialistisch konnotierte Straßenschilder wurden in den ersten Wochen und Monaten nach der Befreiung beseitigt, teils in vorauseilendem Gehorsam, teils durch erste Maßnahmen der →Entnazifizierung [I.A1] angeordnet. Mancherorts wurden anhand der von den Kommunalbehörden zu erstellenden Listen großflächig während des »Dritten Reichs« umbenannte Straßennamen getilgt. Wesentlich häufiger jedoch beschränkten sich die Umbenennungen auf die ideologisch eindeutig besetzten Namen (NS-Elite, NS-Ideologen, NS-Funktionsträger etc.), die leicht zu identifizieren waren. In welchem Umfang in der unmittelbaren Nachkriegszeit Umbenennungen vorgenommen wurden, konnte von Ort zu Ort stark differieren. Zentrale Bedeutung kam dabei der Kontrollrats-Direktive Nr. 30 vom Mai 1946 zu. Ihr zufolge sollten alle Straßennamen verschwinden, »die darauf abzielen, die deutsche militärische Tradition zu bewahren und lebendig zu erhalten, den Militarismus wachzurufen oder die Erinnerung an die nationalsozialistische Partei aufrechtzuerhalten oder ihrem Wesen nach in der Verherrlichung von kriegerischen Ereignissen bestehen«. Als Stichtag wurde der 1. August 1914 festgelegt. Eine umfassende Entmilitarisierung des Straßenraums war damit angeordnet, was lokal bzw. regional unterschiedlich (und besonders umfassend in der SBZ) umgesetzt wurde. Nicht in allen Kommunen kamen die Vertreter der Weimarer Republik wieder zu Ehren. In der SBZ wurden NS-Eliten zahlreich durch kommunistische Helden und Vordenker ersetzt; hauptsächlich in der DDR erschienen in großer Zahl antifaschistische Widerstandskämpfer und Opfer des Nationalsozialismus auf Straßenschildern.

Eine Sonderrolle kam hinsichtlich der Umbenennungswellen dem Saarland zu. Hier sollten 1945/47 sämtliche Bezüge an preußischdeutsche Traditionen getilgt werden, weshalb etwa auch Bismarck auf dem Index erschien. Die »Straßen des 13. Januar«, die an die Volksabstimmung zur Eingliederung der Saar ins »Dritte Reich« 1935 erinnerten, wurden rück- oder umbenannt. In Saarbrücken erhielten etwa 20 Prozent aller Straßen, Plätze und Brücken neue Namen. Nach der Ablehnung des Saarstatuts (1955) und der Eingliederung in die Bundesrepublik (1957) erfolgte eine neue Welle der Umbenennungen: »Straßen des 13. Januar« wurden rückbenannt, frankophile Umbenennungen wieder aus den Stadtbildern getilgt, etwa Bismarck und Hindenburg, Bülow und von Lützow »rehabilitiert«.

In den 1960er und 1970er Jahren fokussierte sich der Umgang mit der nationalsozialistischen Vergangenheit in der BRD auf die Straßenbenennung nach Geschädigten des NS-Regimes (z.B. in Köln zwischen 1957 und 1975 rund 10 Prozent der Gesamtbenennungen). Seit Ende der 1980er Jahre und verstärkt zu Beginn des 21. Jahrhundert wurden dann teils heftige Diskussionen um mögliche oder nötige Umbenennungen geführt. In den Fokus der Kritik gerieten sowohl Straßennamen, die im »Dritten Reich« benannt worden waren, als auch solche, die erst deutlich nach 1945 ihren Namen erhielten. Prominentestes Beispiel war Paul von Hindenburg. Ein Großteil der Hindenburg-Ehrungen war bereits aufgrund der Kontrollrats-Direktive Nr. 30 aufgehoben worden. Zahlreiche Städte und Gemeinden behielten die nach Hindenburg benannten

Straßen, Plätze und Brücken jedoch bei. Die Veröffentlichung einer Hindenburg-Biografie 2007 und eine daran anknüpfende Debatte um dessen Rolle lieferten den Anstoß für Anträge zu Umbenennungen in mehreren Städten. In Münster (Westfalen) wurde nach intensiver Diskussion und der Einsetzung einer Expertenkommission der zentrale Hindenburgplatz 2012 in Schlossplatz umbenannt. Erst ein von Gegnern der Entscheidung eingeforderter Bürgerentscheid bestätigte schließlich die bereits vollzogene Umbenennung. Ähnlich stieß in anderen Städten die bekannt gewordene nationalsozialistische Verstrickung einzelner Namensgeber eine systematische (wissenschaftliche) Untersuchung der personenbezogenen Straßennamen an. In Celle wurden 2007/2008 zwei nach ehemaligen Oberbürgermeistern benannte Straßen umbenannt, weil deren Namensgebern eine aktive Beteiligung an Verfolgungsmaßnahmen des NS-Regimes nachgewiesen werden konnte. Im Anschluss beauftragte die Stadt Celle eine historische Untersuchung aller Straßennamen, bei der die »personelle Verbindung mit dem Nationalsozialismus« im Fokus stand (Abschlussbericht 2010). Vergleichbare Untersuchungen beschlossen in der Folge weitere Städte, darunter Darmstadt, Freiburg, Hannover, Lübeck, Mainz und Oldenburg.

Außerdem wurden führende Persönlichkeiten aus der ›Kolonialzeit‹, 1933 als erinnerungswürdig betrachtet, nun als »besonders problematisch«, als »koloniale Verbrecher« eingestuft. Nach heftiger und emotional geführter Diskussion erhielt 2006 eine Straße in München, die seit 1933 an General Lothar von Trotha erinnerte, den Namen Hererostraße. Damit wurde nunmehr anstelle eines Täters einer Opfergruppe der deutschen Kolonialgewalt gedacht. Weitere Militärs und Kolonialisten wie Hans Dominik, Paul von Lettow-Vorbeck, Carl Peters und Hermann Wißmann gerieten bundesweit in die Kritik. Zahlreiche Straßen wurden in der Folge tatsächlich umbenannt, keineswegs jedoch alle.

Im Zuge lokalgeschichtlicher Auseinandersetzungen mit der Zeit des Nationalsozialismus gelangten zunehmend Straßennamen in die Kritik, die erst in der zweiten Hälfte des 20. Jahrhunderts vergeben worden waren. Personen von lokaler bzw. regionaler Bedeutung aus den Bereichen Kunst und Kultur, Wissenschaft und Wirtschaft sowie insbesondere der Politik fanden sich verstärkt seit den 1970er Jahren auf Straßenschildern. Für die posthume Ehrung war deren nationalsozialistische Vergangenheit nicht von Bedeutung. Aufgrund biografischer Untersuchungen – teils initiiert von Bürgern, lokalpolitischen Akteuren, Bürgerinitiativen – standen nun Erkenntnisse zur Verfügung, die eine Neubewertung mancher geehrter Personen veranlassten. Recherchen von Historikern, Expertenkommissionen und Stadtarchiven lieferten dafür die Grundlage. Die Entscheidung hinsichtlich etwaiger Umbenennungen trafen (und treffen) schließlich die kommunalpolitisch verantwortlichen Gremien. Trotz gleicher Informationsbasis kann das Ergebnis dieser Prozesse gegenteilig ausfallen (und Vorschläge von Experten ignorieren). Erläuterungen auf Zusatzschildern können als »Kompromiss« dienen.

Debatten wie um die NS-Vergangenheit des ehemaligen niedersächsischen Ministerpräsidenten Hinrich Wilhelm Kopf oder um die Heimatdichterin Agnes Miegel verdeutlichen, wie unterschiedlich vorliegende Informationen beurteilt werden. Heftig wird über mögliche allgemeingültige Kriterien gestritten, die eine Umbenennung nötwendig machten. Das Angebot reicht von der Mitgliedschaft in der NSDAP bis zu strafrechtlich verfolgten Verbrechen. Als Herausforderung erweist sich, dass gebrochene Biografien im 20. Jahrhundert die Regel darstellten. Wie das Beispiel von Karl Plagge in Darmstadt dokumentiert (NSDAP-Mitglied, in leitender Funktion im Nationalsozialismus; zugleich aber »Gerechter unter den Völkern« in Yad Vashem, da er Juden das Leben rettete), erscheint eine Einzelfallprüfung unerlässlich.

Diskussionen sind trotz »belastenden Materials« (SS-Mitgliedschaft, belegte antisemitische Äußerungen, Blut-und-Boden-Dichtung) im Zusammenhang mit Umbenennungen die Regel, auch und gerade zu Beginn des 21. Jahrhunderts. Neben die politisch-historische Argumentation für und wider eine Neubewertung treten Einwände funktionalistischer Art (Aufwand, Kosten), traditionalistische Argumente (Gewohntes behalten) und didaktische Bedenken (Entsorgung unbequemer Geschichte). Bürgerinitiativen bilden sich für und gegen Straßenumbenennungen. Als zu beachtender Aspekt erscheint, dass von der Umbenennung einer Straße oft viele Menschen persönlich betroffen sind. Allgemein gilt: Straßennamen sind kein Spiegel der Geschichte, sondern lediglich Ausdruck unvollständiger, höchst selektiver Geschichtsbilder.

HK

Lit.: Gerhard Bungert (Hg.) (2014): *Straßen im Saarland. Nationalisten und Militaristen als Namensgeber*, Saarbrücken: Blattlaus. Matthias Frese (Hg.) (2012): *Fragwürdige Ehrungen!? Straßennamen als Instrument von Geschichtspolitik und Erinnerungskultur*, Münster: Ardey. Marion Werner (2008): *Vom Adolf-Hitler-Platz zum Ebertplatz. Eine Kulturgeschichte der Kölner Straßennamen seit 1933*, Köln, Weimar, Wien: Böhlau. Rainer Pöppinghege (2007): *Wege des Erinnerns. Was Straßennamen über das deutsche Geschichtsbewusstsein aussagen*, Münster: agenda. Johanna Sänger (2006): *Heldenkult und Heimatliebe. Straßen- und Ehrennamen im offiziellen Gedächtnis der DDR*, Berlin: Ch. Links.

Auswahlbibliographie

Die Auswahlbibliographie versammelt wissenschaftliche Studien – vor allem Monographien und Sammelbände – zur Geschichte der ›Vergangenheitsbewältigung‹ in Deutschland. Aufgeführt ist lediglich Literatur mit allgemeinerem Fokus, Hinweise auf Spezialliteratur finden sich im Anschluss an die jeweiligen Einträge. Zudem sei auf die umfassende *Bibliographie zum Nationalsozialismus* von Michael Ruck (Darmstadt: WBG 2000, Abschnitt B: *Deutschland und die NS-Vergangenheit*) verwiesen.

Abenheim, Donald (1989): *Bundeswehr und Tradition. Die Suche nach dem gültigen Erbe des deutschen Soldaten*, München: Oldenbourg.
Adler, Bruni (2006): *Geteilte Erinnerung. Polen, Deutsche und der Krieg*, Tübingen: Klöpfer Meyer.
Adler, Meinhard (1990): *Vergangenheitsbewältigung in Deutschland. Eine kulturpsychiatrische Studie über die ›Faschismusverarbeitung‹*, Frankfurt am Main u.a.: Lang.
Agazzi, Elena (2010): *Heimkehr. Eine zentrale Kategorie der Nachkriegszeit. Geschichte, Literatur und Medien*, Berlin: Duncker & Humblot.
—; Schütz, Erhard H. (Hg.) (2013): *Handbuch Nachkriegskultur. Literatur, Sachbuch und Film in Deutschland (1945-1962)*, Berlin: de Gruyter.
Agentur der Europäischen Union für Grundrechte (2011): *Die Vergangenheit für die Zukunft entdecken. Die Rolle historischer Stätten und Museen in der Holocaust- und Menschenrechtsbildung in der EU*, Luxemburg: Amt für Veröffentlichungen der Europäischen Union.
Ahbe, Thomas (2007): *Der DDR-Antifaschismus. Diskurse und Generationen, Kontexte und Identitäten. Ein Rückblick über 60 Jahre*, Leipzig: Rosa-Luxemburg-Stiftung Sachsen.
Ahlheim, Klaus; Heger, Bardo (2003): *Die unbequeme Vergangenheit. NS-Vergangenheit, Holocaust und die Schwierigkeiten des Erinnerns*, Schwalbach/Ts.: Wochenschau.
Albrecht, Clemens et al. (1999): *Die intellektuelle Gründung der Bundesrepublik. Eine Wirkungsgeschichte der Frankfurter Schule*, Frankfurt am Main/New York: Campus.
Alexander, Jeffrey C. (Hg.) (2009): *Remembering the Holocaust. A Debate*, Oxford: Oxford Univ. Press.
Alker, Stefan et al. (2014): *NS-Provenienzforschung und Restitution an Bibliotheken*, Berlin: de Gruyter.
Allmeier, Daniela et al. (Hg.) (2015): *Erinnerungsorte in Bewegung. Zur Neugestaltung des Gedenkens an Orten nationalsozialistischer Verbrechen*, Bielefeld: transcript.
Angrick, Andrej; Mallmann, Klaus-Michael (Hg.) (2009): *Die Gestapo nach 1945. Karrieren, Konflikte, Konstruktionen*, Darmstadt: WBG.

Anthony, Tamara (2004): *Ins Land der Väter oder der Täter? Israel und die Juden in Deutschland nach der Shoah*, Berlin: Metropol.

Apfelthaler, Vera; Köhne, Julia B. (Hg.) (2007): *Gendered Memories. Transgressions in German and Israeli Film and Theatre*, Wien, Berlin: Turia + Kant.

Arendes, Cord (2012): *Zwischen Justiz und Tagespresse. »Durchschnittstäter« in regionalen NS-Verfahren*, Paderborn: Schöningh.

Armbruster, Thomas (2008): *Rückerstattung der Nazi-Beute. Die Suche, Bergung und Restitution von Kulturgütern durch die westlichen Alliierten nach dem Zweiten Weltkrieg*, Berlin u.a.: de Gruyter.

Arnim, Gabriele von (1989): *Das große Schweigen. Von der Schwierigkeit, mit den Schatten der Vergangenheit zu leben*, München: Kindler.

Arnold, Heinz Ludwig (Hg.) (1999): *Literatur und Holocaust*, München: Text+Kritik.

Arnold, Jörg (2011): *The Allied Air War and Urban Memory. The Legacy of Strategic Bombing in Germany*, Cambridge: Cambridge Univ. Press.

Art, David (2006): *The politics of the Nazi past in Germany and Austria*, Cambridge: Cambridge Univ. Press.

Asbrock, Bernd (1985): »Die Justiz und ihre NS-Vergangenheit«, in: Hans-Ernst Böttcher (Hg.): *Recht – Justiz – Kritik*, Baden-Baden: Nomos, S. 97–105.

Asmuss, Burkhard (Hg.) (2002): *Holocaust. Der nationalsozialistische Völkermord und die Motive seiner Erinnerung*, Berlin: Ed. Minerva.

Assmann, Aleida (1999): *Erinnerungsräume. Formen und Wandlungen des kulturellen Gedächtnisses*, München: Beck.

—; (2006): *Der lange Schatten der Vergangenheit. Erinnerungskultur und Geschichtspolitik*, München: Beck.

—; (2007): *Geschichte im Gedächtnis. Von der individuellen Erfahrung zur öffentlichen Inszenierung*, München: Beck.

—; (2007): *Der lange Schatten der Vergangenheit. Erinnerungskultur und Geschichtspolitik*, Bonn: Bundeszentrale für politische Bildung.

—; (2012): *Auf dem Weg zu einer europäischen Erinnerungskultur*, Wien: Picus.

—; (2013): *Das neue Unbehagen an der Erinnerungskultur. Eine Intervention*, München: Beck.

—; Frevert, Ute (1999): *Geschichtsvergessenheit – Geschichtsversessenheit. Vom Umgang mit deutschen Vergangenheiten nach 1945*, Stuttgart: DVA.

Atkins, Stephen E. (2009): *Holocaust denial as an international movement*, Westport: Praeger.

Avisar, Ilan (1988): *Screening the Holocaust. Cinema's Images of the Unimaginable*, Bloomington: Indiana Univ. Press.

Axer, Christine (2010): *Die Aufarbeitung der NS-Vergangenheit. Deutschland und Österreich im Vergleich und im Spiegel der französischen Öffentlichkeit*, Köln u.a.: Böhlau.

Baader, Meike Sophia; Freytag, Tatjana (Hg.) (2015): *Erinnerungskulturen. Eine pädagogische und bildungspolitische Herausforderung*, Köln u.a.: Böhlau.

Baensch, Tanja et al. (Hg.) (2014): *Museen im Nationalsozialismus. Akteure – Orte – Politik*, Köln u.a.: Böhlau.

Baer, Ulrich (Hg.) (2000): *»Niemand zeugt für den Zeugen«. Erinnerungskultur und historische Verantwortung nach der Shoah*, Frankfurt am Main: Suhrkamp.

Bajohr, Frank; Pohl, Dieter (2006): *Der Holocaust als offenes Geheimnis. Die Deutschen, die NS-Führung und die Alliierten*, München: Beck.

Bajohr, Frank; Löw, Andrea (Hg.) (2015): *Der Holocaust. Ergebnisse und neue Fragen der Forschung*, Frankfurt am Main: Fischer.

Bald, Detlef (1999): »Alte Kameraden. Offizierskader der Bundeswehr«, in: Ursula Breymayer et al. (Hg.): *Willensmenschen. Über deutsche Offiziere*, Frankfurt am Main: Fischer, S. 50-64.

—; et al. (2001): *Mythos Wehrmacht. Nachkriegsdebatten und Traditionspflege*, Berlin: Aufbau.

Ball, Karyn (2008): *Disciplining the Holocaust*, Albany: State Univ. of N.Y. Press.

Bangert, Axel et al. (Hg.) (2013): *Holocaust Intersections. Genocide and Visual Culture at the New Millennium*, Leeds: Legenda.

—; (2014): *The Nazi past in contemporary German film. Viewing experiences of intimacy and immersion*, Rochester: Camden House.
Bankier, David (Hg.) (2006): *Fragen zum Holocaust. Interviews mit prominenten Forschern und Denkern*, Göttingen: Wallstein.
—; Mikhman, Dan (Hg.) (2010): *Holocaust and Justice. Representation and Historiography of the Holocaust in Post-War Trials*, Jerusalem: Yad Vashem.
Bannasch, Bettina; Hammer, Almuth (Hg.) (2004): *Verbot der Bilder – Gebot der Erinnerung. Mediale Repräsentationen der Shoah*, Frankfurt am Main/New York: Campus.
Bardgett, Suzanne et al. (Hg.) (2011): *Justice, Politics and Memory in Europe after the Second World War*, London: Vallentine Mitchell.
Bar-On, Dan (1993): *Die Last des Schweigens. Gespräche mit Kindern von Nazi-Tätern*, Frankfurt am Main/New York: Campus.
—; (1997): *Furcht und Hoffnung. Von den Überlebenden zu den Enkeln. Drei Generationen des Holocaust*, Hamburg: Europ. Verl.-Anst.
Barnouw, Dagmar (2005): *The War in the Empty Air. Victims, Perpetrators, and Postwar Germans*, Bloomington, Ind. u.a.: Indiana Univ. Press.
Bastian, Till (1997): *Auschwitz und die »Auschwitz-Lüge«. Massenmord und Geschichtsfälschung*, 5., erw. u. akt. Aufl., München: Beck.
Bathrick, David et al. (Hg.) (2008): *Visualizing the Holocaust. Documents, Aesthetics, Memory*, New York: Camden House.
Bauer, Yehuda (2001): *Die dunkle Seite der Geschichte. Die Shoah in historischer Sicht. Interpretationen und Re-Interpretationen*, Frankfurt am Main: Suhrkamp.
Bauerkämper, Arnd (2012): *Das umstrittene Gedächtnis. Die Erinnerung an Nationalsozialismus, Faschismus und Krieg in Europa seit 1945*, Paderborn: Schöningh.
Baur, Tobias (2007): *Das ungeliebte Erbe. Ein Vergleich der zivilen und militärischen Rezeption des 20. Juli 1944 im Westdeutschland der Nachkriegszeit*, Frankfurt am Main u.a.: Lang.
Becker, Manuel (2013): *Geschichtspolitik in der »Berliner Republik«*, Wiesbaden: Springer VS.
Becker, Wolfgang; Schöll, Norbert (1995): *In jenen Tagen... Wie der deutsche Nachkriegsfilm die Vergangenheit bewältigte*, Opladen: Leske+Budrich.
Beer, Frank et al. (Hg.) (2014): *Nach dem Untergang. Die ersten Zeugnisse der Shoah in Polen 1944-1947. Berichte der Zentralen Jüdischen Historischen Kommission*, Berlin: Metropol & Verlag Dachauer Hefte.
Beer, Mathias (2011): *Flucht und Vertreibung der Deutschen. Voraussetzungen, Verlauf, Folgen*, München: Beck.
Benz, Wolfgang (1990): »Der Nationalsozialismus als Problem der politischen Kultur der Bundesrepublik«, in: Irma Hanke, Hannemor Keidel (Hg.): *Unruhe ist die erste Bürgerpflicht. Politik und Politikvermittlung in den 80er Jahren*, Baden-Baden: Nomos, S. 55-74.
—; (1991): *Zwischen Hitler und Adenauer. Studien zur deutschen Nachkriegsgesellschaft*, Frankfurt am Main: Fischer.
—; (Hg.) (1992): *Legenden, Lügen, Vorurteile. Ein Wörterbuch zur Zeitgeschichte*, 2., durchges. u. erw. Aufl., München: dtv.
—; (Hg.) (1995): *Antisemitismus in Deutschland. Zur Aktualität eines Vorurteils*, München: dtv.
—; (2004): *Wann ziehen wir endlich den Schlussstrich? Von der Notwendigkeit öffentlicher Erinnerung in Deutschland, Polen und Tschechien*, Berlin: Metropol.
—; et al. (Hg.) (1993): *Der Nationalsozialismus. Studien zur Ideologie und Herrschaft*, Frankfurt am Main: Fischer.
—; et al. (Hrsg) (2008ff.): *Handbuch des Antisemitismus. Judenfeindschaft in Geschichte und Gegenwart*, Berlin u.a.: de Gruyter.
—; (Hg.) (2011): *Nationalsozialistische Zwangslager. Strukturen und Regionen, Täter und Opfer*, Dachau: Dachauer Hefte.
—; (2013): *Theresienstadt. Eine Geschichte von Täuschung und Vernichtung*, München: Beck.
—; Distel, Barbara (Hg.): *Dachauer Hefte. Studien und Dokumente zur Geschichte der nationalsozialistischen Konzentrationslager* (Themenhefte 5/1989: *Die vergessenen Lager*, 6/1990:

Erinnern und Verweigern, 11/1995: *Orte der Erinnerung 1945-1995*, 13/1997: *Gericht und Gerechtigkeit*, 15/1999: *KZ-Außenlager – Geschichte und Erinnerung*, 24/2008: *KZ und Nachwelt*, 25/2009: *Die Zukunft der Erinnerung*).

—; Reif-Spirek, Peter (Hg.) (2003): *Geschichtsmythen. Legenden über den Nationalsozialismus*, Berlin: Metropol.

Berg, Nicolas (2004): *Der Holocaust und die westdeutschen Historiker. Erforschung und Erinnerung*, Göttingen: Wallstein.

—; et al. (Hg.) (1996): *Shoah – Formen der Erinnerung. Geschichte, Philosophie, Literatur, Kunst*, München: Fink.

Bergem, Wolfgang (Hg.) (2003): *Die NS-Diktatur im deutschen Erinnerungsdiskurs*, Opladen: Leske+Budrich.

Berger, Karina (2015): *Heimat, loss and identity. Flight and expulsion in German literature from the 1950s to the present*, Oxford: Peter Lang.

Berger, Thomas U. (2012): *War, Guilt, and World Politics after World War II*, Cambridge: Cambridge Univ. Press.

Bernardoni, Claudia (1995): »Ohne Schuld und Sühne? Der moralische Diskurs über die feministische Auseinandersetzung mit dem Nationalsozialismus«, in: Lerke Gravenhorst, Carmen Tatschmurat (Hg.): *TöchterFragen: NS-Frauen-Geschichte*, Freiburg i. Brsg.: Krone, 127-34.

Berger, Stefan (1997): *The Search for Normality. National Identity and Historical Consciousness in Germany since 1800*, New York: Berghahn.

Berghahn, Klaus L. et al. (Hg.) (2002): *Kulturelle Repräsentationen des Holocaust in Deutschland und den Vereinigten Staaten*, New York u.a.: Lang.

Berghoff, Hartmut (1998): »Zwischen Verdrängung und Aufarbeitung. Die bundesdeutsche Gesellschaft und ihre nationalsozialistische Vergangenheit in den fünfziger Jahren«, in: *Geschichte in Wissenschaft und Unterricht* 49, S. 96-114.

Bergmann, Werner (1992): »Die Reaktion auf den Holocaust in Westdeutschland von 1945 bis 1989«, in: *Geschichte in Wissenschaft und Unterricht* 43, S. 327-350.

—; et al. (Hg.) (1995): *Schwieriges Erbe. Der Umgang mit Nationalsozialismus und Antisemitismus in Österreich, der DDR und der Bundesrepublik Deutschland*, Frankfurt am Main/New York: Campus.

—; (1997): *Antisemitismus in öffentlichen Konflikten. Kollektives Lernen in der politischen Kultur der Bundesrepublik 1949-1989*, Frankfurt am Main/New York: Campus.

—; Erb, Rainer (Hg.) (1990): *Antisemitismus in der politischen Kultur nach 1945*, Opladen: Westdeutscher.

Bernard-Donals, Michael; Glejzer, Richard (2001): *Between Witness and Testimony. The Holocaust and the Limits of Representation*, Albany: State Univ. of N.Y. Press.

Beßlich, Barbara et al. (Hg.) (2006): *Wende des Erinnerns? Geschichtskonstruktionen in der deutschen Literatur nach 1989*, Berlin: Schmidt.

Bertram, Christiane (Hg.) (2012): *Zeitzeugengespräche – Erinnerungskultur*, Schwalbach: Wochenschau.

Bier, Jean-Paul (1980): »The Holocaust and West Germany: Strategies of Oblivion, 1947-1979«, in: *New German Critique* 7, H. 19, S. 9-29.

Biess, Frank; Moeller, Robert G. (Hg.) (2010): *Histories of the Aftermath. The Legacies of the Second World War in Europe*, New York: Berghahn.

Bigsby, Christopher W. E. (2006): *Remembering and Imagining the Holocaust. The Chain of Memory*, Cambridge: Cambridge Univ. Press.

Binder, Beate et al. (1999): »›Geschichtspolitik‹: Zur Aktualität nationaler Identitätsdiskurse in europäischen Gesellschaften«, in: Hartmut Kaelble, Jürgen Schriewer (Hg.): *Gesellschaften im Vergleich. Forschungen aus Sozial- und Geschichtswissenschaften*, 2., durchges. Aufl., Frankfurt am Main: Lang, S. 465-508.

Birke, Adolf M. (1997): »Die Bundesrepublik Deutschland im Schatten der NS-Diktatur«, in: Karl O. von Aretin et al. (Hg.): *Das deutsche Problem in der neueren Geschichte*, München: Oldenbourg, S. 91-102.

Birkmeyer, Jens (Hg.) (2007): *Holocaustliteratur und Deutschunterricht. Erinnerungskultur in schulischer Perspektive*, Hohengehren: Schneider.
—; (Hg.) (2008): *Holocaust-Literatur und Deutschunterricht. Perspektiven schulischer Erinnerungsarbeit*, Hohengehren: Schneider.
—; Blasberg, Cornelia (Hg.) (2006): *Erinnern des Holocaust? Eine neue Generation sucht Antworten*, Bielefeld: Aisthesis.
Bitzegeio, Ursula et al. (Hg.) (2009): *Solidargemeinschaft und Erinnerungskultur im 20. Jahrhundert. Beiträge zu Gewerkschaften, Nationalsozialismus und Geschichtspolitik*, Bonn: Dietz.
Blaschke, Olaf (2014): *Die Kirchen und der Nationalsozialismus*, Stuttgart: Reclam.
Bloxham, Donald (2001): *Genocide on trial. War crimes trials and the formation of Holocaust history and memory*, Oxford: Oxford Univ. Press.
Blum, Heiko R. (1975): *30 Jahre danach. Dokumentation zur Auseinandersetzung mit dem Nationalsozialismus im Film 1945 bis 1975*, Köln: May.
Bock, Petra; Wolfrum, Edgar (Hg.) (1999): *Umkämpfte Vergangenheit. Geschichtsbilder, Erinnerung und Vergangenheitspolitik im internationalen Vergleich*, Göttingen: Vandenhoeck & Ruprecht.
Bogdal, Klaus-Michael et al. (Hg.) (2007): *Literarischer Antisemitismus nach Auschwitz*, Stuttgart, Weimar: Metzler.
Bohleber, Werner; Drews, Jörg (Hg.) (1991): *»Gift, das du unbewußt eintrinkst...«. Der Nationalsozialismus und die deutsche Sprache*, Bielefeld: Aisthesis.
Böhm, Boris; Haase, Norbert (Hg.) (2007): *Täterschaft, Strafverfolgung, Schuldentlastung. Ärztebiografien zwischen nationalsozialistischer Gewaltherrschaft und deutscher Nachkriegsgeschichte*, Leipzig: Leipziger Univ.-Verl.
Bohn, Robert et al. (Hg.) (2008): *Vergangenheitspolitik und Erinnerungskulturen im Schatten des Zweiten Weltkriegs. Deutschland und Skandinavien seit 1945*, Essen: Klartext.
Boll, Friedhelm (2001): *Sprechen als Last und Befreiung. Holocaust-Überlebende und politisch Verfolgte zweier Diktaturen, ein Beitrag zur deutsch-deutschen Erinnerungskultur*, Bonn: Dietz.
—; (Hg.) (2007): *Polnische und deutsche Erinnerungsdiskurse nach Auschwitz. Beiträge anlässlich der Finissage einer Ausstellung zum 20jährigen Bestehen der Internationalen Begegnungsstätte Oṣwiїcim/Auschwitz am 13. September 2007 in Bonn*, Bonn: Friedrich-Ebert-Stiftung.
Borch-Nitzling, Alexander von der (2000): *Das Dritte Reich im Stern. Vergangenheitsverarbeitung 1949-1995*, Göttingen: Schmerse.
—; (2007): *(Un)heimliche Heimat. Deutsche Juden nach 1945 zwischen Abkehr und Rückkehr*, Oldenburg: Freire.
Bösch, Frank; Goschler, Constantin (Hg.) (2009): *Public History: Öffentliche Darstellungen des Nationalsozialismus jenseits der Geschichtswissenschaft*, Frankfurt am Main/New York: Campus.
Boos, Sonja (2014): *Speaking the unspeakable in postwar Germany. Toward a public discourse on the Holocaust*, Ithaca: Cornell University Press.
Borggräfe, Henning (2014): *Zwangsarbeiterentschädigung. Vom Streit um »vergessene Opfer« zur Selbstaussöhnung der Deutschen*, Göttingen: Wallstein.
Botz, Gerhard (2005): *Schweigen und Reden einer Generation. Gespräche mit Opfern, Tätern und Mitläufern des Nationalsozialismus*, Wien: Mandelbaum.
Brad, Prager (2014): *German memory and the holocaust. New films*, Durham: Duke University Press.
Braese, Stephan (Hg.) (1998): *In der Sprache der Täter. Neue Lektüren deutschsprachiger Nachkriegs- und Gegenwartsliteratur*, Opladen: Westdeutscher.
—; et al. (Hg.) (1998): *Deutsche Nachkriegsliteratur und der Holocaust*, Frankfurt am Main/New York: Campus.
—; (Hg.) (1999): *Bestandsaufnahme. Studien zur Gruppe 47*, Berlin: Schmidt.
—; (2001): *Die andere Erinnerung. Jüdische Autoren in der westdeutschen Nachkriegsliteratur*, Berlin: Philo.
—; (Hg.) (2004): *Rechenschaften. Juristischer und literarischer Diskurs in der Auseinandersetzung mit den NS-Massenverbrechen*, Göttingen: Wallstein.
—; Groß, Dominik (Hg.) (2015): *NS-Medizin und Öffentlichkeit. Formen der Aufarbeitung nach 1945*, Frankfurt am Main/New York: Campus.

Braun, Michael (2010): *Wem gehört die Geschichte? Erinnerungskultur in Literatur und Film*, St. Augustin: Konrad-Adenauer-Stiftung.
Brechenmacher, Thomas (Hg.) (2009): *Identität und Erinnerung. Schlüsselthemen deutsch-jüdischer Geschichte und Gegenwart*, München: Olzog.
Brendler, Konrad; Rexilius, Günter (Hg.) (1991): Drei Generationen im Schatten der NS-Vergangenheit. Beiträge zum internationalen Forschungskolloquium Lernen und Pseudo-Lernen in der Aufarbeitung des Holocaust, Wuppertal: Berg. Univ.-Gesamthochsch.
Brenner, Michael (1995): *Nach dem Holocaust. Juden in Deutschland 1945-1950*, München: Beck.
—; Strnad, Maximilian (Hg.) (2012): *Der Holocaust in der deutschsprachigen Geschichtswissenschaft. Bilanz und Perspektiven*, Göttingen: Wallstein.
Breuer, Lars (2014): *Kommunikative Erinnerung in Deutschland und Polen. Täter- und Opferbilder in Gesprächen über den Zweiten Weltkrieg*, Wiesbaden: Springer VS.
Briegleb, Klaus (1989): *Unmittelbar zur Epoche des NS-Faschismus. Arbeiten zur politischen Philologie 1978-1988*, Frankfurt am Main: Suhrkamp.
—; (2003): *Missachtung und Tabu. Eine Streitschrift zur Frage: »Wie antisemitisch war die Gruppe 47?«*, Berlin, Wien: Philo.
Briel, Cornelia (2013): *Beschlagnahmt, erpresst, erbeutet. NS-Raubgut, Reichstauschstelle und Preußische Staatsbibliothek zwischen 1933 und 1945*, Berlin: Akademie.
Brink, Cornelia (1998): *Ikonen der Vernichtung. Öffentlicher Gebrauch von Fotografien aus nationalsozialistischen Konzentrationslagern nach 1945*, Berlin: Akademie.
—; (2000): *»Auschwitz in der Paulskirche«. Erinnerungspolitik in Fotoausstellungen der sechziger Jahre*, Marburg: Jonas.
Brochhagen, Ulrich (1994): *Nach Nürnberg. Vergangenheitsbewältigung und Westintegration in der Ära Adenauer*, Hamburg: Junius.
Brockhaus, Gudrun (Hg.) (2008): *Ist »Die Unfähigkeit zu trauern« noch aktuell? Eine interdisziplinäre Diskussion*, Gießen: Psychosozial.
—; (Hg.) (2014): *Attraktion der NS-Bewegung*, Essen: Klartext-Verlag.
Broder, Henryk M. (2013): *Vergesst Auschwitz! Der deutsche Erinnerungswahn und die Endlösung der Israel-Frage*, München: Pantheon.
Broichmann, Cornelius (2013): *Der außerordentliche Einspruch im Dritten Reich. Urteilsaufhebung durch den »Führer«*, Berlin: Erich Schmidt.
Broszat, Martin (1981): »Siegerjustiz oder strafrechtliche ›Selbstreinigung‹. Aspekte der Vergangenheitsbewältigung der deutschen Justiz während der Besatzungszeit 1945-1949«, in: *Vierteljahrshefte für Zeitgeschichte* 29, S. 477-544.
—; (1988): *Nach Hitler. Der schwierige Umgang mit unser Geschichte*, München: dtv.
Browning, Christopher R. (2003): *Collected memories. Holocaust history and postwar testimony*, Madison: Univ. of Wisconsin Press.
Brumlik, Micha (1995): »Gedenken in Deutschland«, in: Kristin Platt, Mihran Dabag (Hg.): *Generation und Gedächtnis. Erinnerungen und kollektive Identitäten*, Opladen: Leske+Budrich, S. 115-130.
—; (2005): *Wer Sturm sät. Die Vertreibung der Deutschen*, Berlin: Aufbau.
—; et al. (2004): *Umkämpftes Vergessen. Walser-Debatte, Holocaust-Mahnmal und neuere deutsche Geschichtspolitik*, Berlin: Schiler.
Brunner, José et al. (Hg.) (2014): *Die Globalisierung der Wiedergutmachung. Politik, Moral, Moralpolitik*, Göttingen: Wallstein.
—; (Hg.) (2014): *Politische Gewalt in Deutschland. Ursprünge, Ausprägungen, Konsequenzen*, Göttingen: Wallstein.
Buck, Kurt (Red.) (1997): *Die frühen Nachkriegsprozesse*, Bremen: Ed. Temmen.
Bude, Heinz (1987): *Deutsche Karrieren. Lebenskonstruktionen sozialer Aufsteiger aus der Flakhelfer-Generation*, Frankfurt am Main: Suhrkamp.
—; (1992): *Bilanz der Nachfolge. Die Bundesrepublik und der Nationalsozialismus*, Frankfurt am Main: Suhrkamp.

Burgauer, Erica (1993): *Zwischen Erinnerung und Verdrängung – Juden in Deutschland nach 1945*, Reinbek: Rowohlt.
Buruma, Ian (1996): *Erbschaft der Schuld. Vergangenheitsbewältigung in Deutschland und Japan*, Reinbek: Rowohlt.
Buschke, Heiko (2003): *Deutsche Presse, Rechtsextremismus und nationalsozialistische Vergangenheit in der Ära Adenauer*, Frankfurt am Main/New York: Campus.
Busse, Peter (1996): *NS-Verbrechen und Justiz*, Düsseldorf: Justizmin. des Landes NRW.
Butterwegge, Christoph (Hg.) (1997): *NS-Vergangenheit, Antisemitismus und Nationalsozialismus in Deutschland. Beiträge zur politischen Kultur der Bundesrepublik und zur politischen Bildung*, Baden-Baden: Nomos.
Carrier, Peter (2005): *Holocaust monuments and national memory cultures in France and Germany since 1989. The origins and political function of the Vél' d'Hiv' in Paris and the Holocaust Monument in Berlin*, New York: Berghahn.
Cernay-Spatz, Susan E. (1989): *German Holocaust Literature*, New York u.a.: Lang.
Cesarani, David (Hg.) (2004): *After Eichmann. Collective memory and the Holocaust since 1961*, Abingdon: Routledge.
Chaumont, Jean-Michel (2001): *Die Konkurrenz der Opfer. Genozid, Identität und Anerkennung*, Lüneburg: zu Klampen.
Chiari, Bernhard et al. (Hg.) (2003): *Krieg und Militär im Film des 20. Jahrhunderts*, München: Oldenbourg.
Chirot, Daniel et al. (Hg.) (2014): *Confronting Memories of World War II. European and Asian Legacies*, Seattle, London: University of Washington Press.
Christ, Michaela; Suderland, Maja (Hg.) (2014): *Soziologie und Nationalsozialismus. Positionen, Debatten, Perspektiven*, Berlin: Suhrkamp.
Cippitelli, Claudia; Schwanebeck, Axel (Hg.) (2009): *Fernsehen macht Geschichte. Vergangenheit als TV-Ereignis*, Baden-Baden: Nomos.
Ciupke, Paul et al. (Hg.) (2012): *Europäische Perspektiven der Erinnerungskultur und Gedenkstättenarbeit. Ein deutsch-polnischer Austausch*, Essen: Klartext.
Classen, Christoph (Hg.) (1999): *Bilder der Vergangenheit. Die Zeit des Nationalsozialismus im Fernsehen der Bundesrepublik Deutschland 1955-1965*, Köln u.a.: Böhlau.
—; (2004): *Faschismus und Antifaschismus. Die nationalsozialistische Vergangenheit im ostdeutschen Hörfunk (1945 - 1953)*, Köln u.a.: Böhlau.
Cohen-Pfister, Laurel (2006): *Victims and perpetrators 1933 - 1945. (Re)presenting the past in post-unification culture*, Berlin u.a.: de Gruyter.
Conrad, Sebastian (1999): *Auf der Suche nach der verlorenen Nation: Geschichtsschreibung in Westdeutschland und Japan 1945-1960*, Göttingen: Vandenhoeck & Ruprecht.
Conze, Eckart et al. (Hg.) (2010): *Das Amt und die Vergangenheit. Deutsche Diplomaten im Dritten Reich und in der Bundesrepublik*, München: Blessing.
Corell, Catrin (2009): *Der Holocaust als Herausforderung für den Film. Formen des filmischen Umgangs mit der Shoah seit 1945*, Bielefeld: transcript.
Cornelißen, Christoph et al. (Hg.) (2005): *Diktatur – Krieg – Vertreibung. Erinnerungskulturen in Tschechien, der Slowakei und Deutschland seit 1945*, Essen: Klartext.
—; et al. (Hg.) (2003): *Erinnerungskulturen. Deutschland, Italien und Japan seit 1945*, Frankfurt am Main: Fischer.
Cosgrove, Mary (2014): *Born under Auschwitz. Melancholy traditions in postwar German literature*, Rochester: Camden House.
Creuzberger, Stefan; Hoffmann, Dierk (Hg.) (2014): *»Geistige Gefahr« und »Immunisierung der Gesellschaft«. Antikommunismus und politische Kultur in der frühen Bundesrepublik*, München: Oldenbourg.
Custodis, Michael; Geiger, Friedrich (2013): *Netzwerke der Entnazifizierung. Kontinuitäten im deutschen Musikleben am Beispiel von Werner Egk, Hilde und Heinrich Strobel*, Münster: Waxmann.

Crownshaw, Richard (2010): *The Afterlife of Holocaust Memory in Contemporary Literature and Culture*, Basingstoke u.a.: Palgrave Macmillan.
Cullen, Michael S. (1999): *Wo liegt Hitler? Öffentliches Erinnern und kollektives Vergessen als Stolperstein der Kultur*, Berlin: Aufbau.
Danyel, Jürgen (Hg.) (1995): *Die geteilte Vergangenheit. Zum Umgang mit Nationalsozialismus und Widerstand in beiden deutschen Staaten*, Berlin: Akademie.
Darmstädter, Tim (1995): »Die Verwandlung der Barbarei in Kultur. Zur Rekonstruktion der nationalsozialistischen Verbrechen im historischen Gedächtnis«, in: Michael Werz (Hg.): *Antisemitismus und Gesellschaft. Zur Diskussion um Auschwitz, Kulturindustrie und Gewalt*, Frankfurt am Main: Neue Kritik, S. 115-140.
Davies, Martin L.; Szejnmann, Claus-Christian W. (Hg.) (2007): *How the Holocaust looks now. International Perspective*, Basingstoke u.a.: Palgrave Macmillian.
Deußen, Christiane (1987): *Erinnerung als Rechtfertigung. Autobiographien nach 1945: Gottfried Benn - Hans Carossa - Arnolt Bronnen*, Tübingen: Stauffenburg-Verlag.
Diasio, Nicoletta; Wieland, Klaus (Hg.) (2012): *Die sozio-kulturelle (De-)Konstruktion des Vergessens Bruch und Kontinuität in den Gedächtnisrahmen um 1945 und 1989*, Bielefeld: Aisthesis.
Diehl, James M. (1993): *The Thanks of the Fatherland. German Veterans after the Second World War*, Chapel Hill: Univ. of N. C. Press.
Diercks, Herbert (Hg.) (2005): *Schuldig. NS-Verbrechen vor deutschen Gerichten*, Bremen: Ed. Temmen.
Dierking, Wolfgang; Wirth, Hans-Jürgen (Hg.) (1989): *Die Vergangenheit ist gegenwärtig. Zur Auseinandersetzung mit dem Nationalsozialismus*, München: Psychosozial.
Dietrich, Christian (2009): *Tote und Tabu. Zur Tabuisierungsschwelle und (kommunikativen) Verbreitung des Antisemitismus in Deutschland*, Stuttgart: Ibidem.
Diner, Dan (Hg.) (1988): *Zivilisationsbruch. Denken nach Auschwitz*, Frankfurt am Main: Fischer.
—; (Hg.) (1993): *Ist der Nationalsozialismus Geschichte? Zu Historisierung und Historikerstreit*, Frankfurt am Main: Fischer.
—; (1995): *Kreisläufe. Nationalsozialismus und Gedächtnis*, Berlin: Berlin.
—; (2007): *Gegenläufige Gedächtnisse. Über Geltung und Wirkung des Holocaust*, Göttingen: Vandenhoeck & Ruprecht.
—; Wunberg, Gotthard (Hg.) (2007): *Restitution and Memory. Material Restitution in Europe*, New York: Berghahn.
Dittberner, Jürgen (1999): *Schwierigkeiten mit dem Gedenken. Auseinandersetzungen mit der nationalsozialistischen Vergangenheit*, Opladen: Westdeutscher.
Dittrich, Ulrike; Jacobeit, Sigrid (Hg.) (2005): *KZ-Souvenirs. Erinnerungsobjekte der Alltagskultur im Gedenken an die nationalsozialistischen Verbrechen*, Potsdam: Landeszentrale f. polit. Bildung.
Doering-Manteuffel, Anselm (1995): »Die Nachwirkungen des Antisemitismus der NS-Zeit im geteilten Deutschland«, in: Franz D. Lucas (Hg.): *Geschichte und Geist. Fünf Essays zum Verständnis des Judentums*, Berlin: Duncker und Humblot, S. 105-126.
Doerry, Janine (Hg.) (2008): *NS-Zwangslager in Westdeutschland, Frankreich und den Niederlanden. Geschichte und Erinnerung*, Paderborn: Schöningh.
—; et al. (Hg.) (2014): *Das soziale Gedächtnis und die Gemeinschaften der Überlebenden. Bergen-Belsen in vergleichender Perspektive*, Göttingen: Wallstein.
Doerry, Thomas (1980): *Antifaschismus in der Bundesrepublik. Vom antifaschistischen Konsens 1945 bis zur Gegenwart*, Frankfurt am Main: Röderberg-Verlag.
Domansky, Elisabeth; Welzer, Harald (Hg.) (1999): *Eine offene Geschichte. Zur kommunikativen Tradierung der nationalsozialistischen Vergangenheit*, Tübingen: Diskord.
Dörner, Bernward (2007): *Die Deutschen und der Holocaust. Was niemand wissen wollte, aber jeder wissen konnte*, Berlin: Propyläen.
Dove, Richard; Wallace, Ian (Hg.) (2014): *Vision and reality: Central Europe after Hitler*, Amsterdam: Rodopi.
Dresden, Sem (1997): *Holocaust und Literatur*, Frankfurt am Main: Jüdischer.

Dubiel, Helmut (1999): *Niemand ist frei von der Geschichte. Die nationalsozialistische Herrschaft in den Debatten des Deutschen Bundestages*, München: Hanser.

Duchkowitsch, Wolfgang (2004): *Die Spirale des Schweigens. Zum Umgang mit der nationalsozialistischen Zeitungswissenschaft*, Münster: Lit.

Dudek, Peter (1994): »Die Auseinandersetzung mit dem Nationalsozialismus und Rechtsextremismus nach 1945«, in: Wolfgang Kowalsky, Wolfgang Schroeder (Hg.): *Rechtsextremismus. Einführung und Forschungsbilanz*, Opladen: Westdeutscher, 277-301

Dunker, Axel (2003): *Die anwesende Abwesenheit. Literatur im Schatten von Auschwitz*, München: Fink.

Dutt, Carsten (Hg.) (2010): *Die Schuldfrage. Untersuchungen zur geistigen Situation der Nachkriegszeit*, Heidelberg: Manutius.

Düringer, Hermann et al. (Hg.) (2007): *Möglichkeiten und Grenzen kollektiver Erinnerung. Ambivalenz und Bedeutung des Kriegsopfer-Gedenkens*, Frankfurt am Main: Haag+Herchen.

Düwell, Susanne; Schmidt, Matthias (Hg.) (2002): *Narrative der Shoah. Repräsentationen der Vergangenheit in Historiographie, Kunst und Politik*, Paderborn: Schöningh.

Dyk, Silke van et al. (2010) »*... daß die offizielle Soziologie versagt hat«. Zur Soziologie im Nationalsozialismus, der Geschichte ihrer Aufarbeitung und der Rolle der DGS*, Essen: Deutsche Gesellschaft für Soziologie.

Eaglestone, Robert (Hg.) (2007): *Teaching Holocaust Literature and Film*, Basingstoke u.a.: Palgrave Macmillan.

Ebbrecht, Tobias (2010): *Geschichtsbilder im medialen Gedächtnis. Filmische Narrationen des Holocaust*, Bielefeld: transcript.

Eberan, Barbro (1985): *Luther? Friedrich ›der Große‹? Wagner? Nietzsche? ...? Wer war an Hitler schuld? Die Debatte um die Schuldfrage 1945-1949*, München: Minerva.

Echternkamp, Jörg (2003): *Nach dem Krieg. Alltagsnot, Neuorientierung und die Last der Vergangenheit 1945-1949*, Zürich: Pendo.

—; (2014): *Soldaten im Nachkrieg. Historische Deutungskonflikte und westdeutsche Demokratisierung 1945-1955*, München: De Gruyter Oldenbourg.

—; Martens, Stefan (Hg.) (2010): *Experience and Memory. The Second World War in Europe*, New York: Berghahn.

Eckel, Jan; Moisel, Claudia (Hg.) (2008): *Universalisierung des Holocaust? Erinnerungskultur und Geschichtspolitik in internationaler Perspektive*, Göttingen: Wallstein.

Edkins, Jenny (2003): *Trauma and the memory of politics*, Cambridge: Cambridge Univ. Press.

Egyptien, Jürgen (Hg.) (2007): *Der Zweite Weltkrieg in erzählenden Texten zwischen 1945 und 1965*, München: Iudicium.

—; (Hg.) (2012): *Erinnerung in Text und Bild. Zur Darstellbarkeit von Krieg und Holocaust im literarischen und filmischen Schaffen in Deutschland und Polen*, Berlin: Akademie.

Ehmann, Annegret et al. (Hg.) (1995): *Praxis der Gedenkstättenpädagogik. Erfahrungen und Perspektiven*, Opladen: Leske+Budrich.

Ehresmann, Andreas et al. (Hg.) (2011): *Die Erinnerung an die nationalsozialistischen Konzentrationslager. Akteure, Inhalte, Strategien*, Berlin: Metropol.

Ehrlich, Susanne et al. (Hg.) (2015): *Schwierige Erinnerung: Politikwissenschaft und Nationalsozialismus. Beiträge zur Kontroverse um Kontinuitäten nach 1945*, Baden-Baden: Nomos.

Eichenberg, Ariane (2004): *Zwischen Erfahrung und Erfindung. Jüdische Lebensentwürfe nach der Shoah*, Köln u.a.: Böhlau.

Eichmann, Bernd (1986): *Versteinert, verharmlost, vergessen. KZ-Gedenkstätten in der Bundesrepublik Deutschland*, Frankfurt am Main: Fischer.

Eisfeld, Rainer; Müller, Ingo (Hg.) (1989): *Gegen Barbarei: Essays Robert M. W. Kempner zu Ehren*, Frankfurt am Main: Athenäum.

Eitz, Thorsten; Stötzel, Georg (Hg.) (2007/2009): *Wörterbuch der »Vergangenheitsbewältigung«. Die NS-Vergangenheit im öffentlichen Sprachgebrauch*, 2 Bde., Hildesheim u.a.: Olms.

Eke, Norbert Otto; Steinecke, Hartmut (Hg.) (2006): *Shoah in der deutschsprachigen Literatur*, Berlin: Schmidt.

Elm, Ludwig (1991): *Nach Hitler, nach Honecker. Zum Streit der Deutschen um die eigene Vergangenheit*, Berlin: Dietz.
Elm, Michael; Kössler, Gottfried (Hg.) (2007): *Zeugenschaft des Holocaust. Zwischen Trauma, Tradierung und Ermittlung*, Frankfurt am Main/New York: Campus.
Elm, Theo (1991): »Literatur als Kulturfunktion. ›Vergangenheitsbewältigung‹ im westdeutschen Nachkriegsroman«, in: Stein U. Larsen, Beatrice Sandberg (Hg.), *Fascism and European Literature*, Bern u.a.: Lang, S. 65-80
Engel, Ulf et al. (Hg.) (2012): *Erinnerungskulturen in transnationaler Perspektive*, Leipzig: Leipziger Universitätsverlag.
Elsaesser, Thomas (2007): *Terror und Trauma. Zur Gewalt des Vergangenen in der BRD*, Berlin: Kadmos.
Elster, Jon (2005): *Die Akten schließen. Recht und Gerechtigkeit nach dem Ende von Diktaturen*, Frankfurt am Main/New York: Campus.
Endlich, Stefanie et al. (1996/2000): *Gedenkstätten für die Opfer des Nationalsozialismus. Eine Dokumentation*, 2 Bde., Bonn: Bundeszentrale für politische Bildung.
Engelhardt, Isabelle (2002): *A topography of memory. Representations of the Holocaust at Dachau and Buchenwald in comparison with Auschwitz, Yad Vashem and Washington, DC*, Bruxelles u.a.: Lang.
Epstein, Julia; Lefkovitz, Lori Hope (2001): *Shaping losses. Cultural memory and the Holocaust*, Urbana u.a.: University of Ill. Press.
Erker, Linda et al. (Hg.) (2013): *Öffentlichkeit und Geschichte, H. 6: Gedächtnis-Verlust? Geschichtsvermittlung und -didaktik in der Mediengesellschaft*, Köln: von Halem.
Erler, Hans (Hg.) (2003): *Erinnern und Verstehen. Der Völkermord an den Juden im politischen Gedächtnis der Deutschen*, Frankfurt am Main/New York: Campus.
—; Ehrlich, Ernst Ludwig (Hg.) (2000): *Jüdisches Leben und jüdische Kultur in Deutschland. Geschichte, Zerstörung und schwieriger Neubeginn*, Frankfurt am Main/New York: Campus.
Erll, Astrid; Nünning, Ansgar (Hg.) (2004): *Medien des kollektiven Gedächtnisses. Konstruktivität – Historizität – Kulturspezifität*, Berlin u.a.: de Gruyter.
Eschebach, Insa (2005): *Öffentliches Gedenken. Deutsche Erinnerungskulturen seit der Weimarer Republik*, Frankfurt am Main/New York: Campus.
—; et al. (Hg.) (2002): *Gedächtnis und Geschlecht. Deutungsmuster in Darstellungen des nationalsozialistischen Genozids*, Frankfurt am Main/New York: Campus.
Evans, Richard (1991): *Im Schatten Hitlers? Historikerstreit und Vergangenheitsbewältigung in der Bundesrepublik*, Frankfurt am Main: Suhrkamp.
Ewers, Hans-Heino et al. (Hg.) (2006): *Erinnerungen an Kriegskindheiten : Erfahrungsräume, Erinnerungskultur und Geschichtspolitik unter sozial- und kulturwissenschaftlicher Perspektive*, Weinheim u.a.: Juventa.
Fank, Petra; Hördler, Stefan (Hg.) (2005): *Der Nationalsozialismus im Spiegel des öffentlichen Gedächtnisses. Formen der Aufarbeitung und des Gedenkens*, Berlin: Metropol.
Faulenbach, Bernd (1995): »Zum Stand der wissenschaftlichen und öffentlichen Debatten über den Nationalsozialismus«, in: Sabine Blum-Geenen et al. (Hg.): »*Bruch und Kontinuität«. Beiträge zur Modernisierungsdebatte in der NS-Forschung*, Essen: Klartext, S. 15–29.
—; Jelich, Franz-Josef (Hg.) (1994): *Reaktionäre Modernität und Völkermord. Probleme des Umgangs mit der NS-Zeit in Museen, Ausstellungen und Gedenkstätten*, Essen: Klartext.
—; Schütte, Helmuth (Hg.) (1998): *Deutschland, Israel und der Holocaust. Zur Gegenwartsbedeutung der Vergangenheit*, Essen: Klartext.
—; Helle, Andreas (2005): *Zwangsmigration in Europa. Zur wissenschaftlichen und politischen Auseinandersetzung um die Vertreibung der Deutschen aus dem Osten*, Essen: Klartext.
Feinberg, Anat (1988): *Wiedergutmachung im Programm. Jüdisches Schicksal im deutschen Nachkriegsdrama*, Köln: Prometheus.
Figge, Maja (Hg.) (2010): *Scham und Schuld. Geschlechter(sub)texte der Shoah*, Bielefeld: transcript.

Figge, Susan G.; Ward, Jenifer K. (Hg.) (2010): *Reworking the German Past. Adaptations in Film, the Arts, and Popular Culture*, New York: Camden House.
Finger, Jürgen (2009): *Vom Recht zur Geschichte. Akten aus NS-Prozessen als Quellen der Zeitgeschichte*, Göttingen: Vandenhoeck & Ruprecht.
Fink, Heinrich; Bentivegna, Rosario (Hg.) (2011): *Einspruch! Antifaschistische Positionen zur Geschichtspolitik*, Köln: PapyRossa.
Finkielkraut, Alain (1989): *Die vergebliche Erinnerung. Vom Verbrechen gegen die Menschheit*, Berlin: Ed. Tiamat.
Fischer, Henning (Hg.) (2012): *Zwischen Ignoranz und Inszenierung. Die Bedeutung von Mythos und Geschichte für die Gegenwart der Nation*, Münster: Westfälisches Dampfboot.
Fischer, Torben et al. (Hg.) (2014): *Der Nationalsozialismus und die Shoah in der deutschsprachigen Gegenwartsliteratur*, Amsterdam: Rodopi.
Fischer von Weikersthal, Felicitas et al. (Hg.) (2008): *Der nationalsozialistische Genozid an den Roma Osteuropas. Geschichte und künstlerische Verarbeitung*, Köln u.a.: Böhlau.
Fleschenberg, Andrea (2004): *Vergangenheitsaufklärung durch Aktenöffnung in Deutschland und Portugal?*, Münster: Lit..
Fleßner, Alfred et al. (Hg.) (2014): *Forschungen zur Medizin im Nationalsozialismus. Vorgeschichte – Verbrechen – Nachwirkungen*, Göttingen: Wallstein.
Foerster, Manfred J. (2006): *Lasten der Vergangenheit. Betrachtungen deutscher Traditionslinien zum Nationalsozialismus*, London: Turnshare
Förster, Jürgen (Hg.) (1992): *Stalingrad. Ereignis – Wirkung – Symbol*, München: Piper.
Fox, Thomas C. (1999): *Stated Memory. East Germany and the Holocaust*, New York: Camden House.
Frahm, Klaus (Hg.) (1986): *Verachtet, verfolgt, vernichtet. Zu den »vergessenen« Opfern des NS-Regimes*, Hamburg: VSA.
François, Etienne; Schulze, Hagen (Hg.) (2003): *Deutsche Erinnerungsorte*, München: Beck.
Franklin, Ruth (2010): *A Thousand Darknesses. Lies and Truth in Holocaust Fiction*, Oxford: Oxford Univ. Press.
Frei, Norbert (1987): »›Wir waren blind, ungläubig und langsam‹. Buchenwald, Dachau und die amerikanischen Medien im Frühjahr 1945«, in: *Vierteljahrshefte für Zeitgeschichte* 35, S. 385-401.
—; (1997): *Vergangenheitspolitik. Die Anfänge der Bundesrepublik und die NS-Vergangenheit*, München: Beck.
—; (2002): *Karrieren im Zwielicht. Hitlers Eliten nach 1945*, Frankfurt am Main/New York: Campus.
—; (2005): *1945 und Wir. Das Dritte Reich im Bewusstsein der Deutschen*, München: Beck.
—; (Hg.) (2006): *Transnationale Vergangenheitspolitik. Der Umgang mit deutschen Kriegsverbrechen in Europa nach dem Zweiten Weltkrieg*, Göttingen: Wallstein.
—; et al. (Hg.) (2000): *Geschichte vor Gericht. Historiker, Richter und die Suche nach Gerechtigkeit*, München: Beck.
—; et al. (Hg.) (2009): *Die Praxis der Wiedergutmachung. Geschichte, Erfahrung und Wirkung in Deutschland und Israel*, Göttingen: Wallstein.
—; Schanetzky, Tim (Hg.) (2010): *Unternehmen im Nationalsozialismus. Zur Historisierung einer Forschungskonjunktur*, Göttingen: Wallstein.
—; Steinbacher, Sybille (Hg.) (2001): *Beschweigen und Bekennen. Die deutsche Nachkriegsgesellschaft und der Holocaust*, Göttingen: Wallstein.
—; Kansteiner, Wulf (Hg.) (2013): *Den Holocaust erzählen. Historiographie zwischen wissenschaftlicher Empirie und narrativer Kreativität*, Göttingen: Wallstein.
Freudiger, Kerstin (2002): *Die juristische Aufarbeitung von NS-Verbrechen*, Tübingen: Mohr Siebeck.
Frieden, Kirstin (2014): *Neuverhandlungen des Holocaust: Mediale Transformationen des Gedächtnisparadigmas*, Bielefeld: transcript.
Friedländer, Saul (1984): *Kitsch und Tod. Der Widerschein des Nazismus*, Wien: Hauser.

—; (1992): *Probing the limits of representation. Nazism and the »Final Solution«*, Cambridge u.a.: Harvard Univ. Press.
—; Reemtsma, Jan Philipp (1999): *Gebt der Erinnerung Namen. Zwei Reden*, München: Beck.
Friedman, Saul S. (Hg.) (1993): *Holocaust Literature. A Handbook of Critical, Historical, and Literary Writings*, Westport, Ct: Greenwood Press.
Friedrich, Jörg (1994): *Die kalte Amnestie. NS-Täter in der Bundesrepublik*, München u.a.: Piper.
Fritsche, Christiane (2003): *Vergangenheitsbewältigung im Fernsehen. Westdeutsche Filme über den Nationalsozialismus in den 1950er und 60er Jahren*, München: Meidenbauer.
Fritsche, Christiane; Paulmann, Johannes (Hg.) (2014): *»Arisierung« und »Wiedergutmachung« in deutschen Städten*, Köln u.a.: Böhlau.
Fritz-Bauer-Institut (Hg.) (1996): *Auschwitz. Geschichte, Rezeption und Wirkung*, Frankfurt am Main/New York: Campus.
—; (Hg.) (1997): *Überlebt und unterwegs. Jüdische ›Displaced Persons‹ im Nachkriegsdeutschland*, Frankfurt am Main/New York: Campus.
Fröhlich, Claudia; Kohlstruck, Michael (Hg.) (1999): *Engagierte Demokraten. Vergangenheitspolitik in kritischer Absicht*, Münster: Westf. Dampfboot.
Frölich, Margrit et al. (Hg.) (2003): *Lachen über Hitler – Auschwitz-Gelächter? Filmkomödie, Satire und Holocaust*, München: Text+Kritik.
—; et al. (2004): *Repräsentationen des Holocaust im Gedächtnis der Generationen. Zur Gegenwartsbedeutung des Holocaust in Israel und Deutschland*, Frankfurt am Main: Brandes & Apsel.
—; et al. (Hg.) (2007): *Das Böse im Blick. Die Gegenwart des Nationalsozialismus im Film*, München: Text+Kritik.
Fröhlich, Roman et al. (Hg.) (2013): *Zentrum und Peripherie. Die Wahrnehmung der nationalsozialistischen Konzentrationslager*, Berlin: Metropol.
Frühauf, Tina; Hirsch, Lily E. (Hg.) (2014): *Dislocated memories: Jews, music, and postwar German culture*, Oxford: Oxford University Press.
Fuchs, Anne (2008): *Phantoms of War in Contemporary German Literature, Films and Discourse. The Politics of Memory*, Basingstoke u.a.: Palgrave Macmillan.
Fulbrook, Mary (1999): *German National Identity after the Holocaust*, Cambridge u.a.: Polity Press.
Fulda, Daniel et al. (Hg.) (2010): *Demokratie im Schatten der Gewalt. Geschichten des Privaten im deutschen Nachkrieg*, Göttingen: Wallstein.
Gallant, Mary J. (2002): *Coming of age in the Holocaust. The last survivors remember*, Lanham u.a.: Univ. Press of America.
Galtung, Johann (1984): »Wer sind die Nachfolger des Nationalsozialismus auf deutschem Boden?«, in: Gerhard Harms (Hg.): *Erbschaften des Nationalsozialismus*, Oldenburg: Bibl. Univ. Oldenburg, S. 13–44.
Garbe, Detlef (Hg.) (1983): *Die vergessenen KZs? Gedenkstätten für die Opfer des NS-Terrors in der Bundesrepublik*, Bornheim-Merten: Lamuv.
Gassert, Philipp; Steinweis, Alan E. (Hg.) (2006): *Coping with the Nazi past. West German debates on Nazism and generational conflict, 1955-1975*, New York: Berghahn.
Gautschi, Peter (2013): *Shoa und Schule. Lehren und Lernen im 21. Jahrhundert*, Zürich: Chronos.
Gebhardt, Miriam; Seegers, Lu (Hg.) (2009): *Die »Generation der Kriegskinder«. Historische Hintergründe und Deutungen*, Gießen: Psychosozial.
Geddes, Jennifer L. et al. (Hg.) (2009): *The Double Binds of Ethics after the Holocaust. Salvaging the Fragments*, Basingstoke u.a.: Palgrave Macmillan.
Geißler, Cornelia (2015): *Individuum und Masse. Zur Vermittlung des Holocaust in deutschen Gedenkstättenausstellungen*, Bielefeld: transcript.
Giebeler, Karl; Kustermann, Abraham Peter (Hg.) (2007): *Erinnern und Gedenken. Paradigmenwechsel 60 Jahre nach Ende der NS-Diktatur?*, Berlin: Frank & Timme.
Giesecke, Dana et al. (2012): *Das Menschenmögliche. Zur Renovierung der deutschen Erinnerungskultur*, Hamburg: Körber-Stiftung.

Giesen, Bernhard; Schneider, Christoph (Hg.) (2004): *Tätertrauma. Nationale Erinnerungen im öffentlichen Diskurs*, Konstanz: uvk.

Giordano, Ralph (1990): *Die zweite Schuld oder Von der Last ein Deutscher zu sein*, München: Droemer Knaur.

—; (2013): *Der perfekte Mord. Die deutsche Justiz und die NS-Vergangenheit*, Göttingen: Vandenhoeck & Ruprecht.

Glienke, Stephan Alexander et al. (Hg.) (2008): *Erfolgsgeschichte Bundesrepublik? Die Nachkriegsgesellschaft im langen Schatten des Nationalsozialismus*, Göttingen: Wallstein.

Globisch, Claudia (2013): *Radikaler Antisemitismus. Inklusions- und Exklusionssemantiken von links und rechts in Deutschland*, Wiesbaden: Springer VS.

Görtemaker, Manfred; Safferling, Christoph (Hg.) (2013): *Die Rosenburg. Das Bundesministerium der Justiz und die NS-Vergangenheit – eine Bestandsaufnahme*, Bonn: Bundeszentrale für politische Bildung.

Goltermann, Svenja (2009): *Die Gesellschaft der Überlebenden. Deutsche Kriegsheimkehrer und ihre Gewalterfahrungen im Zweiten Weltkrieg*, Stuttgart u.a.: Deutsche Verl.-Anstalt.

Goodman, Nancy R. (Hg.) (2012): *The Power of Witnessing. Reflections, Reverberations, and Traces of the Holocaust. Trauma, Psychoanalysis, and the Living Mind*, New York: Routledge.

Goschler, Constantin (1992): *Wiedergutmachung. Westdeutschland und die Verfolgten des Nationalsozialismus (1945-1954)*, München u.a.: Oldenbourg.

—; (2005): *Schuld und Schulden. Die Politik der Wiedergutmachung für NS-Verfolgte seit 1945*, Göttingen: Wallstein.

—; et al. (Hg.) (2012): *Die Entschädigung von NS-Zwangsarbeit am Anfang des 21. Jahrhunderts*, Göttingen: Wallstein.

Gottlieb, Roger S. (Hg.) (1990): Thinking the Unthinkable. Meanings of the Holocaust, New York: Paulist Press.

Götz, Albrecht (1986): *Bilanz der Verfolgung von NS-Straftaten*, Köln: Bundesanzeiger-Verl.-Ges..

Grabitz, Helge (1985): *NS-Prozesse. Psychogramme der Beteiligten*, Heidelberg: Müller.

—; et al. (Hg.) (1994): *Die Normalität des Verbrechens. Bilanz und Perspektiven der Forschung zu den nationalsozialistischen Gewaltverbrechen*, Berlin: Hentrich.

Gräfe, Frank-Thomas (2009): *Die deutsche Vergangenheit in der britischen Öffentlichkeit. Staatsbesuche und der Wandel des Deutschlandbildes in Grossbritannien 1958 bis 1972*, Augsburg: Wissner.

Graml, Hermann (1990): »Die verdrängte Auseinandersetzung mit dem Nationalsozialismus«, in: Martin Broszat (Hg.): *Zäsuren nach 1945. Essays zur Periodisierung der deutschen Nachkriegsgeschichte*, München: Oldenbourg, S. 169-183.

Gray, Michael (2013): *Contemporary debates in Holocaust education*, Basingstoke: Palgrave Macmillan.

Greiffenhagen, Martin (1983): »Traditionsbestände des Nationalsozialismus in der deutschen politischen Kultur der Gegenwart«, in: Volker Rittberger (Hg.): *1933. Wie die Republik der Diktatur erlag*, Stuttgart u.a.: Kohlhammer, S. 201-216.

Greve, Anna (2004): *Der Nationalsozialismus als europäische Vergangenheit. Ein Vergleich der Ausstellungen »Die Axt hat geblüht...« (1987) und »Kunst und Macht« (1996)*, Marburg: Tectum.

Greve, Michael (2001): *Der justitielle und rechtspolitische Umgang mit den NS-Gewaltverbrechen in den sechziger Jahren*, Frankfurt am Main u.a.: Lang.

Greven, Michael Thomas (2007): *Politisches Denken in Deutschland nach 1945. Erfahrung und Umgang mit der Kontingenz in der unmittelbaren Nachkriegszeit*, Opladen: Leske+Budrich.

—; Wrochem, Oliver von (Hg.) (2000): *Der Krieg in der Nachkriegszeit. Der Zweite Weltkrieg in Politik und Gesellschaft der Bundesrepublik*, Opladen: Leske+Budrich.

Grieger, Manfred et al. (Hg.) (2008): *Die Zukunft der Erinnerung. Eine Wolfsburger Tagung*, Königswinter: Heel.

Grimwood, Marita (2007): *Holocaust Literature of the Second Generation*, Basingstoke u.a.: Palgrave Macmillan.

Gross, Andrew; Rohr, Susanne (2010): *Comedy – Avant-Garde – Scandal. Remembering the Holocaust after the End of History*, Heidelberg: Winter.

Große Kracht, Klaus (2005): *Die zankende Zunft. Historische Kontroversen in Deutschland nach 1945*, Göttingen: Vandenhoeck & Ruprecht.

Grosser, Alfred (1990): *Ermordung der Menschheit. Der Genozid im Gedächtnis der Völker*, München: Hanser.

Grüner, Frank (Hg.) (2006): *»Zerstörer des Schweigens«. Formen künstlerischer Erinnerung an die nationalsozialistische Rassen- und Vernichtungspolitik in Osteuropa*, Köln u.a.: Böhlau.

Grunenberg, Antonia (1993): *Antifaschismus – ein deutscher Mythos*, Reinbek: Rowohlt.

Gudehus, Christian (2006): *Dem Gedächtnis zuhören. Erzählungen über NS-Verbrechen und ihre Repräsentation in deutschen Gedenkstätten*, Essen: Klartext.

Hachmeister, Lutz (2002) »Die nationalsozialistische Durchdringung der Bundesrepublik. Zur Rolle des SD in der Nachkriegszeit«, in: *Mittelweg 36* 11, H. 2, S. 17-36.

Hahn, Brigitte J. (1997): *Umerziehung durch Dokumentarfilm? Ein Instrument amerikanischer Kulturpolitik im Nachkriegsdeutschland (1945-1953)*, Münster: Lit.

Hahn, Eva; Hahn, Hans-Henning (2009): *Mythos Vertreibung. 60 Jahre deutsche Erinnerungskultur*, Hamburg: konkret.

—; (2010): *Die Vertreibung im deutschen Erinnern. Legenden, Mythos, Geschichte*, Paderborn: Schöningh.

Hahn, Hans-Henning et al. (Hg.) (2008): *Erinnerungskultur und Versöhnungskitsch*, Marburg: Herder-Institut.

Hahn, Hans-Joachim (2005): *Repräsentationen des Holocaust. Zur westdeutschen Erinnerungskultur seit 1979*, Heidelberg: Winter.

Halbrainer, Heimo; Kuretsidis-Haider, Caludia (Hg.) (2007): *Kriegsverbrechen, NS-Gewaltverbrechen und die europäische Strafjustiz von Nürnberg bis Den Haag*, Graz: Clio.

Hammerstein, Katrin et al. (Hg.) (2009): *Aufarbeitung der Diktatur – Diktat der Aufarbeitung? Normierungsprozesse beim Umgang mit diktatorischer Vergangenheit*, Göttingen: Wallstein.

Hansen, Imke (Hg.) (2014): *Ereignis & Gedächtnis. Neue Perspektiven auf die Geschichte der nationalsozialistischen Konzentrationslager*, Berlin: Metropol.

Hardtwig, Wolfgang (2013): *Deutsche Geschichtskultur im 19. und 20. Jahrhundert*, München: Oldenbourg.

Hartman, Geoffrey H. (Hg.) (1994): *Holocaust Remembrance. The Shapes of Memory*, Oxford, Cambridge, Mass: Blackwell.

—; (1999): *Der längste Schatten. Erinnern und Vergessen nach dem Holocaust*, Berlin: Aufbau.

—; et al. (2012): *Die Zukunft der Erinnerung und der Holocaust*, Konstanz: Konstanz Univ. Press.

Haß, Matthias (2002): *Gestaltetes Gedenken. Yad Vashem, das U.S.-Holocaust-Memorial-Museum und die Stiftung Topographie des Terrors*, Frankfurt am Main/New York: Campus.

Haeusler, Wilma (1996): »Vergangenheitsbewältigung im Vergleich«, in: Ludger Kühnhardt et al. (Hg.): *Die doppelte deutsche Diktaturerfahrung. Drittes Reich und DDR – ein historisch-politikwissenschaftlicher Vergleich*, 2., neubearb. Aufl., Frankfurt am Main u.a.: Lang, S. 249-255.

Hake, Sabine (2012): *Screen Nazis. Cinema, History, and Democracy*, Madison: Univ. of Wisconsin Press.

Harms, Kathy et al. (Hg.) (1990): *Coping with the Past. Germany and Austria after 1945*, Madison: Univ. of Wisconsin Press.

Hartman, Geoffrey H.; Assmann, Aleida (2011): *Die Zukunft der Holocaust-Erinnerung*, Konstanz: Konstanz Univ. Press.

Hawel, Marcus (2007): *Die normalisierte Nation. Vergangenheitsbewältigung und Außenpolitik in Deutschland*, Hannover: Offizin.

Heer, Hannes (2004): *Vom Verschwinden der Täter. Der Vernichtungskrieg fand statt, aber keiner war dabei*, Berlin: Aufbau.

—; (2005): *»Hitler war's.« Die Befreiung der Deutschen von ihrer Vergangenheit*, Berlin: Aufbau.

—; et al. (Hg.) (2003): *Wie Geschichte gemacht wird. Zur Konstruktion von Erinnerungen an Wehrmacht und Zweiten Weltkrieg*, Wien: Czernin.

Heimannsberg, Barbara (Hg.) (1992): *Das kollektive Schweigen. Nationalsozialistische Vergangenheit und gebrochene Identität in der Psychotherapie*, Köln: ehp.

Hein, Dörte (2009): *Erinnerungskulturen online. Angebote, Kommunikatoren und Nutzer von Websites zu Nationalsozialismus und Holocaust*, Konstanz: uvk.

Heinlein, Michael (2009): *Die Erfindung der Erinnerung. Deutsche Kriegskindheiten im Gedächtnis der Gegenwart*, Bielefeld: transcript.

—; (2010): *Die Erfindung der Erinnerung deutsche Kriegskindheiten im Gedächtnis der Gegenwart*, Bielefeld: transcript.

Henke, Klaus-Dietmar (Hg.) (2001): *Auschwitz. Sechs Essays zu Geschehen und Vergegenwärtigung*, Dresden.

—; Woller, Hans (Hg.) (1991): *Politische Säuberung in Europa. Die Abrechnung mit Faschismus und Kollaboration nach dem Zweiten Weltkrieg*, München: dtv.

Hentges, Gudrun (2013): *Staat und politische Bildung. Von der »Zentrale für Heimatdienst« zur »Bundeszentrale für politische Bildung«*, Wiesbaden: Springer VS.

Herbert, Ulrich (1995): »Rückkehr in die Bürgerlichkeit? NS-Eliten in der Bundesrepublik«, in: Bernd Weisbrod (Hg.): *Rechtsradikalismus in der politischen Kultur der Nachkriegszeit. Die verzögerte Normalisierung in Niedersachsen*, Hannover: Hahn, S. 157-173.

—; (1996): *Best. Biographische Studien über Radikalismus, Weltanschauung und Vernunft 1903-1989*, Bonn: Dietz.

—; (1998): »Drei deutsche Vergangenheiten. Über den Umgang mit der deutschen Zeitgeschichte«, in: Arnd Bauerkämper et al. (Hg.): *Doppelte Zeitgeschichte. Deutsch-deutsche Beziehungen 1945-1990*, Bonn: Dietz, S. 376-390.

—; Groehler, Olaf (Hg.) (1992): *Zweierlei Bewältigung. Vier Beiträge über den Umgang mit der NS-Vergangenheit in den beiden deutschen Staaten*, Hamburg: Ergebnisse.

Herbst, Ludolf (Hg.) (1986): *Westdeutschland 1945-1955. Unterwerfung, Kontrolle, Integration*, München: Oldenbourg.

—; Goschler, Constantin (Hg.) (1989): *Wiedergutmachung in der Bundesrepublik Deutschland*, München: Oldenbourg.

Herf, Jeffrey (1998): *Zweierlei Erinnerung. Die NS-Vergangenheit im geteilten Deutschland*, Berlin: Propyläen.

Herrmann, Meike (2009): *Vergangenwart. Erzählen vom Nationalsozialismus in der deutschen Literatur seit den neunziger Jahren*, Würzburg: Königshausen & Neumann.

Herz, Thomas, Schwab-Trapp, Michael (1997): *Umkämpfte Vergangenheit. Diskurse über den Nationalsozialismus seit 1945*, Opladen: Westdeutscher.

Heß, Christiane et al. (Hg.) (2011): *Kontinuitäten und Brüche. Neue Perspektiven auf die Geschichte der NS-Konzentrationslager*, Berlin: Metropol.

Hettiger, Andreas (2005): *Erinnerung als Ritual. Rhetorische Verfahren zur Konstruktion einer Kriegsveteranenkultur*, Tübingen: Niemeyer.

Hey, Bernd (1981): »Die NS-Prozesse. Versuch einer juristischen Vergangenheitsbewältigung«, in: *Geschichte in Wissenschaft und Unterricht* 32, S. 331-362.

Hilpert, Konrad; Schroth, Ulrich (Hg.) (2011): *Politik – Recht – Ethik. Vergewisserungen aus der Vergangenheit und Perspektiven für die Zukunft*, Stuttgart: Kohlhammer.

Hirsch, Marianne (2012): *The Generation of Postmemory. Writing and Visual Culture after the Holocaust*, New York: Columbia Univ. Press.

Hitzel-Cassagnes, Tanja; Martinsen, Franziska (2014): *Recht auf Wiedergutmachung. Geschlechtergerechtigkeit und die Bewältigung historischen Unrechts*, Opladen: B. Budrich.

Hölscher, Lucian (1999): »Erinnern und Vergessen. Vom richtigen Umgang mit der nationalsozialistischen Vergangenheit«, in: Ulrich Borsdorf, Heinrich Th. Grütter (Hg.): *Orte der Erinnerung. Denkmal, Gedenkstätte, Museum*, Frankfurt am Main, New York: Campus, S. 111-127.

Hoffman, Eva (2004): *After such Knowledge. Memory, History, and the Legacy of the Holocaust*, London: Seeker Warburg.

Hoffmann, Christa (1992): *Stunden Null? Vergangenheitsbewältigung in Deutschland 1945 und 1989*, Bonn u.a.: Bouvier.

—; Jesse, Eckhard (1987): »Vergangenheitsbewältigung – ein sensibles Thema. Über Geschichtsbewusstsein und justitielle Aufarbeitung«, in: *Neue politische Literatur* 32, S. 451-465.
Hoffmann, Detlef (Hg.) (1996): *Der Angriff der Gegenwart auf die Vergangenheit. Denkmale auf dem Gelände ehemaliger Konzentrationslager*, Rehburg-Loccum: Evangelische Akademie Loccum.
—; (Hg.) (1998): *Das Gedächtnis der Dinge. KZ-Relikte und KZ-Denkmäler 1945-1995*, Frankfurt am Main/New York: Campus.
—; Ermert, Karl (Hg.) (1993): *Kunst und Holocaust. Bildliche Zeugen vom Ende der westlichen Kultur*, Rehberg-Loccum: Evangelische Akademie Loccum.
Hofmann, Michael (2003): *Literaturgeschichte der Shoah*, Münster: Aschendorf.
Hofmann, Thomas et al. (Hg.) (1994): *Progromnacht und Holocaust. Frankfurt, Weimar, Buchenwald...; die schwierige Erinnerung an die Stationen der Vernichtung*, Köln u.a.: Böhlau.
Hölscher, Lucian (1989): »Geschichte und Vergessen«, in: *Historische Zeitschrift* 249, S. 1-17.
—; (Hg.) (2008): *Political Correctness. Der sprachpolitische Streit um die nationalsozialistischen Verbrechen*, Göttingen: Wallstein.
Homann, Ulrike (2008): *Herausforderungen an den Rechtsstaat durch Justizunrecht. Die Urteile bundesdeutscher Gerichte zur strafrechtlichen Aufarbeitung von NS- und DDR-Justizverbrechen*, Berlin: BWV.
Hondrich, Karl O. (1992): »›Das Leben ist ein langer ruhiger Fluß...‹ Vergangenheitsbewältigung in Deutschland«, in: Cora Stephan (Hg.): *Wir Kollaborateure. Der Westen und die deutschen Vergangenheiten*, Reinbek: Rowohlt, S. 34-50.
Hornstein, Shelley et al. (Hg.) (2003): *Impossible images. Contemporary art after the Holocaust*, New York u.a.: New York Univ. Press.
Hubel, Helmut; May, Bernhard (1995): »Deutschlands historische Last: Das Problem der Vergangenheit als Daueraufgabe«, in: Dies. (Hg.): *Ein »normales« Deutschland? Die souveräne Bundesrepublik in der ausländischen Wahrnehmung*, Bonn: Europa-Union-Verlag, S. 27-46.
Hübner-Funk, Sybille (1998): *Loyalität und Verblendung. Hitlers Garanten der Zukunft als Träger der zweiten deutschen Demokratie*, Potsdam: Berlin-Brandenburg.
Hüllen, Rudolf van (2008): *»Modernisierter Rechtsextremismus«. Eine Herauforderung für die politische Bildung*, Sankt Augustin: Konrad-Adenauer-Stiftung.
Hummel, Karl-Joseph; Kösters, Christoph (Hg.) (2008): *Zwangsarbeit und katholische Kirche 1939-1945. Geschichte und Erinnerung, Entschädigung und Versöhnung. Eine Dokumentation*, Paderborn: Schöningh.
Insdorf, Annette (1983): *Indelible Shadows. Film and the Holocaust*, New York: Random House.
Irmer, Thomas (Red.) (2006): *»...warum es lebenswichtig ist, die Erinnerung wachzuhalten«. Zwangsarbeit für Siemens in Auschwitz und Berlin. Dokumentation einer Begegnung mit ehemaligen KZ-Häftlingen*, Berlin: Metropol.
Isensee, Josef (Hg.) (1992): *Vergangenheitsbewältigung durch Recht? 3 Abhandlungen zu einem deutschen Problem*, Berlin: Duncker & Humblot.
Jacobs, Janet Liebman (2010): *Memorializing the Holocaust. Gender, Genocide and Collective Memory*, London u.a.: Tauris.
Jahr, Christoph (2011): *Antisemitismus vor Gericht: Debatten über die juristische Ahndung judenfeindlicher Agitation in Deutschland (1879-1960)*, Frankfurt am Main/New York: Campus.
Jeismann, Michael (2001): *Auf Wiedersehen Gestern. Die deutsche Vergangenheit und die Politik von morgen*, Stuttgart u.a.: Deutsche Verl.-Anstalt.
Jellonnek, Burkhard (2002): *Nationalsozialistischer Terror gegen Homosexuelle. Verdrängt und ungesühnt*, Paderborn u.a.: Schöningh.
Jensen, Olaf (2004): *Geschichte machen. Strukturmerkmale des intergenerationellen Sprechens über die NS-Vergangenheit in deutschen Familien*, Tübingen: Diskord.
Jesse, Eckhard; Löw, Konrad (Hg.) (1997): *Vergangenheitsbewältigung*, Berlin: Duncker & Humblot.
Joachimsthaler, Jürgen (2007): *Philologie der Nachbarschaft. Erinnerungskultur, Literatur und Wissenschaft zwischen Deutschland und Polen*, Würzburg: Königshausen & Neumann.

Jordan, Raul (2008): *Konfrontation mit der Vergangenheit. Das Medienereignis Holocaust und die politische Kultur der Bundesrepublik Deutschland*, Frankfurt am Main u.a.: Lang.
Jureit, Ulrike; Schneider, Christian (2010): *Gefühlte Opfer. Illusionen der Vergangenheitsbewältigung*, Stuttgart: Klett-Cotta.
—; et al. (Hg.) (2012): *Das Unbehagen an der Erinnerung – Wandlungsprozesse im Gedenken an den Holocaust*, Frankfurt am Main: Brandes & Apsel.
Just-Dahlmann, Barbara; Just, Helmut (1988): *Die Gehilfen. NS-Verbrechen und die Justiz nach 1945*, Frankfurt am Main: Athenäum.
Kaes, Anton (1987): *Deutschlandbilder. Die Wiederkehr der Geschichte als Film*, München: Text+Kritik.
Kailitz, Steffen (Hg.) (2008): *Die Gegenwart der Vergangenheit. Der »Historikerstreit« und die deutsche Geschichtspolitik*, Wiesbaden: VS.
Kämper, Heidrun (2007): *Opfer, Täter, Nichttäter. Ein Wörterbuch zum Schulddiskurs 1945-1955*, Berlin u.a.: de Gruyter.
Kansteiner, Wulf (2006): *In pursuit of German memory. History, television, and politics after Auschwitz*, Athens: Ohio Univ. Press.
Kaplan, Brett Ashley (2006): *Unwanted beauty. Aaesthetic pleasure in Holocaust representation*, Urbana: Univ. of Illinois Press.
Karner, Christian; Mertens, Bram (Hg.) (2013): *The use and abuse of memory. Interpreting World War II in contemporary European politics*, New Brunswick, London: Transaction Publishers.
Keilbach, Judith (2008): *Geschichtsbilder und Zeitzeugen. Zur Darstellung des Nationalsozialismus im bundesdeutschen Fernsehen*, Münster: Lit.
Kellenbach, Katharina von (2013): *The mark of Cain. Guilt and denial in the post-war lives of Nazi perpetrators*, Oxford: Oxford University Press.
Keller, Barbara (1996): *Rekonstruktion von Vergangenheit. Vom Umgang der »Kriegsgeneration« mit Lebenserinnerungen*, Opladen: Westdeutscher.
Kellerhoff, Sven Felix (2013): *Aus der Geschichte lernen. Ein Handbuch zur Aufarbeitung von Diktaturen*, Baden-Baden: Nomos.
Kenkmann, Alfons; Zimmer, Hasko (Hg.) (2006): *Nach Kriegen und Diktaturen. Umgang mit Vergangenheit als internationales Problem. Bilanzen und Perspektiven für das 21. Jahrhundert*, Essen: Klartext.
Kershaw, Ian (2002): *Der NS-Staat. Geschichtsinterpretationen und Kontroversen im Überblick*, erw. u. bearb. Neuausg., Reinbek: Rowohlt.
Kiani, Shida (2013): *Wiedererfindung der Nation nach dem Nationalsozialismus? Konfliktlinien und Positionen in der westdeutschen Nachkriegspolitik*, Wiesbaden: Springer VS.
Kiedaisch, Petra (Hg.) (1995): *Lyrik nach Auschwitz? Adorno und die Dichter*, Stuttgart: Reclam.
Kirsch, Jan Holger (2000): *»Die Zukunft hat eine lange Vergangenheit«. Gedenkdebatten um den Nationalsozialismus im ersten Jahrzehnt der Berliner Republik«*, in: Steffen Bruendel, Nicole Grochowina (Hg.): *Kulturelle Identität*, Berlin: Centre Marc Bloch, S. 136–162.
Kißener, Michael et al. (Hg.) (1995): *Widerstand in Europa. Zeitgeschichtliche Erinnerungen und Studien*, Konstanz: uvk.
Kittel, Manfred (1993): *Die Legende von der »Zweiten Schuld«. Vergangenheitsbewältigung in der Ära Adenauer*, Frankfurt am Main u.a.: Ullstein.
—; (2004): *Nach Nürnberg und Tokio. »Vergangenheitsbewältigung« in Japan und Westdeutschland 1945 bis 1968*, München: Oldenbourg.
—; (2007): *Vertreibung der Vertriebenen? Der historische deutsche Osten in der Erinnerungskultur der Bundesrepublik (1961- 1982)*, München: Oldenbourg.
Klärner, Andreas (2008): *Zwischen Militanz und Bürgerlichkeit. Selbstverständnis und Praxis der extremen Rechten*, Hamburg: Hamburger Ed.
—; Kohlstruck, Michael (Hg.) (2011): *Moderner Rechtsextremismus in Deutschland*, Hamburg: Hamburger Ed.
Klee, Ernst (1986): *Was sie taten – Was sie wurden. Ärzte, Juristen und andere Beteiligte am Kranken- und Judenmord*, Frankfurt am Main: Fischer.

—; (1991): *Persilscheine und falsche Pässe. Wie die Kirchen den Nazis halfen*, Frankfurt am Main: Fischer.

—; (2003): *Das Personenlexikon zum Dritten Reich. Wer war was vor und nach 1945*, Frankfurt am Main: Fischer.

—; (2007): *Das Kulturlexikon zum Dritten Reich. Wer war was vor und nach 1945*, Frankfurt am Main: Fischer.

Kleßmann, Christoph et al. (Hg.) (1999): *Deutsche Vergangenheiten – eine gemeinsame Herausforderung. Der schwierige Umgang mit der doppelten Nachkriegsgeschichte*, Berlin: Links.

Klinkert, Thomas; Oesterle, Günter (Hg.) (2014): *Katastrophe und Gedächtnis*, Berlin: de Gruyter.

Klotz, Johannes; Wiegel, Gerd (Hg.) (2001): *Geistige Brandstiftung. Die neue Sprache der Berliner Republik*, Berlin: Aufbau.

Klundt, Michael (2000): *Geschichtspolitik. Die Kontroversen um Goldhagen, die Wehrmachtsausstellung und das ›Schwarzbuch des Kommunismus‹*, Köln: PapyRossa.

—; (2003): *Erinnern, verdrängen, vergessen. Geschichtspolitische Wege ins 21. Jahrhundert*, Gießen: NBKK.

—; (Hg.) (2004): *Heldenmythos und Opfertaumel. Der Zweite Weltkrieg und seine Folgen im deutschen Geschichtsdiskurs*, Köln: PapyRossa.

Knigge, Volkhard; Frei, Norbert (Hg.) (2002): *Verbrechen erinnern. Die Auseinandersetzung mit Holocaust und Völkermord*, München: Beck.

Knittel, Susanne C. (2015): *The historical uncanny. Disability, ethnicity, and the politics of Holocaust memory*, New York: Fordham University Press.

Knoch, Habbo (2001): *Die Tat als Bild. Fotografien des Holocaust in der deutschen Erinnerungskultur*, Hamburg: Hamburger Ed.

—; (Hg.) (2001): *Das Erbe der Provinz. Heimatpolitik und Geschichtskultur nach 1945*, Göttingen: Wallstein.

—; et al. (Hg.) (2012): *Nationalsozialistische »Volksgemeinschaft«. Studien zur Konstruktion, gesellschaftliche Wirkungsmacht und Erinnerung*, Paderborn: Schöningh.

Koch, Gertrud (1992): *Die Einstellung ist die Einstellung. Visuelle Konstruktionen des Judentums*, Frankfurt am Main: Suhrkamp.

—; (Hg.) (1999): *Bruchlinien. Tendenzen der Holocaustforschung*, Köln u.a.: Böhlau.

Kock, Sonja (Hg.) (2008): *Das Bundeskriminalamt stellt sich seiner Geschichte. Dokumentation einer Kolloquienreihe*, Köln: Luchterhand.

Koebner, Thomas (1987): »Die Schuldfrage. Vergangenheitsverweigerung und Lebenslügen in der Diskussion 1945-1949«, in: Thomas Koebner et al. (Hg.): *Deutschland nach Hitler. Zukunftspläne im Exil und aus der Besatzungszeit 1939-1949*, Opladen: Westdeutscher, S. 301-329.

Köhler, Otto (1989): *Wir Schreibmaschinentäter. Journalisten unter Hitler – und danach*, Köln: Pahl-Rugenstein.

Köhr, Katja (2011): *Die vielen Gesichter des Holocaust. Museale Repräsentationen zwischen Individualisierung, Universalisierung und Nationalisierung*, Göttingen: Vandenhoeck & Ruprecht.

König, Frank (2007): *Die Gestaltung der Vergangenheit. Zeithistorische Orte und Geschichtspolitik im vereinten Deutschland*, Marburg: Tectum.

Kossert, Andreas (2008): *Kalte Heimat. Die Geschichte der deutschen Vertriebenen nach 1945*, München: Siedler.

Köster, Juliane (2001): *Archive der Zukunft. Der Beitrag des Literaturunterrichts zur Auseinandersetzung mit Auschwitz*, Augsburg: Wißner.

Kohlstruck, Michael (1997): *Zwischen Erinnerung und Geschichte. Der Nationalsozialismus und die jungen Deutschen*, Berlin: Metropol.

Kölsch, Julia (2000): *Politik und Gedächtnis. Zur Soziologie funktionaler Kultivierung von Erinnerung*, Wiesbaden: Westdeutscher.

König, Helmut (2003): *Die Zukunft der Vergangenheit. Der Nationalsozialismus im politischen Bewußtsein der Bundesrepublik*, Frankfurt am Main: Fischer.

—; et al. (Hg.) (1998): *Vergangenheitsbewältigung am Ende des zwanzigsten Jahrhunderts*, Opladen u.a.: Westdeutscher.

Konitzer, Werner (Hg.) (2014): *Moralisierung des Rechts. Kontinuitäten und Diskontinuitäten nationalsozialistischer Normativität*, Frankfurt am Main/New York: Campus.

Köppen, Manuel; Scherpe, Klaus R. (Hg.) (1997): *Bilder des Holocaust. Literatur – Film – bildende Kunst*, Köln u.a.: Böhlau.

Köppen, Manuel et al. (Hg.): *Kunst und Literatur nach Auschwitz*, Berlin: Schmidt.

Korn, Salomon (2001): *Geteilte Erinnerung. Beiträge zur »deutsch-jüdischen« Gegenwart*, Berlin: Philo.

Korte, Jan (2009): *Sichtbare Zeichen. Die neue deutsche Geschichtspolitik. Von der Tätergeschichte zur Opfererinnerung*, Köln: PapyRossa.

—; (Hg.) (2011): *Kriegsverrat. Vergangenheitspolitik in Deutschland. Analysen, Kommentare und Dokumente einer Debatte*, Berlin: Dietz

Kramer, Nicole (2009): *Volksgenossinnen an der Heimatfront. Mobilisierung, Verhalten, Erinnerung*, Göttingen: Vandenhoeck & Ruprecht.

Kramer, Sven (1999): *Auschwitz im Widerstreit. Zur Darstellung der Shoah in Film, Philosophie und Literatur*, Wiesbaden: duv.

—; (Hg.) (2003): *Die Shoah im Bild*, München: Text+Kritik.

Krankenhagen, Stefan (2001): *Auschwitz darstellen. Ästhetische Positionen zwischen Adorno, Spielberg und Walser*, Köln u.a.: Böhlau.

Kranz, Tomasz et al. (Hg.) (2008): *Shoah und Zweiter Weltkrieg. Kollektives Gedächtnis und Erinnerungskultur im deutsch-polnischen Vergleich*, Leipzig: Leipziger Univ.-Verlag.

Krauss, Marita (2008): *Integrationen. Vertriebene in den deutschen Ländern nach 1945*, Göttingen: Vandenhoeck & Ruprecht.

Krell, Gert (2008): *Schatten der Vergangenheit. Nazi-Deutschland, Holocaust und Nahost-Konflikt*, Frankfurt am Main: Hessische Stiftung Friedens- und Konfliktforschung.

Krieg, Claudia (2008): *Dimensionen der Erinnerung. Geschichte, Funktion und Verwendung des Erinnerungsbegriffs im Kontext mit den NS-Verbrechen*, Köln: PapyRossa.

Kroh, Jens (2008): *Transnationale Erinnerung. Der Holocaust im Fokus geschichtspolitischer Initiativen*, Frankfurt am Main/New York: Campus.

Krokowski, Heike (2001): *Die Last der Vergangenheit. Auswirkungen nationalsozialistischer Verfolgung auf deutsche Sinti*, Frankfurt am Main/New York: Campus.

Krondorfer, Björn et al. (2006): *Mit Blick auf die Täter. Fragen an die deutsche Theologie nach 1945*, Gütersloh: gvh.

Kronenberg, Volker (Hg.) (2008): *Zeitgeschichte, Wissenschaft und Politik. Der »Historikerstreit« – 20 Jahre danach*, Wiesbaden: VS.

Krüger, Michael (Hg.) (2012): *Erinnerungskultur im Sport. Vom kritischen Umgang mit Carl Diem, Sepp Herberger und anderen Größen des deutschen Sports*, Berlin: Lit.

Kübler, Elisabeth (2011): *Europäische Erinnerungspolitik. Der Europarat und die Erinnerung an den Holocaust*, Bielefeld: transcript.

Kuchler, Christian (Hg.) (2014): *NS-Propaganda im 21. Jahrhundert. Zwischen Verbot und öffentlicher Auseinandersetzung*, Köln u.a.: Böhlau.

Kühne, Thomas (2006): *Kameradschaft. Die Soldaten des nationalsozialistischen Krieges und das 20. Jahrhundert*, Göttingen: Vandenhoeck & Ruprecht.

Kumpfmüller, Michael (1995): *Die Schlacht von Stalingrad. Metamorphosen eines deutschen Mythos*, München: Fink.

Kundnani, Hans (2009): *Utopia or Auschwitz. Germany's 1968 Generation and the Holocaust*, London: Hurst & Co.

Kundrus, Birthe; Steinbacher, Sybille (Hg.) (2013): *Kontinuitäten und Diskontinuitäten. Der Nationalsozialismus in der Geschichte des 20. Jahrhunderts*, Göttingen: Wallstein.

Kurilo, Olga; Herrmann, Gerd-Ulrich (Hg.) (2008): *Täter, Opfer, Helden. Der Zweite Weltkrieg in der weissrussischen und deutschen Erinnerung*, Berlin: Metropol.

Küttler, Wolfgang et al. (Hg.): *Geschichtsdiskurs, Bd. 5: Globale Konflikte, Erinnerungsarbeit und Neuorientierungen seit 1945*, Frankfurt am Main: Fischer.

Kuttner, Sven; Reifenberg, Bernd (Hg.) (2004): *Das bibliothekarische Gedächtnis. Aspekte der Erinnerungskultur an braune Zeiten im deutschen Bibliothekswesen*, Marburg: Univ.-Bibl.

Kwiet, Konrad; Matthäus, Jürgen (Hg.) (2004): *Contemporary responses to the Holocaust*, Westport u.a.: Praeger.

KZ-Gedenkstätte Neuengamme (Hg.) (2015): *Gedenkstätten und Geschichtspolitik*, Bremen: Edition Temmen.

Lammersdorf, Raimund (1999): »Verantwortung und Schuld. Deutsche und amerikanische Antworten auf die Schuldfrage 1945-1947«, in: Heinz Bude, Bernd Greiner (Hg.): *Westbindungen. Amerika in der Bundesrepublik*, Hamburg: Hamburger Ed., S. 231-256.

Landkammer, Joachim (Hg.) (2006): *Erinnerungsmanagement. Systemtransformation und Vergangenheitspolitik im internationalen Vergleich*, Paderborn u.a.: Fink.

Lange, Sigrid (1999): *Authentisches Medium. Faschismus und Holocaust in ästhetischen Darstellungen der Gegenwart*, Bielefeld: Aisthesis.

Langebach, Martin; Sturm, Michael (Hg.) (2015): *Erinnerungsorte der extremen Rechten*, Wiesbaden: Springer VS.

Langer, Lawrence L. (1975): *The Holocaust and the Literary Imagination*, New Haven, London: Yale Univ. Press.

—; (1991): *Holocaust Testimonies. The Ruins of Memory*, New Haven, London: Yale Univ. Press.

—; (2006): *Using and abusing the Holocaust*, Bloomington u.a.: Indiana Univ. Press.

Lappin, Eleonore; Schneider, Bernhard (Hg.) (2001): *Die Lebendigkeit der Geschichte. (Dis-)Kontinuitäten in Diskursen über den Nationalsozialismus*, St. Ingbert: Röhrig.

Laurien, Ingrid (1991): *Politisch-kulturelle Zeitschriften in den Westzonen 1945-1949. Ein Beitrag zur politischen Kultur der Nachkriegszeit*, Frankfurt am Main u.a.: Lang.

Lebow, Richard Ned et al. (Hg.) (2006): *The politics of memory in postwar Europe*, Durham u.a.: Duke Univ. Press.

Leggewie, Claus (2010): *Der Kampf um die europäische Erinnerung. Ein Schlachtfeld wird besichtigt*, München: Beck.

—; Meyer, Erik (2005): *›Ein Ort, an den man gerne geht.‹ Das Holocaust-Mahnmal und die deutsche Geschichtspolitik nach 1989*, München u.a.: Hanser.

Lehn, Marcel vom (2012): *Westdeutsche und italienische Historiker als Intellektuelle? Ihr Umgang mit Nationalsozialismus und Faschismus in den Massenmedien (1943/45-1960)*, Göttingen: Vandenhoeck & Ruprecht.

Lehrke, Gisela (1988): *Gedenkstätten für die Opfer des Nationalsozialismus. Historisch-politische Bildung an Orten des Widerstands und der Verfolgung*, Frankfurt am Main/New York: Campus.

Lenarczyk, Wojciech et al. (Hg.) (2007): *KZ-Verbrechen. Beiträge zur Geschichte der nationalsozialistischen Konzentrationslager und ihrer Erinnerung*, Berlin: Metropol.

Lenz, Claudia et al. (Hg.) (2002): *Erinnerungskulturen im Dialog. Europäische Perspektiven auf die NS-Vergangenheit*, Hamburg: Unrast.

Lepsius, M. Rainer (1993): »Das Erbe des Nationalsozialismus und die politische Kultur der Nachfolgestaaten des ›Großdeutschen Reiches‹«, in: Ders.: *Demokratie in Deutschland. Soziologisch-historische Konstellationsanalysen*, Göttingen: Vandenhoeck & Ruprecht, S. 229-245.

Levin, Aline (2007): *Erinnerung? Verantwortung? Zukunft? Die Beweggründe für die gemeinsame Entschädigung durch den deutschen Staat und die deutsche Industrie für historisches Unrecht*, Frankfurt am Main u.a.: Lang.

Levy, Daniel; Sznayder, Natan (2001): *Erinnerung im globalen Zeitalter. Der Holocaust*, Frankfurt am Main: Suhrkamp.

Leys, Ruth (2007): *From Guilt to Shame. Auschwitz and After*, Princeton: Princeton Univ. Press.

Lichtenstein, Heiner; Romberg, Otto R. (Hg.) (1997): *Täter – Opfer – Folgen. Der Holocaust in Geschichte und Gegenwart*, Bonn: Bundeszentrale für politische Bildung.

Liermann, Christiane (Hg.) (2007): *Vom Umgang mit der Vergangenheit. Ein deutsch-italienischer Vergleich/Come affrontare il passato? Un dialogo italo-tedesco*, Tübingen: Niemeyer.

Lillteicher, Jürgen (Hg.) (2006): *Profiteure des NS-Systems? Deutsche Unternehmen und das »Dritte Reich«*, Berlin: Nicolai.

—; (2007): *Raub, Recht und Restitution. Die Rückerstattung jüdischen Eigentums in der frühen Bundesrepublik*, Göttingen: Wallstein.
Liniger, Reto (2007): *Wandel in der Auseinandersetzung der Bundesrepublik Deutschland mit der NS-Vergangenheit. Eine Reise durch die 1950er Jahre in die frühen 1960er Jahre*, Bern: Historisches Institut.
Littrup, Andrea (2009): *Tabu und Identität. Eine narrative Analyse von Identitätsprozessen der Hitlerjugend-Generation nach 1945*, Berlin: Lit.
Loewy, Hanno (Hg.) (1992): *Holocaust. Die Grenzen des Verstehens. Eine Debatte über die Besetzung der Geschichte*, Reinbek: Rowohlt.
—; Moltmann, Bernhard (Hg.) (1996): *Erlebnis – Gedächtnis – Sinn. Authentische und konstruierte Erinnerung*, Frankfurt am Main/New York: Campus.
—; Winter, Bettina (Hg.) (1996): *NS-»Euthanasie« vor Gericht. Fritz Bauer und die Grenzen juristischer Bewältigung*, Frankfurt am Main/New York: Campus.
Löffler, Ulrich (2004): *Instrumentalisierte Vergangenheit? Die nationalsozialistische Vergangenheit als Argumentationsfigur in der Rechtsprechung des Bundesverfassungsgerichts*, Frankfurt am Main u.a.: Lang.
Lohl, Jan (2010): *Gefühlserbschaft und Rechtsextremismus. Eine sozialpsychologische Studie zur Generationengeschichte des Nationalsozialismus*, Gießen: Psychosozial.
Lohrbächer, Albrecht et al. (Hg.) (1999): *Schoa – Schweigen ist unmöglich. Erinnern, Lernen, Gedenken*, Stuttgart u.a.: Kohlhammer.
Lorenz, Hilke (2012): *Weil der Krieg unsere Seele frisst. Wie die blinden Flecken der Vergangenheit bis heute nachwirken*, Berlin: Ullstein.
Longerich, Peter (2006): *»Davon haben wir nichts gewusst«. Die Deutschen und die Judenverfolgung 1933-1945*, München: Siedler.
Loth, Wilfried; Rusinek, Bernd-A. (Hg.) (1998): *Verwandlungspolitik. NS-Eliten in der westdeutschen Nachkriegsgesellschaft*, Frankfurt am Main/New York: Campus.
Lotz, Christian (2007): *Die Deutung des Verlustes. Eerinnerungspolitische Kontroversen im geteilten Deutschland um Flucht, Vertreibung und die Ostgebiete (1948-1972)*, Köln u.a.: Böhlau.
Lübbe, Hermann (1983): »Der Nationalsozialismus im deutschen Nachkriegsbewusstsein«, in: *Historische Zeitschrift* 236, S. 579-599.
—; (2007): *Vom Parteigenossen zum Bundesbürger. Über beschwiegene und historisierte Vergangenheiten*, Paderborn u.a.: Fink.
Luczewski, Michal; Wiedmann, Jutta (Hg.) (2011): *Erinnerungskultur des 20. Jahrhunderts. Analysen deutscher und polnischer Erinnerungsorte*, Frankfurt am Main u.a.: Lang.
Lüdeker, Gerhard Jens (2012): *Kollektive Erinnerung und nationale Identität. Nationalsozialismus, DDR und Wiedervereinigung im deutschen Spielfilm nach 1989*, München: Text+Kritik.
Ludi, Regula (2012): *Reparations for Nazi Victims in Postwar Europe*, Cambridge: Cambridge Univ. Press.
Lüdtke, Alf (1993): »»Coming to Terms with the Past«: Illusions of Remenbering, Ways of Forgetting Nazism in West Germany«, in: *Journal of Modern History* 65, S. 542-572.
Lühe, Irmela von der et al. (Hg.) (2008): *Auch in Deutschland waren wir nicht wirklich zu Hause. Jüdische Remigration nach 1945*, Göttingen: Wallstein.
Maier, Charles S. (1988): *The Unmasterable Past. History, Holocaust, and German National Identity*, Cambridge: Harvard Univ. Press.
Mank, Ute (2011): *Zwischen Trauma und Rechtfertigung. Wie sich ehemalige Wehrmachtssoldaten an den Krieg erinnern*, Frankfurt am Main/New York: Campus.
Marcuse, Harold et al. (1985): *Steine des Anstosses. Nationalsozialismus und Zweiter Weltkrieg in Denkmalen 1945-1985*, Hamburg: Museum für Hamburgische Geschichte.
Margalit, Gilad (2004): »Gedenk- und Trauerkultur im Nachkriegsdeutschland. Anmerkungen zur Architektur«, in: *Mittelweg 36* 13 H. 2, S. 76-92.
Martens, Stephan (Hg.) (2007): *La France, l'Allemagne et la Seconde Guerre mondiale. Quelles memoires?*, Pessac: Presses Univ. de Bordeaux.
Martinez, Matias (Hg.) (2004): *Der Holocaust und die Künste. Medialität und Authentizität von*

Holocaust-Darstellungen in Literatur, Film, Video, Malerei, Denkmälern, Comic und Musik, Bielefeld: Aisthesis.

Marßolek, Inge (1995): »Nationalsozialismus, kollektives Gedächtnis und Politik in der Adenauer-Ära«, in: Dies., Till Schelz-Brandenburg (Hg.): *Soziale Demokratie und sozialistische Theorie. Festschrift für Hans-Josef Steinberg zum 60. Geburtstag*, Bremen: Ed. Temmen, S. 184-96.

Mauser, Wolfram; Pfeiffer, Joachim (Hg.) (2004): *Erinnern*, Würzburg: Königshausen & Neumann.

McKale, Donald M. (2012): *Nazis after Hitler. How Perpetrators of the Holocaust Cheated Justice and Truth*, Lanham: Rowman & Littlefield.

Mecking, Sabine; Schröder, Stephan (Hg.) (2005): *Kontrapunkt. Vergangenheitsdiskurse und Gegenwartsverständnis*, Essen: Klartext..

Meier, Christian (1990): *Vierzig Jahre nach Auschwitz. Deutsche Geschichtserinnerung heute*, München: Beck.

Meinecke, William F.; Zapruder, Alexandra; Grunder, Kathryn (2009): *Law, Justice, and the Holocaust*, Washington, DC: United States Holocaust Memorial Museum.

Meseth, Wolfgang et al. (Hg.) (2004): *Schule und Nationalsozialismus. Anspruch und Grenzen des Geschichtsunterrichts*, Frankfurt am Main/New York: Campus.

Messerschmidt, Astrid (2003): *Bildung als Kritik der Erinnerung. Lernprozesse in Geschlechterdiskursen zum Holocaust-Gedächtnis*, Frankfurt am Main: Brandes & Apsel.

Messerschmidt, Manfred; Wüllner, Fritz (1987): *Die Wehrmachtjustiz im Dienste des Nationalsozialismus. Zerstörung einer Legende*, Baden-Baden: Nomos.

Meyer, Erik (Hg.) (2009): *Erinnerungskultur 2.0. Kommemorative Kommunikation in digitalen Medien*, Frankfurt am Main/New York: Campus.

Meyer, Gabi (2013): *Offizielles Erinnern und die Situation der Sinti und Roma in Deutschland. Der nationalsozialistische Völkermord in den parlamentarischen Debatten des Deutschen Bundestages*, Wiesbaden: Springer.

Meyers, Oren et al. (2014): *Communicating awe. Media memory and holocaust commemoration*, Basingstoke et al.: Palgrave Macmillan.

Meyers, Peter; Riesenberger, Dieter (Hg.) (1979): *Der Nationalsozialismus in der historisch-politischen Bildung*, Göttingen: Vandenhoeck & Ruprecht.

Michaelis, Andree (2013): *Erzählräume nach Auschwitz. Literarische und videographierte Zeugnisse von Überlebenden der Shoah*, Berlin: Akademie.

Michman, Dan (Hg.) (2002): *Remembering the Holocaust in Germany 1945-2000. German strategies and Jewish responses*, New York u.a.: Lang.

Mildt, Dick de (Hg.) (2009): *Tatkomplex: NS-Euthanasie. Die ost- und westdeutschen Strafurteile seit 1945*, 2 Bde., Amsterdam: Amsterdam Univ. Press.

—; Rüter, Christiaan Frederik (2003): *Staatsverbrechen vor Gericht*, Amsterdam: Amsterdam Univ. Press.

Miquel, Marc von (2004): *Ahnden oder amnestieren? Westdeutsche Justiz und Vergangenheitspolitik in den sechziger Jahren*, Göttingen: Wallstein.

Misselwitz, Charlotte; Siebeck, Cornelia (Hg.) (2009): *Dissonant Memories – Fragmented Present. Exchanging Young Discourses between Israel and Germany*, Bielefeld: transcript.

Mitscherlich, Alexander; Mitscherlich, Margarethe (1990): *Die Unfähigkeit zu trauern. Grundlagen kollektiven Verhaltens*, München: Pieper.

Miyake, Akiko (Hg.) (2011): *Erinnerungskultur in Deutschland nach dem Zweiten Weltkrieg*, Tokyo: Nihon-Dokubun-Gakkai.

Möckel, Benjamin (2014): *Erfahrungsbruch und Generationsbehauptung. Die Kriegsjugendgeneration in den beiden deutschen Nachkriegsgesellschaften*, Göttingen: Wallstein.

Möller, Frank; Mählert, Ulrich (Hg.) (2008): *Abgrenzung und Verflechtung. Das geteilte Deutschland in der zeithistorischen Debatte*, Berlin: Metropol..

Möller, Thomas (Hg.) (2001): *Die Vergangenheit in der Gegenwart. Konfrontationen mit den Folgen des Holocaust im deutschen Nachkriegsfilm*, Frankfurt am Main: Deutsches Filminstitut.

Moller, Sabine (1998): *Die Entkonkretisierung der NS-Herrschaft in der Ära Kohl. Die Neue Wache, das Denkmal für die ermordeten Juden Europas, das Haus der Geschichte der Bundesrepublik Deutschland*, Hannover: Offizin.
—; (2003): *Vielfache Vergangenheit. Öffentliche Erinnerungskulturen und Familienerinnerungen an die NS-Zeit in Ostdeutschland*, Tübingen: Diskord.
Moltmann, Bernhard et al. (Hg.) (1993): *Erinnerung. Zur Gegenwart des Holocaust in Deutschland-West und Deutschland-Ost*, Frankfurt am Main: Haag+Herchen.
Mommsen, Hans (1979): »Die Last der Vergangenheit«, in: Jürgen Habermas (Hg.): *Stichworte zur »Geistigen Situation der Zeit«*, Frankfurt am Main: Suhrkamp, S. 164-183.
Mommsen, Wolfgang J. (1997): »Der historische Ort des Nationalsozialismus in der deutschen Geschichte«, in: Holger Afflerbach, Christoph Cornelißen (Hg.): *Sieger und Besiegte. Materielle und ideelle Neuorientierungen nach 1945*, Tübingen, Basel: Francke, S. 365-386.
Morina, Christina (2011): *Legacies of Stalingrad. Remembering the Eastern Front in Germany since 1945*, Cambridge: Cambridge Univ. Press.
Moses, A. Dirk (2007): *German Intellectuals and the Nazi Past*, Cambridge: Cambridge Univ. Press.
Müller, Claudia et al. (Hg.) (2014): *Die Shoah in Geschichte und Erinnerung Perspektiven medialer Vermittlung in Italien und Deutschland*, Bielefeld: transcript.
Müller, Ingo (1987): *Furchtbare Juristen. Die unbewältigte Vergangenheit unserer Justiz*, München: Kindler.
Münkler, Herfried; Hacke, Jan (Hg.) (2009): *Wege in die neue Bundesrepublik. Politische Mythen und kollektive Selbstbilder nach 1989*, Frankfurt am Main/New York: Campus.
Muñoz Conde, Francisco; Vormbaum, Thomas (Hg.) (2010): *Transformation von Diktaturen in Demokratien und Aufarbeitung der Vergangenheit*, Berlin: de Gruyter.
Musiol, Jörg (2006): *Vergangenheitsbewältigung in der Bundesrepublik. Kontinuität und Wandel in den späten 1970er Jahren*, Marburg: Tectum.
Musiol, Anna (2011): *Erinnern und Vergessen. Erinnerungskulturen im Lichte der deutschen und polnischen Vergangenheitsdebatten*, Wiesbaden: VS.
Naumann, Klaus (1996): »Die Rhetorik des Schweigens. Die Lagerbefreiungen im Gedächtnisraum der Presse 1995«, in: *Mittelweg 36* 5, H. 3, S. 23-30.
—; (1998): *Der Krieg als Text. Das Jahr 1945 im kulturellen Gedächtnis der Presse*, Hamburg: Hamburger Ed.
—; (2004) »Institutionalisierte Ambivalenz. Deutsche Erinnerungspolitik und Gedenkkultur nach 1945«, in: *Mittelweg 36* 13, H. 2, S. 64-75.
—; (Hg.) (2001): *Nachkrieg in Deutschland*, Hamburg: Hamburger Ed.
Niedhart, Gottfried; Riesenberger, Dieter (Hg.) (1992): *Lernen aus dem Krieg? Deutsche Nachkriegszeiten 1918/1945*, München: Beck.
Niethammer, Lutz (1999): *Deutschland danach. Postfaschistische Gesellschaft und nationales Gedächtnis*, Bonn: Dietz.
Niven, William John (2001): *Facing the Nazi past. United Germany and the legacy of the Third Reich*, London: Routledge.
Noack, Bettina (2010): *Gedächtnis in Bewegung. Die Erinnerung an Weltkrieg und Holocaust im Kino*, Paderborn: Fink.
Novick, Peter (2001): *Nach dem Holocaust. Der Umgang mit dem Massenmord*, Stuttgart: Deutsche Verl.-Anst.
Nussberger, Angelika; Gall, Caroline von (Hg.) (2011): *Bewusstes Erinnern und bewusstes Vergessen. Der juristische Umgang mit der Vergangenheit in den Ländern Mittel- und Osteuropas*, Tübingen: Mohr Siebeck.
Oberreuter, Heinrich (2010): *Wendezeiten. Zeitgeschichte als Prägekraft politischer Kultur*, München: Olzog.
—; Weber, Jürgen (Hg.) (1996): *Freundliche Feinde? Die Alliierten und die Demokratiegründung in Deutschland*, Landsberg: Olzog.

O 'Dochartaigh, Pól (Hg.) (2000): *Jews in German literature since 1945. German-Jewish literature?*, Amsterdam u.a.: Rodopi.

—; Schönfeld, Christiane (Hg.) (2013): *Representing the »good German« in literature and culture after 1945. Altruism and moral ambiguity*, Rochester: Camden House.

Oehler-Klein, Sigrid; Roelcke, Volker (Hg.) (2007): *Vergangenheitspolitik in der universitären Medizin nach 1945. Institutionelle und individuelle Strategien im Umgang mit dem Nationalsozialismus*, Stuttgart: Steiner.

Oellers, Norbert (Hg.) (1995): *Vom Umgang mit der Shoah in der deutschen Nachkriegsliteratur*, Berlin: Schmidt.

Oesterle, Günter (Hg.) (2005): *Erinnerung, Gedächtnis, Wissen. Studien zur kulturwissenschaftlichen Gedächtnisforschung*, Göttingen: Vandenhoeck & Ruprecht.

Offe, Sabine (2000): *Ausstellungen, Einstellungen, Entstellungen. Jüdische Museen in Deutschland und Österreich*, Berlin u.a.: Philo.

Osterloh, Jörg et al. (Hg.) (2011): *NS-Prozesse und deutsche Öffentlichkeit. Besatzungszeit, frühe Bundesrepublik und DDR*, Göttingen: Vandenhoeck & Ruprecht.

Ostermann, Patrick et al. (Hg.) (2012): *Der Grenzraum als Erinnerungsort. Über den Wandel zu einer postnationalen Erinnerungskultur in Europa*, Bielefeld: transcript.

Ostheimer, Michael (2013): *Ungebetene Hinterlassenschaften. Zur literarischen Imagination über das familiäre Nachleben des Nationalsozialismus*, Göttingen: V&R unipress.

Patterson, David; Roth, John K. (Hg.) (2004): *After-words. Post-Holocaust struggles with forgiveness, reconciliation, justice*, Seattle u.a.: Univ. of Washington Press.

Paul, Gerhard; Schossig, Bernhard (Hg.) (2010): *Öffentliche Erinnerung und Medialisierung des Nationalsozialismus. Eine Bilanz der letzten dreißig Jahre*, Göttingen: Wallstein.

Paver, Chloe E. M. (2007): *Refractions of the Third Reich in German and Austrian Fiction and Film*, Oxford: Oxford Univ. Press.

Pearce, Caroline (2008): *Contemporary Germany and the Nazi legacy*, Basingstoke u.a.: Palgrave Macmillan.

Pehle, Walter H. (Hg.) (1990): *Der historische Ort des Nationalsozialismus. Annäherungen*, Frankfurt am Main: Fischer.

—; Sillem, Peter (Hg.) (1992): *Wissenschaft im geteilten Deutschland. Restauration oder Neubeginn nach 1945?*, Frankfurt am Main: Fischer.

Perels, Joachim (1996): *Wider die »Normalisierung« des Nationalsozialismus. Interventionen gegen die Verdrängung*, Hannover: Offizin.

—; (1999): *Das juristische Erbe des »Dritten Reiches«. Beschädigungen der demokratischen Rechtsordnung*, Frankfurt am Main/New York: Campus.

—; (2004): *Entsorgung der NS-Herrschaft? Konfliktlinien im Umgang mit dem Hitler-Regime*, Hannover: Offizin.

—; (Hg.) (2010): *Auschwitz in der deutschen Geschichte*, Hannover: Offizin.

—; Wette, Wolfram (Hg.) (2011): *Mit reinem Gewissen. Wehrmachtrichter in der Bundesrepublik und ihre Opfer*, Berlin: Aufbau.

Petropoulos, Jonathan; Roth, John K. (Hg.) (2005): *Gray zones. Ambiguity and compromise in the Holocaust and its aftermath*, New York: Berghahn.

Philipp, Marc J. (2008): *»Hitler ist tot, aber ich lebe noch.« Zeitzeugenerinnerungen an den Nationalsozialismus*, Berlin: Be.bra.

Piel, Ingo (2001): *Die Judenverfolgung in autobiographischer Literatur. Erinnerungstexte nichtjüdischer Deutscher nach 1945*, Frankfurt am Main: Lang.

Pieper, Katrin (2006): *Die Musealisierung des Holocaust. Das Jüdische Museum Berlin und das U.S. Holocaust Memorial Museum in Washington D.C*, Köln u.a.: Böhlau.

Platen, Edgar (2001): *Perspektiven literarischer Ethik. Erinnern und Erfinden in der Literatur der Bundesrepublik*, Tübingen: Francke.

Plato, Alexander von et al. (Hg.) (2008): *Hitlers Sklaven. Lebensgeschichtliche Analysen zur Zwangsarbeit im internationalen Vergleich*, Köln u.a.: Böhlau

Platt, Kristin (2012): *Bezweifelte Erinnerung, verweigerte Glaubhaftigkeit. Überlebende des Holocaust in den Ghettorenten-Verfahren*, Paderborn: Fink.
Plunka, Gene A. (2009): *Holocaust Drama. The Theater of Atrocity*, Cambridge: Cambridge Univ. Press.
Porombka, Stephan; Schmundt, Hilmar (Hg.) (2005): *Böse Orte. Stätten nationalsozialistischer Selbstdarstellung – heute*, Berlin: Claassen.
Pöschko, Hans H. (Hg.) (2008): *Die Ermittler von Ludwigsburg. Deutschland und die Aufklärung nationalsozialisticher Verbrechen*, Berlin: Metropol.
Postone, Moishe; Santer, Eric L. (Hg.) (2003): *Catastrophe and meaning. The Holocaust and the twentieth century*, Chicago: Univ. of Chicago Press.
Pöttker, Horst (2005): *Abgewehrte Vergangenheit. Beiträge zur deutschen Erinnerung an den Nationalsozialismus*, Köln: Halem.
Pütz, Johanna (1999): *In Beziehung zur Geschichte sein. Frauen und Männer der dritten Generation in ihrer Auseinandersetzung mit dem Nationalsozialismus*, Frankfurt am Main: Lang.
Raim, Edith (2013): *Justiz zwischen Diktatur und Demokratie. Wiederaufbau und Ahndung von NS-Verbrechen in Westdeutschland 1945-1949*, München: Oldenbourg.
—; (2015): *Nazi crimes against Jews and German post-war justice. The West German Judicial system during allied occupation (1945-1949)*, Berlin: de Gruyter Oldenbourg.
Radtke, Henning (Hg.) (2007): *Historische Dimensionen von Kriegsverbrecherprozessen nach dem Zweiten Weltkrieg*, Baden-Baden: Nomos.
Rathenow, Hanns F. (Hg.) (2007): *Essays nach Auschwitz. Ein Seminar 40 Jahre nach Adornos Radiovortrag*, Herbolzheim: Centaurus.
Rathenow, Hanns-Fred et al. (Hg.) (2013): *Handbuch Nationalsozialismus und Holocaust. Historisch-politisches Lernen in Schule, außerschulischer Bildung und Lehrerbildung*, Schwalbach im Taunus: Wochenschau-Verlag.
Rathgeb, Eberhard (Hg.) (2005): *Deutschland kontrovers. Debatten 1945 bis 2005*, München, Wien: Hanser.
Rathkolb, Oliver (Hg.) (2002): *Revisiting the National Socialist legacy. Coming to terms with forced labor, expropriation, compensation, and restitution*, Innsbruck: Studien-Verlag.
Rau, Petra (2013): *Our Nazis. Representations of fascism in contemporary literature and film*, Edinburgh: Edinburgh University Press.
Raueiser, Stefan (Hg.) (2011): *Den Opfern ihre Namen geben. NS-»Euthanasie«-Verbrechen, historisch-politische Verantwortung und Erinnerungskultur*, Münster: Klemm + Oelschläger.
Rauschenbach, Brigitte (Hg.) (1992): *Erinnern, Wiederholen, Durcharbeiten. Zur Psychoanalyse deutscher Wenden*, Berlin: Aufbau.
Rauwald, Marianne (Hg.) (2013): *Vererbte Wunden. Transgenerationale Weitergabe traumatischer Erfahrungen*, Weinheim, Basel: Beltz.
Reeken, Dietmar von; Thießen, Malte (Hg.) (2013): *»Volksgemeinschaft« als soziale Praxis. Neue Forschungen zur NS-Gesellschaft vor Ort*, Paderborn: Schöningh.
Reemtsma, Jan Philipp (2001): *»Wie hätte ich mich verhalten?« und andere nicht nur deutsche Fragen*, München: Beck.
Reichel, Peter (1995): *Politik mit der Erinnerung. Gedächtnisorte im Streit um die nationalsozialistische Vergangenheit*, München: Beck.
—; (2001): *Vergangenheitsbewältigung in Deutschland. Die Auseinandersetzung mit der NS-Diktatur von 1945 bis heute*, München: Beck.
—; (2004): *Erfundene Erinnerung. Weltkrieg und Judenmord in Film und Theater*, München: Hanser.
—; (2009): *Der Nationalsozialismus – die zweite Geschichte: Überwindung, Deutung, Erinnerung*, München: Beck.
Reichold, Kathrin Anne (2014): *Arbeit an der Erinnerung. Die Bewältigung der Vergangenheit in der deutschen und spanischen Literatur der Gegenwart*, Würzburg: Königshausen & Neumann.
Reinicke, David et al. (Hg.) (2014): *Gemeinschaft als Erfahrung. Kulturelle Inszenierungen und soziale Praxis 1930–1960*, Paderborn: Schönigh.

Reiter, Margit (2006): *Die Generation danach. Der Nationalsozialismus im Familiengedächtnis*, Innsbruck: Studien-Verlag.
Rensmann, Lars (2004): *Demokratie und Judenbild. Antisemitismus in der politischen Kultur der Bundesrepublik Deutschland*, Wiesbaden: VS.
Rieger, Diana et al. (2013): *Propaganda 2.0 – Psychological Effects of Right-Wing and Islamic Extremist Internet Videos*, Köln: Luchterhand.
Ritscher, Wolf et al. (2013): *Bildungsarbeit an den Orten nationalsozialistischen Terrors. »Erziehung nach, in und über Auschwitz hinaus«*, Weinheim et al.: Beltz Juventa.
Ritz, Christian (2012): *Schreibtischtäter vor Gericht. Das Verfahren vor dem Münchner Landgericht wegen der Deportation der niederländischen Juden (1959–1967)*, Paderborn: Schöningh.
Robbe, Tilmann (2008): *Historische Forschung und Geschichtsvermittlung. Erinnerungsorte in der deutschsprachigen Geschichtswissenschaft*, Göttingen: V & R Unipress.
Robel, Yvonne (2013): *Verhandlungssache Genozid. Zur Dynamik geschichtspolitischer Deutungskämpfe*, Paderborn: Wilhelm Fink.
Roebling-Grau, Iris; Rupnow, Dirk (Hg.) (2015): *›Holocaust‹-Fiktion. Kunst jenseits der Authentizität*, Paderborn: Wilhelm Fink.
Röger, Maren (2010): *Flucht, Vertreibung und Umsiedlung. Mediale Erinnerungen und Debatten in Deutschland und Polen seit 1989*, Marburg: Herder-Institut.
Roelcke, Volker et al. (2014): *Silence, Scapegoats, Self-Reflection. The Shadow of Nazi Medical Crimes on Medicine and Bioethics*, Göttingen: V&R unipress.
Rosenfeld, Alvin H. (2011): *The End of the Holocaust. Cultural Representations and Misrepresentations of the Holocaust*, Bloomington: Indiana Univ. Press.
—; (Hg.) (1997): *Thinking about the Holocaust. After Half a Century*, Bloomington: Indiana Univ. Press.
Rosenfeld, Gavriel D. (2005): *The world Hitler never made. Alternate history and the memory of Nazism*, Cambridge: Cambridge Univ. Press.
—; Jaskot, Paul B. (Hg.) (2008): *Beyond Berlin. Twelve German Cities Confront the Nazi Past*, Ann Arbor: Univ. of Michigan Press.
Rosenthal, Gabriele (Hg.) (1986): *Die Hitlerjugend-Generation. Biographische Thematisierung als Vergangenheitsbewältigung*, Essen: Blaue Eule.
—; (Hg.) (1999): *Der Holocaust im Leben von drei Generationen. Familien von Überlebenden der Shoah und von Nazi-Tätern*, 3. korr. Aufl., Gießen: Psychosozial.
Rottgart, Elke (1993): *Elternhörigkeit – Nationalsozialismus in der Generation danach. Eine empirische Untersuchung der Eltern-Kind-Verhältnisse vor dem Hintergrund der nationalsozialistischen Vergangenheit*, Hamburg: Kovač.
Roth, Karl Heinz (1999): *Geschichtsrevisionismus. Die Wiedergeburt der Totalitarismustheorie*, Hamburg: konkret.
Rothe, Katharina (2009): *Das (Nicht-)Sprechen über die Judenvernichtung. Psychische Weiterwirkungen des Holocaust in mehreren Generationen nicht-jüdischer Deutscher*, Gießen: Psychosozial.
Rottleuthner, Hubert (2010): *Karrieren und Kontinuitäten deutscher Justizjuristen vor und nach 1945*, Berlin: BWV.
Rückerl, Adalbert (1977): *NS-Vernichtungslager im Spiegel deutscher Strafprozesse*, München: dtv.
—; (1979): *Die Strafverfolgung von NS-Verbrechen 1945-1978. Eine Dokumentation*, Heidelberg: Müller.
—; (1984): *NS-Verbrechen vor Gericht. Versuch einer Vergangenheitsbewältigung*, Heidelberg: Müller.
Rupnow, Dirk (2005): *Vernichten und Erinnern. Spuren nationalsozialistischer Gedächtnispolitik*, Göttingen: Wallstein.
—; (2006): *Aporien des Gedenkens. Reflexionen über ›Holocaust‹ und Erinnerung*, Freiburg im Breisgau: Rombach.
Rüsen, Jörn; Straub, Jürgen (Hg.) (1998): *Die dunkle Spur der Vergangenheit. Psychoanalytische Zugänge zum Geschichtsbewusstsein*, Frankfurt am Main: Suhrkamp.

Rueter, Christiaan Frederic (Hg.) (2002): *Justiz und NS-Verbrechen. Sammlung deutscher Strafurteile wegen nationalsozialistischer Tötungsverbrechen*, Amsterdam: Amsterdam Univ. Press.
—; de Mildt, Dick W. (1998): *Die westdeutschen Strafverfahren wegen nationalsozialistischer Tötungsverbrechen 1945-1997*, Amsterdam u.a.: Apa – Holland Univ. Press.
Rupprecht, Nancy E.; Koenig, Wendy (Hg.) (2013): *The Holocaust and World War II: In History and In Memory*, Newcastle upon Tyne: Cambridge Scholars.
Rürup, Reinhard (Hg.) (2014): *Der lange Schatten des Nationalsozialismus: Geschichte, Geschichtspolitik und Erinnerungskultur*, Göttingen: Wallstein.
Sabrow, Martin et al. (Hg.) (2003): *Zeitgeschichte als Streitgeschichte. Große Kontroversen nach 1945*, München: Beck.
Salzborn, Samuel (2008): *Geteilte Erinnerung. Die deutsch-tschechischen Beziehungen und die sudetendeutsche Vergangenheit*, Frankfurt am Main u.a.: Lang.
Salzborn, Samuel (2014): *Rechtsextremismus. Erscheinungsformen und Erklärungsansätze*, Baden-Baden: Nomos.
Schaal, Gary S.; Wöll, Andreas (Hg.) (1997): *Vergangenheitsbewältigung. Modelle der politischen und sozialen Integration in der bundesrepublikanischen Nachkriegsgeschichte*, Baden-Baden: Nomos.
Schaarschmidt, Thomas (Hg.) (2008): *Historisches Erinnern und Gedenken im Übergang vom 20. zum 21. Jahrhundert*, Frankfurt am Main u.a.: Lang.
Schafft, Gretchen E.; Zeidler, Gerhard (1996): *Die KZ- Mahn- und Gedenkstätten in Deutschland*, Berlin: Dietz.
Schefczyk, Michael (2012): *Verantwortung für historisches Unrecht. Eine philosophische Untersuchung*, Berlin u.a.: de Gruyter.
Scheil, Stefan (2012): *Transatlantische Wechselwirkungen. Der Elitenwechsel in Deutschland nach 1945*, Berlin: Duncker & Humblot.
Schildt, Axel; Sywottek, Arnold (Hg.) (1993): *Modernisierung im Wiederaufbau. Die westdeutsche Gesellschaft der 50er Jahre*, Bonn: Dietz.
Schildt, Axel et al. (Hg.) (2000): *Dynamische Zeiten. Die 60er Jahre in den beiden deutschen Gesellschaften*, Hamburg: Christians.
Schilling, Klaus von (2001): *Die Gegenwart der Vergangenheit. Die Kultur der Bewältigung und ihr Scheitern im politischen Drama von Max Frisch bis Thomas Bernhard*, Tübingen: Narr.
Schlant, Ernestine (2001): *Die Sprache des Schweigens. Die deutsche Literatur und der Holocaust*, München: Beck.
Schlusche, Günter (2006): *Architektur der Erinnerung. NS-Verbrechen in der europäischen Gedenkkultur*, Berlin: Nicolai.
Schmaler, Dirk (2013): *Die Bundespräsidenten und die NS-Vergangenheit. Zwischen Aufklärung und Verdrängung*, Frankfurt am Main: Peter Lang.
Schmid, Harald (Hg.) (2009): *Erinnerungskultur und Regionalgeschichte*, München: Meidenbauer.
—; Krzymianowska, Justyna (Hg.) (2007): *Politische Erinnerung. Geschichte und kollektive Identität*, Würzburg: Königshausen & Neumann.
Schmidt, Holger J. (2010): *Antizionismus, Israelkritik und »Judenknax«. Antisemitismus in der deutschen Linken nach 1945*, Bonn: Bouvier.
Schmidt, Siegmar et al. (Hg.) (2009): *Amnesie, Amnestie oder Aufarbeitung? Zum Umgang mit autoritären Vergangenheiten und Menschenrechtsverletzungen*, Wiesbaden: VS.
Schmitz, Helmut (2004): *On their own terms. The legacy of national socialism in post-1990 German fiction*, Birmingham: Univ. of Birmingham Press.
—; (Hg.) (2007): *A Nation of Victims? Representations of German Wartime Suffering from 1945 to the Present*, Amsterdam u.a.: Rodopi.
—; Seidel-Arpaci, Annette (Hg.) (2011): *Narratives of Trauma. Discourses of German Wartime Suffering in National and International Perspective*, Amsterdam u.a.: Rodopi.
Schmoller, Andreas (2010): *Vergangenheit, die nicht vergeht. Das Gedächtnis der Shoah in Frankreich seit 1945 im Medium Film*, Innsbruck: Studien-Verlag.

Schneider, Bernhard; Jochum, Richard (Hg.) (1999): *Erinnerungen an das Töten. Genozid reflexiv*, Köln u.a.: Böhlau.
Schneider, Christof (1995): *Nationalsozialismus als Thema im Programm des Nordwestdeutschen Rundfunks: 1945-1948*, Berlin: Verlag für Berlin-Brandenburg.
Schneider, Christian (2004): »Der Holocaust als Generationsobjekt. Generationengeschichtliche Anmerkungen zu einer deutschen Identitätsproblematik«, in: *Mittelweg 36* 13, H. 4, S. 56-72.
—; et al. (1996): *Das Erbe der Napola. Versuch einer Generationengeschichte des Nationalsozialismus*, Hamburg: Hamburger Ed.
Schneider, Frank (Hg.) (2011): *Psychiatrie im Nationalsozialismus. Erinnerung und Verantwortung*, Berlin: Springer.
Schneider, Frank; Lutz, Petra (Hg.) (2014): *Erfasst, verfolgt, vernichtet. Kranke und behinderte Menschen im Nationalsozialismus/Registred, persecuted, annihilated. The sick and the disabled under National Socialism*, Berlin: Springer.
—; Stillke, Cordelia; Leineweber, Bernd (2009): *Das Erbe der Napola. Versuch einer Generationengeschichte des Nationalsozialismus*, Hamburg: Hamburger Ed.
Schneider, Wolfgang (1992): *Tanz der Derwische. Vom Umgang mit der Vergangenheit im wiedervereinigten Deutschland*, Lüneburg: zu Klampen.
Schoeps, Julius H. (1990): *Leiden an Deutschland. Vom antisemitischen Wahn und der Last der Erinnerung*, München, Zürich: Piper.
Schönborn, Susanne (Hg.) (2006): *Zwischen Erinnerung und Neubeginn. Zur deutsch-jüdischen Geschichte nach 1945*, München: Meidenbauer.
Schoder, Angelika (2014): *Die Vermittlung des Unbegreiflichen. Darstellungen des Holocaust im Museum*, Frankfurt am Main/New York: Campus.
Scholz, Stephan (2015): *Vertriebenendenkmäler. Topographie einer deutschen Erinnerungslandschaft*, Paderborn: Schöningh.
Schreiber, Gerhard (1988): *Hitler-Interpretationen 1923-1983. Ergebnisse, Methoden und Probleme der Forschung*, 2., verb. u. erg. Aufl., Darmstadt: WBG.
Schuhmacher, Claude (Hg.) (1998): *Staging the Holocaust. The Shoah in drama and performance*, Cambridge: Cambridge Univ. Press.
Schultz, Sonja M. (2012): *Der Nationalsozialismus im Film. Von Triumph des Willens bis Inglourious Basterds*, Berlin: Bertz + Fischer.
Schumann, Eva (2008): *Kontinuitäten und Zäsuren. Rechtswissenschaft und Justiz im »Dritten Reich« und in der Nachkriegszeit*, Göttingen: Wallstein.
Schuppener, Georg (2008): *Sprache des Rechtsextremismus. Spezifika der Sprache rechtsextremistischer Publikationen und rechter Musik*, Leipzig: Ed. Hamouda.
Schütz, Erhard; Hardtwig, Wolfgang (Hg.) (2008): *Keiner kommt davon. Zeitgeschichte in der Literatur nach 1945*, Göttingen: Vandenhoeck & Ruprecht.
Schwab-Trapp, Michael (1996): *Konflikt, Kultur und Interpretation. Eine Diskursanalyse des öffentlichen Umgangs mit dem Nationalsozialismus*, Opladen: Westdeutscher.
—; (2002): *Kriegsdiskurse. Die politische Kultur des Krieges im Wandel 1991-1999*, Opladen: Leske+Budrich.
Schwan, Gesine (1997): *Politik und Schuld. Die zerstörerische Macht des Schweigens*, Frankfurt am Main: Fischer.
Schwelling, Birgit (2007): *Heimkehr – Erinnerung – Integration. Der Verband der Heimkehrer, die ehemaligen Kriegsgefangenen und die westdeutsche Nachkriegsgesellschaft*, Paderborn: Schöningh.
Seeßlen, Georg (2013): *Das zweite Leben des »Dritten Reichs«. (Post)nazismus und populäre Kultur*, 2 Bde., Berlin: Bertz & Fischer.
Segler-Meßner, Silke; Nickel, Claudia (Hg.) (2013): *Von Tätern und Opfern. Zur medialen Darstellung politisch und ethnisch motivierter Gewalt im 20./21. Jahrhundert*, Frankfurt am Main: Peter Lang.
Seidel, Hans-Christoph; Tenfelde, Klaus (Hg.) (2007): *Zwangsarbeit im Europa des 20. Jahrhunderts. Bewältigung und vergleichende Aspekte*, Essen: Klartext.

Selling, Jan (2007): *Aus den Schatten der Vergangenheit. Deutschlands nationale Identitätssuche nach 1990*, Leipzig: Militzke.
Seuthe, Rupert (2001): *»Geistig-moralische Wende«? Der politische Umgang mit der NS-Vergangenheit in der Ära Kohl am Beispiel von Gedenktagen, Museums- und Denkmalprojekten*, Frankfurt am Main: Lang.
Shandley, Robert R. (2001): *Rubble Films. German Cinema in the Shadow of the Third Reich*, Philadelphia: Temple Univ. Press.
Shosh Rotem, Stephanie (2013): *Constructing memory. Architectural narratives of Holocaust museums*, Bern: Peter Lang.
Shur, Irene G. et al. (Hg.) (1980): *Reflections on the Holocaust: Historical, Philosophical, and Educational Dimensions*, Philadelphia: American Academy of Political and Social Science.
Sicking, Kerstin (2012): *Holocaust-Kompositionen als Medien der Erinnerung. Die Entwicklung eines musikwissenschaftlichen Gedächtniskonzepts*, 2. Überarb. Aufl., Frankfurt am Main u.a.: Lang.
Silbermann, Alphons (2000): *Auschwitz: Nie davon gehört? Erinnern und Vergessen in Deutschland*, Berlin: Rowohlt.
Simon, Vera Caroline (2009): *Gefeierte Nation. Erinnerungskultur und Nationalfeiertag in Deutschland und Frankreich seit 1990*, Frankfurt am Main/New York: Campus.
Smith, Gary (Hg.) (2000): *Hannah Arendt Revisited. »Eichmann in Jerusalem« und die Folgen*, Frankfurt am Main: Suhrkamp.
Sostero, Marco (2010): *Der Krieg hinter Glas. Aufarbeitung und Darstellung des Zweiten Weltkriegs in historischen Museen Deutschlands, Österreichs und Japans*, Berlin: Lit.
Spannuth, Jan Philipp (2007): *Rückerstattung Ost. Der Umgang der DDR mit dem »arisierten« Eigentum der Juden und die Rückerstattung im wiedervereinigten Deutschland*, Essen: Klartext.
Spargo, Clifton R.; Ehrenreich, Robert M. (Hg.) (2010): *After Representation? The Holocaust, Literature, and Culture*, New Brunswick: Rutgers Univ. Press.
Staffa, Christian; Klinger, Katherine (Hg.) (1998): *Die Gegenwart der Geschichte des Holocaust. Intergenerationelle Tradierung und Kommunikation der Nachkommen*, Berlin: Inst. f. Vergl. Geschichtswissenschaft.
Stäblein, Christian (2004): *Predigen nach dem Holocaust. Das jüdische Gegenüber in der evangelischen Predigtlehre nach 1945*, Göttingen: Vandenhoeck & Ruprecht.
Steinbach, Peter (1981): *Nationalsozialistische Gewaltverbrechen. Die Diskussion in der deutschen Öffentlichkeit nach 1945*, Berlin: Colloquium.
—; (1984): »Zur Auseinandersetzung mit nationalsozialistischen Gewaltverbrechen in der Bundesrepublik Deutschland. Ein Beitrag zur politischen Kultur nach 1945«, in: *Geschichte in Wissenschaft und Unterricht* 35, S. 65-85.
—; (2001): *Widerstand im Widerstreit. Der Widerstand gegen den Nationalsozialismus in der Erinnerung der Deutschen*, Paderborn: Schöningh.
Steinbacher, Sybille (2007): *Auschwitz. Geschichte und Nachgeschichte*, München: Beck.
Steinberg, Swen et al. (Hg.) (2009): *Vergessenes Erinnern. Medien von Erinnerungskultur und kollektivem Gedächtnis*, Berlin: wvb.
Steininger, Rolf (Hg.) (1994): *Der Umgang mit dem Holocaust. Europa – USA – Israel*, Köln u.a.: Böhlau.
Steinle, Jürgen (1994): »Hitler als ›Betriebsunfall‹. Eine historische Metapher und ihre Hintergründe«, in: *Geschichte in Wissenschaft und Unterricht* 45, S. 288-302.
Stengel, Katharina (Hg.) (2008): *Opfer als Akteure. Interventionen ehemaliger NS-Verfolgter in der Nachkriegszeit*, Frankfurt am Main/New York: Campus.
Stephan, Inge; Tacke, Alexandra (Hg.) (2007): *NachBilder des Holocaust*, Köln u.a.: Böhlau.
Stephan, Karsten (2006): *Erinnerungen an den Zweiten Weltkrieg. Zum Zusammenhang von kollektiver Identität und kollektiver Erinnerung*, Baden-Baden: Nomos.
Stern, Frank (1991): *Im Anfang war Auschwitz. Antisemitismus und Philosemitismus im deutschen Nachkrieg*, Gerlingen: Bleicher.
Sternburg, Wilhelm von (1996): *Warum wir? Die Deutschen und der Holocaust*, Berlin: Aufbau.

Stier, Oren Baruch (2003): *Committed to memory. Cultural mediations of the Holocaust*, Amherst: Univ. of Mass. Press.

Stiftung Haus der Geschichte der Bundesrepublik Deutschland (Hg.) (2007): *Skandale in Deutschland nach 1945*, Bielefeld: Kerber.

Stiglegger, Marcus (2014): *Auschwitz-TV. Reflexionen des Holocaust in Fernsehserien*, Wiesbaden: Springer VS.

Stone, Dan (2006): *History, memory, and mass atrocity. Essays on the Holocaust and genocide*, London: Mitchell.

Stötzel, Georg; Wengeler, Martin (Hg.) (1995): *Kontroverse Begriffe. Geschichte des öffentlichen Sprachgebrauchs in der Bundesrepublik Deutschland*, Berlin u.a.: Walter de Gruyter.

Strachwitz, Rupert (Hg.) (2010): *Erinnern für die Zukunft. Auf dem Weg zu einer europäischen Erinnerungskultur. Ein Projekt der Kulturstiftung Haus Europa 2000-2009*, Berlin: Maecenata.

Strobel, Thomas (Hg.) (2008): *Das Thema Vertreibung und die deutsch-polnischen Beziehungen in Forschung, Unterricht und Politik*, Hannover: Hahn.

Sühl, Klaus (Hg.) (1994): *Vergangenheitsbewältigung 1945 und 1989. Ein unmöglicher Vergleich? Eine Diskussion*, Berlin: Volk und Welt.

Süselbeck, Jan (Hg.) (2014): *Familiengefühle. Generationengeschichte und NS-Erinnerung in den Medien*, Berlin: Verbrecher-Verlag.

Süß, Dietmar (Hg.) (2007): *Deutschland im Luftkrieg. Geschichte und Erinnerung*, München: Oldenbourg.

Suleiman, Susan Rubin (2006): *Crises of memory and the Second World War*, Cambridge: Harvard Univ. Press.

Taberner, Stuart; Berger, Karina (Hg.) (2009): *Germans as Victims in the Literary Fiction of the Berlin Republic*, New York: Camden House.

Taler, Conrad (2005): *Der braune Faden. Zur verdrängten Geschichte der Bundesrepublik*, Köln: PapyRossa.

Teitelbaum, Raul (2008): *Die biologische Lösung. Wie die Shoah »wiedergutgemacht« wurde*, Lüneburg: zu Klampen.

Teschke, John P. (1999): *Hitler's Legacy. West Germany Confronts the Aftermath of the Third Reich*, New York u.a.: Lang.

Thamer, Hans-Ulrich (1994): »Die Auseinandersetzung mit dem Nationalsozialismus. Eine mißlungene Vergangenheitsbewältigung?«, in: Werner Billing et al. (Hg.): *Rechtsextremismus in der Bundesrepublik Deutschland*, Baden-Baden: Nomos, S. 9-23.

Theile, Elke E. (2009): *Erinnerungskultur und Erwachsenenbildung*, Schwalbach/Ts: Wochenschau.

Thiele, Martina (2007): *Publizistische Kontroversen über den Holocaust im Film*, 2. überarb. Aufl., Münster: Lit.

Thonfeld, Christoph (2014): *Rehabilitierte Erinnerungen? Individuelle Erfahrungsverarbeitungen und kollektive Repräsentationen von NS-Zwangsarbeit im internationalen Vergleich*, Essen: Klartext.

Thonke, Christian (2004): *Hitlers langer Schatten. Der mühevolle Weg zur Entschädigung der NS-Opfer*, Köln u.a.: Böhlau.

Thünemann, Holger (2005): *Holocaust-Rezeption und Geschichtskultur. Zentrale Holocaust-Denkmäler in der Kontroverse*, Idstein: Schulz-Kirchner.

Tillmanns, Jenny (2012): *Was heisst historische Verantwortung? Historisches Unrecht und seine Folgen für die Gegenwart*, Bielefeld: transcript.

Tomberger, Corinna (2007): *Das Gegendenkmal. Geschichtspolitik, Erinnerungskultur und Geschlecht in der neueren Bundesrepublik*, Bielefeld: transcript.

Traverso, Enzo (2000): *Nach Auschwitz. Die Linke und die Aufarbeitung des NS-Völkermordes*, Köln: isp.

Troebst, Stefan (Hg.) (2011): *Erinnern an den Zweiten Weltkrieg. Mahnmale und Museen in Mittel- und Osteuropa*, Leipzig: Universitätsverlag.

Topp, Sascha (2013): *Geschichte als Argument in der Nachkriegsmedizin. Formen der Vergegenwärtigung der nationalsozialistischen Euthanasie zwischen Politisierung und Historiographie*, Göttingen: V&R unipress.
Ueberschär, Ellen (2007): *Soldaten und andere Opfer? Die Täter-Opfer-Problematik in der deutschen Erinnerungskultur und das Gedenken an die Opfer von Krieg und Gewaltherrschaft*, Rehburg-Loccum: Evang. Akad. Loccum.
—; (Hg.) (2007): *Die Nazizeit als Familiengeheimnis. Literatur und Erinnerungspolitik*, Rehburg-Loccum: Evangelische Akademie Loccum
Ueberschär, Gerd R. (Hg.) (1999): *Der Nationalsozialismus vor Gericht. Die alliierten Prozesse gegen Kriegsverbrecher und Soldaten 1943 – 1952*, Frankfurt am Main: Fischer.
Uhl, Heidemarie (Hg.) (2003): *Zivilisationsbruch und Gedächtniskultur. Das 20. Jahrhundert in der Erinnerung des beginnenden 21. Jahrhunderts*, Innsbruck: Studien.
Ullrich, Sebastian (2009): *Der Weimar-Komplex. Das Scheitern der ersten deutschen Demokratie und die politische Kultur der frühen Bundesrepublik*, Göttingen: Wallstein.
Ulrich, Christina (2011): *»Ich fühl mich nicht als Mörder!« Die Integration von NS-Tätern in die Nachkriegsgesellschaft*, Darmstadt: WBG.
Unfried, Berthold (2014): *Vergangenes Unrecht. Entschädigung und Restitution in einer globalen Perspektive*, Göttingen: Wallstein.
Urban, Thomas (2004): *Der Verlust. Die Vertreibung der Deutschen und Polen im 20. Jahrhundert*, München: Beck.
Van Laak, Dirk (2002): »Der Platz des Holocaust im deutschen Geschichtsbild«, in: Konrad H. Jarausch, Martin Sabrow (Hg.): *Die historische Meistererzählung, Deutungslinien der deutschen Nationalgeschichte nach 1945*, Göttingen: Vandenhoeck & Ruprecht, S. 163-193.
Vatter, Christoph (2009): *Gedächtnismedium Film. Holocaust und Kollaboration in deutschen und französischen Spielfilmen seit 1945*, Würzburg: Königshausen & Neumann.
Villigster Forschungsforum zu Nationalsozialismus, Rassismus und Antisemitismus (Hg.) (2004): *Das Unbehagen in der ›dritten Generation‹. Reflexionen des Holocaust, Antisemitismus und Nationalsozialismus*, Münster: Lit.
Vinke, Hermann (2010): *»Wunden, die nie ganz verheilten«. Das Dritte Reich in der Erinnerung von Zeitzeugen*, Ravensburg: Ravensburger.
Vogel-Klein, Ruth (Hg.) (2010): *Die ersten Stimmen. Deutschsprachige Texte zur Shoah 1945–1963*, Würzburg: Königshausen & Neumann.
Vogt, Jochen (1991): *Erinnerung ist unsere Aufgabe. Über Literatur, Moral und Politik 1945-1990*, Opladen: Westdeutscher.
—; (2014): *Erinnerung, Schuld und Neubeginn. Deutsche Literatur im Schatten von Weltkrieg und Holocaust*, Oxford et al.: Peter Lang.
Volkmann, Hans-Erich (Hg.) (1995): *Ende des Dritten Reiches – Ende des Zweiten Weltkriegs*, München: Piper.
Vollnhals, Clemens; Osterloh, Jörg (Hg.) (2011): *NS-Prozesse und deutsche Öffentlichkeit: Besatzungszeit, frühe Bundesrepublik und DDR*, Göttingen: Vandenhoeck & Ruprecht.
Wachsmuth, Iris (2008): *NS-Vergangenheit in Ost und West. Tradierung und Sozialisation*, Berlin: Metropol.
Wagener, Hans (Hg.) (1997): *Von Böll bis Buchheim. Deutsche Kriegsprosa nach 1945*, Amsterdam u.a.: Rodopi.
Wamhof, Georg (2009): *Das Gericht als Tribunal oder: Wie der NS-Vergangenheit der Prozess gemacht wurde*, Göttingen: Wallstein.
Weber, Jürgen; Steinbach, Peter (Hg.) (1984): *Vergangenheitsbewältigung durch Strafverfahren? NS-Prozesse in der Bundesrepublik Deutschland*, München: Olzog.
Weckel, Ulrike; Wolfrum, Edgar (Hg.) (2003): *»Bestien« und »Befehlsempfänger«. Frauen und Männer in NS-Prozessen nach 1945*, Göttingen: Vandenhoeck & Ruprecht.
Weigel, Sigrid; Erdle, Birgit (Hg.) (1996): *Fünfzig Jahre danach. Zur Nachgeschichte des Nationalsozialismus*, Zürich: vdf.

Weikersthal, Felicitas (2008): *Der nationalsozialistische Genozid an den Roma Osteuropas. Geschichte und künstlerische Verarbeitung*, Köln u.a.: Böhlau.

Weinke, Annette (2002): *Die Verfolgung von NS-Tätern im geteilten Deutschland. Vergangenheitsbewältigungen 1949-1969 oder Eine deutsch-deutsche Beziehungsgeschichte im Kalten Krieg*, Paderborn: Schöningh.

—; (2008): *Eine Gesellschaft ermittelt gegen sich selbst. Die Geschichte der Zentralen Stelle Ludwigsburg 1958-2008*, Darmstadt: WGB.

Weissman, Gary (2004): *Fantasies of witnessing. Postwar efforts to experience the Holocaust*, Ithaca: Cornell Univ. Press.

Weissmark, Mona Sue (2004): *Justice matters. Legacies of the Holocaust and World War II*, Oxford: Oxford Univ. Press.

Welzer, Harald (Hg.) (1997): *Verweilen beim Grauen. Essays zum wissenschaftlichen Umgang mit dem Holocaust*, Tübingen: Ed. Diskord.

—; (Hg.) (2001): *Das soziale Gedächtnis. Geschichte, Erinnerung, Tradierung*, Hamburg: Hamburger Ed.

—; (2002): *Das kommunikative Gedächtnis. Eine Theorie der Erinnerung*, München: Beck

—; (2004): »Schön unscharf. Über die Konjunktur der Familien- und Generationenromane«, in: *Mittelweg 36* 1, S. 53-64.

—; (Hg.) (2007): *Der Krieg der Erinnerung. Holocaust, Kollaboration und Widerstand im europäischen Gedächtnis*. Frankfurt am Main: Fischer.

—; et al. (1997): »*Was wir für böse Menschen sind!« Der Nationalsozialismus im Gespräch zwischen den Generationen*, Tübingen: Ed. Diskord.

—; et al. (2002): »*Opa war kein Nazi.« Nationalsozialismus und Holocaust im deutschen Familiengedächtnis*, Frankfurt am Main: Fischer.

Wende, Waltraud ›Wara‹ (Hg.) (2002): *Geschichte im Film. Mediale Inszenierungen des Holocaust und kulturelles Gedächtnis*, Stuttgart u.a.: Metzler.

—; (Hg.) (2005): *Krieg und Gedächtnis. Ein Ausnahmezustand im Spannungsfeld kultureller Sinnkonstruktionen*, Würzburg: Königshausen & Neumann.

—; (Hg.) (2007): *Der Holocaust im Film. Mediale Inszenierungen und kulturelles Gedächtnis*, Heidelberg: Synchron.

Wengst, Udo (1995): »Geschichtswissenschaft und ›Vergangenheitsbewältigung‹ in Deutschland nach 1945 und nach 1989/90«, in: *Geschichte in Wissenschaft und Unterricht* 46, H. 4, S. 189-205.

Wenzel, Mirjam (2009): *Gericht und Gedächtnis. Der deutschsprachige Holocaust-Diskurs der sechziger Jahre*, Göttingen: Wallstein.

Werle, Gerhard; Wandres, Thomas (1995): *Auschwitz vor Gericht. Völkermord und bundesdeutsche Strafjustiz*, München: Beck.

Westermann, Stefanie (2010): *Verschwiegenes Leid. Der Umgang mit den NS-Zwangssterilisationen in der Bundesrepublik Deutschland*, Köln u.a.: Böhlau.

Wette, Wolfram; Ueberschär, Gerd R. (Hg.) (1992): *Stalingrad. Mythos und Wirklichkeit einer Schlacht*, Frankfurt am Main: Fischer.

—; (Hg.) (2001): *Kriegsverbrechen im 20. Jahrhundert. Festschrift für Manfred Messerschmidt*, Darmstadt: Wiss. Buchges.

Wiegel, Gerd (2001): *Die Zukunft der Vergangenheit. Konservativer Geschichtsdiskurs und kulturelle Hegemonie. Von Historikerstreit bis zur Walser-Bubis-Debatte*, Köln: PapyRossa.

Wietzker, Wolfgang (Hg.) (2010): *Kriegsalltag. Der Zweite Weltkrieg in der Erinnerung von Zeitzeugen*, Aachen: Helios.

Wilke, Jürgen et al. (1995): *Holocaust und NS-Prozesse. Die Presseberichterstattung in Israel und Deutschland zwischen Aneignung und Abwehr*, Köln u.a.: Böhlau.

Winde, Arne de; Gilleir, Anke (Hg.) (2008): *Literatur im Krebsgang. Totenbeschwörung und »memoria« in der deutschsprachigen Literatur nach 1989*, Amsterdam u.a.: Rodopi.

Winkler, Heinrich August (2007): *Auf ewig in Hitlers Schatten? Über die Deutschen und ihre Geschichte*, München: Beck.

Winkler, Ulrike (Hg.) (2000): *Stiften gehen. NS-Zwangsarbeit und Entschädigungsdebatte*, Köln: PapyRossa.
Wippermann, Wolfgang (1986): *Kontroversen um Hitler*, Frankfurt am Main: Suhrkamp.
—; (1997): *Wessen Schuld? Vom Historikerstreit zur Goldhagen-Kontroverse*, Berlin: Elefanten Press.
—; (1998): *Umstrittene Vergangenheit. Fakten und Kontroversen zum Nationalsozialismus*, Berlin: Elefanten Press.
—; (2007): *Die Deutschen und der Osten. Feindbild und Traumland*, Darmstadt: Primus.
—; (2008): *Autobahn zum Mutterkreuz. Historikerstreit der schweigenden Mehrheit*, Berlin: Rotbuch
Wodak, Ruth et al. (1994): *Die Sprachen der Vergangenheiten. Öffentliches Gedenken in österreichischen und deutschen Medien*, Frankfurt: Suhrkamp.
Wojak, Irmtrud (Hg.) (2001): *»Gerichtstag halten über uns selbst...« Geschichte und Wirkung des ersten Frankfurter Auschwitz-Prozesses*, Frankfurt am Main/New York: Campus.
—; Meinl, Susanne (Hg.) (2003): *Im Labyrinth der Schuld. Täter, Opfer, Ankläger*, Frankfurt am Main/New York: Campus.
Wolfgram, Mark A. (2011): *»Getting history right«. East and West German Collective Memories of the Holocaust and War*, Lewisburg: Bucknell Univ. Press.
Wolfrum, Edgar (2001): *Geschichte als Waffe. Vom Kaiserreich bis zur Wiedervereinigung*, Göttingen: Vandenhoeck & Ruprecht.
—; Bock, Petra (Hg.) (1999): *Umkämpfte Vergangenheit. Geschichtsbilder, Erinnerung und Vergangenheitspolitik im internationalen Vergleich*, Göttingen: Vandenhoeck & Ruprecht.
Wolgast, Eike (2001): *Die Wahrnehmung des Dritten Reiches in der unmittelbaren Nachkriegszeit (1945/46)*, Heidelberg: Winter.
Young, James E. (1992): *Beschreiben des Holocaust. Darstellung und Folgen für die Interpretation*, Frankfurt am Main: jv.
—; (1997): *Formen des Erinnerns*, Wien: Passagen.
—; Knörer, Ekkehard (2002): *Nach-Bilder des Holocaust in zeitgenössischer Kunst und Architektur*, Hamburg: Hamburger Ed.
Zehfuss, Maja (2007): *Wounds of Memory. The Politics of War in Germany*, Cambridge: Cambridge Univ. Press.
Zifonun, Darius (2004): *Gedenken und Identität. Der deutsche Erinnerungsdiskurs*, Frankfurt am Main/New York: Campus.
Zimmerer, Jürgen (Hg.) (2004): *Verschweigen – erinnern – bewältigen. Vergangenheitspolitik nach 1945 in globaler Perspektive*, Leipzig: Leipziger Univ.-Verl.
Zimniak, Pawel; Gansel, Carsten (Hg.) (2012): *Kriegskindheiten und Erinnerungsarbeit. Zur historischen und literarischen Verarbeitung von Krieg und Vertreibung*, Berlin: Erich Schmidt.
Zuckermann, Moshe (1998): *Zweierlei Holocaust. Der Holocaust in den politischen Kulturen Israels und Deutschlands*, Göttingen: Wallstein.
—; (1999): *Gedenken und Kulturindustrie. Ein Essay zur neuen deutschen Normalität*, Berlin: Philo.
—; (Hg.) (2003): *Medien – Politik – Geschichte*, Göttingen: Wallstein.

Autorenkürzel

AHö	Andrea Höft	IKP	Iulia-Karin Patrut
AK	Arne Kilian	IS	Imke Schmincke
AKH	Anne-Kathrin Herrmann	IT	Iris Törmer
AKö	Aurel Köpfli	JB	Janusz Bodek
AL	Antje Langer	JBr	Johannes Brunnschweiler
AP	Andreas Pretzel	JD	Johanna Drescher
APu	Agnieszka Pufelska	JG	Jörn Glasenapp
AS	Astrid Schwabe	JR	Julian Reidy
ASp	Anna Sprockhoff	JP	Jennifer Pavlik
ASt	Anja Steinmetz	JS	Jasmin Siri
AW	Arnd Walgenbach	JvB	Julia von Bomsdorff
BH	Benjamin Hett	JW	Jasmin Westphal
BR	Bastian Reinert	JWe	Julia Weis
CC	Catrin Corell	KB	Kathrin Braun
CKl	Constanze Klotz	KL	Katharina Lange
ChR	Chantal Russo	KF	Kirsten Frieden
CK	Carina Koch	KW	Klaus Wernecke
CM	Christian Mentel	LK	Lena Knäpple
CSR	Carola S. Rudnick	LR	Laura Ruckert
DB	Daniela Beljan	LS	Lenard Suermann
DK	Dorothea Kraus	MBn	Magdalena Beljan
DM	David Musial	MBr	Marie Beyeler
DMe	Dennis Meyer	MH	Miriam Hinners
DS	Dominique Schröder	MM	Maria Munzert
EB	Eugenia Bösherz	MNL	Matthias N. Lorenz
FB	Fabian Bähr	MR	Maren Röger
FK	Frauke Klaska	MRa	Maike Raap
FV	Fabian Virchow	MT	Malte Thiessen
GM	Georg Mein	NC	Nicole Colin
HB	Hendrik Buhl	NG	Nathalie Gerstle
HBo	Henning Borggräfe	NK	Neele Kerkmann
HHa	Hans-Joachim Hahn	NKl	Nikolaus Klassen
HK	Holger Köhn	NT	Nike Thurn

NW	Nicole Weber	StB	Stephan Braese
OF	Ole Frahm	StH	Steffi Hobuß
RA	Roland Ahrendt	TB	Tim Biermann
RB	Ralf Banken	TF	Torben Fischer
RM	Rita Martens	TP	Thomas Prenzel
SB	Sandra Bengsch	UJ	Ute Janssen
SK	Sven Kramer	WU	Walter Uka
SL	Sylvia Lakämper	WD	William Dodd
SO	Sabine Offe		

Alphabetisches Verzeichnis der Einträge

§175 und das unbewältigte Erbe der NS-Homosexuellenverfolgung	IV.A11	Auswärtiges Amt (→*Das Amt und die Vergangenheit*)	VI.F4
»1968«	IV.A1	Babij Jar (→Callsen-Prozess (Babij Jar))	III.A10
131er-Gesetzgebung	II.C2	Beate Klarsfeld	IV.A4
Achenbach, Ernst (→Ernst Achenbach)	II.C6	Begin, Menachem	
Adorno-Diktum	I.B6	(→Schmidt-Begin-Konflikt)	V.A1
Aktion Sühnezeichen	II.A8	Bergen-Belsen-Prozess	I.A6
Albert Speer: *Erinnerungen*	IV.C1	Bernhard Schlink: *Der Vorleser*	VI.D4
Alexander und Margarete Mitscherlich: *Die Unfähigkeit zu trauern*	IV.A2	Beutekunststreit	VI.B3
		Bitburg-Affäre	V.A4
Aly, Götz (→*Götz Aly: Hitlers Volksstaat*)	VI.F7	BKA-Historie	VI.F5
Améry, Jean (→*Jean Améry: Jenseits von Schuld und Sühne*)	III.B7	*Brand, Der* (→*Jörg Friedrich: Der Brand*)	VI.D5
		Bubis, Ignatz (→Walser-Bubis-Debatte)	VI.A4
Amnestie, Kalte (→Kalte Amnestie)	IV.B2	Callsen-Prozess (Babij Jar)	III.A10
Amnestien	II.C1	Darmstädter Wort	I.B7
Amt und die Vergangenheit, Das	VI.F4	Der Holocaust im Spielfilm der 1960er Jahre	III.C7
Anatomie des SS-Staates	III.A4		
Anne Frank (→*Tagebuch der Anne Frank*)	II.D1	Deutsche Filme der 1980er Jahre	V.B5
Anonyma: *Eine Frau in Berlin*	VI.D7	*Deutsche Opposition gegen Hitler, Die* (→*Hans Rothfels: Die deutsche Opposition gegen Hitler*)	I.B5
Antisemitismuswelle (→Neue Antisemitismuswelle)	II.B8		
Antiziganismus/Opferkonkurrenz	VI.A7	Deutsche Schriftsteller und der Frankfurter Auschwitz-Prozess	III.A7
Arendt, Hannah (→*Hannah Arendt: Eichmann in Jerusalem. Ein Bericht von der Banalität des Bösen*)	III.A2	Deutsches Programm der FDP	II.B5
		Deutsch-jüdische Literatur (→Junge deutsch-jüdische Literatur)	VI.C1
Art Spiegelman: *Maus*	VI.C2	Die DFG im Nationalsozialismus	VI.F3
Auschwitz-Prozess (→Frankfurter Auschwitz-Prozess)	III.A3	»Die Nachkriegszeit ist zu Ende«	III.B6
		Displaced Persons	I.A5
Ausschreitungen in Rostock-Lichtenhagen	V.D3	Doppelte Vergangenheitsbewältigung	V.D2
Ausstellung deutscher Widerstand	V.C8	Dramen der Nachkriegszeit	I.C6

Dresden 1945	VI.D10	Frankfurter Auschwitz-Prozess	
DRITTE REICH, DAS		(→Deutsche Schriftsteller und	
(→Fernsehreihe DAS DRITTE REICH)	III.C1	der Frankfurter Auschwitz-Prozess)	III.A7
Eichmann in Jerusalem		Friedrich, Jörg	
(→Hannah Arendt: *Eichmann*		(→Jörg Friedrich: *Der Brand*)	VI.D5
in Jerusalem. Ein Bericht		Fritz Bauer	III.A5
von der Banalität des Bösen)	III.A2	Frühe Erklärungsversuche	
Eichmann-Prozess	III.A1	deutscher Historiker	I.B4
Entlassungen		Frühe Zeugnisse Überlebender	I.B8
(→Rücktritte und Entlassungen)	III.B1	Gedenk- und Nationalfeiertage	II.B2
Entnazifizierung	I.A1	Gedenkstätte KZ Neuengamme	V.C2
Entschädigung		Gedenkstätte Neue Wache	V.C10
(→Zwangsarbeiter-Entschädigung)	VI.B2	Gedenkstätten (→KZ als Gedenkstätten)	III.C5
Entschädigungsgesetze (→Wiedergut-		Gehilfenjudikatur	III.A11
machungs- und Entschädigungsgesetze)	II.A1	»Geistig-moralische Wende«	V.A2
Erbgesundheitsgesetz, Ächtung		Germanistentag 1966	III.B4
und Entschädigungsdebatten	VI.B6	Geschichtsfernsehen im ZDF	VI.D2
Erinnerungen		Globke, Hans	
(→Albert Speer: *Erinnerungen*)	IV.C1	(→Fälle Globke und Oberländer)	II.C5
Erinnerungskultur in den		»Gnade der späten Geburt«	V.A3
Neuen Medien	VI.C9	Goebbels-Gorbatschow-Vergleich	V.A5
Erklärungsversuche (→Frühe Erklär-		Goldhagen-Debatte	VI.A3
ungsversuche deutscher Historiker)	I.B4	Goll-Affäre	II.D8
Ermittlung, Die		Grass, Günter	
(→Peter Weiss: *Die Ermittlung*)	III.A6	(→Günter Grass: *Im Krebsgang*)	VI.D6
Ernst Achenbach	II.C6	(→Günter Grass' Waffen-SS-	
Ernst von Salomon: *Der Fragebogen*	II.D4	Mitgliedschaft)	VI.F8
Eugen Kogon: *Der SS-Staat*	I.B2	Gründung des Instituts	
Euthanasie-Prozesse und -Debatten	IV.B6	für Zeitgeschichte	II.A2
Exildebatte	I.C5	Gründung und Anfangserfolge der NPD	III.B2
Fall Hofstätter	III.C3	Gruppe 47	II.D3
Fall Schneider/Schwerte	VI.F1	Günter Grass: *Im Krebsgang*	VI.D6
Fälle Globke und Oberländer	II.C5	Hannah Arendt: *Eichmann*	
Farbbeutel-Rede Joschka Fischers	VI.A5	*in Jerusalem. Ein Bericht*	
Fassbinder-Kontroversen	V.A6	*von der Banalität des Bösen*	III.A2
FDP (→Deutsches Programm der FDP)	II.B5	Hans Rothfels: *Die deutsche*	
Fernsehreihe DAS DRITTE REICH	III.C1	*Opposition gegen Hitler*	I.B5
Fest, Joachim C. (→Joachim C. Fest:		Harlan, Veit (→Veit Harlan-Prozess)	II.C3
Hitler. Eine Biographie)	IV.C2	Haus der Wannsee-Konferenz	V.C7
Filbinger-Affäre	IV.B4	Heidegger-Kontroverse	IV.C7
Finkelstein, Norman G. (→Norman G.		Hilberg, Raul (→Raul Hilberg: *Die*	
Finkelstein: *Die Holocaust-Industrie*)	VI.D3	*Vernichtung der europäischen Juden*)	V.B4
Fischer, Joschka		Hilsenrath, Edgar (→Späte Anerkennung	
(→Farbbeutel-Rede Joschka Fischers)	VI.A5	für Edgar Hilsenrath)	V.B3
Fischer-Kontroverse	III.B3	HIMMLER-PROJEKT, DAS	VI.C5
Flucht und Vertreibung, Literatur über		Historiker (→Frühe Erklärungs-	
(→Literatur über Flucht		versuche deutscher Historiker)	I.B4
und Vertreibung)	II.D9	Historiker im Nationalsozialismus	VI.F2
Fragebogen, Der		Historikerstreit	V.A9
(→Ernst von Salomon: *Der Fragebogen*)	II.D4	Historisierung der NS-Zeit	V.A8
Frank, Anne (→*Tagebuch der Anne Frank*)	II.D1	*Hitler in uns selbst*	
Frankfurter Auschwitz-Prozess	III.A3	(→Max Picard: *Hitler in uns selbst*)	I.B3

470

Alphabetisches Verzeichnis der Einträge

Hitler. Eine Biographie (→Joachim C. Fest: Hitler. Eine Biographie)	IV.C2	Klarsfeld, Beate (→Beate Klarsfeld)	IV.A4
		Klaus Barbie	IV.B3
Hitler-Tagebücher	V.B6	Klemperer, Victor (→Victor Klemperer: Tagebücher 1933-1945)	VI.D1
Hitler-Welle	IV.C6		
Hitlers Volksstaat (→Götz Aly: Hitlers Volksstaat)	VI.F7	Klüger, Ruth (→Ruth Klüger: weiter leben. Eine Jugend)	V.B7
Hochhuth, Rolf (→Rolf Hochhuth: Der Stellvertreter)	III.C2	Kniefall von Warschau	IV.A6
		Kogon, Eugen (→Eugen Kogon: Der SS-Staat)	I.B2
Hofstätter, Peter R. (→Fall Hofstätter)	III.C3	Kollektivschuldthese	I.C2
Hohmann-Affäre	VI.E3	Königsteiner Entschließung	III.A12
Holocaust als Filmkomödie	VI.C3	Krebsgang, Im (→Günter Grass: Im Krebsgang)	VI.D6
Holocaust im Spielfilm der 1960er Jahre, Der	III.C7		
		Kriegsfilmwelle	II.D7
Holocaust, Leugnung des (→Leugnung des Holocaust)	II.B9	Kriegsheimkehrer	II.B3
		Krumey-Hunsche-Prozess	III.A9
Holocaust-Gedenktag	VI.B1	KZ als Gedenkstätten	III.C5
Holocaust-Industrie, Die (→Norman G. Finkelstein: Die Holocaust-Industrie)	VI.D3	Landser-Hefte	II.D5
		LEGO-KZ	VI.C6
Holocaust-Mahnmal in Berlin	VI.A2	Letzte Täterprozesse	VI.B5
Holocaust-Photoausstellungen	III.C4	Leugnung des Holocaust (→Revisionismus/Leugnung des Holocaust)	II.B9
HOLOCAUST-Serie	V.B1		
Homosexuellenverfolgung (→§175 und das unbewältigte Erbe der NS-Homosexuellenverfolgung)	IV.A11	Lischka-Prozess	IV.B5
		Literatur über Flucht und Vertreibung	II.D9
		Lübke, Heinrich (→Rücktritt Heinrich Lübkes)	IV.A5
Institut für Zeitgeschichte (→Gründung des Instituts für Zeitgeschichte)	II.A2		
		Ludwigsburger Zentralstelle	II.A7
Intentionalisten vs. Strukturalisten	IV.C5	Mahnmale, Todesmarsch- (→Todesmarsch-Mahnmale)	V.C5
Israel-Flugblatt (→Jürgen Möllemanns Israel-Flugblatt)	VI.E1		
		Majdanek-Prozess	IV.B7
Jaspers, Karl (→Karl Jaspers: Die Schuldfrage)	I.C3	Marshall-Plan	I.A8
		Martin Walser: Tod eines Kritikers	VI.E2
Jaspers, Karl (→Karl Jaspers: Freiheit und Wiedervereinigung)	III.B5	Maus (→Art Spiegelman: Maus)	VI.C2
		Max Picard: Hitler in uns selbst	I.B3
Jean Améry: Jenseits von Schuld und Sühne	III.B7	»Mein Kampf« (→»Tagebuch eines Massenmörders – Mein Kampf«)	VI.C4
Jenninger-Rede	V.A10		
Jenseits von Schuld und Sühne (→Jean Améry: Jenseits von Schuld und Sühne)	III.B7	Mephisto-Verbot	II.C7
		Mitscherlich, Alexander und Margarete (→Alexander und Margarete Mitscherlich: Die Unfähigkeit zu trauern)	IV.A2
Joachim C. Fest: Hitler. Eine Biographie	IV.C2		
Jörg Friedrich: Der Brand	VI.D5		
Jüdischer Friedhof (→Streitfall jüdischer Friedhof in Hamburg-Ottensen)	V.C9	Möllemann, Jürgen (→Jürgen Möllemanns Israel-Flugblatt)	VI.E1
		Museumsdebatte	V.C4
Jüdisches Museum Berlin	VI.A6	Mythos »Stunde Null«	I.C1
Junge deutsch-jüdische Literatur	VI.C1	NACHT UND NEBEL	II.D6
Junge Generation	I.C8	Nationale Symbole	II.B1
Jürgen Möllemanns Israel-Flugblatt	VI.E1	Nationalfeiertage (→Gedenk- und Nationalfeiertage)	II.B2
Justiz (→Selbstamnestierung der Justiz)	II.C4		
Kalte Amnestie	IV.B2	Nationalsozialismus im Schulunterricht	III.C8
Karl Jaspers: Die Schuldfrage	I.C3	Nationalsozialismus, Sprache des (→Sprache des Nationalsozialismus)	I.B1
Karl Jaspers: Freiheit und Wiedervereinigung	III.B5		
Kiesinger-Ohrfeige	IV.A3		

Neue Antisemitismuswelle	II.B8	Prozesse, Vernichtungslager-	
Neue Medien, Erinnerungskultur in den		(→Vernichtungslager-Prozesse)	III.A8
(→Erinnerungskultur in		RAF und »Faschismus«	IV.A9
den Neuen Medien)	VI.C9	Raul Hilberg: *Die Vernich-*	
Neuengamme		*tung der europäischen Juden*	V.B4
(→Gedenkstätte KZ Neuengamme)	V.C2	Rechtfertigungsschriften	II.D2
Neue Ostpolitik	IV.A7	Rechtsextremismus	VI.E6
Neue Rechte	VI.E5	Reeducation	I.A2
Neuer Deutscher Film	IV.A10	Reichstagsbrand-Kontroverse	V.A12
Neue Wache		Revisionismus/Leugnung des Holocaust	II.B9
(→Gedenkstätte Neue Wache)	V.C10	Riefenstahl-Renaissance	IV.C3
Norman G. Finkelstein:		Rolf Hochhuth: *Der Stellvertreter*	III.C2
Die Holocaust-Industrie	VI.D3	Rostock-Lichtenhagen,	
NPD (→Gründung und		Ausschreitungen in	V.D3
Anfangserfolge der NPD)	III.B2	Rothfels, Hans: *Die deutsche*	
NPD-Verbotsverfahren	VI.B4	*Opposition gegen Hitler*	I.B5
NS-Bauten (→Umgang mit NS-Bauten)	V.C1	Rücktritt Heinrich Lübkes	IV.A5
NS-Täter (→Prozesse gegen NS-Täter)	II.A3	Rücktritte und Entlassungen	III.B1
NSDAP-Mitgliedschaften	VI.F9	Rückwirkungsverbot	I.A7
NSU-Morde	VI.E4	Ruth Klüger: *weiter leben. Eine Jugend*	V.B7
Nürnberger Nachfolgeprozesse	I.A4	Salomon, Ernst von (→Ernst von	
Nürnberger Prozess	I.A3	Salomon: *Der Fragebogen*)	II.D4
Oberländer, Theodor		SCHINDLERS LISTE	V.B8
(→Fälle Globke und Oberländer)	II.C5	Schlink, Bernhard	
Opferkonkurrenz		(→Bernhard Schlink: *Der Vorleser*)	VI.D4
(→Antiziganismus/Opferkonkurrenz)	VI.A7	Schmidt-Begin-Konflikt	V.A1
Ostpolitik (→Neue Ostpolitik)	IV.A7	Schneider, Hans Ernst	
Peter Weiss: *Die Ermittlung*	III.A6	(→Fall Schneider/Schwerte)	VI.F1
Picard, Max		Schulunterricht (→Nationalsozialismus	
(→Max Picard: *Hitler in uns selbst*)	I.B3	im Schulunterricht)	III.C8
Prozess, Auschwitz-		Schwerte, Hans	
(→Deutsche Schriftsteller und der		(→Fall Schneider/Schwerte)	VI.F1
Frankfurter Auschwitz-Prozess)	III.A7	Selbstamnestierung der Justiz	II.C4
Prozess, Auschwitz-		SHOAH	V.B2
(→Frankfurter Auschwitz-Prozess)	III.A3	Simon Wiesenthal	I.C4
Prozess, Bergen-Belsen-		Skepsis gegenüber der deutschen	
(→Bergen-Belsen-Prozess)	I.A6	Wiedervereinigung	V.D1
Prozess, Eichmann-		Späte Anerkennung für Edgar Hilsenrath	V.B3
(→Eichmann-Prozess)	III.A1	Speer, Albert	
Prozess, Krumey-Hunsche-		(→Albert Speer: *Erinnerungen*)	IV.C1
(→Krumey-Hunsche-Prozess)	III.A9	Spiegelman, Art	
Prozess, Lischka- (→Lischka-Prozess)	IV.B5	(→Art Spiegelman: *Maus*)	VI.C2
Prozess, Majdanek- (→Majdanek-Prozess)	IV.B7	*Spiegel*-Serien	III.C6
Prozess, Nürnberger		*Spiegel*-Serien: Deutsche Opfer	VI.D8
(→Nürnberger Prozess)	I.A3	Sprache des Nationalsozialismus	I.B1
Prozess, Ulmer Einsatzgruppen-		SRP-Verbot	II.A6
(→Ulmer Einsatzgruppenprozess)	II.A5	SS-Staat, Der	
Prozess, Veit Harlan-		(→Eugen Kogon: *Der SS-Staat*)	I.B2
(→Veit Harlan-Prozess)	II.C3	SS-Staates, Anatomie des	
Prozesse gegen NS-Täter	II.A3	(→*Anatomie des SS-Staates*)	III.A4
Prozesse, Nachfolge-		Stellvertreter, Der	
(→Nürnberger Nachfolgeprozesse)	I.A4	(→Rolf Hochhuth: *Der Stellvertreter*)	III.C2
Prozesse, Täter- (→Letzte Täterprozesse)	VI.B5	Stolpersteine	VI.C7

Strafverfahren wegen Verunglimpfungen des Widerstandes	II.A4
Streit um »vergessene Opfer«	V.A11
Streitfall jüdischer Friedhof in Hamburg-Ottensen	V.C9
Strukturalisten (→Intentionalisten vs. Strukturalisten)	IV.C5
»Stunde Null« (→Mythos »Stunde Null«)	I.C1
Syberberg-Debatte	IV.C4
Tagebuch der Anne Frank	II.D1
»Tagebuch eines Massenmörders – Mein Kampf«	VI.C4
Tagebücher 1933-1945 (→Victor Klemperer: *Tagebücher 1933-1945*)	VI.D1
Täterprozesse, Letzte	VI.B5
Tod eines Kritikers (→Martin Walser: *Tod eines Kritikers*)	VI.E2
Todesmarsch-Mahnmale	V.C5
Topographie des Terrors	V.C6
Trümmer- und Zeitfilme	I.C7
Überlebende (→Frühe Zeugnisse Überlebender)	I.B8
Ulmer Einsatzgruppenprozess	II.A5
Umbenennung von Straßen	VI.F10
Umgang mit NS-Bauten	V.C1
Unfähigkeit zu trauern, Die (→Alexander und Margarete Mitscherlich: *Die Unfähigkeit zu trauern*)	IV.A2
Untergang, Der	VI.C8
Unternehmen im Nationalsozialismus (→Debatte um die Rolle von Unternehmen im Nationalsozialismus)	VI.F6
Väterliteratur	IV.A8
Veit Harlan-Prozess	II.C3
Vergangenheitsbewältigung (→Doppelte Vergangenheitsbewältigung)	V.D2
»vergessene Opfer«, Streit um	V.A11
Verjährungsdebatten	IV.B1
Vernichtung der europäischen Juden, Die (→Raul Hilberg: *Die Vernichtung der europäischen Juden*)	V.B4
Vernichtungslager-Prozesse	III.A8
Vertreibungen (→Literatur über Flucht und Vertreibung)	II.D9
(→Zentrum gegen Vertreibungen)	VI.D9
Vertriebenenproblematik	II.B4
Victor Klemperer: *Tagebücher 1933-1945*	VI.D1
Volksverhetzung als Straftat	II.A9
Vorleser, Der (→Bernhard Schlink: *Der Vorleser*)	VI.D4
Walser, Martin (→Martin Walser: *Tod eines Kritikers*)	VI.E2
(→Walser-Bubis-Debatte)	VI.A4
Wannsee-Konferenz (→Haus der Wannsee-Konferenz)	V.C7
Wehrmachtsausstellung	VI.A1
Weiss, Peter (→Peter Weiss: *Die Ermittlung*)	III.A6
weiter leben. Eine Jugend (→Ruth Klüger: *weiter leben. Eine Jugend*)	V.B7
Weizsäcker-Rede	V.A7
Wewelsburg	V.C3
Widerstand (→Ausstellung deutscher Widerstand)	V.C8
Widerstandes, Verunglimpfungen des (→Strafverfahren wegen Verunglimpfungen des Widerstandes)	II.A4
Wiederbewaffnung	II.B7
Wiedergutmachungs- und Entschädigungsgesetze	II.A1
Wiedervereinigung (→Skepsis gegenüber der deutschen Wiedervereinigung)	V.D1
Wiesenthal, Simon (→Simon Wiesenthal)	I.C4
Wilkomirski-Affäre	V.B9
WM-Sieg 1954	II.B6
Zentralstelle (→Ludwigsburger Zentralstelle)	II.A7
Zentrum gegen Vertreibungen	VI.D9
Zwangsarbeiter-Entschädigung	VI.B2

Personenregister

A

Abramovitsh, Sholem 322
Achenbach, Ernst 88, 99, 109f., 196, 218, 222
Achternbusch, Herbert 277
Adenauer, Konrad 64, 73, 79, 84, 87f., 90, 98, 100, 103, 107f., 124ff., 167f., 188, 193, 201, 212, 277
Adler, H.G. 36, 142, 372
Adler, Jeremy 372f.
Adlon, Percy 276
Adorno, Theodor W. 41f., 51, 114, 171, 184, 192, 352, 389
Agazzi, Elena 204
Aichinger, Ilse 118
Alewyn, Richard 164
Altmann, Klaus 219
Aly, Götz 108, 229, 379, 405, 407, 419ff., 427
Ambach, Dieter 225
Améry, Jean 44, 169ff.
Andersch, Alfred 60f., 117
Andersen, Lale 276
Anders, Günther 148
Antwerpes, Franz-Josef 331
App, Austin J. 94
Arafat, Jassir 244
Arendt, Hannah 50, 135ff., 146, 148, 170, 239, 275, 356
Arndt, Adolf 104, 108, 167
Arndt, Herbert 156
Arnold, Hans 312
Arnold, Heinz Ludwig 118
Arnold, Hermann 331

as-Sadat 245
Assmann, Aleida 48, 204
Atze, Marcel 150
Aubin, Hermann 405f.
Auerbach, Philipp 92
Augstein, Rudolf 198, 240, 245, 316, 321, 339
Avisar, Ilan 124

B

Bachmann, Ingeborg 117, 129, 171
Bäcker, Heimrad 149f.
Backes, Uwe 258, 268
Backhouse, Thomas Mercer 29
Baeck, Leo 355
Baer, Richard 140
Bahr, Egon 201
Bajohr, Frank 420
Barbie, Klaus 196, 218f.
Bardèche, Maurice 93
Barnes, Harry Elmer 94
Barnouw, Dagmar 47
Barthel, Max 115
Barth, Emil 43
Barth, Karl 42, 44
Barzel, Amnon 325
Barzel, Rainer 191, 202
Baten, Jörg 422
Baudissin, Wolf von 90
Bauer, Erich Hermann 151
Bauer, Fritz 69, 70, 139ff., 148, 157f., 177, 178, 185, 223, 295, 344
Bauer, Gerhard 34
Bauer, Yehuda 333

Baumgart, Reinhard 117
Bauwens, Peco 89
Beaucamp, Eduard 300
Becker, Jillian 206
Becker, Jurek 44
Bednarek, Emil 140
Bedürftig, Friedemann 351
Begin, Menachem 244f., 247
Behrens, Katja 349
Benda, Ernst 216
Benedikt XVI. 95
Beneš, Edvard 380
Benigni, Roberto 274, 352f.
Benjamin, Walter 389
Ben-Natan, Asher 217
Bennemann, Otto 268
Bennets, Colin 383
Benn, Gottfried 54, 115, 119
Benoist, Alain de 394f.
Benz, Wolfgang 283, 286
Berben, Iris 355
Bergengruen, Walter 54
Bergmann, Uwe 192
Berg, Nicolas 38, 44, 407
Berkéwicz, Ulla 387
Berndl, Klaus 210
Bernfes, Alexander 177
Bernstein, Reiner 358
Bertram, Christoph 261
Bertram, Ernst 165
Best, Werner 88, 109, 218
Bethmann-Hollweg, Theobald von 162
Bettelheim, Bruno 114
Beumelburg, Werner 115
Beust, Ole von 288
Beyer, Frank 271, 276
Bienek, Horst 130
Bierut, Bolesław 381
Bigalske 220
Biller, Maxim 111, 348f.
Binion, Rudolph 237
Bisky, Jens 378
Bismarck, Otto von 39, 167, 430
Blank, Thoedor 90
Blasius, Rainer 412f.
Blobel, Paul 154f.
Bloch, Ernst 191
Blücher, Franz 87
Blücher, Heinrich 138
Blumenfeld, Kurt 138
Blumenthal, Michael 325
Bock, Gisela 347
Bock, Hans 156

Bock, Ludwig 226f.
Bock, Petra 305
Bodemann, Michael 325
Boehlich, Walter 164
Boelcke, Oswald 430
Boenisch, Peter 248, 428
Boere, Heinrich 343f.
Bogdal, Klaus-Michael 326
Bogen, Günther 227
Boger, Wilhelm 139
Bohl, Jochen 383
Böhme, Hans-Joachim 72
Böhme, Herbert 115
Böhnhardt, Uwe 391
Boldender, Kurt 152
Boldt, Gerhard 237
Böll, Heinrich 44, 118, 195
Bomba, Abraham 271f.
Bonengel, Winfried 95
Bonhoeffer, Dietrich 43, 68
Borchert, Wolfgang 44, 56, 60
Borck, Karl Heinz 164
Börker, Rudolf 156
Bormann, Martin 24, 228, 328, 361
Borm, Kurt 224
Börnsen, Wolfgang 423
Bösch, Frank 368
Bossmann, Dieter 184
Bouhler, Philipp 223
Boyen, Hermann von 37
Bracher, Karl Dietrich 162, 234f., 295
Bradfisch, Otto 157
Brandauer, Klaus Maria 277
Brandt, Karl 223
Brandt, Willy 47, 65, 86, 88, 109f., 195, 200,
  201ff., 244, 246, 255, 268, 301, 314
Braschwitz, Rudolf 267f.
Brauer, Jürgen 277
Brauer, Max 103, 287
Brauner, Artur 155, 182
Braun, Eva 360
Braun, Harald 181
Braun, Helmut 273f.
Braunsteiner-Ryan, Hermine 52, 226
Brecht, Bertolt 32, 233, 355
Breloer, Heinrich 229
Brentano, Margherita von 191
Bresslau, Harry 37
Briegleb, Klaus 61, 119
Broder, Henryk M. 353
Bronnen, Arnolt 115, 120
Brooks, Peter 146
Broszat, Martin 67, 143, 235f., 256, 257ff., 407

Browning, Christopher R. 318f., 412, 415
Brozek, Piotre 363
Bruch, Rüdiger vom 409
Brückner, Christine 130
Brückner, Peter 206
Brügge, Peter 181
Brundert, Willi 177
Brüning, Franziska 351
Brunner, Otto 405
Bubis, Ignatz 83, 117, 149, 194, 234, 250, 252, 262, 279, 281, 300, 309, 315f., 320f., 323, 334, 336, 360, 388
Bucher, Ewald 216
Buchheim, Christoph 418
Buchheim, Hans 67, 143, 144
Buchheim, Lothar-Günther 276
Buddensieg, Tilmann 286
Buddrus, Michael 427
Bülow, Bernhard von 430
Bunke, Heinrich 224
Burger, Heinz Otto 165, 403
Burleigh, Michael 405f.
Bush, George 302
Büssow, Jürgen 227

C

Calic, Edouard 268
Callsen, Kuno 25, 74, 154f.
Canaris, Wilhelm 68, 108
Capesius, Victor 140f.
Carossa, Hans 115
Carstens, Carl 331
Cayrol, Jean 123
Celan, Paul 41, 44, 118, 123, 127ff., 149
Ceram, C.W. 378
Chaumont, Jean-Michel 332f.
Chomsky, Marvin 269, 271
Chorafas, Dimitris 238
Christoph, Arthur 156
Christophersen, Thies 93, 94, 96
Churchill, Winston 20, 254, 374
Clauberg, Carl 410
Clinton, Bill 281, 417
Cohen, Peter 362
Conradi, Peter 315
Conrady, Karl Otto 164f.
Conze, Eckart 411f.
Conze, Werner 40, 405ff.
Coppola, Francis Ford 232
Costabile-Heming, Carol A. 425
Croci, Pascal 351
Curtius, Ernst Robert 50, 404
Cysarz, Herbert 165

D

Dante 146
Deckert, Günter Anton 97
Degen, Michael 138
Dehio, Ludwig 162
Dehler, Thomas 78, 98, 109, 216
Delius, Friedrich Christian 124
Dellwo, Karl-Heinz 207
Demjanjuk, Iwan 342ff.
Demnig, Gunter 358ff.
Demus, Klaus 129
Des Pres, Terrence 352
Dickopf, Paul 414, 416
Diels, Rudolf 119, 266f.
Diepgen, Eberhard 295, 315
Dietl, Helmut 278
Dillmann, Alfred 327
Dilthey, Wilhelm 37
Dimitroff, Georgi 266
Diner, Dan 41, 256
Ding-Schuler, Erwin 34
Dische, Irene 404
Dischereit, Esther 348f.
Disney, Walt 350
Döblin, Alfred 272
Doessekker 283
Döhl, Reinhard 129
Dohnanyi, Hans von 68
Dohnanyi, Klaus von 320
Dominik, Hans 431
Donahue, William Collins 373
Dönhoff, Marion 261, 269, 319, 412
Dönitz, Karl 24
Dörner, Klaus 347
Dorst, Tankred 426, 428
Dregger, Alfred 246, 249
Dreher, Eduard 218
Droysen, Gustav 37
Dückers, Tanja 131
Dudek, Peter 400f.
Duden, Anne 124
Dutschke, Rudi 190ff.
Dwinger, Egon Erwin 115f.

E

Eberhard, Kurt 154
Ebert, Friedrich 79, 429
Eckel, Jan 407
Ehlich, Konrad 34
Ehmke, Horst 426, 428
Ehrenburg, Ilja 155
Ehrhardt, Helmut 346f.
Ehrhardt, Hermann 120

Eichberger, Josef 329
Eichberg, Henning 395
Eich, Günter 44, 117, 130, 426
Eichinger, Bernd 229, 360
Eichmann, Adolf 51f., 71, 93, 134ff., 144f., 148, 152ff., 157, 159, 170f., 188, 216, 245, 275, 293f., 329, 363
Eigler, Friederike 204
Eisele, Hans 74
Eisenman, Peter 316f., 334
Eisler, Hanns 123
Elbot, Hugh G. 273
Eller, Hans 329
Elm, Ludwig 305
Elm, Michael 368
Elser, Georg 277, 297
Emrich, Wilhelm 165
Endruweit, Klaus 224
Ensslin, Gudrun 207
Enzensberger, Hans Magnus 41f., 117, 377f.
Eppler, Erhard 221, 426, 428
Erdmann, Karl Dietrich 407
Erhard, Ludwig 168f., 216
Erhardt, Sophie 331
Erler, Fritz 168
Erzberger, Matthias 429
Etzemüller, Thomas 407
Exner, Richard 127

F

Falkenberg, Hans-Geert 272
Fallersleben, Heinrich Hoffmann von 79
Fassbinder, Rainer Werner 208, 209, 231, 250ff., 276, 321, 325, 348
Faulenbach, Bernd 304
Faurisson, Robert 94ff., 114
Faye, Jean-Pierre 234
Fechner, Eberhard 227
Ferber, Christian von 159
Fest, Joachim C. 206, 228ff., 238, 252, 269, 356, 360f., 379
Feuchtwanger, Lion 272
Fichte, Johann Gottlieb 240
Filbinger, Hans Karl 174, 219ff., 270
Filler, Deb 352
Finkelstein, Norman G. 283, 319, 333, 357, 370f.
Fischbacher, Hans 292
Fischer, Fritz 37, 39, 66, 162f., 168, 188, 235
Fischer, Joschka 321ff., 386, 410ff., 421
Fischer-Schweder, Bernhard 71f., 156
Flachowsky, Sören 409
Flake, Otto 55

Flechtheim, Ossip K. 189
Fleischmann, Peter 277
Flick, Friedrich 25
Fliegauf, Bence 332
Fohrbeck, Karla 285
Fontane 181
Forst, Willy 102
Frahm, Herbert Karl 201
Frank, Anne 44, 52, 112ff., 118, 282, 351, 355
Fränkel, Ernst 235
Fränkel, Wolfgang I. 159
Frank, Hans 24
Frank, Niklas 203
Frank, Otto 113f.
Frank, Walter 405
Franz, Kurt 226
Frei, Norbert 15, 48, 98, 183, 379, 411f.
Freisler, Roland 106
Frenkel-Brunswik, Else 192
Frenzel, Karl 152
Freund, Michael 162
Frevert, Ute 379
Freyer, Hans 406
Fricke, Gerhard 165
Frick, Wilhelm 24
Friedenburg, Ludwig von 184
Fried, Erich 117
Friedländer, Saul 236, 256ff., 260
Friedman, Michel 344, 385ff.
Friedrich, Jörg 129, 373f., 376, 377, 380
Friesenhahn, Erich 157f.
Fritzsche, Hans 24, 87f., 119
Frundsberg, Jörg von 422
Fuld, Werner 233
Füllberth, Georg 35
Funk, Walther 24
Fürst, Michael 262

G

Galinski, Heinz 189, 262, 272, 295, 302, 315
Ganz, Bruno 360ff.
Ganzfried, Daniel 282f.
Garcia Meza, Luis 219
Gauch, Sigfrid 203
Gauck, Joachim 305, 331
Gaulle, Charles de 124
Gaus, Günter 247
Gauweiler, Peter 313
Gawkowski, Henrik 271
Geiger, Willi 156
Geiss, Immanuel 162
Genscher, Hans Dietrich 88, 110
Gerstenmaier, Eugen 162

Gerz, Jochen 316
Geyer, Georg 329
Giebeler, Marcus 268
Giesen, Bernhard 47
Gilcher-Holtey, Ingrid 188, 318
Gilman, Sander L. 114, 349
Giordano, Ralph 47f., 103, 295, 336, 415
Gisevius, Hans Bernd 266f.
Glahe, Josef 289
Globke, Hans 107f., 159, 177, 198, 407
Globocnik, Odilo 150f.
Glotz, Peter 316, 380
Glunk, Rolf 34
Gnielka, Thomas 139
Goebbels, Joseph 57, 88, 102, 118, 247, 250f. 354f., 361
Goerdeler, Carl Friedrich 39, 40, 68, 297
Goethe, Johann Wolfgang von 38, 50, 55, 57, 372
Goldhagen, Daniel J. 47, 136, 283, 317ff., 366, 374, 415, 419
Goldhagen, Erich 318
Goll, Claire 127ff.
Gollwitzer, Helmut 189
Goll, Yvan 118, 127ff.
Gomerski, Hubert 151
Goodrich-Hackett, Francis 113
Goral, Ari 175
Gorbatschow, Michail 247, 250
Gorbey, Ken 325
Göring, Emmy 110
Göring, Hermann 24, 110, 228, 361, 429
Gorski, Peter 110f.
Gotthelft, Ille 120f.
Gradl, Johann B. 167
Graf, Oskar Maria 174
Gräf, Roland 277
Graml, Hermann 230
Gramsci, Antonio 394
Grass, Günter 41, 117ff., 130, 148, 255, 302, 321, 372, 375f., 379, 380f., 422ff.
Graubard, Baruch 273
Green, Gerald 268
Greve, Otto-Heinrich 99
Griese, Friedrich 115
Grimmelshausen, Hans Jacob Christoffel von 425
Grimm, Hans 54, 115f.
Grimm, Reinhold 204
Gröger, Walter 220
Grönemeyer, Herbert 276
Gröning, Oskar 344
Grosjean, Bruno 283

Grosser, Alfred 295
Gründgens, Gustaf 102, 110ff.
Guggenheimer, Walter 116
Günther, Hans F K. 331
Günzel, Reinhard 391
Gurion, David Ben 134, 137, 337
Gustloff, Wilhelm 130, 372, 375f.

H

Haagen, Eugen 410
Haar, Ingo 405, 407
Habermas, Jürgen 190, 231, 259f., 319, 387
Hacke, Christian 412
Hackett, Albert 113
Hackett, David A. 35
Hackmann, Hermann 226
Hädrich, Rolf 182
Haecker, Theodor 32, 43
Haferkamp, Willi 109
Häfner, August 154f.
Hagen, Herbert 222
Hage, Volker 372
Haider, Jörg 386
Haidinger, Oskar 156
Halevi, Benjamin 134
Halkin, Hillel 351
Hallmann, Heinz W. 294
Hamm-Brücher, Hildegard 88, 386
Hammer, Wolfgang 237
Hanack, Ernst Walter 158
Hancock, Ian 333
Handke, Peter 118
Hankamer, Paul 403
Hans, Friedrich 154f.
Harig, Ludwig 203
Harlan, Veit 58, 102ff., 120
Harpprecht, Klaus 200
Härtling, Peter 203f.
Harvey, Robert C. 351
Hassemer, Volker 293
Haushofer, Albrecht 43
Hausner, Gideon 134, 137, 207
Haydn, Joseph 79
Hayes, Peter 411
Hedler, Wolfgang 69, 77
Heer, Hannes 312f.
Heiber, Helmut 405
Heidegger, Martin 49, 51, 115, 238ff.
Heidemann, Gerhard 278f.
Heiduczek, Werner 130
Heilbrunn, Jacob 371
Heil, Johannes 319
Heim, Susanne 108, 405

Heinemann, Gustav 81f., 216, 218, 224
Heinrichsohn, Ernst 222
Heisig, Helmut 267
Heißenbüttel, Helmut 117, 170f.
Heitmeyer, Wilhelm 400
Helbig, Louis Ferdinand 129
Heller, André 360
Hellwege, Heinrich 87
Henisch, Peter 203f.
Henkel, Arthur 164, 426f.
Hennig, Valentin 347
Henseler, Marga 410
Henze, Hans Werner 426, 428
Herbert, Ulrich 236, 318, 371, 409, 412f.
Hergés 351
Hermann, Kai 207
Herrendoerfer, Christian 231
Hersmann, Werner 72
Herwig, Malte 428
Herzog, Roman 336f., 383
Heß, Rudolf 24
Heuss, Theodor 46, 47, 50, 79f., 82, 87, 89, 179, 197
Heuvel, Eric 351
Heyde, Werner 224
Heydrich, Reinhard 151, 156, 218, 269, 293ff.
Hickethier, Knut 367
Hickmann, Manfred 179
Hielscher, Friedrich 120
Hilberg, Raul 142, 274f.
Hildebrand, Klaus 235, 411
Hildebrandt, Dieter 426, 428
Hildesheimer, Wolfgang 117f.
Hillel, Schlomo 262
Hillers, Marta 378
Hillgruber, Andreas 163, 235, 259
Hilsenrath, Edgar 272ff.
Himmler, Heinrich 151, 156, 180, 218, 228, 289f., 293, 327, 355f., 361
Hindenburg, Paul von 429ff.
Hippler, Fritz 102
Hirche, Peter 130
Hirschbiegel, Oliver 229, 360
Hirschfeld, Magnus 214
Hirtreiter, Joseph 151
Hitler, Adolf 22, 24, 36, 38ff., 48, 54f., 60, 66f., 80, 82, 88, 91, 93, 95, 115f., 122, 126, 149, 151, 156, 162, 167, 172, 175f., 180, 183f., 190, 193, 197f., 206, 218, 220, 223f., 227ff., 240, 244, 253ff., 259, 261f., 277ff., 281, 296f., 317ff., 351, 354f., 360ff., 365ff., 374, 379f., 388ff., 395, 400, 419, 421f., 427, 429, 430

Hochhuth, Rolf 57, 118, 147, 173f., 220
Hocke, René 60
Höcker, Karl 140
Hodenberg, Hodo von 30
Hoenig, Heinz 276
Hoff, Hannes 172
Hoffmann, Christa 304
Hoffmann, Georg Ernst von 404
Hoffmann, Hilmar 252, 286
Hoffmann, Michael 255
Hoffmeister, Reinhard 174
Hofmann, Nico 277
Hofstätter, Peter R. 175f., 190
Hoger, Hannelore 209
Hoggan, David Lindsay 94
Hohmann, Martin 389ff.
Höhne, Heinz 269
Holert, Tom 357
Höllerer, Walter 119, 166, 426f.
Holler, Martin 326
Holle, Rolf 414
Holthusen, Hans Egon 128, 171
Holz, Klaus 321
Hölzle, Erwin 162f.
Honigmann, Barbara 348f.
Höntsch, Ursula 130
Horkheimer, Max 295
Horthy, Miklós 152f.
Höß, Rudolf 139f.
Hubalek, Claus 181
Huber, Heinz 172
Hübner, Peter 184
Huener, Jonathan 76
Hungerford, Amy 351
Hunsche, Otto 135, 152ff., 157
Huonker, Thomas 330
Husserl, Edmund 49, 240

I

Iden, Peter 147, 269
Ipsen, Gunter 406
Irving, David 95f., 238, 267
Irving, John 423
Iser, Wolfgang 428
Iwand, Hans Joachim 42

J

Jäckel, Eberhard 230, 235, 238, 260, 275, 314, 318
Jackob-Marks, Christine 315f.
Jacobi, Werner 74
Jacobsen, Hans-Adolf 67, 143
Jäger, Lorenz 386

Jagger, Mick 232
Jahn, Friedrich Ludwig 430
Jakobovits, Immanuel 302
Janowitz, Morris 48
Janson, Uwe 277
Janssen, Adolf 154f.
Jaschke, Hans-Gerd 397, 400f.
Jaspers, Karl 46f., 49ff., 166ff., 174, 295
Jeckeln, Friedrich 154
Jelinek, Elfriede 331, 393, 404
Jelzin, Boris 340
Jenninger, Philipp 82, 261f.
Jens, Walter 119, 129, 166, 321, 387, 423, 426f.
Jentsch, Julia 138
Jesse, Eckhard 258, 268, 304
Jewtuschenko, Jewgeni 155
Jirgl, Reinhard 131
Jodl, Alfred 24
Joffe, Josef 318
John, Barbara 393
Johnson, Uwe 117
Jonas, Hans 138
Jünger, Ernst 119f.
Junge, Traudl 360f.
Jungmichel, Gottfried 159f.
Junker, Heinrich 179
Jürgs, Michael 422
Just-Dahlmann, Barbara 157
Justin, Eva 327

K

Kaduk, Oswald 141, 149
Kaehler, Siegfried 39
Kaes, Anton 277
Kaiser, Joachim 117, 147, 387
Kalenbach, Dieter 351
Kallauch, Günter 188
Kaltenbrunner, Ernst 24, 293
Kämper, Heidrun 33
Kanew, Jeff 155
Kant, Hermann 276
Kapp, Wolfgang 120
Karasek, Helmuth 117, 233f.
Karavan, Dani 334
Karmakar, Romuald 355f.
Karsli, Jamal 385ff.
Kaschnitz, Marie Luise 129, 149
Kästner, Erich 54
Kaul, Friedrich Karl 141, 148
Kauter, Ernst 105
Käutner, Helmut 58f., 125, 181
Kayser, Wolfgang 164f.

Kehr, Eckart 163
Keilbach, Judith 367f.
Keitel, Wilhelm 24
Kemper, Dirk 164
Kempowski, Walter 238, 376, 378
Keneally, Thomas 281
Kern, Erich 237
Kershaw, Ian 231, 361, 379
Kertész, Imre 171, 274
Kesten, Hermann 118
Keuchenius, Pieter Emiel 403
Keyser, Erich 406
Kiesinger, Kurt Georg 53, 190, 195f., 198, 202, 216
Kießling, Friedrich 200
Kilb, Andreas 281
Killy, Walter 165
Kindermann, Heinz 165
Kindler 272f.
Kittel, Manfred 382
Klarsfeld, Beate 53, 109, 195ff., 219, 222
Kleeblatt, Norman L. 357
Klee, Ernst 224
Klchr, Josef 141
Klemperer, Victor 32f., 364ff.
Klier, Johann 151
Kluckhohn, Paul 165
Kluge, Alexander 117, 208f.
Klüger, Ruth 44, 279ff.
Knaap, Ewout van der 124
Knapp, Udo 286
Knobloch, Charlotte 358
Knobloch, Ekkehard 292
Knopp, Guido 366ff., 376, 380
Koch, Erich 107
Koch, Franz 165
Koch, Thilo 166
Kocka, Jürgen 235, 260, 304, 412
Koeppen, Wolfgang 118, 283
Koerfer, Daniel 412
Kogon, Eugen 34ff., 38, 142, 295
Köhler, Horst 359, 383
Köhler, Lotte 138
Kohl, Helmut 83, 245ff., 253, 259f., 262f., 265, 290f., 297, 300ff., 315f., 348, 424
Kohn, Adolek 363
Kolb, Eberhard 143
Kolbenheyer, Erwin Guido 115
Kolbenhoff, Walter 60, 116
Kolitz, Itzchak 298
Kollwitz, Käthe 300
Kompisch, Franz 344
König, Christoph 166, 426f.

Kopf, Hinrich Wilhelm 431
Korman, Jane 363
Körner, Theodor 404
Korn, Salomon 358, 371
Koselleck, Reinhart 300, 333
Kosta, Barbara 204
Kraft, Waldemar 86
Krahl, Hans-Jürgen 205
Krämer, Christoph 350
Kramer, Josef 28f.
Krapf, Franz 411
Kraushaar, Wolfgang 205
Kraus, Karl 32
Krausnick, Helmut 67, 71, 143, 267f.
Krausnick, Michael 333
Krauss, Werner 102
Kreimeier, Klaus 126
Kreisky, Bruno 52f.
Kreyssig, Lothar 75f.
Kröll, Friedhelm 118
Kroll, Gerhard 66
Kruber, Vera 210
Krüger, Answald 181
Krumey, Hermann Aloys 135, 152ff., 157
Krupp 25, 338
Krupp von Bohlen und Halbach 24
Krzemiński, Adam 381
Kuby, Erich 61, 178
Kühl, Stefan 319
Kuhn, Manfred 283
Kühn, Siegfried 277
Kujau, Konrad 278f.
Kusch, Roger 288
Kusnezow, Anatoli 155

L

Lackner, Karl 158
Lacoue-Labarthe, Philippe 239
Lambert, Erwin 151
Lambsdorff, Otto 386
Lämmert, Eberhardt 164ff.
Landau, Ernest 273
Landau, Mosche 134
Langbein, Hermann 139f., 149f.
Langer, Walter C. 237
Langgässer, Elisabeth 130
Lanzmann, Claude 269ff., 281
Lärchert, Hildegard 226
Laster, Kathy 354
Laternser, Hans 141
Lau, Jörg 357
Lawrence, Geoffrey 23
Lefèvre, Wolfgang 192

Lehr, Robert 69
Leiser, Erwin 271
Lenz, Siegfried 117, 129f., 376, 426, 428
Leonhardt, Rudolf Walter 164, 176
Lettow-Vorbeck, Paul von 430f.
Leuchter, Fred A. 94ff.
Leuschner, Wilhelm 297
Levin, Meyer 114
Levinson, Daniel J. 192
Levinson, Nathan P. 298
Levi, Primo 44, 170f., 282
Lewy, Guenter 333
Ley, Robert 24
Libera, Zbigniew 356f.
Libeskind, Daniel 316, 323ff.
Liebehenschel, Arthur 139
Lieser, Hans 347
Lindeperg, Sylvie 124
Lingens, Peter Michael 53
Lipstadt, Deborah 95
Lischka, Kurt 53, 196, 222
Littner, Jacob 283
Lloyd George, David 162
Loewy, Hanno 113
Löffler, Sigrid 282
Longerich, Peter 371
Lorenz, Ina 299
Loth, Wilfried 192
Lovenberg, Felicitas von 379
Löwenthal, Xavier 351
Lübbe, Hermann 47, 194, 316, 428
Lubbe, Marinus van der 266ff.
Lübke, Heinrich 190, 197ff., 228
Lucassen, Leo 326
Lücke, Paul 198
Luhmann, Niklas 426, 428
Lüth, Erich 103f., 175
Luther, Martin 39
Lützow, Ludwig Adolf Wilhelm von 430
Lys, Gunther R. 181

M

Maas. Utz 34
Mächler, Stefan 282f.
Mackiewicz, Józef 355
Maetzig, Kurt 58f.
Mahler, Horst 195, 321
Maier, Charles 371
Mailer, Norman 423
Mann, Erika 110f.
Mann, Golo 230, 267, 295
Mann, Klaus 54, 110f., 115, 276
Mann, Thomas 53ff., 115, 230

Mannzen, Walter 60
Manouach, Ilan 351
Manson, Charles 206
March, Werner 285
Marcuse, Herbert 239
Marek, Kurt W. 378
Margalit, Gilad 333
Marshall, George C. 31f.
Martini, Fritz 166
Marx, Karl 176
März, Ursula 379
Maser, Werner 238
Mauer, Friedrich 165
May, Paul 125
McCarthy, Mary 138
McCloy, John 73, 109, 155
McTeer, Jenny 138
Meckel, Christoph 203f.
Meckel, Markus 381
Meerkatz, Hans-Joachim von 80
Meinecke, Friedrich 37ff.
Meinhof, Ulrike 205f.
Meins, Holger 206
Menasse, Robert 348
Mende, Erich 167
Mengele, Josef 196, 288, 344, 410
Merkel, Angela 297, 334, 391
Michnik, Adam 381
Middelhauve, Friedrich 87f.
Miegel, Agnes 431
Mielke, Fred 224
Mihaileanu, Radu 352f.
Milberg, Axel 138
Milch, Erhard 25
Milošević, Slobodan 322f.
Mißfelder, Philipp 423
Mitscherlich, Alexander 48, 193f., 203, 224, 295
Mitscherlich-Nielsen, Margarete 48, 193f., 203, 295
Mitterand, François 248, 271, 291, 302
Mnouchkine, Ariane 112
Modrow, Hans 302, 304
Mohler, Armin 394
Mohnke, Wilhelm 361
Möllemann, Jürgen W. 88, 344, 385ff.
Möller, Horst 412
Möller, Wolfgang Eberhard 103
Molo, Walter von 53ff.
Moltke, Helmuth James von 40
Mommsen, Hans 235, 236, 260, 267f., 291, 407, 412, 417, 421
Mommsen, Wolfgang J. 163

Monk, Egon 181
Morgenthau, Henry 31, 49
Morsey, Rudolf 197
Moser, Hugo 164f.
Moser, Tilman 194
Moshinsky, Elijah 352
Mosley, Oswald 28
Mozes Kor, Eva 344
Mulka, Robert 139ff., 143, 148
Müller, Heiner 130
Müller-Marein, Josef 176
Müller-Meiningen, Ernst 72
Müller-Seidel, Walter 166
Mundlos, Uwe 391
Münzberger, Gustav 151
Münzenberg, Willi 266
Musial, Bogdan 313

N

Nachama, Andreas 325
Nachtsheim, Hans 346f.
Nadler, Josef 165
Nannen, Henri 198
Naumann, Bernd 141
Naumann, Hans 165
Naumann, Michael 316
Naumann, Werner 88, 109, 397
Nebe, Arthur 267
Neitzel, Sönke 412
Nellmann, Erich 71, 74
Nenning, Günther 233
Nestler, Cornelius 344
Neubert, Gerhard 140
Neumann, Franz 235, 274
Neumann, Robert 148
Neunzig, Hans A. 118
Neurath, Konstantin von 24
Nickels, Christa 313
Niegel, Lorenz 255
Niehoff, Karena 103
Nieland, Friedrich 78, 92
Niethammer, Lutz 35
Nipperdey, Thomas 98
Niroumand, Mariam 318
Nixon, Richard 202
Noethen, Ulrich 138
Nolte, Ernst 11, 231, 254, 259f.
Nono, Luigi 146
Norden, Albert 105, 198
Normann, Käthe von 130
Nossack, Hans Erich 374
Novak, Franz 135
Novick, Peter 113, 333, 370f.

Nowak, Klara 347
Nüßlein, Franz 410

O

Oberhauser, Josef 151
Oberkrome, Willi 405f.
Oberländer, Theodor 107f., 159, 177, 198, 407
Ochsenknecht, Uwe 276
Oellers, Günther 428
Oesterle-Schwerin, Jutta 262
Oettinger, Günther 221
Ohnesorg, Benno 191
Ollenhauer, Erich 81
Ophüls, Max 271
Oppenheimer, Joseph Süß 102
Ormond, Harry 177
Oske, Ernst-Jürgen 106
Ostrowska, Henryka 227

P

Pabst, Georg Wilhelm 360
Palitzsch, Peter 146f.
Papen, Franz von 24
Paterson, Nigel 229
Pätzold, Kurt 260
Payne, Robert 238
Pedretti, Erica 130
Pehle, Walter H. 275
Pekar, Harvey 351
Peters, Carl 430f.
Petersen, Julius 165
Petersen, Wolfgang 126, 275f.
Peters, Gerhard 139
Pfahl-Traughber, Armin 396
Picard, Max 36f.
Picker, Henry 355
Pick, Hella 52
Pieck, Wilhelm 297
Pilgrim, Hubertus von 292
Piontek, Heinz 130
Piscator, Erwin 146f., 174
Pius XII. 173f.
Plagge, Karl 431
Plessen, Elisabeth 203f.
Polenz, Peter von 33, 165
Poliakov, Leon 142, 274
Pompidou, Georges 202, 219
Pongs, Hermann 165
Popp, Walter 371
Prang, Helmut 403
Princz, Alexander 149
Prochnow, Jürgen 276

Q

Qualtinger, Helmut 354
Qurbani, Burhan 309

R

Raabe, Christian 177
Rabehl, Bernd 192
Radbruch, Gustav 30
Raddatz, Fritz J. 117, 426
Radetzky, Waldemar 154f.
Radunski, Peter 315
Raeder, Erich 24
Rahn, Helmut 89
Raphael, Frederic 372
Rasch, Otto 154
Rasch, Wolfdietrich 165
Rassinier, Paul 94
Rassow, Peter 407
Rathenau, Walther 120, 429
Rauchfuß, Hildegard Maria 130
Rauff, Walter 196
Rau, Johannes 285
Rauter, E.A. 203
Raveh, Itzchak 134
Reagan, Ronald 248f., 291, 348, 424
Redslob, Edwin 55
Reemtsma, Jan Philipp 312f., 319
Reents, Edo 412
Rehmann, Ruth 203
Rehse, Joachim 106
Rehwinkel, Hinrich 181
Reichel, Peter 362
Reich-Ranicki, Marcel 117, 148f., 376, 387ff.
Reisch, Günter 276
Reitlinger, Gerald 142, 274
Reitsch, Hanna 360
Reitz, Edgar 208f., 275ff.
Remarque, Erich Maria 360
Remer, Otto Ernst 69, 70, 73
Renouf, Michèle 96
Resnais, Alain 123ff., 271
Ribbentropp, Joachim von 24
Richards, Earl Jeffrey 404
Rich, Norman 234
Richter, Gustav 135
Richter, Hans Werner 44, 60f., 116ff.
Richter, Roland Suso 384
Richtofen, Manfred von 430
Riefenstahl, Leni 231f., 357
Rinser, Luise 43
Rischbieter, Henning 174
Ritter, Gerhard 39, 66, 162f., 188
Ritter, Robert 327, 330f.

Roeder, Manfred 312
Rögner, Adolf 139
Rola, Carlo 355
Roloff-Momin, Ulrich 286, 315
Romms, Michail 271
Roosevelt, Franklin D. 20
Roper, Trevor 278
Rosenbaum, Eli 53
Rosenberg, Albert G. 34f.
Rosenberg, Alfred 24
Rosenberg, Hans 274
Rosenfeld, Alvin 113f.
Rose, Romani 315, 330, 333f.
Rose, Vinzenz 330
Rosh, Lea 293, 314f.
Roßberg, Ingolf 384
Rossellini, Roberto 58
Rotberg, Eberhard 156
Roth, Claudia 386
Rothfels, Hans 38ff., 57, 69, 82, 107, 296, 405ff.
Roth, Joseph 277
Rowohlt, Ernst 120
Rücker, Günther 276f.
Rückerl, Adalbert 158, 216
Rudolf, Germar 96
Rudolph, Claude-Oliver 276
Ruge, Gerd 172
Rühe, Volker 297, 313
Rühle, Günther 252
Rühmkorf, Peter 117
Runge, Philipp Otto 233
Rürup, Reinhard 293f.
Ruttmann, Reinhard 172

S

Sabrow, Martin 297
Sachs, Nelly 41, 44
Saenger, Hartmut 382
Safranski, Rüdiger 239
Salomon, Ernst von 21, 115, 119ff.
Samuelson, Arthur 283
Sander, Hans-Dietrich 147
Sander, Otto 276
Sanders-Brahms, Helma 276
Sanford, R. Nevitt 192
Sauckel, Fritz 24
Sauer, Wolfgang Werner 34
Schacht, Hjalmar 24, 119
Schäfer, Peter 326
Schah von Persien 191
Schall, Ekkehard 355
Schamir, Izchak 302

Scheel, Walter 109
Scheffler, Wolfgang 143, 152
Schenck, Ernst-Günther 360ff.
Schenk, Dieter 415
Schickel, Alfred 96
Schieder, Theodor 40, 86, 405ff.
Schier-Gribowski, Peter 172
Schiller, Friedrich 372
Schiller, Karl 424
Schilling, Claus 410
Schill, Ronald 288
Schily, Otto 313f., 381
Schindler, Oskar 42, 269, 271, 277, 281, 316, 353, 360f., 364
Schirach, Baldur von 24
Schirrmacher, Frank 233, 361, 388f., 412, 423
Schlegelberger, Franz 101
Schlempp, Walter 197ff.
Schleunes, Karl A. 236
Schleyer, Hanns Martin 207, 209
Schliemann, Heinrich 340
Schlink, Bernhard 371ff., 379
Schlöndorff, Volker 208f., 277
Schmid, Daniel 251
Schmider, Othmar 360
Schmidt, Helmut 244ff., 326, 331, 379
Schmidtke, Michael 190
Schmidt, Matthias 228f.
Schmitz-Berning, Cornelia 34
Schmitz, Werner 252
Schnabel, Ernst 59
Schneider, Christian 207
Schneider, Hans 267
Schneider, Hans Ernst 160, 165, 403f., 426
Schneider, Karl Ludwig 164
Schneider, Peter 203
Schneider, Ulrich 305
Schneidewind, Karl 103
Schneppen, Heinz 411
Schnitzler, Heinrich 266f.
Schnurre, Wolfdietrich 44, 116
Schoenberner, Gerhard 295
Schoeps, Hans-Joachim 403
Schoeps, Julius H. 318, 371
Schöfer, Erasmus 147
Scholem, Gershom 138
Scholl, Sophie 276, 365
Scholz, Hans 181
Scholz, Heinrich 47
Schönborn, Erwin 227
Schöne, Albrecht 116
Schönwalder, Karen 405
Schöps, Hans-Joachim 211

Schostakowitsch, Dimitri 155
Schöttler, Peter 405
Schreiber, Hermann 200
Schröder, Gerhard 70, 80, 174, 316, 322, 337f., 381, 410, 421
Schröder, Richard 316f.
Schröder, Rudolf Alexander 79
Schubert, Franz 404
Schultz-Gerstein, Christian 207
Schultz, Sonja M. 361
Schumann, Gerhard 115f.
Schütte, Wolfram 269
Schutting, Jutta (heute Julian) 203f.
Schütz, Anneliese 113
Schütz, Klaus 295
Schwab, Ulrich 252
Schwaiger, Brigitte 203f.
Schwalbach, Andrea 404
Schwan, Gesine 51
Schwarzer, Alice 232
Schwedhelm, Karl 170
Schweikart, Hans 59
Schwerin, Gerhard von 90
Schwerte, Hans 160, 165, 403f., 426
Sebald, W. G. 374, 376
Seebohm, Hans-Christoph 80
Seeßlen, Georg 281
Seghers, Anna 130
Seidel, Eugen 32
Seidel-Slotty, Ingeborg 32
Seiters, Rudolf 315
Seligmann, Rafael 348f.
Semmelrogge, Martin 276
Sengle, Friedrich 165
Sereny, Gitta 229
Serra, Richard 316
Servatius, Robert 134
Seuren, Günter 203f.
Seyß-Inquart, Arthur 24
Sharon, Ariel 386
Siedler, Wolf Jobst 228f., 286
Siegfried und Roy 232
Sieverts, Rudolf 176
Silberschein, Adolf 52
Siles Zuaso, Hernan 219
Sim, Dave 351
Singer, Herbert 164
Sixt, Franz Alfred 88
Smith, Bradley 94
Smith, Gary 138
Solms, Wilhelm 326
Sombart, Nicolaus 116
Somuncu, Serdar 354f.

Sontag, Susan 232, 234
Spangenberg, Berthold 111f.
Speer, Albert 24, 197f., 227,ff., 231, 360ff.
Spiegelman, Art 309, 350f., 353
Spiegelman, Vladek 350
Spielberg, Steven 281f., 316
Spinelli, Santino 334
Spitta, Theodor 44
Spoerer, Mark 422
Sprengler, Wilhelm 403
Spuler, Bertolt 191
Srebnik, Simon 272
Stackmann, Karl 426f.
Stäglich, Wilhelm 96
Stalin, Josef 20, 31, 84, 108, 254
Stammberger, Wolfgang 159
Stangl, Franz 52, 152
Stark, Hans 141
Staschynskij, Bodan 153, 157
Staudte, Wolfgang 58
Stauffenberg, Claus Schenk Graf von 82, 297, 395
Stauffenberg, Franz Ludwig Graf Schenk von 297
Stavginski, Hans-Georg 334
Steffen, Alois 220
Steinacker, Fritz 226
Steinbach, Erika 380ff.
Steinbach, Peter 296f.
Steinert, Heinz 354
Stellrecht, Helmut 237
Sternberger, Dolf 33
Stevens, George 113
Stierlin, Helmut 237
Stirböck, Oliver 386
Stoiber, Edmund 380
Stolting, Hermann 226
Stölzl, Christoph 300
Storz, Gerhard 33
Strauß, Franz Josef 90, 163, 168, 191, 202, 206, 246, 262
Strecker, Reinhard 189
Streicher, Julius 24
Struck, Peter 391
Stuckart, Wilhelm 107
Stürmer, Michael 254, 259, 291, 412
Sukowa, Barbara 138
Süskind, Wilhelm E. 33
Süssmuth, Rita 82
Sybel, Heinrich von 37
Syberberg, Hans Jürgen 172, 208, 232ff.
Szabó, István 112, 276
Szondi, Peter 128

T

Tabori, George 352
Taubes, Jacob 191
Taylor, Telford 25
Tessenow, Heinrich 300
Thadden, Adolf von 160
Thallmair, Heribert 292
Thatcher, Margaret 302
Thielen, Friedrich 160
Thierse, Wolfgang 334
Thiess, Frank 54f., 115
Tobias, Fritz 267f.
Todt, Fritz 227
Toland, John 238
Tölg, Arnold 382
Tooze, Adam 421f.
Torgler, Ernst 266
Trawny, Peter 239
Treichel, Hans-Ulrich 131
Treitschke, Heinrich von 37
Troeltsch, Ernst 37
Trotha, Lothar von 431
Trotta, Margarethe von 138
Truman, Harry S. 31
Tuchel, Johannes 297
Tugendhat, Ernst 330
Turner, Henry A. 411
Tyrolf, Walter 102, 103
Tzwi, Jitzchak Ben 337

U

Ude, Christian 359
Uerlings, Herbert 334
Ulbricht, Walter 167, 297
Ullrich, Aquilin 224
Ullrich, Volker 318, 378
Umgelter, Fritz 181, 208
Ungváry, Krisztián 155
Unseld, Siegfried 387f.
Uschold, Rudolf 329

V

Vat, Dan van der 228f.
Veil, Simone 330
Venske, Regula 204
Verhoeven, Michael 276f., 352, 355
Vesper, Bernward 203f., 207
Vesper, Will 207
Viëtor, Karl 165
Villinger, Werner 346f.
Vilsmaier, Joseph 126, 277
Virchow, Fabian 392
Vogel, Hans-Jochen 261, 348
Vollmer, Antje 264
Voscherau, Henning 288

W

Wagenbach, Klaus 423f.
Wagner, Andrea 422
Wagner, Gustav 152
Wagner, Jens-Christian 199
Wagner, Patrick 414f.
Wagner, Richard 233
Waigel, Theo 301
Waitz, Robert 177
Waldheim, Kurt 53
Wałęsa, Lech 423
Wallmann, Walter 252
Walser, Martin 117, 119, 149, 170, 194, 234, 250, 279ff., 300, 309, 316, 320ff., 360, 365, 370, 372, 385, 387ff., 423, 426, 428
Waltemathe, Ernst 347
Walther, Rudolf 413
Walther, Thomas 344
Wapnewski, Peter 165f., 426, 427
Warhol, Andy 232
Wassermann, Rudolf 70
Weber, Wolfgang 225
Wehler, Hans-Ulrich 98, 163, 231, 235, 237f., 407, 421
Wehner, Bernhard 268
Wehner, Herbert 199
Weimar, Klaus 164
Weinberg, Gerhard L. 278
Weinke, Annette 268
Weinmiller, Gesine 316
Weisenborn, Günther 56f.
Weiss, Christina 334
Weiss, Peter 57, 117, 140, 145ff.
Weiß, Ulrich 276
Weizmann, Chaim 260
Weizsäcker, Ernst von 25, 412
Weizsäcker, Richard von 32, 45, 65, 82, 214, 249, 253ff., 262f., 296, 299f., 347
Wellershoff, Dieter 426, 428
Welzer, Harald 372
Wenders, Wim 208, 361
Weniger, Erich 182
Wenke, Hans 160, 190
Werneburg, Brigitte 371
Wernicke, Hilde 223
Wessel, Horst 79, 429f.
Wessel, Kai 354
Westerwelle, Guido 386, 411
Wette, Wolfram 126
Weyrauch, Wolfgang 44

Wickert, Ulrich 423
Wicki, Bernhard 125, 277
Wiechert, Ernst 43, 54
Wieczorek, Helene 223
Wiedemann, Alfred 125f.
Wiegenstein, Roland 117
Wielanga, Frieso 304
Wiese, Benno von 164f.
Wiese, Gerhard 140
Wiesel, Elie 248, 269, 282, 357
Wiesenthal, Simon 51ff., 262, 295, 330, 344, 404
Wildt, Michael 421
Wilhelm, Hans-Heinrich 71
Wilkomirski, Binjamin 282f.
Willems, Wim 326
Williamson, Richard Nelson 95f.
Wilms, Ursula 294
Wimmer, August 30
Winkler, Heinrich August 260, 407
Winkler, Willi 372
Winnacker, Ernst-Ludwig 408
Winter, Natascha 334
Wippermann, Wolfgang 333
Wirmer, Josef 79
Wirth, Christian 150f.
Wirth, Hans-Jürgen 207
Wisbar, Frank 125
Wischnewski, Hans-Jürgen 244
Wißmann, Hermann 431
Wojciechowski, Jan Stanislaw 357
Wolf, Albert 324
Wolf, Christa 130, 314
Wolff, Georg 240
Wolters, Rudolf 197, 228
Wortmann, Sönke 89
Wulf, Joseph 164, 258, 295
Wüst, Walter 328
Wutz, August 329

Y

Young, James E. 315f.

Z

Zaborowski, Holger 239
Zapatka, Manfred 355f.
Zechlin, Egmont 162f.
Zehm, Günther 147
Zehrer, Hans 120, 128
Ziercke, Jörg 414ff.
Ziesel, Kurt 130, 248, 267
Zimmermann, Herbert 89, 318
Zimmermann, Moshe 411
Zind, Ludwig 92
Zirpins, Walter 267f.
Zitelmann, Rainer 258
Zöpf, Willi 135
Zschäpe, Beate 391ff.
Zuckerman, Francine 352
Zuckmayer, Carl 56f., 125
Zülch, Tilman 330
Zumthor, Peter 293f.
Zündel, Ernst 94, 95
Zwerenz, Gerhard 251

Erinnerungskultur/Memory Culture

Kirstin Frieden

Neuverhandlungen des Holocaust

Mediale Transformationen des Gedächtnisparadigmas

2014, 370 Seiten, kart., 34,99 €,
ISBN 978-3-8376-2627-8
E-Book: 34,99 €,
ISBN 978-3-8394-2627-2

■ Die Tabus sind überwunden, Schuld ist abgegolten, political und memorial correctness bedeuten keinen Maulkorb mehr – immer wieder wird behauptet, dass die junge Generation die erste sei, die sich ohne Last der deutschen Vergangenheit annehmen und frei über sie sprechen kann.
Aber ist das wirklich der Fall? Besteht nicht weiterhin ein Unbehagen mit der Vergangenheit? Abseits literaturwissenschaftlicher Trampelpfade untersucht Kirstin Frieden Formate unterschiedlicher Mediensegmente wie Performances, Comedy und Neue Medien (z.B. Facebook und YouTube). Sie diagnostiziert neue Möglichkeiten des Sprechens über den Holocaust sowie einer Erinnerungskultur, die das manifeste Gedächtnisparadigma medial transformiert.

www.transcript-verlag.de

Reihe Histoire bei transcript

Claudia Müller,
Patrick Ostermann,
Karl-Siegbert Rehberg (Hg.)

Die Shoah in Geschichte und Erinnerung

Perspektiven medialer Vermittlung in Italien und Deutschland

2014, 312 Seiten, kart., zahlr. Abb., 32,99 €,
ISBN 978-3-8376-2794-7
E-Book: 32,99 €,
ISBN 978-3-8394-2794-1

■ Der Band diskutiert die Erinnerung an die Shoah nach der unmittelbaren Zeitzeugenschaft: Das Gedenken wird nur noch in künstlerischen, didaktischen und neuen medialen Formen präsent sein.

»[Der Sammelband] bietet einen fundierten Einblick in den aktuellen Stand der Forschung und die zurückliegenden Debatten zur Erinnerungskultur in beiden Ländern. Er eröffnet dem Leser aber auch einen Blick in die europäische Erinnerungslandschaft abseits von Deutschland und Italien. Hierbei gewinnen die Beiträge gerade in der Abgrenzung und Bezugnahme zueinander an Qualität.«
(Jan Kleinmanns, Jahrbuch zur Liberalismus-Forschung, 1/2015)

www.transcript-verlag.de

Reihe Histoire bei transcript

Detlev Mares,
Dieter Schott (Hg.)

Das Jahr 1913

Aufbrüche und Krisenwahrnehmungen am Vorabend des Ersten Weltkriegs

2014, 288 Seiten, kart., zahlr. Abb., 27,99 €,
ISBN 978-3-8376-2787-9
E-Book: 24,99 €,
ISBN 978-3-8394-2787-3

■ Jugendbewegung, wegweisende Architektur und Herausforderung männlicher Dominanz: Der Band beleuchtet den kulturellen und gesellschaftlichen Aufbruch in die Moderne vor dem Ersten Weltkrieg und fragt nach längerfristigen Wirkungen.

»*Der rundum gelungene Sammelband [erlaubt] konzentrierte Blicke auf das Vorkriegsdeutschland von 1913 und seine Ideenwelt.*«
(Max Bloch, Zeitschrift für Geschichtswissenschaft, 4/2015)

»*Dem letzten Jahr vor dem Ersten Weltkrieg, 1913, hat Florian Illies ein auf Leben und Wirken von Künstler/innen ausgerichtetes Buch gewidmet. Mit der transcript-Publikation, hg. von zwei Historikern, liegt nun eine wunderbare Ergänzung vor, die den Fokus kulturwissenschaftlich und breiter fasst.*«
(Kunstbulletin, 4/2015)

www.transcript-verlag.de

Reihe Histoire bei transcript

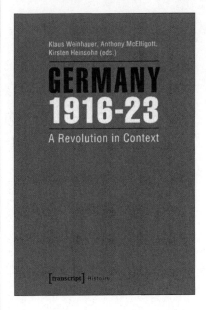

Klaus Weinhauer,
Anthony McElligott,
Kirsten Heinsohn (eds.)

Germany 1916-23

A Revolution in Context

2015, 266 Seiten, kart., 39,99 €,
ISBN 978-3-8376-2734-3
E-Book: 39,99 €,
ISBN 978-3-8394-2734-7

■ During the last four decades the German Revolution 1918/19 has only attracted little scholarly attention. This volume offers new cultural historical perspectives, puts this revolution into a wider time frame (1916-23), and coheres around three interlinked propositions: (i) acknowledging that during its initial stage the German Revolution reflected an intense social and political challenge to state authority and its monopoly of physical violence, (ii) it was also replete with »Angst«-ridden wrangling over its longer-term meaning and direction, and (iii) was characterized by competing social movements that tried to cultivate citizenship in a new, unknown state.

www.transcript-verlag.de

Gender Studies bei transcript

Feminismus Seminar (Hg.)
Feminismus in historischer Perspektive
Eine Reaktualisierung

2014, 418 Seiten, kart., 29,99 €,
ISBN 978-3-8376-2604-9
E-Book: 26,99 €,
ISBN 978-3-8394-2604-3

■ Simone de Beauvoir – und sonst? Dieser Band versammelt kritische Betrachtungen historischer Feminismen und ihrer Akteurinnen, die in einer klassischen feministischen Geschichtsschreibung bisher wenig Beachtung fanden.

»Eine vielfältige, informative und mutige Publikation. Sie versucht nicht die Widersprüche in feministischen Diskursen und Bewegungen zu glätten und sich einer dogmatischen Darstellung von Feminismus als einheitliche und bruchlose Fortschrittsgeschichte anzuschließen. Vielmehr akzentuiert sie diese Widersprüche, nimmt eine intersektionale Perspektive ein und verleiht den feministischen Diskursen dadurch mehr Authentizität.«
(Anja Müller, www.socialnet.de, 22.02.2015)

www.transcript-verlag.de